WANDER **GARCIA** • ANA PAULA **DOMPIERI**
COORDENADORES

2024
DÉCIMA PRIMEIRA EDIÇÃO

COMO PASSAR

CONCURSOS DE TRIBUNAIS ANALISTA

2.900
QUESTÕES COMENTADAS

1.802 QUESTÕES IMPRESSAS
1.181 QUESTÕES ON-LINE

DISCIPLINAS
Português • **Informática**
Matemática e **Raciocínio Lógico** • Administração **Pública**
Administração **Financeira e Orçamentária**
Regimento **Interno e Legislação Local**
Lei **8.112** (Regime Jurídico dos Servidores Públicos Civis Federais)
Lei **8.666** (Licitações e Contratos Administrativos)
Direito **Administrativo** • Direito **Constitucional**
Direito **Penal** • Direito **Processual Penal**
Direito **Civil** • Direito **Processual Civil**
Direito do **Trabalho**
Direito **Processual do Trabalho**
Direito **Eleitoral** • Direito **Tributário**
Direito **Ambiental**
Estatuto da **Criança e do Adolescente**
Direito **Internacional**
Direito do **Consumidor** • **Arquivologia**
Direitos das **Pessoas com Deficiência**

Dados Internacionais de Catalogação na Publicação (CIP) de acordo com ISBD

C735

Como Passar em concursos de Tribunais Analista / Adolfo Mamoru Nishiyama ... [et al.] ; coordenado por Wander Garcia, Ana Paula Garcia. – 11. ed. - Indaiatuba, SP : Editora Foco, 2024.

560 p. ; 17cm x 24cm.

ISBN: 978-65-6120-119-3

1. Metodologia de estudo. 2. Concursos Públicos. 3. Tribunais Analista. I. Nishiyama, Adolfo Mamoru. II. Satin, Alice. III. Dompieri, Ana Paula. IV. Justo, André Nader. V. Nascimento, André. VI. Wady, Ariane. VII. Trigueiros, Arthur. VIII. Vieira, Bruna. IX. Silva, Daniel Pereira da. X. Dompieri, Eduardo. XI. Garcia, Elson. XII. Garcia, Enildo. XIII. Passos, Felipe Pelegrini Bertelli. XIV. Signorelli, Filipe Venturini. XV. Barros, Flávia. XVI. Campos, Flávia. XVII. Rodrigues, Gabriela. XVIII. Dias, Georgia. XIX. Nicolau, Gustavo. XX. Satin, Helder. XXI. Subi, Henrique. XXII. Cramacon, Hermes. XXIII. Soares, Leni Mouzinho. XXVI. Rossi, Licínia. XXV. Dellore, Luiz. XXVI. Fabre, Luiz. XXVII. Dato, Magally. XXVIII. Pereira, Márcio Alexandre. XXIX. Morishita, Paula. XXX. Flumian, Renan. XXXI. Densa, Roberta. XXXII. Barreirinhas, Robinson. XXXIII. Bordalo, Rodrigo. XXXIV. Chalita, Sávio. XXXV. Melo, Teresa. XXXVI. Garcia, Wander. XXXVII. Garcia, Ana Paula. XXXVIII. Título.

2024-1479   CDD 001.4   CDU 001.8

Elaborado por Vagner Rodolfo da Silva - CRB-8/9410
Índices para Catálogo Sistemático:

1. Metodologia de estudo 001.4   2. Metodologia de estudo 001.8

WANDER **GARCIA** • ANA PAULA **DOMPIERI**
COORDENADORES

DÉCIMA PRIMEIRA EDIÇÃO

COMO PASSAR

CONCURSOS DE TRIBUNAIS ANALISTA
2.900
QUESTÕES COMENTADAS

1.802 QUESTÕES IMPRESSAS
1.181 QUESTÕES ON-LINE

DISCIPLINAS
Português • Informática
Matemática e **Raciocínio Lógico** • Administração **Pública**
Administração **Financeira e Orçamentária**
Regimento **Interno e Legislação Local**
Lei 8.112 (Regime Jurídico dos Servidores Públicos Civis Federais)
Lei 8.666 (Licitações e Contratos Administrativos)
Direito **Administrativo** • Direito **Constitucional**
Direito **Penal** • Direito **Processual Penal**
Direito **Civil** • Direito **Processual Civil**
Direito do **Trabalho**
Direito **Processual do Trabalho**
Direito **Eleitoral** • Direito **Tributário**
Direito **Ambiental**
Estatuto da **Criança e do Adolescente**
Direito **Internacional**
Direito do **Consumidor** • **Arquivologia**
Direitos das **Pessoas com Deficiência**

2024 © Editora Foco

Coordenadores: Wander Garcia e Ana Paula Dompieri
Autores: Wander Garcia, Adolfo Mamoru Nishiyama, Alice Satin, Ana Paula Dompieri, André Nader Justo
André Nascimento, Ariane Wady, Arthur Trigueiros, Bruna Vieira, Daniel Pereira da Silva
Eduardo Dompieri, Elson Garcia, Enildo Garcia, Felipe Pelegrini Bertelli Passos
Filipe Venturini Signorelli, Flávia Barros, Flávia Campos, Gabriela Rodrigues, Georgia Dias
Gustavo Nicolau, Helder Satin, Henrique Subi, Hermes Cramacon, Leni Mouzinho Soares
Licínia Rossi, Luiz Dellore, Luiz Fabre, Magally Dato, Márcio Alexandre Pereira, Paula Morishita
Renan Flumian, Roberta Densa, Robinson Barreirinhas, Rodrigo Bordalo, Sávio Chalita e Teresa Melo

Diretor Acadêmico: Leonardo Pereira
Editor: Roberta Densa
Coordenadora Editorial: Paula Morishita
Revisora Sênior: Georgia Renata Dias
Capa Criação: Leonardo Hermano
Diagramação: Ladislau Lima e Aparecida Lima
Impressão miolo e capa: FORMA CERTA

DIREITOS AUTORAIS: É proibida a reprodução parcial ou total desta publicação, por qualquer forma ou meio, sem a prévia autorização da Editora FOCO, com exceção do teor das questões de concursos públicos que, por serem atos oficiais, não são protegidas como Direitos Autorais, na forma do Artigo 8º, IV, da Lei 9.610/1998. Referida vedação se estende às características gráficas da obra e sua editoração. A punição para a violação dos Direitos Autorais é crime previsto no Artigo 184 do Código Penal e as sanções civis às violações dos Direitos Autorais estão previstas nos Artigos 101 a 110 da Lei 9.610/1998. Os comentários das questões são de responsabilidade dos autores.

NOTAS DA EDITORA:

Atualizações e erratas: A presente obra é vendida como está, atualizada até a data do seu fechamento, informação que consta na página II do livro. Havendo a publicação de legislação de suma relevância, durante o ano da edição do livro, a editora, de forma discricionária, se empenhará em disponibilizar atualização futura.

Bônus ou Capítulo *On-line*: Excepcionalmente, algumas obras da editora trazem conteúdo no *on-line*, que é parte integrante do livro, cujo acesso será disponibilizado durante a vigência da edição da obra.

Erratas: A Editora se compromete a disponibilizar no site www.editorafoco.com.br, na seção Atualizações, eventuais erratas por razões de erros técnicos ou de conteúdo. Solicitamos, outrossim, que o leitor faça a gentileza de colaborar com a perfeição da obra, comunicando eventual erro encontrado por meio de mensagem para contato@editorafoco.com.br. O acesso será disponibilizado durante a vigência da edição da obra.

Impresso no Brasil (6.2024) – Data de Fechamento (5.2024)

2024
Todos os direitos reservados à
Editora Foco Jurídico Ltda.
Rua Antonio Brunetti, 593 – Jd. Morada do Sol
CEP 13348-533 – Indaiatuba – SP

E-mail: contato@editorafoco.com.br
www.editorafoco.com.br

Acesse JÁ os conteúdos *ON-LINE*

  ATUALIZAÇÃO em PDF e VÍDEO para complementar seus estudos*

Acesse o link:
www.editorafoco.com.br/atualizacao

 CAPÍTULOS ON-LINE

Acesse o link:
www.editorafoco.com.br/atualizacao

* As atualizações em PDF e Vídeo serão disponibilizadas sempre que houver necessidade, em caso de nova lei ou decisão jurisprudencial relevante, durante o ano da edição do livro.

* Acesso disponível durante a vigência desta edição.

COORDENADORES E AUTORES

SOBRE OS COORDENADORES

Wander Garcia – @wander_garcia

É Doutor, Mestre e Graduado em Direito pela PUC/SP. Professor universitário e de cursos preparatórios para Concursos e Exame de Ordem, tendo atuado nos cursos LFG e DAMÁSIO, no qual foi Diretor Geral de todos os cursos preparatórios e da Faculdade de Direito. Foi diretor da Escola Superior de Direito Público Municipal de São Paulo. É um dos fundadores da Editora Foco, especializada em livros jurídicos e para concursos e exames. Escreveu mais de 50 livros publicados na qualidade de autor, coautor ou organizador, nas áreas jurídica e de preparação para concursos e exame de ordem. Já vendeu mais de 1,5 milhão de livros, dentre os quais se destacam os Best Sellers "Como Passar na OAB", "Como Passar em Concursos Jurídicos", "Exame de Ordem Mapamentalizado" e "Concursos: O Guia Definitivo". É também advogado desde o ano de 2000 e foi procurador do município de São Paulo por mais de 15 anos. É *Coach* com sólida formação certificado em *Coaching* pelo IBC e pela *International Association of Coaching*.

Ana Paula Dompieri

Procuradora do Estado de São Paulo. Pós-graduada em Direito. Professora do IEDI. Escrevente do Tribunal de Justiça por mais de 10 anos. Ex-assistente Jurídico do Tribunal de Justiça. Autora de diversos livros para OAB e concursos.

SOBRE OS AUTORES

Adolfo Mamoru Nishiyama

Advogado. Possui graduação em Ciências Jurídicas pela Universidade Presbiteriana Mackenzie (1991) e mestrado em Direito do Estado pela Pontifícia Universidade Católica de São Paulo (1997). Doutorado em Direito do Estado pela Pontifícia Universidade Católica de São Paulo (2016). Atualmente é professor titular da Universidade Paulista

Alice Satin

Mestre em Direitos Difusos pela PUC/SP. Especialista em Direito Processual Civil pela PUC/SP. Palestrante e Professora Assistente na Graduação e Pós-Graduação em Direito da PUC/SP. Advogada.

André Nader Justo

Economista formado pela UNICAMP.

André Nascimento

Advogado e Especialista em Regulação na Agência Nacional do Petróleo, Gás Natural e Biocombustíveis. Coautor de diversas obras voltadas à preparação para Exames Oficiais e Concursos Públicos. Coautor do livro Estudos de Direito da Concorrência, da Editora Mackenzie, e de artigos científicos. Graduado em Direito pela Universidade Presbiteriana Mackenzie/SP. Graduando em Geografia pela Universidade de São Paulo.

Ariane Wady

Especialista em Direito Processual Civil (PUC-SP). Graduada em Direito pela PUC-SP (2000). Professora de pós-graduação e curso preparatório para concursos - PROORDEM - UNITÁ Educacional e Professora/Tutora de Direito Administrativo e Constitucional - Rede LFG e IOB. Advogada.

Arthur Trigueiros

Pós-graduado em Direito. Procurador do Estado de São Paulo. Professor da Rede LFG e do IEDI. Autor de diversas obras de preparação para Concursos Públicos e Exame de Ordem.

Bruna Vieira

Pós-graduada em Direito. Professora do IEDI, PROORDEM, LEGALE, ROBORTELLA e ÊXITO. Professora de Pós-graduação em Instituições de Ensino Superior. Palestrante. Autora de diversas obras de preparação para Concursos Públicos e Exame de Ordem, por diversas editoras. Advogada.

Daniel Pereira da Silva

Graduado, Mestre e Doutorando em economia pela Universidade Estadual de Campinas, Professor de matemática e economia na Fundação Escola de Comércio Álvares Penteado.

Eduardo Dompieri

Pós-graduado em Direito. Professor do IEDI. Autor de diversas obras de preparação para Concursos Públicos e Exame de Ordem.

Elson Garcia

Professor e Engenheiro graduado pela Universidade Federal do Rio de Janeiro – UFRJ.

Enildo Garcia

Especialista em Matemática pura e aplicada (UFSJ). Professor tutor de Pós-graduação em Matemática (UFJS – UAB). Analista de sistemas (PUCRJ).

Felipe Pelegrini Bertelli Passos
Advogado, Autor de Obras Jurídicas e Consultor. É Especialista em Direito Público e Bacharel em Direito pela Faculdade de Direito Professor Damásio de Jesus. Participou do curso de extensão em Direito Internacional Comparado – Itália – Università degli Studi di Camerino. Professor de Direito e Prática Tributária em Cursos Preparatórios para a OAB, Carreiras Fiscais, Carreiras Jurídicas e de Pós-Graduação em Direito. Sócio na MMAB Business Consulting e na Pelegrini & Alves Advogados Associados.

Filipe Venturini Signorelli
Mestrado em Direito Administrativo pela Pontifícia Universidade Católica de São Paulo. Pós-graduado em Governança, Gestão Pública e Direito Administrativo. Pós-graduado em Direito Público. Pós-graduado em Ciências criminais e docência superior. Linha de pesquisa na área de Autorregulação e Controle na administração pública. Conselheiro no IPMA Brasil – International Project Management Associate. Gestor Jurídico e Acadêmico. Professor. Advogado e Consultor Jurídico no Bordalo Densa & Venturini Advogados.

Flávia Barros
Procuradora do Município de São Paulo. Doutora em Direito do Estado pela Universidade de São Paulo. Mestre em Direito Administrativo pela PUC-SP. Especialista em Direito Administrativo pela PUC-SP/COGEAE. Especialista em Direitos Difusos e Coletivos pela ESMPSP. Coach de Alta Performance pela FEBRACIS. Practioneer e Master em Programação Neurolinguística - PNL. Analista de Perfil Comportamental - DISC Assessment. Professora de Direito Administrativo.

Flávia Campos
Consultora Legislativa da Assembleia Legislativa de Minas Gerais, na área de Participação e Interlocução Social. Especialista em Direito Público pela Universidade Cândido Mendes. Graduada em Direito Pela Pontifícia Universidade Católica de Minas Gerais. Professora de Direito Administrativo e de Prática Cível e Administrativa. Professora do SupremoTV.

Gabriela Rodrigues
Pós-Graduada em Direito Civil e Processual Civil pela Escola Paulista de Direito. Professora Universitária e do IEDI Cursos On-line e preparatórios para concursos públicos exame de ordem. Autora de diversas obras jurídicas para concursos públicos e exame de ordem. Advogada.

Georgia Dias
Especialista em Direito Penal pela Faculdade de Direito Professor Damásio de Jesus. Autora e organizadora de diversas obras publicadas pela Editora Foco. Advogada.

Gustavo Nicolau
Mestre e Doutor pela Faculdade de Direito da USP. Professor de Direito Civil da Rede LFG/Praetorium. Advogado.

Helder Satin
Graduado em Ciências da Computação, com MBA em Gestão de TI. Professor do IEDI. Professor de Cursos de Pós-graduação. Desenvolvedor de sistemas Web e gerente de projetos.

Henrique Subi
Agente da Fiscalização Financeira do Tribunal de Contas do Estado de São Paulo. Mestrando em Direito Político e Econômico pela Universidade Presbiteriana Mackenzie. Especialista em Direito Empresarial pela Fundação Getúlio Vargas e em Direito Tributário pela UNISUL. Professor de cursos preparatórios para concursos desde 2006. Coautor de mais de 20 obras voltadas para concursos, todas pela Editora Foco.

Hermes Cramacon
Possui graduação em Direito pela Universidade Cidade de São Paulo (2000). Mestrando em Direito da Saúde pela Universidade Santa Cecília. Docente da Universidade Municipal de São Caetano do Sul e professor da Faculdade TIJUCUSSU. Professor de Direito do Trabalho e Direito Processual do Trabalho do IEDI Cursos online e Escolha Certa Cursos nos cursos preparatórios para Exame de Ordem. Tem experiência na área de Direito, com ênfase em Direito do Trabalho, Direito Processual do Trabalho, Direito Processual Civil e Prática Jurídica.

Leni Mouzinho Soares
Assistente Jurídico do Tribunal de Justiça do Estado de São Paulo.

Licínia Rossi
Mestre em Direito Constitucional pela PUC/SP. Especialista em Direito Constitucional pela Escola Superior de Direito Constitucional. Professora exclusiva de Direito Administrativo e Constitucional na Rede Luiz Flávio Gomes de Ensino. Professora de Direito na UNICAMP. Advogada.

Luiz Dellore
Doutor e Mestre em Direito Processual pela USP. Mestre em Direito Constitucional pela PUC/SP. Visiting Scholar na Syracuse Univesity e Cornell University. Professor do Mackenzie, da FADISP, da Escola Paulista do Direito (EPD), do CPJur e do Saraiva Aprova. Ex-assessor de Ministro do STJ. Membro do IBDP (Instituto Brasileiro de Direito Processual) e do Ceapro (Centro de Estudos Avançados de Processo). Advogado concursado da Caixa Econômica Federal.

Luiz Fabre
Professor de cursos preparatórios para concursos. Procurador do Trabalho.

Magally Dato
Professora de Língua Portuguesa. Agente de Fiscalização do Tribunal de Contas do Município de São Paulo.

Márcio Alexandre Pereira

Mestre pelo Mackenzie. Especialista pela Escola Superior do Ministério Público. Professor das disciplinas de Direito Civil e Direito Processual Civil em cursos preparatórios de Exame de Ordem e Concursos Públicos. Professor de cursos de extensão universitária e de pós-graduação da Escola Superior da Advocacia e da Escola Paulista de Direito. Advogado.

Paula Morishita

Editorial jurídico, autora e organizadora de diversas obras na Editora Foco. Bacharel em Direito pela Pontifícia Universidade Católica de Campinas. Especialista em Direito Previdenciário. Advogada.

Renan Flumian

Mestre em Filosofia do Direito pela Universidade de Alicante. Cursou a Session Annuelle D'enseignement do Institut International des Droits de L'Homme, a Escola de Governo da USP e a Escola de Formação da Sociedade Brasileira de Direito Público. Professor e Coordenador Acadêmico do IEDI. Autor e coordenador de diversas obras de preparação para Concursos Públicos e o Exame de Ordem. Advogado.

Roberta Densa

Doutora em Direitos Difusos e Coletivos. Professora universitária e em cursos preparatórios para concursos Públicos e OAB. Autora da obra "Direito do Consumidor", 9ª edição publicada pela Editora Atlas.

Robinson Barreirinhas

Secretário Municipal dos Negócios Jurídicos da Prefeitura de São Paulo. Professor do IEDI. Procurador do Município de São Paulo. Autor e coautor de mais de 20 obras de preparação para concursos e OAB. Ex-Assessor de Ministro do STJ.

Rodrigo Bordalo

Doutor e Mestre em Direito do Estado pela Pontifícia Universidade Católica de São Paulo (PUC-SP). Professor de Direito Público da Universidade Presbiteriana Mackenzie (pós-graduação). Professor de Direito Administrativo e Ambiental do Centro Preparatório Jurídico (CPJUR) e da Escola Brasileira de Direito (EBRADI), entre outros. Procurador do Município de São Paulo, atualmente lotado na Coordenadoria Geral do Consultivo da Procuradoria Geral do Município. Advogado. Palestrante.

Savio Chalita

Advogado. Mestre em Direitos Sociais, Difusos e Coletivos. Professor do CPJUR (Centro Preparatório Jurídico), Autor de obras para Exame de Ordem e Concursos Públicos. Professor Universitário. Editor do blog www.comopassarnaoab.com.

Teresa Melo

Procuradora Federal. Assessora de Ministro do STJ. Professora do IEDI.

Sumário

COORDENADORES E AUTORES	VII
COMO USAR O LIVRO?	XXI

1. LÍNGUA PORTUGUESA 1

1. INTERPRETAÇÃO DE TEXTOS 1
2. VERBO 20
3. PONTUAÇÃO 23
4. REDAÇÃO, COESÃO E COERÊNCIA 26
5. CONCORDÂNCIA 35
6. CONJUNÇÃO 38
7. PRONOMES 40
8. CRASE 43
9. SEMÂNTICA 43
10. VOZES VERBAIS 50
11. ORTOGRAFIA 50
12. REGÊNCIAS VERBAL E NOMINAL 51
13. TEMAS COMBINADOS E OUTROS TEMAS 51

2. INFORMÁTICA 59

1. *HARDWARE* 59
2. MICROSOFT OFFICE 60
3. BR OFFICE 66
4. INTERNET 68
5. SEGURANÇA 73
6. SISTEMAS OPERACIONAIS 75

3. MATEMÁTICA E RACIOCÍNIO LÓGICO 81

1. RACIOCÍNIO LÓGICO 81
2. MATEMÁTICA BÁSICA 100

---

www. Acesse o conteúdo on-line. Siga as orientações disponíveis na página III.

3.	MATEMÁTICA FINANCEIRA	110
4.	ESTATÍSTICA	111

4. ADMINISTRAÇÃO PÚBLICA — 115

1.	TEORIAS E CORRENTES DOUTRINÁRIAS	115
2.	RECURSOS HUMANOS	116
3.	GESTÃO E LIDERANÇA	118
4.	ESTRUTURAS ORGANIZACIONAIS	121
5.	FERRAMENTAS E TÉCNICAS GERENCIAIS	122
6.	OUTRAS MATÉRIAS E TEMAS COMBINADOS	124

5. LEI 8.112/1990 — 127

1.	PROVIMENTO, VACÂNCIA, REMOÇÃO, DISTRIBUIÇÃO E SUBSTITUIÇÃO	127
2.	DIREITOS E VANTAGENS	138
3.	REGIME DISCIPLINAR	145
4.	PROCESSO DISCIPLINAR	151
5.	SEGURIDADE SOCIAL DO SERVIDOR – BENEFÍCIOS (APOSENTADORIA, AUXÍLIO-NATALIDADE, SALÁRIO-FAMÍLIA, LICENÇA PARA TRATAMENTO DE SAÚDE, LICENÇA À GESTANTE, À ADOTANTE E POR PATERNIDADE, LICENÇA POR ACIDENTE EM SERVIÇO, PENSÃO, AUXÍLIO-FUNERAL E AUXÍLIO-RECLUSÃO)	153
6.	TEMAS COMBINADOS	153

6. LEI DE LICITAÇÕES E CONTRATOS ADMINISTRATIVOS — 155

1.	LICITAÇÃO	155
2.	CONTRATOS	163
3.	TEMAS COMBINADOS	170

7. DIREITO ADMINISTRATIVO — 173

1.	REGIME JURÍDICO ADMINISTRATIVO E PRINCÍPIOS DO DIREITO ADMINISTRATIVO	173
2.	PODERES DA ADMINISTRAÇÃO PÚBLICA	176
3.	ATO ADMINISTRATIVO	181
4.	ORGANIZAÇÃO ADMINISTRATIVA	192
5.	AGENTES PÚBLICOS	202
6.	IMPROBIDADE ADMINISTRATIVA	205
7.	BENS PÚBLICOS	213
8.	INTERVENÇÃO DO ESTADO NA PROPRIEDADE	215
9.	RESPONSABILIDADE DO ESTADO	215
10.	SERVIÇOS PÚBLICOS	219

11.	CONTROLE DA ADMINISTRAÇÃO	224
12.	PROCESSO ADMINISTRATIVO (LEI 9.784/1999)	226
13.	OUTROS TEMAS E TEMAS COMBINADOS	230

8. DIREITO CONSTITUCIONAL — 233

1.	TEORIA GERAL DA CONSTITUIÇÃO, NORMAS CONSTITUCIONAIS E PODER CONSTITUINTE	233
2.	PRINCÍPIOS FUNDAMENTAIS E DIREITOS E GARANTIAS FUNDAMENTAIS	237
3.	ORGANIZAÇÃO DO ESTADO	248
4.	ORGANIZAÇÃO DOS PODERES	257
5.	DEFESA DO ESTADO E DAS INSTITUIÇÕES DEMOCRÁTICAS	276
6.	TRIBUTAÇÃO E ORÇAMENTO	276
7.	ORDEM ECONÔMICA E FINANCEIRA	277
8.	ORDEM SOCIAL	277
9.	QUESTÕES COMBINADAS	277

9. DIREITO PENAL — 281

1.	CONCEITO, FONTES, PRINCÍPIOS E APLICAÇÃO DA LEI NO TEMPO E NO ESPAÇO	281
2.	CLASSIFICAÇÃO DOS CRIMES, FATO TÍPICO E TIPO PENAL	285
3.	CRIMES DOLOSOS, CULPOSOS E PRETERDOLOSOS; ERRO DE TIPO, DE PROIBIÇÃO E DEMAIS ERROS	287
4.	TENTATIVA, CONSUMAÇÃO, DESISTÊNCIA, ARREPENDIMENTO E CRIME IMPOSSÍVEL	288
5.	ANTIJURIDICIDADE E CAUSAS EXCLUDENTES	289
6.	CONCURSO DE PESSOAS	290
7.	CULPABILIDADE E CAUSAS EXCLUDENTES	291
8.	PENA E MEDIDA DE SEGURANÇA	292
9.	AÇÃO PENAL	297
10.	EXTINÇÃO DA PUNIBILIDADE – PRESCRIÇÃO	297
11.	CRIMES CONTRA A PESSOA E CONTRA O PATRIMÔNIO	299
12.	CRIMES CONTRA A FÉ PÚBLICA, A ADMINISTRAÇÃO PÚBLICA E AS FINANÇAS PÚBLICAS	302
13.	CRIMES DA LEI DE DROGAS	309
14.	OUTROS CRIMES DA LEGISLAÇÃO EXTRAVAGANTE	310
15.	TEMAS COMBINADOS DE DIREITO PENAL	314

10. DIREITO PROCESSUAL PENAL — 325

1.	FONTES, PRINCÍPIOS GERAIS, INTERPRETAÇÃO E EFICÁCIA DA LEI PROCESSUAL NO TEMPO E NO ESPAÇO	325
2.	INQUÉRITO POLICIAL E OUTRAS FORMAS DE INVESTIGAÇÃO	325

3.	AÇÃO PENAL E AÇÃO CIVIL *EX DELICTO*	330
4.	JURISDIÇÃO E COMPETÊNCIA; CONEXÃO E CONTINÊNCIA	335
5.	QUESTÕES E PROCESSOS INCIDENTES	342
6.	PROVA	342
7.	PRISÃO, MEDIDAS CAUTELARES E LIBERDADE PROVISÓRIA	347
8.	SUJEITOS PROCESSUAIS, CITAÇÃO, INTIMAÇÃO E PRAZOS	354
9.	PROCESSO E PROCEDIMENTOS; SENTENÇA E COISA JULGADA	356
10.	NULIDADES	359
11.	RECURSOS	360
12.	*HABEAS CORPUS* E REVISÃO CRIMINAL	364
13.	LEGISLAÇÃO EXTRAVAGANTE E TEMAS COMBINADOS	366

11. DIREITO CIVIL — 373

1.	LINDB	373
2.	GERAL	374
3.	OBRIGAÇÕES	388
4.	CONTRATOS	393
5.	RESPONSABILIDADE CIVIL	403
6.	COISAS	408
7.	FAMÍLIA	413
8.	SUCESSÕES	414
9.	TEMAS COMBINADOS	415

12. DIREITO PROCESSUAL CIVIL — 421

1.	PRINCÍPIOS DO PROCESSO CIVIL	421
2.	JURISDIÇÃO E COMPETÊNCIA	422
3.	PARTES, PROCURADORES, MINISTÉRIO PÚBLICO E JUIZ	423
4.	PRAZOS E ATOS PROCESSUAIS	425
5.	LITISCONSÓRCIO E INTERVENÇÃO DE TERCEIROS	426
6.	PRESSUPOSTOS PROCESSUAIS E CONDIÇÕES DA AÇÃO	429
7.	FORMAÇÃO, SUSPENSÃO E EXTINÇÃO DO PROCESSO	430
8.	TUTELA PROVISÓRIA	430
9.	PETIÇÃO INICIAL	432
10.	DEFESA DO RÉU	432
11.	PROVAS	433

12. SENTENÇA, COISA JULGADA E AÇÃO RESCISÓRIA	435
13. TEORIA GERAL DOS RECURSOS	436
14. RECURSOS EM ESPÉCIE	437
15. EXECUÇÃO E EMBARGOS DO DEVEDOR	438
16. CUMPRIMENTO DE SENTENÇA E IMPUGNAÇÃO	440
17. PROCEDIMENTOS ESPECIAIS NO CPC	441
18. PROCEDIMENTOS ESPECIAIS DE LEGISLAÇÃO EXTRAVAGANTE	442
19. TEMAS COMBINADOS	444

13. DIREITO DO TRABALHO — 449

1. FONTES DO DIREITO DO TRABALHO	449
2. PRINCÍPIOS	449
3. VÍNCULO EMPREGATÍCIO E CONTRATO DE TRABALHO	451
4. RELAÇÕES ESPECIAIS DE TRABALHO	455
5. TERCEIRIZAÇÃO E TRABALHO TEMPORÁRIO	458
6. JORNADA DE TRABALHO	459
7. TRABALHO NOTURNO (INCLUSIVE, ADICIONAL NOTURNO)	462
8. FÉRIAS	462
9. REMUNERAÇÃO, SALÁRIO E DEMAIS VANTAGENS	464
10. ALTERAÇÃO DO CONTRATO DE TRABALHO	466
11. SUSPENSÃO E INTERRUPÇÃO DO CONTRATO DE TRABALHO	469
12. RESCISÃO DO CONTRATO DE TRABALHO (INCLUSIVE, AVISO-PRÉVIO)	470
13. ESTABILIDADE E GARANTIA NO EMPREGO	475
14. FGTS	476
15. MEDICINA E SEGURANÇA NO TRABALHO	478
16. PRESCRIÇÃO E DECADÊNCIA	480
17. ORGANIZAÇÃO E LIBERDADE SINDICAL	481
18. CONVENÇÕES E ACORDOS COLETIVOS DE TRABALHO	482
19. DIREITO DE GREVE	483
20. COMISSÃO DE CONCILIAÇÃO PRÉVIA	484
21. QUESTÕES COMBINADAS	484

14. DIREITO PROCESSUAL DO TRABALHO — 489

1. JUSTIÇA DO TRABALHO E MINISTÉRIO PÚBLICO DO TRABALHO	489
2. TEORIA GERAL E PRINCÍPIOS DO PROCESSO DO TRABALHO	491

3. PRESCRIÇÃO E DECADÊNCIA 492
4. COMPETÊNCIA 492
5. CUSTAS, EMOLUMENTOS E HONORÁRIOS 495
6. PARTES, ADVOGADOS, REPRESENTAÇÃO 497
7. NULIDADES 498
8. PROVAS 500
9. PROCEDIMENTO (INCLUSIVE, ATOS PROCESSUAIS) 503
10. EXECUÇÃO 507
11. EMBARGOS DE TERCEIRO 510
12. COISA JULGADA E AÇÃO RESCISÓRIA 510
13. INQUÉRITO PARA APURAÇÃO DE FALTA GRAVE 511
14. MANDADO DE SEGURANÇA 512
15. DEMANDAS COLETIVAS (DISSÍDIO COLETIVO, AÇÃO CIVIL PÚBLICA, AÇÃO DE CUMPRIMENTO) ..512
16. RECURSOS 513
17. QUESTÕES COMBINADAS 517

15. DIREITO TRIBUTÁRIO — 521

1. PRINCÍPIOS, COMPETÊNCIA, IMUNIDADE 521
2. DEFINIÇÃO E ESPÉCIES DE TRIBUTOS, LEGISLAÇÃO 523
3. OBRIGAÇÃO, SUJEIÇÃO PASSIVA, LANÇAMENTO CRÉDITO, GARANTIAS, REPARTIÇÃO DE RECEITAS 526
4. SUSPENSÃO, EXTINÇÃO E EXCLUSÃO DO CRÉDITO 529
5. IMPOSTOS EM ESPÉCIE 532
6. OUTRAS MATÉRIAS E COMBINADAS 533

16. ESTATUTO DA CRIANÇA E DO ADOLESCENTE — 535

Capítulos on-line

1. LÍNGUA PORTUGUESA — 1

1. INTERPRETAÇÃO DE TEXTO 1
2. VERBO 5
3. PONTUAÇÃO 7
4. REDAÇÃO, COESÃO E COERÊNCIA 10
5. CONCORDÂNCIA 18
6. CONJUNÇÃO 21
7. PRONOMES 24
8. CRASE 25
9. SEMÂNTICA 26
10. VOZES VERBAIS 27
11. ORTOGRAFIA 30
12. REGÊNCIAS VERBAL E NOMINAL 31
13. TEMAS COMBINADOS E OUTROS TEMAS 32

2. INFORMÁTICA — 39

1. *HARDWARE* 39
2. MICROSOFT OFFICE 41
3. BR OFFICE 43
4. INTERNET 45
5. SEGURANÇA 49
6. SISTEMAS OPERACIONAIS 51

3. MATEMÁTICA E RACIOCÍNIO LÓGICO — 55

1. RACIOCÍNIO LÓGICO 55
2. MATEMÁTICA BÁSICA 62
3. MATEMÁTICA FINANCEIRA 76
4. ESTATÍSTICA 76

4. ADMINISTRAÇÃO PÚBLICA — 79

1. TEORIAS E CORRENTES DOUTRINÁRIAS 79
2. RECURSOS HUMANOS 82

3.	GESTÃO E LIDERANÇA	85
4.	ESTRUTURAS ORGANIZACIONAIS	88
5.	FERRAMENTAS E TÉCNICAS GERENCIAIS	90
6.	ADMINISTRAÇÃO PÚBLICA FEDERAL	92
7.	OUTRAS MATÉRIAS E TEMAS COMBINADOS	93

7. DIREITO ADMINISTRATIVO — 97

1.	REGIME JURÍDICO ADMINISTRATIVO E PRINCÍPIOS DO DIREITO ADMINISTRATIVO	97
2.	PODERES DA ADMINISTRAÇÃO PÚBLICA	98
3.	ATO ADMINISTRATIVO	102
4.	ORGANIZAÇÃO ADMINISTRATIVA	106
5.	AGENTES PÚBLICOS	110
6.	IMPROBIDADE ADMINISTRATIVA	112
7.	BENS PÚBLICOS	118
8.	RESPONSABILIDADE DO ESTADO	119
9.	SERVIÇOS PÚBLICOS	121
10.	CONTROLE DA ADMINISTRAÇÃO	124
11.	PROCESSO ADMINISTRATIVO (LEI 9.784/1999)	125

8. DIREITO CONSTITUCIONAL — 133

1.	TEORIA GERAL DA CONSTITUIÇÃO, NORMAS CONSTITUCIONAIS E PODER CONSTITUINTE	133
2.	PRINCÍPIOS FUNDAMENTAIS E DIREITOS E GARANTIAS FUNDAMENTAIS	136
3.	ORGANIZAÇÃO DO ESTADO	146
4.	ORGANIZAÇÃO DOS PODERES	153
5.	DEFESA DO ESTADO E DAS INSTITUIÇÕES DEMOCRÁTICAS	171
6.	TRIBUTAÇÃO E ORÇAMENTO	173
7.	ORDEM ECONÔMICA E FINANCEIRA	173
8.	ORDEM SOCIAL	173
9.	QUESTÕES COMBINADAS	174

11. DIREITO CIVIL — 177

1.	LINDB	177
2.	GERAL	178
3.	OBRIGAÇÕES	191
4.	CONTRATOS	195
5.	RESPONSABILIDADE CIVIL	199

6.	DIREITO DE EMPRESA	201
7.	FAMÍLIA	201
8.	SUCESSÕES	203

17. REGIMENTO INTERNO E LEGISLAÇÃO LOCAL — 205

1.	TRIBUNAIS SUPERIORES	205
2.	CONHECIMENTOS COMPLEMENTARES	206
3.	TRIBUNAIS REGIONAIS DO TRABALHO	207
4.	TRIBUNAIS REGIONAIS ELEITORAIS	211
5.	TRIBUNAIS REGIONAIS FEDERAIS	216
6.	TRIBUNAIS DE JUSTIÇA	216
7.	NORMAS DA CORREGEDORIA GERAL DA JUSTIÇA	225
8.	LEGISLAÇÃO APLICADA AO MPU	226

18. DIREITO AMBIENTAL — 229

1.	NOÇÕES BÁSICAS	231
2.	SISNAMA. INSTRUMENTOS DE PROTEÇÃO AO MEIO AMBIENTE	232
3.	RESPONSABILIDADE CIVIL, ADMINISTRATIVA E PENAL	234

19. DIREITO INTERNACIONAL — 235

20. ARQUIVOLOGIA — 239

1.	CONCEITOS FUNDAMENTAIS DE ARQUIVOLOGIA	239
2.	O GERENCIAMENTO DA INFORMAÇÃO E A GESTÃO DE DOCUMENTOS: DIAGNÓSTICOS; ARQUIVOS CORRENTES E INTERMEDIÁRIO; PROTOCOLOS; AVALIAÇÃO DE DOCUMENTOS; ARQUIVOS PERMANENTES	242
3.	TIPOLOGIAS DOCUMENTAIS E SUPORTES FÍSICOS: MICROFILMAGEM; AUTOMAÇÃO; PRESERVAÇÃO, CONSERVAÇÃO E RESTAURAÇÃO DE DOCUMENTOS	245

21. DIREITOS DAS PESSOAS COM DEFICIÊNCIA — 249

22. DIREITO ELEITORAL

23. ADMINISTRAÇÃO FINANCEIRA E ORÇAMENTARIA

COMO USAR O LIVRO?

Para que você consiga um ótimo aproveitamento deste livro, atente para as seguintes orientações:

1º Tenha em mãos um **vademecum** ou **um computador** no qual você possa acessar os textos de lei citados.

Neste ponto, recomendamos o **Vade Mecum de Legislação FOCO** – confira em www.editorafoco.com.br.

2º Se você estiver estudando a teoria (fazendo um curso preparatório ou lendo resumos, livros ou apostilas), faça as questões correspondentes deste livro na medida em que for avançando no estudo da parte teórica.

3º Se você já avançou bem no estudo da teoria, leia cada capítulo deste livro até o final, e só passe para o novo capítulo quando acabar o anterior; vai mais uma dica: alterne capítulos de acordo com suas preferências; leia um capítulo de uma disciplina que você gosta e, depois, de uma que você não gosta ou não sabe muito, e assim sucessivamente.

4º Iniciada a resolução das questões, tome o cuidado de ler cada uma delas **sem olhar para o gabarito e para os comentários**; se a curiosidade for muito grande e você não conseguir controlar os olhos, tampe os comentários e os gabaritos com uma régua ou um papel; na primeira tentativa, é fundamental que resolva a questão sozinho; só assim você vai identificar suas deficiências e "pegar o jeito" de resolver as questões; marque com um lápis a resposta que entender correta, e só depois olhe o gabarito e os comentários.

5º **Leia com muita atenção o enunciado das questões**. Ele deve ser lido, no mínimo, duas vezes. Da segunda leitura em diante, começam a aparecer os detalhes, os pontos que não percebemos na primeira leitura.

6º <u>Grife</u> **as palavras-chave, as afirmações e a pergunta formulada.** Ao grifar as palavras importantes e as afirmações você fixará mais os pontos-chave e não se perderá no enunciado como um todo. Tenha atenção especial com as palavras "correto", "incorreto", "certo", "errado", "prescindível" e "imprescindível".

7º Leia os comentários e **leia também cada dispositivo legal** neles mencionados; não tenha preguiça; abra o vademecum e leia os textos de leis citados, tanto os que explicam as alternativas corretas, como os que explicam o porquê de ser incorreta dada alternativa; você tem que conhecer bem a letra da lei, já que mais de 90% das respostas estão nela; mesmo que você já tenha entendido determinada questão, reforce sua memória e leia o texto legal indicado nos comentários.

8º Leia também os **textos legais que estão em volta** do dispositivo; por exemplo, se aparecer, em Direito Penal, uma questão cujo comentário remete ao dispositivo que trata de falsidade ideológica, aproveite para ler também os dispositivos que tratam dos outros crimes de falsidade; outro exemplo: se aparecer uma questão, em Direito Constitucional, que trate da composição do Conselho Nacional de Justiça, leia também as outras regras que regulamentam esse conselho.

9º Depois de resolver sozinho a questão e de ler cada comentário, você deve fazer uma **anotação ao lado da questão**, deixando claro o motivo de eventual erro que você tenha cometido; conheça os motivos mais comuns de erros na resolução das questões:

DL – "desconhecimento da lei"; quando a questão puder ser resolvida apenas com o conhecimento do texto de lei;

DD – "desconhecimento da doutrina"; quando a questão só puder ser resolvida com o conhecimento da doutrina;

DJ – "desconhecimento da jurisprudência"; quando a questão só puder ser resolvida com o conhecimento da jurisprudência;

FA – "falta de atenção"; quando você tiver errado a questão por não ter lido com cuidado o enunciado e as alternativas;

NUT - "não uso das técnicas"; quando você tiver se esquecido de usar as técnicas de resolução de questões objetivas, tais como as da **repetição de elementos** ("quanto mais elementos repetidos existirem, maior a chance de a alternativa ser correta"), das **afirmações generalizantes** ("afirmações generalizantes tendem a ser incorretas" - reconhece-se afirmações generalizantes pelas palavras *sempre, nunca, qualquer, absolutamente, apenas, só, somente exclusivamente* etc.), dos **conceitos compridos** ("os conceitos de maior extensão tendem a ser corretos"), entre outras.

obs: se você tiver interesse em fazer um Curso de "Técnicas de Resolução de Questões Objetivas", recomendamos o curso criado a esse respeito pelo IEDI Cursos On-line: www.iedi.com.br.

10º Confie no **bom-senso**. Normalmente, a resposta correta é a que tem mais a ver com o bom-senso e com a ética. Não ache que todas as perguntas contêm uma pegadinha. Se aparecer um instituto que você não conhece, repare bem no seu nome e tente imaginar o seu significado.

11º Faça um levantamento do **percentual de acertos de cada disciplina** e dos **principais motivos que levaram aos erros cometidos**; de posse da primeira informação, verifique quais disciplinas merecem um reforço no estudo; e de posse da segunda informação, fique atento aos erros que você mais comete, para que eles não se repitam.

12º Uma semana antes da prova, faça uma **leitura dinâmica** de todas as anotações que você fez e leia de novo os dispositivos legais (e seu entorno) das questões em que você marcar "DL", ou seja, desconhecimento da lei.

13º Para que você consiga ler o livro inteiro, faça um bom **planejamento**. Por exemplo, se você tiver 30 dias para ler a obra, divida o número de páginas do livro pelo número de dias que você tem, e cumpra, diariamente, o número de páginas necessárias para chegar até o fim. Se tiver sono ou preguiça, levante um pouco, beba água, masque chiclete ou leia em voz alta por algum tempo.

14º Desejo a você, também, muita **energia, disposição, foco, organização, disciplina, perseverança, amor** e **ética**!

Wander Garcia e Ana Paula Dompieri
Coordenadores

1. Língua Portuguesa

Magally Dato e Henrique Subi

1. INTERPRETAÇÃO DE TEXTOS

Leia a charge para responder às questões a seguir.

(Chargista Ricardo Manhães. https://ndmais.com.br/opiniao/charges,

31.03.2023)

(Analista – TRF3 – 2024 – VUNESP) O diálogo entre os mosquitos permite concluir corretamente que

(A) as medidas de combate à dengue deixam-nos apreensivos.
(B) a disseminação da dengue é algo em que eles não creem.
(C) o avanço da dengue é fato incontestável e pode recrudescer.
(D) os casos confirmados negam de fato o avanço da dengue.
(E) a dengue é um problema que eles preferem ignorar por ora.

Dentre as alternativas propostas, a única que se adequa ao conteúdo da charge é a letra "C", que deve ser assinalada. Os mosquitos se veem tranquilos e seguros que os casos seguirão aumentando (chegando a mil). "Recrudescer" significa "tornar-se mais intenso", "aumentar". **HS**
Gabarito "C".

Dengue prevista

A dengue é uma doença periódica e cíclica: os casos crescem no verão e há picos epidêmicos a cada 4 ou 5 anos. Trata-se, portanto, de enfermidade de atuação previsível. Supõe-se que o poder público se adiantaria com medidas de prevenção e tratamento. Contudo, há décadas os números de casos e mortes só aumentam no Brasil.

Entre 2000 e 2010, foram registrados 4,5 milhões de ocorrências e 1.869 óbitos. Na década seguinte, os números saltaram para 9,5 milhões e 5.385, respectivamente. O primeiro semestre deste ano registra 1,4 milhão de casos, ante 1,5 milhão em 2022. A tendência é piorar.

Segundo a OMS, urbanização descontrolada e sistema sanitário precário contribuem para o descontrole da moléstia.

No Brasil, cerca de 50% da população não tem acesso a redes de esgoto, em grande parte devido à ineficiência estatal, que só agora começa a mudar com o novo marco do setor. E o desmatamento para a construção de moradias irregulares grassa nos grandes centros. A dimensão de áreas verdes derrubadas para esse fim na cidade de São Paulo atingiu, nos primeiros dois meses de 2023, 85 hectares.

Neste ano, o município já conta com 11.444 casos de dengue – 3,7% a mais em relação ao mesmo período de 2022. Dez pessoas morreram, o maior número em oito anos, quando houve pico epidêmico.

A OMS ressaltou a importância da vacinação. Mas, devido à burocracia, o Brasil protela a distribuição do imunizante japonês Qdenga – já aprovado para venda pela Anvisa – no sistema público de saúde.

O combate à dengue deve ser contínuo, não apenas no verão, e em várias frentes complementares (saúde, infraestrutura e moradia). Com o alerta da OMS, espera-se que o poder público, local e federal, se prepare para receber as consequências do fenômeno climático El Niño.

(Editorial. Folha de S.Paulo, 27.07.2023. Adaptado)

(Analista – TRF3 – 2024 – VUNESP) O editorial enfatiza que o aumento dos casos de dengue é

(A) sazonal, dispensando atenção sistemática das instâncias governamentais, uma vez que os picos epidêmicos têm sido satisfatoriamente controlados.
(B) insignificante, uma vez que as consequências do El Niño para a população não afetam o sistema de saúde, a infraestrutura e a moradia do país.
(C) esperado, configurando um problema de saúde pública que deve ser combatido por meio de frentes complementares orquestradas pelo poder público.
(D) improvável, o que dispensa o poder público de organizar os mecanismos de prevenção, como a vacinação da população com o imunizante japonês Qdenga.
(E) desesperador, aumentando a insegurança da população que se vê acuada nos picos epidêmicos da doença, mesmo com prevenção e tratamento.

A: incorreta. O texto deixa claro que os ciclos, apesar de previsíveis, não vêm sendo controlados pelo poder público; **B:** incorreta, porque contrasta com todas as ideias defendidas no texto; **C:** correta, conforme a ideia central do último parágrafo do texto; **D:** incorreta. Os dados apresentados permitem concluir que a situação tende, na verdade, a piorar; **E:** incorreta. Ainda que a dengue seja uma doença grave, não se pode concluir tais condições de desespero da população pelo texto. **HS**
Gabarito "C".

(Analista – TRF3 – 2024 – VUNESP) Na passagem do primeiro parágrafo do texto – **Supõe-se que o poder público se adiantaria com medidas de prevenção e tratamento.** Contudo, há décadas os números de casos e mortes só aumentam no Brasil. –, o trecho destacado e o trecho posterior expressam, correta e respectivamente, sentidos de

(A) afirmação e conclusão.
(B) hipótese e adversidade.
(C) contestação e concessão.
(D) afirmação e explicação.
(E) hipótese e comparação.

O trecho destacado em negrito traz uma hipótese, uma suposição, como bem se pode concluir pelo próprio verbo "supor", núcleo da oração. O segundo trecho se inicia com conjunção adversativa, ou seja, traz a ideia de adversidade, contraposição ao que foi dito antes. HS

Gabarito "B".

[Acerca da "Igualdade"]

"Liberdade, Igualdade, Fraternidade" foi o grito de guerra da Revolução Francesa. Hoje há disciplinas inteiras – ramos da filosofia, da ciência política e dos estudos jurídicos – que têm a "igualdade" como tema central de estudos. Todos concordam que a igualdade é um valor; ninguém parece concordar quanto ao que se refere o termo. Igualdade de oportunidades? Igualdade de condições? Igualdade formal perante a lei?

Estaremos falando de uma ideologia, a crença de que todos na sociedade **deveriam** ser iguais – claro que não em todos os aspectos, mas nos mais importantes? Ou será uma sociedade em que as pessoas **são** efetivamente iguais? O que isso significaria de fato, na prática, em ambos os casos? Que todos os membros da sociedade têm igual acesso à terra, ou tratam uns aos outros com igual dignidade, ou são igualmente livres para expor suas opiniões em assembleias públicas?

A igualdade seria o apagamento do indivíduo ou a celebração do indivíduo? Numa sociedade, por exemplo, em que os mais poderosos são tratados como divindades e tomam as decisões mais importantes, é possível falar em igualdade? E as relações de gênero? Muitas sociedades tratadas como "igualitárias" na verdade têm seu igualitarismo restrito aos homens adultos. Em casos assim, podemos falar em igualdade de gêneros?

Como não existe nenhuma resposta clara e consensual a questões desse tipo, o uso do termo "igualitário" tem levado a discussões infindáveis. Para alguns teóricos do século XVII, a igualdade se manifestava no estado da Natureza. Igualdade, pois, seria um termo definido por omissão: identificaria uma humanidade que pudesse estar livre depois de removidas todas as armadilhas da civilização. Povos "igualitários" seriam, pois, aqueles sem príncipes, sem juízes, sem inspetores, sem sacerdotes, possivelmente sem cidades, sem escrita ou sequer agricultura. Seriam sociedades de iguais apenas no sentido estrito de que estariam ausentes todos os sinais mais evidentes de desigualdade.

Não há dúvida, pensando-se sempre no ideal de "igualdade", de que algo deu muito errado no mundo.

Uma ínfima parte da população controla o destino de quase todos os outros, e de uma maneira cada vez mais desastrosa.

(Adaptado de: GRAEBER, David, e WENGROW, David. **O despertar de tudo – Uma nova história da humanidade.** Trad. Denise Bottmann e Claudio Marcondes. São Paulo: Companhia das Letras, 2022, p. 91 a 94, *passim*)

(Analista – TRT/18 – 2023 – FCC) A utilização do termo igualdade tem mostrado que esse conceito

(A) somente ganhou precisão rigorosamente objetiva ao longo da Revolução Francesa.
(B) tem sido objeto de várias áreas de conhecimento, sem consenso quanto ao seu sentido.
(C) apenas ganha sentido para esclarecer o que ocorre positivamente entre os gêneros.
(D) tem sido objeto de discussões infindáveis porque ninguém lhe reconhece um valor prático.
(E) teve plena vigência somente entre os primitivos que reconheciam o valor da natureza.

A ideia central desenvolvida no texto é a falta de consenso sobre o significado, o sentido do termo "igualdade" nas diversas áreas do conhecimento – filosofia, direito e ciência política. HS

Gabarito "B".

(Analista – TRT/18 – 2023 – FCC) Segundo alguns teóricos do século XVII (4º parágrafo), a igualdade

(A) só ocorreria no caso de supressão do que consideravam obstáculos criados pela própria civilização.
(B) seria alcançada somente quando os homens aperfeiçoassem com todo o rigor suas mais caras instituições.
(C) teria alcançado seu esplendor ao tempo em que o cultivo da natureza inspirava a conduta social de todos.
(D) teria se tornado um valor abstrato por conta das revoluções que suprimiram suas formas objetivas de vigência.
(E) constituiria um ideal tão alto que será preciso aguardar a ocasião historicamente propícia para sua efetivação.

O texto se refere aos filósofos contratualistas, como Hobbes e Rousseau, segundo os quais as pessoas viviam em igualdade na natureza, antes da constituição do Estado. Com isso, seria impossível se falar em igualdade na civilização como a conhecemos, porque, justamente para que essa fosse constituída, as pessoas abriram mão ao menos de uma parcela desta igualdade. HS

Gabarito "A".

(Analista – TRT/18 – 2023 – FCC) Na pergunta **A igualdade seria o apagamento do indivíduo ou a celebração do indivíduo?**, o autor

(A) articula uma relação de causa e efeito entre os termos que a constituem.
(B) indaga sobre o que seria um natural desenvolvimento das práticas igualitárias.
(C) considera os extremos antagônicos relativos ao entendimento de um mesmo conceito.
(D) levanta a hipótese de que haja duas possibilidades alternáveis dentro de uma prática.

(E) sustenta uma relação de antagonismo entre os que vivenciam um mesmo ideal.

Trata-se de recurso retórico para chamar a atenção do leitor, pela aproximação de conceitos antagônicos, sobre a dificuldade de se definir a igualdade.
Gabarito "C".

Encenação da morte

A vida nos quer, a morte nos quer. Somos o resultado da tensão ocasionada pelas duas forças que nos puxam. Esse equilíbrio não é estável. Amplo, diverso e elástico é o campo de força da vida, e vale a mesma coisa para o campo da morte. Se ficamos facilmente deprimidos ou exaltados é em razão das oscilações de intensidade desses dois campos magnéticos, sendo o tédio o relativo equilíbrio entre os dois.

Às vezes é mais intensa a pressão da vida, outras vezes é mais intensa a pressão da morte. Não se quer dizer com isso que a exaltação seja a morte e a depressão seja a vida. Há exaltações e exultações que se polarizam na morte, assim como há sistemas de depressão que gravitam em torno da vida. O estranho, do ponto de vista biológico, é que somos medularmente solitários com ambos os estados de imantação mais intensa, os da vida e os da morte. Não aproveitamos apenas a vida, mas usufruímos também as experiências da morte, desde que essas não nos matem.

Ganhei várias vezes da morte, isto é, inúmeras vezes os papéis que a morte representou para mim não chegaram a ser convincentes ou não chegaram a fazer grande sucesso. Matei várias mortes. (...) Mas outro dia dei dentro de mim com uma morte tão madura, tão forte, tão irrespondível, tão parecida comigo que fiquei no mais confuso dos sentimentos. Esta eu não posso matar, esta é a minha morte. O Vinícius de Moraes, que entende muito de morte, disse que nesse terreno há sempre margem de erro, e que talvez eu tenha ainda de andar um bocado mais antes de encontrar a minha morte. Pode ser. Não sei. Quem sabe?

(Adaptado de CAMPOS, Paulo Mendes. **Os sabiás da crônica. Antologia**. Org. Augusto Massi. Belo Horizonte: Autêntica, 2021, p. 246-240, *passim*)

(Analista – TRT/18 – 2023 – FCC) Ao situar especificamente a tensão ocasionada pelas duas forças que nos puxam, no início do texto, o cronista está se referindo a um fenômeno que expressará em outro lugar como
(A) estados de imantação mais intensa.
(B) diverso e elástico é o campo da vida.
(C) somos medularmente solitários.
(D) há sempre uma margem de erro.
(E) talvez eu tenha ainda de andar um bocado.

A passagem mencionada no enunciado é resgatada pela expressão "estados de imantação mais intensa", para representar as influências da vida e da morte em nossa existência.
Gabarito "A".

(Analista – TRT/18 – 2023 – FCC) Ao afirmar *Matei várias mortes*, o cronista está sugerindo que
(A) superou bravamente todos os riscos de morrer.
(B) encenou a própria morte para sentir como seria.
(C) venceu os desafios de uma ilusória fatalidade.
(D) imaginou morrer quando nada o ameaçava.
(E) supôs ter morrido num estado de delírio.

A expressão traduz a ideia do autor de que, em vários momentos, esteve diante de uma possibilidade de morte, porém que não se concretizaram.
Gabarito "C".

Uma visita

Era já no fim da tarde quando a moça – muito linda, mas muito aflita – , de nome Francisca Bastos Cordeiro, foi entrando pela porta entreaberta do chalé, seguiu direto ao quarto (antiga sala de costura da casa, ao tempo em que sua dona era viva), onde encontrou, estendido e frágil numa pequena cama de ferro, aquele homem, muito velhinho já, agonizante quase, que lhe fora bom companheiro em noites idas de sua infância, quando com ela jogava o sete e meio e lhe ensinava a recitar poemas na casa de sua avó.

Vim vê-lo, foi dizendo a moça, inventando uma alegria na voz que lhe disfarçasse a emoção. Estou com muitas saudades suas. E o senhor, não está com saudades de mim?

Estou, sim – disse o velho, numa voz muito cava e muito triste. Estou com saudade da vida.

No dia seguinte morria Machado de Assis. A tarde era a de 28 de setembro de 1908. A rua era a do Cosme Velho.

(Adaptado de: MELLO, Thiago de. **Escritor por escritor – Machado de Assis por seus pares – 1939-2008**. São Paulo: Imprensa Oficial do Estado, 2019, p. 278-279)

(Analista – TRT/18 – 2023 – FCC) As informações que identificam *aquele homem, muito velhinho já, agonizante quase*, surgem tão somente no fecho do texto. Como efeito desse procedimento,
(A) a visita comovida da moça se explica plenamente em virtude da celebridade do moribundo, a quem ela foi prestar homenagem.
(B) reverencia-se melhor a humildade com que um célebre escritor acolhia admiradores de sua importante obra literária.
(C) toda a visitação acaba marcada pela razão simples da profunda amizade que ligava a moça a um seu velho amigo.
(D) fica a impressão de que a visitante desconhecia a real importância histórica daquele seu amigo agonizante.
(E) a declinação do nome completo da moça não deixa dúvida em qualquer leitor quanto a quem seja o doente visitado.

Ao deixar de identificar o senhor doente, o autor quer destacar que a visita se fazia por amizade e afeto, totalmente desvinculados da importância histórica de Machado de Assis ou do renome que detinha em vida.
Gabarito "C".

Texto CG1A1-I

1 "Família, família/ vive junto todo dia/ nunca perde
    essa mania" — os versos da canção Família, composta por
    Arnaldo Antunes e Tony Belotto na década de 80 do século
4 passado, no Brasil, parece que já não traduzem mais a
    realidade dos arranjos familiares. Observa-se que a solidez dos
    lugares ocupados por cada uma das pessoas, nos moldes da
7 família nuclear, não se adequa à realidade social do momento,
    em que as relações são caracterizadas por sua dinamicidade e
    pluralidade. De acordo com o médico e psicanalista Jurandir
10 Freire Costa, "família nem é mais um modo de transmissão do
    patrimônio material; nem de perpetuação de nomes de
    linhagens; nem da tradição moral ou religiosa; tampouco é a
13 instituição que garante a estabilidade do lugar em que são
    educadas as crianças".
    Então, o que é a família? Como defini-la,
16 considerando-se que uma de suas marcas na pós-modernidade
    é justamente a falta de definição? Para a cientista social e
    política Elizabete Dória Bilac, a variabilidade histórica da
19 instituição família desafia qualquer conceito geral de família.
    A centralidade assumida pelos interesses individuais
    no mundo contemporâneo é um dos aspectos que influenciam
22 a singularidade de cada família e distinguem os propósitos que
    justificam a escolha de duas pessoas ou mais viverem juntas,
    compartilhando regras, necessidades e obrigações. Se não é
25 fácil definir a família, é legítimo o esforço de tentar decifrar
    quem é o homem pós-moderno e quais as necessidades
    emergentes que o impulsionam ao encontro com o outro, seja
28 no espaço social, seja no interior da família, produzindo
    significados e razões que o lançam na busca de realização.
    Segundo o filósofo francês Dany-Robert Dufour, a
31 pós-modernidade produz um sujeito não engendrado, o que
    significa um sujeito que se vê na posição de não dever mais
    nada à geração precedente. Trata-se de uma condição que
34 comporta riscos, pois, segundo Dufour, desaparece o motivo
    geracional. No que tange à família, a consequência é o
    surgimento de relações pautadas em trocas reais e carentes de
37 valores simbólicos que se contraponham à lógica do consumo.
    Assim, assiste-se a uma ruptura na ordem da transmissão, o que
    gera indivíduos desprovidos de identidade sólida, condição esta
40 que acarreta a redução de sua capacidade crítica e dificulta o
    estabelecimento de compromisso com a causa que lhe precede.

Fernanda Simplício Cardoso e Leila Maria Torraca de Brito.
Reflexões sobre a paternidade na pós-modernidade.
Internet:<www.newpsi.bvs-psi.org.br> (com adaptações).

(Analista Judiciário – TJ/PA – 2020 – CESPE/CEBRASPE) As autoras do texto CG1A1-I consideram que

(A) o fato de duas ou mais pessoas viverem juntas é bastante para que sejam consideradas uma família.
(B) a família, na atualidade, define-se como instituição cujos membros não se comprometem uns com os outros.
(C) a família concebida nos moldes tradicionais não existe no século XXI.
(D) o conceito geral de família sempre esteve em constante mudança.
(E) a definição de família constitui um grande desafio.

A: incorreta. As autoras expõem justamente a dificuldade de definir a família no contexto atual, ressaltando que não há como reduzir a questão a respostas simplistas; **B:** incorreta. Não se pode deduzir isso de nenhuma passagem do texto, ainda que as autoras ressaltem que o individualismo é uma marca da família pós-moderna; **C:** incorreta. Segundo o texto, o modelo tradicional ainda existe, apenas deixou de ser obrigatoriamente observado; **D:** incorreta. Conforme expõem as autoras, essa é uma questão própria do século XXI, da pós-modernidade; **E:** correta, como se pode depreender diretamente da leitura do segundo parágrafo do texto. HS

Gabarito: E.

(Analista Judiciário – TJ/PA – 2020 – CESPE/CEBRASPE) De acordo com o último parágrafo do texto CG1A1-I, um sujeito não engendrado

(A) inverte a ordem de transmissão familiar existente.
(B) sente-se isento de dívidas para com a geração precedente.
(C) relaciona-se com os demais a partir da construção de vínculos sólidos.
(D) é mais envolvido com a geração vindoura do que com a geração precedente.
(E) tem capacidade crítica reduzida e não demonstra compromisso com os laços familiares.

O sujeito não engendrado a que se refere o texto é aquele que não detém o chamado vínculo geracional, ou seja, ele não se vê ligado às ações das gerações que o antecederam – logo, também não se vê, de nenhuma maneira, com dívidas em relação a seus antepassados.

Gabarito: "E".

Texto CG1A1-II

1   Segundo a Lei Geral de Proteção de Dados
     (Lei n.º 13.709/2018), dados pessoais são informações que
     podem identificar alguém. Dentro desse conceito, foi criada
4   uma categoria chamada de "dado sensível", que diz respeito a
     informações sobre origem racial ou étnica, convicções
     religiosas, opiniões políticas, saúde ou vida sexual. Registros
7   como esses, a partir da vigência da lei, passam a ter nível maior
     de proteção, para evitar formas de discriminação. Todas as
     atividades realizadas no país e todas as pessoas que estão no
10   Brasil estão sujeitas à lei. A norma vale para coletas operadas
     em outro país, desde que estejam relacionadas a bens ou
     serviços ofertados a brasileiros. Mas há exceções, como a
13   obtenção de informações pelo Estado para a segurança pública.
     Ao coletar um dado, as empresas deverão informar a
     finalidade da coleta. Se o usuário aceitar repassar suas
16   informações, o que pode acontecer, por exemplo, quando ele
     concorda com termos e condições de um aplicativo, as
     companhias passam a ter o direito de tratar os dados
19   (respeitada a finalidade específica), desde que em
     conformidade com a legislação. A lei prevê uma série de
     obrigações, como a garantia da segurança das informações e a
22   notificação do titular em caso de um incidente de segurança. A
     norma permite a reutilização dos dados por empresas ou órgãos
     públicos, em caso de "legítimo interesse".
25   Por outro lado, o titular ganhou uma série de direitos.
     Ele pode, por exemplo, solicitar à empresa os dados que ela
     tem sobre ele, a quem foram repassados (em situações como a
28   de reutilização por "legítimo interesse") e para qual finalidade.
     Caso os registros estejam incorretos, ele poderá cobrar a
     correção. Em determinados casos, o titular terá o direito de se
31   opor a um tratamento. A lei também prevê a revisão de
     decisões automatizadas tomadas com base no tratamento de
     dados, como as notas de crédito ou os perfis de consumo.

Internet: <www.agenciabrasil.ebc.com.br> (com adaptações).

(Analista Judiciário – TJ/PA – 2020 – CESPE/CEBRASPE) Segundo as ideias veiculadas no texto CG1A1-II,

(A) questões relativas a origem racial ou étnica, convicções religiosas, opiniões políticas, saúde ou vida sexual são as que mais motivam atos de discriminação, e, por isso, os dados sensíveis devem ter maior nível de proteção.
(B) a Lei Geral de Proteção de Dados prevê obrigações tanto para as empresas que coletam os dados quanto para o titular desses dados, de forma proporcional.
(C) a norma legal é válida em caso de bens e serviços ofertados a brasileiros, independentemente do país onde a coleta dos dados pessoais for feita.
(D) o Estado é autorizado a coletar e a tratar dados pessoais de brasileiros da forma que julgar mais adequada.
(E) o Brasil é pioneiro na edição de uma lei acerca da coleta e do uso de dados sensíveis.

A: incorreta. O texto não afirma que tais informações são as que "mais motivam atos de discriminação", mas sim que sua proteção maior é necessária para evitar atos de discriminação; B: incorreta. O titular dos dados teve direitos reconhecidos pela lei, não obrigações; C: correta, como se lê do primeiro parágrafo do texto; D: incorreta. Também o Estado está sujeito às obrigações constantes da LGPD, contendo apenas algumas exceções específicas; E: incorreta, por dois motivos. Tal informação não consta do texto (o que é suficiente para afastar a possibilidade de ser assinalada) e o Brasil seguiu exemplos internacionais anteriores sobre proteção de dados, principalmente a legislação europeia.

Gabarito: "C".

Sem direito e Poesia

Eis me aqui, iniludível. Incipiente na arte da escrita, desfraldo sentimentos vestindo-os com as palavras que lhes atribuem significado. Às vezes dá vontade ser assim, hermético. Talvez, porque eu sinta que o mundo não me entende ou porque, talvez, eu não me encaixe harmonicamente no mundo, é que sinto esta liberdade em não me fazer entender. É que, talvez, a vida seja mesmo um mal-entendido.

Portanto, despiciendo as opiniões e me faço prolixo. Suasório para o intento de escrever em uma língua indecifrável ao homem comum. Meu vocabulário, quando quero, é um quarto cerrado e, nele me tranco e jogo fora a chave do entendimento. Dizem-me que as palavras devem ser um instrumento para comunicar-se e que isto é fazer-se entender. Mas eu, que do mundo nada entendo, por que razão deveria me fazer entender?

Sinto o decesso aproximar-se, pelo esvair-se do fluido vital, e, sem tempo para o recreio desejado, com os ombros arcados pelos compromissos assumidos, tenho no plenilúnio um desejo imarcescível de que haja vida no satélite natural. Talvez, após o decesso, eu possa lá estabelecer morada e, vivendo em uma sociedade singular, haja o recreio em espírito. Na realidade. Na iludível realidade, meu recreio é uma sala ampla. Teto alto. Prateleiras rústicas com farta literatura e filosofia. Nenhuma porta ou janela aberta a permitir à passagem do tempo. Uma poltrona aveludada. Frio. Lareira acesa. Vinho tinto seco, Malbec.

O amor? O entregar-se? Não!

Tratar-se-ia apenas de amor próprio. Sem entrega. Apenas eu. Apenas eu e o tempo. Cerrado na sala cerrada. Divagando sobre o nada e refletindo sobre tudo. Imarcescível seria tal momento. Mas a vida. A vida é singular ao tempo, pois que o tempo é eterno, e a criatura humana é botão de rosa, matéria orgânica falível na passagem do eterno. Sigo... Soerguendo- me... Sobrevivo...

(Fonte: Nelson Olivo Capeleti Junior/ Artigos13/04/2018 – JUS Brasil)

(Analista Judiciário – TRE/PA – 2020 – IBFC) De acordo com o texto, assinale a alternativa correta.

(A) O autor está perdido em seus pensamentos; reflete sobre tudo e o nada é o que há de mais irrelevante para si.
(B) O autor tem vontade de ser hermético porque sente que o mundo não o despercebe ou não se encaixa na sociedade.
(C) O autor planeja morar em outro endereço, estabelecer morada em uma sociedade singular quando puder dispor de mais tempo livre no trabalho.
(D) O autor expõe, de forma erudita e proposital, sua insatisfação ante a realidade de compromissos, ausência de tempo livre e a brevidade da vida.

O autor deseja refletir sobre seu cansaço, a ausência de tempo para o lazer e a chegada da morte que, ao que parece, se avizinha. Faz isso de maneira propositalmente difícil, com palavreado rebuscado, com o intuito de ser "hermético", fechado – ou seja, seu intento é que ninguém, ou poucos, o entenda. Defende-se dizendo que não se encaixa na sociedade, então não há obrigação de ser entendido por ela.

Gabarito "D".

Texto CB1A1-II

1 Falar em desigualdade é falar também em pobreza.
A reprodução social das desigualdades contribui para o aprofundamento das situações de pobreza, por isso uma
4 estratégia de enfrentamento deve considerar a conexão entre as duas pautas.
É necessário compreender que a desigualdade se
7 expressa em diferentes dimensões na vida das pessoas e que apenas uma minoria se beneficia com a acumulação de riqueza e de poder. No caso do Brasil, há especificidades que devem
10 ser observadas. A história de colonização e de escravidão deixou heranças ainda presentes, que resguardam a condição desigual no acesso a bens, serviços e equipamentos públicos.
13 A desigualdade não é natural; ela é uma construção social. Quando a desigualdade é naturalizada, ela passa a instituir o poder da opressão social. Os mecanismos que
16 reproduzem as desigualdades devem ser revelados de forma que se possibilite seu enfrentamento pela sociedade civil por meio da cidadania ativa, buscando-se o aprofundamento da
19 democracia e a garantia da justiça de gênero, da igualdade racial e dos direitos humanos.

Kátia Maia. Vamos falar sobre desigualdade? Internet: <www.oxfam.org.br> (com adaptações).

(Analista – MPU – CESPE – 2018) Acerca das ideias e dos sentidos do texto CB1A1-II, julgue os itens a seguir.

(1) A história do Brasil é marcada por fatos cujos efeitos na sociedade até hoje contribuem para a manutenção de desigualdades.
(2) No texto, a palavra "minoria" (R.8) refere-se aos grupos sociais marginalizados, em situação de maior vulnerabilidade social, tal qual a população das periferias, por exemplo.
(3) Considerando que situações de pobreza são sensíveis ao grau de desigualdade de um país, a autora do texto argumenta que uma ação de enfrentamento da desigualdade consequentemente combate a pobreza.

1: correta. Essa é a ideia transmitida no trecho: "No caso do Brasil, há especificidades que devem ser observadas. A história de colonização e de escravidão deixou heranças ainda presentes, que resguardam a condição desigual no acesso a bens, serviços e equipamentos públicos"; **2:** incorreta. Ela se refere à minoria das pessoas que têm dinheiro e poder; **3:** incorreta. O que a autora sugere é um enfrentamento dos **mecanismos** que geram a desigualdade. HS

Gabarito 1C, 2E, 3E

Educação familiar

A família cumpre cada vez menos a sua função de instituição de aprendizagem e educação. Ouve-se dizer hoje, repetidamente, o mesmo a respeito dos filhos de famílias das camadas superiores da sociedade, "nada trouxeram de casa". Os professores universitários comprovam até que ponto é escassa a formação substancial, realmente experimentada pelos jovens, que possa ser considerada como pré-adquirida.

Mas isso depende do fato de que a formação cultural perdeu a sua utilidade prática. Mesmo que a família ainda se esforçasse por transmiti-la, a tentativa estaria condenada ao fracasso porque, com a certeza dos bens familiares hereditários, esvaziaram-se alguns motivos de insegurança e sentimento de desproteção. Por parte dos filhos, a tendência atual consiste em furtarem-se a essa educação, que se apresenta como uma introversão inoportuna, e em orientarem-se, de preferência, pelas exigências da chamada "vida real".

O momento específico da renúncia pessoal, que hoje mutila os indivíduos, impedindo a individuação, não é a proibição familiar, ou não o é inteiramente, mas a frieza, a indiferença tanto mais penetrante quanto mais desagregada e vulnerável a família se torna.

(Adaptado de: HORKHEIMER, Max, e ADORNO, Theodor (orgs.). Temas básicos da Sociologia. São Paulo: Cultrix, 1973, p. 143)

(Analista – TRF/4 – FCC – 2019) De acordo com o primeiro parágrafo do texto,

(A) a irrelevância da família na formação educativa de seus filhos deve-se ao papel assumido pelos professores universitários.

(B) a frase "nada trouxeram de casa" situa com precisão a causa de a educação familiar ter perdido toda a sua relevância.

(C) a crescente irrelevância da família como instituição educativa transparece na escassa formação apresentada pelos jovens.

(D) o cumprimento da função educativa que cabe à família compromete-se por conta de uma formação pré-adquirida.

(E) as camadas superiores da sociedade têm repetido que seus filhos já nada podem levar de casa como processo educativo.

A ideia central do texto é destacar que os jovens apresentam-se ao ensino superior, ao mercado de trabalho, enfim, à vida adulta com precária formação para esta "vida real", sem carregar consigo tópicos de aprendizagem e educação que cabem tradicionalmente à família. HS

Gabarito C.

(Analista – TRF/4 – FCC – 2019) No segundo parágrafo, a expressão introversão inoportuna indica

(A) o juízo que fazem os jovens de hoje de uma eventual iniciativa educacional da família.

(B) a maneira pela qual reage a sociedade quando está em risco a educação familiar.

(C) a reação dos pais quando solicitados a se encarregarem de iniciativas educacionais.

(D) o programa que antigamente pautava a escolarização dos estudantes universitários.

(E) o modo pelo qual se planeja reconstituir a importância da educação familiar.

A expressão está ligada à avaliação feita pelos jovens sobre a tentativa de ensinar-lhes os valores familiares defendidos no texto. HS

Gabarito A.

[Pai e filho]

No romance **Paradiso** o grande escritor cubano José Lezama Lima diz que um ser humano só começa a envelhecer depois da morte do pai. Freud atribui a essa morte um dos grandes traumas de um filho.

A amizade e a cumplicidade quase sempre prevalecem sobre as discussões, discórdias e outras asperezas de uma relação às vezes complicada, mas sempre profunda. Às vezes você lamenta não ter conversado mais com o seu pai, não ter convivido mais tempo com ele. Mas há também pais terríveis, opressores e tirânicos.

Exemplo desse caso está na literatura, na **Carta ao pai**, de Franz Kafka. É esse um dos exemplos notáveis do pai castrador, que interfere nas relações amorosas e na profissão do filho. Um pai que não se conforma com um grão de felicidade do jovem Franz. A **Carta** é o inventário de uma vida infernal. É difícil saber até que ponto o pai de Kafka na **Carta** é totalmente verdadeiro. Pode se tratar de uma construção ficcional ou um pai figurado, mais ou menos próximo do verdadeiro. Mas isso atenua o sofrimento do narrador? O leitor acredita na figuração desse pai. Em cada página, o que prevalece é uma alternância de sofrimento e humilhação, imposta por um homem prepotente e autoritário.

(Adaptado de: HATOUM, Milton. **Um solitário à espreita**. São Paulo: Companhia das Letras, 2013, p. 204-205)

(Analista – TRF/4 – FCC – 2019) Se bem observados na sequência do texto, os três parágrafos constituem

(A) uma progressão lógica para a tese defendida por Freud, segundo a qual a morte de um pai é um grande trauma para o filho.

(B) a defesa da tese geral do escritor José Lezama Lima, a partir da qual se considera a existência opressiva de pais tirânicos.

(C) uma trajetória que parte da constatação e da afirmação do valor de um pai para culminar num caso de paternidade cruel e prepotente.

(D) o desenvolvimento de um raciocínio que apresenta uma tese no primeiro parágrafo, contradita-a no segundo e a retoma no terceiro.

(E) diferentes posições que, ao enfocarem o fenômeno da paternidade, não estabelecem relação entre si.

O texto apresenta a seguinte estrutura: constatação de um fato (a posição do autor cubano), a confirmação desse fato por outro ponto de vista, superando as contraditoriedades apuradas e a contraposição dessas conclusões com a existência de pais cruéis e prepotentes, como o apresentado por Franz Kafka em sua obra. **HS**

Gabarito "C".

(Analista – TRF/4 – FCC – 2019) O autor relativiza uma percepção positiva da relação entre pai e filho para dar início a uma percepção inteiramente contrária com esta frase:

(A) um ser humano só começa a envelhecer depois da morte do pai (1º parágrafo).
(B) Às vezes você lamenta não ter conversado mais com o seu pai (2º parágrafo).
(C) A Carta é o inventário de uma vida infernal (3º parágrafo).
(D) Mas há também pais terríveis, opressores e tirânicos (2º parágrafo).
(E) A amizade e a cumplicidade quase sempre prevalecem (2º parágrafo).

O enunciado pede que se aponte o trecho do texto no qual o autor irá introduzir algo contrário (a existência de pais tirânicos) àquilo que acabou de dizer (a importância da relação entre pais e filhos). Isso só pode ser feito pelo uso de conjunção adversativa, sendo que a única opção que atende a esse requisito é a letra "D". **HS**

Gabarito "D".

[Valores da propaganda]

Na sociedade moderna, a mesma voz que prega sobre as coisas superiores da vida, tais como a arte, a amizade ou a religião, exorta o ouvinte a escolher uma determinada marca de sabão. Os panfletos sobre como melhorar a linguagem, como compreender a música, como ajudar-se etc. são escritos no mesmo estilo de propaganda que exalta as vantagens de um laxativo. Na verdade, um redator hábil pode ter escrito qualquer um deles.

Na altamente desenvolvida divisão de trabalho, a expressão tornou-se um instrumento utilizado pelos técnicos a serviço do mercado. Um romance é escrito tendo-se em mente as suas possibilidades de filmagem, uma sinfonia ou poema são compostos com um olho no seu valor de propaganda. Outrora pensava-se que cada expressão, palavra, grito ou gesto tivesse um significado intrínseco; hoje é apenas um incidente em busca de visibilidade.

(Adaptado de: HORKHEIMER, Max. Eclipse da razão. Trad. Sebastião Uchoa Leite. Rio de Janeiro: Editorial Labor do Brasil, 1976, p. 112)

(Analista – TRF/4 – FCC – 2019) No primeiro parágrafo do texto, o autor

(A) valoriza a arte dos grandes redatores, a partir da qual se torna possível distinguir um texto comercial de um texto convincente.
(B) acusa a discriminação que atinge os publicitários, em vez de criticar mais duramente os maus profissionais de outras áreas.
(C) afirma que aqueles que dominam a linguagem da propaganda comercial estão aptos a propagar matérias de maior relevância.
(D) defende a ideia de que marcas de sabão ou laxativos não podem vender tão bem quanto produtos sobre os quais pesa menos preconceito.
(E) atesta que os panfletos redigidos com maior arte são aqueles cujos autores também dominam a linguagem das artes ou da religião.

A questão é criticável porque nenhuma das alternativas resume com precisão a ideia central do primeiro parágrafo, que é fazer uma crítica à padronização da linguagem comercial para qualquer tipo de divulgação, serviço ou produto. A opção "menos errada" é a letra "C", conforme constou do gabarito oficial, ainda que não se possa inferi-la tal como está redigida a partir do texto. **HS**

Gabarito "C".

(Analista – TRF/4 – FCC – 2019) No centro da argumentação desenvolvida no texto, está suposto que

(A) é o aprendizado de técnicas de propaganda que melhor serve à compreensão das artes.
(B) para a linguagem da propaganda é indiferente o produto que se disponha a vender.
(C) na venda de um produto de excelência a propaganda torna-se dispensável.
(D) a eventual ineficácia de um produto é compensada pela eficácia da propaganda.
(E) o trabalho dos publicitários modernos deve tudo ao que as grandes artes lhe legaram.

O cerne da crítica exposta no texto é a padronização da linguagem comercial, o fato dela ter se tornado uma habilidade que pode ser ensinada e aprendida e que se vale de técnicas comerciais para atingir seu público, quem quer que seja ele. **HS**

Gabarito "B".

TEXTO – Sem tolerância com o preconceito
Átila Alexandre Nunes, O Globo, 23/01/2018 (adaptado)

Diante do número de casos de preconceito explícito e agressões, somos levados ao questionamento se nossa sociedade corre o risco de estar tornando-se irracionalmente intolerante. Ou, quem sabe, intolerantemente irracional. Intolerância é a palavra do momento. Da religião à orientação sexual, da cor da pele às convicções políticas.

O tamanho desse problema rompeu fronteiras e torna-se uma praga mundial. Líderes políticos, em conluio com líderes religiosos, ignoram os conceitos de moral, ética, direitos, deveres e justiça. As redes sociais assumiram um papel cruel nesse sistema. Se deveriam servir para mostrar indignação, mostram, muitas vezes, um preconceito medieval.

No campo da religiosidade, o fanatismo se mostra cada dia mais presente no Rio de Janeiro. No último ano, foram registradas dezenas de casos de intolerância religiosa por meio da Secretaria de Estado de Direitos Humanos. Um número ainda subnotificado, pois, muitas ocorrências que deveriam ser registradas como "intolerância religiosa" são consideradas brigas de vizinhos.

A subnotificação desses casos é um dos maiores entraves na luta contra a intolerância religiosa. O registro incorreto e a descrença de grande parte da população na punição a esse tipo de crime colaboram para maquiar o retrato dos ataques promovidos pelo fanatismo religioso em nossa sociedade. A perseguição às minorias religiosas está cada vez mais organizada com braços políticos e até de milícias armadas como o tráfico de drogas.

No último ano recebemos denúncias de ataques contra religiões de matriz africana praticados pelo tráfico de drogas, que não só destruíam terreiros, como também proibiam a realização de cultos em determinada região, segundo o desejo do chefe da facção local.

Não podemos regredir a um estado confessional. A luta de agora pela liberdade religiosa é um dever de todos para garantir o cumprimento da Constituição Federal. Quando uma pessoa de fé é humilhada, agredida ou discriminada devido à sua crença, ela tem seus direitos humanos e constitucionais violados. Hoje, fala-se muito sobre intolerância religiosa, mas, muito mais do que sermos tolerantes, precisamos aprender a respeitar a individualidade e as crenças de cada um.

Até porque, nessa toada, a intolerância irracional ganha terreno, e nós vamos ficando cada vez mais irracionalmente intolerantes com aquilo que não deveríamos ser. Numa sociedade onde o preconceito se mostra cada dia mais presente, a única saída é a incorporação da cultura do respeito. Preconceito não se tolera, se combate.

(Analista Judiciário – TJ/AL – 2018 – FGV) O título dado ao texto é "Sem tolerância com o preconceito"; esse posicionamento presente no título se liga:

(A) à maioria absoluta da sociedade moderna;
(B) à opinião pessoal do autor do texto;
(C) às redes sociais;
(D) aos fanáticos religiosos em nossa sociedade;
(E) a grande parte de nossa população.

O título antecipa a posição pessoal defendida pelo autor em seu texto: não se pode tolerar o preconceito contra quem quer que seja, sob pena de regredirmos nossas relações sociais à época medieval. HS
Gabarito "B".

(Analista Judiciário – TJ/AL – 2018 – FGV) "Diante do número de casos de preconceito explícito e agressões, / somos levados ao questionamento se nossa sociedade corre o risco de estar tornando-se irracionalmente intolerante".
Os segmentos que compõem essa parte inicial do texto indicam, respectivamente:

(A) consequência / causa;
(B) fatos / explicação;
(C) opinião / justificativa;
(D) problema / reflexão;
(E) informação / discussão.

O primeiro segmento traz um fato, mas há de se ter cuidado, porque o que se segue não é a explicação desse fato. Portanto, a alternativa "B" está errada. A saída para solucionar a questão é perceber que esse fato é, na verdade, um problema a ser resolvido, seguindo-se a ele uma reflexão sobre o fato e os perigos que ele acarreta. Por isso, está correta a letra "D". Vale salientar que ela se enquadra melhor no contexto do que a proposta da letra "E": teríamos uma "discussão" se houvesse argumentos opostos, o que não se vê no texto, que é totalmente baseado nas reflexões e opiniões pessoais do autor. HS
Gabarito "D".

(Analista Judiciário – TJ/AL – 2018 – FGV) "No último ano, foram registradas dezenas de casos de intolerância religiosa..."; considerando-se objetivamente o termo "dezenas", devem ter sido registrados:

(A) entre 10 e 99 casos;
(B) entre 1 e 10 casos;
(C) entre 20 e 99 casos;
(D) menos de 100 casos;
(E) um número indeterminado de casos.

A questão é extremamente difícil, porque envolve raciocínio lógico. Objetivamente falando, qualquer número pode ser expresso em "dezenas": 200 são 20 dezenas, por exemplo. Logo, o número de casos é, na verdade, indeterminado. HS
Gabarito "E".

(Analista Judiciário – TJ/AL – 2018 – FGV) "Ou, quem sabe, intolerantemente irracional". O segmento sublinhado tem valor de:

(A) dúvida;
(B) opinião;
(C) certeza;
(D) interrogação;
(E) retificação.

A expressão "quem sabe" exprime uma dúvida, algo que o autor não pode afirmar categoricamente e convida o leitor a pensar a respeito. (HS)
Gabarito "A".

(Analista Judiciário – TJ/AL – 2018 – FGV) "Um número ainda subnotificado..."; o adjetivo sublinhado, no texto, se refere ao número de ocorrências de preconceitos que:

(A) foram registradas como fatos distintos;
(B) nunca foram registradas;
(C) foram oficialmente registradas;
(D) receberam registro oficial com atraso;
(E) foram notificadas com precisão.

O termo "subnotificado" indica algo que foi objeto de menos notificações do que deveria. O autor, no trecho, se refere aos casos de intolerância religiosa, que são em grande número registrados como fatos distintos, como "briga de vizinhos". HS
Gabarito "A".

(Analista Judiciário – TJ/AL – 2018 – FGV) No texto, a intolerância preconceituosa se deve a uma série de fatores; NÃO se inclui entre eles:

(A) lideranças políticas;
(B) fanatismo religioso;
(C) secretarias de Estado;
(D) redes sociais;
(E) lideranças religiosas.

As únicas instituições não mencionadas no texto como envolvidas ou responsáveis pela intolerância são as secretarias de Estado. HS
Gabarito "C".

(Analista Judiciário – TJ/AL – 2018 – FGV) Ainda que, no título, o texto fale de "preconceito", no corpo do artigo ocorre:

(A) a focalização de preconceito religioso entre grupos de fé distinta;

(B) uma discussão ampla sobre vários tipos de preconceito;
(C) uma particularização do preconceito voltado para as religiões de matriz africana;
(D) uma apreciação sociológica do preconceito, sem particularizações;
(E) um debate sobre o preconceito religioso em geral.

Durante a leitura, percebemos que o autor introduz o tema da intolerância de forma genérica para depois focar sua atenção exclusivamente à questão do preconceito sobre as religiões de matriz africana. HS

Gabarito "C".

(Analista Judiciário – TJ/AL – 2018 – FGV)

O texto abaixo que se refere mais diretamente aos elementos representados na imagem acima é:

(A) "A perseguição às minorias religiosas está cada vez mais organizada com braços políticos e até de milícias armadas";
(B) "Até porque, nessa toada, a intolerância irracional ganha terreno, e nós vamos ficando cada vez mais irracionalmente intolerantes com aquilo que não deveríamos ser";
(C) "Quando uma pessoa de fé é humilhada, agredida ou discriminada devido à sua crença, ela tem seus direitos humanos e constitucionais violados";
(D) "Numa sociedade onde o preconceito se mostra cada dia mais presente, a única saída é a incorporação da cultura do respeito";
(E) "Hoje, fala-se muito sobre intolerância religiosa, mas, muito mais do que sermos tolerantes, precisamos aprender a respeitar a individualidade e as crenças de cada um".

A letra "D" foi considerada correta como gabarito oficial, porém dele discordamos e apontamos que a alternativa a ser assinalada é a letra "B". Isso porque, a nosso ver, a charge não prega a cultura do respeito:

o segundo quadrinho usa o termo de maneira sarcástica, numa evidente crítica ao fanatismo religioso. Além disso, o personagem ateu não está a respeitar o seu interlocutor: ao contrário, reage com violência à violência que sofreu. HS

Gabarito "D".

Texto 1

Stephen Hawking, A Mente Que Superou Tudo

Em reverência ao gênio que revolucionou o estudo da cosmologia, o mundo prestou tributo a Stephen Hawking no dia seguinte a sua morte. O cientista britânico, símbolo da superação, teve papel decisivo na divulgação científica e virou um ícone pop. (O Globo, 15/3/2018)

(Analista – TJ/SC – FGV – 2018) Na estruturação da notícia do texto 1, o jornal deu principal destaque ao seguinte papel de Stephen Hawking:

(A) possuir uma mente privilegiada;
(B) ter revolucionado o estudo da cosmologia;
(C) ser um símbolo de superação;
(D) ter tido papel decisivo na divulgação científica;
(E) ter virado um ídolo pop.

O destaque é dado ao papel de "símbolo de superação" do cientista. Isso se faz colocando as palavras entre vírgulas, que determinam uma pausa enfática na leitura. HS

Gabarito "C".

(Analista – TJ/SC – FGV – 2018) Ao dizer que o cientista inglês "virou um ícone pop", o autor do texto 1 quer dizer que ele:

(A) tornou-se temática de muitos filmes modernos;
(B) realizou tarefas ligadas à arte popular;
(C) alcançou popularidade acima das expectativas;
(D) obteve uma fama comparável à de artistas populares;
(E) conquistou um espaço nas artes plásticas.

"Ícone pop" é a personalidade que alcança uma grande parcela da população, que é reconhecido por sua atividade entre as pessoas comuns. A alternativa "D", portanto, é mais precisa em relação ao sentido da expressão utilizada, porém, como estamos tratando de um astrofísico, em uma interpretação mais ampla poderíamos considerar a letra "C" como correta também. HS

Gabarito "D".

(Analista – TJ/SC – FGV – 2018) Observe a charge a seguir:

A charge acima é uma homenagem a Stephen Hawking, destacando o fato de o cientista:

(A) ter alcançado o céu após sua morte;
(B) mostrar determinação no combate à doença;
(C) ser comparado a cientistas famosos;
(D) ser reconhecido como uma mente brilhante;
(E) localizar seus interesses nos estudos de Física.

A charge destaca as habilidades intelectuais de Stephen Hawking, considerando que sua doença degenerativa retirou-lhe todos os movimentos corporais. HS

Gabarito "D".

(Analista – TJ/SC – FGV – 2018) Essa charge traz elementos verbais – a fala de Einstein – e elementos imagísticos; entre os significados construídos pelos dados da imagem, NÃO está correta a seguinte afirmação:

(A) as asas na cadeira de rodas indicam a pureza angelical do cientista falecido;
(B) a aparência da cadeira de rodas indica a alta tecnologia de que dispunha o cientista morto;
(C) a gestualidade de Einstein mostra alegria na recepção a Stephen Hawking;
(D) a espécie de luneta em uma das mãos de Galileu se refere à sua atividade de observador astronômico;
(E) as roupas dos cientistas estão adequadas à época em que viveram.

A única alternativa que apresenta interpretação incorreta dos elementos gráficos da charge é a letra "A", que deve ser assinalada. As asas não pretendem transformar Hawking em anjo, apenas demonstrar que ele ainda está voando a caminho das nuvens. HS

Gabarito "A".

Um juízo de valor tem como origem uma percepção individual: alguém julga algo ou outra pessoa tomando por base o que considera um critério ético ou moral. Isso significa que diversos indivíduos podem emitir diversos juízos de valor para uma mesma situação, ou julgar de diversos modos uma mesma pessoa. Tais controvérsias são perfeitamente naturais; o difícil é aceitá-las com naturalidade para, em seguida, discuti-las. Tendemos a fazer do nosso juízo de valor um atestado de realidade: o que dissermos que é, será o que dissermos. Em vez da naturalidade da controvérsia a ser ponderada, optamos pela prepotência de um juízo de valor dado como exclusivo.

Com o fenômeno da expansão das redes sociais, abertas a todas as manifestações, juízos de valor digladiam-se o tempo todo, na maior parte dos casos sem proveito algum. Sendo imperativa, a opinião pessoal esquiva-se da controvérsia, pula a etapa da mediação reflexiva e instala-se no posto da convicção inabalável. À falta de argumentos, contrapõem-se as paixões do ódio, do ressentimento, da calúnia, num triste espetáculo público de intolerância.

Constituem uma extraordinária orientação para nós todos estas palavras do grande historiador Eric Hobsbawm: "A primeira tarefa do historiador não é julgar, mas compreender, mesmo o que temos mais dificuldade para compreender. O que dificulta a compreensão, no entanto, não são apenas as nossas convicções apaixonadas, mas também a experiência histórica que as formou." A advertência de Hobsbawm não deve interessar apenas aos historiadores, mas a todo aquele que deseja dar consistência e legitimidade ao juízo de valor que venha a emitir.

(Péricles Augusto da Costa, inédito)

(Analista Jurídico – TRF5 – FCC – 2017) Os juízos de valor são considerados naturalmente controversos pelo fato de que

(A) simulam uma convicção quando apenas presumem o que seja um atributo da realidade.
(B) expressam a prepotência de quem se nega a discuti-los levando em conta a argumentação alheia.
(C) exprimem pontos de vista originários de percepções essencialmente subjetivas.
(D) correspondem a verdades absolutas que a realidade mesma dos fatos não é suficiente para comprovar.
(E) traduzem percepções equivocadas do que se considera a verdade autêntica de um fato.

O autor traz conceitos e noções sobre o juízo de valor para demonstrar que são resultado de uma operação intelectual bastante individual. Isso acarreta que dois juízos de valor sobre a mesma coisa tendem a ter resultados diferentes, porque as convicções e experiências de cada pessoa influenciam na sua percepção ética. HS

Gabarito "C".

(Analista Jurídico – TRF5 – FCC – 2017) O violento embate entre juízos de valor nas redes sociais poderia ser bastante amenizado no caso de se aceitar, conforme recomenda o historiador Hobsbawm, a disposição de

(A) evitar o julgamento de fenômenos históricos de difícil interpretação, sobretudo os que nos são contemporâneos.
(B) aceitar como legítimos os juízos de valor já consolidados na alta tradição dos historiadores mais experientes.
(C) definir com bastante precisão qual o juízo de valor a ser adotado como critério para a compreensão de um fato.
(D) preceder o juízo de valor do exame das condições históricas que determinam a atribuição de sentido ao objeto de julgamento.
(E) pressupor que a compreensão de um fato histórico depende da emissão de juízos de valor já legitimados socialmente.

O texto aponta que os duelos entre os juízos de valor nas redes sociais decorrem da supressão da etapa de reflexão sobre eles: atualmente, cada pessoa atribui como verdade absoluta aquilo que pensa e não dialoga com as demais. Eric Hobsbawn adverte que, se cada um pudesse considerar as condições históricas que levaram cada pessoa a pensar como pensa, os debates teriam melhor qualidade. HS

Gabarito "D".

[Em torno da memória]

Na maior parte das vezes, lembrar não é reviver, mas refazer, reconstruir, repensar, com imagens e ideias de hoje, as experiências do passado. A memória não é sonho, é trabalho. Se assim é, deve-se duvidar da sobrevivência do passado "tal como foi", e que se daria no inconsciente de cada sujeito. A lembrança é uma imagem construída pelos materiais que estão, agora, à nossa disposição, no conjunto de representações que povoam nossa consciência atual.

Por mais nítida que nos pareça a lembrança de um fato antigo, ela não é a mesma imagem que experimentamos na infância, porque nós não somos os mesmos de então e porque nossa percepção alterou-se. O simples fato de lembrar o passado, no presente, exclui a identidade entre as imagens de um e de outro, e propõe a sua diferença em termos de ponto de vista.

(Adaptado de Ecléa Bosi. Lembranças de velhos. S. Paulo: T. A. Queiroz, 1979, p. 17)

(Analista Jurídico – TRF5 – FCC – 2017) Entende-se que a memória não é sonho, é trabalho quando se aceita o fato de que as lembranças nossas

(A) requerem esforço e disciplina para que venham corresponder às reais experiências vividas no passado.

(B) exigem de nós a difícil manutenção dos mesmos pontos de vista que mantínhamos no passado.

(C) libertam-se do nosso inconsciente pela ação da análise que, no passado, não éramos capazes de elaborar.

(D) mostram-se trabalhosas por conta do esquecimento que as relega ao plano do nosso inconsciente.

(E) produzem-se como construções imagéticas cuja elaboração se dá com elementos do momento presente.

A ideia central do texto é destacar que nossas memórias não são replicações exatas do que vivemos, mas imagens que nosso cérebro complementa com aspectos e fatores que nele temos oriundos do momento presente. Gabarito "E".

A importância do imperfeito

O conceito de perfeição guia muitas aspirações nossas, seja em nossas vidas privadas, seja nos diversos espaços profissionais. Falamos ou ouvimos falar de "relações perfeitas" entre duas pessoas como modelos a serem seguidos, ou de almejar sempre a realização perfeita de um trabalho. Em algumas religiões, aprendemos que nosso objetivo é chegar ao paraíso, lar da perfeição absoluta, final de jornada para aqueles que, se não conseguirem atingir a perfeição em vida, pelo menos a perseguirão com determinação.

Historicamente, o perfeito está relacionado com a estética, andando de mãos dadas com o belo, conforme rezam os preceitos da arte clássica. Muito da criatividade humana, tanto nas artes como nas ciências, é inspirado por esse ideal de perfeição. Mas nem tudo. Pelo contrário, várias das ideias que revolucionaram nossa produção artística e científica vieram justamente da exaltação do imperfeito, ou pelo menos da percepção de sua importância.

Nas artes, exemplos de rompimento com a busca da perfeição são fáceis de encontrar. De certa forma, toda a pintura moderna é ou foi baseada nesse esforço de explorar o imperfeito. Romper com o perfeito passou a ser uma outra possibilidade de ser belo, como ocorre na música atonal ou na escultura abstrata, em que se encontram novas perspectivas de avaliação do que seja harmônico ou simétrico. Na física moderna, o imperfeito ocupa um lugar de honra. De fato, se a Natureza fosse perfeita, o Universo seria um lugar extremamente sem graça. Do microcosmo das partículas elementares da matéria ao macrocosmo das galáxias e mesmo no Universo como um todo, a imperfeição é fundamental. A estrutura hexagonal dos flocos de neve é uma manifestação de simetrias que existem no nível molecular, mas, ao mesmo tempo, dois flocos de neve jamais serão perfeitamente iguais. Não faltam razões, enfim, para que nos aceitemos como seres imperfeitos. Por que não?

(Adaptado de: GLEISER, Marcelo. Retalhos cósmicos. São Paulo: Companhia das Letras, 1999, p. 189-190)

(Analista – TRT2 – FCC – 2018) Os três parágrafos do texto organizam-se de modo a constituírem, na ordem dada, as seguintes operações argumentativas:

(A) relativização do conceito de perfeito; valorização absoluta do conceito de perfeito; inclusão do conceito de imperfeito.

(B) valorização absoluta do conceito de perfeito; valorização absoluta do conceito de imperfeito; nova valorização do conceito de perfeito.

(C) reconhecimento do conceito de perfeito; relativização do conceito de perfeito; demonstração do valor do imperfeito.

(D) defesa dos conceitos de perfeito e imperfeito; valorização máxima do conceito de imperfeito; conclusão acerca da superioridade do imperfeito.

(E) recuperação histórica do conceito de perfeito; predomínio do imperfeito nas artes e nas ciências; reavaliação positiva do conceito de perfeito.

A ideia central do primeiro parágrafo é destacar o conceito de "perfeito", para, no segundo, o texto relativizar esse conceito (expondo que coisas podem ser belas sem serem perfeitas). Ao final, no último parágrafo, demonstra o valor da imperfeição nas artes, na vida e no universo. Gabarito "C".

(Analista – TRT2 – FCC – 2018) No terceiro parágrafo, uma escultura abstrata e a estrutura hexagonal dos flocos de neve são exemplos de que o autor do texto se serve para demonstrar que

(A) as artes e a física moderna valem-se dos mesmos modelos de perfeição e de beleza.

(B) o imperfeito pode representar-se tanto na criação estética como na ordem natural.

(C) a imperfeição final é a ordem a partir da qual tudo se organiza na arte e na natureza.

(D) sob o aspecto de uma aparente imperfeição há o primado das leis que regem o perfeito.

(E) por trás das formas belas e das estruturas físicas encontra-se a razão mesma de ser do que é perfeito.

Ambos são exemplos de imperfeições: a escultura porque não tem forma definida e o floco de neve porque não existem dois iguais na natureza. Assim, demonstra o autor que a imperfeição não é algo exclusivamente humano, fonte de sua própria criação, mas também algo natural. Gabarito "B".

Em torno do bem e do mal

Quando nos referimos ao Bem e ao Mal, devemos considerar que há uma série de pequenos satélites desses grandes planetas, e que são a pequena bondade, a pequena maldade, a pequena inveja, a pequena dedicação... No fundo é disso que se faz a vida das pessoas, ou seja, de fraquezas e virtudes minúsculas. Por outro lado, para as pessoas que se importam com a ética, há uma regra simples e fundamental: não fazer mal a outrem. A partir do momento em que tenhamos a preocupação de respeitar essa simples regra de convivência humana, não será preciso perdermo-nos em grandes filosofias especulativas sobre o que seja o Bem e o Mal.

"Não faças aos outros o que não queres que te façam a ti" parece um ponto de vista egoísta, mas é uma diretriz básica pela qual deve o comportamento humano se orientar para afastar o egoísmo e cultivar verdadeiramente o que se precisa entender por relação humana. Pensando bem, a formulação dessa diretriz bem pode ter uma versão mais positiva: "Faz aos outros o que quiseres que façam a ti". Não é apenas mais simpático, é mais otimista, e dissolve de vez a suspeita fácil de uma providência egoísta.

(A partir de José Saramago. As palavras de Saramago. São Paulo: Companhia das Letras, 2010, p. 111-112, passim)

(Analista – TRT2 – FCC – 2018) Ao se referir aos pequenos satélites desses grandes planetas, José Saramago está considerando

(A) o valor maior que se atribui ao Bem e ao Mal e a consideração menor com que vemos as suas práticas miúdas.

(B) a órbita dos pequenos satélites, girando em torno da grandeza indiscutivelmente superior dos planetas Bem e Mal.

(C) uma relação já reconhecida entre a pequenez dos gestos baratos e a magnitude dos grandes sacrifícios.

(D) a ilusão de imaginarmos que podemos galgar os valores absolutos cultivando os valores apenas relativos.

(E) uma relação entre a esfera superior do Bem e as pequenas manifestações do Mal, que giram em sua órbita.

Ao comparar o bem e o mal absolutos com planetas e suas pequenas manifestações cotidianas como satélites desses planetas, Saramago quer destacar a relevância que damos à primeira ideia e a menor consideração que damos àquilo que realmente acontece em nossas vidas. HS
Gabarito "A".

[O poeta e a política]

Sou um animal político ou apenas gostaria de ser? Estou preparado? Posso entrar na militância sem me engajar num partido? Nunca pertencerei a um partido, isto eu já decidi. Resta o problema da ação política com bases individualistas, como pretende a minha natureza. Há uma contradição insolúvel entre minhas ideias ou o que suponho minhas ideias, e talvez sejam apenas utopias consoladoras, e minha inaptidão para o sacrifício do ser particular, crítico e sensível, em proveito de uma verdade geral, impessoal, às vezes dura, senão impiedosa. Não quero ser um energúmeno, um sectário, um passional ou um frio domesticado, conduzido por palavras de ordem. Como posso convencer a outros se não me convenço a mim mesmo? Se a inexorabilidade, a malícia, a crueza, o oportunismo da ação política me desagradam, e eu, no fundo, quero ser um intelectual político sem experimentar as impurezas da ação política?

(ANDRADE, Carlos Drummond de. O observador no escritório. Rio de Janeiro: Record, 1985, p. 31)

(Analista – TRT2 – FCC – 2018) Está pressuposta na argumentação de Carlos Drummond de Andrade a ideia de que a ação política

(A) deve assentar-se em sólidas bases individuais, a partir das quais se planejam e se executam as ações mais consequentes.

(B) permite que um indivíduo dê sentido às suas convicções mais pessoais ao dotá-las da universalidade representada pelas linhas de ação de um partido.

(C) costuma executar-se segundo diretrizes partidárias, às quais devem submeter-se as convicções mais particulares de um indivíduo.

(D) impede um indivíduo de formular para si mesmo utopias consoladoras, razão pela qual ele procurará criá-las com base numa ideologia partidária.

(E) liberta o artista de seu individualismo estrito, fornecendo-lhe utopias que se formulam a partir dos ideais coletivistas de um partido.

O texto é uma crítica, não tão velada, à atuação dos partidos políticos. O autor deixa entrever sua opinião de que a ação política foi tomada pelos grupos partidários, que comandam a atuação de sua militância, afastando a possibilidade de cada indivíduo expor seus pensamentos. HS
Gabarito "C".

A representação da "realidade" na imprensa

Parece ser um fato assentado, para muitos, que um jornal ou um telejornal expresse a "realidade". Folhear os cadernos de papel de ponta a ponta ou seguir pacientemente todas as imagens do grande noticiário televisivo seriam operações que atualizariam a cada dia nossa "compreensão do mundo". Mas esse pensamento, tão disseminado quanto ingênuo, não leva em conta a questão da perspectiva pela qual se interpretam todas e quaisquer situações focalizadas. Submetermo-nos à visada do jornalista que compôs a notícia, ou mesmo à do câmera que flagra uma situação (e que, aliás, tem suas tomadas sob o controle de um editor de imagens), é desfazermo-nos da nossa própria capacidade de análise, é renunciarmos à perspectiva de sujeitos da nossa interpretação.

Tanto quanto os propalados e indiscutíveis "fatos", as notícias em si mesmas, com a forma acabada pela qual se veiculam, são parte do mundo: convém averiguar a quem interessa o contorno de uma análise política, o perfil criado de uma personalidade, o sentido de um levante popular ou o alcance de uma medida econômica. O leitor e o espectador atentos ao que leem ou veem não têm o direito de colocar de lado seu senso crítico e tomar a notícia como espelho fiel da "realidade". Antes de julgarmos "real" o "fato" que já está interpretado diante de nossos olhos, convém reconhecermos o ângulo pelo qual o fato se apresenta como indiscutível e como se compõe, por palavras ou imagens, a perspectiva pela qual uma bem particular "realidade" quer se impor para nós, dispensando-nos de discutir o ponto de vista pelo qual se construiu uma informação.

(Tibério Gaspar, *inédito*)

(Analista Judiciário – TRT/24 – FCC – 2017) Diante das informações que habitualmente nos oferecem os jornais e os noticiários, devemos, segundo o autor do texto,

(A) considerar como fatos efetivos apenas aqueles que ganham igual dimensão em todos os veículos.
(B) imaginar que os interesses existentes na divulgação dos fatos acabam por destituí-los de importância.
(C) interpretar as notícias de modo a excluir delas o que nos pareça mais problemático ou inverossímil.
(D) ponderar que tais informações são construídas a partir de um ponto de vista necessariamente particular.
(E) avaliar os fatos noticiados segundo o ângulo que melhor se afine com os nossos valores pessoais.

O texto chama a atenção do leitor para o fato de que as notícias são veiculadas sempre a partir de um ponto de vista particular, do próprio órgão de imprensa que a publica. Assim, não se trata de "realidade" em sentido estrito, mas da "realidade" que aquele determinado veículo de comunicação quer divulgar. **HS**

Gabarito "D".

---

1   Há um traço fundamental na história indígena do rio Amazonas, cuja percepção é necessária ao entendimento do passado e do presente da região. É um fenômeno demográfico e cultural de longa duração que acompanha os primeiros duzentos anos da ocupação europeia e que irá resultar, em meados do século XVIII, numa realidade etnográfica substancialmente distinta da que havia sido observada pelos primeiros exploradores quinhentistas.
5   Trata-se do desaparecimento das nações que viviam ao longo do rio Amazonas e da sua substituição por novos contingentes indígenas que foram sendo descidos dos afluentes para a calha amazônica pelos agentes da colonização. Desaparecimento, em sentido étnico, é o termo adequado, e ver-se-á mais adiante de que forma ele se deu. Neste processo de despovoamento maciço e repovoamento parcial, dois aspectos devem ser assinalados: a) *o desaparecimento dos padrões adaptativos (demográficos, organizacionais e ergológicos) da população original, que não chegam a se reconstituir, a não ser parcial-*
10 *mente, quando do povoamento induzido pelo colonizador; neste segundo momento ocorre b) a formação de um estrato que chamaremos neo-indígena, inserido na sociedade colonial e marcado pelo desenraizamento e pela aculturação intertribal e interétnica.*

Obs.: ergológico: relativo à ergologia, ramo da etnologia que estuda a cultura material.

(PORRO, Antônio. **História indígena do alto e médio Amazonas: séculos XVI a XVIII**. In: CUNHA, Manuela C. (org.). **História dos índios no Brasil**. 2. ed. São Paulo, Companhia das Letras; Secretaria Municipal de Cultura; FAPESP,1998, p. 175)

(Analista Judiciário – TRT/11 – FCC – 2017) Entende-se corretamente do trecho acima transcrito:

(A) Os exploradores quinhentistas e dos duzentos anos de vivência na região amazônica não foram competentes ao pesquisar o passado indígena, o que determinou graves equívocos na ocupação europeia.
(B) A existência de um fenômeno demográfico e cultural que se desenvolveu de especial modo estendido, no tempo e no espaço, provocou mudanças relevantes no processo inicial de ocupação europeia na Amazônia.
(C) A migração de certas nações indígenas que habitavam ao longo do rio Amazonas, em busca de melhores condições de sobrevivência, foi concomitante à migração de outros grupos para esse mesmo espaço.
(D) Em processo determinado pelo decurso da colonização, desapareceram nações indígenas que viviam ao longo do rio Amazonas e outros grupos de autóctones foram formados, em ato e efeito de aculturação.
(E) O desaparecimento, em sentido étnico, caracteriza-se por despovoamento em larga escala e sucessivo e imediato repovoamento, este em patente escala bem menor do que se teve no povoamento primeiro.

O texto trata dos efeitos da colonização europeia junto às tribos indígenas que habitavam ao longo do curso do Rio Amazonas. O processo de desaparecimento étnico mudou a sociedade indígena local por implicar o desaparecimento daqueles que ordinariamente se encontravam nas margens do rio para, vagarosa e parcialmente, serem substituídos por outros grupos que convergiram dos afluentes para o rio principal, estes já mais habituados aos modos do colonizador. **HS**

Gabarito "D".

---

1   Três em cada quatro brasileiros se consideram católicos. Pelas contas do Censo 2000, para uma população total em torno de 170 milhões de habitantes, o Brasil entra no século XXI aproximadamente com 125 milhões de católicos declarados, praticamente três quartos da população residente total.
    Quer dizer que no início do terceiro milênio ainda é possível a esse país, o maior e mais populoso da "América cató-
5   lica", continuar ostentando com fundamento em dados estatísticos cientificamente controlados e religiosamente isentos sua histórica posição de nação com hegemonia católica, que um dia lhe valeu o desgastado título que o aclama como "o maior país católico do mundo". Tradicionalmente autoaplicado por seus habitantes em conotações que, a bem da verdade, sofrem polarizações e inflexões de toda espécie e grau, que vão do contentamento envaidecido sem ressalvas ao lamento aborrecido sem reservas, a plausibilidade desse superlativo identitário pode estar com os dias contados.

10 Não obstante a permanência ininterrupta da enorme desigualdade em tamanho e estatura das religiões no Brasil, não é mais possível, nos dias que correm, desconhecer que a sociedade brasileira está passando por um processo de transição religiosa que é notório. Visível a olho nu. Mas não só, uma vez que se trata de um processo que tem sido há décadas acompanhado atentamente, e comprovado a frio reiteradamente, pelas estatísticas censitárias. Esse lento vir a ser, ao mesmo tempo matemático e falastrão, vai pouco a pouco desfigurando nosso velho semblante cultural com a introdução
15 gradual, mas nem por isso menos corrosiva, de estranhamentos e distâncias, descontinuidades e respiros no batido ramerrão do imaginário religioso nacional. Com efeito, hoje se assiste em nosso país a um vigoroso movimento de transição demográfico-religiosa que já assumiu a forma de progressiva migração de contingentes católicos para outras religiões. Ou mesmo para nenhuma.

(Adaptado de: PIERUCCI, Antonio Flávio. Religiões no Brasil. In: BOTELHO, André e SCHWARCZ, Lilia Moritz (orgs.). **Agenda Brasileira: temas de uma sociedade em mudança**. Companhia das Letras, 2011, p. 472-473)

(Analista Judiciário – TRT/11 – FCC – 2017) É legítimo afirmar: no texto,

(A) o argumento a favor da demonstração de que o Brasil deixará de ser em breve hegemonicamente católico é sustentado pelos rigorosos dados do recenseamento de 2000 mencionados pelo autor.

(B) é reconhecível o ponto de vista favorável ao fato de os brasileiros assumirem-se como católicos em levantamento demográfico, assunção de identidade que legitima a preservação do título de maior país católico do mundo atribuído ao Brasil.

(C) o emprego das aspas na expressão *"América católica"* sinaliza que, por meio da ironia, o autor censura o apego dos brasileiros a títulos de supremacia, adesão que ele nota até mesmo quando se trata de religião.

(D) admite-se que à expressão *"o maior país católico do mundo"* empregada pelos brasileiros se têm atribuído sentidos distintos, o que justifica o fato de o uso do título estar em extinção.

(E) avalia-se que, sob o fato manifesto e contínuo de brasileiros virem deixando a religião católica, ao migrar ou não para alguma outra, o superlativo que historicamente individualiza o Brasil do ponto de vista religioso está perdendo a razoabilidade.

A: incorreta. Os dados do censo, ao contrário, confirmam que a população é majoritariamente católica; B: incorreta. Não se pode deduzir que a declaração de religião tem por objetivo manter o título em questão; C: incorreta. Não se trata de ironia, mas de citação de um termo criado por outra pessoa. As aspas indicam uma citação literal; D: incorreta. Não é por isso que o título está se extinguindo, mas sim porque há um movimento de migração entre religiões; E: correta, conforme comentário à alternativa anterior.
Gabarito "E".

(Analista Judiciário – TRT/11 – FCC – 2017) No segundo parágrafo,

(A) a expressão *Quer dizer* introduz exposição mais detalhada do que se apresenta no primeiro parágrafo, esclarecimento realizado sob o padrão da neutralidade científica.

(B) os segmentos *cientificamente controlados* e *religiosamente isentos* subordinam-se diretamente à palavra *fundamento*.

(C) o emprego de *um dia* sugere que a ideia de *desgastado*, atribuída à palavra *título*, teve breve duração.

(D) a caracterização de *conotações* evidencia que os brasileiros, ainda que possam manifestar emoções antagônicas ao fazer uso da qualificação *"o maior país católico do mundo"*, o fazem com a mesma intensa adesão ao seu particular sentimento.

(E) o emprego da expressão *a bem da verdade* sinaliza a introdução de uma específica correção, retificação que remete diretamente ao segmento *sua histórica posição de nação com hegemonia católica*.

A: incorreta. O autor não foi neutro em suas palavras, porque o parágrafo em questão já direciona os argumentos para a defesa de seu ponto de vista; B: incorreta. Os termos em destaque remetem a dados estatísticos; C: incorreta. A expressão "um dia" significa que o fato aconteceu em algum momento não especificado no passado; D: correta. Esta é a ideia central exposta no segundo parágrafo do texto; E: incorreta. A expressão remete a "conotações", esclarecendo as diferentes abordagens sobre o tema.
Gabarito "D".

Um povo entre duas tiranias

Pelo alto, a população do leste de Alepo, na Síria, foi castigada por bombas de barril lançadas por helicópteros e aviões do regime de *Bashar Assad* e por caças russos. Ao explodirem, esses artefatos espalham rolamentos, pregos e pedaços de metal ao redor, destruindo prédios e perfurando pessoas. Na noite de 17 de agosto, o menino *Omran Daqneesh,* de 4 anos, estava dormindo com os irmãos de 1, 6 e 10 anos quando uma bomba caiu sobre sua casa. As imagens do vídeo que mostram *Omran* coberto de poeira e sangue dentro de uma ambulância chocaram o mundo pelo contraste entre inocência e brutalidade. Seu irmão mais velho morreu no hospital.

Em terra, os moradores eram acossados pelos grupos extremistas ligados a *Al Qaeda,* que criaram tribunais para aplicar a lei islâmica. As mulheres foram obrigadas a usar o véu. Quem reclamava do fechamento das rádios ou das escolas ou tentava fugir era preso, torturado e até assassinado.

Com a coalizão liderada pelos EUA bombardeando os terroristas do Estado Islâmico em outras cidades, a Rússia e o Irã ficaram livres para ajudar *Assad* a retomar territórios ocupados por outros grupos armados, o que deixou a guerra ainda mais sangrenta. Duzentos mil sírios somaram-se aos 4,5 milhões que já haviam deixado o país nos anos anteriores. O fluxo de refugiados para a Europa caiu de 1 milhão em 2015 para 300.000 neste ano, em parte devido às barreiras físicas erguidas nas fronteiras e às restrições para aceitação de asilo. O drama da maioria dos sírios que fogem da tirania de *Assad* e dos rebeldes acabou represado nos campos lamacentos da Turquia.

(**Veja**, 28 de dezembro de 2016.)

(Analista Judiciário – TRF/2 – Consulplan – 2017) Após a leitura do texto, é possível afirmar que

(A) as informações apresentadas possuem características alarmantes através de uma linguagem apelativa e enfática, de acordo com o público a que se destina e seu suporte textual.

(B) a redução significativa do número de refugiados é um fator capaz de comprovar que a implementação de ações humanitárias na região afetada pelos conflitos citados tem sido favorável às vítimas de tal cenário.

(C) a finalidade informativa do texto pode ser identificada através do encadeamento lógico de ideias revelando fatos com clareza e exatidão; utilizando, predominantemente, a ordem direta, a voz ativa e os verbos de ação.

(D) as tiranias às quais é feita referência no título do texto, apesar de apresentarem níveis diferentes de ênfase no contexto apresentado, atuam estrategicamente de forma semelhante para alcançar os objetivos que lhes são propostos.

A: incorreta. O texto é elaborado em linguagem jornalística, mantendo a sobriedade apesar da gravidade dos fatos narrados; **B:** incorreta. A redução dos refugiados, ao contrário, é fruto da imposição de barreiras a sua entrada, o que os deixa encurralados na guerra; **C:** correta, conforme comentários à alternativa "A"; **D:** incorreta. As duas tiranias, de Bashar al Assad e do Estado Islâmico, são tratadas com a mesma objetividade e destaque no texto. HS

Gabarito "C".

Amizade

A amizade é um exercício de limites afetivos em permanente desejo de expansão. Por mais completa que pareça ser uma relação de amizade, ela vive também do que lhe falta e da esperança de que um dia nada venha a faltar. Com o tempo, aprendemos a esperar menos e a nos satisfazer com a finitude dos sentimentos nossos e alheios, embora no fundo de nós ainda esperemos a súbita novidade que o amigo saberá revelar. Sendo um exercício bem-sucedido de tolerância e paciência – amplamente recompensadas, diga-se – a amizade é também a ansiedade e a expectativa de descobrirmos em nós, por intermédio do amigo, uma dimensão desconhecida do nosso ser.

Há quem julgue que cabe ao amigo reconhecer e estimular nossas melhores qualidades. Mas por que não esperar que o valor maior da amizade está em ser ela um necessário e fiel espelho de nossos defeitos? Não é preciso contar com o amigo para conhecermos melhor nossas mais agudas imperfeições? Não cabe ao amigo a sinceridade de quem aponta nossa falha, pela esperança de que venhamos a corrigi-la? Se o nosso adversário aponta nossas faltas no tom destrutivo de uma acusação, o amigo as identifica com lealdade, para que nos compreendamos melhor.

Quando um amigo verdadeiro, por contingência da vida ou imposição da morte, é afastado de nós, ficam dele, em nossa consciência, seus valores, seus juízos, suas percepções. Perguntas como "O que ele diria sobre isso?" ou "O que faria ele com isso?" passam a nos ocorrer: são perspectivas dele que se fixaram e continuam a agir como um parâmetro vivo e importante. As marcas da amizade não desaparecem com a ausência do amigo, nem se enfraquecem como memórias pálidas: continuam a ser referências para o que fazemos e pensamos.

(CALÓGERAS, Bruno, *inédito*)

(Analista Judiciário – TRE/SP – FCC – 2017) A frase inicial *A amizade é um exercício de limites afetivos em permanente desejo de expansão* deixa ver, no contexto, que em uma relação entre amigos

(A) os sentimentos mútuos são restritos, devido à desconfiança que sempre estamos a alimentar uns dos outros.

(B) a afetividade é indispensável, embora alimentemos dentro de nós o desejo de uma plena autossuficiência.

(C) a afetividade é verdadeira, conquanto se estabeleça em contornos restritivos que gostaríamos de ver eliminados.

(D) os sentimentos predominantes passam a ser indesejáveis quando se percebe o quanto podem ser falsos.

(E) a afetividade, aparentemente real, revela-se ilusória, diante dos modelos ideais de afeto que conservamos do nosso passado.

A ideia central do texto é destacar que a amizade é, por definição, restrita a limites impostos pelas pessoas à verdadeira afetividade, mas que, com o tempo, busca-se eliminar esses limites para que os laços de confiança e companheirismo cresçam continuamente. HS

Gabarito "C".

(Analista Judiciário – TRE/SP – FCC – 2017) Considere as seguintes afirmações:

I. No primeiro parágrafo, há a sugestão de que a tolerância e a paciência, qualidades positivas mas dispensáveis entre amigos verdadeiros, dão lugar à recompensa da incondicionalidade do afeto.

II. No segundo parágrafo, expressa-se a convicção de que o amigo verdadeiro não apenas releva nossos defeitos como também é capaz de convertê-los em qualidades nossas.

III. No terceiro parágrafo, considera-se que da ausência ocasional ou definitiva do amigo não resulta que seus valores e seus pontos de vista deixem de atuar dentro de nossa consciência.

Em relação ao texto está correto o que se afirma em

(A) I, II e III.
(B) I e II, apenas.
(C) II e III, apenas.
(D) I e III, apenas.
(E) III, apenas.

I: incorreta. O autor não afirma que tais qualidades são dispensáveis. Ao contrário, destaca que são parte integrante da amizade; **II:** incorreta. Não é bem isso que o autor diz. Para ele, cabe ao amigo apontar os defeitos do outro de forma construtiva para que a pessoa mesma seja capaz de mudar e melhorar sua conduta; **III:** correta. Esta é a ideia central exposta no terceiro parágrafo. HS

Gabarito "E".

INSTRUÇÃO: Leia o trecho abaixo do artigo Presidente: líder ou gerente?, de Maílson da Nóbrega, e responda às questões a seguir.

[...]

A meu juízo, o Brasil precisa de líderes políticos transformadores, capazes de empreender reformas e assim ampliar o potencial de crescimento e bem-estar. São pessoas aptas a mobilizar a sociedade e a classe política para enfrentar e resolver problemas, o que implica motivar, seduzir, agregar, organizar, orientar, focalizar. O líder virtuoso precisa ter visão de futuro, habilidade para construir maiorias no Congresso e capacidade para identificar e atacar os problemas mais relevantes de sua época.

Rever opiniões, reconhecer erros e considerar novas realidades são igualmente atributos do líder sensato e verdadeiro. Fluência verbal, carisma e capacidade de se comunicar são características requeridas nas modernas democracias de massas, pois é assim que o líder transmite mensagens, ideias, estímulos.

Valorizar a experiência administrativa para o exercício do cargo de presidente é menosprezar a boa política.

(Revista *Veja*, 17/09/2014.)

(Analista Judiciário – TJ/MT – UFMT – 2016) O fragmento anuncia várias características de um líder político atual na ótica do autor. Em resumo, esse líder

(A) precisa dedicar-se à construção de um país do futuro.
(B) deve transmitir confiança ao povo para conquistar a sociedade e a classe política.
(C) deve ter visão do futuro, agir sobre o passado e enfrentar o presente.
(D) precisa usar linguagem popular de modo a comunicar-se com a massa.

A: incorreta. O autor destaca que os principais problemas a serem resolvidos são os do presente; **B:** incorreta. Não se pode inferir isso de qualquer passagem do texto; **C:** correta. O autor afirma expressamente a "visão de futuro"; por "agir sobre o passado" podemos entender o dever de "rever opiniões" e "reconhecer erros"; por fim, "enfrentar o presente" é o mesmo que "atacar os problemas mais relevantes de sua época"; **D:** incorreta. O autor não diz que a linguagem deve ser popular. Ele ressalta que o líder deve saber se comunicar, ou seja, falar o linguajar apropriado conforme sua audiência. HS

Gabarito "C".

[Civilização e sofrimento]

É uma afirmação corrente que boa parte da culpa dos sofrimentos humanos vem do que é chamado de nossa civilização. Seríamos bem mais felizes se a abandonássemos e retrocedêssemos a condições primitivas, satisfazendo nossos instintos básicos. Tal asserção me parece espantosa, porque é fato estabelecido – como quer que se defina o conceito de civilização – que tudo aquilo com que nos protegemos da ameaça das fontes do sofrer é parte da civilização.

Como é que tantas pessoas chegaram a partilhar esse ponto de vista de surpreendente hostilidade à civilização? Acho que uma profunda insatisfação com o estado civilizacional existente preparou o solo no qual, em determinadas ocasiões históricas, formou-se essa condenação.

(Adaptado de: FREUD, Sigmund. *O mal-estar na civilização*. Trad. Paulo César de Souza. São Paulo: Penguin & Companhia das Letras. 2011. p. 31)

(Analista Judiciário – TRT/20 – FCC – 2016) Explora-se, no texto, uma **flagrante contradição**, expressa formalmente no seguinte enunciado:

(A) Muitas pessoas revelam uma posição inteiramente hostil aos princípios da civilização.
(B) Destinada a nos proteger dos sofrimentos, a civilização é por vezes inculpada do nosso sofrer.
(C) Em determinadas situações históricas, há quem se insurja contra o estado civilizacional.
(D) Acredita-se que a satisfação dos instintos primitivos nos tornaria mais felizes.
(E) Para muitos, o retorno a condições mais primitivas seria preferível ao estágio atual da civilização.

O autor confronta dois fatos aparentemente inconciliáveis: (i) a civilização foi desenvolvida para nos proteger das ameaças das fontes de sofrimento; e (ii) ao mesmo tempo, evoluiu-se uma ideia de que ela é a culpada por todos os nossos sofrimentos. Portanto, está correta a letra "B". É importante frisar que as alternativas "C", "D" e "E" também estão de acordo com o texto, porém **não** atendem ao que é pedido no enunciado: elas não trazem a contradição explorada pelo autor, mas sim conclusões diretas que se extraem da leitura. HS

Gabarito "B".

Texto 1 – Coordenação entre órgãos gestores

Um Plano de Contingência para o Trânsito necessita de planejamento prévio para lidar com situações emergenciais e atuar em casos que venham a causar transtornos nos principais corredores viários de uma cidade.

O aumento progressivo da frota de veículos provoca congestionamentos que muitas vezes impedem que os procedimentos planejados de emergência sejam adotados.

Nesses casos, passam a exigir ações mais criativas e diferenciadas, devendo ser planejadas por equipes de técnicos especializados, com a parceria das universidades.

O gerenciamento de acidentes de trânsito, como a velocidade que se desfaz o local de uma batida numa via estrutural, envolve o uso de equipamentos especiais, como helicópteros, e de pessoal devidamente treinado para isso. É crucial haver integração e coordenação entre os órgãos gestores da mobilidade urbana, para solucionar rapidamente as demandas dessa natureza.

Situações como obras, fechamento de ruas e de faixas de tráfego, enchentes, alagamentos das vias e quedas de encostas e árvores, que impedem a circulação normal de veículos, necessitam de sinalização adequada, de informação relevante e bem veiculada em várias mídias, de agentes de trânsito devidamente preparados, de cavaletes e indicação dos desvios possíveis, para diminuir os impactos negativos.

Podemos fazer analogia com um infarto e um AVC, que impedem o fluxo de sangue e exigem providências urgentes para que a pessoa não morra. O mesmo fenômeno ocorre com o trânsito, para que o fluxo seja restabelecido o mais rápido possível.

(Eva Vider, *O Globo*, 9/10/2015 – adaptado)

(Analista Judiciário – TJ/PI – FGV – 2015) O título dado ao texto 1 – Coordenação entre órgãos gestores – funciona como:

(A) constatação de uma realidade;
(B) crítica de uma deficiência;

(C) ideal a ser atingido;
(D) ironia diante de fatos repetidos;
(E) alerta para perigos iminentes.

O texto fala da necessidade de que um plano de contingências para o trânsito, para que seja efetivo, deve contar com soluções pensadas por técnicos dos órgãos de trânsito e por pesquisadores das universidades. Logo, o título reafirma um ideal proposto pelo texto, algo que deve ser buscado pelas autoridades para que os resultados sejam concretos. **HS**
Gabarito "C".

Atenção: As questões de abaixo referem-se ao texto que segue.

A matéria abaixo, que recebeu adaptações, é do jornalista Alberto Dines, e foi veiculada em 09.05.2015, um dia após as comemorações pelos 70 anos do fim da Segunda Guerra Mundial.

Quando a guerra acabar...

1   Abre parêntese: há momentos – felizmente raros – em que a história pessoal se impõe às percepções conjunturais e o relato na primeira pessoa, embora singular, parcial, às vezes suspeito, sobrepõe-se à narrativa impessoal, ampla, genérica.

Fecha parêntese.

O descaso e os indícios de esquecimento que, na sexta-feira (8/5), rodearam os setenta anos do fim da fase europeia da
5   Segunda Guerra Mundial sobressaltaram. O ano de 1945 pegou-me com 13 anos e a data de 8 de maio incorporou-se ao meu
calendário íntimo e o cimentou definitivamente às efemérides históricas que éramos obrigados a decorar no ginásio.
Seis anos antes (1939), a invasão da Polônia pela Alemanha hitlerista – e logo depois pela Rússia soviética – empurrou a guerra para dentro da minha casa através dos jornais e do rádio: as vidas da minha avó paterna, tios, tias, primos e primas dos dois lados corriam perigo. Em 1941, quando a Alemanha rompeu o pacto com a URSS e a invadiu com fulminantes
10 ataques, inclusive à Ucrânia, instalou-se a certeza: foram todos exterminados.
A capitulação da Alemanha tornara-se inevitável, não foi surpresa, sabíamos que seria esmagada pelos Aliados. Nova era a sensação de paz, a certeza que começava uma nova página da história e perceptível mesmo para crianças e adolescentes. A prometida quimera embutida na frase "quando a guerra acabar" tornara-se desnecessária, desatualizada. A guerra acabara para sempre. Enquanto o retorno dos combatentes brasileiros vindos da Itália era saudado
15 delirantemente, matutinos e vespertinos – mais calejados do que a mídia atual – nos alertavam que a guerra continuava feroz não apenas no Extremo Oriente, mas também na antiquíssima Grécia, onde guerrilheiros de direita e de esquerda, esquecidos do inimigo comum – o nazifascismo – se enfrentavam para ocupar o vácuo de poder deixado pela derrotada barbárie.
Sete décadas depois – porção ínfima da história da humanidade –, aquele que foi chamado Dia da Vitória e comemorado loucamente nas ruas do mundo metamorfoseou-se em Dia das Esperanças Perdidas: a guerra não acabou. Os Aliados
20 desvincularam-se, tornaram-se adversários. A guerra continua, está aí, espalhada pelo mundo, camuflada por diferentes nomenclaturas, inconfundível, salvo em breves hiatos sem hostilidades, porém com intensos ressentimentos.

(Reproduzido da **Gazeta do Povo** (Curitiba, PR) e do **Correio Popular** (Campinas, SP), 9/5/2015;intertítulo do *Observatório da Imprensa*, edição 849)

(Analista – TRT/3ª – 2015 – FCC) Nesse texto, o jornalista,

(A) ao organizar minuciosa e cronologicamente os episódios da Segunda Guerra Mundial, ressalta os fatos que foram mal retratados nas comemorações dos 70 anos do fim do conflito.
(B) ao trazer sua visão pessoal sobre os principais acontecimentos da Segunda Guerra Mundial, defende que a imprensa privilegie o ângulo particular com que o profissional observa os fatos.
(C) ao apresentar informações e comentários sobre a Segunda Guerra Mundial, toma-a como legítima justificativa para a publicação de matéria que tem como objeto questões pessoais e íntimas.
(D) ao confessar sobressalto pelo que tinha ocorrido no dia anterior, 8/5, explica-o tanto pela associação de fatos históricos a questões pessoais, quanto pela interpretação de que há um Dia das Esperanças Perdidas.
(E) ao citar a volta dos combatentes brasileiros, critica a euforia das saudações, pois evidenciava que o povo não tinha percebido que o conflito, na mesma configuração de 1939 a 1945, continuava.

A: incorreta. Sua narrativa nos fatos não é minuciosa ou cronológica, mas sim lembranças um tanto desordenadas. Além disso, sua intenção não é ressaltar os fatos que foram mal retratados nas comemorações, mas a total ausência de comentários sobre o tema; **B:** incorreta. Seu comentário sobre a visão pessoal serve para justificar a ausência de objetividade com a qual tratará do tema; **C:** incorreta. O texto trata do atual cenário beligerante em que o mundo se encontra, fazendo uma alegoria com a data considerada final da guerra em 1945; **D:** correta. A alternativa reflete bem as ideias passadas pelo texto; **E:** incorreta. Não houve crítica à euforia das saudações, mas uma evidenciação da desilusão com a notícia de que, ao contrário do que todos imaginavam, a guerra não havia acabado.
Gabarito "D".

(Analista – TRT/3ª – 2015 – FCC) O excerto legitima a seguinte compreensão:

(A) Dines considera a imprensa de 1945 menos aperfeiçoada do que a imprensa contemporânea.
(B) O primeiro parágrafo é apresentado como "entre parênteses" porque é tomado como simples anexo, de conteúdo genérico, sobre a análise de conjunturas, sem conter menção ao que virá no texto.
(C) Dada a natureza do texto, expressões como *empurrou a guerra para dentro da minha casa* devem ser desaprovadas, pois, ferindo o rigor lógico, prejudicam a compreensão.
(D) Dines considera a Segunda Guerra Mundial conflito constituído por mais de um estágio.
(E) Em sua análise de ambientes de guerra, Dines trata a Grécia como exemplo de conflito interno, descolado do contexto da Guerra Mundial.

A: incorreta. O termo "calejados" foi utilizado para indicar que a imprensa da época não tinha o "jogo de cintura" para narrar os fatos de forma menos abrupta, menos chocante; **B:** incorreta. Os "parênteses" foram utilizados para justificar as impressões e experiências pessoais que permeariam o texto; **C:** incorreta. Expressões como a selecionada não atingem a lógica do texto. Servem, ao contrário, para deixá-lo mais informal e aproximar o autor do leitor; **D:** correta. Isso se vê pela sua abordagem do conflito atual como uma sucessão do anterior; **E:** incorreta. O conflito interno na Grécia somente começou pelo vácuo de poder deixado pela guerra – logo, não estava dela descolado.
Gabarito "D".

(Analista – TRT/3ª – 2015 – FCC) *Sete décadas depois – porção ínfima da história da humanidade –, aquele que foi chamado Dia da Vitória e comemorado loucamente nas ruas do mundo metamorfoseou-se em Dia das Esperanças Perdidas: a guerra não acabou. Os Aliados desvincularam-se, tornaram-se adversários. A guerra continua, está aí, espalhada pelo mundo, camuflada por diferentes nomenclaturas, inconfundível, salvo em breves hiatos sem hostilidades, porém com intensos ressentimentos.*

Comenta-se com propriedade sobre o parágrafo acima, em seu contexto:

(A) Os travessões encerram forte argumento para a defesa das ideias de Dines, pois o segmento alerta para o fato de que, em muito breve intervalo de tempo, a humanidade conheceu significativo revés de sentimentos.
(B) As expressões *Dia da Vitória* e *Dia das Esperanças Perdidas* concentram a crítica que Dines faz aos profissionais do jornalismo brasileiro e internacional, ao cunharem bordões que pouco explicam a natureza dos fatos.
(C) O emprego do adjetivo *camuflada* retoma o que se diz anteriormente por meio da expressão *metamorfoseou-se*.
(D) A expressão *tornaram-se adversários* exprime a consequência inevitável da ação mencionada anteriormente na frase.
(E) Em *salvo em breves hiatos sem hostilidades,* a substituição do segmento destacado por "a exceção de" preserva o sentido e a correção originais.

A: correta. Os travessões foram utilizados para dar destaque ao argumento de que o intervalo de tempo é suficientemente breve para a humanidade viver uma reviravolta tão grande em seus sentimentos; **B:** incorreta. Não se pode extrair essa conclusão do texto, até porque o "dia das esperanças perdidas" é criação do próprio autor; **C:** incorreta. São imagens diferentes do texto, a transformação do significado da data e a guerra sorrateira que hoje está instalada; **D:** incorreta. Ao se desvincularem, os Aliados não precisavam necessariamente ter se tornado adversários – poderiam permanecer neutros uns aos outros. Logo, não é uma "consequência inevitável"; **E:** incorreta. Deveria haver o acento grave indicativo da crase em "à exceção de".
Gabarito "A".

(Analista – TRT/3ª – 2015 – FCC) *A capitulação da Alemanha tornara-se inevitável, não foi surpresa, sabíamos que seria esmagada pelos Aliados. Nova era a sensação de paz, a certeza que começava uma nova página da história e perceptível mesmo para crianças e adolescentes. A prometida quimera embutida na frase "quando a guerra acabar" tornara-se desnecessária, desatualizada.*

É correta a seguinte assertiva sobre o que se tem no trecho acima:

(A) A causa de o fato ser *inevitável* está expressa em *não foi surpresa*.
(B) O emprego de *mesmo* confirma que era natural esperar que crianças e adolescentes, como os adultos, tivessem a certeza de que um novo período da história começava.
(C) A palavra *quimera* equivale, quanto ao sentido, a "utopia".
(D) Em *tornara-se desnecessária, desatualizada*, as palavras destacadas estão dispostas em ordem crescente de valor.
(E) O emprego de *Nova* justifica-se somente pelo contexto em que as três linhas acima estão inseridas, pois, nelas, não há nenhuma palavra ou expressão a que a palavra *Nova* possa ser associada.

A: incorreta. A ausência de surpresa é consequência do fato ser inevitável; **B:** incorreta. Ao contrário, o uso da palavra "mesmo" indica a surpresa do autor ao verificar o sentimento em crianças e adolescentes; **C:** correta. "Quimera" é sinônimo de "utopia", "sonho", "devaneio"; **D:** incorreta. Não há gradação nesse caso, nem positiva nem negativa. As palavras têm significados diferentes; **E:** incorreta. A palavra "nova" está associada a "sensação de paz".
Gabarito "C".

2. VERBO

(Analista – TRT/18 – 2023 – FCC) Está plenamente adequada a correlação entre os tempos e os modos verbais na frase:

(A) A moça fora visitar o soberbo escritor em respeito à amizade que desde os tempos de sua meninice cultivasse com ele.
(B) Foi tocante a sinceridade das palavras que o grande escritor Machado de Assis houvera dito assim que a moça lhe fez aquela confissão.
(C) Caso não houvesse entre ambos uma antiga e sólida amizade, a cena de despedida não viesse a despertar a comoção final.
(D) Mal faz a moça sua declaração de saudades e já ouve do mestre as palavras gratas e melancólicas de quem da vida se despede.
(E) A moça disfarçaria sua emoção inventando uma alegria que o escritor recebera com a melancólica consciência de quem esteja à morte.

A: incorreta. "Cultivar" deveria estar no pretérito mais-que-perfeito do indicativo – "cultivara"; **B:** incorreta. O verbo "dizer" deveria estar no pretérito perfeito do indicativo – "disse"; **C:** incorreta. Exige-se o verbo "vir" no futuro do pretérito do indicativo – "viria"; **D:** correta. Todos os tempos verbais estão corretamente empregados; **E:** incorreta. O verbo "estar" deveria vir no pretérito imperfeito do indicativo – "estava". HS

Gabarito "D".

Texto CG1A1-II

1 Segundo a Lei Geral de Proteção de Dados (Lei n.º 13.709/2018), dados pessoais são informações que podem identificar alguém. Dentro desse conceito, foi criada
4 uma categoria chamada de "dado sensível", que diz respeito a informações sobre origem racial ou étnica, convicções religiosas, opiniões políticas, saúde ou vida sexual. Registros
7 como esses, a partir da vigência da lei, passam a ter nível maior de proteção, para evitar formas de discriminação. Todas as atividades realizadas no país e todas as pessoas que estão no
10 Brasil estão sujeitas à lei. A norma vale para coletas operadas em outro país, desde que estejam relacionadas a bens ou serviços ofertados a brasileiros. Mas há exceções, como a
13 obtenção de informações pelo Estado para a segurança pública. Ao coletar um dado, as empresas deverão informar a finalidade da coleta. Se o usuário aceitar repassar suas
16 informações, o que pode acontecer, por exemplo, quando ele concorda com termos e condições de um aplicativo, as companhias passam a ter o direito de tratar os dados
19 (respeitada a finalidade específica), desde que em conformidade com a legislação. A lei prevê uma série de obrigações, como a garantia da segurança das informações e a
22 notificação do titular em caso de um incidente de segurança. A norma permite a reutilização dos dados por empresas ou órgãos públicos, em caso de "legítimo interesse".
25 Por outro lado, o titular ganhou uma série de direitos. Ele pode, por exemplo, solicitar à empresa os dados que ela tem sobre ele, a quem foram repassados (em situações como a
28 de reutilização por "legítimo interesse") e para qual finalidade. Caso os registros estejam incorretos, ele poderá cobrar a correção. Em determinados casos, o titular terá o direito de se
31 opor a um tratamento. A lei também prevê a revisão de decisões automatizadas tomadas com base no tratamento de dados, como as notas de crédito ou os perfis de consumo.

Internet: <www.agenciabrasil.ebc.com.br> (com adaptações).

(Analista Judiciário – TJ/PA – 2020 – CESPE/CEBRASPE) Sem prejuízo da correção gramatical e do sentido original do texto CG1A1-II, a forma verbal "há" (l.12) poderia ser substituída por

(A) existem.
(B) existe.
(C) ocorre.
(D) têm.
(E) tem.

O verbo "haver", como sinônimo de "existir", é impessoal, mas quando substituído pelo seu equivalente, este deve concordar em número com o objeto – portanto, "existem exceções". HS

Gabarito "A".

Sem direito e Poesia

Eis me aqui, iludível. Incipiente na arte da escrita, desfraldo sentimentos vestindo-os com as palavras que lhes atribuem significado. Às vezes dá vontade ser assim, hermético. Talvez, porque eu sinta que o mundo não me entende ou porque, talvez, eu não me encaixe harmonicamente no mundo, é que sinto esta liberdade em não me fazer entender. É que, talvez, a vida seja mesmo um mal-entendido.

Portanto, despiciendo as opiniões e me faço prolixo. Suasório para o intento de escrever em uma língua indecifrável ao homem comum. Meu vocabulário, quando quero, é um quarto cerrado e, nele me tranco e jogo fora a chave do entendimento. Dizem-me que as palavras devem ser um instrumento para comunicar-se e que isto é fazer-se entender. Mas eu, que do mundo nada entendo, por que razão deveria me fazer entender?

Sinto o decesso aproximar-se, pelo esvair-se do fluido vital, e, sem tempo para o recreio desejado, com os ombros arcados pelos compromissos assumidos, tenho no plenilúnio um desejo imarcescível de que haja vida no satélite natural. Talvez, após o decesso, eu possa lá estabelecer morada e, vivendo em uma sociedade singular, haja o recreio em espírito. Na realidade. Na iludível realidade, meu recreio é uma sala ampla. Teto alto. Prateleiras rústicas com farta literatura e filosofia. Nenhuma porta ou janela aberta a permitir à passagem do tempo. Uma poltrona aveludada. Frio. Lareira acesa. Vinho tinto seco, Malbec.

O amor? O entregar-se? Não!

Tratar-se-ia apenas de amor próprio. Sem entrega. Apenas eu. Apenas eu e o tempo. Cerrado na sala cerrada. Divagando sobre o nada e refletindo sobre tudo. Imarcescível seria tal momento. Mas a vida. A vida é singular ao tempo, pois que o tempo é eterno, e a criatura humana é botão de rosa, matéria orgânica falível na passagem do eterno. Sigo... Soerguendo-me... Sobrevivo...

(Fonte: Nelson Olivo Capeleti Junior/ Artigos13/04/2018 – JUS Brasil)

(Analista Judiciário – TRE/PA – 2020 – IBFC) Analise os tempos e modos verbais empregados e assinale a alternativa *incorreta*.

(A) "A vida é singular ao tempo". (Presente do indicativo).
(B) [...] "por que razão deveria" [...] (Futuro do pretérito do indicativo).
(C) [...] "tenho no plenilúnio um desejo imarcescível". (Presente do indicativo).
(D) "Talvez, após o decesso, eu possa lá estabelecer morada". (Futuro do presente do indicativo).

A única alternativa na qual os tempos e modos verbais indicados estão errados é a letra "D", que deve ser assinalada. "Possa" é conjugação do presente do subjuntivo. HS
Gabarito "D".

(Analista – TRF/4 – FCC – 2019) Há ocorrência de forma verbal na voz passiva e pleno atendimento às regras de concordância na frase:

(A) As funções educativas que em nossos dias deveriam assumir a família do jovem passaram a ocupar um plano inteiramente secundário.
(B) No caso de ser assumido pelas famílias seu papel educativo, os jovens passariam a ser os grandes beneficiários dessa iniciativa.
(C) Assumir a família um papel complementar no processo educacional corresponde a uma das iniciativas de que não podem se esquivar.
(D) Ainda que não caibam às famílias assumir o protagonismo do processo educacional, não há como se furtarem a participar desse processo.
(E) Imagina-se que em algum momento as famílias venham a assumir o papel que delas se esperam ao longo de um processo educacional.

A: incorreta. Não há verbo na voz passiva no período apresentado; B: correta. Encontra-se a voz passiva em "ser assumido" e foram respeitadas integralmente as regras de concordância; C: incorreta. Não há verbo na voz passiva no período apresentado ("esquivar-se" é verbo reflexivo); D: incorreta. Não há verbo na foz passiva no período apresentado; E: incorreta. Não há verbo na voz passiva no período apresentado ("imagina-se" é oração com sujeito indeterminado). HS
Gabarito "B".

TEXTO – Sem tolerância com o preconceito
Átila Alexandre Nunes, O Globo, 23/01/2018 (adaptado)

Diante do número de casos de preconceito explícito e agressões, somos levados ao questionamento se nossa sociedade corre o risco de estar tornando-se irracionalmente intolerante. Ou, quem sabe, intolerantemente irracional. Intolerância é a palavra do momento. Da religião à orientação sexual, da cor da pele às convicções políticas.

O tamanho desse problema rompeu fronteiras e torna-se uma praga mundial. Líderes políticos, em conluio com líderes religiosos, ignoram os conceitos de moral, ética, direitos, deveres e justiça. As redes sociais assumiram um papel cruel nesse sistema. Se deveriam servir para mostrar indignação, mostram, muitas vezes, um preconceito medieval.

No campo da religiosidade, o fanatismo se mostra cada dia mais presente no Rio de Janeiro. No último ano, foram registradas dezenas de casos de intolerância religiosa por meio da Secretaria de Estado de Direitos Humanos. Um número ainda subnotificado, pois, muitas ocorrências que deveriam ser registradas como "intolerância religiosa" são consideradas brigas de vizinhos.

A subnotificação desses casos é um dos maiores entraves na luta contra a intolerância religiosa. O registro incorreto e a descrença de grande parte da população na punição a esse tipo de crime colaboram para maquiar o retrato dos ataques promovidos pelo fanatismo religioso em nossa sociedade. A perseguição às minorias religiosas está cada vez mais organizada com braços políticos e até de milícias armadas como o tráfico de drogas.

No último ano recebemos denúncias de ataques contra religiões de matriz africana praticados pelo tráfico de drogas, que não só destruíram terreiros, como também proibiam a realização de cultos em determinada região, segundo o desejo do chefe da facção local.

Não podemos regredir a um estado confessional. A luta de agora pela liberdade religiosa é um dever de todos para garantir o cumprimento da Constituição Federal. Quando uma pessoa de fé é humilhada, agredida ou discriminada devido à sua crença, ela tem seus direitos humanos e constitucionais violados. Hoje, fala-se muito sobre intolerância religiosa, mas, muito mais do que sermos tolerantes, precisamos aprender a respeitar a individualidade e as crenças de cada um.

Até porque, nessa toada, a intolerância irracional ganha terreno, e nós vamos ficando cada vez mais irracionalmente intolerantes com aquilo que não deveríamos ser. Numa sociedade onde o preconceito se mostra cada dia mais presente, a única saída é a incorporação da cultura do respeito. Preconceito não se tolera, se combate.

(Analista Judiciário – TJ/AL – 2018 – FGV) A frase do texto que NÃO exemplifica a ocorrência de voz passiva é:

(A) "Diante do número de casos de preconceito explícito e agressões, somos levados ao questionamento...";
(B) "...corre o risco de estar tornando-se irracionalmente intolerante";
(C) "No último ano, foram registradas dezenas de casos de intolerância religiosa...";
(D) "Preconceito não se tolera, se combate";
(E) "...muitas ocorrências que deveriam ser registradas como 'intolerância religiosa'...".

A única frase que não está redigida na voz passiva é a letra "B", que deve ser assinalada. "Tornar-se" é verbo reflexivo, não voz passiva sintética. HS
Gabarito "B".

(Analista Judiciário – TJ/AL – 2018 – FGV) "O tamanho desse problema rompeu fronteiras e torna-se uma praga mundial".

Nesse segmento do texto, as duas formas verbais pertencem a tempos diferentes; isso ocorre por:

(A) erro nesse emprego, já que ambos deveriam ser do mesmo tempo verbal;
(B) indicação respectiva de uma ação passada e de um fato atual;
(C) tentativa de dar destaque a uma realidade do presente;
(D) demonstração de um fato já completado e outro que se encontra em fase inicial;
(E) desejo de mostrar que fatos atuais são decorrentes de ações passadas.

O uso do primeiro verbo no pretérito e o segundo no presente quer demonstrar que a primeira situação antecedeu à atual, ou seja, algo que ocorreu no passado e levou à situação presente. HS
Gabarito "B".

A importância do imperfeito

O conceito de perfeição guia muitas aspirações nossas, seja em nossas vidas privadas, seja nos diversos espaços profissionais. Falamos ou ouvimos falar de "relações perfeitas" entre duas pessoas como modelos a serem seguidos, ou de almejar sempre a realização perfeita de um trabalho. Em algumas religiões, aprendemos que nosso objetivo é chegar ao paraíso, lar da perfeição absoluta, final de jornada para aqueles que, se não conseguiram atingir a perfeição em vida, pelo menos a perseguirão com determinação.

Historicamente, o perfeito está relacionado com a estética, andando de mãos dadas com o belo, conforme rezam os preceitos da arte clássica. Muito da criatividade humana, tanto nas artes como nas ciências, é inspirado por esse ideal de perfeição. Mas nem tudo. Pelo contrário, várias das ideias que revolucionaram nossa produção artística e científica vieram justamente da exaltação do imperfeito, ou pelo menos da percepção de sua importância.

Nas artes, exemplos de rompimento com a busca da perfeição são fáceis de encontrar. De certa forma, toda a pintura moderna é ou foi baseada nesse esforço de explorar o imperfeito. Romper com o perfeito passou a ser uma outra possibilidade de ser belo, como ocorre na música atonal ou na escultura abstrata, em que se encontram novas perspectivas de avaliação do que seja harmônico ou simétrico. Na física moderna, o imperfeito ocupa um lugar de honra. De fato, se a Natureza fosse perfeita, o Universo seria um lugar extremamente sem graça. Do microcosmo das partículas elementares da matéria ao macrocosmo das galáxias e mesmo no Universo como um todo, a imperfeição é fundamental. A estrutura hexagonal dos flocos de neve é uma manifestação de simetrias que existem no nível molecular, mas, ao mesmo tempo, dois flocos de neve jamais serão perfeitamente iguais. Não faltam razões, enfim, para que nos aceitemos como seres imperfeitos. Por que não?

(Adaptado de: GLEISER, Marcelo. Retalhos cósmicos. São Paulo: Companhia das Letras, 1999, p. 189-190)

(Analista – TRT2 – FCC – 2018) Há forma verbal na voz passiva e pleno atendimento às normas de concordância na frase:

(A) Sempre houve aspirações cuja meta era a perfeição, mas que não se cumpria por falta de determinação de quem as alimentavam.
(B) Por vezes caminham juntas a sede de perfeição e esforço pelo belo, tal como se podem constatar nas obras de arte clássicas.
(C) As obras de arte modernas comportam, com frequência, a ação de algum elemento imperfeito, que as elevam a patamares insólitos.
(D) O exemplo dos flocos de neve é trazido ao texto para ilustrar um caso em que mesmo uma rigorosa simetria pode produzir diferenças.
(E) A exaltação das formas imperfeitas, nas artes plásticas ou na música, ocorrem sobretudo na modernidade, em que recusa a composição harmônica.

A: incorreta. O verbo "cumprir" deve ir para o plural para concordar com "aspirações"; **B:** incorreta. A construção "tal como" é singular, portanto o verbo se conjuga "pode constatar"; **C:** incorreta. A concordância verbal está de acordo com a norma padrão, mas o enunciado pede que, além disso, haja verbo na voz passiva no período – neste caso, não encontramos nenhum; **D:** correta. A construção "é trazido" está na voz passiva e a concordância verbal foi respeitada; **E:** incorreta. O verbo "ocorrer" deve permanecer no singular para concordar com "exaltação". HS
Gabarito "D".

[Civilização e sofrimento]

É uma afirmação corrente que boa parte da culpa dos sofrimentos humanos vem do que é chamado de nossa civilização. Seríamos bem mais felizes se a abandonássemos e retrocedêssemos a condições primitivas, satisfazendo nossos instintos básicos. Tal asserção me parece espantosa, porque é fato estabelecido – como quer que se defina o conceito de civilização – que tudo aquilo com que nos protegemos da ameaça das fontes do sofrer é parte da civilização.

Como é que tantas pessoas chegaram a partilhar esse ponto de vista de surpreendente hostilidade à civilização? Acho que uma profunda insatisfação com o estado civilizacional existente preparou o solo no qual, em determinadas ocasiões históricas, formou-se essa condenação.

(Adaptado de: FREUD, Sigmund. *O mal-estar na civilização*. Trad. Paulo César de Souza. São Paulo: Penguin & Companhia das Letras. 2011. p. 31)

(Analista Judiciário – TRT/20 – FCC – 2016) Todas as formas verbais têm emprego plenamente adequado na seguinte frase:

(A) Teríamos sido bem mais felizes se abandonarmos as normas da civilização, vindo a retroceder aos hábitos primitivos.

(B) Seremos mais felizes se havermos de satisfazer nossos instintos mais primários, que há tanto abandonáramos.

(C) Não importa como se a defina, é imperativo que a civilização se mantenha consolidada como projeto humano.

(D) Deverão haver ainda mais hostilidades contra a civilização, caso se viesse a insistir no bem maior da vida primitiva.

(E) Será espantoso se, em pleno processo civilizatório, virmos a renunciar ao que já nos guiara por tanto tempo.

A: incorreta. O verbo "abandonar" deveria estar conjugado na primeira pessoa do plural do pretérito imperfeito do subjuntivo – "abandonássemos"; **B:** incorreta. A primeira pessoa do plural do futuro do subjuntivo do verbo "haver" é "houvermos"; **C:** correta. Todos os verbos foram conjugados conforme dispõe a norma padrão; **D:** incorreta. O verbo "haver", com sentido de "existir", é impessoal, estendendo-se essa regra aos seus auxiliares. Portanto, "deverá haver ainda mais hostilidades (...)"; **E:** incorreta. A conjugação da primeira pessoa do plural do pretérito imperfeito do subjuntivo do verbo "vir" é "viéssemos".

Gabarito "C".

3. PONTUAÇÃO

Dengue prevista

A dengue é uma doença periódica e cíclica: os casos crescem no verão e há picos epidêmicos a cada 4 ou 5 anos. Trata-se, portanto, de enfermidade de atuação previsível. Supõe-se que o poder público se adiantaria com medidas de prevenção e tratamento. Contudo, há décadas os números de casos e mortes só aumentam no Brasil.

Entre 2000 e 2010, foram registrados 4,5 milhões de ocorrências e 1.869 óbitos. Na década seguinte, os números saltaram para 9,5 milhões e 5.385, respectivamente. O primeiro semestre deste ano registra 1,4 milhão de casos, ante 1,5 milhão em 2022. A tendência é piorar.

Segundo a OMS, urbanização descontrolada e sistema sanitário precário contribuem para o descontrole da moléstia.

No Brasil, cerca de 50% da população não tem acesso a redes de esgoto, em grande parte devido à ineficiência estatal, que só agora começa a mudar com o novo marco do setor. E o desmatamento para a construção de moradias irregulares grassa nos grandes centros. A dimensão de áreas verdes derrubadas para esse fim na cidade de São Paulo atingiu, nos primeiros dois meses de 2023, 85 hectares.

Neste ano, o município já conta com 11 444 casos de dengue – 3,7% a mais em relação ao mesmo período de 2022. Dez pessoas morreram, o maior número em oito anos, quando houve pico epidêmico.

A OMS ressaltou a importância da vacinação. Mas, devido à burocracia, o Brasil protela a distribuição do imunizante japonês Qdenga – já aprovado para venda pela Anvisa – no sistema público de saúde.

O combate à dengue deve ser contínuo, não apenas no verão, e em várias frentes complementares (saúde, infraestrutura e moradia). Com o alerta da OMS, espera-se que o poder público, local e federal, se prepare para receber as consequências do fenômeno climático El Niño.

(Editorial. Folha de S.Paulo, 27.07.2023. Adaptado)

(Analista – TRF3 – 2024 – VUNESP) No trecho do primeiro parágrafo – A dengue é uma doença periódica e cíclica: os casos crescem no verão e há picos epidêmicos a cada 4 ou 5 anos. Trata-se, portanto, de enfermidade de atuação previsível. –, os dois-pontos e as vírgulas são empregados, correta e respectivamente, para sinalizar

(A) o resumo das informações precedentes; separar expressão adverbial.

(B) a inclusão de um contra-argumento; separar conjunção condicional.

(C) o detalhamento de uma informação; separar conjunção conclusiva.

(D) a inclusão de informação nova; separar oração intercalada.

(E) a retificação de uma informação; separar aposto explicativo.

Os dois-pontos anunciam o aposto, um detalhamento ou explicação de um conceito ou ideia; as vírgulas, no caso, separam a conjunção conclusiva "portanto" que está deslocada da ordem direta do período.

Gabarito "C".

(Analista – TRT/18 – 2023 – FCC) É plenamente adequada a pontuação da seguinte frase:

(A) Diga-me, então, se você acha de fato pertinente esse quadro de definições, do termo "igualdade".

(B) Eu desejaria saber qual a dificuldade, que se apresenta, desde sempre para se definir o que é igualdade?

(C) Sem dúvida não há consenso: devido ao fato de um conceito como este ser, dúbio já na raiz.

(D) Há ainda os que esperam, apesar de tudo, que um dia se estabeleça, como prática real, um efetivo igualitarismo.

(E) O conceito de igualitarismo, desde sempre vacilante aguarda, que sua prática, enfim venha a se dar, entre os que nele confiam.

A: incorreta. Após "então" deveria ter vírgula, não dois-pontos, além da vírgula estar incorreta após "definições"; **B:** incorreta. As duas vírgulas estão erroneamente colocadas; **C:** incorreta. Todos os sinais de pontuação estão errados, o correto seria: "sem dúvida não há consenso, devido ao fato de um conceito como este ser dúbio já na raiz"; **D:** correta. O padrão culto da linguagem para a pontuação foi integralmente respeitado; **E:** incorreta. Novamente, todas as vírgulas estão erradas: "O conceito de igualitarismo, desde sempre vacilante, aguarda que sua prática enfim venha a se dar entre os que nele confiam". HS

Gabarito "D".

Sem direito e Poesia

Eis me aqui, iniludível. Incipiente na arte da escrita, desfraldo sentimentos vestindo-os com as palavras que lhes atribuem significado. Às vezes dá vontade ser assim, hermético. Talvez, porque eu sinta que o mundo não me entende ou porque, talvez, eu não me encaixe harmonicamente no mundo, é que sinto esta liberdade em não me fazer entender. É que, talvez, a vida seja mesmo um mal-entendido.

Portanto, despiciendo as opiniões e me faço prolixo. Suasório para o intento de escrever em uma língua indecifrável ao homem comum. Meu vocabulário, quando quero, é um quarto cerrado e, nele me tranco e jogo fora a chave do entendimento. Dizem-me que as palavras devem ser um instrumento para comunicar-se e que isto é fazer-se entender. Mas eu, que do mundo nada entendo, por que razão deveria me fazer entender?

Sinto o decesso aproximar-se, pelo esvair-se do fluido vital, e, sem tempo para o recreio desejado, com os ombros arcados pelos compromissos assumidos, tenho no plenilúnio um desejo imarcescível de que haja vida no satélite natural. Talvez, após o decesso, eu possa lá estabelecer morada e, vivendo em uma sociedade singular, haja o recreio em espírito. Na realidade. Na iniludível realidade, meu recreio é uma sala ampla. Teto alto. Prateleiras rústicas com farta literatura e filosofia. Nenhuma porta ou janela aberta a permitir à passagem do tempo. Uma poltrona aveludada. Frio. Lareira acesa. Vinho tinto seco, Malbec.

O amor? O entregar-se? Não!

Tratar-se-ia apenas de amor próprio. Sem entrega. Apenas eu. Apenas eu e o tempo. Cerrado na sala cerrada. Divagando sobre o nada e refletindo sobre tudo. Imarcescível seria tal momento. Mas a vida. A vida é singular ao tempo, pois que o tempo é eterno, e a criatura humana é botão de rosa, matéria orgânica falível na passagem do eterno. Sigo... Soerguendo- me... Sobrevivo...

(Fonte: Nelson Olivo Capeleti Junior/ Artigos 13/04/2018 – JUS Brasil)

(Analista Judiciário – TRE/PA – 2020 – IBFC) Analise as regras para o uso de reticências e assinale a alternativa que apresenta corretamente a norma utilizada no enunciado a seguir: "Sigo... Soerguendo-me... Sobrevivo..."

(A) O uso de reticências foi utilizado para transmitir que há uma citação e foi apresentada de forma incompleta.

(B) O uso de reticências foi utilizado para transmitir que a ideia se prolonga e o diálogo foi interrompido.

(C) O uso de reticências foi utilizado para transmitir subjetividade e ênfase a uma sequência de ações e ideias que se prolongam.

(D) O uso de reticências foi utilizado para transmitir a mesma função da vírgula, uma pausa momentânea.

No trecho, a função das reticências é indicar a ênfase do autor a uma sequência de atos praticados de maneira lenta e contínua, prolongando-se no tempo. HS

Gabarito "C".

(Analista – TRF/4 – FCC – 2019) Está plenamente adequada a pontuação da seguinte frase:

(A) O grande escritor cubano José Lezama Lima no romance Paradiso, tece uma consideração, a respeito da morte do pai.

(B) Freud ao tratar da morte do pai, considera-a um dos grandes traumas, que podem acometer a um filho.

(C) Embora haja asperezas, na relação de um pai e um filho, há também, por outro lado muita amizade e cumplicidade.

(D) Ao escrever a Carta ao pai em que faz uma espécie de inventário infernal, Kafka não deixa de mostrar-se alternadamente, sofrido e humilhado.

(E) Ainda que afastada da figura do pai real, sua construção ficcional, promovida por Kafka, expressa em alto grau o sofrimento de um filho.

A: incorreta. Deveria haver vírgula após "Lima" e não há vírgula após "consideração"; **B:** incorreta. Deveria haver vírgula após "Freud" e não há vírgula após "traumas"; **C:** incorreta. Não há vírgula após "asperezas" e deveria haver vírgula após "lado"; **D:** incorreta. Deveria haver vírgula após "pai" e não há vírgula após "alternadamente"; **E:** correta. O padrão culto da língua foi integralmente respeitado no período. HS

Gabarito "E".

(Analista Judiciário – TRE/SP – FCC – 2017) Atente para as frases abaixo.

I. Sendo a amizade, um exercício de limites afetivos, há que se considerar alguma insatisfação, que disso decorra.
II. A própria passagem do tempo faz com que, nossas amizades, venham a encontrar uma boa forma de depuração.
III. Uma amizade, ainda que imperfeita, não nos decepcionará, a menos que lhe dermos um valor absoluto.

É inteiramente adequada a virgulação do que está APENAS em

(A) I.
(B) II.
(C) I e III.
(D) III.
(E) II e III

I: incorreta. Não há vírgula depois de "amizade" nem depois de "insatisfação"; **II:** incorreta. Não há vírgulas a separar "nossas amizades"; **III:** correta. As vírgulas foram todas usadas conforme a norma-padrão.

Gabarito "D".

1. LÍNGUA PORTUGUESA

Texto CG1A1AAA

No quadro da democracia liberal, cidadania corresponde ao conjunto das liberdades individuais — os chamados direitos civis de locomoção, pensamento e expressão, integridade física, associação etc. O advento da democracia social acrescentou, àqueles direitos do indivíduo, os direitos trabalhistas ou direitos a prestações de natureza social reclamadas ao Estado (educação, saúde, seguridade e previdência). Em ambos os casos, o cidadão é titular de direitos e liberdades em relação ao Estado e a outros particulares – mas permanece situado fora do campo estatal, não assumindo qualquer titularidade quanto a funções públicas. Preserva-se, assim, a perspectiva do constitucionalismo clássico: direitos do homem e do cidadão são exercidos frente ao Estado, mas não dentro do aparelho estatal.

Na teoria constitucional moderna, cidadão é o indivíduo que tem um vínculo jurídico com o Estado, sendo portador de direitos e deveres fixados por determinada estrutura legal (Constituição, leis), que lhe confere, ainda, a nacionalidade. Cidadãos, em tese, são livres e iguais perante a lei, porém súditos do Estado.

Como lembra Marilena Chaui, a cidadania se define pelos princípios da democracia, significando necessariamente conquista e consolidação social e política. A cidadania requer instituições, mediações e comportamentos próprios, constituindo-se na criação de espaços sociais de lutas (movimentos sociais, sindicais e populares) e na definição de instituições permanentes para a expressão política, como partidos, legislação e órgãos do poder público. Distingue-se, portanto, a cidadania passiva, aquela que é outorgada pelo Estado, com a ideia moral do favor e da tutela, da cidadania ativa, aquela que institui o cidadão como portador de direitos e deveres, mas essencialmente criador de direitos para abrir novos espaços de participação política.

Maria Victoria de Mesquita Benevides. **Cidadania e democracia**. Internet: <www.scielo.br> (com adaptações).

(**Analista Judiciário – TRE/PE – CESPE – 2017**) Seriam mantidas a correção gramatical e o sentido original do texto CG1A-1AAA, caso, no trecho "Como lembra Marilena Chaui, a cidadania se define pelos princípios da democracia, significando necessariamente conquista e consolidação social e política" (l. 21 a 23),

(A) o vocábulo "necessariamente" fosse isolado por vírgulas.
(B) fosse suprimida a vírgula empregada logo após "Chaui".
(C) fosse inserida uma vírgula logo após "significando".
(D) a vírgula empregada logo após "democracia" fosse substituída por ponto e vírgula.
(E) o trecho "pelos princípios da democracia" fosse isolado por vírgulas.

A: correta. Ainda que deslocado da ordem direta, a separação por vírgulas do adjunto adverbial torna-se facultativa se ele for curto, como nesse caso; **B**: incorreta. A vírgula em questão é obrigatória, porque a oração subordinada adverbial foi deslocada da ordem direta do período; **C**: incorreta. Uma vírgula apenas seria erro de pontuação. Como registrado no comentário à alternativa "A", é possível separar o termo "necessariamente" por vírgulas, mas nunca usar uma só; **D**: incorreta. O ponto e vírgula divide orações e períodos, de sorte que seu uso interromperia a mensagem ainda em andamento. É caso de vírgula mesmo; **E**: incorreta. O adjunto adverbial está colocado na ordem direta, portanto não há razão para separá-lo com vírgulas.

Gabarito "A".

INSTRUÇÃO: Leia o trecho abaixo do artigo Presidente: líder ou gerente?, de Maílson da Nóbrega, e responda às questões a seguir.

[...]

A meu juízo, o Brasil precisa de líderes políticos transformadores, capazes de empreender reformas e assim ampliar o potencial de crescimento e bem-estar. São pessoas aptas a mobilizar a sociedade e a classe política para enfrentar e resolver problemas, o que implica motivar, seduzir, agregar, organizar, orientar, focalizar. O líder virtuoso precisa ter visão de futuro, habilidade para construir maiorias no Congresso e capacidade para identificar e atacar os problemas mais relevantes de sua época.

Rever opiniões, reconhecer erros e considerar novas realidades são igualmente atributos do líder sensato e verdadeiro. Fluência verbal, carisma e capacidade de se comunicar são características requeridas nas modernas democracias de massas, pois é assim que o líder transmite mensagens, ideias, estímulos.

Valorizar a experiência administrativa para o exercício do cargo de presidente é menosprezar a boa política.

(Revista *Veja*, 17/09/2014.)

(Analista Judiciário – TJ/MT – UFMT – 2016) No trecho o que implica motivar, seduzir, agregar, organizar, orientar, focalizar, as ações são separadas por vírgula porque

(A) isolam o predicado verbal do sujeito.
(B) constituem uma sequência enumerativa com a mesma função sintática.
(C) constituem orações subordinadas substantivas.
(D) destacam que um termo foi usado fora de seu lugar canônico.

As vírgulas foram usadas para separar os elementos de uma lista, de uma enumeração, permitindo suprimir a conjunção aditiva "e" e, assim, enriquecer o texto.

Gabarito "B".

A competência do escritor

O grande ficcionista russo Anton Tchékhov tinha posições bastante maduras sobre a função essencial de um escritor. Numa das cartas que escreveu a um amigo, dizia, em síntese, que, ao exigirmos do artista uma atitude consciente em relação ao seu trabalho, costumamos confundir dois conceitos: a solução do problema de que ele trata e a colocação correta desse problema, pela qual se esclarecem quais são as questões nele implicadas. Apenas o segundo conceito é obrigatório para o artista. Há nisso alguma semelhança com o julgamento de um tribunal: as partes envolvidas devem colocar as questões corretamente, e que os jurados resolvam, cada um à sua maneira.

O grande escritor russo formula aqui uma proposição cuja prática exemplar representa-se, entre nós, na obra madura de Machado de Assis. Também este parece adotar a tese de que mais vale formular bem uma questão do que tentar de qualquer modo sua solução. Quem lê os contos e romances maduros de Machado de Assis fica com a sensação de que cabe a ele, como leitor, o juízo de valor final a ser aplicado à forma de pensar e de agir das personagens.

(Juracy Colombo, *inédito*)

(Analista Judiciário – TRT/20 – FCC – 2016) Atente para a construção das seguintes frases:

I. Para o caso do escritor, apenas o segundo conceito é obrigatório.
II. A solução de um problema não cabe aos escritores, cuja preocupação maior está em sua exposição.
III. Ele não confia muito nos escritores, que apresentam soluções mais ou menos óbvias.

A supressão da vírgula altera significativamente o sentido da frase que está em

(A) I, II e III.
(B) I e II, apenas.
(C) II e III, apenas.
(D) I e III, apenas.
(E) II, apenas.

I: incorreta. Não há alteração de sentido nem prejuízo à correção gramatical, vez que se trata de vírgula facultativa; II: correta. É obrigatório o uso da vírgula nesse caso; III: correta. A supressão da vírgula mudaria o sentido da mensagem, porque a oração subordinada adjetiva deixaria de ter função explicativa para ter função restritiva (representaria apenas aqueles escritores que "apresentam soluções mais ou menos óbvias", e não todos os escritores).

Gabarito "C".

4. REDAÇÃO, COESÃO E COERÊNCIA

[Acerca da "Igualdade"]

"Liberdade, Igualdade, Fraternidade" foi o grito de guerra da Revolução Francesa. Hoje há disciplinas inteiras – ramos da filosofia, da ciência política e dos estudos jurídicos – que têm a "igualdade" como tema central de estudos. Todos concordam que a igualdade é um valor; ninguém parece concordar quanto ao que se refere o termo. Igualdade de oportunidades? Igualdade de condições? Igualdade formal perante a lei?

Estaremos falando de uma ideologia, a crença de que todos na sociedade **deveriam** ser iguais – claro que não em todos os aspectos, mas nos mais importantes? Ou será uma sociedade em que as pessoas **são** efetivamente iguais? O que isso significaria de fato, na prática, em ambos os casos? Que todos os membros da sociedade têm igual acesso à terra, ou tratam uns aos outros com igual dignidade, ou são igualmente livres para expor suas opiniões em assembleias públicas?

A igualdade seria o apagamento do indivíduo ou a celebração do indivíduo? Numa sociedade, por exemplo, em que os mais poderosos são tratados como divindades e tomam as decisões mais importantes, é possível falar em igualdade? E as relações de gênero? Muitas sociedades tratadas como "igualitárias" na verdade têm seu igualitarismo restrito aos homens adultos. Em casos assim, podemos falar em igualdade de gêneros?

Como não existe nenhuma resposta clara e consensual a questões desse tipo, o uso do termo "igualitário" tem levado a discussões infindáveis. Para alguns teóricos do século XVII, a igualdade se manifestaria no estado da Natureza. Igualdade, pois, seria um termo definido por omissão: identificaria uma humanidade que pudesse estar livre depois de removidas todas as armadilhas da civilização. Povos "igualitários" seriam, pois, aqueles sem príncipes, sem juízes, sem inspetores, sem sacerdotes, possivelmente sem cidades, sem escrita ou sequer agricultura. Seriam sociedades de iguais apenas no sentido estrito de que estariam ausentes todos os sinais mais evidentes de desigualdade.

Não há dúvida, pensando-se sempre no ideal de "igualdade", de que algo deu muito errado no mundo. Uma ínfima parte da população controla o destino de quase todos os outros, e de uma maneira cada vez mais desastrosa.

(Adaptado de: GRAEBER, David, e WENGROW, David. **O despertar de tudo – Uma nova história da humanidade**. Trad. Denise Bottmann e Claudio Marcondes. São Paulo: Companhia das Letras, 2022, p. 91 a 94, *passim*)

(Analista – TRT/18 – 2023 – FCC) Considerando-se o contexto, traduz-se adequadamente o sentido de um segmento do texto em:

(A) têm a "igualdade" como tema central de estudos (1º parágrafo) = trabalham de modo igualitário um conceito essencial

(B) tratam uns aos outros com igual dignidade (2º parágrafo) = fazem-se dignos do mesmo tratamento

(C) igualitarismo restrito aos homens adultos (3º parágrafo) = restrição de igualdade entre os mais bem formados

(D) resposta clara e consensual a questões desse tipo (4º parágrafo) = solução límpida para as dissensões de tal ordem

(E) estariam ausentes todos os sinais mais evidentes (4º parágrafo) = não se apresentariam os traços mais visíveis

A única proposta que não traria alteração de sentido é a alternativa "E", que deve ser assinalada. Todas as demais, ainda que constituídas por sinônimos dos termos originais, levariam a perda de clareza ou mudança na ideia tratada no texto.

Gabarito "E".

Uma visita

Era já no fim da tarde quando a moça – muito linda, mas muito aflita –, de nome Francisca Bastos Cordeiro, foi entrando pela porta entreaberta do chalé, seguiu direto ao quarto (antiga sala de costura da casa, ao tempo em que sua dona era viva), onde encontrou, estendido e frágil numa pequena cama de ferro, aquele homem, muito velhinho já, agonizante quase, que lhe fora bom companheiro em noites idas de sua infância, quando com ela jogava o sete e meio e lhe ensinava a recitar poemas na casa de sua avó.

– Vim vê-lo, foi dizendo a moça, inventando uma alegria na voz que lhe disfarçasse a emoção. Estou com muitas saudades suas. E o senhor, não está com saudades de mim?

– Estou, sim – disse o velho, numa voz muito cava e muito triste. Estou com saudade da vida.

No dia seguinte morria Machado de Assis. A tarde era a de 28 de setembro de 1908. A rua era a do Cosme Velho.

(Adaptado de: MELLO, Thiago de. **Escritor por escritor – Machado de Assis por seus pares – 1939-2008.** São Paulo. Imprensa Oficial do Estado, 2019, p. 278-279)

(Analista – TRT/18 – 2023 – FCC) – Vim vê-lo, foi dizendo a moça, estou com muitas saudades suas. E o senhor, não está com saudades de mim?

Transpondo o texto acima para o discurso indireto, ele deverá ficar:

A moça foi dizendo que...

(A) fora visitá-lo, por estar com muitas saudades dele, se ele também estava com as mesmas saudades suas.

(B) estou vindo pra lhe visitar, que estou com muitas saudades suas, e se ele também estava com as mesmas.

(C) tinha vindo para lhe ver, e que estava com muitas saudades dele, tanto quanto ele as tinha por ela.

(D) fora vê-lo por ter estado com saudades dele, e se o senhor também estava com muitas saudades dela.

(E) tinha ido vê-lo, que estava com muitas saudades dele, e se ele também não estaria com saudades dela.

A transposição para o discurso indireto se faz a partir dos ajustes nos tempos verbais e conjunções para que se mantenha o mesmo sentido do original. A única alternativa correta, nesse caso, é a letra "E", que deve ser assinalada.

Gabarito "E".

Sem direito e Poesia

Eis me aqui, iniludível. Incipiente na arte da escrita, desfraldo sentimentos vestindo-os com as palavras que lhes atribuem significado. Às vezes dá vontade ser assim, hermético. Talvez, porque eu sinta que o mundo não me entende ou porque, talvez, eu não me encaixe harmonicamente no mundo, é que sinto esta liberdade em não me fazer entender. É que, talvez, a vida seja mesmo um mal-entendido.

Portanto, despiciendo as opiniões e me faço prolixo. Suasório para o intento de escrever em uma língua indecifrável ao homem comum. Meu vocabulário, quando quero, é um quarto cerrado e, nele me tranco e jogo fora a chave do entendimento. Dizem-me que as palavras devem ser um instrumento para comunicar-se e que isto é fazer-se entender. Mas eu, que do mundo nada entendo, por que razão deveria me fazer entender?

Sinto o decesso aproximar-se, pelo esvair-se do fluido vital, e, sem tempo para o recreio desejado, com os ombros arcados pelos compromissos assumidos, tenho no plenilúnio um desejo imarcescível de que haja vida no satélite natural. Talvez, após o decesso, eu possa lá estabelecer morada e, vivendo em uma sociedade singular, haja o recreio em espírito. Na realidade. Na iniludível realidade, meu recreio é uma sala ampla. Teto alto. Prateleiras rústicas com farta literatura e filosofia. Nenhuma porta ou janela aberta a permitir à passagem do tempo. Uma poltrona aveludada. Frio. Lareira acesa. Vinho tinto seco, Malbec.

O amor? O entregar-se? Não!

Tratar-se-ia apenas de amor próprio. Sem entrega. Apenas eu. Apenas eu e o tempo. Cerrado na sala cerrada. Divagando sobre o nada e refletindo sobre tudo. Imarcescível seria tal momento. Mas a vida. A vida é singular ao tempo, pois que o tempo é eterno, e a criatura humana é botão de rosa, matéria orgânica falível na passagem do eterno. Sigo... Soerguendo-me... Sobrevivo...

(Fonte: Nelson Olivo Capeleti Junior/ Artigos13/04/2018 – JUS Brasil)

(Analista Judiciário – TRE/PA – 2020 – IBFC) Com relação ao emprego de elementos de referência, substituição, funcionalidade e repetição de conectores e de outros elementos da sequência textual, analise as afirmativas abaixo.

I. "Incipiente na arte da escrita, desfraldo sentimentos vestindo-**os** com as palavras que lhes atribuem significado". O pronome em destaque faz referência ao vocábulo "sentimentos".

II. "Suasório **para** o intento de escrever em uma língua indecifrável ao homem comum". O vocábulo em destaque é uma conjunção subordinativa com função explicativa.
III. "Meu vocabulário, quando quero, é um quarto cerrado e, **nele** me tranco e jogo fora a chave do entendimento". O vocábulo em destaque faz referência à palavra "vocabulário".
IV. "Dizem-me que as palavras devem ser um instrumento para **comunicar-se** e que isto é **fazer-se** entender". A partícula "se" transforma os vocábulos em destaque em verbos pronominais.

Assinale a alternativa que apresenta a sequência correta de cima para baixo.

(A) Apenas as afirmativas I, II e IV estão corretas.
(B) Apenas as afirmativas I e IV estão corretas.
(C) Apenas as afirmativas II, III e IV estão corretas.
(D) Apenas as afirmativas I e II estão corretas.

I: correta. O pronome oblíquo foi usado como elemento de coesão para evitar a repetição do termo a que se refere; II: incorreta. "Para", no caso, introduz oração subordinada adverbial final, ou seja, exprime a ideia de finalidade; III: incorreta. "Ele", no caso, é o quarto; IV: correta. Também são chamados de verbos reflexivos. **HS**

Gabarito "B".

[Pai e filho]

No romance **Paradiso** o grande escritor cubano José Lezama Lima diz que um ser humano só começa a envelhecer depois da morte do pai. Freud atribui a essa morte um dos grandes traumas de um filho.

A amizade e a cumplicidade quase sempre prevalecem sobre as discussões, discórdias e outras asperezas de uma relação às vezes complicada, mas sempre profunda. Às vezes você lamenta não ter conversado mais com o seu pai, não ter convivido mais tempo com ele. Mas há também pais terríveis, opressores e tirânicos.

Exemplo desse caso está na literatura, na **Carta ao pai**, de Franz Kafka. É esse um dos exemplos notáveis do pai castrador, que interfere nas relações amorosas e na profissão do filho. Um pai que não se conforma com um grão de felicidade do jovem Franz. A **Carta** é o inventário de uma vida infernal. É difícil saber até que ponto o pai de Kafka na **Carta** é totalmente verdadeiro. Pode se tratar de uma construção ficcional ou um pai figurado, mais ou menos próximo do verdadeiro. Mas isso atenua o sofrimento do narrador? O leitor acredita na figuração desse pai. Em cada página, o que prevalece é uma alternância de sofrimento e humilhação, imposta por um homem prepotente e autoritário.

(Adaptado de: HATOUM, Milton. **Um solitário à espreita**. São Paulo: Companhia das Letras, 2013, p. 204-205)

(Analista – TRF/4 – FCC – 2019) A frase **Pode se tratar de uma construção ficcional ou um pai figurado, mais ou menos próximo do verdadeiro** ganha nova redação, na qual mantém seu sentido básico, em:

(A) Tratando-se provavelmente de uma construção de ficção, ou mesmo de um pai figurante, pode ainda estar próximo da verdade.

(B) É possível que se trate de uma operação ficcional ou da figuração de um pai que lembre aproximadamente o pai real.
(C) Tratando-se de uma ficção, pela qual se reproduz a figura do pai, pode ainda assim estar perto de ser convincente.
(D) Considerando como construção ficcional tal figura do pai, trata-se de se aproximar um tanto da verdadeira.
(E) Pode-se considerar que tal construção, sendo fictícia, venha a preservar a imagem verdadeira do pai assim figurado.

A: incorreta. A inserção do advérbio "provavelmente" altera o sentido original do texto; **B**: correta. A nova redação preserva a mensagem original; **C**: incorreta. A primeira oração da nova redação do período transmite uma certeza que não se vê no trecho original; **D**: incorreta. A nova redação está obscura e confusa, de sorte que não consegue manter o sentido original; **E**: incorreta, pela mesma razão exposta no comentário à alternativa "C".

Gabarito "B".

[Valores da propaganda]

Na sociedade moderna, a mesma voz que prega sobre as coisas superiores da vida, tais como a arte, a amizade ou a religião, exorta o ouvinte a escolher uma determinada marca de sabão. Os panfletos sobre como melhorar a linguagem, como compreender a música, como ajudar-se etc. são escritos no mesmo estilo de propaganda que exalta as vantagens de um laxativo. Na verdade, um redator hábil pode ter escrito qualquer um deles.

Na altamente desenvolvida divisão de trabalho, a expressão tornou-se um instrumento utilizado pelos técnicos a serviço do mercado. Um romance é escrito tendo-se em mente as suas possibilidades de filmagem, uma sinfonia ou poema são compostos com um olho no seu valor de propaganda. Outrora pensava-se que cada expressão, palavra, grito ou gesto tivesse um significado intrínseco; hoje é apenas um incidente em busca de visibilidade.

(Adaptado de: HORKHEIMER, Max. Eclipse da razão. Trad. Sebastião Uchoa Leite. Rio de Janeiro: Editorial Labor do Brasil, 1976, p. 112)

(Analista – TRF/4 – FCC – 2019) Na frase Na altamente desenvolvida divisão de trabalho, a expressão tornou-se <u>um instrumento utilizado pelos técnicos a serviço do mercado</u> (2º parágrafo), o segmento sublinhado pode ser substituído, sem prejuízo para o sentido básico do contexto, por:

(A) uma ferramenta do uso de especialistas em operações comerciais.
(B) um utensílio desenvolvido por trabalhadores servis do sistema de negócios.
(C) um atributo próprio de quem gerencia as operações do mercado.
(D) uma operação que beneficia os especialistas empresariais.
(E) um fator decisivo para que os acionistas de uma empresa façam-na lucrativa.

A única paráfrase que não altera o sentido original do texto é a letra "A", que deve ser assinalada. Nas demais, as palavras substitutas não têm exatamente o mesmo valor das substituídas, transmitindo ideias diferentes daquela defendida pelo autor. **HS**

Gabarito "A".

TEXTO – Sem tolerância com o preconceito
Átila Alexandre Nunes, O Globo, 23/01/2018 (adaptado)

Diante do número de casos de preconceito explícito e agressões, somos levados ao questionamento se nossa sociedade corre o risco de estar tornando-se irracionalmente intolerante. Ou, quem sabe, intolerantemente irracional. Intolerância é a palavra do momento. Da religião à orientação sexual, da cor da pele às convicções políticas.

O tamanho desse problema rompeu fronteiras e torna-se uma praga mundial. Líderes políticos, em conluio com líderes religiosos, ignoram os conceitos de moral, ética, direitos, deveres e justiça. As redes sociais assumiram um papel cruel nesse sistema. Se deveriam servir para mostrar indignação, mostram, muitas vezes, um preconceito medieval.

No campo da religiosidade, o fanatismo se mostra cada dia mais presente no Rio de Janeiro. No último ano, foram registradas dezenas de casos de intolerância religiosa por meio da Secretaria de Estado de Direitos Humanos. Um número ainda subnotificado, pois, muitas ocorrências que deveriam ser registradas como "intolerância religiosa" são consideradas brigas de vizinhos.

A subnotificação desses casos é um dos maiores entraves na luta contra a intolerância religiosa. O registro incorreto e a descrença de grande parte da população na punição a esse tipo de crime colaboram para maquiar o retrato dos ataques promovidos pelo fanatismo religioso em nossa sociedade. A perseguição às minorias religiosas está cada vez mais organizada com braços políticos e até de milícias armadas como o tráfico de drogas.

No último ano recebemos denúncias de ataques contra religiões de matriz africana praticados pelo tráfico de drogas, que não só destruíam terreiros, como também proibiam a realização de cultos em determinada região, segundo o desejo do chefe da facção local.

Não podemos regredir a um estado confessional. A luta de agora pela liberdade religiosa é um dever de todos para garantir o cumprimento da Constituição Federal. Quando uma pessoa de fé é humilhada, agredida ou discriminada devido à sua crença, ela tem seus direitos humanos e constitucionais violados. Hoje, fala-se muito sobre intolerância religiosa, mas, muito mais do que sermos tolerantes, precisamos aprender a respeitar a individualidade e as crenças de cada um.

Até porque, nessa toada, a intolerância irracional ganha terreno, e nós vamos ficando cada vez mais irracionalmente intolerantes com aquilo que não deveríamos ser. Numa sociedade onde o preconceito se mostra cada dia mais presente, a única saída é a incorporação da cultura do respeito. Preconceito não se tolera, se combate.

(Analista Judiciário – TJ/AL – 2018 – FGV) "Da religião à orientação sexual, da cor da pele às convicções políticas".

Esse é um dos períodos do texto construídos sem verbo; a reescritura adequada desse segmento em que acrescentássemos verbo e conector é:

(A) A intolerância ocorre da religião à orientação sexual do mesmo modo que da cor da pele às convicções políticas;

(B) Há intolerância na religião e na orientação sexual à proporção que também ocorre na cor da pele e nas convicções políticas;

(C) Existe intolerância na religião e na orientação sexual embora exista também na cor da pele e nas convicções políticas;

(D) Somos intolerantes no que diz respeito à religião e à orientação sexual, mas não na cor da pele e nas convicções políticas;

(E) Ocorre intolerância ora da religião à orientação sexual, ora da cor da pele às convicções políticas.

O sentido original do texto é revelar que há igualdade, identidade, nos casos de intolerância, por isso temos como melhor paráfrase a alternativa "A". A letra "B" propõe uma relação de proporcionalidade, não de igualdade, e por isso pode confundir o candidato. Nas demais houve flagrante alteração de sentido.
Gabarito "A".

(Analista Judiciário – TJ/AL – 2018 – FGV) "Hoje, fala-se muito sobre intolerância religiosa"; essa frase apresenta reescritura inadequada em:

(A) Fala-se muito, hoje, sobre intolerância religiosa;
(B) Sobre intolerância religiosa, hoje fala-se muito;
(C) Hoje muito é falado sobre intolerância religiosa;
(D) Muito é falado, hoje, sobre intolerância religiosa;
(E) Fala-se hoje muito sobre intolerância religiosa.

A única paráfrase que não respeita a norma padrão é a letra "E", que deve ser assinalada. A colocação do adjunto adverbial de tempo "hoje" antes dos demais elementos sintáticos prejudicou a clareza da mensagem. Além disso, ainda que se quisesse manter essa estrutura não recomendada, ele (o adjunto adverbial) deveria estar entre vírgulas, como na alternativa anterior.
Gabarito "E".

Texto 1

Stephen Hawking, A Mente Que Superou Tudo

Em reverência ao gênio que revolucionou o estudo da cosmologia, o mundo prestou tributo a Stephen Hawking no dia seguinte a sua morte. O cientista britânico, símbolo da superação, teve papel decisivo na divulgação científica e virou um ícone pop. (O Globo, 15/3/2018)

(Analista – TJ/SC – FGV – 2018) O texto 1 é uma pequena notícia de primeira página de O Globo, cujo conteúdo é ampliado em reportagem no interior do jornal.

A marca mais característica de ser este um texto resumido é:

(A) a presença marcante de frases curtas;
(B) a preferência por sinais de pontuação em lugar de conectivos;
(C) a ausência de adjetivos e advérbios;
(D) a seleção de temas de destaque;
(E) a utilização de verbos indicadores de ação rápida.

No texto jornalístico, é bastante comum o uso do resumo para chamar a atenção do leitor e levá-lo à versão integral do texto que se encontra dentro do periódico. Para atingir seu objetivo, o resumo se vale de palavras-chave que aludem aos principais temas que serão tratados na notícia.
Gabarito "D".

Juízo de valor

Um juízo de valor tem como origem uma percepção individual: alguém julga algo ou outra pessoa tomando por base o que considera um critério ético ou moral. Isso significa que diversos indivíduos podem emitir diversos juízos de valor para uma mesma situação, ou julgar de diversos modos uma mesma pessoa. Tais controvérsias são perfeitamente naturais; o difícil é aceitá-las com naturalidade para, em seguida, discuti-las. Tendemos a fazer do nosso juízo de valor um atestado de realidade: o que dissermos que é, será o que dissermos. Em vez da naturalidade da controvérsia a ser ponderada, optamos pela prepotência de um juízo de valor dado como exclusivo.

Com o fenômeno da expansão das redes sociais, abertas a todas as manifestações, juízos de valor digladiam-se o tempo todo, na maior parte dos casos sem proveito algum. Sendo imperativa, a opinião pessoal esquiva-se da controvérsia, pula a etapa da mediação reflexiva e instala-se no posto da convicção inabalável. À falta de argumentos, contrapõem-se as paixões do ódio, do ressentimento, da calúnia, num triste espetáculo público de intolerância.

Constituem uma extraordinária orientação para nós todos estas palavras do grande historiador Eric Hobsbawm: "A primeira tarefa do historiador não é julgar, mas compreender, mesmo o que temos mais dificuldade para compreender. O que dificulta a compreensão, no entanto, não são apenas as nossas convicções apaixonadas, mas também a experiência histórica que as formou." A advertência de Hobsbawm não deve interessar apenas aos historiadores, mas a todo aquele que deseja dar consistência e legitimidade ao juízo de valor que venha a emitir.

(Péricles Augusto da Costa, inédito)

(Analista Jurídico – TRF5 – FCC – 2017) Está clara, coesa e correta a redação deste livre comentário sobre o texto:

(A) Quanto maior o índice de preconceito, revelado numa opinião, o julgamento se torna manifestação de um valor que não cabe sustentar-se.

(B) Embora nem sempre se leve isso em conta, é enorme a distância entre argumentos que se discutam e juízos de valor que se emitam com paixão.

(C) A precedência de uma análise histórica, diante da qual um fato sucedido se subordina, é indiscutível para se avaliá-lo de modo sério e consequente.

(D) As pessoas mais autoritárias tendem a radicalizar suas opiniões, conquanto obtenham logo o aval dos contendores, quando então afetam alguma condenscendência.

(E) Eles não gostam muito de polêmica, acham mais preferível impor seus pontos de vista, em cujos costumam haver traços de um partidarismo fútil.

A: incorreta. Além de erros gramaticais, há grave prejuízo à clareza. Melhor seria escrever: "Quanto maior o índice de preconceito revelado numa opinião, o julgamento se torna manifestação de um valor que não se sustenta"; **B**: correta. A redação é clara e coerente, além de atender à gramática normativa; **C**: incorreta. "(...), é **imprescindível** para avaliá-lo de modo sério e **diligente**"; **D**: incorreta. A redação é tão confusa que é difícil propor uma nova. Provavelmente seria: "As pessoas mais autoritárias tendem a radicalizar suas opiniões, **para que** obtenham logo o aval dos contendores, quando então afetam alguma **condescendência**"; **E**: incorreta. Melhor seria: "Eles não gostam muito de polêmica, acham preferível impor seus pontos de vista, **nos quais costuma** haver traços de um partidarismo fútil." HS

Gabarito "B".

Em torno do bem e do mal

Quando nos referimos ao Bem e ao Mal, devemos considerar que há uma série de pequenos satélites desses grandes planetas, e que são a pequena bondade, a pequena maldade, a pequena inveja, a pequena dedicação... No fundo é disso que se faz a vida das pessoas, ou seja, de fraquezas e virtudes minúsculas. Por outro lado, para as pessoas que se importam com a ética, há uma regra simples e fundamental: não fazer mal a outrem. A partir do momento em que tenhamos a preocupação de respeitar essa simples regra de convivência humana, não será preciso perdermo-nos em grandes filosofias especulativas sobre o que seja o Bem e o Mal.

"Não faças aos outros o que não queres que te façam a ti" parece um ponto de vista egoísta, mas é uma diretriz básica pela qual deve o comportamento humano se orientar para afastar o egoísmo e cultivar verdadeiramente o que se precisa entender por relação humana. Pensando bem, a formulação dessa diretriz bem pode ter uma versão mais positiva: "Faz aos outros o que quiseres que façam a ti". Não é apenas mais simpático, é mais otimista, e dissolve de vez a suspeita fácil de uma providência egoísta.

(A partir de José Saramago. As palavras de Saramago. São Paulo: Companhia das Letras, 2010, p. 111-112, passim)

(Analista – TRT2 – FCC – 2018) Está clara, correta e coerente a redação deste livre comentário sobre o texto:

(A) O festejado escritor Saramago, de cujas virtudes de pensador e ficcionista não haja quem reconheça, dedica-se nesse texto à uma reflexão de alto caráter ético.

(B) É fato, que quando se trata da ética, pensemos em altos valores, nos esquecendo que nos pequenos gestos têm as mesmas qualidades inerentes dos grandes.

(C) As formulações ressaltadas no texto, sobre um ponto de vista ético, evidencia-se como uma preocupação de afastar o sentido supostamente egoísta de uma frase.

(D) Saramago prefere a simplicidade de uma formulação sintética à ambição da filosofia que busca constituir um sofisticado sistema de diretrizes éticas.

(E) Costumam advir das preocupações éticas um cuidado extremo com os mais altos valores em vez de se preocupar com a prática que cabem aos pequenos.

A: incorreta. Há incoerência no trecho "de cujas virtudes de pensador e ficcionista não haja quem reconheça" e também não ocorre crase antes de pronome indefinido; **B**: incorreta. Melhor seria: "É fato que, quando se trata da ética, pensamos em altos valores, esquecendo-nos que os pequenos gestos têm as mesmas qualidades inerentes aos grandes"; **C**: incorreta. O verbo "evidenciar" deveria estar no plural para concordar com "formulações"; **D**: correta. A redação está clara, correta e respeita o padrão culto da linguagem. HS

Gabarito "D".

A importância do imperfeito

O conceito de perfeição guia muitas aspirações nossas, seja em nossas vidas privadas, seja nos diversos espaços profissionais. Falamos ou ouvimos falar de "relações perfeitas" entre duas pessoas como modelos a serem seguidos, ou de almejar sempre a realização perfeita de um trabalho. Em algumas religiões, aprendemos que nosso objetivo é chegar ao paraíso, lar da perfeição absoluta, final de jornada para aqueles que, se não conseguiram atingir a perfeição em vida, pelo menos a perseguiram com determinação.

Historicamente, o perfeito está relacionado com a estética, andando de mãos dadas com o belo, conforme rezam os preceitos da arte clássica. Muito da criatividade humana, tanto nas artes como nas ciências, é inspirado por esse ideal de perfeição. Mas nem tudo. Pelo contrário, várias das ideias que revolucionaram nossa produção artística e científica vieram justamente da exaltação do imperfeito, ou pelo menos da percepção de sua importância.

Nas artes, exemplos de rompimento com a busca da perfeição são fáceis de encontrar. De certa forma, toda a pintura moderna é ou foi baseada nesse esforço de explorar o imperfeito. Romper com o perfeito passou a ser uma outra possibilidade de ser belo, como ocorre na música atonal ou na escultura abstrata, em que se encontram novas perspectivas de avaliação do que seja harmônico ou simétrico. Na física moderna, o imperfeito ocupa um lugar de honra. De fato, se a Natureza fosse perfeita, o Universo seria um lugar extremamente sem graça. Do microcosmo das partículas elementares da matéria ao macrocosmo das galáxias e mesmo no Universo como um todo, a imperfeição é fundamental. A estrutura hexagonal dos flocos de neve é uma manifestação de simetrias que existem no nível molecular, mas, ao mesmo tempo, dois flocos de neve jamais serão perfeitamente iguais. Não faltam razões, enfim, para que nos aceitemos como seres imperfeitos. Por que não?

(Adaptado de: GLEISER, Marcelo. Retalhos cósmicos. São Paulo: Companhia das Letras, 1999, p. 189-190)

(Analista – TRT2 – FCC – 2018) *várias das ideias que revolucionaram nossa produção artística e científica vieram justamente da exaltação do imperfeito...*

Uma nova redação do segmento acima, que preserve sua correção e seu sentido, e que se inicie por *a exaltação do imperfeito...*, poderá ter como adequada complementação

(A) possibilitou que várias ideias revolucionárias impactassem nossas artes e nossas ciências.

(B) proveniente por várias ideias acabaram por revolucionar tanto as nossas artes quanto as nossas ciências.

(C) entendida como nova revolução, acabou por influenciarem as artes e as ciências, com outras ideias.

(D) abriu portas revolucionárias para que lhe surgissem artes e ciências com ideias originais inclusas.

(E) incutiu nas artes e nas ciências, graças à seus ideais revolucionários, novas e produtivas ideias.

A: correta. O novo trecho é claro, coerente e respeita a gramática normativa; **B:** incorreta. "Proveniente" rege a preposição "de", mas além disso a redação teria sérios problemas de clareza; **C:** incorreta. "Acabou por **influenciar**", para concordar com "exaltação", e não há vírgula antes de "com outras ideias"; **D:** incorreta. O pronome "lhe" não tem qualquer função e compromete a clareza da redação; **E:** incorreta. Não ocorre crase antes de palavra masculina. HS

Gabarito "A".

(Analista – TRT2 – FCC – 2018) Numa reelaboração de um segmento do texto, mantêm-se a correção da frase e uma adequada correlação entre os tempos e modos verbais em:

(A) Em algumas religiões, tomávamos consciência de que o nosso objetivo era chegar ao paraíso, visto como um espaço de plenitude e perfeição.

(B) Algumas teses de que iriam revolucionar a produção artística têm a haver com a incorporação, das formas imperfeitas.

(C) Muitos casos de ruptura com a sede de perfeição verifica-se na exploração de novos modelos artísticos, aonde predominasse a imperfeição.

(D) Se numa relação afetiva entre duas pessoas poderiam ocorrer discensões, o que de fato se pretendia eram uma troca de afetos harmoniosos.

(E) Não apenas na arte, como assim também na física, o lugar do imperfeito existiria como um fator que proporcione o equilíbrio de uma determinada estrutura.

A: correta. A redação é clara, coerente e respeita as normas gramaticais; **B:** incorreta. Melhor seria: "Algumas teses que iriam revolucionar a produção artística têm a ver com a incorporação das formas imperfeitas"; **C:** incorreta. Melhor seria: "Verificam-se muitos casos de ruptura com a sede de perfeição na exploração de novos modelos artísticos, onde predomina a imperfeição"; **D:** incorreta. Melhor seria: "Se numa relação afetiva entre duas pessoas poderia haver dissensões, o que de fato se pretendia era uma troca de afetos harmoniosos"; **E:** incorreta. Melhor seria: "Não apenas na arte, assim como na física, o lugar do imperfeito existiria como um fator que proporcionasse (*ou* "existe como um fator que proporciona") o equilíbrio de uma determinada estrutura". HS

Gabarito "A".

A representação da "realidade" na imprensa

Parece ser um fato assentado, para muitos, que um jornal ou um telejornal expresse a "realidade". Folhear os cadernos de papel de ponta a ponta ou seguir pacientemente todas as imagens do grande noticiário televisivo seriam operações que atualizariam a cada dia nossa "compreensão do mundo". Mas esse pensamento, tão disseminado quanto ingênuo, não leva em conta a questão da perspectiva pela qual se interpretam todas e quaisquer situações focalizadas. Submetermo-nos à visada do jornalista que compôs a notícia, ou mesmo à do câmera que flagra uma situação (e que, aliás, tem suas tomadas sob o controle de um editor de imagens), é desfazermo-nos da nossa própria capacidade de análise, é renunciarmos à perspectiva de sujeitos da nossa interpretação.

Tanto quanto os propalados e indiscutíveis "fatos", as notícias em si mesmas, com a forma acabada pela qual se veiculam, são parte do mundo: convém averiguar a quem interessa o contorno de uma análise política, o perfil criado de uma personalidade, o sentido de um levante popular ou o alcance de uma medida econômica. O leitor e o espectador atentos ao que leem ou veem não têm o direito de colocar de lado seu senso crítico e tomar a notícia como espelho fiel da "realidade". Antes de julgarmos "real" o "fato" que já está interpretado diante de nossos olhos, convém reconhecermos o ângulo pelo qual o fato se apresenta como indiscutível e como se compõe, por palavras ou imagens, a perspectiva pela qual uma bem particular "realidade" quer se impor para nós, dispensando-nos de discutir o ponto de vista pelo qual se construiu uma informação.

(Tibério Gaspar, *inédito*)

(Analista Judiciário – TRT/24 – FCC – 2017) Considere este segmento do texto:

Submetermo-nos à visada do jornalista que compôs a notícia [...] é desfazermo-nos da nossa própria capacidade de análise [...]

Está inteiramente clara, coerente e correta esta nova redação dada ao segmento acima:

(A) Caso não nos desfazermos da nossa capacidade de analisar, nos inclinaremos diante do olhar próprio do jornalista que deu a notícia.

(B) Se aceitarmos inteiramente a perspectiva de quem redigiu a notícia, não nos valeremos de nossa própria faculdade de interpretá-la.

(C) Quem se compraz a ver uma reportagem do ângulo jornalístico, acaba por renunciar à possibilidade de compreendê-lo a partir de si mesmo.

(D) À medida em que nos curvamos pelo poder de quem noticia, deixamo-nos de avaliar por nós mesmos nossa capacidade de análise.

(E) Estaremos divergindo da nossa possibilidade de interpretar, caso nos deixássemos levar pelo ângulo das notícias com que nos submetemos.

A: incorreta. Deveria constar "desfizermos", o pronome "nos" deveria estar enclítico ("inclinaremo-nos") e o uso da preposição "diante" atrapalha a clareza do texto; **B:** correta. A redação respeita todas as normas gramaticais e preserva a clareza e coerência do texto original; **C:** incorreta. A nova redação sofre de prolixidade, ou seja, uso de muitas palavras para dizer algo para o qual poucas seriam suficientes: "quem se compraz a ver uma reportagem, renuncia à possibilidade de compreendê-la por si mesmo". Além disso, há erro de concordância ao final: deveria constar "compreendê-la", para concordar com "reportagem"; **D:** incorreta. A preposição "pelo" diminui a clareza do texto (melhor seria "perante" ou "diante"), além do que a parte final também está totalmente obscura (ao mencionar "avaliar nossa capacidade de análise"); **E:** incorreta. "Estaremos divergindo" é o vício de linguagem conhecido como gerundismo. Além disso, a parte final também carece de clareza ("levar pelo ângulo com que nos submetemos" não faz qualquer sentido).

Gabarito: "B".

---

1   Há um traço fundamental na história indígena do rio Amazonas, cuja percepção é necessária ao entendimento do passado e do presente da região. É um fenômeno demográfico e cultural de longa duração que acompanha os primeiros duzentos anos da ocupação europeia e que irá resultar, em meados do século XVIII, numa realidade etnográfica substancialmente distinta da que havia sido observada pelos primeiros exploradores quinhentistas.

5   Trata-se do desaparecimento das nações que viviam ao longo do rio Amazonas e da sua substituição por novos contingentes indígenas que foram sendo descidos dos afluentes para a calha amazônica pelos agentes da colonização. Desaparecimento, em sentido étnico, é o termo adequado, e ver-se-á mais adiante de que forma ele se deu. Neste processo de despovoamento maciço e repovoamento parcial, dois aspectos devem ser assinalados: a) *o desaparecimento dos padrões adaptativos (demográficos, organizacionais e ergológicos) da população original, que não chegam a se reconstituir, a não ser parcial-*

10   mente, quando do povoamento induzido pelo colonizador; neste segundo momento ocorre b) *a formação de um estrato que chamaremos neo-indígena, inserido na sociedade colonial e marcado pelo desenraizamento e pela aculturação intertribal e interétnica.*

Obs.: ergológico: relativo à ergologia, ramo da etnologia que estuda a cultura material.

(PORRO, Antônio. **História indígena do alto e médio Amazonas: séculos XVI a XVIII**. In: CUNHA, Manuela C. (org.). **História dos índios no Brasil**. 2. ed. São Paulo, Companhia das Letras; Secretaria Municipal de Cultura; FAPESP,1998, p. 175)

(Analista Judiciário – TRT/11 – FCC – 2017) *Visível a olho nu. Mas não só, uma vez que se trata de um processo que tem sido há décadas acompanhado atentamente, e comprovado a frio reiteradamente, pelas estatísticas censitárias.*

Propõe-se reescrever o trecho acima eliminando o ponto final e iniciando a frase por "Trata-se de um processo". Uma formulação aceitável, por não prejudicar o sentido e a correção originais, deve conter o seguinte segmento:

(A) ainda que também seja visível a olho nu.
(B) à medida que é visível a olho nu.
(C) sendo, pois, visível a olho nu.
(D) entretanto será visível a olho nu.
(E) quando visível a olho nu.

A melhor redação possível com as condições postas é: "Trata-se de um processo que, ainda que também seja visível a olho nu, tem sido há décadas acompanhado atentamente, e comprovado a frio reiteradamente, pelas estatísticas censitárias".

Gabarito: "A".

(Analista Judiciário – TRT/11 – FCC – 2017) A redação em que as ideias estão expostas de modo claro e correto é:

(A) Era uma casa que ao redor todos conheciam a história dos últimos moradores, que não era nem totalmente verdadeira ou muito fictícia, mas assombrava quem quer que ouvia o relato.

(B) Várias técnicas práticas foram desenvolvidas desde muitos anos a fim de coleta de informações detalhadas sobre a doença, sendo rara na região, por isso pouco conhecida e divulgada.

(C) Diante de uma trajetória tão movimentada e desafiadora, só se pode, na verdade, admirar a constância com que os refugiados souberam preservar sua coesão e os pequenos rituais que os fortalecem.

(D) Quanto ao futuro do projeto recém-anunciado e delineado por especialistas da área, situado entre os interesses dos donos da terra e dos assalariados, é evidentemente impossível prever.

(E) O conflito se deu, como visto à exaustão, decorrente do peso sempre crescente dos que protestavam e o contrário, que diminuía, dos defensores das novas normas de organização da empresa estatal.

A leitura atenta de todas as alternativas deixa clara a falta de clareza e coerência que aflige todas elas, com exceção da letra "C", que deve ser assinalada. Enquanto as demais proposições nada dizem, ou não se pode compreender o que querem dizer, a alternativa "C" traz uma mensagem clara, objetiva e coerente.
Gabarito "C".

O mundo e os refugiados

[...] Na discussão dos extremos no século 21 cabe um paralelismo com os do século 20. Lembro, assim, a análise de *Hannah Arendt* a respeito daqueles que na Europa pós-1ª Guerra Mundial se viram, por obra dos totalitarismos, expulsos da trindade Estado-povo-território, tornaram-se indesejáveis não documentados em quase todos os lugares e tidos como descartáveis – ponto de partida dos campos de refugiados, facilitadores dos campos de concentração.

Foi a reação diplomática a essas catástrofes que levou à "ideia a realizar", que está na origem da ONU, de institucionalizar uma comunidade internacional atenta aos direitos fundamentais e à dignidade do ser humano. Partiu-se conceitualmente do pressuposto *kantiano* de um direito à hospitalidade universal, lastreado na hipótese de que a violação do direito num ponto da Terra seria efetivamente sentida em todos os demais. É esta, a "ideia a realizar" de uma comunidade internacional tuteladora do direito à hospitalidade universal, que está hoje em questão de maneira dramática.

Na perspectiva do efeito destrutivo atual dos extremos, cabe sublinhar a trágica precariedade que assola a vida de pessoas nas regiões do que pode ser qualificado de o arco da crise. No Oriente Médio e em partes da África há Estados falidos (como o Iraque e a Líbia), Estados em estado pré-falimentar, conflitos e guerras civis que se prolongam com intervenções extrarregionais, como a que desagrega a Síria, a precariedade e artificialidade de fronteiras interestatais, que instigam conflitos étnicos e religiosos. Tudo isso, em conjunto, vem catalisando a existência dessa enorme população dos excluídos do mundo comum, refugiados que fogem do arco da crise, sem encontrar destino e acolhida.

O número de pessoas que buscam asilo, estão internamente deslocadas nos seus países ou são refugiadas por obra de guerras e perseguições, se elevou de 59.6 milhões em 2014 para 65.3 milhões de pessoas no final de 2015. Isso significa que uma em cada 113 pessoas da população mundial está fora do mundo comum e não tem acesso ao direito à hospitalidade universal. Cerca de 51% de refugiados do mundo são crianças, muitas separadas dos pais e viajando sozinhas à procura de destino. A situação da Síria, a do Sudão do Sul, a do Iêmen, do Burundi, da República Centro-Africana são forças alimentadoras desse fluxo de pessoas de países de baixa renda que enfrentam essa dura realidade.

O limbo em que se encontram os excluídos do mundo comum, mais tenebroso que os círculos do inferno de Dante, é, na perspectiva de uma razão abrangente da humanidade, a mais grave tensão difusa que permeia a vida internacional.

(Celso Lafer, 17 Julho 2016. Disponível em: http://opiniao.estadao.com.br/noticias/geral,o-mundo-e-os- refugiados,10000063317. Acesso em: janeiro de 2017. Adaptado.)

(Analista Judiciário – TRF/2 – Consulplan – 2017) Concernente às características da linguagem adequadamente utilizada nos textos do gênero "Correspondência oficial" (conforme Manual de Redação da Presidência da República) e da utilizada no texto em análise pode-se afirmar que é comum aos dois textos:

(A) Ausência de impressões individuais do enunciador; mantendo, desse modo, padronização e uniformidade necessárias.

(B) Caráter impessoal do assunto tratado pelo fato de se restringir a questões que dizem respeito ao interesse público de forma geral.

(C) Uso do padrão da língua; estando acima das diferenças lexicais, morfológicas ou sintáticas regionais, assim como dos modismos vocabulares.

(D) Uso predominante de uma linguagem restrita – técnica – a determinados grupos, tendo em vista que tais textos têm como público alvo especialistas na área referente aos assuntos tratados.

A: incorreta. O texto expressa claramente uma opinião do autor, com alto grau de subjetividade, o que não se coaduna com a redação oficial; **B:** incorreta, pelas mesmas razões expostas no comentário anterior; **C:** correta. Realmente o texto se vale com precisão do padrão culto da língua, assim como recomendado no Manual de Redação Oficial; **D:** incorreta. Nem o texto, nem o Manual de Redação visam a públicos especializados ou foram escritos em linguagem técnica de compreensão restrita.
Gabarito "C".

Amizade

A amizade é um exercício de limites afetivos em permanente desejo de expansão. Por mais completa que pareça ser uma relação de amizade, ela vive também do que lhe falta e da esperança de que um dia nada venha a faltar. Com o tempo, aprendemos a esperar menos e a nos satisfazer com a finitude dos sentimentos nossos e alheios, embora no fundo de nós ainda esperemos a súbita novidade que o amigo saberá revelar. Sendo um exercício bem-sucedido de tolerância e paciência – amplamente recompensadas, diga-se – a amizade é também a ansiedade e a expectativa de descobrirmos em nós, por intermédio do amigo, uma dimensão desconhecida do nosso ser.

Há quem julgue que cabe ao amigo reconhecer e estimular nossas melhores qualidades. Mas por que não esperar que o valor maior da amizade está em ser ela um necessário e fiel espelho de nossos defeitos? Não é preciso contar com o amigo para conhecermos melhor nossas mais agudas imperfeições? Não cabe ao amigo a sinceridade de quem aponta nossa falha, pela esperança de que venhamos a corrigi-la? Se o nosso adversário aponta nossas faltas no tom destrutivo de uma acusação, o amigo as identifica com lealdade, para que nos compreendamos melhor.

Quando um amigo verdadeiro, por contingência da vida ou imposição da morte, é afastado de nós, ficam dele, em nossa consciência, seus valores, seus juízos, suas percepções. Perguntas como "O que diria ele sobre isso?" ou

"O que faria ele com isso?" passam a nos ocorrer: são perspectivas dele que se fixaram e continuam a agir como um parâmetro vivo e importante. As marcas da amizade não desaparecem com a ausência do amigo, nem se enfraquecem como memórias pálidas: continuam a ser referências para o que fazemos e pensamos.

(CALÓGERAS, Bruno, *inédito*)

(Analista Judiciário – TRE/SP – FCC – 2017) Está clara e correta a redação deste livre comentário sobre o texto:

(A) Sendo falíveis, somos também sujeitos à toda sorte de imperfeições, inclusive a própria amizade não se furta aquela verdade.

(B) O autor do texto considera que, por maior e mais leal que seja, uma amizade tem de contar com os limites da afetividade humana.

(C) A prática das grandes amizade supõem que os amigos interajam através de sentimentos leais, de cujo valor não é fácil discernir.

(D) Não se devem imaginar que os nossos defeitos escapem na observação do amigo, por onde, aliás, devemos ter boas expectativas.

(E) Requer muita paciência e muita compreensão os momentos em que nosso amigo surpreende-nos os defeitos que imaginávamos ocultos.

A: incorreta. Não ocorre crase em "a toda sorte", bem como deveria haver acento grave em "àquela"; **B:** correta. A redação está clara, coerente e obedece ao padrão culto da língua; **C:** incorreta. "Amizade" deveria estar no plural, para concordar com "das grandes", porém o verbo "supor" deveria estar na terceira pessoa do singular para concordar com "prática". Além disso, nada rege a preposição "de" antes de "cujo", de modo que ela não poderia estar ali; **D:** incorreta. Como se trata de sujeito indeterminado, o verbo "dever" deveria estar no singular: "não se deve imaginar". O verbo "escapar" rege a preposição "de": "escapem da observação (...)"; **E:** incorreta. O sujeito da oração é "os momentos", portanto o verbo deveria estar no plural: "requerem"; Além disso, há falha grave na clareza pelo uso do verbo "surpreender", que compromete o entendimento da mensagem.

Gabarito "B".

(Analista Judiciário – TRE/SP – FCC – 2017) Por apresentar deficiência de redação, deve-se corrigir a frase:

(A) Não viesse um bom amigo apontar com sinceridade os nossos maiores defeitos, fazendo com que nos conheçamos melhor, quem o faria com igual propósito?

(B) Nossos maiores defeitos não são relevados pelo amigo leal, que os identifica para que possamos aperfeiçoar nosso caráter e nossa conduta.

(C) Por que haveríamos de nos irritar quando, com a melhor das intenções, o amigo nos apontasse nossos defeitos, para que os reconhecêssemos e os suprimíssemos?

(D) Ao identificar em nossa conduta os defeitos que não enxergamos, a importância da amizade torna-se necessária desde que venha a se pautar pelo sentimento de lealdade.

(E) Por mais contrariados que possamos ficar com o amigo que aponta nossas falhas, acabaremos reconhecendo que esse seu gesto é prova de lealdade.

Todos os períodos atendem ao padrão culto da língua, com exceção da alternativa "D", que deve ser assinalada. Há redundância (pleonasmo) na passagem "a importância da amizade torna-se necessária". Se algo é importante, ele é necessário e vice-versa.

Gabarito "D".

Texto CG1A1AAA

1   No quadro da democracia liberal, cidadania
    corresponde ao conjunto das liberdades individuais — os
    chamados direitos civis de locomoção, pensamento e
4   expressão, integridade física, associação etc. O advento da
    democracia social acrescentou, àqueles direitos do indivíduo,
    os direitos trabalhistas ou direitos a prestações de natureza
7   social reclamadas ao Estado (educação, saúde, seguridade e
    previdência). Em ambos os casos, o cidadão é titular de direitos
    e liberdades em relação ao Estado e a outros particulares —
10 mas permanece situado fora do campo estatal, não assumindo
    qualquer titularidade quanto a funções públicas. Preserva-se,
    assim, a perspectiva do constitucionalismo clássico: direitos do
13 homem e do cidadão são exercidos frente ao Estado, mas não
    dentro do aparelho estatal.
    Na teoria constitucional moderna, cidadão é o
16 indivíduo que tem um vínculo jurídico com o Estado, sendo
    portador de direitos e deveres fixados por determinada
    estrutura legal (Constituição, leis), que lhe confere, ainda, a
19 nacionalidade. Cidadãos, em tese, são livres e iguais perante a
    lei, porém súditos do Estado.
    Como lembra Marilena Chaui, a cidadania se define
22 pelos princípios da democracia, significando necessariamente
    conquista e consolidação social e política. A cidadania requer
    instituições, mediações e comportamentos próprios,

25 constituindo-se na criação de espaços sociais de lutas
(movimentos sociais, sindicais e populares) e na definição de
instituições permanentes para a expressão política, como
28 partidos, legislação e órgãos do poder público. Distingue-se,
portanto, a cidadania passiva, aquela que é outorgada pelo
Estado, com a ideia moral do favor e da tutela, da cidadania
31 ativa, aquela que institui o cidadão como portador de direitos
e deveres, mas essencialmente criador de direitos para abrir
novos espaços de participação política.

Maria Victoria de Mesquita Benevides. **Cidadania e democracia**. Internet: <www.scielo.br> (com adaptações).

(Analista Judiciário – TRE/PE – CESPE – 2017) Em cada uma das opções a seguir é apresentada uma proposta de reescrita para o seguinte trecho do texto CG1A1AAA: "Em ambos os casos, o cidadão é titular de direitos e liberdades em relação ao Estado e a outros particulares — mas permanece situado fora do campo estatal" (l. 8 a 10). Assinale a opção em que a proposta apresentada, além de estar gramaticalmente correta, mantém o sentido original do texto.

(A) Nos dois casos, o cidadão, em relação ao Estado e à outros particulares, é titular de direitos e liberdades — mas permanece situado fora do campo estatal

(B) Em ambos os casos, o cidadão é titular de direitos e liberdades em relação ao Estado e aos outros particulares mas, permanecendo situado fora do campo estatal

(C) Nos dois casos, o cidadão é titular de direitos e liberdades em relação ao Estado e a outros particulares; no entanto, permanece situado fora do campo estatal

(D) Em ambos os casos, o cidadão que é titular de direitos e liberdades em relação ao estado e a outros particulares permanece situado fora do estado

(E) Em ambos casos, o cidadão, que é titular de direitos e liberdades em relação ao Estado e a outros particulares apesar de permanecer alheio ao campo estatal

A: incorreta. Não ocorre crase antes de pronome indefinido, muito menos masculino: "a outros"; **B**: incorreta. A vírgula deve vir antes, não depois, de "mas": **C**: correta. O padrão culto da língua foi respeitado e o sentido do texto, mantido; **D**: incorreta. Para que se mantivesse o sentido original do texto, seria necessário colocar vírgula depois de "cidadão" e depois de "particulares", para que a oração subordinada adjetiva tivesse valor explicativo; **E**: incorreta. Deveria haver vírgula depois de "particulares" e deveria ter sido usada uma conjunção adversativa ("mas", "porém", "contudo" etc.).

Gabarito: C.

(Analista Judiciário – TJ/MT – UFMT – 2016) Leia abaixo partes de um ofício encaminhado ao reitor de uma universidade pelo coordenador de atividades de ensino direcionadas a cidades do interior.

Temos o prazer de encaminhar a Vossa Excelência o Relatório de Atividades da Universidade do Estado de XXXXXXX relativo ao ano de 2015.

Tomamos a liberdade de chamar vossa atenção para o programa de interiorização desenvolvido pela universidade, que cumpre, assim, na plenitude, a finalidade primeira de uma instituição universitária de caráter estadual.

Atenciosamente,

Sobre aspectos da redação desse ofício, analise as afirmativas.

I. Por tratar-se de ofício ao reitor de uma universidade, o pronome no trecho vossa atenção está correto.
II. O espaçamento entre as linhas deve ser simples e entre parágrafos deve haver uma linha em branco, corretamente observado no ofício acima.
III. A finalização do ofício deve vir centralizada, logo acima do nome do remetente, assim o Atenciosamente está em local impróprio.
IV. A forma Atenciosamente não cabe, pois quem envia é coordenador e o destinatário é pessoa de respeito pelo cargo, deveria ser Respeitosamente.
V. O pronome de tratamento correto para reitores é Vossa Magnificência, assim o usado no ofício está incorreto.

Estão corretas as afirmativas

(A) I, III e IV, apenas.
(B) I, II, III e V, apenas.
(C) II, III, IV e V, apenas.
(D) II, IV e V, apenas.

I: incorreta. O termo "vossa" é utilizado apenas como parte do pronome de tratamento, não sendo replicado no texto. Vale lembrar que "vosso (a)", é pronome da 2ª pessoa do plural, então não pode ser usado para se referir a uma pessoa específica, no singular; **II**: correta, conforme item 3.2, "h", do Manual de Redação da Presidência da República; **III**: incorreta. O fecho deve ser alinhado com todos os demais parágrafos, ou seja, a 4cm da margem direita (item 3.2 do Manual de Redação da Presidência da República); **IV**: correta. Se o destinatário possui cargo superior ao do remetente, o techo correto é "respeitosamente", nos termos do 2.2 do Manual; **V**: correta, conforme item 2.1.3 do Manual.

Gabarito: D.

5. CONCORDÂNCIA

Dengue prevista

A dengue é uma doença periódica e cíclica: os casos crescem no verão e há picos epidêmicos a cada 4 ou 5 anos. Trata-se, portanto, de enfermidade de atuação previsível. Supõe-se que o poder público se adiantaria com medidas de prevenção e tratamento. Contudo, há décadas os números de casos e mortes só aumentam no Brasil.

Entre 2000 e 2010, foram registrados 4,5 milhões de ocorrências e 1.869 óbitos. Na década seguinte, os números saltaram para 9,5 milhões e 5.385, respectivamente. O primeiro semestre deste ano registra 1,4 milhão de casos, ante 1,5 milhão em 2022. A tendência é piorar.

Segundo a OMS, urbanização descontrolada e sistema sanitário precário contribuem para o descontrole da moléstia.

No Brasil, cerca de 50% da população não tem acesso a redes de esgoto, em grande parte devido à ineficiência estatal, que só agora começa a mudar com o novo marco do setor. E o desmatamento para a construção de moradias irregulares grassa nos grandes centros. A dimensão de áreas verdes derrubadas para esse fim na cidade de São Paulo atingiu, nos primeiros dois meses de 2023, 85 hectares.

Neste ano, o município já conta com 11 444 casos de dengue – 3,7% a mais em relação ao mesmo período de 2022. Dez pessoas morreram, o maior número em oito anos, quando houve pico epidêmico.

A OMS ressaltou a importância da vacinação. Mas, devido à burocracia, o Brasil protela a distribuição do imunizante japonês Qdenga – já aprovado para venda pela Anvisa – no sistema público de saúde.

O combate à dengue deve ser contínuo, não apenas no verão, e em várias frentes complementares (saúde, infraestrutura e moradia). Com o alerta da OMS, espera-se que o poder público, local e federal, se prepare para receber as consequências do fenômeno climático El Niño.

(Editorial. Folha de S.Paulo, 27.07.2023. Adaptado)

(Analista – TRF3 – 2024 – VUNESP) A reescrita de informações do texto em que se atende à norma-padrão de concordância verbal é:

(A) Aumenta-se, no verão, os casos de dengue e constata-se picos epidêmicos a cada 4 ou 5 anos.
(B) Ocorre a cada 4 ou 5 anos os picos epidêmicos da dengue, por isso é enfermidade de atuação previsível.
(C) Há picos epidêmicos da dengue a cada 4 ou 5 anos. Tratam-se, portanto, de situações de atuação previsível.
(D) Segundo a OMS, devem-se à urbanização descontrolada e ao sistema sanitário precário o descontrole da moléstia.
(E) São Paulo é um desses grandes centros que convivem com o desmatamento para a construção de moradias.

A: incorreta. Na voz passiva sintética, o verbo continua a concordar em número com o sujeito ("aumentam-se" e "constatam-se"); **B:** incorreta. Colocando a oração na ordem direta, fica mais fácil perceber o erro de concordância: "A cada 4 ou 5 anos **ocorrem** os picos epidêmicos (...)"; **C:** incorreta. "Trata-se", no singular, porque a oração tem sujeito indeterminado; **D:** incorreta. Aqui também deveríamos ter "deve-se", porque o sujeito é indeterminado; **E:** correta. Todas as normas de concordância foram respeitadas. Gabarito "E".

(Analista – TRT/18 – 2023 – FCC) As normas de concordância verbal estão plenamente observadas na frase:

(A) Não correspondem aos conceitos defendidos pelos revolucionários franceses nenhuma prática moderna plenamente objetiva.
(B) Restam aos que ainda se proponham a bem definir o que seja igualdade o desafio de comprová-la nas vivência sociais.
(C) Não deve satisfazer a um defensor intransigente da igualdade entre os homens as convicções abstratas dos idealistas.
(D) Por mais dúvidas que se coloquem diante do conceito de igualdade, não se apaga o ânimo dos humanistas esperançosos.
(E) Deverá sobrevir como efeito imediato do fim das práticas autoritárias as práticas possíveis de um real igualitarismo.

A: incorreta. O verbo "corresponder" deveria estar no singular para concordar com "nenhuma prática"; **B:** incorreta. "Vivência" deveria estar no plural, dada a flexão de "nas" e de "sociais"; **C:** incorreta. O verbo "dever" deveria estar no plural para concordar com "convicções"; **D:** correta. Todas as normas de concordância foram respeitadas; **E:** incorreta. O verbo "dever", novamente, deveria estar no plural para concordar com "práticas". Gabarito "D".

(Analista Judiciário – TRE/PA – 2020 – IBFC) Em relação às normas de concordância nominal e verbal, assinale a alternativa *incorreta*.

(A) A mãe ou a esposa o acompanhará, visto que só há a permissão para um acompanhante.
(B) Os Estados Unidos ficou entre os melhores países nos jogos olímpicos.
(C) Pais, professores, alunos, cada um teve sua participação e envolvimento no projeto escolar.
(D) Ângela disse depois de sua merecida festa: - Aos que me prestigiaram, meu muito obrigada.

Todas as alternativas respeitam o padrão formal da linguagem, com exceção da letra "B", que deve ser assinalada. Se antecedido de artigo, o nome do país exige o verbo no plural: "Os Estados Unidos ficaram...". Anote-se que também é correta a construção: "Estados Unidos ficou...". Gabarito "B".

(Analista Judiciário – TRT/24 – FCC – 2017) Observam-se plenamente as normas de concordância verbal e a adequada articulação entre os tempos e os modos na frase:

(A) Caso atinássemos com o fato de que é pela perspectiva autoral que se produz as notícias, não seremos tentados a confundir uma reportagem com a realidade mesma.
(B) Quando passarmos a analisar não apenas os fatos noticiados, mas o ponto de vista que neles se incutiram, estamos interpretando também a perspectiva pela qual se enunciaram.
(C) Fará parte do processo de leitura das notícias de um jornal, se não quisermos ser manipulados pela interpretação já inclusa, o reconhecimento do ponto de vista de quem as redigiu.
(D) Se houvéssemos acreditado que a responsabilidade dos fatos noticiados cabiam aos indivíduos nomeados, teremos de inculpar os inocentes e inocentar os culpados.
(E) O que costumamos chamar de "compreensão do mundo" não seria senão confundir o que se traduzem nas palavras com os fatos que efetivamente ocorreriam.

A: incorreta. Deveria constar "se produzem", para concordar com "notícias", e o verbo "ser" deveria estar conjugado no futuro do pretérito do indicativo – "seríamos"; **B:** incorreta. Deveria constar "incutiu", para concordar com "ponto de vista", e o verbo "estar" deveria estar conjugado no futuro do presente do indicativo – "estaremos"; **C:** correta. Todas as normas de concordância e conjugação verbal foram atendidas; **D:** incorreta. Deveria constar "cabia", para concordar com "responsabilidade", e o verbo "ter" deveria estar conjugado no futuro do pretérito do indicativo – "teríamos"; **E:** incorreta. Os verbos "ser" e "ocorrer" deveriam estar conjugados, respectivamente, no presente e no pretérito perfeito do indicativo – "é" e "ocorreram". Além disso, deveria constar "traduz" por se tratar de sujeito indeterminado.

Gabarito "C".

1   Há um traço fundamental na história indígena do rio Amazonas, cuja percepção é necessária ao entendimento do passado e do presente da região. É um fenômeno demográfico e cultural de longa duração que acompanha os primeiros duzentos anos da ocupação europeia e que irá resultar, em meados do século XVIII, numa realidade etnográfica substancialmente distinta da que havia sido observada pelos primeiros exploradores quinhentistas.
5   Trata-se do desaparecimento das nações que viviam ao longo do rio Amazonas e da sua substituição por novos contingentes indígenas que foram sendo descidos dos afluentes para a calha amazônica pelos agentes da colonização. Desaparecimento, em sentido étnico, é o termo adequado, e ver-se-á mais adiante de que forma ele se deu. Neste processo de despovoamento maciço e repovoamento parcial, dois aspectos devem ser assinalados: a) *o desaparecimento dos padrões adaptativos (demográficos, organizacionais e ergológicos) da população original, que não chegam a se reconstituir, a não ser parcial-*
10 *mente, quando do povoamento induzido pelo colonizador; neste segundo momento ocorre* b) *a formação de um estrato que chamaremos neo-indígena, inserido na sociedade colonial e marcado pelo desenraizamento e pela aculturação intertribal e interétnica.*

Obs.: ergológico: relativo à ergologia, ramo da etnologia que estuda a cultura material.

(PORRO, Antônio. **História indígena do alto e médio Amazonas: séculos XVI a XVIII.** In: CUNHA, Manuela C. (org.). **História dos índios no Brasil.** 2. ed. São Paulo, Companhia das Letras; Secretaria Municipal de Cultura; FAPESP,1998, p. 175)

(Analista Judiciário – TRT/11 – FCC – 2017) Palavras utilizadas no texto motivaram as frases que seguem, que, entretanto, devem ser analisadas independentemente dele. A que se apresenta em conformidade com as normas de concordância é:

(A) Certamente podem ter havido entre os leitores-pesquisadores muitas dúvidas sobre a magnitude do citado desaparecimento de nações indígenas que viviam ao longo do rio Amazonas.

(B) Fenômenos demográficos e culturais, em qualquer época da história da humanidade, sempre pôde produzir efeitos insuspeitados, e muitas vezes o fez.

(C) O capítulo evidencia que vários aspectos da história indígena amazonense devem merecer ainda cuidadosa reflexão, porque, apesar da curiosidade que suscita, muito dela ainda permanece obscuro.

(D) Grupos indígenas, principalmente inserido no contexto do rio Amazonas, vem chamando a atenção de pesquisadores de distintas áreas do saber, estudiosos que os julgam detentores de muitos segredos.

(E) Adepto ou não desse entendimento sobre a formação de um estrato neo-indígena, especialistas em etnografia muito se dedicam a interpretar os dados apresentados na pesquisa recém-publicada.

A: incorreta. O verbo "haver", com sentido de "existir", é impessoal, valendo a mesma regra para os seus auxiliares – "pode ter havido"; **B:** incorreta. O verbo "poder" deveria estar conjugado na terceira pessoa do plural para concordar com "fenômenos" – "puderam". No mesmo sentido, o verbo "fazer" – "fizeram"; **C:** correta. Todas as normas de concordância foram respeitadas no período; **D:** incorreta. O particípio do verbo "inserir" deveria estar no plural para concordar com "grupos" – "inseridos". Além disso, o verbo "vir" conjugado na terceira pessoa do plural do presente do indicativo se grafa com acento circunflexo –

"vêm"; **E:** incorreta. Deveria constar "Adeptos", para concordar com "especialistas". Além disso, conforme o Novo Acordo Ortográfico, "neoindígena" deve ser grafada sem hífen.

Gabarito "C".

(Analista Judiciário – TRT/11 – FCC – 2017) *Visível a olho nu. Mas não só, uma vez que se trata de um processo que tem sido há décadas acompanhado atentamente, e comprovado a frio reiteradamente, pelas estatísticas censitárias.*

A única alternativa INCORRETA sobre o trecho acima transcrito, em seu contexto, é:

(A) A expressão *Visível a olho nu,* que constitui caracterização da palavra que a antecede, dá oportunidade para que se introduza outro argumento a favor da ideia expressa por *notório*.

(B) Se o assunto fosse não *um processo*, mas "processos", a correção exigiria a forma "se tratam de processos".

(C) O verbo "haver", na frase, está empregado como indica o seguinte verbete do Dicionário eletrônico Houaiss: *transitivo direto [impessoal] ter transcorrido ou ser decorrido (tempo)*.

(D) Transpondo a voz passiva presente na frase para a voz ativa, a forma correta a ser grafada é "têm acompanhado".

(E) A retirada da vírgula após a palavra *reiteradamente* prejudica o sentido original da frase.

A única alternativa incorreta é a letra "B", que deve ser assinalada. E expressão "trata-se" não está na voz passiva sintética, mas sim é oração com sujeito indeterminado. Logo, não se flexiona o verbo em número, justamente porque "processo" não é sujeito da oração.

Gabarito "B".

INSTRUÇÃO: Leia o trecho abaixo do artigo Presidente: líder ou gerente?, de Maílson da Nóbrega, e responda às questões a seguir.

[...]
A meu juízo, o Brasil precisa de líderes políticos transformadores, capazes de empreender reformas e assim ampliar o potencial de crescimento e bem-estar. São pessoas aptas a mobilizar a sociedade e a classe política para enfrentar e resolver problemas, o que implica motivar, seduzir, agregar, organizar, orientar, focalizar. O líder virtuoso precisa ter visão de futuro, habilidade para construir maiorias no Congresso e capacidade para identificar e atacar os problemas mais relevantes de sua época.

Rever opiniões, reconhecer erros e considerar novas realidades são igualmente atributos do líder sensato e verdadeiro. Fluência verbal, carisma e capacidade de se comunicar são características requeridas nas modernas democracias de massas, pois é assim que o líder transmite mensagens, ideias, estímulos.

Valorizar a experiência administrativa para o exercício do cargo de presidente é menosprezar a boa política.

(Revista *Veja*, 17/09/2014.)

(Analista Judiciário – TJ/MT – UFMT – 2016) O uso de adjetivos em um texto é um recurso que evidencia a intencionalidade do autor, inserindo marcas apreciativas e valores ideológicos. Em geral, o adjetivo flexiona-se de forma a concordar com o substantivo a que se refere; há casos em que o adjetivo não se flexiona em gênero, somente em número. No texto, quais apresentam essa concordância?

(A) virtuoso, transformadores, aptas
(B) modernas, administrativa, política
(C) capazes, relevantes, verbal
(D) políticos, novas, sensato

Em outras palavras, o enunciado quer saber qual dos adjetivos não sofre variação de masculino/feminino, mas somente de singular/plural. É o que ocorre com "capazes", "relevantes" e "verbal". Perceba que as três palavras são as mesmas se usarmos para nos referir a substantivos masculinos ou femininos (homem capaz, mulher capaz; fato relevante, notícia relevante; contrato verbal, agressão verbal).
Gabarito: "C".

(Analista Judiciário – TJ/MT – UFMT – 2016) Leia as frases abaixo.
I. Enquanto houver leitores, haverá livros.
II. Mais de um terço dos jovens no Brasil nunca desliga o celular.
III. Vossa Senhoria tomou posse de seu mandato em dia auspicioso.
IV. Hoje são 08 de março, dia da mulher.

Sobre a concordância verbal empregada nas frases, assinale a afirmativa INCORRETA.

(A) Em II, o verbo desligar deveria ser pluralizado visto que a expressão mais de é indicativa de plural.
(B) O verbo haver no sentido de existir flexiona-se somente na 3ª pessoa do singular, como ocorre em I.
(C) Com pronomes de tratamento, a concordância verbal se dá na 3ª pessoa; em III, no singular, pois o pronome está no singular.
(D) Em IV, o verbo ser concorda com o numeral, mas também poderia concordar com a palavra dia, subentendida antes do numeral.

A: incorreta, devendo ser assinalada. A palavra que determina a concordância é "um terço", singular por definição. Logo, não é possível utilizar o verbo no plural com esta construção; **B:** correta. É verbo impessoal, ou seja, não concorda em número com a pessoa do verbo; **C:** correta. O pronome, no caso, determina a concordância; **D:** correta. As duas construções são aceitas pela norma padrão da língua.
Gabarito: "A".

6. CONJUNÇÃO

Leia a charge para responder às questões de números 01 e 02.

(Chargista Ricardo Manhães. https://ndmais.com.br/opiniao/charges, 31.03.2023)

(Analista – TRF3 – 2024 – VUNESP) Na frase – E se bobear chega a mil facinho! –, a palavra "se" tem o mesmo emprego que a destacada em:

(A) Os moradores do local resolveram ajudar no combate à dengue e **se** puseram a procurar os focos do mosquito, eliminando-os o mais rápido possível.
(B) O combate à dengue dependerá de todos, **se** houver empenho para exterminar o mosquito, que facilmente prolifera nos locais onde há água parada.
(C) O agente de saúde visitou as casas e queria saber **se** as famílias estavam tomando todas as precauções necessárias para combater a dengue.
(D) Muitos focos da dengue foram eliminados em vários bairros da cidade, encontrando-**se** os mosquitos em locais onde pensavam que eles não estariam.
(E) A população prometeu acabar com a dengue no bairro e, depois de muita ação contra os focos da doença, alcançaram seu objetivo e **se** abraçaram felizes.

Na charge, "se" exerce função de conjunção condicional, assim como na letra "B", que deve ser assinalada. **A:** incorreta, porque é pronome reflexivo; **C:** incorreta, aqui "se" é conjunção integrante; **D:** incorreta, sua função sintática é de índice de indeterminação do sujeito; **E:** incorreta, novamente pronome reflexivo recíproco.
Gabarito: "B".

Sem direito e Poesia

Eis me aqui, iniludível. Incipiente na arte da escrita, desfraldo sentimentos vestindo-os com as palavras que lhes atribuem significado. Às vezes dá vontade ser assim, hermético. Talvez, porque eu sinta que o mundo não me entende ou porque, talvez, eu não me encaixe harmonicamente no mundo, é que sinto esta liberdade em não me fazer entender. É que, talvez, a vida seja mesmo um mal-entendido.

Portanto, despiciendo as opiniões e me faço prolixo. Suasório para o intento de escrever em uma língua indecifrável ao homem comum. Meu vocabulário, quando quero, é um quarto cerrado e, nele me tranco e jogo fora a chave do entendimento. Dizem-me que as palavras devem ser um instrumento para comunicar-se e que isto é fazer-se entender. Mas eu, que do mundo nada entendo, por que razão deveria me fazer entender?

Sinto o decesso aproximar-se, pelo esvair-se do fluido vital, e, sem tempo para o recreio desejado, com os ombros arcados pelos compromissos assumidos, tenho no plenilúnio um desejo imarcescível de que haja vida no satélite natural. Talvez, após o decesso, eu possa lá estabelecer morada e, vivendo em uma sociedade singular, haja o recreio em espírito. Na realidade. Na iludível realidade, meu recreio é uma sala ampla. Teto alto. Prateleiras rústicas com farta literatura e filosofia. Nenhuma porta ou janela aberta a permitir à passagem do tempo. Uma poltrona aveludada. Frio. Lareira acesa. Vinho tinto seco, Malbec.

O amor? O entregar-se? Não!

Tratar-se-ia apenas de amor próprio. Sem entrega. Apenas eu. Apenas eu e o tempo. Cerrado na sala cerrada. Divagando sobre o nada e refletindo sobre tudo. Imarcescível seria tal momento. Mas a vida. A vida é singular ao tempo, pois que o tempo é eterno, e a criatura humana é botão de rosa, matéria orgânica falível na passagem do eterno. Sigo... Soerguendo-me... Sobrevivo...

(Fonte: Nelson Olivo Capeleti Junior/ Artigos13/04/2018 – JUS Brasil)

(Analista Judiciário – TRE/PA – 2020 – IBFC) Assinale a alternativa que preencha correta e respectivamente as lacunas abaixo.

"**Portanto**, despiciendo as opiniões e me faço prolixo." Em todo tipo textual as palavras estabelecem relação entre si. A _____ em destaque estabelece uma relação de _____ enunciado que a antecede no texto.

(A) preposição / explicação ao
(B) advérbio / consequência do
(C) conjunção / conclusão do
(D) interjeição / adição ao

Portanto" é conjunção conclusiva, ou seja, introduz a noção de que a oração seguinte irá apresentar uma conclusão sobre o que foi dito anteriormente.

Gabarito "C".

Texto CG1A1AAA

1 No quadro da democracia liberal, cidadania corresponde ao conjunto das liberdades individuais — os chamados direitos civis de locomoção, pensamento e
4 expressão, integridade física, associação etc. O advento da democracia social acrescentou, àqueles direitos do indivíduo, os direitos trabalhistas ou direitos a prestações de natureza
7 social reclamadas ao Estado (educação, saúde, segurança e previdência). Em ambos os casos, o cidadão é titular de direitos e liberdades em relação ao Estado e a outros particulares –
10 mas permanece situado fora do campo estatal, não assumindo qualquer titularidade quanto a funções públicas. Preserva-se, assim, a perspectiva do constitucionalismo clássico: direitos do
13 homem e do cidadão são exercidos frente ao Estado, mas não dentro do aparelho estatal.
Na teoria constitucional moderna, cidadão é o
16 indivíduo que tem um vínculo jurídico com o Estado, sendo portador de direitos e deveres fixados por determinada estrutura legal (Constituição, leis), que lhe confere, ainda, a
19 nacionalidade. Cidadãos, em tese, são livres e iguais perante a lei, porém súditos do Estado.
Como lembra Marilena Chaui, a cidadania se define
22 pelos princípios da democracia, significando necessariamente conquista e consolidação social e política. A cidadania requer instituições, mediações e comportamentos próprios,
25 constituindo-se na criação de espaços sociais de lutas (movimentos sociais, sindicais e populares) e na definição de instituições permanentes para a expressão política, como
28 partidos, legislação e órgãos do poder público. Distingue-se, portanto, a cidadania passiva, aquela que é outorgada pelo Estado, com a ideia moral do favor e da tutela, da cidadania
31 ativa, aquela que institui o cidadão como portador de direitos e deveres, mas essencialmente criador de direitos para abrir novos espaços de participação política.

Maria Victoria de Mesquita Benevides. **Cidadania e democracia**. Internet: <www.scielo.br> (com adaptações).

(**Analista Judiciário – TRE/PE – CESPE – 2017**) No último período do texto CG1A1AAA, o vocábulo "portanto" (l. 29) introduz uma ideia de

(A) tempo.
(B) consequência.
(C) conclusão.
(D) explicação.
(E) adição.

"Portanto" é conjunção conclusiva, sinônima de "logo", "destarte".
Gabarito: C.

7. PRONOMES

Encenação da morte

A vida nos quer, a morte nos quer. Somos o resultado da tensão ocasionada pelas duas forças que nos puxam. Esse equilíbrio não é estável. Amplo, diverso e elástico é o campo de força da vida, e vale a mesma coisa para o campo da morte. Se ficamos facilmente deprimidos ou exaltados é em razão das oscilações de intensidade desses dois campos magnéticos, sendo o tédio o relativo equilíbrio entre os dois.

Às vezes é mais intensa a pressão da vida, outras vezes é mais intensa a pressão da morte. Não se quer dizer com isso que a exaltação seja a morte e a depressão seja a vida. Há exaltações e exultações que se polarizam na morte, assim como há sistemas de depressão que gravitam em torno da vida. O estranho, do ponto de vista biológico, é que somos medularmente solitários com ambos os estados de imantação mais intensa, os da vida e os da morte. Não aproveitamos apenas a vida, mas usufruímos também as experiências da morte, desde que essas não nos matem.

Ganhei várias vezes da morte, isto é, inúmeras vezes os papéis que a morte representou para mim não chegaram a ser convincentes ou não chegaram a fazer grande sucesso. Matei várias mortes. (...) Mas outro dia dei dentro de mim com uma morte tão madura, tão forte, tão irrespondível, tão parecida comigo que fiquei no mais confuso dos sentimentos. Esta eu não posso matar, esta é a minha morte. O Vinícius de Moraes, que entende muito de morte, disse que nesse terreno há sempre margem de erro, e que talvez eu tenha ainda de andar um bocado mais antes de encontrar a minha morte. Pode ser. Não sei. Quem sabe?

(Adaptado de CAMPOS, Paulo Mendes. **Os sabiás da crônica. Antologia**. Org. Augusto Massi. Belo Horizonte: Autêntica, 2021, p. 246-248, *passim*)

(**Analista – TRT/18 – 2023 – FCC**) Ao tratar da morte, o cronista atribui à morte um poder de imantação tal que acaba por identificar a morte como uma força que, paradoxalmente, exerce uma estranha atração até mesmo sobre os que temem a morte.

Evitam-se as viciosas repetições do período acima substituindo-se os elementos sublinhados, na ordem dada, por:

(A) atribui-lhe – identificá-la – a temem
(B) lhe atribui – identificar a ela – lhe temem
(C) atribui-lhe – a identificar – temem-lhe
(D) atribui nela – lhe identificar – temem-na
(E) a atribui – identificar-lhe – a temem

Na primeira passagem, temos objeto indireto, então deve ser substituída pelo pronome "lhe"; na segunda, é objeto direto, então tal função é exercida pelo pronome "a"; na terceira, novamente objeto direto, porém antecedido de pronome relativo "que", então a próclise é obrigatória. HS
Gabarito: A.

Texto CG1A1-I

1 "Família, família/ vive junto todo dia/ nunca perde essa mania" — os versos da canção Família, composta por Arnaldo Antunes e Tony Belotto na década de 80 do século
4 passado, no Brasil, parece que já não traduzem mais a realidade dos arranjos familiares. Observa-se que a solidez dos lugares ocupados por cada uma das pessoas, nos moldes da
7 família nuclear, não se adequa à realidade social do momento, em que as relações são caracterizadas por sua dinamicidade e pluralidade. De acordo com o médico e psicanalista Jurandir
10 Freire Costa, "família nem é mais um modo de transmissão do patrimônio material; nem de perpetuação de nomes de linhagens; nem da tradição moral ou religiosa; tampouco é a
13 instituição que garante a estabilidade do lugar em que são educadas as crianças".
Então, o que é a família? Como defini-la,
16 considerando-se que uma de suas marcas na pós-modernidade é justamente a falta de definição? Para a cientista social e política Elizabete Dória Bilac, a variabilidade histórica da
19 instituição família desafia qualquer conceito geral de família. A centralidade assumida pelos interesses individuais no mundo contemporâneo é um dos aspectos que influenciam
22 a singularidade de cada família e distinguem os propósitos que justificam a escolha de duas pessoas ou mais viverem juntas, compartilhando regras, necessidades e obrigações. Se não é
25 fácil definir a família, é legítimo o esforço de tentar decifrar

```
                    quem é o homem pós-moderno e quais as necessidades
                    emergentes que o impulsionam ao encontro com o outro, seja
            28      no espaço social, seja no interior da família, produzindo
                    significados e razões que o lançam na busca de realização.
                    Segundo o filósofo francês Dany-Robert Dufour, a
            31      pós-modernidade produz um sujeito não engendrado, o que
                    significa um sujeito que se vê na posição de não dever mais
                    nada à geração precedente. Trata-se de uma condição que
            34      comporta riscos, pois, segundo Dufour, desaparece o motivo
                    geracional. No que tange à família, a consequência é o
                    surgimento de relações pautadas em trocas reais e carentes de
            37      valores simbólicos que se contraponham à lógica do consumo
                    Assim, assiste-se a uma ruptura na ordem da transmissão, o que
                    gera indivíduos desprovidos de identidade sólida, condição esta
            40      que acarreta a redução de sua capacidade crítica e dificulta o
                    estabelecimento de compromisso com a causa que lhe precede.
```

Fernanda Simplício Cardoso e Leila Maria Torraca de Brito.
Reflexões sobre a paternidade na pós-modernidade.
Internet:<www.newpsi.bvs-psi.org.br> (com adaptações).

(Analista Judiciário – TJ/PA – 2020 – CESPE/CEBRASPE) Seria mantida a correção gramatical do texto CG1A1-I se o segmento "em que", nas linhas 8 e 13, fosse substituído, respectivamente, por

(A) **onde** e **onde**.
(B) **onde** e **que**.
(C) **a qual** e **o qual**.
(D) **no qual** e **onde**.
(E) **que** e **no qual**.

Na primeira passagem, a locução pronominal "em que" tem valor de pronome relativo, por isso pode ser substituída por "no qual". Na segunda passagem, tem valor adverbial, indicado lugar: logo, pode ser substituída por "onde". HS
Gabarito "D".

(Analista Judiciário – TJ/PA – 2020 – CESPE/CEBRASPE) No terceiro parágrafo do texto CG1A1-I, a forma pronominal "o", em "o lançam" (l.29), faz referência a

(A) "esforço" (l.25).
(B) "homem" (l.26).
(C) "outro" (l.27).
(D) "espaço" (l.28).
(E) "interior" (l.28).

O pronome oblíquo "o" foi utilizado como elemento de coesão para resgatar "homem", evitando a repetição do termo. HS
Gabarito "B".

(Analista Judiciário – TRE/PA – 2020 – IBFC) Observe a construção verbal do enunciado a seguir: "**Tratar-se-ia** apenas de amor próprio." Quanto à norma de colocação pronominal utilizada, assinale a alternativa correta.

(A) Mesóclise – uso do pronome no interior do verbo no futuro do pretérito.
(B) Mesóclise – uso do pronome no interior do verbo no futuro mais-que-perfeito.
(C) Próclise – uso do pronome no interior do verbo no futuro do presente.
(D) Mesóclise – uso do pronome no interior do verbo no pretérito imperfeito.

É mesóclise, colocação pronominal obrigatória, no padrão formal da linguagem, quando o verbo está conjugado no futuro do presente ou do futuro do pretérito do indicativo. HS
Gabarito "A".

(Analista – TRF/4 – FCC – 2019) É plenamente adequado o emprego de pronomes e do sinal indicativo de crase em:

(A) Diante da morte do pai, o filho não apenas lhe lamenta como se vê submetido à culpas inconsoláveis e a profundos remorsos.
(B) Kafka escreveu uma Carta ao pai, carregando-lhe de sentimentos duros, que o leitor à muito custo acompanhará.
(C) Ninguém se sentirá alheio às provações que Kafka nos conta em sua carta, a propósito das dores que o pai lhe infligiu.
(D) As emoções que provoca no leitor à leitura da carta de Kafka ao pai devem-se ao poder da ficção que lhe captura.
(E) As palavras da Carta conduzem o leitor, passo à passo, pelas dores e humilhações que o pai de Kafka fez-lhe passar.

A: incorreta. Como o verbo "lamentar" é transitivo direto, o pronome que lhe antecede deveria ser "a". Além disso, como o "a" está no singular antes de "culpas", fica claro que se trata de preposição isolada, sem artigo, de maneira que não ocorre crase; **B**: incorreta. Não ocorre crase antes de advérbio; **C**: correta. Os pronomes e o acento grave indicativo da crase foram corretamente utilizados; **D**: incorreta. O "a" antes de "leitura" é artigo isolado, sem preposição, logo não ocorre crase. Além disso, como o verbo "capturar" é transitivo direto, o pronome que o antecede deveria ser "a"; **E**: incorreta. Não ocorre crase antes de palavra masculina. HS
Gabarito "C".

Texto CG1A1AAA

1   No quadro da democracia liberal, cidadania
corresponde ao conjunto das liberdades individuais — os
chamados direitos civis de locomoção, pensamento e
4   expressão, integridade física, associação etc. O advento da
democracia social acrescentou, àqueles direitos do indivíduo,
os direitos trabalhistas ou direitos a prestações de natureza
7   social reclamadas ao Estado (educação, saúde, segurança e
previdência). Em ambos os casos, o cidadão é titular de direitos
e liberdades em relação ao Estado e a outros particulares —
10 mas permanece situado fora do campo estatal, não assumindo
qualquer titularidade quanto a funções públicas. Preserva-se,
assim, a perspectiva do constitucionalismo clássico: direitos do
13 homem e do cidadão são exercidos frente ao Estado, mas não
dentro do aparelho estatal.
Na teoria constitucional moderna, cidadão é o
16 indivíduo que tem um vínculo jurídico com o Estado, sendo
portador de direitos e deveres fixados por determinada
estrutura legal (Constituição, leis), que lhe confere, ainda, a
19 nacionalidade. Cidadãos, em tese, são livres e iguais perante a
lei, porém súditos do Estado.
Como lembra Marilena Chaui, a cidadania se define
22 pelos princípios da democracia, significando necessariamente
conquista e consolidação social e política. A cidadania requer
instituições, mediações e comportamentos próprios,
25 constituindo-se na criação de espaços sociais de lutas
(movimentos sociais, sindicais e populares) e na definição de
instituições permanentes para a expressão política, como
28 partidos, legislação e órgãos do poder público. Distingue-se,
portanto, a cidadania passiva, aquela que é outorgada pelo
Estado, com a ideia moral do favor e da tutela, da cidadania
31 ativa, aquela que institui o cidadão como portador de direitos
e deveres, mas essencialmente criador de direitos para abrir
novos espaços de participação política.

Maria Victoria de Mesquita Benevides. **Cidadania e democracia**. Internet: <www.scielo.br> (com adaptações).

(Analista Judiciário – TRE/PE – CESPE – 2017) No segundo parágrafo do texto CG1A1AAA, o pronome "lhe" (l. 18) faz referência a

(A) "cidadão" (l. 15).
(B) "Estado" (l. 16).
(C) "portador de direitos e deveres" (l. 17).
(D) "nacionalidade" (l. 19).
(E) "teoria constitucional moderna" (l. 15).

O pronome indicado resgata, como elemento de coesão, o termo "cidadão", evitando repetições que tornariam a linguagem mais pobre. Gabarito "A".

(Analista Judiciário – TRT/20 – FCC – 2016) Criamos a nossa civilização e <u>atribuímos à nossa civilização</u> o papel de dirimir nossos sofrimentos, <u>fazendo da nossa civilização</u> uma espécie de escudo contra o furor dos nossos instintos, para que não <u>reconheçamos os nossos instintos</u> como forças que não podem ser controladas.

Evitam-se as viciosas repetições da frase acima, substituindo-se os elementos sublinhados, na ordem dada, por:

(A) lhe atribuímos   – fazendo dela   – os reconheçamos
(B) a atribuímos   – fazendo com ela   – reconheçamos-lhes
(C) atribuímo-la   – fazendo dela   – lhes reconheçamos
(D) a ela atribuímos – fazendo-a   – reconheçamo-los
(E) lhe atribuímos   – fazendo-lhe   – os reconheçamos

Na primeira passagem, o termo a ser substituído é objeto indireto do verbo, portanto deve ser usado o pronome oblíquo "lhe". Após, veja que o verbo "fazer" rege a preposição "de", logo ela também deve estar presente antes do pronome substituto – "fazendo dela". Por fim, "instintos" é objeto direto do verbo "reconhecer" e, como tal, deve ser substituído pelo pronome oblíquo "o" proclítico ao verbo em face da presença do advérbio de negação "não" – "os reconheçamos". Gabarito "A".

8. CRASE

Minha empregada, Mme. Thérèse, que já ia se conformando em ser chamada de dona Teresa, caiu doente. Mandou-me um bilhete com a letra meio trêmula, falando em reumatismo. Dias depois apareceu, mas magra, mais pálida e menor; explicou-me que tudo fora consequência de uma corrente de ar. Que meu apartamento tem um *courant d'air* terrível, de tal modo que, _____, chegando em casa, nem teve coragem de tirar a roupa, caiu na cama. "Dói-me o corpo inteiro, senhor; o corpo inteiro."

O mesmo caso, ajuntou, houve cerca de 15 anos atrás, quando trabalhava em um apartamento que tinha uma corrente de ar exatamente igual _____ essa de que hoje sou sublocatário. Fez uma pausa. Fungou. Contou o dinheiro que eu lhe entregara, agradeceu _____ dispensa do troco. Foi lá dentro apanhar umas pobres coisas que deixara. Entregou-me a chave, fez qualquer observação sobre o aquecedor _____ gás – e depois, no lugar de sair _____ rua, deixou-se ficar imóvel e calada, de pé, em minha frente.

(Rubem Braga, "Dona Teresa". 200 crônicas escolhidas. Adaptado)

(Analista – TRF3 – 2024 – VUNESP) Em conformidade com a norma-padrão, as lacunas do texto devem ser preenchidas, respectivamente, com:

(A) àquela tarde … à … a … a … à
(B) àquela tarde … a … a … a … à
(C) àquela tarde … à … à … a … a
(D) aquela tarde … à … à … à … a
(E) aquela tarde … a … a … à … à

A locução adverbial temporal grafa-se com acento grave "àquela tarde"; não ocorre crase antes de pronome demonstrativo; o verbo "agradecer" não rege a preposição "a", então não ocorre crase depois dele; locução adverbial formada com palavra masculina ("gás"), escreve-se sem acento grave; "sair" é verbo intransitivo. Porém, na literatura, consagrou-se o uso da preposição "a" para indicar o local "para onde se sai". Então, quando sucedida de palavra feminina ("rua"), ocorre crase. **Gabarito: "B".**

(Analista Judiciário – TRE/PA – 2020 – IBFC) Em relação ao uso do acento indicativo de crase, assinale a alternativa correta.

(A) Muitos pais estavam à espera de seus filhos na frente do colégio.
(B) Com a chegada do verao, vamos à Veneza, cidade encantadora.
(C) Em todo lugar, há muitos divagando a vida e à morte.
(D) Os aventureiros percorreram a Rota 66 de ponta à ponta.

A: correta. Locução adverbial formada por palavra feminina tem acento grave; **B:** incorreta. Nem todos os topônimos (nomes de lugar) femininos impõem a crase. Aplica-se aqui a regra de memorização: "Fui 'a', voltei 'da', crase há; fui 'a', voltei 'de', crase pra quê?". Fui a Veneza, voltei de Veneza. Isso demonstra que não há artigo antes do nome da cidade. Se não há artigo, não ocorre crase; **C:** incorreta. Assim como não ocorre crase antes de vida, não ocorre antes de morte, vez que o verbo não rege preposição; **D:** incorreta. Expressões formadas por palavras repetidas, ainda que femininas, não têm acento grave: ponta a ponta, cara a cara etc. **Gabarito: "A".**

9. SEMÂNTICA

Dengue prevista

A dengue é uma doença periódica e cíclica: os casos crescem no verão e há picos epidêmicos a cada 4 ou 5 anos. Trata-se, portanto, de enfermidade de atuação previsível. Supõe-se que o poder público se adiantaria com medidas de prevenção e tratamento. Contudo, há décadas os números de casos e mortes só aumentam no Brasil.

Entre 2000 e 2010, foram registrados 4,5 milhões de ocorrências e 1.869 óbitos. Na década seguinte, os números saltaram para 9,5 milhões e 5.385, respectivamente. O primeiro semestre deste ano registra 1,4 milhão de casos, ante 1,5 milhão em 2022. A tendência é piorar.

Segundo a OMS, urbanização descontrolada e sistema sanitário precário contribuem para o descontrole da moléstia.

No Brasil, cerca de 50% da população não tem acesso a redes de esgoto, em grande parte devido à ineficiência estatal, que só agora começa a mudar com o novo marco do setor. E o desmatamento para a construção de moradias irregulares grassa nos grandes centros. A dimensão de áreas verdes derrubadas para esse fim na cidade de São Paulo atingiu, nos primeiros dois meses de 2023, 85 hectares.

Neste ano, o município já conta com 11 444 casos de dengue – 3,7% a mais em relação ao mesmo período de 2022. Dez pessoas morreram, o maior número em oito anos, quando houve pico epidêmico.

A OMS ressaltou a importância da vacinação. Mas, devido à burocracia, o Brasil protela a distribuição do imunizante japonês Qdenga – já aprovado para venda pela Anvisa – no sistema público de saúde.

O combate à dengue deve ser contínuo, não apenas no verão, e em várias frentes complementares (saúde, infraestrutura e moradia). Com o alerta da OMS, espera-se que o poder público, local e federal, se prepare para receber as consequências do fenômeno climático El Niño.

(Editorial. Folha de S.Paulo, 27.07.2023. Adaptado)

(Analista – TRF3 – 2024 – VUNESP) Considere as passagens:

– E o desmatamento para a construção de moradias irregulares **grassa** nos grandes centros. (4º parágrafo)

– … o Brasil **protela** a distribuição do imunizante japonês Qdenga… (6º parágrafo)

– O combate à dengue deve ser **contínuo**… (7º parágrafo)

Os termos destacados significam, correta e respectivamente:

(A) propaga-se; posterga; ininterrupto.
(B) amplia-se; retarda; irregular.
(C) difunde-se; prioriza; infrequente.
(D) combate-se; cancela; intermitente.
(E) espalha-se; acelera; interminável.

"Grassar" é sinônimo de "propagar-se", "espalhar"; "protelar" é sinônimo de "postergar", "procrastinar"; "contínuo" é sinônimo de "ininterrupto", "sem pausa". **Gabarito: "A".**

[Acerca da "Igualdade"]

"Liberdade, Igualdade, Fraternidade" foi o grito de guerra da Revolução Francesa. Hoje há disciplinas inteiras – ramos da filosofia, da ciência política e dos estudos jurídicos – que têm a "igualdade" como tema central de estudos. Todos concordam que a igualdade é um valor; ninguém parece concordar quanto ao que se refere o termo. Igualdade de oportunidades? Igualdade de condições? Igualdade formal perante a lei?

Estaremos falando de uma ideologia, a crença de que todos na sociedade **deveriam** ser iguais – claro que não em todos os aspectos, mas nos mais importantes? Ou será uma sociedade em que as pessoas **são** efetivamente iguais? O que isso significaria de fato, na prática, em ambos os casos? Que todos os membros da sociedade têm igual acesso à terra, ou tratam uns aos outros com igual dignidade, ou são igualmente livres para expor suas opiniões em assembleias públicas?

A igualdade seria o apagamento do indivíduo ou a celebração do indivíduo? Numa sociedade, por exemplo, em que os mais poderosos são tratados como divindades e tomam as decisões mais importantes, é possível falar em igualdade? E as relações de gênero? Muitas sociedades tratadas como "igualitárias" na verdade têm seu igualitarismo restrito aos homens adultos. Em casos assim, podemos falar em igualdade de gêneros?

Como não existe nenhuma resposta clara e consensual a questões desse tipo, o uso do termo "igualitário" tem levado a discussões infindáveis. Para alguns teóricos do século XVII, a igualdade se manifestava no estado da Natureza. Igualdade, pois, seria um termo definido por omissão: identificaria uma humanidade que pudesse estar livre depois de removidas todas as armadilhas da civilização. Povos "igualitários" seriam, pois, aqueles sem príncipes, sem juízes, sem inspetores, sem sacerdotes, possivelmente sem cidades, sem escrita ou sequer agricultura. Seriam sociedades de iguais apenas no sentido estrito de que estariam ausentes todos os sinais mais evidentes de desigualdade.

Não há dúvida, pensando-se sempre no ideal de "igualdade", de que algo deu muito errado no mundo. Uma ínfima parte da população controla o destino de quase todos os outros, e de uma maneira cada vez mais desastrosa.

(Adaptado de: GRAEBER, David, e WENGROW, David. **O despertar de tudo – Uma nova história da humanidade**. Trad. Denise Bottmann e Claudio Marcondes. São Paulo: Companhia das Letras, 2022, p. 91 a 94, *passim*)

(Analista – TRT/18 – 2023 – FCC) A frase *o uso do termo "igualitário" tem levado a discussões infindáveis* permanecerá gramaticalmente correta caso se substitua o elemento sublinhado por

(A) tem sido propiciado de
(B) vem ensejando
(C) abrange-se em
(D) investe-se para
(E) conclama à essas

"Tem levado" é sinônimo de "vem ensejando", "tem conduzido". HS
Gabarito "B".

Uma visita

Era já no fim da tarde quando a moça – muito linda, mas muito aflita –, de nome Francisca Bastos Cordeiro, foi entrando pela porta entreaberta do chalé, seguiu direto ao quarto (antiga sala de costura da casa, ao tempo em que sua dona era viva), onde encontrou, estendido e frágil numa pequena cama de ferro, aquele homem, muito velhinho já, agonizante quase, que lhe fora bom companheiro em noites idas de sua infância, quando com ela jogava o sete e meio e lhe ensinava a recitar poemas na casa de sua avó.

– Vim vê-lo, foi dizendo a moça, inventando uma alegria na voz que lhe disfarçasse a emoção. Estou com muitas saudades suas. E o senhor, não está com saudades de mim?

– Estou, sim – disse o velho, numa voz muito cava e muito triste. Estou com saudade da vida.

No dia seguinte morria Machado de Assis. A tarde era a de 28 de setembro de 1908. A rua era a do Cosme Velho.

(Adaptado de: MELLO, Thiago de. **Escritor por escritor – Machado de Assis por seus pares – 1939-2008**. São Paulo: Imprensa Oficial do Estado, 2019, p. 278-279)

(Analista – TRT/18 – 2023 – FCC) Ela encontrou estendido na cama, <u>agonizante quase</u>, aquele <u>que lhe fora um valioso companheiro</u> em noites idas de sua infância.

Numa nova redação, o período acima permanecerá gramaticalmente correto no caso de se substituir os elementos sublinhados, na ordem dada, por:

(A) à beira da agonia – cuja companhia fora preciosa
(B) em eminente agonia – na qual companhia se enriquecera
(C) à margem da agonia – a quem obtivera a rica companhia
(D) relativamente agônico – de quem usufruíra bom companheirismo
(E) agonizando mesmo – de cujo valor de companhia tivera

Para o primeiro trecho, tanto "à beira da agonia" quanto "à margem da agonia" estariam corretos, por serem sinônimos. Porém, a letra "C" está incorreta ao propor "a quem obtivera a rica companhia", já que tal construção altera o sentido original do texto. HS
Gabarito "A".

Texto CG1A1-II

1   Segundo a Lei Geral de Proteção de Dados
(Lei n.º 13.709/2018), dados pessoais são informações que
podem identificar alguém. Dentro desse conceito, foi criada
4   uma categoria chamada de "dado sensível", que diz respeito a
informações sobre origem racial ou étnica, convicções
religiosas, opiniões políticas, saúde ou vida sexual. Registros
7   como esses, a partir da vigência da lei, passam a ter nível maior
de proteção, para evitar formas de discriminação. Todas as
atividades realizadas no país e todas as pessoas que estão no
10   Brasil estão sujeitas à lei. A norma vale para coletas operadas
em outro país, desde que estejam relacionadas a bens ou
serviços ofertados a brasileiros. Mas há exceções, como a
13   obtenção de informações pelo Estado para a segurança pública.
Ao coletar um dado, as empresas deverão informar a
finalidade da coleta. Se o usuário aceitar repassar suas
16   informações, o que pode acontecer, por exemplo, quando ele
concorda com termos e condições de um aplicativo, as
companhias passam a ter o direito de tratar os dados
19   (respeitada a finalidade específica), desde que em
conformidade com a legislação. A lei prevê uma série de
obrigações, como a garantia da segurança das informações e a
22   notificação do titular em caso de um incidente de segurança. A
norma permite a reutilização dos dados por empresas ou órgãos
públicos, em caso de "legítimo interesse".
25   Por outro lado, o titular ganhou uma série de direitos.
Ele pode, por exemplo, solicitar à empresa os dados que ela
tem sobre ele, a quem foram repassados (em situações como a
28   de reutilização por "legítimo interesse") e para qual finalidade.
Caso os registros estejam incorretos, ele poderá cobrar a
correção. Em determinados casos, o titular terá o direito de se
31   opor a um tratamento. A lei também prevê a revisão de
decisões automatizadas tomadas com base no tratamento de
dados, como as notas de crédito ou os perfis de consumo.

Internet: <www.agenciabrasil.ebc.com.br> (com adaptações).

(Analista Judiciário – TJ/PA – 2020 – CESPE/CEBRASPE) Mantendo-se a coerência e a correção gramatical do texto CG1A1-II, o verbo "aceitar" (l.15) poderia ser substituído por

(A) consentir.
(B) prescindir.
(C) assistir.
(D) obstar.
(E) enjeitar.

"Aceitar", no trecho, é sinônimo de "concordar", "consentir", "acatar".
Gabarito: "A".

Sem direito e Poesia

Eis me aqui, iniludível. Incipiente na arte da escrita, desfraldo sentimentos vestindo-os com as palavras que lhes atribuem significado. Às vezes dá vontade ser assim, hermético. Talvez, porque eu sinta que o mundo não me entende ou porque, talvez, eu não me encaixe harmonicamente no mundo, é que sinto esta liberdade em não me fazer entender. É que, talvez, a vida seja mesmo um mal-entendido.

Portanto, despiciendo as opiniões e me faço prolixo. Suasório para o intento de escrever em uma língua indecifrável ao homem comum. Meu vocabulário, quando quero, é um quarto cerrado e, nele me tranco e jogo fora a chave do entendimento. Dizem-me que as palavras devem ser um instrumento para comunicar-se e que isto é fazer-se entender. Mas eu, que do mundo nada entendo, por que razão deveria me fazer entender?

Sinto o decesso aproximar-se, pelo esvair-se do fluido vital, e, sem tempo para o recreio desejado, com os ombros arcados pelos compromissos assumidos, tenho no plenilúnio um desejo imarcescível de que haja vida no satélite natural. Talvez, após o decesso, eu possa lá estabelecer morada e, vivendo em uma sociedade singular, haja o recreio em espírito. Na realidade. Na iniludível realidade, meu recreio é uma sala ampla. Teto alto. Prateleiras rústicas com farta literatura e filosofia. Nenhuma porta ou janela aberta a permitir à passagem do tempo. Uma poltrona aveludada. Frio. Lareira acesa. Vinho tinto seco, Malbec.

O amor? O entregar-se? Não!

Tratar-se-ia apenas de amor próprio. Sem entrega. Apenas eu. Apenas eu e o tempo. Cerrado na sala cerrada. Divagando sobre o nada e refletindo sobre tudo. Imarcescível seria tal momento. Mas a vida. A vida é singular ao tempo, pois que o tempo é eterno, e a criatura humana é botão de rosa, matéria orgânica falível na passagem do eterno. Sigo... Soerguendo- me... Sobrevivo...

(Fonte: Nelson Olivo Capeleti Junior/ Artigos13/04/2018 – JUS Brasil)

(Analista Judiciário – TRE/PA – 2020 – IBFC) O enunciado abaixo é parte do 2º parágrafo do texto. Sem que altere seu sentido e significação, assinale a alternativa que preencha correta e respectivamente as lacunas.

"Portanto, _____ as opiniões e me faço_____.
_____ para o intento de escrever em uma língua _____ ao homem comum."

(A) menosprezo / difuso / Persuasivo / inacessível
(B) enalteço / falante em demasia / Preparado / incognoscível
(C) descarto / ponderado / Pronto / enigmática
(D) valorizo / vexado / Suasivo / incompreensível

"Despiciendo" é sinônimo de "menosprezo", "descarto", "ignoro". "Prolixo" é sinônimo de "difuso", "falante", "repetitivo". "Suasório" é sinônimo de "persuasivo", "convincente". "Indecifrável" é sinônimo de "inacessível", "incompreensível". HS
Gabarito "A".

(Analista Judiciário – TRE/PA – 2020 – IBFC) Analise as afirmativas e dê valores Verdadeiro (V) ou Falso (F).

( ) "**Cerrado** na sala **cerrada**." Os vocábulos em destaque trazem a ideia de que o escritor está fechado para o mundo em um ambiente também assim.
( ) "Eis me aqui, **iniludível**." A palavra em destaque traz a mesma significação do vocábulo "aludível".
( ) "Às vezes dá vontade ser assim, **hermético**." O vocábulo em destaque possui, no contexto textual, o mesmo sentido da palavra "incompreensível".
( ) "Prateleiras rústicas com **farta literatura e filosofia**." A expressão em destaque faz referência aos livros que lá continham.

Assinale a alternativa que apresenta a sequência correta de cima para baixo.

(A) V, F, F, V
(B) V, F, V, V
(C) V, V, V, V
(D) F, V, F, F

I: verdadeiro. "Cerrado" é sinônimo de "fechado", "trancado"; II: falso. "Iniludível" é quem o que não se deixa iludir, enganar; III: verdadeiro. Também se equipara ao termo "cerrado", já utilizado; IV: verdadeiro. Trata-se da figura de linguagem chamada metonímia. HS
Gabarito "B".

Juízo de valor

Um juízo de valor tem como origem uma percepção individual: alguém julga algo ou outra pessoa tomando por base o que considera um critério ético ou moral. Isso significa que diversos indivíduos podem emitir diversos juízos de valor para uma mesma situação, ou julgar de diversos modos uma mesma pessoa. Tais controvérsias são perfeitamente naturais; o difícil é aceitá-las com naturalidade para, em seguida, discuti-las. Tendemos a fazer do nosso juízo de valor um atestado de realidade: o que dissermos que é, será o que dissermos. Em vez da naturalidade da controvérsia a ser ponderada, optamos pela prepotência de um juízo de valor dado como exclusivo.

Com o fenômeno da expansão das redes sociais, abertas a todas as manifestações, juízos de valor digladiam-se o tempo todo, na maior parte dos casos sem proveito algum. Sendo imperativa, a opinião pessoal esquiva-se da controvérsia, pula a etapa da mediação reflexiva e instala-se no posto da convicção inabalável. À falta de argumentos, contrapõem-se as paixões do ódio, do ressentimento, da calúnia, num triste espetáculo público de intolerância.

Constituem uma extraordinária orientação para nós todos estas palavras do grande historiador Eric Hobsbawm: "A primeira tarefa do historiador não é julgar, mas compreender, mesmo o que temos mais dificuldade para compreender. O que dificulta a compreensão, no entanto, não são apenas as nossas convicções apaixonadas, mas também a experiência histórica que as formou." A advertência de Hobsbawm não deve interessar apenas aos historiadores, mas a todo aquele que deseja dar consistência e legitimidade ao juízo de valor que venha a emitir.

(Péricles Augusto da Costa, inédito)

(Analista Jurídico – TRF5 – FCC – 2017) Considerando-se o contexto, traduz-se adequadamente o sentido de um segmento do texto em:

(A) emitir diversos juízos de valor (1º parágrafo) → incitar julgamentos diversificados.
(B) naturalidade da controvérsia (1º parágrafo) →espontaneidade da insubmissão.
(C) juízos de valor digladiam-se (2º parágrafo) →aferições vão ao encontro.
(D) Sendo imperativa (2º parágrafo) →Uma vez autoritária.
(E) deseja dar consistência (3º parágrafo) → volta-se para o que consiste.

A: incorreta. "Emitir" é sinônimo de "exprimir", "expor"; **B**: incorreta. "Controvérsia" é sinônimo de "debate", "discordância"; **C**: incorreta. "Digladiar" significa "combater", "duelar", portanto é sinônimo de "de encontro"; **D**: correta. O texto reescrito preserva o sentido do primeiro trecho; **E**: incorreta. "Consistência" é subjetivo, sinônimo de "robustez", "conteúdo", não pode ser substituído por verbo. HS
Gabarito "D".

Em torno do bem e do mal

Quando nos referimos ao Bem e ao Mal, devemos considerar que há uma série de pequenos satélites desses grandes planetas, e que são a pequena bondade, a pequena maldade, a pequena inveja, a pequena dedicação... No fundo é disso que se faz a vida das pessoas, ou seja, de fraquezas e virtudes minúsculas. Por outro lado, para as pessoas que se importam com a ética, há uma regra simples e fundamental: não fazer mal a outrem. A partir do momento em que tenhamos a preocupação de respeitar essa simples regra de convivência humana, não será preciso perdermo-nos em grandes filosofias especulativas sobre o que seja o Bem e o Mal.

"Não faças aos outros o que não queres que te façam a ti" parece um ponto de vista egoísta, mas é uma diretriz básica pela qual deve o comportamento humano se orientar para afastar o egoísmo e cultivar verdadeiramente o que se precisa entender por relação humana. Pensando bem, a formulação dessa diretriz bem pode ter uma versão mais positiva: "Faz aos outros o que quiseres que façam a ti". Não é apenas mais simpático, é mais otimista, e dissolve de vez a suspeita fácil de uma providência egoísta.

(A partir de José Saramago. As palavras de Saramago. São Paulo: Companhia das Letras, 2010, p. 111-112, passim)

(Analista – TRT2 – FCC – 2018) Considerando-se o contexto, traduz-se adequadamente o sentido de um segmento do texto em:

(A) fraquezas e virtudes minúsculas (1º parágrafo) → mazelas e sanções mínimas
(B) grandes filosofias especulativas (1º parágrafo) → totalizações filosóficas redundantes
(C) uma diretriz básica (2º parágrafo) → um postulado conveniente
(D) uma versão mais positiva (2º parágrafo) → um paralelismo menos relutante
(E) dissolve de vez a suspeita (2º parágrafo) → desfaz terminantemente a desconfiança

A: incorreta. "Sanções" é sinônimo de "punição", "castigo"; B: incorreta. "Especulativa" é sinônimo de "teórico", "abstrato"; C: incorreta. "Conveniente" é sinônimo de "útil", "apropriado"; D: incorreta. "Menos relutante" é sinônimo de "menos rebelde", "menos obstinado"; E: correta. Os termos utilizados são sinônimos e podem ser usados no lugar um do outro.

Gabarito: E.

A representação da "realidade" na imprensa

Parece ser um fato assentado, para muitos, que um jornal ou um telejornal expresse a "realidade". Folhear os cadernos de papel de ponta a ponta ou seguir pacientemente todas as imagens do grande noticiário televisivo seriam operações que atualizariam a cada dia nossa "compreensão do mundo". Mas esse pensamento, tão disseminado quanto ingênuo, não leva em conta a questão da perspectiva pela qual se interpretam todas e quaisquer situações focalizadas. Submetermo-nos à visada do jornalista que compôs a notícia, ou mesmo à do câmera que flagra uma situação (e que, aliás, tem suas tomadas sob o controle de um editor de imagens), é desfazermo-nos da nossa própria capacidade de análise, é renunciarmos à perspectiva de sujeitos da nossa interpretação.

Tanto quanto os propalados e indiscutíveis "fatos", as notícias em si mesmas, com a forma acabada pela qual se veiculam, são parte do mundo: convém averiguar a quem interessa o contorno de uma análise política, o perfil criado de uma personalidade, o sentido de um levante popular ou o alcance de uma medida econômica. O leitor e o espectador atentos ao que leem ou veem não têm o direito de colocar de lado seu senso crítico e tomar a notícia como espelho fiel da "realidade". Antes de julgarmos "real" o "fato" que já está interpretado diante de nossos olhos, convém reconhecermos o ângulo pelo qual o fato se apresenta como indiscutível e como se compõe, por palavras ou imagens, a perspectiva pela qual uma bem particular "realidade" quer se impor para nós, dispensando-nos de discutir o ponto de vista pelo qual se construiu uma informação.

(Tibério Gaspar, inédito)

(Analista Judiciário – TRT/24 – FCC – 2017) Têm sentido próximo ou equivalente, no contexto da argumentação desenvolvida, os segmentos

(A) a questão da perspectiva pela qual se interpretam todas e quaisquer situações / o ângulo pelo qual o fato se apresenta
(B) desfazermo-nos da nossa própria capacidade de análise / reconhecermos o ângulo pelo qual o fato se apresenta
(C) Submetermo-nos à visada do jornalista / averiguar a quem interessa o contorno de uma análise política
(D) tomar a notícia como espelho fiel da "realidade" / O leitor e o espectador atentos ao que leem ou veem
(E) os propalados e indiscutíveis "fatos" / como se compõe, por palavras ou imagens, a perspectiva

Apenas a alternativa "A" apresenta trechos que se equivalem em sentido. Com efeito, falar em "perspectiva de interpretação" ou "ângulo de apresentação" dos fatos transmite a mesma ideia: a partir do ponto de vista de quem expõe a notícia, a percepção da realidade pode mudar.

Gabarito: A.

---

1   Há um traço fundamental na história indígena do rio Amazonas, cuja percepção é necessária ao entendimento do passado e do presente da região. É um fenômeno demográfico e cultural de longa duração que acompanha os primeiros duzentos anos da ocupação europeia e que irá resultar, em meados do século XVIII, numa realidade etnográfica substancialmente distinta da que havia sido observada pelos primeiros exploradores quinhentistas.
5   Trata-se do desaparecimento das nações que viviam ao longo do rio Amazonas e da sua substituição por novos contingentes indígenas que foram sendo descidos dos afluentes para a calha amazônica pelos agentes da colonização. Desaparecimento, em sentido étnico, é o termo adequado, e ver-se-á mais adiante de que forma ele se deu. Neste processo de despovoamento maciço e repovoamento parcial, dois aspectos devem ser assinalados: a) *o desaparecimento dos padrões adaptativos (demográficos, organizacionais e ergológicos) da população original, que não chegam a se reconstituir, a não ser parcial-*
10 *mente, quando do povoamento induzido pelo colonizador; neste segundo momento ocorre* b) *a formação de um estrato que chamaremos neo-indígena, inserido na sociedade colonial e marcado pelo desenraizamento e pela aculturação intertribal e interétnica.*
Obs.: ergológico: relativo à ergologia, ramo da etnologia que estuda a cultura material.

(PORRO, Antônio. **História indígena do alto e médio Amazonas: séculos XVI a XVIII**. In: CUNHA, Manuela C. (org.). **História dos índios no Brasil**. 2. ed. São Paulo, Companhia das Letras; Secretaria Municipal de Cultura; FAPESP,1998, p. 175)

(Analista Judiciário – TRT/11 – FCC – 2017) O segmento do texto que está traduzido de maneira a não prejudicar o sentido original é:

(A) *Esse lento vir a ser* / Esse fugaz começar a ser o que não era antes.
(B) *ao mesmo tempo matemático e falastrão* / simultaneamente preciso e de superlativa eficiência.
(C) *vai pouco a pouco desfigurando nosso velho semblante cultural* / vai paulatinamente atualizando nosso antiquado perfil cultural.
(D) *no batido ramerrão do imaginário religioso nacional*/ na surrada e monótona repetição do imaginário religioso nacional.
(E) *introdução gradual, mas nem por isso menos corrosiva* / inserção pontual, mas nem por isso menos avassaladora.

A: incorreta. "Fugaz" é aquilo que é rápido, passageiro. Não é sinônimo de "lento"; **B:** incorreta. "Falastrão" é quem "fala muito e faz pouco", exagerado. Não é sinônimo de "eficiente"; **C:** incorreta. "Desfigurar" significa "alterar substancialmente". Não é sinônimo de "atualizar"; **D:** correta. Todos os termos da nova redação são sinônimos dos usados na anterior; **E:** incorreta. "Gradual" é aquilo que se faz pouco a pouco, continuamente. Não é sinônimo de "pontual".

Gabarito "D".

Amizade

A amizade é um exercício de limites afetivos em permanente desejo de expansão. Por mais completa que pareça ser uma relação de amizade, ela vive também do que lhe falta e da esperança de que um dia nada venha a faltar. Com o tempo, aprendemos a esperar menos e a nos satisfazer com a finitude dos sentimentos nossos e alheios, embora no fundo de nós ainda esperemos a súbita novidade que o amigo saberá revelar. Sendo um exercício bem-sucedido de tolerância e paciência – amplamente recompensadas, diga-se – a amizade é também a ansiedade e a expectativa de descobrirmos em nós, por intermédio do amigo, uma dimensão desconhecida do nosso ser.

Há quem julgue que cabe ao amigo reconhecer e estimular nossas melhores qualidades. Mas por que não esperar que o valor maior da amizade está em ser ela um necessário e fiel espelho de nossos defeitos? Não é preciso contar com o amigo para conhecermos melhor nossas mais agudas imperfeições? Não cabe ao amigo a sinceridade de quem aponta nossa falha, pela esperança de que venhamos a corrigi-la? Se o nosso adversário aponta nossas faltas no tom destrutivo de uma acusação, o amigo as identifica com lealdade, para que nos compreendamos melhor.

Quando um amigo verdadeiro, por contingência da vida ou imposição da morte, é afastado de nós, ficam dele, em nossa consciência, seus valores, seus juízos, suas percepções. Perguntas como "O que diria ele sobre isso?" ou "O que faria ele com isso?" passam a nos ocorrer: são perspectivas dele que se fixaram e continuam a agir como um parâmetro vivo e importante. As marcas da amizade não desaparecem com a ausência do amigo, nem se enfraquecem como memórias pálidas: continuam a ser referências para o que fazemos e pensamos.

(CALÓGERAS, Bruno, *inédito*)

(Analista Judiciário – TRE/SP – FCC – 2017) Considerando-se o contexto, traduz-se adequadamente o sentido de um segmento em:

(A) *exercício de limites afetivos* (1º parágrafo) = frequência dos traços amistosos
(B) *amplamente recompensadas* (1º parágrafo) = resgatadas a contento
(C) *mais agudas imperfeições* (2º parágrafo) = mais intensas irrelevâncias
(D) *aponta nossas faltas* (2º parágrafo) = indica nossas máculas
(E) *por contingência da vida* (3º parágrafo) = na ocasião premeditada

A: incorreta. "Exercício" não é sinônimo de "frequência", nem "limites" é sinônimo de "traços"; **B:** incorreta. "Amplamente" não é sinônimo de "contento", nem "recompensadas" é sinônimo de "resgatadas"; **C:** incorreta. "Imperfeições" são defeitos, erros. Não é sinônimo de "irrelevância", que indica aquilo que não é importante; **D:** correta. A nova redação apresenta termos sinônimos aos usados na anterior, de modo que podem ser substituídos sem alteração de sentido; **E:** incorreta. "Contingência" é um fato de acontece de forma abrupta, sem planejamento. Não é sinônimo de "premeditado", que indica algo que foi calculado, previsto.

Gabarito "D".

Texto CG1A1AAA

1   No quadro da democracia liberal, cidadania
    corresponde ao conjunto das liberdades individuais — os
    chamados direitos civis de locomoção, pensamento e
4   expressão, integridade física, associação etc. O advento da
    democracia social acrescentou, àqueles direitos do indivíduo,
    os direitos trabalhistas ou direitos a prestações de natureza
7   social reclamadas ao Estado (educação, saúde, segurança e
    previdência). Em ambos os casos, o cidadão é titular de direitos
    e liberdades em relação ao Estado e a outros particulares —
10 mas permanece situado fora do campo estatal, não assumindo
    qualquer titularidade quanto a funções públicas. Preserva-se,
    assim, a perspectiva do constitucionalismo clássico: direitos do
13 homem e do cidadão são exercidos frente ao Estado, mas não
    dentro do aparelho estatal.
    Na teoria constitucional moderna, cidadão é o
16 indivíduo que tem um vínculo jurídico com o Estado, sendo

portador de direitos e deveres fixados por determinada estrutura legal (Constituição, leis), que lhe confere, ainda, a
19 nacionalidade. Cidadãos, em tese, são livres e iguais perante a lei, porém súditos do Estado.
Como lembra Marilena Chaui, a cidadania se define
22 pelos princípios da democracia, significando necessariamente conquista e consolidação social e política. A cidadania requer instituições, mediações e comportamentos próprios,
25 constituindo-se na criação de espaços sociais de lutas (movimentos sociais, sindicais e populares) e na definição de instituições permanentes para a expressão política, como
28 partidos, legislação e órgãos do poder público. Distingue-se, portanto, a cidadania passiva, aquela que é outorgada pelo Estado, com a ideia moral do favor e da tutela, da cidadania
31 ativa, aquela que institui o cidadão como portador de direitos e deveres, mas essencialmente criador de direitos para abrir novos espaços de participação política.

Maria Victoria de Mesquita Benevides. **Cidadania e democracia**. Internet: <www.scielo.br> (com adaptações).

(Analista Judiciário – TRE/PE – CESPE – 2017) Sem prejuízo da correção gramatical e do sentido original do texto CG1A-1AAA, a forma verbal "permanece" (l. 10) poderia ser corretamente substituída por

(A) continua.
(B) se mantém
(C) quedar-se-á.
(D) sentir-se-á.
(E) surge.

"Permanecer" é sinônimo de "continuar", "prosseguir".
Gabarito "A".

(Analista Judiciário – TJ/MT – UFMT – 2016) INSTRUÇÃO: Leia a reportagem e responda às questões abaixo.

A fuga dos rinocerontes

Espécie ameaçada de extinção escapa dos caçadores da maneira mais radical possível – pelo céu.

Os rinocerontes-negros estão entre os bichos mais visados da África, pois sua espécie é uma das preferidas pelo turismo de caça. Para tentar salvar alguns dos 4.500 espécimes que ainda restam na natureza, duas ONG ambientais apelaram para uma solução extrema:e transportar os rinocerontes de helicóptero. A ação utilizou helicópteros militares para remover 19 espécimes – com 1,4 toneladas cada um – de seu habitat original, na província de Cabo Oriental, no sudeste da África do Sul, e transferi-los para a província de Lampopo, no norte do país, a 1.500 quilômetros de distância, onde viverão longe dos caçadores. Como o trajeto tem áreas inacessíveis de carro, os rinocerontes tiveram de voar por 24 quilômetros. Sedados e de olhos vendados (para evitar sustos caso acordassem), os rinocerontes foram içados pelos tornozelos e voaram entre 10 e 20 minutos. Parece meio brutal? Os responsáveis pela operação dizem que, além de mais eficiente para levar os paquidermes a locais de difícil acesso, o procedimento é mais gentil.

(BADÔ, F. A fuga dos rinocerontes. *Superinteressante*, nº 229, 2011.)

(Analista Judiciário – TJ/MT – UFMT – 2016) A palavra radical pode ser empregada com várias acepções, por isso denomina-se polissêmica. Assinale o sentido dicionarizado que é mais adequado no contexto acima.

(A) Que existe intrinsecamente num indivíduo ou coisa.
(B) Brusco; violento; difícil.
(C) Que não é tradicional, comum ou usual.
(D) Que exige destreza, perícia ou coragem.

O transporte dos rinocerontes foi feito de forma pouco usual, bastante surpreendente, porque ninguém pensaria em levar os animais voando em helicópteros. Correta, portanto, a letra "C". Uma boa estratégia para responder este tipo de questão é substituir a palavra no texto pelos sinônimos apresentados nas alternativas e verificar se a construção original continua fazendo sentido.
Gabarito "C".

(Analista Judiciário – TJ/MT – UFMT – 2016) Na construção da coesão textual, a relação entre hiperônimos e hipônimos é fundamental, pois contribuem para a retomada de sentido no texto. Marque com 1 as palavras que no texto funcionam como hiperônimos e com 2 as que funcionam como hipônimos.

( ) Espécie
( ) Espécimes
( ) Rinocerontes-negros
( ) Bichos

Assinale a sequência correta.

(A) 1, 1, 2, 1
(B) 2, 2, 1, 1
(C) 1, 2, 1, 2
(D) 2, 1, 1, 2

Hiperônimos são palavras de significado mais abrangente, que representam uma série de outras coisas, coisas estas que são consideradas seus hipônimos – ou seja, palavras que têm significado menos abrangente, mais específicos. Exemplos: a palavra "fruta" pode representar "maçã", "pera", "banana" – "fruta" é hiperônimo de "maçã", "pera" e "banana", ao passo que essas todas são hipônimos de "fruta". No texto, temos uma narrativa de trata de rinocerontes-negros (um hipônimo, porque representa um animal específico). Para evitar repetições do termo, o que empobreceria o texto, o autor usa vários hiperônimos de rinoceronte: "espécie", "espécime", "bichos", "paquidermes".
Gabarito "A".

10. VOZES VERBAIS

Para a transposição das vozes verbais, siga sempre o esquema:
– o verbo tem que ser transitivo direto;
– objeto da ativa = sujeito da passiva analítica;
– sujeito da ativa = agenda da passiva analítica;
– o verbo sempre se mantém no mesmo tempo e modo;
– se o sujeito for indeterminado, o verbo da ativa ficará na 3ª pessoa do plural.

VOZ VERBAL	SUJEITO	VERBO TRANSITIVO DIRETO	OBJETO DIRETO	AGENTE DA PASSIVA
ATIVA	Z	verbo concordando com o sujeito	Y	
Passiva analítica	Y	ver ser no mesmo tempo e modo que o verbo da ativa + principal no particípio		Z
ATIVA	sujeito indeterminado	verbo na 3ª pessoa do plural quando o sujeito for indeterminado	Y	
Passiva sintética		verbo no tempo e modo que o verbo da ativa + SE	Y	

(Analista – TRT/18 – 2023 – FCC) Transpondo-se para a voz ativa a frase *os mais poderosos são tratados como divindades*, a forma verbal obtida deverá ser

(A) tratam-se
(B) tratam
(C) devem ser tratados
(D) tratar-se-ão
(E) podem tratar-se

O resultado da transposição é: "Tratam os mais poderosos como divindades". **HS**
Gabarito "B".

(Analista Judiciário – TRE/SP – FCC – 2017) A frase em que há emprego da voz passiva e em que todas as formas verbais estão adequadamente correlacionadas é:

(A) Um amigo de verdade seria sempre necessário para que fôssemos impelidos a acreditar mais em nós mesmos.
(B) A ausência do amigo seria uma lacuna insanável caso não venhamos a contar com nossa memória, que nos povoa com imagens.
(C) Ao passarmos a olhar as coisas com os olhos do amigo que perdemos, estaríamos convencidos do valor que déramos à sua perspectiva.
(D) São falsos amigos aqueles que, em qualquer ocasião, passassem a desfiar elogios quando, de fato, merecermos recriminações.
(E) Teríamos tido decepções com alguns amigos se esperarmos que eles possam nos oferecer todo o afeto de que precisássemos.

A: correta. Todos os verbos estão correlacionados corretamente e a composição "fôssemos impelidos" está na voz passiva; **B:** incorreta. Não há verbo na voz passiva; **C:** incorreta. Não há verbo na voz passiva; **D:** incorreta. Não há verbo na voz passiva. Além disso, os tempos verbais não se relacionam corretamente: "seriam falsos amigos aqueles que, em qualquer ocasião, passassem a desfiar elogios quando, de fato, merecêssemos recriminações"; **E:** incorreta. "Teríamos tido" está na voz passiva, mas há erro na correlação nos tempos verbais: "teríamos tido decepções com alguns amigos se esperássemos que eles pudessem nos oferecer todo o afeto que precisássemos".
Gabarito "A".

11. ORTOGRAFIA

(Analista Judiciário – TRE/PA – 2020 – IBFC) Quanto às regras de ortografia, assinale a alternativa em que há uma palavra grafada *incorretamente*.

(A) super-homem, sobrenatural, cosseno.
(B) cooperador, coexistente, agroindustrial.
(C) anti-inflacionário, pan-americano, autoescola.
(D) girassol, hiper-ativo, recém-casado.

A única alternativa que apresenta palavra com erro de grafia é a letra "D", que deve ser assinalada. Não há hífen quando o prefixo termina em "r" e a palavra principal começa com vogal: "hiperativo". **HS**
Gabarito "D".

(Analista Judiciário – TJ/MT – UFMT – 2016) Na língua portuguesa, há muitas palavras parecidas, seja no modo de falar ou no de escrever. A palavra sessão, por exemplo, assemelha-se às palavras cessão e seção, mas cada uma apresenta sentido diferente. Esse caso, mesmo som, grafias diferentes, denomina-se homônimo homófono. Assinale a alternativa em que todas as palavras se encontram nesse caso.

(A) conserto, pleito, ótico
(B) cheque, descrição, manga
(C) serrar, ratificar, emergir
(D) taxa, cesta, assento

Somente a letra "D" traz todas as palavras contempladas com homônimos homófonos: "taxa" (tributo) e "tacha" (prego); "cesta" (de pães, de basquete" e "sexta" (dia da semana); "assento" (lugar para sentar) e "acento" (sinal gráfico).
Gabarito "D".

12. REGÊNCIAS VERBAL E NOMINAL

Texto 1 – Coordenação entre órgãos gestores

Um Plano de Contingência para o Trânsito necessita de planejamento prévio para lidar com situações emergenciais e atuar em casos que venham a causar transtornos nos principais corredores viários de uma cidade.

O aumento progressivo da frota de veículos provoca congestionamentos que muitas vezes impedem que os procedimentos planejados de emergência sejam adotados.

Nesses casos, passam a exigir ações mais criativas e diferenciadas, devendo ser planejadas por equipes de técnicos especializados, com a parceria das universidades.

O gerenciamento de acidentes de trânsito, como a velocidade que se desfaz o local de uma batida numa via estrutural, envolve o uso de equipamentos especiais, como helicópteros, e de pessoal devidamente treinado para isso. É crucial haver integração e coordenação entre os órgãos gestores da mobilidade urbana, para solucionar rapidamente as demandas dessa natureza.

Situações como obras, fechamento de ruas e de faixas de tráfego, enchentes, alagamentos das vias e quedas de encostas e árvores, que impedem a circulação normal de veículos, necessitam de sinalização adequada, de informação relevante e bem veiculada em várias mídias, de agentes de trânsito devidamente preparados, de cavaletes e indicação dos desvios possíveis, para diminuir os impactos negativos.

Podemos fazer analogia com um infarto e um AVC, que impedem o fluxo de sangue e exigem providências urgentes para que a pessoa não morra. O mesmo fenômeno ocorre com o trânsito, para que o fluxo seja restabelecido o mais rápido possível.

(Eva Vider, *O Globo*, 9/10/2015 – adaptado)

(Analista Judiciário – TJ/PI – FGV – 2015) A oração adjetiva abaixo sublinhada que deveria vir introduzida com um pronome relativo precedido de preposição é:

(A) "lidar com situações emergenciais e atuar em casos que venham a causar transtornos nos principais corredores viários de uma cidade".

(B) "O aumento progressivo da frota de veículos provoca congestionamentos que muitas vezes impedem que os procedimentos planejados de emergência sejam adotados".

(C) "O gerenciamento de acidentes de trânsito, como a velocidade que se desfaz o local de uma batida numa via estrutural".

(D) "Situações como obras, fechamento de ruas e de faixas de tráfego, enchentes, alagamentos das vias e quedas de encostas e árvores, que impedem a circulação normal de veículos".

(E) "Podemos fazer analogia com um infarto e um AVC, que impedem o fluxo de sangue...".

A única oração adjetiva que deveria vir antecedida de preposição é a constante na letra "C", porque o termo "velocidade", neste caso, rege a preposição "em". Nas demais, o período respeita integralmente os ditames da norma padrão.

Gabarito "C".

13. TEMAS COMBINADOS E OUTROS TEMAS

Texto CG1A1-II

```
1   Segundo a Lei Geral de Proteção de Dados
    (Lei n.º 13.709/2018), dados pessoais são informações que
    podem identificar alguém. Dentro desse conceito, foi criada
4   uma categoria chamada de "dado sensível", que diz respeito a
    informações sobre origem racial ou étnica, convicções
    religiosas, opiniões políticas, saúde ou vida sexual. Registros
7   como esses, a partir da vigência da lei, passam a ter nível maior
    de proteção, para evitar formas de discriminação. Todas as
    atividades realizadas no país e todas as pessoas que estão no
10  Brasil estão sujeitas à lei. A norma vale para coletas operadas
    em outro país, desde que estejam relacionadas a bens ou
    serviços ofertados a brasileiros. Mas há exceções, como a
13  obtenção de informações pelo Estado para a segurança pública.
    Ao coletar um dado, as empresas deverão informar a
    finalidade da coleta. Se o usuário aceitar repassar suas
16  informações, o que pode acontecer, por exemplo, quando ele
    concorda com termos e condições de um aplicativo, as
    companhias passam a ter o direito de tratar os dados
19  (respeitada a finalidade específica), desde que em
    conformidade com a legislação. A lei prevê uma série de
    obrigações, como a garantia da segurança das informações e a
22  notificação do titular em caso de um incidente de segurança. A
    norma permite a reutilização dos dados por empresas ou órgãos
    públicos, em caso de "legítimo interesse".
25  Por outro lado, o titular ganhou uma série de direitos.
    Ele pode, por exemplo, solicitar à empresa os dados que ela
    tem sobre ele, a quem foram repassados (em situações como a
```

28 de reutilização por "legítimo interesse") e para qual finalidade. Caso os registros estejam incorretos, ele poderá cobrar a correção. Em determinados casos, o titular terá o direito de se
31 opor a um tratamento. A lei também prevê a revisão de decisões automatizadas tomadas com base no tratamento de dados, como as notas de crédito ou os perfis de consumo.

Internet: <www.agenciabrasil.ebc.com.br> (com adaptações).

(Analista Judiciário – TJ/PA – 2020 – CESPE/CEBRASPE) No período em que se insere no texto CG1A1-II, a oração "Ao coletar um dado" (l.14) exprime uma circunstância de

(A) causa.
(B) modo.
(C) finalidade.
(D) explicação.
(E) tempo.

Trata-se de oração subordinada adverbial temporal, ou seja, exprime a ideia de tempo, o momento em que a ação principal irá acontecer. **HS**
Gabarito "E".

Sem direito e Poesia

Eis me aqui, iniludível. Incipiente na arte da escrita, desfraldo sentimentos vestindo-os com as palavras que lhes atribuem significado. Às vezes dá vontade ser assim, hermético. Talvez, porque eu sinta que o mundo não me entende ou porque, talvez, eu não me encaixe harmonicamente no mundo, é que sinto esta liberdade em não me fazer entender. É que, talvez, a vida seja mesmo um mal-entendido.

Portanto, despiciendo as opiniões e me faço prolixo. Suasório para o intento de escrever em uma língua indecifrável ao homem comum. Meu vocabulário, quando quero, é um quarto cerrado e, nele me tranco e jogo fora a chave do entendimento. Dizem-me que as palavras devem ser um instrumento para comunicar-se e que isto é fazer-se entender. Mas eu, que do mundo nada entendo, por que razão deveria me fazer entender?

Sinto o decesso aproximar-se, pelo esvair-se do fluido vital, e, sem tempo para o recreio desejado, com os ombros arcados pelos compromissos assumidos, tenho no plenilúnio um desejo imarcescível de que haja vida no satélite natural. Talvez, após o decesso, eu possa lá estabelecer morada e, vivendo em uma sociedade singular, haja o recreio em espírito. Na realidade. Na iniludível realidade, meu recreio é uma sala ampla. Teto alto. Prateleiras rústicas com farta literatura e filosofia. Nenhuma porta ou janela aberta a permitir à passagem do tempo. Uma poltrona aveludada. Frio. Lareira acesa. Vinho tinto seco, Malbec.

O amor? O entregar-se? Não!

Tratar-se-ia apenas de amor próprio. Sem entrega. Apenas eu. Apenas eu e o tempo. Cerrado na sala cerrada. Divagando sobre o nada e refletindo sobre tudo. Imarcescível seria tal momento. Mas a vida. A vida é singular ao tempo, pois que o tempo é eterno, e a criatura humana é botão de rosa, matéria orgânica falível na passagem do eterno. Sigo... Soerguendo- me... Sobrevivo...

(Fonte: Nelson Olivo Capeleti Junior/ Artigos 13/04/2018 – JUS Brasil)

(Analista Judiciário – TRE/PA – 2020 – IBFC) Observe: "Meu vocabulário, *quando quero*, é um quarto cerrado." Assinale a alternativa correta quanto à classificação sintática da expressão em destaque.

(A) Oração Coordenada Assindética Temporal.
(B) Oração Coordenada Sindética Temporal.
(C) Oração Subordinada Explicativa Temporal.
(D) Oração Subordinada Adverbial Temporal.

A oração destacada é subordinada, porque não tem sentido próprio, autônomo, caso retirada do período. Tem valor adverbial, porque altera o substantivo "vocabulário", e o faz indicando o momento em que ele se torna "cerrado", ou seja, exprime a ideia de tempo. É, portanto, uma oração subordinada adverbial temporal. **HS**
Gabarito "D".

(Analista Judiciário – TRE/PA – 2020 – IBFC) Analise o enunciado a seguir: "Divagando sobre o nada e refletindo sobre tudo." Ao que se refere à classificação sintática do período anterior, assinale a alternativa correta.

(A) Período Composto por Subordinação com Oração Subordinada Aditiva.
(B) Período Composto por Subordinação com Oração Subordinada Assindética Aditiva.
(C) Período Composto por Coordenação com Oração Coordenada Sindética Aditiva.
(D) Período Composto por Coordenação com Oração Coordenada Assindética Aditiva.

É período composto por coordenação, porque as duas orações têm sentido autônomo se separadas: "Divagando sobre o nada. Refletindo sobre tudo". A segunda oração, no caso, é sindética (porque introduzida por conjunção) aditiva (uma vez que adiciona um novo elemento à oração anterior). **HS**
Gabarito "C".

(Analista Judiciário – TRE/PA – 2020 – IBFC) Analise as afirmativas abaixo sobre o enunciado a seguir: "A vida é singular ao tempo, pois que o tempo é eterno, e a criatura humana é botão de rosa, matéria orgânica falível na passagem do eterno".

I. O vocábulo "**singular**" funciona como predicativo do sujeito.
II. Há a presença de predicados nominais em todas as orações do período composto.
III. O vocábulo "**humana**" funciona como complemento nominal.
IV. As palavras "**orgânica**" e "**falível**" funcionam como adjuntos adnominais.

Assinale a alternativa correta.

(A) Apenas as afirmativas II, III e IV estão corretas.
(B) Apenas as afirmativas I, II e IV estão corretas.
(C) Apenas as afirmativas I, II e III estão corretas.
(D) Apenas as afirmativas I, III e IV estão corretas.

I: correta. É o núcleo do predicado nominal; **II:** correta. São eles: "singular", "eterno" e "botão de rosa"; **III:** incorreta. É adjunto adnominal – o substantivo "criatura" não exige complemento; **IV:** correta, ambas têm valor morfológico de adjetivo da "matéria". Gabarito "B".

Texto CB1A1-I

  1 A impossibilidade de manter silêncio sobre um
     assunto é uma observação que pode ser feita a respeito de
     muitos casos de patente injustiça que nos enfurecem de um
  4 modo até difícil de ser capturado por nossa linguagem. Ainda
     assim, qualquer estudo sobre a injustiça também demanda uma
     enunciação clara e uma análise arrazoada.
  7 A necessidade de uma teoria da justiça está
     relacionada com a disciplina de argumentar racionalmente
     sobre um assunto. Afirma-se, às vezes, que a justiça não diz
 10 respeito à argumentação racional. É fácil ficar tentado a pensar
     nessa linha. Quando nos defrontamos, por exemplo, com uma
     alastrada fome coletiva, parece natural protestar em vez de
 13 raciocinar de forma elaborada sobre a justiça e a injustiça.
     Contudo, uma calamidade seria um caso de injustiça apenas se
     pudesse ter sido evitada, em especial se aqueles que poderiam
 16 ter agido para tentar evitá-la tivessem deixado de fazê-lo. Entre
     os requisitos de uma teoria da justiça inclui-se o de permitir
     que a razão influencie o diagnóstico da justiça e da injustiça.

Amartya Sen. A ideia de justiça. Denise Bottmann e Ricardo D. Mendes (Trad.).
São Paulo: Companhia das Letras, 2011 (com adaptações).

(Analista – MPU – CESPE – 2018) Julgue os próximos itens, relativos aos sentidos e aos aspectos linguísticos do texto CB1A1-I.

(1) Os sentidos e a correção gramatical do texto seriam preservados caso o trecho "uma calamidade seria um caso de injustiça apenas se pudesse ter sido evitada" (R. 14 e 15) fosse reescrito da seguinte maneira: apenas uma calamidade que poderia ter sido evitada é um caso de injustiça.

(2) Na expressão "fazê-lo" (R.16), a forma pronominal "lo" retoma a ideia de agir para tentar evitar uma calamidade.

(3) Na forma "Afirma-se" (R.9), o emprego do pronome "se" indica que não existe um agente responsável pela ação de afirmar.

(4) A correção gramatical do texto seria mantida se, no trecho "Quando nos defrontamos, por exemplo, com uma alastrada fome coletiva" (R. 11 e 12), a forma pronominal "nos" fosse suprimida.

(5) Na linha 3, o adjetivo "patente" tem o significado de impressionante.

(6) Na linha 9, caso a expressão "às vezes" fosse deslocada para imediatamente após "justiça", feitos os devidos ajustes de pontuação, a correção gramatical seria mantida, mas o sentido original do texto seria alterado.

(7) A substituição de "relacionada com a disciplina" (R.8) por relacionada à disciplina, embora mantivesse o sentido do texto, prejudicaria sua correção gramatical.

1: incorreta. A nova redação proposta altera o sentido do texto, limitando as injustiças aos casos de calamidades evitáveis; 2: correta. Trata-se do uso do pronome como elemento de coesão do texto; 3: incorreta. Os casos de sujeito indeterminado, como este, indicam que existe alguém praticando a ação verbal, só não sabemos quem é; 4: correta. O verbo "defrontar" pode aparecer tanto na forma intransitiva quanto pronominal; 5: incorreta. Nesse caso, "patente" é sinônimo de "óbvia", "manifesta"; 6: correta. A posição da locução adverbial é relevante para indicar qual o outro elemento da oração que ela está alterando: "afirma-se" ou "justiça"; 7. Incorreta. Também a correção gramatical seria mantida. Gabarito 1E, 2C, 3E, 4C, 5E, 6C, 7E.

Texto CB1A1-II

  1 Falar em desigualdade é falar também em pobreza.
     A reprodução social das desigualdades contribui para o
     aprofundamento das situações de pobreza, por isso uma
  4 estratégia de enfrentamento deve considerar a conexão entre as
     duas pautas.
     É necessário compreender que a desigualdade se
  7 expressa em diferentes dimensões na vida das pessoas e que
     apenas uma minoria se beneficia com a acumulação de riqueza
     e de poder. No caso do Brasil, há especificidades que devem
 10 ser observadas. A história de colonização e de escravidão
     deixou heranças ainda presentes, que resguardam a condição

13 desigual no acesso a bens, serviços e equipamentos públicos.
    A desigualdade não é natural; ela é uma construção social. Quando a desigualdade é naturalizada, ela passa a instituir o poder da opressão social. Os mecanismos que
16 reproduzem as desigualdades devem ser revelados de forma que se possibilite seu enfrentamento pela sociedade civil por meio da cidadania ativa, buscando-se o aprofundamento da
19 democracia e a garantia da justiça de gênero, da igualdade racial e dos direitos humanos.

Kátia **Maia. Vamos falar sobre desigualdade?**
Internet: <www.oxfam.org.br> (com adaptações).

(Analista – MPU – CESPE – 2018) A respeito dos aspectos linguísticos do texto CB1A1-II, julgue os itens subsecutivos.

(1) A substituição da forma verbal "compreender" (R.6) por **compreendermos** prejudicaria a correção gramatical do texto, assim como alteraria os seus sentidos originais.

(2) A introdução de uma vírgula imediatamente após a palavra "revelados" (R.16) manteria a correção gramatical do texto.

(3) Os termos "de gênero" (R.19), "da igualdade racial" (R. 19 e 20) e "dos direitos humanos" (R.20) complementam a palavra "justiça" (R.19).

1: incorreta. A conjugação no plural indicaria a silepse de número, figura de linguagem na qual o narrador se inclui entre os receptores da mensagem, o que é aceito pela norma culta; **2:** correta. Trata-se de vírgula facultativa, de forma que sua presença não traz qualquer vício à redação do texto; **3:** incorreta. Apenas "de gênero" complementa "justiça". As demais complementam "garantia".

Gabarito: 1E, 2C, 3E.

Educação familiar

A família cumpre cada vez menos a sua função de instituição de aprendizagem e educação. Ouve-se dizer hoje, repetidamente, o mesmo a respeito dos filhos de famílias das camadas superiores da sociedade, "nada trouxeram de casa". Os professores universitários comprovam até que ponto é escassa a formação substancial, realmente experimentada pelos jovens, que possa ser considerada como pré-adquirida.

Mas isso depende do fato de que a formação cultural perdeu a sua utilidade prática. Mesmo que a família ainda se esforçasse por transmiti-la, a tentativa estaria condenada ao fracasso porque, com a certeza dos bens familiares hereditários, esvaziaram-se alguns motivos de insegurança e sentimento de desproteção. Por parte dos filhos, a tendência atual consiste em furtarem-se a essa educação, que se apresenta como uma introversão inoportuna, e em orientarem-se, de preferência, pelas exigências da chamada "vida real".

O momento específico da renúncia pessoal, que hoje mutila os indivíduos, impedindo a individuação, não é a proibição familiar, ou não o é inteiramente, mas a frieza, a indiferença tanto mais penetrante quanto mais desagregada e vulnerável a família se torna.

(Adaptado de: HORKHEIMER, Max, e ADORNO, Theodor (orgs.). Temas básicos da Sociologia. São Paulo: Cultrix, 1973, p. 143)

(Analista – TRF/4 – FCC – 2019) Está plenamente clara e correta a redação deste livre comentário sobre o texto:

(A) No caso de a educação formal for insuficiente, apelem-se para as providências que cabem à família tomar.

(B) Aos jovens de hoje reserva-se poucos cuidados no que tocam à sua educação, restringindo à bem poucas iniciativas.

(C) Os filhos de hoje recusam-se a admitir que lhes cabe alguma educação que provisse de seus pais ou responsáveis.

(D) A razão onde melhor se justifica a irrelevância da presente educação familiar estima-se que é a frieza dos que são indiferentes.

(E) Os indivíduos de nosso tempo, impedidos de se determinarem como tais, são como que mutilados por essa privação de si mesmos.

A: incorreta. O verbo "ser" deveria estar no infinitivo na primeira parte do período e o verbo "caber" deveria estar no singular; **B:** incorreta. "Reservam-se", porque estamos diante de verbo na voz passiva sintética, logo ele deve concordar com "cuidados" ("poucos cuidados são reservados", se transpusermos para a voz ativa). Além disso, o verbo "tocar" deveria estar no singular e não ocorre crase antes de "bem"; **C:** incorreta. Não ocorre crase antes de verbo e o verbo "provir" na terceira pessoa do singular do pretérito imperfeito do subjuntivo conjuga-se "proviesse"; **D:** incorreta. A redação é confusa e obscura, de forma que se perde inclusive o sentido da mensagem; **E:** correta. O trecho é claro, coerente e atende ao padrão culto da língua.

Gabarito: "E".

(Analista – TJ/SC – FGV – 2018) Observe a charge a seguir:

(Analista – TJ/SC – FGV – 2018) Sobre a frase dita por Einstein, é correto afirmar que:

(A) o termo "Galileu", por ser um vocativo, deveria ser colocado no início da frase;
(B) o adjetivo "brilhante", por ser um adjetivo qualificativo, deveria vir antes do substantivo "mente";
(C) o pronome "nós", implícito em "estávamos esperando" se refere a todos os habitantes do céu;
(D) o termo "Galileu" deveria aparecer entre vírgulas, por ser um vocativo;
(E) o emprego da forma "olha" é desaconselhável por pertencer à linguagem coloquial.

A: incorreta. Não é obrigatório que o vocativo apareça no início da frase. O essencial, caso esteja deslocado para outro ponto, é apenas que seja separado dos demais elementos sintáticos por vírgulas; B: incorreta. Na ordem direta da oração, a colocação do adjetivo é realmente posposta ao substantivo; C: incorreta. Refere-se somente aos dois cientistas, conforme o contexto criado pela charge; D: correta, conforme comentário à alternativa "A"; E: incorreta. A charge retrata justamente uma conversa informal entre os dois cientistas, então não há qualquer incoerência no uso dessa forma verbal.

Gabarito "D".

A representação da "realidade" na imprensa

Parece ser um fato assentado, para muitos, que um jornal ou um telejornal expresse a "realidade". Folhear os cadernos de papel de ponta a ponta ou seguir pacientemente todas as imagens do grande noticiário televisivo seriam operações que atualizariam a cada dia nossa "compreensão do mundo". Mas esse pensamento, tão disseminado quanto ingênuo, não leva em conta a questão da perspectiva pela qual se interpretam todas e quaisquer situações focalizadas. Submetermo-nos à visada do jornalista que compôs a notícia, ou mesmo à do câmera que flagra uma situação (e que, aliás, tem suas tomadas sob o controle de um editor de imagens), é desfazermo-nos da nossa própria capacidade de análise, é renunciarmos à perspectiva de sujeitos da nossa interpretação.

Tanto quanto os propalados e indiscutíveis "fatos", as notícias em si mesmas, com a forma acabada pela qual se veiculam, são parte do mundo: convém averiguar a quem interessa o contorno de uma análise política, o perfil criado de uma personalidade, o sentido de um levante popular ou o alcance de uma medida econômica. O leitor e o espectador atentos ao que leem ou veem não têm o direito de colocar de lado seu senso crítico e tomar a notícia como espelho fiel da "realidade". Antes de julgarmos "real" o "fato" que já está interpretado diante de nossos olhos, convém reconhecermos o ângulo pelo qual o fato se apresenta como indiscutível e como se compõe, por palavras ou imagens, a perspectiva pela qual uma bem particular "realidade" quer se impor para nós, dispensando-nos de discutir o ponto de vista pelo qual se construiu uma informação.

(Tibério Gaspar, inédito)

(Analista Judiciário – TRT/24 – FCC – 2017) Na frase *Parece ser um fato assentado que um jornal expresse a "realidade"*, os termos sublinhados

(A) prendem-se ao mesmo verbo, do qual constituem adjuntos.
(B) são sujeitos de uma mesma forma verbal.
(C) integram duas orações distintas.
(D) exercem, respectivamente, a função de complemento nominal e a de complemento verbal.
(E) estão empregados como predicativos do sujeito.

"Um fato" é predicativo do sujeito "que um jornal expresse a realidade", enquanto "um jornal" é sujeito do verbo "expressar". Logo, fica claro que integram orações distintas: "um fato" compõe a oração subordinada substantiva predicativa e "um jornal" integra a oração principal do período composto por subordinação.

Gabarito "C".

1 Três em cada quatro brasileiros se consideram católicos. Pelas contas do Censo 2000, para uma população total em torno de 170 milhões de habitantes, o Brasil entra no século XXI aproximadamente com 125 milhões de católicos declarados, praticamente três quartos da população residente total.
  Quer dizer que no início do terceiro milênio ainda é possível a esse país, o maior e mais populoso da "América cató-
5 lica", continuar ostentando com fundamento em dados estatísticos cientificamente controlados e religiosamente isentos sua histórica posição de nação com hegemonia católica, que um dia lhe valeu o desgastado título que o aclama como "o maior país católico do mundo". Tradicionalmente autoaplicado por seus habitantes em conotações que, a bem da verdade, sofrem polarizações e inflexões de toda espécie e grau, que vão do contentamento envaidecido sem ressalvas ao lamento aborrecido sem reservas, a plausibilidade desse superlativo identitário pode estar com os dias contados.
10 Não obstante a permanência ininterrupta da enorme desigualdade em tamanho e estatura das religiões no Brasil, não é mais possível, nos dias que correm, desconhecer que a sociedade brasileira está passando por um processo de transição religiosa que é notório. Visível a olho nu. Mas não só, uma vez que se trata de um processo que tem sido há décadas acompanhado atentamente, e comprovado a frio reiteradamente, pelas estatísticas censitárias. Esse lento vir a ser, ao mesmo tempo matemático e falastrão, vai pouco a pouco desfigurando nosso velho semblante cultural com a introdução
15 gradual, mas nem por isso menos corrosiva, de estranhamentos e distâncias, descontinuidades e respiros no batido ramerrão do imaginário religioso nacional. Com efeito, hoje se assiste em nosso país a um vigoroso movimento de transição demográfico-religiosa que já assumiu a forma de progressiva migração de contingentes católicos para outras religiões. Ou mesmo para nenhuma.

(Adaptado dE: PIERUCCI, Antonio Flávio. Religiões no Brasil. In: BOTELHO, André e SCHWARCZ, Lilia Moritz (orgs.). **Agenda BrasileirA: temas de uma sociedade em mudança**. Companhia das Letras, 2011, p. 472-473)

(Analista Judiciário – TRT/11 – FCC – 2017) (3º parágrafo) *Não obstante a permanência ininterrupta da enorme desigualdade em tamanho e estatura das religiões no Brasil, não é mais possível, nos dias que correm, desconhecer que a sociedade brasileira está passando por um processo de transição religiosa que é notório. Visível a olho nu.*

Considerado o trecho acima, no contexto em que está inserido, é apropriado afirmar:

(A) As incontestes desigualdades estruturais do Brasil impossibilitam leituras mais pontuais e consistentes acerca da vida dos brasileiros, principalmente no que se refere a seus hábitos religiosos.
(B) A inclusão de uma vírgula depois de *Não obstante* mantém a correção e a clareza da frase, visto que o emprego desse sinal de pontuação, nessa específica formulação, é facultativo.
(C) Em *a permanência ininterrupta da enorme desigualdade em tamanho e estatura das religiões no Brasil*, a substituição de *ininterrupta* por "intermitente" mantém o sentido original da frase.
(D) A expressão *nos dias que correm* expressa um fator condicionante.
(E) A locução verbal em que está presente o gerúndio indica uma ação durativa em tempo não marcado.

A: incorreta. Não se pode inferir do texto qualquer crítica a questões sociais e desigualdades estruturais; **B:** incorreta. Não há vírgula depois de conjunção; **C:** incorreta. "Intermitente" é antônimo de "ininterrupto", ou seja, remete a algo que apresenta pausas, interrupções, ao longo de seu curso; **D:** correta. A expressão destaca que o argumento vale somente para a condição posta, ou seja, é uma análise válida para os dias de hoje; **E:** incorreta. O momento está determinado pela expressão "nos dias que correm".

Gabarito "D".

(Analista Judiciário – TRT/11 – FCC – 2017) Considerada a norma-padrão da língua, a frase que se apresenta correta é:

(A) Sua averção a novidades da tecnologia poderá fazer com que ele pleitee uma transferência para outro setor, em que não precise ser tão desafiado por elas.
(B) Eles reouveram todos os documentos que haviam sido extraviados e espontaneamente ofereceram indenização ao rapaz que os achou e se empenhou em devolvê-los.
(C) Os mais jovens se abesteram de votar a favor da mudança de horário, em flagrante oposição ao coordenador da sessão que não conseguiu disfarçar sua decepção.
(D) Com tal quantidade de produtos perecível, ninguém entendeu o porquê de a carga ter sido despachada, em caminhões convencionais, sem refrigeração.
(E) As segunda-feiras, impreterivelmente, o encarregado envia ao grupo de analistas todo o material recebido, cabendo-lhes então, a tarefa de avaliar o quê deverá ser encaminhado ao conselho gestor.

A: incorreta. Grafa-se "aversão" e o verbo "pleitear" se conjuga, na terceira pessoa do singular do presente do subjuntivo, "pleiteie"; **B:** correta. A ortografia e as conjugações verbais respeitam integralmente a norma-padrão; **C:** incorreta. O verbo "abster" na terceira pessoa do plural do pretérito imperfeito do indicativo se conjuga "abstiveram"; **D:** incorreta. O adjetivo deveria estar no plural para concordar com "produtos" – "perecíveis"; **E:** incorreta. O plural de "segunda-feira" é "segundas-feiras". Além disso, ocorre crase em "Às segundas-feiras".

Gabarito "B".

O mundo e os refugiados

[...] Na discussão dos extremos no século 21 cabe um paralelismo com os do século 20. Lembro, assim, a análise de *Hannah Arendt* a respeito daqueles que na Europa pós-1ª Guerra Mundial se viram, por obra dos totalitarismos, expulsos da trindade Estado-povo-território, tornaram-se indesejáveis não documentados em quase todos os lugares e tidos como descartáveis – ponto de partida dos campos de refugiados, facilitadores dos campos de concentração.

Foi a reação diplomática a essas catástrofes que levou à "ideia a realizar", que está na origem da ONU, de institucionalizar uma comunidade internacional atenta aos direitos fundamentais e à dignidade do ser humano. Partiu-se conceitualmente do pressuposto *kantiano* de um direito à hospitalidade universal, lastreado na hipótese de que a violação do direito num ponto da Terra seria efetivamente sentida em todos os demais. É esta, a "ideia a realizar" de uma comunidade internacional tuteladora do direito à hospitalidade universal, que está hoje em questão de maneira dramática.

Na perspectiva do efeito destrutivo atual dos extremos, cabe sublinhar a trágica precariedade que assola a vida de pessoas nas regiões do que pode ser qualificado de o arco da crise. No Oriente Médio e em partes da África há Estados falidos (como o Iraque e a Líbia), Estados em estado pré-falimentar, conflitos e guerras civis que se prolongam com intervenções extrarregionais, como a que desagrega a Síria, a precariedade e artificialidade de fronteiras interestatais, que instigam conflitos étnicos e religiosos. Tudo isso, em conjunto, vem catalisando a existência dessa enorme população de excluídos do mundo comum, refugiados que fogem do arco da crise, sem encontrar destino e acolhida.

O número de pessoas que buscam asilo, estão internamente deslocadas nos seus países ou são refugiadas por obra de guerras e perseguições, se elevou de 59.6 milhões em 2014 para 65.3 milhões de pessoas no final de 2015. Isso significa que uma em cada 113 pessoas da população mundial está fora do mundo comum e não tem acesso ao direito à hospitalidade universal. Cerca de 51% de refugiados do mundo são crianças, muitas separadas dos pais e viajando sozinhas à procura de destino. A situação da Síria, a do Sudão do Sul, a do Iêmen, do Burundi, da República Centro-Africana são forças alimentadoras desse fluxo de pessoas de países de baixa renda que enfrentam essa dura realidade.

O limbo em que se encontram os excluídos do mundo comum, mais tenebroso que os círculos do inferno de Dante, é, na perspectiva de uma razão abrangente da humanidade, a mais grave tensão difusa que permeia a vida internacional.

(Celso Lafer, 17 Julho 2016. Disponível em: http://opiniao.estadao.com.br/noticias/geral,o-mundo-e-os-refugiados,10000063317. Acesso em: janeiro de 2017. Adaptado.)

(Analista Judiciário – TRF/2 – Consulplan – 2017) De acordo com a norma-padrão da língua portuguesa, quanto às estruturas linguísticas do período *"O número de pessoas que buscam asilo, estão internamente deslocadas nos seus países ou são refugiadas por obra de guerras e perse-*

guições, se elevou de 59.6 milhões em 2014 para 65.3 milhões de pessoas no final de 2015." (4º§), analise as afirmativas a seguir.

I. A forma do reflexivo *"se"* foi empregada para exprimir a reciprocidade da ação, indicando que tal ação é mútua entre mais de dois indivíduos.
II. A expressão *"estão deslocadas"* é uma referência ao termo *"número"* cujo sentido coletivo permite que a concordância seja estabelecida no plural.
III. Ao verbo *"buscar"*, no trecho destacado, faculta-se a variação quanto ao número – singular ou plural – de acordo com a concordância estabelecida.

Está(ão) correta(s) apenas a(s) afirmativa(s)

(A) I.
(B) III.
(C) I e II.
(D) II e III.

I: incorreta. A partícula "se" atua como pronome reflexivo, porque se refere ao próprio "número de pessoas que buscam asilo (,,,)", sujeito do verbo "elevar", mas não é recíproco, já que a ação de "elevar" não é mútua. Exemplo de pronome reflexivo recíproco ocorre em: "eles se abraçaram"; II: incorreta. A expressão destacada se refere a "pessoas"; III: correta. É aceita a concordância por atração, com "pessoas", o termo mais próximo, ou a concordância tradicional com a palavra determinante – "número", que imporia o verbo no singular.

Gabarito "B".

(Analista Judiciário – TRE/SP – FCC – 2017) As *marcas da amizade não desaparecem com a ausência do amigo.*

Ao reescrever a frase acima iniciando-se com *A ausência do amigo,* estará correta a seguinte complementação:

(A) não implica desaparecer as marcas da amizade.
(B) não faz desaparecerem as marcas de amizade.
(C) impede a que as marcas da amizade cheguem a desaparecer.
(D) não fazem as marcas da amizade desaparecerem.
(E) impossibilita de que venham a desaparecer as marcas da amizade.

A: incorreta, porque o verbo "desaparecer" deveria estar no plural para concordar com "marcas"; **B:** correta. As expressões são sinônimas e o padrão culto da língua foi respeitado; **C:** incorreta. O verbo "impedir" não rege a preposição "a" e, além disso, falta clareza na construção pelo excesso de palavras; **D:** incorreta. O verbo "fazer" deveria estar no singular para concordar com "ausência"; **E:** incorreta. Houve alteração de sentido da oração com o uso do verbo "impossibilitar".

Gabarito "B".

Texto CG1A1AAA

1   No quadro da democracia liberal, cidadania
    corresponde ao conjunto das liberdades individuais — os
    chamados direitos civis de locomoção, pensamento e
4   expressão, integridade física, associação etc. O advento da
    democracia social acrescentou, àqueles direitos do indivíduo,
    os direitos trabalhistas ou direitos a prestações de natureza
7   social reclamadas ao Estado (educação, saúde, seguridade e
    previdência). Em ambos os casos, o cidadão é titular de direitos
    e liberdades em relação ao Estado e a outros particulares —
10 mas permanece situado fora do campo estatal, não assumindo
    qualquer titularidade quanto a funções públicas. Preserva-se,
    assim, a perspectiva do constitucionalismo clássico: direitos do
13 homem e do cidadão são exercidos frente ao Estado, mas não
    dentro do aparelho estatal.
    Na teoria constitucional moderna, cidadão é o
16 indivíduo que tem um vínculo jurídico com o Estado, sendo
    portador de direitos e deveres fixados por determinada
    estrutura legal (Constituição, leis), que lhe confere, ainda, a
19 nacionalidade. Cidadãos, em tese, são livres e iguais perante a
    lei, porém súditos do Estado.
    Como lembra Marilena Chaui, a cidadania se define
22 pelos princípios da democracia, significando necessariamente
    conquista e consolidação social e política. A cidadania requer
    instituições, mediações e comportamentos próprios,
25 constituindo-se na criação de espaços sociais de lutas
    (movimentos sociais, sindicais e populares) e na definição de
    instituições permanentes para a expressão política, como
28 partidos, legislação e órgãos do poder público. Distingue-se,
    portanto, a cidadania passiva, aquela que é outorgada pelo
    Estado, com a ideia moral do favor e da tutela, da cidadania
31 ativa, aquela que institui o cidadão como portador de direitos
    e deveres, mas essencialmente criador de direitos para abrir
    novos espaços de participação política.

Maria Victoria de Mesquita Benevides. **Cidadania e democracia.** Internet: <www.scielo.br> (com adaptações).

(Analista Judiciário – TRE/PE – CESPE – 2017) No texto CG1A1AAA, a expressão "os direitos trabalhistas" (l. 6)

(A) restringe a referência da expressão "direitos do indivíduo" (l. 5).

(B) exerce a função de sujeito da forma verbal "acrescentou" (l. 5).

(C) exemplifica os "direitos do indivíduo" (l. 5).

(D) exerce a função de aposto.

(E) exerce a função de complemento direto da forma verbal "acrescentou" (l. 5).

A: incorreta. Ao contrário, a expressão amplia o sentido da outra, aumentando o rol de direitos protegidos; **B:** incorreta. Ela é objeto direto do verbo "acrescentou"; **C:** incorreta. Não se trata de exemplificação, mas de ampliação de significado; **D:** incorreta, conforme comentário à alternativa "B"; **E:** correta. Objeto direto ou complemento direto são expressões sinônimas, que identificam o complemento não preposicionado do verbo.

Gabarito: "E".

2. INFORMÁTICA

Helder Satin

1. HARDWARE

(Analista Judiciário – TJ/MT – UFMT – 2016) A principal vantagem do padrão USB 3.0 em relação aos padrões anteriores de portas USB é:

(A) Possibilidade de conectarem-se, sem a necessidade de adaptadores, num único tipo de porta, dispositivos USB e HDMI.
(B) Remoção da compatibilidade com os dispositivos USB 2.0, o que elimina as restrições do padrão 3.0.
(C) Aumento da taxa de transferência de dados entre dispositivos que utilizam o padrão 3.0.
(D) Redução da quantidade de fios utilizados para conectar dois dispositivos, o que torna o cabo de diâmetro mais reduzido.

A: Errada, a interface HDMI é usada para transmissão de imagens em alta resolução, enquanto o USB é uma interface de troca de dados. **B:** Errada, dispositivos USB 3.0 são compatíveis com interfaces do tipo 2.0, apenas não se beneficiando de suas melhorias. **C:** Correta, as interfaces USB 3.0 possuem taxas de transferência de dados superiores à sua antecessora, chegando a até 5Gbps contra 480Mbps do USB 2.0. **D:** Errada, ambas as versões desta tecnologia permitem conectar dispositivos através de um único cabo.
Gabarito "C".

(Analista – TRE/SP – 2012 – FCC) Em relação a *hardware* e *software*, é correto afirmar:

(A) Para que um *software* aplicativo esteja pronto para execução no computador, ele deve estar carregado na memória *flash*.
(B) O fator determinante de diferenciação entre um processador sem memória *cache* e outro com esse recurso reside na velocidade de acesso à memória RAM.
(C) Processar e controlar as instruções executadas no computador é tarefa típica da unidade de aritmética e lógica.
(D) O *pendrive* é um dispositivo de armazenamento removível, dotado de memória *flash* e conector USB, que pode ser conectado em vários equipamentos eletrônicos.
(E) Dispositivos de alta velocidade, tais como discos rígidos e placas de vídeo, conectam-se diretamente ao processador.

A: Errada, memória Flash é um tipo de memória de armazenamento, o aplicativo pode estar no disco rígido ou em alguma outra mídia. **B:** Correta, a memória cache é uma memória de alta velocidade, fazendo o intermédio entre o processador e a memória principal, transferindo mais rapidamente dados ao processador que a memória RAM. **C:** Errada, esta é uma tarefa típica dos registradores, a unidade de aritmética e lógica é um dos componentes da Unidade Central de Processamento (CPU) responsável pelas operações lógicas e aritméticas; **D:** Correta, a afirmativa descreve corretamente o funcionamento de um *pendrive*. **E:** Errada, todos os dispositivos do computador são conectados à placa-mãe, e não ao processador.
Gabarito "B e D".

(Analista – TRE/SP – 2012 – FCC) João possui uma pasta em seu computador com um conjunto de arquivos que totalizam 4GB. A mídia de *backup* adequada, dentre outras, para receber uma cópia da pasta é

(A) DVD-RW.
(B) CD-R.
(C) Disquete de 3 e 1/2 polegadas de alta densidade.
(D) Memória CACHE.
(E) Memória RAM.

A: Correta, os DVD-RWs possuem em geral 4.7GB de espaço para armazenamento. **B:** Errada, os CD-Rs possuem apenas 0,7GB de espaço de armazenamento. **C:** Errada, os disquetes possuem espaço extremamente menores que 4 *Gigabytes*. **D:** Errada, a memória *cache* é usada pelo processador durante a realização de suas tarefas. **E:** Errada, a memória RAM é usada apenas durante o uso do computador, ela guarda informações voláteis.
Gabarito "A".

(Analista – TJAM – 2013 – FGV) A figura a seguir ilustra um equipamento especificado como Impressora multifuncional Epson Wireless 4532.

Tendo por foco a especificação desse equipamento, pode-se concluir que

(A) imprime com velocidades de até 4532 bps.
(B) gera listagens impressas a laser.
(C) suporta comunicação sem fios.
(D) possui capacidade de armazenamento de 4532 GB.
(E) é conectada a um microcomputador por meio da interface PCI-Express.

A: Errada, não há referência à velocidade de impressão no nome desta impressora. **B:** Errada, não há nenhuma referência ao modo de impressão no nome desta impressora. **C:** Correta, a palavra Wireless contida no nome da impressora indica que ela pode se conectar a redes sem fio. **D:** Errada, não há referência à capacidade de armazenamento no nome da impressora. **E:** Errada, interfaces PCI-Express são usadas para placas de vídeo, em geral.
Gabarito "C".

2. MICROSOFT OFFICE
2.1. Excel (planilha eletrônica)

(Analista Judiciário – TRT/24 – FCC – 2017) A planilha abaixo, criada no Microsoft Excel 2007, em português, mostra hipoteticamente os encargos trabalhistas sobre o salário de um funcionário de uma empresa optante pelo Simples Nacional.

	A	B	C
1	Encargos Sociais	(%)	(%)
2	13º Salário		8,33%
3	Férias		11,11%
4	INSS	20,00%	
5	SAT até	3,00%	
6	Salário Educação	2,50%	
7	INCRA/SENAI/SESI/SEBRAE	3,30%	
8	FGTS (a partir de 01.01.2007)	8,00%	
9	FGTS/Provisão de Multa para Rescisão	4,00%	
10	Total Previdenciário		40,80%
11	Previdenciário sobre 13º / Férias / DSR		7,93%
12	Total		68,17%
13			
14	Funcionário	João Pedro	
15	Salário	2100,00	
16	Encargos	1431,57	

Na célula C12 foram somados os valores percentuais de C2 a C11 e na célula B16 foram calculados os encargos com base no percentual contido na célula C12 sobre o salário contido na célula B15. As fórmulas digitadas nas células C12 e B16 são, respectivamente,

(A) =SOMA(C2:C11) e=B15*C12/100
(B) =SOMA(C2;C11) e=MULTIPLICA(B15;C12)
(C) = CALCULAR(SOMA(C2:C11)) e=CALCULAR(B15*C12)
(D) =SOMA(C2:C11) e=MULTIPLICA(B15*C12)
(E) =SOMA(C2:C11) e=B15*C12

Para calcular a soma dos valores do intervalo de C2 a C11 podemos utilizar a fórmula =SOMA(C2:C11) onde o símbolo de dois pontos indica todo o intervalo entre as células informadas. Para o cálculo da célula B16, devemos aplicar o percentual obtido sobre o valor do salário (localizado em B15), para isso basta multiplicar ambos os valores, o que pode ser feito através da equação =B15*C12. Portanto, apenas a alternativa E está correta.
Gabarito "E".

(Analista Judiciário – TRT/11 – FCC – 2017) Considere a planilha abaixo, digitada no Microsoft Excel 2010 em português, ou no LibreOffice Calc versão 5, em português. Os dados da planilha são, hipoteticamente, de despesas com diárias pagas a magistrados, em Outubro de 2016.

	A	B	C
1	Favorecido	Mauro da Silva	André Alves
2	CPF	469.725.804-03	430.882.465-70
3	Cargo	Desembargador	Juiz
4	Origem	Manaus	Manaus
5	Destino	Brasília	Brasília
6	Data Partida	19/10/2016	19/10/2016
7	Data retorno	23/10/2016	22/10/2016
8	Motivo	Seminário	Seminário
9	Meio de Transporte	Avião	Avião
10	Processo	79/2016	780/2016
11	Portaria	794/2016/SGP	797/2016/SGP
12	Número de diárias	3,5	2
13	Valor por diária	R$ 321,00	R$ 250,00
14	**Despesas totais**		
15	R$ 1.623,50		

Na célula A15, deseja-se calcular as despesas totais geradas pelos dois favorecidos das colunas B e C. A fórmula que deverá ser digitada nessa célula é:

(A) =[B12*B13]+[C12*C13]
(B) =B13+C12
(C) =(B12^B13)+(C12^C13)
(D) =(B12+C12)*(B13+C13)
(E) =B12*B13+C12*C13

Para realizar o cálculo das despesas totais dos dois favorecidos é necessário multiplicar o valor da diária de cada um (células B13 e C13) pelo número de diárias (células B12 e C12) e após isso somar ambos os resultados. Lembrando que o Excel respeita a ordem matemática de realização de operações. Assim o resultado pode ser alcançado através da fórmula =B12*B13+C12*C13, portanto, apenas a alternativa E está correta.
Gabarito "E".

(Analista Judiciário – TRE/SP – FCC – 2017) Considere a planilha abaixo, digitada no LibreOffice Calc versão 5.1.5.2 em português.

	A	B	C
1	Candidato	Percentual (%)	Número de votos
2	A	53,29	3085187
3	B	16,70	967190
4	C	13,64	789986
5	D	10,14	587220
6	E	3,18	184000
7	F	2,02	116870
8	G	0,45	25993
9	H	0,37	21705
10	I	0,10	6006
11	J	0,08	4715
12	K	0,02	1019
13	Total	100,00	5789891

A planilha mostra o resultado das eleições em uma cidade, onde o total de votos aparece na célula C13. Os valores que aparecem nas células da coluna B são resultado de cálculos que utilizam os valores da coluna C para obter o percentual de votos de cada candidato. Na célula B2 foi digitada uma fórmula que depois foi arrastada até a célula B13, realizando automaticamente todos os cálculos dessa coluna. A fórmula digitada foi

(A) =(C2*100)/C13
(B) =PERCENT(C2;C13)
(C) =(C2*100)/C$13
(D) =PERCENTUAL(C2;C13)
(E) =VP(C2;C13)

Para se calcular o percentual de votos de cada candidato, considerando uma operação matemática de regra de três simples, é necessário multiplicar o número de votos de cada candidato por 100 e dividir o resultado pelo total de votos. Como iremos utilizar a alça de preenchimento, é importante realizar uma referência absoluta à célula que contém o total de votos, neste caso C13, utilizando o símbolo $ antes do número de célula, logo, a fórmula a ser usada em B2 e usada para preencher as outras deveria ser =(C2*/100)/C$13, portanto, apenas a alternativa C está correta.
Gabarito "C".

(Analista Judiciário – TJ/MT – UFMT – 2016) A figura abaixo apresenta um grupo de células de uma planilha eletrônica do LibreOffice Calc versão 4.4.3. Com base na figura, marque V para as afirmativas verdadeiras e F para as falsas.

	A	B	C
1	1	5	9
2	3	7	16
3	5	9	35

( ) Na célula C1 inseriu-se a fórmula =2*B1 -A1
( ) Na célula C2 inseriu-se a fórmula = B2 -A1 + 2*A2
( ) Na célula C3 inseriu-se a fórmula =A3 * MÉDIA(A1:B3)

Assinale a sequência correta
(A) V, F, F
(B) V, V, F
(C) F, V, V
(D) F, F, V

(I) a fórmula =2*B1-A1 equivale a =2*5-1 que resulta em 9; (I) a fórmula =B2-A1+2*A2 equivale a =7-1+2*3 que resulta em 12; (III) a fórmula =A3+MÉDIA(A1:B3) equivale a =5+((1+2+5+5+7+9)/6) que resulta em 10. Portanto, a forma correta de preencher as lacunas é V, F, F, assim, apenas a alternativa A está correta.
Gabarito "A".

(Analista Judiciário – TRT/20 – FCC – 2016) Considere a planilha abaixo editada no Microsoft Excel 2007 em português.

	A	B
1	Percentual gasto com Recursos Humanos por tipo de Justiça	
2	Poder Judiciário	89,50%
3	Tribunais Superiores	83,80%
4	Justiça Eleitoral	84,10%
5	Justiça Militar Estadual	87,80%
6	Justiça Estadual	89,00%
7	Justiça Federal	89,80%
8	Justiça do Trabalho	93,50%
9		
10	Maior percentual	93,50%
11	Menor percentual	83,80%
12	Média dos percentuais	88,21%

(Disponível em: http://www.cnj.jus.br/programas-e-acoes/pj--justica-em-numeros)

Para a apresentação dos valores das células B10, B11 e B12 foram digitadas, correta e respectivamente, as fórmulas:

(A) =MAIOR(B2:B8) = MENOR(B2:B8) = MÉDIA(B2:B8)
(B) =MAIOR(B2:B8;1) = MENOR(B2:B8;1) = MÉDIA(B2:B8)
(C) =MAIOR(B2:B8;0) = MENOR(B2:B8;0) = ED(B2:B8; 7)
(D) =MAIORVAL(B2:B8) = MENORVAL(B2:B8) = MÉDIAVAL(B2:B8
(E) =MÁXIMO(B2:B8;1) = MÍNIMO(B2:B8;1) = MED(B2:B8)

A fórmula que permite encontrar o maior número em um conjunto de células é a função =MAIOR() que recebe um parâmetro com o conjunto de células e outro, separado por ponto e vírgula, indicando qual a posição maior número a ser retornado, logo, o correto neste caso seria =MAIOR(B2:B8;1), onde B2:B8 indica o intervalo de células entre B2 e B8 e 1 indica o primeiro maior número do conjunto. A mesma sintaxe se aplica a função =MENOR() para obtenção do menor número, logo, o correto seria =MENOR(B2:B8;1). Por fim o cálculo da média é feito pela função =MÉDIA() que também recebe o mesmo intervalo de células, neste caso =MÉDIA(B2:B8). Portanto apenas a alternativa B está correta.
Gabarito "B".

	A	B	C
1	Aluno	Nota	
2	Bernardo	84	
3	Giovana	82	
4	Hugo	81	
5	João	82	
6	José	72	
7	Maria	86	
8	Patrícia	80	
9	MÉDIA	81	

(Analista Judiciário – TRE/PI – CESPE – 2016) Considerando que a figura acima mostra parte de uma planilha em processo de edição no Excel, na qual estão contidas notas de sete alunos, assinale a opção que apresenta a fórmula correta para se calcular a média dessas notas, apresentada na célula B9 da planilha.

(A) =MÉDIA(B2:B8)
(B) =MÉDIA(B23B8)
(C) =MÉDIA(B2,B8)
(D) =MÉDIA(B2;B8)
(E) =MÉDIA(3B2:3B8)

A função que permite realizar o cálculo da média de valores no Excel é =MÉDIA() que pode receber intervalos ou conjuntos de células. Neste caso, como são células adjacentes, podemos utilizar o símbolo de dois pontos para indicar o intervalo de B2 até B8, logo, a fórmula correta seria =MÉDIA(B2:B8), portanto, apenas a alternativa A está correta.
Gabarito "A".

(Analista – TRT/16ª – 2014 – FCC) Luiza trabalha no Tribunal Regional do Trabalho da 16ª Região do estado do Maranhão e recebeu uma planilha criada no Microsoft Excel 2010 em português, com apenas os nomes e os cargos dos magistrados que compõem o Tribunal, dados também presentes no site da instituição. A tarefa de Luiza é, a partir desta planilha, criar mais 2 colunas, uma com o primeiro nome dos magistrados e a outra com seu último sobrenome.

	A	B	C	D
1	Nome completo	Cargo	Primeiro Nome	Sobrenome
2	Luiz Cosmo da Silva Júnior	Presidente	Luiz	Júnior
3	James Magno Araújo Farias	Vice-Presidente	James	Farias
4	Américo Bedê Freire	Desembargador	Américo	Freire
5	José Evandro de Souza	Desembargador	José	Souza
6	Gerson de Oliveira Costa Filho	Desembargador	Gerson	Filho
7	Márcia Andrea Farias da Silva	Desembargadora	Márcia	Silva

Para exibir o primeiro nome dos magistrados, Luiza digitou na célula C2 uma fórmula que obteve e exibiu apenas a primeira parte do nome contido na célula A2, neste caso, "Luiz". Em seguida Luiza arrastou a fórmula para as células abaixo, obtendo o primeiro nome de todos os demais membros do Tribunal. A fórmula correta digitada por Luiza na célula C2 foi

(A) =SEERRO(DIREITA(A2;PROCURAR("-";A2)-1);A2)
(B) =PROCURAR(ESQUERDA(A2,1);A2)
(C) =SEERRO(ESQUERDA(A2;PROCURAR(" ";A2)-1);A2)
(D) =SEERRO(LEFT(A2;PROCURAR(A2)-1);A2)
(E) =SEERRO(ESQUERDA(A2;PROCURAR(" ";A2)+1);A2)

Para obter o primeiro nome de cada magistrado é necessário extrair os primeiros caracteres em cada uma das células da coluna A até o primeiro espaço em branco. Para isso, podemos usar a função PROCURAR, que retorna a posição inicial de uma sequência de caracteres dentro de outra. Neste caso queremos encontrar um espaço vazio dentro da célula que contém os nomes. Portanto, a função deverá ser escrita como PROCURAR(" ";A2), onde o primeiro parâmetro é o caractere procurado e o segundo se refere ao local onde ele deve ser procurado. Além disso, podemos usar a função ESQUERDA para obter uma sequência de caracteres a partir do primeiro caractere a esquerda até a posição onde se encontra o espaço vazio encontrado pela função anterior de modo que obtemos ESQUERDA(A2;PROCURAR(" ";A2)-1). Note que é necessário subtrair um da posição onde se encontra o espaço vazio para que ele não seja incluído na célula que armazenará o resultado final. A função SEERRO tem como objetivo estabelecer um valor alternativo pré-definido caso haja algum erro resultante das outras funções. Se uma das células da coluna A contiver apenas o primeiro nome (sem espaços vazios), a função PROCURAR retornaria um erro. Utilizando a expressão =SEERRO(ESQUERDA(A2;PROCURAR(" ";A2)-1);A2), quando a função PROCURAR não for bem sucedida (não encontrar o caractere espaço), o resultado final será o valor presente na célula A2. Note que o separador usado nos parâmetros das funções é o ponto e vírgula. Além disso, como a versão do MS Excel está em português os nomes das funções também aparecem na mesma língua. Portanto, apenas a alternativa C está correta.

Gabarito "C".

(Analista – TRT/1ª – 2012 – FCC) Considere que a planilha abaixo foi criada por Paulo utilizando-se o *Microsoft Excel 2010* em português.

	A	B	C	D	E
1		Planilha de contagem do inventário físico			
2					
3	Número da planilha:	00001		Data:	10/11/2012
4	Executado por:	Paulo da Silva		Dep.:	Compras
5					
6	Nº do Inventário	Descrição do Item		Preço de compra	Quantidade	Total
7	001/2012	Cadeira executiva para escritório	R$ 539,56	200	R$ 107.912,00
8	001/2013	Mesa para escritório em L - linha executiva	R$ 1.580,00	156	R$ 246.480,00
9	001/2014	Impressora LaserJet Pro 400	R$ 1.017,00	20	R$ 20.340,00
10	001/2015	Computador com processador Intel Atom	R$ 2.230,78	78	R$ 174.000,84

As células da planilha, por padrão, são configuradas com formato Geral, o que significa que não é definido um formato de número específico para elas. Nessas condições, ao se digitar o valor 00001 na célula B3, esse valor seria modificado automaticamente para 1. Porém, como pode-se notar, o valor visível nessa célula é 00001. Para que os zeros à esquerda não desaparecessem, foi digitado **I** nessa célula ▪▪▪▪▪.

Note que o título da planilha, na célula A1, está centralizado e estendido por 5 colunas. Isso foi conseguido por meio da utilização da ferramenta **II** ▪▪▪▪▪.

A fórmula presente na célula E7, que foi arrastada para as células E8, E9 e E10 de forma que os cálculos foram feitos automaticamente, é **III** ▪▪▪▪▪.

As lacunas **I**, **II** e **III** deverão ser preenchidas, correta e respectivamente, por

	I	II	III
A	'00001'	Mesclar e Centralizar	=C7*D7
B	CHAR(00001)	Mesclar Células	=C7*D7
C	String(00001)	Mesclar Células	=C$7*D$7
D	"00001"	Agrupar Células	=C7*D7
E	'00001	Mesclar e Centralizar	=C7*D7

Adicionar uma apóstrofe antes de um número faz com que este seja considerado texto, a função Mesclar e Centralizar permite que várias células sejam mescladas e seu conteúdo centralizado entre elas e o cálculo usado multiplica as colunas C e D, logo a fórmula deve ser =C7*D7. Portanto apenas a alternativa E está correta.
Gabarito "E".

(Analista – TRT/10ª – 2013 – CESPE) Com base na figura acima, que ilustra uma planilha em edição no Excel, a partir da qual foi gerado o gráfico mostrado, julgue os itens que se seguem.

(1) O gráfico em questão pode ser colado em um relatório editado no Writer do BrOffice sem que haja perda de dados.

(2) É possível calcular a média aritmética dos valores contidos nas células B2, B3, B4 e B5 a partir da fórmula =ΣMédia(B2:B5).

(3) Ao se aplicar duplo clique no gráfico, selecionar o menu Dados de Origem e clicar a opção Linhas, nessa ordem, alterar-se-á o estilo do gráfico, que se tornará um gráfico de linha.

(4) Depois de se salvar a planilha juntamente com o gráfico, será impossível abrir o arquivo no aplicativo Calc do BrOffice sem que haja perda de dados.

(5) De acordo com os dados mostrados na figura, é correto afirmar que 30% dos processos pertencem à zona 002.

1: Correta, o gráfico pode ser transportado entre os programas sem perda de dados. **2:** Errada, para o cálculo da média basta utilizar a fórmula =MÉDIA(B2:B5). **3:** Errada, para alterar o estilo do gráfico é necessário selecionar a área do gráfico, clicar no menu Gráficos e na opção Tipo de Gráfico. **4:** Errada, o Calc tem a capacidade de abrir arquivos do tipo xls. **5:** Correta, como pode ser comprovado pelos valores das células A3 e B3, a Zona 002 possui 30% dos processos.
Gabarito "1C, 2E, 3E, 4E, 5C".

(Analista Judiciário – TRE/PA – 2020 – IBFC) Sobre o Microsoft Office Excel 2013, idioma português, configuração padrão e suas respectivas funções, analise as afirmativas abaixo e dê valores Verdadeiro (V) ou Falso (F):

( ) Função MÉDIASE: retorna a soma (aritmética) de todas as células em um intervalo que satisfazem um determinado critério.
( ) Função BASE: converte um número em uma representação de texto com a base determinada.
( ) Função CONVERTER: retorna o coeficiente de correlação entre dois conjuntos de dados.
( ) Função BAHTTEXT: converte um número em texto, usando o formato de moeda ß (baht).

Assinale a alternativa que apresenta a sequência correta de cima para baixo.
(A) F, F, V, V
(B) F, V, V, V
(C) V, V, F, F
(D) F, V, F, V

A função MÉDIASE retorna a média, e não a soma, das células em um intervalo que satisfaz a um ou mais critérios definidos; a função BASE está descrita corretamente; a função CONVERTER é usada para converter um número de um sistema de medidas para outro; a função BAHTTEXT está descrita corretamente; logo a primeira e terceira afirmativas são falsas, portanto, a ordem de preenchimento correta é F, V, F, V e assim a alternativa D está correta.
Gabarito "D".

(Analista – TJ/ES – 2023 – CEBRASPE) Em relação a edição de textos e de planilhas no Microsoft Office 365, julgue os itens a seguir.

(1) Se, na planilha a seguir, desenvolvida no Excel, for digitada a fórmula =CONT.VALORES(B3:E6) na célula B8, o resultado apresentado nessa célula será 12.

	A	B	C	D	E
1	Quantidade de processos por Cidade				
2	Nome	1bim	2bim	3bim	4bim
3	Serra		15		22
4	Vila Velha	40		20	74
5	Cariacica	0	17	0	12
6	Vitória	NI	50	NI	
7	Legenda:	NI - Não Informado			
8					

(2) Considere-se que certo usuário do Microsoft Office 365 queira configurar, em um documento de texto desenvolvido no Word, duas colunas no topo e uma coluna na parte inferior da mesma página do documento, como apresentado na figura a seguir.

Nesse caso, será necessário separar a página por meio do comando Quebra de Seção (Página Ímpar) ou Quebra de Seção (Página Par) e, logo após, inserir o número de colunas que se deseja em cada parte da página.

1: Correta, a fórmula =CONT.VALORES(B3:E6) no Microsoft Excel tem o objetivo de contar o número de células que contêm valores dentro de um intervalo especificado. No caso dessa fórmula, o intervalo é definido como as células da faixa B3 até E6, logo, há valores digitados em 12 células deste intervalo. **2:** Errada, para obter a configuração desejada deve-se inserir uma Quebra de Seção do tipo Contínuo, que faz com que a nova seção seja iniciada na mesma página e possa ser inserida a formatação desejada.

Gabarito 1C, 2E

2.2. Word (editor de texto)

(Analista – TRT2 – FCC – 2018) Um Analista selecionou o título de um texto digitado no Microsoft Word 2013, em português, e pressionou simultaneamente a combinação de teclas Ctrl + Shift + C. Em seguida, selecionou um fragmento do texto em outro local da página e pressionou simultaneamente a combinação de teclas Ctrl + Shift + V. Estas ações do Analista

(A) substituíram o fragmento de texto pelo título.
(B) colocaram o título centralizado e o fragmento de texto justificado na página.
(C) copiaram somente a formatação do título para o fragmento de texto.
(D) colocaram o título em negrito e o fragmento do texto sublinhado.
(E) incluíram o título no sumário do documento e o associaram ao fragmento de texto.

A: incorreta. Os atalhos mencionados acionam uma ferramenta que aplica formatações ao texto, não removendo ou substituindo-o por outro; **B:** incorreta. Para isso deveria ser utilizado os atalhos Ctrl + E para centralizar o texto e Ctrl + J para aplicar o alinhamento justificado; **C:** correta. Os atalhos mencionados acionam a função Pincel de Formatação, que copia a formatação de um trecho de texto e a aplica a outro trecho; **D:** incorreta. Para colocar o título em negrito deveria ser utilizado o atalho Ctrl + N e para aplicar o efeito sublinhado o atalho Ctrl + S; **E:** incorreta. As teclas mencionadas ativam a função Pincel de formatação que copia formatações de um trecho de texto para outro.

Gabarito "C".

(Analista – TRT/16ª – 2014 – FCC) Ana possui instalado em seu *notebook* de trabalho o Microsoft Office Professional Plus 2010, em português, na sua configuração padrão. Foi solicitada por seu chefe a escrever a ata de uma reunião com início em cinco minutos. Como não se recordava do formato adequado de uma ata de reunião formal, lembrou-se que o aplicativo Word possui um conjunto de modelos de documentos que inclui currículos, atas, convites, formulários etc. Para abrir um destes modelos de ata, Ana entrou no Microsoft Word, clicou

(A) na guia Inserir, selecionou a opção Modelos de Documentos na divisão Modelos, clicou na opção Atas para abrir a pasta com os modelos de atas, selecionou o modelo de ata de sua preferência e clicou no botão Baixar.
(B) na guia Página Inicial, selecionou Modelos do Office. com na divisão Estilo, clicou na opção Modelos Formais, clicou na opção Atas de Reunião, selecionou o modelo de ata de sua preferência e clicou em Abrir.
(C) na opção Modelos de Documentos da guia Inserir, selecionou a opção Atas na divisão Modelos do Office.com, abriu a pasta com os modelos de atas, selecionou o modelo de ata de sua preferência e clicou em Abrir.
(D) no menu Arquivo, em seguida, na opção Abrir, selecionou a opção Atas na divisão Modelos do Office.com, abriu a pasta com os modelos de atas, selecionou o modelo de ata de sua preferência e clicou na opção Abrir.
(E) no menu Arquivo, em seguida, na opção Novo, selecionou a opção Atas na divisão Modelos do Office. com, abriu a pasta com os modelos de atas, selecionou o modelo de ata de sua preferência e clicou em Baixar.

A inserção de modelos do MS Word 2010, e versões posteriores, pode ser feita ao clicar no menu Arquivo (atalho de teclado Alt + A) e então selecionar a opção Novo para gerar um novo documento. Será então exibida a tela de Modelos Disponíveis, divida em 'Página Inicial' e 'Modelos do Office.com'. Existem diversas opções de documentos pré-formatados, entre elas o modelo de Ata. Portanto, apenas a alternativa E está correta.

Gabarito "E".

(Analista – TRE/PR – 2012 – FCC) Com a utilização do editor *Microsoft Word* é possível proteger arquivos com senhas, definindo a permissão de acesso ao arquivo, para modificação ou somente leitura. Para proteger um arquivo no *Word*, em sua versão 2010, é possível entrar no menu

(A) Editar, clicar em Segurança e em seguida Proteger Arquivo.
(B) Editar, clicar em Exportar e selecionar a caixa de checagem de Exportar com Senha.

(C) Arquivo, clicar em Informações e em seguida Proteger Documento e definir o modo de proteção do arquivo.
(D) Formatar, clicar em Propriedades e em seguida escolher Proteção.
(E) Inserir, e clicar em Senha de Proteção.

No MS Word 2010, e versões posteriores, as opções de proteção podem ser acessadas através do menu Arquivo, opção Informações e então escolher Proteger Documento; são então apresentadas várias opções de proteção, entre elas esta adição de uma senha para o arquivo, portanto apenas a alternativa C está correta.
Gabarito "C".

(Analista – TRE/SP – 2012 – FCC) Muitas vezes o alinhamento justificado de parágrafos no *Microsoft Word* deixa grandes espaços entre as palavras, numa mesma linha ou em várias linhas do texto, que podem, além de comprometer a estética do texto, dificultar a leitura. Uma solução para esse problema, no *Microsoft Word 2010*, é habilitar a hifenização automática do texto. Isso pode ser feito por meio da opção Hifenização da guia

(A) *Layout* da Página.
(B) Inserir.
(C) Página Inicial.
(D) Exibição.
(E) Parágrafo.

As opções referentes à hifenização, no MS Word 2010 e versões posteriores, encontram-se na aba *Layout* de Página, no grupo Configurar Página através do item Hifenização, portanto apenas a alternativa A está correta.
Gabarito "A".

(Analista – TRT/11ª – 2012 – FCC) Ao dar um duplo clique no botão esquerdo do *mouse*, quando o cursor do *mouse* estiver apontando para a direita e posicionado na margem esquerda do texto de um documento no *Word 2010*, será

(A) posicionado o cursor de texto no início da linha.
(B) selecionado todo o texto do documento.
(C) selecionada a primeira palavra da linha.
(D) selecionado todo o parágrafo.
(E) selecionada toda a linha.

Quando o ponteiro do mouse está apontando para a direita (posição inversa da normal) e posicionado antes do parágrafo, um clique duplo irá selecionar todo o parágrafo, portanto apenas a letra D está correta.
Gabarito "D".

(Analista – TJAM – 2013 – FGV) O MS Word 20100 BR para Windows oferece diversos recursos para a correção do texto digitado. Dentre esses recursos, o atalho de teclado Shift + F3 deve ser utilizado com a finalidade de

(A) alterar o texto de minúsculo para maiúsculo e vice-versa.
(B) alterar o texto de subscrito para sobrescrito e vice-versa.
(C) alterar o texto configurado em uma coluna para duas colunas e vice-versa.
(D) alterar o texto com determinado espaçamento vertical em outro e vice-versa.
(E) alterar o texto com fonte de determina do tamanho para outro maior e vice-versa.

Dentro do MS Word 2010, e versões posteriores, o atalho Shift + F3 alterna um texto de minúsculo para maiúsculo e vice-versa, portanto apenas a alternativa A está correta.
Gabarito "A".

(Analista Judiciário – TRE/PE – CESPE – 2017) Com referência aos ícones da interface de edição do MS Word disponíveis na guia Página Inicial, assinale a opção que apresenta, na respectiva ordem, os ícones que devem ser acionados para se realizarem as seguintes ações: aumentar em um ponto o tamanho da fonte; ativar estrutura de tópicos; alinhar texto à direita; alterar o espaçamento entre linhas de texto.

(A) [ícones]
(B) [ícones]
(C) [ícones]
(D) [ícones]
(E) [ícones]

A: Correta, os ícones representam, nesta ordem, as funções Aumentar Fonte, Marcadores, Alinhas Texto à Direita e Espaçamento de Linha e Parágrafo. B: Errada, nesta alternativa temos as funções Tamanho da Fonte, Aumentar Recuo, Justificar e Espaçamento de Linha e Parágrafo. C: Errada, nesta alternativa temos as funções Tamanho da Fonte, Aumentar Recuo, Marcadores, Subscrito e Sobrescrito. D: Errada, nesta alternativa temos as funções Classificar, Lista de Vários Níveis, Subscrito, Sobrescrito e Justificar. E: Errada, nesta alternativa temos as funções: Maiúsculas e Minúsculas, Alinhar Texto à Esquerda, Aumentar Recuo e Tamanho da Fonte.
Gabarito "A".

(Analista Judiciário – TRE/PA – 2020 – IBFC) No Microsoft Office Word 2013, idioma português, configuração padrão, existe a funcionalidade Folha de Rosto. Nesse contexto, assinale a alternativa correta que corresponda em qual Guia encontra-se disponível tal funcionalidade.

(A) Formatação
(B) Padrões
(C) Inserir
(D) Apresentação

A Folha de Rosto consiste em uma primeira página usada para dar melhor apresentação visual a um documento, apresentando o título, subtítulo, autor, data e outras informações sobre o documento a fim de permitir a identificação do mesmo, ela pode ser inserida através da opção Folha de Rosto, do grupo Páginas, da guia Inserir, portanto apenas a alternativa C está correta.
Gabarito "C".

2.3. Powerpoint (slides)

(VUNESP– 2015) No MS-PowerPoint 2010, um usuário deseja efetuar a verificação da ortografia do conteúdo presente em seus slides. Uma das formas para realizar tal tarefa é acessar o botão Verificar Ortografia, que, na configuração padrão do MS-PowerPoint 2010, é acessível por meio da aba

(A) Exibição.
(B) Revisão.
(C) Inserir.
(D) Início.
(E) Animações.

A: Errada, nesta aba se encontram apenas opções relacionadas à exibição do documento atual, como modo de exibição, zoom, régua, organização de janela, entre outras. B: Correta, na aba Revisão se encontram as opções de idioma, dicionário de sinônimos, verificação de ortografia e edição de comentários e alterações. C: Errada, na guia Inserção é possível adicionar à apresentação tabelas, imagens, ilustrações, links, textos, símbolos e itens de mídia. D: Errada, não há uma aba denominada Início no MS PowerPoint, mas sim Página Inicial. E: Errada, a aba Animações permite a criação e gerenciamento das animações internas e de transição dos slides da apresentação.
Gabarito "B".

(VUNESP– 2015) No MS-PowerPoint 2010, a finalidade da função Ocultar Slide, acionável por meio do botão de mesmo nome, é fazer com que o slide selecionado

(A) tenha bloqueadas tentativas de alteração de seu conteúdo.
(B) seja designado como o último a ser exibido na apresentação de slides.
(C) tenha sua resolução reduzida até o mínimo suportado pelo computador em uso.
(D) não seja exibido no modo de apresentação de slides.
(E) tenha sua velocidade de transição entre slides fixada no valor médio.

A ordem dos slides durante a apresentação pode ser alterada arrastando-o no painel de slides na lateral esquerda. A velocidade das transições é ajustada através da aba Transições por meio da alteração do tempo de transição do slide. Por fim a função Ocultar Slide presente no grupo Configurar da aba Apresentação de Slides faz com que o slide selecionado seja ocultado da apresentação de slides no modo tela inteira e não bloqueia o slide contra alteração de conteúdo, portanto apenas a alternativa D está correta.
Gabarito "D".

(Analista – TRE/AC – 2010 – FCC) Uma apresentação elaborada no MS Powerpoint 2003 pode ser impressa na forma de folhetos para consultas. Espaços em linhas para que se façam anotações sobre as apresentações são reservados no folheto de

(A) um slide por página.
(B) dois slides por página.
(C) três slides por página.
(D) quatro slides por página.
(E) seis slides por página.

A: Errada, na impressão de um slide por página não há linhas reservadas para comentários. B: Errada, na impressão de dois slides por página não há linhas reservadas para comentários. C: Correta, apenas na impressão de folhetos com três slides por página é reservado um espaço com linhas para a realização de comentários. D: Errada, na impressão de folhetos com quatro slides por folha não há espaço reservado para comentários. E: Errada, na impressão de folhetos com seis slides por folha não há espaço reservado para comentários.
Gabarito "C".

3. BR OFFICE

3.1. Writer (editor de texto)

(Analista – TRE/AC – 2010 – FCC) Para alternar entre o modo de inserção e o modo de sobrescrever textos em um documento no BrOffice.org Writer

(A) pressione a tecla Insert ou a tecla Scroll.
(B) pressione a tecla Insert, apenas.
(C) pressione a tecla Scroll, apenas.
(D) pressione a tecla Insert ou clique na área INSERIR/SOBRE da barra de Status.
(E) clique na área INSER/SOBRE da barra de Status.

A: Errada, a tecla Scroll não altera o modo de inserção em nenhum programa de edição de texto. B: Errada, além da tecla Insert pode-se utilizar a opção INSERIR/SOBRE da barra de Status. C: Errada, a tecla Scroll não altera o modo de inserção em nenhum programa de edição de texto. D: Correta, ambas as teclas Insert e a opção INSERIR/SOBRE da barra de Status permitem a alteração do modo de inserção de texto. E: Errada, pode-se também utilizar a tecla Insert.
Gabarito "D".

(Analista – TRE/BA – 2010 – CESPE) Com relação aos conceitos e aplicativos dos ambientes Microsoft Office e BROffice, julgue o item que se segue.

(1) No BROffice Writer, a partir do menu Exibir, é possível inserir, no documento em edição, um objeto do tipo gráfico, fórmula, som ou vídeo.

1: Errada, estas opções estão disponíveis a partir do menu Inserir.
Gabarito 1E.

(Analista – TRE/CE – 2012 – FCC) No BrOffice Writer, para apagar de uma só vez a palavra à esquerda do cursor utiliza-se

(A) <Shift> + <Seta para esquerda>.
(B) <Backspace>.
(C) <Del>.
(D) <Ctrl> + <Del>.
(E) <Ctrl> + <Backspace>.

A: Errada, este atalho apenas seleciona o primeiro caractere, símbolo ou espaço que está à esquerda do cursor. B: Errada, a tecla Backspace apaga o último caractere digitado. C: Errada, a tecla Del apaga o primeiro caractere à direita do cursor. D: Errada, este atalho apaga a primeira palavra à direita do cursor. E: Correta, o atalho Ctrl + Backspace apaga a primeira palavra à esquerda do cursor.
Gabarito "E".

3.2. Planilhas eletrônicas

(Analista – TRT/21ª – 2010 – CESPE) Acerca dos sistemas operacionais, dos aplicativos de edição de textos, das planilhas e apresentações nos ambientes Windows e Linux, julgue o item abaixo.

(1) Em uma planilha em edição no Calc do BrOffice, se uma célula for preenchida com número e, em

seguida, a alça de preenchimento dessa célula for arrastada para células seguintes na mesma linha ou coluna, as células serão automaticamente preenchidas com uma sequência numérica iniciada com número digitado.

1: Correta, utilizando-se a alça de preenchimento, as células conseguintes são preenchidas respeitando a progressão dos primeiros números selecionados.
Gabarito "C".

(Analista – TRE/AC – 2010 – FCC) O recurso de Autofiltro em uma planilha no BrOffice.org Calc pode ser usado por meio do acesso ao menu

(A) Dados e da seleção dos itens Filtro e Autofiltro.
(B) Formatar e da seleção dos itens Filtro e Autofiltro.
(C) Inserir e da seleção do item Autofiltro.
(D) Dados e da seleção do item Autofiltro.
(E) Formatar e da seleção do item Autofiltro.

A: Correta, o recurso de Autofiltro se encontra no item Filtro dentro do menu Dados. **B:** Errada, o menu correto seria o menu Dados e não o formatar. **C:** Errada, o menu correto é o menu Dados e não o menu Inserir. **D:** Errada, o menu está correto, porém o recurso se encontra dentro do item Filtro. **E:** Errada, o menu correto é o menu Dados e não o menu Formatar.
Gabarito "A".

(Analista – TRT1 – 2018 – AOCP) Uma aplicação exportou dados de um banco de dados para um arquivo de extensão '.csv'. Esse arquivo contém algumas centenas de linhas e várias colunas. Será necessário ordenar os dados contidos no arquivo e manipular alguns valores. No seu computador, estão disponíveis as ferramentas do Microsoft Office e LibreOffice. Qual das seguintes alternativas de software é a recomendada para realizar a tarefa necessária?

(A) Bloco de notas.
(B) Impress.
(C) PowerPoint.
(D) Calc.
(E) Thunderbird.

A: Errada, o Bloco de notas, além de não fazer parte do Microsoft Office ou do LibreOffice, é um editor de textos simples e não seria recomendado para manipular dados de uma planilha eletrônica. **B:** Errada, o Impress é o editor de apresentação de slides do LibreOffice e não pode manipular planilhas eletrônicas em formato csv. **C:** Errada, semelhante ao Impress, o PowerPoint é o editor de apresentações de slides do Microsoft Office e não deve ser usado para manipular planilhas eletrônicas. **D:** Correta, o Calc é o editor de planilhas eletrônicas do pacote LibreOffice e pode realizar as manipulações mencionadas normalmente em arquivos do tipo csv. **E:** Errada, o Thunderbird é um gerenciador de correio eletrônico e não pode ser usado para manipular arquivos do tipo csv.
Gabarito "D".

3.3. BROffice – Impress

(Analista – TRE/AC – 2010 – FCC) NÃO é um componente que se apresenta na janela principal do *BrOffice.org Impress*:

(A) Estrutura de tópicos.
(B) Painel de slides.
(C) Classificador de slides.
(D) Folheto.
(E) Notas.

A: Errada, o item Estrutura de tópicos está presente como uma aba no painel central do programa. **B:** Correta, o Painel de Slides não faz parte dos componentes presentes na janela principal do programa. **C:** Errada, o Classificador de slides também é uma das abas presentes no painel central da janela principal do programa. **D:** Errada, o Folheto também é uma das abas presentes no painel central da janela principal do programa. **E:** Errada, Notas também é uma das abas presentes no painel central da janela principal do programa.
Gabarito "B".

(Analista – TRE/CE – 2012 – FCC) Para salvar uma apresentação do *BrOffice Impress* com senha,

(A) clica-se no menu Arquivo e em seguida na opção Salvar como. Na janela que se abre, dá-se o nome ao arquivo no campo Nome, seleciona-se a opção Ferramentas, em seguida Opções Gerais e digita-se a senha. Para concluir, clica-se no botão Salvar.
(B) pressiona-se a combinação de teclas *Ctrl + Shift + S* e, na tela que se abre, digita-se o nome do arquivo no campo Nome, a senha no campo Senha e clica-se no botão Salvar.
(C) clica-se no menu Arquivo e em seguida na opção Salvar. Na tela que se abre, digita-se o nome do arquivo no campo Nome, a senha no campo Senha e clica-se no botão Salvar.
(D) pressiona-se a combinação de teclas *Ctrl + S* e, na tela que se abre, digita-se o nome do arquivo no campo Nome, seleciona-se a caixa de combinação Salvar com senha e clica-se no botão Salvar. Para concluir, digita-se e redigita-se a senha e clica-se no botão OK.
(E) clica-se no menu Arquivo e em seguida na opção Salvar. Na janela que se abre, dá-se o nome do arquivo no campo Nome, seleciona-se a opção Ferramentas, em seguida Salvar com senha. Na janela que se abre, digita-se e redigita-se a senha e clica-se no botão Salvar.

No Impress, para salvar uma apresentação com senha, basta salvar o documento normalmente, por exemplo com o atalho Ctrl + S; na janela exibida deve-se marcar a caixa Salvar com senha e então digitar a senha desejada, portanto apenas a alternativa D está correta.
Gabarito "D".

(Analista – TRT/11ª – 2012 – FCC) Em um *slide* mestre do *BrOffice.org* Apresentação (*Impress*), NÃO se trata de um espaço reservado que se possa configurar a partir da janela Elementos mestres:

(A) Número da página.
(B) Texto do título.
(C) Data/hora.
(D) Rodapé.
(E) Cabeçalho.

Nos slides mestres, número da página, data/hora, rodapé e cabeçalho são espaços reservados que podem ser configurados, apenas o Texto do título não pode ser alterado pela janela de Elementos mestres.
Gabarito "B".

4. INTERNET

4.1. Ferramentas e aplicativos de navegação

(Analista – TRT2 – FCC – 2018) No navegador Google Chrome, um Analista pressionou simultaneamente a combinação de teclas Ctrl + Shift + N para

(A) abrir uma nova janela para navegação anônima.
(B) fechar a aba (guia) atual.
(C) ir direto ao final da página, evitando o uso da barra de rolagem.
(D) imprimir o conteúdo da página.
(E) adicionar a página aberta na guia atual à lista de sites favoritos.

A: correta. No Google Chrome o atalho Ctrl + Shift + N abre uma nova janela de navegação anônima; **B:** incorreta. O atalho usado para fechar a aba atual é o Ctrl + F4; **C:** incorreta. Para ir direto ao final de uma página sem o uso de barra de rolagem é necessário utilizar a tecla End; **D:** incorreta. Para imprimir o conteúdo da página atual é usado o atalho Ctrl + P; **E:** incorreta. Para adicionar uma página aos favoritos deve-se utilizar o atalho Ctrl + D.
Gabarito "A".

(Analista – TREMG – 2012 – CONSULPLAN) Carlos Augusto, responsável pelo setor de compras e vendas de uma grande loja de peças automotivas, estabelece diariamente contatos com fornecedores a procura dos melhores preços para aquisição de peças.

Para que seu trabalho seja realizado, ele utiliza um computador com o aplicativo *Microsoft Outlook 2007*, a fim de estabelecer contato com os fornecedores.

Considerando que Carlos Augusto entrará de férias, o responsável pelas suas atividades será outro funcionário, cujo endereço de *e-mail* é diferente do de Carlos. Através do Outlook 2007, uma forma eficiente de notificar os clientes de que os contatos deverão ser estabelecidos através do outro endereço é a

(A) criação de um *feed* de notícias.
(B) suspensão da conta de *e-mail* de Carlos.
(C) criação de um *log* automático, registrando as tentativas de envio a Carlos.
(D) criação de um macro instantâneo endereçado a cada destinatário com uma mensagem padrão.
(E) criação de uma regra para enviar uma resposta automática com uma mensagem padrão, a cada tentativa de envio de um fornecedor a Carlos.

A: Errada, o *feed* de notícias tem como função receber informações de um provedor de conteúdo. **B:** Errada, suspender a contar não fará com que seus contatos saibam para onde enviar as mensagens eletrônicas. **C:** Errada, um log não informaria seus remetentes que devem enviar a mensagem para outro endereço. **D:** Errada, esta forma não seria eficiente, pois talvez nem todo contato tentará enviar uma mensagem no período mencionado e ele também pode se esquecer deste fato caso o período seja maior. **E:** Correta, desta forma é garantido que o usuário que enviou a mensagem saberá para quem enviar a mensagem e não haverá desperdício de recursos.
Gabarito "E".

(Analista – TREMG – 2012 – CONSULPLAN) Os *cookies* são pequenos arquivos de texto que os *sites* podem enviar aos navegadores, anexando-os a qualquer conexão. A funcionalidade dos *cookies* está em distinguir usuários e memorizar preferências em acessos posteriores, mas, também, podem colocar em risco a privacidade do usuário ao rastrear os *sites* que foram visitados. O procedimento para excluir os *cookies* mantendo apenas os que pertencem aos *sites* adicionados na lista de favoritos, é abrir o navegador *Internet Explorer 8* (configuração padrão) e

(A) clicar no botão de segurança / clicar em Excluir Histórico de Navegação / clicar em Dados / clicar em Limpar Cookies / clicar em Excluir.
(B) clicar no botão de segurança / clicar em Excluir Histórico de Navegação / marcar a caixa de seleção ao lado de Cookies / clicar em Excluir.
(C) clicar no botão de segurança / clicar em Excluir Histórico de Navegação / clicar em Arquivos / clicar em Limpar Cookies / clicar em Excluir.
(D) clicar no botão de segurança / clicar em Excluir Histórico de Navegação / clicar em Arquivos / marcar a caixa de seleção "Preservar dados de *sites* favoritos" / clicar em Excluir.
(E) clicar no botão segurança / clicar em Excluir Histórico de Navegação / marcar a caixa de seleção ao lado de Cookies / marcar a caixa de seleção "Preservar dados de sites favoritos" / clicar em Excluir.

Para excluir os cookies através do Internet Explorer 8 é necessário clicar no botão Segurança e escolher a opção Excluir Histórico de Navegação, então a caixa referente aos Cookies deve ser marcada, para manter os cookies dos sites favoritos é necessário marcar também a caixa "Preservar dados de *sites* favoritos" e por fim clicar em Excluir. Portanto apenas a alternativa E está correta.
Gabarito "E".

(Analista – TRE/CE – 2012 – FCC) Sobre o Filtro *SmartScreen* do Internet *Explorer 9*, analise:

I. Enquanto você navega pela Web, ele analisa as páginas da Web e determina se elas têm alguma característica que possa ser considerada suspeita. Se encontrar páginas da Web suspeitas, o *SmartScreen* exibirá uma mensagem dando a você a oportunidade de enviar um comentário e sugerindo que você proceda com cautela.

II. Verifica os *sites* visitados e os compara com uma lista dinâmica de *sites* de *phishing* e *sites* de *softwares* mal-intencionados relatados. Se encontrar uma correspondência, o Filtro *SmartScreen* exibirá um aviso notificando-o que o site foi bloqueado para a sua segurança.

III. Verifica os arquivos baixados da Web e os compara com uma lista de sites de *softwares* mal-intencionados relatados e programas conhecidos como inseguros. Se encontrar uma correspondência, o Filtro *SmartScreen* o avisará que o *download* foi bloqueado para a sua segurança.

IV. É um recurso no *Internet Explorer* que ajuda a detectar *sites* de *phishing*. Pode ajudar também a protegê-lo contra o download ou a instalação de *malware* (software mal-intencionado).

Está correto o que se afirma em

(A) I, II, III e IV.
(B) I e II, apenas.
(C) I, II e III, apenas.
(D) III e IV, apenas.

(E) IV, apenas.

Todas as afirmativas sobre o *SmartScreen* estão corretas, portanto apenas a alternativa A está correta.

Gabarito "A".

(Analista – TRE/PR – 2012 – FCC) Devido ao modo de armazenamento do histórico de acesso em navegadores, é possível para diferentes usuários acessando um mesmo computador visualizar e até utilizar informações de outro usuário deste histórico ou arquivos armazenados pelos navegadores (*Cookies*). No *Internet Explorer* 9 é possível navegar de forma privada onde não será mantido o histórico de navegação por uso do modo *InPrivate*. Uma das maneiras de iniciar a navegação nesse modo é clicar no botão

(A) Arquivo, clicar na opção Segurança e clicar em *InPrivate*.
(B) Segurança e clicar em Modo de Compatibilidade.
(C) Arquivo e clicar em *InPrivate*.
(D) Modo de Compatibilidade e clicar em Navegação *InPrivate*.
(E) Nova Guia e, no corpo da página, clicar em Navegação *InPrivate*.

Para iniciar a navegação *InPrivate* no IE9 basta abrir uma nova guia, a opção de Navegação InPrivate estará no corpo da página, portanto apenas a alternativa E está correta.

Gabarito "E".

(Analista – TRT/1ª – 2012 – FCC) Sabendo que uma *intranet* utiliza a infraestrutura de rede da empresa e fazendo uso das informações contidas no texto, considere que o computador de Paulo pode se comunicar com o computador servidor do Tribunal porque os recursos necessários estão fisicamente localizados em um raio de até 500 metros dentro do prédio do Tribunal, incluindo o computador de Paulo e o servidor. Isso significa que a rede utilizada é do tipo

(A) WAN.
(B) CAN.
(C) LAN.
(D) MAN.
(E) ADSL.

A. Errada, WAN (*Wide Area Network*) designa uma rede de grande abrangência, neste caso temos uma rede de abrangência local. **B:** Errada, uma CAN é uma rede composta por dispositivos controlados por um micro controlador. **C:** Correta, uma LAN (*Local Area Network*) designa uma rede de abrangência local. **D:** Errada, uma MAN (*Metropolitan Area Network*) designa uma rede que conecta locais distintos, porém, dentro de uma mesma área metropolitana. **E:** Errada, ADSL é uma tecnologia de acesso à Internet.

Gabarito "C".

Paulo trabalha como Analista Judiciário no Tribunal Regional do Trabalho e no dia a dia executa um conjunto de tarefas que utilizam os recursos computacionais de hardware e software.

O computador utilizado por Paulo e pelos demais funcionários do Tribunal (exceto os computadores servidores) são padronizados com a seguinte configuração:

– Processador Intel Atom Dual Core D525 com Clock Speed de 1.8 GHz, L2 Cache de 1 MB, 64-bits;
– 4 GB de memória DDR3 (2x2GB);
– HD de 400 GB;
– Leitor e gravador CD/DVD;
– Placa de vídeo integrada 384 MB;
– Placa de som integrada;
– Placa de rede 10/100;
– 6 Portas USB;
– Teclado, mouse e caixas de som padrão;
– Fonte de alimentação de 250 W;
– Voltagem suportada de 110/220;
– Consumo de energia de 10 Kw/h;
– Monitor LED 15,6".

[...]

(Analista – TRT/1ª – 2012 – FCC) De acordo com o texto, a placa de rede do computador de Paulo tem velocidade de transmissão de 10/100. Isso significa que a transmissão de dados pela rede entre o computador de Paulo e um computador servidor com placa de rede de mesma velocidade pode ser de até

(A) 100 megabits por segundo.
(B) 100 megabytes por segundo.
(C) 10 megabytes por segundo.
(D) 100 megabits por minuto.
(E) 1000 megabits por segundo.

A transmissão de dados é sempre dada em megabits por segundo, a nomenclatura 10/100 significa a capacidade de uso em redes de 10 e 100 megabits, portanto apenas a alternativa A está correta.

Gabarito "A".

(Analista – TRT/10ª – 2013 – CESPE) Com relação a sistema operacional (ambientes Linux e Windows) e redes de computadores, julgue os itens seguintes.

(1) Os grupos de discussão são um tipo de rede social utilizada exclusivamente por usuários conectados à Internet.
(2) A infraestrutura utilizada no armazenamento de dados em nuvem privada é própria e atende, exclusivamente, a uma única organização.
(3) Uma das vantagens do Windows 8 é sua capacidade de realizar automaticamente armazenamento em nuvem.
(4) Uma mensagem enviada através do Outlook Express pode ser lida pelo destinatário final no Mozilla *Thunderbird*.

1: Errada, grupos de discussão podem existir também em uma *Intranet* e não são redes sociais. **2:** Correta, nuvens privadas são de propriedade de uma organização e atendem suas necessidades próprias. **3:** Errada, não há função de armazenamento em nuvem de forma nativa ainda que existam vários programas que possam fazer isso. **4:** Correta, o *software* gerenciador de mensagens eletrônicas é apenas uma interface para o envio e recebimento, o que será usado pelo remetente ou destinatário não interfere no processo de envio e leitura.

Gabarito: 1E, 2C, 3E, 4C.

(Analista Judiciário – TRT/24 – FCC – 2017) Um Oficial de Justiça vai utilizar um computador público para navegar na Internet utilizando o Firefox versão 50.1.0, em português, e deseja utilizar um modo de navegação para evitar que seu histórico, senhas e preferências sejam salvos e acessados por outras pessoas e para bloquear *cookies*, evitando que *sites* fraudulentos rastreiem seu comportamento. Para abrir uma nova janela em branco nesse modo de navegação, ele deve clicar no botão Abrir menu, que fica no canto superior direito da tela, representado por um ícone com três pequenas linhas verticais paralelas, e depois na opção

(A) Navegação *in-private*, ou pode pressionar a combinação de teclas Ctrl + P.

(B) Nova janela privativa, ou pode pressionar a combinação de teclas Ctrl + Shift + P.

(C) Navegação segura, ou pode pressionar a combinação de teclas Ctrl + Alt + P.

(D) Nova janela privativa, ou pode pressionar a tecla F12.

(E) Nova janela segura, ou pode pressionar a combinação de teclas Ctrl + Tab.

No Firefox, a navegação anônima é feita através do recurso de janela privativa, que também pode ser acessada pelo atalho Ctrl + Shift + P. Outros navegadores também possuem este recurso, como a navegação in-private do Internet Explorer e a anônima do Google Chrome. Portanto, apenas a alternativa B está correta.

Gabarito "B".

(Analista Judiciário – TRT/11 – FCC – 2017) Considere a barra de endereços do navegador, abaixo, exibida no Google Chrome.

Os ícones do cadeado fechado e da estrela servem, respectivamente, para mostrar que o portal do TRT11

(A) é seguro e para adicionar este portal aos favoritos.

(B) está criptografado e para acessar as configurações do navegador.

(C) está bloqueado para acesso e para adicionar este portal aos favoritos.

(D) é certificado digitalmente e para acionar o modo de navegação anônima.

(E) é seguro e para acessar as configurações do navegador.

O ícone de cadeado exibido ao lado de um endereço URL no navegador, muitas vezes na cor verde, indica que o site criptografa a comunicação entre o computador e o servidor através de um certificado SSL e, portanto, tem maior segurança; o ícone da estrela é usado para adicionar o site atual à lista de favoritos do navegador, portanto, apenas a alternativa A está correta.

Gabarito "A".

(Analista Judiciário – TJ/MT – UFMT – 2016) No Internet Explorer 11, a janela para excluir o histórico de navegação pode ser acessada ao clicar no botão Ferramentas e em seguida

(A) Opções da Internet, guia/aba Privacidade, botão Excluir...

(B) Opções de Privacidade, guia/aba Histórico, botão Excluir...

(C) Opções da Internet, guia/aba Geral, botão Excluir...

(D) Opções de Privacidade, guia/aba Geral, botão Excluir...

No Internet Explorer 11, para excluir o histórico de navegação do usuário é necessário utilizar a função Excluir, que permite excluir não só o histórico de navegação mas também os cookies, informações de formulários, senhas e arquivos temporários. Essa função se encontra na aba Geral do item Opções da Internet, que pode ser acessado pelo Painel de controle ou através do menu Ferramentas do software. Portanto, apenas a alternativa C está correta.

Gabarito "C".

(Analista Judiciário – TRT/20 – FCC – 2016) Um Analista realizou a seguinte sequência de comandos em um navegador *web* em sua versão em português:

– clicou no botão Ferramentas e em Opções da Internet

– na guia Geral, em Home page, digitou http://www.trt20.jus.br/

– clicou em Aplicar e OK

O Analista

(A) estava utilizando o Google Chrome e incluindo a *home page* digitada nos Favoritos.

(B) estava utilizando o Mozilla Firefox e marcando a *home page* digitada como página confiável.

(C) terá a *home page* digitada carregada automaticamente nas próximas vezes que abrir o navegador.

(D) estava utilizando o Internet Explorer 11 e liberando a *home page* digitada da verificação do antivírus.

(E) fará a *home page* digitada bloquear *cookies* automaticamente na próxima vez que abrir o navegador.

O item Opções da Internet pode ser acessado pelo Painel de Controle ou pelo navegador Internet Explorer através do menu Ferramentas. Nesta janela é possível modificar uma série de configurações relacionadas a navegação, como uso de proxy, informações de segurança e privacidade, entre outros. Na guia Geral, em Home page é possível definir um ou mais sites como a página inicial do navegador, sites que serão abertos automaticamente sempre que o navegador for aberto. Portanto, apenas a alternativa C está correta.

Gabarito "C".

(Analista Judiciário – TRT/20 – FCC – 2016) *Smartphones, tablets, ultrabooks* etc. impulsionaram o uso de redes móveis e o conceito de BYOD – *Bring Your Own Device* no meio corporativo. Neste cenário, é correto afirmar que

(A) com a disponibilidade de tecnologias VPN (rede pública construída sobre uma rede privada) para dispositivos móveis, o meio corporativo passou a aceitar que acessar ferramentas de trabalho pelo dispositivo mais confortável para o funcionário pode trazer aumento de produtividade.

(B) ao invés do *client-server* passa-se a ter *client-cloud – o* cliente utiliza as funcionalidades nativas dos sistemas operacionais para *desktop* como iOS e Android com esquemas de segurança e criptografia, integrando outras ferramentas nativas dos dispositivos.

(C) novos *apps* estão explorando o uso da câmera e do GPS e para isso há um componente importante na arquitetura das novas aplicações corporativas: o *Firmwhere*, que é uma camada de *software* entre a aplicação e o sistema operacional, que facilita o seu desenvolvimento.

(D) utilizar *apps* que permitem o trabalho *offline* e, quando a rede fica disponível, promovem a sincronização dos dados com a nuvem, é uma característica que as aplicações corporativas podem ter para evitar paradas no trabalho caso a rede não esteja disponível.

(E) aplicativos como *digital vallets* (carteiras digitais) permitem compras seguras através do dispositivo móvel e todos os bancos já oferecem um *app* para celulares que utiliza o *bluetooth* para ler o *QR Code* (código de barras) e pagar uma conta.

A: Errada, esta questão inverteu a definição dada às redes VPN, que na verdade são redes privadas construídas sobre uma rede pública. **B:** Errada, os sistemas operacionais iOS e Android são usados por dispositivos mobile e não desktop. **C:** Errada, Firmwhere não descreve nenhum tipo de componente ou camada de software, embora exista o Firmware, um conjunto de instruções, programas diretamente no hardware de equipamentos eletrônicos com informações importantes para seu funcionamento. **D:** Correta, aplicativos que permitem a realização de atividades mesmo quando sem conexão à Internet e posterior sincronização das atividades realizadas com o servidor funcionam como uma boa forma de evitar interrupções nas atividades. **E:** Errada, o termo correto é digital wallet e não digital vallet, além disso, o QR Code funciona como um código de barras que pode conter mais informações e para que seja lido é usada uma câmera e não a tecnologia bluetooth, que é uma tecnologia de transmissão de dados a curta distância. A tecnologia usada para o pagamento através de dispositivos móveis é o NFC (Near frequency communication), que permite a troca de informações apenas com a aproximação de um dispositivo.

Gabarito "D".

(Analista - TRT1 - 2018 - AOCP) Um sistema de uma empresa está acessível aos seus colaboradores através da sua Intranet. Isso significa que

(A) o sistema pode ser acessado somente por colaboradores internos ou usuários previamente autorizados, e somente através da rede local da organização (o usuário deve estar fisicamente nas instalações da empresa).
(B) qualquer usuário na Internet pode acessar o sistema.
(C) faz parte da Deep Web.
(D) o sistema pode ser acessado somente por usuários previamente autorizados, mas também pode ser possível o acesso através da Internet, dependendo de como a Intranet foi configurada.
(E) as tecnologias utilizadas pela rede que armazena o sistema são diferentes das utilizadas na Internet.

A: Errada, uma Intranet é uma rede restrita porém não tem seu acesso restrito a um ambiente físico, sendo possível acessá-la de outras localidades a depender das configurações de segurança definidas por seus administradores. **B:** Errada, uma Intranet é uma rede de acesso restrito, que mesmo quando está conectada a Internet pode possuir bloqueios ou restrições de acesso de acordo com as regras de segurança da rede. **C:** Errada, a Deep Web é uma parte da Internet que não é visível pelos protocolos usuais utilizados pelos navegadores comerciais mais comuns. **D:** Correta, o acesso a uma Intranet é restrito a pessoas autorizadas e pode ser feito localmente ou de forma externa de acordo com as regras definidas pelo administrador da rede, uma possibilidade por exemplo seria o uso de uma VPN, uma rede privada virtual que poderia ser usada para garantir a segurança do acesso. **E:** Errada, tanto a Internet quanto a Intranet são redes baseadas nos mesmos protocolos e tecnologias.

Gabarito "D".

(Analista - TRT1 - 2018 - AOCP) No Mozilla Firefox versão 57.x, com as configurações que são padrão de instalação, toda vez que o usuário realiza um download de um arquivo, este é salvo automaticamente no diretório "Download", que está dentro do diretório padrão do usuário. Para que o usuário possa escolher o diretório onde quer salvar os arquivos baixados, qual das opções do menu ele deve escolher?

(A) Personalizar.
(B) Preferências.
(C) Web Developer.
(D) Editar.
(E) Extensões.

No Firefox o diretório padrão para receber os arquivos baixados pelo usuário pode ser alterado no grupo Arquivos e Aplicativos das preferências do navegador, que pode ser acessado digitando a URL about:preferences na barra de endereços ou, no Windows, através do item Opções do menu Ferramentas. Em computadores rodando o sistema operacional MacOS o item tem seu nome alterado para Preferências. Portanto, a alternativa B está correta.

Gabarito "B".

(Analista Judiciário - TRE/PA - 2020 - IBFC) No século XXI houve a criação de diversas redes sociais para diferentes públicos e finalidades. Sobre redes sociais para profissionais, assinale a alternativa correta.

(A) Facebook
(B) LinkedIn
(C) Orkut
(D) Twitter

A: Errada, o Facebook, principal rede social do mundo atualmente, foi criado com o foco em estudantes universitários, porém acabou sendo expandida para todos os públicos. **B:** Correta, o LinkedIn tem como foco principal a criação de perfis profissionais e conexões voltadas ao mercado de trabalho. **C:** Errada, o Orkut criada em 2004 e posteriormente adquirida pelo Google, por quem foi descontinuada em 2014, tinha como foco o público em geral. **D:** Errada, o Twitter é uma rede social com foco na troca de mensagens curtas entre um público diverso.

Gabarito "B".

(Analista - TJ/ES - 2023 - CEBRASPE) Acerca de redes de computadores e pesquisa na Internet, julgue os itens a seguir.

(1) Com base nas propriedades de rede exibidas na imagem a seguir, extraídas de um computador com Windows 10 conectado à rede por meio de apenas um adaptador de rede, é correto afirmar que esse computador poderá conectar-se a uma rede com velocidade de até 1.000 Mbps.

← Configurações

⌂ Exibir as propriedades da rede

Propriedades

Nome:	Ethernet
Descrição:	Realtek PCIe GBE Family Controller rainydays.com.br
Endereço físico (MAC):	d0:94:66:9f:0c:f9
Status:	Operacional
Unidade máxima de transmissão:	1500
Velocidade da conexão (Recepção/Transmissão):	1000/1000 (Mbps)
DHCP ativado:	Sim
Servidores DHCP:	192.168.1.254
Concessão DHCP obtida:	sexta-feira, 10 de abril de 2020 11:40:02
A concessão DHCP expira em:	sexta-feira, 10 de abril de 2020

(2) Para procurar no Google o termo "câmaras" exclusivamente no sítio https://www.tjes.jus.br, deve-se inserir na pesquisa o comando a seguir.

câmaras include www.tjes.jus.br

(3) Suponha-se que um usuário tenha acessado o sítio https://images.google.com.br e digitado no campo de pesquisa os termos "brasao, governo. espitiro; santo," para obter a imagem do brasão do governo do estado do Espírito Santo. Nesse caso, a pesquisa retornará um erro, pois, para a busca de imagens, é necessário digitar as palavras na forma ortográfica correta, considerando-se os devidos sinais de pontuação e acentuação.

1: Correta, como pode ser verificado no destaque da imagem, a velocidade de conexão da rede atual é de até 1000 Mbps para recepção (download) e transmissão (upload). **2:** Errada, para realizar uma busca de determinado termo em um site específico é necessário utilizar o modificador "site:" portanto, neste caso, o termo de busca correto seria site:https://www.tjes.jus.br câmaras. **3:** Errada, no buscador Google, seja no modo de imagens ou na pesquisa usual, não há a necessidade de utilizar a forma ortográfica correta, embora utilizá-la pode auxiliar na obtenção de resultados mais precisos.

Gabarito 1C, 2E, 3E.

4.2. Correio eletrônico

(Analista – TRT2 – FCC – 2018) No Microsoft Outlook 2013, em português, após clicar na opção Novo Email da guia Página Inicial, uma janela se abre para a digitação da nova mensagem de e-mail. Nessa janela há opções que possibilitam criar uma assinatura personalizada que será mostrada em toda nova mensagem. Essa assinatura pode ser criada a partir de um clique em

(A) Mensagem > Assinatura > Assinaturas > Assinatura de Email > Novo

(B) Identificação > Assinaturas > Criar assinatura

(C) Opções > Identificação > Assinaturas > Nova assinatura

(D) Inserir > Assinatura > Identificação > Nova assinatura

(E) Personalizar > Identificação > Assinatura > Nova assinatura

---

A partir da janela de nova mensagem é possível acessar as configurações de assinatura para criar uma nova assinatura. Para isso deve-se clicar no item Assinatura, localizada na aba Mensagem, e selecionar a opção Assinaturas, na janela que for aberta, e na aba Assinatura de Email clicar na opção Novo. Portanto apenas a alternativa A está correta.

Gabarito "A".

(Analista – TRE/SP – 2012 – FCC) Sobre *webmail* é INCORRETO afirmar:

(A) É a forma de acessar o correio eletrônico através da *Web*, usando para tal um navegador (*browser*) e um computador conectado à Internet.

(B) Exige validação de acesso, portanto requer nome de usuário e senha.

(C) Via de regra, uma de suas limitações é o espaço em disco reservado para caixa de correio, que é gerenciado pelo provedor de acesso.

(D) HTTP (Hypertext Transfer Protocol) é o protocolo normalmente utilizado no *webmail*.

(E) É a forma de acessar o correio eletrônico através da *Web*, desde que haja um *software* cliente de *e-mail* instalado no computador.

E: assertiva incorreta, devendo ser assinalada pois, não é necessário nenhum tipo de *software* além do navegador para utilizar um webmail.

Gabarito "E".

(Analista Judiciário – TRT/24 – FCC – 2017) Um Oficial de Justiça deseja definir regras para o Microsoft Outlook executar automaticamente em mensagens de *e-mail* enviadas ou recebidas com base em condições que ele deseja especificar (por exemplo, mover todas as mensagens de uma pessoa específica para uma pasta diferente de sua caixa de entrada). Para isso, ele consultou a documentação do Microsoft Outlook 2013, em português, e encontrou as seguintes orientações:

– Na caixa de diálogo Regras e Alertas, na guia Regras de E-mail, clicar em Nova Regra.

– Em Iniciar com base em uma regra em branco, clicar em Aplicar regras em mensagens que eu receber ou em Aplicar regras em mensagens que eu enviar.

– Clique em Avançar.

– Em Etapa 1: selecionar as condições que as mensagens devem satisfazer para aplicação da regra.

– Em Etapa 2: editar a descrição da regra, clicando em um valor sublinhado para qualquer condição adicionada e especificando o valor.

– Clique em Avançar.

– Em Etapa 1: selecionar as ações a serem realizadas para a mensagem.

– Em Etapa 2: editar a descrição da regra, clicando em um valor sublinhado para qualquer condição adicionada e especificando o valor.

– Clique em Avançar.

– Em Etapa 1: selecionar as exceções à regra, se houverem.

– Em Etapa 2: editar a exceção da regra, clicando em um valor sublinhado para qualquer exceção adicionada e especificando o valor.

– Clique em Avançar.

– Em Etapa 1: especificar um nome para a regra.

– Em Etapa 2: em configure as opções da regra, marcar as caixas de seleção para as opções que desejar.

– Clique em Concluir.

Para abrir a caixa de diálogo Regras e Alertas, a partir de onde todos esses passos podem ser seguidos, o Oficial de Justiça deve clicar na guia

(A) Página Inicial e na opção Criar Novas Regras.

(B) Arquivo e na opção Opções.

(C) Página Inicial e na opção Ferramentas e Regras.

(D) Arquivo e na opção Gerenciar Regras e Alertas.

(E) Ferramentas e na opção Definir Regras e Alertas.

No Microsoft Outlook, a caixa de diálogo Regras e Alertas pode ser acessada através da opção Gerenciar Regras e Alertas localizada no menu Arquivo, que também pode ser acessada a partir do item Regras no grupo Mover da aba Página Inicial, portanto, apenas a alternativa D está correta.

Gabarito "D".

5. SEGURANÇA

(Analista – TRT2 – FCC – 2018) Um Analista descobriu que seu computador estava infectado por bots maliciosos. A primeira ação que o Analista deve realizar para proteger os dados deve ser:

(A) Instalar um antivírus e examinar o computador com seus recursos após a sua instalação.
(B) Instalar um antibot, que é uma variação de antivírus específica para proteger o computador contra bots e botnets.
(C) Reiniciar o computador para que o bot seja eliminado da memória.
(D) Abrir uma ordem de serviço para que o suporte técnico examine o computador.
(E) Desconectar o computador da rede o mais rápido possível.

Bots são programas maliciosos que realizam ações definidas por um usuário que o controla remotamente, portanto a primeira ação a ser feita é desconectar-se da rede para impedir que os Bots recebam instruções do usuário malicioso e assim minimizar os danos que poderiam ser causados pelos bots. Portanto, apenas a alternativa E está correta.
Gabarito "E".

(Analista – TRE/CE – 2012 – FCC) São ações para manter o computador protegido, EXCETO:

(A) Evitar o uso de versões de sistemas operacionais ultrapassadas, como *Windows 95* ou 98.
(B) Excluir *spams* recebidos e não comprar nada anunciado através desses *spams*.
(C) Não utilizar *firewall*.
(D) Evitar utilizar perfil de administrador, preferindo sempre utilizar um perfil mais restrito.
(E) Não clicar em *links* não solicitados, pois *links* estranhos muitas vezes são vírus.

A: assertiva correta, pois, versões ultrapassadas possuem falhas de segurança que foram corrigidas somente em versões posteriores. **B:** assertiva correta, pois anúncios de spam podem conter vírus ou outras ameaças de maneira oculta. **C:** assertiva incorreta, devendo ser assinalada pois, não usar *firewall* é uma falha de segurança, uma vez que estes são responsáveis pelo monitoramento da entrada e saída de dados do computador. **D:** assertiva correta, pois o perfil de administrador possui acesso total à máquina, caso este usuário seja infectado, todo o sistema será comprometido. **E:** assertiva correta, pois, links não solicitados também podem ocultar ameaças à segurança do sistema.
Gabarito "C".

(Analista – TRT/11ª – 2012 – FCC) Quando o cliente de um banco acessa sua conta corrente através da internet, é comum que tenha que digitar a senha em um teclado virtual, cujas teclas mudam de lugar a cada caractere fornecido. Esse procedimento de segurança visa evitar ataques de:"

(A) *spywares* e *adwares*.
(B) *keyloggers* e *adwares*.
(C) *screenloggers* e *adwares*.
(D) *phishing* e *pharming*.
(E) *keyloggers* e *screenloggers*.

Essas ações visam evitar ataques de keyloggers, ameaças que gravam as teclas digitadas pelo usuário, e de *screenloggers*, que captam imagens da tela do usuário, portanto apenas a alternativa E está correta.
Gabarito "E".

(Analista – TRT/10ª – 2013 – CESPE) Acerca de segurança da informação, julgue os itens a seguir.

(1) A transferência de arquivos para *pendrives* constitui uma forma segura de se realizar *backup*, uma vez que esses equipamentos não são suscetíveis a *malwares*.
(2) As características básicas da segurança da informação — confidencialidade, integridade e disponibilidade — não são atributos exclusivos dos sistemas computacionais.
(3) O vírus de computador é assim denominado em virtude de diversas analogias poderem ser feitas entre esse tipo de vírus e os vírus orgânicos.
(4) Um computador em uso na Internet é vulnerável ao ataque de vírus, razão por que a instalação e a constante atualização de antivírus são de fundamental importância para se evitar contaminações.

1: Errada, *pendrives* também podem ser infectados por *malwares*. **2:** Correta, essas características podem ser atribuídas a comunicação física por exemplo. **3:** Correta, o comportamento de ambos é análogo e muitas características são parecidas. **4:** Correta, a manutenção de um antivírus é importante para evitar e prevenir a infecção por vírus, seja pela Internet ou por outras formas.
Gabarito 1E, 2C, 3C, 4C

(Analista – TJDFT – 2013 – CESPE) No que se refere à segurança da informação, julgue os itens que se seguem.

(1) *Worm* é um *software* que, de forma semelhante a um vírus, infecta um programa, usando-o como hospedeiro para se multiplicar e infectar outros computadores.
(2) A autoridade certificadora, que atua como um tipo de cartório digital, é responsável por emitir certificados digitais.
(3) *Firewall* é um equipamento para redes que armazena e gerencia o *software* de antivírus, para garantir que toda a rede estará isenta de ataques maliciosos realizados por programas de computador.

1: Errada, os *Worms* não necessitam de um hospedeiro para agir. **2:** Correta, todo certificado digital deve ser emitido e controlado por uma autoridade certificadora. **3:** Errada, *Firewall* é um sistema que monitora as portas de um computador ou de uma rede para evitar que acessos não autorizados sejam realizados.
Gabarito 1E, 2C, 3E

(Analista Judiciário – TRE/PE – CESPE – 2017) Os mecanismos que contribuem para a segurança da informação em ambientes computacionais incluem

(A) certificado digital, criptografia e cavalo de troia.
(B) *backdoor*, *firewall* e criptografia.
(C) *rootkits*, arquivos de configuração e becape.
(D) *firewall*, *worm* e *proxy*.
(E) VPN, *honeypot* e senha.

A: Errada, os cavalos de troia são ameaças virtuais que abrem uma porta de conexão do computador para um usuário malicioso. **B:** Errada, o backdook é um recurso usado por ameaças virtuais para manterem o acesso a um sistema infectado. **C:** Errada, o rootkit é um software que tem por objetivo camuflar a existência de outro software ou processo de ferramentas de detecção. **D:** Errada, o worm é um tipo de ameaça virtual capaz de se propagar através de redes de computadores sem a necessidade de um software hospedeiro. **E:** Correta, a VPN é rede privada criada sobre uma rede pública, o honeypot é uma ferramenta que simula falhas de segurança na tentativa de obter informações sobre um invasor e a senha é uma forma de restringir o acesso a informações apenas a pessoas autorizadas.

Gabarito "E".

(Analista Judiciário – TJ/MT – UFMT – 2016) A respeito de segurança na Internet, marque V para as afirmativas verdadeiras e F para as falsas.

( ) Por meio do uso da criptografia, pode-se proteger os dados sigilosos armazenados em um computador, como o arquivo de senhas, por exemplo.

( ) Ao utilizar-se os navegadores, é fundamental que se habilite o uso de cookies, os quais ajudam a manter sua privacidade.

( ) Ao enviar uma mensagem, para proteger os dados e informações enviadas, é recomendado utilizar-se criptografia para assegurar-se de que somente o destinatário poderá lê-la.

( ) A assinatura digital permite comprovar a autenticidade e a integridade de uma informação, ou seja, que ela foi realmente gerada por quem diz ter feito isto e que ela não foi alterada.

Assinale a sequência correta.

(A) V, V, F, F
(B) V, F, V, V
(C) F, F, V, F
(D) F, V, F, V

(I) As técnicas de criptografia permitem proteger arquivos e pastas de um usuário escondendo o seu real conteúdo de terceiros; (II) o uso de cookies através de navegadores não tem como função aumentar a segurança da navegação, mas sim armazenar informações da navegação do usuário para usuário futuro pelo site acessado; (III) as técnicas de criptografia também podem ser aplicadas a mensagens de correio eletrônico durante seu envio para garantir a segurança na transmissão da informação; (IV) por fim, a assinatura digital permite garantir que um documento foi criado pela pessoa que alega ser sua autora e também garantir que seu conteúdo não foi modificado sem autorização. Portanto, apenas a segunda afirmativa está incorreta. A forma correta de preencher as lacunas é V, F, V, V, assim, apenas a alternativa B está correta.

Gabarito "B".

(Analista Judiciário – TRT/20 – FCC – 2016) Considere as duas situações em que a proteção e a segurança da informação foram violadas:

I. O número do CPF de um trabalhador foi alterado, deixando seu CPF inválido.

II. Um dado sigiloso de uma causa trabalhista foi acessado por uma pessoa não autorizada.

Nas situações I e II ocorreram, respectivamente, violação da

(A) autenticação e da autorização das informações.
(B) confidencialidade e da integridade das informações.
(C) confidencialidade e da disponibilidade das informações.
(D) identificação e da autorização das informações.
(E) integridade e da confidencialidade das informações.

Na situação I, quando uma informação é alterada de forma que perca suas características originais, ela tem sua integridade violada. Na situação II, quando uma informação é acessada por alguém que não deveria ter acesso a ela, é violada a confidencialidade da informação. Portanto, apenas a alternativa E está correta.

Gabarito "E".

(Analista Judiciário – TRE/PI – CESPE – 2016) A remoção de códigos maliciosos de um computador pode ser feita por meio de

(A) *anti-spyware*.
(B) detecção de intrusão.
(C) *anti-spam*.
(D) *anti-phishing*.
(E) filtro de aplicações.

A: Correta, os softwares do tipo anti-spyware têm por objetivo prevenir a infecção e remover softwares maliciosos do tipo spyware, que monitoram as ações do usuário e as enviam para outra pessoa. **B:** Errada, detecção de intrusão não é um nome que classifique uma categoria de software. **C:** Errada, o anti-spam tem como objetivo prevenir o recebimento de mensagens indesejadas em uma caixa de correio eletrônico. **D:** Errada, o anti-phishing tem como objetivo proteger o usuário contra-ataques de phishing, onde mensagens são enviadas para o usuário tentando se passar por uma entidade real para obtenção de dados de acesso do usuário. **E:** Errada, filtro de aplicação não é um nome que classifique uma categoria de software usado para remoção ou prevenção de softwares maliciosos.

Gabarito "A".

(Analista Judiciário – STJ – CESPE – 2015) Julgue os itens seguintes, relativos a computação em nuvem, organização e gerenciamento de arquivos e noções de vírus, *worms* e pragas virtuais.

(1) O que diferencia uma nuvem pública de uma nuvem privada é o fato de aquela ser disponibilizada gratuitamente para uso e esta ser disponibilizada sob o modelo *pay-per-usage* (pague pelo uso).

(2) Embora seja uma tecnologia que prometa resolver vários problemas relacionados à prestação de serviços de tecnologia da informação e ao armazenamento de dados, a computação em nuvem, atualmente, não suporta o processamento de um grande volume de dados.

(3) O Windows 7 Professional possibilita que o usuário copie um arquivo de um dispositivo móvel, como, por exemplo, um *pendrive*, para uma pasta qualquer que já contenha esse arquivo. Nesse caso, serão exibidas algumas opções, entre as quais uma que permite ao usuário optar por copiar, mas manter os dois arquivos; se o usuário escolher essa opção, o arquivo será copiado e armazenado na mesma pasta, porém será renomeado.

1: Errada, nuvem pública é definida como uma série de serviços de computação oferecidos por terceiros à Internet pública, os quais são disponibilizados a qualquer pessoa que queira utilizá-los ou comprá-los. Eles podem ser gratuitos ou vendidos sob demanda, permitindo que os clientes paguem apenas pelo seu consumo. Nuvem privada, ou nuvem interna ou corporativa, refere-se aos serviços de computação em nuvem oferecidos pela Internet ou por uma rede interna privada somente a usuários selecionados e não ao público geral; **2:** Errada, os serviços de nuvem atualmente podem possuir grande capacidade de armazenamento e processamento de informações a custos relativamente baixos para os consumidores, o que os torna uma alternativa excelente para empresas que buscam melhoria em seus serviços de tecnologia; **3:** Correta: Ao copiar um arquivo em um diretório que já contenha um arquivo de mesma extensão e mesmo nome, será apresentada ao usuário uma caixa de diálogo a partir da qual o usuário pode definir se irá cancelar a ação, sobrescrever o arquivo ou copiar o arquivo renomeando-o.

Gabarito 1E, 2E, 3C.

(Analista – TRT1 – 2018 – AOCP) Em uma época em que cada vez mais as informações trafegam e são armazenadas em meios digitais, tornaram-se comuns notícias sobre os prejuízos causados por ameaças como vírus, spywares e ransomwares. Essas ameaças também podem ser classificadas como:

(A) Bugs.
(B) Malwares.
(C) Spam.
(D) Badwares.
(E) Phishing.

A: Errada, um bug se refere a um erro em um código de um programa e não a ameaças virtuais. B: Correta, o termo malware é usado para descrever um conjunto de ameaças virtuais que danificam, afetam negativamente o uso de um computador ou tem por objetivo extrair informações destes sem o consentimento do usuário. C: Errada, spam é a definição dada a mensagens não solicitadas enviadas via correio eletrônico. D: Errada, badware é o nome que pode ser dado a um conjunto de malwares que se propagam por websites ou anúncios web infectados. E: Errada, phishing são tentativas de obter dados de acesso de um usuário criando páginas ou e-mails que imitam determinado site, porém direcionam os dados fornecidos para um usuário mal-intencionado.

Gabarito "B".

(Analista Judiciário – TRE/PA – 2020 – IBFC) Guilherme é analista de suporte de uma grande empresa do ramo farmacêutico, e, eventualmente necessita se conectar na rede corporativa pela internet quando está fora do local de trabalho. Quanto a uma das formas seguras de se conectar na rede corporativa, assinale a alternativa correta.

(A) Com seu notebook e por um WIFI público
(B) Pelo 4G do seu smartphone com seu próprio smartphone
(C) Com seu notebook corporativo e pela rede VPN em uma conexão não compartilhada
(D) Com seu notebook corporativo e pela rede VPN em uma conexão compartilhada

O uso de redes compartilhadas não garante o sigilo no tráfego das informações, já redes públicas não fornecem nenhuma garantia de segurança tanto de parte do administrador da rede quanto de outros usuários na mesma rede, e ainda que seja utilizada uma conexão 4G não há garantia completo de sigilo e segurança na troca de informações pela internet, a forma mais segura de acesso a redes privadas é através de uma conexão VPN, sigla para Virtual Private Network, ou Rede Virtual Privada, que cria uma conexão direta e criptografada entre o computador e a rede desejada. Para garantir máxima proteção, esta rede não deve ser compartilhada e acessada através de um computador confiável, portanto apenas a alternativa C está correta.

Gabarito "C".

(Analista – TJ/ES – 2023 – CEBRASPE) No que se refere à segurança da informação, a procedimentos de backup e a cloud storage, julgue os itens que se seguem.

(1) Na área de segurança da informação, o termo smishing refere-se a vírus especificamente projetados para infectar smartphones com sistema operacional Android ou iOS e, com isso, prejudicar o uso do aparelho e roubar informações do usuário.

(2) Caso o usuário de um computador com Windows 10 deseje realizar backup em nuvem da pasta Documentos que possui várias subpastas, cada uma com vários arquivos, é possível fazê-lo por meio do OneDrive, situação em que os arquivos ficarão protegidos e disponíveis ao usuário em outros dispositivos.

1: Errada, o termo smishing é uma combinação das palavras SMS e phishing e refere-se a uma técnica de phishing (tentativa de obtenção de informações confidenciais, como senhas e informações financeiras, por meio de mensagens eletrônicas fraudulentas) que é realizada por meio de mensagens de texto SMS em dispositivos móveis. **2:** Correta, o OneDrive é o serviço de armazenamento em nuvem da Microsoft e permite sincronizar conteúdo entre computadores além de permitir a realização do backup de arquivos em nuvem, permitindo a restauração de dados em caso de exclusão acidental.

Gabarito 1E, 2C.

6. SISTEMAS OPERACIONAIS

6.1. Windows

(Analista – TRT/16ª – 2014 – FCC) A seguinte figura apresenta um ícone presente na Área de trabalho do sistema operacional Windows em suas versões mais recentes.

Na figura, o ícone com a sobreposição do símbolo com a seta

(A) indica que o ícone foi criado a partir de um download de programa da Internet.
(B) representa um arquivo criado no Bloco de Notas.
(C) indica que o ícone é um Atalho para o programa Bloco de Notas.
(D) representa uma cópia do programa Bloco de Notas.
(E) indica que o ícone é um Atalho para um arquivo criado no Bloco de Notas.

A: Errada, não há indicações em um ícone que permitam afirmar que foi criado a partir de um download pela Internet. B: Errada, o ícone do bloco de notas não contém a seta. C: Correta, o ícone com um bloco de anotações está associado ao programa Bloco de notas. A seta presente na imagem indica que se trata de um atalho para o programa. D: Errada, não existem indicações para cópias de arquivos em seus ícones de exibição, em geral a indicação está no próprio nome do arquivo. E: Errada, os ícones de arquivos gerados pelo Bloco de Notas e o programa que os gera é muito similar. O ícone usado para os arquivos provenientes do Bloco de Notas é Por outro lado, o programa utiliza o ícone

Gabarito "C".

(Analista – TRE/CE – 2012 – FCC) Sobre sistemas operacionais, é INCORRETO afirmar:

(A) O sistema operacional é uma camada de *hardware* que separa as aplicações do *software* que elas acessam e fornece serviços que permitem que cada aplicação seja executada com segurança e efetividade.
(B) Na maioria dos sistemas operacionais um usuário requisita ao computador que execute uma ação (por exemplo, imprimir um documento), e o sistema operacional gerencia o *software* e o *hardware* para produzir o resultado esperado.
(C) Um usuário interage com o sistema operacional via uma ou mais aplicações de usuário e, muitas vezes, por meio de uma aplicação especial denominada *shell* ou interpretador de comandos.
(D) Primordialmente, são gerenciadores de recursos – gerenciam *hardware* como processadores, memória, dispositivos de entrada/saída e dispositivos de comunicação.
(E) O *software* que contém os componentes centrais do sistema operacional chama-se núcleo *(kernel)*.

A: assertiva incorreta, devendo ser assinalada pois o sistema operacional não é um item de *hardware*, mas sim de *software*.

Gabarito "A".

(Analista – TRE/PR – 2012 – FCC) No *Windows XP*, sempre que um programa, pasta ou um arquivo é aberto, ele aparece na tela em uma caixa ou moldura chamada janela, e um botão associado a essa janela é criado na barra de tarefas. Para selecionar a janela corrente, basta clicar no botão correspondente na barra de tarefas. A alternância entre a última janela aberta e a janela corrente é possível por um atalho de teclado, pressionando-se simultaneamente as teclas

(A) ALT e TAB.
(B) CTRL e ALT.
(C) CTRL e SHIFT.
(D) SHIFT e DEL.
(E) CTRL, ALT e DEL.

O atalho que, no Windows, permite alternar entre todas as janelas abertas na sessão de uso atual é o Alt + Tab, portanto apenas a alternativa A está correta.

Gabarito "A".

(Analista – TRE/PR – 2012 – FCC) Sobre o *Firewall* do *Windows XP*, considere:

I. É um recurso para ajudar a impedir que *hackers* ou *softwares* mal-intencionados obtenham acesso ao seu computador através de uma rede ou da Internet.
II. Pode impedir, quando corretamente configurada, que o computador envie *software* mal-intencionado para outros computadores.
III. Pode analisar o conteúdo de mensagens enviadas por uma rede local e bloqueá-las, caso partes da mensagem apresentem conteúdo nocivo.

(A) II e III, apenas.
(B) I, II e III.
(C) I e III, apenas.
(D) I e II, apenas.
(E) III, apenas.

As afirmativas I e II estão corretas, porém o *firewall* não tem capacidade de verificar o conteúdo de mensagens enviadas, logo a afirmativa III está incorreta e, portanto, apenas a alternativa D está correta.

Gabarito "D".

(Analista – TRE/PR – 2012 – FCC) Sobre o Sistema Operacional *Windows XP*, considere:

I. No *Windows Explorer* é possível criar atalhos para arquivos em sua área de trabalho ao clicar com o botão direito do mouse sobre o arquivo desejado e escolher a opção **Enviar para** e em seguida **Área de Trabalho**.
II. Além de adicionar atalhos à área de trabalho, também é possível adicionar atalhos ao menu Iniciar. Os atalhos para os arquivos favoritos podem aparecer ao lado dos programas.
III. Os atalhos incluem uma imagem chamada de ícone, que pode ajudá-lo a localizar o programa ou arquivo com mais rapidez. Quando você altera o tema do *Windows*, o novo tema pode incluir um conjunto de ícones personalizados que complementam a aparência da nova área de trabalho.

IV. Os atalhos são *links* para programas, documentos, arquivos ou *sites*. Em vez de pesquisar pastas ou a Internet, sempre que você quiser abrir um arquivo ou um *site* em particular, basta criar um atalho.

Está correto o que consta em

(A) I, II e III, apenas.
(B) I, II, III e IV.
(C) I e IV, apenas.
(D) II, III e IV, apenas.
(E) II e III, apenas.

Todas as afirmativas apresentadas estão corretas, logo temos somente a alternativa B correta.

Gabarito "B".

(Analista – TRE/SP – 2012 – FCC) Em relação à organização de arquivos, é correto afirmar:

(A) Uma pasta pode conter apenas arquivos.
(B) Arquivos e pastas de sistemas podem ser renomeados ou movidos, mas nunca excluídos.
(C) Dois arquivos com o mesmo nome podem coexistir desde que estejam em pastas ou subpastas diferentes.
(D) Arquivos podem ser classificados e exibidos de diversas formas, exceto por data da criação.
(E) Arquivos e pastas de documentos do usuário podem ser renomeados, mas não podem ser movidos.

A: Errada, uma pasta também pode conter outras pastas. **B:** Errada, alguns arquivos de sistema não podem ser renomeados ou movidos ou excluídos de seus locais de origem. **C:** Correta, estando em pastas diferentes podem haver vários arquivos que possuam o mesmo nome. **D:** Errada, os arquivos podem também ser organizados por data de criação. **E:** Errada, arquivos e pastas de documentos do usuário podem ser renomeados, movidos e excluídos livremente.

Gabarito "C".

(Analista – TRT/11ª – 2012 – FCC) No *Windows Vista*

(A) uma janela maximizada só pode ter suas dimensões alteradas através do botão Restaurar, exibido no canto superior direito ou clicando duas vezes, rapidamente, na barra de título.
(B) todas as janelas podem ser maximizadas e redimensionadas.
(C) é possível alternar entre as duas últimas janelas ativadas ou navegar através de todas as janelas abertas, usando conjuntamente as teclas *Alt* e *Tab*.
(D) para fechar uma janela minimizada é necessário torná-la ativa, clicando no seu respectivo botão da barra de tarefas.
(E) é possível, manualmente, organizar as janelas de várias maneiras na área de trabalho. Porém, podem ser organizadas automaticamente pelo *Windows*, apenas nas formas em cascata e lado a lado.

A: Errada, existem atalhos que também permitem tais ações como o botão Windows e a seta para cima ou para baixo. **B:** Errada, algumas janelas possuem essa opção bloqueada pelo sistema operacional. **C:** Correta, o atalho Alt + Tab permite alternar entre todas as janelas abertas de forma rápida e fácil. **D:** Errada, não é necessário que ela esteja ativa, um simples clique com o botão direito já exibe a opção de fechar a janela. **E:** Errada, existem ainda outras formas de organização.

Gabarito "C".

(Analista – TJDFT – 2013 – CESPE) Com relação ao ambiente Windows e a aplicativos de edição de textos e de navegação na Internet, julgue os itens a seguir.

(1) No Windows XP, a função de gerenciamento do computador permite que diversas atividades de manutenção em computadores locais e remotos sejam realizadas, como, por exemplo, gerenciar recursos compartilhados, visualizar usuários conectados e interromper serviços do sistema.

(2) No Windows, quando um ícone associado a um arquivo for arrastado para um disco diferente do atual, será criada uma cópia do arquivo, sendo mantido o arquivo no disco de origem.

(3) O Word possui recurso de inserir, de forma automática, sem interferência do usuário, índice no documento em edição, o que é feito quando são reconhecidos os títulos dos itens do documento.

1: Correta, o gerenciamento do computador permite uma grande gama de atividades de manutenção como o gerenciamento de recursos e serviços. **2:** Correta, arrastar um ícone para outro local dentro da mesma unidade apenas o move porém quando o local de destino fica em outra unidade é feita uma cópia do arquivo. **3:** Errada, a função existe, porém, requer interferência do usuário.
Gabarito 1C, 2C, 3E

(Analista – TJAM – 2013 – FGV) Um funcionário do Tribunal de Justiça do Amazonas, seleciona a pasta **C:\TJ_AM** no Windows Explorer, na qual estão armazenados diversos arquivos, e executa o atalho de teclado Ctrl + A. Esse atalho de teclado gera o seguinte resultado:

(A) Exclui todos os arquivos armazenados na pasta **C:\TJ_AM** de forma permanente.
(B) Transfere todos os arquivos armazenados na pasta **C:\TJ__AM** para a Lixeira.
(C) Ordena todos os arquivos armazenados na pasta **C:\TJ__AM** por nome.
(D) Classifica todos os arquivos armazenados na pasta **C:\TJ__AM** por data.
(E) Seleciona todos os arquivos armazenados na pasta **C:\TJ_AM**.

O atalho Ctrl + A, no Windows Explorer, tem por função selecionar todos os arquivos e diretórios presentes no diretório atual, portanto apenas a alternativa E está correta.
Gabarito E.

(Analista – TREMG – 2012 – CONSULPLAN) Considere as seguintes afirmativas sobre o Sistema Operacional *Microsoft Windows 7 Ultimate* (configuração padrão – português Brasil).

I. Na área de trabalho deste Sistema é possível instalar pequenos programas como medidores de utilização do processador e memória, termômetro e outros. Esses recursos são conhecidos como *Gadgets*.
II. O recurso de modo de compatibilidade está disponível e tem a finalidade de tentar executar programas antigos que funcionavam em versões anteriores, mas não estão funcionando no *Windows 7*.
III. Para bloquear o acesso ao Sistema Operacional devem ser pressionadas simultaneamente as teclas *Windows* e B.
IV. Para abrir uma nova janela de um aplicativo que já está aberto na barra de tarefas, deve-se pressionar a tecla *Ctrl* e clicar no ícone do programa desejado.
Estão corretas apenas as afirmativas

(A) I e II.
(B) II e III.
(C) III e IV.
(D) I, II e III.
(E) II, III e IV.

As afirmativas III e IV estão incorretas, o atalho para bloquear o acesso ao sistema é Windows + L e para abrir uma nova janela de um aplicativo que já está aberto deve ser usada a tecla Shift. Portanto apenas a alternativa A está correta.
Gabarito A.

(Analista – TREMG – 2012 – CONSULPLAN) Considere os componentes do Sistema Operacional *Microsoft Windows XP* (configuração padrão – português Brasil).

I. ícone área de notificação com relógio 6:58 AM

II. ícones barra de inicialização rápida

III. botão Iniciar

Os componentes apresentados são, respectivamente,

(A) barra de tarefas, barra de aplicativos e menu iniciar.
(B) área de notificação, barra de inicialização e menu iniciar.
(C) barra de notificação, barra de inicialização e menu iniciar.
(D) área de notificação, barra de inicialização rápida e botão iniciar.
(E) gerenciador de tarefas, barra de inicialização rápida e iniciar sistema.

O primeiro componente representa a área de notificação onde pode ser encontrar o relógio e programas sendo executados em segundo plano, o segundo componente representa a barra de inicialização onde se encontram atalhos para programas e o terceiro componente representa o menu Iniciar, portanto apenas a alternativa B está correta.
Gabarito B.

(Analista – TRT/1ª – 2012 – FCC) Considere as tarefas realizadas por Paulo e os respectivos *softwares* necessários para realizá-las. Tarefas realizadas:

A. Edição de contratos, emissão de pareceres e confecção de atas de reunião.
B. Navegação e trabalho na *intranet*.
C. Criação de documentos para controle e cálculo de materiais, inventários, orçamentos e demais controles financeiros.
D. Apresentação em slides de resultados de demonstrativos e de pautas de treinamento e reuniões.
E. Criação, compartilhamento e gerenciamento de pastas e arquivos em diversas unidades de disco.
F. Geração de gráficos demonstrativos.
G. Gravação de CDs e DVDs.
H. Navegação na internet e uso de mecanismos de busca.
I. Configuração de compartilhamento de impressora.

Softwares:

1. Windows 7.
2. Microsoft Word 2010.
3. Microsoft Excel 2010.

4. Microsoft Power Point 2010.
5. Mozilla Firefox.
6. Internet Explorer.

Corresponde a uma associação correta:

(A) 1-E-G; 2-A; 3-C; 4-F; 5 e 6-B-H-I.
(B) 1-E-I; 2-A-G; 3-F-C; 4-D; 5-H; 6-B.
(C) 1-G-I; 2-A-F; 3-C; 4-D-E; 5-B; 6-H.
(D) 1-E-G-I; 2-A; 3-C-F; 4-D; 5 e 6-B-H.
(E) 1-B-E-G-I; 2-A; 3-C; 4-D-I; 5 e 6-H-F.

O Windows, como sistema operacional, permite a criação, compartilhamento e gerenciamento de arquivos e pastas no disco, gravar CDs e DVDs e compartilhar impressoras; o Word 2010 é um editor de textos, portanto pode editar contratos, realizar a emissão de pareceres e atas de reunião; o Excel 2010 por ser um *software* de planilha eletrônica permite a criação de documentos para controles e cálculo de materiais, inventários, orçamentos e criar gráficos demonstrativos; sendo um *software* de criação de apresentações, o *Powerpoint* 2010 permite criar apresentações de slides de demonstrativos e pautas de treinamento; sendo um navegadores web, tanto o Firefox como o Internet Explorer permitem a navegação em páginas web e uso de mecanismos de busca. Portanto a associação correta é 1-E-G-I; 2-A; 3-C-F; 4-D; 5 e 6-B-H e por isso apenas a alternativa D está correta.

Gabarito "D".

(Analista Judiciário – TRT/24 – FCC – 2017) Um Oficial de Justiça utiliza um computador com o sistema operacional Windows 7 Professional, em português, e deseja criar na área de trabalho um atalho para um documento que necessita abrir e utilizar com frequência. Para isso, clicou no botão Iniciar, na opção Computador e abriu a pasta no HD onde o documento está salvo. Para criar um atalho para esse documento na área de trabalho ele deve clicar

(A) com o botão direito do *mouse* sobre o nome do arquivo, selecionar a opção Enviar para e a opção Área de Trabalho (criar atalho).
(B) no menu Organizar, na opção Criar Atalho e na opção Área de Trabalho.
(C) com o botão direito do *mouse* sobre o nome do arquivo, selecionar a opção Criar Atalho e a opção Área de Trabalho.
(D) no menu Arquivo, na opção Atalho e na opção Criar na área de trabalho.
(E) com o botão esquerdo do *mouse* sobre o nome do arquivo, selecionar a opção Criar atalho e a opção Área de Trabalho.

Para se criar um atalho para um arquivo ou pasta na área de trabalho pode-se clicar com o botão direito do mouse na área de trabalho, seleciona a opção Novo e o item Atalho e indicar o local do arquivo ou clicar com o botão direito do mouse sobre o arquivo desejado, selecionar a opção Enviar e o item Área de trabalho (criar atalho). Portanto, apenas a alternativa A está correta.

Gabarito "A".

(Analista Judiciário – TRT/11 – FCC – 2017) Considerando-se que o Windows 7 Professional, em português, está instalado na unidade C de um computador,

(A) não será permitido salvar arquivos na raiz desta unidade, mas somente em pastas e subpastas criadas a partir da raiz.
(B) clicando-se com o botão direito do *mouse* sobre esta unidade, será possível acessar uma opção para particionar (dividir) o disco.
(C) será permitido formatar esta unidade a partir do Windows, porém, todos os arquivos e pastas serão apagados e não poderão ser recuperados.
(D) se uma pasta que contém 9 MB em documentos for apagada do HD, ela será enviada para a lixeira e poderá ser posteriormente recuperada.
(E) a pasta onde o Windows está instalado ficará oculta e não poderá ser acessada, para evitar que arquivos importantes sejam apagados.

A: Errada, não há restrição quanto a salvar arquivo na raiz de uma unidade de disco. **B:** Errada, o particionamento de um disco só pode ser realizado durante a instalação do sistema operacional ou por programas específicos após a instalação do Windows. **C:** Errada, a formatação do disco onde o Windows se encontra instalado só pode ser feita antes da inicialização do sistema. **D:** Correta, uma pasta ou arquivo que seja excluída pelo usuário será movida para a Lixeira até que seja recuperada ou excluída permanentemente. **E:** Errada, o diretório de instalação do Windows não é oculto por padrão e pode ser acessada pelo usuário.

Gabarito "D".

(Analista Judiciário – TRE/SP – FCC – 2017) No Windows 7 Professional em português foram exibidos arquivos no formato abaixo.

> Este Computador > Downloads > Arquivos >

arq1 arq2 arq3 arq4 arq5 arq6

Para mudar a forma de exibição, mostrando além do ícone e do nome dos arquivos a data de modificação, tipo e tamanho, deve-se clicar

(A) com o botão direito do mouse sobre a área de exibição, selecionar a opção Relatório e, em seguida, a opção Analítico.
(B) no menu Exibir e selecionar a opção Propriedades.
(C) com o botão direito do mouse sobre o nome de um dos arquivos e selecionar a opção Exibir Tudo.
(D) no menu Arquivo e selecionar a opção Exibir Detalhes.
(E) com o botão direito do mouse sobre a área de exibição, selecionar a opção Exibir e, em seguida, a opção Detalhes.

No Windows Explorer é possível visualizar o conteúdo de uma pasta de diversas formas. Na figura em questão temos a exibição em Bloco, que exibe apenas o nome e ícone do arquivo. Para exibir informações como data de modificação, tipo de arquivo e seu tamanho, devemos utilizar a visualização de Detalhes, para isso devemos clicar com o botão direito na área de exibição da pasta e selecionar o modo mencionado localizado no item Exibir. Portanto, apenas a alternativa E está correta.

Gabarito "E".

2. INFORMÁTICA

(Analista Judiciário – TRE/PE – CESPE – 2017) Com relação à figura precedente, que mostra parte de uma janela do Windows Explorer, assinale a opção correta.

(A) A pasta **Downloads**, por padrão, armazena os arquivos que o usuário deseje guardar temporariamente antes de enviá-los para uma unidade externa.

(B) A opção **Expandir** permite aumentar a área de armazenamento disponível no computador.

(C) No menu **Novo**, a opção **Pasta** permite a criação de uma nova pasta de arquivos dentro da unidade ou da pasta que tiver sido selecionada.

(D) A área **Locais** é destinada ao compartilhamento de arquivos da máquina com outros usuários.

(E) É possível excluir a **Área de Trabalho** clicando-se com o botão direito na opção **Excluir**.

A: Errada, a pasta Downloads armazena os arquivos baixados pelos navegadores instalados no computador. **B:** Errada, a opção Expandir fará com que os elementos colapsados sob o item selecionado sejam exibidos. **C:** Correta, no menu Novo é possível selecionar a opção Pasta para a criação de um novo diretório dentro da unidade ou pasta selecionada. **D:** Errada, a área Locais exibirá os locais recentes acessados pelo usuário, como as últimas pastas abertas. **E:** Errada, a Área de trabalho é um elemento inerente do sistema operacional que não pode ser excluída pelo usuário.
Gabarito "C".

(Analista Judiciário – STJ – CESPE – 2015) Julgue os próximos itens, acerca do sistema operacional Windows 7.0, do editor de textos Microsoft Word 2013 e do programa de navegação Internet Explorer 10.

(1) No Word 2013, para se centralizar o texto em uma célula de uma tabela qualquer, é suficiente realizar a seguinte sequência de ações: selecionar a célula que contém o texto; clicar com o botão direito do *mouse* sobre essa célula; finalmente, acionar a opção Texto Centralizado.

(2) Os atalhos de teclado ajudam o usuário de computador a executar uma funcionalidade em determinado *software* de forma rápida, eliminando a necessidade de vários cliques com o *mouse*, em determinados casos. No programa de navegação Internet Explorer 10, por exemplo, o uso do atalho constituído pelas teclas Ctrl e J fará que uma lista de *downloads* seja exibida.

(3) O Windows 7 foi lançado em quatro versões, cada uma direcionada a um público específico. A versão *Starter* possibilita a encriptação de dados mediante o uso do recurso conhecido como BitLocker.

1: Errada, para centralizar o texto em uma célula deve-se selecionar a opção Centralizar no item Alinhamento de Célula, ao clicar com o botão direito sobre a célula desejada ou utilizar o atalho Ctrl + E que ativa a função Centralizar; **2:** Correta: No Internet Explorer 10, assim como no Google Chrome e Mozilla Firefox, o atalho Ctrl + J faz com que sejam exibidos os últimos downloads realizados pelo usuário no navegador; **3:** Errada, o BitLocker, tecnologia que criptografa as unidades de disco rígido no computador para fornecer proteção avançada contra roubo ou a exposição de dados, está presente na versão Windows 7 Ultimate, e não na Starter.
Gabarito 1E, 2C, 3E.

(Analista – TRT1 – 2018 – AOCP) Visualizadores de imagens podem ser utilizados para abrir arquivos como fotos, logos e desenhos. Das alternativas a seguir, qual possui somente extensões de arquivos utilizadas por visualizadores de imagens, para imagens sem animação?

(A) .gif e .mp3
(B) .jpg e .ppt
(C) .img e .mkv
(D) .mp4 e .tiff
(E) .jpg e .png

A: Errada, arquivos do tipo mp3 são usados para áudio e a extensão gif é usada para arquivos de imagens com animação. **B:** Errada, arquivos do tipo ppt são usados pelo Microsoft PowerPoint para apresentações de slides. **C:** Errada, arquivos do tipo mkv são usados para vídeos de alta qualidade. **D:** Errada, arquivos do tipo mp4 são usados para multimídia. **E:** Correta, as extensões jpg e png são as mais utilizadas para salvar imagens estáticas.
Gabarito "E".

(Analista – TJ/ES – 2023 – CEBRASPE) Julgue o item seguinte, relativo ao sistema operacional Windows 10.

(1) O Visualizador de Eventos é uma ferramenta nativa do Windows 10 que permite ao administrador da máquina acessar dados dos logs de aplicativo, de segurança e do sistema, com objetivo de investigar e identificar possíveis problemas de software e(ou) de hardware.

1: Correta, o Visualizador de Eventos do Microsoft Windows 10 é uma ferramenta integrada ao sistema operacional que permite aos usuários visualizar e analisar logs de eventos gerados pelo próprio sistema, aplicativos e componentes do sistema. Ele fornece informações detalhadas sobre o funcionamento do sistema, incluindo eventos de segurança, aplicativos, instalações de software, erros do sistema e muito mais. Isso pode ajudar os administradores de sistemas a diagnosticar problemas, monitorar a saúde do sistema e solucionar questões de desempenho.

Gabarito "C".

6.2. Linux

(FCC – 2015) O sistema operacional Linux, em todas as suas distribuições (versões), utiliza uma estrutura de diretórios (pastas) padronizada, na qual diferentes tipos de arquivos são armazenados em diferentes diretórios. O diretório para a instalação de programas não oficiais da distribuição é o:

(A) /etc
(B) /bin/tmp
(C) /dev
(D) /usr/local
(E) /sbin

A: Errada, o diretório /etc é usado para arquivos de configuração do sistema e de programas instalados. **B:** Errada, não existe diretório /tmp dentro do diretório /bin, que armazena programas usados frequentemente pelos usuários. **C:** Errada, o diretório /dev armazena dispositivos de hardware, sendo um arquivo para cada dispositivo. **D:** Correta, o diretório /usr/local atualmente é usado para armazenar programas de terceiros ou programas auto compilados. **E:** Errada, o diretório /sbin armazena programas utilizados pelo usuário root para administração e controle do funcionamento do sistema.

Gabarito "D".

(Analista Judiciário – TRE/PI – CESPE – 2016) Assinale a opção que apresenta o comando que um usuário deve utilizar, no ambiente Linux, para visualizar, em um arquivo de texto (nome-arquivo), apenas as linhas que contenham determinada palavra (nome-palavra).

(A) pwd nome-arquivo | locate nome-palavra
(B) find nome-palavra | ls -la nome-arquivo
(C) cat nome-arquivo | grep nome-palavra
(D) lspci nome-arquivo | find nome-palavra
(E) cd nome-arquivo | search nome-palavra

A: Errada, o comando pwd apenas informa o nome do diretório atual e o comando locate é usado para encontrar um arquivo no sistema. **B:** Errada, o comando find é usado para encontrar arquivos na hierarquia de pastas e o comando ls para listar os arquivos de uma determinada pasta. **C:** Correta, o comando cat permite imprimir o conteúdo de um arquivo e combinado com o comando grep que permite filtrar um conteúdo por uma palavra-chave é possível obter o resultado desejado. **D:** Errada, o comando lspci é usado para listar dispositivos conectados através de interfaces PCI. **E:** Errada, o comando cd é usado para mudar o diretório sendo explorado pelo usuário.

Gabarito "C".

3. MATEMÁTICA E RACIOCÍNIO LÓGICO

Enildo Garcia, André Nader Justo e Daniel Pereira da Silva

1. RACIOCÍNIO LÓGICO

1.1. Introdução e Estruturas Lógicas

(Analista – TRF/4 – FCC – 2019) Em um jogo de pôquer, independentemente do valor das fichas, uma ficha preta equivale a 5 fichas verdes, uma verde equivale a duas azuis, uma azul equivale a 2 vermelhas e uma vermelha a 5 brancas. Dessa forma, 8 fichas verdes são equivalentes a

(A) 1 preta, 5 azuis e 2 vermelhas.
(B) 1 preta, 5 azuis e 5 brancas.
(C) 1 preta, 5 azuis e 15 brancas.
(D) 10 azuis, 10 vermelhas e 5 brancas.
(E) 10 azuis, 15 vermelhas e 10 brancas.

1ª solução
Ao calcular em termos de fichas vermelhas tem-se
8 verdes = 16 amarelas = 32 vermelhas
1 preta = 5 verdes = 10 azuis = 20 vermelhas
1 verde= 2 azuis = 4 vermelhas
1 amarela = 2 vermelhas
Assim, as 8 verdes que equivalem a 32 vermelhas também são equivalentes a
1 preta, 5 azuis e 2 vermelhas: 20 + 10 + 2.
2ª solução
A: 20+2x5+2 =32 vermelhas = 8 verdes. Correto Letra A
B: 20+5x2+1 = 31; Errado.
C: 20+5x2+15 = 45; Errado.
D: 10x2+10+1 = 31; Errado.
E: 10x2+15+2 = 37; Errado.
Gabarito "A".

(Analista – TRF/4 – FCC – 2019) Alberto, Breno e Carlos têm, ao todo, 40 figurinhas. Alberto e Breno têm a mesma quantidade de figurinhas e Carlos tem a metade da quantidade de figurinhas de Breno. A quantidade de figurinhas que Alberto e Carlos têm juntos é

(A) 16
(B) 8
(C) 24
(D) 32
(E) 20

Resolução
Sejam A, B e C as quantidades respectivas de figurinhas de Alberto, Breno e Carlos.
Tem-se
A + B + C = 40
A = B
C = B/2
Assim,
B + B + B/2 = 40
2B + B/2 = 40
4B + B)/2 = 40
5B = 80
B = 16
Então C = B/2 = 8
Daí,
B + C = 16 + 8 = 24 figurinhas.
Gabarito "C".

(Analista – TRT/2ª – 2014 – FCC) Uma pessoa nasceu em 1º de janeiro do ano 19XY e morreu em 2 de janeiro do ano 19YX, sendo X e Y algarismos diferentes entre si. A idade dessa pessoa quando ela morreu era igual à soma dos algarismos do ano de seu nascimento. Dessa forma, podemos concluir que o ano 19XY está entre

(A) 1960 e 1980.
(B) 1980 e 2000.
(C) 1920 e 1940.
(D) 1900 e 1920.
(E) 1940 e 1960.

Temos que $X \neq Y$ e $9 \geq X$, $Y \geq 0$.
As datas podem ser escritas 19XY = 1900 + 10X + Y e 19YX = 1900 + 10Y + X e a idade I será
I = 19YX – 19XY = (1900 + 10Y + X) – (1900 + 10X + Y)
I = 9Y – 9X e I é igual à soma dos algarismos do ano de seu nascimento, isto é, I = 1 + 9 + X + Y.
Então, 9Y – 9X = 10 + X + Y ou 8Y = 10 + 10X.
Ao simplificar, obtém-se 4Y = 5 + 5X =5(X + 1).
Logo, 4| 5(X+ 1), isto é, 4 divide o produto 5(X + 1).
Temos, para X, os valores 3, 7, 11, ...
Quando X = 3, Y será 5 e o ano 19XY = 1935. =>Letra C
E, para X = 7 e superiores, Y assume valores iguais ou superiores a 10 com mais de um algarismo.
Gabarito "C".

1.2. Lógica de Argumentação

(Analista – TRF/4 – FCC – 2019) Sabendo-se que é verdadeira a afirmação "Todos os filhos de José sabem inglês", então é verdade que

(A) José sabe inglês.
(B) José não sabe inglês.
(C) se Mário sabe inglês então ele é filho de José.
(D) se Murilo não sabe inglês então ele não é filho de José.
(E) se Marcos não é filho de José então ele não sabe inglês.

1ª solução
Pelo diagrama de Venn:

sabem inglês   não sabem inglês

(f: filhos de José)
Tem-se que as opções de resposta
A e B: são incorretas pois o enunciado nada afirma sobre José saber ou não inglês; **C:** errado pois Mário pode não ser filho de José; **E:** errado pois Marcos não é filho de José e ele pode saber inglês.
2ı solução
A afirmativa "Todos os filhos de José sabem inglês" é equivalente à afirmativa
"Se é filho de José então sabe inglês", ou seja, tem-se a condicional

p ⇒ q com as premissas
p: filho de José e
q: sabe inglês.
Essa condicional é equivalente à sua contrapositiva
~q -> ~p, ou seja,
"se não sabe inglês então não é filho de José".

Gabarito "D".

(Analista – TJ/SC – FGV – 2018) Considere a sentença: "Todo catarinense gosta de camarão ou é torcedor do Figueirense".

A negação lógica da sentença dada é:

(A) Nenhum catarinense gosta de camarão ou é torcedor do Figueirense;
(B) Todo catarinense gosta de camarão, mas não é torcedor do Figueirense;
(C) Todo catarinense não gosta de camarão e não é torcedor do Figueirense;
(D) Algum catarinense não gosta de camarão e não é torcedor do Figueirense;
(E) Algum catarinense não gosta de camarão ou não é torcedor do Figueirense.

Resolução
Sejam as premissas
p: "Todo catarinense gosta de camarão"
q: "Todo catarinense é torcedor do Figueirense"
E a disjunção
P: p v q.
Pede-se a negação de P: ~(p v q).
Pela regra de Morgan sabe-se que
~(p v q) =~p e ~q, ou seja,
A negação de p é "Algum catarinense não gosta de camarão"
E a negação de q é "não é torcedor do Figueirense".

Gabarito "D".

(Analista – TJ/SC – FGV – 2018) Uma sentença logicamente equivalente à sentença "Se Pedro é torcedor da Chapecoense, então ele nasceu em Chapecó" é:

(A) Se Pedro não é torcedor da Chapecoense, então ele não nasceu em Chapecó;
(B) Se Pedro nasceu em Chapecó, então ele é torcedor da Chapecoense;
(C) Pedro é torcedor da Chapecoense e não nasceu em Chapecó;
(D) Pedro não é torcedor da Chapecoense ou nasceu em Chapecó;
(E) Pedro é torcedor da Chapecoense ou não nasceu em Chapecó.

1ı solução
Sejam as premissas
p: Pedro é torcedor da Chapecoense
q: Pedro nasceu em Chapecó

e a condicional
p ⇒ q
Pede-se a equivalência lógica de P.
Tem-se
i) Contrapositiva de P: ~q -> ~p.
ii) Equivalência da condicional ii): ~q v p, ou seja,
"Pedro não é torcedor da Chapecoense ou nasceu em Chapecó"
2ı solução
Constrói-se a tabela verdade para as opções de resposta:

q	~p	~q	P: p --> q	A ~p --> ~q	B q -> p	C p e ~q	D ~p v q	E ~p v ~q
V	F	F	**V**	F	V	F	**V**	F
F	F	V	**F**	V	V	F	**F**	V
V	V	F	**V**	V	F	F	**V**	V
F	V	V	**V**	V	V	F	**V**	V

A letra "D" está correta, pois a sua tabela verdade possui os mesmos valores da proposição P indicando a equivalência.

Gabarito "D".

(Analista Judiciário – TRT/20 – FCC – 2016) Do ponto de vista da lógica, a proposição "se tem OAB, então é advogado" é equivalente à

(A) tem OAB ou é advogado.
(B) se não tem OAB, então não é advogado.
(C) se não é advogado, então não tem OAB.
(D) é advogado e não tem OAB.
(E) se é advogado, então tem OAB.

Resolução
Sejam as proposições
p: tem OAB
q: é advogado
O enunciado pede a proposição equivalente a
r: p → q.
Sabe-se, da Lógica Formal, que a proposição contrapositiva de p → q é
~q → ~p, que é equivalente à condicional r:

p	q		~p	~q	~q ~p
V	V	V	F	F	V
V	F	F	F	V	F
F	V	V	V	F	V
F	F	V	V	V	V

Logo, a resposta é a letra C: se não é advogado, então não tem OAB.

Gabarito "C".

(Analista Judiciário – TRT/20 – FCC – 2016) Marina, Kátia, Carolina e Joana se sentam em uma mesa hexagonal (seis assentos), conforme indica a figura abaixo.

Sabe-se que Carolina se senta imediatamente à direita de Marina e em frente à Kátia; e que Joana não se senta em frente a um lugar vazio. Dessa forma, é correto afirmar

que, necessariamente,
(A) Kátia se senta imediatamente ao lado de dois lugares vazios.
(B) Joana se senta imediatamente ao lado de Kátia.
(C) Marina se senta em frente à Kátia.
(D) Carolina se senta imediatamente ao lado de dois lugares vazios.
(E) Carolina está tão distante de Kátia na mesa quanto está de Marina.

Resolução
Colocando-se os dados do enunciado temos:
Primeiro Marina em frente a Kátia.
E Joana, que não se senta em frente a um lugar vazio:

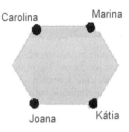

Então, necessariamente, é correto afirmar que Joana se senta imediatamente ao lado de Kátia. => Letra B
Gabarito "B".

(Analista – TJ/SC – FGV – 2018) Considere a sentença sobre os números racionais x e y : " x > = 3 e x + y =< 7".

Um cenário no qual a sentença dada é verdadeira é:
(A) x = 3 e y = 2;
(B) x = 3 e y = 7;
(C) x = 2 e y = 5;
(D) x = 4 e y = 4;
(E) x = 5 e y = 3.

Resolução
A: para x = 3 tem-se 3 + y =< 7
y =< 4
B: x = 3 e y = 7
3 + y =< 7
Y =< 4
Errado pois y não pode ser 7.
C: x = 2
2 + y <= 7
Y <= 5 mas x não pode ser 2.
D: x = 4 e y =4
4 + y =< 7
Y =< 3
Errado pois y não pode ser 4.
E: x = 5 e y= 3
Y =< 2
Errado porque y não pode valer 3.
Gabarito "A".

(Analista – TJ/SC – FGV – 2018) Há 10 anos, a soma das idades de Fernanda e de sua filha Isadora era 40 anos.

Daqui a 10 anos, a soma das idades delas será:
(A) 50 anos;
(B) 60 anos;
(C) 70 anos;
(D) 80 anos;
(E) 90 anos.

1ª solução
Sejam F e I as idades, há 10 anos, de Fernanda e I e de sua filha Isadora.
Tem-se
F + I = 40
Hoje a soma das idades é de
(F + 10) + (I + 10) = F + I + 20 = 40 + 20 = 60
Daqui a 10 anos a soma será de
60 + 20 = 80 anos.
2ª solução
Por exemplo, tenha-se
F = 30 e I = 10: com soma F + I = 40.
Hoje (30 + 10) + (10 + 10) = 60: Fernanda com 40 e Isadora, 20.
Daqui a 10 anos: 60 + 20 = 80
Gabarito "D".

(Analista – TJ/SC – FGV – 2018) Antônio comprou uma caixa com 42 comprimidos de um remédio. Ele tomou um comprimido por dia, sem interrupções, até terminar os comprimidos da caixa.

Se ele tomou o primeiro comprimido em uma sexta-feira, o último comprimido foi tomado em:
(A) uma quarta-feira;
(B) uma quinta-feira;
(C) uma sexta-feira;
(D) um sábado;
(E) um domingo.

Resolução
Em cada semana tem-se
Sex Sb D Seg. T Qua Qui tomou 7
"   7
"   7
"   7
"   7   => total até aqui: 35 comprimidos
O 42 foi tomado numa quinta-feira.
Gabarito "B".

(Analista Judiciário – TRT/20 – FCC – 2016) Uma entidade assistencial pretende montar kits com vestimentas de inverno para distribuir em creches da cidade. Para a montagem dos kits, a entidade dispõe de 60 cobertores idênticos, 72 casacos idênticos e 108 calças idênticas. Se todos os kits são iguais e se todas as 240 vestimentas são utilizadas nos kits, o número máximo de kits que a entidade conseguirá montar é igual a
(A) 24.
(B) 180.
(C) 60.
(D) 12.
(E) 6.

Solução
Resolve-se esta questão calculando-se o máximo divisor comum (mdc) das quantidades:

$$\begin{array}{r|l} 60, 72, 108 & 2 \\ 30, 36, 54 & 2 \\ 15, 18, 27 & 3 \\ 5, 6, 9 & 1 \end{array}$$

$$mdc = 2 \times 2 \times 3 = 12$$

Resposta: o número máximo de kits que a entidade conseguirá montar é igual a 12. => Letra D
Ou seja,
Cada kit conterá 60/12 = 5 cobertores, 72/12 = 6 casacos e 108/12 = 9 calças, num total de 20 vestimentas por kit.
E os 12 kits perfazem o total de 20x12 = 240 vestimentas, isto é, utilizam todas elas.

Gabarito "D".

(Analista – TJ/SC – FGV – 2018) Sérgio pagou uma conta vencida, com 6% de juros, no valor total (juros incluídos) de R$ 371,00.
Se Sérgio tivesse pagado essa conta até o vencimento, o valor seria:
(A) R$ 346,00;
(B) R$ 348,74;
(C) R$ 350,00;
(D) R$ 351,68;
(E) R$ 360,00.

Resolução
Tem-se
VF = VI(1 + i)
371 = VI(1 + 0,06)
VI = 371/1,06
VI = 350,00

Gabarito "C".

(Analista Judiciário – TRT/20 – FCC – 2016) Um comerciante resolveu incrementar as vendas em sua loja e anunciou liquidação de todos os produtos com desconto de 30% sobre o preço das etiquetas. Ocorre que, no dia anterior à liquidação, o comerciante havia remarcado os preços das etiquetas para cima de forma que o desconto verdadeiro, durante a liquidação, fosse de 16% sobre o preço anterior ao aumento com a remarcação. Sendo assim, o aumento do preço feito na remarcação das etiquetas no dia anterior à liquidação foi de
(A) 24%.
(B) 20%.
(C) 21%.
(D) 32%.
(E) 34%.

1ª Solução
Queria vender por com um desconto de 16%, isto é, 0,84 do preço, mas vendeu por 0,70 com desconto de 30% do preço.
Então, houve a remarcação de
= 1,2, ou seja, houve 20% de majoração no dia anterior. => Letra B

2ª Solução
Suponha, por exemplo, p = R$ 300,00 o preço, aumentado pelo comerciante, na etiqueta.
Então, na liquidação, venderá por 300 – 300x 0,3 = 300x0,3 = 210.
Porém, ele desejava um desconto verdadeiro de 16%, ou seja, 0,84 do preço.
Assim,
preço verdadeiro = = 250.
Como estava marcado 300, a majoração foi de
= 250=1,2, ou seja, houve 20% de majoração. => Letra B

Gabarito "B".

(Analista – TRT/2ª – 2014 – FCC) Um dia antes da reunião anual com os responsáveis por todas as franquias de uma cadeia de lanchonetes, o diretor comercial recebeu um relatório contendo a seguinte informação:
Todas as franquias enviaram o balanço anual e nenhuma delas teve prejuízo neste ano.

Minutos antes da reunião, porém, ele recebeu uma mensagem em seu celular enviada pelo gerente que elaborou o relatório, relatando que a informação não estava correta. Dessa forma, o diretor pôde concluir que, necessariamente,

(A) nem todas as franquias enviaram o balanço anual ou todas elas tiveram prejuízo neste ano.
(B) nem todas as franquias enviaram o balanço anual ou pelo menos uma delas teve prejuízo neste ano.
(C) nenhuma franquia enviou o balanço anual e todas elas tiveram prejuízo neste ano.
(D) alguma franquia não enviou o balanço anual e todas elas tiveram prejuízo neste ano.
(E) nenhuma franquia enviou o balanço anual ou pelo menos uma delas teve prejuízo neste ano.

Sejam as afirmações
p: Todas as franquias enviaram o balanço anual
q: nenhuma delas teve prejuízo neste ano
Como houve a negação de p ∧ q, isto é, a negação da conjunção, temos
¬ (p ∧ q) = ¬ p ∨ ¬ q
, ou seja,
¬ p: nem todas as franquias enviaram o balanço anual OU
¬ q: pelo menos uma delas teve prejuízo neste ano => Letra B

Gabarito "B".

1.3. Compreensão e Elaboração da Lógica das Situações por Meio de Raciocínio Matemático

(Analista – TRF3 – 2024 – VUNESP) Uma senha de seis dígitos, todos numéricos, corresponde ao 10º elemento da seguinte sequência numérica:

2, 11, 47, 191, 767, 3071, ...

Considerando-se que a senha seja **mpqxyz**, em que **m, p, q, x, y, z** representam os algarismos dessa senha, o número que representa **y** é
(A) 5.
(B) 7.
(C) 9.
(D) 3.
(E) 1.

1ª Solução
A sequência tem a estrutura
$a_1 = 2$
$a_2 = 11$
$a_3 = 11 + 36 = 47$

> Note que cada termo é a soma do anterior com 4x a diferença entre eles

$a_4 = 47 + 4 \times 36 = 47 + 144 = 191$

a5 = 191 + 4×144 = 191 + 576 = 767
a6 = 767 + 4×576 = 767 + 2.304 = 3.071
a7 = 3.071 + 4×9.216 = 3.071 + 9.916 = 12.287
a8 = 12.287 + 4×9.216 = 49.151
a9 = 49.151 + 4×36.864 = 196.607
a10 = 196.607 + 4×147.516 = 786.431.
Assim, a senha mpqxtmyz é igual a 786431 que mostra que y vale 3.

2ª Solução

Tem-se:

$a_1 = 2$

$a_2 = 2 + 9 = 11 = 2 + 3^2$

> Note que cada termo é a soma do anterior com múltiplos de 12 ao quadrado.

$a_3 = 11 + 36 = 47 = 11 + 6^2$

$a_4 = 47 + 144 = 191 = 47 + 12^2$

$a_5 = 191 + 576 = 767 = 191 + 24^2$

$a_6 = 767 + 2.304 = 3.071 = 767 + 48^2$

$a_7 = 3.071 + 96^2 = 12.287$

$a_8 = 12.287 + 192^2 = 49.151$

$a_9 = 49.151 + 384^2 = 196.607$

$a_{10} = 196.607 + 768^2 = 786.\mathbf{4}31$.

Assim, a senha mpqxtmyz é igual a 786431 que mostra que y vale 3.

3ª Solução

Para n par, Tem-se

$a_2 + 1 = 12 \times 16^0 = 12$

$a_4 + 1 = 12 \times 16^1 = 192$

$a_6 + 1 = 12 \times 16^2 = 3.072$

$a_8 + 1 = 12 \times 16^3 = 49.152$

$a_{10} + 1 = 12 \times 16^4 = 786.432$

Daí,

$a_{10} = 786.431$

Assim, a senha mpqxtmyz é igual a 786431 que mostra que y vale 3. Letra D

Ou

$a_n = 12 \times 16^{n/2-1}$, n par

Assim,
$a_{10} = 12 \times 16^{10/2-1} - 1 = 12 \times 16^4 - 1 = 786.431$

Gabarito D

(Analista – TRT/18 – 2023 – FCC) Um professor observou que em sua disciplina 70% dos alunos foram aprovados sem necessidade de fazer a prova de recuperação. Na prova de recuperação, ele verificou que compareceram apenas 90% dos reprovados na primeira avaliação e que todos os que compareceram foram aprovados. Sabendo-se que 3 alunos foram reprovados na disciplina, o total de alunos nessa disciplina era

(A) 80
(B) 100
(C) 70
(D) 200
(E) 120

Resolução
Seja N o total de alunos.
Então,
aprovados = 70% de N = 0,7N e reprovados = 0,3N.
Na prova de recuperação, compareceram 90% dos reprovados, ou seja, 0,9×0,3N = 0,27N, que também foram aprovados.
Assim, aprovados = 0,7N + 0,27N = 0,97N
Logo,
o total de alunos nessa disciplina era
0,97N + 3(reprovados) = N
ou
N − 0,97N = 3
0,03N = 3
$N = \dfrac{3}{0,03} = \dfrac{300}{3} = 100$

Gabarito "B".

(Analista – TRT/2ª – 2014 – FCC) Considere as três afirmações a seguir, todas verdadeiras, feitas em janeiro de 2013.

I. Se o projeto X for aprovado até maio de 2013, então um químico e um biólogo serão contratados em junho do mesmo ano.
II. Se um biólogo for contratado, então um novo congelador será adquirido.
III. Se for adquirido um novo congelador ou uma nova geladeira, então o chefe comprará sorvete para todos.

Até julho de 2013, nenhum biólogo havia sido contratado. Apenas com estas informações, pode-se concluir que, necessariamente, que

(A) não foi adquirida uma nova geladeira.
(B) o chefe não comprou sorvete para todos.
(C) o projeto X não foi aprovado até maio de 2013.
(D) nenhum químico foi contratado.
(E) não foi adquirido um novo congelador.

Sejam as afirmações
p: projeto X foi aprovado até maio de 2013
q: um químico e um biólogo foram contratados em junho do mesmo ano.
r: um novo congelador foi adquirido
s: o chefe comprou sorvete para todos
Temos p → q, q → r e r → s.
No entanto, ocorreu não q (~q) o que implica a ocorrência de não p (~p).

Gabarito "C".

(Técnico – VUNESP – 2015) Em um laboratório, há 40 frascos contendo amostras de drogas distintas. Esses frascos estão numerados de 01 a 40, sendo que os frascos de numeração par estão posicionados na prateleira Q e os de numeração ímpar estão posicionados na prateleira R. Sabe-se que o volume, em cm^3, de cada amostra é igual à soma dos algarismos do número de cada frasco.

Nessas condições, é correto afirmar que a quantidade de frascos cujas amostras têm mais de 8 cm^3 é

(A) maior na prateleira R do que na Q.
(B) maior na prateleira Q do que na R.
(C) igual em ambas as prateleiras.
(D) igual a 8.
(E) maior que 13.

Os frascos que têm mais de 8cm^3 são os de numeração 09, 19, 27, 29, 37 e 39, da prateleira R e 18, 28 e 36, da Q.
Logo, a quantidade de frascos cujas amostras têm mais de 8 cm^3 é maior na prateleira R do que na Q.
Gabarito "A".

Atenção: Utilize o texto a seguir para responder às duas questões a seguir.

Em uma das versões do jogo de Canastra, muito popular em certos Estados brasileiros, uma canastra é um jogo composto de sete cartas. Existem dois tipos de canastras: a canastra real, formada por sete cartas normais iguais (por exemplo, sete reis) e a canastra suja, formada por quatro, cinco ou seis cartas normais iguais mais a quantidade de coringas necessária para completar as sete cartas. São exemplos de canastras sujas: um conjunto de seis cartas "9" mais um coringa ou um conjunto de quatro cartas "7" mais três coringas.

As canastras reais e sujas valem, respectivamente, 500 e 300 pontos, mais o valor das cartas que as compõem. Dentre as cartas normais, cada carta "4", "5", "6" e "7" vale 5 pontos, cada "8", "9", "10", valete, dama e rei vale 10 pontos e cada ás vale 20 pontos. Já dentre os coringas, existem dois tipos: o "2", que vale 20 pontos cada, e o joker, que vale 50 pontos cada.

Uma carta "3" não pode ser usada em uma canastra. A Canastra é jogada com dois baralhos, o que resulta em oito cartas de cada tipo ("2", "3", "4", ... , "10", valete, dama, rei e ás) mais quatro coringas joker.

(Analista – TRT/2ª Região – 2014 – FCC) Ao fazer uma canastra do jogo de Canastra, um jogador conseguirá uma quantidade de pontos, no mínimo, igual a

(A) 335.
(B) 350.
(C) 365.
(D) 375.
(E) 380.

Para pontuação no jogo temos as seguintes regras:

Canastra Real	500 pontos	7 cartas iguais
Canastra Suja	300 pontos	4 cartas iguais + 3 coringas; 5 cartas iguais + 2 coringas; 6 cartas iguais + 1 coringa
Cartas baixas	5 pontos	4, 5, 6 e 7

Cartas altas	10 pontos	8, 9, 10, J, Q e K
"Ás"	20 pontos	-
Coringa Joker	50 pontos	-
Coringa "2"	20 pontos	-

Para fazer uma canastra com quantidade mínima de pontos será necessário fazer uma canastra suja com 6 cartas baixas + 1 coringa "2", pois:
Canastra Suja = 300 pontos;
6 cartas baixas = 6 x 5 = 30 pontos;
1 coringa "2" = 20 pontos;
Somando os pontos teremos: 300 + 30 + 20 = 350 pontos
Gabarito "B".

(Analista – TRT/2ª Região – 2014 – FCC) Ao fazer uma canastra do jogo de Canastra usando apenas sete cartas, um jogador conseguirá uma quantidade de pontos, no máximo, igual a

(A) 530.
(B) 535.
(C) 570.
(D) 615.
(E) 640.

Para fazer uma canastra com quantidade máxima de pontos, devemos fazer uma canastra real com 7 cartas "Ás".
Canastra Real = 500 pontos;
7 cartas "Ás" = 7 x 20 = 140 pontos;
500 + 140 = 640 pontos.
Gabarito "E".

(Analista – TRT/19ª Região – 2014 – FCC) P, Q, R, S, T e U são seis departamentos de uma repartição pública, sendo que cada um ocupa exatamente um andar inteiro do prédio de seis andares dessa repartição (os andares vão do 1º ao 6º). A respeito da localização de cada departamento nos andares do prédio, sabe-se que:

- R está a "tantos andares" de Q como Q está de P;
- S está no andar logo abaixo de R;
- T e U não estão em andares adjacentes;
- T não está no 1º andar;
- U está em andar imediatamente acima de P.

Nas condições descritas, o segundo andar do prédio da repartição pública é ocupado pelo departamento

(A) Q.
(B) T.
(C) S.
(D) R.
(E) U.

Vamos analisar as informações:
(I) R está a "tantos andares" de Q como Q está de P:

Hipóteses	"a"	"b"	"c"	"d"
6º	R	P		
5º			R	P
4º	Q	Q		
3º			Q	Q
2º	P	R		
1º			P	R

(II). S está no andar abaixo de R:

Hipóteses	"a"	"b"	"c"	"d"
6°	R	P		
5°	S		R	P
4°	Q	Q	S	
3°			Q	Q
2°	P	R		
1°		S	P	R

Portanto a hipótese "d" fica afastada.
Vamos "pular" para a informação (V).
(V) U está em andar imediatamente acima de P.

Hipóteses	"a"	"b"	"c"
6°	R	P	T
5°	S		R
4°	Q	Q	S
3°	U		Q
2°	P	R	U
1°	T	S	P

Inserimos também T com as possibilidades de estar no 1° ou no 6° andar.
(III) T e U não estão em andares adjacentes

Hipóteses	"a"	"c"
6°	R	T
5°	S	R
4°	Q	S
3°	U	Q
2°	P	U
1°	T	P

As hipóteses "a" e "c" atendem esta condição.
(IV) T não está no 1° andar.
Fica eliminada a hipótese "a".

Hipóteses	"a"	"c"
6°	R	T
5°	S	R
4°	Q	S
3°	U	Q
2°	P	U
1°	T	P

Portanto, a hipótese correta é a "c" e o segundo andar do prédio da repartição pública é ocupado pelo departamento U.
Gabarito "E".

(Analista – TRF/3ª Região – 2014 – FCC) O número de ordens judiciais decretadas pelo Órgão 1, há quatro anos, era igual ao número de ordens judiciais decretadas pelo Órgão 2, hoje. Daquela época para a atual, o número de ordens judiciais decretadas pelo Órgão 1 não mudou, mas o número de ordens judiciais decretadas pelo Órgão 2 cresceu 20%. Sabendo que os órgãos 1 e 2 somam, hoje, 6 000 ordens judiciais, então há quatro anos o número de ordens judiciais decretadas pelo Órgão 2 era igual a

(A) 2 400.
(B) 2 600.
(C) 2 500.
(D) 2 900.
(E) 2 800.

1) Vamos chamar de X o número de ordens judiciais do Órgão 1 há quatro anos. X é, portanto, igual ao número de ordens judiciais do Órgão 2 hoje.
Construindo uma tabela com os dados teremos:

	Há 4 anos	Hoje
Órgão 1	X	
Órgão 2		X
Soma		

2) Daquela época para a atual, o número de ordens judiciais decretadas pelo Órgão 1 não mudou e, sabendo que os órgãos 1 e 2 somam hoje 6 000 ordens judiciais, então:

	Há 4 anos	Hoje
Órgão 1	X	X
Órgão 2		X
Soma		6.000

3) Portanto, 2X = 6000 e X = 3000. Sabemos que o número de ordens judiciais decretadas pelo Órgão 1 cresceu 20% nos últimos 4 anos, ou seja, passou de Y para 1,2.Y.

	Há 4 anos	Hoje
Órgão 1	X	X
Órgão 2	Y	X = 3.000 = 1,2.Y
Soma		6.000

4) Como 1,2Y = 3000, Y = 3000/1,2 = 2500, ou seja, há quatro anos atrás, o número de ordens judiciais decretadas pelo Órgão 2 era igual a 2500.
Gabarito "C".

(Analista – TRF/3ª Região – 2014 – FCC) Um tanque com 5 000 litros de capacidade estava repleto de água quando, às 00:00 hora de um certo dia, a água começou a escapar por um furo à vazão constante. À 01:00 hora desse mesmo dia, o tanque estava com 4 985 litros de água, e a vazão de escape da água permaneceu constante até o tanque se esvaziar totalmente, dias depois. O primeiro instante em que o tanque se esvaziou totalmente ocorreu em um certo dia às

(A) 14 horas e 20 minutos.
(B) 21 horas e 20 minutos.
(C) 18 horas e 40 minutos.
(D) 14 horas e 40 minutos.
(E) 16 horas e 20 minutos.

Em 1 hora o tanque de 5000 litros esvaziou 5000 – 4985 = 15 litros.
Utilizando a regra de três:
1 hora ------- 15 litros
X horas ------- 5000 litros   X = 5000/ 15
Portanto, serão necessárias 333,333 horas para esvaziar 5.000 litros. Temos que dividir 333,333 por 24 para sabermos o número de dias até o esvaziamento completo. O resultado desta divisão é igual a 13,889. Subtraindo os 13 dias completos, chegamos à conclusão de que o tanque esvaziou no 14° dia, às 00h00 + 0,889*24 h.
Multiplicando 0,889 por 24, chegamos ao valor de 21,333 horas, ou seja, às 21 + 0,333*1h. Multiplicando 0,333 por 60 chegamos a aproximadamente 20 minutos.

Portanto, o instante em que o tanque se esvazia totalmente ocorre no 14º dia, às 21 horas e 20 minutos.

Gabarito "B".

(Analista – MP/MS – 2013 – FGV) Em certo ano, o 100º dia caiu em um domingo.

Então, nesse ano, o 200º dia foi uma:

(A) segunda-feira.
(B) terça-feira.
(C) quarta-feira.
(D) quinta-feira.
(E) sexta-feira.

Do 100º ao 200º dia transcorrerão 100 dias. Neste período teremos 100/7 semanas.
Efetuando esta operação encontraremos um quociente de 14 semanas e um resto de 2 dias. Portanto o 200º ocorrerá após dois dias do domingo, ou seja numa 3ª feira.

Gabarito "B".

Em uma antiga fazenda foi encontrada uma caixa com 15 moedas de aparência idêntica. As moedas eram dobrões portugueses do século XVIII como o que se vê abaixo. Junto com as moedas havia um bilhete do antigo fazendeiro dizendo que uma dessas moedas é falsa, pois todas as moedas verdadeiras têm mesmo peso e a falsa tem peso um pouco menor.

dobrão português

balança de dois pratos

(Analista – MP/MS – 2013 – FGV) Utilizando uma balança de dois pratos e sem depender da sorte, o número mínimo de pesagens que permite identificar, com certeza, a moeda falsa é:

(A) 3.
(B) 5.
(C) 6.
(D) 7.
(E) 9.

1ª pesagem: Colocar 7 moedas no prato esquerdo da balança e 7 no prato direito:
– Se os pratos de equilibrarem a moeda falsa é a que não entrou na pesagem.
– Se o prato direito pender para baixo, a moeda falsa estará entre aquelas que estão no prato esquerdo e vice-versa.
2ª pesagem: Tomar o conjunto de 7 moedas que apresentou menor peso, colocar 3 das moedas no prato esquerdo da balança e 3 no prato direito:
– Se os pratos de equilibrarem a moeda falsa é a que não entrou na pesagem.
– Se o prato direito pender para baixo, a moeda falsa estará entre aquelas que estão no prato esquerdo e vice-versa.
3ª pesagem: Tomar o conjunto de 3 moedas que apresentou menor peso, colocar 1 das moedas no prato esquerdo da balança e 1 no prato direito:
– Se os pratos de equilibrarem a moeda falsa é a que não entrou na pesagem.

– Se o prato direito pender para baixo, a moeda falsa será aquela que está no prato esquerdo e vice-versa.
O número mínimo de pesagens é, portanto, igual a 3.

Gabarito "A".

(Analista – TJ/SC – FGV – 2018) Dois atendentes atendem 32 clientes em 2h40min.

Com a mesma eficiência, três atendentes atenderão 60 clientes em:

(A) 2h40min;
(B) 2h48min;
(C) 3h10min;
(D) 3h20min;
(E) 3h30min.

Resolução
Monta-se a Regra de Três composta
atendentes clientes tempo
2   32   2h40min = 160 min
3   60   T
Note que as grandezas são todas diretamente proporcionais.
Assim, tem-se
T = (2x60x160)/(3x32)
T = 200 min
T = 3h 20min.

Gabarito "D".

(FGV – 2013) Em um fórum há 60 processos judiciais, sendo que o menor tem 30 páginas e o maior tem 42 páginas.

Considere que cada processo tenha um número inteiro de páginas. Sobre esses 60 processos judiciais, é obrigatoriamente verdadeiro que

(A) o total de páginas é maior que 2400.
(B) cada processo tem, em média, 36 páginas.
(C) nenhum processo tem exatamente 36 páginas.
(D) pelo menos um processo tem exatamente 36 páginas.
(E) há pelo menos cinco processos com exatamente o mesmo número de páginas.

1ª solução
Ao analisar as alternativas, observa-se que
A: Incorreto pois se são, por exemplo, 58 processos de 31p=1.798, 1 de 30p e 1 de 42p temos 1.870 páginas;
B: Incorreto porque não há afirmação que confirme isso;
C: Também incorreto por não haver afirmação que confirme isso;
D: Idem – nada confirma tal afirmação;
E: Correto – fora os processos de 30 e de 42 p. temos 11 quantidades diferentes de páginas, de 31 a 41 que, ao dividir-se 58 por 11, dá 5 processos com o mesmo número de páginas.
2ª solução
Há 12 números distintos de quantidade de páginas (42-30 = 12) e existem 60 processos. Assim: 60/12 = 5. Quer dizer que existem no mínimo 5 processos com o mesmo número de páginas.

Gabarito "E".

(FGV – 2013) A respeito de um conjunto de cem processos judiciais, sabe-se que
I. pelo menos um deles é de 2º grau;
II. entre quaisquer quatro desses processos, pelo menos um é de 1º grau.
Sobre esse conjunto de processos judiciais tem-se que

(A) exatamente setenta e cinco são de 1º grau.
(B) no máximo noventa e sete são de 2º grau.
(C) no mínimo noventa e sete são de 1º grau.
(D) no máximo vinte e cinco são de 2º grau.
(E) no máximo setenta e cinco são de 1º grau.

1ª solução
Como não podem haver 4 processos quaisquer todos de 2º grau porque se alguém os verificasse, não encontraria, entre eles, um de 1º grau ou seja, dos 100 processos, tem-se, até agora, no mínimo, que 96 são de 1º grau.
Restam, portanto, 4 processos e, entre eles, um é, pelo menos, de 1º grau. Logo, no mínimo, noventa e sete são de 1º grau. => Letra C
2ª solução
Como devem haver um ou mais processos de 2º grau, isto é,
1 processo de 2º grau, restariam 99 de 1º grau ou
2 processos, restariam 98 ou
3 restariam 97 de 1º grau ou
4 restariam 96 – não pode ocorrer pois não teríamos entre quaisquer quatro desses processos, pelo menos um é de 1º grau.
Com isso, no mínimo, noventa e sete são de 1º grau. => Letra C
Gabarito "C".

(FGV – 2013) Em um determinado fórum, dezessete processos foram analisados em uma semana, de 2ª feira a 6ª feira.

Assim, é necessariamente verdade que

(A) em algum dia da semana foram analisados quatro ou mais processos.
(B) em cada dia da semana foi analisado pelo menos um processo.
(C) em cada dia da semana foram analisados pelo menos dois processos.
(D) em nenhum dia da semana foram analisados mais de dez processos.
(E) em algum dia da semana não foi analisado processo algum.

Ao analisar as alternativas, observa-se que
B: Incorreto porque não há afirmação que confirme isso;
C: Também incorreto por não haver afirmação que confirme isso;
D: Idem – nada confirma tal afirmação;
E: Incorreto – não há afirmação que confirme isso.
A: com a média de 3 e pouco processos por dia: 17 = 3x5 + 2, é verdade que, em algum dia da semana, foram analisados quatro ou mais processos.
Gabarito "A".

(FGV – 2013) Dona Maria tem quatro filhos: Francisco, Paulo, Raimundo e Sebastião.
A esse respeito, sabe-se que
I. Sebastião é mais velho que Raimundo.
II. Francisco é mais novo que Paulo.
III. Paulo é mais velho que Raimundo.
Assim, é obrigatoriamente verdadeiro que

(A) Paulo é o mais velho.
(B) Raimundo é o mais novo.
(C) Francisco é o mais novo.
(D) Raimundo não é o mais novo.
(E) Sebastião não é o mais novo.

1ª solução
Temos, indicando ">" como sendo mais velho que,
S>R
P>F
P>R
que leva ás ordens decrescentes de idades, por exemplo,
S,P,R,F ou S,P,F,R ...
Logo, a alternativa correta é a da letra E.
2ª solução
(a) errado – a sequência SPRF pode existir
(b) errado – a sequência SPRF pode existir
(c) errado – a sequência SPFR pode existir
(d) a sequência SPFR pode existir
(e) a sequência com S no final não pode existir já que S>R
Gabarito "E".

(FGV – 2013) Abel, Bruno, Carlos, Diogo, Elias e Fernando estão, respectivamente, sobre os vértices A, B, C, D, E e F de um hexágono regular, dispostos nessa ordem e no sentido horário.

Sejam a, b, c, d e e as distâncias de Fernando, respectivamente, a Abel, Bruno, Carlos, Diogo e Elias, então é correto afirmar que

(A) $a = b = c = d = e$
(B) $a < b < c < d < e = 2a$
(C) $a = e < b = d < c = 2a$
(D) $a = b < d = e < c = 2a$
(E) $a = c < b = d < e = 2a$

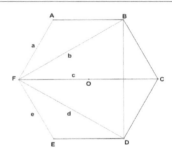

Temos
. os comprimentos OA, e e a são iguais: OA = a = e por serem lados dos triângulos equiláteros OAF e OEF;
. c = CF = 2OA = 2a;
. b=d pois são lados do triângulo equilátero BDF;
. como a=e tem-se que e < 2a=c.
Assim a alternativa correta é a da letra C
Gabarito "C".

(Analista TRF/4 – FCC – 2019) Os inscritos em um congresso receberam crachás com identificações que começam pelas letras A ou B, seguidas de três números. Do total de inscritos, 3/7 receberam crachás com a letra A. Em uma palestra 2/5 dos inscritos que receberam crachás com a letra A compareceram e todos os inscritos que receberam crachás com a letra B também compareceram. Havia 260 participantes nessa palestra. O total de inscritos nesse congresso é de

(A) 300
(B) 520
(C) 560
(D) 350
(E) 260

Resolução
Seja A o número dos que receberam crachás com a letra A e B os com a letra B, num total T de inscritos.
Tem-se
A = (3/7)T = A e B (4/7)T.
Na palestra compareceram
(2/5)A + B = 260
Ou seja,
(2/5)(3/7) T (4/7)T = 260
(6/35)T + (4/7)T = 260
(6 + 20)/35)T = 260
26T = 35x260
T = 350 inscritos.

Gabarito "D".

(Analista Judiciário – TRT/24 – FCC – 2017) Francisco verificou que havia x pastas em um diretório. Ele abriu 1/3 dessas pastas, deixou as restantes fechadas e foi embora. Geraldo encontra as pastas como Francisco havia deixado, abre 5/7 das pastas que ainda estavam fechadas e foi embora. Humberto observa a situação das pastas após a intervenção de Geraldo, fecha 7/34 das pastas que encontrou abertas e abre metade das pastas que encontrou fechadas. Após a intervenção de Humberto, a fração, das x pastas, que ficaram abertas é igual a

(A) 31/42
(B) 5/34
(C) 13/21
(D) 15/34
(E) 9/21

1ª solução
Suponha que o número x de pastas do diretório seja 714, que é o produto dos denominadores das frações do enunciado:
3x7x34 = 714.
Assim,
i) Francisco abriu $\frac{714}{3}\frac{714}{3}$ = 238 pastas e permaneceram fechadas 714 – 238 = 476,

ii) Geraldo abre $\left(\frac{5}{7}\right)\left(\frac{5}{7}\right)$476 = 340 pastas e permanecem 238 + 340 = 578 pastas abertas e 714 – 578 = 136 fechadas.

iii) Humberto:
– fecha $\left(\frac{7}{34}\right)\left(\frac{7}{34}\right)$578 = 119 pastas,
– abre $\left(\frac{1}{2}\right)\left(\frac{1}{2}\right)$136 = 68 pastas e deixa outras 68 fechadas.
Neste momento, têm-se
119 + 68 = 187 pastas fechadas e
714 – 187 = 527 pastas abertas.
Então, A fração, das x pastas, que ficaram abertas é igual a
$\frac{527}{714}\frac{527}{714}$ que, simplificada dividindo-se por 17, resulta em $\frac{31}{42}$
=> Letra A
Ou
2ª solução

Em termos algébricos tem-se, com **a** pastas abertas e **f**, fechadas:
i) a = $\frac{x}{3}\frac{x}{3}$ e, f = 1 – $\frac{x}{3}\frac{x}{3}$ = $\frac{2x}{3}\frac{2x}{3}$

ii) a = $\frac{x}{3}$3 + $\left(\frac{5}{7}\right)\left(\frac{2x}{3}\right)\left(\frac{5}{7}\right)\left(\frac{2x}{3}\right)$= $\frac{x}{3}$ + $\frac{10x}{21}$ = $\frac{17x}{21}$

$f = \frac{x}{3} + \frac{10x}{21} = \frac{17x}{21}$

$f = X - \frac{17x}{21} = \frac{4x}{21} X - \frac{17x}{21} = \frac{4x}{21}$

iii) Humberto:
– fecha $\left(\frac{7}{34}\right)\frac{17x}{21}\left(\frac{7}{34}\right)\frac{17x}{21} \frac{xx}{=66}$ pastas,

– abre $\left(\frac{1}{2}\right)\frac{4x}{21}\left(\frac{1}{2}\right)\frac{4x}{21} \frac{2x2x}{=2121}$ pastas e deixa outras $\frac{2x2x}{2121}$ fechadas.
Neste momento, têm-se
$\frac{xx}{66} + \frac{2x2x}{2121} = \frac{7x+4x}{42} = \frac{11x}{42} \frac{7x+4x}{42} = \frac{11x}{42}$ pastas fechadas e
x - $\frac{11x}{42}\frac{11x}{42}$ -= $\frac{42x-11x}{42}$ = $\frac{42x-11x}{42}$ = $\frac{31x}{42}\frac{31x}{42}$
pastas abertas.
Então,
A fração, das x pastas, que ficaram abertas é igual a
$\frac{\frac{31X}{42}\frac{31X}{42}}{x\ x} = \frac{31}{42}= \frac{31}{42}$ => Letra A

Gabarito "A".

(Analista Judiciário – TRT/24 – FCC – 2017) Em determinada semana o preço do tomate é 80% do preço da batata. Na semana seguinte o preço da batata cai 48% e o preço do tomate sobe 30%. Nessa segunda situação, para que o preço da batata se iguale ao preço do tomate, ele deverá subir

(A) 80%.
(B) 100%.
(C) 90%.
(D) 75%.
(E) 50%.

1ª Solução
Seja ti o preço do tomate e bi o da batata na semana i.
Tem- se t1 = 0,8b1 na primeira semana.
Na segunda semana, $\frac{b2}{}\frac{b2}{}$
b2 = 0,52b1, ou b1 = $\frac{0,52}{}\frac{0,52}{}$, pois o preço da batata caiu 48% e
t2 = 1,3t1 uma vez que o preço do tomate subiu 30%.
Temos
t2 = 1,04 $\left(\frac{b2}{0,52}\right)$ 1,04 $\left(\frac{b2}{0,52}\right)$ = 2b2.
t2 =
Então, para que o preço da batata se iguale ao preço do tomate, ele deverá subir 100%, isto é, t2 passa a 2t2 e, então,
t2 fica igual a b2. => Letra B
Ou
2ª Solução
Suponha que a batata, na primeira semana, custe b1 = R$ 10,00.
E o tomate, t1 = R$ 8,00.
Na segunda semana, temos
b2 = 0,52b1 = 0,52x10 = 5,20, pois o preço da batata caiu 48% e
t2 = 1,3t1 = 1,3x8 = 10,40 (o preço do tomate subiu 30%).
Logo,
Para que o preço da batata se iguale ao preço do tomate ele deverá subir 100%, isto é, 5,20 passa a 10,40. => Letra B

Gabarito "B".

3. MATEMÁTICA E RACIOCÍNIO LÓGICO

(Analista Judiciário – TRT/24 – FCC – 2017) Um veículo trafegando a uma velocidade média de 75 km/h percorre determinada distância em 4 horas e 20 minutos. Se a sua velocidade média cair para 45 km/h, o tempo necessário para percorrer a mesma distância será acrescido de um valor que é

(A) menor do que uma hora.
(B) maior que uma hora e menor que duas horas.
(C) maior que quatro horas.
(D) maior que três horas e menor que quatro horas.
(E) maior que duas horas e menor que três horas.

Resolução
Tem-se
e = v1t1 (distância é igual a velocidade vezes tempo)
t1 = 4h20min = 260min

v_1 = 75 km/h = $\frac{75}{60}$ km/min
Daí
e = $\left(\frac{75}{60}\right)\left(\frac{75}{60}\right)$ x260
Se sua velocidade média cair para 45 km/h, tem-se
e = $\left(\frac{75}{60}\right)\left(\frac{75}{60}\right)$ x260 = $\left(\frac{45}{60}\right)\left(\frac{45}{60}\right)$ t2 ou

t2 = $\frac{\left(\frac{75}{60}\right)x260\left(\frac{75}{60}\right)x260}{\left(\frac{45}{60}\right)\left(\frac{45}{60}\right)}$ = $\frac{\left(\frac{75x260}{60}\right)\left(\frac{75x260}{60}\right)}{\left(\frac{45}{60}\right)\left(\frac{45}{60}\right)}$ = $\frac{75x260}{45}$

$\frac{75x260}{45}$
Então,

t2 – t1 = $\frac{75x260}{45}\frac{75x260}{45}$ - 260 =
= 260($\frac{75}{45}\frac{75}{45}$ – 1) = 260($\frac{30}{45}\frac{30}{45}$) = 260($\frac{2}{3}\frac{2}{3}$) min =

= ($\frac{520}{3}\frac{520}{3}$)($\frac{1}{60}\frac{1}{60}$) = $\frac{26}{9}\frac{26}{9}$ h ≈≈ 2,9 h => Letra E

(Analista Judiciário – TRT/11 – FCC – 2017) Alexandre, Breno, Cleide e Débora saíram vestindo camisas do seu time de futebol. Sabe-se que cada pessoa torce por um time diferente, e que os times são: Flamengo, Corinthians, São Paulo, Vasco, não necessariamente nessa ordem. Cleide é corintiana, Breno não torce pelo Flamengo nem pelo São Paulo, Débora é são-paulina. Sendo assim, conclui-se que Alexandre e Breno, respectivamente, torcem para

(A) Flamengo e Corinthians.
(B) Vasco e Flamengo.
(C) São Paulo e Vasco.
(D) Flamengo e Vasco.
(E) Vasco e Corinthians.

Solução
Breno torce então, pelo Corinthians ou pelo Vasco,
Uma vez que Cleide já é corintiana, resta, assim, o Vasco para o Breno torcer.
E, para Alexandre, só resta um time diferente, o Flamengo.

Conclui-se, então, que Alexandre e Breno, respectivamente, torcem para Flamengo e Vasco. => Letra D

(Analista Judiciário – TRT/11 – FCC – 2017) Marlene, Jair, Renata, Alexandre e Patrícia fizeram uma prova de um concurso obtendo cinco pontuações diferentes. Sabe-se ainda que, nessa prova:

– Marlene obteve mais pontos do que Alexandre, mas menos pontos do que Patrícia;
– Jair obteve mais pontos do que Renata, que por sua vez obteve mais pontos do que Marlene.

Sendo assim, é necessariamente correto que

(A) Marlene obteve mais pontos do que Renata.
(B) Jair obteve menos pontos do que Patrícia.
(C) Renata obteve menos pontos do que Patrícia.
(D) Alexandre foi o que obteve menos pontos.
(E) Patrícia foi a que obteve mais pontos.

Resolução
Sejam J, R, A e P os pontos obtidos por Jair, Renata, Alexandre e Patrícia, respectivamente.
– Marlene obteve mais pontos do que Alexandre, mas menos pontos do que Patrícia: P > M > **A** (i)
– Jair obteve mais pontos do que Renata, que por sua vez obteve mais pontos do que Marlene: J > R e R > M
Ou seja,
J > R > M (ii).
No entanto, M > A, pela relação (ii), o que resulta
J > R > M > **A** (iii).
As relações (i) e (iii) mostram que Alexandre foi o que obteve menos pontos. => Letra D

(Analista Judiciário – TRT/11 – FCC – 2017) Para um concurso foram entrevistados 970 candidatos, dos quais 527 falam inglês, 251 falam francês, 321 não falam inglês nem francês. Dos candidatos entrevistados, falam inglês e francês, aproximadamente,

(A) 13%.
(B) 18%.
(C) 9%.
(D) 11%.
(E) 6%.

Resolução
C

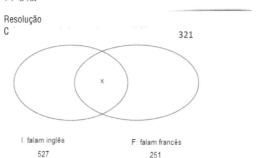

Sendo # a cardinalidade de um conjunto, ié, o número de seus elementos, temos

x = #(I ∩ F): falam inglês e francês, e

$\#(I \cup F \cup F) = \#I + \#F - \#(I \cap \cap F)$

$527 + 251 - \#(I \cap \cap F) + 321 = 970$

$1099 - \#(I \cap \cap F) = 970$

$\#(I \cap \cap F) = 1099 - 970$
Falam inglês e francês:

$\#(I \cap \cap F) = 129$
Seja, agora, a regra de três
970 -- 129
100 -- p
=> Tem-se, então,

$p = \dfrac{100 \times 129}{970} \dfrac{100 \times 129}{970} = \dfrac{1290}{97} \dfrac{1290}{97} \approx \approx 13{,}3$ => Letra A

EG

Gabarito "A".

(Analista Judiciário – TRF/2 – Consulplan – 2017) Analise a figura a seguir.

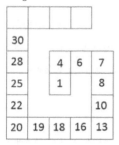

A soma dos números que preenchem os 4 quadrinhos em branco é:

(A) 133.
(B) 134.
(C) 135.
(D) 136.

Resolução
A figura representa uma espécie de espiral conforme o esboço:

Observa-se uma lógica nos números inscritos na figura:
os números nela incluídos seguem uma lei de formação de somas de um elemento de uma sêxtupla; começando com 1, logo após soma-se aos próximos 3,2,1,1, 2,3:
1
$1 + 3 \to 4$
$4 + 2 \to 6$

$6 + 1 \to 7$
$7 + 1 \to 8$
$8 + 2 \to 10$
$10 + 3 \to 13$
E assim por diante.
Em detalhes:
$1 + 3$
$4 + 2$
$6 + 1$
$7 + 1$
$8 + 2$
$10 + 3$
$13 + 3$
$16 + 2$
$18 + 1$
$19 + 1$
$20 + 2$
$22 + 3$
$25 + 2$
$28 + 2$
$30 + 1$
a
b
c
d
...

Consequentemente, a soma dos números que preenchem os 4 quadrinhos em branco é:
$a + b + c + d = 31 + 32 + 34 + 37 = \mathbf{134}$ => Letra B

EG

Gabarito "B".

(Analista Judiciário – TRF/2 – Consulplan – 2017) No estoque de uma loja de eletrodomésticos encontram-se três tipos de ventiladores: de mesa, de teto e de parede. No total são 60 unidades, de forma que: o número de ventiladores de teto corresponde a três quartos do número de ventiladores de mesa e há 10 ventiladores de parede a mais que os de teto. Se forem acrescentados nesse estoque 9 ventiladores de parede e retirados um terço dos ventiladores de teto e metade dos ventiladores de mesa, quantos ventiladores o estoque passará a conter?

(A) 51.
(B) 52.
(C) 54.
(D) 55.

Resolução
Sejam m1, t1 e p1 as quantidades de ventiladores de mesa, de teto e de parede, respectivamente, no estoque inicial.
Tem-se, também,
$$\begin{cases} m_1 + t_1 + p_1 = 60 \\ t_1 = \dfrac{3}{4} m_1 \\ p_1 = t_1 + 10 \end{cases}$$
Então, substituindo o valor de $p_1 p_1$, resulta

$m_1 m_1 + t_1 t_1 + t_1 t_1 + 10 = 60$

$m_1 m_1 + 2 t_1 2 t_1 = 50$
ou

$m_1 m_1 + 2 \dfrac{3}{4} m_1 \dfrac{3}{4} m_1 = 50$

$m_1 m_1 + \dfrac{3}{2} m_1 \dfrac{3}{2} m_1 = 50$

$\frac{5}{2}m_1\frac{5}{2}m_1 = 50$

$m_1m_1 = 20$

E

$t_1 = \frac{3}{4}m_1t_1 = \frac{3}{4}m_1 = 15,$

$p_1 = t_1 + p_1 = t_1 + 10 = 25$

Na nova situação,

$p_2p_2 = p_1p_1 + 9 \Rightarrow p_2p_2 = 25 + 9 = 34$

$t_2\ t_2\ =\ t_1\ t_1 - \frac{1}{3}t_1\frac{1}{3}t_1 = \frac{2}{3}t_1\frac{2}{3}t_1 \Rightarrow t_2t_2 = \frac{2}{3}15\frac{2}{3}15 = 10$

 $20\ m_2 = m_1\ m_1 - \frac{1}{2}m_1\frac{1}{2}m_1 = \frac{1}{2}m_1 = \frac{1}{2}m_1 = \frac{1}{2}20 = 10$

Logo,

o estoque passará a conter

p2 + t2 + m2 = 34 + 10 + 10 = 54 ventiladores. => Letra C

Gabarito "C".

(Analista Judiciário – TRF/2 – Consulplan – 2017) Observe a sequência de figuras a seguir:

A figura que substitui corretamente a interrogação é:

A)

B)

C)

D)

Solução

1) Observe as bolinhas assinaladas que estão se posicionando no sentido horário:

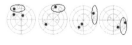

A próxima posição delas será

2) Note as bolinhas assinaladas:

A próxima posição dessas será

3) Observe a bolinha assinalada, alternando de preta para branca:

que estará na posição

Resposta: Letra D

Gabarito "D".

1.4. Conceitos Básicos de Raciocínio Lógico

(Analista – TRF3 – 2024 – VUNESP) Considere verdadeiras as seguintes afirmações:

I. Se o evento é hoje, então descansei ontem.
II. O evento não é hoje ou amanhã vou descansar.
III. Ou estudo hoje ou não descansarei amanhã.
IV. Não descansarei amanhã.

Uma conclusão verdadeira que se pode extrair das informações apresentadas é:

(A) O evento é hoje.
(B) Descansei ontem.
(C) Não estudo hoje.
(D) Não descansei hoje.
(E) Estudo hoje.

Resolução

Uma vez que ele estuda **ou** descansa em cada dia,
a afirmação IV indica que vai estudar amanhã.
Sendo assim, não vai estudar hoje para que III seja Verdadeira.
Para que a afirmação III seja Verdadeira é necessário que uma ou outra das premissas seja Verdadeira e a outra, Falsa. (**Ou** exclusivo)
Tabela Verdade do **ou** exclusivo (v):

p	q	p $\vee$ q
V	V	F
V	F	V
F	V	V
F	F	F

Gabarito "C".

(Analista – TRT/16ª Região – 2014 – FCC) Se nenhum XILACO é COLIXA, então

(A) todo XILACO é COLIXA.
(B) é verdadeiro que algum XILACO é COLIXA.
(C) alguns COLIXA são XILACO.
(D) é falso que algum XILACO é COLIXA.
(E) todo COLIXA é XILACO.

Como nenhum membro do conjunto XILACO é membro do conjunto COLIXA, analisando as afirmativas, concluímos que:
(A) Falso, pois nenhum XILACO é COLIXA
(B) Falso, pois não é verdadeiro que algum XILACO é COLIXA

(C) Falso, pois nenhum COLIXA é XILACO
(D) Verdadeiro, pois é falso que alguma XILACO é COLIXA.
(E) Falso, pois nenhum XILACO é COLIXA.

Gabarito "D".

(Analista – TRT/16ª Região – 2014 – FCC) Uma urna contém 14 bolas vermelhas, 15 pretas, 5 azuis e 11 verdes. Retirando-se ao acaso uma bola por vez dessa urna, o número mínimo de retiradas para se ter certeza que uma bola azul esteja entre as que foram retiradas é

(A) 6.
(B) 20.
(C) 1.
(D) 41.
(E) 40.

Na pior das hipóteses, poderíamos tirar todas as bolas vermelhas, todas as pretas e todas as verdes sem tirar nenhuma azul. Ou seja, tiraríamos 40 bolas no total. Neste caso, c a bola seguinte, a 41ª, será azul, pois só restariam bolas desta cor na urna. Precisaríamos tirar, portanto, no mínimo 41 bolas para termos uma bola azul.

Gabarito "D".

(Analista – TRT/19ª Região – 2014 – FCC) Álvaro, Bianca, Cléber e Dalva responderam uma prova de três perguntas, tendo que assinalar verdadeiro (V) ou falso (F) em cada uma. A tabela indica as respostas de cada uma das quatro pessoas às três perguntas.

	Pergunta 1	Pergunta 2	Pergunta 3
Álvaro	V	V	F
Bianca	V	F	F
Cléber	F	F	V
Dalva	F	V	F

Dentre as quatro pessoas, sabe-se que apenas uma acertou todas as perguntas, apenas uma errou todas as perguntas, e duas erraram apenas uma pergunta, não necessariamente a mesma. Sendo assim, é correto afirmar que

(A) Bianca acertou todas as perguntas.
(B) Álvaro errou a pergunta 3.
(C) Cléber errou todas as perguntas.
(D) Dalva acertou todas as perguntas.
(E) duas pessoas erraram a pergunta 3.

Vamos ensaiar as seguintes hipóteses:

1) Álvaro acertou todas as questões.
Portanto, Bianca: acertou 2 questões, Cléber: errou todas e Dalva: acertou 2.
Essa hipótese satisfaz as condições informadas na questão, que são: "uma acertou todas as perguntas, apenas uma errou todas as perguntas, e duas erraram apenas uma pergunta".
2) Bianca acertou todas as questões.
Portanto, Álvaro: acertou 2 e Cléber: acertou 1 (errou duas)
Essa suposição não satisfaz as condições.
3) Cléber acertou todas as questões.
Portanto,
Álvaro: errou todas, Bianca: acertou 1, portanto errou duas.
Essa suposição não satisfaz as condições.
4) Dalva acertou todas as questões.
Portanto,
Álvaro: Acertou 2, Bianca: acertou 1 portanto errou duas.
Essa suposição não satisfaz as condições.
Conclusão: Como a 1ª hipótese está correta e nela, Cléber errou todas as perguntas, a afirmativa correta é a letra C.

Gabarito "C".

Três pessoas, X, Y e Z conversam na sala de espera de um consultório médico. A secretária, que está ouvindo a conversa, sabe que uma delas nasceu em Corumbá, outra em Ponta Porã e outra em Coxim. Em certo momento, cada uma das três pessoas faz uma declaração:

• X diz: *"Eu nasci em Coxim"*.
• Y diz: *"Eu não nasci em Ponta Porã"*.
• Z diz: *"Eu não nasci em Coxim"*.

(Analista – MP/MS – 2013 – FGV) A secretária sabe que apenas uma delas disse a verdade. Então, é correto concluir que:

(A) X nasceu em Corumbá.
(B) Y nasceu em Coxim.
(C) Z nasceu em Ponta Porã.
(D) X nasceu em Ponta Porã.
(E) Y não nasceu em Corumbá.

O que disseram os três pacientes:

Nasceu em:	Corumbá	Ponta Porã	Coxim
X			Sim
Y		Não	
Z			Não

1) Vamos supor que X tenha dito a verdade:

Nasceu em:	Corumbá	Ponta Porã	Coxim
X- Verdade			Sim
Y-Mentira		Não à Sim	
Z-Mentira			Não à Sim

Esta hipótese não é aceitável, pois X e Z não poderiam ter nascido na mesma cidade.
2) Supondo que Y tenha dito a verdade:

Nasceu em:	Corumbá	Ponta Porã	Coxim
X-Mentira	Não	Sim	Sim à Não
Y-Verdade	Sim	Não	Não
Z-Mentira	Não	Não	Não à Sim

Se Z nasceu em Coxim, X e Y não nasceram lá e Z não nasceu em Corumbá ou Ponta Porã. Então Y teria nascido em Corumbá e X em Ponta Porã. Esta situação é aceitável, mas antes de confirmá-la vamos analisar a terceira hipótese.
3) Supondo que Z tenha dito a verdade:

Nasceu em:	Corumbá	Ponta Porã	Coxim
X-Mentira			Sim à Não
Y-Mentira		Não à Sim	Sim
Z-Verdade			Não

Se X e Z não nasceram em Coxim então Y nasceu lá. Mas Y teria nascido em Ponta Porã. Esta situação não é aceitável. Portanto, a hipótese correta é que Y tenha dito a verdade.
Analisando as alternativas:
(A) Errado pois, X nasceu em Ponta Porã.
(B) Errado pois, Y nasceu em Corumbá.
(C) Errado pois, Z nasceu em Coxim.

(D) Correto pois, X nasceu em Ponta Porã.
(E) Errado pois Y, nasceu em Corumbá.

Gabarito "D".

(CESPE –2013) Julgue os itens seguintes, relativos à lógica proposicional.

(1) A sentença "um ensino dedicado à formação de técnicos negligencia a formação de cientistas" constitui uma proposição simples.

(2) A sentença "A indicação de juízes para o STF deve ser consequência de um currículo que demonstre excelência e grande experiência na magistratura" pode ser corretamente representada na forma P à Q, em que P e Q sejam proposições simples convenientemente escolhidas.

(1) Correta. Esta sentença é constituída por somente uma proposição e não apresenta nenhum conectivo. Portanto, é uma proposição simples.
(2) Errada, pois a seta → é um conectivo condicional, que simboliza "se"... "então". Portanto a sentença poderia ser representada na forma P → Q se fosse redigida da forma abaixo ou de forma similar: "**Se** um juiz possuir um currículo que demonstre excelência e grande experiência na magistratura **então** poderá ser indicado para o STF".

Gabarito 1C, 2E

(Analista Judiciário – TRT/11 – FCC – 2017) Em 2015 as vendas de uma empresa foram 60% superiores as de 2014. Em 2016 as vendas foram 40% inferiores as de 2015. A expectativa para 2017 é de que as vendas sejam 10% inferiores as de 2014. Se for confirmada essa expectativa, de 2016 para 2017 as vendas da empresa vão

(A) diminuir em 6,25%.
(B) aumentar em 4%.
(C) diminuir em 4%.
(D) diminuir em 4,75%
(E) diminuir em 5,5%.

Resolução
Seja v14 as vendas em 2014.
Tem-se
v15 = 1,6 v14
v16 = 0,6v15
v17 = 0,9v14
Então
V16 = 0,6x1,6 v14 = 0,96v14
E
$\frac{v_{17}v_{17}}{v_{16}v_{16}} = \frac{0,9v_{14}}{0,96v_{14}} \frac{0,9v_{14}}{0,96v_{14}} = \frac{9090}{9696}$ = 0,9375 ou
v17 = 0,9375v16
As vendas de 2017 serão de 0,9375 das vendas de 2016.
Ou seja, haverá um decréscimo de 6,25%. => Letra A
Ou v17 - V16 = 0,9375v16 - V16 = -0,0625v16.

Gabarito "A".

1.5. Implicações Lógicas

(Analista – TRF3 – 2024 – VUNESP) Considere a seguinte afirmação: "Existe, pelo menos, um candidato que, se ele não dormiu bem à noite, então não foi aprovado no concurso."

Uma negação lógica para a afirmação apresentada é:

(A) Não existe candidato que não dormiu bem à noite e foi aprovado no concurso.

(B) Existe candidato que, se foi aprovado no concurso, então dormiu bem à noite.

(C) Existe mais de um candidato que, se ele não dormiu bem à noite, então não foi aprovado no concurso.

(D) Todos os candidatos dormiram bem à noite e foram aprovados no concurso.

(E) Todos os candidatos não dormiram bem à noite e foram aprovados no concurso.

Resolução
A negação de "Existe, pelo menos, um" é "Todos..".
Têm-se, então, as opções D e E de resposta à questão.
A negação "de não dormiu bem à noite, então não foi aprovado no concurso." é
"não dormiu bem à noite, e foi aprovado no concurso."

Gabarito "E".

(Analista Judiciário – TJ/PI – FGV – 2015) Renato falou a verdade quando disse:

- Corro ou faço ginástica.
- Acordo cedo ou não corro.
- Como pouco ou não faço ginástica.

Certo dia, Renato comeu muito.
É correto concluir que, nesse dia, Renato:

(A) correu e fez ginástica;
(B) não fez ginástica e não correu;
(C) correu e não acordou cedo;
(D) acordou cedo e correu;
(E) não fez ginástica e não acordou cedo.

Resolução
Sejam as afirmações
p: corro
q: faço ginástica
r: acordo cedo
s: como pouco
O enunciado diz que é verdade:
(1) Corro ou faço ginástica: (p $\underline{v}$ q)
(2) Acordo cedo ou não corro, ou seja, (r $\underline{v}$ ~p)
(3) Como pouco ou não faço ginástica, isto é, (s $\underline{v}$ ~q)
Sendo $\underline{v}$ o 'ou exclusivo', isto é, não ambos os termos são verdadeiros.
Afirma-se que Renato comeu muito, ~s, logo temos que, a partir de (3), ocorreu ~q.
Ou seja, como s é falso, netão ~q é verdadeiro.
Então, de (1),
p é verdadeiro uma vez que q é falso,
E, de (2), como ~p é falso, segue que **r** é verdadeiro.
Conclusão: acordou cedo e correu. => letra D

Gabarito "D".

(Analista Judiciário – TJ/PI – FGV – 2015) Considere a afirmação:

"Mato a cobra e mostro o pau"

A negação lógica dessa afirmação é:

(A) não mato a cobra ou não mostro o pau;
(B) não mato a cobra e não mostro o pau;
(C) não mato a cobra e mostro o pau;
(D) mato a cobra e não mostro o pau;
(E) mato a cobra ou não mostro o pau.

Resolução
Sejam as proposições
p: mato a cobra
q: mostro o pau
O enunciado pede a negação de $(p \wedge q)(p \wedge q)$.
Temos
$\sim(p \wedge q) = \sim p \vee \sim q) \sim (p \wedge q) = \sim p \vee \sim q)$ (Lei de Morgan).
Logo, a resposta é
não mato a cobra ou não mostro o pau. => Letra A

Gabarito "A".

(Analista – TRT/2ª Região – 2014 – FCC) No próximo ano, uma enfermeira deverá estar de plantão em 210 dos 365 dias do ano. No hospital em que ela trabalha, só se permite que uma enfermeira fique de plantão por, no máximo, 3 dias consecutivos. Nessas condições, combinando adequadamente os dias de plantão e de folga, o número máximo de dias consecutivos que ela poderá tirar de folga nesse ano é igual a

(A) 78.
(B) 85.
(C) 87.
(D) 90.
(E) 155.

Se a enfermeira tem por meta ficar de folga no máximo número de dias consecutivos, ela deverá cumprir os plantões com o máximo número de dias possível (3 dias). Portanto, deverá cumprir 210/3 = 70 plantões no ano. Deverá, também, ter folgas de 1 dia entre os plantões, de modo que ocorra um acúmulo de dias a folgar. Deverá iniciar o plantão no dia primeiro seguindo o esquema:

Desta forma, o período de trabalho mais o período de folga será de 210 + 69 = 279 e restarão, portanto, 365 − 279 = 86 dias para folgar. Ela poderá ainda acumular qualquer dos dias de folga já esquematizados com os outros 86, resultando num período máximo consecutivo de 86 + 1 = 87 dias.

Gabarito "C".

(Analista – TRT/2ª Região – 2014 – FCC) Durante um comício de sua campanha para o Governo do Estado, um candidato fez a seguinte afirmação:

"Se eu for eleito, vou asfaltar 2.000 quilômetros de estradas e construir mais de 5.000 casas populares em nosso Estado."

Considerando que, após algum tempo, a afirmação revelou-se falsa, pode-se concluir que, necessariamente,

(A) o candidato não foi eleito e não foram asfaltados 2.000 quilômetros de estradas no Estado.
(B) o candidato não foi eleito, mas foram construídas mais de 5.000 casas populares no Estado.
(C) o candidato foi eleito, mas não foram asfaltados 2.000 quilômetros de estradas no Estado.
(D) o candidato foi eleito e foram construídas mais de 5.000 casas populares no Estado.
(E) não foram asfaltados 2.000 quilômetros de estradas ou não foram construídas mais de 5.000 casas populares no Estado.

Analisando a questão:
p: Serei eleito;
q: Asfaltarei 2.000 quilômetros de estradas;
r: Construirei mais de 5.000 casas populares em nosso Estado.
De acordo com o enunciado, esta afirmação é falsa.
p → (q ∧ r)   (F)
Tabela-Verdade para proposição condicional:

p	q ∧ r	p → (q ∧ r)
V	V	V
V	F	F
F	V	V
F	F	V

Para que a proposição condicional seja falsa, o antecedente p deve ser verdadeiro e o consequente (q ∧ r) deve ser falso.
p = (V) →   (q ∧ r) = (F)
Tabela-Verdade para proposição conjuntiva:

q	r	q ∧ r
V	V	V
V	F	F
F	V	F
F	F	F

São 3 situações em que a proposição pode ser falsa.
– q deve ser verdadeira e r deve ser falsa;
– q deve ser falsa e r deve ser verdadeira;
– ambas as proposições q e r devem ser falsas.

Gabarito "E".

(Analista – TRT/2ª Região – 2014 – FCC) Considere as três afirmações a seguir, todas verdadeiras, feitas em janeiro de 2013.

I. Se o projeto X for aprovado até maio de 2013, então um químico e um biólogo serão contratados em junho do mesmo ano.
II. Se um biólogo for contratado, então um novo congelador será adquirido.
III. Se for adquirido um novo congelador ou uma nova geladeira, então o chefe comprará sorvete para todos.
Até julho de 2013, nenhum biólogo havia sido contratado. Apenas com estas informações, pode-se concluir que, necessariamente, que

(A) o projeto X não foi aprovado até maio de 2013.
(B) nenhum químico foi contratado.
(C) não foi adquirido um novo congelador.
(D) não foi adquirida uma nova geladeira.
(E) o chefe não comprou sorvete para todos.

Afirmação I:
p: O projeto X foi aprovado até maio de 2.013
q ∧ r : um químico e um biólogo serão contratados em junho do mesmo ano.
Portanto:

p	q ∧ r	p → (q ∧ r)
V	V	V
V	F	F
F	V	V
F	F	V

Logo o projeto não foi aprovado até maio/2013.
Afirmações II e III:
II. Se um biólogo for contratado (**Falso**), então um novo congelador

será adquirido (**pode ser Verdadeiro ou Falso**).
III. Se for adquirido um novo congelador (**?**) ou uma nova geladeira, então o chefe comprará sorvete para todos (**?**).
Ambas não possuem relação com a questão

(**Analista – TRT/2ª Região – 2014 – FCC**) Um dia antes da reunião anual com os responsáveis por todas as franquias de uma cadeia de lanchonetes, o diretor comercial recebeu um relatório contendo a seguinte informação:

Todas as franquias enviaram o balanço anual e nenhuma delas teve prejuízo neste ano.

Minutos antes da reunião, porém, ele recebeu uma mensagem em seu celular enviada pelo gerente que elaborou o relatório, relatando que a informação não estava correta. Dessa forma, o diretor pôde concluir que, necessariamente,

(A) nenhuma franquia enviou o balanço anual e todas elas tiveram prejuízo neste ano.
(B) alguma franquia não enviou o balanço anual e todas elas tiveram prejuízo neste ano.
(C) nenhuma franquia enviou o balanço anual ou pelo menos uma delas teve prejuízo neste ano.
(D) nem todas as franquias enviaram o balanço anual ou todas elas tiveram prejuízo neste ano.
(E) nem todas as franquias enviaram o balanço anual ou pelo menos uma delas teve prejuízo neste ano.

Chamemos:
p: Todas as franquias enviaram o balanço anual
q: nenhuma delas teve prejuízo neste ano.
Como a mensagem era falsa, pede-se a negação da mesma.
p: A negação de "todas" é "nem todas".
q: A negação de "nenhuma" é "pelo menos uma".
Assim podemos encontrar facilmente a alternativa correta:
"Nem todas as franquias enviaram o balanço anual ou pelo menos uma delas teve prejuízo neste ano".

1.6. Raciocínio sequencial

(**Analista Judiciário – TJ/PI – FGV – 2015**) Em um prédio há três caixas d'água chamadas de A, B e C e, em certo momento, as quantidades de água, em litros, que cada uma contém aparecem na figura a seguir.

Abrindo as torneiras marcadas com x no desenho, as caixas foram interligadas e os níveis da água se igualaram.
Considere as seguintes possibilidades:
1. A caixa A perdeu 300 litros.
2. A caixa B ganhou 350 litros.
3. A caixa C ganhou 50 litros.
É verdadeiro o que se afirma em:

(A) somente 1;
(B) somente 2;
(C) somente 1 e 3;
(D) somente 2 e 3;
(E) 1, 2 e 3.

Solução
A quantidade total de água, em litros, nas três caixas, é de
700 + 150 + 350 = 1.200.
Essa quantidade ficará contida nas caixas igualmente, ou seja, 400 litros em cada uma.
Sendo assim, temos que
1. A caixa A perdeu 300 litros: **Verdadeiro**;
2. A caixa B ganhou 350 litros: Falso e
3. A caixa C ganhou 50 litros: **Verdadeiro**.
Resposta na letra C.

(**Analista Judiciário – TJ/PI – FGV – 2015**) Um grupo de 6 estagiários foi designado para rever 50 processos e cada processo deveria ser revisto por apenas um dos estagiários. No final do trabalho, todos os estagiários trabalharam e todos os processos foram revistos.
É correto afirmar que:

(A) um dos estagiários reviu 10 processos;
(B) todos os estagiários reviram, cada um, pelo menos 5 processos;
(C) um dos estagiários só reviu 2 processos;
(D) quatro estagiários reviram 7 processos e dois estagiários reviram 6 processos;
(E) pelo menos um dos estagiários reviu 9 processos ou mais.

Resolução
Ao verificar as opções de resposta da questão, observa-se:
A: Incorreta, uma vez que o enunciado não assegura essa resposta. Pode ocorrer que 4 estagiários analisaram 10 processos e os outros 2 reviram 5 processos dada um; **B**: Errada, pelo por raciocínio idêntico ao de cima; **C**: Incorreta, uma vez que o enunciado não assegura essa resposta; **D**: Errada, uma vez que o enunciado não garante essa resposta; E: Correta: suponha que cada estagiário reviu, a princípio, 8 processos. Restam, então, 2 processos a serem revistos.
Logo, pelo menos um dos estagiários reviu 9 processos ou mais. => Letra E

(**Analista Judiciário – TJ/PI – FGV – 2015**) A figura abaixo mostra uma pista circular de ciclismo dividida em 5 partes iguais pelos pontos A, B, C, D e E.

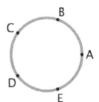

Os ciclistas Marcio e Paulo partem simultaneamente do ponto A, percorrendo a pista em sentidos opostos. Marcio anda no sentido horário com velocidade de 10km/h, Paulo no sentido anti-horário com velocidade de 15km/h, e eles se cruzam várias vezes.

Marcio e Paulo se cruzam pela terceira vez no ponto:
(A) A;
(B) B;
(C) C;
(D) D;
(E) E.

1ª Solução
Suponha, por exemplo, que as partes AB, BC, CD, DE e EA da pista tenham a distância de 5 km, pois 5 é divisor de 10 e de 15.
Sabendo-se que Marcio anda no sentido horário com velocidade de 10 km/h, então ele percorre 2 trechos em 1 h, ou seja, ele estará em D. E assim por diante.
O mesmo ocorrendo com Paulo, em sentido oposto, com 3 trechos em 1 h.
Temos as posições dos ciclistas após o tempo t:

t (horas)	Posição de Marcio (ponto)	Posição de Paulo(ponto)	Posição relativa dos dois
1	D	D	1ª vez que se cruzam
2	B	B	2ª vez que se cruzam
3	E	E	3ª vez que se cruzam
4	C	C	...
5	A	A	
6	D	D	
7	B	B	
8	E	E	
9	C	C	
10	A	A	
...	...	...	

Resposta: Marcio e Paulo se cruzam pela terceira vez no ponto E.
=> Letra E

2ª Solução (genérica)
Suponha que as partes AB, BC, CD, DE e EA da pita tenham a distância de x km.
Sendo e = vt: espaço percorrido = velocidade vezes tempo, temos eM = 10t (distância percorrida por Marcio e eP = 15t (distância percorrida por Paulo, tem-se

$\dfrac{e_M}{e_M} \quad \dfrac{e_P}{e_P}$

t = $\dfrac{10}{10}$ = $\dfrac{15}{15}$
ou
3eM = 2eP, para um mesmo tempo t, em sentidos opostos.
Seja, por hipótese, que eP percorra 3x no tempo t, ou seja, estará no ponto D.
Então,
eM percorre 3eM = 2(3x)
eM = 2x, estará também no ponto D, isto é, 1ª vez que se cruzam.
Com mais um tempo t, estarão em B, 2º encontro, e, após mais um tempo t, será a 3ª vez que se cruzam, o que acontece no ponto E. => Letra E

(Analista Judiciário – TJ/MT – UFMT – 2016) Um pet shop colocou à venda 12.750 números para realizar um sorteio de um cachorro buldogue francês. Sabendo-se que a venda semanal dos números obedece a uma progressão geométrica e que, na primeira semana foram vendidos 50 números, na segunda 100 números, na terceira 200 números, e assim sucessivamente até que todos os números fossem vendidos, quantas semanas foram necessárias para que todos os números fossem vendidos?
(A) 9
(B) 15
(C) 12
(D) 8

Resolução
A razão **q** desta progressão geométrica vale $\dfrac{100}{50} \dfrac{100}{50} = \dfrac{100100}{100100} = 2$.

Uma vez que a soma dos termos da progressão é S_n $S_n = \dfrac{a_1(q^{n-1}) \; a_1(q^{n-1})}{q-1 \qquad q-1}$, temos

$12750 = \dfrac{50 \times 2^{n-1}}{2-1} \dfrac{50 \times 2^{n-1}}{2-1}$

Daí,
$255 = 2^n 2^n - 1$
$2^n 2^n = 256$
N = 8 => Letra D

(Analista – TRT/19ª Região – 2014 – FCC) Quatrocentos processos trabalhistas estão numerados de 325 até 724. Sabe-se que cada processo foi analisado por, pelo menos, um juiz. A numeração dos processos analisados por cada juiz seguiu a regra indicada na tabela abaixo.

Juiz 1
(primeiro a receber processos para análise)
Analisou apenas os processos cuja numeração deixava resto 2 na divisão por 4.

Juiz 2
(segundo a receber processos para análise)
Analisou apenas os processos cuja numeração era um múltiplo de 3.

Juiz 3
(terceiro a receber processos para análise)
Analisou apenas os demais processos que estavam sem análise de algum juiz.

Do total de processos numerados, a porcentagem (%) de processos que foram analisados por menos do que dois juízes foi de
(A) 97,25.
(B) 68,75.
(C) 82,25.
(D) 91,75.
(E) 41,75.

1) Seja n¹, o número de processos analisados somente pelo Juiz 1: Iniciando pelo processo de número 326 e terminando com o processo de número 722 a cada 4 números iremos encontrar um resto 2, na divisão por 4.
Portanto temos uma progressão aritmética com a¹ = 326, aⁿ = 722 e r = 4
Cuja fórmula de cálculo é aⁿ = a¹ + (n¹-1)r
Portanto 722 = 326 + (n¹-1).4 n¹ = 100.

2) Seja n², o número de processos analisados somente pelo Juiz 2: Iniciando pelo processo de número 327 e terminando com o processo de número 723 a cada 3 encontraremos números divisíveis por 3.

Portanto temos uma progressão aritmética com $a^3 = 327$, $a^n = 723$ e $r = 3$
Cuja fórmula de cálculo é $a^n = a^3 + (n^3-1)r$ Portanto $723 = 327 + (n^2-1).3$ $n^2=133$.

3)Agora temos que verificar quantos processos foram analisados tanto pelo juiz 1 quanto pelo juiz 2:
Seja n^3, o número de processos analisados pelos Juízes 2 e 3:
Iniciando pelo processo de número 330 (primeiro número da sequência que é divisor de 4 com resto igual a dois e múltiplo de 3) e terminando com o processo de número 714 (último número da sequência que é divisor de 4 com resto igual a 2 e múltiplo de 3),a cada 12 elementos encontraremos um número que satisfaça às imposições de ambos os juízes.
Portanto, temos uma progressão aritmética com $a^3 = 330$, $a^n = 714$ e $r = 12$
Cuja fórmula de cálculo é $a^n = a^3 + (n^3-1)r$
Portanto $720 = 336 + (n^3-1).12$ $n^3 = 33$.
Conclusões:
- O juiz 1 analisou individualmente = 100 – 33 = 67 processos
- O juiz 2 analisou individualmente = 133 – 33 = 100 processos
- Portanto, o juiz 3 vai analisar = 400 – 100 – 67 – 33(processos que foram analisados pelos dois juízes) = 200
- Total analisando por apenas um juiz = 67 + 100 + 200= 367
Por regra de três:
400 processos ------100%
367 processos ------ X
400X = 367x100 e X = 36.700/400 = 91,75%
Gabarito "D".

Analista Judiciário – TJ/PI – FGV – 2015) Cada um dos 160 funcionários da prefeitura de certo município possui nível de escolaridade: fundamental, médio ou superior. O quadro a seguir fornece algumas informações sobre a quantidade de funcionários em cada nível:

	Fundamental	Médio	Superior
Homens	15	30	
Mulheres	13		36

Sabe-se também que, desses funcionários, exatamente 64 têm nível médio. Desses funcionários, o número de homens com nível superior é:

(A) 30;
(B) 32;
(C) 34;
(D) 36;
(E) 38.

Solução
Para completar o quadro, colocamos células de totais:

	Fundamental	Médio	Superior	Total
Homens	15	30	x	
Mulheres	13	y	36	
Total	28	64	z	160

Logo,
28 + 64 + z = 160
z = 68
Mas z = 36 + x.
Daí,
x = 68 – z
= 68 – 36
x = 32
Então,
o número de homens com nível superior é:32. => Letra B

E o quadro completo fica

	Fundamental	Médio	Superior	Total
Homens	15	30	32	77
Mulheres	13	34	36	83
Total	28	64	68	160

Gabarito "B".

(Analista Judiciário – TJ/PI – FGV – 2015) O conselho diretor de uma empresa teve os mesmos 5 membros desde o ano 2012. Na última reunião deste ano de 2015 o membro mais velho, que tinha 58 anos, foi substituído por um mais jovem, mas a média de idade dos membros do conselho ficou igual à média das idades na mesma época de 2012.

Na reunião de 2015, a idade do novo membro do conselho era de:

(A) 40 anos;
(B) 41 anos;
(C) 42 anos;
(D) 43 anos;
(E) 44 anos.

Resolução
Sejam a, b, c, d, e dos conselheiros em 2012, com média m de idades:

$$m = \frac{a+b+c+d+e}{5} = \frac{a+b+c+d+e}{5}$$

O membro que tinha a idade de 58 anos em 2015, tinha a = 55 anos em 2012, isto é

$$m = \frac{55+b+c+d+e}{5} = \frac{55+b+c+d+e}{5}$$

O novo conselheiro com idade x manteve a mesma média das idades mas os outros membros tiveram as suas idades aumentadas em 3 anos cada pois se passaram três anos.
Ou seja,

$$\frac{55+b+c+d+e}{5} = \frac{55+b+c+d+e}{5}$$
$$x+b+3+c+3+d+3+e+3 \quad x+b+3+c+3+d+3+e+3$$

daí,
55 + a + b + c + d + e = x + b + c + d + d + e + +12
55 = x + 12
x = 43 anos. => Letra D
Gabarito "D".

(Analista Judiciário – TJ/PI – FGV – 2015) Em uma empresa com 40 funcionários, um funcionário é considerado novo quando está na empresa há menos de 5 anos e é considerado antigo quando está há 5 anos ou mais.

Atualmente, há 14 funcionários novos na empresa, 18 funcionários com curso superior e 16 funcionários antigos que não possuem curso superior.

O número de funcionários novos com curso superior é:

(A) 4;
(B) 6;
(C) 8;
(D) 10;
(E) 12.

1ª Solução

Dos 40 funcionários, 14 são novos.
Logo, há 40 – 14 = 26 funcionários antigos.
Dos antigos, 16 não têm curso superior o que resulta em 26 – 16 = 10 funcionários antigos com curso superior
Uma vez que o total de funcionários com curso superior é de 18, tem-se 18 – 10 = 8 funcionários novos om curso superior. => Letra C
2ª Solução
Quadro com os dados da questão:

	antigos	novos	Total
Com curso superior		x	18
Sem curso superior	16		
Total	26	14	40

Completamos a tabela de funcionários:

	antigos	novos	Total
Com curso superior	10	8	18
Sem curso superior	16	6	22
Total	26	14	40

Resposta:
Há 8 funcionários novos om curso superior. => Letra C

Gabarito "C".

(Analista Judiciário – TJ/PI – FGV – 2015) A partir do ano de 1852, quando a cidade de Teresina foi fundada, certa igreja resolveu promover, de 7 em 7 anos, uma festa em homenagem a Nossa Senhora do Amparo, a padroeira da cidade. Essa festa ocorre, então em 1859, 1866, e assim por diante, estabelecendo uma tradição.

Mantendo-se a tradição, a próxima festa será realizada em:

(A) 2017;
(B) 2018;
(C) 2019;
(D) 2020;
(E) 2021.

Resolução
Uma vez que a festa ocorre de 7 em 7anos anos a partir de 1852, o ano da próxima festa, subtraído de 1852, deve ser divisível por 7.
Das datas das opções de resposta da questão, o único ano que satisfaz esse cálculo é 2020 pois
2020 – 1852 = 168 = 24x7 => Letra D
Matematicamente, deve ocorrer
(ano – 1852) ≡ 0(mod7), isto é, ano – 1852) é múltiplo de 7.

Gabarito "D".

(Analista Judiciário – TJ/PI – FGV – 2015) Francisca tem um saco com moedas de 1 real. Ela percebeu que, fazendo grupos de 4 moedas, sobrava uma moeda, e, fazendo grupos de 3 moedas, ela conseguia 4 grupos a mais e sobravam 2 moedas.

O número de moedas no saco de Francisca é:

(A) 49;
(B) 53;
(C) 57;
(D) 61;
(E) 65.

Seja x o número de moedas.
1ª solução
Para grupos de 3 moedas temos, sendo g o número de grupos,
x = 4g + 1 (i)
Para grupos de 4 moedas tem-se
x = 3(g + 4) + 2
x = 3g +12 + 2
x = 3g + 14 (ii)
De (i) e (ii), obtém-se
4g + 1 = 3g + 14
Ou seja,
g = 13
Daí, colocando o valor de g em (i), resulta
x = 4x13 + 1
x = 52 + 1
x = 53 => Letra B
2ª solução (verificar cada opção apresentada como resposta)
A: 49 = 4x12 + 1 mas 49 = 16x3 + 1: sobrou 1 mas devia sobrar 2: Errada; **B:** 53 = 4x13 + 1 e 53= 17x3 + 1, com 4 grupos a mais: Correta => Letra B; **C:** 57= 4x14 + 1 e 57 = 19x3 com 5 grupos a mais: Errada; **D:** 61 = 4x15 + 1 e 61= 20x3 + 1: sobrou 1 mas devia sobrar 2: Errada; **E:** 65= 4x16 + 1 e 65 = 21x3 + 2 porém com 5 grupos a mais: Errada.
Resposta na Letra B.

Gabarito "B".

2. MATEMÁTICA BÁSICA

2.1. Álgebra e geometria analítica

(Analista – TRT/18 – 2023 – FCC) Dois números diferentes são escolhidos do conjunto {1, 2, 3, 4, 5, 6, 7, 8, 9}. Em relação aos dois números escolhidos, sabe-se que a soma deles é igual ao produto deles menos 2 e que a diferença entre eles é 2. A soma dos dois números escolhidos é:

(A) 4
(B) 8
(C) 14
(D) 6
(E) 10

Resolução
Sejam **a** e **b** os números.
Tem-se
a+ b = ab – 2 (I)
a – b = 2 (II)
Ao somar as 2 equações, resulta
2a = ab
b =2
que, substituído em (II), fornece
a = 4
Assim, a soma dos dois números escolhidos é 4 + 2 = 6.

Gabarito "D".

(Analista – TRT/18 – 2023 – FCC) Sabe-se que 10% da metade de um número mais 80% do dobro desse mesmo número vale 33. Esse número é:

(A) 21
(B) 12
(C) 20
(D) 14
(E) 18

3. MATEMÁTICA E RACIOCÍNIO LÓGICO

Resolução
Seja N o número citado.
Então
10%(N/2) + 80%(2N) = 33

$\dfrac{0,1N}{2} + 0,8 \times (2N) = 33$

$\dfrac{0,1N}{2} + 1,6N = 33$

$\dfrac{0,1N + 3,2N}{2} = 33$

3,3N = 66

N = $\dfrac{66}{3,3} = \dfrac{660}{33} = 20$

Gabarito "C".

(Analista – TRT/18 – 2023 – FCC) Abelardo gasta sua renda mensal da seguinte maneira: metade da renda é destinada para gastos fixos, tais como moradia e supermercado. Para os gastos variáveis, como lazer, ele destina 25% da renda, e com saúde ele gasta 15% de sua renda. O restante ele destina à sua poupança. Se no mês de novembro Abelardo poupou R$ 1.200,00, sua renda nesse mês foi de

(A) R$ 12.000,00
(B) R$ 6.000,00
(C) R$ 24.000,00
(D) R$ 8.000,00
(E) R$ 10.000,00

Resolução
Sendo R a renda, tem-se

Gastos fixos = $\dfrac{R}{2}$ = 0,5 R

Lazer = 0,25R

Saúde = 0,15R

Poupança P = restante

Logo,
R = 0,5R + 0,25R + 0,15R + P
R = 0,9R + P
P = 0,1R

Em novembro poupou R$ 1.200,00.

Logo,
0,1R = 1.200

R = $\dfrac{1.200}{0,1}$ = 12.000

Gabarito "A".

(Analista – TRT/2ª Região – 2014 – FCC) O número A é composto por 2000 algarismos, todos eles iguais a 1, e o número B é composto por 1000 algarismos, todos eles iguais a 3. Se o número C é igual à soma dos números A e B, então a soma de todos os algarismos que compõem C é igual a

(A) 5000.
(B) 4444.
(C) 4000.

(D) 3333.
(E) 3000.

A = 111111111......111111........
B = ...33333.........+
C = 11111......44444.....
C possui 1000 algarismos "1" e 1000 algarismos "4". A soma deles vale 1000 + 4000 = 5000.

Gabarito "A".

João comprou em uma loja de roupas esportivas uma bermuda e duas camisetas iguais pagando por tudo R$40,00. Sabe-se que a bermuda custou R$4,00 a mais do que uma camiseta.

(Analista – MP/MS – 2013 – FGV) O preço de uma camiseta é:

(A) R$6,00.
(B) R$10,00.
(C) R$12,00.
(D) R$14,00.
(E) R$16,00.

Supondo B o preço da bermuda e C, o preço da camiseta.
Sabe-se que, B + 2C = 40 e B = 4 + C, conforme o enunciado da questão.
Substituindo B por 4 + C teremos:
4 + C + 2C = 40   3C = 40 – 4 = 36   C = 12   e B = 16.
O preço da camiseta C é R$ 12,00.

Gabarito "C".

2.2. Geometria Básica

(Analista – TRF3 – 2024 – VUNESP) Três terrenos retangulares, um ao lado outro, têm as laterais com a mesma medida. O primeiro terreno tem a medida de frente correspondente a 3 m a menos que metade da medida lateral; o segundo terreno tem medida de frente correspondente à quinta parte da medida lateral; e o terceiro terreno tem 9 m a mais de frente que tem o segundo terreno.

Sabendo-se que a média aritmética simples das áreas dos três terrenos é 850 m², a medida da frente do primeiro terreno é de

(A) 22 m.
(B) 21 m.
(C) 20 m.
(D) 19 m.
(E) 18 m.

Resolução
Esboço dos terrenos:

Área de cada terreno é igual a lado x frente.
A média aritmética simples é
$(L \cdot F_1 + L \cdot F_2 + L \cdot F_3)/3 = 850$ ou
$L \cdot F_1 + L \cdot F_2 + L \cdot F_3 = 2.550$
$L(F_1 + F_2 + F_3) = 2.550$ (I)
Tem-se, ainda,
$F_1 = L/2 – 3$
$F_2 = L/5$
$F_3 = F_2 + 9 = L/5 + 9$
Portanto, (I) vale

L(L/2- 3 + L/5 + L/5+9) = 2.550
L(L/2 + 2L/5 + 6) = 3.550 ou
L[(5L + 4L)/10 + 6] = 2.550
L(9L/10 + 6) = 2.550
L(9L + 60)/10 = 2.550
L(9L + 60)= 25.500ou
$9L^2 + 60L - 25.500 = 0$
Equação do 2º grau cujas raízes são dadas por

$$L_{1,2}=\frac{-60 \pm\sqrt{3.600+4 \times 9 \times 25500}}{18} = = \frac{-60 \pm\sqrt{921.600}}{18}$$

$\sqrt{921.600}$ = 860
(para achar essa raiz pode-se tirar o MMC) →
Ou extrair a raiz diretamente:

Daí,
L = (-60 ɫ - 960)/18
L = 900/18
L = 50m Letra A
EG
Gabarito "A".

(Analista Judiciário – TJ/PI – FGV – 2015) A figura abaixo mostra a planta de um salão. Os ângulos A, B, C, D e E são retos e as medidas assinaladas estão em metros.

A área desse salão em m² é:
(A) 81;
(B) 86;
(C) 90;
(D) 94;
(E) 96.

1ª Solução
Dividimos o salão:

A área do salão é, então, a soma das áreas de
1) Retângulo CDEF:
Área = 3x8 = **24**
2) quadrado ABJG,

Área do quadrado = 6x6 = **36**
3) tira retangular FIJK
Área = FKxJK
FK = EF − CD = 4 − 3 = 1
JK = DE − CJ = 8 − CJ
CJ = AC − BC = 6 − 4 = 2
Logo,
JK = 8 − 2 = 6
Área da tira: 1x6 = **6**
4) e triângulo FGI.

Área = $\frac{GI \times FI}{2} \frac{GI \times FI}{2}$
GI = 6 − FK = 6 − 1 = 5
FI = 8 − CJ = 8 − 2 = 6

Daí, área do triângulo FGI = $\frac{5 \times 6}{2} \frac{5 \times 6}{2}$ = **15**
Ou seja, área do salão = 24 + 36 + 6 + 15 = 81 m². => Letra A
Ou
2ª Solução
Completamos a figura com as áreas x e y:

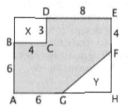

Forma-se, então, um retângulo cuja área a base vezes a altura:
A base mede BC + DE = 4 + 8 = 12 e
a altura, AB + CD = 6+3 = 9.
Assim,
A área S do retângulo vale 9x12 = 108.
Por outro lado, S = área do salão + X + Y.
X = 3x4 =12 e

Y = $\frac{FH \times CH}{2} \frac{FH \times CH}{2}$ = $\frac{FH \times CH}{2} \frac{FH \times CH}{2}$ = $\frac{5 \times 6}{2} \frac{5 \times 6}{2}$ = 15 pois FH = EH - - 4 = 9 − 4 = 5, e CH = AH − 6 = 12 - 6 = 6.
Logo,
área do salão + X + Y = 108
área do salão 108 − X − Y
área do salão 108 −12 − 15
área do salão 81 m². => Letra A
EG
Gabarito "A".

(Analista Judiciário – TJ/PI – FGV – 2015) As fotos dos 60 funcionários de certa seção da prefeitura serão colocadas em um quadro retangular, arrumadas em linhas e colunas. Sabe-se que o quadro deve ter pelo menos 3 linhas e pelo menos 3 colunas.

O número de formatos diferentes (número de linhas e número de colunas) que esse quadro poderá ter é:
(A) 5;
(B) 6;
(C) 7;
(D) 8;
(E) 10.

Solução
Existem 12 divisores de 60: 1, 2, 3, 4, 5, 6, 10, 12, 15, 20, 30, 60.
Então, os possíveis formatos diferentes que atendem às exigências da questão têm as dimensões

3x20 20x3
4x15 15x4
5x12 12x5
6x10 10x6
Num total de 8. => Letra D

Gabarito "D".

(Analista – TRT/2ª Região – 2014 – FCC) Uma costureira precisa cortar retalhos retangulares de 15 cm por 9 cm para decorar uma bandeira. Para isso, ela dispõe de uma peça de tecido, também retangular, de 55 cm por 20 cm. Considerando que um retalho não poderá ser feito costurando dois pedaços menores, o número máximo de retalhos que ela poderá obter com essa peça é igual a

(A) 8.
(B) 9.
(C) 6.
(D) 7.
(E) 10.

A peça de tecido tem 55 cm de comprimento e 20 cm de largura tem uma área de 1.100 cm² e os pedaços de retalhos retangulares têm área de 15x9 = 135 cm². Dessa forma, se fosse possível costurar pedaços menores poderia se obter até 8 pedaços. Como não se pode costura-los, vamos verificar se é possível obter 7 pedaços.
Coloquemos 6 pedaços no sentido horizontal, conforme abaixo, ocupando uma área de 15x3 = 45 cm por 9x2 = 18 cm. Sobrará, portanto, uma faixa vertical de 55 - 45 = 10 cm por 20 cm.

1	2	3
4	5	6

Desta faixa poderá ser recortado o sétimo pedaço na vertical, conforme a seguir:

1	2	3	
4	5	6	7

Portanto é possível obter 7 pedaços.

Gabarito "D".

2.3. Operações, propriedades, problemas envolvendo as quatro operações nas formas fracionária e decimal

(Analista – TRT/18 – 2023 – FCC) João recebeu um aumento de 2% em sua remuneração semanal e Maria, que ganhava o dobro de João antes do aumento de 2%, recebeu um aumento de 10% em sua remuneração semanal. A soma das duas remunerações semanais após os respectivos aumentos é de R$ 3.220,00. O valor da remuneração semanal de João antes do aumento era de

(A) R$ 780,00
(B) R$ 720,00
(C) R$ 1.360,00
(D) R$ 1.200,00
(E) R$ 1.000,00

Resolução
Tem-se
.Remuneração R de João passou para 1,02R.
.Remuneração 2R de Maria passou para 1,1x2R = 2,2R.
Com a soma das duas remunerações semanais igual a 3.220.
Ou seja,
1,02R + 2,2R = 3.220
3,22R = 3.220
$\frac{3.220}{3,22} = 1.000$

Gabarito "E".

(Analista – TRT/2ª Região – 2014 – FCC) Efetuando as multiplicações x
$2 \times 2 , 4 \times 4 , 6 \times 6 , 8 \times 8 , ...$,
obtemos uma sequência de números representada a seguir pelos seus quatro primeiros elementos:
(4 , 16 , 36 , 64 , ...).
Seguindo a mesma lógica, o 1000º elemento dessa sequência será 4.000.000 e o 1001º elemento será 4.008.004. Dessa forma, o 1002º elemento será

(A) 4.008.016.
(B) 4.016.016.
(C) 4.016.008.
(D) 4.008.036.
(E) 4.016.036.

A sequência pode ser escrita como: $2^2, 4^2, 6^2, 8^2 ...$, ou seja, as bases das potências formam uma progressão aritmética.
O termo 1.000 desta PA pode ser calculado pela fórmula: $a_n = a_1 + (n-1)r$ onde a_1 é 2 e r também é 2.
$A_{1.000} = 2 + (1.000 - 1)(2) = 2.000$ e $A_{1.000}^2 = 4.000.000$
$A_{1.001} = 2 + (1.001 - 1)(2) = 2.002$ e $A_{1.001}^2 = 4.008.004$
$A_{1.002} = 2 + (1.002 - 1)(2) = 2.004$ e $A_{1.000}^2 = 4.016.016$

Gabarito "B".

2.4. Conjuntos numéricos complexos; números e grandezas proporcionais; razão e proporção; divisão proporcional; regra de três simples e composta; porcentagem

(Analista – TJ/SC – FGV – 2018) Um pintor pintou uma parede retangular com 3m de altura por 4m de largura em uma hora. Com a mesma eficiência, esse pintor pintaria uma parede com
3,5m de altura por 6m de largura em:

(A) 1h45min;
(B) 1h40min;
(C) 1h35min;
(D) 1h30min;
(E) 1h25min.

Resolução
Tem-se a regra de três
3x4= 12 m² --- 1 h
3,5x6 = 21 m² --- T
T = 21x1/12

T = 7/4 h
T = (7/4)60 min
T = 105 min
T = 1h 45 min

Gabarito "A".

(Analista – TJ/SC – FGV – 2018) Uma pequena empresa tem 10 funcionários. A média salarial dos 6 funcionários com menores salários é R$ 2600,00 e a média salarial dos 4 funcionários com maiores salários é R$ 4200,00.

A média salarial dos 10 funcionários dessa empresa é:

(A) R$ 3480,00;
(B) R$ 3440,00;
(C) R$ 3400,00;
(D) R$ 3360,00;
(E) R$ 3240,00.

Resolução
Total dos salários T = 6x2.600 + 4x4.200
T = 15.600 + 16.800
T = 32.400
Logo, média salarial dos 10 funcionários dessa empresa é
T/10 = 32.400/10 = R$ 3.240,00
Gabarito "E".

(Analista – TRT/15 – FCC – 2018) Os 240 formandos de uma faculdade de Direito participaram de uma pesquisa que os inquiria sobre suas pretensões profissionais, de modo que podiam optar por nenhuma, uma ou mais das seguintes possibilidades: trabalhar em um escritório bem estabelecido, ingressar em um cargo público, abrir o próprio escritório. Os dados coletados foram os seguintes:
?   10% não indicaram nenhuma das possibilidades contidas na pesquisa;
?   30% almejam ingressar em um cargo público;
?   50 têm interesse tanto em um cargo público quanto em trabalhar em um escritório bem estabelecido, mas não cogitam abrir seu próprio negócio;
?   50% têm interesse em trabalhar em um escritório bem estabelecido ou em abrir seu próprio escritório, mas não se interessam por cargos públicos;
?   20 têm interesse exclusivamente por trabalhar em um escritório bem estabelecido.
Sendo assim, a quantidade daqueles que, entre esses formandos, têm interesse exclusivo por abrir seu próprio escritório é
(A) 8.
(B) 16.
(C) 24.
(D) 4.
(E) 12.

Resolução
Do total 240 de participantes da pesquisa subtraem-se
24: 10 % que não indicaram nenhuma das possibilidades;
72: 30 % que almejam ingressar em um cargo público;
120: 50 a% que têm interesse em trabalhar em um escritório bem estabelecido ou em abrir seu próprio escritório, mas não se interessam por cargos públicos;
20 têm interesse exclusivamente por trabalhar em um escritório bem estabelecido.
Ou seja,

240 – 24 – 72 – 120 – 20 = 240 – 236 = 4
Resposta: 4 têm interesse exclusivo por abrir seu próprio escritório.
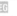
Gabarito "D".

(Analista – TRT/15 – FCC – 2018) Os funcionários de um Tribunal estão alocados em 21 equipes de trabalho distintas, cada uma delas com pelo menos um funcionário. A média da quantidade de funcionários de cada uma dessas equipes é 13. Assim, a quantidade de funcionários da maior equipe de trabalho desse Tribunal é,
(A) no mínimo, 18.
(B) no máximo, 13.
(C) no mínimo, 14.
(D) no máximo, 26.
(E) no mínimo, 13.

Resolução
A maior equipe deve ter, no mínimo, a média das equipes, ou seja, 13 funcionários.
Gabarito "E".

(Analista – TRT/15 – FCC – 2018) André, Bruno, Carla e Daniela eram sócios em um negócio, sendo a participação de cada um, respectivamente, 10%, 20%, 20% e 50%. Bruno faleceu e, por não ter herdeiros naturais, estipulara, em testamento, que sua parte no negócio deveria ser distribuída entre seus sócios, de modo que as razões entre as participações dos três permanecessem inalteradas.
Assim, após a partilha, a nova participação de André no negócio deve ser igual a
(A) 20%.
(B) 8%.
(C) 12,5%.
(D) 15%.
(E) 10,5%.

Resolução
As participações relativas, sem o Bruno, são
10% 20% 50% ou
 1   2   5, num total de 1 + 2 + 5 = 8.
Assim, os 20% de Bruno devem ser somados às participações dos outros sócios nas razões
1 x 20 % / 8 = +2,5 %
2 x 20 % / 8 = +5 %
5 x 20 % / 8 = +12,5 %
A nova participação de André no negócio deve ser 10% + 2,5% = 12,5% para manter as razões.

Gabarito "C".

(Analista – TRT/15 – FCC – 2018) Dez pastas diferentes devem ser guardadas em duas caixas diferentes. Se a única regra é que cada uma das caixas contenha pelo menos uma pasta, então a quantidade de maneiras distintas como se pode guardar essas pastas nas caixas é
(A) 510.
(B) 1022.
(C) 126.
(D) 2048.
(E) 256.

3. MATEMÁTICA E RACIOCÍNIO LÓGICO

Resolução
Tem-se a o somatório da Combinação de 10 elementos 2 a 2 mais Combinação de 9 elementos 2 Combinação de 8 elementos 2 a 2 a 2 etc.:
$C_{10,2} + C_{9,2} + C_{8,2} + ...$
Excluem-se caixas com 0 pastas e também a caixa com 10 pastas.
$(\Sigma C_{10,i}) - C_{10,0} - C_{10,10} =$
$2^{10} - 1 - 1 = 1.024 - 2 = 1.022$

Gabarito "B".

(Analista – TRT/15 – FCC – 2018) A, B, C e D são alguns dos candidatos à presidência de um certo país. Um analista político, em entrevista a um programa de rádio, fez três previsões sobre o 1º turno das eleições:

? Se A ficar em primeiro lugar, então nem B e nem C ficarão entre os três primeiros.

-? Se B ficar entre os três primeiros, então A não ficará entre os três primeiros.

? Se D ficar entre os três primeiros, então C ficará entre os três primeiros.

Assim, se A ficar em primeiro lugar no 1º turno e se as previsões do analista estiverem corretas, então, sobre B, C e D, pode-se concluir que

(A) certamente nenhum deles estará entre os três primeiros.
(B) D poderá ou não estar entre os três primeiros.
(C) certamente apenas D estará entre os três primeiros.
(D) C ou D, mas não ambos, poderão estar entre os três primeiros.
(E) certamente apenas B e C não estarão entre os três primeiros.

Resolução
Se A ficar em primeiro lugar, então nem B e nem C ficarão entre os três primeiros e sim D;
Se B ficar entre os três primeiros, então A não ficará entre os três primeiros: ficam C e D;
Se D ficar entre os três primeiros, então C ficará entre os três primeiros => ocorre conflito com a 1ª previsão.
Assim, certamente nenhum deles estará entre os três primeiros.

Gabarito "A".

(Analista – TJ/SC – FGV – 2018) Um pintor pintou uma parede retangular com 3m de altura por 4m de largura em uma hora.

Com a mesma eficiência, esse pintor pintaria uma parede com

3,5m de altura por 6m de largura em:

(A) 1h45min;
(B) 1h40min;
(C) 1h35min;
(D) 1h30min;
(E) 1h25min.

Resolução
Tem-se a regra de três
3x4= 12 m2 --- 1 h
3,5x6 = 21 m2 --- T
T = 21x1/12
T = 7/4 h
T = (7/4)60 min

T = 105 min
T = 1h 45 min

Gabarito "A".

(Analista – TJ/SC – FGV – 2018) Uma pequena empresa tem 10 funcionários. A média salarial dos 6 funcionários com menores salários é R$ 2600,00 e a média salarial dos 4 funcionários com maiores salários é R$ 4200,00.

A média salarial dos 10 funcionários dessa empresa é:

(A) R$ 3480,00;
(B) R$ 3440,00;
(C) R$ 3400,00;
(D) R$ 3360,00;
(E) R$ 3240,00.

Resolução
Total dos salários T = 6x2.600 + 4x4.200
T = 15.600 + 16.800
T = 32.400
Logo, média salarial dos 10 funcionários dessa empresa é
T/10 = 32.400/10 = R$ 3.240,00

Gabarito "E".

(Analista – TRT/15 – FCC – 2018) Os 240 formandos de uma faculdade de Direito participaram de uma pesquisa que os inquiria sobre suas pretensões profissionais, de modo que podiam optar por nenhuma, uma ou mais das seguintes possibilidades: trabalhar em um escritório bem estabelecido, ingressar em um cargo público, abrir o próprio escritório. Os dados coletados foram os seguintes:

? 10% não indicaram nenhuma das possibilidades contidas na pesquisa;

? 30% almejam ingressar em um cargo público;

? 50 têm interesse tanto em um cargo público quanto em trabalhar em um escritório bem estabelecido, mas não cogitam abrir seu próprio negócio;

? 50% têm interesse em trabalhar em um escritório bem estabelecido ou em abrir seu próprio escritório, mas não se interessam por cargos públicos;

? 20 têm interesse exclusivamente por trabalhar em um escritório bem estabelecido.

Sendo assim, a quantidade daqueles que, entre esses formandos, têm interesse exclusivo por abrir seu próprio escritório é

(A) 8.
(B) 16.
(C) 24.
(D) 4.
(E) 12.

Resolução
Do total 240 de participantes da pesquisa subtraem-se
24: 10 % que não indicaram nenhuma das possibilidades;
72: 30 % que almejam ingressar em um cargo público;
120: 50 a% que têm interesse em trabalhar em um escritório bem estabelecido ou em abrir seu próprio escritório, mas não se interessam por cargos públicos;
20 têm interesse exclusivamente por trabalhar em um escritório bem estabelecido.
Ou seja,

240 − 24 − 72 − 120 − 20 = 240 − 236 = 4
Resposta: 4 têm interesse exclusivo por abrir seu próprio escritório.

Gabarito "D".

(Analista – TRT/15 – FCC – 2018) Os funcionários de um Tribunal estão alocados em 21 equipes de trabalho distintas, cada uma delas com pelo menos um funcionário. A média da quantidade de funcionários de cada uma dessas equipes é 13. Assim, a quantidade de funcionários da maior equipe de trabalho desse Tribunal é,

(A) no mínimo, 18.
(B) no máximo, 13.
(C) no mínimo, 14.
(D) no máximo, 26.
(E) no mínimo, 13.

Resolução
A maior equipe deve ter, no mínimo, a média das equipes, ou seja, 13 funcionários.

Gabarito "E".

(Analista – TRT/15 – FCC – 2018) André, Bruno, Carla e Daniela eram sócios em um negócio, sendo a participação de cada um, respectivamente, 10%, 20%, 20% e 50%. Bruno faleceu e, por não ter herdeiros naturais, estipulara, em testamento, que sua parte no negócio deveria ser distribuída entre seus sócios, de modo que as razões entre as participações dos três permanecessem inalteradas.

Assim, após a partilha, a nova participação de André no negócio deve ser igual a

(A) 20%.
(B) 8%.
(C) 12,5%.
(D) 15%.
(E) 10,5%.

Resolução
As participações relativas, sem o Bruno, são
10% 20% 50% ou
 1   2   5, num total de 1 + 2 + 5 = 8.
Assim, os 20% de Bruno devem ser somados às participações dos outros sócios nas razões
1 x 20 % / 8 = +2,5 %
2 x 20 % / 8 = +5 %
5 x 20 % / 8 = +12,5 %
A nova participação de André no negócio deve ser 10% + 2,5% = 12,5% para manter as razões.
Gabarito "C".

(Analista – TRT/15 – FCC – 2018) Dez pastas diferentes devem ser guardadas em duas caixas diferentes. Se a única regra é que cada uma das caixas contenha pelo menos uma pasta, então a quantidade de maneiras distintas como se pode guardar essas pastas nas caixas é

(A) 510.
(B) 1022.
(C) 126.
(D) 2048.

(E) 256.

Resolução
Tem-se a o somatório da Combinação de 10 elementos 2 a 2 mais Combinação de 9 elementos 2 Combinação de 8 elementos 2 a 2 a 2 etc.:
$C_{10,2} + C_{9,2} + C_{8,2} + ...$
Excluem-se caixas com 0 pastas e também a caixa com 10 pastas.
$(\Sigma C_{10,i}) - C_{10,0} - C_{10,10} =$
$2^{10} - 1 - 1 = 1.024 - 2 = 1.022$
Gabarito "B".

(Analista – TRT/15 – FCC – 2018) A, B, C e D são alguns dos candidatos à presidência de um certo país. Um analista político, em entrevista a um programa de rádio, fez três previsões sobre o 1º turno das eleições:

? Se A ficar em primeiro lugar, então nem B e nem C ficarão entre os três primeiros.
-? Se B ficar entre os três primeiros, então A não ficará entre os três primeiros.
? Se D ficar entre os três primeiros, então C ficará entre os três primeiros.

Assim, se A ficar em primeiro lugar no 1º turno e se as previsões do analista estiverem corretas, então, sobre B, C e D, pode-se concluir que

(A) certamente nenhum deles estará entre os três primeiros.
(B) D poderá ou não estar entre os três primeiros.
(C) certamente apenas D estará entre os três primeiros.
(D) C ou D, mas não ambos, poderão estar entre os três primeiros.
(E) certamente apenas B e C não estarão entre os três primeiros.

Resolução
Se A ficar em primeiro lugar, então nem B e nem C ficarão entre os três primeiros e sim D;
Se B ficar entre os três primeiros, então A não ficará entre os três primeiros: ficam C e D;
Se D ficar entre os três primeiros, então C ficará entre os três primeiros => ocorre conflito com a 1ª previsão.
Assim, certamente nenhum deles estará entre os três primeiros.
Gabarito "A".

(Analista Judiciário – TRT/11 – FCC – 2017) A altura máxima, em metros, que um guindaste é capaz de içar uma carga é inversamente proporcional ao peso dessa carga, em toneladas. Sabe-se que esse guindaste iça uma carga de 2,4 toneladas a uma altura máxima de 8,5 metros. Sendo assim, se a altura máxima que o guindaste consegue içar uma carga é de 12 metros, o peso máximo da carga, que pode ser içada a essa altura, é igual a 1 tonelada e

(A) 500 kg
(B) 800 kg
(C) 600 kg
(D) 900 kg
(E) 700 kg

Solução
Temos

Carga(ton.)   Altura máxima(m)

| 2,4 | 8,5 |
| p | 12 |

Uma vez que a altura é inversamente proporcional à carga, deve-se inverter a proporção:

Carga(ton.)   Altura máxima(m)
    2,4   12
     p   8,5

Logo,

$p = \dfrac{2,4 \times 8,5}{12} = \dfrac{2,4 \times 8,5}{12} = \dfrac{20,4}{12} = \dfrac{20,4}{12} = 1{,}7$ ton.

Então,
o peso máximo da carga, que pode ser içada a essa altura, é igual a 1 tonelada e 700 kg. => Letra E

Gabarito "E".

(Analista Judiciário – TRT/11 – FCC – 2017) José Souza, Paulo Almeida e Claudio Prinot são três funcionários que têm que realizar, no total para os três, 72 tarefas diariamente. Cada dia eles escolhem um critério diferente para repartir as tarefas. Por exemplo, no dia de ontem eles decidiram que as 72 tarefas seriam divididas entre eles diretamente proporcional às consoantes do sobrenome de cada um. Sendo assim, ontem Paulo Almeida teve que realizar o total de tarefas igual a

(A) 15.
(B) 12.
(C) 18.
(D) 9.
(E) 24.

Solução
Sejam a, b e c os números de tarefas deles de acordo com as consoantes do sobrenome de cada um:
José Souza: 2 consoantes
Paulo Almeida: 3 e
Claudio Prinot: 4.
Temos as tarefas diretamente proporcionais:

$\dfrac{a}{2} \quad \dfrac{b}{3} \quad \dfrac{c}{4}$

Então,
$\begin{cases} 3a = 2b \quad (1) \\ 4a = 2c \quad (2) \\ 4b = 3c \quad (3) \end{cases}$

Tem-se a+ b+ c = 72 (4).
E pede-se o valor de b:

De (1), a = $\dfrac{2b}{3}\dfrac{2b}{3}$

De (3), c = $\dfrac{4b}{3}\dfrac{4b}{3}$.
Logo, em (4), resulta

$\dfrac{2b}{3}\dfrac{2b}{3} + b + \dfrac{4b}{3}\dfrac{4b}{3} = 72$
3b = 72
b = 24 => Letra E

Gabarito "E".

(Analista – TRT/16ª Região – 2014 – FCC) Em um encontro de 60 colegas, 20% são homens, e o restante mulheres. Sabe-se que 37,5% das mulheres presentes no encontro têm mais de 50 anos de idade, e que 25% dos homens presentes no encontro têm mais de 50 anos de idade. Apenas com relação às pessoas com 50 anos de idade ou menos, presentes no encontro, os homens correspondem à

(A) 25% das mulheres.
(B) 30% das mulheres.
(C) 20% das mulheres.
(D) 35% das mulheres.
(E) 15% das mulheres.

Preenchendo a tabela:

Idade	Maiores de 50 anos	Com 50 anos ou menos	Soma
Homens	(25%)(12) = 3	(75%)(12) = 9	(20%)(60) = 12
Mulheres	(37,5%)(48) = 18	(62,5%)(48) = 30	(80%)(60) = 48
Soma	21	39	60

Portanto, com relação às mulheres com 50 anos de idade ou menos, presentes no encontro (30 pessoas), os homens com 50 anos de idade ou menos (9 pessoas) correspondem à (9)(100)/(30) = 30%.

Gabarito "B".

2.5. Progressões Aritmética e Geométrica e sequências numéricas

(Analista – TRT/2ª – 2014 – FCC) Efetuando as multiplicações 2×2, 4×4, 6×6, 8×8, ... , obtemos uma sequência de números representada a seguir pelos seus quatro primeiros elementos:

(4 , 16 , 36 , 64 , ...). Seguindo a mesma lógica, o 1000° elemento dessa sequência será 4.000.000 e o 1001° elemento será 4.008.004. Dessa forma, o 1002° elemento será

(A) 4.016.008.
(B) 4.008.036.
(C) 4.016.036.
(D) 4.008.016.
(F) 4.016.016.

Observe que a sequência S = (4 , 16 , 36 , 64 , ...) é formada por múltiplos de 4
Daí, simplificando-a, obtemos 4S = (1, 4, 9, 16, ...), ou seja, 4S é constituída pela sequência dos quadrados perfeitos (1, 2^2, 3^2, 4^2, ...). Conclui-se, então, que o enésimo elemento de S é $4n^2$.
Logo, temos, para n = 1000 o elemento 4x 1000^2 = 4.000.000 e, para n =1001, o valor 4x 1001^2 = 4.008.004.
E, quando n= 1002, o elemento será 4x 1002^2 = 4.016.016.

Gabarito "E".

2.6. Questões de conteúdo variado de matemática. básica

(Analista –TRF3 – 2024 –VUNESP) O preço unitário de venda de um produto, que era praticado em 2020, teve um único aumento, em 2021, de 10%. Em 2022, foi concedido, sobre o preço de venda reajustado em 2021, um único desconto de 5%.

É correto afirmar que o desconto concedido em 2022 correspondeu, do preço do produto que era praticado em 2020, a:

(A) 6,5%
(B) 5,5%
(C) 4,5%
(D) 5,0%
(E) 6,0%

1ª Solução
Seja **p** o preço do produto em 2020.
Em 2021, o produto passou a custar 1,1p, com o aumento de 10%.
E, em 2021, houve um desconto de 5% sobre o preço a ajustado.
Ou seja,
1,1 p – 5%(1,1p) = 1,1p – 0,05×1,1p = 1,10p - 0,55p = 0,55p = 5,5% de p
Assim,
o desconto correspondeu a 5,5%.

2ª Solução
Suponha p= R$ 100,00 o preço do produto em 2020.
Tem-se, então,
ano   preço
2020   100
2021   110   (aumento de 10%
2022   110 – (5% de 110)= 110 – 5,50 (desconto de 5%)
Assim,
o desconto correspondeu a 5,5%.

Gabarito "B".

(Analista – TRT/16ª Região – 2014 – FCC) André pensou que realizaria uma tarefa em 20 dias, porém, levou 20 dias a mais porque trabalhou 3 horas a menos por dia. Se a produtividade de André por hora se manteve sempre a mesma durante a realização da tarefa, o número de horas diárias que André dedicou à realização da tarefa foi igual a

(A) 6.
(B) 5.
(C) 5,5.
(D) 3,5.
(E) 3.

O tempo para a realização da tarefa t é igual ao número de dias trabalhados multiplicado pelo número de horas trabalhadas diariamente.
Ou seja, conforme previsão inicial, t = (20 dias)(X horas/dia)
Conforme a redução da jornada inicial, t = (40 dias)(X – 3 horas/dia)
Portanto, 20X = 40(X-3) X = 2X – 6 X = 6 horas/dia.
A carga horária inicial, t, sofreu redução de 3h. Deste modo, André trabalhou (X – 3) = 3 horas/dia.

Gabarito "E".

(Analista – TRT/16ª Região – 2014 – FCC) Em uma floresta com 1002 árvores, cada árvore tem de 900 a 1900 folhas. De acordo apenas com essa informação, é correto afirmar que, necessariamente,

(A) ao menos duas árvores dessa floresta têm o mesmo número de folhas.

(B) apenas duas árvores dessa floresta têm o mesmo número de folhas.
(C) a diferença de folhas entre duas árvores dessa floresta não pode ser maior do que 900.
(D) não há árvores com o mesmo número de folhas nessa floresta.
(E) a média de folhas por árvore nessa floresta é de 1400.

Como cada árvore tem entre 900 a 1900 folhas, temos (1900 – 900 + 1) = 1001 possibilidades de quantidades de folhas para as árvores. Se tivermos 1002 árvores, pelo menos duas delas terão a mesma quantidade de folhas.

Gabarito "A".

(Analista – TRF/3ª Região – 2014 – FCC) Um funcionário tem que executar 500 tarefas do tipo A, 150 do tipo B e 300 do tipo C no prazo de alguns dias, sendo necessário finalizar as tarefas dos tipos A, B, e C simultaneamente ao final do último dia. De acordo com as instruções que recebeu, ele tem que realizar, por dia, sempre o mesmo número de tarefas A, o mesmo número de tarefas B e o mesmo número de tarefas C, sendo que a soma diária da quantidade de tarefas A, B e C realizadas seja a maior possível. Em tais condições, esse funcionário terá que realizar um total de tarefas diárias igual a

(A) 10.
(B) 21.
(C) 15.
(D) 19.
(E) 25.

Para este exercício deveremos determinar o máximo divisor comum (m.d.c) das tarefas de cada tipo (maximizando a soma diária da quantidade destas tarefas). Ou seja, o m.d.c. dos números 500, 150 e 300. Isso pode ser feito através da decomposição destes números em fatores primos.
500 = 2 x 2 x 5 x 5 x 5
150 = 2x3x5x5
300 = 2x2x3x5x5
O m.d.c. é o produto dos fatores primos comuns => m.d.c.(500,150,300) = 2x5x5
Portanto, m.d.c.(500,150,300) = 50.
As tarefas diárias do tipo A são: 500/50 = 10, do tipo B são: 150/50 = 3 e do tipo C são: 300/50 = 6. Somando 10 + 3 + 6 = 19 tarefas por dia.

Gabarito "D".

(Analista Judiciário – TJ/MT – UFMT – 2016) O gráfico abaixo mostra o progresso da transição que tem ocorrido nas matrizes energéticas, representada pela substituição das fontes sujas (como carvão e petróleo) pelas limpas (a exemplo da energia solar e da eólica) e projeta o momento em que a mudança se dará por completo, em 2050 – o que deve ocorrer se todas as nações cumprirem a totalidade das metas estabelecidas pelo pacto firmado em Paris, destinado a combater os efeitos das mudanças climáticas.

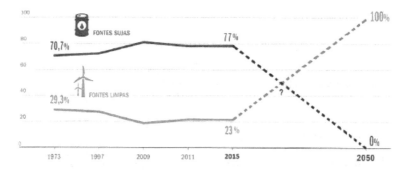

(Revista *Veja*, dezembro/2015. Adaptado.)

Admitindo que, a partir de 2015, o progresso de transição das fontes limpas e das fontes sujas, respectivamente, cresça e decresça segundo uma função do 1º grau, como ilustrado no gráfico, em quantos anos, aproximadamente, após 2015, ambas as fontes atingirão o mesmo patamar (50%)?

(A) 14,3
(B) 12,2
(C) 15,1
(D) 14,8

Solução
Sendo x o ano após 2000, e y o patamar, tem-se a equação do 1º grau
y = ax + b
Tabelam-se os valores:

x(anos após 2000)	y(patamar alcançado)
15	77
50	0

Assim,
77 = 15a + b
0 = 50a + b
Subtraídas, resultam em
77 = -35a
$a = \frac{-77-77}{35\ 35} = \frac{-11-11}{5\ 5}$
$b = -50a = -50(\frac{-11-11}{5\ 5}) = 110$

Então
$y = (\frac{-11-11}{5\ 5})x + 110$
Pede-se o valor de x para o patamar y = 50%:
$50 = (\frac{-11-11}{5\ 5})x + 110$
$\frac{11\ 11}{5\ 5} x = 60$
$x = \frac{300\ 300}{11\ 11} \approx\approx 27,2$ (uma casa após a vírgula e sem arredondamentos) anos após 2000, ou seja, aproximadamente, 12,2 anos após 2015. => Letra B

(Analista Judiciário – TJ/MT – UFMT – 2016) Sobre propriedades de logaritmos, marque V para as verdadeiras e F para as falsas.

( ) Sendo a, b e c números reais positivos, a ≠ 1, então:
    loga(b . c) = loga b – loga c.
( ) Sendo a e b números reais positivos, a ≠ 1, e m um número real então: loga b^m = m loga b.
( ) Sendo a, b e c números reais positivos, a ≠ 1, então:
    loga (b / c) = loga b + loga c.

Assinale a sequência correta.

(A) F, F, V
(B) F, V, F
(C) V, V, F
(D) V, F, V

Solução
Sabe-se que
loga(b . c) = loga b + loga c. Logo, a, a primeira afirmação é **Falsa**;
a segunda afirmação é **Verdadeira**;
Como loga (b / c) = loga b – loga, a terceira afirmação é **Falsa**;
Resposta: F, V, F. => Letra B

Em todos os cálculos, considerar somente uma casa após a vírgula e sem arredondamentos.

(Analista Judiciário – TJ/MT – UFMT – 2016) Em uma carteira, há R$ 1.570,00 em notas de 20 reais e 50 reais. Sabendo-se que existem 9 notas de 50 reais a mais do que as de 20 reais, qual é o número total de notas existentes na carteira?

(A) 41
(B) 42
(C) 43
(D) 44

Resolução
Seja x o número de notas de 20 reais e y o de 50 reais.
Tem-se, então,
20x + 50y = 1570
y = x + 9
Logo,
20x + 50(x + 9) = 1570

20x + 50x + 450 = 1570
70x = 1120
x = 16
E,
y = 16 + 9 = 25
Então
o número total de notas existentes na carteira é 16 + 25 = 41. => Letra A

3. MATEMÁTICA FINANCEIRA

3.1. Juros simples. Montante e juros. Taxa real e taxa efetiva. Taxas equivalentes. Capitais equivalentes

(Analista Judiciário – TJ/PI – FGV – 2015) Francisco vendeu seu carro e, do valor recebido, usou a quarta parte para pagar dívidas, ficando então com R$ 21.600,00. Francisco vendeu seu carro por:

(A) R$27.600,00;
(B) R$28.400,00;
(C) R$28.800,00;
(D) R$29.200,00;
(E) R$29.400,00.

Solução
Seja R o valor recebido e R/4 utilizou para pagar dívidas.
Então,
R = R/4 + 21.600
R – R/4 = 1.600
3R/4 = 21.600
R/4 = 7.200
R = 28.800 => Letra C

(Analista Judiciário – TRT/20 – FCC – 2016) Uma situação judicial exige que o valor de R$ 810.000,00 seja repartido em três partes de forma que a segunda seja igual ao dobro da primeira e a terça parte da terceira. Feita a repartição dessa maneira, a diferença entre a maior e a menor das três partes foi, em reais, de

(A) 480.000,00.
(B) 420.000,00.
(C) 460.000,00.
(D) 380.000,00.
(E) 450.000,00.

Resolução
Sejam a, b, c as partes.
Tem-se

$$\begin{cases} a + b + c = 810.000 \\ b = 2a \\ b = \dfrac{c}{3} \end{cases}$$

De $b = 2a$, $b = 2a$, temos $a = \dfrac{b}{2}$ e
de $b = \dfrac{c}{3}$, $b = \dfrac{c}{3}$, tem-se que $c = 3b$.

Daí
$\dfrac{b}{2} + b + 3b = 810.000$
$\dfrac{9b}{2} = 810.000$
b = 180.00
Então
$a = \dfrac{b}{2} = 90.000$ e
$c = 3b = 540.000$
Logo,
diferença entre a maior e a menor das três partes foi, em reais, de 540.000 – 90.000 = 450.000. => Letra E

3.2. Juros compostos. Montante e juros. Taxa real e taxa efetiva. Taxas equivalentes. Capitais equivalentes. Capitalização contínua

(Analista – TRF/4ª – 2010 – FCC) Considere uma aplicação referente a um capital no valor de R$ 15.000,00, durante 2 anos, a uma taxa de juros compostos de 10% ao ano. Este mesmo capital aplicado a uma taxa de juros simples de 18% ao ano, durante um certo período, apresenta o mesmo valor de juros que o da primeira aplicação. O tempo de aplicação a que se refere o regime de capitalização simples é de, em meses,

(A) 14.
(B) 15.
(C) 16.
(D) 18.
(E) 20.

Seja "n" o tempo da aplicação, "i" a taxa de juros, "C" o capital inicial e "M" o montante final (capital +juros). O cálculo da aplicação com juros compostos é:
$M = C(1 + i)^n$
M = R$ 15.000.(1+10%)²
M = R$ 15.000.(1,1)² = R$ 15.000.(1,21)
M = R$ 18.150
Para os cálculos da segunda aplicação, é útil transformar a taxa de juros anual em mensal. Como a taxa é de juros simples, basta dividir 18% por 12 meses (= 1,5% ao mês = 0,015). Sabendo que a segunda aplicação, com juros simples, deve resultar nesse mesmo montante já calculado acima, temos:
M = C + C.(i).n
R$ 18.150 = R$ 15.000 + R$ 15.000(0,015).n
$n = \dfrac{3.150}{225}$
n = 14 meses

3.3. Descontos: simples, composto. Desconto racional e desconto comercial

(Analista – TRT/18 – 2023 – FCC) João pediu emprestado R$ 1.000,00 a serem pagos em 30 dias com acréscimo de 10%, mas como pagou antes do prazo recebeu desconto de 5% sobre o valor que deveria pagar. O valor pago pelo empréstimo foi de:

(A) R$ 1.105,00
(B) R$ 1.005,00
(C) R$ 1.045,00

(D) R$ 1.255,00
(E) R$ 1.095,00

Resolução
Pediu 1.000 e deve pagar 1.100, com o acréscimo de 10%.

Como pagou antes, recebeu desconto de 5% x 1.100 = 0,05 x 1.100 = 55.
Logo, o valor pago pelo empréstimo foi de
1.100 – 55 = 1.045.

Gabarito "C".

(Analista – TRF/4ª – 2010 – FCC) Uma duplicata é descontada em um banco 40 dias antes de seu vencimento, segundo uma operação de desconto comercial simples. O valor atual desta duplicata é igual a 97% de seu valor nominal. Considerando a convenção do ano comercial, tem-se que a taxa anual de desconto utilizada foi de

(A) 15%.
(B) 18%.
(C) 21%.
(D) 24%.
(E) 27%.

Foi utilizado um desconto de 3% em um saque 40 dias antes do vencimento, o que é equivalente a 3 ÷ 40 = 0,075% ao dia. Sendo assim, a taxa anual de desconto utilizada foi de: 365.(0,075%) = 27%.

Gabarito "E".

4. ESTATÍSTICA

4.1. Estatística Descritiva: gráficos, tabelas, medidas de posição e de variabilidade

(Analista – TRT/18 – 2023 – FCC) Em uma turma de 60 alunos, 10 foram reprovados. Sabendo-se que a média dos alunos aprovados foi 8,5 e a média dos alunos reprovados foi de 3,4, a média da turma foi

(A) 8,35
(B) 7,65
(C) 7,95
(D) 6,95
(E) 7,05

Resolução
A média geral é calculada por

Porém, a média dos 50 alunos aprovados foi 8,5, ou seja,

$$\ddot{x}_{apr} = \frac{x_1 + x_2 + x_3 + \ldots + x_{50}}{50} = 8,5$$

Daí,

$x_1 + x_{2+} x_3 + \ldots + x_{50} = 50 \times 8,5 = 425$ (II)

e a média dos alunos reprovados foi de 3,4, ou

$$\frac{x_{51} + x_{52} + x_{53} + \ldots + x_{60}}{10} = 3,4$$

Donde,

$$x_{51} + x_{52} + \ldots + x_{60} = 110 \times 3,4$$

$x_{51} + x_{52} + \ldots + x_{60} = 34$ (III)

Ao substituir II e III em I, tem-se

$$\bar{x} = \frac{425 + 34}{60} = \frac{459}{60} = 7,65$$

a média da turma foi 7,65

Gabarito "B".

(Analista Judiciário – TJ/MT – UFMT – 2016) O gráfico a seguir apresenta o número de atletas de times do Brasil transferidos para os gramados chineses.

ATLETAS DE TIMES DO BRASIL TRANSFERIDOS PARA OS GRAMADOS CHINESES

Fontes: CBF, Fifa e Amir Somoggi, consultor de marketing e gestão esportiva
(Revista Veja, Jan/2016)

A partir das informações apresentadas no gráfico, marque V para as afirmativas verdadeiras e F para as falsas.

(   ) A mediana do número de atletas de times do Brasil transferidos de 2007 a 2015 é igual ao número de atletas transferidos em 2013.

(   ) A média aritmética simples do número de atletas de times do Brasil transferidos nos anos de 2007, 2008, 2011 e 2015 é igual ao número de atletas transferidos em 2014.

(   ) A moda do número de atletas de times do Brasil transferidos de 2007 a 2015 é 29.

Assinale a sequência correta.

(A) V, F, F
(B) F, F, V
(C) V, V, F
(D) F, V, V

Resolução
1) Para calcular a mediana colocam-se os dados em ordem crescente:
17
23
24
25
26
27
28
29
29

Uma vez que há nove valores – um número ímpar – a mediada está no 5º valor: 26.
A mediana é 26 e a primeira afirmativa é **Falsa**.
2) A média aritmética simples dos atletas nos anos de 2007, 2008,

2011 e 2015 é

$17 + 26 + 28 + 29 = \dfrac{100100}{4\quad 4} = 25$ e a segunda afirmativa é **Verdadeira**.

3) A moda desses valores é 29, o que ocorre mais vezes, e a terceira afirmativa é **Verdadeira**.

Resposta: F, V, V. => letra D

Gabarito "D".

(**Analista – TJ/SC – FGV – 2018**) Em uma urna há 5 bolas amarelas, 7 bolas verdes e 4 bolas azuis.

O número mínimo de bolas a ser retirado aleatoriamente da urna, sem lhes ver a cor, para se ter certeza de que serão retiradas pelo menos duas bolas verdes é:

(A) 14;
(B) 13;
(C) 11;
(D) 9;
(E) 8.

Resolução
Retirando-se 10 bolas há pelo menos 1 bola verde pois se tem as 5 amarelas, as 4 azuis e 1 verde nessa retirada.
Portanto, para se ter certeza de que serão retiradas pelo menos 2 bolas verdes o número mínimo a ser retirado é de 11 bolas.

Gabarito "C".

(**Analista Judiciário – TJ/PI – FGV – 2015**) No primeiro turno do campeonato piauiense de futebol 6 times participam, mas somente 4 chegam às semifinais.

O número de possibilidades diferentes para o conjunto dos 4 times que estarão nas semifinais é:

(A) 10;
(B) 12;
(C) 15;
(D) 18;
(E) 30.

Resolução
Trata-se de cálculo de combinações simples: C6,4.

$\dfrac{6x5x4x36x5x4x3}{}$

C6,4 = $\dfrac{4x3x2x14x3x2x1}$ = 15 => Letra C

Gabarito "C".

4.2. Probabilidades: conceito, axiomas e distribuições (binominal, normal, Poisson, qui-quadrado etc.)

(**Analista Judiciário – TJ/PI – FGV – 2015**) Em um saco há 3 bolas brancas, 3 bolas amarelas e 3 bolas vermelhas. Duas delas são retiradas ao acaso.

A probabilidade de que essas bolas sejam de cores diferentes é:

(A) 3/4;
(B) 3/5;
(C) 4/5;
(D) 2/3;
(E) 1/2.

1ª Solução
1) Temos o total de 9 bolas.

$\dfrac{9x8\,9x8}{}$

Há, portanto, C9,2 = $\dfrac{}{2x12x1}$ = 36 possibilidades de se retirar duas bolas.

2) Suponha que as bolas sejam b1, b2, b3, a1, a2, a3, v1, v2, v3.
As possibilidades de extração de duas bolas de cores **iguais** são
b1b2, b1b3, b2b3
a1a2, a1a3, a2a3
v1v2, v1v3, v2v3
em um total de 9 possibilidades

Logo,

Probabilidade (extração de duas bolas de cores **iguais**) = $\dfrac{9}{36} = \dfrac{1}{4}$.

$\dfrac{9}{36} = \dfrac{1}{4}$.

Daí,

Probabilidade (extração de duas bolas de cores <u>diferentes</u>) = = 1

$-\dfrac{1}{4} = \dfrac{3}{4} \cdot -\dfrac{1}{4} = \dfrac{3}{4}$. => Letra A

Ou

2ª Solução (árvore de probabilidades)
Escolha de 2 bolas brancas:

Probabilidade = 6x(1/72) = 1/12.
O mesmo se dá para a bolas amarelas e as bolas vermelhas.
O total será, então, de

Probabilidade (extração de duas bolas de cores **iguais**) = $\dfrac{3}{12} = \dfrac{1}{4}$.

Daí,

Probabilidade (extração de duas bolas de cores <u>diferentes</u>) = 1

$-\dfrac{1}{4} = \dfrac{3}{4}$. => Letra A

Gabarito "A".

(**Analista – TRF/3ª Região – 2014 – FCC**) Álvaro, Benedito, Cléber e outros dois amigos participam de uma corrida. Se apenas os cinco participaram dessa corrida, o número de possibilidades diferentes de maneira que Álvaro chegue antes que Benedito e este, por sua vez, chegue antes de Cléber é igual a

(A) 20.
(B) 24.
(C) 18.
(D) 22.
(E) 26.

Vamos chamar Álvaro, Benedito, Cléber de respectivamente: A, B e C. Chamaremos os dois outros participantes de X e Y. Primeiramente, construiremos a tabela com as possíveis posições de A, B e C:

3. MATEMÁTICA E RACIOCÍNIO LÓGICO   113

1º	A	B	C		
2º	A	B		C	
3º	A	B			C
4º	A		B	C	
5º	A		B		C
6º	A			B	C
7º		A	B	C	
8º		A	B		C
9º		A		B	C
10º			A	B	C

Portanto temos 10 possibilidades de posições para A, B e C. Vamos incluir agora X e Y:

1º	A	B	C	X ou Y	Y ou X
2º	A	B	X ou Y	C	Y ou X
3º	A	B	X ou Y	Y ou X	C
4º	A	X ou Y	B	C	Y ou X
5º	A	X ou Y	B	Y ou X	C
6º	A	X ou Y	Y ou X	B	C
7º	X ou Y	A	B	C	Y ou X
8º	X ou Y	A	B	Y ou X	C
9º	X ou Y	A	Y ou X	B	C
10º	X ou Y	Y ou X	A	B	C

Os dois outros amigos, X e Y duplicam o número de possibilidades, pois poderemos ter duas combinações X e Y ou Y e X em cada posição não ocupada. Portanto, o número total de possibilidades é igual a 20.

Gabarito "A".

4. ADMINISTRAÇÃO PÚBLICA

Robinson Barreirinhas

1. TEORIAS E CORRENTES DOUTRINÁRIAS

(Analista Judiciário – TRE/PA – 2020 – IBFC) Ao longo do tempo, os modelos de Administração Pública sofreram algumas variações, sendo que a doutrina aponta diferentes fases. Sobre o tema, assinale a alternativa correta.

(A) São características do modelo patrimonialista da Administração Pública o nepotismo, o fisiologismo, o clientelismo e a gerontocracia, cujas manifestações revelam ser o interesse público, a coisa pública e o poder público pertencentes do Estado e exercidos em prol deste

(B) No modelo de Administração burocrático, ganham relevo o princípio da estrita legalidade e a responsabilização dos agentes estatais, por meio da criação de mecanismos de controle de resultados e normas internacionais de "accountability", marcando a função regulatória do Estado e o incentivo à participação do Terceiro Setor

(C) A reforma gerencial introduz uma perspectiva de Administração público-empresarial, alicerçada pelo princípio da eficiência, contrapondo-se à ideologia do formalismo e rigor técnico do período antecedente, sendo o cidadão compreendido como um "cliente", para quem os serviços estatais de qualidade devem ser direcionados

(D) O gerencialismo ou "nova gestão" é evidenciado pela menor participação de agentes privados e pela reduzida autonomia das entidades administrativas na consecução de políticas públicas e prestação de serviços essenciais não exclusivos do Estado, atendendo a um programa de publicização

A doutrina se refere à *administração pública patrimonialista*, à *administração pública burocrática* e à *administração pública gerencial*. A *administração pública patrimonialista* é aquela arcaica, anterior à *administração pública burocrática* (descrita por Max Weber) e à moderna *administração pública gerencial*. Na administração pública patrimonialista, "o aparelho do Estado funciona como uma extensão do poder do soberano". A *administração pública burocrática* é uma resposta ao patrimonialismo anterior, visando a combater a corrupção e o nepotismo, enfatizando os controles prévios, nos procedimentos. Tem como características a profissionalização, a ideia de carreira, a hierarquia funcional, a impessoalidade, o formalismo. Entretanto, a *administração pública burocrática* caracteriza-se também pelo direcionamento de esforços para a própria manutenção do poder estatal (o governo voltado para si mesmo, não para o cidadão). Isso tende a levar ao engessamento da estrutura do governo, refratária à evolução e à eficiência. Após as experiências da *administração pública patrimonialista* e da *administração pública burocrática*, ganhou força, nos anos 1990, o conceito de *administração pública gerencial* como paradigma a ser adotado, buscando redução de custos e aumento da qualidade dos serviços, tendo sempre em foco seu beneficiário: o cidadão. A estratégia da moderna *administração pública gerencial* exige (i) definição precisa dos objetivos que o administrador público deverá atingir em sua unidade, (ii) garantia de autonomia do administrador na gestão dos recursos humanos, materiais e financeiros que lhe forem colocados à disposição para que possa atingir os objetivos contratados, e (iii) controle e cobrança *a posteriori* dos resultados, além da (iv) competição administrada no interior do próprio Estado, quando há a possibilidade de estabelecer concorrência entre unidades internas (Capítulo 2 do Plano Diretor da Reforma do Aparelho do Estado – PDRAE/1995).

A: incorreta, pois gerontocracia é a gestão por anciões, pelos mais idosos, não tem qualquer relação com o tema; **B**: incorreta, pois a administração burocrática não é caracterizada pelo controle dos resultados; **C**: correta, conforme comentários iniciais; **D**: incorreta, pois a administração gerencial acolhe as parcerias com entidades e empresas privadas.

Gabarito "C".

(Analista Judiciário – TRE/PA – 2020 – IBFC) A criação de Agências Reguladoras se deu com o Programa Nacional de Desestatização. Sendo assim, analise as afirmativas abaixo:

I. A natureza especial conferida à agência reguladora é caracterizada pela ausência de tutela ou de subordinação hierárquica, pela autonomia funcional, decisória, administrativa e financeira e pela investidura a termo de seus dirigentes e estabilidade durante os mandatos.

II. Os membros do Conselho Diretor ou da Diretoria Colegiada ficam impedidos de exercer atividade ou de prestar qualquer serviço no setor regulado pela respectiva agência, por período de 4 (quatro) meses, contados da exoneração ou do término de seu mandato, assegurada a remuneração compensatória.

III. É vedada a indicação para o Conselho Diretor ou a Diretoria Colegiada de pessoa que tenha atuado, nos últimos 30 (trinta) meses, como participante de estrutura decisória de partido político ou em trabalho vinculado a organização, estruturação e realização de campanha eleitoral.

IV. O Conselho Administrativo de Defesa Econômica notificará a agência reguladora do teor da decisão sobre condutas potencialmente anticompetitivas cometidas no exercício das atividades reguladas, bem como das decisões relativas a atos de concentração julgados por aquele órgão, no prazo máximo de 24 (vinte e quatro) horas após a publicação do respectivo acórdão.

Assinale a alternativa correta.

(A) Apenas as afirmativas I, III e IV estão corretas
(B) Apenas as afirmativas I e II estão corretas
(C) Apenas a afirmativas III e IV estão corretas
(D) Apenas a afirmativa I está correta

I: correta, nos termos do art. 3º, *caput*, da Lei das Agências Reguladoras – Lei 13.848/2019; **II**: incorreta, pois o prazo de impedimento é de 6 meses, nos termos do art. 8º da Lei 9.986/2000; **III**: incorreta, pois o prazo para em que a pessoa não pode ter tido essa específica atuação político-partidária é de 36 meses, nos termos do art. 8º-A, II, da Lei 9.986/2000; **IV**: incorreta, pois o prazo para a notificação do CADE é de 48 horas, nos termos do art. 28 da Lei 13.848/2019.

Por essas razões, a alternativa "D" é a correta.

Gabarito "D".

(Analista Judiciário – TRE/PE – CESPE – 2017) O modelo de administração pública implantado no Brasil, que preza por impessoalidade, profissionalismo e racionalidade técnica para combater a corrupção e o nepotismo, ficou conhecido como modelo

(A) burocrático.
(B) gerencial.
(C) de bem-estar.
(D) oligárquico.
(E) patrimonialista.

Vide as observações anteriores quanto às características da *administração pública patrimonialista, administração pública burocrática* e *administração pública gerencial*. Impessoalidade, profissionalismo e racionalidade técnica para combater o nepotismo e a corrupção são diretrizes da administração burocrática, razão pela qual a alternativa "A" é a correta. RB

Gabarito "A".

2. RECURSOS HUMANOS

(Analista Judiciário – TJ/PA – 2020 – CESPE/CEBRASPE) Segundo determinada teoria motivacional, o esforço da pessoa depende do resultado que ela quer alcançar, ou seja, as pessoas se esforçam para alcançar resultados que elas consideram importantes para si. Essa é a perspectiva da teoria

(A) da expectativa.
(B) da equidade.
(C) das necessidades.
(D) da frustração.
(E) dos dois fatores.

A teoria da expectativa ou da expectância, da qual Victor Vroom é referência, indica que a motivação é orientada pela expectativa de um resultado positivo, baseada nos conceitos de (a) valência, (b) instrumentalidade e (c) expectativa. A valência se refere à atração que determinado resultado exerce sobre o indivíduo, a importância que ele dá às recompensas; a instrumentalidade tem relação com a convicção que esse indivíduo tem de que suas ações e a realização do desempenho esperado levarão ao resultado positivo, à recompensa esperada por ele; e a expectativa atine à convicção de que determinado esforço implica bom desempenho, ou seja, que se ele aumentar esse esforço, melhorará o desempenho.
Por essas razões, a alternativa "A" é a correta.

Gabarito "A".

(Analista – Área Administrativa – TRT1 – 2018 – AOCP) O planejamento estratégico de pessoas nas organizações se refere à maneira como a função de RH

(A) pode contribuir para o alcance dos objetivos organizacionais e, simultaneamente, favorecer e incentivar o alcance dos objetivos individuais dos funcionários.
(B) determina a priorização dos objetivos organizacionais em detrimento do favorecimento e incentivo dos objetivos individuais dos funcionários.
(C) influencia na definição dos objetivos individuais dos funcionários, para que esses objetivos estejam alinhados com a realização dos objetivos organizacionais.
(D) condiciona, subordina e controla a realização dos objetivos individuais dos funcionários ao alcance e cumprimento de todos os objetivos organizacionais.
(E) coloca a necessidade de alcance dos objetivos organizacionais e, ao mesmo tempo, desestimula o alcance dos objetivos individuais dos funcionários.

O planejamento é um modelo teórico para a ação futura, composto por objetivos e planos detalhados de como atingir seus objetivos da melhor maneira possível (gabarito da FGV). É o ato de determinar os objetivos da organização e os meios para alcançá-los (gabarito da FUNRIO). O planejamento pode ser classificado em estratégico, tático ou operacional, pelo critério de abrangência. O planejamento estratégico é o mais amplo, relativo aos objetivos e estratégias de longo prazo para toda a organização. O planejamento tático refere-se a cada área funcional da organização. O planejamento operacional corresponde ao nível básico da organização, a suas atividades rotineiras. O planejamento estratégico busca definir ou reconhecer a missão, a visão, os valores e os objetivos da organização, com análise global da situação interna e externa e formulação de estratégias, voltando-se ao longo prazo. A missão é o objetivo fundamental da organização, sua razão de existência. A visão volta-se para o futuro, para onde a organização pretende ir, o que ela quer ser num futuro previsível e está ligada à missão da organização, ao seu objetivo fundamental. As etapas do planejamento estratégico são (1ª) análise da situação atual (recursos humanos, financeiros, materiais disponíveis, possibilidades do mercado), (2ª) análise do ambiente externo (ameaças e oportunidades), (3ª) análise do ambiente interno (pontos fortes e fracos dentro da organização), (4ª) definição do plano estratégico (objetivos e estratégias) – depois disso vêm a implementação da estratégica, seu monitoramento e controle.
No que se refere especificamente ao planejamento estratégico de pessoal, busca-se o atingimento harmônico dos objetivos da organização e dos objetivos individuais dos colaboradores, de modo que a alternativa "A" é a melhor. As alternativas "B", "D" e "E" são claramente incorretas, pois subordinam uma espécie de objetivo ao outro, ou prioriza um em relação ao outro.

Gabarito "A".

(Analista – Área Administrativa – TRT1 – 2018 – AOCP) Na atuação de suas atividades, você é submetido à avaliação e desempenho. Se nesse processo de sua avaliação no trabalho participarem o seu chefe, seus colegas, seus subordinados e também os fornecedores e os clientes, enfim, participarem todas as pessoas que mantêm alguma interação com você, qual será o método de avaliação desenvolvido?

(A) Avaliação pela equipe.
(B) Avaliação para cima.
(C) Avaliação pela comissão.
(D) Avaliação 360 graus.
(E) Avaliação autossuficiente.

A assertiva descreve a avaliação 360 graus, em que há troca de impressões entre superiores, subordinados, colegas, clientes internos etc. (*stakeholders*), de modo que a alternativa "D" é a correta.

Gabarito "D".

(Analista – TRT/15 – FCC – 2018) A aplicação da metodologia de gestão por competências no âmbito de uma organização contempla, em sua fase inicial, uma etapa de mapeamento, na qual devem ser identificados(as)

(A) os principais processos de trabalho envolvidos na atuação da organização e as medidas para otimizá-los.
(B) os melhores profissionais existentes em seus quadros, os quais deverão ser alçados a posições de gestão.
(C) as competências individuais de todos os colaboradores, de forma a melhor alocá-los nos diferentes postos de trabalho.

(D) os profissionais de destaque no mercado, para formação de um benckmarking para os seus colaboradores.

(E) as habilidades não só técnicas, mas também comportamentais, para cada posição funcional da organização.

Gestão por competência é a gestão da capacitação orientada para o desenvolvimento do conjunto de conhecimentos, habilidades e atitudes necessárias ao desempenho das funções dos servidores, visando ao alcance dos objetivos da instituição – art. 2º, II, do Decreto 5.707/2006. O mapeamento de competências serve para detectar as necessidades da organização, as competências essenciais que faltam para que ela realize adequadamente seus objetivos.
Esse mapeamento se dá de diversas maneiras, por métodos e técnicas complementares e não excludentes, como (a) pesquisa documental, (b) entrevistas, (c) grupos focais, que são entrevistas coletivas com moderador e (d) questionários estruturados com escalas de avaliação. Por essas razões, a alternativa "E" é a correta.
Gabarito "E".

(Analista – TRT/15 – FCC – 2018) Considere que determinada entidade da Administração tenha contratado uma consultoria especializada para avaliação de desempenho de seus integrantes. O consultor propôs a aplicação da metodologia conhecida como Pesquisa de Campo. Contudo, os gestores da organização optaram pela adoção do método denominado Escala Gráfica. Tal decisão reflete uma opção

(A) pela precisão, eis que a Escala Gráfica reduz significativamente os erros e desvios de avaliação, como o denominado efeito halo.

(B) por um método mais simples e de fácil execução, em detrimento de outro mais completo, porém de execução mais longa e complexa.

(C) por um método mais personalizado e aderente aos objetivos estratégicos da organização, bastante similar à Avaliação Participativa por Objetivos.

(D) por maior abrangência, eis que o método escolhido envolve a participação de todos os que interagem com o avaliado, mediante entrevistas individuais.

(E) pela autoavaliação, que é o diferencial do método de Escala Gráfica, além do acompanhamento da evolução do avaliado.

Pesquisa de campo é considerado um dos métodos tradicionais mais completos de avaliação de desempenho. Baseia-se no princípio da responsabilidade de linha e da função de *staff* no processo de avaliação do desempenho. Consiste em entrevistas entre um especialista em avaliação com os gerentes, para, em conjunto, avaliarem o desempenho dos respectivos funcionários (Gabarito FCC).
No método das escalas gráficas, o examinador anota, em linhas horizontais, a posição do avaliado em relação ao aspecto avaliado (por exemplo, escala de 1 a 10 em produtividade). Há representação das escalas gráficas contínuas (em que apenas os extremos são prefixados e o avaliador poderá indicar qualquer ponto entre eles) e semicontínuas (método intermediário, em que há indicação de determinados pontos entre os extremos, para simplificar e orientar o trabalho do avaliador). Por essas razões, a alternativa "B" é a correta, considerando que o método da escala gráfica é muito mais simples e de fácil execução.
Gabarito "B".

(Analista Judiciário – TRT/11 – FCC – 2017) Considere que determinado órgão integrante da Administração pública pretenda implementar uma política de valorização de pessoal baseada na meritocracia, utilizando, como ferramenta, a avaliação de desempenho. Para tanto, pretende privilegiar, entre as metodologias disponíveis, a que contemple a autoavaliação e também permita que o avaliado receba *feedbacks* (retornos) de todas as pessoas com as quais se relaciona. A metodologia mais adequada para o escopo pretendido seria a

(A) APPO – Avaliação Participativa por Objetivos.

(B) Comparação Binária.

(C) Pesquisa de Campo.

(D) Avaliação 360°.

(E) Lista de Verificação.

Trata-se da avaliação 360 graus, em que há troca de impressões entre superiores, subordinados, colegas, clientes internos etc. *(stakeholders)*. Somente o avaliado recebe as informações a seu respeito e não fica sabendo quem o avaliou. Por essa razão, a alternativa "D" é a correta.
Gabarito "D".

(Analista Judiciário – TRE/SP – FCC – 2017) Motivação corresponde a um estado psicológico caracterizado por um elevado grau de disposição de realizar uma tarefa ou perseguir uma meta. Constitui um dos fatores fundamentais para o bom desempenho organizacional e é objeto de diversas teorias que buscam explicar quais os fatores determinantes ou como ela se processa. Uma dessas teorias é a da expectativa (ou expectância), desenvolvida por Victor Vroom, segundo a qual,

(A) as pessoas são mais influenciadas pela expectativa de recompensas (reforço positivo), do que por recompensas objetivas.

(B) o comportamento humano é sempre orientado para resultados, sendo o conceito de valência correspondente ao valor atribuído ao resultado.

(C) a expectativa de punição constitui fator indutor do comportamento do indivíduo, podendo ser usada como ferramenta motivacional.

(D) a motivação independe de fatores externos ou de resultados objetivos, sendo uma característica eminentemente pessoal.

(E) o indivíduo prioriza, inconscientemente, a realização pessoal, ainda que em detrimento de necessidades básicas.

A teoria da expectativa ou da expectância, da qual Victor Vroom é referência, indica que a motivação é orientada pela expectativa de um resultado positivo, baseada nos conceitos de (a) valência, (b) instrumentalidade e (c) expectativa. A valência se refere à atração que determinado resultado exerce sobre o indivíduo, a importância que ele dá às recompensas; a instrumentalidade tem relação com a convicção que esse indivíduo tem de que suas ações e a realização do desempenho esperado levarão ao resultado positivo, à recompensa esperada por ele; e a expectativa atine à convicção de que determinado esforço implica bom desempenho, ou seja, que se ele aumentar esse esforço, melhorará o desempenho.
A: incorreta, pois a motivação decorre da percepção do indivíduo quanto à probabilidade de alcançar determinado resultado; **B:** correta, conforme comentários anteriores; **C:** incorreta, pois a teoria se refere à expectativa quanto ao atingimento de resultados; **D:** incorreta, pois a motivação refere-se diretamente à expectativa em relação aos resultados, que são externos ao indivíduos e dependem também de fatores externos; **E:** incorreta, pois a teoria não se refere a isso, sendo que as necessidades básicas (conforme Maslow – fisiológicas, segurança etc.) tendem a ser priorizadas.
Gabarito "B".

(Analista Judiciário – STJ – CESPE – 2015) Com relação à evolução da administração pública e à reforma do Estado, julgue o item a seguir.

(1) Inspirada no gerencialismo inglês, a reforma do Estado brasileiro deflagrada em 1995 teve como principal objetivo manter as contas públicas equilibradas e reduzir o poder da ação gerencial do Estado.

1: Incorreta, pois as reformas a partir de 1995 tiveram exatamente a intenção de adotar o conceito de *administração pública gerencial* como paradigma, buscando redução de custos e aumento da qualidade dos serviços, tendo sempre em foco seu beneficiário: o cidadão. Ou seja, a ideia era ampliar a ação gerencial do Estado, não reduzi-la. Ver o Plano Diretor da Reforma do Aparelho do Estado – PDRAE/1995. **RB**

Gabarito "1E."

(Analista Judiciário – STJ – CESPE – 2015) Com referência à gestão de pessoas, julgue os itens que se seguem.

(1) Em geral, as organizações têm utilizado modelos de gestão de desempenho cuja fundamentação restringe-se aos comportamentos, dado que os resultados podem ser previstos a partir da avaliação desses comportamentos.

(2) *Blended learning* é uma modalidade de ensino que combina a aprendizagem face a face com a aprendizagem mediada pela Internet. Adoção dessa modalidade de aprendizagem requer o redesenho de cursos e a redução do tempo gasto em sala de aula. Tais cursos não eliminam completamente a sala de aula, apenas reduzem a sua ocorrência.

(3) Os estilos de liderança podem ser classificados em duas dimensões: orientação para relacionamentos, que engloba os estilos dominante, diretivo e autocrático; e orientação para tarefas, com a classificação em estilos participativo, estimulador e apoiador.

1: Incorreta, pois a tendência da moderna gestão de desempenho é focar nos resultados; **2:** Correta, sendo que o *blended learning* procura mitigar a total falta de contato pessoal do ensino à distância puro (EAD) com determinadas práticas presenciais, em sala de aula; **3:** Incorreta. É comum a classificação dos estilos de liderança em autocrática (centralização das decisões, sem participação dos subordinados, focada nas tarefas), democrática (com participação dos liderados nas decisões) e liberal ("laissez-faire", decisões tomadas por cada indivíduo).

É também comum, especialmente nos gabaritos da CESPE, a abordagem da liderança centrada nas tarefas, em contraposição à liderança centrada nas pessoas (relacionamento). O estilo centrado nas tarefas refere-se à preocupação com a execução dessas tarefas e com o atingimento dos resultados, adotando-se métodos preestabelecidos de trabalho. O líder centrado nas tarefas tende a planejar e definir quem realizará e como cada colaborador realizará suas tarefas, além de monitorar seu desempenho. O estilo centrado nas pessoas refere-se à preocupação com as características e competências dos subordinados, com ênfase no trabalho em equipe e nas metas a serem atingidas, mais do que nos métodos. O líder centrado nas pessoas busca apoiar os subordinados, respeitando suas características, necessidades e privilegia as relações interpessoais. Fica claro pela assertiva que as classificações não se relacionam com os estilos de liderança (estilos participativo, estimulador e apoiador referem-se à liderança centrada nas pessoas), de modo que é incorreta. **RB**

Gabarito 1E, 2C, 3E

Veja a seguinte tabela, com características de dois estilos de liderança (gabarito da CESPE):

Líder centrado nas tarefas	Líder centrado nas pessoas
– preocupa-se com os métodos de trabalho das pessoas; – define claramente os padrões de trabalho a serem desenvolvidos pelas pessoas; – atribui as responsabilidades de acordo com a tarefa desenvolvida pelas pessoas; – focaliza a produtividade e a qualidade das atividades das pessoas; – monitora os resultados do desempenho das pessoas;	– expõe os objetivos do trabalho para as pessoas; – atua como apoio e retaguarda para as pessoas; – respeita os sentimentos das pessoas; – procura ensinar as tarefas e desenvolver as pessoas; – demonstra confiança nas pessoas; – preocupa-se com as metas mais do que com os métodos.

Aproveitamos para apresentar esta outra tabela, com atitudes típicas de três tipos de personalidade de líderes executivos, conforme Richard W. Wallen, o Batalhador, o Auxiliador e o Crítico (gabarito da FCC):

Características	Batalhador	Auxiliador	Crítico
Julga os outros por:	Poder	Afetividade	Aptidão cognitiva
Influencia os outros pela:	Intimidação	Compreensão	Argumentação
Receia:	Dependência	Rejeição	Emoções
Necessita de:	Afeto	Firmeza	Conscientização de sentimentos

3. GESTÃO E LIDERANÇA

(Analista Judiciário – TJ/PA – 2020 – CESPE/CEBRASPE) Assinale a opção que indica atividade inerente à função administrativa chamada de organização.

(A) distribuição dos processos de trabalho em departamentos
(B) definição da visão de futuro da instituição e dos valores a serem cumpridos pelos empregados
(C) criação de sistemas de monitoramento dos prazos e da qualidade dos serviços prestados
(D) realização de reuniões para orientação sobre a execução de atividades na busca de engajamento e alcance de resultados
(E) avaliação das metas alcançadas em cada departamento da organização

---

É comum referirmo-nos às funções administrativas de (i) planejamento, (b) organização, (c) direção e (d) controle (PODC).
A: correta, pois organização se refere à distribuição do trabalho entre as pessoas/unidades da organização; **B:** incorreta, pois se refere ao planejamento; **C:** incorreta, pois se refere ao controle; **D:** incorreta, pois se refere à direção; **E:** incorreta, pois se refere ao controle.

Gabarito "A."

(Analista Judiciário – TJ/PA – 2020 – CESPE/CEBRASPE) No que se refere ao acordo de leniência previsto na Lei 12.846/2013, assinale a opção correta.

(A) A proposta de acordo de leniência suspende o prazo prescricional dos atos ilícitos previstos na referida lei.
(B) O termo final para a prática dos atos infracionais pela pessoa jurídica é a celebração do acordo de leniência.
(C) A celebração do acordo de leniência isenta a pessoa jurídica da sanção de multa.
(D) O acordo de leniência não exime a pessoa jurídica da obrigação de reparar integralmente o dano causado.
(E) A celebração dos acordos de leniência no âmbito do Poder Executivo federal é de competência exclusiva do Ministério Público Federal.

A: incorreta, pois o acordo interrompe (é interrupção, não suspensão) o prazo prescricional dos atos ilícitos – art. 16, § 9º, da Lei 12.846/2013; **B:** incorreta, pois o requisito para celebração do acordo de leniência é a cessação do envolvimento na infração investigada a partir da data de propositura do acordo – art. 16, § 1º, II, da Lei 12.846/2013; **C:** incorreta, pois a celebração do acordo apenas reduzirá em até 2/3 o valor da multa aplicável – art. 16, § 2º, da Lei 12.846/2013; **D:** correta conforme o art. 16, § 3º, da Lei 12.846/2013; **E:** incorreta, pois a autoridade máxima de cada órgão ou entidade pública poderá celebrar acordo de leniência – art. 16, caput, da Lei 12.846/2013.
Gabarito "D".

(Analista Judiciário – TJ/PA – 2020 – CESPE/CEBRASPE) Considerando o disposto na Lei 12.846/2013, assinale a opção correta.

(A) É vedada a delegação da competência para a instauração e o julgamento de processo administrativo de apuração de responsabilidade.
(B) A sanção de multa terá como limite mínimo o percentual de 0,2% do faturamento líquido do ano anterior à instauração do processo administrativo.
(C) O prazo prescricional será suspendido com o julgamento do processo administrativo.
(D) Pessoa jurídica estrangeira está imune à incidência das regras estabelecidas na referida lei.
(E) Comissão constituída para a apuração de responsabilidade poderá, cautelarmente, propor à autoridade instauradora que suspenda os efeitos do ato ou processo objeto da investigação.

A: incorreta, pois, nos termos do art. 8º, § 1º, da Lei 12.846/2013, a competência para a instauração e o julgamento do processo administrativo de apuração de responsabilidade da pessoa jurídica poderá ser delegada, vedada a subdelegação; **B:** incorreta, pois o piso da multa é de 0,1% do faturamento bruto do último exercício anterior ao da instauração do processo administrativo, excluídos os tributos, nunca inferior à vantagem auferida, quando for possível sua estimação – art. 6º, I, da Lei 12.846/2013; **C:** incorreta, pois não há essa previsão na lei – veja a propósito o art. 16, § 9º, da Lei 12.846/2013; **D:** incorreta, pois a lei se aplica também às sociedades estrangeiras, além de se aplicar em caso de atos contra a administração pública estrangeira – art. 1º, parágrafo único, da Lei 12.846/2013; **E:** correta, nos termos do art. 10, § 2º, da Lei 12.846/2013.
Gabarito "E".

(Analista – TRT/15 – FCC – 2018) Entre os diferentes tipos de decisões tomadas no âmbito de uma organização, existem aquelas classificadas pela literatura como "não programadas", aplicáveis a situações

(A) vivenciadas no dia a dia da organização, mas que demandam, para sua solução, a adoção de um processo intuitivo.
(B) não rotineiras, cuja resolução não é viável com a mera utilização do acervo de soluções disponíveis na organização.
(C) que não comportam uma solução individual, demandando um processo coletivo de construção de consenso.
(D) de grande impacto, porém que comportam solução com base em procedimentos sistematizados e já utilizados no âmbito da organização.
(E) exógenas à organização e que demandam, para sua solução, da intervenção de um agente externo.

As decisões rotineiras, para questões reiteradas são as *programadas*. Decisões *não programadas* são aquelas para demandas específicas, que não seguem procedimento estruturado. A alternativa que descreve as decisões não programadas é a "B", de modo que é a correta.
Gabarito "B".

(Analista Judiciário – TRT/11 – FCC – 2017) A tomada de decisão é uma das atividades mais típicas do administrador. Existem diferentes tipos de decisão, sendo que algumas delas se realizam por meio de um conjunto de normas preestabelecidas, com base em um acervo de soluções da organização. Tais decisões são as denominadas

(A) Programadas.
(B) Padronizadas.
(C) Recorrentes.
(D) Impróprias.
(E) Consultivas.

As decisões rotineiras, para questões reiteradas, como descritas na assertiva, são as *programadas*, de modo que a alternativa "A" é a correta. Decisões *não programadas* são aquelas para demandas específicas, que não seguem procedimento estruturado.
Gabarito "A".

(Analista Judiciário – TRT/11 – FCC – 2017) Uma das etapas relevantes para implementação da gestão por competências consiste no mapeamento de competências. Entre o rol de instrumentos preconizados pela literatura para a realização desse mapeamento se inclui o grupo focal, utilizado

(A) como sucedâneo das entrevistas individuais, na forma de uma entrevista coletiva onde o entrevistador atua como moderador.
(B) para substituir a análise documental, tornando mais dinâmico o processo de identificação dos objetivos institucionais.
(C) como técnica de pesquisa, voltada à identificação das competências relevantes dentro de determinado contexto.
(D) para identificação das atribuições de cada cargo ou função, constituindo insumo fundamental para identificação das competências propriamente ditas.
(E) na forma de questionário, para segregar as competências técnicas, apartando-as das comportamentais e situacionais.

Gestão por competência é a gestão da capacitação orientada para o desenvolvimento do conjunto de conhecimentos, habilidades e atitudes

necessárias ao desempenho das funções dos servidores, visando ao alcance dos objetivos da instituição – art. 2º, II, do Decreto 5.707/2006.
O mapeamento de competências serve para detectar as necessidades da organização, as competências essenciais que faltam para que ela realize adequadamente seus objetivos.
Esse mapeamento se dá de diversas maneiras, por métodos e técnicas complementares e não excludentes, como (a) pesquisa documental, (b) entrevistas, (c) grupos focais, que são entrevistas coletivas com moderador e (d) questionários estruturados com escalas de avaliação.
A: correta, descrevendo adequadamente os grupos focais, normalmente realizados após as entrevistas individuais e a pesquisa documental; **B:** incorreta, pois não há substituição da análise documental, normalmente realizada no início do mapeamento; **C:** não é a melhor alternativa, já que a "A" descreve exatamente os grupos focais; **D:** incorreta, pois as atribuições de cada cargo ou função são mais facilmente detectadas pela pesquisa documental ou pelas entrevistas individuais; **E:** incorreta, pois os grupos focais não se confundem com os questionários, conforme comentários iniciais.
Gabarito "A".

(Analista Judiciário – TRT/11 – FCC – 2017) Os estudos sobre liderança desenvolvidos pela Universidade de Ohio nos anos de 1940, buscaram identificar dimensões independentes do comportamento do líder, descrevendo duas categorias de liderança, que são:

(A) diretiva e colaborativa.
(B) democrática e autocrática.
(C) autocentrada e cooperativa.
(D) ênfase nas pessoas e ênfase na produção.
(E) estrutura de iniciação e consideração.

É importante que o estudante saiba que há inúmeras classificações de líderes e estilos de liderança, conforme comentários e outras questões. No caso especificamente da classificação da Universidade de Ohio, dos anos 1940, há (a) estrutura de iniciação, referente à capacidade de o líder definir seu papel e de seus subordinados para atingimento dos resultados e (b) consideração, relativa à capacidade de manter a confiança dos colaboradores.
Por essas razões, a alternativa "E" é a correta.
Gabarito "E".

(Analista Judiciário – TRE/PE – CESPE – 2017) Decisões descentralizadas, flexibilização de recursos, apuração de desempenho, monitoramento de execução de gestão e definição de indicadores são ações típicas da estratégia de gestão pública denominada gestão

(A) da mudança.
(B) por competências.
(C) da qualidade.
(D) social.
(E) por resultados.

Quando os gestores descentralizam as decisões, fixam metas e indicadores de resultados, estamos diante de características da gestão por resultados, de modo que a alternativa "E" é a correta.
Importante lembrar que a gestão por competências se refere a identificação e desenvolvimento das competências essenciais para que a organização atinja seus objetivos.
Em relação à gestão de qualidade, os 14 princípios de Deming para a qualidade total são, em resumo: (1) estabelecer constância de propósitos, (2) adotar a nova filosofia, acordar para o novo desafio, (3) a qualidade deve fazer parte do produto ou serviço desde o início, afastando a dependência pela inspeção; (4) importância da redução do custo total favorecendo relacionamentos de longo prazo e exclusivos com fornecedores (não mais aprovar orçamentos com base exclu-

sivamente em preço); (5) constante melhoria no processo e serviço para aumento de produtividade e qualidade, (6) treinamento no local de trabalho, (7) instituição da liderança, (8) eliminação do medo, (9) trabalho conjunto, eliminação de barreiras entre departamentos (10) eliminação de metas do tipo "zero defeito", *slogans*, exortações, (11) gestão por processos e substituição das quotas na linha de produção por liderança, (12) abolição da avaliação por números absolutos (avaliações de desempenho e administração por objetivos), passando à avaliação por qualidade, possibilitando que o trabalhador tenha orgulho do que faz, (13) sólido programa de educação e autoaprimoramento, (14) envolvimento de todos no processo de transformação.
Gabarito "E".

(Analista Judiciário – TRE/PI – CESPE – 2016) Tendo em vista que o planejamento organizacional engloba uma série de etapas e tem por finalidade auxiliar a administração no alcance de objetivos, assinale a opção correta relativamente aos conteúdos de um planejamento. Nesse sentido, considere que a sigla TRE, sempre que empregada, se refere a tribunal regional eleitoral.

(A) A proatividade do servidor de um TRE para solucionar pendências operacionais do órgão caracteriza uma iniciativa estratégica.
(B) Garantir a legitimidade do processo eleitoral define a missão de um TRE, por se tratar da finalidade para a qual o órgão foi criado.
(C) Os indicadores das iniciativas estratégicas orientam e direcionam o comportamento das pessoas no desenvolvimento das atividades, conferindo coerência e unidade na atuação institucional.
(D) Ser reconhecido pela excelência na efetividade da gestão do processo eleitoral define um objetivo tático de um TRE, pois se refere àquilo que o órgão pretende ser no futuro.
(E) Sustentabilidade, cidadania e eficiência operacional são exemplos de objetivos operacionais de um TRE porque são objetivos globais, amplos e definidos para longo prazo.

A: incorreta, pois, como a própria assertiva indica, a ação do servidor está no nível operacional, não estratégico. Interessante lembrar que os três níveis organizacionais, administrativos ou de responsabilidade são (a) institucional ou estratégico (nível mais elevado, em que se realiza o planejamento estratégico), (b) intermediário, gerencial ou tático (recebe as decisões estratégicas e permite sua implementação pelo nível operacional, realizando o planejamento tático) e (c) operacional ou técnico (administra a execução da operação, realiza o planejamento operacional); **B:** correta, já que missão é exatamente essa razão de ser da organização, a finalidade, como descrito na assertiva; **C:** incorreta, pois os indicadores atinentes ao nível estratégico são de médio e longo prazo, não aqueles atinentes à atividade operacional; **D:** incorreta, pois esse objetivo de reconhecimento costuma ser identificado com a visão da organização, não com objetivo tático; **E:** incorreta, pois essas referências indicam melhor os valores da organização, não objetivos operacionais.
Gabarito "B".

(Analista Judiciário – TRE/PI – CESPE – 2016) Em relação à gestão por competências, assinale a opção correta.

(A) Comparativamente a outras modalidades avaliativas, a avaliação de desempenho por competências é vantajosa porque elimina a subjetividade do avaliador.
(B) O mapeamento de competências é um processo periódico para avaliar o desempenho das pessoas quanto a conhecimentos, habilidade e atitudes.

(C) As competências individuais são o conjunto de capacidades cuja observação independe da mobilização do indivíduo para a realização de uma ação específica.
(D) As pessoas concretizam as competências organizacionais e fazem sua adequação ao contexto ao colocarem em prática o patrimônio de conhecimentos da organização.
(E) O processo de gestão por competências é focado nas competências das pessoas, desconsiderando-se a articulação com as competências corporativas por estas serem patrimônio organizacional.

A: incorreta, pois há sempre algum nível de subjetividade do avaliador, mesmo no caso da avaliação do desempenho por competência; B: incorreta, pois o mapeamento é, em regra, pressuposto para a gestão por competências, não necessariamente ligado à avaliação de desempenho; C: incorreta, pois as competências individuais são exatamente aquelas relacionadas à atividade da organização, necessárias para que o indivíduo aja em benefício da organização; D: correta, descrevendo a atuação individual como concretizadora das competências da organização em que estão inseridos; E: incorreta, pois a gestão por competências lida com as competências organizacionais e individuais, de maneira indissociável, como vista no comentário anterior. Gabarito "D".

(Analista Judiciário – TRE/PI – CESPE – 2016) Assinale a opção correta no que se refere a modelos de gestão que favorecem o alcance de melhores resultados e a excelência organizacional no cenário da administração pública.
(A) A administração por resultados focaliza os meios para o alcance dos resultados, enquanto a administração por objetivos prioriza os resultados tangíveis ou alcançados.
(B) A excelência nos serviços públicos relaciona-se à capacidade contínua de serem estabelecidas melhorias no atendimento prestado ao cidadão, o que inclui a qualidade do serviço oferecido e a capacidade e motivação dos servidores.
(C) No modelo de gestão por competências, o conceito de competência essencial está alicerçado no de competência individual.
(D) O modelo de excelência em gestão proposto pela Fundação Nacional de Qualidade estabelece fundamentos e critérios específicos para os órgãos públicos buscarem o reconhecimento da excelência em gestão pelo poder público demandante.
(E) Ao adotar um modelo de gestão por resultados, a administração pública prioriza procedimentos característicos de uma administração burocrática, haja vista que o planejamento passa a ser orientado à ação para o alcance de resultados.

A: incorreta, pois em ambos os casos o foco é nos resultados, não no procedimento. No caso especificamente da administração por objetivos, há ênfase nas metas pessoais, alinhadas com os objetivos da organização; B: correta, sendo que o objetivo maior na prestação dos serviços públicos é, evidentemente, atender as necessidades dos cidadãos, o que demanda servidores motivados; C: incorreta, pois a gestão por competência foca naquelas essenciais para o sucesso organizacional em todos os níveis, não apenas individual (dos colaboradores), mas também grupal e organizacional (o nível mais amplo); D: incorreta, pois o modelo de excelência da gestão – MEG, da FNQ, não é baseado ou orientado especificamente para os órgãos públicos, sendo modelo de referência e aprendizagem aplicável a qualquer tipo de organização – ver na página www.fnq.org.br; E: incorreta, pois enquanto a administração burocrática foca no controle dos procedimentos, é a moderna administração gerencial que prestigia o controle *a posteriori* dos resultados. Gabarito "B".

4. ESTRUTURAS ORGANIZACIONAIS

(Analista – TRT/15 – FCC – 2018) Considere que determinada organização possua, em sua estrutura, alguns órgãos permanentes e outros de duração limitada e atrelados a projetos específicos do setor em que atua. A opção por esse tipo de estrutura mostrou-se, ao longo do tempo, bastante eficiente, notadamente em função da autonomia concedida a tais órgãos, denominados centros de resultados. Trata-se de estrutura do tipo

(A) Gerencial, que se diferencia da Funcional em face da alocação de recursos humanos e financeiros em cada área, que se relacionam por meio de cadeia escalar.
(B) Divisional, que constitui uma evolução da matricial justamente pelo seu enfoque em projetos.
(C) Funcional, com horizontalização e autonomia das unidades, sendo, pois, uma evolução do anterior modelo Divisional.
(D) Matricial, que tem como uma de suas características, assim como a do tipo Divisional, a apuração de lucros ou prejuízos por centro de resultados.
(E) Sistêmica, com alto grau de integração entre as unidades, constituindo um aprimoramento do modelo Funcional.

A assertiva descreve a estrutura organizacional matricial, que combina a estrutura funcional (divisão por funções na organização – por exemplo, departamentos comercial, financeiro, jurídico etc.) com a estrutura por projetos, serviços ou produtos. Na estrutura matricial, determinados departamentos relacionam-se horizontal e diagonalmente com outros, gerando múltiplas subordinações, o que, embora dê agilidade e flexibilidade à organização, não tem como característica evitar ambiguidade. Por essas razões, a alternativa "D" é a correta. Gabarito "D".

(Analista Judiciário – TRE/PE – CESPE – 2017) Os conselhos de gestão responsáveis por estabelecer as diretrizes para as políticas públicas em suas respectivas áreas de atuação são conhecidos como
(A) deliberativos.
(B) executivos.
(C) fiscalizadores.
(D) normativos.
(E) consultivos.

A: incorreta, pois conselhos deliberativos são instâncias decisórias; B: incorreta, pois, em geral, conselhos não têm funções executivas, de efetiva execução das políticas; C: incorreta, pois conselhos fiscalizadores atuam no controle da execução das políticas; D: correta, pois a função normativa refere-se à fixação de balizas para a execução das políticas; E: incorreta, pois conselhos consultivos são opinativos, orientadores apenas. Gabarito "D".

(Analista – TRT/10ª – 2013 – CESPE) Julgue o item subsequente, relativo a planejamento, ferramentas organizacionais, gestão da qualidade e assuntos correlatos.

(1) Embora confira dinamicidade aos projetos de uma organização, o modelo de departamentalização matricial costuma gerar múltiplas subordinações e ambiguidade na definição de papeis e relações.

1: Correta. A estrutura organizacional matricial combina a estrutura funcional (divisão por funções na organização – por exemplo, departamentos comercial, financeiro, jurídico etc.) com a estrutura por projetos, serviços ou produtos. Na estrutura matricial, determinados departamentos relacionam-se horizontal e diagonalmente com outros, gerando múltiplas subordinações, o que, embora dê agilidade e flexibilidade à organização, não tem como característica evitar ambiguidade.
Gabarito "1C".

5. FERRAMENTAS E TÉCNICAS GERENCIAIS

As organizações que utilizam como metodologia de planejamento estratégico o BSC (*balanced scorecard*) devem contar com o envolvimento ativo da equipe executiva, para que as mudanças ocorram e a estratégia seja implementada com vistas ao alcance dos melhores desempenhos.

(Analista Judiciário – TJ/PA – 2020 – CESPE/CEBRASPE) O pressuposto abordado no texto anterior está de acordo com o princípio de

(A) traduzir a estratégia em termos operacionais.
(B) alinhar a organização à estratégia.
(C) transformar a estratégia em tarefa de todos.
(D) converter a estratégia em processo contínuo.
(E) mobilizar a mudança por meio da liderança educadora.

O *balanced scorecard* – BSC é método de avaliação da performance organizacional e também ferramenta de gestão estratégica. Por meio do BSC é possível verificar e alinhar as operações da organização à estratégia definida pela alta administração, sua missão e visão. São adotados indicadores financeiros e não financeiros para fins de comparação da realidade da organização com determinadas metas. O modelo mais disseminado abrange quatro perspectivas (dimensões): (1) Financeira, (2) Clientes, (3) Negócio interno e (4) Inovação e aprendizagem.
Como o texto inicial se refere ao engajamento da equipe executiva (alta gestão), a alternativa adequada é a única que se refere à liderança, ou seja, a alternativa "E".
Gabarito "E".

(Analista Judiciário – TJ/PA – 2020 – CESPE/CEBRASPE) Um dos indicadores do índice de eficiência judicial (IE-Jud) é a taxa de congestionamento, cuja finalidade é

(A) verificar se a unidade foi capaz de baixar processos, no mínimo, em quantidade igual ao número de processos novos.
(B) apurar o percentual de feitos judiciais parados há mais de cem dias no acervo da unidade ao final do período base.
(C) julgar quantidade maior de processos de conhecimento do que os distribuídos no período base.
(D) medir o percentual de casos que permanecem pendentes de solução ao final de um período base, em relação a tudo que tramitou no mesmo período.
(E) computar a média de processos baixados por servidor no período base.

A taxa de congestionamento mede a efetividade do tribunal em um período, levando-se em conta o total de casos novos que ingressaram, os casos baixados e o estoque pendente ao final do período anterior ao período base. O CNJ indica como meta, relacionada a essa taxa, a redução da taxa de congestionamento em determinado percentual e período de tempo.

A: incorreta, pois, embora a redução da taxa de congestionamento de fato pressuponha a baixa de processos em número superior às entradas, a meta, como dito, refere-se a um percentual predefinido em determinado período de tempo; **B:** incorreta, pois a taxa se refere a números globais, não identificação de casos específicos, eventualmente parados na unidade; **C:** incorreta, pois não tem relação com a taxa de congestionamento; **D:** correta, conforme comentários iniciais; **E:** incorreta, pois não tem relação com os resultados por servidor.
Gabarito "D".

(Analista – Área Administrativa – TRT1 – 2018 – AOCP) Dentro do que se considera como pilares para um modelo de gestão pública de excelência, o papel do Ciclo PDCA nesse modelo é garantir que as realizações

(A) alcançarão os objetivos.
(B) acompanharão os planos.
(C) serão eficazes e atuais.
(D) cumprirão o programa.
(E) atenderão aos interesses.

O ciclo PDCA, de Shewhart ou de Deming é uma ferramenta de gestão (de processos, de qualidade etc.), que parte do planejamento, passa pela execução, pelo controle do que foi executado e, por fim, pelas ações corretivas e realimentação do círculo, para que as próximas ações sejam aprimoradas. O ciclo PDCA indica quatro passos, correspondendo a cada quadrante do círculo: Planejar (Plan), Executar (Do), Verificar (Check) e Agir (Act). Note que, dentre as alternativas, a única que contempla os aspectos de atualização ou correção contínua é a "C" (as realizações serão "atuais"), de modo que é a correta.
Gabarito "C".

(Analista – Área Administrativa – TRT1 – 2018 – AOCP) Assinale a alternativa que apresenta o instrumento criado pelo Governo Federal do Brasil cuja missão é promover a gestão pública de excelência, visando contribuir para a qualidade dos serviços públicos prestados ao cidadão e para o aumento da competitividade do país.

(A) Programa de Qualidade e Participação na Administração Pública (QPAP).
(B) Programa de Qualidade no Serviço Público (PQSP).
(C) Programa Nacional de Desburocratização.
(D) Comissão de Simplificação Burocrática.
(E) Gespública.

A assertiva se refere ao Programa Nacional de Gestão Pública e Desburocratização – Gespública. Consulte em www.gespublica.gov.br, salientando que o Programa Nacional de Gestão Pública e Desburocratização (Gespública) foi descontinuado pelo Decreto 9.904/2017.
Gabarito "E".

(Analista – TRT/15 – FCC – 2018) A ferramenta Program Evaluation and Review Technique denominada PERT é aplicável

(A) no gerenciamento de projetos, trabalhando, de forma probabilística, com o cálculo do tempo de execução a partir de uma média ponderada de cenários, do mais otimista ao mais pessimista.
(B) na gestão de processos, identificando, a partir de um fluxograma, as principais entradas (insumos) e saídas (produtos e serviços) e buscando a redução de ineficiências.
(C) na busca da excelência na gestão da qualidade da organização, tomando por base as melhorias identificadas a partir de uma avaliação estruturada.

(D) na gestão de equipes, com foco na eficiência, eficácia e efetividade, buscando a anulação de redundâncias e adequada aplicação dos insumos disponíveis.

(E) na elaboração do planejamento estratégico da organização, com identificação de seus principais objetivos, metas e indicadores.

A gestão de projetos por meio da rede PERT/COM considera os tempos estimados para realização de cada tarefa, considerando o encadeamento possível e necessário entre elas. Há tarefas que somente podem ser iniciadas após o término de outras. Por outro lado, muitas vezes é possível antecipar o início de outras, ou iniciar algumas simultaneamente.
Perceba que se o gestor realizasse cada uma das atividades individual e sucessivamente, o tempo total para a conclusão do projeto seria muito provavelmente mais longo.
Entretanto, o gestor eficiente perceberá que é possível realizar diversas tarefas simultaneamente, desde que as atividades precedentes já tenham sido concluídas.
Para visualizar a realização das diversas atividades, é comum desenhar-se a representação gráfica da rede PERT/COM, com cada uma das atividades indicadas em um nó (círculo) com o número de dias para sua realização.
A seguir, pode-se elaborar uma tabela com a indicação de cada um dos caminhos e o correspondente tempo para realização (basta somar o número de dias apontado em cada nó do caminho):
Perceba que o caminho com maior duração indicará o tempo previsto para a conclusão do projeto. Isso porque todos os demais caminhos deverão ser percorridos antes, ou seja, as demais tarefas deverão ser realizadas antes. Esse caminho mais longo é denominado caminho crítico e corresponde ao tempo de duração previsto para a execução total do projeto.
A alternativa "A" é a única que descreve os objetivos e a sistemática PERT, de modo que é a correta.
Gabarito "A".

(Analista Judiciário – TRE/SP – FCC – 2017) Segundo o Gespública (2011), a gestão de processos é um mecanismo utilizado para identificar, representar, minimizar riscos e implementar processos de negócios, dentro e entre organizações. O modelo preconizado pela Society for Design and Process Science – SDPS, considera, como etapas do ciclo do processo:

(A) mapeamento, desenho, execução e monitoramento.
(B) desenho, implementação, monitoramento e otimização.
(C) identificação, conceituação, execução e refinamento.
(D) modelagem, simulação, emulação e encenação.
(E) mapeamento, modelagem, implementação e monitoramento.

Segundo o Guia para o Gerenciamento de Processos de Negócio (CBOK), o ciclo de gerenciamento de processos abrange: planejamento, análise, desenho e modelagem, implementação, monitoramento e refinamento. Segundo o SDPS, o ciclo de gerenciamento de processos consiste nas etapas de: modelagem, simulação, emulação e encenação, de modo que a alternativa "D" é a correta. Consulte em www.gespublica.gov.br, salientando que o Programa Nacional de Gestão Pública e Desburocratização (Gespública) foi descontinuado pelo Decreto 9.904/2017.
Gabarito "D".

(Analista Judiciário – TRE/PI – CESPE – 2016) O BSC (*balanced scorecard*) preserva a mensuração de resultados financeiros e agrega como perspectivas não financeiras para a descrição de estratégias e para a criação de valor as perspectivas

(A) funcional, de inovação e de capital intelectual.
(B) do cliente, interna e de aprendizado e crescimento.
(C) estratégica, de mercado e de aprendizado e crescimento.
(D) de qualidade, de gestão de processos e de crescimento.
(E) externa, interna e do capital humano.

O *balanced scorecard* – BSC é método de avaliação da performance organizacional e também ferramenta de gestão estratégica. Por meio do BSC é possível verificar e alinhar as operações da organização à estratégia definida pela alta administração, sua missão e visão. São adotados indicadores financeiros e não financeiros para fins de comparação da realidade da organização com determinadas metas. O modelo mais disseminado abrange quatro perspectivas (dimensões): (1) Financeira, (2) Clientes, (3) Negócio interno e (4) Inovação e aprendizagem.
Por essas razões, a alternativa "B" é a correta.
Gabarito "B".

(Analista Judiciário – STJ – CESPE – 2015) Julgue os itens seguintes, referentes a planejamento estratégico e estratégias organizacionais.

(1) Entre as estratégias organizacionais mais praticadas, destacam-se a estratégia de sobrevivência, para quando o ambiente e a empresa estiverem em situação inadequada ou apresentarem perspectivas caóticas; a estratégia de manutenção, para o caso de a empresa identificar um ambiente com ameaças, mas dispor de uma série de pontos fortes; a estratégia de crescimento, para quando a empresa tiver predominantemente pontos fracos, mas o ambiente proporcionar situações favoráveis; e a estratégia de desenvolvimento, para quando houver predominância de pontos fortes e de oportunidades.

(2) Embora não exista uma metodologia universalmente aceita, é muito utilizado o planejamento estratégico em quatro fases básicas, quais sejam: elaboração do diagnóstico estratégico; definição da missão da empresa; determinação de instrumentos prescritivos e quantitativos; e controle e avaliação.

1: Correta. Veja como ficam essas estratégias na matriz *swot*:

	Ambiente interno	
	Pontos fortes (Strenghts)	**Pontos fracos** (Weaknesses)
Ambiente externo — **Oportunidades** (Opportunities)	– a organização deve capitalizar as oportunidades; – Estratégias de Desenvolvimento: de mercado, de produtos e serviços, financeiro, de capacidades, de estabilidade, de diversificação;	– a organização deve melhorar, corrigir seus pontos fracos e identificar as oportunidades que podem ser aproveitadas; – Estratégias de Crescimento: inovação, internacionalização, parceria, expansão;
Ameaças (Threats)	– a organização deve monitorar as ameaças; – Estratégias de Manutenção: estabilidade, nicho, especialização;	– a organização deve eliminar os pontos fracos; – Estratégias de Sobrevivência: redução de custos, desinvestimento, liquidação.

2: Correta, descrevendo adequadamente o faseamento básico do planejamento estratégico. É comum também identificarem-se como etapas do planejamento estratégico: (1ª) análise da situação atual (recursos humanos, financeiros, materiais disponíveis, possibilidades do mercado), (2ª) análise do ambiente externo (ameaças e oportunidades), (3ª) análise do ambiente interno (pontos fortes e fracos dentro da organização), (4ª) definição do plano estratégico (objetivos e estratégias) – depois disso vêm a implementação da estratégica, seu monitoramento e controle.

Gabarito 1C, 2C

(Analista Judiciário – STJ – CESPE – 2015) Com relação aos indicadores de desempenho, julgue os itens subsequentes.

(1) A subjetividade dos indicadores sociais restringe sua utilização a sistemas abrangentes de acompanhamento de transformações sociais, o que torna sua utilização inconsistente com metodologias de avaliação como o *Balanced Scorecard*, que requer indicadores mais objetivos.

(2) A adoção do *Balanced Scorecard* em um contexto público requer adaptações desde a adequação das perspectivas até o rearranjo de indicadores relevantes, válidos e confiáveis, o que, por sua vez, potencializa as chances de sucesso do processo de formulação e implementação de políticas públicas.

(3) O indicador social é uma medida dotada de significado social substantivo que torna palpável um conceito social abstrato e vem adquirindo relevância no processo de tomada de decisão no setor público, pois auxilia o gestor no acompanhamento do resultado efetivo dos programas.

1: Incorreta, sendo amplamente utilizado o BSC e seus indicadores para o acompanhamento de políticas públicas, com adequadas adaptações; **2:** Correta, sendo erro comum a adoção no âmbito público das ferramentas de gestão desenvolvidas a partir da experiência da gestão privada sem qualquer adaptação; **3:** Correta, descrevendo adequadamente o indicador social como métrica essencial para a gestão pública.

Gabarito 1E, 2C, 3C

6. OUTRAS MATÉRIAS E TEMAS COMBINADOS

Acerca de *accountability*, julgue os itens seguintes.

I. A obrigação de prestar contas, o uso de boas práticas de gestão e a responsabilização pelos resultados advindos da utilização de recursos públicos integram o conceito de accountability.

II. Valores tradicionais presentes na política brasileira, como a prática do clientelismo e o patrimonialismo, favorecem a prática de accountability.

III. Os cidadãos fazem jus ao direito de cobrar que os maus gestores sejam responsabilizados por atos praticados com inobservância da lei ou do interesse público.

(Analista Judiciário – TJ/PA – 2020 – CESPE/CEBRASPE) Assinale a opção correta.

(A) Apenas o item II está certo.
(B) Apenas o item III está certo.
(C) Apenas os itens I e II estão certos.
(D) Apenas os itens I e III estão certos.
(E) Todos os itens estão certos.

I: correta. *Accountability* se refere à prestação de contas de modo transparente e acessível, e à correspondente ampliação e facilitação do controle social; **II:** incorreta. Clientelismo (falta de impessoalidade, conduta de se beneficiar indevidamente indivíduos ou grupos) e patrimonialismo (confusão entre os interesses dos gestores e do Estado) são incompatíveis com o conceito de *accountability*, que tende exatamente a combatê-los; **III:** correta, conforme comentário à primeira alternativa.

Gabarito "D"

(Analista Judiciário – TJ/PA – 2020 – CESPE/CEBRASPE) Como forma de participação institucional da cidadania na administração pública brasileira, existem conselhos gestores de políticas públicas e conselhos de direito. Assinale a opção que apresenta um exemplo de conselho destinado a operacionalizar ações de governo, de caráter específico, como as de segurança alimentar, merenda escolar, aleitamento materno e desenvolvimento rural.

(A) conselho de eventos
(B) conselho de programas
(C) conselho consultivo de governo
(D) conselho de defesa e promoção de direitos
(E) conselho de controle administrativo-financeiro e funcional

É comum referir-se a conselhos de programas, voltados a programas governamentais específicos, a exemplo dos citados na questão. Há também conselhos de políticas em sentido estrito, vinculados a políticas públicas, mais amplas, como o conselho da criança e do adolescente. Finalmente, há conselhos temáticos, relacionados a segurança, educação, transportes etc.
Por essas razões, a alternativa correta é a "B".

Gabarito "B"

(Analista Judiciário – TRE/PE – CESPE – 2017) Governança pública refere-se à forma de gerenciamento de recursos de um país. Um de seus princípios basilares é a

(A) transparência, que envolve a disponibilização de informações como estratégia de combate à corrupção.
(B) cidadania, que é obtida com a participação compulsória de cidadãos em conselhos populares.
(C) *accountability*, que se refere à capacidade do Estado de executar sua gestão e implementar políticas públicas.
(D) responsabilidade civil, que se refere à pressão popular para o cumprimento das normas da administração pública.
(E) economia de custos, o que exige que o Estado privilegie o menor custo em todas as suas compras e contratos.

A: correta, sendo a transparência aspecto essencial e cada vez mais priorizado na governança pública; **B:** incorreta, pois não há participação compulsória, apenas facultativa; **C:** incorreta, pois *accountability* se refere à prestação de contas de modo transparente e acessível, e a correspondente ampliação e facilitação do controle social; **D:** incorreta, pois responsabilidade civil se refere a responsabilidade e dever de indenizar por eventuais danos causados; **E:** incorreta, pois economia de custos não é essencialmente ligado à governança pública, sendo prestigiados nas compras e contratos, também, transparência, igualdade de condições e exclusão de fornecedores ou prestadores de serviços inidôneos.

Gabarito "A"

(Analista Judiciário – TRE/PE – CESPE – 2017) A formulação e o desenvolvimento de políticas públicas seguem etapas sequenciais no chamado ciclo de políticas públicas. Nesse ciclo, uma tarefa típica da etapa de construção de agendas consiste em

(A) organizar as demandas sociais.
(B) realizar estudo técnico de soluções para um problema público.
(C) construir alianças políticas.
(D) julgar os efeitos previstos para uma política pública.
(E) designar atores responsáveis pela execução de tarefas intermediárias para a implementação de um programa público.

A: correta, sendo a percepção das demandas e necessidades da população premissa essencial para a formulação e o desenvolvimento de políticas públicas; **B:** incorreta, pois a solução de problemas públicos não se refere especificamente à etapa de construção de agendas, podendo surgir na fase de formulação da política; **C:** incorreta, pois, embora essas alianças possam ser necessárias para a aprovação legislativa de normas necessárias para a instituição e execução de políticas públicas, não podem ser considerada tarefas atinente à etapa de construção de agendas; **D:** incorreta, pois, embora a análise dos efeitos de uma política seja essencial, não se trata de tarefa típica da etapa de construção, mas sim da fase de avaliação; **E:** incorreta, pois se refere à fase de implementação as políticas públicas. Gabarito "A".

(Analista Judiciário – TRE/PI – CESPE – 2016) Em relação às políticas públicas e ao processo de comunicação, assinale a opção correta.

(A) A implementação de uma política pública é o momento em que se efetiva a ação e se coloca em prática a decisão política, inexistindo pré-condição para tanto.
(B) A abordagem racional refere-se à análise e formulação de políticas públicas e consiste em dar foco ao processo político.
(C) A partir da predefinição do problema, o processo ou ciclo de políticas públicas contempla os seguintes momentos: agenda, elaboração, formulação, implementação, execução, acompanhamento e avaliação.
(D) A comunicação pública recebe essa denominação por estar diretamente vinculada à comunicação praticada pelos entes públicos.
(E) Devido ao caráter permanente de utilização, as redes de comunicação organizacionais são formalizadas e caracterizadas pela verticalização de poderes entre os interlocutores.

A: incorreta, pois a implementação da política pública é fase que deve ser precedida das fases de formação da agenda, de formulação da política e de tomada de decisão; **B:** incorreta, pois o foco no processo político não é relacionado diretamente à formulação de políticas públicas, em que se definem seus objetivos, suas possíveis linhas de ação; **C:** correta, descrevendo adequadamente as fases do ciclo das políticas públicas; **D:** incorreta, pois a comunicação pública, que envolve a sociedade civil, não se confunde com a comunicação governamental, praticada pelos entes públicos; **E:** incorreta, pois há sempre forte comunicação pelos canais informais, dentro da estrutura informal de qualquer organização. Ademais, mesmo na estrutura formal, a comunicação não é apenas vertical, havendo também a horizontal, entre membros do mesmo nível hierárquico, favorecendo a coordenação do trabalho, a integração, o compartilhamento de informações, a solução de problemas interdepartamentais, além da comunicação diagonal, entre gestores e empregados de outros departamentos, buscando simplificar o acesso à informação. Gabarito "C".

(Analista Judiciário – TRE/PI – CESPE – 2016) A respeito de desenvolvimento e disponibilização de novas tecnologias, celeridade dos meios de comunicação e transparência das informações, tanto no âmbito privado quanto no público, assinale a opção correta.

(A) As ações do governo eletrônico, relacionadas especialmente ao e-governança, e-democracia e e-governo, embora favoreçam a transparência, limitam a participação do cidadão e o fortalecimento da cidadania.
(B) O uso de tecnologias da informação, que possibilita a elevação da eficiência administrativa e a melhoria tanto dos serviços internos como daqueles prestados ao cidadão, deu origem ao chamado governo eletrônico.
(C) O Programa Sociedade da Informação, do governo federal, relacionado ao governo eletrônico, visava promover o *accountability* governamental e a transparência das contas públicas.
(D) A adoção do *accountability* governamental minimiza a responsabilização dos governantes, devido à eficiência das tecnologias utilizadas para sistematizar os meios de prestação de contas.
(E) O uso de tecnologias da informação e comunicação, especialmente após a ampliação do acesso à Internet, dificulta a transparência da administração pública devido ao excesso de informações cuja avaliação, em termos de veracidade, depende de conhecimentos técnicos.

A: incorreta, pois as ampliação dos canais eletrônicos de transparência e participação favorecem inequivocamente a cidadania; **B:** correta, descrevendo adequadamente fundamentos do governo eletrônico; **C:** incorreta, pois o objeto era bem mais amplo, de integrar, coordenar e fomentar ações para a utilização de tecnologias de informação e comunicação, de forma a contribuir para a inclusão social de todos os brasileiros na nova sociedade e, ao mesmo tempo, contribuir para que a economia do país tenha condições de competir no mercado global; **D:** incorreta, pois não há redução da responsabilização dos governantes, mas sim prestação de contas mais ampla e transparente, além de facilitar o controle social; **E:** incorreta, pois é reconhecido que o uso das tecnologias de informação amplia a transparência e favorece a participação e o controle social. Gabarito "B".

(Analista Judiciário – TRE/PI – CESPE – 2016) A respeito dos elementos que caracterizam governabilidade, governança e *accountability* na administração pública, assinale a opção correta.

(A) A governança pública é caracterizada pelo atendimento dos interesses dos cidadãos por meio da implantação de políticas públicas, preservando-se o equilíbrio financeiro e os interesses do governo.
(B) Governabilidade refere-se à capacidade de governar, à eficiência na gestão da máquina pública e à implantação das políticas públicas.
(C) O termo *accountability* está relacionado aos lançamentos contábeis das receitas e despesas de um órgão público para controle orçamentário, cuja finalidade

primordial é a elaboração de demonstrações financeiras.

(D) As câmaras setoriais existentes no Brasil, por possuírem integrantes de sindicatos e empresariados, são exemplos de corporativismo e visam reforçar a governabilidade, embora representem ameaça para a governança do país.

(E) As entidades sindicais, legitimadas pelo governo, retratam um exemplo típico de clientelismo, uma vez que possuem poderes para representar classes trabalhistas e defender os interesses governamentais.

A: correta, sendo a governança pública intimamente ligada à implantação de políticas públicas de maneira transparente e responsável; **B:** incorreta. *Governança* refere-se à capacidade de governo do Estado de implementar as decisões tomadas, de viabilizar as condições financeiras e administrativas indispensáveis à execução das decisões que o governo toma. *governabilidade* refere-se ao poder para governar, dada sua legitimidade democrática e o apoio com que conta na sociedade civil; **C:** incorreta, pois *accountability* se refere à prestação de contas de modo transparente e acessível, e a correspondente ampliação e facilitação do controle social; **D:** incorreta, pois as câmaras setoriais buscam refletir a heterogeneidade da sociedade, dando voz a diversos setores, o que não pode ser considerado ameaça à governança; **E:** incorreta, pois não há defesa automática dos interesses governamentais pelas entidades sindicais, que possuem suas agendas própria, muito menos poderes específicos para isso.

Gabarito "A".

5. LEI 8.112/1990

Wander Garcia, Rodrigo Bordalo, Flávia Barros, Georgia Dias e Flávia Campos

1. PROVIMENTO, VACÂNCIA, REMOÇÃO, DISTRIBUIÇÃO E SUBSTITUIÇÃO

1.1. Provimento

(Analista – TRT/18 – 2023 – FCC) Considere o seguinte histórico, referente a servidor no mesmo município:
- data da publicação do ato de provimento: 10/3/2022.
- data da posse: 20/3/2022.
- data da entrada em exercício: 30/5/2022.

Nos termos constantes da Lei nº 8.112/1990, há llegalidade, uma vez que

(A) a data da posse não tem como referência a data da publicação do ato de provimento.
(B) a posse deve ocorrer no prazo de quinze dias contados da publicação do ato de provimento.
(C) a posse e a entrada em exercício devem ocorrer na mesma data.
(D) a entrada em exercício independe da data da posse.
(E) é de quinze dias o prazo para o servidor empossado em cargo público entrar em exercício, contados da data da posse.

Nos termos da Lei 8.112/90, "a posse ocorrerá no prazo de trinta dias contados da publicação do ato de provimento" (art. 13, § 1º, Lei 8.112/90) e "é de quinze dias o prazo para o servidor empossado em cargo público entrar em exercício, contados da data da posse" (art. 15, § 1º, Lei 8.112/90). **A:** Incorreta. A data da posse tem como referência a data da publicação do ato de provimento. **B:** Incorreta, a posse deve ocorrer no prazo de 30 dias da publicação do ato de provimento. **C:** Incorreta, os prazos são diferentes. **D:** Incorreta, a entrada de exercício conta-se da data da posse. **E:** Correta. Art. 15, §1º, Lei 8.112/90. **FC**
Gabarito "E".

(Analista – TRT/18 – 2023 – FCC) Nos termos da Lei nº 8.112/1990,

(A) a remoção do servidor está condicionada à mudança de sede.
(B) a redistribuição é processo previsto para cargos de provimento efetivo e em comissão.
(C) o servidor estável inabilitado em estágio probatório relativo a outro cargo será submetido à recondução ao cargo anteriormente ocupado, desde que não provido.
(D) a reintegração é a reinvestidura do servidor estável ou em estágio probatório.
(E) a reversão é o processo que alcança servidores ativos e aposentados.

A: Incorreta. A remoção, de acordo com o art. 36, Lei 8.112/90, "é o deslocamento do servidor, a pedido ou de ofício, no âmbito do mesmo quadro, com ou sem mudança de sede". **B:** Incorreta. Nos termos do art. 37, Lei 8.112/90, "Redistribuição é o deslocamento de cargo de provimento efetivo, ocupado ou vago no âmbito do quadro geral de pessoal, para outro órgão ou entidade do mesmo Poder". **C:** Correta. "Art. 29, Lei 8.112/90: Recondução é o retorno do servidor estável ao cargo anteriormente ocupado e decorrerá de: I – inabilitação em estágio probatório relativo a outro cargo". **D:** Incorreta. Nos termos do art. 28, "A reintegração é a reinvestidura do servidor estável no cargo anteriormente ocupado, ou no cargo resultante de sua transformação, quando invalidada a sua demissão por decisão administrativa ou judicial, com ressarcimento de todas as vantagens". **E:** Incorreta. A reversão "é o retorno à atividade de servidor aposentado". **FC**
Gabarito "C".

(Analista Judiciário – TRE/PA – 2020 – IBFC) Acerca do Regime Jurídico dos Servidores Públicos Civis da União (Lei 8.112/1990), analise as afirmativas abaixo e dê valores Verdadeiro (V) ou Falso (F).

( ) Os cargos públicos, acessíveis a todos os brasileiros, são criados por lei, com denominação própria e vencimento pago pelos cofres públicos, para provimento em caráter efetivo ou em comissão.
( ) Os requisitos básicos para investidura em cargo público estão contidos no artigo 5º e portanto, as atribuições do cargo não podem justificar a exigência de outros requisitos estabelecidos em lei.
( ) O servidor estável só perderá o cargo em virtude de sentença judicial transitada em julgado ou de processo administrativo disciplinar no qual lhe seja assegurada ampla defesa.
( ) A posse em cargo público dependerá de prévia inspeção médica oficial. Só poderá ser empossado aquele que for julgado apto física e mentalmente para o exercício do cargo.

Assinale a alternativa que apresenta a sequência correta de cima para baixo.

(A) F, V, V, F
(B) V, V, F, F
(C) F, V, F, V
(D) V, F, V, V

A primeira afirmativa ("Os cargos públicos...") é verdadeira, nos termos do art. 3º, par. único, da Lei 8.112/1990. A segunda ("Os requisitos...") veicula afirmativa falsa, pois, embora os requisitos básicos para investidura em cargo público estejam contidos no artigo 5º da Lei 8.112/1990, as atribuições do cargo podem justificar a exigência de outros requisitos estabelecidos em lei (§1º do art. 5º). A terceira ("O servidor...") é verdadeira, conforme a literalidade do art. 22 da Lei 8.112/90. A quarta afirmativa ("A posse...") é verdadeira, de acordo com o art. 14 do Regime Jurídico dos Servidores Públicos Civis da União. **RB**
Gabarito "D".

(Analista – TRT/11ª – 2012 – FCC) Com a extinção do órgão público "X", foi extinto o cargo público ocupado por João, que é servidor público federal estável. No entanto, com tal extinção, João foi colocado em disponibilidade. Nos termos da Lei 8.112/1990, João

(A) deveria obrigatoriamente ter sido redistribuído, não sendo possível sua colocação em disponibilidade pela Administração Pública.

(B) será aproveitado em vaga que vier a ocorrer em órgãos ou entidades da Administração Pública Federal ou Estadual, mediante determinação do órgão Central do Sistema de Pessoal Civil.

(C) retornará à atividade mediante aproveitamento obrigatório em cargo de atribuições e vencimentos compatíveis com o anteriormente ocupado.

(D) terá cassada sua disponibilidade e tornado sem efeito eventual aproveitamento, caso não entre em exercício no prazo legal, ainda que por motivo de doença comprovada por junta médica oficial.

(E) não poderá ser mantido sob responsabilidade do órgão central do Sistema de Pessoal Civil da Administração Federal-SIPEC, até seu adequado aproveitamento.

A: incorreta, pois o caso é de colocação em disponibilidade (art. 37, § 3º, da Lei 8.112/1990); **B:** incorreta, pois será aproveitado em vaga que vier a ocorrer na esfera federal, e não na esfera estadual (art. 31, *caput*, da Lei 8.112/1990); **C:** correta (art. 30 da Lei 8.112/1990); **D:** incorreta, pois essa cassação se dá como regra, mas é excepcionada se houver doença comprovada por junta médica oficial (art. 32 da Lei 8.112/1990); **E:** incorreta, pois será mantido, sim, sob responsabilidade do órgão central do SIPEC, até seu adequado aproveitamento (art. 31, parágrafo único, da Lei 8.112/1990). WG

Gabarito "C".

(Analista – TREMG – 2012 – CONSULPLAN) Acerca do tratamento que a Lei 8.112/1990 dá à posse e à entrada em exercício do servidor público federal no cargo público, marque a alternativa INCORRETA.

(A) A posse poderá dar-se mediante procuração específica.

(B) Só haverá posse nos casos de provimento de cargo por nomeação.

(C) A posse ocorrerá no prazo de trinta dias contados da publicação do ato de provimento.

(D) É de trinta dias o prazo para o servidor empossado em cargo público entrar em exercício, contados da posse.

(E) No ato da posse, o servidor apresentará declaração de bens e valores que constituem seu patrimônio e declaração quanto ao exercício ou não de outro cargo, emprego ou função.

A: correta (art. 13, § 3º, da Lei 8.112/1990); **B:** correta (art. 13, § 4º, da Lei 8.112/1990); **C:** correta (art. 13, § 1º, da Lei 8.112/1990); **D:** incorreta (devendo ser assinalada), pois o prazo, no caso, é de 15 dias (art. 15, § 1º, da Lei 8.112/1990); **E:** correta (art. 13, § 5º, da Lei 8.112/1990). WG

Gabarito "D".

(Analista – TREMG – 2012 – CONSULPLAN) Quanto às normas aplicáveis aos servidores públicos federais (Lei 8.112/1990), analise as afirmativas.

I. A jurisprudência majoritária, inclusive do Supremo Tribunal Federal e do Superior Tribunal de Justiça, entende que não há direito adquirido do servidor público à manutenção do regime jurídico-funcional.

II. Segundo precedentes do Superior Tribunal de Justiça, o servidor público estável que desiste do estágio probatório a que foi submetido em razão de ingresso em novo cargo público não tem direito a ser reconduzido ao cargo anteriormente ocupado.

III. A reintegração é o retorno do servidor estável ao cargo anteriormente ocupado, quando invalidada a sua demissão por decisão administrativa ou judicial. Se o cargo ocupado tiver sofrido transformação, o retorno deve ocorrer para o cargo resultante da transformação. O servidor, com a reintegração, tem direito ao ressarcimento de todas as vantagens.

Está(ão) correta(s) a(s) afirmativa(s)

(A) I, II e III.

(B) II, apenas.

(C) I e II, apenas.

(D) I e III, apenas.

(E) II e III, apenas.

I: correta, nos termos dos entendimentos pacíficos desses tribunais (exs: STF, ARE 756.281, DJ 07.11.13; STJ, AgRg no REsp 1.162.963, DJ 13.08.12); **II:** incorreta, pois o STJ entende que há direito à recondução nesse caso, ainda que o servidor não tenha sido regularmente inabilitado para o cargo (RMS 30.973, DJ 01/02/12); **III:** correta, nos termos do art. 28 da Lei 8.112/1990. WG

Gabarito "D".

(Analista – TRT/6ª – 2012 – FCC) De acordo com a Lei Federal nº 8.112, de 11 de dezembro de 1990, que dispõe sobre o regime jurídico dos servidores públicos civis da União, das autarquias e das fundações públicas federais, a investidura em cargo público ocorre com

(A) a nomeação.

(B) a aprovação em concurso público.

(C) a posse.

(D) o provimento.

(E) a habilitação, após a comprovação da aptidão física.

O art. 7º da Lei 8.112/1990 dispõe que a investidura em cargo público ocorrerá com a posse. WG

Gabarito "C".

(Analista – TRT/8ª – 2010 – FCC) A Lei 8.112/1990 estabelece que a reintegração

(A) quando provido o cargo do servidor estável objeto desta, o seu eventual ocupante será reconduzido ao cargo de origem, sem direito à indenização ou aproveitado em outro cargo, ou ainda, posto em disponibilidade.

(B) é a investidura do servidor em cargo de atribuições e responsabilidades compatíveis com a limitação que tenha sofrido em sua capacidade física ou mental verificada em inspeção médica.

(C) será efetivada em cargo de atribuições afins, respeitada a habilitação exigida, nível de escolaridade e equivalência de vencimentos e, na hipótese de inexistência de cargo vago, o servidor exercerá suas atribuições como excedente, até a ocorrência de vaga.

(D) é o retorno à atividade de servidor aposentado por invalidez, quando junta médica oficial declarar insubsistentes os motivos da aposentadoria.

(E) é o retorno à atividade de servidor, mediante aproveitamento obrigatório em cargo de atribuições e vencimentos compatíveis com o anteriormente ocupado.

A: Certo. Art. 28, §§ 1º e 2º, da Lei 8.112/1990. B: Errado. Trata-se, nesse caso, de readaptação (art. 24, Lei 8.112/90). C: Errado. Regra prevista para a readaptação (art. 24, § 2º, Lei 8.112/90). D: Errado. Trata-se, nesse caso, de reversão (art. 25, Lei 8.112/90). E: Errado. Trata-se, nesse caso, de aproveitamento (art. 30, Lei 8.112/90). FC
Gabarito "A".

(Analista – TRT/9ª – 2010 – FCC) Em razão de doença, Alberto, funcionário público federal efetivo, ficou com a sua capacidade física reduzida para o exercício do cargo de que era titular, o que foi constatado por inspeção médica. Em razão disso, precisou ser investido em novo cargo, compatível com a sua condição física, o que ocorreu, segundo a Lei 8.112/1990, pela forma de provimento denominada

(A) readaptação.
(B) transferência.
(C) reversão.
(D) reintegração.
(E) recondução.

Art. 24, *caput*, da Lei 8.112/1990. WG
Gabarito "A".

(Analista – TRT/19ª – 2008 – FCC) Ulisses, como ocupante de cargo em comissão na administração pública federal foi nomeado para ter exercício, interinamente, em outro cargo de confiança, sem prejuízo das atribuições que atualmente ocupa. Nesse caso, é correto afirmar que a acumulação remunerada dos cargos públicos não estará vedada, porque Ulisses

(A) deverá optar pelo de menor remuneração entre eles, após o término do período de interinidade.
(B) poderá ficar em exercício pelo prazo de até 60 dias, com a remuneração de ambos os cargos.
(C) poderá receber o vencimento de um dos cargos, em qualquer hipótese, ainda que tenha remuneração em órgão de deliberação coletiva.
(D) deverá optar pela remuneração de um deles durante a interinidade.
(E) está sendo nomeado, sem qualquer condição, para cargo de confiança vago, não importando o valor da remuneração.

Art. 9º, parágrafo único, da Lei 8.112/1990. WG
Gabarito "D".

(Analista – TRT/22ª – 2010 – FCC) Nos termos da Lei 8.112/1990, Maurício, servidor do Tribunal Regional do Trabalho, em razão de ter sido removido para outro município, onde deva ter exercício, terá no

(A) mínimo, quinze e, no máximo, quarenta e cinco dias de prazo, contados do ato de nomeação, para a retomada do efetivo desempenho das atribuições do cargo, excluído deste prazo o tempo necessário para o deslocamento para a nova sede.
(B) máximo, quinze dias de prazo, contados da posse, para a retomada do efetivo desempenho das atribuições do cargo, incluído nesse prazo o tempo necessário para o deslocamento para a nova sede.
(C) mínimo, dez e, no máximo, trinta dias de prazo, contados da publicação do ato, para a retomada do efetivo desempenho das atribuições do cargo, incluído nesse prazo o tempo necessário para o deslocamento para a nova sede.
(D) máximo, sessenta dias de prazo, contados da posse, para a retomada do efetivo exercícios de suas funções, excluído deste prazo o tempo necessário para o deslocamento para a nova sede.
(E) mínimo, cinco e, no máximo, dez dias de prazo, contados da publicação do ato de exercício, para a retomada do efetivo desempenho das atribuições da função, incluído nesse prazo o tempo necessário para o deslocamento para a nova sede.

Nos termos do art. 18, *caput*, da Lei 8.112/1990, O servidor que deva ter exercício em outro município em razão de ter sido removido terá, no mínimo, dez e, no máximo, trinta dias de prazo, contados da publicação do ato, para a retomada do efetivo desempenho das atribuições do cargo, incluído nesse prazo o tempo necessário para o deslocamento para a nova sede. FC
Gabarito "C".

(Analista – TRT/23ª – 2007 – FCC) Considere:

I. A investidura em cargo público ocorrerá com a nomeação.
II. A exoneração de cargo em comissão e a dispensa de função de confiança dar-se-á, dentre outras hipóteses, quando não satisfeitas as condições do estágio probatório.
III. Os servidores ocupantes de cargo de natureza especial terão substitutos indicados no regimento interno ou, no caso de omissão, previamente designados pelo dirigente máximo do órgão ou entidade.
IV. O servidor ocupante de cargo em comissão poderá ser nomeado para ter exercício, interinamente, em outro cargo de confiança, sem prejuízo das atribuições do que atualmente ocupa, hipótese em que deverá optar pela remuneração de um deles durante o período da interinidade.
V. A reversão é a reinvestidura do servidor estável no cargo resultante de sua transformação, quando invalidada a sua demissão por decisão judicial, sem ressarcimento de vantagens.

Estão corretas APENAS as afirmativas

(A) I, II e III.
(B) I, IV e V.
(C) I e V.
(D) II, III e IV.
(E) III e IV.

I: incorreta, pois a investidura se dá com a posse (art. 7º da Lei 8.112/1990); II: incorreta, pois não há estágio probatório nos dois vínculos citados (cargo em comissão e função de confiança); III: correta (art. 38 da Lei 8.112/1990); IV: correta (art. 9º, parágrafo único, da Lei 8.112/1990); V: incorreta (art. 25 da Lei 8.112/1990), reversão é o retorno à atividade de servidor aposentado por invalidez ou por interesse da administração. WG
Gabarito "E".

(Analista – TRT/23ª – 2007 – FCC) Quanto ao regime jurídico dos servidores públicos, considere:

I. Cargo público é o conjunto de atribuições e responsabilidades previstas na estrutura organizacional que devem ser cometidas a um servidor.

II. Os cargos públicos, acessíveis a todos os brasileiros natos, são criados por lei ou decreto, para provimento exclusivo em caráter efetivo.
III. São requisitos básicos para investidura em cargo público, dentre outros, a idade mínima de 21 anos.
IV. A investidura em cargo público ocorrerá com a nomeação do servidor, quando publicada no Diário Oficial da União.
V. A nomeação far-se-á em caráter efetivo, quando se tratar de cargo isolado de provimento efetivo ou de carreira.

Está correto o que se afirma APENAS em

(A) III e V.
(B) II, III e IV.
(C) II e III.
(D) I e V.
(E) I, II e IV.

I: correta (art. 3º da Lei 8.112/1990); II: incorreta (art. 3º, parágrafo único, da Lei 8.112/1990); III: incorreta (art. 5º, V, da Lei 8.112/1990); IV: incorreta (art. 7º da Lei 8.112/1990); V: correta (art. 9º, I, da Lei 8.112/1990). WG
Gabarito "D".

(Analista – TRT/24ª – 2006 – FCC) A autoridade competente, alegando insubordinação grave em serviço, demitiu determinado servidor estável. Contudo, este comprovou judicialmente a inexistência dos motivos que culminaram com referida penalidade, o que resultou em sua invalidação. Em virtude do ocorrido, o servidor será

(A) reconduzido a qualquer cargo com atribuições compatíveis com as exercidas anteriormente, com integral ressarcimento dos prejuízos suportados.
(B) reintegrado no cargo anteriormente ocupado, ou no resultante de sua transformação, com ressarcimento de todas as vantagens.
(C) readaptado no cargo ocupado anteriormente, com plena restauração dos direitos violados e integral ressarcimento dos prejuízos sofridos.
(D) posto em disponibilidade, com recebimento de remuneração proporcional ao tempo de serviço, até seu adequado aproveitamento em outro cargo.
(E) reinvestido no cargo anteriormente ocupado em virtude da forma de provimento originário denominada reversão.

Art. 28 da Lei 8.112/1990. WG
Gabarito "B".

(Analista – TRT/1ª – 2008 – CESPE) No que concerne aos servidores públicos, regidos pela Lei 8.112/1990, assinale a opção correta.

(A) Os cargos públicos são acessíveis apenas aos brasileiros natos ou naturalizados.
(B) O regime de trabalho do servidor se sujeita ao limite mínimo de 6 horas diárias.
(C) É garantido a todo servidor público o exercício do direito de greve.
(D) O concurso de títulos, mediante seleção por currículos, para provimento de cargo isolado, terá validade de um ano, prorrogável por igual período.
(E) A impossibilidade física de entrar em exercício acarreta a possibilidade de fazê-lo por meio de procuração pública.

A: admite-se também estrangeiros (v. art. 37, I, da CF e também o art. 5º, § 3º, da Lei 8.112/1990); cuidado com expressões muito fortes como "apenas"; B: art. 19 da Lei 8.112/1990; C: o art. 37, VII, da CF estabelece o direito de greve ao servidor público; porém não são todos os servidores que têm esse direito; os militares não têm essa prerrogativa (art. 142, § 3º, IV, da CF); cuidado com expressão muito fortes como "todo"; D: não existe concurso só de "títulos"; os concursos são de "provas" ou de "provas e títulos" (art. 37, II, da CF; art. 10 da Lei 8.112/1990); E: a posse pode se dar por procuração (art. 13, § 3º, da Lei 8.112/1990), mas o exercício, não. WG
Gabarito "B".

(Analista – TRT/21ª – 2010 – CESPE) No que se refere ao regime jurídico dos servidores públicos civis da União, julgue o item que se segue.

(1) Se determinado servidor não puder estar presente no dia da posse, ela poderá ocorrer mediante procuração específica.

1: correta, (art. 13, § 3º, da Lei 8.112/1990). WG
Gabarito "1C".

(Analista – TRE/AC – 2010 – FCC) Em relação ao provimento do cargo público é correto afirmar que,

(A) a posse e o exercício ocorrerão no prazo de trinta dias contados da publicação do ato de proclamação dos aprovados no concurso, podendo ser prorrogado por igual prazo, uma única vez.
(B) a nomeação far-se-á, dentre outras hipóteses, em comissão, quando se tratar de cargo isolado de provimento efetivo ou de carreira, inclusive na condição de interino para cargos de confiança vagos.
(C) o servidor que deva ter exercício em outro município em razão de ter sido posto em exercício provisório terá, no mínimo, dez e, no máximo, trinta dias de prazo, contados da publicação do ato, para a retomada do efetivo desempenho das atribuições do cargo, incluído nesse prazo o tempo necessário para o deslocamento para a nova sede.
(D) pela posse há o efetivo desempenho das atribuições da função de confiança, sendo de trinta dias o prazo para o servidor aprovado em cargo público entrar em exercício, contados da data do ato de provimento.
(E) a recondução é a reinvestidura do servidor efetivo ou comissionado no cargo anteriormente ocupado, ou no cargo resultante de sua transformação, quando invalidada a sua aposentadoria por decisão administrativa ou judicial, sem ressarcimento de eventuais vantagens.

A: incorreta (art. 15, § 1º, da Lei 8.112/1990); B: incorreta (no caso de nomeação para cargo isolado de provimento efetivo ou de carreira, a nomeação será em caráter efetivo – art. 9º, I, da Lei 8.112/1990); C: correta (art. 18, *caput*, da Lei 8.112/1990); D: incorreta (art. 15 da Lei 8.112/1990); E: incorreta (art. 29 da Lei 8.112/1990). WG
Gabarito "C".

(Analista – TRE/AL – 2010 – FCC) Benedita aposentou-se por invalidez. Entretanto, junta médica oficial julgou insubsistente os motivos de sua aposentadoria. Nesse caso, é certo que, dentre outras situações pertinentes,

(A) o tempo de até cento e oitenta dias em que a servidora estiver em exercício não poderá ser contado para a concessão da aposentadoria.
(B) a servidora poderá reverter em qualquer cargo, a critério da Administração.
(C) a reversão far-se-á no mesmo cargo ou no cargo resultante de sua transformação.
(D) poderá dar-se a reversão, ainda que a servidora tenha completado setenta anos de idade.
(E) encontrando-se provido o cargo, a servidora ficará em disponibilidade pelo período de até dois anos.

Art. 25, I, da Lei 8.112/1990.
Gabarito "C".

(Analista – TRE/AM – 2010 – FCC) Nos termos da Lei 8.112/1990, quanto à posse e ao exercício em cargo público, é correto que

(A) a promoção interrompe o tempo de exercício, que é contado no novo posicionamento na carreira a partir da data da posse do servidor.
(B) à autoridade competente do órgão ou entidade para onde for nomeado ou designado o servidor compete dar-lhe exercício.
(C) a posse e o exercício poderão dar-se através da nomeação da autoridade do órgão como procurador do servidor, mediante procuração específica.
(D) a posse ocorrerá no prazo de quinze dias contados da data do ato de nomeação.
(E) é de trinta dias o prazo para o servidor empossado em cargo público entrar em exercício, contados da data da publicação do ato de provimento.

A: incorreta (art. 17 da Lei 8.112/1990); B: correta (art. 15, § 3º, da Lei 8.112/1990); C: incorreta (art. 13, § 3º, da Lei 8.112/1990); D: incorreta (a posse ocorrerá no prazo de 30 dias – art. 13, § 1º, da Lei 8.112/1990); E: incorreta (o prazo para entrar em exercício é de 15 dias – art. 15, § 1º, da Lei 8.112/1990).
Gabarito "B".

(Analista – TRE/AP – 2011 – FCC) Lupércio é servidor ocupante do cargo em comissão X. A autoridade administrativa competente pretende nomeá-lo para ter exercício interinamente, em outro cargo de confiança, o cargo Y, sem prejuízo das atribuições do que atualmente ocupa. Esta hipótese é

(A) vedada pela Lei 8.112/1990, exatamente pelo fato de Lupércio ser servidor ocupante de cargo em comissão.
(B) permitida pela Lei 8.112/1990, mas Lupércio deverá optar pela remuneração de um dos cargos durante o período da interinidade.
(C) permitida pela Lei 8.112/1990, mas Lupércio receberá obrigatoriamente a remuneração do cargo X.
(D) permitida pela Lei 8.112/1990, mas Lupércio receberá obrigatoriamente a remuneração do cargo Y.
(E) permitida pela Lei 8.112/1990, mas Lupércio receberá 50% da remuneração do cargo X e 50% da remuneração do cargo Y.

Art. 9º, parágrafo único, da Lei 8.112/1990.
Gabarito "B".

(Analista – TRE/PI – 2009 – FCC) A respeito da posse e do exercício, considere:

I. A posse ocorrerá no prazo de trinta dias contados da publicação do ato de provimento.
II. Só haverá posse nos casos de provimento de cargo por nomeação.
III. É de trinta dias o prazo para o servidor empossado em cargo público entrar em exercício, contados da data da posse.
IV. Se o servidor estiver afastado por motivo legal o início do exercício de função de confiança recairá no primeiro dia útil após o término do impedimento, que não poderá exceder a trinta dias da publicação.

De acordo com a Lei 8.112/1990, está correto o que se afirma APENAS em

(A) I, II e III.
(B) I, II e IV.
(C) I e IV.
(D) II e III.
(E) II, III e IV.

I: correta (art. 13, § 1º, da Lei 8.112/1990); II: correta (art. 13, § 4º, da Lei 8.112/1990); III: incorreta (art. 15, § 1º, da Lei 8.112/1990); IV: correta (art. 15, § 4º, da Lei 8.112/1990).
Gabarito "B".

(Analista – TRE/PR – 2012 – FCC) São formas de provimento de cargo público, de acordo com a Lei Federal 8.112/1990:

(A) Nomeação e indicação.
(B) Ascensão e reversão.
(C) Transferência e readaptação.
(D) Reintegração e readaptação.
(E) Recondução e ascensão.

Art. 8º, V e VIII, da Lei 8.112/1990.
Gabarito "D".

(Analista – TRE/TO – 2011 – FCC) É forma de provimento do cargo público, dentre outras, a

(A) substituição.
(B) disponibilidade.
(C) ascensão.
(D) readaptação.
(E) aposentadoria.

Art. 8º, V, da Lei 8.112/1990.
Gabarito "D".

(Analista – TRE/TO – 2011 – FCC) Quanto à posse e ao exercício:

(A) exercício é o efetivo desempenho das atribuições do cargo público ou da função de confiança.
(B) é de quinze dias o prazo para o servidor nomeado em cargo público entrar em exercício, contados da data da publicação da sua posse.
(C) é vedada a posse em cargo público efetivo ou em comissão, por procuração.
(D) a posse em cargo público efetivo independerá de prévia inspeção médica oficial.
(E) a promoção interrompe o tempo de exercício, sendo descontado do posicionamento na carreira a partir da data da posse.

A: correta (art. 15, *caput*, da Lei 8.112/1990); **B:** incorreta, pois o prazo de quinze dias é contado da data da posse (art. 15, § 1º, da Lei 8.112/1990); **C:** incorreta, pois a posse poderá dar-se mediante procuração específica (art. 13, § 3º, da Lei 8.112/1990); **D:** incorreta, pois a posse depende de prévia inspeção médica oficial (art. 14, *caput*, da Lei 8.112/1990); **E:** incorreta, pois a promoção não interrompe o tempo de exercício (art. 17 da Lei 8.112/1990). WG
Gabarito "A".

(Analista – TRE/GO – 2008 – CESPE) Considere a situação descrita a seguir.

I. Paulo prestou concurso público para um cargo federal e, após aprovado, tomou posse.
II. Após 4 anos de exercício, Paulo foi acometido de uma lesão por esforço repetitivo, pois estava exercendo uma função que demandava muita digitação. Após inspeção médica, ele foi remanejado para outro cargo de atribuições compatíveis com o problema de saúde que o atingiu.
III. Paulo ficou por três anos no novo posto até que foi aposentado por invalidez, tendo em vista o fato de não haver melhorado e de seu problema ter-se agravado.
IV. Após 4 anos de aposentadoria, uma junta médica oficial declarou insubsistentes os motivos da aposentadoria de Paulo e este retornou à atividade.

Acerca da situação hipotética apresentada e à luz da Lei 8.112/1990, assinale a opção correta.

(A) Na situação I, a nomeação de Paulo não é requisito para a posse.
(B) A situação II configura readaptação.
(C) Antes da ocorrência da aposentadoria relatada na situação III, não se exige, obrigatoriamente, prévia licença para tratamento de saúde e a aposentadoria será realizada com proventos proporcionais.
(D) A situação IV configura caso de reintegração.

A: incorreta, pois a nomeação é requisito para a posse (art. 13, § 4º, da Lei 8.112/1990); **B:** correta, pois a narrativa prevista na situação II configura o instituto da readaptação (art. 24 da Lei 8.112/1990); **C:** incorreta, nos termos do art. 188, § 1º, da Lei 8.112/1990; **D:** incorreta, pois a situação configura caso de reversão (art. 25, I, da Lei 8.112/1990). WG
Gabarito "B".

(Analista – TRE/MA – 2009 – CESPE) Considerando a Lei 8.112/1990, que dispõe sobre o regime jurídico dos servidores públicos civis da União, das autarquias e das fundações públicas federais, assinale opção incorreta.

(A) O servidor que ocupa cargo em comissão ou de natureza especial pode ser nomeado para ter exercício, interinamente, em outro cargo de confiança, sem prejuízo das atribuições que atualmente ocupa, hipótese em que deve optar pela remuneração de um deles enquanto durar a interinidade.
(B) As universidades e instituições de pesquisa científica e tecnológica federais podem prover seus cargos com professores, técnicos e cientistas de outros países, segundo as normas e os procedimentos dessa lei.
(C) Os cargos públicos são acessíveis a todos os brasileiros e criados por lei, com denominação própria e vencimento pago pelos cofres públicos, com vistas ao provimento em caráter efetivo ou em comissão.
(D) Não é permitida a prestação de serviços gratuitos, salvo nos casos previstos em lei.
(E) A investidura em cargo público ocorre com a nomeação.

A: correta (art. 9º, parágrafo único, da Lei 8.112/1990); **B:** correta (art. 5, § 3º, da Lei 8.112/1990); **C:** correta (art. 3º, parágrafo único, da Lei 8.112/1990); **D:** correta (art. 4º da Lei 8.112/1990); **E:** incorreta, pois a investidura ocorre com a posse (art. 7º da Lei 8.112/1990), e não com a nomeação. WG
Gabarito "E".

(Analista – TRE/MA – 2009 – CESPE) Nos casos de reorganização ou extinção de órgão ou entidade, extinto o cargo ou declarada sua desnecessidade no órgão ou entidade, o servidor que não for redistribuído é colocado em disponibilidade ou, ainda, fica sob a tutela do Sistema de Pessoal Civil (SIPEC). Essa forma de provimento denomina-se

(A) recondução.
(B) aproveitamento.
(C) readaptação.
(D) reversão.
(E) reintegração.

Art. 31 da Lei 8.112/1990. WG
Gabarito "B".

(Analista – TRE/MA – 2009 – CESPE) Em relação à Lei 8.112/1990, assinale a opção correta quanto ao regime jurídico dos servidores públicos civis da União.

(A) O servidor em estágio probatório pode exercer quaisquer cargos de provimento em comissão ou funções de direção, chefia ou assessoramento no órgão ou entidade de lotação e somente pode ser cedido a outro órgão ou entidade para ocupar cargo de natureza especial ou cargo de provimento em comissão do grupo direção e assessoramento superiores (DAS) de níveis 6, 5 e 4 ou equivalentes.
(B) O servidor não aprovado no estágio probatório deverá ser reintegrado ao cargo anteriormente ocupado, se estável.
(C) O servidor será exonerado do cargo ou o ato de sua designação para função de confiança será tornado sem efeito, se ele não entrar em exercício no prazo improrrogável de quinze dias, contados da data da posse.
(D) Ao entrar em exercício, o servidor nomeado para cargo de provimento efetivo sujeita-se a estágio probatório durante o qual a sua aptidão e capacidade são objeto de avaliação para o desempenho do cargo, observados os fatores de assiduidade, responsabilidade, capacidade interpessoal, disciplina, produtividade e iniciativa.
(E) Respaldada pela CF, a lei em questão determina que o servidor habilitado em concurso público e empossado em cargo de provimento efetivo adquire estabilidade no serviço público ao completar dois anos de efetivo exercício.

A: correta, art. 20, § 3º, da Lei 8.112/1990; **B:** incorreta, trata-se de caso de recondução (art. 29 da Lei 8.112/1990), e não de reintegração; **C:** incorreta, o caso é de exoneração (art. 34, parágrafo único, II, da Lei 8.112/1990), pois o servidor já tomou posse; se se tratasse de caso em que a pessoa tivesse sido nomeada, mas não tivesse tomado posse, aí sim poder-se-ia falar em tornar sem efeito o ato de nomeação (art. 13, § 6º, da Lei 8.112/1990); **D:** incorreta, a capacidade interpessoal não está prevista no art. 20 da Lei 8.112/1990; **E:** incorreta, a estabilidade requer três anos de efetivo exercício, nos termos da atual redação do art. 41 da CF; o texto da Lei 8.112/1990 ainda não foi atualizado nesse sentido (art. 21 da Lei 8.112/1990).

Gabarito "A".

(Analista – TRE/MT – 2010 – CESPE) Acerca da Lei 8.112/1990 e suas alterações, assinale a opção correta em relação às formas de provimento de cargo público.

(A) Não se admite que a posse no cargo público ocorra mediante procuração específica.

(B) O prazo para o servidor empossado em cargo público entrar em exercício é de trinta dias, contados da data da posse.

(C) A reintegração é o retorno do servidor estável ao cargo anteriormente ocupado em decorrência de inabilitação em estágio probatório relativo a outro cargo.

(D) A reversão como forma de provimento em cargo público é o retorno à atividade do servidor público aposentado, no interesse da administração.

(E) O servidor em estágio probatório não pode exercer cargo de provimento em comissão, ainda que seja no seu órgão de lotação.

A: incorreta (admite-se a posse mediante procuração – art. 13, § 3º, da Lei 8.112/1990); **B:** incorreta (o prazo é de 15 dias – art. 15, § 1º, da Lei 8.112/1990); **C:** incorreta (art. 28, caput, da Lei 8.112/1990); **D:** correta (art. 25, II, da Lei 8.112/1990); **E:** incorreta (art. 20, § 3º, da Lei 8.112/1990).

Gabarito "D".

(Analista – TRE/MT – 2010 – CESPE) Acerca da Lei 8.112/1990, assinale a opção correta.

(A) Todos os cargos públicos são acessíveis apenas aos brasileiros, sejam estes natos ou naturalizados.

(B) O servidor que não puder, após ocorrência de fato que lhe provoque limitações físicas ou mentais, atuar no seu cargo será declarado como desnecessário ao órgão ou à entidade e ficará sob tutela do Sistema de Pessoal Civil (SIPEC) até o seu adequado reposicionamento. Tal forma de provimento denomina-se aproveitamento.

(C) Os servidores públicos podem, além do vencimento, receber como vantagens indenizações, gratificações e adicionais. As indenizações referem-se a ajuda de custo, diárias e indenização de transporte. O auxílio-moradia é categorizado como vantagem adicional.

(D) A Lei 11.770/2008 permite a prorrogação da licença-maternidade tão somente às servidoras gestantes, excluindo desse benefício as servidoras adotantes.

(E) O ato de posse refere-se ao ato administrativo solene e formal que torna válida a investidura em um cargo público de provimento efetivo ou não. No entanto, somente com a posse é que a nomeação se consolida, salvo nos casos de formas de provimento derivadas.

A: incorreta (art. 12, § 3º, da CF); **B:** incorreta, pois no caso de eventual limitação física ou mental o servidor será readaptado ou aposentado, conforme inspeção médica (art. 24 da Lei 8.112/1990); **C:** incorreta, pois o auxílio-moradia também é uma das formas de indenização (art. 51, IV, da Lei 8.112/1990); **D:** incorreta, pois o benefício se estende, na mesma proporção, à empregada e ao empregado que adotar ou obtiver guarda judicial para fins de adoção de criança (art. 1º, § 2º, da Lei 11.770/2008); **E:** correta, pois a alternativa conceitua corretamente o ato de posse (art. 13, § 4º, da Lei 8.112/1990).

Gabarito "E".

(Analista – TRF/1ª – 2011 – FCC) João, servidor público federal, estável, retorna a cargo anteriormente ocupado em virtude de inabilitação em estágio probatório relativo a outro cargo. Maria, servidora pública federal, aposentada por invalidez, retorna à atividade, tendo em vista que a junta médica oficial declarou insubsistentes os motivos de sua aposentadoria.

Os exemplos narrados correspondem, respectivamente, às seguintes formas de provimento de cargo público:

(A) readaptação e aproveitamento.

(B) reintegração e recondução.

(C) reversão e readaptação.

(D) recondução e reversão.

(E) aproveitamento e reintegração.

Arts. 29, I e 25, I, da Lei 8.112/1990.

Gabarito "D".

(Analista – TRF/2º – 2007 – FCC) A reintegração é a reinvestidura do servidor estável no cargo anteriormente ocupado, ou no cargo resultante de sua transformação, quando invalidada a sua demissão por decisão administrativa ou judicial, com ressarcimento de todas as vantagens. Encontrando-se provido o cargo, o seu eventual ocupante será

(A) revertido ao cargo de origem, com direito à indenização, vedado o seu aproveitamento em outro cargo e a sua colocação em disponibilidade.

(B) removido ao cargo de origem, com direito à indenização ou aproveitado em outro cargo, vedada a sua colocação em disponibilidade.

(C) reconduzido ao cargo de origem, sem direito à indenização ou aproveitado em outro cargo, ou, ainda, posto em disponibilidade.

(D) aproveitado obrigatoriamente em cargo diverso, mas de atribuições e vencimentos compatíveis com o anteriormente ocupado.

(E) transferido ao cargo de origem, sem direito à indenização ou aproveitado em outro cargo, vedada a sua colocação em disponibilidade.

Art. 28, § 2º, da Lei 8.112/1990.

Gabarito "C".

(Analista – TRF/3ª – 2007 – FCC) Willian, servidor público, teve anulado o ato de sua nomeação. Assim, deverá ele, se estiver de

(A) má-fé, ficar isento da obrigação da devolução dos vencimentos percebidos ilegalmente, declarando-se, porém, inválidos todo e qualquer ato por ele praticado no desempenho de suas atribuições administrativas.

(B) boa ou má-fé, repor parceladamente os vencimentos percebidos ilegalmente, declarando-se inválidos os atos por ele praticados no desempenho de suas atribuições funcionais, ainda que os destinatários de tais atos sejam terceiros em relação ao ato nulo.

(C) boa-fé, ficar isento da obrigação da devolução dos vencimentos percebidos ilegalmente, declarando-se, porém, inválidos os atos por ele praticados no desempenho de suas atribuições funcionais, ainda que os destinatários de tais atos sejam terceiros em relação ao ato nulo.

(D) má-fé, repor os vencimentos percebidos ilegalmente, mas permanecem válidos os atos por ele praticados no desempenho de suas atribuições funcionais, porque os destinatários de tais atos são terceiros em relação ao ato nulo.

(E) boa ou má-fé, ficar isento da obrigação da devolução dos vencimentos percebidos ilegalmente, declarando-se, porém, inválidos todo e qualquer ato por ele praticado no desempenho de suas atribuições administrativas.

A má-fé justifica a punição do servidor, fazendo com que ele tenha de repor os vencimentos recebidos. A boa-fé, por sua vez, reclama a não exigência de devolução das quantias pagas, sob pena de configuração de enriquecimento sem causa. Por outro lado, para preservar o princípio da segurança jurídica, os atos praticados pelo servidor devem ser mantidos, em qualquer caso, não havendo outra ilegalidade. Gabarito "D".

(Analista – TRF/3ª – 2007 – FCC) Considere as seguintes assertivas a respeito do provimento de cargo público:

I. Reintegração é o retorno à atividade de servidor aposentado por invalidez, quando, por junta médica oficial, forem declarados insubsistentes os motivos da aposentadoria.

II. Reversão é a reinvestidura do servidor estável no cargo anteriormente ocupado, quando invalidada a sua demissão por decisão administrativa ou judicial, com ressarcimento de todas as vantagens.

III. Em regra, as universidades e instituições de pesquisa científica e tecnológica federais poderão prover seus cargos com professores, técnicos e cientistas estrangeiros.

IV. O retorno à atividade de servidor em disponibilidade far-se-á mediante aproveitamento obrigatório em cargo de atribuições e vencimentos compatíveis com o anteriormente ocupado.

De acordo com a Lei 8.112/1990 está correto o que se afirma APENAS em

(A) I e II.
(B) I, II e III.
(C) I e IV.
(D) II, III e IV.
(E) III e IV.

I: incorreta, pois esse é conceito de reversão (art. 25, I, da Lei 8.112/1990); II: incorreta, pois esse é conceito de reintegração (art. 28 da Lei 8.112/1990); III: correta (art. 5º, § 3º, da Lei 8.112/1990); IV: correta (art. 30 da Lei 8.112/1990). Gabarito "E".

(Analista – TRF/4ª – 2010 – FCC) A investidura em cargo público ocorrerá com a

(A) posse.
(B) nomeação.
(C) transferência.
(D) ascensão.
(E) promoção.

Art. 7º da Lei 8.112/1990. Gabarito "A".

(Analista – TRF/4ª – 2010 – FCC) A reinvestidura do servidor estável no cargo anteriormente ocupado, ou no cargo resultante de sua transformação, quando invalidada a sua demissão por decisão administrativa ou judicial, com ressarcimento de todas as vantagens, é

(A) a reversão.
(B) a readaptação.
(C) a reintegração.
(D) a recondução.
(E) o aproveitamento.

Art. 28, caput, da Lei 8.112/1990. Gabarito "C".

(Analista – TRF/4ª – 2010 – FCC) Analise:

I. O retorno do servidor estável ao cargo anteriormente ocupado e decorrente de inabilitação em estágio probatório relativo a outro cargo ou reintegração do anterior ocupante.

II. O deslocamento do servidor a pedido, no âmbito do mesmo quadro, com mudança de sede.

Tais situações configuram, respectivamente,

(A) transferência e recondução.
(B) remoção e transferência.
(C) ascenção e reintegração.
(D) recondução e remoção.
(E) reversão e ascenção.

A alternativa D está correta, pois o retorno do servidor estável ao cargo anteriormente ocupado e decorrente de inabilitação em estágio probatório relativo a outro cargo ou reintegração do anterior ocupante configura a recondução (art. 29, I e II, da Lei 8.112/1990), e o deslocamento do servidor a pedido, no âmbito do mesmo quadro, com mudança de sede configura a remoção (art. 36, caput, da Lei 8.112/1990). Gabarito "D".

(Analista – TRF/4ª – 2010 – FCC) O Tribunal Regional Federal da 4ª Região publicou ato de provimento dos candidatos aprovados no concurso para Analista Judiciário, dentre os quais está José. Sobre o caso, é INCORRETO afirmar:

(A) A posse de José ocorrerá no prazo de trinta dias contados da publicação do ato de provimento.
(B) José, para tomar posse, não é obrigado a submeter-se à inspeção médica em órgão oficial.
(C) A posse de José poderá dar-se mediante procuração específica.
(D) O prazo para José, empossado em cargo público, entrar em exercício, é de quinze dias, contados da data da posse.
(E) À autoridade competente do órgão ou entidade para onde for nomeado ou designado José compete dar-lhe exercício.

A: correta (art. 13, § 1º, da Lei 8.112/1990); B: incorreta (art. 14, caput, da Lei 8.112/1990); C: correta (art. 13, § 3º, da Lei 8.112/1990); D: correta (art. 15, § 1º, da Lei 8.112/1990); E: correta (art. 15, § 3º, da Lei 8.112/1990). Gabarito "B".

(Analista – TRF/4ª – 2010 – FCC) O retorno do servidor estável ao cargo anteriormente ocupado, em decorrência de inabilitação em estágio probatório relativo a outro cargo é denominado

(A) readaptação.
(B) reintegração.
(C) reversão.
(D) transferência.
(E) recondução.

Art. 29, I, da Lei 8.112/1990. WG
Gabarito 'E'.

(Analista – TRF/5ª – 2008 – FCC) Para os fins da Lei 8.112 de 11.12.1990, que dispõe sobre o regime jurídico dos servidores públicos civis da União, analise:

I. Interesse da Administração; equivalência de vencimentos; vinculação entre os graus de responsabilidade e complexidade das atividades; mesmo nível de escolaridade; e especialidade ou habilitação profissional.
II. Assiduidade; disciplina; capacidade de iniciativa; produtividade; e responsabilidade.
III. Retorno do servidor estável ao cargo anteriormente ocupado, decorrente de inabilitação em estágio probatório relativo a outro cargo ou reintegração do anterior ocupante.
IV. Modalidade consistente em pedido de deslocamento do servidor, para outra localidade, independentemente do interesse da Administração, em virtude de processo seletivo promovido, na hipótese em que o número de interessados for superior ao número de vagas, de acordo com normas preestabelecidas pelo órgão ou entidade em que aqueles estejam lotados.

Tais situações dizem respeito, respectivamente, aos institutos seguintes:

(A) investidura; substituição; reversão; e remoção.
(B) nomeação; promoção; estabilidade; redistribuição.
(C) substituição; estabilidade; estágio probatório; transferência.
(D) redistribuição; estágio probatório; recondução; e remoção.
(E) provimento; estágio probatório; reintegração; e aproveitamento.

I: art. 37 da Lei 8.112/1990; II: art. 20 da Lei 8.112/1990; III: art. 29 da Lei 8.112/1990; IV: art. 36, parágrafo único, III, c, da Lei 8.112/1990. WG
Gabarito 'D'.

(Analista – TRF/5ª – 2008 – FCC) Para fins da Lei 8.112 de 11/12/1990, que dispõe sobre o regime jurídico dos servidores públicos civis da União, analise:

I. A reintegração e a reinvestidura de servidor no cargo anteriormente ocupado, ou em cargo vago, quando invalidada a sua demissão, desde que por decisão judicial, com ou sem ressarcimento de vantagens.
II. Se julgado incapaz para o serviço público, o readaptando será aposentado, sendo que a reversão por invalidez ocorre quando junta médica oficial declarar insubsistentes os motivos da aposentadoria.
III. O retorno à atividade de servidor em disponibilidade pode ser feita mediante aproveitamento ou substituição em qualquer cargo, com atribuições e vencimentos a critério da Administração.
IV. O estágio probatório ficará suspenso, dentre outros casos, durante certas licenças e afastamentos para serviços em organismo internacional de que o Brasil

participe ou coopere, e será retomado a partir do término do último impedimento.

Nesses casos, APENAS são corretos:

(A) I, III e IV.
(B) II e III.
(C) I e IV.
(D) II e IV.
(E) I, II e III.

I: incorreta, pois a reintegração pode se dar por decisão judicial ou administração e se dará com ressarcimento de todas as vantagens (art. 28 da Lei 8.112/1990); II: correta (arts. 24, § 1º, e 25, I, da Lei 8.112/1990); III: incorreta (art. 30 da Lei 8.112/1990); IV: correta (arts. 20, § 5º, e 96 da Lei 8.112/1990). WG
Gabarito 'D'.

(Analista – MPU – 2010 – CESPE) Julgue o seguinte item, acerca dos agentes públicos.

(1) A vacância do cargo público decorre de: exoneração, demissão, promoção, ascensão, transferência, readaptação, aposentadoria, posse em outro cargo inacumulável e falecimento.

1: incorreta, pois a ascensão e a transferência não são mais formas de vacância do cargo público. Os incisos IV e V do art. 33 da Lei 8.112/1990, que previam essas duas formas de vacância, foram revogados pela Lei 9.527/1997. WG
Gabarito '1E'.

(Analista – MPU – 2007 – FCC) Quanto à posse e ao exercício do cargo do servidor público civil da União, é correto que:

(A) Ao tomar posse, em cargo de provimento efetivo ou em comissão, ficará sujeito a estágio probatório pelo prazo de 12 (doze) meses, computando-se eventual período de afastamento por motivo de doença.
(B) Empossado em cargo público, deverá entrar em exercício no prazo de 30 (trinta) dias, contados da nomeação.
(C) A posse ocorrerá no prazo de até 15 (quinze) dias contados do ato que o julgou apto física e mentalmente para o exercício do cargo.
(D) O prazo para entrar em exercício é de 45 (quarenta e cinco) dias, contados da posse, no caso de função de confiança.
(E) O servidor que deva ter exercício em outro Município, em razão de ter sido removido terá, no mínimo, 10 (dez) e, no máximo, 30 (trinta) dias de prazo contados da publicação do ato, para a retomada do efetivo desempenho das atribuições do cargo, incluído nesse prazo o tempo necessário para o deslocamento para a nova sede.

A: incorreta, o período do estágio probatório é de 24 meses, segundo o texto da lei (art. 20, caput, da Lei 8.112/1990); porém o STJ vem entendendo que o período de estágio probatório corresponde ao período de efetivo exercício para fins de aquisição de estabilidade, no caso, de 3 anos, art. 41, da CF; B: incorreta, empossado, o servidor deverá entrar em exercício em 15 dias, contados da data da pose (art. 15, § 1º, da Lei 8.112/1990; C: incorreta, a posse ocorrerá em 30 dias contados da data da publicação do ato de provimento (art. 13, § 1º, da Lei 8.112/1990); D: incorreta, art. 15, § 4º, da Lei 8.112/1990; E: correta, art. 18, caput, da Lei 8.112/1990. WG
Gabarito 'E'.

1.2. Vacância

(Analista – TRT/1ª – 2012 – FCC) Durante estágio probatório, determinado servidor que acabou de entrar no serviço público, praticou atos incompatíveis com a assiduidade e disciplina esperados. Em consequência, nos termos da legislação vigente, ele não deve ser confirmado no cargo e, dessa forma, será

(A) readaptado.
(B) demitido
(C) reconduzido.
(D) expulso.
(E) exonerado.

A: incorreta, pois a readaptação se dá quando servidor passa a ter uma limitação física ou mental que torne incompatível que continue num cargo público, fazendo com que seja readaptado para outro cargo público mais compatível com essa limitação superveniente (art. 24 da Lei 8.112/1990); B: incorreta, pois a demissão só se aplica a faltas mais graves, como as previstas no art. 132 da Lei 8.112/1990); no caso, o servidor está em estágio probatório e percebeu-se que não está apto a conseguir a estabilidade, impondo-se, assim, a sua exoneração (sem caráter punitivo) e não a demissão (que tem caráter punitivo), tudo nos termos do art. 20, I e II, e § 2º, da Lei 8.112/1990; C: incorreta, pois a recondução é o retorno do servidor já estável (que não é o caso, pois o servidor ainda está em estágio probatório), ao cargo anteriormente ocupado e decorrerá de inabilitação em estágio probatório relativo a outro cargo ou reintegração do anterior ocupante (art. 29, I e II, da Lei 8.112/1990), situações essas que também não foram narradas no enunciado; D: incorreta, pois não há previsão de expulsão para o caso (instituto que nem está previsto na Lei 8.112/1990), mas de exoneração (art. 20, § 2º, da Lei 8.112/1990); E: correta (art. 20, § 2º, da Lei 8.112/1990). WG
Gabarito "E".

(Analista – TRT/16ª – 2014 – FCC) Poliana, após tomar posse em determinado cargo público, não entrou em exercício no prazo estabelecido. Nos termos da Lei 8.112/1990, a conduta de Poliana acarretará sua

(A) demissão.
(B) exoneração de ofício.
(C) cassação de disponibilidade.
(D) suspensão por noventa dias, até que regularize a falta cometida.
(E) advertência, compelindo-a a regularizar a falta cometida.

A, C, D e E: incorretas, pois se o servidor não entrar em exercício no prazo legal, será exonerado do cargo (art. 15, § 2º, da Lei 8.112/1990); B: correta (art. 15, § 2º, da Lei 8.112/1990). WG
Gabarito "B".

(Analista – TRE/MA – 2009 – CESPE) Se um servidor público estável for aprovado em outro concurso público que ofereça melhor remuneração, em cargo inacumulável, após sua posse no novo cargo, ficará caracterizada, em relação ao cargo anterior,

(A) demissão do servidor, gerando a vacância no antigo cargo.
(B) exoneração do cargo.
(C) redistribuição.
(D) vacância por posse.
(E) remoção.

Art. 33, VIII, da Lei 8.112/1990. WG
Gabarito "D".

1.3. Remoção, redistribuição, recondução, reversão, readaptação e substituição

(Analista – TRT2 – FCC – 2018) Lara, servidora pública federal, no interesse do serviço, passou a ter exercício em nova sede, ocorrendo mudança de domicílio em caráter permanente. Neste caso, dispõe a Lei no 8.112/1990, que a ajuda de custo

(A) será calculada sobre a remuneração de Lara, conforme se dispuser em regulamento, não podendo exceder a importância correspondente a três meses.
(B) não será devida à família de Lara se esta vier a falecer na nova sede, uma vez que esta vantagem é paga exclusivamente ao servidor.
(C) será devida, correndo por conta da Administração as despesas de transporte do servidor e de sua família, não compreendendo bagagem e bens pessoais.
(D) será devida inclusive na hipótese de o cônjuge de Lara, que detém também a condição de servidor, vier a ter exercício na mesma sede, uma vez que é uma vantagem personalíssima perfeitamente acumulável.
(E) não é devida, uma vez que o direito ao recebimento da ajuda de custo está condicionado à transferência temporária.

A: correta. Segundo o art. 53 da Lei 8.112/1991, "a ajuda de custo destina-se a compensar as despesas de instalação do servidor que, no interesse do serviço, passar a ter exercício em nova sede, com mudança de domicílio em caráter permanente, vedado o duplo pagamento de indenização, a qualquer tempo, no caso de o cônjuge ou companheiro que detenha também a condição de servidor, vier a ter exercício na mesma sede". Essa ajuda de custo é calculada sobre a remuneração do servidor, não podendo exceder a importância correspondente a três meses – art. 54 da Lei 8.112/1991. FMB
Gabarito "A".

(Analista Judiciário – TJ/PI – FGV – 2015) Um ex-servidor público estadual procurou a Administração Pública e afirmou que desejava ser reconduzido ao cargo.
É possível que tal ocorra no caso de:

(A) servidor público inativo, quando cessarem os motivos da aposentadoria por invalidez;
(B) servidor estável, quando inabilitado em estágio probatório relativo a outro cargo;
(C) ocupante de cargo em comissão, que é nomeado para outro cargo;
(D) servidor público inativo, quando a sua aposentadoria for anulada por decisão judicial transitada em julgado;
(E) servidor estável, quando invalidada a decisão administrativa que aplicou a sanção de demissão.

Conforme Wander Garcia (*Super-Revisão OAB*, 7ª edição, São Paulo: Editora Foco, 2017, p. 529) "recondução é o retorno do servidor estável ao cargo que antes titularizava, por ter sido inabilitado no estágio probatório de outro cargo ou por ter sido desalojado pela reintegração daquele cuja vaga ocupou. A recondução, na primeira hipótese, depende de previsão expressa no estatuto local". GD
Gabarito "B".

(Analista Judiciário – TJ/PI – FGV – 2015) Determinado servidor público sofreu grave acidente de trabalho e foi afastado do serviço público. Após um período de recuperação, foi sensível a redução de sua capacidade laborativa. Apesar disso, era plenamente possível que viesse a exercer atribuição diversa, compatível com suas atuais condições físicas. Nesse caso, o referido servidor:

(A) será readaptado e, caso inexista cargo vago, exercerá suas atribuições como excedente até a ocorrência de vaga;

(B) quando retornar ao serviço público, deve exercer, necessariamente, as mesmas atribuições que exercia quando do acidente;

(C) não pode retornar ao serviço público, devendo ser necessariamente aposentado por invalidez;

(D) pode ocupar qualquer outro cargo público compatível com suas condições físicas, independentemente do nível de escolaridade exigido;

(E) somente poderá ser reintegrado quando criado um cargo público semelhante ao que ocupava, de modo que possa provê-lo.

Referido servidor deverá ser readaptado: "Readaptação é o ato de designação para titularizar cargo compatível com a limitação física ou mental que advier ao agente público. É uma espécie de transferência para um cargo compatível e com funções, escolaridade e vencimentos equivalentes. Caso o agente revele incapacidade permanente para o trabalho, conceder-lhe-á a aposentadoria por invalidez, não se falando em readaptação" (*Super-Revisão OAB*, 7ª edição, São Paulo: Editora Foco, 2017, p. 529).
Gabarito "A".

(Analista Judiciário – TJ/PI – FGV – 2015) A respeito da denominada "reversão", é correto afirmar que:

(A) consubstancia uma forma de provimento terceirizado do cargo público;

(B) reflete o retorno do servidor em gozo de férias à atividade regular;

(C) é forma de retorno a um estágio anterior da respectiva carreira;

(D) pode ocorrer quando insubsistentes os motivos da aposentadoria por invalidez;

(E) somente pode ocorrer após a declaração de invalidade do ato de exoneração.

De acordo o art. 25, I, da Lei 8.112/1990, a reversão é o retorno à atividade de servidor aposentado "por invalidez, quando junta médica oficial declarar insubsistentes os motivos da aposentadoria".
Gabarito "D".

(Analista Judiciário – TRT/24 – FCC – 2017) Adriana, servidora pública federal, deverá ter exercício em outro Município em razão de ter sido removida. Nos termos da Lei nº 8.112/1990, o prazo para Adriana retomar efetivamente o desempenho das atribuições de seu cargo, considerando que não pretende declinar de tal prazo, e que não está de licença ou gozando de afastamento será, contado da publicação do ato, de, no mínimo,

(A) dez e, no máximo, trinta dias, incluído nesse prazo o tempo necessário para o deslocamento para a nova sede.

(B) cinco e, no máximo, sessenta dias, excluído desse prazo o tempo necessário para o deslocamento para a nova sede.

(C) cinco e, no máximo, trinta dias, excluído desse prazo o tempo necessário para o deslocamento para a nova sede.

(D) dez e, no máximo, sessenta dias, incluído nesse prazo o tempo necessário para o deslocamento para a nova sede.

(E) dez e, no máximo, noventa dias, incluído nesse prazo o tempo necessário para o deslocamento para a nova sede.

Dispõe o art. 18 da Lei 8.112/1990: "O servidor que deva ter exercício em outro município em razão de ter sido removido, redistribuído, requisitado, cedido ou posto em exercício provisório terá, no mínimo, dez e, no máximo, trinta dias de prazo, contados da publicação do ato, para a retomada do efetivo desempenho das atribuições do cargo, incluído nesse prazo o tempo necessário para o deslocamento para a nova sede".
Gabarito "A".

(Analista Judiciário – TRT/11 – FCC – 2017) Joana, servidora pública federal, detentora de cargo efetivo em determinado órgão do Poder Judiciário, será redistribuída para outro órgão, de acordo com as disposições previstas na Lei nº 8.112/1990. Nesse caso, a redistribuição

(A) seria admissível ainda que Joana não fosse detentora de cargo efetivo, mas sim de cargo em comissão, dada a paridade aplicável às modalidades de cargos.

(B) não exige a manutenção da essência das atribuições do cargo.

(C) exige apreciação do órgão central do SIPEC, que será prévia à redistribuição ou posterior, dependendo da urgência.

(D) deverá ocorrer obrigatoriamente para outro órgão do Poder Judiciário.

(E) dar-se-á no interesse da Administração ou do servidor, conforme os demais requisitos aplicáveis ao caso concreto.

A: incorreta, "redistribuição é o deslocamento de *cargo de provimento efetivo*" (art. 37 da Lei 8.112/1990); **B**: incorreta, pois exige a manutenção da essência das atribuições dos cargos (art. 37, III, da Lei 8.112/1990); **C**: incorreta, a apreciação será prévia (art. 37, *caput*, parte final, da Lei 8.112/1990); **D**: correta, conforme previsto no *caput* do art. 37 da Lei 8.112/1990; **E**: incorreta, dar-se-á no interesse da Administração (art. 37, I, da Lei 8.112/1990).
Gabarito "D".

(Analista – TSE – 2006 – CESPE) Na hipótese de redistribuição, não é o servidor que é deslocado de um cargo para outro, mas é o próprio cargo que é deslocado para outro órgão ou entidade, dentro do mesmo poder. Essa afirmação é

(A) correta.

(B) errada, pois, na redistribuição, o servidor é deslocado do seu cargo original para outro cargo vago.

(C) errada, pois o deslocamento do cargo somente ocorre na hipótese de readaptação.

(D) errada, pois a redistribuição implica passagem do cargo dos quadros de um poder para outro.

Art. 37, *caput*, da Lei 8.112/1990.
Gabarito "A".

(Analista – TRT/4ª – 2006 – FCC) No que diz respeito à remoção do servidor público federal, considere as assertivas abaixo:

I. O retorno do servidor estável ao cargo anteriormente ocupado é uma das características do ato de remoção.

II. É considerada modalidade de remoção quando for a pedido, para outra localidade, independentemente do interesse da Administração.
III. É também modalidade de remoção quando for de ofício, no interesse da Administração.
IV. A cessão do servidor para ter exercício em outro órgão ou entidade pública é um dos requisitos para o ato de remoção.

Estão corretas APENAS o que se afirma em

(A) I e II.
(B) I e III.
(C) II e III.
(D) II e IV.
(E) III e IV.

I: incorreta, pois a remoção não é o retorno, mas a saída, o deslocamento para outro cargo (art. 36 da Lei 8.112/1990); II: correta (art. 36, parágrafo único, III, da Lei 8.112/1990); III: correta (art. 36, parágrafo único, I, da Lei 8.112/1990); IV: incorreta, pois a remoção se dá no âmbito do mesmo quadro (art. 36, *caput*, da Lei 8.112/1990). WG
Gabarito "C".

(Analista – TRT/14ª – 2011 – FCC) De acordo com a Lei 8.112/1990, que dispõe sobre o regime jurídico dos servidores públicos civis da União, das autarquias e das fundações públicas federais, a remoção de servidor público

(A) pressupõe sempre mudança de sede ou função.
(B) é cabível, a pedido, para outra localidade, em razão de processo seletivo promovido, na hipótese em que o número de interessados for inferior ao número de vagas, de acordo com normas preestabelecidas pelo órgão ou entidade em que aqueles estejam lotados.
(C) não é cabível, a pedido, para outra localidade, a fim de acompanhar companheiro, também servidor público civil da União, que foi deslocado no interesse da Administração Pública.
(D) pode se dar de ofício ou a pedido, sendo, nesta segunda hipótese, sempre dependente do interesse da Administração Pública.
(E) ocorre somente no âmbito do mesmo quadro.

A: incorreta, pois a remoção independe da mudança de sede (art. 36, *caput*, da Lei 8.112/1990); B: incorreta, pois o número de interessados terá que ser superior ao número de vagas (art. 36, parágrafo único, III, *c*, da Lei 8.112/1990); C: incorreta, pois é possível a remoção na hipótese descrita na alternativa (art. 36, parágrafo único, III, *a*, da Lei 8.112/1990); D: incorreta, pois há previsão de remoção a pedido, para outra localidade, independentemente do interesse da Administração (art. 36, parágrafo único, III, da Lei 8.112/1990); E: correta (art. 36, *caput*, da Lei 8.112/1990). WG
Gabarito "E".

(Analista – TRT/14ª – 2011 – FCC) É cabível remoção a pedido, para outra localidade, independentemente do interesse da Administração, em virtude de processo seletivo promovido, na hipótese em que o número de interessados for

(A) inferior ao número de vagas, a critério da autoridade competente, quando necessário ao atendimento de situações emergenciais do órgão ou entidade.
(B) igual ao número de vagas, de acordo com normas estabelecidas pelo órgão público independentemente do local da respectiva designação.
(C) superior ao número de vagas, de acordo com normas preestabelecidas pelo órgão ou entidade em que aqueles estejam lotados.
(D) inferior ao número de vagas, em conformidade com normas estabelecidas pelo Poder Público em que aqueles estejam designados.
(E) superior ao número de vagas, a critério da autoridade competente, desde que presente o interesse público, independentemente da respectiva lotação.

Art. 36, parágrafo único, III, *c*, da Lei 8.112/1990. WG
Gabarito "C".

2. DIREITOS E VANTAGENS

2.1. Vencimentos e remuneração

(Analista – TRF5 – FCC – 2017) Os servidores efetivos, cujo regime jurídico é disciplinado pela Lei 8.112/90, têm previstos os conceitos de vencimento e remuneração, que se distinguem

(A) em razão da origem dos pagamentos, devidos aos ativos no caso dos vencimentos, e aos inativos, no caso de remuneração.
(B) porque os vencimentos abrangem a remuneração e vantagens de caráter não indenizatório.
(C) porque os vencimentos abrangem gratificações e indenizações, estas que se incorporam àqueles e, somados com as gratificações compõem a remuneração total do servidor.
(D) caso à remuneração em questão tenham sido incorporadas verbas de outras naturezas, de caráter retributivo ou indenizatório.
(E) em razão da abrangência, pois a remuneração considera não só os vencimentos, mas as vantagens pecuniárias legalmente previstas, como gratificações e indenizações.

E: correta. Conforme o regime jurídico estabelecido na Lei 8.112/1991, vencimento é a retribuição pecuniária pelo exercício de cargo público, com valor fixado em lei. Já a remuneração é mais ampla, abrangendo esse conceito de vencimento, mais as vantagens pecuniárias permanentes estabelecidas em lei – art. 41 da Lei 8.112/1991. FMB
Gabarito "E".

(Analista – TRT/4ª – 2006 – FCC) Cristiane Vasconcelos, analista judiciário, está em débito com o erário e teve sua disponibilidade cassada. Nesse caso, a servidora deverá quitar o débito no prazo legal de

(A) sessenta dias, sendo que a não quitação do débito no prazo implicará sua inscrição em dívida ativa.
(B) cento e vinte dias, sendo que a não quitação do débito no prazo implicará sua inscrição em dívida passiva.
(C) noventa dias, sob pena de ser instaurado processo administrativo disciplinar por retenção de valores.
(D) trinta dias, prorrogável por igual período, sendo que a sua não quitação implicará o bloqueio de sua remuneração.
(E) quarenta e cinco dias, prorrogável por igual período, e não quitando nesse prazo sofrerá penalidade estatutária.

Art. 47 da Lei 8.112/1990. WG
Gabarito "A".

(Analista – TRT/8ª – 2010 – FCC) Quanto às férias e às licenças do servidor público, considere:

I. A critério da Administração, poderão ser concedidas ao servidor ocupante de cargo efetivo ou em estágio probatório, licenças para tratar de assuntos particulares pelo prazo de até três anos consecutivos, com ou sem remuneração.
II. O servidor exonerado do cargo efetivo, ou em comissão, perceberá indenização relativa ao período das férias a que tiver direito e ao incompleto, na proporção de um doze avos por mês de efetivo exercício, ou fração superior a quatorze dias.
III. As férias poderão ser parceladas em até três etapas, desde que assim requeridas pelo servidor, e no interesse da administração pública.
IV. A licença concedida dentro de sessenta dias do término de outra da mesma espécie não será considerada como prorrogação.
V. O servidor terá direito a licença, com remuneração, durante o período que mediar entre a sua escolha em convenção partidária, como candidato a cargo eletivo, e a véspera do registro de sua candidatura perante a Justiça Eleitoral.

Está correto o que se afirma APENAS em:
(A) I, III e V.
(B) I e IV.
(C) II e III.
(D) II, IV e V.
(E) III e V.

I: incorreta (a licença para tratar de assuntos particulares poderá ser concedida ao servidor ocupante de cargo efetivo, desde que não esteja em estágio probatório, sem remuneração – art. 91 da Lei 8.112/1990); II: correta (art. 78, § 3º, da Lei 8.112/1990); III: correta (art. 77, § 3º, da Lei 8.112/1990); IV: incorreta (art. 82 da Lei 8.112/1990); V: incorreta (a licença, nesse caso, será sem remuneração – art. 86, *caput*, da Lei 8.112/1990). WG
Gabarito "C".

(Analista – TRT/14ª – 2011 – FCC) Para os fins da Lei 8.112/1990, o servidor público federal investido em cargo em comissão de órgão ou entidade diversa da de sua lotação, receberá a remuneração do órgão

(A) cessionário dos Estados, exclusivamente, quando a cessão for por prazo superior a 90 (noventa) dias.
(B) cedente, devendo os Estados, o Distrito Federal e os Municípios, na condição de cessionários, ressarcirem os cofres da entidade cedente ao término da cessão.
(C) cedente, desde que essa condição esteja prevista no respectivo ato e a cessão seja exclusivamente para órgão ou entidade do Distrito Federal.
(D) cedente, quando a cessão for exclusivamente, para órgão ou entidade do Distrito Federal.
(E) ou entidade cessionária quando a cessão for para órgãos dos Estados, do Distrito Federal ou dos Municípios.

Art. 93, § 1º, da Lei 8.112/1990. WG
Gabarito "E".

(Analista – TRT/22ª – 2010 – FCC) De acordo com a Lei 8.112/1990, em relação ao vencimento, remuneração e vantagens dos Servidores Públicos Civis da União:

(A) As indenizações se incorporam ao vencimento ou provento para qualquer efeito.
(B) As faltas justificadas decorrentes de caso fortuito não poderão ser compensadas, sendo assim não consideradas como efetivo exercício.
(C) Quando o pagamento indevido houver ocorrido no mês anterior ou posterior ao do processamento da folha, não haverá reposição, salvo se para o erro contribuiu o servidor, ao menos culposamente.
(D) As gratificações e os adicionais incorporam-se ao vencimento ou provento, nos casos e condições indicados em lei.
(E) O vencimento, a remuneração e o provento poderão ser objeto de arresto, sequestro ou penhora, salvo nos casos de prestação de alimentos resultante de decisão judicial.

A: incorreta (art. 49, § 1º, da Lei 8.112/1990); B: incorreta (art. 44, parágrafo único, da Lei 8.112/1990); C: incorreta (art. 46, § 2º, da Lei 8.112/1990); D: correta (art. 49, § 2º, da Lei 8.112/1990); E: incorreta (art. 48 da Lei 8.112/1990). WG
Gabarito "D".

(Analista – TRT/23ª – 2007 – FCC) Quanto aos direitos e vantagens do servidor público é correto que

(A) as vantagens pecuniárias serão computadas ou acumuladas, para efeito de concessão de quaisquer outros acréscimos pecuniários ulteriores, desde que sob o mesmo título ou idêntico fundamento.
(B) o vencimento, a remuneração e o provento não serão objeto de arresto, sequestro ou penhora, exceto nos casos de prestação de alimentos resultante de decisão judicial.
(C) não será concedida ajuda de custo àquele que, sendo servidor da União, for nomeado para cargo em comissão, com mudança de domicílio.
(D) nos casos em que o deslocamento da sede constituir exigência permanente do cargo, o servidor fará jus a diárias.
(E) somente será permitido serviço extraordinário para atender a situações permanentes, respeitado o limite máximo de 4 (quatro) horas por jornada.

A: incorreta, art. 50 da Lei 8.112/1990; B: correta, art. 48 da Lei 8.112/1990; C: incorreta, art. 56 da Lei 8.112/1990; D: incorreta, art. 58, § 2º, da Lei 8.112/1990; E: incorreta, art. 74 da Lei 8.112/1990. WG
Gabarito "B".

(Analista – TRE/AC – 2010 – FCC) Quanto aos direitos, vantagens e adicionais do servidor público civil da União, considere:

I. Vencimento é a remuneração do cargo efetivo ou comissionado, descontadas as vantagens pecuniárias permanentes estabelecidas em lei.
II. Mediante expressa solicitação do servidor, será pago por ocasião das férias, um adicional correspondente a um terço da remuneração de férias, sendo que no caso de cargo em comissão, a respectiva vantagem não será considerada no cálculo das férias.
III. As faltas justificadas decorrentes de caso fortuito ou de força maior poderão ser compensadas a critério da chefia imediata, sendo assim consideradas como efetivo exercício.

IV. As indenizações não se incorporam ao vencimento ou provento para qualquer efeito, sendo que as gratificações e os adicionais incorporam-se ao vencimento ou provento, nos casos e condições indicados em lei.

V. O serviço extraordinário será remunerado com acréscimo de cinquenta por cento em relação à hora normal de trabalho e somente será permitido para atender a situações excepcionais e temporárias, respeitado o limite máximo de duas horas por jornada.

Está correto o que se afirma APENAS em

(A) I, II e III.
(B) I e III.
(C) II, IV e V.
(D) III, IV e V.
(E) IV e V.

I: incorreta (art. 40 da Lei 8.112/1990); II: incorreta (art. 76, *caput*, da Lei 8.112/1990); III: correta (art. 44, parágrafo único, da Lei 8.112/1990); IV: correta (art. 49, §§ 1º e 2º, da Lei 8.112/1990); V: correta (arts. 73 e 74 da Lei 8.112/1990). Gabarito "D".

(Analista – TRE/AL – 2010 – FCC) Silvana atua como instrutora em curso de formação, regularmente instituído no âmbito da Administração Pública Federal. Nesse caso, no que se refere à gratificação por encargo de curso, é certo que essa vantagem

(A) incorpora-se à remuneração da servidora para alguns efeitos como a aposentadoria e disponibilidade, podendo ser utilizada como base de cálculo para outras vantagens a que tiver direito.
(B) não se incorpora ao vencimento da servidora para qualquer efeito e não poderá ser utilizada como base de cálculo dos proventos da aposentadoria.
(C) incorpora-se ao vencimento da servidora para todos os efeitos, mas não poderá ser utilizada como base de cálculo para as demais vantagens, inclusive para os proventos da aposentadoria.
(D) não se incorpora aos vencimentos da servidora para qualquer efeito, mas poderá ser utilizada como base de cálculo dos proventos da aposentadoria.
(E) não se incorpora à remuneração ou salário da servidora, salvo para efeito da aposentadoria ou disponibilidade, vedada sua utilização como base de cálculo de outras vantagens e adicionais.

Art. 76-A, § 3º, da Lei 8.112/1990. Gabarito "B".

(Analista – TRF/4ª – 2007 – FCC) Tendo em vista certos direitos dos servidores públicos federais, é correto afirmar que

(A) o servidor em débito com o erário, entre outras situações, que foi exonerado ou que tiver sua aposentadoria cassada, terá o prazo de sessenta dias para quitar o débito.
(B) o vencimento do cargo efetivo é irredutível, mas não pode ser acrescido de vantagens de caráter permanente.
(C) o servidor não perderá a remuneração do dia em que faltar ao serviço, sem motivo justificado, mas ficará prejudicado no período aquisitivo de férias.
(D) as faltas justificadas decorrentes de caso fortuito ou força maior não podem ser compensadas e nem consideradas como de efetivo exercício.
(E) os valores percebidos pelo servidor em razão de decisão liminar deverão ser repostos no prazo de noventa dias, contados da notificação para fazê-lo.

A: correta, art. 47 da Lei 8.112/1990; **B:** incorreta, art. 41, § 3º, da Lei 8.112/1990; **C:** incorreta, art. 44, I, da Lei 8.112/1990; **D:** incorreta, art. 44, parágrafo único, da Lei 8.112/1990; **E:** incorreta, arts. 46, § 3º, e 47, da Lei 8.112/1990. Gabarito "A".

(Analista – TRF/5ª – 2008 – FCC) Nos casos em que o pagamento indevido ao servidor ativo, aposentado ou pensionista, houver ocorrido no mês anterior ao do processamento da folha, a reposição ao erário será feita

(A) imediatamente, em uma única parcela.
(B) em parcelas, desde que o servidor seja estável.
(C) parceladamente, no máximo de 90 (noventa) dias.
(D) imediatamente ou em parcelas, a critério da Administração.
(E) em parcelas, proporcional à remuneração do servidor.

Art. 46, § 2º, da Lei 8.112/1990. Gabarito "A".

2.2. Vantagens (indenização, ajuda de custo, diária, indenização de transporte, auxílio-moradia, gratificações e adicionais, retribuição, gratificação natalina, adicionais, gratificação por encargo de cursos ou concurso)

(Analista – TRT/10ª – 2013 – CESPE) Julgue os itens seguintes, a respeito da Lei 8.112/1990.

(1) Ao servidor é facultado abater de suas férias as faltas injustificadas, de modo a preservar a remuneração referente aos dias em que deixar de comparecer ao serviço.
(2) O servidor público civil que fizer jus aos adicionais de insalubridade e periculosidade acumulará ambos os acréscimos sobre seu vencimento.

1: incorreta, pois não há previsão legal nesse sentido; aliás, mesmo quanto às faltas justificadas, estas só podem ser compensadas a critério da chefia imediata, em situações de caso fortuito ou de força maior (art. 44, parágrafo único, da Lei 8.112/1990); **2:** incorreta, pois o servidor que fizer jus aos adicionais de insalubridade e de periculosidade deverá optar por um deles (art. 68, § 1º, da Lei 8.112/1990). Gabarito 1E, 2E.

(Analista – TRT/11ª – 2012 – FCC) Joana, servidora pública federal, recebeu algumas diárias, porém, não se afastou da sede. Nos termos da Lei 8.112/1990, Joana

(A) independentemente do motivo, não precisará restituí-las, haja vista tratar-se de verba de natureza alimentar.
(B) dependendo do motivo, não precisará restituí-las.
(C) independentemente do motivo, deverá restituí-las integralmente, no prazo de trinta dias.
(D) ficará obrigada a restituí-las apenas parcialmente, no prazo de dez dias.

(E) ficará obrigada a restituí-las integralmente, no prazo de cinco dias.

Joana ficará obrigada a restituí-las integralmente, no prazo de cinco dias (art. 59 da Lei 8.112/1990). WG
Gabarito "E".

(Analista – TRE/BA – 2010 – CESPE) Acerca do regime jurídico dos servidores públicos, estabelecido na Lei 8.112/1990, julgue os itens que se seguem.

(1) Os substitutos dos servidores investidos em cargo ou função de direção ou chefia e dos ocupantes de cargo em natureza especial devem ser indicados no regimento interno ou, no caso de omissão, designados previamente pela chefia imediata do substituído.

(2) As diárias são devidas ao servidor que se ausenta a serviço da sede da repartição para outro ponto do território nacional em caráter eventual ou transitório. Se o deslocamento em caráter eventual ou transitório se der para o exterior, o servidor fará jus ao recebimento de ajuda de custo.

1: Errada, pois, no caso de omissão do regimento interno, os substitutos serão previamente designados pelo dirigente máximo do órgão ou entidade (art. 38, *caput*, da Lei 8.112/1990); **2:** Errada, pois no caso de deslocamento eventual ou transitório para o exterior também serão devidas diárias (art. 58, *caput*, da Lei 8.112/1990). WG
Gabarito 1E, 2E

(Analista – TRE/CE – 2012 – FCC) De acordo com a Lei 11.416/2006, o Adicional de Qualificação – AQ relativo a título de Mestre e Doutor é, respectivamente, de

(A) 7,5% e 10% incidindo sobre vencimento básico do servidor.
(B) 12,5% e 15% sobre o salário do servidor.
(C) 10% e 12,5% incidindo sobre vencimento básico do servidor.
(D) 5% e 7,5% incidindo sobre os vencimentos do servidor.
(E) 15% e 17,5% sobre o salário do servidor.

Art. 15, II e I, da Lei 11.416/2006, respectivamente. WG
Gabarito "C".

(Analista – TRE/CE – 2012 – FCC) De acordo com a Lei 11.416/2006, a Gratificação de Atividade Externa – GAE é devida exclusivamente aos ocupantes

(A) do cargo de Técnico Judiciário.
(B) do cargo de Analista Judiciário – área administrativa.
(C) dos cargos de Analista Judiciário – área judiciária e Auxiliar Judiciário.
(D) do cargo de Analista Judiciário – área judiciária Oficial de Justiça Avaliador Federal.
(E) dos cargos de Técnico Judiciário e Auxiliar Judiciário.

Art. 16, *caput*, da Lei 11.416/2006. WG
Gabarito "D".

(Analista – TRE/CE – 2012 – FCC) Considere:

I. Nenhuma outra pessoa que resida com o servidor receba auxílio-moradia.
II. O deslocamento tenha sido por força de alteração de lotação ou nomeação para cargo efetivo.
III. O deslocamento tenha ocorrido após 30 de junho de 2006.
IV. O cônjuge do servidor ocupe imóvel funcional.

De acordo com a Lei 8.112/1990, conceder-se-á auxílio-moradia ao servidor se atendidos, dentre outros, os requisitos mencionados APENAS em

(A) I, III e IV.
(B) II e IV.
(C) I e III.
(D) I e IV.
(E) II e III.

I: correta (art. 60-B, IV, da Lei 8.112/1990); **II:** incorreta (art. 60-B, VIII, da Lei 8.112/1990); **III:** correta (art. 60-B, IX, da Lei 8.112/1990); **IV:** incorreta (art. 60-B, II, da Lei 8.112/1990). WG
Gabarito "C".

(Analista – TRE/MT – 2010 – CESPE) No que diz respeito aos direitos e às vantagens do servidor público consoante estabelece a Lei 8.112/1990, assinale a opção correta.

(A) Podem ser pagas ao servidor, além do vencimento, indenizações, como as diárias, que se incorporam ao vencimento conforme estabelecido em lei.
(B) O servidor que, a serviço, afastar-se da sede, em caráter eventual ou transitório, para outro ponto do território nacional fará jus a ajuda de custo destinada a indenizar as parcelas de despesas com pousada, alimentação e locomoção urbana.
(C) As gratificações e os adicionais incorporam-se ao vencimento, nos casos e nas condições indicados em lei.
(D) Nada impede que o servidor exerça atividade remunerada durante o período da licença por motivo de doença em família.
(E) O servidor pode receber simultaneamente o adicional de insalubridade e o adicional de periculosidade, desde que trabalhe com habitualidade em locais insalubres ou em contato permanente com substâncias tóxicas, radioativas ou com risco de morte.

A: incorreta (art. 49, § 1º, da Lei 8.112/1990); **B:** incorreta, a alternativa trata do conceito de diária – art. 58, *caput*, da Lei 8.112/1990; **C:** correta (art. 49, § 2º, da Lei 8.112/1990); **D:** incorreta (art. 81, § 3º, da Lei 8.112/1990); **E:** incorreta (art. 68, § 1º, da Lei 8.112/1990). WG
Gabarito "C".

(Analista – TRE/SP – 2012 – FCC) O Adicional de Qualificação AQ foi concedido aos analistas judiciários Sérgio e Olga, em razão dos conhecimentos adicionais adquiridos em títulos, diplomas e certificados de cursos de pós-graduação, em sentido amplo ou estrito em áreas de interesse dos órgãos do Poder Judiciário. Nesses casos, analise:

I. Esse adicional será devido a partir da conclusão do título, diploma ou certificado.
II. Serão considerados, para os efeitos desse adicional, os cursos e as instituições de ensino reconhecidos por quaisquer órgãos públicos de educação.
III. Serão admitidos cursos de pós-graduação *lato sensu* somente com duração mínima de 360 (trezentas e sessenta) horas.
IV. O adicional mencionado não será concedido quando o curso constituir requisito para ingresso no cargo.

Diante disso, está correto o que consta APENAS em

(A) I e III.
(B) I e IV.
(C) II e III.
(D) II e IV.
(E) III e IV.

I: incorreta (art. 15, § 3º, da Lei 11.416/2006); II: incorreta (art. 14, § 3º, da Lei 11.416/2006); III: correta (art. 14, § 4º, da Lei 11.416/2006); IV: correta (art. 14, § 1º, da Lei 11.416/2006). WG
Gabarito "E."

2.3. Licenças

(Analista Judiciário – TRT/20 – FCC – 2016) Joana, servidora pública do Tribunal Regional do Trabalho da 20ª Região, é casada com Augusto há cinco anos. Com eles, vive seu sobrinho Gabriel que possui nove anos. Há quinze dias, Gabriel foi acometido por uma grave doença, razão pela qual Joana pretende requerer licença por motivo de doença em pessoa da família. No que concerne à mencionada licença e nos termos da Lei nº 8.112/1990,

(A) Joana não tem direito à licença, pois a doença deve recair apenas sobre cônjuge ou companheiro, pais ou filhos.
(B) desde que preenchidos os requisitos legais, a licença será deferida ainda que a assistência direta de Joana não seja indispensável, mas se mostre de grande relevância sobretudo para a parte psicológica de Gabriel.
(C) Joana tem direito à licença, desde que, dentre outros requisitos, Gabriel viva às suas expensas e conste do seu assentamento funcional, mediante comprovação por perícia médica oficial.
(D) ainda que a assistência direta de Joana possa ser prestada simultaneamente com o exercício do cargo ou mediante compensação de horário, isso não inviabiliza o seu direito à licença pretendida, desde que preenchidos os demais requisitos legais.
(E) desde que preenchidos os requisitos legais, referida licença poderá ser concedida por até 90 (noventa) dias, consecutivos ou não, mantida a remuneração de Joana.

A: incorreta, pois a doença pode recair em dependente que viva as suas expensas (art. 83 da Lei 8.112/1990); B: incorreta, "a licença somente será deferida se a assistência direta do servidor for indispensável e não puder ser prestada simultaneamente com o exercício do cargo ou mediante compensação de horário" (art. 83, § 1º, da Lei 8.112/1990); C: correta, conforme caput do art. 83 da Lei 8.112/1990; D: incorreta, vide comentário à letra B; E: incorreta, nesse caso será sem remuneração (art. 83, § 2º, II, da Lei 8.112/1990). GD
Gabarito "C."

(Analista – STM – 2011 – CESPE) A respeito dos servidores públicos e do regime estabelecido pela Lei 8.112/1990, julgue os itens a seguir.

(1) Servidor público federal que esteja cumprindo o período de estágio probatório pode obter licença para exercer mandato classista em um sindicato.
(2) A remuneração de servidor público pode ser fixada ou alterada apenas mediante lei específica.

1: errada, pois o servidor público em estágio probatório não pode obter licença para exercer mandato classista (art. 20, § 4º, da Lei 8.112/1990); 2: certa (art. 37, X, da CF). WG
Gabarito 1E, 2C

Ana, servidora pública, solicitou a concessão de licença para capacitação, com o objetivo de cursar, por dois meses, um curso de língua inglesa na Austrália. O pedido foi indeferido porque a autoridade competente, Bartolomeu, considerou que, embora presentes os requisitos formais que permitissem a concessão desse tipo de licença, não havia interesse da administração em liberar servidores para efetuarem esse tipo de curso. Ana, então, apresentou pedido de reconsideração, argumentando que a capacitação dos servidores para falar outras línguas era relevante para a administração, mas esse pedido foi indeferido por Bartolomeu, que reiterou a inexistência de interesse administrativo. Irresignada, Ana ingressou com recurso contra o indeferimento do pedido de reconsideração, dirigindo-o à autoridade imediatamente superior a Bartolomeu.

(Analista – TSE – 2006 – CESPE) Com relação ao direito de Ana à referida licença, bem como à decisão que indeferiu o pedido de concessão, assinale a opção correta.

(A) Para ter direito à referida licença, Ana necessita ser servidora estável com um mínimo de cinco anos de efetivo exercício.
(B) A decisão indeferitória é válida porque é dispensável a motivação expressa de atos discricionários.
(C) A decisão indeferitória é inválida em virtude da aplicabilidade ao caso da teoria dos motivos determinantes.
(D) A decisão indeferitória é inválida, pois há violação do princípio da legalidade.

Art. 87 da Lei 8.112/1990. WG
Gabarito "A."

(Analista – TRT/11ª – 2012 – FCC) Marcelo, servidor público federal, ocupante de cargo efetivo, pretende solicitar licença para tratar de interesses particulares. Referida licença, nos termos da Lei 8.112/1990, será concedida

(A) por prazo indeterminado.
(B) a critério da Administração Pública.
(C) com remuneração.
(D) pela Administração Pública, podendo ser interrompida, a qualquer tempo, exclusivamente no interesse do serviço.
(E) mesmo que Marcelo esteja em estágio probatório.

A: incorreta, pois essa licença é pelo prazo de até 3 anos consecutivos (art. 91, caput, da Lei 8.112/1990); B: correta (art. 91, caput, da Lei 8.112/1990); C: incorreta, pois é sem remuneração (art. 91, caput, da Lei 8.112/1990); D: incorreta, pois essa licença pode ser interrompida a qualquer tempo a pedido do servidor (art. 91, parágrafo único, da Lei 8.112/1990); E: incorreta, pois essa licença só pode ser dada em favor de quem já não esteja em estágio probatório (art. 91, caput, da Lei 8.112/1990). WG
Gabarito "B."

(Analista – TRT/4ª – 2006 – FCC) João Silva é servidor público federal e candidato a Prefeito de Porto Alegre, local onde desempenha suas funções, exercendo cargo de assessoramento em órgão público. Diante disso, João será afastado desse cargo

(A) a partir do dia imediato ao do registro de sua candidatura perante a Justiça Eleitoral, até o décimo dia seguinte ao do pleito.

(B) um mês antes de sua candidatura protocolada junto à Justiça Eleitoral, até o mês seguinte ao do pleito.
(C) a partir do terceiro dia ao do registro de sua escolha perante o partido político a que for filiado, até o terceiro dia seguinte ao do pleito.
(D) quinze dias antes de sua candidatura perante o órgão competente, até o décimo quinto dia seguinte ao do pleito.
(E) durante três meses após a data de sua escolha pelo partido político a que for filiado, prorrogável a critério da Justiça Eleitoral.

Art. 86, § 1º, da Lei 8.112/1990.
Gabarito "A".

(Analista – TRT/9ª – 2010 – FCC) Sobre as licenças previstas na Lei 8.112/1990, é correto afirmar:
(A) O servidor terá direito à licença, sem remuneração, para atividade política, durante o período que mediar entre a sua escolha em convenção partidária, como candidato a cargo eletivo, e à véspera do registro de sua candidatura perante a Justiça Eleitoral.
(B) Concluído o serviço militar, o servidor terá até sessenta dias sem remuneração para reassumir o exercício do cargo.
(C) A licença por motivo de afastamento do cônjuge pode ser concedida, no máximo, por dois anos consecutivos.
(D) Após cada triênio de efetivo exercício, o servidor poderá, no interesse da Administração, afastar-se do exercício do cargo efetivo, com a respectiva remuneração, por até três meses, para participar de curso de capacitação profissional.
(E) Não faz jus à licença por motivo de doença em pessoa da família se a doença for do padrasto ou madrasta do servidor.

A: correta (art. 86, *caput*, da Lei 8.112/1990); B: incorreta (concluído o serviço militar, o servidor terá até trinta dias sem remuneração para reassumir o exercício do cargo – art. 85, parágrafo único, da Lei 8.112/1990); C: incorreta (a licença será por prazo indeterminado – art. 84, § 1º, da Lei 8.112/1990); D: incorreta (após cada quinquênio de efetivo exercício, o servidor poderá, no interesse da Administração, afastar-se do cargo efetivo, com a respectiva remuneração, por até três meses, para participar de curso de capacitação profissional – art. 87, *caput*, da Lei 8.112/1990); E: incorreta (art. 83, *caput*, da Lei 8.112/1990).
Gabarito "A".

(Analista – TRT/20ª – 2011 – FCC) A licença por motivo de doença em pessoa da família, incluídas as prorrogações, poderá ser concedida a cada período de doze meses, dentre outras, na seguinte condição, por até
(A) 120 dias, consecutivos ou não, sem remuneração.
(B) 100 dias, consecutivos ou não, sem remuneração.
(C) 120 dias, consecutivos, mantida a remuneração do servidor.
(D) 60 dias, consecutivos ou não, mantida a remuneração do servidor.
(E) 90 dias, consecutivos, mantida a remuneração do servidor.

Art. 83, § 2º, I, da Lei 8.112/1990.
Gabarito "D".

(Analista – TRT/23ª – 2011 – FCC) Considere as assertivas abaixo sobre as licenças dos servidores públicos civis federais, nos termos da Lei 8.112/1990.
I. É vedado o exercício de atividade remunerada durante o período da licença por motivo de doença em pessoa da família.
II. A licença para atividade política exige que o servidor candidato a cargo eletivo na localidade onde desempenha suas funções e que exerça cargo de direção, chefia, assessoramento, arrecadação ou fiscalização, dele seja afastado, a partir do quinto dia seguinte ao do registro de sua candidatura perante a Justiça Eleitoral, até o quinto dia seguinte ao do pleito.
III. Para os fins da licença para capacitação, após cada quinquênio de efetivo exercício, o servidor poderá, no interesse da Administração, afastar-se do exercício do cargo efetivo, com a respectiva remuneração, por até três meses, para participar de curso de capacitação profissional.

Está correto o que se afirma APENAS em
(A) II e III.
(B) I.
(C) II.
(D) I e III.
(E) I e II.

I: correta (art. 81, § 3º, da Lei 8.112/1990); II: incorreta, pois o servidor candidato a cargo eletivo na localidade onde desempenha suas funções e que exerça cargo de direção, chefia, assessoramento, arrecadação ou fiscalização, dele será afastado, a partir do dia imediato ao do registro de sua candidatura perante a Justiça Eleitoral, até o décimo dia seguinte ao do pleito (art. 86, § 1º, da Lei 8.112/1990); III: correta (art. 87, *caput*, da Lei 8.112/1990).
Gabarito "D".

(Analista – TRT/23ª – 2011 – FCC) Considere as seguintes assertivas sobre as licenças dos servidores públicos civis federais, nos termos da Lei 8.112/1990:
I. A partir do registro da candidatura e até o décimo dia seguinte ao da eleição, o servidor fará jus à licença para atividade política, assegurados os vencimentos do cargo efetivo, somente pelo período de dois meses.
II. A licença poderá ser concedida ao servidor por motivo de doença do cônjuge ou companheiro por até trinta dias, consecutivos ou nao, mantida a remuneração do servidor, e por até sessenta dias, consecutivos ou não, sem remuneração.
III. A critério da Administração poderão ser concedidas ao servidor ocupante de cargo efetivo, desde que não esteja em estágio probatório, licenças para o trato de assuntos particulares pelo prazo de até três anos consecutivos, sem remuneração.

Está correto o que se afirma APENAS em
(A) I e III.
(B) II e III.
(C) I e II.
(D) II.
(E) III.

I: incorreta, pois a partir do registro da candidatura e até o décimo dia seguinte ao da eleição, o servidor fará jus à licença, assegurados os vencimentos do cargo efetivo, somente pelo período de três meses (art. 86, § 2º, da Lei 8.112/1990); II: incorreta, pois a licença tratada na alternativa, incluídas as prorrogações, poderá ser concedida a cada período de doze meses nas seguintes condições: I – por até 60 (sessenta) dias, consecutivos ou não, mantida a remuneração do servidor; e II – por até 90 (noventa) dias, consecutivos ou não, sem remuneração (art. 83, § 2º, da Lei 8.112/1990); III: correta (art. 91, *caput*, da Lei 8.112/1990). WG

Gabarito "E".

(Analista – TRE/CE – 2012 – FCC) Poderá ser concedida licença ao servidor para acompanhar cônjuge ou companheiro que foi deslocado para outro ponto do território nacional, para o exterior ou para o exercício de mandato eletivo dos Poderes Executivo e Legislativo. De acordo com a Lei 8.112/1990, esta licença será

(A) por prazo indeterminado e sem remuneração.
(B) de até 120 dias consecutivos, com remuneração.
(C) de até 180 dias consecutivos, sem remuneração.
(D) de, no máximo, 90 dias, com remuneração na sua integralidade.
(E) de, no máximo, 90 dias, com remuneração de 50% dos vencimentos líquidos.

Art. 84, § 1º, da Lei 8.112/1990. WG

Gabarito "A".

2.4. Direito de petição

(Analista Judiciário – TRE/PI – CESPE – 2016) Quanto ao direito de petição, assinale a opção correta nos termos do regime jurídico dos servidores públicos civis da União, das autarquias e das fundações públicas federais.

(A) Assim como ocorre com o recurso tempestivo, o pedido de reconsideração interrompe a prescrição.
(B) Caso tenha sido excluída vantagem do contracheque, o requerimento para a defesa do direito deverá ser dirigido à autoridade a que estiver subordinado o servidor.
(C) Recurso interposto contra decisão que aplicar penalidade de suspensão ao servidor deverá ser recebido com efeito suspensivo.
(D) O recurso será cabível contra ato decisório praticado, sendo inadmissível a sua interposição contra decisão que indeferir o pedido de reconsideração.
(E) O prazo para a interposição de pedido de reconsideração de ato que aplicar a penalidade de demissão não poderá ser relevado pela administração.

A: correta, conforme dispõe o art. 111 da Lei 8.112/1990: "o pedido de reconsideração e o recurso, quando cabíveis, interrompem a prescrição"; **B:** incorreta, "o requerimento será dirigido à autoridade competente para decidi-lo e encaminhado por intermédio daquela a que estiver imediatamente subordinado o requerente" (art. 105 da Lei 8.112/1990); **C:** incorreta, "o recurso *poderá* ser recebido com efeito suspensivo, a juízo da autoridade competente" (art. 109 da Lei 8.112/1990); **D:** incorreta, pois é cabível recurso contra decisão que indeferir pedido de reconsideração (art. 107, I, da Lei 8.112/1990); **E:** incorreta, pode ser relevado por motivo de força maior (art. 115 da Lei 8.112/1990). GD

Gabarito "A".

(Analista – TRT/4ª – 2006 – FCC) No que diz respeito ao direito de petição, é correto afirmar que

(A) a prescrição poderá ser relevada pela Administração em se tratando de caso excepcional ou interesse público.

(B) os prazos estabelecidos para assegurar o direito de petição são absolutos, ou sempre fatais e improrrogáveis;
(C) o pedido de reconsideração e o recurso, quando cabíveis, interrompem a prescrição.
(D) o direito de requerer prescreve em 120 (cento e vinte) dias, quanto ao ato de demissão.
(E) o prazo de prescrição será contado da data da ocorrência que deu causa ao ato impugnado.

A: incorreta, art. 112 da Lei 8.112/1990; **B:** incorreta, art. 115 da Lei 8.112/1990 ("salvo motivo de força maior"); **C:** correta, art. 111 da Lei 8.112/1990; **D:** incorreta, art. 110, I, da Lei 8.112/1990; **E:** incorreta, art. 110, parágrafo único, da Lei 8.112/1990. WG

Gabarito "C".

(Analista – TRT/7ª – 2009 – FCC) Em tema de Direito de Petição assegurado ao servidor público nos termos da Lei 8.112/1990, considere:

I. O direito de requerer aos Poderes Públicos, em defesa de direito ou interesse legítimo é imprescritível.
II. A administração deverá rever seus atos, a qualquer tempo, quando eivados de ilegalidade.
III. Cabe pedido de reconsideração à autoridade que houver expedido o ato ou proferido a primeira decisão, não podendo ser renovado.
IV. Caberá recurso, dentre outras hipóteses, do deferimento de pedido de reconsideração sucessivamente interposto.
V. O prazo para a interposição de recurso é de quinze dias, a contar do ato que deferiu ou indeferiu o pedido de reconsideração.

É correto o que se afirma APENAS em

(A) I, II e IV.
(B) I e IV.
(C) IV e V.
(D) II e III.
(E) II, III e V.

I: incorreta (art. 110 da Lei 8.112/1990); **II:** correta (art. 114 da Lei 8.112/1990); **III:** correta (art. 106 da Lei 8.112/1990); **IV:** incorreta (art. 107, I e II, da Lei 8.112/1990); **V:** incorreta (art. 108 da Lei 8.112/1990). WG

Gabarito "D".

(Analista – TRT/8ª – 2010 – FCC) Nos termos da Lei 8.112/1990, é assegurado ao servidor o direito de requerer aos Poderes Públicos, em defesa de direito ou interesse legítimo. Diante disso,

(A) não caberá recurso das decisões sobre os recursos sucessivamente interpostos.
(B) o prazo para interposição de pedido de reconsideração é de quinze dias, a contar da intimação do interessado ou do seu representante legal.
(C) não cabe pedido de reconsideração à autoridade que houver expedido o ato ou proferido a primeira decisão.
(D) o pedido de reconsideração e o recurso, quando cabíveis, não suspendem ou interrompem a prescrição.
(E) o prazo de prescrição do direito de requerer será contado da data da publicação do ato impugnado ou da data da ciência pelo interessado, quando o ato não for publicado.

A: incorreta (art. 107, II, da Lei 8.112/1990); B: incorreta (o prazo para interposição do pedido de reconsideração é de 30 dias – art. 108 da Lei 8.112/1990); C: incorreta (art. 106, *caput*, da Lei 8.112/1990); D: incorreta (art. 111, *caput*, da Lei 8.112/1990); E: correta (art. 110, parágrafo único, da Lei 8.112/1990).

Gabarito "E".

(Analista – TRT/20ª – 2006 – FCC) Considere as seguintes proposições referentes ao direito de petição:

I. A administração deverá rever seus atos, a qualquer tempo, quando eivados de ilegalidade.
II. Desde que hajam novos argumentos, caberá pedido de reconsideração dirigido à autoridade superior àquela que tiver emitido o ato.
III. Para o exercício do direito de petição, é assegurada vista do processo ou documento, na repartição, ao servidor ou procurador legalmente constituído.
IV. O pedido de reconsideração e o recurso, quando cabíveis, interrompem a prescrição.

É correto APENAS o que se afirma em:

(A) I, II e III.
(B) I, III e IV.
(C) I e IV.
(D) II e III.
(E) II e IV.

I: correta (art. 114 da Lei 8.112/1990); II: incorreta (art. 106 da Lei 8.112/1990); III: correta (art. 113 da Lei 8.112/1990); IV: correta (art. 111 da Lei 8.112/1990).

Gabarito "B".

(Analista – TRT/21ª – 2010 – CESPE) No que se refere a servidores públicos e ao regime jurídico dos servidores civis da União, julgue o item subsecutivo.

(1) É assegurado ao servidor o exercício do direito de petição, sendo cabível pedido de reconsideração à autoridade que houver expedido o ato ou proferido a primeira decisão; não se admite, contudo, a renovação do pedido de reconsideração.

1: certa (arts. 104 e 106 da Lei 8.112/1990).

Gabarito "C".

3. REGIME DISCIPLINAR

3.1. Deveres

(Analista – TRT/12ª – 2010 – FCC) De acordo com a Lei 8.112/1990, é dever do servidor público

(A) guardar sigilo sobre assunto da repartição de que teve ciência em razão do cargo, mesmo que referido assunto envolva irregularidades.
(B) representar contra omissão, sendo que tal representação será apreciada pela autoridade contra a qual é formulada, assegurando-se ao representando ampla defesa.
(C) cumprir as ordens superiores, ainda que manifestamente ilegais.
(D) atender com presteza à expedição de certidões para o atendimento do interesse público, exceto para esclarecimento de situação de interesse pessoal.
(E) atender com presteza ao público em geral, prestando as informações requeridas, ressalvadas as protegidas por sigilo.

A: incorreta (art. 116, VI, da Lei 8.112/1990); B: incorreta (art. 116, XII, parágrafo único, da Lei 8.112/1990); C: incorreta (art. 116, IV, da Lei 8.112/1990); D: incorreta (art. 116, V, *b*, da Lei 8.112/1990); E: correta (art. 116, V, *a*, da Lei 8.112/1990).

Gabarito "E".

(Analista – TRE/MA – 2006 – CESPE) Ainda com base nas disposições da Lei 8.112/1990, assinale a opção correta.

(A) Um servidor público tem o dever de cumprir as ordens de seus superiores hierárquicos, ainda que elas sejam manifestamente ilegais.
(B) Para aplicação de penalidades ao servidor, devem-se levar em conta a natureza e a gravidade da infração, desconsiderando-se os antecedentes funcionais.
(C) São deveres dos servidores públicos: exercer com zelo e dedicação as atribuições do cargo bem como levar ao conhecimento da autoridade superior as irregularidades de que tiver ciência em razão do cargo.
(D) Deverá ser reintegrado o servidor público que, ao sofrer limitação em sua capacidade de trabalho, torne-se inapto para o cargo que ocupa, mas possa ainda exercer outro cargo para o qual a limitação sofrida não o inabilite.
(E) Deverá ser reconduzido o servidor aposentado por invalidez permanente que tiver declaradas insubsistentes, por junta médica oficial, as causas que determinaram a sua aposentadoria.

A: incorreta, art. 116, IV, da Lei 8.112/1990; B: incorreta, art. 128 da Lei 8.112/1990; C: correta, art. 116, I e VI, da Lei 8.112/1990; D: incorreta, no caso, o servidor deve ser readaptado (art. 24 da Lei 8.112/1990); E: incorreta, no caso, o servidor deve sofrer reversão (art. 25, I, da Lei 8.112/1990).

Gabarito "C".

(Analista – TRE/PR – 2012 – FCC) A um engenheiro ocupante de cargo público foi encaminhado processo administrativo para proferimento de parecer técnico. Identificou, contudo, que se tratava de processo administrativo no qual havia atuado como perito, na época contratado para tanto. Nessa situação,

(A) deverá abster-se de atuar, comunicando o fato à autoridade superior, sob pena de cometimento de falta grave.
(B) poderá atuar normalmente, devendo, contudo, manter-se fiel ao entendimento proferido quando era perito.
(C) poderá atuar normalmente, na medida em que ocupante de cargo público goza de boa-fé, não importando a atuação anterior ao provimento.
(D) deverá abster-se de atuar oficialmente, podendo lançar parecer meramente opinativo e não vinculatório nos autos, cabendo à autoridade superior a decisão sobre a questão.
(E) poderá abster-se de atuar caso não se repute isento o suficiente para proferir parecer técnico sobre o caso.

Arts. 18 e 19 da Lei 9.784/1999.

Gabarito "A".

(Analista – TRE/PR – 2012 – FCC) Iniciado o processo administrativo por provocação do interessado, este

(A) não poderá desistir do pedido, ainda que renuncie aos direitos invocados no processo.
(B) não poderá desistir do pedido se houver mais interessados no processo, sob pena de influenciar a decisão.
(C) poderá desistir do pedido, não atingindo os direitos dos demais interessados.
(D) poderá desistir do pedido, não podendo a administração prosseguir com o processo por motivo de interesse público.
(E) poderá desistir do processo, mas não renunciar a qualquer direito, ainda que disponível.

Art. 51, *caput* e § 1º, da Lei 9.784/1999. WG
Gabarito "C".

3.2. Proibições

(Analista – TRT/14ª – 2011 – FCC) Nos termos da Lei 8.112/1990, o ex-servidor público fica incompatível para nova investidura em cargo público federal, pelo prazo de cinco anos, quando tiver sido demitido por

(A) aplicar irregularmente o dinheiro público.
(B) crime contra a Administração Pública.
(C) improbidade administrativa.
(D) valer-se do cargo para lograr proveito pessoal ou de outrem, em detrimento da dignidade da função pública.
(E) lesar os cofres públicos e dilapidar o patrimônio nacional.

Arts. 137 e 117, IX, da Lei 8.112/1990. WG
Gabarito "D".

(Analista – TRT/22ª – 2010 – FCC) Quanto a acumulação de cargos, a Lei 8.112/1990, estabelece que

(A) a proibição de acumular estende-se apenas a cargos e não empregos ou funções em autarquias, fundações públicas, empresas públicas e sociedades de economia mista.
(B) o servidor que acumular licitamente dois ou mais cargos em comissão, quando investido em cargo efetivo, ficará afastado de ambos os cargos, ainda que houver compatibilidade de horário.
(C) em qualquer hipótese é vedada a acumulação remunerada de cargos públicos.
(D) se considera acumulação proibida a percepção de vencimento de cargo com proventos da inatividade, salvo quando os cargos de que decorram essas remunerações não forem acumuláveis na atividade.
(E) a acumulação de cargos, ainda que lícita, fica condicionada à comprovação da compatibilidade de horários.

A: incorreta (art. 118, § 1º, da Lei 8.112/1990) e art. 37, XVII da CF; **B:** incorreta (art. 120 da Lei 8.112/1990); **C:** incorreta (art. 118, *caput*, da Lei 8.112/1990) e art. 37, XVI da CF; **D:** incorreta (art. 118, § 3º, da Lei 8.112/1990); **E:** correta (art. 118, § 2º, da Lei 8.112/1990). WG
Gabarito "E".

(Analista – TRT/23ª – 2007 – FCC) Nos termos da Lei 8.112/1990, NÃO é proibido ao servidor público, entre outras condutas,

(A) ausentar-se do serviço durante o expediente, sem prévia autorização do chefe imediato.
(B) cometer a outro servidor atribuições estranhas ao cargo que ocupa, quando se tratar de situações de emergência e transitórias.
(C) promover manifestação de apreço ou desapreço no recinto da repartição.
(D) recusar fé a documentos públicos.
(E) retirar, sem prévia anuência da autoridade competente, qualquer documento ou objeto da repartição.

Art. 117, I, XVII, V, III e II, respectivamente, da Lei 8.112/1990. WG
Gabarito "B".

(Analista – TRE/MS – 2007 – FCC) Considere as seguintes proibições:

I. Recusar fé a documentos públicos.
II. Promover manifestação de apreço ou desapreço no recinto da repartição.
III. Proceder de forma desidiosa.
IV. Praticar usura sob qualquer de suas formas.

De acordo com a Lei 8.112/1990, será aplicada ao servidor público a penalidade de demissão quando ocorrer a transgressão das proibições indicadas APENAS em

(A) I, II e III.
(B) I, II e IV.
(C) I e IV.
(D) II, III e IV.
(E) III e IV.

Art. 117, XIV e XV, c/c art. 132, XIII, da Lei 8.112/1990. WG
Gabarito "E".

(Analista – TRE/SE – 2007 – FCC) Observa-se que, dentre outras proibições, o servidor público federal NÃO poderá

(A) cometer, de regra, a outro servidor atribuições estranhas ao cargo que ocupa.
(B) descumprir qualquer ordem de superior hierárquico.
(C) ministrar aulas de nível superior ou universitário.
(D) candidatar-se a mandato eletivo municipal.
(E) recusar comissão ou pensão de estado estrangeiro.

Art. 117, VI, da Lei 8.112/1990. WG
Gabarito "A".

3.3. Acumulação

(Analista – TST – 2008 – CESPE) Considere que Carlos seja servidor público ocupante de cargo comissionado em um tribunal regional do trabalho (TRT). Nessa situação hipotética, julgue o item que segue.

(1) Carlos não pode acumular remuneradamente esse cargo público com outro cargo comissionado na administração pública federal.

1: correta, art. 119 da Lei 8.112/1990. WG
Gabarito "1C".

3.4. Responsabilidades

(Analista Judiciário – TRE/PA – 2020 – IBFC) O servidor responde civil, penal e administrativamente pelo exercício irregular de suas atribuições. Analise o texto abaixo e assinale a alternativa que preencha correta e respectivamente as lacunas.

"A responsabilidade _____ abrange os crimes e contravenções imputadas ao servidor, nessa qualidade."

"A responsabilidade _____ decorre de ato omissivo ou comissivo, doloso ou culposo, que resulte em prejuízo ao erário ou a terceiros."

"A responsabilidade _____ do servidor será afastada no caso de absolvição criminal que negue a existência do fato ou sua autoria."

"As sanções civis, penais e administrativas poderão cumular-se, sendo _____ entre si."

(A) penal / civil / administrativa / independentes
(B) civil / administrativa / penal / independentes
(C) penal / administrativa / civil / dependentes
(D) penal / civil / administrativa / dependentes

De acordo com o art. 123 da Lei 8.112/1990, a responsabilidade penal abrange os crimes e contravenções imputadas ao servidor, nessa qualidade. Já a responsabilidade civil decorre de ato omissivo ou comissivo, doloso ou culposo, que resulte em prejuízo ao erário ou a terceiros (art. 122, "caput", da mesma lei). Por sua vez, a responsabilidade administrativa do servidor será afastada no caso de absolvição criminal que negue a existência do fato ou sua autoria (art. 126). Conforme o art. 125 da Lei 8.112/1990, as sanções civis, penais e administrativas poderão cumular-se, sendo independentes entre si. **Gabarito "A".**

(Analista – TRT/8ª – 2010 – FCC) Nos termos da Lei 8.112/1990, a prática de determinado ato considerado irregular por servidor público em face de suas atribuições, implica a

(A) inafastabilidade da responsabilidade administrativa do servidor no caso de absolvição criminal que negue a existência do fato ou sua autoria.
(B) obrigação de reparar o dano estendida aos sucessores e contra eles executada, até o limite do valor da herança recebida.
(C) responsabilização civil-administrativa, somente se resultante de ato comissivo e não omissivo, praticado em razão da qualidade de funcionário público e não em razão da sua função.
(D) inaplicabilidade das sanções civis, penais e administrativas cumulativamente, por serem independentes entre si.
(E) não responsabilização do servidor perante a Fazenda Pública, em ação regressiva, tratando-se de dano causado a terceiros.

A: incorreta (art. 126 da Lei 8.112/1990); **B:** correta (art. 122, § 3º, da Lei 8.112/1990); **C:** incorreta (art. 124 da Lei 8.112/1990); **D:** incorreta (art. 125 da Lei 8.112/1990); **E:** incorreta (art. 122, § 2º, da Lei 8.112/1990). **Gabarito "B".**

3.5. Penalidades

(Analista – TRF3 – 2024 – VUNESP) Hermes é servidor público federal e, injustificadamente, recusou-se a ser submetido à inspeção médica determinada pela autoridade competente.

Nessa situação hipotética, considerando o disposto na Lei nº 8.112/90, no tocante às penalidades disciplinares cabíveis, é correto afirmar que Hermes está sujeito à

(A) suspensão de até 30 (trinta) dias, sendo vedada a conversão da penalidade em multa.
(B) suspensão de até 15 (quinze) dias, mas, por conveniência do serviço, a penalidade poderá ser convertida em multa, ficando obrigado a permanecer em serviço.
(C) suspensão de até 15 (quinze) dias, sendo vedada a conversão da penalidade em multa.
(D) advertência e, não atendida a determinação pela segunda vez, multa de até 50% (cinquenta por cento) por dia de vencimento ou remuneração.
(E) advertência e, não atendida a determinação pela segunda vez, suspensão por até 30 (trinta) dias.

Nos termos do art. 130, § 1º, Lei 8.112/90: "§ 1º Será punido com suspensão de até 15 (quinze) dias o servidor que, injustificadamente, recusar-se a ser submetido a inspeção médica determinada pela autoridade competente, cessando os efeitos da penalidade uma vez cumprida a determinação". Ainda, o art. 130, §2º, lei 8.112/90 afirma que "§ 2º Quando houver conveniência para o serviço, a penalidade de suspensão poderá ser convertida em multa, na base de 50% (cinquenta por cento) por dia de vencimento ou remuneração, ficando o servidor obrigado a permanecer em serviço". Portanto, Hermes está sujeito à suspensão de até 15 dias, mas, por conveniência do serviço, a penalidade poderá ser convertida em multa, ficando obrigado a permanecer em serviço. **Gabarito "B".**

(Analista – TRT/2ª – 2008 – FCC) Tício, funcionário público da União, opôs resistência injustificada ao andamento de processo que deveria movimentar. Considerando que foi a primeira vez que praticou tal conduta, ele está sujeito à penalidade prevista na Lei que dispõe sobre o regime jurídico dos servidores públicos civis da União, que consiste em

(A) demissão.
(B) advertência verbal.
(C) suspensão.
(D) advertência, por escrito.
(E) desconto de um dia dos seus vencimentos.

Art. 117, IV, c/c art. 129, da Lei 8.112/1990. **Gabarito "D".**

(Analista – TRT/4ª – 2006 – FCC) Em matéria de penalidades disciplinares, considere:

I. Celso Carvalho, analista judiciário, ausentou-se, durante o expediente, das dependências do Tribunal Regional do Trabalho, onde prestava serviço, para tratar de assuntos particulares, sem prévia autorização de Ana Beatriz, sua chefe imediata. Em razão disso, sofreu pena de advertência. Após alguns dias, Celso reiterou aquela conduta de ausência sem autorização.

II. Célia Neves, analista judiciário, praticou ato de insubordinação grave no Tribunal Regional do Trabalho, do qual é servidora pública.

Diante disso, os analistas judiciários Celso e Célia estão sujeitos, respectivamente, às penalidades de

(A) exoneração e multa na base de 50% (cinquenta por cento) por dia de remuneração.
(B) multa na base de 50% (cinquenta por cento) por dia de vencimento e suspensão por 60 (sessenta) dias.
(C) repreensão por escrito e disponibilidade.
(D) advertência reiterada e demissão.
(E) suspensão até 90 (noventa) dias, de regra, e demissão.

Arts. 130 e 132, VI, respectivamente, da Lei 8.112/1990. WG
Gabarito "E".

(Analista – TRT/6ª – 2012 – FCC) De acordo com a Lei 8.112/1990, o servidor público sujeita-se à penalidade de

(A) advertência, aplicada verbalmente, no caso de ausentar-se do serviço sem autorização do chefe imediato.
(B) suspensão, no caso de reincidência de faltas punidas com advertência, não podendo exceder 90 dias.
(C) suspensão, de até 60 dias, quando recusar-se, injustificadamente, a ser submetido a inspeção médica determinada pela autoridade competente.
(D) demissão, no caso de opor resistência injustificada ao andamento de processo ou execução de serviço.
(E) cassação de aposentadoria na hipótese de prática, na inatividade, de falta punível com pena de demissão.

A: incorreta, pois a advertência será aplicada por escrito (art. 129 da Lei 8.112/1990); **B:** correta (art. 130, caput, da Lei 8.112/1990); **C:** incorreta, pois a suspensão, no caso, é de até 15 dias (art. 130, § 1º, da Lei 8.112/1990); **D:** incorreta, pois esse caso reclama a aplicação de advertência por escrito (art. 117, IV, c/c art. 129, ambos da Lei 8.112/1990); **E:** incorreta, pois a cassação da aposentadoria depende da prática de falta punível com demissão, desde que praticada na atividade e não na inatividade (art. 134 da Lei 8.112/1990). WG
Gabarito "B".

(Analista – TRT/7ª – 2009 – FCC) A pena de suspensão do servidor público, conforme a Lei 8.112/1990,

(A) não poderá exceder de cento e vinte dias, salvo na hipótese de abandono de cargo ou improbidade administrativa.
(B) não poderá ser convertida em pena de multa, salvo no caso de inassiduidade habitual.
(C) será de até quinze dias, quando injustificadamente recusar-se a ser submetido a inspeção médica determinada pela autoridade competente.
(D) terá seu registro suspenso, após o decurso de três anos no cargo, se o servidor não houver nesse período praticado nova infração passível de suspensão.
(E) e a ação disciplinar pela prática de crime de corrupção prescreverá em cinco anos, contados da data do fato.

Arts. 130, § 1º, da Lei 8.112/1990. WG
Gabarito "C".

(Analista – TRT/14ª – 2011 – FCC) Alcebíades, servidor do Tribunal Regional do Trabalho, 4ª Região, vem acumulando, ilegalmente, seu cargo de analista judiciário com emprego em sociedade de economia mista federal, enquanto Ana Maria, também analista judiciário, vem exercendo atividades incompatíveis com o exercício do cargo e com o respectivo horário de trabalho. Nesses casos, esses servidores públicos estarão sujeitos, respectivamente, às penas de

(A) disponibilidade não remunerada e de advertência conversível em multa.
(B) suspensão não conversível em multa e de destituição do cargo.
(C) destituição do cargo e de disponibilidade.
(D) demissão e de suspensão, podendo esta ser convertida em multa.
(E) exoneração de ofício do cargo ou emprego e de demissão.

A acumulação ilegal de cargos é punida com demissão (art. 132, XII, da Lei 8.112/1990) e o exercício de atividades incompatíveis com o exercício do cargo e com o respectivo horário de trabalho é punido com suspensão (arts. 117, XVIII, e 130, caput e § 2º, da Lei 8.112/1990). WG
Gabarito "D".

(Analista – TRT/15ª – 2009 – FCC) Ressalvada a hipótese de reincidência, a pena de suspensão prevista na Lei 8.112/1990, é cabível quando o servidor

(A) participar de gerência ou administração de sociedade privada, personificada ou não personificada, exercer o comércio, exceto na qualidade de acionista, cotista ou comanditário.
(B) recusar-se a atualizar seus dados cadastrais quando solicitado.
(C) cometer a outro servidor atribuições estranhas ao cargo que ocupa, exceto em situações de emergência e transitórias.
(D) atuar, como procurador ou intermediário, junto a repartições públicas, salvo quando se tratar de benefícios previdenciários ou assistenciais de parentes até o segundo grau, e de cônjuge ou companheiro.
(E) cometer a pessoa estranha à repartição, fora dos casos previstos em lei, o desempenho de atribuição que seja de sua responsabilidade ou de seu subordinado.

A: incorreta, pois a alternativa não contempla proibição (art. 117, parágrafo único, II, da Lei 8.112/1990); **B:** incorreta (a infração prevista no art. 117, XIX, da Lei 8.112/1990 é punida com pena de advertência – art. 129 da Lei 8.112/1990; **C:** correta, pois a infração descrita está prevista no art. 117, XVII, da Lei 8.112/1990 e, de acordo com o disposto no art. 130 da mesma Lei, será aplicada a pena de suspensão; **D:** incorreta, pois trata de hipótese de infração sujeita à penalidade de demissão (art. 132, I, da Lei 8.112/1990); **E:** incorreta (a infração prevista no art. 117, VI, da Lei 8.112/1990 é punida com pena de advertência – art. 129 da Lei 8.112/1990). WG
Gabarito "C".

(Analista – TRT/20ª – 2006 – FCC) No que tange às penalidades disciplinares previstas na Lei 8.112/1990, a suspensão será aplicada, dentre outras hipóteses, quando o agente público

(A) praticar ato de improbidade administrativa que resulte em prejuízo ao erário, caso em que ficará afastado até ressarcir integralmente os bens ou valores acrescidos ao seu patrimônio.
(B) praticar crime contra a administração pública, hipótese em que ficará afastado por período igual ao do cumprimento da pena na esfera penal.
(C) ausentar-se do serviço durante o expediente, sem prévia autorização do chefe imediato, não podendo a pena exceder de 30 dias.

(D) acumular ilegalmente cargos, empregos ou funções públicas, não podendo a pena ultrapassar 30 dias.
(E) reincidir nas faltas punidas com advertência, não podendo exceder de 90 dias.

Art. 130, *caput*, da Lei 8.112/1990.
Gabarito "E".

(Analista – TRT/24ª – 2006 – FCC) Com relação às penalidades disciplinares previstas na Lei 8.112/1990, é INCORRETO afirmar que

(A) o ato de imposição da penalidade mencionará sempre o fundamento legal e a causa da sanção disciplinar.
(B) a suspensão será aplicada em caso de reincidência das faltas punidas com advertência, não podendo ultrapassar 90 dias.
(C) a ausência intencional do servidor ao serviço por mais de 30 dias consecutivos configura abandono de cargo.
(D) será cassada a aposentadoria ou a disponibilidade do inativo que houver praticado, na atividade, falta punível com a demissão.
(E) o servidor de plantão que se ausentar do serviço durante o expediente, sem prévia autorização do chefe imediato, será suspenso por até 120 dias.

A: correta, art. 128, parágrafo único, da Lei 8.112/1990; **B:** correta, art. 130 da Lei 8.112/1990; **C:** correta, art. 138 da Lei 8.112/1990; **D:** correta, art. 134 da Lei 8.112/1990; **E:** incorreta, o caso é de advertência (art. 117, I, c/c art. 129, ambos da Lei 8.112/1990).
Gabarito "E".

(Analista – TRT/1ª – 2008 – CESPE) Assinale a opção que apresenta situações que geram a aplicação de penalidade de demissão.

(A) Aliciar subordinados a filiarem-se a partido político e ausentar-se do serviço durante o expediente, sem prévia autorização do chefe imediato.
(B) Aceitar comissão ou pensão de Estado estrangeiro e apresentar inassiduidade habitual.
(C) Promover manifestação de desapreço no recinto da repartição e abandonar o cargo.
(D) Abandonar o cargo e recusar fé a documento público.
(E) Opor resistência injustificada ao andamento de documento na repartição e revelar segredo do qual se apropriou em razão do cargo.

Art. 132, III e XIII, da Lei 8.112/1990.
Gabarito "B".

(Analista – TRT/9ª – 2007 – CESPE) Pedro, servidor público federal ocupante de cargo efetivo, faltou ao trabalho por mais de 30 dias consecutivos, no período de 2/5/2002 a 10/6/2002. Em razão disso, foi aberto contra ele um processo administrativo disciplinar, em 15/8/2006. Com base nessa situação hipotética, julgue o item seguinte, considerando o regime jurídico dos servidores públicos.

(1) Se Pedro for punido com a penalidade de suspensão, os seus registros serão cancelados com o decurso de prazo de 3 anos de efetivo exercício, desde que não pratique, nesse período, nova infração.

1: art. 131 da Lei 8.112/1990.
Gabarito "1E".

(Analista – TRE/AL – 2010 – FCC) Carlos, titular de cargo efetivo junto ao Tribunal Regional Eleitoral, está sendo responsabilizado por valer-se do exercício de suas funções para lograr proveito pessoal em detrimento da dignidade da função pública. Nesse caso, o servidor estará sujeito à pena de

(A) demissão, incompatibilizando-o para nova investidura em cargo público federal, pelo prazo de cinco anos.
(B) destituição do cargo público, ficando vedado seu retorno ao serviço público federal, mas podendo concorrer a cargo estadual ou municipal.
(C) destituição de suas funções e declaração de sua inidoneidade para o serviço público.
(D) suspensão de noventa dias, vedada a conversão da pena em multa pecuniária.
(E) demissão, ficando vedada sua investidura em cargo público pelo prazo de dois anos.

Art. 137 da Lei 8.112/1990.
Gabarito "A".

(Analista – TRE/AM – 2010 – FCC) Quanto às penalidades aplicáveis aos servidores públicos civis nos termos da Lei 8.112/1990, considere:

I. Entende-se por inassiduidade habitual a falta ao serviço, sem causa justificada, por sessenta dias, interpoladamente, durante o período de doze meses.
II. A demissão de cargo em comissão daquele que se vale do cargo para lograr proveito pessoal em detrimento da dignidade da função pública incompatibiliza o ex-servidor para nova investidura em cargo público federal, pelo prazo de 5 (cinco) anos.
III. A ação disciplinar prescreverá em 3 (três) anos, quanto à suspensão, e em 180 (cento e oitenta) dias, quanto à advertência.
IV. As penalidades disciplinares serão aplicadas pelo chefe da repartição e outras autoridades na forma dos respectivos regimentos ou regulamentos, nos casos de advertência ou de suspensão de até 30 (trinta) dias.
V. Será cassada a aposentadoria do inativo que houver praticado, na atividade ou inatividade, falta punível com a suspensão superior a 30 (trinta) dias.

Estão corretas APENAS
(A) I, II e IV.
(B) I e IV.
(C) III e V.
(D) II, III e V.
(E) II, IV e V.

I: correta (art. 139 da Lei 8.112/1990); **II:** correta (art. 137, *caput*, da Lei 8.112/1990); **III:** incorreta (a ação disciplinar prescreverá em 2 anos quanto à suspensão – art. 142, II, da Lei 8.112/1990); **IV:** correta (art. 141, III, da Lei 8.112/1990); **V:** incorreta (será cassada a aposentadoria do inativo que houver praticado, na atividade, falta punível com demissão – art. 134 da Lei 8.112/1990).
Gabarito "A".

(Analista – TRE/AP – 2011 – FCC) De acordo com a Lei 8.112/1990, em regra, João, servidor público civil efetivo, que nunca praticou qualquer infração administrativa, terá a penalidade de advertência escrita aplicada se

(A) praticar usura sob qualquer de suas formas.

(B) utilizar pessoal ou recursos materiais da repartição em serviços ou atividades particulares.

(C) manter sob sua chefia imediata, em cargo ou função de confiança, cônjuge, companheiro ou parente até o segundo grau civil.

(D) receber propina, comissão, presente ou vantagem de qualquer espécie, em razão de suas atribuições.

(E) proceder de forma desidiosa.

A: incorreta, pois para a prática de usura será aplicada a pena de suspensão (arts. 117, XIV e 130, da Lei 8.112/1990); B: incorreta, pois no caso de utilização de pessoal ou recursos materiais da repartição em serviços ou atividades particulares será aplicada a pena de suspensão (arts. 117, XVI e 130, da Lei 8.112/1990); C: correta (arts. 117, VIII e 129, da Lei 8.112/1990); D: incorreta, pois para o recebimento de propina, comissão, presente ou vantagem de qualquer espécie, em razão de suas atribuições será aplicada a pena de suspensão (arts. 117, XII e 130, da Lei 8.112/1990); E: incorreta, no caso de o funcionário proceder de forma desidiosa será aplicada a pena de suspensão (arts. 117, XV e 130, da Lei 8.112/1990). Gabarito "C".

(Analista – TRE/MS – 2007 – FCC) Helena, analista judiciária, aliciou subordinados no sentido de se filiarem a seu partido político e Maria, técnica judiciária, utilizou recursos materiais da repartição em atividades particulares. Neste caso, Helena e Maria estão sujeitas respectivamente às penalidades de

(A) demissão e advertência.
(B) advertência e demissão.
(C) suspensão e demissão.
(D) advertência e remoção.
(E) demissão e suspensão.

Aliciar leva à advertência (arts. 117, VII, e 129, da Lei 8.112/1990) e utilizar recursos leva à demissão (arts. 117, XVI, e 132, XIII, da Lei 8.112/1990). Gabarito "B".

(Analista – TRE/PB – 2007 – FCC) Madalena, na qualidade de servidora pública federal, é reincidente de duas faltas punidas com advertência. Diante disso, foi agora punida com suspensão pelo período de 45 (quarenta e cinco) dias. Entretanto, sempre demonstrou eficiência, prestando serviços com dedicação. Nesse caso, havendo conveniência para o serviço a pena de suspensão poderá ser

(A) interrompida por período não superior a 30 (trinta) dias, considerando que a pena de suspensão aplicada foi superior a 30 (trinta), e igual ou inferior a 60 (sessenta) dias.

(B) interrompida pelo prazo máximo de 15 (quinze) dias, considerando que a pena de suspensão aplicada foi igual ou inferior a 60 (sessenta) dias.

(C) substituída pela multa correspondente a 30% (trinta por cento), por dia de vencimento, ficando a servidora obrigada a cumprir metade da jornada de trabalho.

(D) convertida em multa, na base de 50% (cinquenta por cento) por dia de vencimento ou remuneração, ficando a servidora obrigada a permanecer em serviço.

(E) reduzida pela metade, mas com fixação de uma multa, também na base de 50% (cinquenta por cento) da remuneração, podendo a servidora permanecer no serviço se solicitada pela chefia.

Art. 130, § 2º, da Lei 8.112/1990. Gabarito "D".

(Analista – TRE/PI – 2009 – FCC) Maria, João e José são Analistas Judiciários do Tribunal Regional Eleitoral do Piauí. Maria recusou fé a documentos públicos; João utilizou recursos materiais da repartição em atividades particulares e José valeu-se do cargo para lograr proveito de outrem, em detrimento da dignidade da função pública. Considerando que Maria, João e José jamais praticaram qualquer outra infração disciplinar, lhes serão aplicadas, respectivamente, as penalidades de

(A) suspensão, demissão e suspensão.
(B) advertência, demissão e suspensão.
(C) suspensão, demissão e demissão.
(D) advertência, demissão e demissão.
(E) suspensão, suspensão e demissão.

Recusar fé leva à advertência (arts. 117, III, e 129, da Lei 8.112/1990), utilizar recursos leva à demissão (arts. 117, XVI, e 132, XIII, da Lei 8.112/1990), lograr proveito de outrem em detrimento da dignidade da função pública leva à demissão (arts. 117, IX, e 132, XIII, da Lei 8.112/1990). Gabarito "D".

(Analista – TRE/SP – 2012 – FCC) André é titular de cargo em comissão de natureza gerencial no Tribunal Regional Eleitoral. Em razão de sua conduta inadequada foi responsabilizado por lesão aos cofres públicos. Assim, André foi punido com a destituição do cargo em comissão. Nesse caso, a penalidade aplicada implica a

(A) indisponibilidade de bens e o ressarcimento ao erário, com prejuízo da ação penal.

(B) indisponibilidade dos bens e o ressarcimento ao erário, sem prejuízo da ação penal cabível.

(C) instauração de ação penal e multa pecuniária, com prejuízo das medidas de natureza cível.

(D) incompatibilização do servidor para nova investidura no cargo público federal, pelo prazo de 10 (dez) anos.

(E) incompatibilização do servidor para nova investidura em cargo público federal, pelo prazo de 5 (cinco) anos.

Arts. 132, X e 136 da Lei 8.112/1990. Gabarito "B".

(Analista – TRE/SP – 2006 – FCC) De acordo com a Lei 8.112/1990, a ação disciplinar, com relação às infrações puníveis com demissão e suspensão, prescreverá, respectivamente, em

(A) seis anos e três anos.
(B) três anos e um ano.
(C) um ano e três anos.
(D) quatro anos e dois anos.
(E) cinco anos e dois anos.

Art. 142, I e II, da Lei 8.112/1990. Gabarito "E".

(Analista – TRE/MA – 2006 – CESPE) Considerando, ainda, o regime jurídico dos servidores públicos da União, assinale a opção correta.

(A) A ausência de um servidor, sem justa causa, ao serviço por mais de trinta dias consecutivos não deve ser considerada abandono de cargo.
(B) Os prazos de prescrição de lei penal aplicam-se às infrações disciplinares previstas também como crime.
(C) Os meios de apuração de irregularidades cometidas pelos servidores públicos no exercício de suas atribuições são a sindicância e o inquérito civil público.
(D) A abertura de sindicância ou a instauração de processo administrativo disciplinar não interrompem a prescrição, até a decisão final proferida pela autoridade competente.
(E) Sanções civis, penais e administrativas aplicadas a servidor público jamais podem cumular-se.

A: incorreta, art. 138 da Lei 8.112/1990; B: correta, art. 142, § 2º, da Lei 8.112/1990; C: incorreta, art. 143 da Lei 8.112/1990; D: incorreta, art. 142, § 3º, da Lei 8.112/1990; E: incorreta, art. 125 da Lei 8.112/1990. Gabarito "B".

(Analista – TRE/MT – 2010 – CESPE) Com base na Lei 8.112/1990, assinale a opção correta.

(A) A ascensão funcional é forma de provimento de cargo público atualmente vigente.
(B) A contagem do tempo de estágio probatório não será interrompida caso o servidor entre em gozo de licença por motivo de doença de cônjuge ou filhos, mas será interrompida caso ele entre em gozo de licença para participação em curso de formação.
(C) A licença por motivo de doença em pessoa da família será concedida ao servidor, sem prejuízo da remuneração, pelo prazo de três meses, podendo haver uma única prorrogação por igual prazo, mediante justificativa, sem a remuneração.
(D) As penalidades de advertência e de suspensão terão seus registros cancelados, após o decurso de três e cinco anos de efetivo exercício, respectivamente, se o servidor não houver, nesse período, praticado nova infração disciplinar, mas o cancelamento não surtirá efeitos retroativos.
(E) As sanções civis, penais e administrativas podem cumular-se e são independentes entre si, razão pela qual, ainda que haja absolvição criminal que negue a existência do fato ou sua autoria, poderá restar configurada a responsabilidade administrativa do servidor público.

A: incorreta, pois a ascensão funcional é forma de provimento que foi revogada pela Lei 9.527/1997; B: incorreta, pois a contagem do tempo de estágio probatório também será interrompida em caso de licença por motivo de doença de cônjuge ou filhos (art. 20, § 5º, da Lei 8.112/1990); C: incorreta (art. 83 da Lei 8.112/1990); D: correta (art. 131 da Lei 8.112/1990); E: incorreta, pois embora as sanções civis, penais e administrativas podem cumular-se e são independentes entre si (art. 125 da Lei 8.112/1990), no caso de absolvição criminal que negue a existência do fato ou sua autoria, a responsabilidade administrativa do servidor será afastada (art. 126 da Lei 8.112/1990). Gabarito "D".

4. PROCESSO DISCIPLINAR

4.1. Disposições gerais

(Analista – MPU – 2004 – ESAF) No processo administrativo disciplinar, conforme expressa previsão contida na Lei 8.112/1990, a indiciação do servidor será formulada,

(A) no ato de constituição da comissão.
(B) após tipificada a infração, para citação do indiciado.
(C) no relatório final, para julgamento.
(D) após inquisição das testemunhas para orientar o interrogatório do acusado.
(E) na ata de instalação da comissão.

Art. 161, § 1º, da Lei 8.112/1990. Gabarito "B".

4.2. Processo disciplinar (em geral, inquérito, julgamento e revisão)

(Analista – TRT/4ª – 2006 – FCC) No que tange à atividade de instrução no processo administrativo no âmbito da Administração Pública Federal, é INCORRETO afirmar que

(A) cabe à Administração Pública a prova dos fatos alegados pelo interessado em virtude do princípio do interesse público e da eficiência.
(B) o interessado poderá, antes de tomada a decisão, juntar documentos e pareceres, requerer diligências e perícias, bem como aduzir alegações referentes à matéria objeto do processo.
(C) somente poderão ser recusadas, mediante decisão fundamentada, as provas propostas pelos interessados quando ilícitas, impertinentes, desnecessárias ou protelatórias.
(D) encerrada a instrução, o interessado terá o direito de manifestar-se no prazo máximo de 10 (dez) dias, salvo se outro for legalmente fixado.
(E) antes de tomada a decisão, a juízo da autoridade, diante da relevância da questão, poderá ser realizada audiência pública para debates sobre a matéria do processo.

A: incorreta, art. 36, Lei 9.784/99; B: correta, art. 38, Lei 9.784/99; C: correta, art. 38, § 2º, Lei 9.784/99; D: correta, art. 44, Lei 9.784/99; E: correta, art. 32, Lei 9.784/99. Gabarito "A".

(Analista – TRT/14ª – 2011 – FCC) De acordo com a Lei 8.112/1990, que dispõe sobre o regime jurídico dos servidores públicos civis da União, das autarquias e das fundações públicas federais, sobre a prescrição quanto ao direito de petição, é correto afirmar:

(A) Por ser de ordem pública, a prescrição não pode ser relevada pela Administração.
(B) O pedido de reconsideração e o recurso, mesmo quando cabíveis, não interrompem a prescrição.
(C) O direito de requerer prescreve em dez anos quanto ao ato de cassação de aposentadoria.
(D) O direito de requerer prescreve em dois anos quanto aos atos que afetem interesse patrimonial e créditos resultantes das relações de trabalho.

(E) O prazo de prescrição será contado da data da ciência pelo interessado, ainda que o ato tenha sido devidamente publicado.

A: correta (art. 112 da Lei 8.112/1990); B: incorreta, pois o pedido de reconsideração e o recurso, quando cabíveis, interrompem a prescrição (art. 111 da Lei 8.112/1990); C: incorreta, pois o prazo é de 5 anos (art. 110, I, da Lei 8.112/1990); D: incorreta, pois o prazo é de 5 anos (art. 110, I, da Lei 8.112/1990); E: incorreta, pois o prazo de prescrição será contado da data da publicação do ato impugnado ou da data da ciência pelo interessado, quando o ato não for publicado (art. 110, parágrafo único, da Lei 8.112/1990). WG

Gabarito "A".

(Analista – TRE/AL – 2010 – FCC) Encerrada uma sindicância, instaurada em razão do conhecimento de irregularidades no serviço de um determinado setor do Tribunal Regional Eleitoral, o relatório conclui que a infração está capitulada como ilícito penal. Nesse caso, Marcelo, analista judiciário, como autoridade competente, em conformidade com a Lei 8.112/1990, encaminhará cópia dos autos ao

(A) Delegado de Polícia local, aguardando-se suas investigações para a instauração do processo disciplinar.
(B) Ministério Público, independentemente da imediata instauração do processo disciplinar.
(C) Presidente do Tribunal Regional Eleitoral, para que determine, ou não, a instauração do processo disciplinar.
(D) Corregedor Regional Eleitoral, para fins de conhecimento e instauração do processo disciplinar.
(E) Presidente da Comissão, para que determine o afastamento preventivo e a instauração da ação penal.

Art. 154, parágrafo único, da Lei 8.112/1990. WG

Gabarito "B".

(Analista – TRF/1ª – 2011 – FCC) Sobre o processo administrativo disciplinar, previsto na Lei 8.112/1990, é correto afirmar que

(A) da sindicância poderá resultar aplicação de penalidade de advertência ou suspensão de até sessenta dias.
(B) o processo disciplinar poderá ser revisto, a qualquer tempo, a pedido ou de ofício, quando, dentre outras hipóteses, se aduzirem circunstâncias suscetíveis de justificar a inadequação da penalidade aplicada.
(C) o prazo para conclusão da sindicância não excederá vinte dias, podendo ser prorrogado por igual período, a critério da autoridade superior.
(D) o afastamento preventivo do servidor, para evitar que influa na apuração da irregularidade, poderá ser prorrogado por igual prazo, findo o qual cessarão os seus efeitos, salvo se não concluído o processo.
(E) quando o relatório da Comissão contrariar as provas dos autos, a autoridade julgadora poderá, motivadamente, abrandar a penalidade proposta ou isentar o servidor de responsabilidade, não podendo, todavia, agravar a pena.

A: incorreta, pois da sindicância poderá resultar aplicação de penalidade de advertência ou suspensão de até trinta dias (art. 145, II, da Lei 8.112/1990); B: correta (art. 174, caput, da Lei 8.112/1990); C: incorreta, pois o prazo não excederá a trinta dias (art. 145, parágrafo único, da Lei 8.112/1990); D: incorreta, pois findo o prazo, cessarão os efeitos do afastamento, ainda que não concluído o processo (art. 147, parágrafo único, da Lei 8.112/1990); E: incorreta, pois a autoridade poderá também agravar a pena (art. 168, parágrafo único, da Lei 8.112/1990). WG

Gabarito "B".

(Analista – TRF/1º – 2006 – FCC) Túlio, servidor público federal, sofreu pena disciplinar em julho de 2003, sendo que seis meses depois teve declarada sua ausência na esfera cível. Nesse caso, tendo em vista a Lei 8.112 de 11/12/1990, esse processo administrativo

(A) não é mais passível de revisão tendo em vista a ocorrência da prescrição e decadência.
(B) poderá ser revisto a qualquer tempo, e por requerimento de qualquer pessoa da família.
(C) estará sujeito a revisão desde que o servidor seja encontrado ou justifique seu desaparecimento.
(D) não poderá ser revisto porque esse direito é personalíssimo, salvo se houver comprovação de seu falecimento.
(E) não pode ser revisto de ofício, porque depende de pedido formal e exclusivo dos sucessores ou terceiros interessados.

Art. 174, § 1º, da Lei 8.112/1990. WG

Gabarito "B".

(Analista – TRF/2º – 2007 – FCC) Considere as seguintes assertivas a respeito do Processo Disciplinar:

I. O processo disciplinar será conduzido por comissão composta de cinco servidores estáveis designados pela autoridade competente, que indicará, dentre eles, o seu presidente.
II. O presidente da comissão de sindicância deverá, necessariamente, ser ocupante de cargo efetivo superior ou ter nível de escolaridade superior ao do indiciado.
III. Não poderá participar de comissão de sindicância ou de inquérito, cônjuge, companheiro ou parente do acusado, consanguíneo ou afim, em linha reta ou colateral, até o terceiro grau.
IV. O prazo para a conclusão do processo disciplinar não excederá sessenta dias, contados da data de publicação do ato que constituir a comissão, admitida a sua prorrogação por igual prazo, quando as circunstâncias o exigirem.

De acordo com a Lei 8.112/1990, está correto o que consta APENAS em

(A) I e II.
(B) I, II e III.
(C) I e IV.
(D) II, III e IV.
(E) III e IV.

I: incorreto (art. 149, caput, da Lei 8.112/1990); II: incorreto (art. 149, caput, da Lei 8.112/1990); III: correto (art. 149, § 2º, da Lei 8.112/1990); IV: correto (art. 152 da Lei 8.112/1990). WG

Gabarito "E".

5. SEGURIDADE SOCIAL DO SERVIDOR – BENEFÍCIOS (APOSENTADORIA, AUXÍLIO-NATALIDADE, SALÁRIO-FAMÍLIA, LICENÇA PARA TRATAMENTO DE SAÚDE, LICENÇA À GESTANTE, À ADOTANTE E POR PATERNIDADE, LICENÇA POR ACIDENTE EM SERVIÇO, PENSÃO, AUXÍLIO-FUNERAL E AUXÍLIO-RECLUSÃO)

(Analista – TST – 2008 – CESPE) Considere que Carlos seja servidor público ocupante de cargo comissionado em um tribunal regional do trabalho (TRT). Nessa situação hipotética, julgue o item que segue.

(1) Caso Carlos e sua esposa adotem uma criança, ele terá direito a licença-paternidade de cinco dias, independentemente da idade da criança adotada.

1: art. 208 da Lei 8.112/1990.
Gabarito "1C".

6. TEMAS COMBINADOS

(Analista Judiciário – TRE/PE – CESPE – 2017) Com relação ao Regime Jurídico Único dos Servidores Públicos Civis da União (RJU), assinale a opção correta.

(A) A regra que estabelece a nacionalidade brasileira como requisito básico para a investidura em cargo público não comporta exceções.
(B) O RJU não é aplicável aos servidores das entidades da administração indireta, mas apenas aos órgãos públicos.
(C) Constitui competência comum dos Poderes Executivo e Legislativo a iniciativa de lei que verse sobre o RJU dos servidores da administração direta da União.
(D) As diversas categorias de servidores públicos, nelas incluídos os membros da magistratura e da advocacia pública, submetem-se ao regime estatutário previsto na Lei nº 8.112/1990.
(E) A relação jurídica estatutária não tem natureza contratual, tratando-se de relação própria de direito público.

A: incorreta, pois comporta exceções: "as universidades e instituições de pesquisa científica e tecnológica federais poderão prover seus cargos com professores, técnicos e cientistas estrangeiros, de acordo com as normas e os procedimentos desta Lei" (art. 5º, § 3º, da Lei 8.112/1990); **B:** incorreta, "esta Lei institui o Regime Jurídico dos Servidores Públicos Civis da União, das autarquias, inclusive as em regime especial, e das fundações públicas federais" (art. 1º da Lei 8.112/1990); **C:** incorreta, é competência privativa do Presidente da República, conforme art. 61, § 1º, c, da CF; **D:** incorreta, vide LC 73/1193 (Lei Orgânica da Advocacia-Geral da União) e LC 35/1973 (Lei Orgânica da Magistratura); **E:** correta, a relação jurídica não é contratual, mas sim estatutária.
Gabarito "E".

(Analista Judiciário – STJ – CESPE – 2015) Em relação aos agentes públicos, julgue os próximos itens.

(1) Os servidores públicos gozam de todos os direitos sociais previstos no texto constitucional para os trabalhadores da iniciativa privada.
(2) O diploma ou habilitação legal exigido para o exercício do cargo deve ser apresentado pelo candidato no ato de inscrição do concurso público pleiteado.
(3) No que se refere ao exame psicotécnico, além de previsão legal, são exigidos mais três requisitos para que seja válida a sua exigência em certames públicos: ser pautado em critérios objetivos e científicos, ser compatível com as atribuições normais do cargo e ser ofertado direito de recurso na via administrativa.

1: incorreta, pois não gozam de todos os direitos sociais previstos no texto constitucional. Vide art. 39, § 3º, da CF. **2:** incorreta. "O diploma ou habilitação legal para o exercício do cargo deve ser exigido na posse e não na inscrição para o concurso público" (Súmula 266 do STJ). **3:** correta. Vide trecho de notícia disponibilizada no site do STF [http://m.stf.gov.br/portal/noticia/verNoticiaDetalhe.asp?idConteudo=209217], acesso em: 12.12.2017: "em seu voto, o ministro relator Ricardo Lewandowski invocou jurisprudência do STF no sentido de que a legalidade dos exames psicotécnicos em prova de concurso público está submetida a três requisitos indispensáveis: previsão legal, adoção de critérios objetivos e possibilidade de revisão do resultado. Segundo ele, se o teste psicológico aplicado no concurso não preenche o pressuposto da objetividade em seus critérios de avaliação deve ser declarado nulo".
Gabarito "1E, 2E, 3C".

6. LEI DE LICITAÇÕES E CONTRATOS ADMINISTRATIVOS

Flávia Campos

1. LICITAÇÃO

> **ATENÇÃO!**
> **a NOVA LEI DE LICITAÇÕES E CONTRATOS**
>
> Em 1º de abril de 2021 foi editada a Lei 14.133, que representa a nova lei de licitações e contratos administrativos.
>
> De 1º de abril de 2021 a 30 de dezembro de 2023, conviveram o regime da Lei 14.133/21 e os regimes das Lei 8.666/93 (Lei Geral de Licitações), Lei 10.520/02 (Lei do Pregão) e Lei 12.462/11 (Lei do Regime Diferenciado de Contratações Públicas).
>
> Em 30 de dezembro de 2023, foram revogadas, pelo art. 193 da Lei 14.133/21: a Lei nº 8.666/93, a Lei nº 10.520/02 e os arts. 1º a 47-A da Lei nº 12.462/11.
>
> Desse modo, as questões de licitações e contratos administrativos comentadas no presente capítulo foram atualizadas, para que seja possível o estudo da Nova Lei de Licitações e Contratos Administrativos, a Lei 14.133/21.

1.1. Princípios

(Analista – MPU – CESPE – 2018 - ADAPTADA) No que se refere aos princípios que regem o procedimento licitatório, julgue os itens a seguir, com base nas disposições da Lei n. 14.133/21.

(1) Dado o princípio da competitividade, é vedada, em licitações, a exigência de qualificação técnica.

(2) De acordo com a lei, serão exigidos os documentos relativos à regularidade fiscal, em qualquer caso, somente em momento posterior ao julgamento das propostas, e apenas do licitante mais bem classificado.

1: incorreta. O princípio da competitividade, previsto no art. 5º da Lei 14.133/21, determina que o processo licitatório deve garantir, o máximo possível, a competição entre os licitantes, mas não veda a exigência de qualificação técnica. Inclusive o art. 67 prevê qual a documentação relativa à qualificação técnico profissional pode ser exigida. Ainda, o art. 9º, I, "a", Lei 14.133/21 prevê que "é vedado ao agente público designado para atuar na área de licitações e contratos, ressalvados os casos previstos em lei: I – admitir, prever, incluir ou tolerar, nos atos que praticar, situações que: a) comprometam, restrinjam ou frustrem o caráter competitivo do processo licitatório, inclusive nos casos de participação de sociedades cooperativas". **2:** correta. Art. 63, III da Lei 14.133/21.
Gabarito 1E.2C

(Analista – TRT/10ª – 2013 – CESPE - ADAPTADA) Com base na Lei de Licitações (Lei n.º 14.133/21), julgue os próximos itens.

(1) Uma entidade controlada indiretamente por município da Federação que pretenda alugar um imóvel para nele funcionar estará dispensada da observância das normas gerais sobre licitações e contratos administrativos impostas pela lei em questão, devido ao fato de esta lei ser um diploma federal, não alcançando, portanto, a esfera da municipalidade.

(2) A licitação assegurar a seleção da proposta apta a gerar o resultado de contratação mais vantajoso para a Administração Pública, inclusive no que se refere ao ciclo de vida do objeto; assegurar tratamento isonômico entre os licitantes, bem como a justa competição; evitar contratações com sobrepreço ou com preços manifestamente inexequíveis e superfaturamento na execução dos contratos; e incentivar a inovação e o desenvolvimento nacional sustentável.

1: incorreta, o art. 1º, II, Lei 14/133/21 prevê a lei 14.133/21 estabelece "normas gerais de licitação e contratação para as Administrações Públicas diretas, autárquicas e fundacionais da União, dos Estados, do Distrito Federal e dos Municípios, e abrange: II – os fundos especiais e as demais entidades controladas direta ou indiretamente pela Administração Pública"; **2:** correta. São os objetivos do processo licitatório, nos termos do art. 11, Lei 14.133/21.
Gabarito 1E.2C

(Analista – TRE/AL – 2010 – FCC - ADAPTADA) São princípios da licitação expressamente citados na Lei nº 14.133/21, dentre outros,

(A) julgamento objetivo, competitividade e sigilo das propostas.

(B) vinculação ao instrumento convocatório, competitividade e sigilo das propostas.

(C) adjudicação compulsória, competitividade e igualdade.

(D) probidade administrativa, julgamento objetivo e igualdade.

(E) probidade administrativa, sigilo das propostas e adjudicação compulsória.

O art. 5º da Lei 14.133/21 estabelece que, na aplicação da lei, "serão observados os princípios da legalidade, da impessoalidade, da moralidade, da publicidade, da eficiência, do interesse público, da probidade administrativa, da igualdade, do planejamento, da transparência, da eficácia, da segregação de funções, da motivação, da vinculação ao edital, do julgamento objetivo, da segurança jurídica, da razoabilidade, da competitividade, da proporcionalidade, da celeridade, da economicidade e do desenvolvimento nacional sustentável, assim como as disposições do Decreto-Lei nº 4.657, de 4 de setembro de 1942 (Lei de Introdução às Normas do Direito Brasileiro)". **A e B:** Incorretas, pois a lei não prevê expressamente o sigilo das propostas. As propostas podem permanecer em sigilo até um determinado momento, mas depois devem ser divulgadas, como previsto no art. 56, II, Lei 14.133/21. **C:** Incorreta. Adjudicação compulsória não é um princípio previsto expressamente na lei. Apesar disso, é um princípio reconhecido pela doutrina, que estabelece que a Administração não pode adjudicar o objeto da licitação a outro licitante descumprindo a ordem de classificação (a não ser que o licitante vencedor não assine o contrato, hipótese em que poderá convocar os licitantes remanescentes, na ordem de classificação – art. 90, § 2º, Lei 14.133/21); **D.** Correta. São princípios previstos expressamente no art.

5°. **E. Incorreta.** Sigilo das propostas e adjudicação compulsória não são princípios previstos expressamente no art. 5°.

Gabarito "D".

(Analista – TRE/MS – 2007 – FCC - ADAPTADA) No que diz respeito às licitações NÃO é correto o que se afirma em:

(A) A Administração não pode descumprir as normas e condições do edital, ao qual se acha estritamente vinculada.

(B) Conceitua-se licitação como um procedimento administrativo pelo qual a Administração Pública procura selecionar a proposta apta a gerar o resultado de contratação mais vantajoso para a Administração Pública.

(C) O julgamento das propostas deve ser realizado com observância em critérios objetivos.

(D) Terminada a licitação, a Administração deve contratar o vencedor, pois este passa a ter direito adquirido.

(E) A Administração não pode contratar com terceiros que não aquele que venceu a licitação.

A: correta. É o princípio da vinculação ao edital, previsto no art. 5° da Lei 14.133/21; **B:** correta (art. 11, I, da Lei 14.133/21); **C:** correta. É o princípio do julgamento objetivo, previsto no art. 5° da Lei 14.133/21; **D:** incorreta, pois a Administração celebrará o contrato de acordo com critérios de conveniência e oportunidade; **E:** correta, pois a contratação de terceiros que não o vencedor do certamente importaria em fraude à lei; no entanto, o candidato deve conhecer a regra que permite que a Administração contrate com outros licitantes, que não o vencedor, quando este não assinar o contrato (art. 90, § 2°, lei 14.133/21).

Gabarito "D".

(Analista – TRE/TO – 2011 – FCC - ADAPTADA) No que concerne aos princípios das licitações, é correto afirmar:

(A) O desrespeito ao princípio da vinculação ao edital não torna inválido o procedimento licitatório.

(B) Apenas o licitante lesado tem direito público subjetivo de impugnar judicialmente procedimento licitatório que não observou ditames legais.

(C) A licitação não será sigilosa, sendo públicos todos os atos de seu procedimento, como por exemplo, o conteúdo das propostas, inclusive quando ainda não abertas.

(D) Nos casos de anulação e revogação do processo licitatório, não é necessário assegurar a prévia manifestação dos interessados.

(E) A Administração não poderá celebrar o contrato com preterição da ordem de classificação das propostas, sob pena de nulidade.

A: incorreta, pois o desrespeito é causa de nulidade do procedimento, eis que infringe princípio previsto no art. 5° da Lei 14.133/21; **B:** incorreta, pois qualquer pessoa é parte legítima para impugnar edital de licitação por irregularidade na aplicação desta Lei ou para solicitar esclarecimento sobre os seus termos, devendo protocolar o pedido até 3 (três) dias úteis antes da data de abertura do certame. (art. 164 da Lei 14.133/21); **C:** incorreta, o art. 13, Lei 14.133/21 prevê que "os atos praticados no processo licitatório são públicos, ressalvadas as hipóteses de informações cujo sigilo seja imprescindível à segurança da sociedade e do Estado, na forma da lei. Parágrafo único. A publicidade será diferida: I – quanto ao conteúdo das propostas, até a respectiva abertura; II – quanto ao orçamento da Administração, nos termos do art. 24 desta Lei"; **D:** incorreta, pois o art. 71, § 3°, lei 14.133/21 prevê que nos casos de anulação e revogação, deverá ser assegurada a prévia manifestação dos interessados; **E:** correta, a convocação dos licitantes deve seguir a ordem classificatória estabelecida em virtude do critério de julgamento previsto no edital.

Gabarito "E".

(Analista – TRF/1ª – 2006 – FCC) Com relação à licitação, considere:

I. A Administração não pode, concluído o procedimento, atribuir o objeto da licitação a outrem que não o vencedor.

II. O julgamento das propostas há de ser feito de acordo com os critérios fixados no edital.

As proposições citadas correspondem, respectivamente, aos princípios licitatórios da

(A) isonomia e julgamento objetivo.

(B) impessoalidade e vinculação ao instrumento convocatório.

(C) moralidade e legalidade.

(D) adjudicação compulsória e julgamento objetivo.

(E) adjudicação compulsória e publicidade.

I: princípio da adjudicação compulsória, não está previsto expressamente na lei, mas é reconhecido pela doutrina, que estabelece que a Administração não pode adjudicar o objeto da licitação a outro licitante descumprindo a ordem de classificação (a não ser que o licitante vencedor não assine o contrato, hipótese em que poderá convocar os licitantes remanescentes, na ordem de classificação – art. 90, § 2°, Lei 14.133/21); **II:** a proposição contida nesse item abrange tanto a ideia de vinculação ao edital, como a ideia de julgamento objetivo, pois este tipo de julgamento requer, também, atenção exclusiva aos critérios previstos no edital, evitando critérios subjetivos (art. 5°, Lei 14.133/21).

Gabarito "D".

1.2. Contratação direta (licitação dispensada, dispensa e inexigibilidade)

(Analista Judiciário – TRE/SP – FCC – 2017 - ADAPTADA) Suponha que o Estado tenha instaurado diversas licitações, na modalidade leilão, para alienação de imóveis não vocacionados ao uso pela Administração, objetivando a obtenção de receita adicional para aplicar na expansão de ações prioritárias de governo, notadamente na área de saúde e segurança. Ocorre que alguns certames restaram desertos, sem que aos mesmos tenham acorrido interessados. Diante de tal situação, o Estado

(A) deverá instaurar tantas licitações quantas necessárias para alienação, podendo adotar a modalidade pregão.

(B) poderá adotar a modalidade concorrência, apenas para os imóveis remanescentes de desapropriação.

(C) está autorizado a oferecer desconto em relação ao valor da avaliação do imóvel, adotando o menor desconto como critério de julgamento.

(D) poderá proceder à venda direta, desde que mantenha todas as condições definidas em edital de licitação, e que a licitação que restou deserta tenha sido realizada há menos de 1 (um) ano.

(E) poderá efetuar permuta, desde que com imóveis privados vocacionados para utilização pela Administração, independentemente de licitação.

A hipótese narrada trata-se de licitação deserta, que é uma hipótese de licitação dispensável, disposta no art. 75, III, "a", da Lei 14.133/21, que ocorre "para contratação que mantenha todas as condições definidas em edital de licitação realizada há menos de 1 (um) ano, quando se verificar que naquela licitação: a) não surgiram licitantes interessados ou não foram apresentadas propostas válidas". FC

Gabarito "D".

(Analista Judiciário – TRE/PE – CESPE – 2017 - ADAPTADA) Acerca da inexigibilidade de licitação, assinale a opção correta.

(A) As hipóteses de inexigibilidade de licitação estão taxativamente previstas na lei.

(B) A lei prevê hipótese de contratação direta por inexigibilidade em caso de guerra ou grave perturbação da ordem.

(C) A inexigibilidade de licitação é prevista para situações excepcionais em que a realização da licitação violaria o interesse público em razão da extrema urgência em obter determinados bens ou serviços.

(D) Comprovada a hipótese de contratação direta indevida ocorrida com dolo, fraude ou erro grosseiro, o contratado e o agente público responsável responderão solidariamente pelo dano causado ao erário, sem prejuízo de outras sanções legais cabíveis.

(E) É inexigível a licitação em situações em que a competição é possível, mas a sua realização pode não ser conveniente e oportuna para a administração, à luz do interesse público.

A: incorreta, as hipóteses de inexigibilidade de licitação estão previstas no art. 74 da Lei 14.133/21, que traz um rol exemplificativo; **B:** incorreta, é hipótese de contratação direta por licitação dispensável (art. 75, VII, da Lei 14.133/21); **C:** incorreta, a hipótese de contratação direta em situação de emergência ou calamidade é por licitação dispensável (art. 75, VIII, da Lei 14.133/21); **D:** correta, (art. 73, da Lei 14.133/21); **E:** incorreta, é inexigível a licitação em situações em que há inviabilidade de competição (art. 74 da Lei 14.133/21). FC

Gabarito "D".

(Analista Jurídico – TCE/PR – 2016 – CESPE) Acerca da alienação de bens pela administração pública, assinale a opção correta.

(A) A alienação de bens imóveis desafetados da administração pública direta para outro órgão da administração pública far-se-á por contratação direta, uma vez que a licitação é inexigível.

(B) Não é possível a alienação de bens da administração pública direta.

(C) Não é possível a alienação de bens imóveis da administração pública direta, mesmo que desafetados.

(D) É possível a alienação de bens móveis e imóveis da administração pública direta, desde que haja autorização legislativa.

(E) É possível a alienação de bens móveis desafetados da administração pública direta se houver demonstração de interesse público, avaliação prévia do bem e prévia licitação.

A: incorreta, pois o caso não é de inexigibilidade (art. 74 da Lei 14.133/21), mas de licitação dispensada (art. 76, I, "e", da Lei 14.133/21); **B e C:** incorretas, pois é possível, desde que preenchidos os requisitos dos arts. 100 e 101, Código Civil e do art. 76 da Lei 14.133/21; **D:** incorreta, pois não é necessário autorização legislativa na alienação de bens móveis (art. 76, II, da Lei 14,133/21); **E:** correta (art. 76, *caput* e II, da Lei 14.133/21). FC

Gabarito "E".

(Analista – STJ – 2008 – CESPE) Acerca das licitações e dos contratos administrativos, julgue o seguinte item.

(1) A concessão de direito real de uso de bens públicos imóveis construídos, destinados ou efetivamente utilizados no âmbito de programas habitacionais desenvolvidos por órgãos ou entidades da administração pública, não precisa ser licitada.

1: art. 76, I, *f*, da Lei 14.133/21. FC

Gabarito "1C".

(Analista – TRT/6ª – 2012 – FCC - ADAPTADA) De acordo com a Lei nº 14.133/21, constitui hipótese de inexigibilidade de licitação

(A) contratação de profissional do setor artístico, desde que consagrado pela crítica ou opinião pública.

(B) contratação de serviços de publicidade, desde que comprovada a notória especialização do contratado.

(C) para aquisição de bens produzidos por um único fabricante de marca de preferência da Administração.

(D) contratação de profissional de notória especialização, dispensando-se, nesse caso, a comprovação de que o serviço técnico deve ser especializado de natureza predominantemente intelectual.

(E) contratação que tenha por objeto a aquisição ou restauração de obras de arte e objetos históricos, de autenticidade certificada, desde que inerente às finalidades do órgão ou com elas compatível.

A: correta (art. 74, III, da Lei 14.133/21); **B:** incorreta, pois é vedada expressamente a inexigibilidade para serviços de publicidade e divulgação (art. 74, III, parte final, da Lei 14.133/21); **C:** incorreta, pois é vedada, como regra, a preferência de marca (art. 74, I e § 1º, da Lei 14.133/21); **D:** incorreta, pois somente os serviços técnicos especializados de natureza predominantemente intelectual é que justificará a contratação de profissional com notória especialização, sem licitação (art. 74, III, da Lei 14,133/21); **E:** incorreta, pois a aquisição de obras de arte enseja licitação dispensável e não inexigibilidade de licitação (art. 75, IV, "k", da Lei 14.133/21). FC

Gabarito "A".

(Analista – TRT/15ª – 2009 – FCC - ADAPTADA) É inexigível a licitação quando houver inviabilidade de competição, em especial

(A) quando não surgirem licitantes interessados, desde que contratação que mantenha todas as condições definidas em edital de licitação realizada ha menos de 1 (um) ano.

(B) para contratação de profissional do setor artístico, diretamente ou através de empresário exclusivo, desde que consagrado pela crítica especializada ou pela opinião pública.

(C) quando a União tiver que intervir no domínio econômico para regular preços ou normalizar o abastecimento.

(D) quando houver possibilidade de comprometimento da segurança nacional, nos casos estabelecidos pelo Ministro de Estado da Defesa, mediante demanda dos comandos das Forças Armadas ou dos demais ministérios.

(E) para a aquisição de bens ou serviços nos termos de acordo internacional específico aprovado pelo Congresso Nacional, quando as condições ofertadas forem manifestamente vantajosas para o Poder Público.

A: licitação dispensável (art. 75, III, da Lei 14.133/21); **B:** inexigibilidade (art. 74, II, da Lei 14.133/21); **C:** licitação dispensável (art. 75, IX, da Lei 14.133/21); **D:** licitação dispensável (art. 75, VI, da Lei 14.133/21); **E:** licitação dispensável (art. 75, IV, "b", da 14.133/21). FC
Gabarito "B".

(Analista – TRT/24ª – 2011 – FCC - ADAPTADA) Para a contratação de serviço técnico de treinamento e aperfeiçoamento de pessoal, de natureza predominantemente intelectual, com empresa de notória especialização,

(A) exige-se, obrigatoriamente, licitação na modalidade diálogo competitivo.
(B) é inexigível a licitação.
(C) é dispensável a licitação.
(D) exige-se, obrigatoriamente, licitação na modalidade concorrência.
(E) exige-se, obrigatoriamente, licitação na modalidade pregão.

Art. 74, III, "f", da Lei 14.133/21. FC
Gabarito "B".

(Analista – TRT/24ª – 2006 – FCC - ADAPTADA) Sobre as hipóteses de dispensa e inexigibilidade de licitação, é correto afirmar:

(A) É dispensável a licitação quando houver inviabilidade jurídica de se instaurar competição entre eventuais interessados no objeto do certame.
(B) A União discricionariamente decidirá sobre a aplicação de licitação dispensável quando pretender vender um imóvel de sua propriedade a uma autarquia federal.
(C) Para a aquisição de bens necessários ao atendimento de determinada situação emergencial, o Poder Público poderá dispensar o procedimento licitatório.
(D) Na licitação deserta verifica-se a inviabilidade de competição quando todas as propostas apresentadas consignaram preços manifestamente superiores aos praticados no mercado.
(E) É inexigível a licitação para a contratação de empresa de notória especialização, prestadora de serviços de publicidade, de natureza predominantemente intelectual.

A: Incorreta, pois é caso de inexigibilidade (art. 74, *caput*, da Lei 14.133/21); **B:** Incorreta, pois é situação de licitação dispensada (art. 76, I, "e", da Lei 14.133/21); **C:** Correta, trata-se de dispensa por emergência (art. 75, VIII, da Lei 14.133/21); **D:** Incorreta, pois a situação narrada diz respeito à licitação fracassada; a licitação deserta se dá quando não aparecem interessados e é caso de licitação dispensável (art. 75, III, "a" e "b", da Lei 14.133/21); **E:** Incorreta, pois a contratação de serviço técnico de natureza predominantemente intelectual é causa de inexigibilidade (art. 74, III, da Lei 14.133/21), porém o caso em tela (publicidade) não admite a contratação sem licitação. FC
Gabarito "C".

(Analista – TRE/AP – 2011 – FCC - ADAPTADA) NÃO constitui hipótese de inexigibilidade de licitação a

(A) aquisição de materiais que só possam ser fornecidos por empresa exclusiva.
(B) contratação de serviço técnico de restauração de obras de arte e bens de valor histórico, de natureza predominantemente intelectual, com empresa de notória especialização.
(C) contratação de profissional do setor artístico, consagrado pela opinião pública.
(D) contratação de instituição dedicada à recuperação social da pessoa presa, desde que o contratado tenha inquestionável reputação ética e profissional e não tenha fins lucrativos.
(E) contratação de parecer, de natureza predominantemente intelectual, com profissional de notória especialização.

A: incorreta, pois se trata de hipótese de inexigibilidade (art. 74, I, da Lei 14.133/21); **B:** incorreta, pois se trata de hipótese de inexigibilidade (art. 74, III, "g", da Lei 14.133/21); **C:** incorreta, pois se trata de hipótese de inexigibilidade (art. 74, II, da Lei 14.133/21); **D:** correta, pois se trata de hipótese de licitação dispensável (art. 75, XV, da Lei 14.133/21); **E:** incorreta, pois se trata de hipótese de inexigibilidade (art. 74, III, "b" da Lei 14.133/21). FC
Gabarito "D".

(Analista – TRE/MG – 2005 – FCC - ADAPTADA) A contratação de instituição brasileira que tenha por finalidade estatutária apoiar, captar e executar atividades de ensino, pesquisa, extensão, desenvolvimento institucional, científico e tecnológico e estímulo à inovação, inclusive para gerir administrativa e financeiramente essas atividades, ou para contratação de instituição dedicada à recuperação social da pessoa presa, desde que o contratado tenha inquestionável reputação ética e profissional e não tenha fins lucrativos

(A) ocorrerá mediante licitação dispensada.
(B) deverá ser realizada mediante inexigibilidade de licitação.
(C) será objeto de licitação vedada.
(D) poderá ser precedida de licitação dispensável.
(E) deverá ser objeto de licitação na modalidade pregão, independentemente do valor estimado do futuro contrato.

A alternativa "D" está de acordo com o disposto no art. 75, XV, da Lei 14.133/21. FC
Gabarito "D".

(Analista – TRE/MG – 2005 – FCC - ADAPTADA) Destinada a garantir a observância do princípio constitucional da isonomia, o procedimento licitatório

(A) será realizado sob a modalidade denominada pregão, quando objetivar a alienação de bens imóveis.
(B) é dispensável, quando houver inviabilidade de competição e nos casos de guerra ou de grave perturbação da ordem.
(C) é inexigível, dentre outras hipóteses, para a contratação de artistas, desde que consagrado pela crítica especializada.
(D) sempre atribuirá seu objeto àquele que ofertar o menor preço, independentemente do critério de julgamento adotado.
(E) deverá ser realizado sob a modalidade de diálogo competitivo, quando destinado à escolha de trabalho técnico ou artístico, mediante a instituição de prêmio ao vencedor.

A: Incorreta, pois o pregão é a modalidade obrigatória para a aquisição de bens e serviços comuns (art. 6º, XLI, da Lei 14.133/21), e não à alienação de imóveis; esta deve se dar por leilão (art. 6º, XL, da Lei 14.133/21; **B:** incorreta, pois a inviabilidade de competição é caso de inexigibilidade e não de dispensa (art. 74, caput, da Lei 14.133/21); **C:** Correta, art. 74, II, da Lei 14.133/21; **D:** Incorreta, há vários critérios de julgamento que podem ser adotados na licitação, quais sejam: menor preço; maior desconto; melhor técnica ou conteúdo artístico; técnica e preço; maior lance, no caso de leilão; maior retorno econômico (art. 33, Lei 14.133/21); **E:** incorreta, nesse caso deve-se utilizar a modalidade concurso (art. 6º, XXXIX, da Lei 14.133/21).
Gabarito "C".

(Analista – TRE/PB – 2007 – FCC - ADAPTADA) Com o propósito de definir as causas de um deslizamento de vultosa quantidade de terra sobre várias casas, a Administração Pública pretende contratar uma empresa de engenharia para a realização de perícia e apresentação de laudo técnico. Nesse caso, a Administração Pública

(A) deverá sempre contratar por meio de processo licitatório, ficando o agente público competente incumbido de escolher a modalidade.
(B) poderá contratar, sem licitação, desde que se trate de um serviço de natureza predominantemente intelectual e a empresa a ser contratada tenha notória especialização.
(C) poderá escolher a empresa de engenharia por meio de convite, por ser a modalidade de licitação mais célere.
(D) deverá dispensar a licitação, porquanto trata-se de hipótese de emergência.
(E) poderá escolher a empresa de engenharia por meio de tomada de preços.

Como a Administração Pública, pretende contratar uma empresa de engenharia para realização de perícia e apresentação de laudo técnico, em vista da obtenção de conclusões acerca de um deslizamento de terra, por tratar de situação atípica que pode exigir um conhecimento especializado, poderá contratar sem licitação, visto que neste caso, a licitação será inexigível, nos termos do Art. 74, III, "b", da Lei 14.133/21, desde que fique comprovada a natureza predominantemente intelectual do serviço e que a empresa seja efetivamente de notória especialização.
Gabarito "B".

(Analista – TRE/RN – 2005 – FCC - ADAPTADA) Nos termos da Lei nº 14.133/21, considera-se inexigível a licitação para a contratação de serviço

(A) na hipótese de licitação deserta e não sendo possível novo certame sem prejuízo para a Administração.
(B) de publicidade e divulgação.
(C) nos casos de guerra.
(D) de profissional do setor artístico, desde que consagrado pela crítica especializada.
(E) de engenharia no valor de R$ 10.000,00 (dez mil reais).

A: incorreta, pois trata-se de licitação dispensável (art. 75, III, "a", Lei 14.133/21); **B:** incorreta, pois é vedada a inexigibilidade para os serviços de publicidade e divulgação (art. 74, III, Lei 14.133/21); **C:** incorreta, hipótese de licitação dispensável (art. 75, VII, Lei 14.133/21); **D:** correta (art. 74, II, Lei 14.133/21); **E:** incorreta, hipótese de licitação dispensável (art. 75, I, Lei 14.133/21).
Gabarito "D".

(Analista – TRE/SP – 2006 – FCC - ADAPTADA) Objetivando adquirir material destinado à construção civil, o Tribunal Regional de São Paulo, por meio do órgão responsável, instaurou regular procedimento licitatório. Entretanto, nenhum interessado apresentou-se, o que provocou a frustração da disputa. Assim, diante da constatação de que o interesse público sofreria prejuízos irreparáveis ante novo procedimento, a licitação será, em tese,

(A) revogada, em virtude da verificação de vício quanto ao sujeito.
(B) declarada inexigível, hipótese em que o Tribunal contratará diretamente com qualquer fornecedor.
(C) dispensável, mantidas todas as condições definidas no edital de licitação que tenha sido realizado há menos de 1 (um) ano.
(D) dispensada, oportunidade em que o Tribunal fixará prazo de 8 (oito) dias para a apresentação de novas propostas.
(E) anulada por motivos de conveniência e oportunidade.

Como nenhum interessado apresentou-se, provocando a frustração da disputa e a consequente constatação de que o interesse público sofreria prejuízos irreparáveis, há de se notar a previsão do Art. 75, III, "a", da Lei 14.133/21, que garante a dispensa de licitação nestes casos.
Gabarito "C".

(Analista – TRF/5ª – 2008 – FCC -ADAPTADA) Sobre dispensa e inexigibilidade de licitação, é certo que,

(A) a dispensa de licitação ocorre ante a impossibilidade de competição.
(B) a inexigibilidade decorre da impossibilidade de competição.
(C) as causas de dispensa de licitação previstas na legislação são meramente exemplificativas.
(D) a alienação de bens imóveis da Administração será, sempre, licitação inexigível.
(E) para a compra de imóvel destinado ao atendimento das finalidades precípuas da Administração, cujas necessidades de localização condicionem a sua escolha, sendo o preço compatível com o mercado, é dispensável a licitação.

A. Incorreta, a impossibilidade de competição torna a licitação inexigível (art. 74, caput, lei 14.133/21); **B:** correta, a inviabilidade ou impossibilidade de competição diz respeito ao instituto da inexigibilidade (art. 74, caput, da Lei 14.133/21); **C:** incorreta, o rol do art. 75 da Lei 14.133/21 é taxativo; **D:** incorreta, a alienação dos bens imóveis deve, em regra, adotar a modalidade leilão (art. 6º, XL, da Lei 14.133/21), salvo as hipóteses de licitação dispensadas do art. 76, Lei 14.133/21; **E:** incorreta, trata-se de caso de inexigibilidade (art. 74, V, da lei 14.133/21).
Gabarito "B".

(Analista – TJ/MT – 2008 – VUNESP - ADAPTADA) A Administração Pública pretende contratar uma determinada dupla de cantores sertanejos, consagrada pela opinião pública, para apresentação em show popular em praça pública, no evento comemorativo ao Dia do Trabalho. Nesta hipótese, segundo a Lei de licitações,

(A) deverá ser realizada a licitação por meio da concorrência.
(B) deverá ser realizada a licitação por meio de pregão.
(C) deverá ser realizada a licitação por meio do concurso.
(D) poderá ser dispensada a licitação.

(E) a licitação será inexigível.

Art. 74, II, da Lei 14.133/21.

Gabarito "E".

(Analista – MPU – 2007 – FCC - ADAPTADA) No que se refere à licitação, observa-se que ela será inexigível no caso de

(A) contratação de serviços especializados ou aquisição ou locação de equipamentos destinados ao rastreamento e à obtenção de provas através de interceptação telefônica, quando houver necessidade justificada de manutenção de sigilo sobre a investigação.

(B) impossibilidade jurídica de competição entre contratantes, quer pela natureza específica do negócio, quer pelos objetivos sociais visados pela administração.

(C) contratação de instituição dedicada à recuperação social da pessoa presa, desde que o contratado tenha inquestionável reputação ética e profissional e não tenha fins lucrativos.

(D) bens, componentes ou peças de origem nacional ou estrangeira necessários à manutenção de equipamentos, a serem adquiridos do fornecedor original desses equipamentos durante o período de garantia técnica, quando essa condição de exclusividade for indispensável para a vigência da garantia.

(E) para contratação de associação de pessoas com deficiência, sem fins lucrativos e de comprovada idoneidade, por órgão ou entidade da Administração Pública, para a prestação de serviços, desde que o preço contratado seja compatível com o praticado no mercado e os serviços contratados sejam prestados exclusivamente por pessoas com deficiência.

A: incorreta, pois trata-se de hipótese de licitação dispensável (art. 75, IV, "l", da Lei 14.133/21); **B:** Correta, conforme estabelecido no art. 74, *caput*, da Lei 14.133/21; **C:** incorreta, pois trata-se de hipótese de dispensa de licitação (art. 75, XV, da Lei 14.133/21); **D:** incorreta, pois trata-se de hipótese de dispensa de licitação (art. 75, IV, "a", da Lei 14.133/21); **E:** incorreta, pois trata-se de hipótese de dispensa de licitação (art. 75, XIV, da Lei 14.133/21).

Gabarito "B".

1.3. Modalidades e critérios de julgamento

(Analista – TRF3 – 2024 – VUNESP) Entre as modalidades de licitação, o Pregão

(A) tem como critério de julgamento obrigatoriamente o menor preço.
(B) pode ser usada para alienação de bens.
(C) não é obrigatória para aquisição de bens e serviços comuns.
(D) pode ter como critério de julgamento o maior desconto.
(E) pode ter como critério de julgamento o maior retorno econômico.

A: Incorreta. Nos termos do art. 6º, XLI, Lei 14.133/21, o pregão pode ter como critério de julgamento o menor preço ou maior desconto: "Art. 6º, XLI – pregão: modalidade de licitação obrigatória para aquisição de bens e serviços comuns, cujo critério de julgamento poderá ser o de menor preço ou o de maior desconto". **B:** Incorreta. O art. 6º, XLI, Lei 14.133/21 prevê que o pregão é a modalidade obrigatória para aquisição de bens e serviços comuns, e não para alienação. **C:** Incorreta, o pregão é a modalidade obrigatória para aquisição de bens e serviços comuns. **D:** Correta. O art. 6º, XLI, prevê o critério de julgamento menor preço ou o maior desconto. **E:** Incorreta. O critério de julgamento maior retorno econômico não é uma possibilidade para a modalidade pregão.

Gabarito "D".

(Analista Judiciário – TJ/PA – 2020 – CESPE/CEBRASPE - ADAPTADA) Para aquisição de bens e serviços comuns, isto é, aqueles cujos padrões de desempenho e qualidade possam ser objetivamente definidos por edital, mediante especificações usuais no mercado, a licitação

(A) é dispensável.
(B) deve ser feita na modalidade de pregão.
(C) pode ser feita na modalidade de pregão.
(D) pode ser feita na modalidade de leilão.
(E) deve ser feita na modalidade concorrência.

O pregão é a modalidade de licitação obrigatória para aquisição de bens e serviços comuns (art. 6º, XLI, Lei 14.133/21). Consideram-se bens e serviços comuns aqueles cujos padrões de desempenho e qualidade podem ser objetivamente definidos pelo edital, por meio de especificações usuais de mercado (art. 6º, XIII, Lei 14.133/21).

Gabarito "B".

(Analista – TRF3 – 2024 – VUNESP) A modalidade de licitação para contratação de bens e serviços especiais e de obras e serviços comuns e especiais de engenharia, cujo critério de julgamento poderá ser menor preço; melhor técnica ou conteúdo artístico; técnica e preço; maior retorno econômico; ou maior desconto é denominada:

(A) concorrência.
(B) leilão.
(C) concurso.
(D) pregão.
(E) diálogo competitivo.

O art. 28 da Lei 14.133/21 prevê como modalidades de licitação: concorrência, pregão, concurso, leilão e diálogo competitivo. A concorrência, nos termos do art. 6º, XXXVIII, Lei 14.133/21: XXXVIII – concorrência: modalidade de licitação para contratação de bens e serviços especiais e de obras e serviços comuns e especiais de engenharia, cujo critério de julgamento poderá ser: menor preço, melhor técnica ou conteúdo artístico, técnica e preço, maior retorno econômico, maior desconto". Assim, alternativa A correta.

Gabarito "A".

(Analista – TRT/6ª – 2012 – FCC - ADAPTADA) A respeito das modalidades licitatórias previstas na Lei nº 14.133/21, é correto afirmar que se aplica

(A) leilão, para alienação de bens móveis inservíveis para a Administração, independentemente do valor.
(B) pregão, para alienação de bens móveis adquiridos pela Administração em procedimento judicial.
(C) concurso, para a contratação de obras e serviços de engenharia de alta complexidade.
(D) leilão, para alienação de bens apreendidos ou penhorados, desde que avaliados em até R$ 80.000,00 (oitenta mil reais).
(E) concurso, para escolha de trabalho científico ou artístico, vedada a instituição de prêmio.

A: correta (art. 6º, XL, e art. 76, II, da Lei 14.133/21); **B:** incorreta, pois o pregão se destina à aquisição de bens comuns e não à alienação de bens pela Administração (art. 6º, XLI, Lei 14.133/21); **C:** incorreta, pois o concurso se destina à escolha de trabalho técnico, científico ou artístico,

mediante a instituição de prêmio ou remuneração (art. 6º, XXXIX, da Lei 14.133/21), e não à contratação de obras e serviços de engenharia de alta complexidade; **D:** incorreta, pois não há limite de valor para o uso de leilão para a alienação de bens móveis apreendidos ou penhorados (art. 6º, XL, lei 14.133/21); **E:** incorreta, pois, nos concursos, escolhe-se trabalho técnico, científico ou artístico, mediante a instituição de prêmio ou remuneração (art. 6º, XXXIX, Lei 14.133/21).
Gabarito "A".

(Analista – TRE/AL – 2010 – FCC - ADAPTADA) De acordo com a Lei nº 14.133/21, constituem critérios de julgamento de licitação, dentre outros,

(A) empreitada por preço global e empreitada integral.
(B) menor preço e técnica e preço.
(C) pregão e leilão.
(D) maior desconto e diálogo competitivo.
(E) menor preço e tarefa.

A: incorreta. Empreitada por preço global ou empreitada integral são regimes de execução do contrato (art. 46, Lei 14.133/21) e não critérios de julgamento. **B:** Correta, nos termos do art. 33, Lei 14.133/21. **C:** Incorreta, pregão e leilão são modalidades de licitação (art. 28, Lei 14.133/21). **D:** incorreta. Maior desconto é um critério de julgamento (art. 33, Lei 14.133/21), mas diálogo competitivo é uma modalidade de licitação (art. 28, Lei 14.133/21). **E:** Menor preço é um critério de julgamento (art. 33, Lei 14.133/21), mas tarefa é um regime de execução do contrato (art. 46, Lei 14.133/21).
Gabarito "B".

(Analista – TRE/MS – 2007 – FCC - ADAPTADA) Considere as afirmativas abaixo.

I. Quando obrigatória a licitação, o administrador poderá escolher livremente a sua modalidade.
II. Em havendo ilegalidade, o Poder Judiciário pode anular o processo de licitação, com efeitos *ex tunc*.
III. O Poder Judiciário pode revogar processo licitatório, com efeitos *ex tunc*, desde que por razões de conveniência e oportunidade.
IV. A concorrência é a modalidade de licitação utilizada para a contratação de bens e serviços especiais.

É correto o que se afirma apenas em:

(A) I e III.
(B) I e II.
(C) I, II e IV.
(D) II e IV.
(E) III e IV.

I: incorreta, pois existe uma modalidade adequada a cada situação; conforme o disposto no art. 28, Lei 14.133/21 e art. 6º, XXXVIII a XLII, lei 14.133/21; **II:** correta, pois o Judiciário tem o poder de anular atos ilegais e a anulação possui, em regra, efeitos *ex tunc*; **III:** incorreta, pois o Judiciário não pode revogar atos administrativos da Administração Pública, pois a revogação implica a análise de conveniência e oportunidade (aspectos de competência exclusiva da Administração), diferentemente da anulação, que implica a análise de legalidade e ilegalidade (aspectos em relação aos quais o Judiciário tem competência); **IV:** correta (art. 6º, XXXVIII, da Lei 14.133/21).
Gabarito "D".

(Analista – TRE/RS – 2010 – FCC - ADAPTADA) Dentre as modalidades de licitação previstas na Lei nº 14.133/21, NÃO se inclui:

(A) leilão.
(B) concorrência.
(C) concurso.
(D) diálogo competitivo.
(E) convite.

São modalidades de licitação, nos termos do art. 28, Lei 14.133/21: pregão, concorrência, concurso, leilão e diálogo competitivo. O convite era modalidade de licitação prevista na antiga lei de licitações, mas não existe mais.
Gabarito "E".

(Analista – TRF/5ª – 2008 – FCC - ADAPTADA) Para o julgamento e classificação das propostas no pregão, será adotado o critério de

(A) melhor qualidade do produto ou serviço.
(B) menor prazo de entrega.
(C) melhor técnica.
(D) técnica e preço.
(E) menor preço ou maior desconto.

Art. 6º, XLI, da Lei 14.133/21.
Gabarito E.

(Analista – TRE/SE – 2007 – FCC - ADAPTADA) A modalidade de licitação adequada para eleição de um trabalho científico, por meio de instituição de prêmio ou remuneração ao vencedor, é

(A) diálogo competitivo.
(B) concorrência.
(C) pregão.
(D) concurso.
(E) leilão.

Art. 6º, XXXIX, da Lei 14.133/21.
Gabarito "D".

(Analista – TRE/SE – 2007 – FCC - ADAPTADA) O leilão é uma modalidade de licitação

(A) adequada para a venda de bens móveis inservíveis para a administração ou de produtos legalmente apreendidos, a quem oferecer o maior desconto, independentemente do valor da avaliação.
(B) adequada somente para a alienação de bens imóveis, a quem oferecer o maior lance, igual ou superior ao valor da avaliação.
(C) que a Administração Pública pode utilizar para a aquisição de bens comuns.
(D) que a Administração Pública pode utilizar para a alienação de bens de uso comum do povo, a quem oferecer o maior lance, independentemente do valor da avaliação.
(E) adequada para a alienação de bens imóveis ou de bens móveis inservíveis ou legalmente apreendidos a quem oferecer o maior lance.

A: Incorreta, o critério de julgamento a ser utilizado no leilão é o maior lance (art. 6º, XL e art. 33, V, Lei 14.133/21). **B:** Incorreta, leilão é a modalidade de licitação a ser utilizada para a alienação de bens imóveis ou de bens móveis inservíveis ou legalmente apreendidos; **C:** Incorreta, visto que a aquisição de bens comuns deve ser feita, obrigatoriamente, por pregão (art. 6º, XLI, lei 14.133/21); **D:** Incorreta, pois os bens de uso comum do povo não podem ser alienados; **E:** Correta, conforme preceitua o art. 6º, XL da Lei 14.133/21.
Gabarito "E".

(Analista – TSE – 2006 – CESPE) Na licitação realizada na modalidade pregão, é inviável a opção pelo critério de julgamento técnica e preço. Essa afirmação é

(A) correta.
(B) errada, pois o pregão não é uma modalidade de licitação e sim uma espécie de tomada de preços.
(C) errada, pois o pregão não é uma modalidade licitatória e sim uma espécie de leilão.
(D) errada, pois a opção pelo tipo técnica e preço é viável sempre que se tratar de pregão para a contratação de serviços de natureza predominantemente intelectual.

A letra A está correta, pois o art. 6º, XLI, da Lei 14.133/21 estabelece que, no pregão, deve ser utilizado o menor preço ou maior desconto. FC
Gabarito "A".

(Analista – TRE/SP – 2006 – FCC - ADAPTADA) No que tange à licitação, é correto afirmar:

(A) Para a compra e alienação de bens imóveis, a Administração Pública pode se valer do tipo de licitação denominado pregão.
(B) A concorrência é a modalidade de licitação para a contratação de obras e serviços de engenharia.
(C) Havendo interesse público, a autoridade competente pode substituir o pregão por leilão.
(D) O concurso destina-se à escolha de trabalho técnico, científico, artístico ou contratação de serviço ou fornecimento de bens.
(E) O leilão é o tipo de licitação entre quaisquer interessados para a venda de bens sem utilidade para a Administração.

A: Incorreta, "tipo de licitação" são os critérios de julgamento, e o pregão é uma modalidade de licitação, não um critério de julgamento. Além disso, o pregão é a modalidade obrigatória para a aquisição de bens ou serviços comuns (art. 6º, XLI, lei 14.133/21); B: correta, conforme estabelecido no art. 6º, XXXVIII, Lei 14.133/21; C: incorreta, os objetos do leilão e do pregão são diferentes, então não existe a possibilidade de mudar; D: incorreta, o concurso não se destina à "contratação de serviço ou fornecimento de bens" (art. 6º, XXXIX, da Lei 14.133/21); E: incorreta, leilão não é *tipo* de licitação; é *modalidade* de licitação; os tipos de licitação são os critérios de julgamento previstos no art. 33, Lei 14.133/21. FC
Gabarito "B".

(Analista – TRF/1ª – 2006 – FCC - ADAPTADA) A Administração Pública, objetivando vender produtos legalmente apreendidos, deverá realizar procedimento licitatório sob a modalidade de

(A) pregão, desde que demonstre a ausência de utilidade pública dos bens em disputa.
(B) concurso, cujo vencedor será aquele que oferecer maior lance, igual ou superior ao valor da avaliação do bem.
(C) leilão, que adotará o critério de julgamento maior lance.
(D) tomada de preços, cujos interessados devem estar cadastrados até o dia anterior à data do recebimento das propostas.
(E) concorrência pública, aberta a quaisquer interessados que, na fase de julgamento, comprovem possuir os requisitos mínimos de qualificação exigidos no edital.

Art. 6º, XL, da Lei 14.133/21. FC
Gabarito "C".

(Analista – TJ/PE – 2007 – FCC - ADAPTADA) No que tange à licitação, observe as seguintes afirmações:

I. Ao declarar a licitação dispensável, o órgão responsável deverá demonstrar a inviabilidade de competição para comprovar que o objeto é fornecido ou prestado por produtor, empresa ou representante comercial exclusivos.
II. Verifica-se a licitação deserta quando não acudirem interessados na licitação anterior, podendo ser feita a contratação direta desde que mantenha todas as condições definidas em edital de licitação realizada há menos de 1 (um) ano.
III. Dentre os tipos de licitação, o pregão destina-se a escolha de trabalho técnico, artístico ou científico, mediante a instituição de um prêmio.
IV. A concorrência deve ser utilizada para a contratação de bens e serviços que, por sua alta heterogeneidade ou complexidade, não podem ser descritos de forma objetiva no edital, com especificações usuais de mercado.

É correto o que se afirma APENAS em

(A) I e II.
(B) I e III.
(C) I, III e IV.
(D) II, III e IV.
(E) II e IV.

I: incorreta, pois a inviabilidade caracteriza inexigibilidade (art. 74 da Lei 14.133/21); II: correta (art. 75, III, "a", da Lei 14.133/21); III: incorreta, pois o pregão não é um tipo de licitação, e sim uma modalidade de licitação. Além disso, o conceito apresentado na assertiva é da modalidade de licitação concurso (art. 6º, XXXIX, da Lei 14.133/21); IV: correta (art. 6º, XXXVIII e XIV, da Lei 14.133/21). FC
Gabarito "E".

1.4. Fases/Procedimento (edital, habilitação, julgamento, adjudicação e homologação)

(Analista – TST – 2008 – CESPE - ADAPTADA) Considere-se que o TST tenha realizado licitação adotando o critério de julgamento técnica e preço para adquirir vinte impressoras e que o resultado da licitação tenha sido homologado, mas ainda não tenham sido celebrados os respectivos contratos. Com base nessa situação, julgue os itens subsequentes.

(1) Uma vez homologada a licitação, ela deixa de ser sujeita a revogação ou anulação por parte da administração pública.
(2) A homologação da licitação confere ao licitante direito a que os contratos sejam celebrados no prazo de trinta dias, contados da publicação do ato homologatório.
(3) Uma vez adquiridas pelo TST, as referidas impressoras se tornarão bens públicos de uso especial.

1: incorreta, pois a homologação da licitação (verificação de sua regularidade formal) não impede, por exemplo, que, posteriormente, esta seja anulada pela descoberta de uma ilegalidade, até porque o princípio da legalidade determina que a Administração anule os atos ilegais; 2: incorreta, pois o licitante não tem direito à contratação; por outro lado, a Administração só pode obrigar o vencedor da licitação a celebrar o contrato se este for convocado dentro do prazo previsto no edital, que poderá ser prorrogado 1 (uma) vez, por igual período, mediante solicitação da parte durante seu transcurso, devidamente justificada, e desde que o motivo apresentado seja aceito pela Administração (art. 90, *caput* e § 1º, da Lei 14.133/21); **3**: correta, pois os bens públicos utilizados em um serviço público são bens de uso especial, e não de uso comum do povo ou meramente dominiais.

Gabarito 1E, 2E, 3C

(Analista – TRT/20ª – 2006 – FCC - ADAPTADA) No caso da licitação como critério de julgamento menor preço, após ordenar as propostas em ordem crescente dos preços propostos, constata-se empate entre três licitantes brasileiros que produzem o objeto do certame dentro do território nacional. Neste caso, o primeiro critério de desempate a ser adotado será

(A) disputa final, hipótese em que os licitantes empatados poderão apresentar nova proposta em ato contínuo à classificação.
(B) avaliação do desempenho contratual prévio dos licitantes.
(C) desenvolvimento pelo licitante de ações de equidade entre homens e mulheres no ambiente de trabalho.
(D) desenvolvimento pelo licitante de programa de integridade.
(E) iniciar uma nova licitação.

O art. 60 da Lei 14.133/21 prevê a seguinte ordem entre os critérios de desempate: "I – disputa final, hipótese em que os licitantes empatados poderão apresentar nova proposta em ato contínuo à classificação; II – avaliação do desempenho contratual prévio dos licitantes, para a qual deverão preferencialmente ser utilizados registros cadastrais para efeito de atesto de cumprimento de obrigações previstos nesta Lei; III – desenvolvimento pelo licitante de ações de equidade entre homens e mulheres no ambiente de trabalho, conforme regulamento; IV – desenvolvimento pelo licitante de programa de integridade, conforme orientações dos órgãos de controle".

Gabarito "A".

(Analista – TRT/23ª – 2007 – FCC - ADAPTADA) Considerando o que dispõe a Lei nº 14.133/21, especialmente quanto à fase de habilitação, o registro ou inscrição do engenheiro no conselho regional de engenharia, diz respeito à sua

(A) qualificação jurídica.
(B) qualificação técnico-profissional.
(C) regularidade fiscal.
(D) habilitação econômico-financeira.
(E) qualificação social.

Art. 67, I, da Lei 14.133/21.

Gabarito "B".

(Analista – TRE/CE – 2012 – FCC - ADAPTADA) A empresa "Y" sagrou-se vencedora de determinado procedimento licitatório. Em razão disso, a Administração Pública convocou-a regularmente para assinar o termo de contrato, dentro do prazo e condições estabelecidos. No entanto, a empresa "Y", injustificadamente, não compareceu para a assinatura do termo de contrato.

Diante do fato narrado e nos termos da Lei de Licitações (Lei nº 14.133/21),

(A) é facultado à Administração convocar os licitantes remanescentes, na ordem de classificação, para fazê-lo em igual prazo e nas mesmas condições propostas pelo licitante vencedor.
(B) a Administração está obrigada a revogar a licitação.
(C) o prazo de convocação não poderá ser prorrogado.
(D) a Administração deverá anular a licitação.
(E) a Administração Pública pode usar da autoexecutoriedade e obrigar a empresa "Y" a firmar o contrato.

Art. 90, § 2º, da Lei 14.133/21.

Gabarito "A".

(Analista – MPU – 2007 – FCC - ADAPTADA) A respeito do procedimento licitatório, considere:

I. O pedido de impugnação de edital de licitação deve ser protocolado até 15 dias úteis antes da data fixada para a abertura dos envelopes de habilitação.
II. A resposta à impugnação do edital será divulgada em sítio eletrônico oficial no prazo de até 3 (três) dias úteis, limitado ao último dia útil anterior à data da abertura do certame.
III. Quando a avaliação prévia do local de execução for imprescindível para o conhecimento pleno das condições do objeto a ser contratado, o edital de licitação poderá prever, sob pena de inabilitação, a necessidade de o licitante atestar que conhece o local.
IV. Decairá do direito de impugnar o edital de licitação o licitante que não o fizer até o quinto dia útil que anteceder a data de abertura do certame.

Está correto o que consta APENAS em

(A) I e II.
(B) I, II e III.
(C) II e III.
(D) III e IV.
(E) II, III e IV.

I: incorreta, o prazo é de até 3 (três) dias úteis antes da data de abertura do certame (art. 164, *caput*, da Lei 14.133/21); II: correta (art. 104, parágrafo único, da Lei 14.133/21); III: correta (art. 63, § 2º, da Lei 14.133/21); IV: incorreta, o prazo é de até 3 (três) dias úteis antes da data de abertura do certame (art. 164, *caput*, da Lei 14.133/21).

Gabarito "C".

2. CONTRATOS

2.1. Disposições preliminares

(Analista – TRT/13ª – 2005 – FCC) É INCORRETO afirmar que é considerada característica dos contratos administrativos, dentre outras, a

(A) ausência de cláusulas exorbitantes.
(B) natureza de contratos de adesão.
(C) natureza, de regra, *intuitu personae*.
(D) finalidade pública.
(E) sua mutabilidade.

A: Incorreta, devendo ser assinalada, pois o contrato administrativo contém, sim, cláusulas exorbitantes, ou seja, cláusulas em que a Administração Pública tem prerrogativas especiais (art. 104 da Lei 14.133/21). **B:** Correta, visto que os contratos administrativos são contratos de adesão, pois a Administração estipula as cláusulas unilateralmente. **C:** Correta, já que os contratos administrativos são, em regra, *intuito personae*, ou seja, devem ser cumpridos pessoalmente pelo contrato. **D:** Correta, haja vista que os contratos administrativos têm, por óbvio, finalidade pública. **E:** Correta, pois os contratos administrativos podem ser modificados no curso de sua execução (art. 124 da Lei 14.133/21). FC

Gabarito "A".

(Analista – TRE/AP – 2011 – FCC) Uma das características dos contratos administrativos denomina-se *comutatividade*, que consiste em

(A) presença de cláusulas exorbitantes.

(B) equivalência entre as obrigações ajustadas pelas partes.

(C) sinônimo de bilateralidade, isto é, o contrato sempre há de traduzir obrigações para ambas as partes.

(D) obrigação *intuitu personae*, ou seja, que deve ser executada pelo próprio contratado.

(E) sinônimo de consensualidade, pois o contrato administrativo consubstancia um acordo de vontades e não um ato impositivo da Administração.

De fato, o conceito de comutatividade é a equivalência entre as obrigações assumidas pelas partes e é, ao lado de outras, uma das características do contrato administrativo. FC

Gabarito "B".

(Analista – TJ/MT – 2008 – VUNESP - ADAPTADA) O Tribunal de Justiça, ao elaborar um contrato administrativo para aquisição de serviços, introduziu nele as seguintes cláusulas: (1.ª) que no caso de atraso injustificado do início do serviço, o poder público poderá rescindir unilateralmente o contrato; e (2.ª) que a declaração de nulidade do contrato, nos casos em que o vício não seja sanável, operará efeitos apenas a partir dessa declaração, mantendo íntegros os efeitos jurídicos já produzidos. Sobre essas cláusulas, é correto dizer que

(A) ambas são nulas de pleno direito.

(B) ambas são anuláveis.

(C) a primeira é válida, e a segunda, nula.

(D) ambas são válidas.

(E) a primeira é nula, e a segunda, válida.

De fato, o atraso injustificado na execução do contrato pode levar à extinção unilateral do contrato (art. 162, parágrafo único, da Lei 14.133/21). Porém, a declaração de nulidade do contrato, quando não for possível sanar o vício, operará retroativamente, impedindo os efeitos jurídicos que o contrato deveria produzir ordinariamente e desconstituindo os já produzidos (art. 148 da Lei 14.133/21). FC

Gabarito "C".

2.2. Formalização dos contratos

(Analista – TRE/SC – 2005 – FAPEU - ADAPTADA) Assinale a alternativa CORRETA.

(A) A duração dos contratos administrativos será a prevista em edital, e deverão ser observadas, no momento da contratação e a cada exercício financeiro, a disponibilidade de créditos orçamentários, bem como a previsão no plano plurianual, quando ultrapassar 1 (um) exercício financeiro.

(B) Todo contrato verbal com a Administração Pública é nulo.

(C) O contratado não é obrigado a aceitar alterações contratuais que caracterizem supressões nas obras, serviços e compras.

(D) A variação do valor contratual, ainda que decorrente de reajuste de preços previsto no contrato, exige a celebração de aditamento.

A: correta (art. 105 da Lei 14.133/21); **B:** incorreta, pois os contratos verbais de pequenas compras ou de pronto pagamento poderão ser estabelecidos, respeitadas as previsões legais (art. 95, § 2º, da Lei 14.133/21); **C:** incorreta, pois o contratado é obrigado a aceitar as alterações que caracterizem supressão nas obras, serviços e compras, desde que respeitado o limite de 25% do valor inicial atualizado do contrato (art. 125 da Lei 14.133/21); **D:** incorreta, a variação do valor contratual para fazer face ao reajuste ou à repactuação de preços previstos no próprio contrato pode ser realizada por simples apostila, dispensada a celebração de termo aditivo (art. 136, I, da Lei 14.133/21). FC

Gabarito "A".

(Analista – TRE/TO – 2011 – FCC - ADAPTADA) Nos contratos administrativos,

(A) nenhum contrato com a Administração Pública pode ser de forma verbal.

(B) o instrumento de contrato é obrigatório, e não pode ser substituído por outro instrumento hábil em nenhuma hipótese.

(C) enquanto o Município não adotar o uso do Portal Nacional de Contratações Públicas (PNCP), deverá permitir a qualquer interessado a obtenção gratuita de cópia autenticada de contrato administrativo.

(D) a minuta do futuro contrato, quando for necessário o contrato, integrará sempre o edital ou ato convocatório da licitação.

(E) mesmo passado o prazo indicado no edital para convocação para a contratação, os licitantes não ficam liberados dos compromissos assumidos, em virtude do interesse público.

A: incorreta, pois os contratos verbais de pequenas compras ou de pronto pagamento poderão ser estabelecidos, respeitadas as previsões legais (art. 95, § 2º, da Lei 14.133/21); **B:** incorreta, o instrumento de contrato é obrigatório, salvo nas hipóteses previstas em lei, em que a Administração poderá substituí-lo por outro instrumento hábil, como carta-contrato, nota de empenho de despesa, autorização de compra ou ordem de execução de serviço (art. 95, Lei 14/133/21); **C:** incorreta, enquanto o Município não adotar o uso do Portal Nacional de Contratações Públicas (PNCP) deverá disponibilizar a versão física dos documentos em suas repartições, vedada a cobrança de qualquer valor, salvo o referente ao fornecimento de edital ou de cópia de documento, que não será superior ao custo de sua reprodução gráfica (art. 176, parágrafo único, II, Lei 14.133/21); **D:** correta (art. 18, VI, Lei 14.133/21); **E:** incorreta, decorrido o prazo de validade da proposta indicado no edital sem convocação para a contratação, ficarão os licitantes liberados dos compromissos assumidos (art. 90, § 3º, lei 14.133/21). FC

Gabarito "D".

(Analista – TRF/1ª – 2011 – FCC – ADAPTADA) O contrato administrativo, na administração pública brasileira

(A) não pode ser alterado em razão de acréscimos e supressões nas obras, serviços ou compras contratadas.

(B) não pode ser estabelecido por prazo indeterminado em nenhuma situação.

(C) não pode ser prorrogado por meio de aditivos.
(D) pode ser alterado unilateralmente sem a anuência do contratante.
(E) não pode findar sem anuência do particular.

A: incorreta, pois poderão ser alterados com a devida justificativa e desde que respeitados os limites estabelecidos em lei (arts. 124, I e 125 da Lei 14.133/21); B: incorreta, pois a Administração poderá estabelecer a vigência por prazo indeterminado nos contratos em que seja usuária de serviço público oferecido em regime de monopólio, desde que comprovada, a cada exercício financeiro, a existência de créditos orçamentários vinculados à contratação. (art. 109 da Lei 14.133/21); C: incorreta, pois há previsão da possibilidade de prorrogação de prazo (art. 6º, XXIII, "a" da Lei 14.133/21); D: correta (art. 124, I, da Lei 14.133/21); E: incorreta, pois o regime jurídico dos contratos administrativos, confere à Administração o poder de extingui-lo, unilateralmente (art. 104, II, da Lei 14.133/21). Gabarito "D".

(Analista – TRF/4ª – 2010 – FCC - ADAPTADA) De acordo com a Lei 14.133/21, analise:
I. O instrumento de contrato é não é obrigatório em nenhuma hipótese.
II. O instrumento de contrato é facultativo nos casos em que a Administração puder substituí-lo por outros instrumentos hábeis, tais como carta-contrato, nota de empenho de despesa, autorização de compra ou ordem de execução de serviço.
III. Os contratos deverão estabelecer com clareza e precisão as condições para sua execução, expressas em cláusulas que definam os direitos, as obrigações e as responsabilidades das partes, em conformidade com os termos do edital de licitação e os da proposta vencedora ou com os termos do ato que autorizou a contratação direta e os da respectiva proposta.
IV. A Administração poderá estabelecer a vigência por prazo indeterminado nos contratos em que seja usuária de serviço público oferecido em regime de monopólio, desde que comprovada, a cada exercício financeiro, a existência de créditos orçamentários vinculados à contratação.
V. Os contratos e seus aditamentos terão forma verbal, não sendo necessário que sejam juntados ao processo que tiver dado origem à contratação.

É correto o que consta APENAS em
(A) I e IV.
(B) I, II e III.
(C) III, IV e V.
(D) II, III e IV.
(E) II e V.

I: incorreta, pois o instrumento de contrato é obrigatório, salvo nas seguintes hipóteses, em que a Administração poderá substituí-lo por outro instrumento hábil, como carta-contrato, nota de empenho de despesa, autorização de compra ou ordem de execução de serviço (art. 95 da Lei 14.133/21); II: correta (art. 95 da Lei 14.133/21); III: correta (art. 89, § 2º, da Lei 14.133/21); IV: correta (art. 109 da Lei 14.133/21); V: incorreta, os contratos e seus aditamentos terão forma escrita e serão juntados ao processo que tiver dado origem à contratação, divulgados e mantidos à disposição do público em sítio eletrônico oficial (art. 91, da Lei 14.133/21). Gabarito "D".

2.3. Alteração dos contratos

(Analista – TRT/6ª – 2012 – FCC - ADAPTADA) No curso da execução de contrato administrativo regido pela Lei nº 14.133/21 para a construção de uma rodovia, identificou-se a necessidade de alteração do projeto inicial para melhor adequação técnica. A alteração importou majoração dos encargos do contratado, em relação àqueles tomados por base para o oferecimento de sua proposta na fase de licitação. Diante dessa situação, a Administração contratante

(A) poderá alterar unilateralmente o contrato, desde que a alteração do projeto não importe acréscimo de mais de 50% do objeto.
(B) poderá alterar o contrato de forma consensual com o contratado, assegurado o reequilíbrio econômico-financeiro, que não poderá superar 25% do valor do contrato.
(C) poderá alterar unilateralmente o contrato, sem necessidade de recomposição do equilíbrio econômico-financeiro, que somente é devido nas hipóteses de álea econômica extraordinária.
(D) poderá alterar unilateralmente o contrato, reestabelecendo o seu equilíbrio econômico-financeiro por aditamento contratual.
(E) somente poderá alterar o contrato se contar com a concordância do contratado e assegurado o seu reequilíbrio econômico-financeiro.

A: incorreta, pois o limite de acréscimo é de 25% no valor do contrato (art. 125 da Lei 14.133/21); B: incorreta, pois a Administração pode determinar a modificação contratual no caso de modo unilateral (e não consensual), nos termos do art. 124, I, "a" da Lei 14.133/21, assegurado, por óbvio, o reequilíbrio econômico-financeiro; C: incorreta, pois cabe modificação unilateral, mas é obrigatória a recomposição do equilíbrio econômico-financeiro (art. 130 da Lei 14.133/21); D: correta, lembrando que a alteração unilateral deve respeitar os limites previstos em lei e garantir o equilíbrio econômico financeiro do contrato (arts. 124, I, "a", 125 e 130 da Lei 14.133/21); E: incorreta, pois a Administração pode determinar a modificação contratual, no caso, de modo unilateral (e não consensual), nos termos do art. 124, I, da Lei 14.133/21, assegurado, por óbvio, o reequilíbrio econômico-financeiro. Gabarito "D".

(Analista – TRE/MG – 2005 – FCC) Com relação às características dos contratos administrativos, considere as proposições abaixo.
I. A Administração Pública pode modificar, unilateralmente, o contrato administrativo visando melhor adequação às finalidades de interesse público, respeitados os direitos do contratado.
II. O descumprimento de cláusulas contratuais por parte do Poder Público sempre autoriza o particular a cessar imediatamente a execução do avençado.
III. A Administração Pública somente pode alterar, unilateralmente, o contrato, se este mencionar expressamente a referida prerrogativa.
IV. Havendo a paralisação da execução do contrato, a Administração Pública pode assumir provisória ou definitivamente a execução do objeto.

Está correto o que contém APENAS em
(A) I e III.
(B) I e IV.

(C) II e III.
(D) II e IV.
(E) III e IV.

I: correta (art. 124, I, da Lei 14.133/21); II: incorreta, pois o contratado só pode suspensar o cumprimento de suas obrigações nos casos previstos em lei (é a chamada *exceptio non adimpleti contractus*, ou exceção do contrato não cumprido). Na Lei 14.133/21, essas hipóteses estão previstas no art. 137, § 3º, inciso II; III: incorreta, pois a possibilidade de alteração unilateral decorre da própria lei (art. 124, I, da Lei 14.133/21); IV: correta, pois incide, no caso, o princípio da continuidade do serviço público. FC

Gabarito "B".

(Analista – TRE/PR – 2012 – FCC) Determinado ente público locou um imóvel para instalar suas atividades. Contratou, regularmente, obras de reforma para adequação do prédio ao fluxo das pessoas atendidas. Durante a execução das referidas obras identificou-se que seria necessário aditar o contrato em 35% (trinta e cinco por cento) do valor inicial. Nesse caso,

(A) o contratado fica desobrigado de aceitar o acréscimo, tendo em vista que excedeu o limite de 25% legalmente previsto para majoração do contrato.

(B) a administração pública deverá realizar nova licitação para contratar o acréscimo de serviços identificado, visto não ser legal a majoração do contrato original em montante superior a 25%.

(C) a administração deverá aditar o contrato original para alterar seu objeto, na medida em que o montante do acréscimo excede o percentual legal de majoração.

(D) o contratado deverá aceitar a majoração, tendo em vista que o percentual de aumento está dentro do limite legalmente previsto para majoração de contrato de obras de reforma.

(E) o contratado terá preferência para participar do novo certame que obrigatoriamente deverá ser realizado, tendo em vista a necessidade de alteração do objeto original do contrato.

De acordo com o disposto no art. 125 da Lei 14.133/21, o contratado é obrigado a aceitar, nas mesmas condições contratuais, os acréscimos que se fizerem no caso particular de reforma de edifício ou de equipamento, até o limite de 50% (cinquenta por cento) para os seus acréscimos. FC

Gabarito "D".

(Analista – TRE/SP – 2012 – FCC - ADAPTADA) O Estado contratou, mediante prévio procedimento licitatório, a construção de um conjunto de unidades escolares em diferentes localidades. No curso da execução do contrato, identificou decréscimo na demanda escolar em Município no qual seria construída uma das unidades. Diante dessa situação, decidiu reduzir, unilateralmente, o objeto inicialmente contratado, não contando, contudo, com a concordância da empresa contratada. De acordo com a Lei 14.133/21, a contratada

(A) está obrigada a aceitar a supressão quantitativa determinada pela Administração, desde que não ultrapasse 25% do valor inicial atualizado do contrato.

(B) não está obrigada a aceitar a supressão, em face do princípio da vinculação ao edital, exceto quando decorrente de contingenciamento de recursos orçamentários.

(C) está obrigada a aceitar a supressão quantitativa determinada pela Administração, desde que não ultrapasse 50% do valor do contrato, assegurado o direito ao recebimento por materiais já adquiridos e eventuais prejuízos devidamente comprovados.

(D) não está obrigada, em nenhuma hipótese, a aceitar a supressão do objeto do contrato, que somente poderá ser implementada por acordo entre as partes e observado o limite de 50% do valor inicial atualizado do contrato.

(E) poderá rescindir o contrato, unilateralmente, desde que comprove que a sua execução tornou-se economicamente desequilibrada, fazendo jus à indenização por prejuízos comprovados e lucros cessantes.

De acordo com o art. 125 da Lei 14.133/21, o contratado fica obrigado a aceitar, nas mesmas condições contratuais, os acréscimos ou supressões que se fizerem nas obras, serviços ou compras, até 25% (vinte e cinco por cento) do valor inicial atualizado do contrato. FC

Gabarito "A".

(Analista – TRE/SP – 2006 – FCC) Uma empresa de equipamentos eletrônicos foi contratada pelo Tribunal Regional Eleitoral para fornecer acessórios a determinadas repartições eleitorais. Após dar início ao pactuado, foi surpreendida com o aumento exacerbado, imprevisto e imprevisível, do imposto sobre importação de produtos estrangeiros incidente sobre um dos componentes de informática, de origem japonesa, essencial ao cumprimento do ajuste. Tal fato, que onerou extraordinariamente os encargos do particular, dificultando sobremaneira a execução do contrato, implica

(A) rescisão do contrato em virtude da constatação do fato da administração.

(B) aditamento do ajuste em razão da constatação da interferência imprevista.

(C) rescisão unilateral do contrato pelo particular.

(D) alteração unilateral do ajuste pelo particular, ante a ocorrência de força maior.

(E) revisão do contrato em virtude da ocorrência do fato do príncipe.

O exemplo envolve um fato geral (e imprevisível), que acaba afetando significativamente o contrato, o que configura o fato do príncipe, justificando a revisão contratual (art. 124, II, "d", da Lei 14.133/21). FC

Gabarito "E".

(Analista – TRF/4ª – 2010 – FCC - ADAPTADA) Os contratos regidos pela Lei 14.133/21 poderão ser alterados, unilateralmente pela administração, com as devidas justificativas, quando

I. houver modificação do projeto ou das especificações, para melhor adequação técnica aos seus objetivos.

II. for necessária a modificação de valor contratual em decorrência de acréscimos ou diminuição quantitativa de seu objeto, nos limites permitidos pela Lei.

III. for conveniente a substituição da garantia de execução.

IV. for necessária a modificação da forma de pagamento, por imposição de circunstâncias supervenientes, mantido o valor inicial atualizado, vedada a antecipação do pagamento, com relação ao cronograma financeiro fixado, sem a correspondente contraprestação de fornecimento de bens ou execução de obra ou serviço.

V. for necessária a modificação do regime de execução da obra ou serviço, bem como do modo de fornecimento, em face de verificação técnica da inaplicabilidade dos termos contratuais originários.

É correto o que consta APENAS em

(A) I e II.
(B) III e IV.
(C) II, IV e V.
(D) I e V.
(E) III, IV e V.

I: correta (art. 124, I, "a", da Lei 14.133/21); II: correta (art. 124, I, "b", da Lei 14.133/21); III: incorreta, pois se trata de modificação por acordo das partes (art. 124, II, "a", da Lei 14.133/21); IV: incorreta, pois se trata de modificação por acordo das partes (art. 124, II, "c", da Lei 14.133/21); V: incorreta, pois se trata de modificação por acordo das partes (art. 124, II, "b", da Lei 14.133/21).
Gabarito "A".

2.4. Execução dos contratos

(Analista – TRT/11ª – 2005 – FCC – ADAPTADA) A natureza *intuitu personae* dos contratos administrativos corresponde à execução pessoal pelo contratado,

(A) passível de cessão ou transferência para atender o interesse público, mediante termo de reti-ratificação.
(B) razão pela qual é vedado prever no edital e no contrato a cessão parcial.
(C) sendo legítima a subcontratação total ou parcial, mediante termo aditivo ao contrato.
(D) admitida a subcontratação parcial no limite admitido, em cada caso, pela Administração.
(E) não sendo legítima a subcontratação, mesmo quando prevista no edital.

Art. 122 da Lei 14.133/21.
Gabarito "D".

(Analista – TRT/15ª – 2009 – FCC – ADAPTADA) O contrato administrativo deverá ser executado fielmente pelas partes, de acordo com as cláusulas avençadas e as normas legais, observadas, dentre outras, a seguinte regra:

(A) Executado o contrato de compras, o seu objeto será recebido definitivamente, de forma sumária, pelo responsável por seu acompanhamento e fiscalização, com verificação posterior da conformidade do material com as exigências contratuais.
(B) A execução do contrato deverá ser acompanhada e fiscalizada por, no mínimo, 2 (dois) ou mais fiscais do contrato, representantes da Administração especialmente, não permitida a contratação de terceiros para assisti-los e subsidiá-los com informações pertinentes a essa atribuição.
(C) A inadimplência do contratado, com referência aos encargos trabalhistas, fiscais e comerciais transfere à Administração Pública a responsabilidade por seu pagamento.
(D) Na execução do contrato, o contratado pode, sem prejuízo das responsabilidades contratuais e legais, subcontratar partes da obra, serviço ou fornecimento, até o limite de 25%, sem necessidade de autorização ou anuência da Administração.
(E) O contratado será responsável pelos danos causados diretamente à Administração ou a terceiros em razão da execução do contrato, e não excluirá nem reduzirá essa responsabilidade a fiscalização ou o acompanhamento pelo contratante.

A: Incorreta, em se tratando de compras, o objeto do contrato será recebido "a) provisoriamente, de forma sumária, pelo responsável por seu acompanhamento e fiscalização, com verificação posterior da conformidade do material com as exigências contratuais; b) definitivamente, por servidor ou comissão designada pela autoridade competente, mediante termo detalhado que comprove o atendimento das exigências contratuais. (art. 140, II, da Lei 14.133/21); B: Incorreta, "a execução do contrato deverá ser acompanhada e fiscalizada por 1 (um) ou mais fiscais do contrato, representantes da Administração especialmente designados conforme requisitos estabelecidos no art. 7º desta Lei, ou pelos respectivos substitutos, permitida a contratação de terceiros para assisti-los e subsidiá-los com informações pertinentes a essa atribuição (art. 117 da Lei 14.133/21); C: incorreta, a inadimplência do contratado em relação aos encargos trabalhistas, fiscais e comerciais não transferirá à Administração a responsabilidade pelo seu pagamento e não poderá onerar o objeto do contrato nem restringir a regularização e o uso das obras e das edificações, inclusive perante o registro de imóveis, ressalvada a hipótese de contratações de serviços contínuos com regime de dedicação exclusiva de mão de obra, em que a Administração responderá solidariamente pelos encargos previdenciários e subsidiariamente pelos encargos trabalhistas se comprovada falha na fiscalização do cumprimento das obrigações do contratado. (art. 121, §§ 1º e 2º, da Lei 14.133/21); D: Incorreta, a subcontratação pode ocorrer até o limite autorizado, em cada caso, pela Administração (art. 122 da Lei 14.133/21); E: correta, art. 120 da Lei 14.133/21.
Gabarito "E".

(Analista – TRT/23ª – 2007 – FCC - ADAPTADA) Executado o contrato administrativo decorrente de concorrência, o seu objeto será recebido, definitivamente, em se tratando de obras,

(A) pelo responsável por seu acompanhamento e fiscalização, mediante termo circunstanciado, assinado pelas partes em até quinze dias da comunicação escrita do contratado.
(B) por servidor ou comissão designada pela autoridade competente, mediante recibo, firmado pelas partes, após o decurso do prazo de observação que comprove a adequação do objeto aos termos contratuais.
(C) por servidor ou comissão designada pela autoridade competente, mediante termo detalhado que comprove o atendimento das exigências contratuais.
(D) pelo responsável por seu acompanhamento e fiscalização, mediante termo circunstanciado, assinado pelas partes em até trinta dias da comunicação escrita do contratado.
(E) pela autoridade contratante, mediante termo circunstanciado, firmado pelas partes, após cinco dias do prazo em que foi entregue o objeto.

Art. 140, I, "b", da Lei 14.133/21.
Gabarito "C".

(Analista – TRE/BA – 2010 – CESPE) Julgue o item a seguir.

(1) Entre as peculiaridades dos contratos administrativos, destaca-se a faculdade da administração pública de exigir a prestação de garantia nos contratos de obras,

serviços e compras, cabendo ao contratado a escolha da modalidade de garantia.

1: Correta (art. 96, § 1º, da Lei 14.133/21).
Gabarito "1C".

(Analista – TRE/RJ – 2012 – CESPE - ADAPTADA) Julgue os itens que se seguem, referentes aos contratos administrativos.

(1) Contratos de compra de pequeno valor e com pagamento imediato podem ser celebrados verbalmente pela administração pública.

(2) Os contratos administrativos, ressalvadas as espécies de contratos previstas em lei, devem, necessariamente, conter cláusula que identifique o crédito orçamentário que responderá pela despesa. Portanto, considerando-se as normas vigentes no país, a duração e a execução dos contratos administrativos não podem ultrapassar o prazo de um ano.

(3) Os contratos relativos a direitos reais sobre imóveis serão formalizados por escritura pública lavrada em notas de tabelião, cujo teor deverá ser divulgado e mantido à disposição do público em sítio eletrônico oficial.

1: correta, nos termos do art. 95, § 2º, da Lei 14.13321; **2:** incorreta, nenhuma contratação será feita sem a caracterização adequada de seu objeto e sem a indicação dos créditos orçamentários para pagamento das parcelas contratuais vincendas no exercício em que for realizada a contratação (art. 150 da Lei 14.133/21). Além disso, é possível que o contrato tenha prazo superior a 1 (um) exercício financeiro, desde que tenha previsão no plano plurianual (art. 105 da Lei 14.133/21); **3:** correta, nos termos do art. 91, § 2º, da Lei 14.133/21.
Gabarito 1C, 2E, 3C

(Analista – TRF/4ª – 2010 – FCC - ADAPTADA) A critério da autoridade competente, em cada caso, e desde que prevista no instrumento convocatório, poderá ser exigida prestação de garantia nas contratações de obras, serviços e compras. Analise:

I. Caberá ao contratado optar por uma das seguintes modalidades de garantia: caução em dinheiro ou em títulos da dívida pública; seguro-garantia; fiança bancária; ou título de capitalização custeado por pagamento único, com resgate pelo valor total.
II. A garantia prestada pelo contratado não será liberada ou restituída após a execução do contrato, e, quando em dinheiro, não será atualizada monetariamente.
III. Nos casos de contratos que importem entrega de bens pela Administração, dos quais o contratado ficará depositário, ao valor da garantia não será necessário acrescer o valor desses bens.
IV. Nas contratações de obras, serviços e fornecimentos, a garantia poderá ser de até 5% (cinco por cento) do valor inicial do contrato, autorizada a majoração desse percentual para até 10% (dez por cento), desde que justificada mediante análise da complexidade técnica e dos riscos envolvidos, ressalvada as contratações de obras e serviços de engenharia de grande vulto.
V. Para obras e serviços de engenharia de grande vulto, poderá ser exigida a prestação de garantia, na modalidade seguro-garantia, em percentual equivalente a até 30% (trinta por cento) do valor inicial do contrato.

De acordo com a Lei, é correto o que consta APENAS em

(A) II, III.
(B) I, IV e V.
(C) III, IV e V.
(D) I, III e V.
(E) I e II.

I: correta (art. 96, § 1º, da Lei 14.133/21); **II:** incorreta, pois a garantia prestada pelo contratado será liberada ou restituída após a fiel execução do contrato ou após a sua extinção por culpa exclusiva da Administração e, quando em dinheiro, atualizada monetariamente. (art. 100 da Lei 14.133/21); **III:** incorreta, pois nos casos de contratos que impliquem a entrega de bens pela Administração, dos quais o contratado ficará depositário, o valor desses bens deverá ser acrescido ao valor da garantia (art. 101 da Lei 14.133/21); **IV:** correta (arts. 98 e 99 da Lei 14.133/21); **V:** correta (art. 99 da Lei 14.133/21).
Gabarito "B".

2.5. Inexecução e rescisão dos contratos

((Analista – TJ/DFT – 2013 – CESPE) Julgue o item seguinte.

(1) Suponha que, na execução de determinada obra pública, o contratado paralise a obra sem justa causa e sem prévia comunicação à administração. Nesse caso, a administração estará legitimada a promover a rescisão do contrato após obter autorização judicial em ação proposta com essa finalidade específica.

1: incorreta, pois a Administração não precisa buscar o Judiciário para rescindir um contrato administrativo.
Gabarito 1E

(Analista – TRT/24ª – 2006 – FCC - ADAPTADA) Observe as seguintes proposições referentes às características dos contratos administrativos:

I. O contratado poderá arguir a exceção do contrato não cumprido quando a Administração atrasar, por mais de 30 dias, o pagamento estipulado no ajuste.
II. A Administração poderá extinguir unilateralmente o contrato quando o particular atrasar na obtenção da licença ambiental.
III. As cláusulas econômico-financeiras dos contratos administrativos poderão ser alteradas unilateralmente pela Administração.
IV. Todos os contratos para os quais a lei exige licitação são firmados *intuitu personae*.

Está correto o que se afirma APENAS em

(A) II e IV.
(B) II e III.
(C) I e IV.
(D) I, II e III.
(E) I, II e IV.

I: incorreta, pois o art. 137, § 2º, IV e § 3º determinam que, no caso em que ocorrer o atraso superior a 2 (dois) meses, contado da emissão da nota fiscal, dos pagamentos ou de parcelas de pagamentos devidos pela Administração por despesas de obras, serviços ou fornecimentos, será possível que o contratado tenha o direito de optar pela suspensão do cumprimento das obrigações assumidas até a normalização da situação; **II:** correta (art. 137, VI, da Lei 14.133/21); **III:** incorreta, as cláusulas econômico-financeiras e monetárias dos contratos não poderão ser alteradas sem prévia concordância do contratado (art. 104, § 1º, da Lei 14.133/21); **IV:** correta; a execução pessoal do contrato é a regra; admite-se apenas a subcontratação e, mesmo assim, nos termos da lei (art. 122 da Lei 14.133/21).
Gabarito "A".

6. LEI DE LICITAÇÕES E CONTRATOS ADMINISTRATIVOS

(Analista – TRE/PB – 2007 – FCC - ADAPTADA) Acerca dos contratos administrativos e sua inexecução,

(A) após a assinatura do contrato, em regra, a execução da obra pode ser integralmente transferida a terceiros pela empresa contratada, sob sua exclusiva responsabilidade.
(B) a extinção de contrato administrativo por interesse público, pela administração, exclui a possibilidade de eventual indenização ao contratado.
(C) cabe à Administração proceder a extinção unilateral da avença, caso o contratado dê causa, injustificadamente, a atrasos no cumprimento do cronograma definido.
(D) não se permite a edição de cláusulas exorbitantes que concedam vantagem à administração.
(E) somente poderá ser extinto ou alterado se houver previsão em cláusula específica.

A: incorreta, pois a execução pessoal do contrato é a regra; admite-se apenas a subcontratação e, mesmo assim, nos termos da lei (art. 122 da Lei 14.133/21); **B:** incorreta, pois o particular que tiver prejuízo terá direito de ser indenizado (art. 131 da Lei 14.133/21); **C:** correta, de acordo com o art. 162, parágrafo único, da Lei 14.133/21; **D:** incorreta, pois as cláusulas exorbitantes têm por característica peculiar justamente trazer vantagens à administração (art. 104 da Lei 14.133/21); **E:** incorreta, pois a possibilidade de rescisão e alteração decorre da própria lei, não sendo necessária sua previsão em contrato (art. 104, Lei 14.133/21). Gabarito "C".

(Analista – TRF/2º – 2007 – FCC - ADAPTADA) Sobre a inexecução do contrato administrativo, considere:

I. Se houver suspensão do contrato, o cronograma de execução será prorrogado automaticamente por igual tempo.
II. Em regra, se houver atraso superior a trinta dias dos pagamentos devidos pela Administração, o contratado tem o direito de optar pela suspensão do cumprimento de suas obrigações até que seja normalizada a situação.
III. Se ocorrer caso fortuito ou de força maior, regularmente comprovado e que impeça a execução do contrato, poderá a Administração Pública extinguir o contrato unilateralmente.

Está correto o que consta APENAS em

(A) I.
(B) II.
(C) III.
(D) I e III.
(E) II e III.

I: correta (art. 115, § 5º, da Lei 14.133/21); **II:** incorreta, pois o prazo é de dois meses, e não trinta dias (art. 137, § 2º, IV e § 3º, II, da Lei 14.133/21); **III:** correta (art. 137, V, da Lei 14.133/21). Gabarito "D".

2.6. Sanções administrativas

(Analista – TRT/9ª – 2010 – FCC - ADAPTADA) Sobre as sanções administrativas previstas na Lei nº 14.133/21, considere:

I. Pela inexecução total ou parcial do contrato, a Administração poderá aplicar ao contratado, dentre outras penalidades, impedimento de licitar e contratar, no âmbito da Administração Pública direta e indireta do ente federativo que tiver aplicado a sanção, por prazo não superior a três anos.
II. A aplicação de multa de mora por atraso injustificado na execução do contrato impede a Administração de rescindir unilateralmente o contrato.
III. A multa de mora por atraso injustificado na execução do contrato, aplicada após regular processo administrativo, não pode ser descontada da garantia contratual.
IV. As sanções de advertência, impedimento de licitar e contratar e declaração de inidoneidade para licitar ou contratar impostas pela inexecução total ou parcial do contrato, podem ser aplicadas juntamente com a multa prevista no instrumento convocatório ou no contrato.
V. A sanção de declaração de inidoneidade para licitar ou contratar com a Administração Pública, quando aplicada por órgão do Poder Executivo, é de competência do gestor do contrato.

Está correto o que consta APENAS em

(A) III, IV e V.
(B) I, II e V.
(C) II e III.
(D) I e IV.
(E) IV e V.

I: correta (art. 156, III e § 4º, da Lei 14.133/21); **II:** incorreta, pois a aplicação de multa de mora não impedirá que a Administração a converta em compensatória e promova a extinção unilateral do contrato com a aplicação cumulada de outras sanções previstas na Lei (art. 162, *caput* e parágrafo único, da Lei 14.133/21); **III:** incorreta, se a multa aplicada e as indenizações cabíveis forem superiores ao valor de pagamento eventualmente devido pela Administração ao contratado, além da perda desse valor, a diferença será descontada da garantia prestada ou será cobrada judicialmente (art. 156, § 8º, da Lei 14.133/21); **IV:** correta (art. 156, § 7º, da Lei 14.133/21); **V:** incorreta, pois a declaração de inidoneidade, quando aplicada por órgão do Poder Executivo, será de competência exclusiva de ministro de Estado, de secretário estadual ou de secretário municipal (art. 156, § 6º, I, da Lei 14.133/21). Gabarito "D".

(Analista – TRT/23ª – 2011 – FCC - ADAPTADA) Segundo a Lei 14.133/21, pela inexecução total ou parcial do contrato a Administração poderá, garantida a prévia defesa, aplicar ao contratado, dentre outras sanções administrativas, a pena de impedimento de licitar e contratar com a Administração, por prazo de até

(A) quatro anos.
(B) cinco anos.
(C) dois anos.
(D) dez anos.
(E) três anos.

Art. 156, § 4º, da Lei 14.133/21. Gabarito "E".

(Analista – TRF/2º – 2007 – FCC - ADAPTADA) Se houver inexecução total ou parcial do contrato, é INCORRETO afirmar que a Administração poderá, garantida a prévia defesa, aplicar ao contratado a sanção de

(A) multa, na forma prevista no instrumento convocatório ou no contrato.

(B) impedimento de licitar e contratar com a Administração, por prazo não superior a seis anos.
(C) advertência.
(D) declaração de inidoneidade para licitar ou contratar no âmbito da Administração Pública direta e indireta de todos os entes federativos, pelo prazo mínimo de 3 (três) anos e máximo de 6 (seis) anos.
(E) advertência, cumulada com multa, na forma prevista no instrumento convocatório ou no contrato.

Art. 156 da Lei 14.133/21.
Gabarito "B".

(Analista – TRF/5ª – 2008 – FCC - ADAPTADA) O prazo para defesa na aplicação da sanção de "declaração de inidoneidade para licitar ou contratar com a Administração Pública" é de

(A) 05 (cinco) dias úteis.
(B) 07 (sete) dias úteis.
(C) 10 (dez) dias úteis.
(D) 15 (quinze) dias úteis.
(E) 30 (trinta) dias úteis.

Art. 158, *caput*, da Lei 14.133/21.
Gabarito "D".

3. TEMAS COMBINADOS

(Analista – INPI – 2024 – CEBRASPE) No que se refere às normas de licitação e contratos administrativos previstas na Lei n.º 8.666/1993 e na Lei n.º 14.133/2021, julgue os itens a seguir.

(1) Na dispensa de licitação em razão do valor reduzido, a Lei n.º 8.666/1993 prevê limites dobrados para compras, serviços e obras contratados por autarquia qualificada como agência executiva, estando tal previsão preservada na Lei n.º 14.133/2021.

(2) A locação, pela administração pública, de imóvel destinado ao atendimento das finalidades precípuas da administração pública cujas características ou necessidades de instalação e de localização tornem necessária a sua escolha configura hipótese de dispensa de licitação segundo a Lei n.º 8.666/1993, ao passo que figura como causa de inexigibilidade de licitação na Lei n.º 14.133/2021.

(3) Os servidores, os empregados públicos e os agentes de licitação das autarquias integram a primeira linha de defesa das contratações públicas no âmbito da entidade, segundo a Lei n.º 14.133/2021.

(4) De acordo com a Lei n.º 14.133/2021, a sanção de declaração de inidoneidade para licitar ou contratar a ser aplicada pelas autarquias federais é ato que compete ao ministro de Estado a que se subordina a entidade.

1: Certo. O art. 24, § 1º da Lei 8.666/93 estabelecia o dobro dos limites de dispensa de licitação no caso de autarquia qualificada como agência executiva. Da mesma maneira, o art. 75, § 2º, Lei 14.133/21 estabelece que "§ 2º Os valores referidos nos incisos I e II do *caput* deste artigo serão duplicados para compras, obras e serviços contratados por consórcio público ou por autarquia ou fundação qualificadas como agências executivas na forma da lei". **2:** Certo. O art. 24, X, da Lei 8.666/93 estabelecia que uma das hipóteses de licitação dispensável seria "para a compra ou locação de imóvel destinado ao serviço público, cujas necessidades de instalação e localização condicionem a sua escolha, desde que o preço seja compatível com o valor de mercado, segundo avaliação prévia". Já na Lei 14.133/21, trata-se de licitação inexigível, nos termos do art. 74, V: "Art. 74. É inexigível a licitação quando inviável a competição, em especial nos casos de: V – aquisição ou locação de imóvel cujas características de instalações e de localização tornem necessária sua escolha". **3:** Certo. O art. 169, I, Lei 14.133/21 determina que "Art. 169. As contratações públicas deverão submeter-se a práticas contínuas e permanentes de gestão de riscos e de controle preventivo, inclusive mediante adoção de recursos de tecnologia da informação, e, além de estar subordinadas ao controle social, sujeitar-se-ão às seguintes linhas de defesa: I – primeira linha de defesa, integrada por servidores e empregados públicos, agentes de licitação e autoridades que atuam na estrutura de governança do órgão ou entidade". **4:** Errado. Quando a declaração de inidoneidade for aplicada por autarquia ou fundação, será de competência exclusiva da autoridade máxima da entidade, conforme previsto no art. 156, § 6º, I, da Lei 14.133/21.
Gabarito 1C, 2C, 3C, 4E

(Analista Jurídico – TRF5 – FCC – 2017) Durante um procedimento licitatório para contratação de empresa para construção de uma arena destinada a sediar os jogos de abertura de importante campeonato internacional de futebol, a Administração pública, alegando motivo superveniente, de conveniência e oportunidade, qual seja, a alteração do município sede da abertura dos referidos jogos, decidiu desfazer a licitação, pois o projeto havia sido concebido para ser executado em terreno específico situado no município que seria, originalmente, sede dos referidos jogos. O ato administrativo a ser produzido pela autoridade competente é o

(A) anulatório, suscetível tanto a controle interno como externo e limitado, em ambos os casos, à competência da autoridade que o exarou.
(B) anulatório, suscetível apenas de controle interno, com efeitos ex nunc, por se cuidar de atividade contratual da Administração.
(C) revocatório, suscetível de controle pelo Poder Judiciário quanto à competência, à forma e ao motivo, neste último caso em razão da teoria dos motivos determinantes.
(D) revocatório, suscetível de controle interno apenas e com efeitos *ex tunc*.
(E) anulatório, não suscetível de controle pelo judiciário, que está impedido de analisar o mérito das decisões administrativas, em razão do princípio da separação dos poderes.

A: incorreta. No caso, tem-se situação em que um procedimento licitatório, e note-se que sequer houve ainda a contratação, foi revogado em razão de fato superveniente que não poderia prever: a mudança de sede de determinado campeonato. Assim sendo, não há que se falar em nulidade do certame, pois não houve o cometimento de qualquer ilícito ou invalidade. Trata-se, nesse caso, de revogação do processo licitatório, nos termos do art. 71, II e § 2º, Lei 14.133/21. **B:** incorreta. Trata-se de caso de revogação e não de anulação do certame, na medida em que não ocorreu qualquer invalidade ou ilicitude que o pudesse macular; **C:** correta. No caso em tela, diante da ocorrência da ocorrência de fato novo que tornou o prosseguimento do certame inconveniente e inoportuno, sua revogação pode ser realizada pela Administração Pública, conforme previsto no art. 71, II e § 2º, Lei 14.133/21. O Poder Judiciário pode fazer a análise de legalidade do ato, portanto, cabe o controle quanto à competência, à forma e ao motivo. Ressalte-se que a Administração Pública tem, nesse ponto, poderes de invalidação mais amplos que os do Poder Judiciário: ela tanto pode revogar um ato legítimo e eficaz por não ser mais conveniente sua existência (revogação), como deve anular os atos administrativos ilegítimos ou ilegais. **D:** incorreta. Trata-se de revogação do certame, mas sujeita a controle interno e externo e, como visto acima, com produção de efeitos *ex nunc* por se tratar de ato lícito e perfeito tido por inconveniente ou inoportuno pela Administração Pública em razão de fato novo; **E:** incorreta. Não tendo ocorrido qualquer ilegalidade, não há que se falar em anulação do certame.

Gabarito 'C'.

(Analista Judiciário – STJ – CESPE – 2015 - ADAPTADA) Com referência à adoção de critérios de sustentabilidade nas licitações e contratações sustentáveis no âmbito da administração pública, julgue o item a seguir.

(1) No processo de licitação, poderá ser estabelecida margem de preferência para bens reciclados, recicláveis ou biodegradáveis, conforme regulamento.

1: Correta. O art. 26 da Lei 14.133/21 estabelece que: "No processo de licitação, poderá ser estabelecida margem de preferência para: I – bens manufaturados e serviços nacionais que atendam a normas técnicas brasileiras; II – bens reciclados, recicláveis ou biodegradáveis, conforme regulamento"

Gabarito 1C.

(Analista Judiciário – STJ – CESPE – 2015) No que se refere aos contratos e licitações e à responsabilidade civil, julgue os itens subsequentes.

(1) As hipóteses de dispensa de licitação estão previstas em rol exemplificativo, cabendo ao agente público justificar a necessidade de contratação direta.

(2) Os contratos administrativos celebrados pelo poder público podem ter tanto prazo determinado quanto indeterminado.

1: incorreta, pois nas hipóteses de dispensa de licitação o rol é taxativo (art. 75 da Lei 14.133/21). **2:** correta, a Administração poderá estabelecer a vigência por prazo indeterminado nos contratos em que seja usuária de serviço público oferecido em regime de monopólio, desde que comprovada, a cada exercício financeiro, a existência de créditos orçamentários vinculados à contratação (art. 109, da Lei 14.133/21).

Gabarito 1E, 2C.

7. DIREITO ADMINISTRATIVO

Wander Garcia, Flávia Campos, Flávia Barros, Rodrigo Bordalo e Ariane Wady

1. REGIME JURÍDICO ADMINISTRATIVO E PRINCÍPIOS DO DIREITO ADMINISTRATIVO

(Analista – INPI – 2024 – CEBRASPE) Com base nos princípios da administração pública, julgue os itens a seguir.

(1) A motivação do ato administrativo será obrigatória quando dela depender o exercício do contraditório e da ampla defesa.

(2) A confiança legítima e a boa-fé, embora semelhantes, são princípios autônomos e distintos, de modo que, para o reconhecimento da confiança legítima, não se faz necessária a presença da boa-fé.

(3) O nepotismo, o partidarismo e a promoção pessoal são vícios que maculam o princípio da impessoalidade.

(4) O princípio da publicidade encerra o seu escopo na publicação oficial dos atos administrativos.

1. Correta. O art. 50 da Lei 9.784/99 prevê os atos que dependem de motivação. Além disso, se um ato depende de contraditório e ampla defesa, é necessária a motivação, visto que só tendo acesso aos motivos do ato, a pessoa poderá exercer o direito de se defender. **2.** Incorreta. O respeito ao princípio da confiança legítima depende da boa-fé. **3.** Correta. O princípio da impessoalidade (art. 37, *caput*, CR/88) determina que o agente público deve atuar de forma impessoal, assim, se o agente público pratica nepotismo (Súmula Vinculante 13, STF), se busca interesses partidários ou se utiliza a atuação da Administração Pública para se promover pessoalmente (art. 37, § 1º, CR/88), estará ferindo o princípio da impessoalidade. **4.** Incorreta. O princípio da publicidade (art. 37, *caput*, CR/88) determina que a atuação da Administração Pública deve ser pública, acessível a todos. No entanto, o cumprimento desse princípio não se encerra apenas com a publicação oficial dos atos administrativos, havendo outras formas de se garantir a publicidade da atuação da Administração Pública. FC

Gabarito: 1C, 2E, 3C, 4E

(Analista Judiciário – TRF/PA – 2020 – IBFC) Em relação aos princípios que regem o regime jurídico administrativo, analise as afirmativas abaixo:

I. Em razão do Princípio da Intranscendência Subjetiva das Sanções, não pode ocorrer ou permanecer a inscrição do município em cadastros restritivos fundada em irregularidades na gestão anterior quando, na gestão sucessora, são tomadas as providências cabíveis à reparação dos danos eventualmente cometidos.

II. O limite de idade para a inscrição em concurso público só se legitima em face do artigo 7º, inciso XXX, da Constituição, quando possa ser justificado pela natureza das atribuições do cargo a ser preenchido, sendo este um reflexo do Princípio da Impessoalidade.

III. A administração pode anular seus próprios atos, quando eivados de vícios que os tornam ilegais, porque deles não se originam direitos; ou revogá-los, por motivo de conveniência ou oportunidade, respeitados os direitos adquiridos, e ressalvada, em todos os casos, a apreciação judicial. Este enunciado trata, sobretudo, do Princípio da Legalidade.

IV. Administração Pública pode anular seus próprios atos quando estes forem ilegais. No entanto, se a invalidação do ato administrativo repercute no campo de interesses individuais, faz-se necessária a instauração de procedimento administrativo, em respeito aos princípios do devido processo legal e da ampla defesa.

Assinale a alternativa correta.

(A) Apenas as afirmativas I, III e IV estão corretas
(B) Apenas as afirmativas I e IV estão corretas
(C) Apenas as afirmativas II e III estão corretas
(D) As afirmativas I, II, III e IV estão corretas

I: correto (é o que estabelece a Súmula 615 do STJ, cujo fundamento é o princípio da intranscendência subjetiva das sanções). **II:** incorreto (o enunciado reflete a Súmula 683 do STF, baseada nos princípios da razoabilidade e da isonomia). **III:** incorreto (o enunciado representa o conteúdo da Súmula 473 do STF, que evidencia o princípio da autotutela). **IV:** correto (cf. jurisprudência do STF). RB

Gabarito: "B".

(Analista Judiciário – TJ/AL – 2018 – FGV) Pelo princípio da motivação, o Administrador Público deve motivar as suas decisões, expondo os fundamentos de fato e de direito que embasaram a prática daquele ato administrativo.

Quando o agente público motiva seu ato mediante declaração de concordância com fundamentos de anteriores pareceres, informações, decisões ou propostas, como parte integrante do ato, de acordo com a jurisprudência e com a Lei Federal 9.784/99, sua conduta é:

(A) ilícita, devendo o ato ser invalidado porque o ordenamento jurídico exige motivação expressa e idônea específica para cada ato administrativo;

(B) ilícita, devendo o ato ser revogado porque o ordenamento jurídico exige motivação legítima, expressa e idônea para cada ato administrativo;

(C) ilícita, devendo o ato ser invalidado por ofensa aos princípios da administração pública da legalidade, da transparência e da finalidade;

(D) lícita, pois é possível a utilização da motivação aliunde dos atos administrativos, quando a motivação do ato remete a de ato anterior que embasa sua edição;

(E) lícita, pois a exigência de fundamentação não recai no campo da validade do ato administrativo, e sim no de sua eficácia, cabendo sua convalidação, com posterior complementação da motivação.

Trata-se da chamada motivação *aliunde* ou *per relationem*, ou seja, feita por referência, que se caracteriza pela motivação feita pela Administração Pública ao tomar uma decisão remetendo a fundamentação a outro documento. É prevista no Art. 50, § 1º, da Lei 9.874/1999. FB

Gabarito: "D".

(Analista Jurídico – TCE/PR – 2016 – CESPE) Quando a União firma um convênio com um estado da Federação, a relação jurídica envolve a União e o ente federado e não a União e determinado governador ou outro agente. O governo se alterna periodicamente nos termos da soberania popular, mas o estado federado é permanente. A mudança de comando político não exonera o Estado das obrigações assumidas. Nesse sentido, o Supremo Tribunal Federal (STF) tem entendido que a inscrição do nome de estado-membro em cadastro federal de inadimplentes devido a ações e(ou) omissões de gestões anteriores não configura ofensa ao princípio da administração pública denominado princípio do(a)

(A) intranscendência.
(B) contraditório e da ampla defesa.
(C) continuidade do serviço público.
(D) confiança legítima.
(E) moralidade.

A questão diz respeito ao princípio da instranscendência, decorrente do art. 5°, XLV, da CF e pelo qual nenhuma pena passará da pessoa do apenado. Porém, a Administração Pública é impessoal e pouco importa a mudança de "governo" caso um ente público tenha sido apenado, devendo permanecer intacta a apenação. Assim, não há ofensa ao princípio na inscrição do nome de estado-membro em cadastro federal de inadimplentes devido a ações e/ou omissões de gestões anteriores. WG

Gabarito "A".

(Analista – TJ/CE – 2014 – CESPE) No que se refere ao regime jurídico administrativo, assinale a opção correta.

(A) A criação de órgão público deve ser feita, necessariamente, por lei; a extinção de órgão, entretanto, dado não implicar aumento de despesa, pode ser realizada mediante decreto.
(B) A autotutela administrativa compreende tanto o controle de legalidade ou legitimidade quanto o controle de mérito.
(C) A motivação deve ser apresentada concomitantemente à prática do ato administrativo.
(D) De acordo como princípio da publicidade, que tem origem constitucional, os atos administrativos devem ser publicados em diário oficial.
(E) No Brasil, ao contrário do que ocorre nos países de origem anglo-saxã, o costume não é fonte do direito administrativo.

A: Incorreta, pois a criação ou extinção de órgãos públicos deve ser realizada por meio de Lei, conforme art. 84, VI, a, da CF; **B:** Correta, pois a autotutela administrativa abrange o controle dos atos tanto pelo mérito administrativo quanto pela legalidade; **C:** Incorreta, pois conforme lição de Celso Antônio Bandeira de Mello, "parece-nos que a exigência de a motivação dos atos administrativos, contemporânea à prática do ato, ou pelo menos anterior a ela, há de ser tida como uma regra geral (...)" (**Curso de Direito Administrativo**. 26. ed. São Paulo: Malheiros Editores, p. 396); **D:** Incorreta, pois a lei só poderá restringir a publicidade dos atos processuais quando a defesa da intimidade ou o interesse social o exigirem (art. 5°, LX, da CF); **E:** Incorreta, pois são fontes do direito administrativo o costume, juntamente com a jurisprudência, doutrina e os princípios gerais do direito. WG

Gabarito "B".

(Analista – TRT/10ª – 2013 – CESPE) A respeito da Administração Pública e seus princípios, julgue os itens subsecutivos.

(1) Considere a seguinte situação hipotética. Determinado prefeito, que é filho do deputado federal em exercício José Faber, instituiu ação político-administrativa municipal que nomeou da seguinte forma: Programa de Alimentação Escolar José Faber. Nessa situação hipotética, embora o prefeito tenha associado o nome do próprio pai ao referido programa, não houve violação do princípio da impessoalidade, pois não ocorreu promoção pessoal do chefe do Poder Executivo municipal.

(2) A nomeação, pelo presidente de um tribunal de justiça, de sua companheira para o cargo de assessora de imprensa desse tribunal violaria o princípio constitucional da moralidade.

(3) Os princípios constitucionais da Administração Pública se limitam à esfera do Poder Executivo, já que o Poder Judiciário e o Poder Legislativo não exercem função administrativa.

1: assertiva incorreta, pois a promoção pessoal também está caracterizada no caso, já que o Prefeito usou o nome do próprio pai para designar um programa político-administrativo, o que faz com que as pessoas associem o programa ao Prefeito, ferindo o princípio da impessoalidade e seu corolário previsto no art. 37, § 1°, da CF; **2:** assertiva correta, nos termos da Súmula Vinculante STF 13 ("A nomeação de cônjuge, companheiro ou parente em linha reta, colateral ou por afinidade, até o terceiro grau, inclusive, da autoridade nomeante ou de servidor da mesma pessoa jurídica investido em cargo de direção, chefia ou assessoramento, para o exercício de cargo em comissão ou de confiança ou, ainda, de função gratificada na administração pública direta e indireta em qualquer dos Poderes da União, dos Estados, do Distrito Federal e dos Municípios, compreendido o ajuste mediante designações recíprocas, viola a Constituição Federal"); **3:** assertiva incorreta, pois o próprio art. 37, caput, da CF dispõe que tais princípios se impõem à "Administração Pública direta e indireta de qualquer dos Poderes (...)", abarcando, assim, a Administração Pública dos Poderes Judiciário e Legislativo; vale lembrar que tais Poderes também praticam, ainda que atipicamente, atos administrativos, como quando contratam pessoal e compram materiais para uso interno. WG

Gabarito 1E, 2C, 3E

(Analista – TRT/10ª – 2013 – CESPE) Julgue os itens a seguir, acerca dos princípios e das fontes do direito administrativo.

(1) O princípio da supremacia do interesse público é, ao mesmo tempo, base e objetivo maior do direito administrativo, não comportando, por isso, limites ou relativizações.

(2) Em decorrência do princípio da legalidade, a lei é a mais importante de todas as fontes do direito administrativo.

1: assertiva incorreta, pois são dois os princípios basilares do direito administrativo, o mencionado e o princípio da indisponibilidade do interesse público; vale lembrar, outrossim, que esse princípio deve ser compatibilizado com os direitos e as garantias individuais, não podendo o Poder Público invocar o princípio da supremacia do interesse público sobre o privado, para eliminar os direitos fundamentais; **2:** assertiva correta; de fato, a lei, em sentido amplo (o que inclui a Constituição Federal), é a maior fonte de direito administrativo, por força do princípio da legalidade, previsto no art. 37, caput, da CF. WG

Gabarito 1E, 2C

(Analista – TRT/10ª – 2013 – CESPE) Julgue os itens que se seguem, a respeito do controle da Administração Pública.

(1) O Poder Judiciário, no exercício da atividade administrativa, pode exercer controle administrativo, inclusive para revogar seus próprios atos administrativos.
(2) Por força do princípio da separação de Poderes, não se admite o controle da Administração Pública pelo Poder Legislativo.

1: assertiva correta, pois o Poder Judiciário tem a autotutela de seus atos administrativos, podendo anular seus atos ilegais e revogar seus atos inconvenientes ou inoportunos; o que não é possível é o Poder Judiciário revogar atos administrativos de outros Poderes; **2:** assertiva incorreta, pois esse controle não só é possível, como é uma das principais funções do Poder Legislativo (arts. 49 e 71, *caput*, da CF). WG
Gabarito 1C, 2E

(Analista – TRE/MG – 2012 – CONSULPLAN) A Administração Pública de todos os níveis federais está sujeita a uma série de princípios, sendo correto afirmar que

(A) não é possível extrair do ordenamento jurídico brasileiro o princípio da razoabilidade, tendo em vista a indeterminação de sua conceituação e a falta de aplicabilidade prática.
(B) o princípio da publicidade assegura a todos os cidadãos o direito de receber dos órgãos públicos informações não só de interesse particular como de interesse geral da coletividade.
(C) o princípio da moralidade visa a preservar a estabilidade nas relações jurídicas, vedando a retroatividade dos atos administrativos e impedindo a aplicação de nova interpretação a situações pretéritas.
(D) o princípio da eficiência, expresso na Constituição, tem como foco a mudança de paradigma na prestação de serviços e produção de bens pelo Estado, que passam a ter finalidade essencialmente lucrativa.
(E) o princípio da supremacia do interesse público sobre o privado, expressamente incluído no texto constitucional pela EC 19/1998, inviabiliza que direitos fundamentais individuais sejam opostos em face do Estado.

A: assertiva incorreta, pois esse princípio está expresso no art. 2º, *caput*, da Lei 9.784/1999; **B:** assertiva correta, pois esses são os sentidos do princípio da publicidade, garantir o conhecimento de informações de interesse particular e público; **C:** assertiva incorreta, pois a definição dada é do princípio da segurança jurídica e não da moralidade; **D:** assertiva incorreta, pois o princípio da eficiência não muda o foco do Estado para que este passe a buscar o lucro, mas impõe que o Estado preste seu serviço de modo a atender satisfatoriamente aos interesses dos administrados; **E:** assertiva incorreta, pois esse princípio, apesar de estar presente no sistema jurídico como um todo, não está expresso na Constituição Federal; ademais, não se pode, sob o pretexto de atender a esse princípio, inviabilizar direitos individuais fundamentais. WG
Gabarito "B".

(Analista – TJAM – 2013 – FGV) A Administração, revendo interpretação de determinada lei, suprimiu direitos adquiridos por servidores. A esse respeito, assinale a afirmativa correta.

(A) A atitude é correta pois a Administração pode agir da forma mencionada com base na autotutela.
(B) A Administração agiu corretamente com base no princípio da indisponibilidade do interesse público.
(C) A Administração agiu corretamente com base no princípio da impessoalidade.
(D) A Administração agiu corretamente com base no princípio da supremacia do interesse público.
(E) A Administração agiu incorretamente, pois violou a segurança jurídica.

A a D: assertivas incorretas, pois nova interpretação não pode retroagir (art. 2º, parágrafo único, XIII, da Lei 9.784/1999); **E:** assertiva correta, pois é vedada a aplicação retroativa de nova interpretação (art. 2º, parágrafo único, XIII, da Lei 9.784/1999), sob pena de violação do princípio da segurança jurídica, que não admite sequer que uma nova lei prejudique direitos adquiridos (art. 5º, XXXVI, da CF), quanto mais uma interpretação nova de lei. WG
Gabarito "E".

(Analista – TJ/PE – 2007 – FCC) Com relação aos princípios constitucionais da Administração Pública, considere:

I. A Constituição Federal proíbe expressamente que conste nome, símbolo ou imagens que caracterizem promoção pessoal de autoridade ou servidores públicos em publicidade de atos, programas, obras, serviços e campanhas dos órgãos públicos.
II. Todo agente público deve realizar suas atribuições com presteza, perfeição e rendimento funcional.

As afirmações citadas correspondem, respectivamente, aos princípios da

(A) impessoalidade e eficiência.
(B) publicidade e moralidade.
(C) legalidade e impessoalidade.
(D) moralidade e legalidade.
(E) eficiência e publicidade.

I: tal proibição diz respeito à impessoalidade (art. 37, § 1º, da CF e art. 2º, parágrafo único, III, da Lei 9.784/1999), que tem como um de seus aspectos a vedação da autopromoção; **II:** trata-se de clara menção ao princípio da eficiência. WG
Gabarito "A".

(Analista – TJ/RJ – 2008 – CESPE) Acerca dos princípios informativos do direito administrativo, assinale a opção correta.

(A) A previsibilidade no emprego do poder, por instituições e órgãos, previamente estabelecidos, não decorre do princípio da segurança jurídica.
(B) Pelo princípio da motivação, é possível a chamada motivação aliunde, ou seja, a mera referência, no ato, à sua concordância com anteriores pareceres, informações, decisões ou propostas, como forma de suprimento da motivação do ato.
(C) O princípio da ampla defesa e do contraditório tem sua aplicação, no âmbito administrativo, limitada aos processos administrativos punitivos.
(D) A publicidade é elemento formativo do ato administrativo, uma vez que, sem ela, o ato não chega a se formar e, por isso, não pode gerar efeitos.
(E) A violação ao princípio da finalidade não gera o chamado abuso de poder, que é aplicado nos casos em que o ato administrativo é praticado por agente incompetente.

A: assertiva incorreta, pois a previsibilidade guarda relação com o princípio da segurança jurídica; **B:** assertiva correta (art. 50, § 1º, da Lei 9.784/1999); **C:** assertiva incorreta, pois tal princípio se aplica a todos os processos administrativos; **D:** assertiva incorreta, pois a publicidade não é requisito de existência (requisito formativo), mas requisito de eficácia dos atos administrativo; **E:** assertiva incorreta, pois o abuso do poder tem duas espécies, quais sejam, excesso de poder (problema na competência) e desvio de poder (problema na finalidade). WG

Gabarito "B".

(Analista – MPU – 2007 – FCC) Tendo em vista a matéria administrativa, é correto afirmar:

(A) Ato de império é todo aquele que ordena a conduta interna da Administração e de seus servidores, ou cria direitos e obrigações entre ela e os administrados, tais como as autorizações, permissões e os contratos em geral.

(B) É legal a realização de atos de império ou gestão por agente simplesmente designado para "responder pelo expediente", na vaga ou ausência temporária do titular.

(C) Pelo princípio da indisponibilidade do interesse público, a Administração Pública não pode dispor do interesse geral nem renunciar a poderes que a lei lhe deu para tal tutela, uma vez que o titular de tal interesse é o Estado.

(D) Na Administração Pública há liberdade de vontade pessoal do agente político encarregado da gestão, enquanto na administração particular só é lícito ao particular fazer o que a lei autoriza.

(E) A publicidade do ato administrativo não é requisito de sua eficácia ou moralidade, mas se constitui elemento formativo do próprio ato, que só produz efeitos jurídicos através da divulgação no órgão oficial ou pela imprensa particular.

A: assertiva incorreta, pois *atos de império* são os atos praticados pela Administração no gozo de prerrogativas de autoridade. Nesse sentido, os *contratos em geral*, por exemplo, não podem ser considerados atos de império; há diversos contratos celebrados pela Administração em que esta não atua com prerrogativas públicas, tais como a compra e venda, a locação, o seguro e o financiamento; nesses casos, se está diante de *atos de gestão*, que são os atos praticados pela Administração Pública sem o uso de prerrogativas públicas, na administração de bens e serviços; **B:** assertiva incorreta, pois os atos administrativos só podem ser praticados por quem tem competência; nesse sentido, somente quando houver delegação de competência (arts. 12 a 14 da Lei 9.784/1999) pode-se passar esta para outrem; **C:** assertiva correta; há dois princípios basilares no direito administrativo, quais sejam, o da *indisponibilidade do interesse público* e o da *supremacia do interesse público sobre o privado*; quanto ao primeiro princípio, ele prega justamente que o interesse geral, expressado na lei, não pode ser objeto de renúncia, de disposição; assim, um agente público que deixa de exercer seus deveres numa dada situação concreta está ferindo o princípio da indisponibilidade do interesse público; **D:** assertiva incorreta, pois é justamente o contrário que deve ser; os particulares têm liberdade para fazerem o que quiserem, salvo proibição legal; já os agentes públicos só podem fazer o que a lei determinar ou autorizar; **E:** assertiva incorreta, a publicidade é requisito de *eficácia* do ato administrativo, não sendo, portanto, requisito de existência ou de validade deste; um ato legal não publicado *existe* e é *válido*, porém não tem eficácia. WG

Gabarito "C".

2. PODERES DA ADMINISTRAÇÃO PÚBLICA

(Analista – TRT/18 – 2023 – FCC) A apreensão de documentos pertencentes à pessoa jurídica, por agentes da Administração Pública durante ação de fiscalização de estabelecimentos em determinado segmento,

(A) é expressão do princípio da eficiência, que, em razão de expressa previsão constitucional e de seu status hierarquicamente superior, prescinde de fundamento legal para o respectivo exercício.

(B) depende de expressa autorização judicial, diante da natureza cautelar da medida, o que excederia os limites da ação fiscalizatória disciplinar da Administração Pública.

(C) configura exercício do poder disciplinar, que submete não apenas os servidores públicos à autoridade administrativa, mas também os administrados à tutela estatal.

(D) é manifestação do poder normativo da Administração Pública, que pode editar atos normativos originários para fundamentar a adoção de ações e medidas cautelares repressivas em face dos administrados.

(E) configura legítima atuação do poder de polícia administrativa, que não dispensa a observância do contraditório em favor da empresa, admitido, contudo, de forma justificada, o diferimento desse exercício.

A apreensão de documentos por agentes da Administração Pública durante uma fiscalização é uma forma de manifestação do poder de polícia. **A:** Incorreta. A apreensão de documentos não é uma manifestação do princípio da eficiência. **B:** Incorreta. O poder de polícia tem como uma das suas características a autoexecutoriedade, que determina que a Administração Pública pode executar seus atos sem precisar do Poder Judiciário. **C:** Incorreta, o poder disciplinar é o poder conferido à Administração Pública para apurar irregularidade e aplicar sanção a pessoas que possuem uma relação especial com a Administração, mas não aos administrados de forma geral. **D:** Incorreta. O poder normativo é o poder conferido à Administração para editar atos gerais e abstratos para fiel execução de lei, portanto, não se manifesta através da apreensão de mercadorias. **E:** Correta. Trata-se de manifestação do poder de polícia, através da polícia administrativa, garantido, sempre o contraditório em favor da empresa. FC

Gabarito "E".

(Analista Jurídico – TRT2 – FCC – 2018) A edição de um decreto pelo Chefe do Executivo instituindo proibição de circulação de veículos por determinado perímetro da cidade

(A) encontra fundamento no poder regulamentar, porque este se presta a suprir lacunas legais.

(B) insere-se dentre as atribuições inerentes ao poder hierárquico, considerando a supremacia do interesse público sobre o particular, que permite a limitação da liberdade dos administrados, em prol da coletividade.

(C) configura expressão do poder disciplinar, posto que se presta a pacificar as relações entre a Administração pública e os administrados.

(D) excede os limites do poder regulamentar, na medida em que inova o ordenamento jurídico ao estabelecer nova restrição a direitos sem que conste haver o devido fundamento em lei.

(E) excede os limites do poder de polícia, tendo em vista que esta atuação se presta apenas a imposição de obrigações, não sendo admitido o estabelecimento de limitação ou restrição a direitos dos administrados.

A: incorreta. A questão refere-se efetivamente ao exercício de poder regulamentar e o erro contido nessa assertiva encontra-se no fato de que o limite desse poder de emitir atos administrativos para a correta execução da lei encontra-se precisamente na proibição de normatizar *contra legem* (contra a lei) *ou praeter legem* (além da lei). O admi-

nistrador público no exercício do poder regulamentar só pode atual *secundum legem* (segundo a lei); **B**: incorreta. O poder hierárquico é conferido ao administrador a fim de distribuir e escalonar as funções de seus órgãos, bem como **ordenar** e rever a atuação de seus agentes, estabelecendo uma relação de hierarquia, de subordinação; **C**: incorreta. **Poder disciplinar** é a faculdade de punir internamente as infrações funcionais dos servidores e demais pessoas sujeitas à disciplina dos órgãos e serviços da Administração; **D**: correta. A questão refere-se efetivamente ao exercício de poder regulamentar e ao fato de que o limite desse poder de emitir atos administrativos para a correta execução da lei encontra-se precisamente na proibição de normatizar *contra legem* (contra a lei) ou *praeter legem* (além da lei). O administrador público no exercício do poder regulamentar só pode atual *secundum legem* (segundo a lei); **E**: incorreta. O poder de polícia consiste no dever-poder que possui a Administração Pública de, nos termos da lei, impor limites à liberdade e à propriedade em prol do bem comum. **FMB**
Gabarito "D".

(Analista – TRF5 – FCC – 2017) A Superintendência de uma autarquia municipal do setor de transportes editou um decreto estabelecendo a redução da velocidade em determinado trecho de uma estrada, como forma de prevenção de acidentes, cuja violação passou a configurar nova infração de trânsito passível de ser apenada com multa e pontuação na carteira de habilitação dos condutores. Identificou-se, em razão de apuração de denúncia anônima, que o trecho da estrada onde havia sido determinada a redução da velocidade coincidia com o local onde recentemente haviam sido fixados outdoors de propaganda, precedidos de contratação com a Municipalidade. Parecia conveniente, portanto, que a velocidade fosse reduzida naquele trecho, o que potencializaria a exposição dos outdoors. Considerando os fatos narrados,

(A) a atuação da autarquia é independente e autônoma e, como tal, não pode ser questionada, considerando que referido ente possui personalidade jurídica própria, em especial porque o ente não captura ganhos porventura direcionados ao Município.
(B) o ato editado pela autarquia excedeu os limites formais do poder normativo atribuído ao Executivo, tendo em vista que decreto é ato privativo do Chefe do Executivo, bem como materiais, dado que a esse ato não seria permitido inovar no ordenamento jurídico, independentemente da competência constitucional para legislar nessa matéria.
(C) o decreto editado possui vícios apenas de cunho material, porque instituiu nova infração, passíveis de serem sanados com a revogação desta consequência, remanescendo válida a redução de velocidade operada.
(D) a atuação da autarquia pode ter excedido os limites do poder de polícia e editado ato com desvio de finalidade, sendo necessária prova do dolo e, em especial, do abuso de poder praticado, para que seja viável o desfazimento do ato.
(E) violou os poderes conferidos à Administração pública, porque ainda que o conteúdo seja inerente ao poder disciplinar, dirigido a todos os administrados, o ato praticado deveria ter adotado a forma de Resolução ou Portaria.

A questão tangencia os limites do exercício do poder de polícia e o ato administrativo eivado de desvio de finalidade, uma vez que dá a entender que a redução da velocidade em determinado trecho da estrada se deu mais por uma questão de interesse na exposição de outdoors do que na prevenção de acidentes. Ainda, refere-se aos limites do poder regulamentar. Com efeito, o limite desse poder de emitir atos normativos para a correta execução da lei encontra-se precisamente na proibição de normatizar *contra legem* (contra a lei) ou *praeter legem* (além da lei). O administrador público no exercício do poder regulamentar só pode atual *secundum legem* (segundo a lei). Logo, não poderia de modo algum ter estipulado sem previsão legal a proibição de uma dada condução e a sanção correspondente à infração a essa. **FMB**
Gabarito "B".

(Analista Jurídico – TRF5 – FCC – 2017) O chefe do departamento pessoal de uma determinada autarquia federal, para o bom funcionamento dos serviços afetos à sua unidade, editou ato normativo interno estabelecendo horários de saída para o almoço, respeitando, para tanto, as especificidades das jornadas de trabalho de cada subordinado. Justificou o ato na necessidade de a unidade contar, sempre, com pelo menos um servidor. A edição do ato encontra fundamento no poder

(A) de polícia, que é próprio da função administrativa, e assim denominado por cuidar-se, na hipótese, de pessoa jurídica integrante da Administração pública indireta.
(B) hierárquico, que é próprio da função administrativa, e por meio do qual a Administração pública mantém a disciplina e impõe o cumprimento de deveres funcionais.
(C) disciplinar, que obriga o cumprimento, pelos subordinados, das ordens dos superiores, sob pena de punição.
(D) hierárquico, que, no entanto, deixou de ser próprio da função administrativa, em razão do princípio da eficiência, que exclui a ingerência dos superiores.
(E) disciplinar, que se sobrepõe e se confunde com o poder hierárquico, pois atribui competência ao administrador para aplicar penalidade aos seus subordinados.

A: incorreta. O poder de polícia consiste no dever-poder que possui a Administração Pública de, nos termos da lei, impor limites à liberdade e à propriedade em prol do bem comum; **B**: correta. O poder hierárquico é conferido ao administrador a fim de distribuir e escalonar as funções de seus órgãos, bem como **ordenar** e rever a atuação de seus agentes, estabelecendo uma relação de hierarquia, de subordinação. No caso da presente questão, o que o chefe fez foi precisamente editar ato para ordenar os horários de saída e entrada dos servidores a ele subordinados; **C**: incorreta. **Poder disciplinar** é a faculdade de punir internamente as infrações funcionais dos servidores e demais pessoas sujeitas à disciplina dos órgãos e serviços da Administração; **D**: incorreta. Como vimos acima, o poder hierárquico consiste em um dos poderes da Administração Pública, referente ao poder dado ao administrador para distribuir e escalonar as funções de seus órgãos, bem como **ordenar** e rever a atuação de seus agentes, estabelecendo uma relação de hierarquia, de subordinação; **E**: incorreta. O poder hierárquico não se confunde com o poder disciplinar, na medida em que o primeiro refere-se ao poder dado ao administrador de distribuir e escalonar as funções de seus órgãos, bem como **ordenar** e rever a atuação de seus agentes, estabelecendo uma relação de hierarquia, de subordinação; ao passo que o poder disciplinar é aquele conferido à Administração Pública e que lhe permite punir, apenar a prática de infrações funcionais aos servidores e de todos os que estiverem sujeitos à disciplina de seus órgãos e serviços. **FMB**
Gabarito "B".

(Analista Judiciário – STJ – CESPE – 2015) No tocante aos poderes administrativos, julgue os seguintes itens.

(1) O fenômeno da deslegalização, também chamada de *delegificação*, significa a retirada, pelo próprio legislador, de certas matérias do domínio da lei, passando-as para o domínio de regulamentos de hierarquia inferior.

(2) O poder de polícia dispõe de certa discricionariedade, haja vista o poder público ter liberdade para escolher, por exemplo, quais atividades devem ser fiscalizadas para que se proteja o interesse público.

(3) O desvio de finalidade é uma espécie de abuso de poder em que o agente público, apesar de agir dentro dos limites de sua competência, pratica determinado ato com objetivo diverso daquele pautado pelo interesse público.

(4) A relação entre a administração direta e as entidades que integram a administração indireta pressupõe a existência do poder hierárquico entre ambas.

1: Correto. A doutrina dominante entende que a deslegalização ou delegificação é a retirada, pelo próprio Legislador, de certas matérias do domínio da lei, passando-se ao domínio do regulamento ou outro ato infralegal, sendo um processo de "queda de hierarquia" da matéria, que era regulada por um ato normativo de hierarquia superior e passa para um ato normativo de hierarquia inferior. **2:** Correta. O Poder de Polícia é discricionário, podendo o agente escolher, dentre as atividades previstas em lei, as que melhores se adéquam para que exista a proteção do interesse público. **3:** Correta. O abuso de poder é gênero, abrange o desvio de poder ou de finalidade e o excesso de poder. O desvio de poder é exatamente o que descreve o enunciado, ou seja, é o ato com vício de finalidade, em que o agente, mesmo competente, realiza ato violando o interesse público. **4:** Incorreta. Não há relação hierárquica ou de subordinação entre as pessoas jurídicas da Administração Direta e as integrantes da Administração Indireta. O que existe é apenas o controle de legalidade, também denominado de "tutela".

Gabarito: 1C, 2C, 3C, 4E

(Analista Judiciário – TJ/PI – FGV – 2015) Em tema de poderes administrativos, são hipóteses de regular emprego do poder de polícia quando o agente público competente determina, observadas as formalidades legais, com a finalidade de coagir o infrator a cumprir a lei, a:

(A) demissão de servidor público estável ocupante de cargo efetivo, após processo administrativo disciplinar, pela prática de falta funcional;

(B) edição de um decreto, contendo atos normativos que regulamentem determinada lei sobre a imposição de penalidades administrativas;

(C) interdição de atividade privada irregular, a apreensão de mercadorias deterioradas ou a demolição de construção ilegal com risco iminente de desabamento;

(D) instauração de sindicância sumária para apurar o desaparecimento de armas de fogo e munições de dentro do departamento da Secretaria de Segurança Pública;

(E) remoção de agente da Defesa Civil da área operacional para área administrativa, diante de sua baixa produtividade evidenciada em relatório de atividades funcionais.

A: Incorreta. Nesse caso, temos hipótese de Poder Disciplinar, que é o responsável por apurar atos infracionais e aplicar sanções aos agentes públicos. **B:** Incorreta. A edição de decreto, para regulamentar o estabelecido em lei, é manifestação do poder regulamentar. **C:** Correta. Essa é uma hipótese de aplicação do Poder de Polícia, que é o responsável por frenar, condicionar, limitar os atos dos administrados, tendo em vista a finalidade ou interesse público ou da coletividade. Ao interditar um estabelecimento irregular, busca-se o impedimento dessa atividade em prol da segurança sanitária da coletividade (mercadorias deterioradas), e ainda, evitando o desmoronamento do estabelecimento, está-se evitando danos aos administrados (a segurança da população vizinha). **D:** Incorreta. Sindicância é ato de procedimento disciplinar, decorrente de Poder Disciplinar, portanto. **E:** Incorreta. A remoção de servidores públicos decorre de manifestação do poder hierárquico.

Gabarito "C."

(Analista – TJ/CE – 2014 – CESPE) Em relação aos poderes administrativos, assinale a opção correta.

(A) O poder discricionário não é passível de controle pelo Poder Judiciário.

(B) O desvio de poder configura-se quando o agente atua fora dos limites de sua competência administrativa.

(C) Nenhum ato inerente ao poder de polícia pode ser delegado, dado ser expressão do poder de império do Estado.

(D) O poder hierárquico restringe-se ao Poder Executivo, uma vez que não há hierarquia nas funções desempenhadas no âmbito dos Poderes Legislativo e Judiciário.

(E) As prerrogativas do Poder Legislativo incluem a sustação dos atos normativos do Poder Executivo que exorbitem do poder regulamentar.

A: Incorreta. O STJ já solidificou entendimento de que cabe ao Poder Judiciário, apenas, o controle da legalidade dos atos administrativos: "é defeso ao Poder judiciário apreciar o mérito do ato administrativo, cabendo-lhe unicamente examiná-lo sob o aspecto de sua legalidade, isto é, se foi praticado conforme ou contrariamente à lei. Esta solução se funda no princípio da separação dos poderes, de sorte que a verificação das razões de conveniência ou de oportunidade dos atos administrativos escapa ao controle jurisdicional do Estado" (STJ, RO em MS 1288/91, 4ª T. rel. Min. Cesar Asfor Rocha, *DJ* 02.05.1994); **B:** Incorreta. O **abuso de poder** subdivide-se em **excesso de poder** e **desvio de poder**. Ocorre **excesso de poder** na hipótese em que há atuação fora dos limites de sua competência. Já no **desvio de poder**, o agente, em que pese atue nos limites de sua competência, se afasta do interesse público norteador do direito administrativo. Portanto, a descrição da alternativa subsume-se à hipótese de excesso de poder. **C:** Incorreta. O poder de polícia pode ser delegado para pessoa jurídica de direito público, se houver previsão em lei. Além disso, no que tange à delegação do poder de polícia para pessoa jurídica de direito privado, o Supremo Tribunal Federal (Inf. 996, STF) entende que é possível a delegação do consentimento, da fiscalização e da sanção de polícia, desde que preenchidos os seguintes requisitos: delegação seja feita por lei, para pessoa jurídica de direito privado integrante da Administração Pública Indireta, cujo capital seja majoritariamente público, que preste exclusivamente serviço público próprio de Estado, em regime não concorrencial. **D:** Incorreta. O Poder Hierárquico está presente em todos os poderes da União e, também, no MP e nas Defensorias **E:** Correta, nos termos do art. 49, V, da CF.

Gabarito "E."

(Analista – TRT/10ª – 2013 – CESPE) Com relação aos poderes da Administração Pública, julgue os próximos itens.

(1) Encontra-se dentro do poder regulamentar do Presidente da República a edição de decreto autônomo para a criação de autarquia prestadora de serviço público.

(2) A conduta abusiva da administração pode ocorrer quando o servidor atua fora dos limites de sua competência ou quando, embora dentro de sua competência, ele se afasta do interesse público exigido legalmente.

1: assertiva incorreta, pois tal hipótese não está prevista no dispositivo constitucional que autoriza alguns decretos autônomos (art. 84, VI, da CF); no mais, a Constituição Federal é clara no sentido de que somente por lei (na verdade, lei específica) é que se pode criar uma autarquia (art. 37, XIX, da CF); **2:** assertiva correta, pois a ideia de conduta abusiva (abuso de direito) abrange o excesso de poder (quando o servidor atua fora dos limites de sua competência) e o desvio de poder ou de finalidade (quando o servidor se afasta do interesse público exigido legalmente). Gabarito 1E, 2C

(Analista – TRT/11ª – 2012 – FCC) A Administração Pública, ao tomar conhecimento de infrações, cometidas por estudantes de uma escola pública, utiliza-se de um de seus poderes administrativos, qual seja, o *poder disciplinar*. Nesse caso, a Administração Pública

(A) poderia utilizar-se de tal poder contra os estudantes da escola pública.
(B) não poderia utilizar-se de tal poder, porém, pode impor sanções aos estudantes, com fundamento no poder de polícia do Estado.
(C) poderia utilizar-se de tal poder, no entanto, ele está limitado à fase de averiguação, não cabendo à Administração, nessa hipótese, punir.
(D) não poderia utilizar-se de tal poder, vez que ele somente é aplicável aos servidores públicos.
(E) poderia utilizar-se de tal poder, que, nessa hipótese, será discricionário, ou seja, pode a Administração escolher entre punir e não punir.

A: assertiva correta, pois o poder disciplinar se dirige não só em relação aos agentes públicos, como também a outras pessoas que têm vínculo específico com a Administração Pública, como é o caso dos estudantes de escolas públicas; **B:** assertiva incorreta, pois o poder de polícia atinge pessoas indeterminadas e não pessoas com vínculos específicos com a Administração; **C:** assertiva incorreta, pois a Administração, em tendo o poder disciplinar, deve exercê-lo por completo, não só apurando, como também aplicando as sanções cabíveis; **D:** assertiva incorreta, pois, conforme já mencionado, esse poder se aplica a todas as pessoas que têm vínculo específico com a Administração Pública; **E:** assertiva incorreta, pois a Administração, em se deparando com hipótese que determina a aplicação de sanção disciplinar, é obrigada a aplicá-la, em respeito à indisponibilidade do interesse público. Gabarito "A".

(Analista – TRT/16ª – 2014 – FCC) Considere as afirmações abaixo.

I. O poder disciplinar não abrange as sanções impostas a particulares não sujeitos à disciplina interna da Administração.
II. Os órgãos consultivos, embora incluídos na hierarquia administrativa para fins disciplinares, fogem à relação hierárquica no que diz respeito ao exercício de suas funções.
III. A discricionariedade existe, ilimitadamente, nos procedimentos previstos para apuração da falta funcional, pois os Estatutos funcionais não estabelecem regras rígidas como as que se impõem na esfera criminal.

A propósito dos poderes disciplinar e hierárquico, está correto o que se afirma em

(A) III, apenas.
(B) I, II e III.
(C) I e II, apenas.
(D) II, apenas.
(E) I e III, apenas.

I: correta, pois o poder disciplinar se limita a sanções aplicadas a particulares sujeitos à disciplina interna da Administração, tais como servidores públicos e outros com relação jurídica direta e específica com a Administração, como os registradores e tabeliães; **II:** correta; os órgãos consultivos, como o próprio nome diz, tem por função receber consultar e dar opiniões, e não tomar decisões, o que impede que seus atos sejam revistos por razão hierárquica, já que expedem meros atos opinativos; no mais, por terem em seu interior agentes públicos, tais agentes respondem disciplinarmente por eventual ato que fira os deveres funcionais; **III:** incorreta, pois não se pode confundir "discricionariedade" (que é margem de liberdade) com "arbitrariedade" (que é ilimitada liberdade), ainda mais em se tratando de procedimentos punitivos, como é o disciplinar, em que a lei traz regras rígidas e o mais objetivas possível, para que não haja punições com alta carga subjetiva e sem o devido processo legal. Gabarito "C".

(Analista – TRT/6ª – 2012 – FCC) A interdição de estabelecimento comercial privado por autoridade administrativa constitui exemplo do exercício do poder

(A) disciplinar.
(B) regulamentar.
(C) normativo.
(D) hierárquico.
(E) de polícia.

A interdição de estabelecimento comercial é típica medida de poder de polícia, já que se trata do condicionamento de atividades das pessoas às exigências do interesse público. Gabarito "E".

(Analista – TJAM – 2013 – FGV) Em regra, o poder regulamentar deve ser exercido pelo chefe do Executivo, tendo como base de sustentação uma lei prévia. No entanto, a Constituição da República permite que o Presidente da República faça uso do chamado *decreto autônomo*, que é editado sem fundamento em uma lei anterior.

Assinale a alternativa que apresenta o caso em que esse decreto poderá ser utilizado sem que se configure uma ofensa à separação de Poderes.

(A) Na criação de cargos públicos.
(B) Na criação de órgãos públicos.
(C) Na extinção de órgãos e cargos públicos vagos.
(D) Na extinção de cargos públicos vagos.
(E) Na alteração da organização da Administração Pública, ainda que haja aumento de despesas e desde que não haja a extinção ou criação de órgãos.

A: assertiva incorreta, pois somente a extinção de cargos vagos é que pode se dar por decreto autônomo (art. 84, VI, "b", da CF); a criação de cargos públicos depende lei; **B:** assertiva incorreta, pois há vedação expressa de criar órgãos públicos por meio de decreto (art. 84, VI, "a", da CF); **C:** assertiva incorreta, pois apenas a extinção de cargos públicos vagos é que pode se dar por decreto (art. 84, VI, "b", da CF); quanto à extinção de órgãos, há vedação expressa de criar órgãos por meio de decreto (art. 84, VI, "a", da CF); **D:** assertiva correta (art. 84, VI, "b", da CF); **E:** assertiva incorreta, pois, em havendo aumento de despesa, não cabe decreto autônomo na disposição sobre a organização e o funcionamento da Administração Pública. Gabarito "D".

(Analista – TRT9 – 2012 – FCC) Decreto do Poder Executivo Municipal restringiu a circulação de veículos em determinado horário em perímetro identificado da cidade, sob o fundamento de que a restrição seria necessária para melhoria da qualidade do ar na região, comprovadamente inadequada por medidores oficiais. A medida, considerando que o poder executivo municipal tenha competência material para dispor sobre a ordenação do tráfego e seja constitucionalmente obrigado a tutela do meio ambiente,

(A) é expressão da faceta disciplinar do poder regulamentar, que pode se prestar a restringir a esfera de interesses dos administrados, com vistas ao atendimento do interesse público.

(B) é expressão do poder disciplinar, na medida em que houve limitação, ainda que legal, dos direitos individuais dos administrados.

(C) insere-se no poder normativo do Executivo Municipal, que pode editar atos normativos autônomos disciplinando os assuntos de interesse local da comunidade.

(D) excede o poder regulamentar, que se restringe à disciplina de organização administrativa do ente, devendo essas disposições constarem de lei formal.

(E) insere-se no poder regulamentar do Executivo, se as disposições do decreto municipal estiverem explicitando normas legais que estabeleçam as diretrizes de ordenação do sistema viário com vistas a preservação da qualidade do ar.

A: assertiva incorreta, pois o poder regulamentar não pode inovar na ordem jurídica, restringindo direitos alheios; **B:** assertiva incorreta, pois, no caso, tem-se poder de polícia (condicionamento dos direitos das pessoas ao interesse coletivo) e poder regulamentar, lembrando que é fundamental que o Decreto esteja apenas a explicitar o que a lei tiver inovado na ordem jurídica, não sendo possível que o decreto inove na ordem jurídica, criando direitos ou deveres às pessoas; **C:** assertiva incorreta, pois o decreto é expressão do poder regulamentar (que insere no poder normativo em sentido amplo), mas não pode atuar, como regra, de forma autônoma, devendo se limitar a explicitar e a explicar o disposto na lei, pois, como regra, só a lei pode inovar na ordem jurídica; **D:** assertiva incorreta, pois o poder regulamentar (ou seja, o poder de expedir decreto para explicar a lei) pode se dar em múltiplas matérias e não somente em matéria de organização administrativa; o que não é possível é que o poder regulamentar extravase seu âmbito de atuação e acabe por inovar na ordem jurídica, passando por cima da lei; **E:** assertiva correta, pois o decreto não pode, como regra, inovar na ordem jurídica, devendo se limitar a explicitar as normas previstas na lei, de modo que, caso o decreto em questão nada mais faça do que explicitar e explicar comandos legais, terá sido expedido conforme o poder regulamentar conferido ao Executivo. **WG**
Gabarito: "E".

(Analista – TRE/PR – 2012 – FCC) Considerando que sejam atributos do poder de polícia a discricionariedade, a coercibilidade e a autoexecutoriedade, da qual são desdobramentos a exigibilidade e a executoriedade, é correto afirmar:

(A) A discricionariedade está presente em todos os atos emanados do poder de polícia.

(B) A exigibilidade compreende a necessidade de provocação judicial para adoção de medidas de polícia.

(C) A autoexecutoriedade prescinde da coercibilidade, que pode ou não estar presente nos atos de polícia.

(D) A coercibilidade traduz-se na caracterização do ato de polícia como sendo uma atividade negativa, na medida em que se presta a limitar a atuação do particular.

(E) O poder de polícia pode ser exercido por meio de atos vinculados ou de atos discricionários, neste caso quando houver certa margem de apreciação deixada pela lei.

A: assertiva incorreta, pois apenas quando a lei conferir margem de liberdade ao agente público é que se terá discricionariedade, circunstância que nem sempre acontece nas competências legais instituídas para o exercício do poder de polícia; **B:** assertiva incorreta, pois a exigibilidade é atributo que permite a adoção de *coação indireta* para fazer valer os atos administrativos; um exemplo de exigibilidade é a aplicação de uma multa ao infrator da lei; **C:** assertiva incorreta, pois os atos de polícia são dotados do atributo autoexecutoriedade, que consiste na possibilidade de a Administração Pública impor seus atos independentemente de pronunciamento do Poder Judiciário; **D:** assertiva incorreta, pois coercibilidade consiste no atributo que permite a adoção de *coação direta* (uso da força) para fazer valer os atos administrativos; **E:** assertiva correta, pois, como se viu, apenas quando a lei conferir margem de liberdade ao agente público é que se terá discricionariedade, circunstância que nem sempre acontece nas competências legais instituídas para o exercício do poder de polícia; dessa forma, o poder de polícia pode ser exercido por atos vinculados ou discricionários, de acordo com o que dispuser a lei que o regulamentar. **WG**
Gabarito: "E".

(Analista – TRE/SP – 2012 – FCC) A atividade da Administração consistente na limitação de direitos e atividades individuais em benefício do interesse público caracteriza o exercício do poder

(A) regulamentar, exercido mediante a edição de atos normativos para fiel execução da lei e com a prática de atos concretos, dotados de autoexecutoriedade.

(B) de polícia, exercido apenas repressivamente, em caráter vinculado e com atributos de coercibilidade e autoexecutoriedade.

(C) disciplinar, exercido com vistas à aplicação da lei ao caso concreto, dotado de coercibilidade e autoexecutoriedade.

(D) de polícia, exercido por meio de ações preventivas e repressivas dotadas de coercibilidade e autoexecutoriedade.

(E) disciplinar, consistente na avaliação de conveniência e oportunidade para aplicação das restrições legais ao caso concreto, o que corresponde à denominada autoexecutoriedade.

A definição dada no enunciado é de poder de polícia, devendo ser assinalada a alternativa **D**, que complementa, trazendo outras informações corretas sobre o instituto. **WG**
Gabarito: "D".

(Analista – TJ/AM – 2013 – FGV) A Administração Pública, ao desempenhar suas atribuições com a finalidade de atender ao interesse público, pode usar o Poder Hierárquico e o Poder de Polícia.

Em relação a esses poderes, analise as afirmativas a seguir.

I. O Poder Hierárquico tem incidência sobre os agentes que se encontram dentro na Administração Pública em relação de subordinação dentro da mesma pessoa jurídica.

II. o Poder de Polícia incide de forma geral sobre toda a coletividade.
III. o Poder Hierárquico será aplicado na relação entre uma autarquia e o ente criador.

Assinale:

(A) se somente as afirmativas I e II estão corretas.
(B) se somente as afirmativas I e III estão corretas.
(C) se somente as afirmativas II e III estão corretas.
(D) se somente a afirmativa III estiver correta.
(E) se todas as afirmativas estiverem corretas.

I: afirmativa correta, pois o poder hierárquico, de fato, se dá de órgão para órgão (ou de agente para a agente), diferentemente do poder de controle, que se dá de pessoa jurídica para pessoa jurídica; II: afirmativa correta, pois o poder de polícia é o poder de condicionar, de forma geral, a liberdade e a propriedade das pessoas, condicionando-as aos ditames do interesse público; III: afirmativa incorreta, pois, nesse caso, temos o chamado poder de controle (ou supervisão ministerial ou tutela). **WG**

Gabarito "A".

(Analista Ciências Jurídicas – Sudene – 2013 – FGV) Dentre os poderes inerentes à Administração Pública encontra-se o poder regulamentar. Com relação a esse poder, analise as afirmativas a seguir.

I. O poder regulamentar sofre controle por parte do poder legislativo.
II. O poder regulamentar sofre controle judicial.
III. A Constituição Federal veda completamente a figura do Decreto Autônomo.

Assinale:

(A) se apenas afirmativa I estiver correta.
(B) se apenas a afirmativa II estiver correta.
(C) se apenas a afirmativa III estiver correta.
(D) se apenas as afirmativas II e III estiverem corretas.
(E) se apenas as afirmativas I e II estiverem corretas.

I: correta, cabendo ao legislativo sustar os atos normativos do Poder Executivo que exorbitem do poder regulamentar (art. 49, V, da CF); II: correta, cabendo controle de constitucionalidade concentrado e judicial sobre tais atos; III: incorreta, pois há exceções no art. 84, VI, da CF. **WG**

Gabarito "E".

(Analista – TJDFT – 2013 – CESPE) A respeito da hierarquia na Administração Pública e da atuação da polícia administrativa, julgue os próximos itens.

(1) No que se refere ao exercício do poder de polícia, denomina-se exigibilidade a prerrogativa da Administração de praticar atos e colocá-los em imediata execução, sem depender de prévia manifestação judicial.
(2) Um dos efeitos do sistema hierárquico na Administração é a avocação de competência, possível somente entre órgãos e agentes do mesmo nível hierárquico ou entre os quais haja relação de subordinação, em razão de circunstâncias de índole técnica, social, econômica, jurídica ou territorial.

1: assertiva incorreta, pois esta característica é a autoexecutoriedade e não a exigibilidade; 2: assertiva incorreta, pois a avocação se dá necessariamente entre órgão superior e órgão hierarquicamente inferior (art. 15 da Lei 9.784/1999). **FC**

Gabarito 1E, 2E.

3. ATO ADMINISTRATIVO

3.1. Conceito e atributos do ato administrativo

Para resolver as questões sobre os requisitos e atributos do ato administrativo, vale a pena trazer alguns elementos doutrinários. Confira:

Atributos do ato administrativo (são as qualidades, as prerrogativas dos atos)

– **Presunção de legitimidade** *é a qualidade do ato pela qual este se presume verdadeiro e legal até prova em contrário*; ex.: uma multa aplicada pelo Fisco presume-se verdadeira quanto aos fatos narrados para a sua aplicação e se presume legal quanto ao *direito aplicado*, à pessoa tida como infratora e ao valor aplicado.

– **Imperatividade** *é a qualidade do ato pela qual este pode se impor a terceiros, independentemente de sua concordância*; ex.: uma notificação da fiscalização municipal para que alguém limpe um terreno ainda não objeto de construção, que esteja cheio de mato.

– **Exigibilidade** *é a qualidade do ato pela qual, imposta a obrigação, esta pode ser exigida mediante coação indireta*; ex.: no exemplo anterior, não sendo atendida a notificação, cabe a aplicação de uma multa pela fiscalização, sendo a multa uma forma de *coação indireta*.

– **Autoexecutoriedade** *é a qualidade pela qual, imposta e exigida a obrigação, está pode ser implementada mediante coação direta, ou seja, mediante o uso da coação material, da força, independentemente de apreciação jurisdicional*; ex.: no exemplo anterior, já tendo sido aplicada a multa, mais uma vez sem êxito, pode a fiscalização municipal ingressar à força no terreno particular, fazer a limpeza e mandar a conta, o que se traduz numa *coação direta*. A autoexecutoriedade não é a regra. Ela existe quando a lei expressamente autorizar ou quando não houver tempo hábil para requerer a apreciação jurisdicional.

Obs. 1: a expressão "autoexecutoriedade" também é usada no sentido da qualidade do ato que enseja sua imediata e direta execução pela própria Administração, independentemente de ordem judicial, reservando-se a expressão "coercibilidade" para designar a possibilidade de usar a força para a concretização do ato, conforme lição de Hely Lopes Meirelles.

Obs. 2: repare que esses atributos não existem normalmente no direito privado; um particular não pode, unilateralmente, valer-se desses atributos; há exceções, em que o particular tem algum desses poderes; mas essas exceções, por serem exceções, confirmam a regra de que os atos administrativos se diferenciam dos atos privados pela ausência nestes, como regra, dos atributos acima mencionados.

(Analista – TJ/ES – 2023 – CEBRASPE) Acerca do objeto do direito administrativo, dos atos administrativos e dos agentes públicos, julgue os itens a seguir.

(1) Os objetos de interesse do direito administrativo não incluem a atuação de entes de direito privado.
(2) No processo administrativo disciplinar, o direito à ampla defesa concretiza-se, entre outras formas, pela

prerrogativa de o interessado requerer produção de provas, sem, no entanto, dispor do direito de participar da sua produção.

(3) Embora ambos sejam atributos do ato administrativo, a presunção de veracidade não se confunde com a presunção de legitimidade.

(4) Convalidação de ato administrativo é uma medida da administração pública que busca sanar defeito do ato, com efeitos *ex tunc*, isto é, retroativos.

(5) Provimento por anulação ocorre quando o Poder Judiciário ou a própria administração pública anula demissão administrativa de servidor público.

1: Incorreta. O direito administrativo estuda, em determinada medida, entes de direito privado, como, por exemplo, empresas públicas, sociedades de economia mista, concessionárias e permissionárias de serviço público, entre outros. 2: Incorreta. O art. 156 da Lei 8.112/90 assegura ao servidor o direito de acompanhar o processo pessoalmente ou por intermédio de procurador, arrolar e reinquirir testemunhas, produzir provas e contraprovas e formular quesitos, quando se tratar de prova pericial. 3: Correta. A presunção de veracidade afirma que os atos administrativos presumem-se verdadeiros, enquanto a presunção de legitimidade determina que os atos administrativos presumem-se legítimos. 4. Correta. A convalidação, ou sanatória, é a convalidação dos atos administrativos, que tem efeitos retroativos. 5. Incorreta. Quando a penalidade de demissão é anulada, seja pelo Poder Judiciário ou pela própria administração, trata-se de reintegração (art. 28, Lei 8.112/90). FC

Gabarito 1E, 2E, 3C, 4C, 5E

(Analista – TJ/CE – 2014 – CESPE) No que se refere aos atos administrativos, assinale a opção correta.

(A) São convalidáveis tanto os atos administrativos vinculados quanto os discricionários.

(B) A autoexecutoriedade é um atributo presente em todos os atos administrativos.

(C) A autorização configura-se como ato discricionário e gratuito.

(D) As formas de extinção do ato administrativo incluem a cassação, a anulação e a reintegração.

(E) Os atos administrativos distinguem-se dos atos legislativos, entre outros fatores, por serem individuais, enquanto os atos legislativos são atos gerais.

A: Correta. O art. 55 da Lei 9.784/1999 dispõe que em decisão na qual se evidencie não acarretarem lesão ao interesse público nem prejuízo a terceiros, os atos [vinculados ou discricionários] que apresentarem defeitos sanáveis poderão ser convalidados pela própria Administração; B: Incorreta. O atributo da autoexecutoriedade só é aplicável aos atos administrativos quando previstos em lei ou, ainda, segundo Maria Sylvia Zanella Di Pietro, "quando se tratar de medida urgente que, se não adotada de imediato, possa ocasionar prejuízo maior para o interesse público; isso acontece no âmbito também da polícia administrativa, podendo-se citar, como exemplo, a demolição de prédio que ameaça ruir, o internamento de pessoa com doença contagiosa, a dissolução de reunião que ponha em risco a segurança de pessoas e coisas" (DI PIETRO, Maria Sylvia Zanella. **Direito Administrativo**. 25. ed. São Paulo: Atlas, 2012. p. 207 e 208). Importante lembrar a disposição do art. 5º, XXXV, da CF; C: Incorreta para a banca examinadora, pois a autorização, instrumento jurídico de outorga do uso privativo de bem público ao particular, poderá ser gratuito ou oneroso (exemplo: art. 4º, § 1º, da Lei 10.826/2003 – Estatuto do Desarmamento). É importante lembrar que o art. 131, § 1º, da Lei 9.472/1997 dispõe que "autorização de serviço de telecomunicações é o ato administrativo vinculado que faculta a exploração, no regime privado, de modalidade de serviço de telecomunicações, quando preenchidas as condições objetivas e subjetivas necessárias"; D: Incorreta. São formas de extinção do ato administrativo a cassação, a anulação e a revogação. A reintegração consiste em uma das formas de provimento expressamente prevista na Constituição (art. 41, § 1º, da CF); E: Incorreta. Hely Lopes Meirelles classifica **os atos administrativos**, quanto aos seus destinatários, em atos individuais (ou especiais) ou atos gerais (ou regulamentares). FC

Gabarito "A".

(Analista – TJ/AM – 2013 – FGV) Com relação à ex*equibilidade do ato administrativo*, assinale a afirmativa correta.

(A) O ato pode ser pendente e eficaz.

(B) O ato pode ser perfeito e ineficaz.

(C) O ato pode ser imperfeito e pendente.

(D) O ato pode ser imperfeito e exaurido.

(E) O ato pode ser pendente e exaurido.

A e E: assertivas incorretas, pois ato pendente é aquele que ainda não cumpriu seu ciclo de formação, ou seja, que ainda não existe; assim, quanto a um ato pendente, não há que se falar em ato eficaz (que já está apto a produzir efeitos) ou ato exaurido (que já cumpriu seus efeitos); B: assertiva correta, pois ato perfeito é aquele que já cumpriu o seu ciclo formativo, ou seja, que já existe; e nada impede que um ato já existente ainda seja ineficaz, bastando que esteja presente um termo ou uma condição suspensiva; C: assertiva incorreta, pois ato imperfeito e pendente está na mesma situação, ou seja, ainda não existe; D: assertiva incorreta, pois, se o ato é imperfeito (não existe ainda), não há como já estar com seus efeitos já cumpridos. WG

Gabarito "B".

3.2. Requisitos do ato administrativo

Para resolver as questões sobre os requisitos do ato administrativo, vale a pena trazer alguns elementos doutrinários. Confira:

Requisitos do ato administrativo (são requisitos para que o ato seja válido)

– **Competência:** *é a atribuição legal de cargos, órgãos e entidades*. São vícios de competência: a1) usurpação de função: alguém se faz passar por agente público sem o ser. Ato será inexistente; a2) excesso de poder: alguém que é agente público acaba por exceder os limites de sua competência. Ex.: fiscal do sossego que multa um bar que visita por falta de higiene; o ato será nulo; a3) função de fato: exercida por agente que está irregularmente investido no cargo público, apesar de a situação ter aparência de legal. Os praticados serão válidos se houver boa-fé.

– **Objeto:** *é o conteúdo do ato, aquilo que o ato dispõe, decide, enuncia, opina ou modifica na ordem jurídica*. O objeto deve ser lícito, possível e determinável, sob pena de nulidade. Ex.: a autorização e a permissão dadas.

– **Forma:** *são as formalidades necessárias para a seriedade do ato*. A seriedade do ato impõe a) respeito à forma propriamente dita; e b) motivação.

– **Motivo:** *fundamento de fato e de direito que autoriza a expedição do ato*. Ex.: o motivo da interdição de estabelecimento consiste no fato de não ter licença (motivo de fato) e de a lei proibir o funcionamento sem licença (motivo de direito). Pela *Teoria dos Motivos Determinantes, o motivo invocado para a prática do ato condiciona sua validade*. Se se provar que o motivo é inexistente, falso ou mal qualificado, o ato será nulo.

– **Finalidade:** *é o bem jurídico objetivado pelo ato*. Ex.: proteger a paz pública, a salubridade, a ordem pública. Cada ato administrativo tem uma finalidade. Desvio de poder (ou de finalidade): *ocorre quando um agente exerce uma competência que possuía, mas para alcançar finalidade diversa daquela para a qual foi criada*. Não confunda o *excesso de poder* (vício de sujeito) com o *desvio de poder* (vício de finalidade), espécies do gênero *abuso de autoridade*.

(Analista – TRT/18 – 2023 – FCC) Considerando a natureza jurídica dos atos administrativos e a competência para sua edição,

(A) somente autoridades integrantes da Administração Pública podem proferi-los, na medida em que representam ou veiculam manifestação de vontade do Poder Executivo.

(B) somente os atos vinculados editados com vício de competência podem ser convalidados, não se admitindo convalidação de atos de natureza discricionária.

(C) são proferidos pelas autoridades indicadas pela legislação, não se admitindo convalidação de atos discricionários ou vinculados.

(D) podem ser editados por agentes públicos integrantes da estrutura da Administração Pública, mas também por integrantes do Poder Judiciário, quando no exercício de funções executivas típicas.

(E) os atos praticados com vício de forma ou de procedimento admitem convalidação, o que não se aplica ao vício de competência, porque insanável.

A: Incorreta. Os atos administrativos podem ser editados pela Administração Pública ou por seus delegatários, pois quem recebe delegação de serviços públicos também pode se manifestar através de atos administrativos. **B:** Incorreta. Tanto os atos vinculados quanto os atos discricionários admitem convalidação quando se tratar de vício de competência, desde que a competência não seja exclusiva. **C:** Incorreta. Tanto os atos discricionários quanto os vinculados admitem convalidação, a depender do vício existente. **D:** Correta. Os Poderes Judiciário e Legislativo exercem, de forma atípica, a função administrativa. Assim, quando no exercício da função administrativa, eles editam atos administrativos. **E:** Incorreta. Os atos quem possuem vício de competência, desde que não se trate de competência exclusiva, podem ser convalidados. *Gabarito "D".*

(Analista Judiciário – TRE/PE – CESPE – 2017) Um servidor público praticou um ato administrativo para cuja prática ele é incompetente. Tal ato não era de competência exclusiva.

Nessa situação, o ato praticado será

(A) inexistente.
(B) irregular.
(C) válido.
(D) nulo.
(E) anulável.

A: Incorreta. Se há um vício de competência o ato existe, mas foi realizado em desconformidade com a lei, sendo nulo, portanto. **B:** Incorreta. O ato é anulável, porque realizado contrariamente à lei, não sendo utilizada essa expressão "irregular" quanto aos vícios do ato jurídico administrativo. **C:** Incorreta. O ato é inválido, porque viola a lei quanto às regras de competência por ela definidas. **D:** Incorreta. O ato é anulável, porque o vício de competência admite convalidação. **E:** Correta.

Como dito acima, o ato é anulável, porque o vício de competência e forma são considerados relativos e admitem convalidação (art. 55, da Lei 9.784/1999). *Gabarito "E".*

(Analista Judiciário – TRT/11 – FCC – 2017) Melinda, servidora pública, praticou ato administrativo com vício de competência. Cumpre salientar que a hipótese não trata de competência outorgada com exclusividade pela lei, mas o ato administrativo competia a servidor público diverso. Em razão do ocorrido, determinado particular impugnou expressamente o ato em razão do vício de competência. Nesse caso, o ato

(A) não comporta convalidação, pois o vício narrado não admite tal instituto.

(B) comporta convalidação que, na hipótese, dar-se-á com efeitos *ex tunc*.

(C) não comporta convalidação, em razão da impugnação feita pelo particular.

(D) comporta convalidação que, na hipótese, dar-se-á com efeitos *ex nunc*.

(E) comporta exclusivamente a aplicação do instituto da revogação, com efeitos *ex tunc*.

A: Incorreta. O vício de competência admite convalidação ou saneamento (art. 55 da Lei 9.784/1999), sendo esse o entendimento da doutrina dominante, conforme Maria Sylvia Zanella de Pietro, Direito Administrativo. 28ª Ed. pp. 229-230. **B:** Incorreta. Realmente, o vício de competência pode ser convalidado, mas a convalidação só produz efeitos "ex nunc". **C:** Correta. Se o ato foi impugnado, logicamente perde-se o interesse de ser convalidado, sendo esse o entendimento da doutrina, conforme MELLO, Celso Antônio Bandeira. Curso de Direito Administrativo. 30ª edição. Malheiros: São Paulo, 2012, p. 482. **D:** Incorreta. O ato com vício de competência admite convalidação, mas como foi impugnado, não há interesse nessa, enquanto não se decide o recurso. **E:** Incorreta. O enunciado fala em vício, por isso pode ser anulado, e não revogado. A anulação tem eficácia "ex tunc", sendo que a revogação tem eficácia "ex nunc". *Gabarito "C".*

(Analista – TRT/3ª – 2015 – FCC) Dentre os requisitos de validade do ato administrativo, alguns são de cunho geral, facilmente identificáveis em todos os atos, outros nem tanto. A identificação de vícios nos elementos do ato administrativo pode ensejar diferentes consequências, pois há ilegalidades insuperáveis. A motivação do ato administrativo, por sua vez,

(A) constitui indispensável elemento do ato administrativo, pois se consubstancia nos fatos que ensejaram a prática do ato, representando verdadeira expressão dos princípios do contraditório e da ampla defesa, sendo obrigatória em todos os atos administrativos, em maior ou menor extensão.

(B) distingue-se do motivo, embora com ele esteja relacionada, pois consiste na explicitação do motivo – pressuposto fático – e dos fundamentos da prática do ato, mas não constitui elemento do ato administrativo.

(C) é exigível somente quando houver disposição expressa de lei, interferência direta na esfera de direitos dos administrados e quando se tratar da edição de atos administrativos decorrentes do poder normativo e regulamentar da Administração.

(D) prepondera sobre o vício quanto ao motivo, tanto de inexistência, quanto de inadequação, sempre que a finalidade do ato, de interesse público, for atingida, independentemente de não ser o resultado pretendido com aquele ato.

(E) tanto quanto a finalidade, enquadram-se como elementos discricionários do ato administrativo, porque cabe ao administrador atender genericamente a finalidade de interesse público e explicitar as razões que o levaram a tal, ainda que não seja exatamente o caminho e o resultado previstos na lei.

A: incorreta, pois a definição dada na alternativa é de "motivo" (que é o próprio pressuposto de fato que autoriza a prática do ato) e não de "motivação" (que é a explicitação dos fundamentos que autorizam a prática do ato); **B**: correta, pois de fato o "motivo" é o próprio pressuposto de fato que autoriza a prática do ato e a "motivação" é a explicitação dos fundamentos que autorizam a prática do ato; **C**: incorreta, pois a motivação é a regra, já que decorre de um princípio (com o mesmo nome: princípio da motivação); portanto, é justamente o contrário, ou seja, somente quando a lei dispensar é que a motivação deve ser dispensada; **D**: incorreta, pois tanto o vício relacionado à "motivação" (que é um vício na "forma"), como o vício no "motivo" são vícios graves e que ensejam a nulidade do ato; porém, o vício na motivação (que, repito, é gravíssimo) pode até ser relevado em atos vinculados e sob determinados requisitos, mas o vício relacionado à inadequação ou à falsidade do motivo é fatal, de modo que, nesse sentido é mais grave; **E**: incorreta, pois a motivação não pode ser genérica, devendo ser específica e conter os fundamentos de fato e de direito que autorizam a prática do ato. WG
Gabarito "B".

(Analista – TRT/11ª – 2012 – FCC) O motivo do ato administrativo

(A) não interfere na sua validade.
(B) pode ser vinculado.
(C) quando viciado, permite a sua convalidação.
(D) se inexistente, acarreta a sua revogação.
(E) é a exposição dos fatos e do direito que serviram de fundamento para a prática do ato.

A: assertiva incorreta, pois, havendo vício no motivo (ou seja, este é falso quanto aos fatos ou inadequado quanto ao direito), o ato será inválido; **B**: assertiva correta, pois o motivo pode ser vinculado ou discricionário, a depender do que dispuser a regra de competência trazida na lei; **C**: assertiva incorreta, pois o vício no motivo é muito grave e causa a nulidade absoluta do ato, ou seja, um defeito não sanável, de modo que não é possível a convalidação (art. 55 da Lei 9.784/1999); **D**: assertiva incorreta, pois provado que o motivo invocado para a prática do ato não existe (vício no motivo), o ato é considerado nulo, o que enseja a sua *anulação* e não a sua *revogação*; **E**: assertiva incorreta, pois esse é o conceito de *motivação* e não de *motivo*; a motivação é um verbo (é a exposição), o motivo é um substantivo (é próprio fato/direito que serve de fundamento para o ato). WG
Gabarito "B".

(Analista – TRT/6ª – 2012 – FCC) No que diz respeito à convalidação dos atos administrativos, é correto afirmar que

(A) é sempre possível, por razões de interesse público, independentemente da natureza do vício.
(B) alcança atos que apresentem defeitos sanáveis, desde que não acarrete lesão ao interesse público nem prejuízo a terceiros.
(C) é obrigatório quando se trata de vício sanável, não podendo, contudo, retroagir seus efeitos à edição do ato convalidado.
(D) é facultativa nos casos de vício de forma e de finalidade, retroagindo seus efeitos à data do ato convalidado.
(E) somente é possível nas hipóteses de vícios de forma, retroagindo seus efeitos à data de edição do ato convalidado.

A: assertiva incorreta, pois se o vício é insanável, não cabe convalidação (art. 55 da Lei 9.784/1999); **B**: assertiva correta (art. 55 da Lei 9.784/1999); **C**: assertiva incorreta, pois a convalidação retroage seus efeitos para o dia da prática do ato, tornando válidos os efeitos ocorridos entre a data da prática do ato e a data da convalidação; **D**: assertiva incorreta, pois, cabendo a convalidação no caso concreto, esta é um imperativo (e não algo facultativo), o que vale quando se tem um vício sanável de forma; quanto ao vício na finalidade (assim como o vício quanto ao motivo e ao objeto), dificilmente se terá um ato sanável, pois tais vícios são gravíssimos e geram a nulidade do ato; **E**: assertiva incorreta, pois também é cabível no caso de vício de competência, por exemplo. WG
Gabarito "B".

(Analista – TJDFT – 2013 – CESPE) No que concerne aos atos administrativos, julgue o item abaixo.

(1) São sempre convalidáveis os atos administrativos com vícios de competência, forma e motivo, mas não os atos com vícios de finalidade e objeto.

1: assertiva incorreta, pois a palavra "sempre" compromete a afirmativa, já que a convalidação depende da existência de interesse público na medida, bem como ausência de prejuízo a terceiros, de maneira que nem sempre acontecerá (art. 55 da Lei 9.784/1999). FC
Gabarito "1E".

3.3. Classificações e espécies de ato administrativo

Antes de verificarmos as questões deste item, vale trazer um resumo das principais espécies de atos administrativos.

Espécies de atos administrativos segundo Hely Lopes Meirelles:

– **Atos normativos** *são aqueles que contêm comando geral da Administração Pública, com o objetivo de executar a lei*. Ex.: regulamentos (da alçada do chefe do Executivo), instruções normativas (da alçada dos Ministros de Estado), regimentos, resoluções etc.

– **Atos ordinatórios** *são aqueles que disciplinam o funcionamento da Administração e a conduta funcional de seus agentes*. Ex.: instruções (são escritas e gerais, destinadas a determinado serviço público), circulares (escritas e de caráter uniforme, direcionadas a determinados servidores), avisos, portarias (expedidas por chefes de órgãos – trazem determinações gerais ou especiais aos subordinados, designam alguns servidores, instauram sindicâncias e processos administrativos etc.), ordens de serviço (determinações especiais ao responsável pelo ato), ofícios (destinados às comunicações escritas entre autoridades) e despacho (contém decisões administrativas).

– **Atos negociais** *são declarações de vontade coincidentes com a pretensão do particular*. Ex.: licença, autorização e protocolo administrativo.

– **Atos enunciativos** *são aqueles que apenas atestam, enunciam situações existentes*. Não há prescrição de conduta por parte da Administração. Ex.: certidões, atestados, apostilas e pareceres.

– **Atos punitivos** *são as sanções aplicadas pela Administração aos servidores públicos e aos particulares.* Ex.: advertência, suspensão e demissão; multa de trânsito.

Confira mais classificações dos atos administrativos:

– **Quanto à liberdade de atuação do agente**

Ato vinculado *é aquele em que a lei tipifica objetiva e claramente a situação em que o agente deve agir e o único comportamento que poderá tomar.* Tanto a situação em que o agente deve agir como o comportamento que vai tomar são únicos e estão clara e objetivamente definidos na lei, de forma a inexistir qualquer margem de liberdade ou apreciação subjetiva por parte do agente público. Ex.: licença para construir, concessão de aposentadoria.

Ato discricionário *é aquele em que a lei confere margem de liberdade para avaliação da situação em que o agente deve agir ou para escolha do melhor comportamento a ser tomado.*

Seja na situação em que o agente deve agir, seja no comportamento que vai tomar, o agente público terá uma margem de liberdade na escolha do que mais atende ao interesse público. Neste ponto se fala em mérito administrativo, ou seja, na valoração dos motivos e escolha do comportamento a ser tomado pelo agente.

Vale dizer, o agente público fará apreciação subjetiva, agindo segundo o que entender ser mais conveniente e oportuno ao interesse público. Reconhece-se a discricionariedade, por exemplo, quando a regra que traz a competência do agente traz conceitos fluidos, como *bem comum, moralidade, ordem pública* etc. Ou ainda, quando a lei não traz um motivo que enseja a prática do ato, como, por exemplo, a que permite nomeação para cargo em comissão, de livre provimento e exoneração. Também se está diante de ato discricionário quando há mais de uma opção para o agente quanto ao momento de atuar, à forma do ato (ex.: verbal, gestual ou escrita), sua finalidade ou conteúdo (ex.: advertência, multa ou apreensão).

A discricionariedade sofre alguns temperamentos. Em primeiro lugar é bom lembrar que todo ato discricionário é parcialmente regrado ou vinculado. A competência, por exemplo, é sempre vinculada (Hely diz que competência, forma e finalidade são sempre vinculadas, conforme vimos). Ademais, só há discricionariedade nas situações marginais, nas zonas cinzentas. Assim, se algo for patente, como quando, por exemplo, uma dada conduta fira veementemente a moralidade pública (ex.: pessoas fazendo sexo no meio de uma rua), o agente, em que pese estar diante de um conceito fluido, deverá agir reconhecendo a existência de uma situação de imoralidade. Deve-se deixar claro, portanto, que a situação concreta diminui o espectro da discricionariedade (a margem de liberdade) conferida ao agente.

Assim, o Poder Judiciário até pode apreciar um ato discricionário, mas apenas quanto aos aspectos de legalidade, razoabilidade e moralidade, não sendo possível a revisão dos critérios adotados pelo administrador (mérito administrativo), se tirados de dentro da margem de liberdade a ele conferida pelo sistema normativo.

– **Quanto às prerrogativas da Administração**

Atos de império são os *praticados no gozo de prerrogativas de autoridade*. Ex.: interdição de um estabelecimento.

Atos de gestão são os *praticados sem uso de prerrogativas públicas, em igualdade com o particular, na administração de bens e serviços*. Ex.: contrato de compra e venda ou de locação de um bem imóvel.

Atos de expediente são os *destinados a dar andamentos aos processos e papéis que tramitam pelas repartições, preparando-os para decisão de mérito a ser proferida pela autoridade*. Ex.: remessa dos autos à autoridade para julgá-lo.

A distinção entre ato de gestão e de império está em desuso, pois era feita para excluir a responsabilidade do Estado pela prática de atos de império, de soberania. Melhor é distingui-los em atos regidos pelo direito público e pelo direito privado.

– **Quanto aos destinatários**

Atos individuais são os *dirigidos a destinatários certos, criando-lhes situação jurídica particular*. Ex.: decreto de desapropriação, nomeação, exoneração, licença, autorização, tombamento.

Atos gerais são os *dirigidos a todas as pessoas que se encontram na mesma situação, tendo finalidade normativa*.

São diferenças entre um e outro as seguintes:

– só ato individual pode ser impugnado individualmente; normativos só por ADIN ou após providência concreta.

– ato normativo prevalece sobre o ato individual.

– ato normativo é revogável; individual deve respeitar direito adquirido.

– ato normativo não pode ser impugnado administrativamente; só após providência concreta.

– **Quanto à formação da vontade**

Atos simples: *decorrem de um órgão, seja ele singular ou colegiado*. Ex.: nomeação feita pelo Prefeito; deliberação de um conselho ou de uma comissão.

Atos complexos: *decorrem de dois ou mais órgãos, em que as vontades se fundem para formar um único ato*. Ex.: decreto do Presidente, com referendo de Ministros.

Atos compostos: *decorrem de dois ou mais órgãos, em que vontade de um é instrumental à vontade de outro, que edita o ato principal*. Aqui existem dois atos pelo menos: um principal e um acessório. Ex.: nomeação do Procurador Geral da República depende de prévia aprovação pelo Senado; atos que dependem de aprovação ou homologação. Não se deve confundi-los com atos de um procedimento, em que há vários atos acessórios.

– **Quanto aos efeitos**

Ato constitutivo *é aquele em que a Administração cria, modifica ou extingue direito ou situação jurídica do administrado*. Ex.: permissão, penalidade, revogação, autorização.

Ato declaratório *é aquele em que a Administração reconhece um direito que já existia*. Ex.: admissão, licença, homologação, isenção, anulação.

Ato enunciativo é aquele em que a Administração apenas atesta dada situação de fato ou de direito. Não produz efeitos jurídicos diretos. São juízos de conhecimento ou de opinião. Ex.: certidões, atestados, informações e pareceres.

– **Quanto à situação de terceiros**

Atos internos são aqueles que produzem efeitos apenas no interior da Administração. Ex.: pareceres, informações.

Atos externos são aqueles que produzem efeitos sobre terceiros. Nesse caso, dependerão de publicidade para terem eficácia. Ex.: admissão, licença.

– **Quanto à estrutura.**

Atos concretos são aqueles que dispõem para uma única situação, para um caso concreto. Ex.: exoneração de um agente público.

Atos abstratos são aqueles que dispõem para reiteradas e infinitas situações, de forma abstrata. Ex.: regulamento.

Confira outros atos administrativos, em espécie:

– **Quanto ao conteúdo:** a) **autorização:** ato unilateral, discricionário e precário pelo qual se faculta ao particular, em proveito desse, o uso privativo de bem público ou o desempenho de uma atividade, os quais, sem esse consentimento, seriam legalmente proibidos. Ex.: autorização de uso de praça para festa beneficente; autorização para porte de arma; b) **licença:** ato administrativo unilateral e vinculado pelo qual a Administração faculta àquele que preencha requisitos legais o exercício de uma atividade. Ex.: licença para construir; c) **admissão:** ato unilateral e vinculado pelo qual se reconhece ao particular que preencha requisitos legais o direito de receber serviço público. Ex.: aluno de escola; paciente em hospital; programa de assistência social; d) **permissão:** ato administrativo unilateral, discricionário e precário, pelo qual a Administração faculta ao particular a execução de serviço público ou a utilização privativa de bem público, mediante licitação. Ex.: permissão para peruero; permissão para uma banca de jornal. Vale lembrar que, por ser precária, pode ser revogada a qualquer momento, sem direito à indenização; e) **concessão:** ato bilateral e não precário, pelo qual a Administração faculta ao particular a execução de serviço público ou a utilização privativa de bem público, mediante licitação. Ex.: concessão para empresa de ônibus efetuar transporte remunerado de passageiros. Quanto aos bens públicos, há também a *concessão de direito real de uso*, oponível até ao Poder Concedente, e a *cessão de uso*, em que se transfere o uso para entes ou órgãos públicos; f) **aprovação:** ato de controle discricionário. Vê-se a conveniência do ato controlado. Ex.: aprovação pelo Senado de indicação para Ministro do STF; g) **homologação:** ato de controle vinculado. Ex.: homologação de licitação ou de concurso público; h) **parecer:** ato pelo qual órgãos consultivos da Administração emitem opinião técnica sobre assunto de sua competência. Tipos: *facultativo* (parecer solicitado se a autoridade quiser); *obrigatório* (autoridade é obrigada a solicitar o parecer, mas não a acatá-lo) e *vinculante* (a autoridade é obrigada a solicitar o parecer e a acatar o seu conteúdo; ex.: parecer médico).

– **Quanto à forma:** a) **decreto:** é a forma de que se revestem os atos individuais ou gerais, emanados do Chefe do Poder Executivo. Ex.: nomeação e exoneração (atos individuais); regulamentos (atos gerais que têm por objeto proporcionar a fiel execução da lei – art. 84, IV, da CF); b) **resolução e portaria:** são as formas de que se revestem os atos, gerais ou individuais, emanados de autoridades que não sejam o Chefe do Executivo; c) **alvará:** forma pela qual a Administração confere licença ou autorização para a prática de ato ou exercício de atividade sujeita ao poder de polícia do Estado. Ex.: alvará de construção (instrumento da licença); alvará de porte (instrumento da autorização).

(Analista – TRE/CE – 2012 – FCC) Provimentos são *atos administrativos internos, contendo determinações e instruções que a Corregedoria ou os tribunais expedem para a regularização e uniformização dos serviços, com o objetivo de evitar erros e omissões na observância da lei*.

Segundo o conceito acima, de Hely Lopes Meirelles, trata-se de atos administrativos

(A) punitivos.

(B) declaratórios.

(C) enunciativos.

(D) negociais.

(E) ordinatórios.

A: assertiva incorreta, pois atos punitivos são *sanções aplicadas pela Administração aos servidores públicos e aos particulares*, sendo que os provimentos mencionados não importam em sanções; **B:** assertiva incorreta, pois atos declaratórios são *aqueles que apenas atestam uma situação preexistente*, o que não se dá em relação aos provimentos, já que estes contêm ordens e não declarações; **C:** assertiva incorreta, pois atos enunciativos são *aqueles que apenas atestam, enunciam situações existentes*, o que não se dá em relação aos provimentos, que importam em ordens, determinações, prescrições de conduta e não em mera enunciação de situação existente; **D:** assertiva incorreta, pois os atos negociais *são declarações de vontade coincidentes com pretensão do particular* e os provimentos não são expedidos para atender à vontade do particular; **E:** assertiva correta, pois atos ordinatórios são *aqueles que disciplinam o funcionamento da Administração e a conduta funcional de seus agentes*, conceito que abrange os provimentos. WG

Gabarito "E".

(Analista – Área Administrativa – TRT1 – 2018 – AOCP) "Ato administrativo unilateral e vinculado pelo **qual a Administração faculta àquele que preencha os requisitos legais o exercício de uma atividade**" (Di Pietro, Maria Sylvia Zanella. Direito administrativo. 30.ed. Rev., atual. e ampl.– Rio de Janeiro: Forense, 2017.)

O trecho acima faz referência a que espécie de ato administrativo?

(A) Admissão.

(B) Licença.

(C) Autorização.

(D) Permissão.

(E) Aprovação.

A: incorreta. **Admissão** *é o ato unilateral e vinculado pelo qual a Administração reconhece ao particular que preencha requisitos legais o direito à prestação de um serviço público*. Ex.: admissão de aluno em escola ou universidade pública; admissão de paciente em hospital;

admissão de pessoa carente em programa de assistência social; **B:** correta. **Licença** *é o ato administrativo unilateral e vinculado pelo qual a Administração faculta àquele que preencha requisitos legais o exercício de uma atividade.* Ex.: licença para construir; licença para dirigir veículos automotores. A licença também se baseia no poder de polícia, havendo juízo de legalidade somente. Trata-se de ato *declaratório*, daí porque, enquanto na autorização se fala em interesses, na licença se fala em direitos subjetivos, pois cumpridos os requisitos para a licença o interessado tem direito de exigi-la, diferentemente do que acontece quanto à autorização; **C:** incorreta. **Autorização** *é o ato administrativo unilateral, discricionário e precário pelo qual a Administração faculta ao particular, em proveito deste, o uso privativo de bem público ou o desempenho de uma atividade, os quais, sem esse consentimento, seriam legalmente proibidos.* Ex.: autorização de uso de praça para realização de festa beneficente ou evento cultural; autorização para compra e registro ou para porte de arma. A autorização se baseia no poder de polícia, fazendo-se juízo de conveniência e oportunidade acerca da sua concessão ou não; **D:** incorreta. **Permissão** *é o ato administrativo unilateral, discricionário e precário, pelo qual a Administração faculta ao particular a execução de serviço público ou a utilização privativa de bem público, mediante licitação.* Exs.: permissão para taxista ou perueiro efetuar transporte remunerado de passageiros; permissão para que uma banca de jornal se instale numa calçada ou praça públicas. Vale lembrar que, por ser precária, pode ser revogada a qualquer momento sem que o particular tenha direito à indenização. Ademais, diferentemente da autorização, a permissão depende de licitação; **E:** incorreta. **Aprovação** é o ato administrativo pelo qual o Poder Público exerce o controle de legalidade e mérito de outro ato ou de situações e realizações materiais de seus próprios órgãos, outras entidades ou ainda particulares, dependentes de seu controle, a consente na sua execução ou manutenção. Justamente por sua amplitude de objeto, a aprovação pode ser prévia ou subsequente, vinculada ou discricionária, segundo o que dispuser a lei. Ex.: aprovação dada pelo Senado à indicação do Presidente para nomeação de Ministro para o Supremo Tribunal Federal. Em tese, o Senado pode rejeitar a indicação, não a aprovando, por considerá-la não conveniente, em vista de não ter o indicado reputação ilibada, por exemplo. **FB**

Gabarito "B".

(Analista Judiciário – TRE/PI – CESPE – 2016) O chefe do Poder Executivo federal expediu decreto criando uma comissão nacional para estudar se o preço de determinado serviço público delegado estaria dentro dos padrões internacionais, tendo, na ocasião, apontado os membros componentes da referida comissão e sua respectiva autoridade superior. Nesse decreto, instituiu que a comissão deveria elaborar seu regimento interno, efetuar ao menos uma consulta pública e concluir a pesquisa no prazo de cento e vinte dias e que não poderia gerar despesas extraordinárias aos órgãos de origem de cada servidor integrante da referida comissão.

A partir dessa situação hipotética, assinale a opção correta no que se refere a atos administrativos e seu controle judicial.

(A) O decreto federal é uma fonte primária do direito administrativo, haja vista o seu caráter geral, abstrato e impessoal.

(B) Uma vez instituído o referido decreto, não poderá o chefe do Poder Executivo revogá-lo de ofício.

(C) O Poder Judiciário, em sede de controle judicial, poderá revogar o referido decreto por motivos de oportunidade e conveniência.

(D) O referido ato presidencial é inconstitucional, pois é vedado instituir comissões nacionais que visem à promoção de estudo de preços públicos mediante decreto do chefe do Poder Executivo federal.

(E) A expedição do decreto é ato vinculado do chefe do Poder Executivo federal.

A: Correta. Nesse caso, temos um decreto autônomo (art. 84, VI, CF), que é um ato administrativo normativo constitucional, geral e abstrato, como as leis, por isso comparado a ela. **B:** Incorreta. Os decretos são atos normativos com caráter político, por isso admitem revogação, eis que editados com base em pressupostos discricionários. **C:** Incorreta. O Poder Judiciário não pode revogar atos administrativos, sendo esse ato privativo da própria Administração Pública. **D:** Incorreta. O ato normativo é constitucional, pois fundamentado no art. 84, VI, CF, ou seja, dispõe sobre o funcionamento e organização da Administração Pública. **E:** Incorreta. Trata-se de ato discricionário, político. **AW**

Gabarito "A".

3.4. Discricionariedade e vinculação

(Analista – TRF5 – FCC – 2017) Recém empossado ao cargo de Chefe do Executivo Municipal, o novo Prefeito de determinado município iniciou a implementação de seu plano de governo, que continha, dentre outras providências, plano para expansão do sistema viário, a fim de possibilitar o desenvolvimento urbano da cidade. O Ministério Público ajuizou ação questionando a atuação municipal, sob o fundamento de que outras políticas públicas antes prioritárias haviam sido substituídas. O Poder Judiciário, quando da análise da ação judicial ajuizada pelo Ministério Público,

(A) poderá analisar a política pública do novo prefeito, adentrando a verificação da melhor decisão a ser adotada, a ampliação do sistema viário ou os programas anteriormente em execução.

(B) não poderá dar procedência à ação, tendo em vista que o controle dos atos administrativos somente pode se dar sob os aspectos de legalidade, tanto no âmbito do Poder Judiciário, quanto no Legislativo, com auxílio do Tribunal de Contas.

(C) poderá analisar os atos do Poder Executivo sob o prisma da legalidade, mas não poderá adentrar ao mérito da escolha da Administração, vez que é inerente à discricionariedade administrativa a possibilidade de decisão perante mais de uma opção igualmente válida.

(D) poderá decidir pela procedência da ação, a fim de analisar a adoção das políticas públicas identificadas como prioritárias, considerando que o Ministério Público possui poderes para controle de mérito e de legalidade da Administração pública, ainda que o Judiciário não possa adentrar o mérito das escolhas do Executivo.

(E) não poderá prover a ação em razão de não ter sido indicado, especificamente, qual a medida que deveria ter sido adotada pela Administração pública, pois ao Judiciário caberia decidir entre uma ou outra opção apresentada para sua análise.

C: correta. A questão refere-se aos limites da apreciação dos atos administrativos discricionários pelo Poder Judiciário. Com efeito, nos dias atuais, diferentemente do que antes a doutrina tradicional propagava, o Poder Judiciário pode adentrar até mesmo na análise da questão do mérito administrativo, mas tão somente para manifestar-se sobre sua razoabilidade e proporcionalidade. Ou seja, a análise judicial

se dá quanto à legalidade, razoabilidade e proporcionalidade do ato. A discricionariedade consiste na liberdade dada pela lei ao administrador para, diante do caso concreto, decidir qual a solução que atinge otimamente a finalidade legal, o que se chama "juízo de conveniência e oportunidade". Sendo esse juízo lícito, razoável e proporcional, não é dado ao juiz adentrar ao mérito da decisão administrativa, pois não lhe cabe substituir a função do administrador. Vale ressaltar, no entanto, que o Supremo Tribunal Federal vem reconhecendo, em certa medida, a atuação do Poder Judiciário no que tange ao controle de políticas públicas: "Inf. 1.101, STF: A intervenção do Poder Judiciário em políticas públicas voltadas à realização de direitos fundamentais, em caso de ausência ou deficiência grave do serviço, não viola o princípio da separação dos Poderes. A decisão judicial, como regra, em lugar de determinar medidas pontuais, deve apontar as finalidades a serem alcançadas e determinar à Administração Pública que apresente um plano e/ou os meios adequados para alcançar o resultado". FC
Gabarito "C".

(Analista – TRT/11ª – 2012 – FCC) Considere as seguintes assertivas concernentes ao tema *discricionariedade* e *vinculação* dos atos administrativos:

I. A fonte da discricionariedade é a própria lei; aquela só existe nos espaços deixados por esta.
II. No poder vinculado, o particular não tem direito subjetivo de exigir da autoridade a edição de determinado ato administrativo.
III. A discricionariedade nunca é total, já que alguns aspectos são sempre vinculados à lei.
IV. Na discricionariedade, a Administração Pública não tem possibilidade de escolher entre atuar ou não.

Está correto o que se afirma APENAS em

(A) I, II e III.
(B) I e III.
(C) I e IV.
(D) II, III e IV.
(E) II e IV.

I: assertiva correta, pois, pelo princípio da legalidade, só se pode fazer o que lei a autorizar; dessa forma, mesmo quando se tem uma margem de liberdade para o administrador público (discricionariedade), tem-se, por traz, uma lei determinado a extensão dessa margem de liberdade; II: assertiva incorreta, pois, em se tratando de ato vinculado, tem-se uma situação em que a lei estabelece requisitos objetivos para a concessão de algo em favor do particular, de modo que, caso este comprove que atendeu a todos os requisitos objetivamente definidos na lei (ex.: querendo um alvará para construir uma casa, o particular demonstra que está respeitando a lei de zoneamento, os recuos, afastamentos e demais regras objetivas), terá direito subjetivo a que o ato administrativo seja praticado em seu favor, podendo acionar o Poder Judiciário para pleitear a edição do ato, caso este não seja praticado; III: assertiva correta, pois, na esfera administrativa, não existe arbitrariedade (liberdade total), mas discricionariedade (margem de liberdade), sendo que uma parte do ato administrativo discricionário é sempre regrada, ou seja, é sempre vinculada, trazendo deveres objetivos aos administradores, que, em contrapartida, atuam com subjetividade em relação a certos pontos da competência discricionária; assim, quando a lei permite que um administrador público, diante de um dado fato, aplique a sanção "A" ou "B", a vinculação está no ponto em que o administrador só tem duas opções ("A" ou "B", não podendo aplicar uma outra ação, a "C", por exemplo) e a discricionariedade está no ponto em que compete ao administrador escolher se aplica a sanção "A" ou a sanção "B"; IV: assertiva incorreta, pois, muitas vezes, a lei possibilita exatamente isso, ou seja, que, diante de uma dada hipótese, a Administração Pública escolha se deve ou não atuar. WG
Gabarito "B".

(Analista – TRT9 – 2012 – FCC) Maria Helena requereu que lhe fosse concedida licença para construir em seu terreno. Observou a legislação municipal, contratou a execução do competente projeto e apresentou à Administração pública para aprovação. O pedido, no entanto, foi indeferido, sob o fundamento de que na mesma rua já existia uma obra em curso, o que poderia ocasionar transtornos aos demais administrados. Maria Helena, inconformada, ajuizou medida judicial para obtenção da licença, no que foi atendida. A decisão judicial,

(A) é regular manifestação do poder de controle do ato administrativo, desde que comprovado o preenchimento dos requisitos de edição do ato vinculado.
(B) excede os limites do controle judicial do ato administrativo, na medida em que interfere em juízo discricionário da Administração Pública.
(C) excede os limites do controle judicial do ato administrativo, na medida em que a atuação do Judiciário deve ficar adstrita a análise de legalidade, não podendo substituir o ato administrativo como no caso proposto.
(D) é regular manifestação do poder de controle do ato administrativo, com exceção da concessão da licença, atividade privativa da administração, que não poderia ser suprida pelo Judiciário, ainda que diante de recusa da autoridade.
(E) é regular manifestação do poder de controle do ato administrativo, tendo em vista que contemporaneamente vem sendo admitido o controle dos aspectos discricionários do ato administrativo.

A: assertiva correta; a licença administrativa é ato vinculado da Administração, ou seja, é ato que a Administração pratica sem margem de liberdade, de modo que, em o particular demonstrando que seguiu rigorosamente os requisitos objetivos previstos na lei, tem direito subjetivo à licença solicitada, podendo ingressar no Poder Judiciário para que este, apreciando a legalidade do ato vinculado praticado, veja se o particular tem ou não o direito pleiteado; **B e C:** incorretas, pois, como se viu, a licença administrativa é ato vinculado e não discricionário, de modo que o Poder Judiciário se limitará a apreciar a legalidade desse ato, não havendo risco de se imiscuir em mérito administrativo, vez que, no caso, só se tem requisitos objetivos a serem apreciados pelo Poder Judiciário; **D:** incorreta, pois, por ser a licença ato vinculado, o Poder Judiciário poderá apreciar a legalidade do ato praticado pela Administração, determinando a correção do ato (inclusive no sentido de determinar seja expedida a licença), caso o Poder Judiciário verifique que o ato praticado violou a lei; **E:** assertiva incorreta, pois não há que se falar no caso em ato discricionário, pois a licença é ato vinculado. WG
Gabarito "A".

3.5. Extinção

Segue resumo acerca das formas de extinção dos atos administrativos

– **Cumprimento de seus efeitos:** como exemplo, temos a autorização da Prefeitura para que seja feita uma festa na praça da cidade. Este ato administrativo se extingue no momento em que a festa termina, uma vez que seus efeitos foram cumpridos.

– **Desaparecimento do sujeito ou do objeto sobre o qual recai o ato:** morte de um servidor público, por exemplo.

– **Contraposição:** *extinção de um ato administrativo pela prática de outro antagônico em relação ao primeiro.* Ex.:

com o ato de exoneração do servidor público, o ato de nomeação fica automaticamente extinto.

– Renúncia: extinção do ato por vontade do beneficiário deste.

– Cassação: *extinção de um ato que beneficia um particular por este não ter cumprido os deveres para dele continuar gozando*. Não se confunde com a revogação – que é a extinção do ato por não ser mais conveniente ao interesse público. Também difere da anulação – que é a extinção do ato por ser nulo. Como exemplo desse tipo de extinção tem-se a permissão para banca de jornal se instalar numa praça que é cassada porque seu dono não paga o preço público devido; ou a autorização de porte de arma de fogo que é cassada porque o beneficiário é detido ou abordado em estado de embriaguez ou sob efeito de entorpecentes (art. 10, § 2º, do Estatuto do Desarmamento – Lei 10.826/2003).

– Caducidade: *extinção de um ato porque a lei não mais o permite*. Trata-se de extinção por invalidade superveniente. Ex.: autorização para condutor de perua praticar sua atividade que se torna caduca por conta de lei posterior que não mais permite tal transporte na cidade; autorizações de porte de arma que caducaram 90 dias após a publicação do Estatuto do Desarmamento, conforme reza seu art. 29.

– Revogação: *extinção de um ato administrativo legal ou de seus efeitos por outro ato administrativo, efetuada somente pela Administração, dada a existência de fato novo que o torne inconveniente ou inoportuno, respeitando-se os efeitos precedentes* ("ex nunc"). Ex.: permissão para a mesma banca de jornal se instalar numa praça que é revogada por estar atrapalhando o trânsito de pedestres, dado o aumento populacional, não havendo mais conveniência na sua manutenção.

O sujeito ativo da revogação é a *Administração Pública*, por meio de autoridade administrativa competente para o ato, podendo ser seu superior hierárquico. O Poder Judiciário nunca poderá revogar um ato administrativo, já que se limita a apreciar aspectos de legalidade (o que gera a anulação), e não de conveniência, salvo se se tratar de um ato administrativo da Administração Pública dele, como na hipótese em que um provimento do próprio Tribunal é revogado.

Quanto ao tema objeto da revogação, tem-se que este recai sobre o ato administrativo ou relação jurídica deste decorrente, salientando-se que o ato administrativo deve ser válido, pois, caso seja inválido, estaremos diante de hipótese que enseja anulação. Importante ressaltar que não é possível *revogar* um ato administrativo já extinto, dada a falta de utilidade em tal proceder, diferente do que se dá com a *anulação* de um ato extinto, que, por envolver a retroação de seus efeitos (a invalidação tem efeitos *ex tunc*), é útil e, portanto, possível.

O fundamento da revogação é a *mesma regra de competência que habilitou o administrador à prática do ato que está sendo revogado*, devendo-se lembrar que só há que se falar em revogação nas hipóteses de ato discricionário.

Já o motivo da revogação é a *inconveniência ou inoportunidade* da manutenção do ato ou da relação jurídica gerada por este. Isto é, o administrador público faz apreciação ulterior e conclui pela necessidade da revogação do ato para atender ao interesse público.

Quanto aos efeitos da revogação, esta suprime o ato ou seus efeitos, mas respeita os efeitos que já transcorreram. Trata-se, portanto, de eficácia *ex nunc*.

Há limites ao poder de revogar. São atos irrevogáveis os seguintes: os que a lei assim declarar; os atos já exauridos, ou seja, que cumpriram seus efeitos; os atos vinculados, já que não se fala em conveniência ou oportunidade neste tipo de ato, em que o agente só tem uma opção; os meros ou puros atos administrativos (ex.: certidão, voto dentro de uma comissão de servidores); os atos de controle; os atos complexos (praticados por mais de um órgão em conjunto); e atos que geram direitos adquiridos. Os atos gerais ou regulamentares são, por sua natureza, revogáveis a qualquer tempo e em quaisquer circunstâncias, respeitando-se os efeitos produzidos.

– Anulação (invalidação): *extinção do ato administrativo ou de seus efeitos por outro ato administrativo ou por decisão judicial, por motivo de ilegalidade, com efeito retroativo* (ex tunc). Ex.: anulação da permissão para instalação de banca de jornal em bem público por ter sido conferida sem licitação.

O sujeito ativo da invalidação pode ser tanto o *administrador público* como o *juiz*. A Administração Pública poderá invalidar de ofício ou a requerimento. O Poder Judiciário, por sua vez, só poderá invalidar por provocação ou no bojo de uma lide. A possibilidade de o Poder Judiciário anular atos administrativos decorre do fato de estarmos em um Estado de Direito (art. 1º da CF), em que a lei deve ser obedecida por todos, do princípio da inafastabilidade da jurisdição ("a lei não poderá excluir da apreciação do Poder Judiciário lesão ou ameaça de lesão a direito" – art. 5º, XXXV, da CF) e da previsão constitucional do mandado de segurança, do *habeas data* e da ação popular.

O objeto da invalidação é o ato administrativo inválido ou os efeitos de tal ato (relação jurídica).

Seu fundamento é o dever de obediência ao princípio da legalidade. Não se pode conviver com a ilegalidade. Portanto, o ato nulo deve ser invalidado.

O motivo da invalidação é a *ilegalidade* do ato e da eventual relação jurídica por ele gerada. Hely Lopes Meirelles diz que o motivo é a ilegalidade ou ilegitimidade do ato, diferente da revogação, que tem por motivo a inconveniência ou inoportunidade.

Quanto ao prazo para se efetivar a invalidação, o art. 54 da Lei 9.784/1999 dispõe "O direito da Administração de anular os atos administrativos de que decorram efeitos favoráveis para os destinatários decai em 5 (cinco) anos, contados da data em que foram praticados, salvo comprovada má-fé". Perceba-se que tal disposição só vale para atos administrativos em geral de que decorram efeitos favoráveis ao agente (ex.: permissão, licença) e que tal decadência só aproveita ao particular se este estiver de boa-fé. A regra do art. 54 contém ainda os seguintes parágrafos: "§ 1º No caso de efeitos patrimoniais contínuos, o prazo de decadência contar-se-á da percepção do primeiro pagamento; § 2º Considera-se exercício do direito de anular qualquer medida de autoridade administrativa que importe impugnação à validade do ato".

No que concerne aos efeitos da invalidação, como o ato nulo já nasce com a sanção de nulidade, a declaração se dá retroativamente, ou seja, com efeito *ex tunc*. Invalidam-se as consequências passadas, presentes e futuras do ato. Do ato ilegal não nascem direitos. A anulação importa no desfazimento do vínculo e no retorno das partes ao estado anterior. Tal regra é atenuada em face dos terceiros de boa-fé. Assim, a anulação de uma nomeação de um agente público surte efeitos em relação a este (que é parte da relação jurídica anulada), mas não em relação aos terceiros que receberam atos por este praticados, desde que tais atos respeitem a lei quanto aos demais aspectos.

(Analista – TRF5 – FCC – 2017) Às decisões que extinguem os atos administrativos por vício de legalidade e por razões de conveniência e oportunidade, dá-se os nomes, respectivamente, de

(A) anulação e revogação, não retroagindo seus efeitos à data da edição dos atos viciados, razão pela qual ficam preservados todos os efeitos produzidos até a data da extinção.

(B) anulação e invalidação, retroagindo seus efeitos à data da edição dos atos viciados, acarretando, portanto, a desconstituição dos efeitos até então produzidos.

(C) revogação, cujos efeitos retroagem à data da edição do ato viciado, e anulação, cujos efeitos passam a ser produzidos somente quando de sua edição.

(D) anulação, cujos efeitos não retroagem à data da edição do ato anulado, e invalidação, cujos efeitos retroagem à data do ato invalidado, declarando-se, na sequência, a reconstituição da situação jurídica anterior, com a manutenção de efeitos.

(E) anulação, retroagindo, como regra, seus efeitos à data da edição do ato, com a desconstituição deste, e revogação, cujos efeitos são produzidos a partir de então.

E: correta. Trata-se da anulação, com efeitos *ex tunc*, e da revogação, com efeitos *ex nunc*. A anulação se dá quando um ato administrativo suprime um outro ou relação jurídica diante da constatação de que esse foi produzido em desconformidade com o ordenamento jurídico. A revogação, de outra banda, é a extinção de um ato administrativo e seus efeito por outro ato administrativo por razões de conveniência e oportunidade, respeitando-se os efeitos produzidos pelo ato válido até então. Vejamos o que diz a Súmula 473 do STF: "A administração pode anular seus próprios atos, quando eivados de vícios que os tornam ilegais, porque deles não se originam direitos; ou revogá-los, por motivo de conveniência ou oportunidade, respeitados os direitos adquiridos, e ressalvada, em todos os casos, a apreciação judicial". FMB
Gabarito "E".

(Analista Judiciário – TJ/MT – UFMT – 2016) A Administração pública municipal abriu edital de concurso público para diferentes cargos. Ainda no prazo das inscrições, a administração resolve, por motivo de conveniência ou oportunidade, cancelar o concurso apenas para o cargo de procurador municipal, devolvendo os valores referentes às inscrições dos candidatos que já tivessem realizado a inscrição. Em relação ao caso descrito, marque V para as afirmativas verdadeiras e F para as falsas.

( ) A administração pode anular o concurso para o cargo de procurador municipal por motivo de conveniência ou oportunidade, respeitados os direitos adquiridos.

( ) A administração pode revogar o concurso para o cargo de procurador municipal por motivo de conveniência ou oportunidade, respeitados os direitos adquiridos.

( ) A administração não pode anular nem revogar o concurso para o cargo de procurador municipal para os candidatos que já haviam realizado a inscrição, pois os direitos adquiridos devem ser respeitados.

( ) A administração não pode anular nem revogar o concurso para o cargo de procurador municipal, enquanto durar o período de inscrições, pois os direitos adquiridos devem ser respeitados.

Assinale a sequência correta.

(A) F, V, F, V
(B) V, F, F, V
(C) F, V, F, F
(D) V, F, V, F

Para responder essa questão, vamos primeiramente analisar cada assertiva para que possamos ser o mais didático possível.
1: falsa. A anulação tem como fundamento a ilegalidade, e não a inconveniência e inoportunidade, que são próprias da revogação do ato ou do procedimento administrativo. **2:** verdadeira. Caso não exista mais interesse público em dar continuidade ao processo licitatório, revelando-se ele inconveniente e inoportuno, poderá ser feita a sua revogação, conforme disposto no art. 71, II, da Lei 14.133/21, desde que respeitados os direitos adquiridos. **3:** falsa. É possível a revogação e a anulação do procedimento administrativo licitatório, conforme disposto no art. 71, da Lei 14.133/21, sempre respeitados os direitos adquiridos, ressarcindo o prejudicado, se comprovado o dano. **4:** falsa. Tanto a anulação quanto a revogação são possíveis no processo licitatório, sendo previstos na Lei de Licitações (Lei 14.133/21), art. 71.
Portanto, a alternativa correta é a letra C. FC
Gabarito "C".

(Analista Judiciário – TRE/SP – FCC – 2017) Pedro, servidor público de um órgão municipal encarregado da fiscalização de obras civis, emitiu autorização para Saulo construir um muro de arrimo e também demolir uma pequena edícula, comprometendo-se a providenciar, junto a seu superior, a formalização do correspondente alvará. Ocorre que Jair, morador de imóvel vizinho, sentiu-se prejudicado pelas obras, que causaram abalo em seu imóvel e denunciou a situação à autoridade competente, requerendo a nulidade do ato, face a incompetência de Pedro para emissão da autorização. Diante desse cenário,

(A) não há que se falar em convalidação, haja vista que o ato é discricionário, cabendo, exclusivamente, à autoridade competente a sua edição.

(B) a autorização conferida é passível de convalidação pela autoridade competente, se preenchidos os requisitos legais e técnicos para concessão da licença.

(C) a autorização dada por Pedro pode ser revogada pela autoridade competente, se verificadas razões de ordem técnica ou anulada judicialmente.

(D) o ato administrativo praticado por Pedro é viciado, passível de revogação, a qualquer tempo, pela autoridade competente para sua emissão.

(E) o ato praticado por Pedro é nulo, não passível de convalidação, haja vista que esta somente é cabível quando presentes vícios de forma e de motivação.

A: Incorreta. Não temos, no caso, um ato discricionário, e sim, um ato vinculado denominado "licença para construir". Essa autorização constante do alvará é um ato vinculado, mesmo com o nome de "autorização", e ainda que fosse ato discricionário, seria possível a convalidação, pois essa analisa o vício do ato, que pode existir no ato vinculado ou no ato discricionário. **B:** Correta. Como dito acima, deve cumprir o que determina a lei quanto às regras de competência, forma, finalidade, objeto e motivo, razão pela qual admite convalidação. **C:** Incorreta. Tratando-se de ato vinculado, essa autorização não admite revogação, e sim, anulação, que pode ser feita pela própria Administração ou pelo Poder Judiciário. **D:** Incorreta. O ato é vinculado e não admite revogação. **E:** Incorreta. O ato tem vício de competência, que admite convalidação, eis que um vício relativo e convalidável.

Gabarito "B".

(Analista Judiciário – TRT/24 – FCC – 2017) Fabio, servidor público federal e chefe de determinada repartição, concedeu licença a seu subordinado Gilmar, pelo período de um mês, para tratar de interesses particulares. No último dia da licença em curso, Fabio decide revogá-la por razões de conveniência e oportunidade. A propósito dos fatos, é correto afirmar que a revogação

(A) não é possível, pois o ato já exauriu seus efeitos.
(B) não é possível, pois apenas o superior de Fabio poderia assim o fazer.
(C) é possível, em razão da discricionariedade administrativa e da possibilidade de ocorrer com efeitos ex tunc.
(D) não é possível, pois somente caberia o instituto da revogação se houvesse algum vício no ato administrativo.
(E) é possível, desde que haja a concordância expressa de Gilmar.

A: Correta. Considerando que a licença já foi usufruída e que a revogação opera efeitos "ex nunc", ou seja, não retroativos, ela será inviável, por isso considerada pelo examinador como impossível. **B:** Incorreta. Fabio seria competente para revogar a licença, sendo que o problema é que a revogação é inócua, pois o servidor já cumpriu o período todo dessa licença, sendo um ato jurídico perfeito, exaurido, não podendo ser revogado. Poderia, outrossim, ser anulado. **C:** Incorreta. A revogação sempre opera efeitos "ex nunc" (não retroativos), não havendo a possibilidade de ser alterada essa característica intrínseca desse ato jurídico administrativo. **D:** Incorreta. A revogação tem por fundamento razões de inconveniência e inoportunidade, sendo esse o erro da assertiva. No caso de vício, teremos hipótese de anulação. **E:** Incorreta. Não há necessidade de concordância do destinatário do ato. A concessão da licença é um ato unilateral, independe, portanto, de manifestação de vontade do seu destinatário.

Gabarito "A".

(Analista Jurídico – TCE/PR – 2016 – CESPE) A revogação do ato administrativo é a supressão de um ato legítimo e eficaz, seja por oportunidade, seja por conveniência, seja por interesse público; entretanto, o poder de revogar da administração pública não é absoluto, pois há situações insuscetíveis de modificação por parte da administração. Tendo as considerações apresentadas como referência inicial, assinale a opção que apresenta ato suscetível de revogação.

(A) parecer emitido por órgão público consultivo
(B) ato de concessão de licença para exercer determinada profissão, segundo requisitos exigidos na lei
(C) ato de posse de candidato nomeado após aprovação em concurso público
(D) ato administrativo praticado pelo Poder Judiciário
(E) ato de concessão de licença funcional já gozada pelo servidor

A: incorreta, pois um parecer consultivo é uma mera opinião técnica sobre um determinado assunto, não havendo que se falar em revogação dessa opinião; **B:** incorreta, pois a licença é *ato vinculado* e esse tipo de ato; ao contrário do *ato discricionário*, não pode ser revogado; **C:** incorreta, pois a posse é a mera aceitação do cargo pelo candidato, não havendo que se falar em ato administrativo revogável; **D:** correta; os atos administrativos do Poder Judiciário tem o mesmo regime jurídico dos atos administrativos do Poder Executivo, o que inclui a possibilidade de serem revogados nos casos em que a revogação é admitida; **E:** incorreta, pois, se a licença já foi gozada, o ato administrativo em questão já se extinguiu pelo decurso de seus efeitos e, uma vez já extinto, não há que se falar em nova extinção pela revogação, que é uma forma de extinção do ato administrativo.

Gabarito "D".

(Analista Jurídico – TCE/PA – 2016 – CESPE) Em relação às formas de anulação de atos ou contratos administrativos e à perda de função pública, julgue os itens a seguir.

(1) Em se tratando de ação de improbidade, a perda da função pública é uma sanção administrativa decorrente de sentença de procedência dos pedidos.
(2) A revogação aplica-se a atos praticados no exercício da competência discricionária.

1: incorreta, pois as sanções não são cumulativas, podendo ser aplicadas isolada ou cumulativamente (art. 12, caput, da Lei 8.429/92); **2:** correta, pois a revogação é a extinção do ato pela existência de um motivo novo que o torne inconveniente ou inoportuno, e tal possibilidade só existe quando se trata de um ato discricionário, já que este é o tipo de ato que autoriza que a Administração tenha mais de uma opção, podendo ora praticar o ato, ora não praticar, ora modificá-lo e ora extingui-lo.

Gabarito 1E, 2C.

(Analista – TREMG – 2012 – CONSULPLAN) Ao verificar que determinado servidor público federal vinha percebendo mensalmente verbas de maneira irregular, sem que o mesmo soubesse da irregularidade, a Administração Pública instaurou processo administrativo, a fim de possibilitar o exercício do contraditório e da ampla defesa antes do cancelamento da parcela. Sobre o processo administrativo federal, é correto afirmar que

(A) não é possível a supressão de qualquer verba já incorporada aos vencimentos de servidor público, sob pena de violação ao direito adquirido.
(B) para poder apresentar defesa no processo administrativo, o servidor deve prestar caução no valor equivalente ao da verba irregularmente percebida.
(C) ultrapassado o prazo decadencial legalmente previsto, não se mostra mais possível a anulação do ato, mesmo que comprovada a má-fé do servidor beneficiado.
(D) a instauração de processo administrativo é desnecessária, uma vez que a Administração Pública é dotada de autotutela, de modo que pode revogar o ato ilegal.
(E) a Administração Pública possui prazo decadencial de cinco anos para anular o ato de concessão dos valores percebidos, contado da percepção do primeiro pagamento.

A: assertiva incorreta, pois, de atos ilegais, não nascem direitos, quanto mais direitos adquiridos; **B:** assertiva incorreta, pois a exigência de caução é incompatível com o princípio da ampla defesa; aliás, até mesmo para recorrer de decisões administrativas não se pode exigir caução (art. 56, § 2º, da Lei 9.784/1999), quanto mais antes mesmo de uma decisão administrativa ser tomada; **C:** assertiva incorreta, pois o prazo decadencial de 5 anos beneficia apenas quem está de boa-fé (art. 54, *caput*, da Lei 9.784/1999); **D:** assertiva incorreta, pois a Administração não pode subtrair direito alheio sem o devido processo legal, que impõe, no caso, respeito ao contraditório e à ampla defesa; vale lembrar, também, que atos ilegais não são revogados, mas sim anulados; **E:** assertiva correta (art. 54, *caput* e § 1º, da Lei 9.784/1999). WG

Gabarito "E".

4. ORGANIZAÇÃO ADMINISTRATIVA

4.1. Temas gerais (Administração Pública, órgãos e entidades, desconcentração e descentralização, controle e hierarquia, teoria do órgão)

Segue um resumo sobre essa parte introdutória:

O objetivo deste tópico é efetuar uma série de distinções, de grande valia para o estudo sistematizado do tema. A primeira delas tratará da relação entre pessoa jurídica e órgãos estatais.

Pessoas jurídicas estatais *são entidades integrantes da estrutura do Estado e dotadas de personalidade jurídica*, ou seja, de aptidão genérica para contrair direitos e obrigações.

Órgãos públicos *são centros de competência integrantes das pessoas estatais instituídos para o desempenho das funções públicas por meio de agentes públicos*. São, portanto, parte do corpo (pessoa jurídica). Cada órgão é investido de determinada competência, dividida entre seus cargos. Apesar de não terem personalidade jurídica, têm prerrogativas funcionais, o que admite até que interponham mandado de segurança, quando violadas (tal capacidade processual, todavia, só têm os órgãos independentes e os autônomos). Todo ato de um órgão é imputado diretamente à pessoa jurídica da qual é integrante, assim como todo ato de agente público é imputado diretamente ao órgão à qual pertence (trata-se da chamada "teoria do órgão", que se contrapõe à teoria da representação ou do mandato, conforme se verá no capítulo seguinte). Deve-se ressaltar, todavia, que a representação legal da entidade é atribuição de determinados agentes, como o Chefe do Poder Executivo e os Procuradores. Confiram-se algumas classificações dos órgãos públicos, segundo o magistério de Hely Lopes Meirelles:

Quanto à **posição**, podem ser órgãos *independentes* (originários da Constituição e representativos dos Poderes do Estado: Legislativo, Executivo de Judiciário – aqui estão todas as corporações legislativas, chefias de executivo e tribunais e juízo singulares); *autônomos* (estão na cúpula da Administração, logo abaixo dos órgãos independentes, tendo autonomia administrativa, financeira e técnica, segundo as diretrizes dos órgãos a eles superiores – cá estão os Ministérios, as Secretarias Estaduais e Municipais, a AGU etc.), *superiores* (detêm poder de direção quanto aos assuntos de sua competência, mas sem autonomia administrativa e financeira – ex.: gabinetes, procuradorias judiciais, departamentos, divisões etc.) e *subalternos* (são os que se acham na base da hierarquia entre órgãos, tendo reduzido poder decisório, com atribuições de mera execução – ex.: portarias, seções de expediente).

Quanto à **estrutura**, podem ser *simples* ou *unitários* (constituídos por um só centro de competência) e *compostos* (reúnem outros órgãos menores com atividades-fim idênticas ou atividades auxiliares – ex.: Ministério da Saúde).

Quanto à **atuação funcional**, podem ser *singulares* ou *unipessoais* (atuam por um único agente – ex.: Presidência da República) e *colegiados* ou *pluripessoais* (atuam por manifestação conjunta da vontade de seus membros – ex.: corporações legislativas, tribunais e comissões).

Outra distinção relevante para o estudo da estrutura da Administração Pública é a que se faz entre desconcentração e descentralização. Confira-se:

Desconcentração *é a distribuição interna de atividades administrativas, de competências*. Ocorre de órgão para órgão da entidade. Ex.: competência no âmbito da Prefeitura, que poderia estar totalmente concentrada no órgão Prefeito Municipal, mas que é distribuída internamente aos Secretários de Saúde, Educação etc.

Descentralização *é a distribuição externa de atividades administrativas, que passam a ser exercidas por pessoa ou pessoas distintas do Estado*. Dá-se de pessoa jurídica para pessoa jurídica como técnica de especialização. Ex.: criação de autarquia para titularizar e executar um dado serviço público, antes de titularidade do ente político que a criou.

Na descentralização **por serviço** a lei atribui ou autoriza que outra pessoa detenha a *titularidade* e a execução do serviço. Depende de lei. Fala-se também em *outorga* do serviço.

Na descentralização **por colaboração** o contrato ou ato unilateral atribui à outra pessoa a *execução* do serviço. Aqui o particular pode colaborar, recebendo a execução do serviço, e não a titularidade. Fala-se também em *delegação* do serviço e o caráter é transitório.

É importante também saber a seguinte distinção.

Administração direta *compreende os órgãos integrados no âmbito direto das pessoas políticas (União, Estados, Distrito Federal e Municípios)*.

Administração indireta *compreende as pessoas jurídicas criadas pelo Estado para titularizar e exercer atividades públicas (autarquias e fundações públicas) e para agir na atividade econômica quando necessário (empresas públicas e sociedades de economia mista)*.

Outra classificação relevante para o estudo do tema em questão é a que segue.

As **pessoas jurídicas de direito público** *são os entes políticos e mais as autarquias e fundações públicas, uma vez que todas essas pessoas são criadas para exercer típica atividade administrativa, o que impõe tenham, de um lado, prerrogativas de direito público, e, de outro, restrições de direito público, próprias de quem gere coisa pública*.

As **pessoas jurídicas de direito privado** *são as empresas públicas e as sociedades de economia mista, visto que são criadas para exercer atividade econômica, devendo ter os mesmos direitos e restrições das demais pessoas jurídicas privadas, em que pese terem algumas restrições adicionais, pelo fato de terem sido criadas pelo Estado*.

Para fecharmos essa introdução, tem-se que saber a seguinte distinção.

Hierarquia consiste no poder que um órgão superior tem sobre outro inferior, que lhe confere, dentre outras prerrogativas, uma ampla possibilidade de fiscalização dos atos do órgão subordinado.

Controle (tutela ou supervisão ministerial) consiste no poder de fiscalização que a pessoa jurídica política tem sobre a pessoa jurídica que criou, que lhe confere tão somente a possibilidade de submeter a segunda ao cumprimento de seus objetivos globais, nos termos do que dispuser a lei. Ex.: a União não pode anular um ato administrativo de concessão de aposentadoria por parte do INSS (autarquia por ela criada), por não haver hierarquia; mas pode impedir que o INSS passe a comercializar títulos de capitalização, por exemplo, por haver nítido desvio dos objetivos globais para os quais fora criada a autarquia. Aqui não se fala em subordinação, mas em vinculação administrativa.

(Analista Judiciário – TRE/PA – 2020 – IBFC) Sobre a Administração Pública, enquanto conjunto estrutural de órgãos e entidades voltados à execução das atividades públicas, assinale a alternativa correta.

(A) Pela teoria da institucionalização, determinados órgãos públicos, não obstante não tenham personalidade jurídica própria, em virtude de sua atuação, podem ganhar "vida própria", por conta de sua história existencial, como é o caso do Exército Brasileiro

(B) O Poder Executivo poderá qualificar como Agência Reguladora a autarquia ou fundação que tenha um plano estratégico de reestruturação e de desenvolvimento institucional em andamento e tenha celebrado Contrato de Gestão com o respectivo Ministério supervisor

(C) Prescreve em 5(cinco) anos, contados da data da prática do ato abusivo, a ação de reparação em face do acionista controlador da empresa pública e da sociedade de economia mista, proposta pela sociedade, pelo terceiro prejudicado ou pelos demais sócios

(D) É permitida a participação remunerada de membros da administração pública, direta ou indireta, em mais de 2 (dois) conselhos, de administração ou fiscal, de empresa pública, de sociedade de economia mista ou de suas subsidiárias

A: correta (a teoria da institucionalização, aplicada aos órgãos públicos, é salientada pela doutrina do direito administrativo, a exemplo de Marçal Justen Filho). **B:** incorreta (nos termos do art. 51 da Lei 9.649/1998, a afirmação refere-se às *Agências Executivas*, e não às Agências Reguladoras). Vale ressaltar que a Lei 13.934/2019 denomina o contrato do art. 37, § 8º, CR/88 de "contrato de desempenho". **C:** incorreta (o prazo prescricional é de 6 anos, e não de 5 anos, cf. art. 15, § 2º, da Lei 13.303/2016). **D:** incorreta (é vedada a participação remunerada de membros da administração pública, direta ou indireta, em mais de 2 conselhos, de administração ou fiscal, de empresa pública, de sociedade de economia mista ou de suas subsidiárias, cf. art. 20 da Lei 13.303/2016). Gabarito "A".

(Analista Judiciário – TJ/AL – 2018 – FGV) Os órgãos públicos são centros de competência especializada criados por lei, sem personalidade jurídica, com escopo de garantir maior eficiência no exercício de suas funções.

Nesse sentido, de acordo com a doutrina de Direito Administrativo e a jurisprudência do Superior Tribunal de Justiça, uma Câmara Municipal:

(A) apesar de não ter personalidade jurídica própria, goza de capacidade processual para demandar em juízo, defendendo seus direitos institucionais;

(B) apesar de não ter personalidade jurídica autônoma, goza de capacidade processual para demandar em juízo sobre qualquer assunto que seu Presidente decidir discricionariamente;

(C) ostenta personalidade jurídica de direito público, como integrante da Administração Direta, e possui capacidade processual para demandar em juízo na defesa de seus interesses;

(D) ostenta personalidade jurídica de direito público, como integrante da Administração Indireta, e possui capacidade processual para demandar em juízo na defesa de seus interesses;

(E) ostenta personalidade jurídica de direito público, como integrante da Administração Direta, e possui capacidade processual para demandar em juízo sobre qualquer assunto que seu Presidente decidir discricionariamente.

As câmaras municipais e assembleias legislativas têm apenas personalidade judiciária, e não jurídica. Assim, só podem participar de processo judicial na defesa de direitos institucionais próprios. Para o STJ (Súmula 525), como as casas legislativas são órgãos integrantes de entes políticos, têm capacidade processual limitada, podendo atuar apenas na defesa de interesses estritamente institucionais. Nos demais casos, cabe ao estado representar judicialmente a Assembleia Legislativa e, no caso das câmaras de vereadores, aos respectivos municípios. Gabarito "A".

(Analista – TRT1 – 2018 – AOCP) Sobre os órgãos públicos, analise as assertivas e assinale a alternativa que aponta as corretas.

I. Quanto à estrutura, os órgãos podem ser classificados em singulares e coletivos.

II. Órgão é a unidade de atuação integrante da estrutura da Administração direta e da estrutura da Administração indireta.

III. Os Ministérios e as Secretarias de Estado e de Municípios podem ser classificados, quanto à posição estatal, como órgãos autônomos.

IV. Segundo a teoria eclética, o órgão é formado por dois elementos, quais sejam, o agente e o complexo de atribuições.

(A) Apenas I e IV.
(B) Apenas II e III.
(C) Apenas I, II e III.
(D) Apenas I, III e IV.
(E) Apenas II, III e IV.

I: incorreta, quanto à estrutura, os órgãos podem ser classificados como simples ou unitários, ou compostos; **II:** correta – **órgãos públicos** *são centros de competência integrantes das pessoas estatais instituídos para o desempenho das funções públicas por meio de agentes públicos. São, portanto, parte do corpo (pessoa jurídica)*; **III:** correta, órgãos *autônomos* são os que estão na cúpula da Administração, logo abaixo dos órgãos independentes, tendo autonomia administrativa, financeira e técnica, segundo as diretrizes dos órgãos a eles superiores; aqui estão os Ministérios, as Secretarias Estaduais e Municipais, a AGU, dentre

outros; **IV:** correta. Segundo a teoria eclética, o órgão é formado por dois elementos, a saber, o agente e o complexo de atribuições; com isso, pretende-se superar as objeções, superando a teoria subjetiva, que identifica os órgãos com os agentes públicos, o que implica que, desaparecendo o funcionário, deixará de existir o órgão, segundo Maria di Pietro (2006, p. 495), essa é uma grande falha da presente teoria. **FB**
Gabarito "E".

(Analista Jurídico – TRF5 – FCC – 2017) A estruturação da Administração pública em Administração direta e indireta traz implicações para o exercício das atividades que devem ser disponibilizadas aos administrados, direta ou indiretamente. Para tanto,

(A) as pessoas jurídicas que integram a Administração indireta são dotadas dos mesmos poderes típicos da Administração indireta, a exemplo do poder de polícia, com a peculiaridade de que todos os aspectos de seu exercício devem estar expressamente previstos em lei.

(B) a Administração central remanesce exercendo o poder hierárquico sobre as pessoas jurídicas que integram a Administração indireta, como forma de garantir o alinhamento do escopo institucional desses entes com as diretrizes do Poder Executivo.

(C) o poder normativo inerente ao Chefe do Poder Executivo não pode ser delegado aos entes que integram a Administração indireta, independentemente da matéria ou da natureza jurídica dos mesmos, por se tratar de competência exclusiva.

(D) os entes que integram a Administração pública indireta ficam adstritos ao escopo institucional previsto nas leis ou atos que os instituíram, cabendo à Administração Central o acompanhamento dessa atuação, no regular exercício do poder de tutela, que não implica, contudo, ascendência hierárquica sobre os mesmos, salvo expressa disposição nesse sentido.

(E) a discricionariedade, inerente à atuação da Administração pública direta, não se estende aos entes que integram a Administração pública indireta, cuja atuação deve vir prevista em lei, à exceção das agências reguladoras, que exercem poder normativo autônomo.

A: incorreta. A criação de uma pessoa jurídica de direito público ou privado que vá compor a chamada Administração Indireta é fruto da chamada descentralização administrativa, por meio da qual o ente federativo, considerando o grande leque de atribuições e responsabilidades que possui e buscando maior eficiência e especialização no exercício da função pública, transfere o exercício de atividades administrativas que lhe são pertinentes para pessoas jurídicas auxiliares por ele criadas. São elas: as autarquias, fundações públicas, empresas públicas, sociedades de economia mista, bem como a pessoa jurídica oriunda da formação de um consórcio público. Essas pessoas podem exercer poder de polícia, mas deve estar previsto em lei. A "pegadinha" da questão, no caso, refere-se à afirmação de que **todos** os aspectos do exercício desses poderes devam estar previstos em lei; **B:** incorreta. O ente da Administração Indireta possui personalidade jurídica própria e não está subordinado à ente da Administração Direta, ou seja, não estão sujeitos a seu poder hierárquico, mas tão somente a controle (o chamado poder de tutela); **C:** incorreta. No âmbito de sua competência estatuída em lei que cria o ente da Administração Indireta ou que autoriza a sua criação, é perfeitamente possível que essa pessoa jurídica exerça poder normativo, desde que não exorbite do que consta na lei. Como exemplo podemos citar as agências reguladoras, que são autarquias especiais que editam normas e de ordem técnica no âmbito de suas competências; **D:** correta. As pessoas da Administração Indireta possuem em comum as seguintes características: 1- personalidade jurídica própria, respondendo por seus atos, com patrimônio e receita próprios; 2- autonomia técnica, administrativa e financeira; 3- criação e extinção condicionada à previsão em lei; 3- finalidade específica prevista em lei que criou ou autorizou sua criação; 4- sem finalidade lucrativa, ainda que exercente de atividade econômica, o que não significa que não possa auferir lucro; 5- **sem subordinação hierárquica à Administração Direta, mas sujeita a seu controle por meio do poder de tutela; E:** incorreta. A questão tenta confundir o candidato ao vedar a possibilidade da edição de atos administrativos discricionários pelos entes que compõem a Administração Indireta, como se essa só pudesse praticar atos de natureza vinculada, isto é, atos administrativos em que todos os aspectos estão previstos em lei, não deixando qualquer margem de liberdade ao administrador. Isso não é verdade. Tanto os entes da Administração Direta como Indireta, uma vez autorizados pela lei, possuem discricionariedade, que nada mais é do que a liberdade dada pela lei ao administrador público para, diante do caso concreto, escolher dentre as hipóteses possíveis aquela que atinge otimamente a finalidade legal. **FMB**
Gabarito "D".

(Analista Judiciário – TRE/SP – FCC – 2017) Suponha que o Secretário de Transportes de determinado Estado tomou conhecimento, por intermédio de matéria jornalística, da existência de longas filas para carregamento dos cartões de utilização dos trens administrados por uma sociedade de economia mista vinculada àquela Pasta. Diante dos fatos apurados, decidiu avocar, para área técnica da Secretaria, algumas atividades de gerenciamento e logística desempenhadas por uma das Diretorias da referida empresa. Fundamentou sua decisão no exercício dos poderes hierárquico e disciplinar. Considerando a situação narrada,

(A) a atuação do Secretário justifica-se do ponto de vista da hierarquia, porém não sob aspecto disciplinar, eis que não identificada infração administrativa.

(B) a decisão baseia-se, legitimamente, apenas no poder disciplinar, que compreende o controle e a supervisão.

(C) descabe a invocação dos poderes citados, sendo certo que a atuação da Secretaria deve se dar nos limites do poder de tutela.

(D) a decisão somente será justificável, sob o fundamento de poder hierárquico, se constada a existência de desvio de conduta pelos administradores da empresa.

(E) a decisão extrapolou a competência disciplinar, que somente pode ser exercida para corrigir desvios na organização administrativa da entidade.

A: Incorreta. Só é possível a avocação de ato de inferior hierárquico, conforme disposto no art. 15, da Lei 9.784/1999. Portanto, como não há hierarquia entre a Administração Direta, à qual está vinculado o Secretário e a Administração Indireta (sociedade de economia mista), não é possível ao Secretário realizar esse ato administrativo avocatório. **B:** Incorreta. O Poder Disciplinar é o que possibilita a aplicação de sanções em decorrência de infrações disciplinares cometidas por agentes públicos, não se relacionando, portanto, com a situação descrita no enunciado. **C:** Correta. Como dito acima, não havendo hierarquia entre a Administração Direta e a Indireta, não há como existir avocação de competência (art. 15, da Lei 9.784/1999), podendo haver, no entanto, tutela ou supervisão ministerial, conforme afirmado na alternativa. **D:** Incorreta. Se houvesse desvio de conduta teríamos o Poder Disciplinar, que é o competente para aplicação sanções em casos de infrações disciplinares, e não o Poder Hierárquico que compreende a delegação, avocação de competências, assim como o escalonamento das atribuições internas de cada órgão ou entidade administrativa. **E:** Incorreta.

Não houve aplicação do Poder Disciplinar, eis que não houve aplicação de qualquer sanção em decorrência de ato infracional.

Gabarito "C".

(Analista – TRT/10ª – 2013 – CESPE) Julgue os próximos itens, relativos à Administração indireta e à descentralização administrativa.

(1) As autarquias federais detêm autonomia administrativa relativa, estando subordinadas aos respectivos ministérios de sua área de atuação.

(2) A concessão de serviço público a particulares é classificada como descentralização administrativa por delegação ou por colaboração.

1: assertiva incorreta, pois as autarquias têm, sim, autonomia; assim, elas não estão sujeitas à subordinação dos respectivos Ministérios, apesar de estarem sujeitas à supervisão ministerial, também chamada de controle ou tutela; vale ressaltar que, enquanto a subordinação confere ao superior hierárquico grande poder de revisão dos atos do subordinado, a supervisão ministerial permite que o ente que a detém apenas faça uma fiscalização finalística nos termos da lei, em relação ao ente controlado; **2:** assertiva correta; de fato, é descentralização, pois é passagem de atribuições de uma pessoa jurídica para outra pessoa jurídica (diferentemente da desconcentração, que é a passagem de atribuições de um órgão para outro órgão) e é do tipo "por delegação" (ou "por colaboração"), pois as atribuições não passam a ser do ente concessionário (quando se teria descentralização "por outorga"), recebendo o ente concessionário apenas o direito-dever de prestar o serviço público, serviço esse que continua com a titularidade do Poder Público.

Gabarito 1E, 2C

(Analista – TRT/10ª – 2013 – CESPE) Julgue os itens seguintes, relativos à organização administrativa do Estado.

(1) As empresas públicas devem ser constituídas obrigatoriamente sob a forma de sociedade anônima.

(2) O fato de uma autarquia federal criar, em alguns Estados da Federação, representações regionais para aproximar o Poder Público do cidadão caracteriza o fenômeno da descentralização administrativa.

1: assertiva incorreta, pois as empresas públicas podem ser constituídas sob qualquer forma societária (art. 5º, II, do Dec.-Lei 200/1967); **2:** assertiva incorreta, pois tais representações nada mais são do que órgãos dessa autarquia, de maneira que temos uma desconcentração (distribuição interna de atribuições), diferentemente da situação em que um ente político cria uma outra pessoa jurídica (e não um órgão), caso em que teríamos a descentralização (distribuição externa de atribuições).

Gabarito 1E, 2E

(Analista – TJ/CE – 2014 – CESPE) A respeito de organização administrativa, assinale a opção correta.

(A) Os consórcios públicos sob o regime jurídico de direito público são associações públicas sem personalidade jurídica criadas para a gestão associada de serviços públicos de interesse de mais de um ente federativo.

(B) Tratando-se de órgão público, a competência é irrenunciável e intransferível.

(C) As autarquias são entidades criadas pelos entes federativos para a execução atividades que requeiram gestão administrativa e financeira descentralizada, porém, o ente federativo continuará titular do serviço, sendo responsável, dessa forma, pelos atos praticados pela autarquia.

(D) As organizações sociais são pessoas jurídicas de direito público que celebram contrato de gestão como poder público para a prestação de serviços públicos de natureza social.

(E) São consideradas agências executivas as autarquias, fundações, empresas públicas e sociedades de economia mista que apresentam regime jurídico especial que lhes concede maior autonomia em relação ao ente federativo que as criou.

A: Incorreta, pois o consórcio público adquirirá personalidade jurídica de direito público, no caso de constituir associação pública, mediante a vigência das leis de ratificação do protocolo de intenções (art. 6º, I, da Lei 11.107/2005); **B:** Correta, conforme arts. 11 a 15 da Lei 9.784/1999; **C:** Incorreta. Carvalho Filho entende que há descentralização por outorga e por delegação, entendendo-se que pela primeira o Poder **Público transfere a própria titularidade do serviço**, ao passo que pela segunda a transferência tem por alvo apenas a execução do serviço. Nesse caso, a delegação somente ocorreria quando o Estado firmasse negócio jurídico, **mas não quando criasse entidade para sua Administração Indireta** (Carvalho Filho, José dos Santos. **Manual de Direito Administrativo**. 27. ed. São Paulo: Atlas, 2014, p. 353); **D:** Incorreta, pois as Organizações Sociais são pessoas jurídicas de direito privado (art. 1º da Lei 9.637/1998); **E:** Incorreta, pois apenas as autarquias e fundações integrantes da Administração Pública federal poderão, observadas as diretrizes do Plano Diretor da Reforma do Aparelho do Estado, ser qualificadas como Agências Executivas (art. 1º do Decreto 2.487/1998).

Gabarito "B".

(Analista – TRT/6ª – 2012 – FCC) A respeito do regime jurídico das entidades integrantes da Administração Pública indireta é correto afirmar que é

(A) de direito privado para as empresas públicas e sociedades de economia mista que explorem atividade econômica, sem prejuízo da aplicação dos princípios constitucionais da Administração Pública.

(B) de direito público para as fundações, autarquias e empresas públicas e de direito privado para as sociedades de economia mista.

(C) sempre de direito privado, parcialmente derrogado pelas prerrogativas e sujeições decorrentes dos princípios aplicáveis à Administração Pública.

(D) sempre de direito público, exceto para as entidades caracterizadas como agências executivas ou autarquias de regime especial.

(E) sempre de direito privado, em relação à legislação trabalhista e tributária, e de direito público em relação aos bens afetados ao serviço público.

A: assertiva correta, pois as empresas estatais têm regime jurídico de direito privado especial, aplicando-se, como regra, o regime de direito privado, mas, em alguns aspectos, o regime de direito público; este se aplica, por exemplo, no dever de respeitar os princípios da Administração Pública (art. 37, *caput*, da CF), no dever de promover licitação e concursos públicos, na submissão à fiscalização dos Tribunais de Contas, dentre outros aspectos; **B:** assertiva incorreta, pois as empresas públicas têm regime de direito privado (art. 5º, II, do Dec.-Lei 200/1967); **C:** assertiva incorreta, pois as autarquias tradicionais, as fundações públicas de direito público (entidades autárquicas), as agências reguladoras e as associações públicas (consórcios públicos de direito público) também têm regime jurídico de direito público (art. 41, IV e V, do CC); **D:** assertiva incorreta, pois as exceções (em que o regime é de direito privado) são concernentes às empresas públicas, sociedades de economia mista, fundações estatais de direito privado e consórcios públicos de direito privado; **E:** assertiva incorreta, pois na Administração Indireta há instituições com regime de direito público (autarquias, fundações públicas de direito público, agências reguladoras e associações públicas) e instituições com regime de direito privado (empresas públicas, sociedades de economia mista, fundações estatais de direito privado e consórcios públicos de direito privado). **WG**

Gabarito "A".

(Analista – TRE/MG – 2012 – CONSULPLAN) Acerca da organização da Administração Pública estruturada na Constituição da República de 1988, é correto afirmar que

(A) na organização administrativa brasileira, há uma divisão vertical e hierárquica entre os entes federal, distrital, estadual e municipal.
(B) não obstante ter o chefe do Poder Executivo a direção superior da Administração Pública, somente lei específica pode criar autarquias.
(C) dentro do sistema federativo criado pela Constituição da República de 1988, União, Estados, Distrito Federal e Municípios são entes dotados de soberania.
(D) dentro da capacidade de autogoverno, o chefe do Poder Executivo de cada ente pode decidir pela descentralização do poder, através da criação de órgãos públicos.
(E) os órgãos públicos, criados como mecanismo de desconcentração administrativa, possuem personalidade jurídica própria, apesar de subordinar-se à Administração central.

A: assertiva incorreta, pois não há hierarquia entre os entes políticos; **B:** assertiva correta (art. 37, XIX, da CF); **C:** assertiva incorreta, pois tais entes têm autonomia, e não soberania, atributo este próprio da República Federativa do Brasil, e não de entes políticos internos, isoladamente; **D:** assertiva incorreta, pois a criação de órgãos públicos consiste no fenômeno da desconcentração, e não da descentralização; **E:** incorreta, pois os órgãos públicos não têm personalidade jurídica. **WG**

Gabarito "B".

(Analista – TJ/AM – 2013 – FGV) Com relação ao sentido da expressão Administração Pública, analise as afirmativas a seguir.

I. Administração Pública, em sentido formal, relaciona-se à pessoa que executa atividades da administração.
II. Administração Pública, em sentido material, relaciona-se à atividade administrativa desempenhada pelo Estado.
III. Administração Pública, em sentido subjetivo, relaciona-se às pessoas jurídicas que executam a Administração Pública em sentido objetivo, às atividades de execução desempenhadas pelo Estado.

Assinale:

(A) se somente a afirmativa I estiver correta.
(B) se somente a afirmativa III estiver correta.
(C) se somente as afirmativas I e a III estiverem corretas.
(D) se somente as afirmativas II e a III estiverem corretas.
(E) se todas as afirmativas estiverem corretas.

As três afirmativas estão corretas, pois trazem adequadas relações entre os sentidos formal, material e subjetivo da Administração Pública. **WG**

Gabarito "E".

4.2. Administração indireta e suas entidades

(Analista – INPI – 2024 – CEBRASPE) No que concerne às autarquias, julgue os itens seguintes.

(1) Desde que promovida por lei de iniciativa privativa do chefe do Poder Executivo, é possível a extinção de autarquia que desenvolva atividades já atendidas satisfatoriamente pela iniciativa privada ou não previstas no seu objeto social.
(2) Às autarquias qualificadas como agências executivas ou reguladoras é facultado o uso do regime celetista para os seus servidores.
(3) No caso das autarquias, a supervisão ministerial incluirá a aprovação anual da proposta de orçamento-programa e da programação financeira da entidade.
(4) As autarquias gozam de imunidade tributária recíproca, que veda a instituição de impostos sobre o seu patrimônio, ainda que o imóvel seja arrendado ou locado a empresa privada exploradora de atividade econômica com fins lucrativos.

1: Correta. As autarquias são criadas por lei específica e da mesma maneira será extinta por lei, de iniciativa privativa do chefe do Poder Executivo. Assim, caso as atividades da autarquia estejam sendo atendidas pela iniciativa privada, é possível a extinção da autarquia. **2:** Incorreta. As autarquias qualificadas como agências executivas ou reguladoras devem seguir o regime jurídico único, tendo, portanto, servidores públicos estatutários. **3:** Correta. O art. 26, parágrafo único, alínea "d" do Decreto-Lei 200/67 prevê que a supervisão ministerial poderá ser exercida, além de outras estabelecidas em regulamento, a aprovação anual da proposta de orçamento-programa e da programação financeira da entidade, no caso de autarquia. **4.** Incorreta. A imunidade recíproca, prevista no art. 150, VI, alínea "a" da CR/88, é garantida às autarquias no que se refere ao patrimônio, à renda e aos serviços vinculados a suas finalidades essenciais ou às delas decorrentes (art. 150, § 2º, CR/88). **FC**

Gabarito 1C, 2E, 3C, 4E.

(Analista Judiciário – TRE/PA – 2020 – IBFC) Considere as disposições da Lei 11.107 de 2005 e do Decreto 6.017 de 2007 sobre os consórcios públicos e assinale a alternativa **incorreta**.

(A) Os entes consorciados somente entregarão recursos ao consórcio público mediante contrato de rateio. É vedada a aplicação dos recursos entregues por meio de contrato de rateio para o atendimento de despesas genéricas, inclusive transferências ou operações de crédito
(B) É nula a cláusula de contrato de programa que atribuir ao contratado o exercício dos poderes de planejamento, regulação e fiscalização dos serviços por ele próprio prestados
(C) Considera-se contrato de gestão o instrumento pelo qual devem ser constituídas e reguladas as obrigações que um ente da Federação, inclusive sua administração indireta, tenha para com outro ente da Federação, ou para com consórcio público, no âmbito da prestação de serviços públicos por meio de cooperação federativa
(D) Os entes da Federação consorciados respondem subsidiariamente pelas obrigações do consórcio público. Os dirigentes do consórcio público responderão pessoalmente pelas obrigações por ele contraídas

caso pratiquem atos em desconformidade com a lei, os estatutos ou decisão da assembleia geral

A: correta (art. 8°, "caput" e § 2°, da Lei 11.107/2005). **B:** correta (art. 13, § 3°, da Lei 11.107/2005). **C:** incorreta (nos termos do art. 2°, inc. XVIII, do Decreto 6.017/2007, *contrato de gestão* representa o instrumento firmado entre a administração pública e autarquia ou fundação qualificada como Agência Executiva, por meio do qual se estabelecem objetivos, metas e respectivos indicadores de desempenho da entidade, bem como os recursos necessários e os critérios e instrumentos para a avaliação do seu cumprimento; já o *contrato de programa* constitui o instrumento pelo qual devem ser constituídas e reguladas as obrigações que um ente da Federação, inclusive sua administração indireta, tenha para com outro ente da Federação, ou para com consórcio público, no âmbito da prestação de serviços públicos por meio de cooperação federativa, cf. art. 13, inc. XVI, do mesmo regulamento). **D:** correta (art. 9° do Decreto 6.017/2007).

Gabarito "C".

(Analista Judiciário – TJ/PA – 2020 – CESPE/CEBRASPE) A administração indireta inclui as sociedades de economia mista, cujos agentes são

(A) empregados públicos regidos pela CLT e sujeitos às normas constitucionais relativas a concurso público e à vedação de acumulação remunerada de cargos públicos.

(B) empregados públicos regidos pela CLT que não se submetem às normas constitucionais relativas a concurso público nem à vedação de acumulação remunerada de cargos públicos.

(C) empregados públicos regidos pela CLT e sujeitos às normas constitucionais relativas a concurso público, mas não à vedação de acumulação remunerada de cargos públicos.

(D) servidores públicos estatutários sujeitos às normas constitucionais relativas a concurso público e à vedação de acumulação remunerada de cargos públicos.

(E) servidores públicos estatutários sujeitos às normas constitucionais relativas a concurso público, mas não à vedação de acumulação remunerada de cargos públicos.

Sociedades de economia mista integram a Administração indireta. O seus agentes são empregados públicos, ou seja, regidos pela CLT. Ademais, estão submetidos à vedação da acumulação remunerada de cargos, empregos e funções públicas (cf. art. 37, inc. XVII, CF). Destaque-se que, embora sejam pessoas jurídicas de direito privado, estão submetidas ao regime constitucional da obrigatoriedade dos concursos públicos (art. 37, "caput" e inc. II, CF). Nesse sentido, correta a alternativa A.

Gabarito "A".

(Analista – TRT1 – 2018 – AOCP) Assinale a alternativa correta no tocante à organização da Administração Pública.

(A) A sociedade de economia mista possui como característica ser pessoa jurídica de direito privado com capital inteiramente público, sendo organizada sob a forma de sociedade anônima.

(B) É dispensável a autorização legislativa para a criação de empresas subsidiárias, desde que haja previsão para esse fim na própria lei que instituiu a sociedade de economia mista matriz.

(C) O consórcio público consiste em pessoa jurídica de direito público ou privado criada por duas ou mais autarquias para a gestão associada de serviços públicos.

(D) Agência executiva é a qualificação dada à autarquia ou fundação que celebre contrato de rateio com o órgão da Administração Direta a que se acha vinculada, para a melhoria da eficiência e redução de custos.

(E) As fundações de direito privado, instituídas ou mantidas pelo Poder Público, não gozam da imunidade tributária referente ao imposto sobre o patrimônio, a renda ou serviços vinculados às suas finalidades essenciais ou às delas decorrentes.

A: incorreta. Seu capital não precisa ser inteiramente público. As **sociedades de economia mista** são pessoas jurídicas de direito privado, cuja criação foi autorizada em lei, constituídas necessariamente sob a forma de sociedade por ações e cujo capital majoritariamente deve ser formado por recursos de pessoas públicas de direito interno ou de pessoas integrantes de suas respectivas administrações indiretas, sendo possível que as demais ações sejam de propriedade privada. Portanto, são empresas estatais com as seguintes peculiaridades: a) constituídas somente pela forma de sociedade anônima (S/A); b) possuem necessariamente capital privado e público, sendo que a maioria das ações com direito a voto é do Poder Público; c) a Justiça Comum é o foro próprio de tais sociedades mesmo sendo federais; d) são exemplos desse tipo de empresa o Banco do Brasil, a Petrobras e a Sabesp; **B:** correta. Restou definido pelo STF na ADI 1649 que não é necessária a autorização legislativa para a criação de empresas públicas subsidiárias, desde que haja previsão para esse fim na própria lei que instituiu a empresa de economia mista matriz, e que, a Constituição Federal, ao referir-se à expressão autorização legislativa, "em cada caso", o faz relativamente a um conjunto de temas, dentro de um mesmo setor. "A autorização legislativa, na espécie, abrange o setor energético resultante da política nacional de petróleo definida pela Lei 9.478/97", definiu a ementa do julgamento da medida cautelar; **C:** incorreta. Pela Lei 11.107/2005, duas novas pessoas jurídicas estatais foram criadas. Ambas têm o nome de *consórcio público*, mas uma é de direito público (associação pública) e outra é de direito privado (consórcio público de direito privado). Consórcios consistem na *reunião de entes políticos* (União, Estados, DF e Municípios) para formação de *pessoas jurídicas com vistas à gestão associada de serviços públicos*; **D:** incorreta, agência executiva é qualificação cuja previsão tem assento constitucional no art. 37 § 8°, da CF/1988, a qual estabelece que: "a autonomia gerencial, orçamentária e financeira dos órgãos e entidades da administração direta e indireta poderá ser ampliada mediante contrato, a ser firmado entre seus administradores e o poder público, que tenha por objeto a fixação de metas de desempenho para o órgão ou entidade, cabendo à lei dispor sobre: I – o prazo de duração do contrato; II – os controles e critérios de avaliação de desempenho, direitos, obrigações e responsabilidade dos dirigentes; III – a remuneração do pessoal". Tal possibilidade de qualificação veio a partir da introdução do princípio da eficiência pela EC 19/1998; **E:** incorreta, artigo 150, VI, § 2° CF/1988.

Gabarito "B".

(Analista Judiciário – TRF/2 – Consulplan – 2017) "O Governador do Estado X pretende criar uma Agência Reguladora, entidade administrativa integrante da administração indireta, para fiscalizar a prestação de serviço de transporte público de passageiros." A referida Agência Reguladora deve possuir algumas prerrogativas, dentre as quais:

I. Apreciação de lei de diretrizes orçamentárias.
II. Competência tributária.
III. Iniciativa legislativa.

Assinale se:

(A) Nenhuma alternativa estiver correta.

(B) Estiverem corretas as alternativas I e II.
(C) Somente a alternativa I estiver correta.
(D) Somente a alternativa III estiver correta.

Para a criação de uma Agência Reguladora é necessária lei específica, eis que se trata de uma autarquia de regime especial e por isso se submete ao disposto no art. 37, XIX, CF, como todas as demais autarquias. Também, essas Agências Reguladoras são criadas para a prestação de serviços públicos e possuem, além dessa atribuição fiscalizatória, a regulatória, sendo essa consistente na edição de atos normativos infralegais. Não estão entre suas prerrogativas a apreciação de lei de diretrizes orçamentárias, nem possuem competência tributária (essa é somente de Ente Federativo, art. 145, CF), muito menos iniciativa de lei, já que, como dito acima, só podem editar atos infralegais. Portanto, as três assertivas são incorretas. **AW**
Gabarito "A".

(Analista – TJ/DFT – 2013 – CESPE) Acerca das autarquias, empresas públicas e sociedades de economia mista, julgue os itens a seguir.

(1) As sociedades de economia mista podem revestir-se de qualquer das formas em direito admitidas, a critério do poder público, que procede à sua criação.
(2) Nos litígios comuns, as causas que digam respeito às autarquias federais, sejam estas autoras, rés, assistentes ou oponentes, são processadas e julgadas na Justiça Federal.
(3) Pessoas jurídicas de direito privado integrantes da Administração indireta, as empresas públicas são criadas por autorização legal para que o governo exerça atividades de caráter econômico ou preste serviços públicos.

1: assertiva incorreta, pois as sociedades de economia mista somente admitem a forma de sociedade anônima (art. 5º, III, do Dec.-Lei 200/1967); **2:** assertiva correta (art. 109, I, da CF); **3:** assertiva correta (art. 37, XIX, da CF c/c art. 5º, II, do Dec.-Lei 200/1967). **FC**
Gabarito 1E, 2C, 3C.

(Analista – TRE/MG – 2012 – CONSULPLAN) Em determinado município, o Prefeito verifica que o sistema de coleta de lixo, a cargo da Administração Pública Direta, está se mostrando ineficiente. Para solucionar o problema, edita medida provisória criando empresa pública específica para esse fim, de modo a realizar o serviço de forma mais eficiente, a qual admitirá pessoal através de concurso público. Sobre o caso, é correto afirmar que a situação

(A) é irregular, uma vez que o município somente pode criar empresas públicas após autorização de lei estadual de iniciativa do chefe do Poder Executivo.
(B) é irregular, uma vez que as empresas públicas, não obstante sujeitarem-se ao regime jurídico próprio das empresas privadas, devem ter sua criação previamente autorizada por lei.
(C) está incorreta, já que não há necessidade de admissão de pessoal por meio de concurso público, tendo em vista que as empresas públicas se submetem à mesma disciplina jurídica das empresas privadas.
(D) é irregular, uma vez que a empresa pública municipal não poderia ser criada para prestação de serviço público, mas tão somente para prestação de atividade econômica, respeitando o princípio da subsidiariedade.
(E) está incorreta, uma vez que o serviço público em questão deveria ser realizado pela Administração Direta ou autarquia criada para este fim, pessoas jurídicas de direito público, uma vez que trata-se de atividade típica de Estado.

A: incorreta, pois os municípios têm autonomia política e podem criar empresas públicas sem que tenha de pedir autorização a qualquer ente político; **B:** correta, pois o art. 37, XIX, da CF impõe autorização de lei específica para a criação de uma empresa estatal, não sendo possível que a criação se dê por medida provisória; **C:** incorreta, pois a admissão de pessoal em toda a administração direta e indireta (o que inclui as empresas estatais) depende de concurso público (art. 37, II, da CF); **D:** incorreta, pois uma empresa estatal pode ser criada tanto para prestação de serviço público, como para exploração de atividade econômica; **E:** incorreta, pois a mera prestação de serviço público (diferentemente da regulação e fiscalização do serviço público) pode ser feita por pessoa de direito privado, podendo ser tanto uma pessoa privada estatal (como uma empresa pública), como uma pessoa privada não estatal (ex: as empresas concessionárias de telefonia). **WG**
Gabarito "B".

(Analista – TRT/2ª – 2014 – FCC) A propósito de semelhanças ou distinções entre as empresas públicas e as sociedades de economia mista sabe-se que,

(A) as empresas públicas submetem-se integralmente ao regime jurídico de direito público, na medida em que seu capital é 100% público, enquanto as sociedades de economia mista podem se submeter ao regime jurídico de direito privado, caso a participação privada no capital represente maioria com poder de voto.
(B) as sociedades de economia mista admitem participação privada em seu capital, enquanto as empresas públicas não; ambas se submetem ao regime jurídico típico das empresas privadas, embora possam ter que se submeter à regra de exigência de licitação para contratação de bens e serviços.
(C) as duas pessoas jurídicas de direito público integram a Administração indireta e podem ser constituídas sob quaisquer das formas disponíveis às empresas em geral, distinguindo-se pela composição do capital, 100% público nas sociedades de economia mista e com participação privada nas empresas públicas.
(D) as duas pessoas jurídicas de direito público submetem-se ao regime jurídico de direito privado, com exceção à forma de constituição, na medida em que são criadas por lei específica, enquanto as empresas não estatais são instituídas na forma da legislação societária vigente.
(E) ambas submetem-se ao regime jurídico de direito público, não se lhes aplicando, contudo, algumas normas, a fim de lhes dar celeridade e competitividade na atuação, tal como a lei de licitações e a realização de concurso público para contratação de seus servidores.

A: incorreta, pois tanto as empresas públicas como as sociedade de economia mista são pessoas jurídicas de direito privado estatais e, assim, se submetem a um regime jurídico de direito privado, na forma do disposto no art. da CF (art. 173, § 1º, II); **B:** correta, pois ambas de fato seguem o regime jurídico de direito privado (art. 173,§ 1º, II, da CF), também se tratando de informações corretas as de que tais empresas obedecem ao dever de licitar (art. 28 da Lei 13.303/16) e a composição de seu capital permite participação privava na sociedade de economia mista, mas não permite na empresa pública (art. 5º, II e III, do Decreto-lei 200/67); **C:** incorreta; pois as sociedades de economia

7. DIREITO ADMINISTRATIVO

mista só podem ter a forma societária "S/A" (art. 5º, III, do Decreto-lei 200/67) e a participação privada no capital só é admitida nas sociedades de economia mista (art. 5º, III, do Decreto-lei 200/67); **D**: incorreta, pois as duas não são criadas por lei especificação, mas tem a autorização de criação dada por lei específica (art. 37, XIX, da CF); **E**: incorreta; é justamente o contrário; ambas se submetem, na verdade, ao regime de direito privado (art. 173, § 1º, II, da CF), sendo que se submetem ao regime público em alguns pontos, como são o dever de licitar e o dever de contratar agentes mediante concurso público.
Gabarito "B".

(Analista – TRT/16ª – 2014 – FCC) Facundo, Auditor Fiscal da Receita Federal, pretende multar a Fundação "Vida e Paz", fundação instituída e mantida pelo Poder Público, haja vista que a mesma jamais pagou imposto sobre seu patrimônio, renda e serviços. Nesse caso,

(A) Facundo apenas pode cobrar tributo pelos serviços exercidos pela fundação, mas não sobre a renda e o patrimônio, os quais detém imunidade tributária.
(B) correta a postura de Facundo, vez que a citada fundação não detém imunidade tributária.
(C) correta a postura de Facundo, pois apenas as autarquias possuem imunidade tributária.
(D) incorreta a postura de Facundo, vez que a fundação possui imunidade tributária relativa aos impostos sobre seu patrimônio, renda e serviços, vinculados a suas finalidades essenciais ou as delas decorrentes.
(E) Facundo apenas pode cobrar tributo sobre a renda da fundação, mas não sobre seus serviços e patrimônio, os quais detém imunidade tributária.

A, B, C e E: incorreta, pois a imunidade recíproca entre os entes políticos é extensiva não só às autarquias, como também às fundações instituídas e mantidas pelo Poder Público, no que se refere ao patrimônio, à renda e aos serviços, vinculados a suas finalidades essenciais ou às delas decorrentes (art. 150, § 2º, da CF); **D**: correta (art. 105, § 2º, da CF).
Gabarito "D".

(Analista – TRT/9ª – 2012 – FCC) As empresas estatais submetem-se ao regime jurídico típico das empresas privadas, aplicando-se a elas, no entanto, algumas normas de direito público, como

(A) submissão à regra do concurso público para contratação de servidores públicos.
(B) submissão à regra geral de obrigatoriedade de licitação, para atividades meio e atividades fim da empresa.
(C) juízo privativo
(D) regime especial de execução, sujeito a pagamento por ordem cronológica de apresentação de precatórios.
(E) impenhorabilidade e imprescritibilidade de seus bens, independentemente de afetação ao serviço público.

A: assertiva correta, pois o concurso público, de fato, é obrigatório, inclusive para a investidura em emprego público (típico das empresas estatais), nos termos do art. 37, II, da CF; **B**: assertiva incorreta, pois a licitação é obrigatória nos termos do art. 28 da Lei 13.303/16, mas ficam ressalvadas as hipóteses em que ela não atender ao pressuposto jurídico – de ser conveniente ao interesse público – como no caso em que tais entidades, em sua atuação no mercado, desejem fazer contratos ligados à sua atividade-fim, e a realização da licitação possa comprometer as atividades da estatal, impedindo que ela atue no mercado em condições paritárias com as demais empresas; assim, as contratações ligadas à atividade-fim de estatais exploradoras de atividade econômica podem, diferentemente de contratações ligadas à atividade-meio destas, não ser precedidas de licitação; **C**: assertiva incorreta, pois tais empresas são julgadas pela Justiça Comum e não por juízo próprio da Fazenda Pública, valendo salientar que tais entidades não gozam das prerrogativas processuais desta; **D**: assertiva incorreta, pois tal regime só se aplica à Fazenda Pública (leia-se: pessoas jurídicas de direito público) que, por terem exclusivamente bens públicos (impenhoráveis), devem ser executadas mediante a expedição de precatório. Vale ressaltar, no entanto, que o Supremo Tribunal Federal vem aplicando o regime de precatórios quando se tratar de empresa pública ou sociedade de economia mista que prestam serviço público em regime de exclusividade (Informativos 920, 1.026 e 1.104, STF); **E**: assertiva incorreta, pois somente os bens pertencentes às pessoas jurídicas de direito público e os bens afetados ao serviço público são bens públicos; dessa forma, bens das empresas estatais (pessoas jurídicas de direito privado) que não estiverem afetados ao serviço público são bens privados.
Gabarito "A".

(Analista – TRT/10ª – 2013 – CESPE) Julgue os itens seguintes, acerca de organização da Administração Pública e das entidades que prestam serviço público.

(1) Pessoa jurídica de direito privado pode ser concessionária de serviço público, mas deve responder objetivamente pelos danos que seus agentes, nessa qualidade, causarem a terceiros.
(2) Empresas públicas são pessoas jurídicas de direito privado integrantes da Administração indireta do Estado, criadas mediante prévia autorização legal, que exploram atividade econômica ou, em certas situações, prestam serviço público.
(3) As sociedades de economia mista não estão sujeitas ao controle externo realizado pelos respectivos tribunais de contas.

1: assertiva correta (art. 37, § 6º, da CF); **2**: assertiva correta, nos termos da combinação dos arts. 37, IX, da CF (quanto à autorização legal para a sua criação), e 173, § 3º, da CF e art. 5º, II, do Dec.-Lei 200/1967 (possibilidade de exploração de atividade econômica), lembrando que a doutrina admite que uma empresa estatal (seja ela empresa pública ou sociedade de economia mista) também preste serviço público, já que qualquer empresa privada poderia fazê-lo, quanto mais uma empresa estatal; são exemplos de empresas estatais exploradoras de atividade econômica a Petrobras, o Banco do Brasil e a Caixa Federal; é exemplo de empresa estatal prestadora de serviço público os Correios, lembrando que o serviço postal é um serviço público excepcional, que só pode ser prestado por empresa estatal; companhias de água e metrô também costumam ser exemplos de empresas estatais prestadoras de serviço público; **3**: assertiva incorreta, pois o art. 71, II, da CF, estabelece esse controle externo.
Gabarito 1C, 2C, 3E.

(Analista – TRT/11ª – 2012 – FCC) Considere as seguintes assertivas:

I. Pode adotar uma das modalidades de sociedade disciplinadas pela legislação comercial.
II. Seja de âmbito federal, estadual ou municipal, tem capital inteiramente público, ou seja, dele somente podem participar pessoas jurídicas de direito público.
III. Não pode adotar a forma de sociedade unipessoal.
IV. Se for de âmbito federal, terá seus litígios processados e julgados obrigatoriamente na Justiça Federal.

No que concerne à empresa pública, está correto o que se afirma APENAS em

(A) I, II e IV.
(B) I e III.

(C) I e IV.
(D) II e III.
(E) III e IV.

I: assertiva correta, pois, de fato, a empresa pública pode adotar qualquer forma societária (art. 5º, II, do Dec.-Lei 200/1967); **II:** assertiva incorreta, pois o art. 5º do Dec.-Lei 900/69 ("Desde que a maioria do capital votante permaneça de propriedade da União, será admitida, no capital da Empresa Pública, a participação de outras pessoas jurídicas de direito público interno bem como de entidades da Administração Indireta da União, dos Estados, Distrito Federal e Municípios") admite que entidades da Administração Indireta dos entes políticos faça parte do capital de uma empresa pública, sem distinguir entre estatais de direito público e estatais de direito privado; **III:** assertiva incorreta, pois poderá ter apenas um ente público na sua constituição, como na hipótese de todo o capital ser formado por recursos da União; **IV:** assertiva correta (art. 109, II, da CF). WG
Gabarito "C".

(Analista – TRT/1ª – 2012 – FCC) Distinguem-se as autarquias das sociedades de economia mista que exploram atividade econômica, dentre outras características, em função de

(A) não serem dotadas de autonomia e personalidade jurídica própria, embora submetidas ao regime jurídico de direito privado.
(B) seu regime jurídico de direito público, exceto quanto ao processo de execução ao qual se submetem, típico do direito privado.
(C) sua criação ser autorizada por lei, bem como por se submeterem tanto ao regime jurídico público, quanto ao regime jurídico privado.
(D) serem criadas por lei, bem como em função de seu regime jurídico de direito público.
(E) se submeterem a processo especial de execução, que excetua o regime dos precatórios, embora não afaste a prescritibilidade de seus bens.

A: assertiva incorreta, pois as autarquias também têm autonomia e personalidade jurídica própria (já que não são meros órgãos, mas pessoas jurídicas) e o seu regime é de direito público e não de direito privado; **B:** assertiva incorreta, pois a autarquia, de fato, é pessoa jurídica de direito público, regime esse que se aplica também ao processo de execução ao qual se submete, seja na execução que promover (podendo intentar execução fiscal, nos casos cabíveis), seja na execução em que for executada (aplicando-se o regime da execução contra a fazenda pública, que impõe, inclusive, o uso de precatórios); **C:** assertiva incorreta, pois a autarquia é "criada" pela própria lei específica (e não "autorizada pela lei" – art. 37, XIX, da CF) e o seu regime é totalmente de direito público; **D:** assertiva correta, pois as autarquias são criadas por lei específica (art. 37, XIX, da CF) e o seu regime é de direito público; **E:** assertiva incorreta, pois o seu regime de execução é público, inclusive com expedição de precatório, e os seus bens são imprescritíveis sim, ou seja, não estão sujeitos à usucapião, já que se tratam de bens públicos, por serem as autarquias pessoas jurídicas de direito público (arts. 98 e 102 do CC). WG
Gabarito "D".

(Analista – TJ/DFT – 2013 – CESPE) Julgue os itens seguintes, relativos a consórcios públicos e concessão de serviço público.

(1) O contrato de concessão de serviço público pode ser rescindido por iniciativa da concessionária, mediante ação judicial especialmente intentada para esse fim, no caso de descumprimento das normas contratuais pelo poder concedente.

(2) Os consórcios públicos são ajustes firmados por pessoas federativas, com personalidade de direito público ou de direito privado, mediante autorização legislativa, com vistas à realização de atividades e metas de interesse comum dos consorciados.

1: assertiva correta (art. 39, *caput*, da Lei 8.987/1995); **2:** assertiva correta (arts. 1º e 5º, *caput*, da Lei 11.107/2005). FC
Gabarito 1C, 2C.

4.3. Entes de cooperação

(Analista Judiciário – TRE/PA – 2020 – IBFC) As entidades que fazem parte do terceiro setor, também designadas como entes paraestatais, não integram a estrutura da Administração Pública, mas cooperam com o Estado no desempenho de atividades não lucrativas. Sobre o tema, assinale a alternativa correta:

(A) O Poder Executivo poderá qualificar como Organizações da Sociedade Civil de Interesse Público (OSCIP) as pessoas jurídicas de direito privado, sem fins lucrativos, atendidos os requisitos previstos em lei, cujo vínculo com o Poder Público é efetivado mediante a celebração de contrato de gestão
(B) Podem qualificar-se como Organizações Sociais as pessoas jurídicas de direito privado sem fins lucrativos que tenham sido constituídas e se encontrem em funcionamento regular há, no mínimo, 3 (três) anos, desde que os respectivos objetivos sociais e normas estatutárias atendam aos requisitos instituídos por lei
(C) Os serviços sociais autônomos integrantes do denominado Sistema "S", embora não integrem a Administração Pública, colaboram com ela na execução de atividades de relevante significado social, razão pela qual estão submetidos à exigência de concurso público para a contratação de pessoal, nos moldes do artigo 37, inciso II, da Constituição Federal de 1988
(D) O vínculo das entidades de apoio com o Poder Público decorre da assinatura de convênio, que lhe garante a destinação de valores públicos, com dotação orçamentária específica, além da possibilidade de cessão de bens públicos e, até mesmo, a cessão de servidores

A: incorreta (no caso das Organizações da Sociedade Civil de Interesse Público-OSCIP, o vínculo com o Poder Público é efetivado mediante termo de parceria, e não contrato de gestão, cf. 9º da Lei 9.790/1999). **B:** incorreta (a Lei 9.637/1998, que dispõe sobre as organizações sociais – OS, não prevê o requisito da pré-constituição trienal das entidades privadas que podem se qualificar como OS). **C:** incorreto (de acordo com o STF, os serviços sociais autônomos não estão submetidos à exigência de concurso público, cf. RE 789.874). **D:** correta (de fato, ao firmarem convênios com o Poder Público, asseguram-se às entidades de apoio a destinação de valores públicos, com dotação orçamentária específica, além da possibilidade de cessão de bens públicos e de servidores). RB
Gabarito "D".

(Analista Jurídico – TRF5 – FCC – 2017) A União, por meio do Ministério da Educação, formalizou termo de colaboração, regido pela Lei no 13.019 de 2014, com organização da sociedade civil, firmado após seleção por meio de chamamento público, com vista à implementação de projeto voltado à formação e qualificação de multiplicadores de conhecimento na área de prevenção de doenças sexualmente transmissíveis em adolescentes. Estabeleceu-se que a remuneração da equipe encarregada da execução do plano de trabalho, durante a vigência da parceria, seria paga com recursos públicos vinculados à parceria. O Tribunal de Contas da União solicitou esclarecimentos ao Poder Público sob a alegação de que os recursos públicos não poderiam ser empregados na remuneração de pessoal próprio da Organização da Sociedade Civil parceira. O apontamento do TCU

(A) procede, porquanto os recursos públicos repassados à entidade parceira somente podem remunerar equipe de trabalho contratada, jamais própria, cujo custo deve ser suportado pela entidade privada a título de contrapartida.

(B) improcede, pois a Lei no 13.019 de 2014 permite expressamente que a remuneração da equipe de trabalho, tanto contratada como própria da entidade parceira, possa ser feita com recursos públicos vinculados à parceria.

(C) procede, pois a Lei no 13.019 de 2014 veda expressamente o pagamento da equipe encarregada da execução do plano de trabalho, seja pessoal próprio da organização, seja contratado para execução da parceria.

(D) improcede, porque a lei não dispõe quanto à natureza das despesas que podem ou não ser custeadas com recursos vinculados à parceria, cabendo aos instrumentos jurídicos disciplinar a questão livremente, em razão do controle de resultados introduzido pelo novo marco regulatório.

(E) procede, pois a lei veda expressamente o pagamento com recursos da parceria da equipe de trabalho e de todos os custos indiretos necessários à execução do objeto, qualquer que seja sua proporção em relação à parceria.

B: correta. Eis o que diz a Lei 13.019/2014, com a redação dada pela Lei 13.204/2015: "Poderão ser pagas, entre outras despesas, com recursos vinculados à parceria: I – remuneração da equipe encarregada da execução do plano de trabalho", inclusive de pessoal próprio da organização da sociedade civil, durante a vigência da parceria, compreendendo as despesas com pagamentos de impostos, contribuições sociais, Fundo de Garantia do Tempo de Serviço – FGTS, férias, décimo terceiro salário, salários proporcionais, verbas rescisórias e demais encargos sociais e trabalhistas" – art. 46, I, da Lei 13.019/14. **FMB**
Gabarito "B".

(Analista Jurídico – TRF5 – FCC – 2017) Objetivando consecução de finalidade de interesse público, autarquia federal lançou chamamento público para selecionar organização da sociedade civil sem fins lucrativos interessada em firmar parceria para execução, em regime de mútua cooperação, de projeto, cujo plano de trabalho foi desenvolvido e ofertado pela Administração, com a previsão de repasse de recursos financeiros e ausência de contrapartida. Levando em consideração o regime jurídico das parcerias estabelecido pela Lei no 13.019 de 2014, o futuro ajuste será instrumentalizado por

(A) termo de colaboração, que é o instrumento legalmente previsto para formalização de parcerias propostas pela Administração, que envolvam transferência de recursos financeiros, desde que não haja previsão de contrapartida.

(B) termo de fomento, que é o instrumento legalmente previsto para formalização de parcerias propostas pela Administração, que envolvam transferência de recursos financeiros, estabeleçam ou não contrapartida.

(C) acordo de cooperação, que é o instrumento legalmente previsto para formalização de parcerias propostas pela Administração, que envolvam transferência de recursos financeiros e previsão de contrapartida, que se constitui requisito para celebração da avença.

(D) termo de colaboração, que é o instrumento legalmente previsto para formalização de parcerias propostas pela Administração, que envolvam transferência de recursos financeiros, com ou sem previsão de contrapartida.

(E) termo de fomento ou termo de colaboração, que são instrumentos hábeis, nos termos da lei, para formalização de parcerias que envolvam transferência de recursos, independentemente da origem da proposta.

A: incorreta. No caso da presente questão, a "pegadinha" encontra-se em sua segunda parte, na medida em que, segundo o art. 2º, VII da Lei 13.019/2014, termo de colaboração é o "instrumento por meio do qual são formalizadas as parcerias estabelecidas pela administração pública com organizações da sociedade civil para a consecução de finalidades de interesse público e recíproco propostas pela administração pública que envolvam a transferência de recursos financeiros". Note-se que pode ou não haver contrapartida; B: incorreta. nesse caso, a incorreção refere-se tanto ao fato de que não se trata de um termo de fomento, na medida em que a Administração Pública quem propôs a parceria, bem como pelo fato de que o próprio conceito constante na letra "b" está incorreto, pois termo de fomento é "instrumento por meio do qual são formalizadas as parcerias estabelecidas pela administração pública com organizações da sociedade civil para a consecução de finalidades de interesse público e recíproco **propostas pelas organizações da sociedade civil**, que envolvam a transferência de recursos financeiros"; C: incorreta. O caso constante na questão trata de uma proposta de parceria oriunda da Administração Pública, tratando-se, destarte, de um termo de colaboração. Ademais, segundo o Art. 2º inciso VIII-A da Lei 13.019/2014, acordo de cooperação consiste no " instrumento por meio do qual são formalizadas as parcerias estabelecidas pela administração pública com organizações da sociedade civil para a consecução de finalidades de interesse público e recíproco **que não envolvam a transferência de recursos financeiros**"; D: correta – Art. 2º, VII da Lei 14.019/2014; E: incorreta. Como visto acima, se a proposta partir da Administração Pública e envolver a transferência de recursos, teremos um caso de termo de colaboração; ao passo que se a proposta partir da organização da sociedade civil, também com transferência de recursos públicos, estar-se-á diante de uma parceria celebrada mediante termo de fomento. **FC**
Gabarito "D".

(Analista Judiciário – TRE/SP – FCC – 2017) A figura do contrato de gestão está prevista no ordenamento para disciplinar diferentes relações jurídicas, entre as quais figuram:

I. a fixação de metas de desempenho visando à ampliação da autonomia gerencial, orçamentária e financeira dos órgãos e entidades da Administração direta e indireta.

II. a disciplina para permissão de serviço público em caráter precário, não passível de concessão.

III. o estabelecimento de indicadores de desempenho para fins de participação nos lucros ou resultados de empregados públicos submetidos ao regime celetista.

Está correto o que consta APENAS em

(A) II.

(B) I e II.

(C) I.
(D) I e III.
(E) II e III.

A: Incorreta. O contrato de gestão disciplina a contratação de pessoas jurídicas paraestatais, não sendo o caso de permissionários, que são delegatários de serviços públicos regidos pela Lei 8.987/1995, seja por meio de um ato unilateral e precário, ou contrato precário, conforme disposto por aquele diploma legal. **B:** Incorreta. O item II é incorreto, conforme explicado acima. **C:** Correta. Trata-se do disposto no art. 37, § 8º, CF, sendo esse contrato celebrado entre pessoas jurídicas de direito privado, paraestatais, como as Organizações Sociais. Cumpre ressaltar que a Lei 13.934/2019 denomina o contrato do art. 37, § 8º, CR/88 de "contrato de desempenho". **D:** Incorreta. O item III está incorreto. Esse não é o conceito de contrato de gestão, não havendo definição para essa participação nos lucros de empregado públicos nesse tipo de contrato (art. 37, § 8º, III, CF). Gabarito "C."

5. AGENTES PÚBLICOS

5.1. Conceito, classificação, vínculos, provimento e vacância

A cidade de Parintins, no Amazonas, detém a maior proporção do Brasil de funcionários públicos em relação ao total de trabalhadores formais – lá são 3.971 servidores públicos, que correspondem a 62,71% desse total, considerados apenas os estatutários.

Internet: <http://exame.abril.com.br > (com adaptações).

(Analista Judiciário – TRE/PI – CESPE – 2016) Tendo o texto acima como referência inicial e supondo que a notícia apresentada tenha sido confirmada por diversos organismos renomados pelo elevado grau assertivo em suas pesquisas e que a realidade apresentada permaneça até o presente, assinale a opção correta acerca de aspectos diversos do direito administrativo.

(A) As contratações de agentes públicos para o exercício de cargo efetivo e permanente no referido município devem ocorrer mediante concurso, cuja validade inicial pode ser de até dois anos, prorrogável, uma vez, por igual período.

(B) A existência do elevado número de servidores públicos é suficiente para concluir que o chefe do Poder Executivo municipal, por utilizar a técnica administrativa da concentração, agiu contrariamente ao princípio da eficiência, estando, pois, sujeito à ação de improbidade, cuja prescrição ocorre no prazo de cinco anos, a contar da abertura do respectivo processo administrativo disciplinar.

(C) O mesário convocado para servir no dia das eleições é considerado servidor público estatutário.

(D) A administração pública, em sentido objetivo, compreende as pessoas jurídicas de direito público e seus agentes.

(E) Com base no entendimento do STF, é correto afirmar que o prefeito de Parintins pode nomear sobrinha para ocupar cargo de confiança em órgão da administração, uma vez que a vedação à nomeação de parentes alcança apenas aqueles em linha reta ou por afinidade.

A: Correta. Temos a exigência constitucional do concurso público para ingresso em cargos e empregos públicos da Administração Pública, disposta no art. 37, II, CF. **B:** Incorreta. Não se pode concluir que há ineficiência no serviço público, pois só temos o número de servidores, sem quaisquer resultados quanto aos seus trabalhos, ofícios, desempenhos, qualidade do serviço, etc. **C:** Incorreta. O mesário é agente público em colaboração com o Estado, sendo agente honorífico, especificamente, sem vínculo direto com o Poder Público. **D:** Incorreta. Em sentido objetivo, a Administração Pública é constituída de órgãos e pessoas jurídicas que desempenham a função administrativa estatal. **E:** Incorreta. Trata-se da vedação ao nepotismo imposta pela súmula vinculante 13, do STF, que proíbe parentes em linha reta e colateral até terceiro grau (inclui a sobrinha) ocuparem cargos em comissão de agentes públicos já detentores de outros cargos já em andamento. Gabarito "A."

5.2. Concurso público

(Analista – TJ/AM – 2013 – FGV) A Constituição Federal trouxe em seu corpo uma disciplina específica sobre a questão do concurso público para o ingresso na Administração Pública.

Tendo como base o regramento constitucional, assinale a afirmativa correta.

(A) O ingresso em qualquer cargo, emprego ou função pública depende de prévia aprovação em concurso público de provas ou provas e títulos.

(B) O ingresso em cargo público de provimento efetivo depende de prévia aprovação em concurso público de provas ou provas e títulos ao contrário do ingresso em cargos em comissão e a empregos públicos.

(C) O ingresso em emprego público depende de concurso público, ao contrário do que ocorre com o cargo em comissão que é de livre nomeação e exoneração.

(D) O ingresso em cargos e empregos públicos depende de prévia aprovação em concurso público de provas ou provas e títulos, ao contrário do cargo em comissão de livre nomeação e livre demissão.

(E) O ingresso em cargos, empregos e funções públicas é livre aos estrangeiros nas mesmas condições aplicáveis aos brasileiros, segundo expressa disposição constitucional.

A: assertiva incorreta, pois não é necessário concurso público para o provimento de cargo em comissão (art. 37, II, da CF); **B:** assertiva incorreta, pois o ingresso a "empregos públicos" também depende de concurso público (art. 37, II, da CF); **C:** assertiva correta (art. 37, II, da CF); **D:** assertiva incorreta, pois, quanto ao cargo em comissão, é livre a nomeação e a "exoneração" (e não a nomeação e "demissão"), nos termos do art. 37, II, da CF; a diferença é que a exoneração é o desligamento sem caráter punitivo, que pode ser feita sem apresentação de justificativa, ao passo que a demissão é o desligamento com caráter punitivo, com as garantias de ampla defesa e contraditório e não podendo ser feita livremente, ou seja, sem justa razão expressa em lei; **E:** assertiva incorreta, pois, quanto aos brasileiros, o acesso é amplo (salvo os requisitos que a lei trouxer), ao passo que, quanto aos estrangeiros, é necessário que exista uma lei autorizando e traçando os requisitos para a admissão destes (art. 37, I, da CF). Gabarito "C."

5.3. Efetividade, estabilidade e vitaliciedade

(Analista – TRE/AL – 2010 – FCC) Mélvio, analista judiciário, será reintegrado no cargo anteriormente ocupado. Porém, esse cargo anterior já encontra-se provido e ocupado por Isabela, servidora pública estável. Nesse caso, entre outras hipóteses, Isabela

(A) ficará em disponibilidade, esteja ou não, o cargo de origem provido por outro servidor.
(B) será nomeada em outro cargo de sua livre escolha, mas compatível com suas funções.
(C) será reintegrada no cargo de origem ou ficará em disponibilidade, a critério da Administração.
(D) será reconduzida ao cargo de origem, sem direito à indenização, ou aproveitada em outro cargo.
(E) poderá, a critério da Administração, ser readmitida ao cargo de origem ou transferida para outro órgão público federal.

Art. 41, § 2º, da CF. WG
Gabarito "D".

5.4. Acumulação remunerada e afastamento

(Analista – TRT/6ª – 2012 – FCC) João, servidor público da Administração direta federal, foi eleito para o cargo de Prefeito em seu Município. De acordo com as disposições constitucionais e legais aplicáveis à espécie, ele
(A) poderá solicitar afastamento do cargo ou licença parcial com redução proporcional da remuneração.
(B) deverá ser exonerado do cargo, pois se trata de cumulação vedada com impossibilidade de afastamento.
(C) poderá solicitar exoneração a pedido e reversão ao cargo de origem ao final do mandato.
(D) ficará afastado do cargo durante o período de mandato, podendo optar entre a remuneração do cargo público ou do eletivo.
(E) poderá permanecer em exercício no cargo de origem, desde que comprove a compatibilidade de horários e atribuições.

Segundo o art. 38, II, da CF, o servidor, "investido no mandato de Prefeito, será afastado do cargo, emprego ou função, sendo-lhe facultado optar pela sua remuneração". Assim, a alternativa **D** é a correta. WG
Gabarito "D".

5.5. Previdência dos servidores: aposentadoria, pensão e outros benefícios

(Analista – TJ/SC – FGV – 2018) João, Oficial de Justiça do Tribunal de Justiça de Santa Catarina, se aposentou. Três meses depois, foi informado que o Tribunal de Contas Estadual não aprovou o ato administrativo de sua aposentadoria, eis que faltam dois meses para completar o tempo de contribuição necessário.
A interferência da Corte de Contas, no caso em tela, em tese, é:
(A) ilegítima, eis que o ato administrativo de aposentadoria é simples, e o Tribunal de Contas não tem competência para interferir em ato administrativo do Poder Judiciário;
(B) ilegítima, eis que o ato administrativo de aposentadoria é composto, sendo formado pela manifestação do Diretor de Recursos Humanos e Presidente do TJSC, sem controle pelo Tribunal de Contas;
(C) ilegítima, eis que o ato administrativo de aposentadoria é composto, e a apreciação da legalidade do ato de concessão inicial de aposentadoria do Tribunal de Contas imprescinde do contraditório e da ampla defesa;
(D) legítima, eis que o ato administrativo de aposentadoria é simples e deve ser praticado somente pelo agente público competente para tal, qual seja, o Presidente do Tribunal de Contas;
(E) legítima, eis que o ato administrativo de aposentadoria é complexo, e a apreciação da legalidade do ato de concessão inicial de aposentadoria do Tribunal de Contas prescinde do contraditório e da ampla defesa.

Temos aqui polêmico tema sobre a natureza do ato de registro da aposentadoria pelo Tribunal de Contas. Segundo o artigo 71 da CF/88, compete ao Tribunal de Contas apreciar, para fins de registro, a legalidade dos atos de admissão de pessoal, ressalvados para os cargos em comissão, bem como a das concessões de aposentadorias, reformas e pensões. Tal "apreciação, para fins de registro", consiste na verificação, sem caráter jurisdicional, da legalidade ou, num sentido mais amplo, da validade dos atos administrativos benéficos àqueles que são investidos em funções públicas, inativados ou pensionados pela Administração Pública. Pois bem. De acordo com a classificação ordinariamente feita pela maioria dos doutrinadores quanto à formação dos atos administrativos, podem eles ser simples, complexos e compostos. O ato complexo é o que se forma pela conjugação de vontades de mais de um órgão administrativo, isto é, tem-se o concurso de vontades de órgãos diferentes para a formação de um único ato. O ato composto, por sua vez, é o que resulta da vontade de um órgão, mas depende da verificação por parte de outro, para se tornar exequível. Partindo das definições acima exaradas, temos, portanto, que um ato administrativo complexo não se completa, não tem existência enquanto não se formarem as vontades dos órgãos de cujo concurso depende. Passado para o caso em tela – e segundo o entendimento do Supremo Tribunal Federal – a aposentadoria, pensão ou reforma sequer se configuram senão quando devidamente registradas pelos Tribunais de Contas. Em outras palavras, haveria um ato complexo e não composto, de sorte que, como o ato não teria se completado até então, não haveria necessidade de se salvaguardar a ampla defesa e o contraditório até então. Eis a dicção da Súmula Vinculante 3 do STF, a qual prevê que: "Nos processos perante o Tribunal de Contas da União asseguram-se o contraditório e a ampla defesa quando da decisão puder resultar anulação ou revogação de ato administrativo que beneficie o interessado, *excetuada a apreciação da legalidade do ato de concessão inicial de aposentadoria, reforma e pensão*". Importante ressaltar que o Supremo Tribunal Federal entende, atualmente, que o Tribunal de Contas deve apreciar a legalidade do ato de concessão inicial de aposentadoria, reforma ou pensão em um prazo de 5 anos: "Em atenção aos princípios da segurança jurídica e da confiança legítima, os Tribunais de Contas estão sujeitos ao prazo de cinco anos para o julgamento da legalidade do ato de concessão inicial de aposentadoria, reforma ou pensão, a contar da chegada do processo à respectiva Corte de Contas" (Informativo 967, STF). FC.
Gabarito "E".

5.6. Processo disciplinar e comunicabilidade de instâncias

(Analista Jurídico – TRF5 – FCC – 2017) Determinado servidor público federal, lotado no Ministério da Educação, responde na justiça criminal por suposta prática de crime contra a Administração pública. Em razão dos mesmos fatos, instaurou-se junto ao referido Ministério processo disciplinar para apuração da prática de ilícito administrativo relacionado ao exercício funcional. O servidor, em defesa, alegou que a Administração pública está impedida de aplicar sanção derivada do suposto ilícito administrativo, em razão da precedente instauração, pelos mesmos fatos, da ação criminal. A defesa do servidor

(A) procede, devendo o processo administrativo disciplinar ser sobrestado até decisão final na instância criminal que, se for condenatória, repercutirá obrigatoriamente na relação funcional e implicará perda do cargo.

(B) procede, pois na hipótese de o servidor ser absolvido, mesmo que por ausência de provas, a Administração está impedida de prosseguir na apuração da falta funcional.

(C) improcede, pois o exercício do poder de polícia, de competência da esfera administrativa, não se subordina à esfera criminal, em razão do princípio da independência das instâncias.

(D) improcede, em razão do princípio da independência das instâncias, estando, o administrador, obrigado a aplicar a pena disciplinar prevista para o ilícito, pois vige no direito disciplinar o princípio do dever de punir obrigatório.

(E) improcede, pois vige o princípio da independência das instâncias, não tendo a sanção disciplinar natureza criminal, o que implica reconhecer a possibilidade de aplicação, pelo mesmo fato, de pena criminal e sanção administrativa, sem que, na hipótese, se configure bis in idem.

E: correta. A punição administrativa ou disciplinar não depende de processo civil ou criminal a que se sujeite o servidor pela mesma falta cometida, e nem obriga a Administração a aguardar o desfecho dos demais processos, nem mesmo em face da presunção de não culpabilidade. O ilícito administrativo independe do criminal. A absolvição criminal só afastará o ato punitivo se ficar provada, na ação penal, a inexistência do fato ou que o acusado não foi seu autor. Sobre o tema, vale a pena replicar os arts. 125 e 126 da Lei 8.112/1990, os quais, respectivamente, estabelecem que: "As sanções civis, penais e administrativas poderão cumular-se, sendo independentes entre si" e "A responsabilidade administrativa do servidor será afastada no caso de absolvição criminal que negue a existência do fato ou sua autoria". Gabarito "E". FMB

(Analista Judiciário – TRE/PI – CESPE – 2016) Com base na legislação que rege o processo administrativo disciplinar (PAD), assinale a opção correta.

(A) No PAD, não se admitem provas contra os agentes públicos investigados obtidas por meios ilícitos.

(B) O comparecimento e ciência do agente público investigado em PAD não supre a falta de sua intimação, haja vista o seu direito de ser citado pelo menos três dias antes da data para cumprimento do objeto da intimação.

(C) É obrigatória a cobrança de custas processuais dos agentes públicos apontados como responsáveis pela infração investigada, além da exigência de depósito em garantia aos cofres públicos, em montante a ser estipulado pela autoridade superior, compatível com o valor do objeto investigado.

(D) Não representa prejuízo para o PAD o fato de servidor nomeado para apurar o ocorrido litigar em juízo contra o agente público investigado, se não houver sentença transitada em julgado.

(E) Em razão do princípio da solenidade, o PAD deverá obedecer à forma, aos requisitos e aos demais ritos processuais, inclusive quanto à correta invocação das peças utilizadas em suas manifestações, sob pena de não serem conhecidas em juízo de admissibilidade.

A: Correta. Trata-se do disposto no art. 30, da Lei 9.784/1999, decorrência de sua subserviência à norma constitucional disposta no art. 5º, LVI, CF. B: Incorreta. O art. 26, § 5º, da Lei 9.784/1999 é expresso ao determinar que o comparecimento pessoal supre a falta da intimação. C: Incorreta. Não há custas em processo administrativo, assim como é inconstitucional a cobrança de depósito prévio para garantia de juízo, conforme disposto na súmula vinculante 21, do STF. D: Incorreta. Temos hipótese de impedimento prevista no art. 18, III, da Lei 9.784/1999. E: Incorreta. A forma no processo administrativo deve ser simples, conforme disposto no art. 2º, parágrafo único, IX, da Lei 9.784/1999. Gabarito "A". AW

5.7. Temas combinados de servidor público

(Analista Judiciário – TRE/PA – 2020 – IBFC) No tocante às normas relativas aos agentes públicos, considere a jurisprudência aplicada pelos tribunais superiores e assinale a alternativa **incorreta**.

(A) O não encaminhamento de projeto de lei de revisão anual dos vencimentos dos servidores públicos, previsto no inciso X do art. 37 da CF/88, não gera direito subjetivo a indenização

(B) Nas situações jurídicas em que a Constituição Federal autoriza a acumulação de cargos, o teto remuneratório é considerado em relação à remuneração de cada um deles, e não ao somatório do que recebido

(C) A acumulação de cargos públicos de profissionais da área de saúde, prevista no artigo 37, inciso XVI, da Constituição Federal de 1988, está sujeita ao limite de 60 horas semanais, desde que previsto em norma infraconstitucional regulamentadora

(D) Lei estadual pode prever o pagamento de gratificação para servidores mesmo que estes já recebam subsídio, caso essa gratificação sirva para remunerar atividades que extrapolem aquelas que são normais do cargo

A: correta (cf. jurisprudência do STF, nos termos do RE 565.089). B: correta (cf. jurisprudência do STF, nos termos do RE 612.975). C: incorreta (de acordo o entendimento do STF, cf. RMS 34.257, a existência de norma infraconstitucional que estipula limitação de jornada semanal de 60 horas não constitui óbice ao reconhecimento do direito à acumulação prevista no art. 37, XVI, da Constituição, desde que haja compatibilidade de horários para o exercício dos cargos a serem acumulados). D: correta (cf. entendimento do STF, a exemplo da ADI 4.941). RB Gabarito "C".

(Analista Judiciário – TRE/PE – CESPE – 2017) Com relação às carreiras dos servidores do Poder Judiciário da União, conforme disposto na Lei 11.416/2006, assinale a opção correta.

(A) Considera-se promoção funcional a movimentação do servidor de um padrão de uma classe para o padrão seguinte dentro da mesma classe.

(B) Competem ao ocupante do cargo de analista judiciário, entre outras atribuições, as atividades de pesquisa, elaboração de laudos, pareceres ou informações e a execução de tarefas de elevado grau de complexidade.

(C) Todos os cargos em comissão do Poder Judiciário da União devem ser ocupados por servidores efetivos que integrem o seu quadro de pessoal.

(D) As funções comissionadas de natureza gerencial devem ser preenchidas exclusivamente por servidores que tenham formação de nível superior.

(E) A regra que veda a nomeação, para cargos comissionados, de cônjuge, companheiro ou parente, até o terceiro grau, dos respectivos membros e juízes a eles vinculados, não proíbe que o ocupante de cargo efetivo seja designado para servir a magistrado com o qual tenha relação de parentesco.

A: Incorreta. De acordo com o art. 9º, § 2o, da Lei 11.416/2006, esse seria o conceito de progressão funcional, pois o conceito de promoção é "(...) a movimentação do servidor do último padrão de uma classe para o primeiro padrão da classe seguinte, observado o interstício de um ano em relação à progressão funcional imediatamente anterior, dependendo, cumulativamente, do resultado de avaliação formal de desempenho e da participação em curso de aperfeiçoamento oferecido, preferencialmente, pelo órgão, na forma prevista em regulamento". **B:** Correta. Trata-se do disposto no art. 4º, I, que assim dispõe: "I – Carreira de Analista Judiciário: atividades de planejamento; organização; coordenação; supervisão técnica; assessoramento; estudo; pesquisa; elaboração de laudos, pareceres ou informações e execução de tarefas de elevado grau de complexidade". **C:** Incorreta. Não são todos os cargos em comissão que devem ser ocupados por servidores efetivos, e sim, os determinados em lei e nas porcentagens que essa determina, conforme disposto no art. 37, V, CF. **D:** Incorreta. Essas funções, conforme disposto no art. 5º, § 2º, da Lei 11.416/2006, devem ser ocupadas "preferencialmente" por quem detém diploma superior, sendo esse o erro da assertiva. **E:** Incorreta. O art. 6º da Lei 11.416/2006 também veda aos parentes titulares de cargos efetivos a servirem magistrados com os quais tenha essa relação de parentesco, estando incorreta a assertiva, portanto.

Gabarito "B".

(Analista Judiciário – STJ – CESPE – 2015) A respeito da organização administrativa do Estado e do ato administrativo, julgue os itens a seguir.

(1) Os agentes putativos são aqueles que praticam e executam atos e atividades em situações de emergência e em colaboração com o poder público como se fossem agentes estatais.

(2) O princípio da especialidade na administração indireta impõe a necessidade de que conste, na lei de criação da entidade, a atividade a ser exercida de modo descentralizado.

(3) O simples fato de o poder público passar a deter a maioria do capital social de uma empresa privada a transforma em sociedade de economia mista, independentemente de autorização legal.

(4) O atributo da tipicidade do ato administrativo impede que a administração pratique atos sem previsão legal.

(5) Os efeitos prodrômicos do ato administrativo são efeitos atípicos que existem enquanto perdura a situação de pendência na conclusão desse ato.

(6) O prazo para anulação dos atos administrativos é de cinco anos, independentemente da boa-fé do administrado que se tenha beneficiado com tais atos.

1: incorreta. Os agentes públicos putativos são os que desempenham uma atividade pública na presunção de que há legitimidade, embora não tenha havido investidura dentro do procedimento legalmente exigido. É o caso, por exemplo, do servidor que pratica inúmeros atos de administração, tendo sido investido sem aprovação em concurso. Não são os que realizam atos em situação de emergência, somente, podendo realizar quaisquer outros atos, como se fossem legítimos. **2:** Correta. Para aumentar a eficiência e especialidade na atividade administrativa, o Poder Público deve descentralizar a prestação do serviço ou dessa atividade, pois assim, cada pessoa jurídica criada a partir do ente centralizado poderá se especializar numa determinada área de atuação, aumentando a eficiência, inclusive. **3:** Incorreta. Para se ter uma sociedade de economia mista é necessário que o tipo empresarial dessa empresa seja a S/A, ou seja, sociedade anônima, por isso não basta a maioria de capital, sendo necessário cumprir-se esse outro requisito. **4:** correta. O princípio da estrita legalidade determina que o Poder Público só pode fazer o que a lei determina. Mais ainda, a tipicidade é atributo do ato administrativo que determina que o ato deve corresponder a uma das figuras definidas previamente pela lei, como aptas a produzir determinados resultados, sendo corolário, portanto, do princípio da legalidade. A sua função é impossibilitar que a Administração venha a praticar atos inominados, representando, pois, uma garantia ao administrado, já que impede que a Administração pratique um ato unilateral e coercitivo sem a prévia previsão legal. Representa, também, a segurança de que o ato administrativo não pode ser totalmente discricionário, pois a lei define os limites em que a discricionariedade poderá ser exercida. **5:** correta. Os atos administrativos possuem efeitos típicos e atípicos. Quanto aos efeitos atípicos, podem ser reflexos ou prodrômicos. O prodrômico ocorre nos atos complexos ou compostos, e surge antes do ato concluir seu ciclo de formação, consubstanciando-se em situação de pendência de alguma outra formalidade. O efeito prodrômico do ato se dá, por exemplo, quando a primeira autoridade se manifesta e surge a obrigação de um segundo também fazê-lo, constatado neste meio tempo. **6:** Incorreta. O prazo é de 5 anos para anular atos administrativos, mas ressalva-se a má-fé, ou seja, o art. 54, da Lei 9.784/1999 dispõe ser o prazo para anulação de atos administrativos 5 anos, desde que não realizado com má-fé, caso em que não haverá prazo para anulá-lo.

Gabarito 1E, 2C, 3E, 4C, 5C, 6E

(Analista Jurídico – TCE/PA – 2016 – CESPE) Com base no disposto nas súmulas do Supremo Tribunal Federal relativas a direito administrativo, julgue os itens subsequentes.

(1) Tratando-se de processo administrativo disciplinar, se o acusado não tiver advogado, deve ser providenciado um *ad hoc* para formulação da sua defesa técnica, sob pena de nulidade do procedimento, por cerceamento de defesa.

(2) Insere-se na esfera de poder discricionário da administração pública a decisão de incluir o exame psicotécnico como fase de concurso para provimento de cargos públicos, o que pode ser feito mediante previsão em edital.

1: incorreta, pois a Súmula Vinculante STF n. 5 dispõe que a falta de defesa técnica por advogado no processo disciplinar não ofende a Constituição; **2:** incorreta, pois todo e qualquer requisito para ingresso de novos servidores nos quadros públicos depende de expressa previsão legal, nos termos do art. 37, I, da CF; ademais, a Súmula 686 do STF dispõe que só por lei se pode sujeitar a exame psicotécnico a habilitação de candidato a cargo público; nesse sentido é também a Súmula Vinculante STF n. 44: "Só por lei se pode sujeitar a exame psicotécnico a habilitação de candidato a cargo público".

Gabarito 1E, 2E

6. IMPROBIDADE ADMINISTRATIVA

6.1. Disposições gerais

(Analista – TRT/18 – 2023 – FCC) Dentre as alterações introduzidas pela Lei federal nº 14.230/2021, na Lei federal nº 8.429/92, destaca-se a

(A) expressa previsão da responsabilização solidária dos representantes legais das pessoas jurídicas, quando a estas forem imputados atos de improbidade.

(B) extensão da responsabilização solidária aos sucessores, herdeiros e outros beneficiados pelo ato de improbidade praticado, desde que seja demonstrada dolo ou culpa do sujeito ativo principal.
(C) expressa exigência do elemento subjetivo dolo para extensão das disposições da lei aos particulares que induzirem ou concorrerem para a prática de ato de improbidade, ainda que não se enquadrem no conceito de agente público.
(D) exclusão da previsão de responsabilização de pessoas jurídicas, restringindo-se os efeitos da lei aos limites da participação dos respectivos representantes legais, em razão da exigência do aspecto volitivo dolo.
(E) exclusão da previsão de responsabilidade dos servidores públicos que não detenham vínculo funcional em razão de cargo efetivo ou emprego público.

A: Incorreta. O art. 3º, § 1º, da Lei 8.429/92 estabelece que "§ 1º Os sócios, os cotistas, os diretores e os colaboradores de pessoa jurídica de direito privado não respondem pelo ato de improbidade que venha a ser imputado à pessoa jurídica, salvo se, comprovadamente, houver participação e benefícios diretos, caso em que responderão nos limites da sua participação". **B: Incorreta.** O art. 8º da Lei 8.429/92 não faz menção a dolo ou culpa do sujeito ativo principal, ele determina que "O sucessor ou o herdeiro daquele que causar dano ao erário ou que se enriquecer ilicitamente estão sujeitos apenas à obrigação de repará-lo até o limite do valor da herança ou do patrimônio transferido". **C: Correta.** O art. 3º possibilita que aquele que não é agente público responde pelo ato de improbidade, desde que induza ou concorra dolosamente para a prática do ato. "Art. 3º As disposições desta Lei são aplicáveis, no que couber, àquele que, mesmo não sendo agente público, induza ou concorra dolosamente para a prática do ato de improbidade". **D: Incorreta.** A pessoa jurídica pode responder pelo ato de improbidade administrativa, conforme demonstrado no art. 3º, § 1º, Lei 8.429/92. **E: Incorreta.** O art. 2º da Lei 8.429/92 estabelece que "para os efeitos desta Lei, consideram-se agente público o agente político, o servidor público e todo aquele que exerce, ainda que transitoriamente ou sem remuneração, por eleição, nomeação, designação, contratação ou qualquer outra forma de investidura ou vínculo, mandato, cargo, emprego ou função nas entidades referidas no art. 1º desta Lei".

Gabarito "C".

(Analista – TJ/ES – 2023 – CEBRASPE) Com base nas regras estabelecidas nas Leis nº 8.429/1992 — Lei de Improbidade Administrativa — e na Lei nº 12.846/2013 — que dispõe sobre a responsabilização administrativa e civil de pessoas jurídicas pela prática de atos contra a administração pública —, julgue os itens que se seguem.

(1) Para os fins da Lei nº 12.846/2013, constitui ato lesivo à administração pública nacional dificultar a atividade de investigação ou fiscalização de órgãos, entidades ou agentes públicos.
(2) Na hipótese de incorporação societária, a obrigação da sociedade incorporadora em eventual recomposição de dano ao erário, decorrente de conduta da sociedade incorporada prevista na Lei n.º 8.429/1992, fica limitada ao total do patrimônio transferido.
(3) O agente político está excluído do conceito de agente público adotado pela Lei nº 8.429/1992.
(4) A responsabilização administrativa de pessoa jurídica de direito privado por violação de preceitos previstos na Lei nº 12.846/2013, com a consequente aplicação das sanções correspondentes, deve ser precedida de manifestação jurídica elaborada pela advocacia pública ou pelo órgão de assistência jurídica, ou equivalente, do ente público.
(5) Constitui ato de improbidade administrativa, importando em enriquecimento ilícito, usar, em proveito público, bens, rendas, verbas ou valores integrantes do acervo patrimonial da administração pública direta.

1: Correta. Nos termos do art. 5º, V, Lei 12.846/2013: "Art. 5º Constituem atos lesivos à administração pública, nacional ou estrangeira, para os fins desta Lei, todos aqueles praticados pelas pessoas jurídicas mencionadas no parágrafo único do art. 1º, que atentem contra o patrimônio público nacional ou estrangeiro, contra princípios da administração pública ou contra os compromissos internacionais assumidos pelo Brasil, assim definidos: V – dificultar atividade de investigação ou fiscalização de órgãos, entidades ou agentes públicos, ou intervir em sua atuação, inclusive no âmbito das agências reguladoras e dos órgãos de fiscalização do sistema financeiro nacional". **2: Correta.** O art. 8º-A, *caput* e parágrafo único, Lei 8.429/92 estabelece que "Art. 8º-A A responsabilidade sucessória de que trata o art. 8º desta Lei aplica-se também na hipótese de alteração contratual, de transformação, de incorporação, de fusão ou de cisão societária. Parágrafo único. Nas hipóteses de fusão e de incorporação, a responsabilidade da sucessora será restrita à obrigação de reparação integral do dano causado, até o limite do patrimônio transferido, não lhe sendo aplicáveis as demais sanções previstas nesta Lei decorrentes de atos e de fatos ocorridos antes da data da fusão ou da incorporação, exceto no caso de simulação ou de evidente intuito de fraude, devidamente comprovados". **3: Incorreta.** O agente político está inserido no art. 2º da Lei 8.429/92: "Art. 2º Para os efeitos desta Lei, consideram-se agente público o agente político, o servidor público e todo aquele que exerce, ainda que transitoriamente ou sem remuneração, por eleição, nomeação, designação, contratação ou qualquer outra forma de investidura ou vínculo, mandato, cargo, emprego ou função nas entidades referidas no art. 1º desta Lei". **4: Correta.** O art. 6º, § 2º da Lei 12.846/2013 prevê que "§ 2º A aplicação das sanções previstas neste artigo será precedida da manifestação jurídica elaborada pela Advocacia Pública ou pelo órgão de assistência jurídica, ou equivalente, do ente público". **5: Incorreta.** O art. 9º, XII, Lei 8.429/92 estabelece que se trata de enriquecimento ilícito "XII – usar, em proveito próprio, bens, rendas, verbas ou valores integrantes do acervo patrimonial das entidades mencionadas no art. 1º desta lei".

Gabarito 1C, 2C, 3E, 4C, 5E

(Analista Judiciário – TJ/PA – 2020 – CESPE/CEBRASPE - ADAPTADA) Julgue os itens a seguir, considerando as disposições da Lei 8.429/1992.

I. A lei aplica-se a terceiro que, mesmo não sendo servidor público, induza ou concorra dolosamente para a prática de ato de improbidade.
II. Atos omissivos podem ser considerados para a configuração de lesão ao patrimônio público.
III. O Ministério Público deverá ser cientificado pela autoridade administrativa sobre os atos que ensejarem enriquecimento ilícito ou lesão ao patrimônio público.
IV. Constitui ato de improbidade administrativa revelar fato ou circunstância de que tem ciência em razão das atribuições e que deva permanecer em segredo, propiciando beneficiamento por informação privilegiada ou colocando em risco a segurança da sociedade e do Estado.

Assinale a opção correta.

(A) Apenas os itens I, II e III estão certos.
(B) Apenas os itens I, II e IV estão certos.
(C) Apenas os itens I, III e IV estão certos.
(D) Apenas os itens II, III e IV estão certos.

(E) Todos os itens estão certos.

I: Correta (art. 3º da Lei 8.429/1992). **II:** Correta. O art. 10, *caput*, Lei 8.429/92 prevê que o ato de improbidade que causa lesão ao erário pode se dar por ação ou omissão dolosa. **III:** Correta. O art. 7º da Lei 8.429/1992 determina que se houver indícios de ato de improbidade, a autoridade que conhecer dos fatos representará ao Ministério Público competente, para as providências necessárias. **IV:** Correta (art. 11, inc. III, da Lei 8.429/1992). FC
Gabarito "E".

(Analista Judiciário – TRF/2 – Consulplan – 2017 - ADAPTADA) "João, estagiário de economia em uma Organização Social (OS), para cujo custeio o Poder Público Estadual concorre com 40% da receita anual, recebeu irregularmente comissão, repassada integralmente para seu chefe imediato, em decorrência de operação financeira realizada." Sobre o caso narrado, assinale a alternativa correta.

(A) João não responderá por improbidade administrativa, na medida em que o Poder Público concorre com menos de 50% da receita anual da Organização Social (OS).

(B) João não responderá por improbidade administrativa, uma vez que não foi beneficiário direto do ato, mas seu chefe imediato, que deve responder pelo enriquecimento ilícito na medida da vantagem obtida.

(C) João responderá por improbidade administrativa, na medida da repercussão do ilícito sobre a contribuição dos cofres públicos, sendo competentes o Ministério Público e o Ente Federativo prejudicado a propor a ação de improbidade.

(D) João responderá por improbidade administrativa, ainda que não seja beneficiário direto do ato, podendo haver suspensão dos seus direitos políticos, sendo a pena aplicada independentemente da extensão do dano e do proveito patrimonial obtido.

A: Incorreta. O art. 1º, § 7º estabelece que "independentemente de integrar a administração indireta, estão sujeitos às sanções desta Lei os atos de improbidade praticados contra o patrimônio de entidade privada para cuja criação ou custeio o erário haja concorrido ou concorra no seu patrimônio ou receita atual, limitado o ressarcimento de prejuízos, nesse caso, à repercussão do ilícito sobre a contribuição dos cofres públicos". A Lei 8.429/92, alterada pela lei 14.230/21, não diferencia mais se a ajuda do erário corresponde a mais ou a menos de 50% do patrimônio ou receita anual da entidade. **B:** Incorreta. João praticou ato de improbidade, pois concorreu para que o mesmo ocorresse (art. 3º, da Lei 8.429/1992). **C:** Correta. O art. 1º, § 7º da Lei 8.429/92 limita, nesse caso, o ressarcimento de prejuízo à repercussão do ilícito sobre a contribuição dos cofres públicos. Com relação à legitimidade, o art. 17, *caput*, da Lei 8.429/92, estabelece que o Ministério Público tem legitimidade para ajuizar a ação, no entanto, o Supremo Tribunal Federal já afirmou que os entes públicos que sofreram prejuízos em razão de atos de improbidade também estão autorizados, de forma concorrente com o Ministério Público, a propor ação e a celebrar acordos de não persecução civil em relação a esses atos (Inf. 1.066, STF). **D:** Incorreta. João responde se induziu ou concorreu dolosamente para a prática do ato. FC
Gabarito "C".

(Analista Jurídico – TRF5 – FCC – 2017 - ADAPTADA) A Secretaria da Educação de determinado Estado identificou aumento significativo no número de licenças-saúde solicitadas pelos professores da rede estadual de ensino. Solicitada auditoria interna, apurou-se que a grande maioria dos laudos médicos que embasavam os pedidos foram subscritos pelo mesmo profissional, também servidor público. Diante de regular apuração, constatou-se que o profissional em questão estava, em verdade, cobrando pela confecção dos laudos para que aqueles servidores se beneficiassem com as licenças. Esse cenário

(A) demonstra a prática, pelo subscritor dos laudos médicos, de ato de improbidade que gera enriquecimento ilícito, ainda que não seja possível a demonstração de dolo, dada a gravidade da infração.

(B) demonstra o dolo na prática da modalidade que gera enriquecimento ilícito e possibilita a tipificação de ato de improbidade ao médico subscritor dos laudos, estendendo-se as imputações aos servidores beneficiados pelos referidos atos.

(C) atesta a configuração de infração disciplinar pelos servidores envolvidos, mas não se consubstancia em fundamento para imputação de ato de improbidade, diante da ausência de conduta dolosa por parte dos mesmos.

(D) atesta a configuração de ato de improbidade que causa prejuízo ao erário, porque demonstrado o dolo tanto do médico responsável pela elaboração dos laudos, quanto dos servidores que pagavam pela confecção dos referidos trabalhos.

(E) indica a prática de infração criminal, passível de ser apenada com demissão na esfera administrativa, o que torna prejudicada eventual imputação de ato de improbidade.

A: incorreta. A primeira parte da resposta está correta, na medida em que o subscritor dos laudos médicos claramente cometeu ato de improbidade administrativa que importa em enriquecimento ilícito, na medida em que auferiu vantagem indevida em razão de seu cargo. O que está incorreto, no caso, é o fato de que tais atos foram claramente cometidos com dolo, ou seja, com a vontade consciente do agente de agir e causar o resultado danoso; **B:** correta. Tanto o subscritor dos laudos como os servidores que concorreram na prática do ato devem responder por ato de improbidade administrativa; **C:** incorreta. A emissão de laudos médicos constitui ato de improbidade administrativa que importa enriquecimento ilícito – art. 9º, I da Lei 8.429/1992; **D:** incorreta. O subscritor dos laudos cometeu ato de improbidade administrativa que importa enriquecimento ilícito. **E:** incorreta. O ato de improbidade administrativa possui natureza jurídica civil, independente da configuração de eventual cometimento concomitante de ato ilícito na área penal. FC
Gabarito "B".

(Analista – TRT/10ª – 2013 – CESPE – ADAPTADA) Apuração interna realizada descobriu que um empregado público federal de uma sociedade de economia mista recebeu vantagem indevida de terceiros, em troca do fornecimento de informações privilegiadas e dados sigilosos do ente de que ele fazia parte. O relatório de conclusão da apuração foi enviado ao Ministério Público para providências cabíveis. Considerando essa situação hipotética, julgue os itens que se seguem.

(1) O terceiro beneficiado poderá ser responsabilizado nas esferas cível e criminal, mas não por improbidade administrativa, visto que esta não abrange particulares.

(2) Eventual ação de improbidade administrativa contra o empregado deverá ser ajuizada pelo Ministério Público na justiça estadual.

1: assertiva incorreta, pois as disposições da Lei 8.429/92 são aplicáveis, no que couber, àquele que, mesmo não sendo agente público, induza ou concorra dolosamente para a prática do ato de improbidade (art. 3º da Lei 8.429/1992); **2:** assertiva correta, pois questões afetas às sociedades de economia mista federal não atraem a Justiça Federal, diferentemente do que ocorre com as empresas públicas federais (art. 109, I, da CF).
Gabarito 1E, 2C

(Analista – TJ/DFT – 2013 – CESPE) Considerando as disposições legais a respeito de improbidade administrativa, julgue o item seguinte.

(1) Somente são sujeitos ativos do ato de improbidade administrativa os agentes públicos, assim entendidos os que exercem, por eleição, nomeação, designação ou qualquer outra forma de investidura ou vínculo, mandato, cargo, emprego ou função na administração direta, indireta ou fundacional de qualquer dos poderes da União, dos estados, do DF e dos municípios.

1: assertiva incorreta, pois além dos agentes públicos, previstos no art. 2º da Lei 8.429/92, são considerados sujeitos ativos do ato os particulares que induzem ou concorrem dolosamente para a prática do ato de improbidade (art. 3º, Lei 8.429/92).
Gabarito 1E

6.2. Atos de improbidade administrativa

(Analista Judiciário – TJ/PA – 2020 – CESPE/CEBRASPE - ADAPTADA) Conforme a Lei 8.429/1992, negar publicidade aos atos oficiais, exceto em razão de sua imprescindibilidade para a segurança da sociedade e do Estado ou de outras hipóteses instituídas em lei, constitui ato de improbidade administrativa que

(A) atenta contra os princípios da administração pública.
(B) decorre de concessão indevida de benefício financeiro.
(C) importa enriquecimento ilícito.
(D) causa prejuízo ao erário.
(E) decorre de aplicação indevida de benefício tributário.

De acordo com o art. 11, inc. IV, da Lei 8.429/1992, constitui ato de improbidade que atenta contra os princípios da administração pública negar publicidade aos atos oficiais, exceto em razão de sua imprescindibilidade para a segurança da sociedade e do Estado ou de outras hipóteses instituídas em lei.
Gabarito "A"

(Analista Judiciário – TRE/PA – 2020 – IBFC - ADAPTADA) No que diz respeito à Improbidade Administrativa (Lei 8.429/1992), analise as afirmativas abaixo.

I. Realizar operação financeira sem observância das normas legais e regulamentares ou aceitar garantia insuficiente ou inidônea.
II. Facilitar ou concorrer, por qualquer forma, para a indevida incorporação ao patrimônio particular, de pessoa física ou jurídica, de bens, de rendas, de verbas ou de valores integrantes do acervo patrimonial das entidades referidas no art. 1º desta Lei.
III. Revelar fato ou circunstância de que tem ciência em razão das atribuições e que deva permanecer em segredo, propiciando beneficiamento por informação privilegiada ou colocando em risco a segurança da sociedade e do Estado.
IV. Revelar ou permitir que chegue ao conhecimento de terceiro, antes da respectiva divulgação oficial, teor de medida política ou econômica capaz de afetar o preço de mercadoria, bem ou serviço.

Assinale a alternativa correta.

(A) A afirmativa I refere-se aos Atos de Improbidade Administrativa que atentam contra os princípios da administração pública
(B) A afirmativa III refere-se aos Atos de Improbidade Administrativa que atentam contra os princípios da administração pública
(C) A afirmativa II refere-se dos Atos de Improbidade Administrativa que importam enriquecimento ilícito
(D) A afirmativa IV refere-se aos Atos de Improbidade Administrativa que causam prejuízo ao erário

I: refere-se aos atos de improbidade administrativa que causam prejuízo ao erário, cf. art. 10, inc. VI (incorreta a alternativa A). **II:** refere-se aos atos de improbidade administrativa que causam prejuízo ao erário, cf. art. 10, inc. I (incorreta a alternativa C). **III:** refere-se aos atos de improbidade administrativa que atentam contra os princípios da administração pública, cf. art. 11, inc. III (correta a alternativa B). **IV:** refere-se aos atos de improbidade administrativa que atentam contra os princípios da administração pública, cf. art. 11, inc. VII (incorreta a alternativa D).
Gabarito "B".

(Analista Judiciário – TRE/PA – 2020 – IBFC - ADAPTADA) Com relação aos Atos de Improbidade Administrativa, considere os pronunciamentos dos tribunais superiores, analise as afirmativas abaixo e dê valores Verdadeiro (V) ou Falso (F):

( ) Independentemente de as condutas dos Prefeitos e Vereadores serem tipificadas como infração penal ou infração político-administrativa previstas no Decreto-Lei 201/67, a responsabilidade civil por ato de improbidade administrativa é autônoma e deve ser apurada em instância diversa.
( ) A nomeação do cônjuge de prefeito para o cargo de Secretário Municipal, por se tratar de cargo público, viola o disposto na Súmula Vinculante 13 do Supremo Tribunal Federal e, por si só, caracteriza ato de improbidade administrativa.
( ) A conduta de contratar diretamente serviços técnicos sem demonstrar a singularidade do objeto contratado e a notória especialização fere o dever do administrador de agir na estrita legalidade e moralidade que norteiam a Administração Pública, amoldando-se ao ato de improbidade administrativa tipificado no art. 11 da Lei de Improbidade.
( ) Configura ato de improbidade a conduta do agente político de intervir na liberação de preso para comparecimento em enterro de sua avó, ainda que não esteja presente o dolo de violar princípio constitucional regulador da Administração Pública.

Assinale a alternativa que apresenta a sequência correta de cima para baixo.

(A) V, F, V, F
(B) V, V, F, F
(C) F, F, V, V
(D) F, V, F, V

Primeira assertiva: verdadeira. O art. 2º da Lei 8.429/92 inclui os agentes políticos no conceito de agentes públicos. Além disso, o Supremo

Tribunal Federal já tinha entendimento no sentido que que os agentes políticos, salvo o Presidente da República, poderiam responder por improbidade administrativa, pois se submetem a um duplo regime sancionatório (Informativos 901 e 1.105, STF). Segunda assertiva: falsa. De acordo com a jurisprudência do STF, a vedação ao nepotismo, incorporada na Súmula Vinculante n. 13, não se aplica, como regra, à nomeação de Ministros de Estado, Secretários de Estado e Secretários Municipais, desde que a pessoa que está sendo nomeada tenha conhecimento técnico e idoneidade moral (Informativo 914, STF). Terceira assertiva: verdadeira. O art. 11, V, lei 8.429/92 considera ato de improbidade administrativa que atenta contra princípios da Administração "frustrar, em ofensa à imparcialidade, o caráter concorrencial de concurso público, de chamamento ou de procedimento licitatório, com vistas à obtenção de benefício próprio, direto ou indireto, ou de terceiros". No entanto, caso a assertiva afirmasse que a contratação havia causado perda patrimonial efetiva, seria o caso de um ato de improbidade administrativa que causa prejuízo ao erário, nos termos do art. 10, VIII: "frustrar a licitude de processo licitatório ou de processo seletivo para celebração de parcerias com entidades sem fins lucrativos, ou dispensá-los indevidamente, acarretando perda patrimonial efetiva". Quarta assertiva: falsa. O art. 1º, Lei 8.429/92 exige que a conduta seja dolosa. FC

Gabarito "A".

(Analista Judiciário – TJ/AL – 2018 – FGV - ADAPTADA) João, ocupante do cargo efetivo de Analista Judiciário, no exercício de suas funções, recebeu, para si, mensalmente, durante um ano, a quantia de mil reais em dinheiro, a título de presente de Márcio, que figura como réu em determinado processo que tramita na Vara onde João está lotado. Em contrapartida, o Analista Judiciário deixou de dar andamento ao processo que potencialmente poderia causar prejuízo econômico a Márcio.

No caso descrito, a ação civil pública por ato de improbidade administrativa:

(A) não pode ser ajuizada em face de nenhum personagem, eis que não houve danos ao erário, restando a responsabilização em âmbito disciplinar e criminal;

(B) não pode ser ajuizada em face de Márcio, porque não é agente público, mas deve ser promovida em desfavor do Analista Judiciário, por ofensa ao princípio da moralidade;

(C) deve ser ajuizada em face de ambos os personagens, eis que praticaram conjuntamente o ato ilícito, independentemente de ter ocorrido dano ao erário, e será processada e julgada originariamente no Tribunal de Justiça;

(D) deve ser ajuizada em face do agente público que praticou o ato ímprobo, por conduta dolosa, bem como do particular que induziu ou concorreu dolosamente na prática do ato, independentemente de ter ocorrido dano ao erário;

(E) deve ser ajuizada em face de ambos os personagens, eis que praticaram conjuntamente o ato ilícito, com domínio final do fato, e será processada e julgada na Vara Criminal competente.

A: Incorreta. A responsabilização por ato de improbidade administrativa que causa enriquecimento ilícito não depende de dano ao erário. **B:** Incorreta. Márcio, apesar de não ser agente público, pode responder pelo ato de improbidade administrativa quando induz ou concorre dolosamente para a prática do ato (art. 3º, Lei 8.429/92). **C:** Incorreta. De acordo com o Supremo Tribunal Federal (Informativo 901, STF), as ações de improbidade devem ser ajuizadas em primeiro grau. **D:** Correta. Arts. 2º e 3º da Lei 8.429/92. **E:** Incorreta. A ação de improbidade administrativa não se confunde com ação penal. FC

Gabarito "D".

(Analista – TRF5 – FCC – 2017 - ADAPTADA) A tipificação de determinada conduta como ato de improbidade depende, conforme a situação, da demonstração de dolo por parte do sujeito ativo, este que

(A) para fins de enquadramento como autor de ato de improbidade não precisa ocupar cargo efetivo ou emprego público, admitindo-se, por exemplo, que tenha sido nomeado para cargo de confiança.

(B) caso tenha praticado ato que venha a causar lesão ao erário público, ficará sujeito à sanção de perda da função pública, penalidade que também pode ser aplicada aos os agentes públicos que pratiquem ato de improbidade que atentem contra os princípios que regem a Administração pública.

(C) em sendo incurso tanto na prática de ato de improbidade que gera enriquecimento ilícito, quanto que causa lesão ao erário, ficará sujeito à penalidade de suspensão dos direitos políticos pela somatória dos prazos impostos a cada uma das modalidades.

(D) depende da comprovação de prejuízo ao erário para que possa ser incurso em qualquer das modalidades de ato de improbidade.

(E) pode ser responsabilizado por improbidade, bastando conduta culposa, nas modalidades de ato de improbidade que geram enriquecimento ilícito e que causam prejuízo ao erário.

A: Correta. Reputa-se agente público, para os efeitos da Lei 8.429/92: "o agente político, o servidor público e todo aquele que exerce, ainda que transitoriamente ou sem remuneração, por eleição, nomeação, designação, contratação ou qualquer outra forma de investidura ou vínculo, mandato, cargo, emprego ou função nas entidades referidas no art. 1º desta Lei"; **B:** Incorreta. Aquele que pratica um ato que causa prejuízo ao erário (art. 10, Lei 8.429/92) pode vir a receber a sanção de perda da função pública (art. 12, II, Lei 8.429/92). No entanto, a sanção de perda da função pública não está prevista para os atos de improbidade que atentam contra os princípios da Administração Pública (art. 12, III, Lei 8.429/92). **C:** Incorreta. No caso da prática de ato de improbidade administrativa que importe enriquecimento ilícito e também prejuízo ao erário, o agente estará sujeito às penalidades mais graves, em virtude do enriquecimento ilícito; **D:** Incorreta. O efetivo e comprovado prejuízo ao erário só é necessário para a responsabilização pelos atos que causam dano ao erário (art. 10, Lei 8.429/92), mas não é requisito para os atos que causam enriquecimento ilícito (art. 9º) ou que atentam contra os princípios da Administração (art. 11). **E:** Incorreta. A Lei 8.429/92 exige, para a responsabilização por improbidade administrativa, que a conduta seja dolosa (art. 1º, §§ 1º e 2º, Lei 8.429/92). FC

Gabarito "A".

(Analista Judiciário – TRE/PE – CESPE – 2017) Um empregado de determinada sociedade de economia mista permitiu que terceiro enriquecesse ilicitamente, em detrimento do patrimônio público, embora não tenha facilitado a prática do ato que resultou no enriquecimento do terceiro nem tenha concorrido para a sua prática.

Nessa situação, o empregado

(A) cometeu ato de improbidade administrativa que importa em enriquecimento ilícito.

(B) cometeu ato de improbidade administrativa que causa lesão ao erário.

(C) não cometeu ato de improbidade administrativa, pois empregados de sociedade de economia mista não estão sujeitos às cominações da Lei de Improbidade Administrativa.

(D) não cometeu ato de improbidade, pois o ato de permitir o enriquecimento ilícito de terceiro não está expressamente configurado como improbidade administrativa no ordenamento jurídico brasileiro.

(E) não cometeu ato de improbidade administrativa que atenta contra os princípios da administração pública, pois agiu mediante omissão culposa.

A: Incorreta. Trata-se de ato de improbidade previsto no art. 10, XII, da Lei 8.429/1992, sendo ato que causa prejuízo ao erário, que independe do enriquecimento ilícito, portanto. **B:** Correta. Como explicado acima, trata-se de hipótese expressamente prevista no art. 10, XII, da Lei de Improbidade, sendo ato de improbidade que causa lesão ao erário público. **C:** Incorreta. Cometeu ato de improbidade, pois concorreu para que terceiro enriquecesse ilicitamente, conforme previsto no art. 10, XII, da Lei 8.429/1992. **D:** Incorreta. O ato é de improbidade e consta expressamente do art. 10, XII, da Lei 8.429/1992. **E:** Incorreta. A conduta é expressamente prevista no art. 10, XII, da Lei 8.429/1992, sendo ato de improbidade que causa prejuízo ao erário, portanto. AW

Gabarito "B".

(Analista Judiciário – TJ/MT – UFMT – 2016 - ADAPTADA) Sobre atos de improbidade administrativa, marque V para as afirmativas verdadeiras e F para as falsas.

( ) Liberar verba pública sem a estrita observância das normas pertinentes ou influir de qualquer forma para a sua aplicação irregular configura ato de improbidade administrativa que atenta contra os princípios da administração pública.

( ) Revelar ou permitir que chegue ao conhecimento de terceiro, antes da respectiva divulgação oficial, teor de medida política ou econômica capaz de afetar o preço de mercadoria, bem ou serviço configura ato de improbidade administrativa que causa prejuízo ao erário.

( ) Receber vantagem econômica de qualquer natureza, direta ou indiretamente, para omitir ato de ofício, providência ou declaração a que esteja obrigado configura ato de improbidade administrativa que importa enriquecimento ilícito.

( ) Revelar fato ou circunstância de que tem ciência em razão das atribuições e que deva permanecer em segredo, propiciando beneficiamento por informação privilegiada ou colocando em risco a segurança da sociedade e do Estado configura ato de improbidade administrativa que atenta contra os princípios da administração pública.

Assinale a sequência correta.

(A) F, F, V, V
(B) F, V, F, V
(C) V, V, F, F
(D) V, F, V, F

Para respondermos a essa questão, primeiramente, vamos responder a cada assertiva para escolher a alternativa correta.
1: falsa. Temos o determinado no art. 10, XI, da Lei 8.429/1992, ou seja, ato de improbidade que causa dano ao erário. **2:** falsa. Temos a incidência do art. 11, VII, da Lei 8.429/1992, ou seja, ato que viola os princípios. **3:** verdadeira. Trata-se de conduta descrita no art. 9°, X, da Lei 8.429/1992, sendo ato de improbidade que causa enriquecimento ilícito. **4:** verdadeira. Trata-se do disposto no art. 11, III, da Lei 8.429/1992, ou seja, ato de improbidade que viola os princípios administrativos. Portanto, a resposta correta é a letra A. AW/FC

Gabarito "A".

(Analista Judiciário – TRT/11 – FCC – 2017) Maurício, Diretor de autarquia federal, doou à pessoa jurídica que presta serviços assistenciais, bens do patrimônio da autarquia, sem observância das formalidades legais e regulamentares aplicáveis à espécie, razão pela qual foi processado por improbidade administrativa, haja vista que a conduta enquadra-se em dispositivo expresso previsto na Lei 8.429/1992. Para que reste afastado o ato ímprobo, Maurício deverá comprovar, dentre outros requisitos, a ausência de

(A) conduta comissiva.
(B) prejuízo ao erário.
(C) culpa.
(D) beneficiamento de terceiros.
(E) enriquecimento ilícito.

A: Incorreta. A conduta descrita pode ser tipificada no art. 10, III, da Lei 8.429/1992, sendo ato de improbidade que causa prejuízo ao erário, punido na forma comissiva ou omissiva, por isso não é suficiente afastar a conduta comissiva. **B:** Correta. Como o ato causa prejuízo ao erário, caso comprovada a sua ausência, o ato ímprobo poderá ser afastado, visto que o art. 10 exige que o dano ao erário seja efetivo e comprovado. **C:** Incorreta. A responsabilização por ato de improbidade administrativa depende da comprovação do dolo (art. 1°, §§ 1° e 2°, lei 8.429/92). **D:** Incorreta. Essa conduta independe de beneficiamento ou não de terceiro, por isso não pode afastar o ato ímprobo. **E:** Incorreta. O ato ímprobo descrito é o que causa prejuízo ao erário, independentemente o enriquecimento ilícito. FC

Gabarito "B".

(Analista – TRT/16ª – 2014 – FCC) Beltrano, agente público, foi processado por improbidade administrativa, haja vista ter praticado ato ímprobo que atenta contra os princípios da Administração pública. Em sua defesa, alega que agiu sem qualquer intenção de praticar o ato ímprobo, isto é, com conduta meramente culposa, razão pela qual pleiteou a improcedência da demanda. A tese de defesa de Beltrano, caso efetivamente comprovada,

(A) constitui causa de agravamento das sanções previstas na Lei de Improbidade.
(B) não afasta o ato ímprobo.
(C) constitui causa de redução das sanções previstas na Lei de Improbidade.
(D) afasta o ato ímprobo.
(E) afasta única e exclusivamente a aplicação da sanção de suspensão dos direitos políticos.

A, B, C e E: incorretas, pois a Lei 8.429/92 considera ato de improbidade a conduta dolosa, em que o agente tem a vontade livre e consciente de alcançar o resultado ilícito descrito na lei (art. 1°, §§ 1° e 2°, Lei 8.429/92). Assim, se não houve dolo, não há a condenação pela prática do ato de improbidade, não havendo que se falar, portanto, em agravamento ou redução das sanções. **D:** correta, pois o ato de improbidade que atenta contra princípios da Administração depende de conduta dolosa, nos termos do caput do art. 11, Lei 8.429/92. FC

Gabarito "D".

(Analista – TJ/AM – 2013 – FGV - ADAPTADA) A Lei n.º 8.429/1992 dispõe a respeito dos atos de improbidade administrativa, sendo objeto de regramento constitucional. A esse respeito, assinale a alternativa que dispõe corretamente sobre a disciplina da *improbidade administrativa* no ordenamento jurídico brasileiro.

(A) Para se configurar o ato de improbidade administrativa é necessário que haja prejuízo ao erário público.
(B) A lei de improbidade administrativa apenas é aplicável aos agentes públicos, únicos que podem praticar ou concorrer para a prática do ato de improbidade administrativa.
(C) Uma vez transferido ao seu sucessor o patrimônio do agente público que tenha cometido ato de improbidade, a ação de ressarcimento fica prejudicada.
(D) Uma vez sancionado o agente público por ato de improbidade administrativa não poderá sofrer sanção penal pelo mesmo fato sob pena de *bis in idem*.
(E) Os atos que causem prejuízo ao erário exigem dolo para serem considerados atos de improbidade administrativa.

A: assertiva incorreta, pois há casos de enriquecimento ilícito (art. 9º da Lei 8.429/1992) e de violação a princípios da administração (art. 11 da Lei 8.429/1992) que não importam em prejuízo ao erário, que, segundo a própria lei, não é necessário para a configuração de ato de improbidade, salvo para a pena de ressarcimento (art. 21, I, da Lei 8.429/1992); **B:** assertiva incorreta, pois qualquer pessoa que, mesmo não sendo agente público, concorrer ou induzir dolosamente para a prática de um ato de improbidade, responderá nos termos da Lei 8.429/1992, nos termos do art. 3º da referida Lei; **C:** assertiva incorreta, pois "o sucessor ou o herdeiro daquele que causar dano ao erário ou que se enriquecer ilicitamente estão sujeitos apenas à obrigação de repará-lo até o limite do valor da herança ou do patrimônio transferido" (art. 8º, Lei 8.429/92); **D:** assertiva incorreta, pois a Constituição Federal, em seu art. 37, § 4º, estabelece que os atos de improbidade importarão nas sanções previstas no dispositivo, "sem prejuízo da ação penal cabível", deixando claro que as sanções de improbidade são independentes das sanções penais, como o art. 12, *caput*, da Lei 8.429/1992, que também deixa claro a independência das sanções civis e administrativas; **E:** assertiva correta, pois todos os atos de improbidade, inclusive os que causam prejuízo ao erário, dependem da comprovação de dolo (art. 10, *caput*, da Lei 8.429/1992). Gabarito "E".

(Analista – TRT/6ª – 2012 – FCC – ADAPTADA) De acordo com a Lei nº 8.429/1992, os atos de improbidade administrativa

(A) ensejam a possibilidade de obter a indisponibilidade de bens do indiciado, a fim de garantir a integral recomposição do erário ou do acréscimo patrimonial resultante de enriquecimento ilícito.
(B) podem ser considerados lesivos ao patrimônio público quando decorrentes de conduta dolosa ou culposa do agente.
(C) permitem a aplicação de sanções pecuniárias apenas na hipótese de ensejarem enriquecimento ilícito.
(D) que atentem contra os princípios da Administração pública pressupõem, como sujeito ativo, agente público.
(E) que ensejam lesão ao patrimônio público pressupõem o enriquecimento ilícito pelo agente público.

A: assertiva correta (art. 16 da Lei 8.429/1992); **B:** assertiva incorreta, pois todos os atos de improbidade, inclusive o ato que causa prejuízo ao erário, depende da comprovação de conduta dolosa (art. 10, *caput*, Lei 8.429/92); **C:** assertiva incorreta, pois existem sanções pecuniárias inclusive nas outras espécies de atos de improbidade (art. 12, II e III, da Lei 8.429/1992); **D:** assertiva incorreta, pois também pode ser sujeito ativo do ato de improbidade a pessoa que, mesmo não sendo agente público, *induza* ou *concorra* dolosamente para a prática do ato (art. 3º da Lei 8.429/1992); **E:** assertiva incorreta, pois a modalidade referente à lesão ao patrimônio público (art. 10 da Lei 8.429/1992) não traz como elemento indispensável para a sua configuração o enriquecimento ilícito do agente público, elemento esse próprio da modalidade do art. 9º da Lei 8.429/1992. Gabarito "A".

6.3. Penas

(Analista Judiciário – TJ/PA – 2020 – CESPE/CEBRASPE) Em uma ação de improbidade administrativa ajuizada pelo Ministério Público, foi proferida sentença de procedência dos pedidos, com aplicação da sanção de perda da função pública ao réu, que é servidor público.

A respeito dessa situação hipotética, é correto afirmar que a imposição da referida sanção

(A) depende da comprovação de dano financeiro ao patrimônio público, sendo imprescindível, para aplicação da pena, aguardar o trânsito em julgado da sentença.
(B) depende da comprovação de efetivo dano financeiro ao patrimônio público, podendo a pena, por ter natureza política, ser efetivada antes do trânsito em julgado da sentença.
(C) independe de ter sido comprovado dano financeiro ao patrimônio público, sendo imprescindível, para a efetivação da pena, aguardar o trânsito em julgado da sentença.
(D) independe de ter sido comprovado dano financeiro ao patrimônio público, podendo a pena, por ter natureza administrativa, ser efetivada antes do trânsito em julgado da sentença.
(E) independe de ter sido comprovado dano financeiro ao patrimônio público, mas a pena, por ter natureza penal, só poderá ser efetivada após o trânsito em julgado da sentença.

A Lei 8.429/92 elenca, como regra, três modalidades de ato de improbidade administrativa: enriquecimento ilícito (art. 9º); lesão ao erário (art. 10) e violação a princípios da Administração (art. 11). Trata-se de categorias autônomas, o que permite concluir que o reconhecimento da improbidade administrativa independe da comprovação de dano financeiro ao patrimônio público (alternativas A e B incorretas). Ademais, a pena de perda da função pública, que não detém natureza penal (alternativa E incorreta), só se efetiva com o trânsito em julgado da sentença condenatória (art. 20, Lei 8.429/92), assim como a execução de todas as demais sanções (art. 12, § 9º, Lei 8.429/92) (alternativa C correta; e alternativa D incorreta). Gabarito "C".

(Analista – Área Administrativa – TRT1 – 2018 – AOCP - ADAPTADA) A respeito da Lei de Improbidade Administrativa (Lei 8.429/1992), analise as assertivas e assinale a alternativa que aponta as corretas.

I. O agente público que frustra, em ofensa à imparcialidade, o caráter concorrencial de concurso público, de chamamento ou de procedimento licitatório, com vistas à obtenção de benefício próprio, direto ou indireto, ou de terceiros está sujeito às cominações dos atos de improbidade administrativa que atentam contra os princípios da Administração Pública.

II. Será punido, com pena de suspensão, o agente público que se recusar a apresentar a declaração de imposto de renda e proventos de qualquer natureza dentro do prazo determinado.

III. A perda da função pública e a suspensão dos direitos políticos só se efetivam com o trânsito em julgado da sentença condenatória.

IV. A aplicação das sanções previstas nesta Lei independe da aprovação ou rejeição das contas pelo Tribunal de Contas.

(A) Apenas I e IV.
(B) Apenas II e III.
(C) Apenas I, II e III.
(D) Apenas I, III e IV.
(E) Apenas II, III e IV.

I: correta. Art. 11, V da Lei nº 8.429/1992; II: incorreta. Art. 13, § 3º, da Lei nº 8.429/1992 – a pena é de demissão, demissão, sem prejuízo de outras sanções cabíveis (art. 13, § 3º, Lei 8.429/92); III: correta. Art. 20 da Lei 8.429/1992, assim como todas a execução de todas as outras sanções (art. 12, § 9º, lei 8.429/92); IV: correta. Art. 21, II da Lei nº 8.429/1992.
Gabarito "D".

(Analista Judiciário – TRE/SP – FCC – 2017 - ADAPTADA) Considere a seguinte situação hipotética: Cristiana, Diretora de uma autarquia federal, foi condenada, em primeira instância, pela prática de ato de improbidade administrativa. Segundo o entendimento do magistrado, Cristiana, ao determinar a contratação direta de cinco servidores para integrarem os quadros da entidade, frustrou a licitude de concurso público. Inconformada com a condenação, Cristiana interpôs recurso ao Tribunal competente. Nos termos da Lei 8.429/1992, para que seja afastada a caracterização do ato ímprobo, é necessário, dentre outros requisitos, a comprovação da ausência de

(A) dolo.
(B) prejuízo ao erário.
(C) enriquecimento ilícito.
(D) culpa.
(E) benefícios próprios.

A: Correta. Temos hipótese do art. 11, V, da Lei 8.429/1992, ou seja, ato de improbidade que viola os princípios administrativos que, assim como todos os demais atos, depende da comprovação de conduta dolosa (art. 1º, §§ 1º e 2º, Lei 8.429/92. Por isso, afastado o dolo, o ato estará descaracterizado. B: Incorreta. O ato ímprobo não pressupõe prejuízo ao erário, por isso esse não pode ser considerado um elemento para sua ocorrência (art. 11, §4º, lei 8.429/92). C: Incorreta. O ato é de violação dos princípios (art. 11, V, da Lei 8.429/1992), por isso o enriquecimento ilícito não é uma condição ou requisito para a sua configuração (art. 11, § 4º, lei 8.429/92). D: Incorreta. Todas as condutas previstas no art. 11, da Lei de Improbidade são punidas a título de dolo, razão pela qual a culpa não influencia sua tipificação. E: Incorreta. O ato previsto no art. 11, V, da Lei 8.429/1992 exige que o ato tenha causado benefícios próprios ou de terceiros, assim, não basta comprovar que não houve benefício próprio para afastar a responsabilização pelo ato.
Gabarito "A".

(Analista – TRT/11ª – 2012 – FCC - ADAPTADA) No curso de determinada ação de improbidade administrativa, um dos réus vem a falecer, razão pela qual é chamado a intervir na lide, seu único sucessor Felipe, empresário do ramo hoteleiro. Ao final da demanda, todos os réus são condenados pela prática de ato ímprobo previsto no artigo 9º, da Lei n.º 8.429/1992 (enriquecimento ilícito), sendo-lhes impostas as seguintes sanções: ressarcimento integral do dano, perda da função pública e suspensão dos direitos políticos por 14 anos. Nesse caso, Felipe"

(A) responderá apenas pelo ressarcimento do dano, devendo arcar, obrigatoriamente, com a reposição integral do prejuízo causado ao erário.
(B) estará sujeito à suspensão dos direitos políticos e ao ressarcimento integral do dano.
(C) não está sujeito às cominações previstas na Lei de Improbidade Administrativa.
(D) estará sujeito às três sanções impostas.
(E) responderá apenas pelo ressarcimento do dano, até o limite do valor da herança.

A: assertiva incorreta, pois o sucessor (Felipe) só tem que arcar com a reposição do prejuízo ao erário até o limite do valor da herança (art. 8º da Lei 8.429/1992); B e D: assertivas incorretas, pois o sucessor não está sujeito às sanções personalíssimas aplicadas ao agente ímprobo, como é o caso da perda da função pública e da suspensão dos direitos políticos; C: assertiva incorreta, pois, como se viu, o sucessor está sujeito às cominações pecuniárias previstas na Lei 8.429/1992 (art. 8º da referida Lei); E: assertiva correta (art. 8º da Lei 8.429/1992).
Gabarito "E".

(Analista – TRE/GO – 2015 – CESPE) Acerca de improbidade administrativa e controle da administração pública, julgue o item a seguir.

(1) Embora possa corresponder a crime definido em lei, o ato de improbidade administrativa, em si, não constitui crime.

1: correta, pois, para que um ato praticado no mundo fenomênico seja, além de ato de improbidade, ato criminoso, esse ato deve se enquadrar também num tipo penal.
Gabarito "1C".

6.4. Processo administrativo, judicial e disposições penais

(Analista Judiciário – TRE/PA – 2020 – IBFC - ADAPTADA) Acerca do procedimento administrativo e do processo judicial (improbidade administrativa Lei 8.429/1992), assinale a alternativa **incorreta**.

(A) Qualquer pessoa poderá representar à autoridade administrativa competente para que seja instaurada investigação destinada a apurar a prática de ato de improbidade
(B) Havendo a possibilidade de solução consensual, poderão as partes requerer ao juiz a interrupção do prazo para a contestação, por prazo não superior a 30 (trinta) dias
(C) Em qualquer momento do processo, verificada a inexistência do ato de improbidade, o juiz julgará a demanda improcedente.
(D) Apesar de a lei prever apenas o Ministério Público como legitimado para ajuizar a ação de improbidade administrativa, a pessoa jurídica lesada também pode ajuizá-la.

A: correta (art. 14, "caput", da Lei 8.429/1992). **B**: incorreta (nos termos do art. 17, § 10-A, da Lei 8.429/1992, havendo a possibilidade de solução consensual, poderão as partes requerer ao juiz a interrupção do prazo para a contestação, por prazo não superior a 90 dias). **C**: correta (art. 17, § 11, da Lei 8.429/1992). **D**: correta. O art. 17, *caput*, da Lei 8.429/92, estabelece que o Ministério Público tem legitimidade para ajuizar a ação, no entanto, o Supremo Tribunal Federal já afirmou que os entes públicos que sofreram prejuízos em razão de atos de improbidade também estão autorizados, de forma concorrente com o Ministério Público, a propor ação e a celebrar acordos de não persecução civil em relação a esses atos (Inf. 1.066, STF).

Gabarito "B".

(Analista Judiciário – TRE/PE – CESPE – 2017 - ADAPTADA) Considerando, por mera hipótese, que Sérgio seja servidor público da autarquia X e que, no desempenho de atividades do seu cargo, pratique ato de improbidade administrativa, assinale a opção correta.

(A) Qualquer pessoa terá legitimidade para, perante a autoridade administrativa competente, apresentar representação solicitando a instauração de investigação para apurar a prática do ato de improbidade.

(B) Caso o referido ato cause lesão ao erário, Sérgio poderá ter os direitos políticos suspensos por até 14 anos.

(C) Sérgio somente sofrerá as sanções previstas em lei se houver efetiva ocorrência de dano ao patrimônio público.

(D) A ação de improbidade contra Sérgio somente poderá ser proposta pela pessoa jurídica lesada, ou seja, a autarquia X.

(E) Se o ato em questão atentar contra os princípios da administração pública, Sérgio responderá tanto por ação quanto por omissão, tenha ele agido de forma dolosa ou culposa.

A: Correta. Trata-se do disposto no art. 14, da Lei 8.429/1992, que admite a representação de qualquer pessoa à autoridade competente para a instauração do ato de improbidade. **B**: Incorreta. Se configurado o ato de improbidade que causa lesão ao erário (art. 10, da Lei 8.429/1992) a suspensão dos direitos políticos será de até 12 anos, conforme disposto no art. 12, II, da Lei de Improbidade. **C**: Incorreta. O ato pode ser de violação de princípios (art. 11, da Lei de Improbidade) ou de enriquecimento ilícito (art. 9º), hipóteses que independem de ocorrência do dano ao erário. **D**: Incorreta. O art. 17, *caput*, da Lei 8.429/92, estabelece que o Ministério Público tem legitimidade para ajuizar a ação, no entanto, o Supremo Tribunal Federal já afirmou que os entes públicos que sofreram prejuízos em razão de atos de improbidade também estão autorizados, de forma concorrente com o Ministério Público, a propor ação e a celebrar acordos de não persecução civil em relação a esses atos (Inf. 1.066, STF). **E**: Incorreta. A responsabilização pelo ato de improbidade administrativa depende da comprovação da conduta dolosa (art. 1º, §§ 1º e 2º, Lei 8.429/92).

Gabarito "A".

6.5. Questões de conteúdo variado

(Analista Judiciário – STJ – CESPE – 2015 - ADAPTADA) Acerca do processo administrativo e da improbidade administrativa, julgue os itens que se seguem.

(1) O sucessor ou o herdeiro daquele que causar dano ao erário ou que se enriquecer ilicitamente estão sujeitos apenas à obrigação de repará-lo até o limite do valor da herança ou do patrimônio transferido.

(2) A ação de improbidade administrativa só pode ser proposta pelo Ministério Público.

(3) O órgão público não pode delegar sua competência para a edição de atos normativos.

(4) Admite-se, em caráter excepcional, a avocação definitiva de competência atribuída a órgão hierarquicamente inferior.

(5) No processo administrativo, após o encerramento da fase de instrução probatória, o poder público tem prazo de trinta dias para tomar a decisão, sendo possível a prorrogação por igual período, desde que devidamente motivada.

(6) Em regra, os recursos administrativos, quando interpostos pelos interessados, têm efeito suspensivo.

1: Correta. Trata-se do art. 8º, da Lei 8.429/1992, que admite a punição do sucessor, nos limites da herança. **2**: incorreta. O art. 17, *caput*, da lei 8.429/92, estabelece que o Ministério Público tem legitimidade para ajuizar a ação, no entanto, o Supremo Tribunal Federal já afirmou que os entes públicos que sofreram prejuízos em razão de atos de improbidade também estão autorizados, de forma concorrente com o Ministério Público, a propor ação e a celebrar acordos de não persecução civil em relação a esses atos (Inf. 1.066, STF). **3**: correta. É vedada a delegação de competência para a edição de atos normativos, conforme disposto no art. 13, I, da Lei 9.784/1999. **4**: incorreta. A avocação é sempre temporária, conforme disposto no art. 15 da Lei 9.784/1999. **5**: correta. O art. 49, da Lei 9.784/1999 prevê essa possibilidade de prorrogação do prazo de 30 dias para emissão de decisão, por ato motivado da autoridade administrativa. **6**: Incorreta. Os recursos, salvo disposição em contrário, não possuem efeito suspensivo (art. 61, da Lei 9784/99).

Gabarito 1C, 2E, 3C, 4E, 5C, 6E.

7. BENS PÚBLICOS

(Analista Jurídico – TRT2 – FCC – 2018) O regime jurídico aplicável aos imóveis públicos se presta à proteção dos mesmos, especialmente porque estes devem se destinar ao atingimento do interesse público e à prestação de utilidades em favor dos administrados. Nesse sentido, dentre as prerrogativas e proteções impostas aos bens públicos,

(A) a inalienabilidade não permite venda ou doação de bens de uso comum do povo, de bens especiais ou de bens dominicais, independentemente de o titular integrar a Administração pública direta ou indireta.

(B) a impenhorabilidade impede que os bens públicos sejam compulsoriamente penhorados, admitindo essa garantia apenas quando em caráter voluntário por parte da Administração pública.

(C) a inalienabilidade protege os bens públicos afetados a uma finalidade pública, inclusive aqueles pertencentes a autarquias.

(D) não se incluem os bens pertencentes às autarquias, salvo quando expressamente previstos em lei.

(E) não se inclui a inalienabilidade dos bens de uso especial, tendo em vista que somente os bens de uso comum do povo são indisponíveis.

A: incorreta. Os bens públicos gozam de certas prerrogativas decorrentes do regime jurídico que lhes é peculiar. Dentre essas prerrogativas encontra-se a inalienabilidade, ou melhor, a alienabilidade condicionada, pois os bens públicos podem ser alienados, desde que atendidos os requisitos estampados nos arts. 100 e 101 do Código Civil e do art. 76 da Lei 14.133/21, quais sejam: 1- seja o bem desafetado de sua destinação pública, 2- haja a demonstração do interesse público na alienação desse bem, 3- ocorra a avaliação prévia do bem; 4 – autorização legislativa no caso de bens imóveis e 5- mediante a regular realização de procedimento licitatório prévio à alienação. Segundo o art. 98 do Código Civil, "são públicos os bens do domínio nacional pertencentes a pessoas jurídicas de direito público interno; todos os outros são particulares"; **B:** incorreta. Não existe exceção a essa regra, que determina que os bens públicos não podem ser penhorados em juízo para fins de garantia; **C:** correta. Sendo pessoa de direito público interno, como é o caso das autarquias, o bem é considerado público e possui todas as prerrogativas decorrentes dessa situação; **D:** incorreta. Segundo o art. 98 do Código Civil, "são públicos os bens do domínio nacional pertencentes a pessoas jurídicas de direito público interno; todos os outros são particulares", de modo que as autarquias, como pessoas de direito público que são, têm seus bens submetidos a esse regime jurídico; **E:** incorreta. Os bens públicos, sejam eles de uso comum do povo, de uso especial ou mesmo dominicais (nesse último caso, já desafetados), gozam de certas prerrogativas decorrentes do regime jurídico que lhes é peculiar. Dentre essas prerrogativas encontra-se a inalienabilidade, ou melhor, a alienabilidade condicionada, pois os bens públicos podem ser alienados, desde que atendidos os requisitos previstos em lei.

(Analista Jurídico – TRF5 – FCC – 2017) A Administração pública federal, buscando angariar receita para investir em políticas públicas prioritárias, decidiu alienar alguns de seus bens. Para tanto, objetivando dar transparência ao processo e legitimar a política pública, publicou relação dos bens que seriam, respeitadas as formalidades legais, alienados. É juridicamente viável que dessa relação constem:

(A) os rios navegáveis, em razão da pujança econômica do país, que produz grãos e precisa escoá-los.

(B) os imóveis, independentemente da destinação legal, porquanto podem perder o caráter da inalienabilidade por meio da afetação.

(C) os bens do domínio público, porquanto, na hipótese, o princípio da eficiência se sobrepõe ao da legalidade, autorizando, assim, a alienação.

(D) os bens dominicais também denominados de bens do domínio privado do estado.

(E) todos os imóveis, desde que suscetíveis de valoração patrimonial, mesmo que afetados à prestação de serviços públicos, em especial nas hipóteses de bens administrados por concessionárias de serviço público, que têm a obrigação de realizar investimentos como forma de compensação pelo direito de explorar, por prazos longos, serviços públicos.

A: incorreta. Os bens de uso comum do povo são aqueles que se destinam à utilização geral pelos indivíduos, tal destinação pode decorrer da natureza do bem ou de previsão legal, e são voltados à coletividade. Os rios navegáveis são bem de uso comum do povo e, pela própria natureza, devem manter essa destinação em prol do bem comum, de modo que ilícita como regra geral sua eventual desafetação e alienação ulterior; **B:** incorreta. Os imóveis pertencentes ao ente público são, dependendo de sua destinação, bens de uso comum, de uso especial ou de uso dominial. Os bens de uso comum do povo são aqueles que se destinam à utilização geral pelos indivíduos. Tal destinação pode decorrer da natureza do bem ou de previsão legal, e são voltados à coletividade. Os chamados bens de uso especial ou do patrimônio administrativo são os destinados à execução dos serviços públicos, direta ou indiretamente. Já os chamados bens dominiais são os bens do patrimônio disponível do Estado, isto é, que não possuem destinação especial, sem finalidade pública. Ou seja, apenas com a aferição de sua destinação legal é que se pode ou não determinar se é o caso de desafetação e perda do caráter de inalienabilidade; **C:** incorreta. Os bens do domínio público, aqui entendido no sentido de bem de uso comum do povo, são aqueles que se destinam à utilização geral pelos indivíduos. Tal destinação pode decorrer da natureza do bem ou de previsão legal, e são voltados à coletividade. Esses bens são dotados da característica de inalienabilidade, a qual só poderá ser alterada mediante desafetação em que comprovado o atendimento ótimo ao interesse público; **D:** correta. Os chamados bens dominiais são os bens do patrimônio disponível do Estado, isto é, que não possuem destinação especial, sem finalidade pública. Eles são os bens públicos passíveis de alienação por excelência, desde que respeitadas as condições previstas em lei para a alienação; **E:** incorreta. Os imóveis pertencentes ao ente público são, dependendo de sua destinação, bens de uso comum, de uso especial ou de uso dominial. Os bens de uso comum do povo são aqueles que se destinam à utilização geral pelos indivíduos. Tal destinação pode decorrer da natureza do bem ou de previsão legal, e são voltados à coletividade. Os chamados bens de uso especial ou do patrimônio administrativo são dos destinados à execução dos serviços públicos, direta ou indiretamente. Já os chamados bens dominiais são os bens do patrimônio disponível do Estado, isto é, que não possuem destinação especial, sem finalidade pública. Ou seja, apenas com a aferição de sua destinação legal é que se pode ou não determinar se é o caso de desafetação e perda do caráter de inalienabilidade. Vale aqui ressaltar que são considerados bens de uso especial aqueles que, objetivando a prestação de serviços público, estejam sendo utilizados por particulares.

(Analista – TJ/DFT – 2013 – CESPE) Julgue o item seguinte.

(1) Consideram-se bens públicos dominicais os que constituem o patrimônio das pessoas jurídicas de direito público, como objeto de direito pessoal ou real de cada uma delas, os quais se submetem a um regime de direito privado, pois a administração pública age, em relação a eles, como um proprietário privado.

1: assertiva correta (art. 99, III, do CC).

(Analista Jurídico – TCE/PR – 2016 – CESPE) Determinado órgão da administração pública pretende disponibilizar, mediante contrato por prazo determinado, uma área do prédio de sua sede – um bem público – para um particular instalar refeitório destinado aos servidores desse órgão. Nessa situação, de acordo com a doutrina pertinente, o instituto legalmente adequado para se disponibilizar o uso privativo do bem público por particular é a

(A) concessão de uso.

(B) cessão de uso.

(C) autorização de uso.

(D) concessão de direito real de uso.

(E) permissão de uso.

A: correta, pois esta tem natureza contratual e o investimento necessário para instalar um refeitório impõe que se proteja o particular concessionário com um instrumento com essa natureza, que lhe assegurará uma indenização na hipótese de a administração revogar o contrato antes do prazo; **B:** incorreta, pois esse nome em geral é utilizado para passagem de um bem de um ente para outro da Administração Pública; **C:** incorreta, pois esse instituto é utilizado para uso muitíssimo curto de um bem público por um particular; um exemplo é uma autorização para alguém instalar uma barraquinha para vender bebidas numa festa em uma rua pública durante um final de semana; **D:** incorreta, pois não é necessário estabelecer um direito real em favor do particular num caso desses, bastando uma concessão comum, que já o protege caso a Administração queira revogar a concessão antes do término de seu prazo; **E:** incorreta, pois a permissão é um ato unilateral e, a qualquer tempo, revogável, não tendo natureza contratual, o que não é compatível com o investimento necessário para instalar um refeitório, que impõe que se proteja o particular interessado com um instrumento contratual, como é a concessão, garantindo-lhe uma indenização no caso de a administração revogar o contrato antes do prazo. **WG**

Gabarito "A".

8. INTERVENÇÃO DO ESTADO NA PROPRIEDADE

8.1. Servidão administrativa

(Analista Judiciário – TRT/8ª – 2016 – CESPE) Assinale a opção que indica a modalidade interventiva do Estado na propriedade que tenha como características natureza jurídica de direito real, incidência sobre bem imóvel, caráter de definitividade, indenização prévia e condicionada à existência de prejuízo e constituição mediante acordo ou decisão judicial.

(A) requisição
(B) tombamento
(C) servidão administrativa
(D) ocupação temporária
(E) desapropriação

A: incorreta, pois a requisição é *temporária*, pode incidir sobre imóvel ou *móvel*, não constitui direito real, é constituída por ato administrativo e a indenização, quando cabível, é **ulterior** (posterior); **B:** incorreta, pois o tombamento pode incidir sobre imóvel ou móvel, só em casos excepcionais enseja indenização e em geral é constituído por *ato administrativo*; **C:** correta, pois a servidão tem todas as características apontadas no enunciado, em especial o fato de que é direito real incidente apenas sobre imóvel, o que vai diferenciá-la da desapropriação, pois esta recai tanto sobre imóvel, como sobre bem móvel; **D:** incorreta, pois esta é temporária e é constituída por ato administrativo; E: incorreta, pois a desapropriação recai tanto sobre imóvel, como sobre bem móvel. **WG**

Gabarito "C".

9. RESPONSABILIDADE DO ESTADO

(Analista Judiciário – TJ/PA – 2020 – CESPE/CEBRASPE) Quanto à responsabilidade civil por danos causados por seus agentes a terceiros, uma entidade da administração indireta, dotada de personalidade jurídica de direito privado e exploradora de atividade econômica estará sujeita

(A) ao regime da responsabilidade civil objetiva do Estado.
(B) ao regime jurídico da responsabilidade civil privada.
(C) à teoria do risco administrativo.
(D) à teoria da falta do serviço.
(E) à teoria do risco integral.

A Administração indireta é constituída por pessoas jurídicas de direito público (como as autarquias) e de direito privado (como as empresas estatais). Neste último caso, caso a entidade explore atividade econômica, incidente o mesmo regime jurídico do setor privado. Assim, no âmbito da responsabilidade civil, aplicável o regramento privado (alternativa B correta). Convém apontar que não se aplica o art. 37, § 6°, CF (responsabilidade objetiva, com base na teoria do risco administrativo), incidente sobre as pessoas jurídicas de direito público e as de direito privado prestadores de serviços público.

Gabarito "B".

(Analista – MPU – CESPE – 2018) Acerca da responsabilidade civil do Estado, julgue os seguintes itens.

(1) Na hipótese de prejuízo gerado por ato omissivo de servidor público, a responsabilidade deste será subjetiva.
(2) A vítima que busca reparação por dano causado por agente público poderá escolher se a ação indenizatória será proposta diretamente contra o Estado ou em litisconsórcio passivo entre o Estado e o agente público causador do dano.

1: correta. No caso de ato omissivo, não se pode dizer que o Estado causou materialmente um dano, pois uma omissão não é capaz de "causar" coisa alguma, situação que impede a aplicação da responsabilidade objetiva prevista no art. 37, § 6°, da CF, que se aplica quando o Estado, por seus agentes, "causa" um dano a terceiro; por outro lado, não é possível simplesmente aplicar o Código Civil nesse tipo de situação (omissiva), pois esse Código é fundado em princípios de Direito Privado, e a responsabilidade estatal deve ser fundada em princípios de Direito Público; assim sendo, em caso de conduta omissiva do Estado, esse responderá **subjetivamente**, mas com fundamento na **culpa administrativa** e não na culpa do funcionário público. Vale ressaltar, no entanto, que o Supremo Tribunal Federal, seguindo doutrina mais moderna, vem diferenciando a omissão específica, que é quando a Administração tem um dever específico de cuidado e o descumpre, o que geraria uma responsabilidade objetiva (Informativo 819, STF); **2:** incorreta, não há litisconsórcio passivo porque o fundamento da responsabilidade é diverso: o Estado responde por responsabilidade objetiva, ao passo que o agente público responderá caso reste comprovado seu dolo ou culpa, ou seja, uma vez configurada a responsabilidade subjetiva. Nesse sentido, o Supremo Tribunal Federal entende que não é possível ajuizar a ação de indenização em face do agente público, em virtude Teoria da dupla garantia (Informativos 436, 519 e 947, STF). **FC**

Gabarito 1C, 2E.

(Analista – TJ/SC – FGV – 2018) Imagine duas hipóteses em que um cidadão é vítima de roubo em via pública. O primeiro crime ocorre em uma rua deserta de madrugada, e o segundo, em rua movimentada, na parte da tarde, em frente à delegacia, onde havia policiais na entrada, que nada fizeram.

De acordo com jurisprudência e doutrina modernas, em tese, incide a responsabilidade civil:

(A) objetiva em ambas as hipóteses, e a omissão estatal acarreta o dever de indenizar o cidadão, sem necessidade de comprovação do elemento subjetivo do agente público;
(B) subjetiva em ambas as hipóteses, e a omissão estatal acarreta o dever de indenizar o cidadão, com necessidade de comprovação do elemento subjetivo do agente público;
(C) objetiva na segunda hipótese, e a omissão específica estatal acarreta o dever de indenizar o cidadão, sem necessidade de comprovação do elemento subjetivo do agente público;
(D) subjetiva na primeira hipótese, e a omissão genérica estatal acarreta o dever de indenizar o cidadão, sem necessidade de comprovação do elemento subjetivo do agente público;
(E) objetiva na primeira hipótese, e a omissão específica estatal acarreta o dever de indenizar o cidadão, sem necessidade de comprovação do elemento subjetivo do agente público.

A assertiva traz a questão da omissão estatal específica, que enseja a responsabilidade do Estado objetiva, e a omissão genérica, que enseja a responsabilidade na modalidade subjetiva, desde que efetivamente comprovada a culpabilidade estatal. Para caracterização dessa última, há que existir a omissão, o nexo causal entre essa omissão e o resultado danoso, o dano, a omissão no dever legal de agir e a culpabilidade. No caso da assertiva em tela, a primeira hipótese é omissão genérica que demanda a comprovação da culpabilidade e a segunda é omissão específica a ensejar a responsabilidade objetiva do Estado. **FB**

Gabarito "C".

(Analista – TRT2 – FCC – 2018) Suponha que determinado cidadão tenha sofrido ferimentos enquanto aguardava uma audiência em um prédio do Poder Judiciário, ocasionados por um servidor que buscava conter um tumulto que se formou no local em razão de protestos de determinada categoria de funcionários públicos. Referido cidadão buscou a responsabilização civil do Estado pelos danos sofridos. De acordo com o que predica a teoria do risco administrativo, o Estado

(A) possui responsabilidade objetiva pelos danos sofridos pelo cidadão, descabendo qualquer excludente de responsabilidade, como força maior, culpa da vítima ou de terceiros.

(B) apenas responde pelos danos causados em caráter comprovadamente doloso ou culposo pelos seus agentes, assegurado o direito de regresso contra o agressor.

(C) não responde pelos danos causados, salvo se comprovada omissão no dever de fiscalizar a prestação do serviço público envolvido e suas condições de segurança.

(D) possui responsabilidade subjetiva pelos danos sofridos pelo cidadão, a quem compete comprovar o nexo de causalidade e a culpa anônima do serviço.

(E) pode ser responsabilizado, independentemente de culpa ou dolo de seus agentes, excluindo-se tal responsabilidade se comprovada culpa de terceiros.

A: Incorreta. Adota-se a teoria do risco administrativo, que possibilita excludentes de responsabilidade, como caso fortuito, força maior, culpa exclusiva da vítima e culpa exclusiva de terceiro. **B: Incorreta.** A Constituição Federal consagra a teoria da responsabilidade objetiva do Estado, assim, não é necessário que seja comprovado o dolo ou a culpa do agente público para que o Estado tenha o dever de indenizar. **C: Incorreta.** O Estado responde pela conduta de seu agente público, se comprovada a conduta do agente, o nexo e o dano. **D: Incorreta.** A responsabilidade civil do Estado é objetiva, não dependendo de comprovação de dolo ou culpa. **E: Correta.** O Estado pode ser responsabilizado, independentemente de culpa ou dolo do seu agente público. Como se adota a teoria do risco administrativo, é cabível a exclusão da responsabilidade civil do Estado, dentre outros, no caso de culpa de terceiros. **FC**

Gabarito "E".

(Analista Judiciário – TRE/SP – FCC – 2017) Suponha que tenha ocorrido o rompimento de uma adutora de empresa prestadora de serviço público de saneamento básico, causando prejuízos materiais a diversas famílias que residem na localidade, as quais buscaram a responsabilização civil da empresa objetivando a reparação dos danos sofridos. De acordo com o regramento constitucional aplicável, referida empresa

(A) será responsável pelos danos sofridos pelos moradores desde que comprovada culpa dos agentes encarregados pela operação ou falha na prestação do serviço.

(B) sujeita-se, sendo pública ou privada, à responsabilização subjetiva, baseada na teoria da culpa administrativa.

(C) não poderá ser responsabilizada pelos prejuízos causados, eis que, em se tratando de responsabilidade subjetiva, o caso fortuito seria excludente da responsabilidade.

(D) sujeita-se, ainda que concessionária privada de serviço público, à responsabilização objetiva, que admite, em certas hipóteses, algumas causas excludentes de responsabilidade, como força maior.

(E) somente estará sujeita à responsabilização objetiva se for uma empresa pública, aplicando-se a teoria do risco administrativo.

A: Incorreta. A empresa, sendo prestadora de serviços públicos, responde objetivamente por essa atividade, na forma do disposto no art. 37, § 6º, CF, por isso, independe da responsabilização do agente, que só lhe interessará para fins de ação de regresso. **B: Incorreta.** Sujeita-se, como dito acima, à responsabilidade objetiva, conforme expressamente disposto no art. 37, § 6º, CF. **C: Incorreta.** Temos hipótese de empresa prestadora de um serviço público, por isso sua responsabilidade é objetiva (art. 37, § 6º, CF), não havendo no enunciado que afaste a incidência dessa teoria. **D: Correta.** Como nosso ordenamento jurídico adota a Teoria do Risco Administrativo quanto à responsabilidade objetiva do Estado, admite-se a existência das excludentes de responsabilidade, razão pela qual, a força maior poderia ser alegada pela empresa. **E: Incorreta.** Tanto pessoas físicas quanto jurídicas, prestadoras de serviços públicos, respondem objetivamente, na forma do disposto no art. 37, § 6º, CF. **AW**

Gabarito "D".

(Analista Judiciário – TRT/8ª – 2016 – CESPE) Marcos, motorista de um ônibus de transporte público de passageiros de determinado município, ao conduzir o veículo, por sua culpa, atropelou e matou João. A família da vítima ingressou com uma ação de indenização contra o município e a concessionária de transporte público municipal, que administra o serviço. Citada, a concessionária municipal denunciou à lide Marcos, por entender que ele deveria ser responsabilizado, já que fora o causador do dano. O município alegou ilegitimidade passiva e ausência de responsabilidade no caso. A respeito dessa situação hipotética, assinale a opção correta conforme o entendimento doutrinário e jurisprudencial relativamente à responsabilidade civil do Estado.

(A) A denunciação à lide, no caso, não será obrigatória para se garantir o direito de regresso da concessionária contra Marcos.

(B) A culpa exclusiva ou concorrente da vítima afasta a responsabilidade civil objetiva da concessionária.

(C) A reparação civil do dano pelo município sujeita-se ao prazo prescricional de vinte anos.

(D) A responsabilidade civil da concessionária, na hipótese, será subjetiva, pois João não era usuário do serviço público de transporte coletivo.

(E) A responsabilidade civil do município, no caso, será objetiva, primária e solidária.

A: correta, pois a jurisprudência já se pacificou no sentido de que a denunciação à lide não é obrigatória para se garantir o direito de regresso da concessionária de serviço público em face de seu funcionário; **B:** incorreta, pois a culpa concorrente da vítima não afasta a responsabilidade objetiva da concessionária; **C:** incorreta, pois o prazo prescricional para reparação civil em face do município é de 5 anos; **D:** incorreta, pois o STF pacificou o entendimento no sentido de que a responsabilidade do prestador de serviço público é objetiva tanto em favor do usuário do serviço quanto em favor do não usuário do serviço vítima de dano pela prestação do serviço público; **E:** incorreta, pois a responsabilidade do Município é *subsidiária*, devendo-se acionar a empresa concessionária e, caso esta não possa suportar o pagamento da indenização, o município deverá assumir esse pagamento. Gabarito "A".

(Analista – TRT/10ª – 2013 – CESPE) No tocante à responsabilidade civil da Administração, julgue o item subsequente.

(1) Pela teoria da *faute du service*, ou da culpa do serviço, eventual falha é imputada pessoalmente ao funcionário culpado, isentando a administração da responsabilidade pelo dano causado.

1. assertiva incorreta, pois, de acordo com essa teoria, aplicável apenas nas omissões estatais que propiciam danos a terceiros, o Estado responderá subjetivamente nesses casos, sendo necessário comprovar que o serviço estatal é defeituoso, comprovação essa que não recairá sobre eventual culpa de um determinado funcionário público, mas sim sobre se o serviço estatal foi mesmo prestado e, se o foi, tratou-se de serviço que funcionou mal ou tardiamente; enfim, verificar-se-á se há ou não a chamada culpa anônima do serviço (anônima, pois não se analisará a conduta individual de funcionários); dessa forma, comprovado que o serviço estatal foi defeituoso, o Estado é quem responderá (e não um funcionário público, que sequer pode ser acionado diretamente pela vítima), podendo até entrar com ação de regresso contra algum agente público se eventualmente ficar demonstrado que o agente, no caso concreto, agiu com culpa ou dolo na causação do dano ao particular. Gabarito 1E.

(Analista – TRT/10ª – 2013 – CESPE) Todos os anos, na estação chuvosa, a região metropolitana de determinado município é acometida por inundações, o que causa graves prejuízos a seus moradores. Estudos no local demonstraram que os fatores preponderantes causadores das enchentes são o sistema deficiente de captação de águas pluviais e o acúmulo de lixo nas vias públicas. Considerando essa situação hipotética, julgue os itens subsequentes.

(1) Caso algum cidadão pretenda ser ressarcido de prejuízos sofridos, poderá propor ação contra o Estado ou, se preferir, diretamente contra o agente público responsável, visto que a responsabilidade civil na situação hipotética em apreço é solidária.

(2) De acordo com a jurisprudência e a doutrina dominante, na hipótese em pauta, caso haja danos a algum cidadão e reste provada conduta omissiva por parte do Estado, a responsabilidade deste será subjetiva.

1: assertiva incorreta, pois o STF não admite que se ingresse com ação diretamente em face do agente público, devendo a ação ser ajuizada em face do Estado, que, caso haja culpa do agente público, pode acionar este de forma regressiva; **2:** assertiva correta, pois este é o posicionamento dos doutrinadores clássicos do Direito Administrativo. Vale ressaltar, no entanto, que o Supremo Tribunal Federal, seguindo doutrina mais moderna, vem diferenciando a omissão específica, que é quando a Administração tem um dever específico de cuidado e o descumpre, o que geraria uma responsabilidade objetiva (Informativo 819, STF). Gabarito 1E, 2C.

(Analista – TRE/GO – 2015 – CESPE) Em decorrência do lançamento indevido de condenação criminal em seu registro eleitoral, efetuado por servidor do TRE/GO, um cidadão que não havia cometido nenhum crime, ficou impedido de votar na eleição presidencial, razão por que ajuizou contra o Estado ação pleiteando indenização por danos morais. Apurou-se que o erro havia ocorrido em virtude de homonímia e que tal cidadão, instado pelo TRE/GO em determinado momento, havia se recusado a fornecer ao tribunal o número de seu CPF. Considerando a situação hipotética apresentada, julgue os itens seguintes, referentes à responsabilidade civil do Estado.

(1) Em sua defesa, o poder público poderá alegar culpa do cidadão na geração do erro, uma vez que ele não forneceu o número de seu CPF. Nesse caso, conforme a teoria do risco administrativo, demonstrada culpa da vítima, a indenização poderá ser atenuada ou excluída.

(2) Para garantir o seu direito de regresso, o poder público, ao responder à ação de indenização, deverá promover a denunciação da lide ao servidor causador do suposto dano.

(3) Na referida ação, fundamentada na responsabilidade objetiva do Estado, constarão como corréus o servidor responsável pelo erro e o poder público.

1: correta; de fato, como não se adota a Teoria do Risco Integral como fundamento para a responsabilidade do Estado no Brasil, admite-se então que este invoque excludentes ou mitigadores de sua responsabilidade; no caso, comprovada a culpa concorrente, a indenização a ser paga pelo Estado diminuiria de valor e comprovada a culpa exclusiva da vítima, a responsabilidade do Estado restaria excluída; **2:** incorreta, pois é pacífico na jurisprudência que o Estado não é obrigado a denunciar da lide o servidor não ação em que o primeiro é acionado, até porque não poderia uma norma infraconstitucional que determinasse a denunciação da lide superar a própria norma constitucional (art. 37, § 6º, da CF), que dá o direito do Estado agir em regresso, sem fixar que isso deve se dar na demanda em que o Estado é acionado pela vítima; **3:** incorreta, pois o STF é pacífico no sentido de que a vítima só poderá ingressar com ação contra o Estado, não podendo acionar diretamente o agente público, que só poder será acionado pelo Estado (em ação de regresso) se houver agido com culpa ou dolo. Gabarito 1C, 2E, 3E.

(Analista – TJ/AM – 2013 – FGV) A responsabilidade civil do Estado atualmente é regida pela teoria do risco administrativo. Embora a questão seja controvertida, parte da doutrina aceita aplicar, em alguns casos, a *teoria do risco integral*. A respeito dessa teoria, assinale a afirmativa correta.

(A) O Estado apenas deixaria de indenizar provando-se culpa exclusiva da vítima.

(B) Não há excludentes de responsabilização; havendo relação entre o dano e a atividade desenvolvida a indenização se impõe.

(C) Havendo fortuito ou força maior, o Estado deixaria de indenizar.

(D) As mesmas excludentes do risco administrativo são aplicáveis ao risco integral, mas nesse caso não se exige a prova de dolo ou culpa ao contrário do primeiro.

(E) O risco integral é uma teoria objetiva, ao contrário do risco administrativo de índole subjetiva.

A, C e D: assertivas incorretas, pois, pela teoria do risco integral, não há excludentes de responsabilidade em favor do Estado; **B:** assertiva correta, pois, pela teoria do risco integral basta a relação entre o dano e atividade desenvolvida para a configurar a responsabilização patrimonial estatal, não sendo possível que o Estado oponha qualquer tipo de excludente para afastar a sua responsabilidade; **E:** assertiva incorreta, pois ambas as teorias são de índole objetiva, ou seja, são no sentido de que o Estado responde objetivamente, vale dizer, independentemente de culpa ou dolo. **WG**
Gabarito "B".

(Analista – TJ/AM – 2013 – FGV) A responsabilidade civil da Administração Pública tem como fundamento jurídico o art. 37, § 6°, da CF, que consagra a teoria do risco administrativo. Assinale a alternativa que indica as pessoas que são sujeitas à responsabilização pelo mencionado dispositivo.

(A) Toda a administração direta e indireta.
(B) Apenas a administração indireta.
(C) Apenas as pessoas jurídicas prestadoras de serviço público.
(D) Apenas a administração direta.
(E) Apenas a administração direta, as pessoas jurídicas de direito público e as pessoas jurídicas privadas prestadoras de serviço público.

A: assertiva incorreta, pois respondem assim somente as pessoas jurídicas de direito público e de direito privado prestadoras de serviço público (art. 37, § 6°, da CF); dessa forma, há pessoas que sequer são da Administração Direta e Indireta, mas que respondem da forma mencionada (ex.: concessionários privados de serviços públicos) e há pessoas que são da Administração Indireta e que não respondem dessa forma (ex.: pessoas jurídica de direito privado estatal não prestadora de serviço público, como um banco estatal, que é explorador de atividade econômica); **B:** assertiva incorreta, pois a União, os Estados, o Distrito Federal e os Municípios são da Administração Direta e, por serem pessoas jurídicas de direito público, respondem da forma mencionada; **C:** assertiva incorreta, pois as pessoas jurídicas de direito público também respondem da forma mencionada (art. 37, § 6°, da CF); **D:** incorreta, pois pessoas jurídicas da Administração Indireta, desde que de direito público (ex.: autarquias e agências reguladoras) ou de direito privado prestadoras de serviço público (ex.: empresa estatal concessionária de serviço público), respondem objetivamente nos termos do art. 37, § 6°, da CF; **E:** assertiva correta (art. 37, 6°, da CF), lembrando que os entes da Administração Direta são também pessoas jurídicas de direito público. **WG**
Gabarito "E".

(Analista – TRT/6ª – 2012 – FCC) De acordo com o ordenamento jurídico brasileiro, a responsabilidade civil do Estado depende necessariamente

(A) da comprovação de conduta comissiva dolosa ou omissiva culposa do agente público.
(B) do nexo de causalidade entre a ação ou omissão de seus agentes e o dano causado a terceiros.
(C) da prévia condenação do agente público em procedimento disciplinar.
(D) da comprovação da falha na prestação do serviço ou conduta dolosa do agente público.
(E) da omissão de agente público, consubstanciada na negligência na prestação do serviço.

A: assertiva incorreta, pois a responsabilidade do Estado, como regra, é objetiva, dependendo apenas de "conduta + dano + nexo de causalidade", não sendo necessário comprovar culpa ou dolo do agente (art. 37, § 6°, da CF); vale salientar que a responsabilidade do Estado por condutas omissivas é subjetiva, o que faz com que se tenha de demonstrar, além dos elementos citados, o elemento "serviço defeituoso", também chamado de "falta do serviço"; **B:** assertiva correta, pois, de fato, esses elementos são necessários; **C:** assertiva incorreta, pois a responsabilidade civil é totalmente independente da responsabilidade administrativa; **D:** assertiva incorreta, pois a comprovação da falha no serviço só é necessária no caso de omissões estatais, em que a responsabilidade é subjetiva; como regra, tem-se responsabilidade objetiva, pela qual não é necessário comprovar nem a falha no serviço, nem conduta culposa ou dolosa do agente público; **E:** assertiva incorreta, pois a omissão culposa do agente público só é pertinente quando se está analisando a responsabilidade subjetiva do Estado, que é exceção; como regra, tem-se a responsabilidade objetiva, que só requer "conduta + dano + nexo de causalidade". **WG**
Gabarito "B".

(Analista – TRE/PR – 2012 – FCC) Durante uma perseguição a suspeitos, uma viatura policial estadual avançou o sinal vermelho e colidiu com outro veículo, particular, causando danos de grande monta e também lesões corporais nos integrantes do veículo. Nessa hipótese, com base na Constituição Federal e com as informações constantes deste preâmbulo, o Estado

(A) responde apenas subjetivamente, desde que haja culpa do agente público, uma vez que este estava no regular desempenho de sua função.
(B) responde subjetivamente pelos danos sofridos pelos particulares, desde que reste comprovada negligência do condutor da viatura.
(C) responde objetivamente pelos danos sofridos pelos particulares, cabendo direito de regresso contra o condutor da viatura na hipótese de ser comprovada culpa ou dolo.
(D) responde subjetivamente, caso seja demonstrado o nexo de causalidade, e o servidor responde objetivamente pelos danos causados.
(E) e o servidor respondem objetivamente, uma vez que avançar sinal vermelho significa negligência de natureza gravíssima.

A: assertiva incorreta, pois o caso revela ato comissivo estatal, que impõe responsabilização *objetiva* do Estado (e não subjetiva), ou seja, independentemente da existência de culpa ou dolo ou de demonstração de falta do serviço; nem mesmo a alegação de exercício regular da função afasta a responsabilidade estatal, se demonstrados os requisitos da responsabilidade objetiva (conduta comissiva, dano e nexo de causalidade); **B e D:** assertivas incorretas, pois, como seu viu, a responsabilidade é objetiva e não subjetiva; **C:** assertiva correta, pois reflete o disposto no art. 37, § 6°, da CF; **E:** assertiva incorreta, pois, em sendo a responsabilidade objetiva, não há que se discutir se há conduta culposa, de maneira que é totalmente impertinente dizer que a responsabilidade existe porque houve negligência (espécie de culpa). **WG**
Gabarito "C".

(Analista – TRE/SP – 2012 – FCC) De acordo com a Constituição Federal brasileira, as pessoas jurídicas de direito público e as de direito privado prestadoras de serviço público respondem pelos danos que seus agentes, nessa qualidade, causarem a terceiros. Isso significa que a responsabilidade extracontratual do Estado

(A) independe da comprovação de dolo ou culpa do agente, bastando a comprovação do nexo de causalidade entre a ação do agente público e o dano e a ausência de condições excludentes.

(B) depende da comprovação do dolo ou culpa do agente público, caracterizadora da falha na prestação do serviço público.
(C) independe da comprovação de dolo ou culpa do agente, o qual responde pelos danos causados perante os terceiros, podendo exercer direito de regresso em face da Administração na hipótese de causas excludentes da ilicitude da sua conduta.
(D) é de natureza objetiva, sendo afastada quando comprovada a culpa ou dolo exclusivo do agente que, em tal hipótese, responde diretamente perante o particular.
(E) é de natureza subjetiva, condicionada à comprovação de culpa exclusiva do agente público.

A: assertiva correta, pois reflete o disposto no art. 37, § 6º, da CF, que estabelece a responsabilidade objetiva do Estado, ou seja, a responsabilidade independentemente de comprovação de culpa ou dolo do agente; B: assertiva incorreta, pois a responsabilidade objetiva independe da comprovação de culpa ou dolo do agente público ou qualquer outro tipo de prova que visa a caracterizar a falha no serviço público, comprovação esta típica do caso em que o Estado responde subjetivamente, ou seja, dos casos de condutas omissivas estatais; C: assertiva incorreta, pois o agente público não poderá ser acionado diretamente pela vítima; esta só pode ingressar com ação em face face do Estado e este, em caso de culpa ou dolo do agente, poderá agir regressivamente; D: assertiva incorreta, pois, como seu viu, o agente público não pode ser acionado diretamente pela vítima; E: assertiva incorreta, pois a responsabilidade do Estado por condutas comissivas é objetiva. **WG**
Gabarito "A".

10. SERVIÇOS PÚBLICOS

10.1. Conceito, classificação e características

(Analista – TJ/CE – 2014 – CESPE) Acerca do regime jurídico dos serviços públicos, assinale a opção correta.

(A) O Estado pode transferir, eventualmente, mediante contrato, a titularidade do serviço público para empresa concessionária ou permissionária. Nessa situação, o serviço continuará sendo prestado sob o regime de direito público.
(B) A concessão de serviço público difere da permissão, entre outros fatores, pelo instrumento, haja vista que a concessão é formalizada mediante contrato e a permissão, mediante termo.
(C) São princípios que regem os serviços públicos: atualidade, universalidade, continuidade, modicidade das tarifas e cortesia na prestação.
(D) É vedada a subconcessão do contrato de concessão de serviços públicos, dado seu caráter personalíssimo, conforme expressa previsão legal.
(E) Enquadram-se no conceito de serviço público apenas as atividades de oferecimento de utilidade ou comodidade material à coletividade que o Estado desempenha por si próprio, com exclusividade, sob o regime de direito público.

A: Incorreta, pois a outorga do serviço, ou seja, a transferência da titularidade somente ocorrerá por meio de Lei. Já a delegação do serviço público, que consiste na transferência da execução do serviço, poderá ser realizada por meio de contrato; B: Incorreta, pois a concessão e a permissão serão formalizadas por meio de contrato (arts. 4º e 40 da Lei 8.987/1995); C: Correta, nos termos do § 1º do art. 6º da Lei 8.987/1995; D: Incorreta, pois é **admitida** a subconcessão, nos termos previstos no contrato de concessão, desde que expressamente autorizada pelo poder concedente (art. 26 da Lei 8.987/1995); E: Incorreta, pois, conforme Celso Antonio Bandeira de Mello, "serviço público é toda a atividade de oferecimento de utilidade ou comodidade material destinada à satisfação da coletividade em geral, mas fruível **singularmente pelos administrados, que Estado assume como pertinente a seus deveres e presta por si ou por quem lhe faça as vezes**, sob um regime de Direito Público – portanto, consagrador de prerrogativas de supremacia e de restrições especiais – instituído em favor dos interesses definidos como públicos no sistema normativo (**Curso de Direito Administrativo**. 26. ed. São Paulo: Malheiros Editores, p. 665). **WG**
Gabarito "C".

(Analista – MPU – CESPE – 2018) Acerca de serviços públicos, julgue o item a seguir.

(1) A encampação é a denominação dada a uma forma de se extinguir a concessão para a prestação de serviço público e ocorre quando a concessão é extinta em decorrência de atuação culposa do concessionário.

1: incorreta – encampação ou resgate é o encerramento da concessão por ato do Poder Concedente, durante o transcurso do prazo inicialmente fixado, por motivo de conveniência e oportunidade administrativa (espécie de revogação) sem que o concessionário haja dado causa ao ato extintivo. Depende de lei específica que o autorize, como forma de proteção ao concessionário e também porque geralmente enseja grandes custos. É necessária prévia indenização, que compense o investimento ainda não amortizado, bem como que faça frente aos lucros cessantes pela extinção prematura do contrato de concessão, já que não há culpa do concessionário. Bens revertem ao Poder Concedente. Ex.: fim dos bondes. **FB**
Gabarito 1E.

(Analista – TRT/2ª – 2014 – FCC) A prestação de serviços públicos de natureza essencial

(A) pode ser prestada direta ou indiretamente pelo poder público, admitindo-se mais de uma forma de negócio jurídico prestante a essa finalidade, quaisquer delas submetidas aos princípios que regem os serviços públicos.
(B) submete-se integralmente ao princípio da continuidade do serviço público, quando prestado diretamente pelo poder público ou por terceiros, afastando-se, contudo, o princípio da igualdade dos usuários, na medida em que é inerente à mutabilidade do regime permitir que se estabeleça distinção entre os administrados.
(C) pode ser prestada indiretamente, por meio de instrumento jurídico de outorga legalmente previsto, hipótese em que ficam afastados os princípios que informam a Administração pública e a execução dos serviços públicos, na medida em que o regime jurídico transmuta-se para privado, para maior competitividade.
(D) submete-se ao princípio da continuidade do serviço público quando executado diretamente pela Administração pública, tendo em vista que não se pode impor ao privado prejuízos decorrentes dessa obrigação.
(E) quando desempenhada pelos privados, com base em regular outorga por meio de ato unilateral legalmente previsto, submete-se ao princípio da continuidade do serviço público, afastando-se, contudo, o princípio da

igualdade dos usuários, na medida em que a mutabilidade do regime permite estabelecer distinção entre os administrados, para otimização de receita.

A: correta, pois a CF admite a prestação do serviço público diretamente pelo Estado ou por terceiro (art. 175, *caput*) e a própria CF admite mais de uma forma dessa delegação, como permissão e concessão (art. 175, *caput*); **B**: incorreta, pois o princípio da igualdade dos usuários, corolário do grande princípio da isonomia não pode ser afastado, sob pena de violação a princípio de índole constitucional; **C**: incorreta, pois, em se tratando de um serviço que a lei ou a Constituição qualifica como "público", de cara o regime aplicável é um regime público, obedecendo-se as leis administrativas, tal como a Lei de Concessões (Lei 8.987/95); **D e E**: incorretas, pois tanto o princípio da continuidade do serviço, como o princípio da igualdade dos usuários devem ser obedecidos pelo concessionário privado; aliás, não é porque houve concessão, que o serviço passou a ser privado; o serviço continua público e, assim, deve obediência aos princípios e regras que regem aquele tipo de serviço. **WG**

Gabarito "A".

(Analista – TRT/6ª – 2012 – FCC) A respeito dos princípios e regime jurídico aplicável ao serviço público é correto afirmar que

(A) o princípio da universalidade veda a exploração por regime de concessão de serviços de natureza essencial.

(B) a modicidade tarifária impõe a obrigação do poder concedente de subsidiar a prestação de serviço público por concessionários ou permissionários quando o mesmo se mostrar deficitário.

(C) o princípio da universalidade e da igualdade dos usuários veda a suspensão da prestação de serviço público por inadimplemento do usuário.

(D) o princípio da continuidade do serviço público impede a Administração de encampar o serviço enquanto não selecionar, por procedimento licitatório, nova concessionária ou permissionária.

(E) o princípio da continuidade do serviço público impede o concessionário de rescindir unilateralmente o contrato no caso de descumprimento das normas contratuais pelo poder concedente, devendo intentar ação judicial para esse fim.

A: assertiva incorreta, pois esse princípio tem outro sentido, qual seja, o de impor que os serviços públicos estejam à disposição de todos; ademais, a lei não impede que um serviço essencial seja objeto de concessão; **B**: assertiva incorreta, pois a modicidade impõe uma tarifa acessível, o que não significa que o poder concedente tenha que subsidiar o serviço; o fato de um serviço se mostrar deficitário tem que ser analisado com calma, podendo ser que o modelo escolhido tenha sido inadequado (já que se deve usar a parceria público-privada quando as tarifas são insuficientes) ou que a concessionária esteja gerindo mal o serviço; problemas de déficit devem ser resolvidos, num primeiro momento, pelo aumento de tarifa (sem que esta deixa de ser acessível); outra possibilidade é verificar se o edital permite que se institua outras fontes de renda, como a publicidade; **C**: assertiva incorreta, pois, em caso de não pagamento, a Lei 8.987/1995, que disciplina o regime de concessão e permissão de serviços públicos previsto no art. 175 da CF, admite a interrupção no fornecimento do serviço (art. 6º, § 3º, II, da Lei 8.987/1995); **D**: assertiva incorreta, pois o art. 37 da Lei 8.987/1995 não estabelece esse requisito prévio à encampação; **E**: assertiva correta (art. 39 da Lei 8.987/1995). **WG**

Gabarito "E".

10.2. Concessão de serviço público E PPP

(Analista – TRT/18 – 2023 – FCC) A contratação de uma parceria público-privada impõe à Administração Pública a observância de critérios previstos na Lei federal nº 11.079/2004, além de lhe facultar a previsão de disposições específicas, de forma que

(A) a vigência contratual seja obrigatoriamente superior a 20 anos, como forma de garantir a amortização dos investimentos realizados pelo parceiro privado, com exceção dos contratos de concessão administrativa nos quais não haja previsão de aporte de recursos públicos, os quais podem ter vigência por prazo inferior.

(B) seja prevista, no contrato firmado, a repartição de riscos entre as partes, inclusive com tratamento sobre caso fortuito e força maior, inexistindo vedação para que estes sejam integralmente assumidos pelo parceiro público, sendo justificada a escolha.

(C) seja facultada a previsão contratual de exigência de garantias, a serem prestadas pelo parceiro privado e pelo parceiro público, proporcional aos valores envolvidos para a execução do contrato e para a realização dos aportes de recursos públicos.

(D) haja tratamento, no edital de licitação e no respectivo contrato, sobre a repartição de riscos entre as partes, não se admitindo integral assunção de responsabilidade pela Administração Pública, com exceção daqueles atinentes a caso fortuito e força maior, que não podem ser trespassados ao parceiro privado, em razão de disposição legal expressa.

(E) seja permitido à Administração Pública a realização de aporte de recursos exclusivamente para fins de aquisição de bens reversíveis, na medida em que referidos ativos serão transferidos ao poder concedente quando da extinção do contrato.

A: Incorreta. A Lei 11.079/04 estabelece que os contratos de parceria público-privada devem ter o prazo mínimo de 5 anos e máximo de 35 anos. Art. 2º, §4º, Lei 11.079/04: "§ 4º É vedada a celebração de contrato de parceria público-privada: II – cujo período de prestação do serviço seja inferior a 5 (cinco) anos". "Art. 5º As cláusulas dos contratos de parceria público-privada atenderão ao disposto no art. 23 da Lei nº 8.987, de 13 de fevereiro de 1995, no que couber, devendo também prever: I – o prazo de vigência do contrato, compatível com a amortização dos investimentos realizados, não inferior a 5 (cinco), nem superior a 35 (trinta e cinco) anos, incluindo eventual prorrogação". **B**: Correta. Art. 5º, III, Lei 11.079/04. "Art. 5º As cláusulas dos contratos de parceria público-privada atenderão ao disposto no art. 23 da Lei nº 8.987, de 13 de fevereiro de 1995, no que couber, devendo também prever: III – a repartição de riscos entre as partes, inclusive os referentes a caso fortuito, força maior, fato do príncipe e álea econômica extraordinária". **C**: Incorreta. A prestação, pelo parceiro privado, de garantias de execução suficientes e compatíveis com os ônus e riscos envolvidos não é uma faculdade, e sim um dever, nos termos do art. 5º, VIII, lei 11.079/04. **D**: Incorreta. Os riscos do contrato devem ser repartidos entre as partes, nos termos do art. 5º, III, Lei 11.079/04, podendo se dividir, inclusive, caso fortuito e força maior. **E**: Incorreta. O art. 6º, § 2º, Lei 11.079/04 prevê a possibilidade de o contrato prever o aporte de recursos em favor do parceiro privado para a realização de obras e aquisição de bens reversíveis. **FC**

Gabarito "B".

(Analista – TRF5 – FCC – 2017) Para que a construção e operação de um novo ramal ferroviário para transporte de passageiros possam ser contratados por meio de parceria público privada é necessário observar, dentre outros requisitos, que

(A) os custos da obra sejam exclusivamente suportados pelo concessionário, que deve se remunerar integralmente pela exploração do serviço no âmbito de uma concessão patrocinada.

(B) o valor originalmente cobrado dos usuários como tarifa nas concessões comuns seja custeado pelo poder concedente sob a forma de contraprestação.

(C) a repartição de riscos entre as partes estabeleça a qual delas será atribuído o custo pelas obras de implantação, sendo necessariamente dever do concessionário a realização material das mesmas.

(D) haja contraprestação paga pelo poder concedente, devida somente após o início da prestação dos serviços, cuja utilização também deverá ser objeto de remuneração por meio de tarifa cobrada dos usuários no âmbito de uma concessão patrocinada.

(E) haja previsão de receitas acessórias ou complementares em favor do concessionário para que seja viável manter o equilíbrio econômico-financeiro do contrato sem onerar demasiadamente o valor da tarifa.

A: incorreta. A parceria público-privada é o contrato administrativo de concessão que pode ocorrer na modalidade patrocinada ou administrativa. Ela foi criada pela Lei 11.079/2004 e se caracteriza pela existência de contraprestação pecuniária da entidade estatal, além da existência de compartilhamento dos riscos da atividade executada. Não se confunde com a concessão comum, regulada pela Lei 8.987/1995, em que a concessionária se remunera unicamente pela exploração do serviço, por sua conta e risco, sem uma contraprestação do Poder Público; **B:** incorreta. A parceria público-privada pode ser do tipo patrocinada ou administrativa, ou seja, é necessário saber qual a espécie de concessão para que se determine o regime jurídico aplicável. A concessão patrocinada é aquela em que, adicionalmente à tarifa paga pelos usuários, há uma contraprestação do Poder Público ao parceiro privado. O contrato de concessão patrocinada é celebrado com empresas e consórcios privados que executarão o serviço por sua conta e risco, cobrando as tarifas pelo oferecimento da atividade e percebendo, ainda, uma remuneração adicional pelo Poder Público concedente. Já a concessão administrativa, de outra banda, é uma espécie de concessão de serviço público, na qual a própria Administração é responsável pelo pagamento das tarifas, ostentando a qualidade de usuária direta ou indireta do serviço público; **C:** incorreta. A lei de parcerias público-privadas estabelece como uma de suas diretrizes a repartição objetiva de riscos entre as partes (art. 4º, VI da Lei 11.079/2004), os quais devem constar expressamente do contrato, até mesmo quanto a caso fortuito, força maior, fato do príncipe e álea econômica extraordinária. Não consta na lei qualquer determinação no sentido de que as obras devam ser executadas materialmente pelo concessionário; **D:** correta. O que difere a parceria público-privada da concessão comum é precisamente o fato de que sempre haverá a contraprestação por parte do Poder Público, que pode se dar tanto pela espécie de concessão do tipo patrocinada como administrativa, ou seja, é necessário saber qual a espécie de concessão para que se determine o regime jurídico aplicável. A concessão patrocinada é aquela em que, adicionalmente à tarifa paga pelos usuários, há uma contraprestação do Poder Público ao parceiro privado. O contrato de concessão patrocinada é celebrado com empresas e consórcios privados que executarão o serviço por sua conta e risco, cobrando as tarifas pelo oferecimento da atividade e percebendo, ainda, uma remuneração adicional pelo Poder Público concedente. Já a concessão administrativa, de outra banda, é uma espécie de concessão de serviço público, na qual a própria Administração é responsável pelo pagamento das tarifas, ostentando a qualidade de usuária direta ou indireta do serviço público; **E:** incorreta. Não há a imposição de que as chamadas receitas derivadas sejam sempre em favor do concessionário. Trata-se de uma faculdade do Poder Público. O art. 11 da Lei 11.079/2004 remete à Lei 8.987/1995 (lei de concessões), que disciplina as receitas acessórias nos artigos 11 e 18 dispondo que: "No atendimento às peculiaridades de cada serviço público, poderá o poder concedente prever, em favor da concessionária, no edital de licitação, a possibilidade de outras fontes provenientes de receitas alternativas, complementares, acessórias ou de projetos associados, com ou sem exclusividade, com vistas a favorecer a modicidade das tarifas, observado o disposto no art. 17 desta Lei", sendo complementado pelo seu parágrafo único que assim dispõe: "Parágrafo único. As fontes de receita previstas neste artigo serão obrigatoriamente consideradas para a aferição do inicial equilíbrio econômico-financeiro do contrato". O art. 18, por sua vez, não vai muito além, apenas estabelecendo por meio do inciso VI que: "Art. 18. O edital de licitação será elaborado pelo poder concedente, observados, no que couber, os critérios e as normas gerais da legislação própria sobre licitações e contratos e conterá, especialmente: (...) VI – as possíveis fontes de receitas alternativas, complementares ou acessórias, bem como as provenientes de projetos associados". **FC**

Gabarito "D".

(Analista – TRT2 – FCC – 2018) Tendo o Poder Público decidido transferir a prestação de serviço público de transporte de passageiros a empresa privada, optou por fazê-lo mediante permissão e não por concessão, o que significa que

(A) a exploração se dará por conta e risco do permissionário, mediante cobrança de tarifa do usuário.

(B) está dispensado o prévio procedimento licitatório para seleção das empresas permissionárias.

(C) se trata de serviço público não exclusivo, passível de exploração privada por autorização administrativa.

(D) a exploração não poderá ultrapassar o prazo de 2 anos, prorrogável, justificadamente, por igual período.

(E) será transferida a titularidade do serviço ao permissionário, para sua exploração mediante cobrança de taxa.

A: correta. Segundo o art. 2º, IV da Lei 8.987/1995, a permissão de serviço público consiste na delegação, a título precário, mediante licitação, da prestação de serviços públicos, feita pelo poder concedente à pessoa física ou jurídica que demonstre capacidade para seu desempenho, por sua conta e risco; **B:** incorreta. Segundo o art. 2º, IV da Lei 8.987/1995, "a permissão de serviço público consiste na delegação, a título precário, **mediante licitação**, da prestação de serviços públicos, feita pelo poder concedente à pessoa física ou jurídica que demonstre capacidade para seu desempenho, por sua conta e risco"; **C:** incorreta. Serviços públicos não exclusivos são aqueles em que tanto o Estado quando o particular o prestam, sem a necessidade de delegação. O particular presta esse serviço, mas o Estado também está obrigado a fazê-lo. São exemplos de serviços públicos não exclusivos os serviços de saúde, de educação e de previdência. Quando prestados por particulares, o STF os entende como serviços de relevância pública; **D:** incorreta. Uma das características doutrinárias da permissão é justamente quanto à estabilidade do vínculo, que é precária. Há que se ressaltar, todavia, que existem autores que reconhecem a possibilidade de fixação de prazo na permissão, o que tornaria uma permissão condicionada ou qualificada. Nesse caso, praticamente desapareceria a diferença entre o instituto da permissão e da concessão; **E:** incorreta. Mediante a permissão e mesmo via concessão, não ocorre nunca a transferência da titularidade do serviço público, que remanesce do Estado: o que ocorre é a delegação de sua execução. **FC**

Gabarito "A".

(Analista Judiciário – TJ/AL – 2018 – FGV) O Estado de Alagoas delegou a prestação de determinado serviço público à sociedade empresária, mediante contrato de concessão celebrado na forma da Lei 8.987/95, com prévia licitação, na modalidade de concorrência. Ocorre que o poder concedente vem descumprindo as normas contratuais por prazo já superior a noventa dias.

Na hipótese narrada, de acordo com o texto da Lei 8.987/95, não havendo acordo entre as partes, a concessionária pode promover a extinção do contrato, por meio da:

(A) encampação, com direto à indenização pelos investimentos feitos e ainda não compensados, em razão do princípio do equilíbrio econômico e financeiro do contrato de concessão;

(B) rescisão unilateral, de acordo com cláusula exorbitante existente implicitamente no contrato, baseada no princípio da exceção do contrato não cumprido;

(C) anulação, através de ação judicial especialmente intentada para esse fim, com direito de contraditório e ampla defesa ao poder público;

(D) rescisão judicial, e os serviços prestados pela concessionária não poderão ser interrompidos ou paralisados, até a decisão judicial transitada em julgado;

(E) caducidade, com o retorno ao poder concedente de todos os bens reversíveis, direitos e privilégios transferidos ao concessionário conforme previsto no edital e no contrato.

A: incorreta – **encampação ou resgate é** o encerramento da concessão por ato do Poder Concedente, durante o transcurso do prazo inicialmente fixado, *por motivo de conveniência e oportunidade administrativa* (espécie de revogação) sem que o concessionário haja dado causa ao ato extintivo. Depende de lei específica que o autorize, como forma de proteção ao concessionário e também porque geralmente enseja grandes custos. É necessária prévia indenização, que compense o investimento ainda não amortizado, bem como que faça frente aos lucros cessantes pela extinção prematura do contrato de concessão, já que não há culpa do concessionário. Bens revertem ao Poder Concedente; **B: incorreta**, cláusula exorbitante só existe a favor do Poder concedentes; **C: incorreta**, **anulação da concessão** é o encerramento da concessão quando esta for outorgada com vício jurídico. Se não houve má-fé por parte do concessionário, este terá direito à indenização pelas despesas que teve e para a amortização do investimento; **D: correta**, **rescisão judicial é** forma de extinção feita a pedido de qualquer um dos "contratantes". Como o Poder Público pode extinguir de ofício a concessão, geralmente a rescisão judicial será pedida pelo concessionário, por culpa do Poder Concedente. Na ação pode-se pleitear indenização por não ter havido, ainda, amortização do investimento feito pelo concessionário. Os serviços prestados pela concessionária não poderão ser interrompidos ou paralisados até a decisão judicial transitar em julgado; **E: incorreta**, **caducidade ou decadência é o** encerramento da concessão antes do prazo, *por inadimplência do concessionário*. Depende de prévio processo administrativo, com direito a ampla defesa, para apuração da falta grave do concessionário, processo que só poderá ser acionado após comunicação detalhada à concessionária dos descumprimentos contratuais referidos no § 1º do art. 38 da Lei, dando-lhe prazo para regularização. FB

Gabarito "D".

(Analista – TJ/SC – FGV – 2018) O Estado de Santa Catarina está em situação reiterada e atual de inadimplemento com a concessionária prestadora do serviço público de fornecimento de energia elétrica, no que tange ao pagamento das faturas mensais relativas a contas de luz de diversos prédios públicos.

De acordo com a jurisprudência do Superior Tribunal de Justiça, o corte no fornecimento desse serviço essencial é:

(A) legítimo, em qualquer hipótese, desde que seja precedido de processo judicial, ainda que em sede de tutela de urgência incidental;

(B) legítimo, em qualquer hipótese, desde que seja precedido de processo administrativo, assegurados o contraditório e a ampla defesa;

(C) legítimo, desde que seja precedido de notificação e que a interrupção não atinja unidades prestadoras de serviços indispensáveis à população;

(D) ilegítimo, eis que o Estado também figura como poder concedente, devendo ocorrer compensação no equilíbrio econômico-financeiro do contrato;

(E) ilegítimo, em qualquer hipótese, pela supremacia do interesse público sobre o privado, e pelo princípio da continuidade do serviço público.

É legítimo o corte no fornecimento de serviços públicos essenciais quando inadimplente pessoa jurídica de direito público, desde que precedido de notificação e a interrupção não atinja as unidades prestadoras de serviços indispensáveis à população. Julgados: AgRg no AgRg no AREsp 152296/AP, Rel. Ministro Mauro Campbell Marques, Segunda Turma, julgado em 15/08/2013, DJe 11/12/2013; AgRg no Ag 1270130/RJ, Rel. Ministro Benedito Gonçalves, Primeira Turma, julgado em 16/08/2011, DJe 19/08/2011; AgRg na SS 1764/PB, Rel. Ministro Barros Monteiro, Rel. p/ Acórdão Ministro Ari Pargendler, Corte Especial, julgado em 27/11/2008, DJe 16/03/2009; EAREsp 281559/AP (decisão monocrática), Rel. Ministro Herman Benjamin, julgado em 24/02/2014, DJe 28/02/2014; REsp 992040/RN (decisão monocrática), Rel. Ministro Sérgio Kukina, julgado em 03/10/2013, DJe 09/10/2013; AREsp 276036/MA (decisão monocrática), Rel. Ministro Humberto Martins, julgado em 18/02/2013, DJe 01/02/2013. FB

Gabarito "C".

(Analista – TRT1 – 2018 – AOCP) Acerca da Lei 8.987/1995, que dispõe a respeito do regime de concessão e permissão da prestação de serviços públicos, bem como em relação à jurisprudência dos Tribunais Superiores sobre a temática dos serviços públicos, assinale a alternativa correta.

(A) As concessões comuns são caracterizadas pela circunstância de que o concessionário recebe, do poder concedente, determinada contraprestação pecuniária.

(B) As tarifas não poderão ser diferenciadas em função das características técnicas e dos custos específicos provenientes do atendimento aos distintos segmentos de usuários.

(C) O corte no fornecimento de energia elétrica somente pode recair sobre o imóvel que originou o débito, e não sobre outra unidade de consumo do usuário inadimplente.

(D) A transferência de concessão ou do controle societário da concessionária, sem prévia anuência do poder concedente, implicará a rescisão da concessão.

(E) É ilegítimo o corte no fornecimento de serviços públicos essenciais quando inadimplente pessoa jurídica de direito público.

A: incorreta. A concessão de serviço público pode ser conceituada como a *atribuição pelo Estado, mediante licitação, do exercício de*

um serviço público de que é titular, a alguém que aceita prestá-lo em nome próprio, por sua conta e risco, *nas condições fixadas e alteráveis unilateralmente pelo Poder Público, ressalvada a manutenção do equilíbrio econômico-financeiro do contrato;* **B:** incorreta. "As tarifas poderão ser diferenciadas em função das características técnicas e dos custos específicos provenientes do atendimento aos distintos segmentos de usuários" – Art. 13 da Lei 8.987/1995; **C:** correta. O corte no fornecimento de energia elétrica somente pode recair sobre o imóvel que originou o débito, e não sobre outra unidade de consumo do usuário inadimplente. Julgados: REsp 662214/RS, Rel. Ministro Teori Albino Zavascki, Primeira Turma, julgado em 06/02/2007, DJ 22/02/2007; REsp 1379083/RS (decisão monocrática), Rel. Ministro Herman Benjamin, Segunda Turma, julgado em 17/05/2013, DJe 04/06/2013; **D:** incorreta. A transferência de concessão ou do controle societário da concessionária sem prévia anuência do poder concedente implicará a caducidade da concessão – Art. 27 da Lei 8.987/1995; **E:** incorreta. É legítimo o corte no fornecimento de serviços públicos essenciais quando inadimplente pessoa jurídica de direito público, desde que precedido de notificação e a interrupção não atinja as unidades prestadoras de serviços indispensáveis à população. Julgados: AgRg no AgRg no AREsp 152296/AP, Rel. Ministro Mauro Campbell Marques, Segunda Turma, julgado em 15/08/2013, DJe 11/12/2013; AgRg no Ag 1270130/RJ, Rel. Ministro Benedito Gonçalves, Primeira Turma, julgado em 16/08/2011, DJe 19/08/2011; AgRg na SS 1764/PB, Rel. Ministro Barros Monteiro, Rel. p/ Acórdão Ministro Ari Pargendler, Corte Especial, julgado em 27/11/2008, DJe 16/03/2009; EAREsp 281559/AP (decisão monocrática), Rel. Ministro Herman Benjamin, julgado em 24/02/2014, DJe 28/02/2014; REsp 992040/RN (decisão monocrática), Rel. Ministro Sérgio Kukina, julgado em 03/10/2013, DJe 09/10/2013; AREsp 276036/MA (decisão monocrática), Rel. Ministro Humberto Martins, julgado em 18/02/2013, DJe 01/02/2013. Gabarito "C".

(Analista – TRT/15 – FCC – 2018) A reversibilidade dos bens utilizados para a prestação dos serviços públicos pela iniciativa privada, mediante concessão regida pela Lei 8.987/1995, caracteriza-se

(A) pelo retorno dos bens afetados ao serviço público ao patrimônio do poder concedente, em razão do custo de aquisição dos mesmos ter sido suportado por recursos públicos mediante aporte.

(B) pela necessidade ou não da continuidade da utilização dos referidos bens para a prestação dos serviços públicos, não havendo que se falar em indenização pela aquisição ou não amortização, tendo em vista que a concessão regida pela Lei 8.987/1995 se presta por conta e risco da concessionária.

(C) pela exigência de que os bens adquiridos pela concessionária sejam de titularidade do poder concedente desde o início da vigência do contrato, sendo vedado ao privado que o registro ou a contabilização do ativo sejam feitos em sua titularidade, sob pena de irreversibilidade material.

(D) pela afetação dos bens ao serviço público prestado, ensejando o retorno dos mesmos à propriedade do poder concedente ao término da concessão, para permitir a continuidade da prestação, direta ou mediante nova delegação a iniciativa privada.

(E) pelo conjunto de bens adquiridos pelo concessionário de serviço público ao longo da concessão contratada, sendo obrigatória a indenização pelo valor dos mesmos ao término da concessão, corrigidos monetariamente desde a data em que ingressaram no patrimônio do privado.

A reversão de bens consiste na *passagem ao Poder Concedente dos bens do concessionário afetados ao serviço público como consequência da extinção da concessão, cuja finalidade é manter a continuidade do serviço público.* Só abrange os bens, de qualquer natureza, vinculados ao serviço público. A reversão se dará nos limites definidos no edital de convocação para a licitação, assegurando-se ao concessionário a amortização do investimento que fez. FB
Gabarito "D".

(Analista Judiciário – TRF/2 – Consulplan – 2017 - ADAPTADA) Lei Federal define que determinado serviço público será prestado por particulares, através de concessão, após licitação na modalidade de concorrência ou diálogo competitivo. Sobre o tema, assinale a alternativa correta.

(A) O contrato de concessão poderá prever o emprego de arbitragem para resolução de disputas relacionadas ao contrato.

(B) Lei Federal não pode definir que o serviço será prestado por delegação a particulares, por implicar em afronta ao princípio da separação de Poderes.

(C) Com relação a política tarifária do serviço público concedido, qualquer elevação na tarifa cobrada dos usuários deve respeitar a anterioridade tributária.

(D) O concessionário poderá contratar com terceiros para o desenvolvimento de atividades acessórias, sendo esses contratos regidos pelo direito público.

A: Correta. Trata-se do disposto no art. 23-A, da Lei 8.987/1999. **B:** Incorreta. A delegação de serviços impróprios é permitida, inclusive, constitucionalmente, conforme dispõe o art. 175, e parágrafo único, CF, sendo esse o erro da alternativa. **C:** Incorreta. As tarifas cobradas em decorrência de serviços públicos concedidos não são tributos, por isso não seguem o art. 145, CF. **D:** Incorreta. O art. 25, § 1º, da Lei 8.987/1995 dispõe que tanto atividades inerentes, quanto as acessórias e complementares podem ser contratadas por terceiros. E o art. 25, § 2º, Lei 8.987/95 estabelece que esses contratos celebrados entre a concessionária e os terceiros reger-se-ão pelo direito privado. FC
Gabarito "A".

(Analista Judiciário – TRT/8ª – 2016 – CESPE) A modalidade de extinção da concessão fundada na perda, pela concessionária de serviços públicos, das condições econômicas, técnicas ou operacionais para manter a adequada prestação do serviço concedido denomina-se

(A) encampação.
(B) caducidade.
(C) anulação.
(D) revogação.
(E) rescisão.

A: incorreta, pois a encampação se dá quando o poder concedente deseja retomar o serviço público por motivo de interesse público (não relacionado às faltas contratuais da concessionária), nos termos do art. 37 da Lei 8.987/95; **B:** correta (art. 38, § 1º, IV da Lei 8.987/95); **C:** incorreta, pois a anulação se dá quando o ato de concessão da licitação é ilegal, o que não acontece no caso trazido no enunciado; **D:** incorreta, pois esse instituto não é aplicado em matéria de concessão de serviço público, sendo que o instituto que mais se aproxima da revogação na concessão é o da encampação (art. 37 da Lei 8.987/95); **E:** incorreta, pois no caso incide especificamente o instituto da caducidade, nos termos do art. 38, § 1º, IV, da Lei 8.987/95. WG
Gabarito "B".

(Analista Jurídico – TCE/PR – 2016 – CESPE) Após prévio e regular certame licitatório, um estado da Federação celebrou contrato de concessão de serviço público. No decorrer da execução do contrato, a administração, após a concessão do direito de ampla defesa, verificou que a empresa concessionária paralisou o serviço contratado sem motivo justificável. Nessa situação hipotética, com respaldo na Lei n.º 8.987/1995, o ente federativo poderá extinguir o contrato mediante o instituto da

(A) rescisão.
(B) reversão.
(C) encampação.
(D) anulação.
(E) caducidade.

A: incorreta, pois no caso incide especificamente o instituto da *caducidade*, nos termos do art. 38, § 1º, III, da Lei 8.987/95; **B:** incorreta, pois a reversão não é propriamente uma *hipótese* de extinção da concessão, mas, sim, o *efeito* da extinção da concessão consistente no retorno ao poder concedente dos bens utilizados na prestação do serviço público; **C:** incorreta, pois a encampação se dá quando o poder concedente deseja retomar o serviço público por motivo de interesse público (não relacionado a faltas contratuais da concessionária), nos termos do art. 37 da Lei 8.987/95; **D:** incorreta, pois a anulação se dá quando o ato de concessão da licitação é ilegal, o que não acontece no caso trazido no enunciado; **E:** correta (art. 38, § 1º, III, da Lei 8.987/95). Gabarito "E".

(Analista – TRT/1ª – 2012 – FCC) Não dispondo de recursos financeiros, o Poder Público pretende delegar a execução material de serviço público de sua titularidade a particular para que ele possa explorá-lo e dele se remunerar. De acordo com o ordenamento jurídico vigente, o Poder Público pode

(A) firmar contrato de concessão de serviço público, precedido de licitação.
(B) outorgar a titularidade do serviço público por meio de ato normativo, precedido de licitação.
(C) editar decreto transferindo a concessão do serviço público ao particular, independentemente de licitação.
(D) celebrar convênio para trespasse da exploração do serviço público, precedido de licitação.
(E) celebrar contrato de permissão de serviço público, declarando-se prévia inexigibilidade de licitação.

A: assertiva correta, pois o caso é de concessão de serviço público (art. 2º, II, da Lei 8.987/1995) e esta depende de licitação (arts. 2º, II, e 14 da Lei 8.987/1995); **B:** assertiva incorreta, pois a concessão de serviço público apenas transfere o direito/dever de execução material do serviço público, mantendo-se esse como um serviço de titularidade do Poder Público, que continua com o poder de regulamentá-lo e fiscalizá-lo; **C:** assertiva incorreta, pois a licitação é obrigatória para a concessão (e também a permissão) de serviço público (arts. 2º, II, e 14 da Lei 8.987/1995); **D:** assertiva incorreta, pois a concessão é um contrato (art. 4º da Lei 8.987/1995) e não um convênio; **E:** assertiva incorreta, pois, mesmo que fosse o caso de permissão de serviço público, a licitação é indispensável (art. 2º, II e IV, da Lei 8.987/1995). Gabarito "A".

(Analista – TRE/MG – 2012 – CONSULPLAN) O Estado X pretende delegar a exploração de rodovia estadual, por meio de contrato de concessão. Sobre a situação apresentada, é correto afirmar que

(A) não é possível a delegação no caso, uma vez que a exploração de rodovia sequer pode ser considerada serviço público, visto ser remunerada por meio de tarifa.
(B) não é viável a delegação de serviços públicos a pessoas jurídicas de direito privado, uma vez que os serviços públicos devem ser prestados pela Administração Pública Direta ou Indireta.
(C) é possível a delegação, de modo que a Administração Pública transfere a titularidade do serviço ao concessionário, que pode, nos termos do contrato de concessão, executar o serviço ou subdelegá-lo à agência executiva.
(D) tendo em vista a sua execução por entidade não pertencente à Administração, a prestação do serviço se sujeitará ao regime jurídico próprio das empresas privadas, inclusive quanto à fixação das tarifas, que fica a cargo do concessionário.
(E) a delegação da execução do serviço público em referência é jurídica, em atendimento ao princípio da eficiência, podendo a prestação de serviço ser encampada pela Administração a qualquer momento, por motivo de interesse público.

A: assertiva incorreta, pois tem-se no caso serviço público; ademais, é bom lembrar que um serviço público pode ser remunerado tanto por taxa, como tarifa, a depender de sua obrigatoriedade ou não, ou seja, de seu caráter tributário ou não; **B:** assertiva incorreta, pois a própria Constituição deixa claro que a prestação de serviços públicos pode ser feita diretamente pelo Estado ou por meio de concessão ou permissão (art. 175, *caput*, da CF); **C:** assertiva incorreta, pois a Administração não transfere ao concessionário a titularidade do serviço público, mas apenas a incumbência de o concessionário executar o serviço público, permanecendo a titularidade do serviço com o Estado, que permanecerá responsável pela regulação e fiscalização do serviço; **D:** assertiva incorreta, pois, por se tratar de serviço público, o regime jurídico a ser observado é de direito público, ditado pelo poder concedente, que, inclusive, é quem definirá a política tarifária; **E:** assertiva correta, pois, de fato, conforme autoriza a Constituição (art. 175, *caput*), é possível promover a concessão de serviço público para o particular, sendo certo que, nos termos do autorizado no art. 37 da Lei 8.987/1995, caberá encampação (retomada) do serviço em caso de interesse público. Gabarito "E".

11. CONTROLE DA ADMINISTRAÇÃO

Acerca do controle da administração pública, julgue os itens a seguir.

I. Em nenhuma hipótese é possível a revogação, pelo Poder Judiciário, de atos praticados pelo Poder Executivo.
II. A reclamação para anulação de ato administrativo em desconformidade com súmula vinculante é uma modalidade de controle externo da atividade administrativa.
III. Nenhuma lei pode criar uma modalidade inovadora de controle externo não prevista constitucionalmente.

(Analista Judiciário – TJ/PA – 2020 – CESPE/CEBRASPE) Assinale a opção correta.

(A) Apenas o item I está certo.
(B) Apenas o item II está certo.
(C) Apenas os itens I e III estão certos.

(D) Apenas os itens II e III estão certos.
(E) Todos os itens estão certos.

I: Correta (o Poder Judiciário não pode revogar atos praticados pelo Poder Executivo, sob pena de violação ao princípio da separação entre os Poderes; de fato, o Judiciário não pode controlar o mérito do ato administrativo expedido pelo Executivo). II: Correta (a reclamação para a anulação de ato administrativo em desconformidade com súmula vinculante é de competência do Supremo Tribunal Federal; nesse sentido, trata-se de controle externo da atividade administrativa). III: Correta (a compostura do controle externo deve estar prevista pela Constituição Federal, que estabelece a relação entre os Poderes; assim, nenhuma lei pode criar uma modalidade inovadora de controle externo não prevista na Constituição). FC

Gabarito "E".

(Analista Jurídico – TRF5 – FCC – 2017) A Assembleia Legislativa de determinado estado, após concluir estudos técnicos, decidiu desfazer-se da frota própria de veículos e, para atender às necessidades do órgão, optou por contratar empresa especializada na prestação de serviço de locação de veículos com motorista. Para tanto, realizou licitação, na modalidade leilão, para alienação dos veículos e, na modalidade pregão eletrônico, para contratação dos serviços. A decisão administrativa foi questionada em ação popular, sob a alegação de má gestão administrativa, causadora de prejuízo, porque implicou a venda de bens públicos e a terceirização de atividade. A ação judicial
(A) não procede, porque o ato é político e exarado pelo Poder Legislativo, imune ao controle externo.
(B) procede, pois a escolha da política pública é passível de controle judicial, inclusive de mérito, em razão do princípio democrático.
(C) será admitida e julgada procedente, porque as escolhas de conveniência e oportunidade da Administração somente são válidas se previamente autorizadas por lei específica, especialmente os atos administrativos exarados pelo Poder Legislativo.
(D) não procede, porque os atos administrativos discricionários submetem-se a controle de legalidade, mas não de mérito, sendo passíveis de anulação, pelo judiciário, se contrários à lei ou ao direito.
(E) não procede, porque os atos emanados pelo Poder Legislativo, mesmo que na função administrativa atípica, somente se submetem a controle do Tribunal de Contas.

A: incorreta. O ato aqui não é de natureza política, isto é, não possui a natureza de ato governamental praticado por agentes políticos, seja no exercício de função administrativa, legislativa ou judicial, com fundamento direto na Constituição Brasileira. Trata-se de ato administrativo de natureza discricionária; B: incorreta. No caso em tela, a ação não procede na medida em que se está diante de um ato administrativo discricionário, isto é, de um ato jurídico praticado pela Administração Pública, ou por quem lhe faça as vezes, no exercício da função administrativa, e na qual a lei dá certa margem de liberdade ao administrador para, dentre as opções possíveis e diante do caso concreto, escolher aquela que atinge otimamente a finalidade legal. Não se trata de um ato de natureza política e, ademais, a sindicabilidade dos atos dessa natureza pelo Poder Judiciário limita-se ao controle da legalidade, da razoabilidade e da proporcionalidade, não cabendo ao juiz substituir o "administrador" no exercício da função administrativa; C: incorreta. A ação será julgada improcedente, pois se trata de um ato administrativo discricionário, ou seja, de um ato jurídico praticado pela Administração Pública, ou por quem lhe faça as vezes, no exercício da função administrativa, e na qual a lei dá certa margem de liberdade ao administrador para, dentre as opções possíveis e diante do caso concreto, escolher aquela que atinge otimamente a finalidade legal. A sindicabilidade dos atos dessa natureza pelo Poder Judiciário limita-se ao controle da legalidade, da razoabilidade e da proporcionalidade, não cabendo ao juiz substituir o "administrador" no exercício da função administrativa; D: correta. A sindicabilidade dos atos dessa natureza pelo Poder Judiciário limita-se ao controle da legalidade, da razoabilidade e da proporcionalidade, não cabendo ao juiz substituir o "administrador" no exercício da função administrativa; E: incorreta. Os atos emanados do Poder Legislativo, quando no exercício de função administrativa, submetem-se tanto ao controle interno, quanto ao controle externo, aí abrangendo tanto os Tribunais de Contas quanto o Poder Judiciário. FMB

Gabarito "D".

(Analista – TRT/10ª – 2013 – CESPE) Em relação ao controle da Administração Pública, julgue o item seguinte.
(1) Portaria de caráter normativo editada pelo Ministério da Educação que seja ilegal poderá ser sustada pelo Congresso Nacional.

1: assertiva correta, nos termos da autorização contida no art. 49, V, da CF. WG

Gabarito 1C.

(Analista – TRT/10ª – 2013 – CESPE) Em relação a controle e responsabilização da Administração, julgue os itens a seguir.
(1) Se um agente editar ato administrativo em desconformidade com súmula vinculante do STF, caberá reclamação a esse tribunal, que, se julgá-la procedente, deverá anular referido ato.
(2) O controle prévio dos atos administrativos do Poder Executivo é feito exclusivamente pelo Poder Executivo, cabendo aos Poderes Legislativo e Judiciário exercer o controle desses atos somente após sua entrada em vigor.
(3) Os atos administrativos do Poder Executivo não são passíveis de revogação pelo Poder Judiciário.
(4) Ao Tribunal de Contas da União não cabe julgar as contas dos administradores de sociedades de economia mista e empresas públicas, visto que a participação majoritária do Estado na composição do capital não transmuda em públicos os bens dessas entidades.

1: assertiva correta (art. 7º, § 2º, da Lei 11.417/2006); **2:** assertiva incorreta, pois o Poder Judiciário, fundado no princípio da inafastabilidade da jurisdição (art. 5º, XXXV, da CF), pode controlar o ato administrativo mesmo antes deste ser praticado, em caso de ameaça de lesão a direito; **3:** assertiva correta, pois somente a Administração Pública que expede o ato pode revogá-lo; dessa forma, atos administrativos do Poder Executivo só podem ser revogados por este, atos administrativos do Poder Judiciário só pode ser revogados pelo próprio Judiciário e atos administrativos do Poder Legislativo só pode ser revogados pelo Legislativo; **4:** assertiva incorreta, pois compete ao Tribunal de Contas apreciar as contas de toda e qualquer sociedade instituída e mantida pelo Poder Público (art. 71, II, da CF), o que inclui as empresas estatais. FC

Gabarito 1C, 2E, 3C, 4E.

(Analista – TJ/AM – 2013 – FGV) *A Administração Pública encontra-se sujeita a várias formas de controle*. Com relação às formas de controle sobre a Administração, assinale a afirmativa correta.

(A) O controle judicial tem como principal função assegurar a legalidade da atuação da Administração Pública.
(B) O Judiciário poderá rever o mérito administrativo quando esse se mostrar inconveniente ou inoportuno, a critério do juiz.
(C) A palavra final sobre as contas do chefe do Executivo em todas as esferas federativas pertence ao Tribunal de Contas que emite o parecer conclusivo sobre essas contas.
(D) As decisões judiciais possibilitam a revogação e a anulação de atos da Administração Pública.
(E) O Legislativo apenas exerce controle prévio sobre a Administração Pública, o controle sobre a administração é posteriormente exercido pelo Tribunal de Contas e pelo Judiciário.

A: assertiva correta, valendo salientar que nenhuma lesão a direito (ilegalidade) será subtraída a apreciação do Poder Judiciário (art. 5º, XXXV, da CF); **B:** assertiva incorreta pois a revogação (extinção do ato por motivo de inconveniência ou inoportunidade) só pode ser feito pela própria Administração que tiver praticado o ato; **C:** assertiva incorreta, pois compete ao Poder Legislativo (que é quem faz o controle externo, com o auxílio do Tribunal de Contas, nos termos do art. 71, *caput*, da CF) essa palavra final; **D:** assertiva incorreta, pois, conforme já dito, o Poder Judiciário não pode revogar atos da Administração, podendo, apenas, anular esses atos, quando eivados de ilegalidade; **E:** assertiva incorreta, pois tanto o Judiciário como o Legislativo fazem os controles prévio e posterior dos atos administrativos. WG

Gabarito "A".

(Analista – TRT/6ª – 2012 – FCC) Um dos instrumentos existentes para o exercício do controle judicial da atividade administrativa é a ação popular, sendo correto afirmar que
(A) determina a integração obrigatória, no polo passivo da lide, da pessoa jurídica de direito público da qual emanou o ato impugnado.
(B) determina a integração obrigatória, no polo ativo da lide, da pessoa de direito público da qual emanou o ato impugnado.
(C) pressupõe a comprovação da lesão ao patrimônio público, não sendo suficiente a lesão à moralidade administrativa.
(D) somente pode ser intentada por cidadão no gozo dos direitos políticos.
(E) pode ser intentada por qualquer cidadão brasileiro, nato ou naturalizado, e pelo Ministério Público.

A: assertiva incorreta, pois a pessoa jurídica cujo ato seja objeto de impugnação poderá abster-se de contestar o pedido (ou seja, não se integrar ao polo passivo da lide) ou poderá atuar ao lado do autor (ou seja, integrar-se ao polo ativo da lide), nos termos do art. 6º § 3º, da Lei 4.717/1965; **B:** assertiva incorreta, pois a pessoa jurídica poderá ficar no polo passivo (polo da qual, a princípio, constará – art. 6º, *caput*, da Lei 4.717/1965), poderá se abster de integrar da lide e, como terceira opção, poderá integrar o polo ativo da lide (art. 6º, *caput* da Lei 4.717/1965); **C:** assertiva incorreta, pois cabe ação popular em quatro casos (lesão ao patrimônio público, à moralidade administrativa, ao meio ambiente e ao patrimônio histórico e cultural), cada caso suficiente por si só para que ingresse com ação popular (art. 5º, LXXIII, da CF); **D:** assertiva correta (art. 1º, *caput* e § 3º, da Lei 4.717/1965); **E:** assertiva incorreta, pois só pode ser intentada por cidadão com gozo dos direitos políticos, não podendo ser intentada pelo Ministério Público. WG

Gabarito "D".

12. PROCESSO ADMINISTRATIVO (LEI 9.784/1999)

12.1. Disposições gerais

(Analista – INPI – 2024 – CEBRASPE) Acerca de atos administrativos e processo administrativo federal, julgue os itens seguintes.
(1) O decreto é ato administrativo privativo do chefe do Poder Executivo, podendo ser classificado em decreto normativo e decreto individual.
(2) A caducidade, a cassação e a anulação são formas de extinção do ato administrativo por manifestação de vontade da administração pública que pressupõem a existência de ilegalidade.
(3) É cabível a decisão administrativa coordenada entre os entes federativos para, conjuntamente, deliberarem sobre a execução de políticas públicas comuns, como saúde e educação.
(4) Caso um parecer obrigatório e vinculante não seja emitido no prazo fixado, o processo administrativo não poderá ter seguimento.

1: Correta. Decreto é a forma pela qual o Chefe do Poder Executivo expede seus atos de competência privativa. Podem ser atos gerais ou individuais. Decretos gerais (ou normativos) possuem destinatários indeterminados, e os decretos individuais são aqueles que geram efeitos concretos, que geram efeitos para pessoas determinadas. **2:** Correta. Caducidade é a extinção do ato em virtude de uma lei nova, que faz com que o ato não possa mais existir, nesse caso, seria possível falar em uma ilegalidade superveniente. Anulação é a extinção do ato ilegal. Assim, é possível considerar que caducidade e anulação têm ligação com ilegalidade. A cassação é a extinção do ato administrativo quando o destinatário comete uma irregularidade, mas não é ligada, normalmente, à ilegalidade pela doutrina. No entanto, a banca considerou o gabarito como correto, por pressupor que essa irregularidade cometida pelo destinatário é, também, uma ilegalidade. **3:** Incorreta. O art. 49-A da Lei 9.784/99 prevê a decisão coordenada no âmbito da Administração Pública federal, e não entre os entes federativos. **4:** Correta. Nos termos do art. 42, § 1º, da Lei 9.784/99, "se um parecer obrigatório e vinculante deixar de ser emitido no prazo fixado, o processo não terá seguimento até a respectiva apresentação, responsabilizando-se quem der causa ao atraso". FC

Gabarito 1C, 2C, 3E, 4C.

(Analista Judiciário – TJ/PA – 2020 – CESPE/CEBRASPE) O processo administrativo pode ser iniciado e impulsionado sem qualquer provocação de particular. Além disso, adota formas simples, suficientes para propiciar adequado grau de certeza, segurança e respeito aos direitos dos administrados. Esses critérios, previstos na Lei 9.784/1999, refletem observância, respectivamente, aos princípios
(A) da eficiência e da finalidade.
(B) da verdade material e da segurança jurídica.
(C) do interesse público e da verdade formal.
(D) da finalidade e da instrumentalidade das formas.
(E) da oficialidade e do informalismo procedimental.

O processo administrativo é governado por uma série de princípios. Pelo princípio da oficialidade (ou da impulsão oficial), o processo administrativo pode ser iniciado e impulsionado sem qualquer provocação de particular, como estabelece o art. 2º, par. único, inc. XII. Já o princípio do informalismo veicula a adoção procedimental de formas simples, suficientes para propiciar adequado grau de certeza, segurança e respeito aos direitos dos administrados (art. 2º, par. único, inc. IX). **Gabarito "E".**

(Analista Judiciário – TRE/PE – CESPE – 2017) Conforme a Lei 9.784/1999, nos processos administrativos, a administração pública está proibida de aplicar nova interpretação de forma retroativa, em decorrência do princípio do(a)

(A) segurança jurídica.
(B) legalidade.
(C) informalismo ou formalismo mitigado.
(D) oficialidade.
(E) finalidade.

A: Correta. Trata-se do disposto no art. 2º, parágrafo único, XIII, da Lei 9.784/1999, tendo em vista o princípio da segurança jurídica, que também é um princípio norteador de todo o procedimento administrativo (art. 2º, "caput", da Lei 9.784/1999). **B:** Incorreta. Como dito acima, o princípio mais adequado é o da segurança jurídica, que garante a estabilidade das relações jurídicas e, no caso, do procedimento administrativo como um todo. O princípio da legalidade também está assegurado na vedação da interpretação retroativa, mas o que primeiramente se adéqua à hipótese é a segurança jurídica (art. 2º, parágrafo único, XIII, da Lei 9.784/1999). **C:** Incorreta. Muito pelo contrário do informalismo, no caso, temos a formalidade, garantindo a segurança jurídica. **D:** Incorreta. Não se trata de oficialidade na proibição da retroatividade interpretativa, e sim, da segurança jurídica das relações estabelecidas entre o administrado e o administrador diante de um processo administrativo já instaurado. **E:** Incorreto. O princípio da finalidade pública é secundariamente buscado, já que, seguindo-se a segurança jurídica, logicamente a finalidade também estará sendo atingida. **Gabarito "A".**

(Analista Judiciário – TRT/11 – FCC – 2017) Mauro, servidor público federal, responsável por determinado processo administrativo de âmbito federal, deve, de acordo com a Lei 9.784/1999, praticar ato no prazo de cinco dias, quando inexistir disposição legal específica, bem como quando inexistir motivo de força maior que justifiquem prazo diverso. De acordo com a mesma Lei, o referido prazo

(A) pode ser dilatado até o dobro, mediante comprovada justificação.
(B) não comporta dilatação.
(C) pode ser dilatado até o triplo, não sendo necessária justificação para tanto.
(D) pode ser dilatado até o dobro, não sendo necessária justificação para tanto.
(E) pode ser dilatado para o prazo máximo de trinta dias, mediante comprovada justificação.

A: Correta. Trata-se do disposto no art. 24, parágrafo único, da Lei 9.784/1999, que assim dispõe: "Art. 24. Inexistindo disposição específica, os atos do órgão ou autoridade responsável pelo processo e dos administrados que dele participem devem ser praticados no prazo de cinco dias, salvo motivo de força maior. Parágrafo único. O prazo previsto neste artigo pode ser dilatado até o dobro, mediante comprovada justificação". **B:** Incorreta. O art. 24, parágrafo único, da Lei 9.784/1999 é expresso quanto à possibilidade de dilação desse prazo geral de 5 dias, estando incorreta a assertiva, portanto. **C:** Incorreta. Conforme explicado nas alternativas anteriores, o prazo é de 5 dias, quando não expressamente previsto, podendo ser prorrogado até o dobro. **C:** Incorreta. O art. 24, parágrafo único, da Lei 9.784/1999 é expresso quanto à necessidade de justificativa para a prorrogação ou dilação desse prazo. **D:** Incorreta. O prazo máximo de prorrogação é até o dobro dos 5 dias inicialmente previstos, conforme disposto no parágrafo único, art. 24, da Lei 9.784/1999. **Gabarito "A".**

(Analista Judiciário – TRT/8ª – 2016 – CESPE) Acerca dos atos administrativos e do processo administrativo, assinale a opção correta conforme a Lei n.º 9.784/1999.

(A) O direito da administração de anular os seus próprios atos decai em cinco anos, ainda que constatada a má-fé do destinatário do ato.
(B) A convalidação dos atos administrativos que apresentem defeitos sanáveis pode ser feita pela administração, desde que esses atos não acarretem lesão ao interesse público ou prejuízo a terceiros.
(C) O ato de exoneração do servidor público ocupante de cargo em comissão e os atos administrativos que decidam recursos administrativos dispensam motivação.
(D) A competência para a edição de atos normativos poderá ser delegada.
(E) A revogação do ato administrativo ocorre nas hipóteses de ilegalidade, devendo retroagir com efeitos *ex tunc* para desconstituir as relações jurídicas criadas com base no ato revogado.

A: incorreta, pois, em caso de má-fé do destinatário do ato, este não se beneficia desse curto prazo de 5 anos (art. 54, *caput*, da Lei 9.784/99); **B:** correta (art. 55 da Lei 9.784/99); **C:** incorreta, pois os atos administrativos que decidam recursos devem ser motivados (art. 50, V, da Lei 9.784/99); **D:** incorreta, pois não pode ser objeto de delegação a edição de atos de caráter normativo (art. 13, I, da Lei 9.784/99); **E:** incorreta, pois a definição dada é de *anulação*, e não de *revogação*, já que esta se dá no caso de inconveniência ou inoportunidade (e não de ilegalidade), não havendo retroação de efeitos (*ex nunc*). **Gabarito "B".**

(Analista Jurídico – TCE/PR – 2016 – CESPE) Acerca do recurso administrativo e tendo como base as disposições da Lei n.º 9.784/1999, assinale a opção correta.

(A) O recurso não será conhecido quando interposto em órgão incompetente, mas, nesse caso, terá de ser indicada ao recorrente a autoridade competente, sendo-lhe devolvido o prazo para recurso.
(B) É de trinta dias o prazo para a interposição de recurso administrativo, contado a partir da divulgação da decisão recorrida em diário oficial.
(C) O recurso administrativo terá, como regra geral, efeitos devolutivo e suspensivo.
(D) Contra as decisões administrativas cabe recurso que verse sobre a legalidade, mas não sobre o mérito administrativo.
(E) O recurso administrativo tramitará por uma única instância administrativa, devendo ser interposto à autoridade superior àquela que tiver proferido a decisão.

A: correta (art. 63, § 1º, da Lei 9.784/99); **B:** incorreta, pois o prazo é de 10 dias (salvo disposição legal específica) e é contado da ciência ou divulgação oficial da decisão recorrida (art. 59, *caput*, da Lei 9.784/99); **C:** incorreta, pois em regra só terá efeito devolutivo (art. 61, *caput*, da Lei 9.784/99); **D:** incorreta, pois o recurso pode versar tanto sobre a legalidade, como sobre o mérito administrativo, sendo que, quanto a este último aspecto, a própria lei prevê que a autoridade competente para julgar o recurso pode modificar ou revogar a decisão recorrida (art. 64, *caput*, da Lei 9.784/99); **E:** incorreta, pois o recurso administrativo tramitará no máximo por três instâncias administrativas, salvo disposição legal diversa. **WG**

Gabarito "A".

(Analista – TRT/11ª – 2012 – FCC) A Administração Pública Federal, ao conduzir determinado processo administrativo, aplica retroativamente nova interpretação acerca de norma administrativa, sob o fundamento de ser mais vantajosa ao interesse público. Nos termos da Lei nº 9.784/1999,

(A) a postura da Administração Pública é ilegal, por violar um dos critérios que devem ser observados nos processos administrativos.

(B) é possível, em qualquer hipótese, a aplicação retroativa de nova interpretação de norma administrativa.

(C) é vedada a aplicação retroativa de nova interpretação da norma administrativa, salvo para o melhor atendimento do fim público a que se dirige.

(D) o fundamento da Administração Pública para justificar sua postura não está previsto em lei, sendo necessário o preenchimento de outro requisito legal para que possa aplicar retroativamente nova interpretação de norma administrativa.

(E) independentemente da retroatividade de nova interpretação, é vedada a interpretação da norma administrativa da forma que melhor garanta o atendimento do fim público.

A: assertiva correta, pois, de fato, viola o princípio da segurança jurídica, bem como o critério previsto no art. 2º, parágrafo único, XIII, da Lei 9.784/1999; **B:** assertiva incorreta, pois é "vedada aplicação retroativa de nova interpretação" (art. 2º, parágrafo único, XIII, da Lei 9.784/1999); **C e D:** assertivas incorretas, pois mesmo na situação mencionada é vedada nova interpretação retroativa por conta da vedação expressa no art. 2º, parágrafo único, XIII, da Lei 9.784/1999; **E:** assertiva incorreta, pois é dever da Administração interpretar a "norma administrativa da forma que melhor garanta o atendimento do fim público a que se dirige" (art. 2º, parágrafo único, XIII, da Lei 9.784/1999). **WG**

Gabarito "A".

12.2. Início do processo e interessados

(Analista – TRT/18ª – 2008 – FCC) De acordo com a Lei que regula o processo administrativo no âmbito da Administração Pública Federal, NÃO se incluem, dentre os legitimados como interessados no processo administrativo,

(A) as organizações e associações representativas, no tocante a direitos e interesses coletivos.

(B) as pessoas físicas ou jurídicas que o iniciem como titulares de direitos ou interesses individuais ou no exercício do direito de representação.

(C) aqueles que, sem terem iniciado o processo, têm direitos ou interesses que possam ser afetados pela decisão a ser adotada.

(D) quaisquer pessoas do povo, mesmo que não possam ser atingidas pela decisão a ser adotada.

(E) as pessoas ou as associações legalmente constituídas quanto a direitos ou interesses difusos.

A: assertiva correta (art. 9º, III, da Lei 9.784/1999); **B:** assertiva correta (art. 9º, I, da Lei 9.784/1999); **C:** assertiva correta (art. 9º, II, da Lei 9.784/1999); **D:** assertiva incorreta, devendo ser assinalada, pois não existe essa previsão legal; **E:** assertiva correta (art. 9º, IV, da Lei 9.784/1999). **WG**

Gabarito "D".

(Analista – TRE/AL – 2010 – FCC) Maurício apresentou, no órgão competente do Tribunal Regional Eleitoral, um requerimento para início de um processo administrativo. Ricardo, analista judiciário, encarregado de examinar o expediente, deve saber que

(A) a Administração poderá, imotivadamente, recusar o recebimento de documentos, tendo em vista o atributo da supremacia do Estado e seu poder discricionário.

(B) é vedada à Administração recusar imotivadamente o recebimento de documentos, no entanto, esta não tem obrigação de comunicar o interessado para suprir eventuais falhas.

(C) a Administração poderá recusar, ainda que imotivadamente o recebimento de documentos, sem comunicar o interessado para o suprimento de eventuais falhas.

(D) a Administração poderá recusar imotivadamente o recebimento de documentos, mas tem a obrigação de orientar o interessado quanto ao suprimento de eventuais falhas.

(E) é vedada à Administração a recusa imotivada de recebimento de documentos, devendo o servidor orientar o interessado quanto ao suprimento de eventuais falhas.

Art. 6º, parágrafo único, da Lei 9.784/1999. **WG**

Gabarito "E".

12.3. Competência

(Analista – TRT2 – FCC – 2018) No que concerne à competência das autoridades administrativas e sua delegação, nos termos disciplinados pela Lei Federal no 9.784, de 1999, que disciplina o processo administrativo no âmbito da Administração Pública Federal, tem-se que

(A) a delegação somente é admitida para órgão hierarquicamente subordinado àquele detentor da competência legal.

(B) não é admissível a delegação de competência para decisão de recursos administrativos.

(C) admite-se a delegação para a edição de atos normativos, desde que não gerem efeitos perante terceiros.

(D) a avocação de competência de órgão hierarquicamente inferior é sempre cabível, independentemente de ato específico.

(E) não é passível de delegação a competência exclusiva, salvo para a prática de atos declaratórios.

A: incorreta. "Um órgão administrativo e seu titular poderão, se não houver impedimento legal, delegar parte da sua competência a outros órgãos ou titulares, ainda que estes não lhe sejam hierarquicamente subordinados, quando for conveniente, em razão de circunstâncias de índole técnica, social, econômica, jurídica ou territorial" – art. 12 da Lei 9.784/1999; **B:** correta. Art. 13, II da Lei 9.784/1999; **C:** incorreta. Art. 13, I da Lei 9.784/1999; **D:** incorreta. "Será permitida, em caráter excepcional e por motivos relevantes devidamente justificados, a avocação temporária de competência atribuída a órgão hierarquicamente inferior" – art. 15 da Lei 9.784/1999; **E:** incorreta. Art. 13, III da Lei 9.784/1999. **FMB**

Gabarito "B".

(Analista Judiciário – TRE/PI – CESPE – 2016) A respeito da competência no processo administrativo no âmbito da administração pública federal, assinale a opção correta à luz da Lei 9.784/1999.

(A) Inexistindo competência legal, o processo será iniciado perante a autoridade de maior grau hierárquico.
(B) A competência poderá ser delegada a órgão que não seja subordinado ao do delegante.
(C) A renúncia parcial de competência poderá ser exercida nos limites do interesse público.
(D) Em situações específicas, elencadas na lei em questão, a decisão acerca de recursos administrativos poderá ser delegada.
(E) É vedada a inclusão, no ato de delegação, de ressalva de exercício da atribuição delegada.

A: Incorreta. O art. 17, da Lei 9.784/1999 dispõe que inexistindo competência legal específica, o ato se inicia pela autoridade de menor grau para decidir. B: Correta. Trata-se do disposto no art. 12, da Lei 9.784/1999, tendo como exemplo os recursos hierárquicos impróprios, endereçados a outros órgãos, de outras pessoas jurídicas. C: Incorreta. A competência é irrenunciável, conforme dispõe o art. 11, da Lei 8.987/1999. D: Incorreta. As decisões de recursos administrativos são sempre indelegáveis (art. 13, II, da Lei 9.784/1999). E: Incorreta. O art. 14, § 1º, da Lei 9.784/1999 admite a ressalva no ato de delegação. Gabarito "B".

(Analista Judiciário – TRT/20 – FCC – 2016) Considere a seguinte situação hipotética: Heitor, é chefe de determinada repartição pública, de âmbito federal, e responsável por decidir os recursos administrativos interpostos. No momento de prolatar decisão em recurso administrativo, Heitor recebeu ligação de sua esposa alegando que seu filho não estava bem e precisaria ser internado. Em razão da circunstância fática ocorrida, Heitor precisou ausentar-se do serviço público pelo prazo de três dias. Nos termos da Lei 9.784/1999, a decisão do recurso administrativo

(A) não pode ser objeto de delegação.
(B) pode ser objeto de delegação, não sendo necessário que o ato de delegação seja publicado no meio oficial.
(C) pode ser objeto de delegação, no entanto, o ato de delegação não poderá ser revogado a qualquer momento, havendo períodos próprios para tanto.
(D) não admite delegação, como regra, no entanto, na hipótese narrada, comportará delegação desde que proferida pela autoridade hierarquicamente inferior a Heitor.
(E) pode ser proferida por delegação e considerar-se-á editada pelo delegante.

A: Correta. As decisões de recursos administrativos são indelegáveis, conforme disposto no art. 13, II, da Lei 9.784/1999. B: Incorreta. A Lei 9.784/1999 (Lei Geral dos Procedimentos Administrativos) é expressa quanto a impossibilidade de delegação desse ato administrativo consistente no julgamento de recursos administrativos. C: Incorreta. Conforme já explicado na letra A, o art. 13, II, da Lei 9.784/1999 é expresso ao determinar que o ato é indelegável. D: Incorreta. Não há exceções quanto a regra da indelegabilidade no julgamento de recursos (art. 13, II, da Lei 9.784/1999). E: Incorreta. Impossível a delegação, diante da vedação legal disposta no art. 13, II, da Lei 9.784/1999. Gabarito "A".

12.4. Impedimentos e suspeição

(Analista Judiciário – TRE/PI – CESPE – 2016) No curso de um processo administrativo, poderá ser arguida a suspeição de servidor que

(A) tiver participado como perito.
(B) estiver litigando administrativamente com o companheiro do interessado.
(C) estiver litigando judicialmente com o interessado.
(D) tiver amizade íntima com o cônjuge do interessado.
(E) tiver interesse indireto na matéria.

A: Incorreta. O art. 18, da Lei 9.784/1999 trata essa hipótese como de impedimento, e não como de suspeição. No impedimento há enumeração taxativa de hipóteses de parcialidade, ou seja, em que o servidor seria parcial, subjetivo ao julgar ou atuar no processo, sendo critérios objetivos que a acarretam. Na suspeição, há apenas a suspeita de parcialidade da autoridade que tenha amizade íntima ou inimizade evidente com algum dos interessados ou com os seus cônjuges, parentes e afins até o terceiro grau. B: Incorreta. O art. 18, III, da Lei 9.784/1999, mais uma vez, reconhece ser hipótese de impedimento, e não de suspeição. C: incorreta. Temos hipótese objetiva de impedimento (art. 18, III, da Lei 9.784/1999). D: Correta. Essa é uma hipótese de suspeição em virtude de relação de parentesco ou amizade existente entre as partes interessadas e o administrador. E: Incorreta. Mais uma vez, temos caso de impedimento no art. 18, I, da Lei 9.784/1999. Gabarito "D".

12.5. Forma, tempo, lugar dos atos do processo e prazos

domingo	segunda	terça	quarta	quinta	sexta	sábado
		1	2	3	4	5
6	7	8	9	10	11	12
13	14	15	16	17	18	19
20	21	22	23	24	25	26
27	28	29	30			

(Analista Judiciário – TRE/PI – CESPE – 2016) Na tabela anterior, que mostra o calendário do mês de setembro do ano hipotético X, o dia na célula hachurada é declarado por lei como feriado. Considerando que, no dia 1º — terça-feira — do referido mês, um servidor tome ciência de notificação, o prazo para a apresentação de defesa terá início no dia

(A) 2 e findará no dia 8 de setembro.
(B) 1º e findará no dia 10 de setembro.
(C) 2 e findará no dia 9 de setembro.
(D) 1º e findará no dia 8 de setembro.
(E) 1º e findará no dia 9 de setembro.

A: Correta. O art. 66, e seu § 1º, da Lei 9.784/1999 determinam que os atos do processo devem ser contados de forma contínua, excluindo-se o dia do início e computando-se o ultimo dia. O art. 24, do mesmo diploma legal, determina que são de 5 dias, quando inespecíficos. Como o enunciado não especifica para o qual ato o sujeito foi notificado, consideraremos os 5 dias, contados do dia 2, incluído esse dia, terminando dia 6 que, por ser domingo, prorroga para o dia útil seguinte (art. 66, § 1º, da Lei 9.784/1999), que será dia 8 de setembro. B: Incorreta, conforme consta da explicação da alternativa A. C: Incorreta. O termo final é dia 8, conforme explicação dada na alternativa A. D: Incorreta. O termo inicial é o primeiro dia útil subsequente à notificação, ou seja, dia 2. E: Incorreta. O termo final é dia 8, pois o prazo termina dia 6 e prorroga-se para o primeiro dia útil subsequente, que será dia 8. Gabarito "A".

12.6. Instrução, decisão, motivação, desistência, extinção

(Analista – TRT/18 – 2023 – FCC) A conclusão da instrução do processo administrativo regido pela Lei federal nº 9.784/1999

(A) enseja a faculdade de a Administração proferir decisão sobre o objeto do processo ou, alternativamente, sobrestar o trâmite do feito por até 90 dias, independentemente de oitiva do interessado ou de justificativa.

(B) pode autorizar a tomada de decisão coordenada, caso, por exemplo, seja necessária a participação de 3 ou mais órgãos da Administração e não se trate de processo sancionador.

(C) obriga a Administração a proferir decisão no prazo de 30 dias, sob pena de se considerar deferido o pleito, reconhecido o direito ou afastada a infração disciplinar imputada ao interessado.

(D) permite que, nos casos de processos disciplinares, a Administração solicite a participação de outras autoridades hierarquicamente superiores, para deliberação mediante decisão coordenada.

(E) dá lugar à fase decisória do processo, na qual a autoridade competente profere decisão ou, mediante justificativa, delega este ato a outros órgãos ou setores integrantes da mesma estrutura administrativa, para que seja adotada a chamada decisão coordenada.

A: Incorreta. Nos termos do art. 48 da Lei 9.784/99, a Administração Pública tem o dever de decidir. Além disso, o art. 49, Lei 9.784/99 determina que a Administração tem o prazo de até 30 dias para decidir, salvo prorrogação por igual período expressamente motivada. **B:** Correta. O Art. 49-A da Lei 9.784/99 estabelece que "no âmbito da Administração Pública federal, as decisões administrativas que exijam a participação de 3 (três) ou mais setores, órgãos ou entidades poderão ser tomadas mediante decisão coordenada, sempre que for justificável pela relevância da matéria; e houver discordância que prejudique a celeridade do processo administrativo decisório. Ainda, o § 6º prevê que não se aplica a decisão coordenada aos processos administrativos relacionados ao poder sancionador. **C:** Incorreta. O prazo previsto no art. 49 para decisão é de 30 dias, podendo ser prorrogado por igual período. Além disso, não existe a previsão em lei de reconhecimento do direito, deferimento do pleito ou não aplicação de penalidade. **D:** Incorreta. O art. 49-A, § 6º, Lei 9.784/99 determina que que não se aplica a decisão coordenada aos processos administrativos relacionados ao poder sancionador, que é o caso do processo administrativo disciplinar. **E:** Incorreta. A decisão coordenada ocorre nas hipóteses previstas no art. 49-A, não sendo o caso da alternativa. **Gabarito "B".**

(Analista – Área Administrativa – TRT1 – 2018 – AOCP) No tocante à instrução do processo administrativo federal (Lei 9.784/1999), assinale a alternativa correta.

(A) Quando deva ser obrigatoriamente ouvido um órgão consultivo, o parecer deverá ser emitido no prazo máximo de 15 (quinze) dias, salvo norma especial ou comprovada necessidade de maior prazo.

(B) O comparecimento à consulta pública confere, por si, a condição de interessado do processo, outorgando o direito de obter da Administração resposta fundamentada sobre o caso.

(C) Somente podem ser recusadas sem a devida fundamentação as provas propostas pelos interessados quando forem ilícitas, impertinentes, desnecessárias ou protelatórias.

(D) Encerrada a instrução, o interessado terá o direito de manifestar-se no prazo máximo de 20 (vinte) dias, salvo se outro prazo for legalmente fixado.

(E) Se um parecer obrigatório e não vinculante deixar de ser emitido no prazo fixado, o processo não terá seguimento até a respectiva apresentação, responsabilizando-se quem der causa ao atraso.

A: correta. Art. 42 da Lei 9.784/1999; **B:** incorreta. Eis o que diz o Art. 31: "Quando a matéria do processo envolver assunto de interesse geral, o órgão competente poderá, mediante despacho motivado, abrir período de consulta pública para manifestação de terceiros, antes da decisão do pedido, se não houver prejuízo para a parte interessada. § 1º A abertura da consulta pública será objeto de divulgação pelos meios oficiais, a fim de que pessoas físicas ou jurídicas possam examinar os autos, fixando-se prazo para oferecimento de alegações escritas. § 2º O comparecimento à consulta pública não confere, por si, a condição de interessado do processo, mas confere o direito de obter da Administração resposta fundamentada, que poderá ser comum a todas as alegações substancialmente iguais"; **C:** incorreta, a recusa só poderá ocorrer mediante decisão fundamentada. Vejamos o que diz o Art. 38, § 2º : "O interessado poderá, na fase instrutória e antes da tomada de decisão, juntar documentos e pareceres, requerer diligências e perícias, bem como aduzir alegações referentes à matéria objeto do processo" (...) § 2º Somente poderão ser recusadas, mediante decisão fundamentada, as provas propostas pelos interessados quando sejam ilícitas, impertinentes, desnecessárias ou protelatórias"; **D:** incorreta, a lei fala em máximo de 10 dias – Art. 44 da Lei 9.784/1999; **E:** incorreta. Se um parecer obrigatório e não vinculante deixar de ser emitido no prazo fixado, o processo poderá ter prosseguimento e ser decidido com sua dispensa, sem prejuízo da responsabilidade de quem se omitiu no atendimento – Art. 42, § 2º, da Lei 9.784/1999. **Gabarito "A".**

12.7. Recurso administrativo e Revisão

(Analista – TRE/GO – 2015 – CESPE) Acerca dos atos administrativos e do processo administrativo sob o regime da Lei n.º 9.784/1999, julgue os itens a seguir.

(1) Conforme expressa disposição da Lei n.º 9.784/1999, se ocorrer equivocada interposição de recurso administrativo perante autoridade incompetente, será indicada ao recorrente a autoridade competente e devolvido o prazo recursal.

(2) Conforme entendimento consolidado do Supremo Tribunal Federal, a revogação de ato administrativo que já gerou efeitos concretos exige regular processo administrativo.

1: correta (art. 63, § 1º, da Lei 9.784/99); **2:** correta (STF, STF – RE 594.296/MG). **Gabarito 1C, 2C.**

13. OUTROS TEMAS E TEMAS COMBINADOS

(Analista – TJ/ES – 2023 – CEBRASPE) Em relação aos poderes e aos princípios da administração pública, à responsabilidade civil do Estado e aos serviços públicos, julgue os seguintes itens.

(1) A aplicabilidade do conceito de poder de polícia previsto no Código Tributário Nacional está restrita à administração tributária.

(2) Um dos princípios da administração pública é o da continuidade do serviço público do qual deriva, entre outras consequências, a impossibilidade, em regra, de um contratado pela administração invocar a exceção de contrato não cumprido — *exceptio non adimpleti contractus*.

(3) As únicas formas legalmente admissíveis de delegação de serviço público são a concessão e a permissão.

1: Incorreta. O conceito de poder de polícia, previsto no art. 78, CTN, pode ser aplicado no direito administrativo, e não apenas à administração tributária. **2:** Correta. Em regra, não é possível a aplicação da *exceptio non adimpleti contractus*, a não ser nas hipóteses previstas em lei, como no art. 137, § 3º, II, Lei 14.133/21. **3:** Incorreta. A delegação de serviço público pode ocorrer através de autorização de serviço público, além de permissão ou concessão.

Gabarito 1E, 2C, 3E

(Analista – TJ/ES – 2023 – CEBRASPE) No que se refere à organização administrativa, ao controle da administração pública e à Lei n.º 8.429/1992, julgue os itens subsequentes.

(1) Fundação de direito privado instituída pelo poder público pode auferir receita de suas atividades, sem que essa ação descaracterize sua natureza de entidade não lucrativa.

(2) Os contratos de serviços sociais autônomos, embora executados por pessoas de direito privado, devem, como regra, seguir lógica análoga à das normas sobre licitações.

(3) Para ser caracterizada como improbidade administrativa, a ofensa ao princípio da legalidade não pode ser genérica, ou seja, precisa corresponder a condutas descritas em dispositivos específicos da lei.

(4) Caso seja publicada lei inconstitucional em matéria administrativa, o mandado de segurança poderá ser usado como ferramenta para questionar a nova norma legal, de forma geral, até mesmo em momento anterior à prática de qualquer ato pela administração pública, dado o caráter preventivo dessa ação.

1: Correta. O que caracteriza uma entidade como "sem fins lucrativos" não é o fato de não auferir receitas de suas atividades, mas de que essa receita seja revertida novamente para o funcionamento e atividades da entidade. **2:** Correta. Os serviços sociais autônomos (Sistema S) são pessoas jurídicas de direito privado, sem fins lucrativos, que exercem alguma atividade de amparo a determinada categoria profissional ou social. Essas entidades não integram a Administração Pública, portanto, não precisam se submeter à regra de licitação. No entanto, o Tribunal de Contas da União entende que devem adotar algum tipo de processo seletivo objetivo, que segue, por analogia, as regras do licitação (Acórdão 459/2023 Plenário). **3:** Correta. O art. 11, Lei 8.429/92, ao estabelecer os atos de improbidade administrativa que atentam contra os princípios da Administração Pública, prevê que a conduta deve se enquadrar em uma das condutas previstas no art. 11. Assim, a ofensa do princípio da legalidade não pode ser genérica, ou seja, precisa corresponder a condutas descritas em dispositivos específicos da lei. **4:** Incorreta. A Súmula 266 do Supremo Tribunal Federal estabelece que não cabe mandado de segurança contra lei em tese, assim, o mandado de segurança não seria o remédio cabível na hipótese apontada na questão. Vale ressaltar, no entanto, que, caso se tratasse de lei de efeitos concretos, o Superior Tribunal de Justiça entende que caberia mandado de segurança (AgRg no REsp 1.309.578/AM, STJ).

Gabarito 1C, 2C, 3C, 4E

(Analista – TJ/ES – 2023 – CEBRASPE) Relativamente a processo administrativo e contratos administrativos, julgue os itens abaixo.

(1) No novo regime das licitações, um dos critérios de julgamento de propostas é o do maior desconto.

(2) De acordo com a Lei nº 9.784/1999, a competência administrativa somente pode ser delegada a órgãos hierarquicamente situados abaixo da autoridade delegante.

1: Correta. Nos termos do art. 33, são critérios de julgamento: "menor preço; maior desconto; melhor técnica ou conteúdo artístico; técnica e preço; maior lance, no caso de leilão; maior retorno econômico. **2:** Incorreta. Nos termos do art. 12, Lei 9.784/99, a delegação pode ocorrer ainda que não exista uma relação hierárquica: "Art. 12. Um órgão administrativo e seu titular poderão, se não houver impedimento legal, delegar parte da sua competência a outros órgãos ou titulares, ainda que estes não lhe sejam hierarquicamente subordinados, quando for conveniente, em razão de circunstâncias de índole técnica, social, econômica, jurídica ou territorial".

Gabarito 1C, 2E

(Analista Judiciário – TRE/PA – 2020 – IBFC) Acerca das carreiras dos servidores do Poder Judiciário da União (Lei 11.416/2006), analise as afirmativas abaixo e de valores Verdadeiro (V) ou Falso (F)

( ) Consideram-se funções comissionadas de natureza gerencial aquelas em que haja vínculo de subordinação e poder de decisão, especificados em regulamento, exigindo-se do titular participação em curso de desenvolvimento gerencial oferecido pelo órgão.

( ) O ingresso em qualquer dos cargos de provimento efetivo das Carreiras dos Quadros de Pessoal do Poder Judiciário dar-se-á no primeiro padrão da classe "A" respectiva, após aprovação em concurso público, de provas ou de provas e títulos.

( ) Os órgãos do Poder Judiciário da União poderão incluir, como etapa do concurso público, programa de formação, de caráter eliminatório, classificatório ou eliminatório e classificatório.

( ) O desenvolvimento dos servidores nos cargos de provimento efetivo das carreiras dos quadros de pessoal do poder judiciário dar-se-á mediante progressão funcional e promoção.

Assinale a alternativa que apresenta a sequência correta de cima para baixo

(A) F, V, V, V
(B) V, F, V, F
(C) V, V, V, V
(D) V, F, F, F

A primeira afirmativa ("Consideram-se...") é verdadeira (cf. art. 5º, § 3º, da Lei 11.416/2006). A segunda afirmativa ("O ingresso...") é verdadeira (cf. art. 7º, "caput", da Lei 11.416/2006). A terceira afirmativa ("Os órgãos...") é verdadeira (cf. art. 7º, parágrafo único, da Lei 11.416/2006). A quarta afirmativa ("O desenvolvimento...") é verdadeira (cf. art. 9º, "caput", da Lei 11.416/2006).

Gabarito "C"

(Analista – TRT/9 – 2012 – FCC) O Poder Público adquiriu um imóvel para instalação de diversas repartições públicas, vinculadas a distintas Secretarias de Estado. Haverá grande fluxo de servidores e de administrados no local. No térreo do imóvel funcionava uma lanchonete, que tinha contrato firmado com o antigo proprietário. O dono desse estabelecimento pretende manter a exploração no local, razão pela qual propôs ao administrador responsável pelo prédio que fosse firmado vínculo contratual diretamente com o ente público. A proposta

(A) não poderá ser atendida porque a contratação pretendida dependeria de licitação, salvo se o ente público proprietário do imóvel for empresa pública, dispensada da observância desse procedimento porque se submete a regime jurídico de direito privado.

(B) poderá ser atendida até o término do contrato que vigia entre o dono do estabelecimento e o antigo proprietário, uma vez que o novo adquirente do imóvel deve respeitar os contratos em curso.

(C) poderá ser atendida, na medida em que a prorrogação do vínculo com o estabelecimento atende ao interesse público, representado pelo grande número de servidores e de administrados que frequentará o local, demandando a disponibilização de serviços de suporte a essa ocupação.

(D) não poderá ser atendida, na medida em que o ente público está obrigado a licitar o uso dos espaços públicos, ciente de que seria possível estabelecer competição entre os diversos interessados na exploração da atividade.

(E) poderá ser atendida, uma vez que o adquirente do imóvel sub-roga-se integralmente nos direitos do antigo proprietário do imóvel, podendo, no entanto, promover a alteração do contrato, que passa a ser regido pelo regime jurídico de direito público.

A: assertiva incorreta, pois a licitação é de rigor no caso, inclusive em se tratando de imóvel de empresa estatal, pois esta, em relação às contratações relacionadas à sua atividade-meio, é obrigada a celebrar certame licitatório; **B:** assertiva incorreta, pois a supremacia do interesse público sobre o privado e o caráter de aquisição originária da propriedade quando se tem desapropriação fazem com que o Poder Público tenha direito de não respeitar o contrato em curso, sem prejuízo de eventualmente ter de pagar uma indenização por conta da perda do ponto comercial, face à responsabilidade objetiva estatal; **C:** assertiva incorreta, pois, em que pese ser verdade que há conveniência na manutenção de um estabelecimento dessa natureza no local, os princípios da isonomia, da legalidade e da moralidade impõem a realização de licitação para a escolha da empresa que fará tal exploração de atividade econômica no local; **D:** assertiva correta, nos termos do comentário à alternativa anterior; **E:** assertiva incorreta, pois, de um lado, tem-se, na desapropriação, aquisição originária da propriedade, a afastar do bem qualquer tipo de vínculo anteriormente existente, e, de outro, tem-se o dever de licitar no caso, face aos princípios da isonomia, da legalidade e da moralidade. WG

Gabarito "D".

(**Analista – TRT/10ª – 2013 – CESPE**) Julgue os itens a seguir, referentes a atos administrativos.

(1) Consoante a doutrina, são requisitos ou elementos do ato administrativo a competência, o objeto, a forma, o motivo e a finalidade.

(2) Em razão da característica da autoexecutoriedade, a cobrança de multa aplicada pela administração não necessita da intervenção do Poder Judiciário, mesmo no caso do seu não pagamento.

(3) Com base no princípio da autotutela administrativa, a administração pública pode revogar os seus atos discricionários, independentemente do respeito aos direitos adquiridos.

(4) A Administração está obrigada a divulgar informações a respeito dos seus atos administrativos, ressalvadas aquelas cujo sigilo seja imprescindível à segurança da sociedade e do Estado e à proteção da intimidade das pessoas.

1: assertiva correta, pois, de fato, esses são os elementos ou requisitos do ato administrativo; **2:** assertiva incorreta, pois a lei não autoriza a autoexecutoriedade para o fim de a Administração executar, por si só, o particular, constrangendo-o, mediante o uso da força, a pagar a multa; a lei prevê que, no caso, o Poder Público ingresse com ação de execução fiscal, ocasião em que o Poder Judiciário poderá usar a força para executar o devedor; **3:** assertiva incorreta, pois nem mesmo a lei pode prejudicar um direito adquirido (art. 5º, XXXVI, da CF), quanto mais um mero ato administrativo, que, assim, como a lei, deve respeitar os direitos subjetivos das pessoas (art. 53 da Lei 9.784/1999); **4:** assertiva correta (art. 5º, XXXIII, da CF e arts. 23 e 31 da Lei 12.527/2011). FC

Gabarito 1C, 2E, 3E, 4C

8. DIREITO CONSTITUCIONAL

Adolfo Mamoru Nishiyama, André Nascimento, Bruna Vieira, Licínia Rossi e Teresa Melo

1. TEORIA GERAL DA CONSTITUIÇÃO, NORMAS CONSTITUCIONAIS E PODER CONSTITUINTE

(Analista Judiciário – TRE/PA – 2020 – IBFC) A doutrina moderna aponta que a titularidade do poder constituinte pertence ao povo. Sobre este tema, assinale a alternativa correta.

(A) O poder constituinte originário ou de primeiro grau instaura uma nova ordem jurídica, rompendo, por completo, com a ordem jurídica anterior, razão pela qual é considerado inicial, autônomo, ilimitado juridicamente, representando um poder jurídico, segundo a doutrina moderna

(B) No caso dos Municípios, sua capacidade de auto-organização está delimitada nos termos do artigo 19 da Constituição Federal, razão pela qual a doutrina majoritária entende que o poder constituinte derivado decorrente não se faz na órbita deste ente federado

(C) A manifestação do poder constituinte reformador, também denominado de "competência reformadora", verifica-se através das emendas constitucionais, caracterizado pela carência de limitações expressas ou implícitas

(D) Segundo o artigo 3º do ADCT (Ato das Disposições Constitucionais Transitórias), a revisão constitucional seria realizada após cinco anos, contados da promulgação da Constituição, pelo voto da maioria simples dos membros do Congresso Nacional, em sessão unicameral. Trata-se do poder constituinte derivado revisor

A: incorreta, já que, para a doutrina majoritária, o poder constituinte originário é um poder de fato e poder político, caracterizado como uma energia ou força social, tendo natureza pré-jurídica; B: correta, a despeito do erro na remissão ao art. 19 da Constituição Federal (o correto seria o art. 29). A doutrina majoritária entende que o poder constituinte derivado decorrente não se faz na órbita dos municípios; C: incorreta, visto que o poder constituinte reformador é limitado, estando sujeito a limitações temporais, circunstanciais, formais e materiais; D: incorreta, pois, segundo o art. 3º do ADCT, a revisão constitucional será realizada após cinco anos, contados da promulgação da Constituição, pelo voto da **maioria absoluta** dos membros do Congresso Nacional, em sessão unicameral. Gabarito "B".

(Analista Judiciário – TRE/PA – 2020 – IBFC) O "pensamento jurídico do possível" foi tema abordado no Supremo Tribunal Federal (STF), como expressão, consequência, pressuposto e limite para uma interpretação constitucional aberta, em referência a uma "teoria constitucional de alternativas", que abre suas perspectivas para "novas" realidades. Considere os métodos, princípios e limites de interpretação das normas constitucionais e analise as afirmativas abaixo:

I. O método hermenêutico-concretizador trata a Constituição como um sistema aberto de regras e princípios, partindo de um problema concreto para a norma, de modo a atribuir à interpretação um caráter prático na busca da solução dos problemas concretizados.

II. Segundo o método normativo-estruturante, a norma jurídica não se confunde com o texto normativo, sendo que o teor literal da norma deve ser interpretado à luz da concretização da norma em sua realidade social.

III. A Constituição deve ser sempre interpretada em sua globalidade, como um todo, e, assim, as aparentes antinomias deverão ser afastadas. As normas deverão ser vistas como preceitos integrados em um sistema unitário de regras e princípios. Este princípio de interpretação constitucional é denominado "Princípio da Unidade da Constituição".

IV. Decisões interpretativas em sentido estrito podem originar sentenças interpretativas de rechaço, em que a Corte Constitucional adota a interpretação que se conforma à Constituição, repudiando qualquer outra que contrarie o texto constitucional.

Assinale a alternativa correta.

(A) Apenas as afirmativas I e IV estão corretas
(B) Apenas as afirmativas II e III estão corretas
(C) Apenas as afirmativas II, III e IV estão corretas
(D) As afirmativas I, II, III e IV estão corretas

I: errada, pois o conceito trazido se refere ao método tópico-problemático, de Theodor Viehweg. O método hermenêutico-concretizador, de Konrad Hesse, reconhece a primazia do texto constitucional, ou seja, que se deve partir da norma constitucional para o problema, impondo um "movimento de ir e vir" do subjetivo para o objetivo, mediante comparação entre os diversos conteúdos extraídos do texto, denominado círculo hermenêutico; II: certa, pois traz o conceito do método normativo-estruturante, de Friedrich Muller; III: certa, pois traz a definição do princípio da unidade da Constituição; IV: certa, pois, por meio da sentença interpretativa de rechaço, a Corte Constitucional rechaça as interpretações contrárias, sem declarar a inconstitucionalidade da norma que sobrevive com sentido unívoco. Em contrapartida, por meio da sentença interpretativa de aceitação, a Corte Constitucional anula uma decisão de instância ordinária que adotou interpretação ofensiva à Constituição. O preceito questionado continua válido, mas a norma extraída da sua interpretação inconstitucional é anulada em caráter definitivo e com eficácia *erga omnes*. Gabarito "C".

(Analista Judiciário - TJ/AL - 2018 - FGV) De acordo com o Art. 5º, LVIII, da Constituição da República de 1988, "o civilmente identificado não será submetido a identificação criminal, salvo nas hipóteses previstas em lei".

Considerando os aspectos afetos à supremacia e à aplicabilidade das normas constitucionais, a partir da interpretação do referido preceito obtém-se uma norma constitucional de eficácia:

(A) contida e aplicabilidade imediata;
(B) plena e aplicabilidade imediata;
(C) programática e aplicabilidade mediata;
(D) limitada e aplicabilidade imediata;
(E) plena e aplicabilidade mediata.

As **normas constitucionais de eficácia plena** são aquelas aptas a produzir todos os efeitos previstos desde a sua entrada em vigor, independentemente de legislação posterior que complemente seu alcance ou sentido. Possuem aplicabilidade direta, imediata e integral. As **normas constitucionais de eficácia contida** também são aptas a produzir todos seus efeitos desde a entrada em vigor, todavia podem ter a sua abrangência reduzida por atuação do legislador infraconstitucional. Possuem aplicabilidade direta, imediata, mas não integral, porque sujeitas a restrições que limitem sua eficácia e aplicabilidade. Já as **normas constitucionais de eficácia limitada (ou reduzida)** somente produzem os seus efeitos essenciais após uma complementação normativa a cargo do legislador infraconstitucional. Possuem aplicabilidade indireta, mediata e reduzida, porque só incidem totalmente a partir de uma norma infraconstitucional ulterior que lhes confira eficácia. São subdivididas em: **normas de princípio institutivo**, que trazem esquemas gerais de estruturação e atribuições de órgãos, entidades ou institutos, para que o legislador ordinário os estruture em definitivo; e **normas programáticas**, que estabelecem diretrizes, princípios e fins a serem atingidos pelo Estado, impõe uma tarefa, um dever para os poderes públicos. O art. 5º, LVIII, da CF é exemplo de norma constitucional de eficácia contida, pois estabelece um direito de aplicação imediata – ao proibir a identificação criminal da pessoa identificada civilmente –, mas abre ensejo a que o legislador ressalve casos em que a identificação criminal poderá ocorrer, mesmo em se tratando de pessoa com registro civil. AN

Gabarito "A".

(Analista Judiciário - TJ/AL - 2018 - FGV) Após um conflito armado interno, o grupo vitorioso elaborou nova Constituição para o País Delta. Ato contínuo, submeteu o texto a plebiscito popular, daí resultando a sua aprovação por larga maioria. A Constituição assim aprovada dispõe que parte de suas normas somente poderia ser alterada com observância de um processo legislativo qualificado, mais rigoroso que o das demais espécies legislativas, enquanto que a outra parte poderia ser alterada com observância do processo legislativo adotado para as leis ordinárias.

À luz da classificação das Constituições, a Constituição do País Delta pode ser classificada como:

(A) democrática, material e rígida;
(B) cesarista, formal e semirrígida;
(C) promulgada, material e flexível;
(D) participativa, formal e semirrígida;
(E) popular, material e rígida.

As Constituições podem ser classificadas sob vários enfoques ou critérios. Quanto à origem, a Constituição pode ser: **outorgada** (quando é imposta, de maneira unilateral, pelo detentor do poder político ou por agente revolucionário, sem contar com participação popular); **promulgada, democrática ou popular** (quando nasce da deliberação de uma Assembleia Nacional Constituinte eleita diretamente pelo povo); **cesarista** (quando nasce de um projeto elaborado por um Imperador ou um Ditador e submetido à participação popular para ratificação, por meio de plebiscito ou referendo); **pactuada** (quando decorre de um acordo entre grupos sociais, havendo mais de um titular do poder constituinte). Quanto ao conteúdo, a Constituição pode ser: **material ou substancial** (considera o conteúdo, de forma que são constitucionais apenas as normas fundamentais e estruturais do Estado, a organização de seus órgãos e os direitos e garantias fundamentais); **formal** (considera o processo de sua formação, de modo que são constitucionais todas as normas contidas no texto escrito e solene, independentemente do seu conteúdo). Quanto à estabilidade ou mutabilidade, a Constituição pode ser classificada em: **imutável ou permanente** (é aquela inalterável, que jamais poderá ser modificada); **rígida** (aquela que exige para a sua alteração um processo legislativo mais solene e dificultoso do que o processo de alteração das normas infraconstitucionais); **flexível** (aquela que não exige um processo legislativo de alteração mais solene e dificultoso do que o processo de elaboração das normas infraconstitucionais); **semirrígida ou semiflexível** (aquela que é, ao mesmo tempo, rígida e flexível, isto é, algumas matérias exigem um processo legislativo de alteração mais dificultoso do que o processo legislativo ordinário, enquanto outras não requerem tal formalidade); **super-rígida** (além de possuir um processo legislativo qualificado para a alteração das suas normas, possui algumas matérias que são imutáveis, como as cláusulas pétreas); **fixa** (aquela que somente pode ser alterada por um poder de competência igual àquele que a criou, isto é, pelo poder constituinte originário).
Em face disso, a Constituição do País Delta pode ser classificada como cesarista, formal e semirrígida. AN

Gabarito "B".

(Analista Judiciário – TRE/PI – CESPE – 2016) Acerca do direito constitucional, assinale a opção correta.

(A) As várias reformas já sofridas pela CF, por meio de emendas constitucionais, são expressão do poder constituinte derivado decorrente.
(B) De acordo com a doutrina dominante, a CF, ao se materializar em um só código básico, afasta os usos e costumes como fonte do direito constitucional.
(C) O neoconstitucionalismo, ao promover a força normativa da Constituição, acarretou a diminuição da atividade judicial, dado o alto grau de vinculação das decisões judiciais aos dispositivos constitucionais.
(D) A derrotabilidade de uma norma constitucional ocorrerá caso uma norma jurídica deixe de ser aplicada em determinado caso concreto, permanecendo, contudo, no ordenamento jurídico para regular outras relações jurídicas.
(E) A interpretação da Constituição sob o método teleológico busca investigar as origens dos conceitos e institutos pelo próprio legislador constituinte.

A: incorreta. O Poder Constituinte Originário (PCO) é o poder de *criar* o Estado, sendo dotado das seguintes características: inicial porque inaugura uma nova ordem jurídica; ilimitado porque não se submete aos limites impostos pela ordem jurídica anterior; autônomo porque exercido livremente por seu titular (o povo) e incondicionado por não se submeter a nenhuma forma preestabelecida para sua manifestação (nem mesmo a tratados internacionais). Importante ressaltar que, para a doutrina jusnaturalista, o direito natural impõe limites ao PCO que, por essa razão, não seria totalmente autônomo. Já o Poder Constituinte Derivado é o de *recriar* o Estado, podendo ser Reformador, hipótese da questão (por meio de emenda constitucional ou de emenda de revisão), como também pode ser Derivado Decorrente (aquele que permite aos Estados-membros elaborarem e alterarem as suas próprias constituições); **B:** incorreta. Os usos e costumes podem ser fonte do direito, desde que não conflitem com a ordem constitucional vigente; **C:** incorreta. Um dos efeitos do neoconstitucionalismo foi a ascensão do Poder Judiciário, que a partir do reconhecimento da força normativa dos princípios e da necessidade de sua concretização, passou a realizar atividade concretizadora da vontade constitucional; **D:** correta. A derrotabilidade das normas jurídicas (*defeasibility*, de Herbert Hart) refere-se à possibilidade de uma norma que preencha todas as condições para sua aplicação ao caso concreto seja, entretanto, afastada, por conta de

uma exceção relevante não prevista de forma exaustiva. Dá-se como exemplo a decisão do STF sobre possibilidade de antecipação terapêutica do parto (aborto) em casos de gravidezes de fetos anencefálicos, exceção não prevista no Código Penal, mas relevante o suficiente para afastar a aplicação da sanção penal; **E:** incorreta. A hipótese narrada aproxima-se muito mais da interpretação autêntica que da teleológica, que visa alcançar os fins previstos na norma.
Gabarito "D".

(Analista Jurídico – TCE/PR – 2016 – CESPE) A respeito do poder constituinte, assinale a opção correta.

(A) O caráter ilimitado do poder constituinte originário não impede o controle de constitucionalidade sobre norma constitucional originária quando esta conflitar com outra norma constitucional igualmente originária.

(B) Se não houver ressalva expressa no seu próprio texto, a Constituição nova atingirá os efeitos pendentes de situações jurídicas consolidadas sob a égide da Carta anterior.

(C) O poder constituinte originário não desaparece com a promulgação da Constituição, permanecendo em convívio estreito com os poderes constituídos.

(D) As assembleias nacionais constituintes são as entidades que titularizam o poder constituinte originário.

(E) O poder constituinte originário é incondicionado, embora deva respeitar os direitos adquiridos sob a égide da Constituição anterior, ainda que esses direitos não sejam salvaguardados pela nova ordem jurídica instaurada.

A: incorreta. Não há controle de constitucionalidade em relação à norma advinda do poder constituinte originário, já que ela é o padrão de confronto. Sendo assim, se houver conflito entre normas constitucionais originárias, caberá ao intérprete da Constituição, em especial ao STF, compatibilizá-las, a fim de que tais normas permaneçam vigentes; **B:** correta. De fato, como a nova Constituição rompe por completo o ordenamento jurídico anterior, não havendo disposição sobre a não incidência de suas normas em relação a situações jurídicas consolidadas sob a égide da Carta anterior, os efeitos pendentes serão dados pela nova Constituição; **C:** incorreta. No Brasil, a promulgação de uma nova Constituição faz com que a antiga seja totalmente revogada, sendo assim, o poder constituinte originário antigo não permanece; **D:** incorreta. O titular do poder é o povo. Determina o art. 1º, parágrafo único, da CF que todo o poder emana do povo, que o exerce por meio de representantes eleitos ou diretamente, nos termos desta Constituição. Desse modo, o povo, detentor do poder, delega às assembleias nacionais constituintes a atribuição de elaborar uma nova Constituição, por meio da manifestação do poder constituinte originário; **E:** incorreta. Como mencionado, o poder constituinte rompe a antiga e existente ordem jurídica de forma integral, instaurando uma nova. É ele quem impõe uma nova ordem jurídica para o Estado. Tal poder é incondicionado e ilimitado porque não encontra condições, limitações ou regras preestabelecidas pelo ordenamento jurídico anterior. Portanto, os direitos adquiridos sob a égide da Constituição anterior, não salvaguardados pela nova ordem jurídica, não precisam ser respeitados. É o entendimento majoritário.
Gabarito "B".

(Analista Judiciário – TRT/8ª – 2016 – CESPE) Acerca do poder constituinte e dos princípios fundamentais da CF, assinale a opção correta.

(A) Nas relações internacionais, o Brasil rege-se, entre outros princípios, pela soberania, pela dignidade da pessoa humana e pelo pluralismo político.

(B) O preâmbulo da CF constitui vetor interpretativo para a compreensão do significado de suas prescrições normativas, de modo que também tem natureza normativa e obrigatória.

(C) O titular do poder constituinte é aquele que, em nome do povo, promove a instituição de um novo regime constitucional ou promove a sua alteração.

(D) Embora seja, em regra, ilimitado, o poder constituinte originário pode sofrer limitações em decorrência de ordem supranacional, sendo inadmissível, por exemplo, uma nova Constituição que desrespeite as normas internacionais de direitos humanos.

(E) O poder constituinte derivado reformador efetiva-se por emenda constitucional, de acordo com os procedimentos e limitações previstos na CF, sendo passível de controle de constitucionalidade pelo Supremo Tribunal Federal (STF).

A: incorreta. De acordo com o art. 4º da CF, o Brasil é regido nas suas relações internacionais pelos seguintes princípios: I - independência nacional; II - prevalência dos direitos humanos; III - autodeterminação dos povos; IV - não-intervenção; V - igualdade entre os Estados; VI - defesa da paz; VII - solução pacífica dos conflitos; VIII - repúdio ao terrorismo e ao racismo; IX - cooperação entre os povos para o progresso da humanidade; e X - concessão de asilo político. Por outro lado, a soberania, a dignidade da pessoa humana e o pluralismo político são considerados **fundamentos** da República Federativa do Brasil, conforme determina o art. 1º, I, III e V, da CF; **B:** incorreta. O preâmbulo, de fato, deve ser utilizado como vetor interpretativo para a busca do significado e compreensão de todo o texto constitucional. Todavia, embora o preâmbulo tenha de ser utilizado como alicerce, segundo o Supremo, ele não tem força normativa, não cria direitos e obrigações e não pode ser utilizado como parâmetro para eventual declaração de inconstitucionalidade. Por exemplo: uma lei que fira tão somente o preâmbulo não pode ser objeto de ação direta de inconstitucionalidade no STF, nem de outro mecanismo de controle de constitucionalidade; **C:** incorreta. O titular do poder constituinte é o povo. O fundamento é encontrado no parágrafo único do art. 1º da CF. Por outro lado, a manifestação e o exercício desse poder são delegados aos governantes que, em nome do povo, promovem a instituição de um novo regime constitucional e as suas alterações; **D:** incorreta. Alternativa polêmica, pois parte da doutrina entende dessa forma, embora não seja a doutrina majoritária. Enfim, como a questão não foi anulada, é bom lembrar que o poder constituinte originário é ilimitado juridicamente, pois no Brasil adota-se a teoria positivista; **E:** correta. De fato, o poder de reformar a Constituição se manifesta por meio do processo legislativo das emendas constitucionais, previsto no art. 60 da CF, e as normas advindas desse poder estão sujeitas ao controle de constitucionalidade.
Gabarito "E".

(Analista Jurídico – TCE/PR – 2016 – CESPE) Assinale a opção correta no que concerne às classificações das constituições.

(A) As Constituições cesaristas são elaboradas com base em determinados princípios e ideais dominantes em período determinado da história.

(B) Constituição escrita é aquela cujas normas estão efetivamente positivadas pelo legislador em documento solene, sejam leis esparsas contendo normas materialmente constitucionais, seja uma compilação que consolide, em um só diploma, os dispositivos alusivos à separação de poderes e aos direitos e garantias fundamentais.

(C) A classificação ontológica das Constituições põe em confronto as pretensões normativas da Carta e a realidade do processo de poder, sendo classificada como nominativa, nesse contexto, a Constituição que, embora pretenda dirigir o processo político, não o faça efetivamente.

(D) As Constituições classificadas como populares ou democráticas são materializadas com o tempo, com o arranjo e a harmonização de ideais e teorias outrora contrastantes.

(E) As Constituições semânticas possuem força normativa efetiva, regendo os processos políticos e limitando o exercício do poder.

A: incorreta. As Constituições **cesaristas**, também conhecidas como plebiscitárias, referendárias ou bonapartistas, são aquelas que, embora elaboradas de maneira unilateral, impostas, após sua criação são **submetidas a um referendo** popular; **B: incorreta.** As Constituições **escritas** são aquelas sistematizadas em **num único texto**, criadas por um órgão constituinte. Esse texto único é a única fonte formal do sistema constitucionalista. Exemplo: Constituição Federal de 1988. Por outro lado, as não escritas não estão sistematizadas e codificadas num único texto, são baseadas em textos esparsos, jurisprudências, costumes, convenções, atos do parlamento etc. Há várias fontes formais do direito constitucional no país de constituição não escrita. Exemplo: Constituição Inglesa; **C: correta.** De fato, o critério ontológico leva em conta a correspondência com a realidade. Pedro Lenza, em Direito Constitucional Esquematizado, 19ª Ed., 2015, Saraiva, p. 115, menciona que "Karl Loewenstein distinguiu as Constituições normativas, nominalistas (nominativas ou nominais) e semânticas. Trata-se do critério ontológico que busca identificar a correspondência entre a realidade política do Estado e o texto constitucional" e continua "... Enquanto nas Constituições **normativas** a pretendida limitação ao poder se implementa na prática, havendo, assim, correspondência com a realidade, nas **nominalistas** busca-se essa concretização, porém, sem sucesso, não se conseguindo uma verdadeira normatização do processo real do poder. Nas **semânticas**, por sua vez, nem sequer se tem essa pretensão, buscando-se conferir legitimidade meramente formal aos detentores do poder, em seu próprio benefício"; **D: incorreta.** As Constituições promulgadas, populares ou democráticas são aquelas advindas de uma Assembleia Constituinte composta por representantes do povo. Sua elaboração se dá de maneira consciente e livre, diferentemente das Constituições outorgadas, que são criadas de forma imposta; **E: incorreta.** Como mencionado, as semânticas apenas buscam conferir "legitimidade meramente formal aos detentores do poder, em seu próprio benefício". TM

Gabarito "C".

(Analista Judiciário – TRT/8ª – 2016 – CESPE) Acerca do conceito de Constituição, da classificação das Constituições, da classificação das normas constitucionais e dos princípios estabelecidos na Constituição Federal de 1988 (CF), assinale a opção correta.

(A) Normas constitucionais de eficácia plena são autoaplicáveis ou autoexecutáveis, como, por exemplo, as normas que estabelecem o mandado de segurança, o *habeas corpus*, o mandado de injunção e o *habeas data*.

(B) Quanto à estabilidade, a CF classifica-se como super-rígida, porque, em regra, pode ser alterada por processo legislativo ordinário diferenciado, sendo, excepcionalmente, imutável em alguns pontos (cláusulas pétreas).

(C) A repristinação ocorre quando uma norma infraconstitucional revogada pela anterior ordem jurídica é restaurada tacitamente pela nova ordem constitucional.

(D) A CF, compreendida como norma jurídica fundamental e suprema, foi originariamente concebida como um manifesto político com fins essencialmente assistencialistas, tendo a atuação do constituinte derivado positivado direitos políticos e princípios de participação democrática no texto constitucional.

(E) Decorrem do princípio da supremacia das normas constitucionais tanto a exigência de que os estados-membros se organizam obedecendo ao modelo adotado pela União quanto a de que as unidades federativas estruturem seus governos de acordo com o princípio da separação de poderes.

A: correta. De fato, as normas de eficácia plena são autoaplicáveis ou autoexecutáveis. São aquelas que, por si só, produzem todos os seus efeitos no mundo jurídico e de forma imediata. Não dependem da interposição do legislador para que possam efetivamente produzir efeitos e não admitem que uma norma infraconstitucional limite ou reduza seu conteúdo. Além dos exemplos citados, podemos mencionar os previstos nos seguintes dispositivos constitucionais: o 1° – que trata dos fundamentos da República Federativa do Brasil, o 2° – que trata da independência e harmonia que deve existir entre os poderes Legislativo, Executivo e Judiciário, o 13 – que diz que a língua portuguesa é o idioma oficial do Brasil, o 18, § 1°, que menciona que Brasília é a capital do Brasil, dentre outros; **B: incorreta.** Há quem entenda dessa forma, mas não é o que prevalece. Segundo a doutrina majoritária, a CF/88 é classificada como rígida, pois o seu processo de alteração depende de um procedimento mais solene, mais dificultoso que o processo de alteração das demais normas, ditas infraconstitucionais. O mecanismo hábil para essa alteração, processo legislativo das emendas constitucionais, vem previsto no art. 60 da CF; **C: incorreta.** A repristinação é o fenômeno jurídico pelo qual se restabelece a vigência de uma lei que foi revogada pelo fato de a lei revogadora ter sido posteriormente revogada. No Brasil não existe repristinação automática ou tácita. Se o legislador, porventura, quiser restabelecer a vigência de uma lei anteriormente revogada por outra, terá de fazê-lo expressamente, conforme dispõe o § 3° do art. 2° da Lei de Introdução às Normas do Direito Brasileiro (Decreto-Lei 4657/1942); **D: incorreta.** Os direitos políticos e os princípios de participação democrática foram colocados no Texto Constitucional pelo constituinte originário; **E: incorreta.** Tais regras decorrem do princípio da simetria constitucional. Os princípios e as normas trazidas pela Constituição Federal devem servir de diretrizes para os Estados quando da elaboração de suas Constituições, ou seja, deve haver um paralelismo entre a Constituição Federal e as Constituições Estaduais. TM

Gabarito "A".

(Analista Jurídico – TCE/PR – 2016 – CESPE) Assinale a opção correta acerca da interpretação constitucional.

(A) Como as Constituições regulam direitos e garantias fundamentais e o exercício do poder, deve-se priorizar o emprego de linguagem técnica em seu texto, restringindo-se a sofisticada atividade interpretativa às instâncias oficiais.

(B) A interpretação constitucional deve priorizar o espírito da norma interpretada em detrimento de expressões supérfluas ou vazias; por isso, a atividade do intérprete consiste em extrair o núcleo essencial do comando constitucional, ainda que isso implique desconsiderar palavras, dispositivos ou expressões literais.

(C) Sendo a Constituição impregnada de valores, sua interpretação é norteada essencialmente por diretrizes políticas, em detrimento de cânones jurídicos.

(D) Na interpretação da Constituição, prepondera a teleologia, de modo que a atividade do hermeneuta deve priorizar a finalidade ambicionada pela norma; o texto da lei, nesse caso, não limita a interpretação nem lhe serve de parâmetro.

(E) O caráter aberto e vago de muitas das disposições constitucionais favorece uma interpretação atualizadora e evolutiva, capaz de produzir, por vezes, uma mutação constitucional informal ou não textual.

A: incorreta. A função de interpretar a Constituição não deve ser restringida por meio da utilização de linguagem técnica. Pelo contrário, há posição doutrinária no sentido de que a **interpretação** deve ser **aberta à sociedade**, além de ser feita pelos órgãos estatais. Nesse sentido, Dirley da Cunha Júnior, em Curso de Direito Constitucional, 6ª edição, p. 237 e 238, resume bem a teoria sustentada por Haberle: "propõe o festejado autor a substituição de uma 'sociedade fechada dos intérpretes da Constituição' para uma 'sociedade aberta', sob o argumento de que todo aquele que vive no contexto regulado pela norma constitucional e que vive com este contexto é, direta ou indiretamente, um intérprete dessa norma, pois o destinatário da norma é participante ativo do processo hermenêutico". E continua: "Para Haberle, a interpretação constitucional deve ser desenvolvida sob a influência da teoria democrática, no âmbito da qual todo cidadão ativo, grupos, opinião pública e demais potências públicas representam forças produtivas da interpretação, de modo que são intérpretes constitucionais em sentido lato, atuando pelo menos como pré-intérpretes da Constituição"; **B:** incorreta. Sob o argumento de que a interpretação constitucional deve priorizar o espírito da norma interpretada em detrimento de expressões supérfluas ou vazias, **não pode** o intérprete simplesmente desconsiderar palavras, dispositivos ou expressões literais. Tal comportamento faria com que intérprete usurpasse função legislativa; **C:** incorreta. Não são essencialmente diretrizes políticas que norteiam a interpretação da Constituição. Preceitos jurídicos, combinados com outros, são utilizados na interpretação da Constituição; **D:** incorreta. De fato, a visão teleológica busca os **objetivos e as finalidades** da norma, mas, ao contrário do mencionado, o texto da lei serve de parâmetro e limita a sua interpretação; **E:** correta. De fato, as disposições constitucionais favorecem uma interpretação atualizadora que pode se dar por meio de **mutação constitucional**. Esse fenômeno tem relação não com o aspecto formal do texto constitucional, mas com a interpretação dada à Constituição. É a alteração informal da Constituição. Não podemos interpretar a CF/88 da mesma maneira que a interpretávamos quando ela foi feita, a mudança social, que se deu com o passar do tempo, fez e faz com que a interpretação seja modificada. Por exemplo: O STF, na ADI 4277/2011, ampliou o conceito de família ao acrescentar os casais homoafetivos. Mencionou que "A Constituição de 1988, ao utilizar-se da expressão família, não limita sua formação a casais heteroafetivos nem a formalidade cartorária, celebração civil ou liturgia religiosa. Família como instituição privada que, voluntariamente constituída entre pessoas adultas, mantém com o Estado e a sociedade civil uma necessária relação tricotômica". TM

Gabarito "E".

2. PRINCÍPIOS FUNDAMENTAIS E DIREITOS E GARANTIAS FUNDAMENTAIS

(Analista – INPI – 2024 – CEBRASPE) A respeito de direitos e garantias fundamentais, julgue os itens a seguir.

(1) É assegurada, nos termos da lei, a proteção às participações individuais em obras coletivas e à reprodução da imagem e da voz humanas, salvo nas atividades desportivas.

(2) A liberdade de associação, segundo a Constituição Federal de 1988 (CF), compreende o direito de criar associação, mas depende, em determinados casos, de autorização legal.

(3) A lei assegura aos autores de inventos industriais privilégio temporário para sua utilização.

1: Errado. Art. 5º, XXVIII, *a*, da CF. É assegurada, nos termos da lei, a proteção às participações individuais em obras coletivas e à reprodução da imagem e da voz humanas, *inclusive* nas atividades desportivas. Art. 5º, XVIII, da CF. **2:** Errado. A criação de associações *independe de autorização*, sendo vedada a interferência estatal em seu funcionamento. **3:** Certo. Art. 5º, XXIX, da CF. AMN

Gabarito 1E, 2E, 3C.

(Analista – TJ/ES – 2023 – CEBRASPE) No que concerne aos direitos e garantias fundamentais e à aplicabilidade das normas constitucionais, observadas a Constituição Federal de 1988 (CF) e a jurisprudência do Supremo Tribunal Federal (STF), julgue os itens a seguir.

(1) Constitui crime a retenção dolosa do salário pelo empregador.

(2) A ação de impugnação de mandato eletivo deve ser proposta em até quinze dias contados da diplomação, devendo tramitar sob segredo de justiça.

(3) Pedido de deputado estadual, formulado diretamente ao governador de determinado estado, solicitando informações sobre a gestão estadual, deve passar pelo crivo da Assembleia Legislativa, sob pena de indevida interferência de um Poder no outro, tendo em vista que a fiscalização do Poder Executivo pelo Poder Legislativo não pode ser exercida por ato isolado de um parlamentar.

(4) As normas da CF alusivas aos direitos fundamentais, assim como as normas do preâmbulo do texto constitucional, são preceitos de reprodução obrigatória nas Constituições estaduais.

(5) O cargo de ministro do Superior Tribunal de Justiça (STJ) é privativo de brasileiro nato.

1: Certo. Art. 7º, X, da CF. **2:** Certo. Art. 14, §§ 10 e 11, da CF. **3:** Errado. O STF no julgamento da ADI nº 4700, decidiu que: "Norma estadual ou municipal não pode conferir a parlamentar, individualmente, o poder de requisitar informações ao Poder Executivo. A Constituição Federal (CF) é taxativa quanto à atribuição exclusivamente conferida às Casas do Poder Legislativo para fiscalizar os atos do Poder Executivo (CF, art. 49, X). Nesses termos, não se admite que constituição estadual ou legislação infraconstitucional, a pretexto de fiscalizar ou controlar atividades de outro poder, disponham sobre outras modalidades de controle ou inovem em fórmulas de exercício dessa atividade que ultrapassem aquelas previstas pela CF, sob pena de violação ao princípio da separação dos poderes (CF, art. 2º). Fica ressalvada, no entanto, a possibilidade de o parlamentar atuar na condição de cidadão, nos termos constitucionais e legais aplicáveis a matéria (CF, art. 5º, XXXIII). Com base nesse entendimento, o Plenário, por unanimidade, julgou procedente a ação direta, para declarar a inconstitucionalidade da expressão 'A qualquer Deputado' constante do *caput* do art. 101 da Constituição do Estado do Rio de Janeiro" (STF, *Inf.* 1041/2021). **4:** Errado. No julgamento da ADI nº 2076, o STF firmou entendimento de que o preâmbulo da Constituição não constitui norma central de reprodução obrigatória na Constituição estadual, não tendo força normativa. **5:** Errado. Art. 12, § 3º, da CF. AMN

Gabarito 1C, 2C, 3E, 4E, 5E.

(Analista Judiciário – TRE/PA – 2020 – IBFC) Sobre os remédios constitucionais assegurados pelo ordenamento jurídico como direitos individuais e coletivos, assinale a alternativa correta.

(A) Das decisões em mandado de segurança proferidas em única instância pelos tribunais cabe recurso especial e extraordinário, nos casos legalmente previstos, e recurso ordinário, quando a ordem for concedida

(B) Conceder-se-á *habeas data* para a anotação nos assentamentos do interessado, de contestação ou explicação sobre dado verdadeiro, mas justificável e que esteja sob pendência judicial ou amigável

(C) São legitimados para o mandado de injunção, como impetrantes, apenas as pessoas naturais que se afirmam titulares dos direitos, das liberdades ou das prerrogativas cujo exercício se tornou inviável por falta total ou parcial de norma regulamentadora, e, como impetrado, o Poder, o órgão ou a autoridade com atribuição para editar a norma regulamentadora

(D) O mandado de segurança coletivo não induz litispendência para as ações individuais, mas os efeitos da coisa julgada não beneficiarão o impetrante a título individual se não requerer a suspensão de seu mandado de segurança no prazo de 30 (trinta) dias a contar da ciência comprovada da impetração da segurança coletiva

---

A: incorreta, porque das decisões em mandado de segurança proferidas em única instância pelos tribunais cabe recurso especial e extraordinário, nos casos legalmente previstos, e recurso ordinário, quando a ordem for **denegada** (art. 18 da Lei 12.016/2009); **B:** correta, nos termos do art. 7º, III, da Lei 9.507/1997; **C:** incorreta, pois são legitimados para o mandado de injunção, como impetrantes, as **pessoas naturais ou jurídicas** que se afirmam titulares dos direitos, das liberdades ou das prerrogativas cujo exercício se tornou inviável por falta total ou parcial de norma regulamentadora e, como impetrado, o Poder, o órgão ou a autoridade com atribuição para editar a norma regulamentadora (art. 3º da Lei 13.300/2016); **D:** incorreta, pois o mandado de segurança coletivo não induz litispendência para as ações individuais, mas os efeitos da coisa julgada não beneficiarão o impetrante a título individual se não requerer a **desistência** de seu mandado de segurança no prazo de 30 (trinta) dias a contar da ciência comprovada da impetração da segurança coletiva (art. 22, § 1º, da Lei 12.016/2009).

Gabarito: "B".

(Analista Judiciário – TRE/PA – 2020 – IBFC) O Supremo Tribunal Federal já se manifestou no sentido de que os direitos e deveres individuais e coletivos não se restringem ao artigo 5º da Constituição Federal de 1988. Sobre este tema, assinale a alternativa **incorreta**.

(A) As associações só poderão ser compulsoriamente dissolvidas ou ter suas atividades suspensas por decisão judicial, exigindo-se, em qualquer caso, o trânsito em julgado

(B) São assegurados, nos termos da lei, o direito de fiscalização do aproveitamento econômico das obras que criarem ou de que participarem aos criadores, aos intérpretes e às respectivas representações sindicais e associativas

(C) Nenhum brasileiro será extraditado, salvo o naturalizado, em caso de crime comum, praticado antes da naturalização, ou de comprovado envolvimento em tráfico ilícito de entorpecentes e drogas afins, na forma da lei

(D) A lei assegurará aos autores de inventos industriais privilégio temporário para sua utilização, bem como proteção às criações industriais, à propriedade das marcas, aos nomes de empresas e a outros signos distintivos, tendo em vista o interesse social e o desenvolvimento tecnológico e econômico do País

---

A: incorreta (devendo ser assinalada), porque as associações só poderão ser compulsoriamente dissolvidas ou ter suas atividades suspensas por decisão judicial, exigindo-se, no primeiro caso, o trânsito em julgado (art. 5º, XIX, da CF); **B:** correta, nos termos do art. 5º, XXVIII, "b", da CF; **C:** correta, nos termos do art. 5º, LI, da CF; **D:** correta, nos termos do art. 5º, XXIX, da CF.

Gabarito: "A".

Um grupo de pais apresentou requerimento a determinado município, solicitando autorização para realizar manifestação pacífica na praça pública onde está sediada a prefeitura, a fim de protestar contra políticas públicas municipais. A autoridade pública competente negou o pedido, sob o fundamento de que frustraria outra reunião anteriormente convocada para o mesmo horário e local.

(Analista Judiciário – TJ/PA – 2020 – CESPE/CEBRASPE) Nessa situação hipotética, para realizar a referida manifestação, o grupo de pais utilizou o instrumento

(A) inadequado, porque o direito de reunião não requer autorização, mas apenas prévio aviso.

(B) inadequado, entretanto a autoridade competente não poderia ter negado o direito com base no fundamento utilizado.

(C) adequado, porque o direito de reunião requer prévia autorização administrativa, cabendo ao grupo ajuizar ação popular contra a decisão que negou o referido pedido.

(D) adequado, porque o direito de reunião requer prévia autorização administrativa, cabendo ao grupo impetrar *habeas corpus* contra a decisão que negou o referido pedido.

(E) adequado, porque o direito de reunião requer prévia autorização administrativa, cabendo ao grupo impetrar mandado de segurança contra a decisão que negou o referido pedido.

O art. 5º, XVI, da Constituição Federal prevê que todos podem reunir-se pacificamente, sem armas, em locais abertos ao público, independentemente de autorização, desde que não frustrem outra reunião anteriormente convocada para o mesmo local, sendo apenas exigido prévio aviso à autoridade competente. Logo, o grupo de pais utilizou o instrumento inadequado, porque o direito de reunião não requer autorização, mas apenas prévio aviso.

Sobre a exigência de prévio aviso, o STF fixou a seguinte tese de repercussão geral: "*a exigência constitucional de aviso prévio relativamente ao direito de reunião é satisfeita com a veiculação de informação que permita ao poder público zelar para que seu exercício se dê de forma pacífica ou para que não frustre outra reunião no mesmo local*" (RE 806339, Relator: MARCO AURÉLIO, Relator p/ Acórdão: EDSON FACHIN, Tribunal Pleno, julgado em 15/12/2020, Tema 855).

Gabarito: "A".

(Analista Judiciário – TJ/PA – 2020 – CESPE/CEBRASPE) A Constituição Federal de 1988 prevê o uso do mandado de injunção como uma garantia constitucional sempre que a falta de norma regulamentadora tornar inviável o exercício dos direitos e das liberdades constitucionais e das prerrogativas inerentes à nacionalidade, à soberania e à cidadania. Nesse sentido, segundo o STF, o cabimento do mandado de injunção pressupõe a demonstração da existência de omissão legislativa relativa ao gozo de liberdades ou direitos garantidos constitucionalmente pelas normas constitucionais de eficácia

(A) plena *lato sensu*.
(B) contida *lato sensu*.
(C) plena *stricto sensu*.
(D) contida *stricto sensu*.
(E) limitada *stricto sensu*.

Segundo o STF, o cabimento do mandado de injunção pressupõe a demonstração clara e precisa acerca da existência de omissão legislativa relativa ao gozo de direitos ou liberdade garantidos constitucionalmente pelas normas constitucionais de eficácia limitada *stricto sensu*. (MI 6858 AgR, Relator(a): EDSON FACHIN, Tribunal Pleno, julgado em 15/06/2018). Em seu voto, o Ministro Relator Edson Fachin, asseverou: "*De fato, os requisitos para a impetração do mandado de injunção são estritos, e consistem, de acordo com o ensinamento doutrinário: 'a) falta de norma regulamentadora de uma previsão constitucional, portanto, descumprimento, pela via da omissão do poder público, de dever constitucional de prestação jurídico-normativa, abrangida mesmo a inconstitucionalidade parcial por omissão; b) que tal omissão impeça o exercício de direito e garantias constitucionais, de tal sorte que, de acordo com entendimento prevalente, o mandado de injunção pressupõe a existência de nexo de causalidade entre a omissão normativa do poder público e a inviabilidade do exercício do direito; c) por via de consequência,* **caberá mandado de injunção apenas em relação a normas constitucionais de eficácia limitada stricto sensu***, que, portanto, mesmo não sendo destituídas por completo de eficácia e aplicabilidade, exijam, como condição de possibilidade formal, provimentos normativos do poder público que venham a assegurar os principais efeitos; d) deve tratar-se de direito e garantia constitucional que atendam aos requisitos do art. 5º, LXXI, CF (...)' (SARLET, Ingo Wolfgang; STRECK, Lênio Luiz. Art. 5º, LXXI. In: CANOTILHO, J. J. Gomes; et alli. Comentários à Constituição do Brasil. São Paulo: Saraiva/Almedina, 2013, p. 482)*" (destaques no original).

Gabarito "E".

(Analista - TRT/15 - FCC - 2018) Empregado de empresa pública federal, em efetivo serviço há mais de três anos, foi eleito a cargo de direção do sindicato de sua categoria profissional. Considerando que o empregado era titular de função de confiança de livre nomeação e exoneração, não sendo seu vínculo jurídico-trabalhista decorrente de concurso público, a empresa houve por bem demiti-lo, independentemente do cometimento de qualquer falta, assim que iniciado seu mandato sindical. Essa demissão mostra-se

(A) compatível com a Constituição Federal, uma vez que o empregado público não tem direito à estabilidade funcional nos moldes daquela prevista aos servidores titulares de cargos públicos efetivos.
(B) incompatível com a Constituição Federal, uma vez que o referido empregado público já havia adquirido estabilidade funcional, nos moldes daquela especificamente prevista aos servidores titulares de cargos públicos efetivos.
(C) incompatível com a Constituição Federal, uma vez que o referido empregado público não cometeu falta grave, nos termos da lei, que pudesse amparar juridicamente sua demissão como dirigente sindical eleito.
(D) compatível com a Constituição Federal por tratar-se de empregado público ocupante exclusivamente de função de confiança.
(E) compatível com a Constituição Federal, uma vez que o exercício do mandato sindical não confere ao referido empregado público direito a qualquer estabilidade no emprego.

Consoante o art. 8º, VIII, da CF, é vedada a dispensa do empregado sindicalizado a partir do registro da candidatura a cargo de direção ou representação sindical e, se eleito, ainda que suplente, até um ano após o final do mandato, salvo se cometer falta grave nos termos da lei. Logo, com base na literalidade desse dispositivo, a demissão mostra-se incompatível com a Constituição Federal, uma vez que o referido empregado público não cometeu falta grave, nos termos da lei, que pudesse amparar juridicamente sua demissão como dirigente sindical eleito. Ressalte-se, todavia, que o tema é bastante controvertido na jurisprudência. Há precedente do STF no sentido de que "*a estabilidade provisória de representante sindical, prevista no artigo 8º, VIII, da Carta da República, é assegurada aos empregados celetistas e não ao servidor estatutário*" (RMS 24347, Relator: Min. Maurício Corrêa, Segunda Turma, julgado em 11/03/2003), bem como há precedente no sentido de que a estabilidade sindical provisória (art. 8º, VIII, CF) "*não alcança o servidor público, regido por regime especial, ocupante de cargo em comissão e, concomitantemente, de cargo de direção no sindicato da categoria*" (RE 183884, Relator: Min. Sepúlveda Pertence, Primeira Turma, julgado em 08/06/1999).

Gabarito "C".

(Analista - Área Administrativa - TRT1 - 2018 - AOCP) Tício, Analista Judiciário – Área Administrativa no TRT, trabalha no setor de recursos humanos do tribunal e conhece as previsões constitucionais acerca dos direitos sociais. Sobre esse assunto, assinale a alternativa correta.

(A) É permitido no texto constitucional, ainda que excepcionalmente, o trabalho para menores de dezesseis anos.
(B) Em que pese ser proibida a diferença de critério de admissão por motivo de sexo, cor ou estado civil, é possível, na forma da lei, a diferença de critério de admissão por idade.
(C) A Constituição Federal, apesar de prever a licença-maternidade como direito social, não garante, de forma expressa, o mesmo direito aos trabalhadores do sexo masculino.
(D) É garantido o direito ao aviso prévio proporcional ao tempo de serviço, sendo de, no mínimo, oito dias, se o pagamento for efetuado por semana ou tempo inferior.
(E) A Constituição Federal garante o direito à indenização por acidente de trabalho, a ser paga pelo empregador que incorrer em dolo ou culpa, salvo se este arcar com o seguro contra acidentes de trabalho.

A: correta, pois a Constituição prevê a proibição de trabalho noturno, perigoso ou insalubre a menores de dezoito e de qualquer trabalho a menores de dezesseis anos, salvo na condição de aprendiz, a partir de quatorze anos (art. 7º, XXXIII). Logo, é permitido, excepcionalmente (na condição de aprendiz), o trabalho para menores de dezesseis anos; **B:** incorreta, porque a Constituição prevê a proibição de diferença de salários, de exercício de funções e de critério de admissão por motivo de sexo, idade, cor ou estado civil, sem estabelecer qualquer exceção (art. 7º, XXX); **C:** incorreta, já que a Constituição garante, de forma expressa, a licença-paternidade (art. 7º, XIX); **D:** incorreta, pois a Constituição garante o aviso prévio proporcional ao tempo de serviço, sendo no mínimo de **trinta dias**, nos termos da lei (art. 7º, XXI); **E:** incorreta, já que a Constituição garante o seguro contra acidentes de trabalho, a cargo do empregador, sem excluir a indenização a que este está obrigado, quando incorrer em dolo ou culpa (art. 7º, XXVIII).

Gabarito "A".

(Analista - Área Administrativa - TRT1 - 2018 - AOCP) Paulo, Analista Judiciário – Área Administrativa no TRT, é o responsável pela folha de pagamentos do tribunal e, portanto, precisa dominar as disposições constitucionais acerca do salário e remuneração do trabalho. Sobre esse assunto, assinale a alternativa que NÃO representa um direito social previsto expressamente na Constituição Federal.

(A) Piso salarial proporcional à extensão e à complexidade do trabalho.
(B) Participação nos lucros, ou resultados, vinculada à remuneração, e, excepcionalmente, participação na gestão da empresa, conforme definido em lei.
(C) Irredutibilidade do salário, salvo o disposto em convenção ou acordo coletivo.
(D) Remuneração do trabalho noturno superior à do diurno.
(E) Décimo terceiro salário com base na remuneração integral ou no valor da aposentadoria.

A: incorreta, por ser direito social previsto expressamente no art. 7º, V, da CF; B: correta, porque é direito social a participação nos lucros, ou resultados, desvinculada da remuneração, e, excepcionalmente, participação na gestão da empresa, conforme definido em lei (art. 7º, XI, da CF); C: incorreta, por ser direito social previsto expressamente no art. 7º, VI, da CF; D: incorreta, por ser direito social previsto expressamente no art. 7º, IX, da CF; E: incorreta, por ser direito social previsto expressamente no art. 7º, VIII, da CF.
Gabarito "B".

(Analista - Área Administrativa - TRT1 - 2018 - AOCP) No exercício de suas atividades como Analista Judiciário – Área Administrativa, José recebeu um pedido de informações acerca dos servidores do TRT, para fins de instrução de mandado de segurança coletivo impetrado em face do tribunal. Acerca do mandado de segurança coletivo, de acordo com o que dispõe a Constituição Federal, assinale a alternativa correta.

(A) O mandado de segurança coletivo pode ser impetrado por partido político independentemente de este possuir representação no Congresso Nacional.
(B) O mandado de segurança coletivo deve ser impetrado para assegurar o conhecimento de informações relativas à pessoa do impetrante, constantes de registros ou bancos de dados de entidades governamentais ou de caráter público.
(C) Qualquer cidadão é parte legítima para impetrar mandado de segurança coletivo, ficando o autor, salvo comprovada má-fé, isento de custas judiciais e do ônus da sucumbência.
(D) O mandado de segurança coletivo pode ser impetrado por organização sindical, entidade de classe ou associação legalmente constituída e em funcionamento há pelo menos um ano, em defesa dos interesses de seus membros ou associados.
(E) O mandado de segurança coletivo deve ser impetrado para a retificação de dados, quando não se prefira fazê-lo por processo sigiloso, judicial ou administrativo.

A: incorreta, pois o mandado de segurança coletivo pode ser impetrado por partido político com representação no Congresso Nacional (art. 5º, LXX, "a", da CF); B: incorreta, porque o *habeas data* deve ser impetrado para assegurar o conhecimento de informações relativas à pessoa do impetrante, constantes de registros ou bancos de dados de entidades governamentais ou de caráter público (art. 5º, LXXII, "a", da CF); C: incorreta, pois qualquer cidadão é parte legítima para propor **ação popular** que vise a anular ato lesivo ao patrimônio público ou de entidade de que o Estado participe, à moralidade administrativa, ao meio ambiente e ao patrimônio histórico e cultural, ficando o autor, salvo comprovada má-fé, isento de custas judiciais e do ônus da sucumbência (art. 5º, LXXIII, da CF); D: correta, nos termos do art. 5º, LXX, "b", da CF; E: incorreta, porque o *habeas data* deve ser impetrado para a retificação de dados, quando não se prefira fazê-lo por processo sigiloso, judicial ou administrativo (art. 5º, LXXII, "b", da CF).
Gabarito "D".

(Analista - TJ/SC - FGV - 2018) Pedro, servidor público estadual, respondeu a processo administrativo disciplinar e recebeu, ao final, a sanção de suspensão de 10 (dez) dias, o que também lhe acarretou outros prejuízos estatutários, como a impossibilidade de ser promovido por merecimento nos dois anos seguintes. Apesar da gravidade das consequências, Pedro não foi defendido por advogado.
Considerando as garantias constitucionais asseguradas aos brasileiros em geral, a ausência de defesa por advogado:

(A) não afronta a ordem constitucional, desde que tenham sido assegurados o contraditório e a ampla defesa;
(B) não afronta a ordem constitucional, desde que Pedro tenha renunciado ao direito à defesa por advogado;
(C) afronta a garantia constitucional do devido processo legal;
(D) afronta a garantia constitucional da ampla defesa;
(E) afronta a garantia constitucional do contraditório.

A Súmula Vinculante 5 do STF prevê que a falta de defesa técnica por advogado no processo administrativo disciplinar não ofende a Constituição. Apesar disso, devem ser assegurados ao acusado o contraditório e a ampla defesa, conforme preconiza o inciso LV do art. 5º da CF.
Gabarito "A".

(Analista Judiciário - TJ/AL - 2018 - FGV) Eraldo, que jamais deixara de votar em uma eleição, cumprindo fielmente os seus deveres cívicos, tomou conhecimento de que o Prefeito Municipal estava realizando diversos gastos de forma irregular, sem a prévia realização de processo licitatório e sem qualquer motivo idôneo à contratação direta.
Com o objetivo de responsabilizar o Prefeito pelos danos causados ao patrimônio público, Eraldo procurou um advogado e solicitou que fosse informado da ação que poderia ajuizar.
À luz da sistemática constitucional, essa ação é:

(A) o mandado de segurança;
(B) a ação penal;
(C) o mandado de injunção;
(D) a ação popular;
(E) a reclamação constitucional.

A: incorreta, pois o mandado de segurança serve para proteger direito líquido e certo, não amparado por *habeas corpus* ou *habeas data*, quando o responsável pela ilegalidade ou abuso de poder for autoridade pública ou agente de pessoa jurídica no exercício de atribuições do Poder Público (art. 5º, LXIX, da CF); B: incorreta, pois compete ao Ministério Público promover, privativamente, a ação penal pública nos casos de crime contra a licitação (art. 129, I, da CF e art. 100 da Lei 8.666/1993); C: incorreta, pois o mandado de injunção é cabível quando a falta de norma regulamentadora tornar inviável o exercício dos direitos e liberdades constitucionais e das prerrogativas inerentes à nacionalidade, à soberania e à cidadania (art. 5º, LXXI, da CF); **D**: correta, porque qualquer cidadão é parte legítima para propor ação popular que vise a anular ato lesivo ao patrimônio público ou de entidade de que o Estado participe, à moralidade administrativa, ao meio ambiente e ao patrimônio histórico e cultural (art. 5º, LXXIII, da CF); **E**: incorreta, pois a reclamação constitucional é uma ação que objetiva preservar a competência e garantir a autoridade das decisões dos Tribunais Superiores, como o STF, o STJ e o TST (art. 102, I, "l" e art. 103-A, § 3º; art. 105, I, "f"; art. 111-A, § 3º, todos da CF).

Gabarito "D".

(Analista - MPU - CESPE - 2018) Julgue os itens a seguir, à luz das disposições da Lei n. 12.288/2010, da Lei n. 10.639/2003 e da Convenção Internacional sobre Eliminação de Todas as Formas de Discriminação Racial.

(1) Embora a legislação brasileira preveja proteção contra discriminação racial, não existe definição legal para o termo população negra, uma vez que a miscigenação característica da população brasileira inviabiliza tal definição.

(2) Situação hipotética: O professor de história de uma escola pública de ensino fundamental está temporariamente impedido pela direção de continuar ministrando conteúdos sobre história e cultura da África. A medida foi tomada após a associação de pais ter alegado que o professor havia abordado o tema religiões africanas em uma aula, o que, para a associação, é incompatível com a educação formal. Assertiva: Embora o professor, por força da lei, deva ministrar conteúdos sobre história e cultura da África, o ordenamento jurídico veda que ele trate de temas de cunho religioso, porque isso fere o princípio da laicidade do Estado.

(3) Medidas que visem garantir a certo grupo de minorias a superação de barreiras resultantes de desigualdade histórica e impeditivas ao exercício pleno de direitos e garantias fundamentais não devem ser consideradas discriminatórias, pois representam compromisso com a promoção de valores universais concernentes à paz e à igualdade entre diferentes povos, raças e nações.

1: errado, pois o art. 1º, parágrafo único, inciso IV, da Lei 12.288/2010 – Estatuto da Igualdade Racial – define população negra como o conjunto de pessoas que se autodeclaram pretas e pardas, conforme o quesito cor ou raça usado pela Fundação Instituto Brasileiro de Geografia e Estatística (IBGE), ou que adotam autodefinição análoga; **2**: errado, visto que o STF entende que o ensino religioso nas escolas públicas brasileiras pode ter natureza confessional, ou seja, vinculado às diversas religiões. De acordo o precedente do STF, a "previsão constitucional de ensino religioso, de matrícula facultativa, observado o binômio Laicidade do Estado (CF, art. 19, I)/Consagração da Liberdade religiosa (CF, art. 5º, VI), implica regulamentação integral do cumprimento do preceito constitucional previsto no artigo 210, § 1º, autorizando à rede pública o oferecimento, em igualdade de condições (CF, art. 5º, *caput*), de ensino confessional das diversas crenças" (ADI 4439, Relator: Min. Roberto Barroso, Relator p/ Acórdão: Min. Alexandre de Moraes, Tribunal Pleno, julgado em 27/09/2017); **3**: certo, de acordo com o art. 1º, § 4º, da Convenção Internacional sobre a Eliminação de todas as Formas de Discriminação Racial, que dispõe: "*não serão consideradas discriminação racial as medidas especiais tomadas com o único objetivo de assegurar progresso adequado de certos grupos raciais ou étnicos ou de indivíduos que necessitem da proteção que possa ser necessária para proporcionar a tais grupos ou indivíduos igual gozo ou exercício de direitos humanos e liberdades fundamentais, contanto que, tais medidas não conduzam, em consequência, à manutenção de direitos separados para diferentes grupos raciais e não prossigam após terem sidos alcançados os seus objetivos.*"

Gabarito 1E, 2E, 3C.

(Analista Judiciário – TRT/24 – FCC – 2017) Felício é proprietário da empresa "ABC" Ltda. que possui, atualmente, 233 empregados em razão da fusão com a empresa "DEF" Ltda. Preocupado com o aumento de empregados, uma vez que antes da fusão a empresa "ABC" Ltda. possuía 102 empregados, Felício consultou sua advogada, Carolina, a respeito. Com relação à Constituição Federal, Carolina informou que no tocante aos direitos sociais,

(A) o aumento do número de empregados não acarreta nenhuma consequência, uma vez que já era assegurada a eleição de um representante destes com a finalidade exclusiva de promover-lhes o entendimento direto com os empregadores.

(B) nas empresas com mais de duzentos empregados, é assegurada a eleição de um representante destes com a finalidade exclusiva de promover-lhes o entendimento direto com os empregadores.

(C) o aumento do número de empregados não acarreta nenhuma consequência, uma vez que somente nas empresas com mais de trezentos empregados, é assegurada a eleição de um representante destes com a finalidade exclusiva de promover-lhes o entendimento direto com os empregadores.

(D) nas empresas com mais de cento e oitenta empregados, é assegurada a eleição de um representante destes com a finalidade exclusiva de promover-lhes o entendimento direto com os empregadores.

(E) o aumento do número de empregados não acarreta nenhuma consequência, uma vez que somente nas empresas com mais de duzentos e cinquenta empregados, é assegurada a eleição de um representante destes com a finalidade exclusiva de promover-lhes o entendimento direto com os empregadores.

A questão exigiu o conhecimento da norma prevista no art. 11 da CF: "Nas empresas de mais de duzentos empregados, é assegurada a eleição de um representante destes com a finalidade exclusiva de promover-lhes o entendimento direto com os empregadores".

Gabarito "B".

(Analista Judiciário – TRT/11 – FCC – 2017) O pai de Almir, Adalberto, faleceu deixando dívida referente à reparação de danos decorrente de condenação criminal que lhe foi imposta. Almir, preocupado com seu patrimônio, consultou a Constituição Federal para saber se seus bens respondem pela dívida deixada pelo seu pai e descobriu que

(A) nenhuma pena passará da pessoa do condenado, não podendo a obrigação de reparar o dano ser estendida aos sucessores e contra eles executadas, salvo nos casos que envolvam credores menores de idade, situação na qual responderão o patrimônio particular e o transferido, ilimitadamente.

(B) nenhuma pena passará da pessoa do condenado, não podendo a obrigação de reparar o dano ser estendida aos sucessores e contra eles executada, pois deixa de existir com a morte do condenado.

(C) a pena poderá passar da pessoa do condenado, podendo a obrigação de reparar o dano ser estendida aos sucessores e contra eles executada, ilimitadamente, respondendo o seu patrimônio particular e o patrimônio transferido.

(D) a pena poderá passar da pessoa do condenado, podendo, a obrigação de reparar o dano por ele causado, ser estendida não apenas aos sucessores, mas a todos os parentes, ilimitadamente.

(E) nenhuma pena passará da pessoa do condenado, podendo a obrigação de reparar o dano ser, nos termos da lei, estendida aos sucessores e contra eles executadas, até o limite do valor do patrimônio transferido.

A questão exigiu conhecimento da norma do art. 5º, XLV, da CF: "XLV - nenhuma pena passará da pessoa do condenado, podendo a obrigação de reparar o dano e a decretação do perdimento de bens ser, nos termos da lei, estendidas aos sucessores e contra eles executadas, até o limite do valor do patrimônio transferido". TM

Gabarito "E".

(Analista Judiciário – TRF/2 – Consulplan – 2017) "João e Pedro, estudantes de direito, travaram intenso debate a respeito do alcance e da essência dos denominados direitos sociais e de sua distinção em relação aos clássicos direitos de defesa. Para João, os direitos sociais são aqueles analisados sob a perspectiva da sociedade como um todo, não dos indivíduos em particular. Além disso, exigem, como regra geral, a realização de despesas para que se tornem efetivos. Pedro, por sua vez, afirmou que os clássicos direitos de defesa estão previstos, regra geral, em normas programáticas." À luz da sistemática constitucional, é correto afirmar que

(A) João e Pedro estão totalmente equivocados.

(B) João está totalmente equivocado e Pedro está correto.

(C) João está parcialmente equivocado, já que os direitos sociais não exigem a realização de despesas; e Pedro está correto.

(D) João está parcialmente equivocado, já que os direitos sociais também são titularizados pelos indivíduos; e Pedro está equivocado.

Na visão clássica, os direitos sociais correspondem aos direitos individuais de segunda geração, haja vista que exigem uma atuação, uma ação do Estado para sua concretização (são direitos prestacionais). Os direitos de defesa (contra o Estado) são os direitos individuais de primeira geração, ligados à liberdade e à concepção de que ao Estado cabe se abster de agir para que as liberdades públicas dos cidadãos sejam exercidas em plenitude. TM

Gabarito "D".

Lei Complementar n. 105/2001: Art. 6º As autoridades e os agentes fiscais tributários da União, dos estados, do Distrito Federal e dos municípios somente poderão examinar documentos, livros e registros de instituições financeiras, inclusive os referentes a contas de depósitos e aplicações financeiras, quando houver processo administrativo instaurado ou procedimento fiscal em curso e tais exames forem considerados indispensáveis pela autoridade administrativa competente.

(Analista Judiciário – TRE/PE – CESPE – 2017) Conforme o entendimento do STF, o dispositivo anteriormente transcrito

(A) fere o direito à privacidade e à intimidade.

(B) é inconstitucional, pois o acesso a dados bancários pelo fisco depende de autorização judicial.

(C) não ofende o direito ao sigilo bancário.

(D) trata especificamente da quebra de sigilo bancário.

(E) baseia-se no princípio da transparência dos tributos.

Ao julgar os processos que questionavam o dispositivo em referência, prevaleceu no STF o entendimento de que a norma não resulta em quebra de sigilo bancário, mas sim em transferência de sigilo da órbita bancária para a fiscal, ambas protegidas contra o acesso de terceiros. A transferência de informações é feita dos bancos ao Fisco, que tem o dever de preservar o sigilo dos dados, portanto, não há ofensa à Constituição Federal. TM

Gabarito "C".

(Analista Judiciário – TRT/20 – FCC – 2016) Uma fila de pessoas esperando às 10 horas da manhã a chegada de um ônibus em uma rodoviária para embarcar para a cidade de São Paulo não constitui uma reunião, para os fins previstos no artigo 5º, inciso XVI, da Constituição Federal (Direito de Reunião). No exemplo, em específico, o direito de reunião NÃO está configurado porque falta especificamente o elemento

(A) teleológico.

(B) temporal.

(C) espacial.

(D) objetivo e circunstancial.

(E) civilista independente.

Art. 5º, XVI, CF. Conforme explicado pela doutrina, o direito previsto constitucionalmente pressupõe uma manifestação formada por um conjunto de pessoas (*elemento subjetivo*), reunidas, temporariamente (*elemento temporal*), para um determinado fim (*elemento teleológico*), em locais abertos ao público (*elemento espacial*), de forma pacífica e sem armas (*elemento objetivo*), independentemente de autorização estatal, sendo apenas exigido o aviso prévio e a não frustração de outra reunião anteriormente convocada para o mesmo local (*elemento formal*). TM

Gabarito "A".

(Analista Judiciário – TJ/PI – FGV – 2015) A Constituição de 1988, ao enunciar os seus princípios fundamentais, fez menção, em seu art. 1º, à "República Federativa do Brasil" e ao "Estado Democrático de Direito". Considerando a essência dessas expressões, é correto afirmar que a forma de Estado adotada é a:

(A) composta;

(B) republicana;

(C) unitária;

(D) presidencial;

(E) representativa.

A: correta. O Brasil adota a forma federativa de Estado, sendo a Federação uma forma de Estado composta; **B:** incorreta. República é espécie de forma de governo; **C:** incorreta. São formas de Estado: unitário, federal e confederação, sendo que o Brasil não é Estado Unitário, mas Estado Federal; **D:** incorreta. O presidencialismo é sistema de governo (ao lado do parlamentarismo e do semipresidencialismo); **E:** incorreta. O regime representativo não é forma de Estado, mas regime político. TM

Gabarito "A".

(Analista Judiciário – TJ/PI – FGV – 2015) O art. 5º, LXI, da Constituição da República Federativa do Brasil, dispõe que "ninguém será preso senão em flagrante delito ou por ordem escrita e fundamentada de autoridade judiciária *competente, salvo nos casos de transgressão militar ou crime propriamente militar, definidos em lei".* À luz dos referenciais de aplicabilidade e eficácia, é correto afirmar que, a partir desse enunciado linguístico, se obtém uma norma constitucional:

(A) programática;
(B) de eficácia plena e aplicabilidade imediata;
(C) de eficácia contida e aplicabilidade imediata;
(D) preceptiva;
(E) de eficácia limitada e aplicabilidade imediata.

A: errada. As normas programáticas estabelecem um programa de atuação para o legislador infraconstitucional e indicam os fins a serem alcançados pelos órgãos estatais, sendo típicas de Constituições ditas dirigentes; **B:** errada. De acordo com José Afonso da Silva, há: a) normas constitucionais de eficácia plena (ou absoluta) e aplicabilidade imediata, que produzem efeitos plenos tão logo entram em vigor; b) normas constitucionais de eficácia contida (ou redutível ou restringível) e aplicabilidade mediata, que muito embora tenham eficácia direta e aplicabilidade imediata quando da promulgação da CF, podem vir a ser restringidas pelo legislador infraconstitucional no futuro e c) normas constitucionais de eficácia limitada, que, por sua vez, podem ser: c.1) de princípio institutivo (ou organizativo) ou c.2) de princípio programático; **C:** correta. A hipótese é de norma de eficácia contida ou restringível, pois apesar de terem eficácia plena e aplicabilidade imediata, pode vir a ser restringida no futuro pelo legislador ("definidos em lei"); **D:** errada. As normas preceptivas são as normas cogentes, que possuem todos os elementos para sua aplicação, dirigidas aos cidadãos e ao juiz; **E:** errada. Normas de eficácia limitada não possuem aplicabilidade imediata. Gabarito "C".

(Analista Judiciário – STJ – CESPE – 2015) No que concerne aos princípios fundamentais da República Federativa do Brasil e aos direitos fundamentais, julgue os próximos itens.

(1) O registro do sindicato no órgão competente é exigência constitucional que não se confunde com a autorização estatal para a fundação da entidade.
(2) Um cidadão detém, mais que o direito, o dever de opor-se à ordem que, emanada de autoridades públicas, se revele manifestamente ilegal.
(3) A garantia do mínimo existencial, que decorre da proteção constitucional à dignidade da pessoa humana, restringe a invocação da reserva do possível como óbice à concretização do acesso aos direitos sociais.
(4) A livre-iniciativa é princípio que subordina as normas de regulação do mercado e de defesa do consumidor.
(5) O princípio da unicidade, que veda a criação, na mesma base territorial, de mais de uma organização sindical representativa de mesma categoria profissional, não alcança entidades que, no âmbito de um mesmo município, mas em bairros distintos, representem mesma profissão.

1: Correta. Art. 8º, I, CF: Art. 8º: "É livre a associação profissional ou sindical, observado o seguinte: I – a lei não poderá exigir autorização do Estado para a fundação de sindicato, ressalvado o registro no órgão competente, vedadas ao Poder Público a interferência e a intervenção na organização sindical". **2:** Correta. De acordo com o princípio da legalidade (art. 37, *caput*, CF), a autoridade pública só pode agir onde a lei permite, enquanto que o cidadão pode fazer tudo aquilo que a lei não proíbe. Se a ordem é manifestamente ilegal, não foi observada a legalidade, surgindo o direito de não observância. **3:** Correta. O STF tem firme entendimento de que a reserva do possível não pode ser aplicada se comprometer o núcleo básico que qualifica o mínimo existencial

ou para legitimar o inadimplemento de deveres estatais impostos ao Poder Público pela Constituição. **4:** Errada. A Constituição de 1988 é compromissória, sendo certo que a ordem econômica, ao mesmo tempo em que se encontra fundada na livre-iniciativa, deve respeitar o direito do consumidor. Art. 170, *caput* e V, CF. **5:** Errada. O art. 8º, II, CF, estabelece o princípio da unicidade sindical, estabelecendo o município como limite da base territorial: "é vedada a criação de mais de uma organização sindical, em qualquer grau, representativa de categoria profissional ou econômica, na mesma base territorial, que será definida pelos trabalhadores ou empregadores interessados, não podendo ser inferior à área de um Município". Gabarito 1C, 2C, 3C, 4E, 5E.

(Analista Jurídico – TCE/PR – 2016 – CESPE) À luz da jurisprudência do STF, assinale a opção correta acerca de *habeas corpus*.

(A) O *habeas corpus* é instrumento viável para a revisão de súmulas de tribunais se o teor da súmula atentar abstratamente contra o direito à liberdade de locomoção.
(B) A utilização do *habeas corpus* como mecanismo judicial para salvaguarda do direito à liberdade de locomoção é limitada no tempo, sujeitando-se a preclusão e decadência.
(C) A inadmissibilidade de impetração sucessiva de *habeas corpus*, ou seja, de apreciação de um segundo *habeas corpus* quando ainda não definitivamente julgado o anteriormente impetrado, é relativizada se tratar de ilegalidade flagrante e prontamente evidente.
(D) O *habeas corpus* é meio idôneo para impugnar ato de sequestro ou confisco de bens em processo criminal.
(E) O afastamento de cargo público é impugnável por *habeas corpus*.

A: incorreta. Segundo o STF, 'o *habeas corpus* não se presta à revisão, em tese, do teor de súmulas da jurisprudência dos tribunais [RHC 92.886 AgR, rel. min. Joaquim Barbosa, j. 21.09.2010, 2ª T, *DJE* de 22.10.2010.]. De acordo com art. 5º, LXVIII, da CF, conceder-se-á *habeas corpus* sempre que **alguém sofrer ou se achar ameaçado de sofrer violência ou coação em sua liberdade de locomoção**, por ilegalidade ou abuso de poder. Por meio do remédio é possível fazer controle concreto de constitucionalidade, não abstrato. Sendo assim, o teor de uma súmula que atente contra o direito à liberdade de locomoção não pode ser combatido, de forma abstrata, pelo *habeas corpus*; **B:** incorreta. A utilização do *habeas corpus* **não está sujeita à preclusão e decadência**; **C:** correta. Determina o próprio Supremo que "é pacífica a jurisprudência deste STF no sentido da inadmissibilidade de impetração sucessiva de *habeas corpus*, sem o julgamento definitivo do writ anteriormente impetrado. Tal jurisprudência **comporta relativização**, quando de logo avulta que o cerceio à liberdade de locomoção dos pacientes decorre de ilegalidade ou de abuso de poder (inciso LXVIII do art. 5º da CF/1988) [HC 94.000, rel. min. Ayres Britto, j. 17.06.2008, 1ª T, *DJE* de 13.03.2009.]; **D:** incorreta. Duas importantes decisões do STF sobre o tema: 1ª - "O *habeas corpus*, garantia de liberdade de locomoção, não se presta para discutir confisco criminal de bem". [HC 99.619, rel. p/ o ac. min. Rosa Weber, j. 14.02.2012, 1ª T, *DJE* de 22.03.2012.], 2ª - O *habeas corpus* não é o meio adequado para impugnar ato alusivo a sequestro de bens móveis e imóveis bem como o bloqueio de valores. [HC 103.823, rel. min. Marco Aurélio, j. 03.04.2012, 1ª T, *DJE* de 26.04.2012.]; **E:** incorreta. O Supremo já decidiu, reiteradas vezes, que "**o afastamento ou a perda do cargo** de juiz federal **não são ofensas atacáveis por *habeas corpus***. [HC 99.829, rel. min. Gilmar Mendes, j. 27.09.2011, 2ª T, *DJE* de 21.11.2011.] = HC 110.537 AgR, rel. min. Roberto Barroso, j. 22.10.2013, 1ª T, *DJE* de 18.11.2013. *Vide:* HC 95.496, rel. min. Cezar Peluso, j. 10.03.2009, 2ª T, *DJE* de 17.04.2009. Gabarito "C".

(Analista Judiciário – TRT/8ª – 2016 – CESPE) Acerca dos direitos e das garantias fundamentais previstos na CF, assinale a opção correta.

(A) É permitido ao preso provisório e ao maior de dezoito anos de idade internado ao tempo em que era adolescente alistar-se ou transferir o título de eleitor para o domicílio dos estabelecimentos penais e de internação onde se encontrem.

(B) A CF assegura personalidade jurídica aos partidos políticos, na forma da lei, além de estabelecer as sanções cabíveis no caso de indisciplina partidária, que podem ser tanto a advertência quanto a perda do mandato.

(C) Os direitos sociais assegurados à categoria dos trabalhadores domésticos incluem a proteção do mercado de trabalho da mulher, mediante incentivos específicos e piso salarial proporcional à extensão e à complexidade do trabalho, atendidas as condições estabelecidas em lei.

(D) Todos os direitos e as garantias expressos na CF foram expressamente editados como cláusula pétrea, constituindo rol taxativo, cuja ampliação depende de edição de emendas constitucionais.

(E) No que se refere aos direitos e garantias fundamentais elencados na CF, os estrangeiros residentes e não residentes no Brasil equiparam-se aos brasileiros.

A: correta. De acordo com o art. 15, III, da CF, apenas o preso com condenação criminal transitada em julgado e não integralmente cumprida pode ser impedido de votar. Assim, o preso provisório (aquele que, no dia da eleição, ainda aguarda decisão definitiva) e os adolescentes têm direito ao voto; **B:** incorreta. A primeira parte está correta (art. 17, § 2º, da CF), mas a CF não prevê as sanções cabíveis por indisciplina partidária. Ao contrário, ao dispor sobre os casos de perda do mandato (art. 55, CF), a Constituição não contempla a hipótese de indisciplina partidária; **C:** incorreta. Os direitos previstos no art. 7º, V e XX, CF ("piso salarial proporcional à extensão e à complexidade do trabalho" e "proteção do mercado de trabalho da mulher, mediante incentivos específicos, nos termos da lei") não são extensíveis aos trabalhadores domésticos. O rol dos direitos sociais aplicáveis aos trabalhadores domésticos está previsto no art. 7º, parágrafo único, CF; **D:** incorreta. Nem todo direito e garantia expresso na CF caracteriza-se como cláusula pétrea. São "cláusulas pétreas" da Constituição apenas as listadas no art. 60, § 4º, da CF. O legislador constituinte derivado não pode restringir o rol de cláusulas pétreas – que constitui, assim, um limite implícito ao poder de reforma da Constituição; **E:** incorreta. Embora o art. 5º, *caput*, da CF afirme que os direitos e garantias fundamentais aplicam-se aos brasileiros e aos "estrangeiros **residentes** no país", deve ser interpretado à luz do princípio da dignidade da pessoa humana, de modo que também aos estrangeiros **de passagem** pelo Brasil são garantidos direitos fundamentais. Embora essa seja a regra geral, a própria Constituição limitou o exercício de certos direitos e garantias fundamentais apenas a brasileiros, como no caso da ação popular, que só pode ser ajuizada por cidadãos brasileiros. Assim, não é correto falar em "equivalência". Gabarito "A".

(Analista – Judiciário –TRE/PI – 2016 – CESPE) A respeito dos princípios fundamentais e dos direitos e das garantias fundamentais, assinale a opção correta.

(A) Por constituírem direitos relativos às pessoas naturais, os direitos e garantias fundamentais não são extensíveis às pessoas jurídicas.

(B) Enquanto os direitos civis e políticos se baseiam em abstenções por parte do Estado, os direitos sociais pressupõem prestações positivas do Estado.

(C) De acordo com o STF, um direito fundamental constitucionalmente previsto possui caráter absoluto e se sobrepõe a eventual interesse público.

(D) A adoção da Federação como forma de Estado pela CF é embasada na descentralização política e na soberania dos Estados-membros, que são capazes de se auto-organizar por meio de suas próprias constituições.

(E) Em relação aos direitos políticos, o mandado de segurança coletivo e o *habeas corpus* são formas de exercício direto da soberania popular, como previsto na CF.

A: incorreta. As pessoas jurídicas também possuem direitos e garantias fundamentais, por exemplo, direito à inviolabilidade de domicílio (art. 5º, XI, da CF), à liberdade de associação (art. 5º, XIX, da CF), dentre outros; **B:** correta. Diferentemente dos direitos de primeira geração (direitos civis e políticos fazem parte da primeira geração), os de segunda exigem uma conduta positiva do Estado, uma ação propriamente dita e, por conta disso, também são chamados de direitos positivos. Encontram-se assegurados, aqui, os chamados direitos sociais, ou seja, aqueles relacionados ao trabalho, à educação e à saúde; **C:** incorreta. Não há direito absoluto. Ainda que sejam considerados fundamentais, não são direitos absolutos. Uma das características desses direitos é a limitabilidade ou o caráter relativo. Significa que, na crise advinda do confronto entre dois ou mais direitos fundamentais, ambos terão de ceder. Além disso, o interesse público deve prevalecer sobre o privado; **D:** incorreta. Os Estados-membros não possuem soberania, mas autonomia. Dessa autonomia decorrem as capacidades de auto-organização, autogoverno e autoadministração. Apenas a República Federativa do Brasil é dotada de soberania, pois não se submete a regras jurídicas impostas por outros Estados; **E:** incorreta. O mandado de segurança coletivo e o *habeas corpus* não são considerados direitos políticos, mas remédios constitucionais fundamentados nos incisos LXX e LXVIII do art. 5º da CF. Por outro lado, as formas de exercício direto da soberania popular são as seguintes: plebiscito, referendo e iniciativa popular de leis. Gabarito "B".

(Analista – TRT/2ª – 2014 – FCC) Os direitos dos trabalhadores urbanos e rurais foram inscritos no título da Constituição Federal dedicado a enunciar os direitos e garantias fundamentais. Tal posicionamento sugere, sob certa perspectiva, a qualificação desses direitos como direitos fundamentais da pessoa humana. Nesse sentido, o constituinte acabou por estendê-los, em grande medida, a outras categorias de trabalhadores, a exemplo dos servidores públicos e dos trabalhadores domésticos. No caso dos servidores públicos, o texto constitucional determina a extensão, dentre outros, dos seguintes direitos:

(A) jornada de seis horas para o trabalho realizado em turnos ininterruptos de revezamento; proteção do mercado de trabalho da mulher, mediante incentivos específicos; e proteção do salário na forma da lei, constituindo crime sua retenção dolosa.

(B) jornada de seis horas para o trabalho realizado em turnos ininterruptos de revezamento; proibição de distinção entre trabalho manual, técnico e intelectual ou entre os profissionais respectivos; e assistência gratuita aos filhos e dependentes desde o nascimento até cinco anos de idade em creches e pré-escolas.

(C) remuneração do trabalho noturno superior à do diurno; proibição de distinção entre trabalho manual, técnico e intelectual ou entre os profissionais respectivos; e licença à gestante, sem prejuízo do emprego e do salário, com a duração de cento e vinte dias.

(D) garantia de salário, nunca inferior ao mínimo, para os que percebem remuneração variável; proteção em face da automação; e salário-família pago em razão do dependente do trabalhador de baixa renda.

(E) proteção do mercado de trabalho da mulher, mediante incentivos específicos; remuneração do trabalho noturno superior à do diurno; e salário-família pago em razão do dependente do trabalhador de baixa renda.

Determina o art. 39, § 3º, da CF, aplica-se aos servidores ocupantes de cargo público o disposto no art. 7º, IV (salário mínimo), VII (garantia de, pelo menos, salário mínimo aos que percebem remuneração variável), VIII (décimo terceiro salário), IX **(remuneração do trabalho noturno superior à do diurno)**, XII **(salário-família pago em razão do dependente do trabalhador de baixa renda** nos termos da lei), XIII (duração do trabalho normal não superior a oito horas diárias e quarenta e quatro semanais), XV (repouso semanal remunerado, preferencialmente aos domingos), XVI (remuneração do serviço extraordinário superior, no mínimo, em cinquenta por cento à do normal), XVII (gozo de férias anuais remuneradas com, pelo menos, um terço a mais do que o salário normal), XVIII (licença à gestante), XIX (licença-paternidade), XX (**proteção do mercado de trabalho da mulher, mediante incentivos específicos**, nos termos da lei), XXII (redução dos riscos inerentes ao trabalho, por meio de normas de saúde, higiene e segurança) e XXX (proibição de diferença de salários, de exercício de funções e de critério de admissão por motivo de sexo, idade, cor ou estado civil), podendo a lei estabelecer requisitos diferenciados de admissão quando a natureza do cargo o exigir.

Gabarito "E".

2.1. Nacionalidade, Direitos Políticos e Partidos Políticos

(Analista – TRT/18 – 2023 – FCC) Martina nasceu quando seus pais, brasileiros natos, faziam um intercâmbio para aprender inglês em um determinado país estrangeiro. Ela foi registrada em repartição brasileira competente e, logo após seu nascimento, seus pais com ela voltaram para o Brasil, onde residem até o momento. Martina irá completar dezoito anos e deseja fazer curso superior com o objetivo de, futuramente, exercer cargo da carreira diplomática no Brasil. De acordo com a Constituição Federal, baseando-se apenas nas informações fornecidas, com relação ao cargo pretendido, Martina poderá exercê-lo

(A) independentemente de possuir nacionalidade brasileira.

(B) apenas se se naturalizar brasileira, pois que não é considerada brasileira nata.

(C) em razão de ser brasileira nata.

(D) apenas se optar pela nacionalidade brasileira depois que atingida a sua maioridade.

(E) apenas se seus pais tiverem feito a opção pela nacionalidade brasileira de Martina assim que chegaram no Brasil.

A: Incorreta. A carreira diplomática é privativa de brasileiro nato (CF, art. 12, § 3º, V). B: Incorreta. Ela é considerada brasileira nata (CF, art. 12, I, c). C: Correta. Art. 12, § 3º, V, combinado com o art. 12, I, c, da CF. D: Incorreta. Ela já é considerada brasileira nata (CF, art. 12, I, c). E: Incorreta. Ver comentários B e D.

Gabarito "C".

(Analista – TRT/18 – 2023 – FCC) Jacinto foi eleito, em 2020, Prefeito do Município "X", estando em seu primeiro mandato, sendo que, em 2022, sua esposa, Eleonora, ganhou, pela primeira vez, as eleições para Governadora do Estado "XY", que engloba o Município "X". Nas eleições de 2024, Jacinto pretende tentar a reeleição. De acordo com a Constituição Federal, com base apenas nas informações fornecidas e considerando que as demais condições de elegibilidade foram atendidas, Jacinto

(A) poderá se candidatar como pretende, pois não é inelegível para Prefeito, no território de jurisdição do Governador, o seu cônjuge, independentemente de ser candidato à reeleição.

(B) não poderá se candidatar como pretende, pois é cônjuge da Governadora do Estado que engloba o Município "X".

(C) poderá se candidatar como pretende apenas se renunciar ao cargo de Prefeito seis meses antes do pleito.

(D) poderá se candidatar como pretende, pois já é titular de mandato eletivo (Prefeito) e candidato à reeleição.

(E) não poderá se candidatar como pretende, salvo se Eleonora renunciar ao seu mandato de Governadora até seis meses antes do pleito.

A alternativa correta é a D, conforme previsto no art. 14, § 7º, da CF.

Gabarito "D".

(Analista - TRF/4 - FCC - 2019) Considere que determinada mulher, filha de mãe brasileira e pai estrangeiro, nascida em país cuja lei lhe reconhece nacionalidade originária e durante período em que sua mãe lá estava a serviço da República Federativa do Brasil, venha a residir no Brasil, depois de atingida a maioridade. Nessa hipótese, referida mulher

(A) é considerada brasileira nata, não podendo vir a ser extraditada, quaisquer que sejam as circunstâncias e a natureza do delito pelo qual o requeira Estado estrangeiro.

(B) não faz jus à nacionalidade originária brasileira, embora possa vir a ser naturalizada, após residir por quinze anos ininterruptos no Brasil e desde que não sofra condenação penal.

(C) será considerada brasileira naturalizada, podendo vir a ser autorizada sua extradição, mediante processo de competência originária do Supremo Tribunal Federal, em caso de comprovado envolvimento em tráfico ilícito de entorpecentes.

(D) é considerada estrangeira, condição em virtude da qual não será concedida sua extradição apenas por crime político ou de opinião.

(E) será considerada brasileira nata, desde que opte pela nacionalidade brasileira, mediante processo de competência da Justiça Federal.

A Constituição prevê que são brasileiros natos os nascidos no estrangeiro, de pai brasileiro ou mãe brasileira, desde que qualquer deles esteja a serviço da República Federativa do Brasil (art. 12, I, "b", da CF). Estabelece também que nenhum brasileiro será extraditado, salvo o naturalizado, em caso de crime comum, praticado antes da naturalização, ou de comprovado envolvimento em tráfico ilícito de entorpecentes e drogas afins (art. 5º, LI, da CF). Desse modo, referida mulher é considerada brasileira nata, não podendo vir a ser extraditada, quaisquer que sejam as circunstâncias e a natureza do delito pelo qual o requeira Estado estrangeiro.

Gabarito "A".

(Analista Judiciário - TJ/AL - 2018 - FGV) Jean, nacional francês residente no território brasileiro, procurou um advogado e solicitou que fosse esclarecido que direitos a ordem jurídica brasileira lhe assegurava, mais especificamente se possuía direitos fundamentais e direitos políticos.

À luz da sistemática constitucional, o advogado deve afirmar que Jean:

(A) possui direitos políticos e fundamentais idênticos aos dos brasileiros naturalizados;

(B) não possui direitos políticos e fundamentais de qualquer natureza;

(C) possui direitos fundamentais em extensão inferior aos dos brasileiros, mas não direitos políticos;

(D) possui direitos fundamentais idênticos aos dos brasileiros, mas direitos políticos inferiores;

(E) possui direitos políticos e fundamentais em extensão inferior aos dos brasileiros.

O *caput* do art. 5º da Constituição Federal garante aos brasileiros e aos estrangeiros residentes no País a inviolabilidade do direito à vida, à liberdade, à igualdade, à segurança e à propriedade. Apesar disso, alguns direitos se originam do vínculo do sujeito com o Estado (direitos do cidadão) e não são extensíveis aos estrangeiros, por exemplo: os estrangeiros podem ser extraditados (art. 5º, LI, da CF), não podem propor ação popular, não podem ocupar determinados cargos privativos de brasileiro nato (art. 12, § 3º, da CF) e não possuem direitos políticos (art. 14, §§ 2º e 4º, da CF). Assim, Jean possui direitos fundamentais em extensão inferior aos dos brasileiros, mas não possui direitos políticos. AN

Gabarito "C".

(Analista Judiciário – TRT/11 – FCC – 2017) Caio, brasileiro nato, é jogador de futebol profissional e foi contratado para jogar por um grande clube estrangeiro, cuja legislação o país impõe a naturalização de Caio como condição para a permanência em seu território, e, como queria continuar jogando nesse time, procedeu à naturalização. Caio

(A) perderá a nacionalidade brasileira enquanto permanecer em território estrangeiro, podendo readquiri-la assim que retornar ao Brasil.

(B) perderá a nacionalidade brasileira, tendo em vista que adquiriu outra nacionalidade.

(C) tornar-se-á brasileiro naturalizado automaticamente, em razão de ter adquirido outra nacionalidade.

(D) não perderá a nacionalidade brasileira apenas se comprovar que mantém vínculos com o Brasil, visitando-o periodicamente.

(E) não perderá a nacionalidade brasileira.

Art. 12, § 4º, II, CF: Caio não perde a nacionalidade brasileira, pois a naturalização foi imposta como condição para a permanência no território. Com o advento da Emenda Constitucional nº 131/2023, que deu nova redação ao inciso II do § 4º do art. 12 da CF só será declarada a perda da nacionalidade do brasileiro que "fizer pedido expresso de perda da nacionalidade brasileira perante autoridade brasileira competente, ressalvadas situações que acarretem apatridia". AMN

Gabarito "E".

(Analista Judiciário – TRT/11 – FCC – 2017) Considere a seguinte situação hipotética: Jaime em seu segundo mandato como Governador de determinado Estado, está em dúvida se, nas próximas eleições, irá se candidatar novamente a Governador ou a Presidente da República. Com base apenas nas informações fornecidas, de acordo com a Constituição Federal, Jaime

(A) não poderá se candidatar à reeleição para Governador e, para concorrer ao cargo de Presidente da República, deverá renunciar ao seu atual mandato até quatro meses antes do pleito.

(B) não poderá se candidatar à reeleição para Governador e, para concorrer ao cargo de Presidente da República, deverá renunciar ao seu atual mandato até seis meses antes do pleito.

(C) poderá se candidatar à reeleição para Governador e, para concorrer ao cargo de Presidente da República, deverá renunciar ao seu atual mandato até seis meses antes do pleito.

(D) poderá se candidatar à reeleição para Governador e não há necessidade de renunciar ao seu atual mandato para concorrer ao cargo de Presidente da República.

(E) poderá se candidatar à reeleição para Governador e, para concorrer ao cargo de Presidente da República, deverá renunciar ao seu atual mandato até quatro meses antes do pleito.

Jaime está em seu segundo mandato como Governador, então não poderá se candidatar novamente ao cargo de governador porque a Constituição só permite uma reeleição sucessiva. Para concorrer para outro cargo, deve se desincompatibilizar seis meses antes do pleito. Ver art. 14, §§ 5º e 6º, CF. TM

Gabarito "B".

(Analista Judiciário – TRF/2 – Consulplan – 2017) "Ednaldo, servidor público federal, respondia a diversos processos no âmbito administrativo, penal e cível (por ato de improbidade administrativa) em razão de irregularidades praticadas no exercício funcional. Certo dia foi informado por seu advogado do risco de ter os direitos políticos suspensos, o que frustraria o seu objetivo de se candidatar a um mandato eletivo." À luz das informações fornecidas e da sistemática constitucional, assinale a alternativa correta.

(A) A suspensão dos direitos políticos restringe de forma menos intensa a cidadania que a inelegibilidade.

(B) A suspensão dos direitos políticos pode decorrer de decisões proferidas em todos os processos a que responde Ednaldo.

(C) A condenação por ato de improbidade administrativa somente acarretará a inelegibilidade, não a suspensão dos direitos políticos.

(D) Na hipótese de condenação criminal transitada em julgado, Ednaldo terá os direitos políticos suspensos enquanto durarem seus efeitos.

A: errada. A suspensão de direitos políticos torna a pessoa inelegível (art. 14, § 3º, II, CF); **B:** errada. Apenas das condenações criminais transitadas em julgado (art. 15, III, CF); **C:** errada. De acordo com o art. 15, V, CF, a condenação por improbidade implica suspensão de direitos políticos. A inelegibilidade é pena prevista na própria lei de improbidade; **D:** correta. Art. 15, III, CF. TM

Gabarito "D".

(Analista Judiciário – TRE/SP – FCC – 2017) Dentre os candidatos que pretendem disputar a eleição para Governador estão um prefeito municipal no exercício de seu segundo mandato consecutivo e um militar com mais de dez anos de serviço. Para que sejam elegíveis, de acordo com as normas constitucionais,

(A) ambos devem renunciar aos cargos que ocupam até seis meses antes do pleito.

(B) ambos devem renunciar aos cargos que ocupam até três meses antes do pleito.
(C) ambos devem afastar-se dos cargos que ocupam até seis meses antes do pleito, sendo que o militar, se eleito, passará automaticamente, no ato da diplomação, para a inatividade.
(D) o Prefeito deve renunciar ao mandato até seis meses antes do pleito, ao passo que o militar deve ser agregado pela autoridade superior e, se eleito, passará automaticamente, no ato da diplomação, para a inatividade.
(E) o Prefeito não precisará renunciar ao mandato, mas o militar deverá afastar-se da atividade e, se eleito, perderá o cargo no ato de sua diplomação.

O Prefeito não pode mais concorrer à reeleição, porque já está em seu Segundo mandato, podendo concorrer a outros cargos, desde que se desincompatibilize do cargo até seis meses antes do pleito (art. 14, §§ 5º e 6º, CF). O militar com mais de dez anos de serviço é afastado temporariamente do serviço ativo pela autoridade superior e, caso eleito, passa automaticamente para a reserva (art 14, § 8º, II, CF).
Gabarito "D".

(Analista Judiciário – TRE/SP – FCC – 2017) A Constituição Federal estabelece casos de inelegibilidade por motivos de casamento, parentesco ou afinidade. Segundo essas regras constitucionais e à luz da jurisprudência do Supremo Tribunal Federal, é inelegível para o mandato de

(A) Deputado Estadual, o ex-cônjuge do Governador do mesmo Estado, quando a dissolução da sociedade ou do vínculo conjugal tiver ocorrido no curso do mandato, salvo se já titular de mandato eletivo e candidato à reeleição.
(B) Deputado Estadual, o cônjuge de Prefeito de Município do mesmo Estado.
(C) Deputado Estadual, o parente consanguíneo ou afim, até o terceiro grau, do Governador do mesmo Estado.
(D) Presidente da República, o cônjuge do Prefeito.
(E) Governador, o cônjuge de Deputado Estadual do mesmo Estado, salvo se já titular de mandato eletivo e candidato à reeleição.

A: correta. Art. 14, § 7º, CF e Súmula Vinculante 18/STF: "A dissolução da sociedade ou do vínculo conjugal, no curso do mandato, não afasta a inelegibilidade prevista no § 7º do artigo 14 da Constituição Federal"; **B:** errada, pois a base territorial de prefeito (município) é diversa da base territorial de deputado estadual (estado); **C:** errada. O art. 14, § 7º, CF, restringe a candidatura até o segundo grau, não havendo impedimento para os parentes de terceiro grau; **D:** errada. O impedimento do art. 14, § 7º, CF, refere-se a cargos na mesma base territorial do titular. A base territorial do prefeito (municipal) é diversa da base territorial do Presidente da República (nacional); **E:** errada. Somente são inelegíveis pela regra do art. 14, § 7º, CF, o cônjuge, ex-cônjuge e parentes até o segundo grau (consanguíneos ou afins), do titular.
Gabarito "A".

(Analista Jurídico – TCE/PR – 2016 – CESPE) Com base na jurisprudência do STF, assinale a opção correta a respeito dos direitos políticos.

(A) O princípio da anterioridade da lei eleitoral subordina, inclusive, a incidência das hipóteses de inelegibilidade introduzidas por normas constitucionais originárias constantes da Constituição Federal de 1988.

(B) As condições de elegibilidade podem ser estabelecidas por simples lei ordinária federal, diferentemente das hipóteses de inelegibilidade, que são reservadas a lei complementar.
(C) É constitucional a exigência legal que, independentemente da identificação civil, condiciona o voto à apresentação, pelo eleitor, do título eleitoral.
(D) É dos estados a competência para legislar sobre condições específicas de elegibilidade dos juízes de paz.
(E) A filiação partidária como condição de elegibilidade não se estende aos juízes de paz.

A: incorreta. A anualidade da lei eleitoral (ou anterioridade eleitoral) encontra-se consagrada no art. 16 da CF e não subordina normas constitucionais originárias porque o poder constituinte **originário** é inicial, ilimitado, autônomo, incondicionado e soberano; **B: correta.** O art. 14, § 9º, CF, por constituir exceção, deve ser interpretado restritivamente. Assim, como a norma constitucional se refere apenas à exigência de lei complementar para a imposição de outros casos de inelegibilidades, mera lei ordinária poderia dispor sobre outras condições de elegibilidade; **C: incorreta.** O STF já reconheceu que impedir o eleitor com documento oficial de identidade com foto de votar, por não estar portando o título de eleitor, afronta a razoabilidade. Apenas a ausência de documento oficial com fotografia impede o exercício do direito de voto (ADI 4.467-MC, rel. min. Ellen Gracie, j. 30.09.2010, Pleno, *DJE* 01.06.2011); **D: incorreta.** O art. 14, § 3º, VI, "c", da CF estabelece a idade mínima de 21 anos para a elegibilidade dos juízes de paz. Por se tratar de matéria eleitoral, a competência legislativa é privativa da União (art. 22, I, "a", CF), embora não sob a forma de medidas provisórias (art. 62, § 1º, I, "a", CF); **E: incorreta.** Ver art. 98, II, CF. O STF já decidiu que a obrigatoriedade de filiação partidária para candidatos a juiz de paz (art. 14, 3º, da CF) decorre do sistema eleitoral. (ADI 2.938, rel. min. Eros Grau, j. 09.06.2005, Pleno, *DJ* de 09.12.2005).
Gabarito "B".

(Analista – Judiciário –TRE/PI – 2016 – CESPE) Assinale a opção correta acerca dos direitos e das garantias fundamentais.

(A) Deverão ser cassados os direitos políticos de parlamentar condenado por crime de corrupção em sentença criminal transitada em julgado.
(B) Lei que altere o processo eleitoral editada no mesmo ano de um pleito eletivo, ainda que em vigor, será aplicada no ano subsequente, conforme o princípio da anterioridade eleitoral.
(C) Gravação de conversa telefônica sem autorização judicial, registrada por um dos interlocutores, é considerada prova ilícita, ante o sigilo das comunicações telefônicas, constitucionalmente assegurado.
(D) A instauração de processo administrativo disciplinar contra servidor público para apuração de irregularidade funcional garante ao servidor o direito de impetrar *habeas corpus* para impedir o prosseguimento do processo administrativo.
(E) Estrangeiro de qualquer nacionalidade pode se candidatar a cargos eletivos, com exceção dos cargos para os quais se exige a condição de brasileiro nato.

A: incorreta. A Constituição **proíbe a cassação de direitos políticos**. Determina o *caput* do art. 15 da CF que é proibida a cassação de direitos políticos. O mesmo dispositivo autoriza apenas a perda e a suspensão desses direitos nas seguintes situações: I - cancelamento da naturalização por sentença transitada em julgado; II - incapacidade civil absoluta; III - condenação criminal transitada em julgado, enquanto durarem seus efeitos; IV - recusa de cumprir obrigação a todos imposta ou prestação

alternativa, nos termos do art. 5º, VIII; e V - improbidade administrativa, nos termos do art. 37, § 4º. Vale lembrar que **a condenação criminal transitada em julgado, enquanto durarem seus efeitos, gera suspensão dos direitos políticos**; **B**: correta. O princípio da anterioridade ou anualidade eleitoral, previsto no art. 16 da CF, determina que a lei que alterar o processo eleitoral entrará em vigor na data de sua publicação, mas não se aplicará à eleição que ocorra até um ano da data de sua vigência; **C**: incorreta. O STF já decidiu (HC 75.338-RJ) que a gravação de conversa telefônica pode ser considerada como prova lícita, vejamos "Considera-se prova lícita a gravação telefônica feita por um dos interlocutores da conversa, sem o conhecimento do outro. Afastou-se o argumento de afronta ao art. 5º, XII da CF ("XII - é inviolável o sigilo ... das comunicações telefônicas, salvo ... por ordem judicial, nas hipóteses e na forma que a lei estabelecer ..."), uma vez que esta garantia constitucional refere-se à interceptação de conversa telefônica feita por terceiros, o que não ocorre na hipótese. Com esse entendimento, o Tribunal, por maioria, indeferiu o pedido de *habeas corpus* em que se pretendia o trancamento da ação penal contra magistrado denunciado por crime de exploração de prestígio (CP, art. 357: "Solicitar ou receber dinheiro ou qualquer outra utilidade, a pretexto de influir em juiz, jurado, órgão do Ministério Público, funcionário de justiça, perito, tradutor, intérprete ou testemunha") com base em conversa telefônica gravada em secretária eletrônica pela própria pessoa objeto da proposta. Vencidos os Ministros Marco Aurélio e Celso de Mello, que deferiam a ordem". Vicente Paulo e Marcelo Alexandrino, em Direito Constitucional Descomplicado, 14ª Ed., p. 144, ensinam que "A **interceptação telefônica** é a captação de conversa feita por um terceiro, sem o conhecimento dos interlocutores, situação que depende, sempre, de ordem judicial prévia, por força do art. 5º, XII, da CF. Por exemplo: no curso de uma instrução processual penal, a pedido do MP, o magistrado autoriza a captação do conteúdo da conversa entre dois traficantes de drogas ilícitas, sem o conhecimento destes. A **escuta telefônica** é a captação de conversa feita por um terceiro, com o conhecimento de apenas um dos interlocutores. Por exemplo: João e Maria conversam e Pedro grava o conteúdo do diálogo, com o consentimento de Maria, mas sem que João saiba. A **gravação telefônica** é feita por um dos interlocutores do diálogo, sem o consentimento ou a ciência do outro. Por exemplo: Maria e João conversam e ela grava o conteúdo dessa conversa, sem que João saiba. A relevância de tal distinção é que **a escuta e a gravação telefônicas - por não constituírem interceptação telefônica em sentido estrito - não se sujeitam à inarredável necessidade de ordem judicial prévia e podem, a depender do caso concreto (situação de legítima defesa, por exemplo), ser utilizadas licitamente como prova no processo**" (grifos nossos); **D**: incorreta. Como no problema apresentado não há violação à liberdade de locomoção, o remédio não pode ser utilizado; **E**: incorreta. **O estrangeiro não pode se candidatar a cargos eletivos**. A nacionalidade brasileira é uma das condições de elegibilidade, conforme determina o art. 14, § 3º, I, da CF. Além disso, o estrangeiro é tratado na CF/88 como inalistável, ou seja, não pode fazer o alistamento eleitoral e exercer o direito de voto. Se não pode o menos, que é votar, também não poderá o mais, que é ser votado. Por fim, o alistamento eleitoral também é considerado condição de elegibilidade, previsto no art. 14, § 3º, III, da CF, de modo que ambos os artigos fundamentam a impossibilidade do estrangeiro de se candidatar a cargos eletivos, quaisquer que sejam eles. TM
Gabarito "B".

(Analista – TRT/16ª – 2014 – FCC) Mirela, advogada, é casada com Pedro, Prefeito do Município "X" do Estado do Maranhão, não sendo titular de qualquer mandato eletivo. No curso do mandato de Pedro, Mirela e Pedro dissolvem o vínculo conjugal por meio de divórcio devidamente homologado pelo Poder Judiciário. Mirela pretende concorrer no próximo pleito municipal a um cargo eletivo no Município "X". Neste caso, Mirela

(A) poderá concorrer normalmente ao cargo de Vereadora, mas é inelegível para os cargos de Prefeita e Vice-Prefeita do Município.

(B) não poderá concorrer ao cargo eletivo, por ser inelegível, nos termos da Constituição Federal.

(C) poderá concorrer normalmente aos cargos de Prefeita, Vice-Prefeita ou Vereadora do Município, sem qualquer restrição.

(D) poderá concorrer normalmente aos cargos de Prefeita, Vice-Prefeita ou Vereadora do Município desde que a dissolução do vínculo conjugal tenha ocorrido há mais de seis meses antes do pleito.

(E) poderá concorrer apenas ao cargo de Vereadora do Município desde que a dissolução do vínculo conjugal tenha ocorrido há mais de seis meses antes do pleito, sendo inelegível para os cargos de Prefeita e Vice-Prefeita.

A: incorreta. Mirela não poderá concorrer no próximo pleito eleitoral, pois é inelegível. De acordo com o art. 14, § 7º, da CF, são **inelegíveis, no território de jurisdição do titular, o cônjuge** e os parentes consanguíneos ou afins, até o segundo grau ou por adoção, do Presidente da República, de Governador de Estado ou Território, do Distrito Federal, **de Prefeito** ou de quem os haja substituído dentro **dos seis meses anteriores ao pleito**, salvo se já titular de mandato eletivo e candidato à reeleição. Vale lembrar que a Súmula Vinculante nº 18 (STF) determina que **a dissolução da sociedade ou do vínculo conjugal, no curso do mandato, não afasta a inelegibilidade** prevista no § 7º do artigo 14 da Constituição Federal; **B**: correta. É o que determina o mencionado art. 14, § 7º, da CF e a Súmula Vinculante nº 18 (STF); **C e D**: incorretas. Como mencionado, Mirela é inelegível para o próximo pleito eleitoral, tanto para o cargo de Prefeita (ou Vice-Prefeita) como para o cargo de Vereadora.
Gabarito "B".

3. ORGANIZAÇÃO DO ESTADO

(Analista – TRT/18 – 2023 – FCC) De acordo com a Constituição Federal, compete à União, dentre outras possibilidades,

(A) declarar a guerra e celebrar a paz, sendo uma de suas competências privativas a de legislar sobre o direito do trabalho.

(B) manter o serviço postal e o correio aéreo nacional, sendo que a competência para legislar sobre o direito do trabalho é concorrente da União, dos Estados e do Distrito Federal.

(C) declarar a guerra e celebrar a paz, sendo que a competência para legislar sobre o direito do trabalho é concorrente da União, dos Estados e do Distrito Federal.

(D) manter o serviço postal e o correio aéreo nacional, sendo que a competência para legislar sobre o direito do trabalho é comum da União, dos Estados e do Distrito Federal.

(E) declarar a guerra e celebrar a paz, sendo que a competência para legislar sobre o direito do trabalho é comum da União, dos Estados e do Distrito Federal.

A: Correta. Art. 21, II, e art. 22, I, da CF. **B**: Incorreta. Compete à União manter o serviço postal e o correio aéreo nacional (CF, art. 21, X), mas a competência para legislar sobre o direito do trabalho é privativa e não concorrente da União, dos Estados e do Distrito Federal (CF, art. 22, I).

C: Incorreta. Ver comentário à alternativa **A**. **D:** Incorreta. Ver comentário à alternativa **B**. **E:** Incorreta. Ver comentários às alternativas **A** e **B**.

Gabarito "A".

Determinado estado da Federação pretende instituir regiões metropolitanas, aglomerações urbanas e microrregiões constituídas por agrupamentos de municípios limítrofes, para integrar a organização, o planejamento e a execução de funções públicas de interesse comum.

(Analista Judiciário – TJ/PA – 2020 – CESPE/CEBRASPE) Nessa situação, o ente federativo poderá efetivar tal medida mediante

(A) lei ordinária federal.
(B) lei complementar federal.
(C) medida provisória estadual.
(D) lei ordinária estadual de iniciativa do Poder Executivo.
(E) lei complementar estadual de iniciativa parlamentar.

O art. 25, § 3º, da CF prevê que os Estados poderão, mediante lei complementar, instituir regiões metropolitanas, aglomerações urbanas e microrregiões, constituídas por agrupamentos de municípios limítrofes, para integrar a organização, o planejamento e a execução de funções públicas de interesse comum. No julgamento da Ação Direta de Inconstitucionalidade 2803, o STF asseverou que a lei complementar estadual pode ser de iniciativa parlamentar, conforme se observa: "*1. Não incide em violação da reserva de iniciativa legislativa do chefe do Poder Executivo (art. 61, § 1º, II, e, CF) lei complementar estadual que inclui novo município em região metropolitana. A simples inclusão de município em região metropolitana não implica, per se, a alteração da estrutura da máquina administrativa do Estado. Precedente: ADI 2.809/RS, Relator o Ministro Maurício Corrêa, DJ de 30/4/04. 2. O impedimento constitucional à atividade parlamentar que resulte em aumento de despesa (art. 63, I, CF/88) só se aplica aos casos de iniciativa legislativa reservada. Ademais, conforme esclarece a Assembleia Legislativa, a inclusão de município na região metropolitana não gera aumento de despesa para o Estado, uma vez que "a dotação orçamentária está vinculada à própria região metropolitana, independentemente do número de municípios que a integrem, sendo irrelevante, portanto, a inclusão posterior de Município da região em comento". 3. A legislação impugnada observa formal e materialmente o disposto no art. 25, § 3º, da Constituição Federal. O instrumento normativo utilizado é idôneo, uma vez que se trata de lei complementar estadual, e o requisito territorial insculpido na expressão "municípios limítrofes" foi atendido. Na justificativa do projeto de lei, está demonstrada a proximidade física e a interdependência urbana, social e histórica entre o Município de Santo Antônio da Patrulha e os demais componentes da Região Metropolitana de Porto Alegre. 4. Ação direta de inconstitucionalidade julgada improcedente.*" (ADI 2803, Relator: DIAS TOFFOLI, Tribunal Pleno, julgado em 06/11/2014).

Gabarito "E".

(Analista Judiciário – TJ/PA – 2020 – CESPE/CEBRASPE) Segundo o STF, lei editada pelo Poder Legislativo de estado da Federação para regulamentar o inquérito policial deverá ser considerada

(A) inconstitucional, porque a competência legislativa para tratar do tema é privativa da União.
(B) inconstitucional, porque a competência legislativa para tratar do tema é exclusiva da União.
(C) constitucional, porque a competência legislativa para tratar de direito processual é comum à União, aos estados, ao Distrito Federal e aos municípios.
(D) constitucional, porque a competência legislativa para tratar do tema é concorrente, porém a superveniência de lei federal com normas gerais sobre o tema revogará a lei estadual.
(E) constitucional, porque a competência legislativa para tratar do tema é concorrente e, caso não haja lei federal sobre normas gerais, o estado poderá exercer a competência legislativa plena.

No julgamento da Ação Direta de Inconstitucionalidade 3.896, o Plenário do STF reconheceu a inconstitucionalidade formal de lei estadual pela qual se tratava de norma sobre tema referente à persecução penal, por ser competência privativa da União legislar sobre direito processual penal, nos termos do inciso I do art. 22 da Constituição da República. Confira-se a ementa do julgado: "*1. É competência privativa da União legislar sobre direito processual (art. 22, inc. I, da Constituição da República). 2. A persecução criminal, da qual fazem parte o inquérito policial e a ação penal, rege-se pelo direito processual penal. Apesar de caracterizar o inquérito policial uma fase preparatória e até dispensável da ação penal, por estar diretamente ligado à instrução processual que haverá de se seguir, é dotado de natureza processual, a ser cuidada, privativamente, por esse ramo do direito de competência da União. 3. Ação direta de inconstitucionalidade julgada procedente.*" (ADI 3896, Relatora: CÁRMEN LÚCIA, Tribunal Pleno, julgado em 04/06/2008). Posteriormente, no julgamento da Ação Direta de Inconstitucionalidade 2.886, o Plenário do Supremo Tribunal Federal decidiu que o inquérito policial tem natureza jurídica procedimental e submete-se aos limites da competência legislativa concorrente, nos termos do inciso XI do art. 24 da Constituição da República: "*A legislação que disciplina o inquérito policial não se inclui no âmbito estrito do processo penal, cuja competência é privativa da União (art. 22, I, CF), pois o inquérito é procedimento subsumido nos limites da competência legislativa concorrente, a teor do art. 24, XI, da Constituição Federal de 1988, tal como já decidido reiteradamente pelo Supremo Tribunal Federal. (...)*" (ADI 2886, Relator: EROS GRAU, Relator p/ Acórdão: JOAQUIM BARBOSA, Tribunal Pleno, julgado em 03/04/2014). No julgamento da Ação Direta de Inconstitucionalidade 4.337, o Plenário do STF reafirmou o entendimento de que o inquérito policial está inserido na competência concorrente da União, dos Estados-Membros e do Distrito Federal para legislar sobre procedimentos em matéria processual: "*1. O inquérito policial está inserido na competência concorrente da União, dos Estados-Membros e do Distrito Federal para legislar sobre procedimentos em matéria processual, conferida pelo inc. XI do art. 24 da Constituição da República. Precedentes. 2. Pela natureza procedimental administrativa do boletim de ocorrência, o Estado de São Paulo é competente para legislar sobre esse ato. Precedentes. 3. A lógica da Lei n. 9.807/1999 não foi subvertida pela Assembleia Legislativa do Estado de São Paulo. Na lei paulista, regulamenta-se hipótese de sigilo no inquérito policial, conforme o art. 20 do Código de Processo Penal. 4. O princípio do contraditório não se aplica ao inquérito policial, nos idênticos termos em que acolhido para o processo, resguardado, em qualquer caso, o acesso aos dados sigilosos ao advogado legalmente constituído, ao membro do Ministério Público e à autoridade judiciária competente.*" (ADI 4337, Relatora: CÁRMEN LÚCIA, Tribunal Pleno, julgado em 13/09/2019).

Questão polêmica, sendo que o CESPE alterou o gabarito de letra "E" para letra "A" sob a seguinte justificativa: "*Considerando a situação trazida no comando da questão, a lei seria **inconstitucional**, pois a competência legislativa para tratar do tema a ela relacionado é **privativa da União**".

Gabarito "A".

(Analista - TRF/4 - FCC - 2019) Será compatível com a Constituição Federal e a jurisprudência do Supremo Tribunal Federal a lei federal que

(A) autorize os Estados a legislar sobre questões específicas em matéria de proteção à infância e à juventude, desde que se trate de lei complementar.

(B) determine a realização de novas eleições para cargos majoritários simples, em casos de vacância por causas eleitorais de extinção do mandato.

(C) fixe tempo máximo de espera em fila para os usuários de serviços prestados por instituições financeiras e cartórios de registros públicos.

(D) fixe, para o valor das aposentadorias a serem concedidas pelos regimes próprios de previdência dos servidores de União, Estados, Distrito Federal e Municípios, o limite máximo estabelecido para os benefícios do regime geral de previdência social.

(E) regule a ocupação e a utilização da faixa de fronteira, assim considerada a faixa de até duzentos quilômetros de largura, fundamental para a defesa do território nacional.

A: incorreta, pois é competência **concorrente** da União, dos Estados e do Distrito Federal legislar sobre proteção à infância e à juventude (art. 24, XV, da CF), de modo que a competência da União limita-se a estabelecer normas gerais, a qual não exclui a competência suplementar dos Estados (art. 24, §§ 1º e 2º, da CF); **B:** correta, visto que o STF fixou a tese de que "*é constitucional legislação federal que estabeleça novas eleições para os cargos majoritários simples – isto é, Prefeitos de Municípios com menos de duzentos mil eleitores e Senadores da República – em casos de vacância por causas eleitorais*" (ADI 5619, Relator: Min. Roberto Barroso, Tribunal Pleno, julgado em 08/03/2018); **C:** incorreta, porque o STF entende que compete aos **municípios** fixar o tempo máximo de espera em fila dos usuários dos serviços prestados por cartórios de registros públicos e instituições bancárias, por ser assunto de interesse local (RE 397094, Relator: Min. Sepúlveda Pertence, Primeira Turma, julgado em 29/08/2006 e RE 610221, Relator: Min. Ellen Gracie, julgado em 27/08/2010); **D:** incorreta, porque compete à União, aos Estados, ao Distrito Federal e aos Municípios, desde que instituam regime de previdência complementar para os seus respectivos servidores titulares de cargo efetivo, fixar, para o valor das aposentadorias e pensões a serem concedidas pelo regime próprio de previdência social, o limite máximo estabelecido para os benefícios do regime geral de previdência social (art. 40, § 14, da CF). Desse modo, a lei federal somente pode atingir os servidores da União, e não os servidores dos demais entes federados. A Emenda Constitucional nº 103/2019 alterou a redação desse dispositivo para estabelecer que a União, os Estados, o Distrito Federal e os Municípios instituirão, por lei de iniciativa do respectivo Poder Executivo, regime de previdência complementar para servidores públicos ocupantes de cargo efetivo, observado o limite máximo dos benefícios do Regime Geral de Previdência Social para o valor das aposentadorias e das pensões em regime próprio de previdência social; **E:** incorreta, pois a faixa de fronteira é definida como a faixa de até **cento e cinquenta quilômetros** de largura, ao longo das fronteiras terrestres, considerada fundamental para defesa do território nacional (art. 20, § 2º, da CF). Gabarito "B".

(Analista - TJ/SC - FGV - 2018) Com o objetivo de ampliar a arrecadação e aprimorar as políticas públicas afetas aos direitos prestacionais, o Município Alfa editou a Lei n. 123/2018, disciplinando o funcionamento dos bingos no âmbito do seu território. Foram previstos os requisitos a serem atendidos para a concessão da licença de funcionamento e a parcela da arrecadação a ser transferida aos cofres públicos.

À luz da sistemática constitucional de divisão de competências legislativas, a Lei n. 123/2018 é:

(A) inconstitucional, pois compete concorrentemente à União e aos Estados legislar sobre bingos;

(B) constitucional, pois compete ao Município legislar sobre matérias de interesse local;

(C) constitucional, desde que a União tenha transferido aos Municípios competência legislativa;

(D) inconstitucional, pois compete privativamente à União legislar sobre bingos;

(E) constitucional, desde que observadas as normas gerais editadas pela União.

A Constituição estabelece a competência privativa da União para legislar sobre sistemas de consórcios e sorteios (art. 22, XX). E o STF fixou o entendimento de que é inconstitucional a lei ou ato normativo estadual ou distrital que disponha sobre sistemas de consórcios e sorteios, inclusive bingos e loterias (Súmula Vinculante 2). Assim, a Lei n. 123/2018, do Município Alfa, é inconstitucional, pois compete privativamente à União legislar sobre bingos. Gabarito "D".

(Analista Judiciário - TJ/AL - 2018 - FGV) O Estado Alfa ingressou com ação judicial em face da União, postulando que fosse reconhecido que, entre os bens do Estado, figuravam as terras devolutas situadas em seu território, tidas como indispensáveis à defesa das fronteiras.

À luz da sistemática constitucional, o referido pedido deve ser julgado:

(A) procedente, pois todas as terras devolutas pertencem aos Estados;

(B) improcedente, pois todas as terras devolutas pertencem aos Municípios;

(C) procedente, pois somente as terras devolutas situadas em ilhas pertencem à União;

(D) improcedente, pois as terras devolutas indispensáveis à defesa das fronteiras pertencem à União;

(E) procedente, pois somente as terras devolutas situadas em capitais pertencem à União e aos Municípios.

A Constituição estabelece que são bens da União as terras devolutas indispensáveis à defesa das fronteiras, das fortificações e construções militares, das vias federais de comunicação e à preservação ambiental (art. 20, II, da CF). Logo, o referido pedido deve ser julgado improcedente. Gabarito "D".

(Analista Judiciário – TRF/2 – Consulplan – 2017) Com o objetivo de descongestionar as turmas recursais dos juizados especiais cíveis, determinado Estado da Federação promulgou a Lei X, que instituiu a exigência de depósito prévio de 100% do valor da condenação para a interposição de recurso contra sentenças proferidas no âmbito dos juizados. À luz da divisão de competências legislativas estabelecida pela Constituição da República e da interpretação que lhe vem sendo dispensada pelo Supremo Tribunal Federal, é correto afirmar que a Lei X é:

(A) Inconstitucional, considerando que compete privativamente à União legislar sobre direito processual.

(B) Inconstitucional, pois os Estados não possuem competência legislativa para legislar sobre procedimento.

(C) Constitucional, desde que o Estado tenha observado os limites estabelecidos pelas normas gerais editadas pela União.

(D) Constitucional, tendo em vista que os Estados possuem competência concorrente com a União para legislar sobre procedimento e este último ente não tratou da matéria.

A lei é inconstitucional por ser competência privativa da União legislar sobre direito processual (art. 22, I, CF). Além disso, o STF já declarou a inconstitucionalidade de lei que previa igual exigência, haja vista que não prevista na lei sobre os juizados especiais cíveis e criminais (Lei 9.099/1995).
Gabarito "A".

(Analista Judiciário – TRE/SP – FCC – 2017) À luz da Constituição Federal e da jurisprudência do Supremo Tribunal Federal, considere:

I. Os Estados podem incorporar-se entre si, subdividir-se ou desmembrar-se para se anexarem a outros, ou formarem novos Estados ou Territórios Federais, mediante aprovação da população diretamente interessada, através de plebiscito, e do Congresso Nacional, por Emenda Constitucional.
II. A criação, a incorporação, a fusão e o desmembramento de Municípios far-se-ão por lei estadual, dentro do período determinado por Lei Complementar Federal, e dependerão de consulta prévia, mediante plebiscito, às populações dos Municípios envolvidos, após divulgação dos Estudos de Viabilidade Municipal, apresentados e publicados na forma da lei.
III. No caso de desmembramento de Município, é necessária tanto a consulta à população do território a ser desmembrado, quanto a do território remanescente.
IV. No caso de desmembramento de Estado, não é necessária a consulta à população do território remanescente, uma vez que a Constituição Federal exige apenas a consulta da população diretamente interessada.

Está correto o que consta APENAS em
(A) I e II.
(B) I e III.
(C) II e III.
(D) II e IV.
(E) III e IV.

I: errada. Não reflete o disposto no art. 18, § 3º, CF, que não trata da criação de território federal (territórios só podem ser regulados por lei complementar, como disposto no art. 18, § 2º, CF). Além disso, a fusão, incorporação e desmembramento de estados da federação é realizada por lei estadual, não por emenda à Constituição; II: correta. Art. 18, § 4º, CF; III: correta. O art. 18, § 4º, CF, refere-se à população interessada (na fusão, incorporação ou desmembramento), que se refere tanto à população da parcela do município que será desmembrado, quanto daquela que permanecerá no território do município; IV: errada. O art. 18, § 3º, CF, também exige consulta à população diretamente interessada, que envolve todos aqueles que serão afetados pela medida.
Gabarito "C".

(Analista Judiciário – TJ/MT – UFMT – 2016) Sobre a União, assinale a afirmativa INCORRETA.
(A) É competência privativa da União legislar sobre normas gerais de licitação e contratação para as administrações públicas.
(B) É competência privativa da União legislar sobre a proteção do patrimônio histórico, cultural, turístico e paisagístico.
(C) É competência da União o planejamento e a promoção da defesa, de caráter permanente, contra calamidades públicas.
(D) É competência da União exercer a classificação indicativa de programas de rádio e de televisão.

A: correta. Art. 22, XXVII, CF; B: errada, devendo ser assinalada. A matéria é de competência concorrente (art. 24, VII, CF); C: correta. Art. 21, XVIII, CF; D: correta. Art. 21, XVI, CF.
Gabarito "B".

(Analista Jurídico –TCE/PA – 2016 – CESPE) Acerca da organização do Estado, julgue os itens subsecutivos.
(1) Compete privativamente à União legislar sobre direito civil, comercial e financeiro.
(2) Os estados-membros, mediante lei ordinária específica, podem instituir regiões metropolitanas, constituídas por agrupamentos de municípios, para integrar a organização, o planejamento e a execução de funções públicas de interesse comum.

1: errada. A competência para legislar sobre direito **financeiro** é **concorrente**, conforme determina o art. 24, I, da CF; **2**: errada. Determina o § 3º do art. 25 da CF que os Estados poderão, **mediante lei complementar**, instituir regiões metropolitanas, aglomerações urbanas e microrregiões, constituídas por agrupamentos de municípios limítrofes, para integrar a organização, o planejamento e a execução de funções públicas de interesse comum.
Gabarito "1E, 2E".

(Analista Jurídico –TCE/PR – 2016 – CESPE) Com base na Constituição Federal de 1988 e na jurisprudência do STF, assinale a opção correta a respeito do concurso público.
(A) É incabível o controle judicial do resultado alcançado por avaliação psicológica em etapa eliminatória de concurso público, seja por conta da alta carga do exame, seja por força da presunção de legalidade dos atos administrativos ou, ainda, pela vedação à ingerência judicial no mérito administrativo.
(B) As etapas por que passa o concurso público devem ser exaustivamente detalhadas por lei em sentido formal e material.
(C) A competência legislativa para a regulamentação do acesso dos estrangeiros aos cargos públicos é dos estados-membros da Federação, e não da União.
(D) A demonstração do preenchimento da habilitação legal para ingresso em determinado cargo, aí incluídos o diploma em área de formação e o registro no órgão profissional competente, deve ser feita pelo candidato no momento de sua inscrição no concurso público.
(E) É no momento da posse que o candidato deve comprovar o cumprimento do requisito de idade mínima para o cargo, se houver.

A: incorreta. O STF já decidiu, com repercussão geral, que, além da necessidade de lei prevendo o exame como requisito para ingresso no serviço público, o exame psicotécnico depende de um grau mínimo de objetividade e de publicidade dos atos em que se desdobra (justamente para possibilitar o controle jurisdicional). Ver: AI 758.533-QO, rel. min. Gilmar Mendes, j. 23.06.2010, Pleno, *DJE* 13.08.2010); **B**: incorreta. "As etapas do concurso prescindem de disposição expressa em lei no sentido formal e material, sendo suficiente a previsão no edital e o nexo de causalidade consideradas as atribuições do cargo" (MS 30.177, rel. min. Marco Aurélio, j. 24.04.2012, 1ª T, *DJE* 17.05.2012); **C**: correta. Em razão de a norma do art. 37, I, da CF não constituir "matéria reservada à competência privativa da União, dever ser de iniciativa dos Estados--membros" (AI 590.663-AgR, rel. min. Eros Grau, j. 15.12.2009, 2ª. T, *DJE* 12.02.2010); **D**: incorreta. "A exigência de habilitação para o exercício do cargo objeto do certame dar-se-á no ato da posse e não da inscrição do concurso" (MS 26.668, MS 26.673 e MS 26.810, rel. min. Ricardo Lewandowski, j. 15.04.2009, Pleno, *DJE* 29.05.2009); **E**:

incorreta. Apesar de ser no momento da posse, a lei estabeleceu idade mínima de 18 anos para investidura em cargos públicos, tornando errada a parte final da questão (art. 5º, V, da Lei 8.112/90). TM
Gabarito "C".

(Analista Judiciário – TRT/8ª – 2016 – CESPE) A respeito da organização do Estado e da administração pública, assinale a opção correta.

(A) É proibida a adoção de requisitos e critérios diferenciados para a concessão de aposentadoria pelo regime de previdência de caráter contributivo e solidário, ainda que para proteger trabalhadores que exerçam atividades sob condições que prejudiquem a saúde ou a integridade física.

(B) A vedação de acumulação remunerada de cargos públicos aplica-se aos militares, independentemente da compatibilidade de horário e do tipo de atividade profissional exercida, de modo que o militar que tome posse em cargo civil deverá ser transferido para a reserva, nos termos da lei.

(C) A forma de federalismo adotada no Brasil é conhecida como federalismo de segregação e centrífugo, sendo os estados-membros dotados de autogoverno.

(D) Deve o presidente da República decretar a intervenção federal, entre outras hipóteses, quando dois estados tentarem incorporar-se entre si ou desmembrar-se, formando novos estados ou territórios federais.

(E) O prazo de prescrição para a pretensão de condenar réus pela prática de atos de improbidade administrativa que causem prejuízos ao erário é estabelecido pela CF.

A: incorreta. O § 4º do art. 40 da CF de fato determina a proibição da adoção de requisitos e critérios diferenciados para a concessão de aposentadoria aos abrangidos pelo regime de que trata este artigo. Ocorre que o mesmo dispositivo, nos termos definidos em leis complementares, ressalva os casos de servidores: portadores de deficiência, que exerçam atividades de risco; cujas atividades sejam exercidas sob condições especiais que prejudiquem a saúde ou a integridade física. A Emenda Constitucional nº 103/2019 alterou a redação desse dispositivo mantendo a vedação à adoção de requisitos ou critérios diferenciados para concessão de benefícios em regime próprio de previdência social, ressalvado o disposto nos §§ 4º-A, 4º-B, 4º-C e 5º. Poderão ser estabelecidos por lei complementar do respectivo ente federativo idade e tempo de contribuição diferenciados para aposentadoria de servidores com deficiência, ocupantes do cargo de agente penitenciário, de agente socioeducativo ou de policial, e servidores cujas atividades sejam exercidas com efetiva exposição a agentes químicos, físicos e biológicos prejudiciais à saúde, ou associação desses agentes. Além dessas, os ocupantes do cargo de professor terão idade mínima reduzida em 5 anos, desde que comprovem tempo de efetivo exercício das funções de magistério na educação infantil e no ensino fundamental e médio fixado em lei complementar do respectivo ente federativo; **B:** incorreta. De acordo com o art. 142, III, da CF, **o militar da ativa que**, de acordo com a lei, **tomar posse em cargo, emprego ou função pública civil temporária, não eletiva**, ainda que da administração indireta, ressalvada a hipótese prevista no art. 37, inciso XVI, alínea "c", **ficará agregado ao respectivo quadro** e somente poderá, enquanto permanecer nessa situação, ser promovido por antiguidade, contando-se-lhe o tempo de serviço apenas para aquela promoção e transferência para a reserva, sendo depois de dois anos de afastamento, contínuos ou não, transferido para a reserva, nos termos da lei; **C:** correta. Pedro Lenza, em Direito Constitucional Esquematizado, 2015, p. 502, Ed. Saraiva, ensina que: "No **federalismo por agregação**, os Estados independentes ou soberanos resolvem abrir mão de parcela de sua soberania para agregar-se entre si e formar um novo Estado, agora, Federativo, passando a ser, entre si, autônomos. O modelo busca uma maior solidez, tendo em vista a indissolubilidade do vínculo federativo. Como exemplo, podemos citar a formação dos Estados Unidos, da Alemanha e da Suíça. Por sua vez, no **federalismo por desagregação (segregação)**, a Federação surge a partir de determinado Estado unitário que resolve descentralizar-se, 'em obediência a imperativos políticos (salvaguarda das liberdades) e de eficiência'. O **Brasil** é um exemplo de federalismo por desagregação, que surgiu a partir da proclamação da República, materializando-se, o novo modelo, na Constituição de 1891"; **D:** incorreta. Tal situação não configura hipótese de intervenção federal. Como a regra é a não intervenção, as hipóteses excepcionais vêm previstas em rol taxativo, previsto no art. 34 da CF. Além disso, conforme determina o § 3º do art. 18 da CF, **os Estados podem incorporar-se entre si**, subdividir-se ou desmembrar-se para se anexarem a outros, ou formarem novos Estados ou Territórios Federais, mediante aprovação da população diretamente interessada, através de plebiscito, e do Congresso Nacional, por lei complementar; **E:** incorreta. O prazo de prescrição para a pretensão de condenar réus pela prática de atos de improbidade administrativa que causem prejuízos ao erário, ao contrário do mencionado, **não é estabelecido pela CF**. O assunto é tratado no art. 23 da Lei 8.429/1992 (Lei de Improbidade Administrativa), o qual dispõe que as ações destinadas a levar a efeitos as sanções previstas nesta lei podem ser propostas: I - até cinco anos após o término do exercício de mandato, de cargo em comissão ou de função de confiança; II - dentro do prazo prescricional previsto em lei específica para faltas disciplinares puníveis com demissão a bem do serviço público, nos casos de exercício de cargo efetivo ou emprego; III - até cinco anos da data da apresentação à administração pública da prestação de contas final pelas entidades referidas no parágrafo único do art. 1ª desta Lei. AN
Gabarito "C".

(Analista – Judiciário –TRE/PI – 2016 – CESPE) Acerca das mudanças institucionais que afetaram diretamente a administração pública, como a criação de conselhos e organizações sociais, entre outras entidades, conforme a Constituição Federal de 1988 (CF), assinale a opção correta.

(A) Agências executivas como a Agência Nacional de Saúde Complementar (ANS), a Agência Nacional de Águas (ANA) e a Agência Nacional de Vigilância Sanitária (ANVISA) possuem atribuições de regulação e fiscalização, podendo exercer também atividades de controle econômico.

(B) As organizações sociais, cuja qualificação é concedida pelo Ministério do Desenvolvimento Social e Combate à Fome, são constituídas por pessoas jurídicas de direito público com a finalidade de atender assuntos que correspondam às relações entre o Estado e a sociedade.

(C) As organizações da sociedade civil de interesse público (OSCIP), cuja qualificação é concedida pelo Ministério da Justiça, são constituídas por pessoas jurídicas de direito privado, mediante termo de parceria com o poder público, e visam atender ao princípio da universalização dos serviços.

(D) As agências executivas são compostas por órgãos da administração pública direta que têm como finalidade executar atividades delegadas pelo poder público em função da comprovada capacidade de gestão estratégica nos dois anos de atuação anteriores à delegação.

(E) As agências reguladoras, compostas por autarquias e fundações, são vinculadas ao Poder Executivo e exercem atividades delegadas pelo poder público.

A: incorreta. As agências citadas são **reguladoras**, não **executivas**. As agências reguladoras são autônomas em relação às suas atividades-fim, às suas finalidades, enquanto que as agências executivas detêm maior autonomia em relação apenas às atividades-meio, ou seja, possuem um maior poder de gestão, conferido por meio dos contratos de gestão (art. 37, § 8º, da CF); **B:** incorreta. Podem ser qualificadas como organizações sociais as pessoas jurídicas de direito **privado, sem fins lucrativos**, cujas atividades sejam dirigidas ao ensino, à pesquisa científica, ao desenvolvimento tecnológico, à proteção e preservação do meio ambiente, à cultura e à saúde (art. 1º da Lei 9.637/1998). Além disso, o art. 2º, II, da mesma lei estabelece que o juízo de conveniência e oportunidade da qualificação como "organização social" é do "Ministro ou titular de órgão supervisor ou regulador da área de atividade correspondente ao seu objeto social"; **C:** correta. Arts. 3º, 4º, 5º e 9º, da Lei 9.790/1999; **D:** incorreta. A qualificação de agência executiva é conferida apenas aos órgãos e entidades da Administração Pública **Indireta** (art. 1º do Decreto 2.487/1998); **E:** incorreta. As agências reguladoras, nacionais e estaduais, foram qualificadas por suas leis instituidoras como "**autarquias especiais**" (não havendo caso de fundação).

Gabarito "C".

(Analista – TRT/3ª – 2015 FCC) O Governador de determinado Estado da Federação encaminhou à Assembleia Legislativa projeto de Lei disciplinando procedimentos em matéria processual, bem como regulamentando a atuação da Defensoria Pública do Estado em juízo em defesa de pessoas com menos recursos financeiros. A matéria versada na proposta

(A) insere-se na competência legislativa concorrente entre União e Estados, podendo ser objeto de projeto de lei de iniciativa legislativa do Governador, respeitadas as normas gerais editadas pela União.

(B) relativamente à atuação da Defensoria Pública Estadual em juízo insere-se na competência legislativa reservada aos Estados, visto que não cabe à União, nem aos Municípios tratarem do assunto, mas os procedimentos em matéria processual devem ser disciplinados nos regimentos internos dos Tribunais e não em lei.

(C) relativamente à atuação da Defensoria Pública Estadual em juízo insere-se na competência legislativa reservada aos Estados, mas a disciplina de procedimentos em matéria processual insere-se na competência legislativa privativa da União, podendo ser objeto de Lei Estadual apenas se houver delegação de competência por meio de Lei Complementar.

(D) relativamente à atuação da Defensoria Pública Estadual em juízo insere-se na competência legislativa reservada aos Estados, mas a disciplina de procedimentos em matéria processual insere-se na competência legislativa concorrente entre União e Estados, devendo, portanto, esse aspecto da proposta observar as normas gerais editadas pela União.

(E) insere-se na competência legislativa reservada aos Estados, visto que não cabe à União, nem aos Municípios tratarem do assunto, podendo ser objeto de projeto de lei de iniciativa legislativa do Governador.

A: correta. De acordo com o art. 24, XI e XIII, da CF, compete à União, aos Estados e ao Distrito Federal, dentre outros assuntos, legislar **concorrentemente** sobre procedimentos em matéria processual (XI) e Defensoria Pública (XIII). O § 1º do mesmo dispositivo ensina que no tocante à legislação concorrente, a competência da União limitar-se-á a estabelecer **normas gerais**; **B:** incorreta. Como mencionado, a competência para legislar sobre a atuação da Defensoria Pública também é concorrente (art. 24, XIII, da CF); **C, D e E:** incorretas. Ambos os assuntos são da competência concorrente (art. 24, XI e XIII, da CF).

Gabarito "A".

(Analista – TRT/2ª – 2014 – FCC) Considere as seguintes afirmativas:

I. É inconstitucional lei estadual que institui dever a supermercados e estabelecimentos assemelhados de expor, num mesmo local ou gôndola, os produtos alimentícios especialmente elaborados sem o uso de glúten como medida protetiva aos portadores de doença celíaca, pois trata-se de matéria sujeita à competência privativa dos Municípios para legislar sobre assuntos de interesse local.

II. A autonomia política dos Estados-membros alcança a competência legislativa privativa para conferir ao Defensor Público-Geral do Estado estatura administrativa de Secretário de Estado, submetendo sua nomeação à livre escolha do Governador.

III. A autonomia política dos Estados-membros não alcança a competência legislativa para instituir comissão estadual voltada a autorizar, monitorar e fiscalizar a pesquisa, e demais atividades relacionadas ao setor nuclear, de modo a assegurar que suas aplicações garantam a saúde, o bem-estar e a segurança da população, bem como, a preservação do meio ambiente.

Está correto o que consta APENAS em

(A) III.
(B) I e III.
(C) I.
(D) II.
(E) II e III.

I: incorreto. A lei é constitucional, pois a competência para legislar sobre tais assuntos é **concorrente**. De acordo com o art. 24 da CF, compete à União, aos Estados e ao Distrito Federal legislar concorrentemente sobre a **responsabilidade por dano ao consumidor** (inciso VIII) e a **defesa da saúde** (inciso XII). De acordo com o STF (ADI nº 2.730): "... A natureza das disposições concernentes a incentivos fiscais e determinação para que os supermercados e hipermercados concentrem em um mesmo local ou gôndola todos os produtos alimentícios elaborados sem a utilização de glúten não interferem na função administrativa do Poder Executivo local. Além disso "... A forma de apresentação dos produtos elaborados sem a utilização de glúten está relacionada com a competência concorrente do Estado para legislar sobre consumo, proteção e defesa da saúde. Art. 24, inc. V e XII, da Constituição da República"; **II:** incorreta. Conforme determina o STF (ADI nº 2.903): "A mera equiparação de altos servidores públicos estaduais, como o Defensor Público-Geral do Estado, a Secretário de Estado, com equivalência de tratamento, só se compreende pelo fato de tais agentes públicos, destinatários de referida equiparação, **não ostentarem, eles próprios, a condição jurídico-administrativa de Secretário de Estado**. – Consequente inocorrência do alegado cerceamento do poder de livre escolha, pelo governador do Estado, dos seus secretários estaduais, eis que o Defensor Público-Geral local – por constituir cargo privativo de membro da carreira – não é, efetivamente, não obstante essa equivalência funcional, Secretário de Estado"; **III:** correta. Determina o art. 21, XXIII, da CF que **compete à União explorar os serviços e instalações nucleares de qualquer natureza e exercer monopólio estatal sobre a pesquisa, a lavra, o enriquecimento e reprocessamento, a industrialização e o comércio de minérios nucleares e seus derivados**, atendidos os seguintes princípios e condições: a) toda atividade nuclear em território nacional somente será admitida para fins pacíficos e mediante aprovação do Congresso Nacional, b) sob regime de permissão, são autorizadas a comercialização e a utilização de radioisótopos para a pesquisa e usos médicos, agrícolas e industriais, c) sob regime de permissão, são autorizadas a produção, comercialização e utilização de radioisótopos de meia-vida igual ou inferior a duas horas, d) a responsabilidade civil por danos nucleares independe da existência de culpa;

Gabarito "A".

3.1. Administração Pública e Servidores Públicos

(Analista - TRT/15 - FCC - 2018) A Constituição Federal contém normas em matéria de fixação de remuneração no âmbito da iniciativa privada e no âmbito da Administração pública. De acordo com essas regras e com a jurisprudência do Supremo Tribunal Federal,

(A) apenas o salário mínimo pode ser adotado pela lei como índice para a revisão geral anual da remuneração e do subsídio dos servidores públicos.

(B) a remuneração paga a empregado público de empresa pública federal, ainda que a empresa não receba recursos financeiros públicos para pagamento com despesas de pessoal ou de custeio em geral, não pode ser superior ao valor dos subsídios pagos aos Ministros do Supremo Tribunal Federal.

(C) os vencimentos dos cargos do Poder Legislativo e do Poder Judiciário deverão ser iguais aos pagos pelo Poder Executivo.

(D) a remuneração dos servidores públicos titulares de cargos públicos somente pode ser fixada por lei específica.

(E) o recebimento de valores pelo empregado a título de participação nos lucros ou resultados integra sua remuneração para todos os fins.

A: incorreta, pois é vedada a vinculação do salário mínimo para qualquer fim (art. 7º, IV, parte final, da CF). Além disso, a Súmula Vinculante 4 do STF preconiza que, salvo nos casos previstos na Constituição, o salário mínimo não pode ser usado como indexador de base de cálculo de vantagem de servidor público ou de empregado, nem ser substituído por decisão judicial; **B:** incorreta, visto que o teto remuneratório só se aplica às empresas públicas e às sociedades de economia mista, e suas subsidiárias, que receberem recursos da União, dos Estados, do Distrito Federal ou dos Municípios para pagamento de despesas de pessoal ou de custeio em geral (art. 37, § 9º, da CF); **C:** incorreta, porque os vencimentos dos cargos do Poder Legislativo e do Poder Judiciário **não poderão ser superiores** aos pagos pelo Poder Executivo (art. 37, XII, da CF); **D:** correta, de acordo com o art. 37, X, da CF; **E:** incorreta, porque a Constituição assegura a participação nos lucros ou resultados, desvinculada da remuneração (art. 7º, XI, da CF). AN

Gabarito "D".

(Analista - Área Administrativa - TRT1 - 2018 - AOCP) De acordo com o que dispõe a Constituição Federal, informe se é (V) ou falso (F) o que se afirma a seguir e assinale a alternativa com a sequência correta.

( ) A Constituição Federal prevê que a lei reservará percentual dos cargos e empregos públicos para as pessoas portadoras de deficiência e definirá os critérios de sua admissão.

( ) É vedada a vinculação ou equiparação de quaisquer espécies remuneratórias para o efeito de remuneração de pessoal do serviço público.

( ) O subsídio e os vencimentos dos ocupantes de cargos e empregos públicos são absolutamente irredutíveis.

( ) Os acréscimos pecuniários percebidos por servidor público serão computados para fins de concessão de acréscimos ulteriores.

(A) F – V – F – V.
(B) V – F – V – F.
(C) V – V – F – F.
(D) F – V – V – F.
(E) V – V – F – V.

I: verdadeiro, conforme o art. 37, VIII, da CF; **II:** verdadeiro, conforme o art. 37, XIII, da CF; **III:** falso, pois o subsídio e os vencimentos dos ocupantes de cargos e empregos públicos são irredutíveis, ressalvadas situações excepcionais previstas no texto constitucional (art. 37, XV, da CF); **IV:** falso, já que os acréscimos pecuniários percebidos por servidor público **não** serão computados nem acumulados para fins de concessão de acréscimos ulteriores (art. 37, XIV, da CF). AN

Gabarito "C".

(Analista - Área Administrativa - TRT1 - 2018 - AOCP) João é servidor público do TRT e está no exercício de mandato eletivo. Tendo essa situação hipotética em vista e considerando apenas o que dispõe a Constituição Federal, assinale a alternativa correta.

(A) Se João ocupar mandato eletivo federal, será afastado do cargo, sendo-lhe facultado optar pela sua remuneração.

(B) Caso João esteja investido no mandato de Prefeito, havendo compatibilidade de horários, perceberá as vantagens de seu cargo, sem prejuízo da remuneração do cargo eletivo.

(C) Investido no mandato de Prefeito, João será afastado do cargo, sendo-lhe facultado optar pela sua remuneração.

(D) Na hipótese de João ocupar mandato eletivo distrital, havendo compatibilidade de horários, perceberá as vantagens de seu cargo, sem prejuízo da remuneração do cargo eletivo.

(E) Sendo João investido no mandato de Vereador, será afastado do cargo sem direito à remuneração.

A: incorreta, pois se for investido em mandato eletivo federal, estadual ou distrital, o servidor apenas ficará afastado de seu cargo, emprego ou função (art. 38, I, da CF); **B:** incorreta, pois se for investido no mandato de Prefeito, o servidor será afastado do cargo, emprego ou função, sendo-lhe facultado optar pela sua remuneração (art. 38, II, da CF); **C:** correta, nos termos do art. 38, II, da CF; **D:** incorreta, pois se for investido em mandato eletivo federal, estadual ou distrital, o servidor ficará afastado de seu cargo, emprego ou função (art. 38, I, da CF); **E:** incorreta, pois se for investido no mandato de Vereador, havendo compatibilidade de horários, perceberá as vantagens de seu cargo, emprego ou função, sem prejuízo da remuneração do cargo eletivo, e, não havendo compatibilidade, será afastado do cargo, emprego ou função, sendo-lhe facultado optar pela sua remuneração (art. 38, III, da CF). AN

Gabarito "C".

(Analista Judiciário - TJ/AL - 2018 - FGV) João, após sucessivas tentativas, não logrou êxito em ser aprovado em concurso público. No entanto, como Pedro, seu amigo, foi eleito e tomou posse no cargo de Prefeito Municipal, João veio a ser nomeado para função de confiança junto a uma secretaria municipal.

Por entender que a nomeação foi irregular, o Ministério Público ingressou com ação judicial para que tal fosse reconhecido.

À luz da sistemática constitucional, a ação ajuizada pelo Ministério Público, observados os demais requisitos exigidos:

(A) não deve ser acolhida, pois, apesar de as funções de confiança serem privativas dos titulares de cargos de provimento efetivo, o Ministério Público não pode propor a ação;

(B) deve ser acolhida, pois as funções de confiança são privativas dos titulares de cargos de provimento efetivo e o Ministério Público pode propor a ação;

(C) não deve ser acolhida, pois as funções de confiança não são privativas dos titulares de cargos de provimento efetivo, embora o Ministério Público pudesse propor a ação;

(D) deve ser acolhida, pois não podem existir funções de confiança no plano estadual e o Ministério Público pode propor a ação;

(E) não deve ser acolhida, pois as funções de confiança não são privativas dos titulares de cargos de provimento efetivo e o Ministério Público não pode propor a ação.

As funções de confiança devem ser exercidas exclusivamente por servidores ocupantes de cargo efetivo; já os cargos em comissão são de livre nomeação e exoneração, podendo ser preenchidos por servidores de carreira nos casos, condições e percentuais mínimos previstos em lei. Em ambos os casos, destinam-se apenas às atribuições de direção, chefia e assessoramento (art. 37, V, da CF). É função institucional do Ministério Público promover o inquérito civil e a ação civil pública para a proteção do patrimônio público e social (art. 129, III, da CF). Assim, a ação judicial deve ser acolhida, pois as funções de confiança são privativas (exclusivas, nos termos da Constituição) dos titulares de cargos de provimento efetivo e o Ministério Público pode propor a ação. **AN**

Gabarito "B".

(Analista Judiciário – TRE/SP – FCC – 2017) Dois servidores públicos titulares de cargos efetivos de médico foram eleitos Deputado Federal e Deputado Estadual. Nas eleições municipais, foram eleitos Prefeito e Vereador servidores públicos titulares de cargos efetivos de professor universitário.

No exercício dos respectivos mandatos,

(A) todos devem exonerar-se dos respectivos cargos públicos, sob pena de perderem o mandato por decisão proferida pelas respectivas Casas Legislativas e, no caso do Prefeito, por decisão proferida pelo Tribunal de Justiça.

(B) todos devem ser afastados dos respectivos cargos públicos, sendo que seu tempo de serviço será contado para todos os efeitos legais, exceto para promoção por merecimento, enquanto durar o mandato.

(C) os Deputados devem ser afastados dos cargos de médico, ao passo que o Prefeito e o Vereador, havendo compatibilidade de horários, perceberão as vantagens de seu cargo público efetivo, sem prejuízo da remuneração do cargo eletivo, e, não havendo compatibilidade, serão afastados do cargo público efetivo, podendo optar pela sua remuneração.

(D) o Prefeito deve ser afastado do cargo público efetivo enquanto durar o mandato, mas os Deputados e o Vereador, havendo compatibilidade de horários, perceberão as vantagens de seu cargo público efetivo, sem prejuízo da remuneração do cargo eletivo, e, não havendo compatibilidade, serão afastados do cargo público efetivo, podendo optar pela sua remuneração.

(E) os Deputados e o Prefeito devem ser afastados do cargo público efetivo, mas o Vereador, havendo compatibilidade de horários, perceberá as vantagens de seu cargo público efetivo, sem prejuízo da remuneração do cargo eletivo, e, não havendo compatibilidade, será afastado do cargo público efetivo, podendo optar pela sua remuneração.

Os servidores públicos que passam a exercer cargos eletivos são regidos pelas regras do art. 38 da CF. No caso, serão afastados dos cargos efetivos aqueles eleitos para os cargos de Prefeito e Deputado (art. 38, I e II, CF) e, se o servidor eleito vereador tiver compatibilidade de horário, pode exercer os dois cargos e receber ambas as remunerações (do cargo efetivo e do cargo eletivo) (art. 38, III, CF). Se o servidor-vereador não tiver compatibilidade de horário, deve optar por uma das remunerações, como na hipótese de servidores eleitos para o cargo de Prefeito (art. 38, III, CF). **TM**

Gabarito "E".

(Analista Judiciário – TRE/PE – CESPE – 2017) O servidor público titular de cargo efetivo de determinada autarquia federal que passe a exercer mandato de deputado estadual

(A) ficará afastado do cargo efetivo e receberá apenas a remuneração do cargo eletivo.

(B) ficará afastado do cargo efetivo, podendo optar pela remuneração do cargo efetivo ou do cargo eletivo.

(C) poderá desempenhar os dois cargos se houver compatibilidade de horários, caso em que perceberá as vantagens do cargo efetivo, sem prejuízo da remuneração do cargo eletivo, independentemente de submissão ao teto remuneratório.

(D) poderá desempenhar os dois cargos mesmo se houver incompatibilidade de horários, caso em que perceberá as vantagens do cargo efetivo, sem prejuízo da remuneração do cargo eletivo, observado o teto remuneratório.

(E) poderá ou não se licenciar do cargo efetivo, mas, caso não se licencie, perceberá apenas a remuneração do cargo efetivo.

A: correta. Art. 38, I, CF; **B:** errada. Como ficará afastado de seu cargo, não pode optar pela remuneração do cargo efetivo, devendo perceber a remuneração do cargo eletivo (art. 38, I, CF); **C:** errada. Apenas se eleito para o cargo de Vereador o servidor pode receber as duas remunerações, se houver compatibilidade de horário (art. 38, III, CF). A regra não se ostenta para a hipótese de servidor eleito para o cargo de deputado estadual, que será afastado (art. 38, I, CF); **D:** errada. Só pode desempenhar os dois cargos se (i) eleito para o cargo de vereador (não de deputado estadual) e (ii) se houver compatibilidade de horário (art. 38, III, CF); **E:** errada. Deverá ser afastado do cargo, não lhe sendo dada opção pela licença ou não (art. 38, I, CF). **TM**

Gabarito "A".

(Analista Judiciário – TRT/20 – FCC – 2016) Feliciano é servidor público federal do Tribunal Regional do Trabalho da 20ª Região. Nestas últimas eleições municipais, Feliciano foi eleito vereador da cidade X. Neste caso, de acordo com a Constituição Federal, considerando que há compatibilidade de horário entre os dois cargos, Feliciano

(A) não será afastado de seu cargo no Tribunal Regional do Trabalho da 20ª Região, mas deverá optar em receber apenas uma das duas remunerações.

(B) será obrigatoriamente afastado de seu cargo no Tribunal Regional do Trabalho da 20ª Região e receberá a remuneração do cargo de eleição.

(C) será obrigatoriamente afastado do cargo no Tribunal Regional do Trabalho da 20ª Região sendo-lhe, facultado optar pela sua remuneração.

(D) não será afastado de seu cargo no Tribunal Regional do Trabalho da 20ª Região e perceberá as vantagens de seu cargo, sem prejuízo da remuneração do cargo eletivo.

(E) não será afastado de seu cargo no Tribunal Regional do Trabalho da 20ª Região, mas deverá obrigatoriamente receber a remuneração do cargo eletivo.

Como há compatibilidade de horário e como se trata do cargo de vereador, Feliciano não será afastado do cargo efetivo e pode receber tanto a remuneração do cargo efetivo, como a do cargo eletivo (art. 38, III, CF).
Gabarito "D".

(Analista Judiciário – TJ/PI – FGV – 2015) Prefeito Municipal nomeou sua esposa para o exercício de cargo em comissão de Assessor de seu gabinete, violando o verbete de Súmula Vinculante n. 13, do Supremo Tribunal. Como se sabe, a Administração não pode atuar com vistas a beneficiar (ou prejudicar) pessoas determinadas, uma vez que é sempre o interesse público que tem que nortear o seu comportamento, razão pela qual a conduta do Prefeito violou diretamente o princípio constitucional expresso do art. 37, *caput,* da Constituição da República da:

(A) publicidade;
(B) presunção de veracidade;
(C) competitividade;
(D) autotutela;
(E) impessoalidade.

O STF já decidiu que o nepotismo viola os princípios da moralidade e da impessoalidade previstos no art. 37 da CF. Súmula Vinculante 13/STF: "A nomeação de cônjuge, companheiro ou parente em linha reta, colateral ou por afinidade, até o terceiro grau, inclusive, da autoridade nomeante ou de servidor da mesma pessoa jurídica investido em cargo de direção, chefia ou assessoramento, para o exercício de cargo em comissão ou de confiança ou, ainda, de função gratificada na administração pública direta e indireta em qualquer dos poderes da União, dos Estados, do Distrito Federal e dos Municípios, compreendido o ajuste mediante designações recíprocas, viola a Constituição Federal".
Gabarito "E".

(Analista Judiciário – TJ/PI – FGV – 2015) Sobre a obrigatoriedade de aprovação em prévio concurso público para exercício de função em cargo público, extrai-se do texto constitucional que:

(A) todos os cargos efetivos atualmente somente podem ser preenchidos por candidato aprovado em concurso público de provas ou de provas e títulos, de acordo com a natureza e a complexidade do cargo;

(B) as funções de confiança são exercidas por pessoas não concursadas e por servidores de carreira nos casos, condições e percentuais mínimos previstos em lei, e destinam-se apenas às atribuições de direção, chefia e assessoramento;

(C) os cargos em comissão são preenchidos, em sua integralidade, por servidores de carreira ocupantes de cargos efetivos, e destinam-se apenas às atribuições de direção, chefia e assessoramento;

(D) a investidura em cargo ou emprego público depende de aprovação prévia em concurso público de provas ou de títulos, de acordo com a natureza, a remuneração e a complexidade do cargo ou emprego;

(E) não obstante a regra geral seja a exigência de aprovação em concurso público, há casos em que a própria Constituição se auto excepciona, como o chamado quinto constitucional na composição dos Tribunais do Poder Judiciário.

A: errada. A regra do concurso público (art. 37, II, CF) não se aplica aos cargos efetivos de Ministro do Supremo Tribunal Federal e ao "quinto" dos tribunais, por exemplo; **B:** errada. Não reflete o disposto no art. 37, V, CF: "as funções de confiança, exercidas exclusivamente por servidores ocupantes de cargo efetivo, e os cargos em comissão, a serem preenchidos por servidores de carreira nos casos, condições e percentuais mínimos previstos em lei, destinam-se apenas às atribuições de direção, chefia e assessoramento"; **C:** errada. Os cargos em comissão são exercidos por servidores e por não servidores, na proporção prevista em lei (art. 37, V, CF); **D:** errada. A investidura em cargos em comissão não depende de aprovação em prévio concurso público (art. 37, II, CF); **E:** correta. Ver arts. 94; 107, I; 111-A, I e 115, todos da CF. Lembrem-se que, no caso do Superior Tribunal de Justiça, trata-se de "terço" constitucional (art. 104, parágrafo único, I e II, CF).
Gabarito "E".

(Analista Judiciário – TJ/PI – FGV – 2015) Ricardo foi aprovado em concurso público e tomou posse no cargo de cientista de determinado ente da Administração Pública indireta. À luz da sistemática constitucional, é correto afirmar que ele, preenchidos os requisitos exigidos pela ordem jurídica:

(A) não pode tomar posse em outro cargo público, de modo a acumular ambos os cargos;

(B) pode tomar posse em um cargo técnico, de modo a acumular ambos os cargos;

(C) não pode tomar posse em outro cargo público, de modo a acumular ambos, salvo se o outro cargo for da área de saúde;

(D) somente pode acumular cargos públicos se o novo cargo em que tomar posse for de professor;

(E) pode tomar posse em outro cargo científico, de modo a acumular ambos.

O art. 37, XVI, CF, traz as hipóteses permitidas de acumulação de cargos públicos, desde que haja compatibilidade de horários. No caso, Ricardo foi aprovado para um cargo científico, de modo que pode tomar posse em outro cargo de professor, havendo compatibilidade de horários (art. 37, XVI, "b", CF).
Gabarito "D".

(Analista – TRT/3ª – 2015 – FCC) Considere as seguintes afirmações sobre os direitos assegurados aos servidores públicos e empregados:

I. É vedada a dispensa do empregado sindicalizado a partir do registro da candidatura a cargo de direção ou representação sindical e, se eleito, ainda que suplente, até um ano após o final do mandato, salvo se cometer falta grave nos termos da lei.

II. É garantida a utilização do salário mínimo como indexador de base de cálculo de vantagem de servidor público ou de empregado, desde que determinada por lei.

III. O teto remuneratório previsto na Constituição Federal para os servidores titulares de cargos públicos não se aplica aos empregados públicos, ainda que contratados por empresas públicas ou sociedades de economia mista que recebam recursos da União, dos Estados, do Distrito Federal ou dos Municípios para pagamento de despesas de pessoal ou de custeio em geral.

IV. Em que pese a Constituição Federal assegurar aos servidores públicos o direito de greve, o exercício regular desse direito depende da edição de lei federal tratando da matéria, não podendo ser garantido por decisão proferida pelo Supremo Tribunal Federal em mandado de injunção.

Está correto o que consta APENAS em

(A) II e III.
(B) I e III.
(C) II e IV.
(D) I.
(E) IV.

I: correto. De acordo com o art. 8º, VIII, da CF, é proibida a dispensa do empregado sindicalizado a partir do registro da candidatura a cargo de direção ou representação sindical e, se eleito, ainda que suplente, até um ano após o final do mandato, salvo se cometer falta grave nos termos da lei; **II**; incorreta. Conforme determina o Art. 7º, IV, da CF, é considerado direito dos trabalhadores urbanos e rurais, além de outros que visem à melhoria de sua condição social, o salário mínimo, fixado em lei, nacionalmente unificado, capaz de atender a suas necessidades vitais básicas e às de sua família com moradia, alimentação, educação, saúde, lazer, vestuário, higiene, transporte e previdência social, com reajustes periódicos que lhe preservem o poder aquisitivo, **sendo vedada sua vinculação para qualquer fim**; **III**: incorreta. De acordo com o art. 97, XI, da CF, **a remuneração e o subsídio** dos ocupantes de cargos, funções e empregos públicos da administração direta, autárquica e fundacional, dos membros de qualquer dos Poderes da União, dos Estados, do Distrito Federal e dos Municípios, dos detentores de mandato eletivo e dos demais agentes políticos e os proventos, pensões ou outra espécie remuneratória, percebidos cumulativamente ou não, incluídas as vantagens pessoais ou de qualquer outra natureza, **não poderão exceder** o subsídio mensal, em espécie, dos Ministros do Supremo Tribunal Federal, aplicando-se como limite, nos Municípios, o subsídio do Prefeito, e nos Estados e no Distrito Federal, o subsídio mensal do Governador no âmbito do Poder Executivo, o subsídio dos Deputados Estaduais e Distritais no âmbito do Poder Legislativo e o subsídio dos Desembargadores do Tribunal de Justiça, limitado a noventa inteiros e vinte e cinco centésimos por cento do subsídio mensal, em espécie, dos Ministros do Supremo Tribunal Federal, no âmbito do Poder Judiciário, aplicável este limite aos membros do Ministério Público, aos Procuradores e aos Defensores Públicos. O § 9º do mesmo disposto informa que tal regra **aplica-se às empresas públicas e às sociedades de economia mista, e suas subsidiárias, que receberem recursos da União**, dos Estados, do Distrito Federal ou dos Municípios para pagamento de despesas de pessoal ou de custeio em geral; **IV**: incorreto. Ao contrário do mencionado, o STF, após decisão dada em sede de mandado de injunção (Mandados de Injunção 670, 708 e 712), reconheceu que os servidores públicos podem fazer greve, sem que haja a edição de lei específica, se valendo, por analogia, da lei de greve da iniciativa privada (Lei n. 7.783/1989). **Gabarito "D".**

4. ORGANIZAÇÃO DOS PODERES

4.1. Poder Legislativo

(Analista - TJ/SC - FGV - 2018) A Comissão de Orçamento da Assembleia Legislativa de determinado Estado convocou o Governador e o Secretário de Estado de Fazenda, para que prestassem informações sobre questões ligadas à arrecadação tributária e à projeção de gastos para o próximo exercício financeiro.

Considerando a sistemática constitucional afeta ao funcionamento das comissões parlamentares e ao princípio da simetria, a referida convocação:

(A) se harmoniza à Constituição tanto em relação ao Governador como ao Secretário de Estado, caso aprovada pelo plenário;
(B) se harmoniza à Constituição tanto em relação ao Governador como ao Secretário de Estado;
(C) destoa da Constituição tanto em relação ao Governador como ao Secretário de Estado;
(D) somente se harmoniza à Constituição em relação ao Secretário de Estado;
(E) somente se harmoniza à Constituição em relação ao Governador.

A Constituição Federal prevê que a Câmara dos Deputados e o Senado Federal, ou qualquer de suas Comissões, poderão convocar Ministro de Estado ou quaisquer titulares de órgãos diretamente subordinados à Presidência da República para prestarem, pessoalmente, informações sobre assunto previamente determinado, importando crime de responsabilidade a ausência sem justificação adequada (art. 50 da CF). Adicionalmente, preconiza que as comissões, em razão da matéria de sua competência, poderão convocar Ministros de Estado para prestar informações sobre assuntos inerentes a suas atribuições (art. 58, § 2º, III, da CF). Nota-se que o modelo constitucional federal não prevê a convocação do Chefe do Poder Executivo (Presidente da República) em respeito ao princípio da separação dos poderes. Logo, considerando esse modelo constitucional e o princípio da simetria (art. 25 da CF), a Comissão de Orçamento da Assembleia Legislativa somente poderia convocar o Secretário de Estado de Fazenda ou quaisquer outros titulares de órgãos subordinados ao Chefe do Poder Executivo estadual, mas não poderia convocar o Governador. **Gabarito "D".**

(Analista Judiciário – TRF/2 – Consulplan – 2017) "Um grupo de vinte e cinco senadores apresentou proposta de emenda constitucional, buscando alterar as regras do regime previdenciário dos servidores que se encontram na ativa e, ainda, não preencheram os requisitos para a aposentadoria, de modo a ampliar a idade mínima e o tempo de contribuição. A proposta, que foi apresentada no momento em que a região nordeste do País era atingida por calamidade de grandes proporções na natureza, foi aprovada pelas duas Casas do Congresso Nacional, em dois turnos de votação, por três quintos dos votos dos respectivos membros, sendo, ao final, promulgada." À luz da sistemática estabelecida pela Constituição da República, é correto afirmar que a Emenda Constitucional que foi promulgada é:

(A) Formalmente inconstitucional, em razão do vício de iniciativa.
(B) Materialmente inconstitucional, por afronta aos limites materiais de reforma.

(C) Formalmente inconstitucional, por afronta aos limites circunstanciais de reforma.

(D) Formalmente inconstitucional, por inobservância do número mínimo de votos para aprovação.

A: correta. Para apresentar proposta de emenda à Constituição é necessária a assinatura de, no mínimo, um terço dos membros da Câmara dos Deputados ou do Senado Federal (art. 60, I, CF). No caso, como a proposta teve início no Senado, seriam necessários 27 Senadores (um terço de 81 membros do Senado Federal). Como apenas 25 a subscreveram, a proposta é formalmente inconstitucional por vício de iniciativa; **B:** errada. Não há afronta aos limites materiais de reforma da Constituição, as chamadas "cláusulas pétreas" previstas no art. 60, § 4°, CF; **C:** errada. Os limites circunstanciais ao poder de reforma estão previstos no art. 60, § 1°, CF. Em não havendo intervenção federal, estado de defesa e estado de sítio, não estão presentes quaisquer circunstâncias que impedem a aprovação de emendas à Constituição (calamidades públicas não são hipóteses previstas no dispositivo constitucional); **D:** errada. O problema não está no número de votos para aprovação, já que seguiu o rito previsto no art. 60, § 2°, CF (foi aprovada pelas duas Casas, em dois turnos de votação, por três quintos dos votos dos respectivos membros). A inconstitucionalidade formal está na iniciativa, já que a proposta não foi apresentada por um terço dos membros do Senado Federal. **TM**

Gabarito "A".

(Analista Judiciário – TRT/8ª – 2016 – CESPE) Acerca da organização dos poderes, assinale a opção correta.

(A) O Senado Federal é composto de representantes dos estados e do Distrito Federal, eleitos pelo princípio proporcional para mandato de oito anos.

(B) As comissões parlamentares de inquérito possuem poderes de investigação próprios das autoridades judiciais e só podem ser criadas pela Câmara dos Deputados e pelo Senado Federal, em conjunto.

(C) Compete ao Senado Federal fiscalizar as contas das empresas supranacionais de cujo capital social a União participe de forma direta, nos termos do tratado constitutivo.

(D) Apenas o vice-presidente da República e o ministro da Justiça devem obrigatoriamente compor tanto o Conselho da República quanto o Conselho de Defesa Nacional, devendo os presidentes da Câmara dos Deputados e do Senado Federal participar da composição de apenas um dos dois.

(E) A CF adota o sistema de freios e contrapesos ou de controle do poder pelo poder ao dispor que, embora independentes, os poderes são harmônicos entre si. O princípio da separação dos poderes é cláusula pétrea.

A: incorreta. Determina o art. Art. 46, *caput* e § 1°, da CF que o Senado Federal compõe-se de representantes dos Estados e do Distrito Federal, eleitos segundo o **princípio majoritário**. Cada Estado e o Distrito Federal elegerão três Senadores, com mandato de oito anos; **B:** incorreta. As CPIs podem ser criadas separadamente também. O § 3° do art. 58 da CF determina que as comissões parlamentares de inquérito, que terão poderes de investigação próprios das autoridades judiciais, além de outros previstos nos regimentos das respectivas Casas, **serão criadas pela Câmara dos Deputados e pelo Senado Federal, em conjunto ou separadamente**, mediante requerimento de um terço de seus membros, para a apuração de fato determinado e por prazo certo, sendo suas conclusões, se for o caso, encaminhadas ao Ministério Público, para que promova a responsabilidade civil ou criminal dos infratores; **C:** incorreta. Tal atribuição é do Congresso Nacional, não do Senado Federal. De acordo com o art. 71, V, da CF, o controle externo, a cargo do Congresso Nacional, será exercido com o auxílio do Tribunal de Contas da União, ao qual compete, dentre outras atribuições, fiscalizar as contas nacionais das empresas supranacionais de cujo capital social a União participe, de forma direta ou indireta, nos termos do tratado constitutivo; **D:** incorreta. Os presidentes da Câmara dos Deputados e do Senado Federal, ao contrário do mencionado, participam da composição dos dois conselhos. É o que determina os arts. 89, II e III, e 91, II e III, ambos da CF; **E:** correta. Determina o art. 2° da CF que são Poderes da União, independentes e **harmônicos** entre si, o Legislativo, o Executivo e o Judiciário. Além disso, o § 4° do art. 60 da CF, ao tratar das cláusulas pétreas, faz menção, no inciso III, à **separação dos Poderes**. **TM**

Gabarito "E".

4.1.1. Processo Legislativo

(Analista - TJ/SC - FGV - 2018) Após solicitação do Presidente da República, o Congresso Nacional editou decreto legislativo delegando, ao referido agente, competência para editar a lei orçamentária anual, cujo teor seria o mais adequado à superação da situação de crise econômica, devendo observar os balizamentos estabelecidos pela lei de diretrizes orçamentárias.

Considerando os balizamentos a serem observados no processo legislativo, a referida narrativa:

(A) apresenta irregularidades, pois, apesar de a delegação de competência ser possível, ela deve ser feita mediante resolução e não pode ter por objeto o orçamento;

(B) não apresenta irregularidades, já que o Congresso Nacional pode delegar suas competências legislativas, excetuando apenas aquelas reservadas à lei complementar;

(C) apresenta uma única irregularidade, pois, apesar de a delegação ser possível, ela não pode ser feita mediante decreto legislativo;

(D) apresenta uma única irregularidade, pois, apesar de a delegação ser possível, ela não pode ter por objeto o orçamento;

(E) apresenta uma irregularidade estrutural, já que o Congresso Nacional não pode delegar a sua competência legislativa.

De acordo com o art. 68 da Constituição Federal, as leis delegadas serão elaboradas pelo Presidente da República, que deverá solicitar a delegação ao Congresso Nacional, a qual se dará mediante **resolução do Congresso Nacional**. Não serão objeto de delegação os atos de competência exclusiva do Congresso Nacional, os de competência privativa da Câmara dos Deputados ou do Senado Federal, a matéria reservada à lei complementar, nem a legislação sobre: organização do Poder Judiciário e do Ministério Público, a carreira e a garantia de seus membros; nacionalidade, cidadania, direitos individuais, políticos e eleitorais; **planos plurianuais, diretrizes orçamentárias e orçamentos** (art. 68, § 1°, da CF). Assim, a referida delegação apresenta irregularidades, pois, apesar de a delegação de competência ser possível, ela deve ser feita mediante resolução e não pode ter por objeto o orçamento. **AN**

Gabarito "A".

(Analista Judiciário – TRE/SP – FCC – 2017) Um Estado que tenha cinquenta representantes na Câmara dos Deputados deverá eleger para sua Assembleia Legislativa

(A) cento e cinquenta Deputados.

(B) setenta Deputados.

(C) noventa e quatro Deputados.

(D) setenta e quatro Deputados.

(E) cinquenta Deputados.

De acordo com o art. 27 da CF, o número de Deputados da Assembleia Legislativa corresponderá ao triplo da representação do Estado na Câmara dos Deputados e, atingido o número de trinta e seis, será acrescido de tantos quantos forem os Deputados Federais acima de doze". Ou seja, até 12 deputados federais, o cálculo é direto: 12 x 3 = 36. Se o Estado possuir mais de doze deputados federais, cada deputado federal equivale a um estadual. Então, se o Estado tem 50 deputados federais, aos 36 deputados estaduais a que se refere o art. 27 da CF se somam mais 38 (diferença entre 50 e 12). Logo, o Estado terá 74 deputados estaduais. TM

Gabarito "D".

(Analista Judiciário – TRE/SP – FCC – 2017) Com o desfecho das eleições municipais e a posse dos novos Prefeitos, dois parlamentares do Estado "X" assumiram cargos junto a Poderes Executivos locais, após o que suas funções legislativas passaram a ser exercidas por seus respectivos suplentes. Um deles era Deputado Federal, que assumiu o cargo de Secretário de Prefeitura da capital de seu Estado. O outro era Senador, que foi nomeado Secretário de Prefeitura de outro município do mesmo Estado "X". Paralelamente, um outro Senador representante do mesmo Estado "X" veio a falecer, não havendo, todavia, suplente para que sua vaga fosse preenchida. Considerando que esses fatos ocorreram no primeiro mês da segunda metade do mandato de cada um dos parlamentares e levando-se em conta o texto da Constituição Federal, considere:

I. o Deputado Federal não perderá o mandato ao assumir o cargo de Secretário.
II. o Senador não perderá o mandato ao assumir o cargo de Secretário.
III. a vaga do Senador falecido deve ser preenchida mediante nova eleição.

Está correto o que consta em

(A) I, II e III.
(B) I e II, apenas.
(C) I e III, apenas.
(D) I, apenas.
(E) II e III, apenas.

I: correta. Art. 56, I, CF; **II:** errada. O art. 56, I, CF refere-se apenas a prefeitura de capital. Como o Senador assumiu cargo de secretário de prefeitura de outro município do Estado "X", não está abrangido pela permissão do art. 56, I, CF e perderá o mandato; **III:** correta. Os Senadores são eleitos com dois suplentes (art. 46, § 3º, CF). Como no caso não havia mais suplentes e os fatos ocorreram no primeiro mês da segunda metade do mandato, incide a regra do art. 56, § 2º, CF. TM

Gabarito "C".

(Analista Judiciário – TJ/PI – FGV – 2015) Determinada proposta de emenda constitucional foi subscrita por quatorze Assembleias Legislativas, manifestando-se, cada uma delas, pela maioria absoluta dos seus membros. Essa proposta foi aprovada, durante situação de calamidade pública, em cada Casa do Congresso Nacional, em dois turnos de votação, pelos votos de exatos três quintos dos respectivos membros presentes à sessão, sendo certo que apenas dez por cento dos parlamentares faltaram à votação. Por fim, a emenda constitucional foi promulgada. À luz da sistemática instituída pela Constituição da República Federativa do Brasil, é correto afirmar que essa emenda constitucional é inconstitucional:

(A) apenas por apresentar um vício de iniciativa;
(B) apenas por não ter sido aprovada pelo quórum exigido;
(C) por afrontar um limite circunstancial de reforma e por não ter sido aprovada pelo quórum exigido;
(D) apenas por afrontar um limite circunstancial de reforma;
(E) por apresentar vício de iniciativa e afrontar um limite circunstancial de reforma.

A: errada. Não há vício de iniciativa porque foi proposta por mais da metade das assembleias legislativas das unidades da Federação (art. 60, III, CF); **B:** correta. Não foi observado o quórum de três quintos dos membros de cada Casa do Congresso Nacional (e não dos membros presentes à sessão). Ver art. 60, § 2º, CF; **C:** errada. Calamidade pública não configura limite circunstancial ao poder de reforma da Constituição, na forma do art. 60, § 1º, CF. O quórum foi desrespeitado, como já explicitado na alternativa "b"; **D:** errada. Ver art. 60, § 1º, CF; **E:** errada. Ver comentários às alternativas "a" e "c". TM

Gabarito "B".

4.1.2. Fiscalização Contábil, Financeira e Orçamentária

(Analista - TRT1 - 2018 - AOCP) O Tribunal Regional do Trabalho, como órgão integrante do Poder Público Federal, está sujeito à fiscalização contábil, financeira, orçamentária, operacional e patrimonial exercida pelo Tribunal de Contas da União. Levando em consideração as disposições constitucionais acerca desse assunto, assinale a alternativa correta.

(A) As decisões do Tribunal de Contas da União de que resulte imputação de débito ou multa terão eficácia de título executivo.
(B) O controle externo, a cargo do Senado, será exercido com o auxílio do Tribunal de Contas da União.
(C) Compete à Câmara dos Deputados aplicar aos responsáveis, em caso de ilegalidade de despesa ou irregularidade de contas, as sanções previstas em lei, que estabelecerá, entre outras cominações, multa proporcional ao dano causado ao erário.
(D) O Tribunal de Contas da União encaminhará ao Congresso Nacional, bimestral e anualmente, relatório de suas atividades.
(E) O Tribunal de Contas da União, integrado por onze Ministros, tem sede no Distrito Federal, quadro próprio de pessoal e jurisdição em todo o território nacional.

A: correta, nos termos do art. 71, § 3º, da CF; **B:** incorreta, pois o controle externo, a cargo do **Congresso Nacional**, será exercido com o auxílio do Tribunal de Contas da União (art. 71, *caput*, da CF); **C:** incorreta, porque compete ao **Tribunal de Contas da União** aplicar aos responsáveis, em caso de ilegalidade de despesa ou irregularidade de contas, as sanções previstas em lei, que estabelecerá, entre outras cominações, multa proporcional ao dano causado ao erário (art. 71, VIII, da CF); **D:** incorreta, pois o TCU encaminhará ao Congresso Nacional, **trimestral** e anualmente, relatório de suas atividades (art. 71, § 4º, da CF); **E:** incorreta, já que o Tribunal de Contas da União é integrado por **nove Ministros**, tem sede no Distrito Federal, quadro próprio de pessoal e jurisdição em todo o território nacional (art. 73, *caput*, da CF). AN

Gabarito "A".

4.2. Poder Executivo

(Analista – INPI – 2024 – CEBRASPE) Acerca das atribuições do presidente da República, julgue os seguintes itens.

(1) É competência privativa do presidente da República conceder indulto e comutar penas, com audiência, se necessário, dos órgãos instituídos em lei, podendo delegar tal atribuição ao advogado-geral da União.
(2) Compete ao presidente da República, na condição de chefe de Estado, proceder à autorização de guerra no caso de agressão estrangeira.
(3) A competência privativa do presidente da República para iniciar o processo legislativo das leis ordinárias e complementares não pode ser delegada.

1: Certo. Art. 84, XII e parágrafo único da CF. **2:** Errado. É competência exclusiva do Congresso Nacional autorizar o Presidente da República a declarar guerra (CF. art. 49, II, e art. 84, XIX). **3:** Certo. Art. 84, III, e parágrafo único, da CF.
Gabarito 1C, 2E, 3C

(Analista - TRT1 - 2018 - AOCP) De acordo com o que dispõe a Constituição Federal, assinale a alternativa que NÃO representa uma das atribuições do Presidente da República.

(A) Convocar e presidir o Conselho da República e o Conselho de Defesa Nacional.
(B) Nomear os magistrados, nos casos previstos na Constituição, e o Advogado-Geral da União.
(C) Celebrar tratados, convenções e atos internacionais, sujeitos a referendo do Congresso Nacional.
(D) Comutar penas, com audiência, se necessário, dos órgãos instituídos em lei.
(E) Prestar, anualmente, ao Congresso Nacional, dentro de cento e vinte dias após a abertura da sessão legislativa, as contas referentes ao exercício anterior.

A, B, C e D: incorretas, pois são atribuições do Presidente da República, conforme, respectivamente, os incisos XVIII, XVI, VIII e XII do art. 84 da CF; **E:** correta, porque compete privativamente ao Presidente da República prestar, anualmente, ao Congresso Nacional, dentro de **sessenta dias** após a abertura da sessão legislativa, as contas referentes ao exercício anterior (art. 84, XXIV, da CF).
Gabarito "E".

(Analista – TRT/16ª – 2014 – FCC) É competência privativa do Presidente da República, de acordo com a Constituição Federal, prestar,

(A) anualmente, ao Congresso Nacional, dentro de noventa dias após abertura da sessão legislativa, as contas referentes ao exercício anterior.
(B) trimestralmente, ao Congresso Nacional, as contas referentes ao seu mandato.
(C) anualmente, ao Congresso Nacional, dentro de até trinta dias após a abertura da sessão legislativa, as contas referentes ao exercício anterior.
(D) semestralmente, ao Congresso Nacional, as contas referentes ao seu mandato.
(E) anualmente, ao Congresso Nacional, dentro de sessenta dias após a abertura da sessão legislativa, as contas referentes ao exercício anterior.

A: incorreta. A prestação de contas referentes ao exercício anterior deve ser feita anualmente, mas dentro **sessenta dias** após a abertura da sessão legislativa. De acordo com o art. 84, XXIV, da CF, o Presidente da República, de fato, deve prestar, anualmente, ao Congresso Nacional, dentro de sessenta dias após a abertura da sessão legislativa, as contas referentes ao exercício anterior; **B:** incorreta. A prestação de contas é feita **anualmente**; **C:** incorreta. Como mencionado, a prestação de contas referentes ao exercício anterior deve ser feita anualmente, mas dentro **sessenta dias** após a abertura da sessão legislativa; **D:** incorreta. A prestação de contas não é feita semestralmente, mas **anualmente**, conforme já mencionado; **E:** correta. É o que determina o art. 84, XXIV, da CF.
Gabarito "E".

4.3. Poder Judiciário

(Analista – TRF3 – 2024 – VUNESP) Considerando o disposto na Constituição Federal a respeito do Poder Judiciário e seus órgãos, assinale a alternativa correta.

(A) Os Tribunais Regionais Federais terão em sua composição, além de advogados e membros do Ministério Público Federal, juízes federais, por meio de promoção, com mais de 10 (dez) anos de exercício, por antiguidade e merecimento, alternadamente.
(B) Compete ao Supremo Tribunal Federal processar e julgar, originariamente, a homologação de sentenças estrangeiras e a ação em que todos os membros da magistratura sejam direta ou indiretamente interessados.
(C) Os Ministros do Superior Tribunal de Justiça serão nomeados pelo Presidente da República, entre eles um quinto dentre juízes dos Tribunais Regionais Federais e um quinto dentre desembargadores dos Tribunais de Justiça.
(D) É da competência dos Tribunais Regionais Federais processar e julgar, originariamente, os juízes federais da área de sua jurisdição, exceto os da Justiça Militar e da Justiça do Trabalho, nos crimes comuns e de responsabilidade, e os membros do Ministério Público da União, ressalvada a competência da Justiça Eleitoral.
(E) Com exceção das falências, dos acidentes de trabalho e as sujeitas à Justiça Eleitoral e à Justiça do Trabalho, aos juízes federais compete processar e julgar causas em que a União for autora, ré, assistente ou oponente e as causas entre Estado estrangeiro ou organismo internacional e Município ou pessoa domiciliada ou residente no País.

A: Incorreta. O art. 107, I e II, da CF, prevê que a composição dos Tribunais Regionais Federais será: I – um quinto dentre advogados com mais de dez anos de efetiva atividade profissional e membros do Ministério Público Federal com mais de dez anos de carreira; II – restante, mediante promoção de juízes federais com mais de cinco anos de exercício, por antiguidade e merecimento, alternadamente. **B:** Incorreta. A homologação de sentenças estrangeiras é de competência originária do Superior Tribunal de Justiça, desde a promulgação da Emenda Constitucional nº 45/2004 (CF, art. 105, I, *i*). **C:** Incorreta. Os Ministros do Superior Tribunal de Justiça serão nomeados pelo Presidente da República, entre eles *um terço* dentre juízes dos Tribunais Regionais Federais e *um terço* dentre desembargadores dos Tribunais de Justiça, indicados com lista tríplice elaborada pelo próprio Tribunal (CF, art. 104, Parágrafo único, I). **D:** Incorreta. É da competência dos Tribunais Regionais Federais processar e julgar, originariamente, os juízes federais da área de sua jurisdição, *incluídos* os da Justiça Militar e da Justiça do Trabalho, nos crimes comuns e de responsabilidade, e os membros do Ministério Público da União, ressalvada a competência da Justiça Eleitoral (CF, art. 108, I, *a*). **E:** Correta. Art. 109, I e II, da CF.
Gabarito "E".

8. DIREITO CONSTITUCIONAL

(Analista – INPI – 2024 – CEBRASPE) Considerando o entendimento do Supremo Tribunal Federal (STF), julgue os itens a seguir, relativos ao princípio da separação dos Poderes.

(1) A intervenção do Poder Judiciário em políticas públicas voltadas à realização de direitos fundamentais, em caso de deficiência do serviço, viola o princípio da separação dos Poderes.

(2) Para fins de proteção ao princípio da separação dos Poderes, é inadmissível que o Poder Judiciário faça o controle jurisdicional de atos *interna corporis* das Casas Legislativas, ainda que caracterizado o desrespeito às normas constitucionais pertinentes ao processo legislativo.

1: Errado. O assunto foi tratado no julgamento do Recurso Extraordinário nº 684612, com repercussão geral (Tema 698). A tese firmada foi a seguinte: "1. A intervenção do Poder Judiciário em políticas públicas voltadas à realização de direitos fundamentais, em caso de ausência ou deficiência grave do serviço, não viola o princípio da separação dos poderes. 2. A decisão judicial, como regra, em lugar de determinar medidas pontuais, deve apontar as finalidades a serem alcançadas e determinar à Administração Pública que apresente um plano e/ou os meios adequados para alcançar o resultado. 3. No caso de serviços de saúde, o déficit de profissionais pode ser suprido por concurso público ou, por exemplo, pelo remanejamento de recursos humanos e pela contratação de organizações sociais (OS) e organizações da sociedade civil de interesse público (OSCIP)". **2:** Errado. O assunto foi tratado no julgamento do Recurso Extraordinário nº 1297884, com repercussão geral (Tema 1120). A tese firmada foi a seguinte: "Em respeito ao princípio da separação dos poderes, previsto no art. 2º da Constituição Federal, *quando não caracterizado o desrespeito às normas constitucionais*, é defeso ao Poder Judiciário exercer o controle jurisdicional em relação à interpretação do sentido e do alcance de normas meramente regimentais das Casas Legislativas, por se tratar de matéria *interna corporis*" (os grifos não estão no original).
Gabarito 1E, 2E

(Analista – TRT/18 – 2023 – FCC) De acordo com a Constituição Federal, compete ao Supremo Tribunal Federal processar e julgar, originariamente, dentre outros casos, o mandado de segurança contra ato

(A) da Mesa da Câmara dos Deputados e o *habeas corpus*, quando o coator for Tribunal Superior.

(B) da Mesa da Câmara dos Deputados e o *habeas corpus* decidido em única instância pelos Tribunais Superiores, se denegatória a decisão.

(C) de Ministro de Estado e o *habeas corpus* quando o coator for Tribunal Superior.

(D) da Mesa da Câmara dos Deputados e o *habeas data* contra ato de Comandante da Marinha.

(E) de Ministro de Estado e o *habeas data* contra o ato de Comandante do Exército.

A: Correta. Art. 102, I, *d* e *i*, da CF. **B:** Incorreta. Compete ao Supremo Tribunal Federal processar e julgar, originariamente, dentre outros casos, o mandado de segurança contra ato da Mesa da Câmara dos Deputados (CF, art. 102, I, *d*), mas no caso do *habeas corpus* decidido em única instância pelos Tribunais Superiores, se denegatória a decisão, seria caso de *recurso ordinário* ao Supremo Tribunal Federal (CF, art. 102, II, *a*). **C:** Incorreta. A competência originária para processar e julgar mandado de segurança contra ato de Ministro de Estado é do Superior Tribunal de Justiça (CF, art. 105, I, *b*). **D:** Incorreta. A competência originária para processar e julgar *habeas data* contra ato de Comandante da Marinha é do Superior Tribunal de Justiça (CF, art. 105, I, *b*). **E:** Incorreta. A competência originária para processar e julgar o mandado de segurança contra ato de Ministro de Estado e o *habeas data* contra ato de Comandante do Exército é do Superior Tribunal de Justiça (CF, art. 105, I, *b*).
Gabarito: A

(Analista – TJ/ES – 2023 – CEBRASPE) A respeito do Poder Judiciário, consideradas a CF e a jurisprudência do STF, julgue os itens seguintes.

(1) No caso de pagamento devido ao particular, pela Fazenda Pública, em decorrência de sentença concessiva de mandado de segurança, os valores deverão ser objeto de restituição administrativa.

(2) No âmbito de ação direta de inconstitucionalidade, formalizada perante tribunal de justiça, é válida a impugnação de ato estatal editado anteriormente à vigência do parâmetro constitucional supostamente violado.

(3) Os tribunais de justiça podem exercer controle abstrato de constitucionalidade de leis municipais, utilizando como parâmetro normas da CF, desde que se trate de normas de reprodução obrigatória pelos estados, seja por meio da técnica da transposição, seja por meio de remissão.

(4) É prescindível a autorização do tribunal para que o juiz titular a ele vinculado resida fora da respectiva comarca.

(5) A matéria relativa à organização e ao funcionamento dos órgãos jurisdicionais e administrativos está submetida à disciplina exclusiva da lei.

1: Errado. Ao julgar o RE nº 889173, com repercussão geral (Tema 831), o STF firmou o seguinte entendimento: "Obrigatoriedade de pagamento, mediante o regime de precatórios, dos valores devidos pela Fazenda Pública entre a data da impetração do mandado de segurança e a efetiva implementação da ordem concessiva". **2:** Errado. A ação direta de inconstitucionalidade serve para impugnar as normas infraconstitucionais posteriores à Constituição Federal de 1988. Já as normas anteriores à Constituição podem ser objeto de arguição de descumprimento de preceito fundamental no âmbito federal para se analisar a sua compatibilidade ou não com o novo ordenamento jurídico. **3:** Correto. Art. 125, § 2º, da CF. **4:** Errado. Art. 93, VII, da CF. **5:** Errado. A competência nesse caso é privativa dos tribunais (CF, art. 96, I, da CF).
Gabarito 1E, 2E, 3C, 4E, 5E

Considerando o entendimento do STF acerca do Conselho Nacional de Justiça (CNJ), julgue os itens a seguir.

I. Embora seja órgão do Poder Judiciário, o CNJ não é dotado de função jurisdicional.

II. O CNJ deve atuar somente se houver necessariamente o exaurimento da instância administrativa ordinária.

III. O CNJ tem competência para apurar violações aos deveres funcionais dos magistrados e servidores do Poder Judiciário.

IV. Não é permitido ao CNJ apreciar a constitucionalidade dos atos administrativos, mas somente sua legalidade.

(Analista Judiciário – TJ/PA – 2020 – CESPE/CEBRASPE) Estão certos apenas os itens

(A) I e II.
(B) I e IV.
(C) III e IV.
(D) I, II e III.

(E) II, III e IV.

I: certo, pois o CNJ não é dotado de função jurisdicional. Segundo o STF, o Conselho Nacional de Justiça é órgão de natureza exclusivamente administrativa, com atribuições de controle da atividade administrativa, financeira e disciplinar da magistratura, e competência relativa apenas aos órgãos e juízes situados, hierarquicamente, abaixo do Supremo Tribunal Federal. O Conselho Nacional de Justiça não tem nenhuma competência sobre o Supremo Tribunal Federal e seus ministros, sendo esse o órgão máximo do Poder Judiciário nacional, a que aquele está sujeito (ADI 3367, Relator: CEZAR PELUSO, Tribunal Pleno, julgado em 13/04/2005); II: errado, porque não há necessidade de exaurimento da instância administrativa ordinária para a atuação do CNJ. Trata-se de competência concorrente, e não subsidiária (MS 28420, Relator: DIAS TOFFOLI, Primeira Turma, julgado em 23/09/2014); III: errado, porque compete ao CNJ o controle da atuação administrativa e financeira do Poder Judiciário e do cumprimento dos deveres funcionais dos **juízes** (art. 103-B, § 4º, da CF). Assim, não cabe ao CNJ apurar violações aos deveres funcionais dos servidores; IV: certo, uma vez que o CNJ possui, tão somente, atribuições de natureza administrativa e, nesse sentido, não lhe é permitido apreciar a constitucionalidade dos atos administrativos, mas somente sua legalidade (MS 28872 AgR, Relator: RICARDO LEWANDOWSKI, Tribunal Pleno, julgado em 24/02/2011). **AN**

Gabarito "B".

(Analista Judiciário – TJ/PA – 2020 – CESPE/CEBRASPE) Caso tribunal de justiça estadual profira decisão em última instância denegando *habeas corpus*, caberá ao interessado interpor recurso

(A) especial, a ser julgado pelo STJ.
(B) ordinário, a ser julgado pelo STF.
(C) ordinário, a ser julgado pelo STJ.
(D) extraordinário, a ser julgado pelo STJ.
(E) extraordinário, a ser julgado pelo STF.

De acordo com a Constituição, compete ao Superior Tribunal de Justiça julgar, em recurso ordinário, os *habeas corpus* decididos em única ou última instância pelos Tribunais Regionais Federais ou pelos tribunais dos Estados, do Distrito Federal e Territórios, quando a decisão for denegatória (art. 105, II, "a", da CF). **AN**

Gabarito "C".

(Analista - TRT/15 - FCC - 2018) Considere a seguinte situação:

I. Lei de certo Estado da Federação cria, no Quadro de Pessoal do Tribunal de Justiça, cargos públicos em comissão, de livre nomeação e exoneração, para o exercício de atribuições administrativas diversas das funções de direção, chefia e assessoramento.
II. Ao apreciar a regularidade de determinados atos administrativos praticados por Tribunal de Justiça com fundamento na referida lei estadual, o Conselho Nacional de Justiça, por decisão tomada por maioria absoluta de votos, afasta a aplicação da lei, por considerá-la inconstitucional.
III. No mesmo julgamento, por decisão tomada por maioria absoluta de votos, o Conselho Nacional de Justiça determina ao Tribunal de Justiça a adoção de providências para a exoneração dos servidores comissionados nomeados e empossados com base em lei inconstitucional.

É compatível com a Constituição Federal e com a jurisprudência do Supremo Tribunal Federal o que consta de

(A) I, II e III.
(B) I e II, apenas.
(C) III, apenas.
(D) I, apenas.
(E) II e III, apenas.

I: incorreta, pois as funções de confiança, exercidas exclusivamente por servidores ocupantes de cargo efetivo, e os cargos em comissão, a serem preenchidos por servidores de carreira nos casos, condições e percentuais mínimos previstos em lei, destinam-se apenas às atribuições de direção, chefia e assessoramento (art. 37, V, da CF); II: correta, pois, de acordo com o entendimento do STF, "*insere-se entre as competências constitucionalmente atribuídas ao Conselho Nacional de Justiça a possibilidade de afastar, por inconstitucionalidade, a aplicação de lei aproveitada como base de ato administrativo objeto de controle, determinando aos órgãos submetidos a seu espaço de influência a observância desse entendimento, por ato expresso e formal tomado pela maioria absoluta dos membros do Conselho*" (Pet 4656, Relator: Min. Cármen Lúcia, Tribunal Pleno, julgado em 19/12/2016); III: correta, de acordo com a jurisprudência do CNJ: "*Pedido julgado procedente para anular o ato da Presidência do TJPA (...) que efetivou, de forma irregular, servidores que adentraram sem concurso público no âmbito daquele Tribunal, determinando ainda que o Tribunal de Justiça do Estado do Pará: a) se abstenha de estabilizar servidores contratados precariamente, sem a feitura de concurso público; b) promova, no prazo de 180 (cento e oitenta) dias o distrato e desligamento de todos os servidores irregularmente admitidos sem concurso público, após a Constituição Federal de 1988, em observância ao artigo 37, II e IX da CF, facultando ao requerido o aproveitamento dos mesmos em cargos comissionados de direção e assessoramento, desde que preencham os requisitos legais para tanto e dentro dos limites estabelecidos pela Resolução nº 88 do CNJ; salvo os servidores aposentados, aqueles que tenham implementado o direito à aposentadoria até esta data, observando a legislação vigente à época da implementação, e naqueles casos em que exista processo judicial em trâmite acerca da matéria; c) apresente, no prazo de 180 (cento e oitenta) dias, projeto de reestruturação de seu quadro de servidores, promovendo assim o imediato aproveitamento dos candidatos aprovados no concurso público nº 002/2009, de 26/01/2009, dentro do número de vagas ofertados no edital, procedendo à nomeação de acordo com a ordem de classificação nas vagas que vierem a abrir em razão do desligamento dos servidores irregulares; d) em relação aos servidores exclusivamente comissionados e os servidores requisitados de outros órgãos da administração pública e colocados à disposição do Tribunal de Justiça, com ou sem ônus, deve-se obedecer aos parâmetros definidos na Resolução nº 88 do CNJ, artigos 2º e 3º.*" (CNJ - PP - Pedido de Providências - Conselheiro - 0006377-02.2009.2.00.0000 - Rel. Jefferson Luis Kravchychyn - 110ª Sessão - j. 17/08/2010). **AN**

Gabarito "E".

(Analista - Área Administrativa - TRT1 - 2018 - AOCP) O Conselho Nacional de Justiça é um órgão que compõe o Poder Judiciário e tem, dentre suas atribuições, o controle da atuação administrativa e financeira do Tribunal Regional do Trabalho e do cumprimento dos deveres funcionais dos juízes. De acordo com o que dispõe expressamente a Constituição Federal, assinale a alternativa que apresenta apenas alguns dos membros que compõem o Conselho Nacional de Justiça.

(A) Três membros do Ministério Público dos Estados e um desembargador de Tribunal de Justiça, indicado pelo Supremo Tribunal Federal.
(B) Dois advogados, indicados pelo Conselho Federal da Ordem dos Advogados do Brasil, e um juiz de Tribunal Regional Federal, indicado pelo respectivo tribunal.
(C) Um desembargador de Tribunal de Justiça, indicado pelo respectivo tribunal, e um juiz federal, indicado pelo Supremo Tribunal Federal.

(D) O Procurador-Geral da República e dois cidadãos, de notável saber jurídico e reputação ilibada, indicados pelo Senado Federal.

(E) Um juiz de Tribunal Regional Federal, indicado pelo Superior Tribunal de Justiça, e um juiz de Tribunal Regional do Trabalho, indicado pelo Tribunal Superior do Trabalho.

O art. 103-B prevê que o Conselho Nacional de Justiça é composto por quinze membros com mandato de dois anos, admitida uma recondução, sendo: o Presidente do Supremo Tribunal Federal; um Ministro do Superior Tribunal de Justiça, indicado pelo respectivo tribunal; um Ministro do Tribunal Superior do Trabalho, indicado pelo respectivo tribunal; um desembargador de Tribunal de Justiça, indicado pelo Supremo Tribunal Federal; um juiz estadual, indicado pelo Supremo Tribunal Federal; um juiz de Tribunal Regional Federal, indicado pelo Superior Tribunal de Justiça; um juiz federal, indicado pelo Superior Tribunal de Justiça; um juiz de Tribunal Regional do Trabalho, indicado pelo Tribunal Superior do Trabalho; um juiz do trabalho, indicado pelo Tribunal Superior do Trabalho; um membro do Ministério Público da União, indicado pelo Procurador-Geral da República; um membro do Ministério Público estadual, escolhido pelo Procurador-Geral da República dentre os nomes indicados pelo órgão competente de cada instituição estadual; dois advogados, indicados pelo Conselho Federal da Ordem dos Advogados do Brasil; dois cidadãos, de notável saber jurídico e reputação ilibada, indicados um pela Câmara dos Deputados e outro pelo Senado Federal.

Gabarito "E".

(Analista - TRT1 - 2018 - AOCP) Acerca do Superior Tribunal de Justiça, informe se é verdadeiro (V) ou falso (F) o que se afirma a seguir e assinale a alternativa com a sequência correta.

( ) É competência do Superior Tribunal de Justiça processar e julgar, originariamente, o *habeas corpus* quando o paciente for membro do Ministério Público Estadual.

( ) O Superior Tribunal de Justiça é composto por trinta e três membros, sendo que, destes, dois terços devem ser escolhidos dentre juízes dos Tribunais Regionais Federais e um terço dentre desembargadores dos Tribunais de Justiça, indicados em lista tríplice elaborada pelo próprio Tribunal.

( ) É competência do Superior Tribunal de Justiça processar e julgar, originariamente, o *habeas corpus* quando o paciente for Comandante da Marinha.

(A) F – V – F.
(B) V – V – F.
(C) F – F – V.
(D) F – F – F.
(E) V – V – V.

I: falso, pois é competência dos **Tribunais de Justiça** processar e julgar, originariamente, o *habeas corpus* quando o paciente for membro do Ministério Público Estadual, com fulcro no art. 96, III, da CF – que atribui aos Tribunais de Justiça a competência para julgar os membros do Ministério Público nos crimes comuns; **II:** falso, porque o Superior Tribunal de Justiça é composto por, no mínimo, trinta e três Ministros, sendo que **um terço** deve ser escolhido entre juízes dos Tribunais Regionais Federais, **um terço** entre desembargadores dos Tribunais de Justiça, ambos indicados em lista tríplice elaborada pelo próprio Tribunal, e **um terço** entre advogados e membros do Ministério Público, alternadamente, indicados em lista sêxtupla pelos órgãos de representação das respectivas classes (art. 104 da CF); **III:** falso, pois é competência do **Supremo Tribunal Federal** processar e julgar, originariamente, o *habeas corpus* quando o paciente for o Comandante da Marinha (art. 102, I, "d", da CF). ATENÇÃO: compete ao **Superior Tribunal de Justiça** processar e julgar, originariamente, o *habeas corpus* quando o coator for o Comandante da Marinha (art. 105, I, "c", da CF).

Gabarito "D".

(Analista - TRT1 - 2018 - AOCP) No exercício da atividade de Analista Judiciário, lida-se diariamente com questões acerca da competência, atribuições e características do Poder Judiciário. Nesse sentido, assinale a alternativa correta, de acordo com o que dispõe a Constituição Federal.

(A) Compete privativamente ao Supremo Tribunal Federal a alteração do número de membros dos tribunais inferiores.

(B) Compete privativamente ao Supremo Tribunal Federal organizar as secretarias e serviços auxiliares dos tribunais inferiores e os dos juízos que lhes forem vinculados, velando pelo exercício da atividade correicional respectiva.

(C) Ao Poder Judiciário é assegurada autonomia administrativa e financeira.

(D) Aos juízes é vedado exercer outro cargo ou função, salvo se estiver em disponibilidade.

(E) São órgãos do Poder Judiciário: o Supremo Tribunal Federal, os Tribunais Regionais do Trabalho e o Ministério Público.

A: incorreta, pois compete privativamente ao Supremo Tribunal Federal, aos Tribunais Superiores e aos Tribunais de Justiça propor ao Poder Legislativo respectivo a alteração do número de membros dos tribunais inferiores (art. 96, II, "a", da CF); **B:** incorreta, porque compete privativamente aos tribunais organizar suas secretarias e serviços auxiliares e os dos juízos que lhes forem vinculados, velando pelo exercício da atividade correicional respectiva (art. 96, I, "b", da CF); **C:** correta, nos termos do art. 99, *caput*, da CF; **D:** incorreta, visto que aos juízes é vedado exercer, ainda que em disponibilidade, outro cargo ou função, salvo uma de magistério (art. 95, parágrafo único, I, da CF); **E:** incorreta, porque são órgãos do Poder Judiciário: o Supremo Tribunal Federal; o Conselho Nacional de Justiça; o Superior Tribunal de Justiça; o Tribunal Superior do Trabalho; os Tribunais Regionais Federais e Juízes Federais; os Tribunais e Juízes do Trabalho; os Tribunais e Juízes Eleitorais; os Tribunais e Juízes Militares; os Tribunais e Juízes dos Estados e do Distrito Federal e Territórios (art. 92 da CF).

Gabarito "C".

(Analista - TJ/SC - FGV - 2018) A sociedade empresária HH ingressou com ação judicial para discutir a exigibilidade de crédito tributário, sendo intimada, pelo juízo, a promover o depósito prévio do valor objeto de discussão, o qual seria requisito de admissibilidade para o prosseguimento da demanda.

Por entender que essa determinação afrontava a ordem constitucional e a interpretação que lhe vem sendo dispensada pelo Supremo Tribunal Federal, solicitou que o seu advogado adotasse a medida mais adequada à solução célere da questão, de modo a evitar que a dúvida persistisse por longos anos até ser definitivamente julgada pela última instância competente.

O advogado ingressou, corretamente, com:

(A) mandado de segurança perante o Superior Tribunal de Justiça;

(B) recurso extraordinário perante o Supremo Tribunal Federal;

(C) recurso especial perante o Superior Tribunal de Justiça;
(D) reclamação perante o Superior Tribunal de Justiça;
(E) reclamação perante o Supremo Tribunal Federal.

O STF, por meio da Súmula Vinculante 28, fixou entendimento no sentido de que é inconstitucional a exigência de depósito prévio como requisito de admissibilidade de ação judicial na qual se pretenda discutir a exigibilidade de crédito tributário. Depois de editada uma súmula vinculante pelo Plenário do STF, seu comando vincula ou subordina todas as autoridades judiciárias e administrativas do País e, no caso de seu descumprimento, a parte poderá ajuizar Reclamação diretamente ao STF, conforme estabelece o art. 103-A, § 3º, da CF. Logo, considerando que a decisão judicial contrariou súmula vinculante, o advogado deve ingressar com reclamação perante o STF, por ser a medida mais adequada à solução célere da questão. Gabarito "E".

(Analista - TJ/SC - FGV - 2018) João, Juiz de Direito de entrância intermediária, concorreu à promoção por antiguidade. Embora fosse o mais antigo entre os concorrentes, o seu nome foi recusado pelo tribunal.

Considerando a sistemática constitucional de promoção por antiguidade, o tribunal:

(A) pode recusar o mais antigo pelo voto fundamentado de dois terços dos seus membros, observados os demais requisitos;
(B) pode recusar o mais antigo pela unanimidade dos seus membros, observado o contraditório e a ampla defesa;
(C) pode recusar o mais antigo pela maioria dos seus membros, em razão de condenação em processo administrativo;
(D) pode recusar o mais antigo, estando sua decisão sujeita ao referendo do Conselho Nacional de Justiça;
(E) não pode recusar o mais antigo, que possui direito subjetivo à nomeação.

Na promoção por antiguidade, o tribunal somente poderá recusar o juiz mais antigo pelo voto fundamentado de **dois terços** de seus membros, conforme procedimento próprio, e assegurada ampla defesa, repetindo-se a votação até fixar-se a indicação (art. 93, II, "d", da CF). Gabarito "A".

(Analista Judiciário - TJ/AL - 2018 - FGV) A Câmara Cível do Tribunal de Justiça do Estado Gama reconheceu, incidentalmente, pela unanimidade dos seus membros, a inconstitucionalidade da Lei Federal X, e deixou de aplicá-la no julgamento do recurso de apelação submetido à sua apreciação.

À luz da sistemática constitucional e considerando ter sido esse o primeiro acórdão proferido pelo Poder Judiciário brasileiro reconhecendo a inconstitucionalidade da Lei Federal X, o procedimento adotado pela Câmara está:

(A) certo, pois a inconstitucionalidade ainda não tinha sido reconhecida por nenhum órgão do Poder Judiciário;
(B) certo, pois a inconstitucionalidade foi reconhecida pela unanimidade dos desembargadores que a integram;
(C) errado, pois os órgãos do Tribunal de Justiça somente podem reconhecer a inconstitucionalidade de leis estaduais ou municipais;
(D) errado, pois a inconstitucionalidade deve ser reconhecida pela maioria absoluta dos membros do Tribunal ou do respectivo Órgão Especial;
(E) errado, pois o processo deveria ter sido suspenso até que o Supremo Tribunal Federal se pronunciasse sobre a inconstitucionalidade.

O art. 97 da CF consagra a cláusula de reserva de plenário, segundo a qual somente pelo voto da maioria absoluta de seus membros ou dos membros do respectivo órgão especial poderão os tribunais declarar a inconstitucionalidade de lei ou ato normativo do Poder Público. De acordo com o entendimento do STF, "*viola o dispositivo constitucional [art. 97] o acórdão proferido por órgão fracionário, que declara a inconstitucionalidade de lei, ainda que parcial, sem que haja declaração anterior proferida por órgão especial ou plenário.*" (RE 544246, Relator: Min. Sepúlveda Pertence, Primeira Turma, julgado em 15/05/2007). Assim, o procedimento adotado pela Câmara está errado, pois a inconstitucionalidade deve ser reconhecida pela maioria absoluta dos membros do Tribunal ou do respectivo Órgão Especial. Gabarito "D".

(Analista Judiciário - TJ/AL - 2018 - FGV) O Juiz de Direito da Comarca Alfa proferiu sentença nitidamente contrária ao teor de súmula vinculante.

À luz da sistemática constitucional, o meio adequado para cassar a referida sentença, com a consequente determinação de que outra seja proferida, é:

(A) o recurso extraordinário ao Supremo Tribunal Federal;
(B) o recurso especial ao Superior Tribunal de Justiça;
(C) o recurso ordinário ao Superior Tribunal de Justiça;
(D) o recurso ordinário ao Supremo Tribunal Federal;
(E) a reclamação ao Supremo Tribunal Federal.

Segundo o art. 103-A, § 3º, da CF, do ato administrativo ou decisão judicial que contrariar a súmula aplicável ou que indevidamente a aplicar, caberá reclamação ao Supremo Tribunal Federal que, julgando-a procedente, anulará o ato administrativo ou cassará a decisão judicial reclamada, e determinará que outra seja proferida com ou sem a aplicação da súmula, conforme o caso. Gabarito "E".

(Analista Judiciário - TJ/AL - 2018 - FGV) João, em petição dirigida ao Conselho Nacional de Justiça, solicitou que fossem aplicadas sanções administrativas a um Defensor Público que, de acordo com a sua narrativa, teria se negado a atendê-lo, o que fez com que o seu direito se extinguisse.

À luz da sistemática constitucional, o Conselho Nacional de Justiça:

(A) deve receber a petição de João, mas somente pode recomendar que o Defensor Público venha a atendê-lo;
(B) não deve receber a petição de João, pois a Defensoria Pública não está sujeita à sua fiscalização;
(C) deve receber a petição de João, podendo punir o Defensor Público e determinar que venha a atendê-lo;
(D) não deve receber a petição de João, pois as instâncias administrativas locais não foram previamente exauridas;
(E) deve receber a petição de João, mas não punir o Defensor Público por conduta praticada fora do processo judicial.

O Conselho Nacional de Justiça exerce o controle da atuação administrativa e financeira do Poder Judiciário e do cumprimento dos deveres funcionais dos juízes, cabendo-lhe, entre outras atribuições, receber e conhecer das reclamações contra membros ou órgãos do

Poder Judiciário, inclusive contra seus serviços auxiliares, serventias e órgãos prestadores de serviços notariais e de registro que atuem por delegação do poder público ou oficializados (art. 103-B, § 4º, III, da CF). A Defensoria Pública é instituição permanente, essencial à função jurisdicional do Estado, que não faz parte do Poder Judiciário (art. 134 da CF). Logo, o Conselho Nacional de Justiça não deve receber a petição de João, pois a Defensoria Pública não está sujeita à sua fiscalização.
Gabarito "B".

(Analista - MPU - CESPE - 2018) No que se refere ao Poder Judiciário e ao Conselho Nacional de Justiça (CNJ), julgue os próximos itens.

(1) O CNJ exerce a supervisão orçamentária da justiça federal de primeiro e de segundo graus.
(2) Compete ao Supremo Tribunal Federal processar e julgar, originariamente, ações contra o CNJ.
(3) Nos casos de crime cometido por magistrados contra a administração pública ou de abuso de autoridade, cabe ao CNJ representar ao Ministério Público.

1: errado, pois cabe ao **Conselho da Justiça Federal** exercer a supervisão administrativa e orçamentária da Justiça Federal de primeiro e segundo graus, como órgão central do sistema e com poderes correicionais, cujas decisões terão caráter vinculante (art. 105, parágrafo único, II, da CF); **2:** certo, conforme o art. 102, inciso I, alínea "r", da CF; **3:** certo, de acordo com o art. 103-B, § 4º, inciso IV, da CF.
Gabarito 1E, 2C, 3C.

(Analista Judiciário – TRT/24 – FCC – 2017) De acordo com a Constituição Federal, ao Poder Judiciário é assegurada autonomia administrativa e financeira, sendo que os tribunais elaborarão suas propostas orçamentárias dentro dos limites estipulados conjuntamente com os demais Poderes na lei de diretrizes orçamentárias. Se essas propostas orçamentárias forem encaminhadas em desacordo com os limites estipulados pela Constituição Federal, o Poder Executivo

(A) devolverá a proposta para o Poder Judiciário para revisão e adequação no prazo máximo de sessenta dias.
(B) devolverá a proposta para o Poder Judiciário para revisão e adequação no prazo máximo de trinta dias.
(C) procederá aos ajustes necessários para fins de consolidação da proposta orçamentária anual.
(D) encaminhará a proposta para o Tribunal de Contas da União que deverá tomar as medidas corretivas e proceder aos ajustes necessários para fins de consolidação da proposta orçamentária anual no prazo máximo de noventa dias.
(E) devolverá a proposta para o Poder Judiciário para revisão e adequação no prazo máximo de noventa dias.

Art. 99, *caput* e §§ 1º e 3º, CF.
Gabarito "C".

(Analista Judiciário – TRT/24 – FCC – 2017) De acordo com a Constituição Federal, o Supremo Tribunal Federal poderá, de ofício ou por provocação, mediante decisão de dois terços dos seus membros, após reiteradas decisões sobre matéria constitucional, aprovar súmula que, a partir de sua publicação na imprensa oficial, terá efeito vinculante em relação aos demais órgãos do Poder Judiciário e à Administração pública direta e indireta, nas esferas federal, estadual e municipal. Sem prejuízo do que vier a ser estabelecido em lei, a aprovação

(A) de súmula poderá ser provocada por qualquer cidadão, sendo vedado a provocação para revisão ou cancelamento que são atos exclusivos de ofício do Supremo Tribunal Federal.
(B) ou revisão de súmula poderá ser provocada por aqueles que podem propor a ação direta de inconstitucionalidade, sendo vedado a provocação para cancelamento que é ato exclusivo de ofício do Supremo Tribunal Federal.
(C) ou revisão de súmula poderá ser provocada por qualquer cidadão, sendo vedado a provocação para cancelamento que é ato exclusivo de ofício do Supremo Tribunal Federal.
(D) revisão ou cancelamento de súmula poderá ser provocada por aqueles que podem propor a ação direta de inconstitucionalidade.
(E) de súmula poderá ser provocada por aqueles que podem propor a ação direta de inconstitucionalidade, sendo vedado a provocação para revisão ou cancelamento que são atos exclusivos de ofício do Supremo Tribunal Federal.

Art. 103-A, § 2º, CF.
Gabarito "D".

(Analista Judiciário – TRT/24 – FCC – 2017) Sandoval, estudante de direito, está preparando um seminário sobre os Tribunais Superiores e a Constituição Federal brasileira. Assim, verificando a Carta Magna, no tocante ao Superior Tribunal de Justiça, constatou que é composto por

(A) no mínimo trinta e três Ministros, sendo dois terços dentre Desembargadores dos Tribunais de Justiça, indicados em lista tríplice elaborada pelo próprio Tribunal.
(B) Ministros que serão nomeados pelo Presidente da República, dentre brasileiros com mais de trinta anos e menos de sessenta e cinco anos, de notável saber jurídico e reputação ilibada, depois de aprovada a escolha pela maioria absoluta do Senado Federal.
(C) Ministros que serão nomeados pelo Presidente da República, dentre brasileiros com mais de trinta anos e menos de sessenta e cinco anos, de notável saber jurídico e reputação ilibada, depois de aprovada a escolha por dois terços do Congresso Nacional.
(D) no mínimo trinta e três Ministros, sendo um terço dentre Desembargadores dos Tribunais de Justiça, indicados em lista tríplice elaborada pelo próprio Tribunal.
(E) no mínimo onze Ministros, sendo um terço dentre Juízes dos Tribunais Regionais Federais e um terço dentre Desembargadores dos Tribunais de Justiça, indicados em lista tríplice elaborada pelo próprio Tribunal.

Art. 104, *caput* e parágrafo único, CF. Notem que para o STJ não há quinto, mas terço constitucional (art. 104, parágrafo único, II, CF).
Gabarito "D".

(Analista Judiciário – TRT/11 – FCC – 2017) Considere as situações abaixo.

I. Propositura, pelo Procurador-Geral da República, de ação com a finalidade de que determinada lei federal seja declarada inconstitucional (ação direta de inconstitucionalidade).

II. Impetração de mandado de segurança contra ato de Ministro de Estado.
III. Impetração de *habeas data* contra ato do Comandante da Marinha.

Compete ao Supremo Tribunal Federal processar e julgar, originariamente, o que consta em

(A) II e III, apenas
(B) I e II, apenas.
(C) I e III, apenas.
(D) I, apenas.
(E) I, II e III.

I: correta. Art. 102, I, "a" e art. 103, VI, ambos da CF; II: errada. A competência para julgar MS contra ato de Ministro de Estado é do STJ, não do STF (art. 105, I, "b", CF); III: errada. A competência é do STJ, não do STF (art. 105, I, "b", CF). Gabarito "D".

(Analista Judiciário – TRT/11 – FCC – 2017) Considere as situações abaixo.

I. Samuel é Governador de determinado Estado e deve ser processado por crime comum.
II. Demétrio impetrou mandado de segurança contra ato de Frederico, que é juiz federal.
III. Tadeu é desembargador do Tribunal de Justiça de determinado Estado e deve ser processado por crime de responsabilidade.

A competência para processar e julgar, originariamente, as ações acima apontadas, cabe ao

(A) Superior Tribunal de Justiça; ao Tribunal Regional Federal da Região correspondente; e ao Superior Tribunal de Justiça, respectivamente.
(B) Supremo Tribunal Federal; ao Tribunal Regional Federal da Região correspondente; e ao Tribunal de Justiça que Tadeu integra, respectivamente.
(C) Supremo Tribunal Federal; ao Tribunal Regional Federal da Região correspondente; e ao Supremo Tribunal Federal, respectivamente.
(D) Superior Tribunal de Justiça nas três situações.
(E) Supremo Tribunal Federal; ao Superior Tribunal de Justiça; e ao Tribunal Regional Federal da Região correspondente, respectivamente.

A competência para julgar governadores de estado por crimes comuns é do STJ (art. 105, I, "a", CF); a competência para julgar mandado de segurança contra juiz federal é do TRF correspondente (art. 108, I, "c", CF); a competência para julgar desembargadores por crimes de responsabilidade é do STJ (art. 105, I, "a", CF). Gabarito "A".

(Analista Judiciário – TJ/MT – UFMT – 2016) No que diz respeito ao Poder Judiciário, assinale a afirmativa correta.

(A) Ao juiz é vedado o exercício da advocacia no juízo ou tribunal do qual se afastou antes de transcorridos dois anos do afastamento do cargo por aposentadoria ou exoneração.
(B) Ao juiz é vedado o exercício de outro cargo ou função, ainda que em disponibilidade, salvo as de magistério e as atividades político-partidárias.
(C) Os atos de remoção, disponibilidade e aposentadoria do juiz por interesse público se fundarão em decisão por maioria simples do respectivo tribunal, assegurada ampla defesa.
(D) As decisões administrativas dos tribunais serão motivadas, em sessão pública, sendo as disciplinares por maioria absoluta dos respectivos membros.

A: errada. Os juízes não podem exercer a advocacia no juízo ou tribunal do qual se afastaram antes de decorridos *três* anos do afastamento do cargo por aposentadoria ou exoneração (art. 95, parágrafo único, V, CF); B: errada. Aos juízes é vedado exercer, ainda que em disponibilidade, outro cargo ou função, salvo *uma* de magistério, além de não poderem dedicarem-se à atividade político-partidária (art. 95, parágrafo único, I e III, CF); C: errada. Os atos de remoção, disponibilidade e aposentadoria do juiz, por interesse público, dependem do voto da *maioria absoluta* dos membros do respectivo tribunal (art. 93, VIII, CF). A Emenda Constitucional nº 103/2019 acabou com a pena disciplinar de aposentadoria compulsória dos magistrados; D: correta. Redação do art. 93, X, CF. Gabarito "D".

(Analista Judiciário – TRT/20 – FCC – 2016) De acordo com a Constituição Federal, a competência para processar e julgar, originariamente, a ação contra o Conselho Nacional do Ministério Público; a ação em que todos os membros da magistratura sejam direta ou indiretamente interessados e a ação em que mais da metade dos membros do tribunal de origem estejam impedidos ou sejam direta ou indiretamente interessados é do

(A) Superior Tribunal de Justiça, nas três ações.
(B) Supremo Tribunal Federal, nas três ações.
(C) Supremo Tribunal Federal, Supremo Tribunal Federal e Superior Tribunal de Justiça, respectivamente.
(D) Superior Tribunal de Justiça, Supremo Tribunal Federal e Supremo Tribunal Federal respectivamente.
(E) Supremo Tribunal Federal, Superior Tribunal de Justiça e Supremo Tribunal Federal, respectivamente.

Art. 102, I, "r" e art. 102, I, "n", CF. Gabarito "B".

(Analista Judiciário – TRT/20 – FCC – 2016) Com relação ao Tribunal Superior do Trabalho e aos Tribunais Regionais do Trabalho, considere:

I. O Tribunal Superior do Trabalho compor-se-á de vinte e sete Ministros, nomeados pelo Presidente da República após aprovação pela maioria absoluta do Senado Federal.
II. Funcionará junto ao Tribunal Superior do Trabalho a Escola Nacional de Formação e Aperfeiçoamento de Magistrados do Trabalho, cabendo-lhe, dentre outras funções, regulamentar os cursos oficiais para o ingresso e promoção na carreira.
III. Funcionará junto ao Tribunal Superior do Trabalho o Conselho Superior da Justiça do Trabalho, cabendo-lhe exercer, na forma da lei, a supervisão administrativa, orçamentária, financeira e patrimonial da Justiça do Trabalho de primeiro e segundo graus, como órgão central do sistema, cujas decisões terão efeito vinculante.
IV. Os Tribunais Regionais do Trabalho não poderão funcionar descentralizadamente, sendo a constituição de Câmaras regionais vedada pela Carta Magna em respeito ao princípio da unicidade.

Segundo a Constituição Federal, está correto o que se afirma APENAS em

(A) I e II.
(B) II, III e IV.

(C) I, II e IV.
(D) I, II e III.
(E) I, III e IV.

I: correta. Art. 111-A, CF; **II:** correta. Art. 111-A, § 2º, I, CF; **III:** correta. Art. 111-A, § 2º, II, CF; **IV:** errada. O art. 115, § 2º, CF, garante a possibilidade de os TRTs funcionarem descentralizadamente, constituindo Câmaras regionais, a fim de assegurar o pleno acesso do jurisdicionado à justiça em todas as fases do processo.
Gabarito "D".

(Analista Judiciário – TJ/PI – FGV – 2015) Apesar de os Juízes de Direito possuírem a garantia constitucional da inamovibilidade, é possível determinar a sua remoção compulsória em situações excepcionais, o que ocorre quando demonstrado que sua permanência é prejudicial ao interesse público. A esse respeito, é correto afirmar que o processo de remoção compulsória:

(A) somente pode ser iniciado por proposta do Presidente do Tribunal de Justiça;
(B) exige prova pré-constituída, não havendo espaço para dilação probatória;
(C) decorre de ato prejudicial ao interesse público, como o vício de embriaguez;
(D) não pode ser instaurado pelo fato de o Juiz estar sendo ameaçado em sua segurança pessoal;
(E) pode ser antecedido de sindicância, da alçada do Tribunal Pleno, para apurar situações prejudiciais ao interesse público.

A remoção compulsória é pena disciplinar prevista no Estatuto da Magistratura (art. 42, III, LC 35/1979) e na Resolução CNJ 135/2011 (art. 3º, III). **A:** errada. Art. 13 da Resolução CNJ 135/2011: "O processo administrativo disciplinar poderá ter início, em qualquer caso, por determinação do Conselho Nacional de Justiça, acolhendo proposta do Corregedor Nacional ou deliberação do seu Plenário, ou por determinação do Pleno ou Órgão Especial, mediante proposta do Corregedor, no caso de magistrado, de primeiro grau, ou ainda por proposta do Presidente do Tribunal respectivo, nas demais ocorrências"; **B:** errada. As provas serão produzidas na fase instrutória do processo disciplinar (art. 18 da Resolução CNJ 135/2011); **C:** correta. Art. 45, I, da LC 35/1979 e art. 5º da Resolução CNJ 135/2011; **D:** errada. É o interesse público que determina ou não a instauração de processo administrativo de remoção compulsória de juiz; **E:** errada. O art. 8º, parágrafo único, da Resolução CNJ 135/2011 deixa claro que pode haver sindicância prévia: "Se da apuração em qualquer procedimento ou processo administrativo resultar a verificação de falta ou infração atribuída a magistrado, será determinada, pela autoridade competente, a instauração de sindicância ou proposta, diretamente, ao Tribunal, a instauração de processo administrativo disciplinar, observado, neste caso, o art. 14, caput, desta Resolução".
Gabarito "C".

(Analista Judiciário – STJ – CESPE – 2015) Julgue os itens seguintes, a respeito do Conselho Nacional de Justiça (CNJ) e do STJ, com fundamento na Constituição Federal de 1988.

(1) Compete, originariamente, ao STJ julgar mandados de segurança contra atos do Superior Tribunal de Justiça Desportiva.
(2) O controle administrativo exercido pelo CNJ é subsidiário e pressupõe prévia atuação pelos tribunais ordinários.
(3) O controle interno exercido pelo CNJ não alcança atos de conteúdo jurisdicional emanados de tribunais.

1: Errada. A competência originária do STJ para julgar mandado de segurança restringe-se aos atos de Ministro de Estado, dos Comandantes da Marinha, do Exército e da Aeronáutica ou do próprio Tribunal (art. 105, I, "b", CF). **2:** Errada. O controle do CNJ independe da atuação prévia dos tribunais originários (art. 103-B, § 4º, II, CF). **3:** Correta. Esse é o entendimento firmado pelo STF (Ver MS 33570, Rel. Min. Celso de Mello).
Gabarito 1E, 2E, 3C.

(Analista Jurídico – TCE/PR – 2016 – CESPE) De acordo com a jurisprudência do STF, assinale a opção correta acerca da regra do quinto constitucional.

(A) Não afrontará o princípio da simetria a norma que, presente em Constituição estadual, imponha a sabatina, pela assembleia legislativa do estado, do candidato escolhido pelo Poder Executivo a partir de lista tríplice para preenchimento de vaga em tribunal de justiça destinada ao quinto constitucional.
(B) A inobservância, pelo tribunal, da regra do quinto constitucional para preenchimento de sua composição provoca a nulidade de seus julgamentos, por força do princípio do juiz natural.
(C) O juiz de tribunal regional eleitoral ocupante de vaga destinada à advocacia estará impedido de concorrer ao quinto constitucional para preenchimento de vaga no tribunal de justiça de estado também destinada à advocacia.
(D) Os tribunais de justiça possuem a prerrogativa de, fundamentada e objetivamente, devolver a lista sêxtupla encaminhada pela Ordem dos Advogados do Brasil para preenchimento de vaga destinada à advocacia quando faltar a algum dos indicados requisito constitucional para a investidura.
(E) O quinto constitucional que destina parcela das vagas de um tribunal à advocacia não se estende aos tribunais regionais do trabalho.

A: incorreta. De acordo com o Supremo: "**Conflita com a CF** norma da Carta do Estado que junge à aprovação da Assembleia Legislativa a escolha de candidato à vaga do quinto em Tribunal" [ADI 4.150, rel. min. Marco Aurélio, j. 25.02.2015, P, *DJE* de 19.03.2015]; **B:** incorreta. O STF entende de modo diverso: "O quinto constitucional previsto para o provimento de lugares em Tribunal, quando eventualmente não observado, não **gera nulidade do julgado**, máxime em razão da ilegitimidade da parte questionar os critérios de preenchimento das vagas nos órgãos do Judiciário, mercê da incidência do princípio *pas de nullité sans grief*, consagrado no art. 499 do CPPM (...)" [RE 484.388, rel. p/ o ac. min. Luiz Fux, j. 13.10.2011, P, *DJE* de 13.03.2012]; **C:** incorreta. Ao contrário do mencionado, o STF entende que. "Os cargos do juiz do TRE, assim como o de desembargador do TJ, possuem os mesmos requisitos para o respectivo preenchimento, a saber: notório saber jurídico e idoneidade moral. Dessa forma, se o impetrante preencha o requisito para atuar no TRE, **nada impede que assuma o cargo no TJ local**. Não há, na legislação vigente, nenhum impedimento a que ocupante do cargo de juiz no TRE na vaga destinada aos advogados no TRE concorra ao cargo de desembargador pelo quinto constitucional no TJ." (MS 32.491, rel. min. Ricardo Lewandowski, julgamento em 19.08.2014, Segunda Turma, *DJE* de 10.10.2014); **D:** correta. É o que entende a Suprema Corte: "Composição do Tribunal de Justiça do Estado de São Paulo. (...) A devolução da lista apresentada pela OAB com clara indicação dos motivos que a suportaram **não viola** decisão desta Suprema Corte que, expressamente, ressalvou essa possibilidade 'à falta de requisito constitucional para a investidura, desde que fundada a recusa em razões objetivas, declinadas na motivação da deliberação do órgão competente do colegiado judiciário'" (MS 25.624/SP, Rel. Min.

Sepúlveda Pertence, DJ de 19.12.2006).[Rcl 5.413, rel. min. Menezes Direito, j. 10.04.2008, P, DJE de 23.05.2008.]; **E:** incorreta. O STF já decidiu que: "Com a promulgação da EC 45/2004, deu-se a **extensão, aos tribunais do trabalho, da regra do "quinto"** constante do art. 94 da Carta Federal" [ADI 3.490, rel. min. Marco Aurélio, j. 19.12.2005, P, DJ de 07.04.2006.] (grifos nossos).

Gabarito "D".

(Analista – TRT/3ª – 2015 – FCC) Em uma reclamação trabalhista, o reclamado interpôs recurso contra a sentença de procedência, arguindo em sede recursal a inconstitucionalidade de súmula vinculante editada pelo Supremo Tribunal Federal e que fora invocada na sentença. Nessa situação, a inconstitucionalidade da súmula

(A) não poderá ser declarada, sequer incidentalmente, pelo Tribunal Regional do Trabalho, uma vez que súmula vinculante não é ato normativo passível de ser declarado inconstitucional por aquele Tribunal.

(B) poderá ser declarada, incidentalmente, pela maioria absoluta dos membros do Tribunal Regional do Trabalho ou de seu órgão especial, desde que concomitantemente o Tribunal aprove o encaminhamento de proposta de cancelamento ou de revisão da súmula vinculante.

(C) poderá ser declarada, incidentalmente, pela maioria absoluta dos membros do Tribunal Regional do Trabalho ou de seu órgão especial, independentemente da aprovação do encaminhamento de proposta de cancelamento ou de revisão da súmula vinculante.

(D) não poderá ser declarada, sequer incidentalmente, pelo Tribunal Regional do Trabalho, uma vez que falta à Justiça do Trabalho competência para realizar o controle de constitucionalidade das leis e atos do Poder Público.

(E) poderá ser declarada, incidentalmente, pelo órgão fracionário do Tribunal Regional do Trabalho, uma vez que nenhum ato do Poder Público é imune ao controle de constitucionalidade.

Pedro Lenza, em Direito Constitucional Esquematizado, 19ª Edição, 2015, Saraiva, p. 348, ensina que: "... **tendo em vista o fato de a súmula não ser marcada pela generalidade e abstração,** diferentemente do que acontece com as leis, **não se pode aceitar a técnica do controle de constitucionalidade de súmula, mesmo no caso de súmula vinculante.** O que existe é um procedimento de revisão pelo qual se poderá cancelar a súmula. O cancelamento desta significará a não mais aplicação do entendimento que vigorava. Nesse caso, naturalmente, a nova posição produzirá as suas consequências a partir do novo entendimento, vinculando os demais órgãos do Poder Judiciário e a Administração Pública direta e indireta, nas esferas federal, estadual e municipal". Sendo assim, a inconstitucionalidade da súmula vinculante editada pelo STF não poderá ser declarada, sequer incidentalmente, pelo Tribunal Regional do Trabalho, uma vez que ela não é ato normativo passível de ser declarado inconstitucional por aquele Tribunal.

Gabarito "A".

(Analista – TRT/16ª – 2014 – FCC) Sávio, Deputado Estadual do Maranhão, pretende ajuizar *habeas data* contra ato do Ministro da Economia. A competência para processar e julgar o *habeas data* que será ajuizado por Sávio será do

(A) Supremo Tribunal Federal.
(B) Superior Tribunal de Justiça.
(C) Tribunal de Justiça do Estado do Maranhão.
(D) Tribunal Regional Federal da 1ª Região.
(E) Tribunal de Justiça de Brasília.

De acordo com o art. 105, I, "b", da CF, compete ao **Superior Tribunal de Justiça** processar e julgar, originariamente os mandados de segurança e os habeas data **contra ato de Ministro de Estado,** dos Comandantes da Marinha, do Exército e da Aeronáutica ou do próprio Tribunal.

Gabarito "B".

(Analista – TRT/16ª – 2014 – FCC) Um determinado Banco Privado do País ajuizou ação de interdito proibitório para que seus clientes e funcionários tenham acesso às agências bancárias em decorrência de movimento grevista de bancários que realizam "piquete" nas portas das agências no Estado do Maranhão. Neste caso, a competência para processar e julgar a demanda é

(A) da Justiça do Trabalho.
(B) da Justiça Comum Estadual de 1º grau.
(C) originária do Tribunal Regional Federal da 5ª Região.
(D) originária do Tribunal Regional Federal da 1ª Região.
(E) originária do Tribunal de Justiça do Estado do Maranhão.

Conforme determina o art. 114, II, da CF, **compete à Justiça do Trabalho processar e julgar as ações que envolvam exercício do direito de greve**.

Gabarito "A".

(Analista – TRT/2ª – 2014 – FCC) O julgamento do Vice-Presidente do Tribunal Regional do Trabalho por crime de responsabilidade em virtude de conduta praticada no período em que exercia, por substituição, a Presidência do Tribunal

(A) somente é cabível no caso de haver expressa autorização do Conselho Nacional de Justiça ou da maioria absoluta dos membros do próprio Tribunal Regional do Trabalho integrado pelo acusado.

(B) cabe originariamente ao Tribunal Superior do Trabalho em face de denúncia oferecida pelo Ministério Público do Trabalho.

(C) cabe originariamente ao Superior Tribunal de Justiça em face de denúncia oferecida pelo Ministério Público Federal.

(D) somente é cabível caso a infração seja enquadrada como improbidade administrativa, pois a responsabilização político-administrativa decorrente do regime dos crimes de responsabilidade é aplicável apenas aos agentes políticos expressamente designados no texto constitucional.

(E) cabe originariamente ao Supremo Tribunal Federal em face de denúncia oferecida pelo Procurador-Geral da República.

Conforme determina o art. 105, I, "a", da CF, **compete ao Superior Tribunal de Justiça processar e julgar**, originariamente nos crimes comuns, os Governadores dos Estados e do Distrito Federal, e, nestes e **nos de responsabilidade, os desembargadores** dos Tribunais de Justiça dos Estados e do Distrito Federal, os membros dos Tribunais de Contas dos Estados e do Distrito Federal, os dos Tribunais Regionais Federais, **dos Tribunais** Regionais Eleitorais e **do Trabalho,** os membros dos Conselhos ou Tribunais de Contas dos Municípios e os do Ministério Público da União que oficiem perante tribunais.

Gabarito "C".

4.4. Controle de Constitucionalidade

(Analista Judiciário – TRE/PA – 2020 – IBFC) A existência de uma Constituição rígida e a atribuição de competência a um órgão para resolver problemas de constitucionalidade são requisitos fundamentais para o exercício do Controle de Constitucionalidade. Sendo assim, analise as afirmativas abaixo e dê valores Verdadeiro (V) ou Falso (F):

( ) Na inconstitucionalidade formal, também conhecida como nomoestática, verifica-se quando a lei ou o ato normativo infraconstitucional contiver algum vício em sua "forma", ou seja, em seu processo de formação.

( ) A inconstitucionalidade formal orgânica decorre de inobservância do devido processo legislativo, ou seja, vício no procedimento de elaboração da norma, o qual pode ser verificado na fase de iniciativa ou em fases posteriores, como em caso de desrespeito ao quórum exigido pela Constituição.

( ) O Sistema norte-americano ("Marshall") que trata de normas em desconformidade com a Constituição é caracterizado por reconhecer que o vício de inconstitucionalidade é aferido, via de regra, no plano da eficácia. Assim, o reconhecimento da ineficácia da lei produz efeitos a partir da decisão ou para o futuro (efeito *ex nunc* ou pro futuro), preservando-se os efeitos até então produzidos pela lei.

( ) Ao declarar a inconstitucionalidade de lei ou ato normativo, no processo de Arguição de Descumprimento de Preceito Fundamental (ADPF), e tendo em vista razões de segurança jurídica ou de excepcional interesse social, poderá o Supremo Tribunal Federal, por maioria absoluta de seus membros, restringir os efeitos daquela declaração ou decidir que ela só tenha eficácia a partir de seu trânsito em julgado ou de outro momento que venha a ser fixado.

Assinale a alternativa que apresenta a sequência correta de cima para baixo.

(A) V, V, F, V
(B) F, V, V, V
(C) F, F, V, V
(D) F, F, F, F

I: falso, pois a inconstitucionalidade formal é conhecida como **nomodinâmica**, enquanto a inconstitucionalidade material é conhecida como nomoestática; **II**: falso, pois a **inconstitucionalidade formal propriamente dita** decorre de inobservância do devido processo legislativo, ao passo que a inconstitucionalidade formal orgânica decorre da inobservância da competência legislativa para a elaboração do ato; **III**: falso, pois o sistema norte-americano adota a teoria da nulidade, isto é, a lei declarada inconstitucional é nula desde o seu nascimento. O vício de inconstitucionalidade é aferido no plano da validade. A decisão tem natureza declaratória e produz efeitos desde o seu nascimento (efeito *ex tunc*); **IV**: falso, pois a modulação dos efeitos da decisão na arguição de descumprimento de preceito fundamental depende da **maioria de dois terços** dos membros do STF (art. 11 da Lei 9.882/1999). Gabarito "D".

(Analista Judiciário – TRE/PA – 2020 – IBFC) Segundo a doutrina, a ausência de normas regulamentadoras necessárias ao exercício dos direitos constitucionais gera um fenômeno nocivo chamado de "síndrome da inefetividade das normas constitucionais", em razão de omissão que ofende à própria Constituição. Nesse sentido, analise as afirmativas abaixo e dê valores Verdadeiro (V) ou Falso (F):

( ) Reconhecido o estado de mora legislativa, será dispensada a determinação de prazo razoável para que o impetrado promova a edição da norma regulamentadora, quando houver indícios de que o impetrado deixou de atender, em mandado de injunção anterior, ao prazo estabelecido para a edição da norma.

( ) A decisão que defere a injunção terá eficácia subjetiva ultra partes e erga omnes, obrigatoriamente, e produzirá efeitos até o advento da norma regulamentadora. A norma regulamentadora superveniente produzirá efeitos *ex tunc* em relação aos beneficiados por decisão transitada em julgado, salvo se a aplicação da norma editada lhes for mais favorável.

( ) Caberá Ação Direta de constitucionalidade por Omissão (ADO) quando houver omissão inconstitucional total ou parcial quanto ao cumprimento de dever constitucional de legislar ou quanto à adoção de providência de índole administrativa. Proposta a ação direta de inconstitucionalidade por omissão, não se admitirá desistência.

( ) Em caso de excepcional urgência e relevância da matéria, o Supremo Tribunal Federal, por decisão da maioria absoluta de seus membros, observada a presença de pelo menos oito ministros na sessão, poderá conceder medida cautelar, após a audiência dos órgãos ou autoridades responsáveis pela omissão inconstitucional, que deverão pronunciar-se no prazo de 5 (cinco) dias.

Assinale a alternativa que apresenta a sequência correta de cima para baixo.

(A) V, V, V, F
(B) F, V, F, V
(C) F, F, V, V
(D) V, F, V, F

I: falso, pois será dispensada a determinação de prazo razoável para que o impetrado promova a edição da norma regulamentadora **quando comprovado** que o impetrado deixou de atender, em mandado de injunção anterior, ao prazo estabelecido para a edição da norma (art. 8º, parágrafo único, da Lei 13.300/2016); **II**: falso, pois a decisão terá eficácia subjetiva **limitada às partes** e produzirá efeitos até o advento da norma regulamentadora. Poderá ser conferida eficácia *ultra partes* ou *erga omnes* à decisão, quando isso for inerente ou indispensável ao exercício do direito, da liberdade ou da prerrogativa objeto da impetração. A norma regulamentadora superveniente produzirá efeitos *ex nunc* em relação aos beneficiados por decisão transitada em julgado, salvo se a aplicação da norma editada lhes for mais favorável (arts. 9º e 11, da Lei 13.300/2016); **III**: verdadeiro, nos termos dos art. 12-B, I, e art. 12-D, da Lei 9.868/1999; **IV**: verdadeiro, nos termos do art. 12-F da Lei 9.868/1999. Gabarito "C".

(Analista - TRF/4 - FCC - 2019) Em consonância com o sistema de controle de constitucionalidade albergado pelo ordenamento brasileiro, caberá

(A) arguição de descumprimento de preceito fundamental, perante o Supremo Tribunal Federal, em face de lei estadual promulgada com teor idêntico ao de outra anteriormente declarada inconstitucional em sede de controle concentrado.

(B) reclamação, perante o Supremo Tribunal Federal, em face de lei federal promulgada com teor contrário ao de súmula vinculante vigente.

(C) concessão de medida cautelar, em sede de ação direta de inconstitucionalidade, com produção, salvo entendimento contrário do Tribunal, de eficácia retroativa e aplicação da legislação anterior acaso existente.

(D) decisão de órgão fracionário de Tribunal que, sem prévia submissão ao respectivo Plenário ou Órgão Especial, afaste a incidência de lei com fundamento em jurisprudência consolidada em súmula do Supremo Tribunal Federal.

(E) recurso extraordinário, presumida a existência de repercussão geral, em face de acórdão que tenha reconhecido a constitucionalidade de tratado ou lei federal.

A: incorreta, porque caberá **ação declaratória de inconstitucionalidade** (ADI) em face de leis estaduais editadas na vigência da Constituição de 1988, e não arguição de descumprimento de preceito fundamental, a qual é regida pelo princípio da subsidiariedade, isto é, a admissibilidade desta ação constitucional pressupõe a inexistência de qualquer outro meio juridicamente apto a sanar, com efetividade real, o estado de lesividade do ato impugnado (art. 4º, § 1º, da Lei 9.882/1999). Ademais, a eficácia geral e o efeito vinculante de decisão, proferida pelo STF, em ação direta de constitucionalidade ou de inconstitucionalidade de lei ou ato normativo federal, só atingem os demais órgãos do Poder Judiciário e todos do Poder Executivo, não alcançando o legislador, que pode editar nova lei com idêntico conteúdo normativo, sem ofender a autoridade daquela decisão (Rcl 2617 AgR, Relator: Min. Cezar Peluso, Tribunal Pleno, julgado em 23/02/2005); **B:** incorreta, porque não cabe reclamação em face de lei, mas apenas em face de ato administrativo e decisão judicial (art. 103-A, § 3º, da CF). Ademais, as súmulas têm efeito vinculante em relação aos demais órgãos do Poder Judiciário e à Administração Pública direta e indireta, não vinculando o Poder Legislativo (art. 103-A, *caput*, da CF); **C:** incorreta, pois, em regra, a medida cautelar em sede de ação direta de inconstitucionalidade será concedida com efeito *ex nunc* (sem eficácia retroativa), salvo se o Tribunal entender que deva conceder-lhe eficácia retroativa (art. 11, § 1º, da Lei 9.868/1999); **D:** correta, nos termos do art. 949, parágrafo único, do CPC e da jurisprudência do STF: "*A jurisprudência pacífica desta Corte, agora reafirmada em sede de repercussão geral, entende que é desnecessária a submissão da demanda judicial à regra da reserva de plenário na hipótese em que a decisão judicial estiver fundada em jurisprudência do Plenário do STF ou em súmula deste Tribunal, nos termos dos arts. 97 da CF e 481, parágrafo único, do CPC.*" (ARE 914.045 RG, Rel. Min. Edson Fachin, j. 15-10-2015, Pleno, DJE de 19-11-2015, Tema 856.); **E:** incorreta, porque cabe recurso extraordinário, presumida a existência de repercussão geral, em face de acórdão que tenha reconhecido a **inconstitucionalidade** de tratado ou de lei federal (art. 102, III, "b", da CF c/c art. 1.035, § 3º, III, do CPC).

Gabarito "D".

(Analista - TRT/15 - FCC - 2018) No sistema de controle de constitucionalidade das leis e atos normativos acolhido pelo direito brasileiro, à luz da interpretação que lhe dá a jurisprudência do Supremo Tribunal Federal,

(A) é inadmissível ação direta de inconstitucionalidade contra ato normativo que ofenda o texto constitucional apenas de forma indireta e reflexa.

(B) as decisões proferidas pelos Tribunais de Contas que reconhecem a inconstitucionalidade de lei produzem eficácia contra todos e efeito vinculante, relativamente aos demais órgãos do Poder Judiciário e à Administração pública direta e indireta, nas esferas federal, estadual e municipal.

(C) é cabível o ajuizamento de ação direta de inconstitucionalidade contra súmula vinculante editada pelo Supremo Tribunal Federal.

(D) cabe ao Congresso Nacional, por maioria absoluta dos votos de seus membros, suspender, no todo ou em parte, lei declarada inconstitucional por decisão definitiva do Supremo Tribunal Federal proferida em ação direta de inconstitucionalidade.

(E) é inadmissível o exercício do controle incidental de inconstitucionalidade pelo Superior Tribunal de Justiça, ainda que realizado nas causas de sua competência originária.

A: correta, pois a jurisprudência do STF não reconhece a possibilidade de controle concentrado de constitucionalidade de atos que consubstanciem mera ofensa reflexa à Constituição, tais como atos regulamentares (ADPF 169 AgR, Relator: Min. Ricardo Lewandowski, Tribunal Pleno, julgado em 19/09/2013); **B:** incorreta, porque as decisões definitivas de mérito proferidas pelo **Supremo Tribunal Federal**, nas ações diretas de inconstitucionalidade e nas ações declaratórias de constitucionalidade, produzirão eficácia contra todos e efeito vinculante, relativamente aos demais órgãos do Poder Judiciário e à administração pública direta e indireta, nas esferas federal, estadual e municipal (art. 102, § 2º, da CF). Segundo a jurisprudência do STF, "*a Constituição Federal não permite ao Conselho Nacional de Justiça, tampouco ao Tribunal de Contas da União, o exercício do controle difuso de constitucionalidade, pois representaria usurpação de função jurisdicional, invasão à competência exclusiva do Supremo Tribunal Federal e desrespeito ao Poder Legislativo*" (MS 35836 MC, Relator: Min. Alexandre de Moraes, julgado em 13/08/2018); **C:** incorreta, visto que súmula não está sujeita à jurisdição constitucional concentrada por não apresentar as características de ato normativo (STF, ADI 594, Relator: Min. Carlos Velloso, Tribunal Pleno, julgado em 19/02/1992). De acordo com a jurisprudência do STF: "*O enunciado da Súmula desta Corte, indicado como ato lesivo aos preceitos fundamentais, não consubstancia ato do poder público, porém tão somente a expressão de entendimentos reiterados seus. À arguição foi negado seguimento. Os enunciados são passíveis de revisão paulatina. A arguição de descumprimento de preceito fundamental não é adequada a essa finalidade.*" (ADPF 80 AgR, Relator: Min. Eros Grau, Tribunal Pleno, julgado em 12/06/2006); **D:** incorreta, pois compete privativamente ao **Senado Federal** suspender a execução, no todo ou em parte, de lei declarada inconstitucional por decisão definitiva do Supremo Tribunal Federal (art. 52, X, da CF); **E:** incorreta, uma vez que o controle de constitucionalidade de leis e atos normativos pode ser realizado incidentalmente, no curso de uma demanda concreta, por qualquer juiz ou tribunal. A isso dá-se o nome de controle difuso e incidental.

Gabarito "A".

(Analista - TJ/SC - FGV - 2018) A Lei federal n. W3/2018 introduziu profundas alterações no regime jurídico dos servidores públicos federais, daí resultando prejuízos para um grupo de cinquenta servidores espalhados pelo território nacional, que teve o seu direito adquirido violado.

Ao tomar conhecimento do ocorrido, a associação nacional da categoria ingressou com arguição de descumprimento de preceito fundamental, na qual requeria que fosse reconhecida a inconstitucionalidade parcial da Lei federal W3/2018 e que as perdas de cada um dos servidores fossem recompostas pela União.

Em relação ao uso da arguição de descumprimento de preceito fundamental, no caso concreto, ele é:

(A) incabível, apenas na parte em que é postulado o reconhecimento da inconstitucionalidade da lei;
(B) incabível, por não estar presente a subsidiariedade e por ser direcionada a situações individuais e concretas;
(C) cabível, já que foi violado um preceito fundamental, com a correlata afronta à esfera jurídica individual;
(D) incabível, pelo fato de a associação nacional não ter legitimidade para ingressar com a arguição;
(E) cabível, já que foi violado um preceito fundamental e as lesões assumiram proporção nacional.

A arguição de descumprimento de preceito fundamental (ADPF) é instrumento de controle abstrato de constitucionalidade de normas, nos termos do art. 102, § 1º, da Constituição, que não pode ser utilizado para a solução de casos concretos, nem tampouco para desbordar os caminhos recursais ordinários ou outras medidas processuais para afrontar atos tidos como ilegais ou abusivos. Ademais, a ADPF é regida pelo princípio da subsidiariedade, previsto no art. 4º, § 1º, da Lei 9.882/99, a significar que a admissibilidade desta ação constitucional pressupõe a inexistência de qualquer outro meio juridicamente idôneo apto a sanar, com efetividade real, o estado de lesividade do ato impugnado (Cf. ADPF 145, Min. Ricardo Lewandowski, decisão monocrática, julgamento em 2/2/2009). Em face disso, o uso da arguição de descumprimento de preceito fundamental, no caso concreto, é incabível, por não estar presente a subsidiariedade e por ser direcionada a situações individuais e concretas. **AN**
Gabarito "B".

(**Analista Judiciário - TJ/AL - 2018 - FGV**) O Governador do Estado Alfa, ao tomar conhecimento de que o Supremo Tribunal Federal declarara a inconstitucionalidade da Lei X do referido Estado, decidiu ajuizar ações diretas de inconstitucionalidade contra leis semelhantes, de outros Estados da federação, de teor praticamente idêntico, embora não tivessem qualquer correlação com o Estado Alfa. As ações foram ajuizadas perante o Supremo Tribunal Federal.
À luz da sistemática constitucional, o Governador do Estado Alfa:

(A) não tem legitimidade para ajuizar ações diretas de inconstitucionalidade perante o Supremo Tribunal Federal;
(B) tem legitimidade universal para ajuizar ações diretas de inconstitucionalidade perante o Supremo Tribunal Federal;
(C) deveria demonstrar a relevância da matéria para o Estado Alfa para que sua legitimidade fosse reconhecida;
(D) somente tem legitimidade para ajuizar ações diretas de inconstitucionalidade contra leis do Estado Alfa;
(E) deveria ter sido autorizado pela Assembleia Legislativa do Estado Alfa a ajuizar as ações diretas.

O Governador de Estado ou do Distrito Federal possui legitimidade ativa para propor as ações de controle abstrato de constitucionalidade (art. 103, V, da CF), desde que demonstre a pertinência temática, isto é, demonstre que o conteúdo debatido na ação de controle de constitucionalidade tem ligação com os interesses do seu Estado ou da sua população. Segundo a jurisprudência do STF, "*em se tratando de impugnação a diploma normativo a envolver outras Unidades da Federação, o Governador há de demonstrar a pertinência temática, ou seja, a repercussão do ato considerados os interesses do Estado.*" (ADI 2747, Relator: Min. Marco Aurélio, Tribunal Pleno, julgado em 16/05/2007). Em outro julgado, o STF estabelece: "*lei editada pelo Governo do Estado de São Paulo. Ação direta de inconstitucionalidade proposta pelo governador do Estado de Goiás. Amianto crisotila. Restrições à sua comercialização imposta pela legislação paulista, com evidentes reflexos na economia de Goiás, Estado onde está localizada a maior reserva natural do minério. Legitimidade ativa do governador de Goiás para iniciar o processo de controle concentrado de constitucionalidade e pertinência temática.*" (ADI 2656, Relator: Min. Maurício Corrêa, Tribunal Pleno, julgado em 08/05/2003). Logo, o Governador do Estado Alfa deveria demonstrar a relevância da matéria para o Estado Alfa para que sua legitimidade fosse reconhecida. **AN**
Gabarito "C".

(**Analista Judiciário - TRT/24 - FCC - 2017**) De acordo com a Constituição Federal, o Procurador-Geral da República deverá ser previamente ouvido nas ações

(A) diretas de inconstitucionalidade e nas causas que envolvam conflitos entre a União e os Estados, a União e o Distrito Federal, ou entre uns e outros, sendo desnecessária a sua oitiva nos demais processos de competência do Supremo Tribunal Federal.
(B) diretas de inconstitucionalidade e nas ações contra o Conselho Nacional de Justiça e contra o Conselho Nacional do Ministério Público, sendo desnecessária a sua oitiva nos demais processos de competência do Supremo Tribunal Federal.
(C) declaratórias de inconstitucionalidade e nas ações contra o Conselho Nacional de Justiça e contra o Conselho Nacional do Ministério Público, sendo desnecessária a sua oitiva nos demais processos de competência do Supremo Tribunal Federal.
(D) declaratórias de inconstitucionalidade e nas causas que envolvam conflitos entre a União e os Estados, a União e o Distrito Federal, ou entre uns e outros, sendo desnecessária a sua oitiva nos demais processos de competência do Supremo Tribunal Federal.
(E) de inconstitucionalidade e em todos os processos de competência do Supremo Tribunal Federal.

Art. 103, § 1º, CF: "O Procurador-Geral da República deverá ser previamente ouvido nas ações de inconstitucionalidade e em todos os processos de competência do Supremo Tribunal Federal". **TM**
Gabarito "E".

(**Analista Judiciário - TRE/PE - CESPE - 2017**) No que se refere à ação de descumprimento de preceito fundamental (ADPF) como instrumento de impugnação de norma pela via abstrata e à sua legitimidade ativa, assinale a opção correta de acordo com o entendimento jurisprudencial e doutrinário sobre a matéria.

(A) Se o ato normativo impugnado repercute sobre a esfera jurídica de toda uma categoria profissional, é ilegítima a impugnação da norma pela via abstrata por associação representativa de apenas uma parte dos membros dessa categoria.
(B) O advogado-geral da União tem legitimidade universal para ajuizar ADPF.
(C) Segundo o STF, o chefe do Poder Executivo municipal tem legitimidade para ajuizar ADPF perante o tribunal de justiça do estado onde se localize o município.
(D) O cidadão interessado pode propor ADPF, cabendo ao ministro relator decidir sobre sua legitimidade para propô-la.

(E) Qualquer partido político com estatuto registrado no TSE pode propor ADPF.

A: correta. O Supremo Tribunal Federal não tem admitido a legitimidade ativa (para ADIN, ADC ou ADPF) de associação que representa apenas fração ou parcela da categoria profissional, quando o ato impugnado repercute sobre a esfera jurídica de toda uma classe; **B: errada.** O AGU não possui legitimidade para propor ADI nem ADPF, não se encontra no rol de legitimados ativos das ações de controle abstrato (art. 103 da CF e art. 2º, I, da Lei 9.882/1999). Sua função é de curador da constitucionalidade das normas (art. 103, § 3º, CF); **C: errada.** Não existe ADPF perante tribunais de justiça. Além disso, os legitimados para propor ADPF são os mesmos legitimados para propor ADIn (art. 2º, I, da Lei 9.882/1999), sendo certo que o Prefeito não está incluído no rol previsto pelo art. 103 da CF; **D: errada.** O cidadão não pode propor ADPF. Os legitimados para propor ADPF são os mesmos da ADI (art. 2º, I, da Lei 9.882/1999 c/c art. 103, CF); **E: errada.** Ver art. 2º, I, da Lei 9.882/1999 c/c art. 103, CF.

Gabarito "A".

(Analista Judiciário – TRT/20 – FCC – 2016) No tocante à Ação Direta de Inconstitucionalidade, é correto afirmar:

(A) O Conselho Federal da Ordem dos Advogados do Brasil não é detentor de legitimidade ativa para a propositura de Ação Direta de Inconstitucionalidade.
(B) O preâmbulo da Constituição Federal pode ser usado como paradigma para o controle de constitucionalidade.
(C) Partido político não é detentor de legitimidade ativa para a propositura de Ação Direta de Inconstitucionalidade, independentemente de possuir ou não representação no Congresso Nacional.
(D) A mesa do Congresso Nacional possui legitimidade ativa para a propositura de Ação Direta de Inconstitucionalidade.
(E) Normas constitucionais do Ato de Disposições Constitucionais Transitórias – ADCT que tiveram sua eficácia exaurida não podem ser usadas como paradigma para o controle de constitucionalidade.

A: errada. O Conselho Federal da OAB é legitimado ativo da ADI (art. 103, VII, CF); **B: errada.** Embora o preâmbulo traga princípios que norteiam a interpretação da CF, não tem força normativa, não cria direitos e obrigações e não pode ser utilizado como parâmetro para eventual declaração de inconstitucionalidade. Além disso, o STF já definiu que o preâmbulo não constitui norma de reprodução obrigatória pelas Constituições dos estados-membros (ADI 2076/AC, Rel. Min. Carlos Velloso); **C: errada.** Partido político com representação no Congresso Nacional é legitimado ativo da ADI (art. 103, VIII, CF); **D: errada.** Apenas a mesa do Senado Federal e a mesa da Câmara dos Deputados podem propor ação direta de inconstitucionalidade (ou ação declaratória de constitucionalidade), na forma do art. 103, II e III, CF. A mesa do Congresso Nacional é órgão distinto da Mesa do Senado Federal e da Mesa da Câmara dos Deputados e não se encontra listada no rol do art. 103 da CF; **E: correta.** As disposições constitucionais transitórias possuem o mesmo grau de eficácia das demais normas constitucionais e são consideradas disposições cogentes. Entretanto, o ADCT (Ato das Disposições Constitucionais Transitórias) é composto de regras criadas para executarem um determinado papel que, sendo cumprido, passam a não ter mais utilidade. É por esse motivo que tais normas são conhecidas como de eficácia esgotada ou exaurida e, nessa qualidade, não podem ser usadas como paradigma para o controle de constitucionalidade. Do contrário, se uma norma do ADCT não tiver se exaurido, poderia ser utilizada como parâmetro para o controle de constitucionalidade, por ser norma constitucional e ter força normativa.

Gabarito "E".

(Analista Judiciário – TJ/PI – FGV – 2015) Em setembro de 1988, foi promulgada determinada lei estadual que disciplinou certos aspectos relacionados à preservação do meio ambiente. Alguns setores representativos da doutrina e da jurisprudência consideraram que a lei, por destoar da Constituição promulgada em 5 de outubro de 1988, não fora por ela recepcionada. À luz da sistemática constitucional, a compatibilidade dessa lei com a Constituição vigente pode ser analisada, pelo Supremo Tribunal Federal, no exercício de sua competência originária, desde que observados os requisitos previstos na ordem jurídica, com:

(A) o ajuizamento da ação direta de inconstitucionalidade;
(B) o ajuizamento da ação declaratória de constitucionalidade;
(C) a interposição de recurso extraordinário;
(D) o uso da ação de descumprimento de preceito fundamental;
(E) o uso da reclamação.

Em sede de controle concentrado de constitucionalidade (no exercício da competência originária do STF), somente a ADPF pode ter por objeto normas pré-constitucionais ou anteriores à Constituição de 1988 (art. 1º, parágrafo único, I, da Lei 9.882/1999). Não cabe ADI para questionar normas anteriores à CF, reclamação só é cabível nas hipóteses constitucionais (preservação de sua competência e garantia da autoridade de suas decisões) e recurso extraordinário não é exemplo de competência originária do STF.

Gabarito "D".

(Analista Jurídico – TCE/PR – 2016 – CESPE) Conforme o entendimento do Supremo Tribunal Federal (STF), é cabível a arguição de descumprimento de preceito fundamental

(A) contra súmula do STF.
(B) contra proposta de emenda à Constituição Federal de 1988.
(C) para desconstituir coisa julgada material oriunda de decisão judicial já transitada em julgado.
(D) contra normas secundárias regulamentares — como, por exemplo, decretos presidenciais — vulneradoras de preceito fundamental.
(E) para revisar, alterar ou cancelar súmula vinculante do STF.

A: incorreta. Súmula não pode ser objeto de controle concentrado de constitucionalidade (ADI – Ação Direta de Inconstitucionalidade, ADC – Ação Declaratória de Constitucionalidade e ADPF – Arguição de Descumprimento de Preceito Fundamental), pois não é dotada de abstração e generalidade; **B: incorreta.** A ADPF é uma ação subsidiária (art. 4º, § 1º, da Lei nº 9.868/1999), portanto só pode ser proposta quando não houver qualquer outro meio eficaz para sanar a lesividade. A PEC (proposta de emenda à Constituição) pode ser questionada por meio de ADI; **C: incorreta.** A ADPF faz parte do controle abstrato de constitucionalidade. Sendo assim, os comandos abstratos e genéricos da norma é que são analisados. Não há discussão de caso concreto, não tem por finalidade desconstituir coisa julgada; **D: correta.** A jurisprudência do STF firmou-se no sentido de que "a arguição de descumprimento de preceito fundamental é, via de regra, meio inidôneo para processar questões controvertidas derivadas de normas secundárias e de caráter tipicamente regulamentar" [ADPF 210 AgR, rel. min. Teori Zavascki, j. 6-6-2013, P, DJE de 21-6-2013]; **E: incorreta.** Segundo o STF: "A arguição de descumprimento de preceito fundamental não é a via adequada para se obter a interpretação, a revisão ou o cancelamento de súmula vinculante." (ADPF 147-AgR, rel. min. Cármen Lúcia, julgamento em 24.03.2011, Plenário, *DJE* de 08.04.2011). Vide: ADPF 80-AgR, rel. min. Eros Grau, julgamento em 12.06.2006, Plenário, *DJ* de 10.08.2006.

(Analista Judiciário – TRT/8ª – 2016 – CESPE) Com base no disposto na CF, assinale a opção correta a respeito de controle de constitucionalidade.

(A) Entre os legitimados universais para a propositura de ação direta de inconstitucionalidade inclui-se o governador de estado, e entre os legitimados especiais inclui-se o presidente da República.

(B) É possível o controle abstrato de constitucionalidade de leis ou atos normativos municipais em face da lei orgânica municipal.

(C) A sanção presidencial a projeto de lei não supre vícios de iniciativa, padecendo de vício formal a lei sancionada, a ser declarado por meio de ação judicial própria.

(D) Na apreciação do controle de constitucionalidade em grau de recurso, os autos devem ser remetidos ao relator da Câmara Julgadora do Tribunal, que poderá monocraticamente declarar a inconstitucionalidade da lei.

(E) Os efeitos da declaração de inconstitucionalidade em controle de constitucionalidade difuso no âmbito do tribunal de justiça são *erga omnes* e *ex nunc*, como o são os efeitos de declaração de inconstitucionalidade de lei em controle difuso no âmbito do STF.

A: incorreta. O **governador é legitimado especial**, ou seja, precisa demonstrar pertinência temática (o conteúdo do ato deve ser pertinente aos interesses do legitimado, com a finalidade institucional, sob pena de carência da ação) ao propor as ações do controle concentrado (ADI – Ação Direta de Inconstitucionalidade, ADC – Ação Declaratória de Constitucionalidade e ADPF – Arguição de Descumprimento de Preceito Fundamental). Por outro lado, **o Presidente da República é considerado legitimado universal**, ou seja, não precisa demonstrar pertinência temática, pode impugnar qualquer norma. Vale lembrar que o art. 103 da CF traz os legitimados e o STF faz divisão em universais e especiais. Devem vir acompanhadas de tal requisito as ações propostas pelos seguintes legitimados: a Mesa de Assembleia Legislativa ou da Câmara Legislativa do Distrito Federal (inciso IV do art. 103 da CF); o Governador de Estado ou do Distrito Federal (inciso V do art. 103 da CF); e confederação sindical ou entidade de classe de âmbito nacional (inciso IX do art. 103 da CF); **B**: incorreta. **Não existe previsão constitucional** nesse sentido. Segundo o STF: "Tendo em vista que o controle abstrato de lei ou ato normativo municipal somente é admitido em face da constituição estadual, perante o tribunal de justiça (CF, art. 125, § 2º), a Turma manteve acórdão do Tribunal de Justiça do Estado de São Paulo que julgara prefeito carecedor da ação direta de inconstitucionalidade interposta contra lei municipal em face da lei orgânica do mesmo município. Precedente citado: ADIn (AgRg) 1.268-MG (*DJU* de 20.10.95). RE 175.087-SP, rel. Min. Néri da Silveira, 19.3.2002. (RE-175087). Além disso, a Suprema Corte já decidiu que "Em se tratando de lei municipal, o controle de constitucionalidade se faz pelo sistema difuso – e não concentrado –, ou seja, apenas no julgamento de casos concretos, com eficácia *inter partes*, e não *erga omnes*, quando confrontado o ato normativo local com a CF. O controle de constitucionalidade concentrado, nesse caso, somente será possível, em face da Constituição dos Estados, se ocorrer a hipótese prevista no § 2º do art. 125 da CF.[ADI 209, rel. min. Sydney Sanches, j. 20.05.1998, P, *DJ* de 11.09.1998.]= ADI 5.089 AgR, rel. min. Celso de Mello, j. 16.10.2014, P, *DJE* de 06.02.2015. Por fim, é oportuno lembrar que, de acordo com o STF, a lei orgânica do DF "tem força e autoridade equivalente

a um verdadeiro estatuto constitucional, podendo ser equiparada às Constituições promulgadas pelos Estados-Membros, como assentado no julgamento que deferiu a medida cautelar nesta ação direta". [ADI 980, rel. min. Menezes Direito, j. 06.03.2008, P, *DJE* de 01.8.2008.]; **C**: correta. De fato, vício de iniciativa não é convalidado por posterior sanção presidencial. O STF já decidiu reiteradas vezes que "**A sanção do projeto de lei não convalida o vício de inconstitucionalidade** resultante da usurpação do poder de iniciativa. A ulterior aquiescência do chefe do Poder Executivo, mediante sanção do projeto de lei, ainda quando dele seja a prerrogativa usurpada, não tem o condão de sanar o vício radical da inconstitucionalidade. Insubsistência da Súmula 5/STF. [ADI 2.867, rel. min. Celso de Mello, j. 03.12.2003, P, *DJ* de 09.02.2007.] = ADI 2.305, rel. min. Cezar Peluso, j. 30.06.2011, P, *DJE* de 05.08.2011; **D**: incorreta. A declaração de inconstitucionalidade **não pode ser dada monocraticamente**, deve ser respeitada a denominada **cláusula de reserva de plenário**, prevista no art. 97 da CF. De acordo com tal norma, somente pelo voto da maioria absoluta de seus membros ou dos membros do respectivo órgão especial poderão os tribunais declarar a inconstitucionalidade de lei ou ato normativo do Poder Público; **E**: incorreta. Os efeitos da declaração de inconstitucionalidade em **controle difuso** no âmbito do tribunal de justiça, assim como os da declaração de inconstitucionalidade de lei em **controle difuso** no âmbito do STF, ao contrário do mencionado, são, em regra, *inter partes* (entre as partes do processo) e *ex tunc* (retroativos).

Gabarito "C".

(Analista – TRE/GO – 2015 – CESPE) Com base no disposto na Constituição Federal e na jurisprudência do Supremo Tribunal Federal, julgue o item a seguir, referente a controle de constitucionalidade.

(1) Por afrontar diretamente disposição constitucional, lei estadual recente, que estabeleça requisitos mais simplificados para a regularização de empresas de pequeno porte constituídas sob as leis brasileiras e com sede e administração no país pode ser impugnada perante o Supremo Tribunal Federal por meio de arguição de descumprimento de preceito fundamental.

1: errado. A lei estadual mencionada somente poderia ser impugnada por ADPF (Arguição de Descumprimento de Preceito Fundamental) se não existisse outro meio eficaz para resolver o problema. Determina o art. 4º, § 1º, da Lei nº 9.868/99, não será admitida arguição de descumprimento de preceito fundamental quando houver qualquer outro meio eficaz de sanar a lesividade. No problema proposto é possível o questionamento da lei por meio de ADI (Ação Direta de Inconstitucionalidade).

Gabarito "E".

4.5. Funções Essenciais à Justiça

(Analista – TRT/18 – 2023 – FCC) De acordo com a Constituição Federal, a incumbência para defender os direitos individuais daquele que comprovar a insuficiência de recursos é

(A) da Advocacia Pública, representada pela Advocacia-Geral da União, em todos os graus, apenas judicialmente, de forma integral e gratuita.

(B) da Advocacia Pública, representada pela Advocacia-Geral da União, em todos os graus, judicial e extrajudicial, de forma integral e gratuita.

(C) de qualquer integrante da advocacia privada, pois o advogado é indispensável à administração da justiça, sendo, nesse caso, violável por seus atos e manifestações no exercício da profissão.

(D) da Defensoria Pública, em todos os graus, apenas judicialmente, de forma integral e gratuita.

(E) da Defensoria Pública, em todos os graus, judicial e extrajudicial, de forma integral e gratuita.

A alternativa correta é a E, conforme dispõe o art. 134 da CF.
Gabarito "E".

(Analista - TRT1 - 2018 - AOCP) O Ministério Público do Trabalho, órgão bastante atuante junto à Justiça do Trabalho, está sujeito ao controle da atuação administrativa e financeira exercido pelo Conselho Nacional do Ministério Público. Acerca do exposto, de acordo com o que dispõe a Constituição Federal, assinale a alternativa correta.

(A) O Conselho Nacional do Ministério Público compõe-se de doze membros nomeados pelo Presidente da República.

(B) O Presidente do Conselho Federal da Ordem dos Advogados do Brasil oficiará junto ao Conselho Nacional do Ministério Público.

(C) Os mandatos dos membros do Conselho Nacional do Ministério Público terão duração de três anos, admitida uma recondução.

(D) Compete ao Procurador-Geral da União presidir o Conselho Nacional do Ministério Público.

(E) O Conselho Nacional do Ministério Público será composto, dentre outros membros, de três advogados, indicados pelo Conselho Federal da Ordem dos Advogados do Brasil.

A: incorreta, visto que o Conselho Nacional do Ministério Público compõe-se de **quatorze** membros nomeados pelo Presidente da República (art. 130-A, *caput*, da CF); **B:** correta, nos termos do art. 130-A, § 4º, da CF; **C:** incorreta, já que os mandatos dos membros do Conselho Nacional do Ministério Público terão duração de **dois anos**, admitida uma recondução (art. 130-A, *caput*, da CF); **D:** incorreta, pois compete ao **Procurador-Geral da República** presidir o Conselho Nacional do Ministério Público (art. 130-A, I, da CF); **E:** incorreta, visto que o CNMP será composto, dentre outros membros, de **dois** advogados, indicados pelo Conselho Federal da Ordem dos Advogados do Brasil (art. 130-A, V, da CF).
Gabarito "B".

(Analista - TJ/SC - FGV - 2018) Determinado Estado da federação celebrou acordo de regime tributário especial com certo contribuinte, o qual acarretou a exponencial redução do crédito tributário inicialmente devido. Ao tomar conhecimento dos fatos, o Ministério Público ajuizou ação civil pública para anular o acordo com base no argumento de que seria ilegal.

À luz da sistemática constitucional, o Ministério Público:

(A) tem legitimidade para ajuizar a ação, devendo zelar pela aplicação da lei tributária, ainda que a favor do contribuinte;

(B) não tem legitimidade para ajuizar a ação, pois não pode substituir-se ao Estado na defesa do patrimônio público;

(C) não tem legitimidade para ajuizar a ação, pois integra o Estado, ente que celebrou o acordo;

(D) não tem legitimidade para ajuizar a ação, pois não pode atuar em matéria tributária;

(E) tem legitimidade para ajuizar a ação visando à defesa do patrimônio público.

O Ministério Público tem legitimidade para ajuizar ação civil pública visando à defesa do patrimônio público (erário), com fundamento no art. 129, III, da CF. Nesse sentido, a jurisprudência do STF entende: "*I - O TARE não diz respeito apenas a interesses individuais, mas alcança interesses metaindividuais, pois o ajuste pode, em tese, ser lesivo ao patrimônio público. II - A Constituição Federal estabeleceu, no art. 129, III, que é função institucional do Ministério Público, dentre outras, 'promover o inquérito e a ação civil pública, para a proteção do patrimônio público e social, do meio ambiente e de outros interesses difusos e coletivos'. Precedentes. III - O Parquet tem legitimidade para propor ação civil pública com o objetivo de anular Termo de Acordo de Regime Especial - TARE, em face da legitimação ad causam que o texto constitucional lhe confere para defender o erário. IV - Não se aplica à hipótese o parágrafo único do artigo 1º da Lei 7.347/1985. (...)*" (RE 576155, Relator: Min. Ricardo Lewandowski, Tribunal Pleno, julgado em 12/08/2010, Repercussão Geral).
Gabarito "E".

(Analista - MPU - CESPE - 2018) No que concerne aos membros da Defensoria Pública, julgue os itens subsequentes.

(1) A Constituição Federal de 1988 estendeu aos defensores públicos a garantia de inamovibilidade, originalmente concedida aos magistrados.

(2) Aos advogados públicos serão concedidos vencimentos fixos, acrescidos ou não de gratificação.

1: certo, de acordo com o art. 134, § 1º, da CF; **2:** errado, pois os advogados públicos serão remunerados na forma de subsídio, vedado o acréscimo de qualquer gratificação ou adicional (art. 135 c/c art. 39, § 4º, da CF).
Gabarito 1C, 2E.

(Analista Judiciário – TRE/PE – CESPE – 2017) No que concerne ao Ministério Público Eleitoral (MPE), assinale a opção correta de acordo com o entendimento do STF.

(A) O MPE é um ramo do Ministério Público, possui estrutura própria e tem como chefe o procurador regional eleitoral.

(B) O MPE só pode investigar suspeita de crime eleitoral após determinação da justiça eleitoral.

(C) A designação, por procurador regional eleitoral, que é membro do Ministério Público Federal, de membro do Ministério Público local para promotor eleitoral não afronta a autonomia administrativa do Ministério Público estadual.

(D) Enquanto exercer a função de promotor eleitoral, o membro do Ministério Público ficará afastado de sua função institucional de promotor de justiça.

(E) O procurador-geral da República não detém a prerrogativa de iniciar projetos de lei que versem sobre a organização e as atribuições do MPE.

A: errada. O MPE não é ramo do Ministério Público. De acordo com o art. 128 da CF, o Ministério Público abrange o Ministério Público da União (que compreende o Ministério Público Federal, o Ministério Público do Trabalho, o Ministério Público Militar e o Ministério Público do Distrito Federal e Territórios) e os Ministérios Públicos dos Estados; **B:** errada. O MPE tem autonomia para investigar crimes eleitorais, independentemente de determinação da justiça eleitoral; **C:** correta. Entendimento do STF ao julgar a ADI 3802, Rel. Min. Dias Toffoli: "o fato de o promotor eleitoral (membro do ministério público estadual) ser designado pelo procurador regional eleitoral (membro do MPF) não viola a autonomia administrativa do ministério público estadual. Apesar de haver a participação do ministério público dos estados na

composição do Ministério Público Eleitoral – cumulando o membro da instituição as duas funções –, ambas não se confundem, haja vista possuírem conjuntos diversos de atribuições, cada qual na esfera delimitada pela Constituição Federal e pelos demais atos normativos de regência. A subordinação hierárquico-administrativa – não funcional – do promotor eleitoral é estabelecida em relação ao procurador regional eleitoral, e não em relação ao procurador-geral de justiça. Ante tal fato, nada mais lógico que o ato formal de "designação" do promotor eleitoral seja feito pelo superior na função eleitoral, e não pelo superior nas funções comuns"; **D**: errada. As funções são exercidas cumulativamente; **E**: errada. Ver STF, ADI 3802, Rel. Min. Dias Toffoli: "Detém o Procurador-Geral da República, de acordo com o art. 128, § 5º, da Constituição Federal, a prerrogativa, ao lado daquela já atribuída ao chefe do Poder Executivo (art. 61, § 1º, II, d, CF), de iniciativa dos projetos legislativos que versem sobre a organização e as atribuições do Ministério Público Eleitoral, do qual é chefe, atuando como seu procurador-geral".
Gabarito "C".

(Analista Judiciário – TJ/MT – UFMT – 2016) Sobre as funções essenciais à Justiça, de acordo com a Constituição Federal, considere as afirmativas.

I. A destituição do Procurador-Geral da República por iniciativa do Presidente da República deve ser precedida de decisão de maioria absoluta do Senado Federal.
II. O Advogado-Geral da União tem seu ingresso nas carreiras iniciais mediante aprovação em concurso público de provas e títulos.
III. São princípios institucionais do Ministério Público: a unidade, a indivisibilidade e a independência funcional.
IV. É função institucional do Ministério Público: a defesa extrajudicial dos direitos e interesses indígenas.

Está correto o que se afirma em
(A) I, II e III.
(B) II, III e IV.
(C) I e III, apenas.
(D) IV, apenas.

I: correta. Art. 128, § 2º, CF; **II**: errada. O cargo de Advogado-Geral da União (chefe da Advocacia-Geral da União) é de livre nomeação do Presidente da República (art. 131, § 1º, CF), mas os membros das carreiras da AGU ingressam por concurso público; **III**: correta. Art. 127, § 1º, CF; **IV**: errada. É função institucional do Ministério Público defender *judicialmente* os direitos e interesses das populações indígenas (art. 129, V, CF).
Gabarito "C".

(Analista – Judiciário –TRE/PI – 2016 – CESPE) Acerca dos Poderes da República e das funções essenciais à justiça, assinale a opção correta.

(A) Em razão do princípio da separação dos poderes, a súmula vinculante editada pelo STF é efetiva apenas para os órgãos do Poder Judiciário.
(B) Eventual conflito de competência entre um tribunal regional eleitoral e um tribunal regional federal deverá ser revolvido pelo STF.
(C) A Advocacia-Geral da União, por ser órgão do Poder Executivo, não detém competência para representar judicialmente o Poder Judiciário.
(D) De acordo com o STF, as comissões parlamentares de inquérito possuem poderes de investigação próprios das autoridades judiciais, mas não têm competência para determinar a interceptação telefônica.
(E) Convalida o vício de iniciativa a sanção presidencial a projeto de lei de autoria de senador acerca de matéria de iniciativa privativa do presidente da República.

A: incorreta. De acordo com *caput* do art. 103-A da CF, a súmula vinculante terá efeito em relação aos órgãos do Poder Judiciário **e à administração pública direta e indireta, nas esferas federal, estadual e municipal**. Vale lembrar que a súmula não vincula a função legislativa, ainda que exercida de forma atípica; **B**: incorreta. A competência para o julgamento do conflito entre um tribunal regional eleitoral e um tribunal regional federal é resolvida pelo Superior Tribunal de Justiça, conforme determina o art. 105, I, "d", da CF; **C**: incorreta. Determina o *caput* do art. 131 da CF que a **Advocacia-Geral da União** é a instituição que, diretamente ou através de órgão vinculado, **representa a União**, judicial e extrajudicialmente, cabendo-lhe, nos termos da lei complementar que dispuser sobre sua organização e funcionamento, as atividades de consultoria e assessoramento jurídico do Poder Executivo. Sendo assim, a AGU detém competência para atuar perante o Poder Judiciário; **D**: correta. De fato, as comissões parlamentares de inquérito - CPIs detém funções típicas das autoridades judiciais, mas há algumas exceções, assuntos que estão acobertados pela cláusula de reserva jurisdicional, ou seja, só podem ser efetivados por ordem judicial. Por exemplo: a CPI não pode determinar a interceptação telefônica, pois, segundo o art. 5º, XII, da CF, somente para fins de investigação criminal ou instrução processual penal é que poderá haver tal diligência. Ressalta-se que o acesso às contas telefônicas (dados telefônicos) não se confunde com quebra de comunicação telefônica (que é a interceptação ou escuta). A primeira se inclui nos poderes da CPI, já a segunda é acobertada pela cláusula de reserva de jurisdição e, portanto, não cabe à CPI determiná-la. De acordo com o § 3º do art. 58 da CF, as CPIs, que terão **poderes de investigação próprios das autoridades judiciais**, além de outros previstos nos regimentos das respectivas Casas, serão criadas pela Câmara dos Deputados e pelo Senado Federal, em conjunto ou separadamente, mediante requerimento de um terço de seus membros, para a apuração de fato determinado e por prazo certo, sendo suas conclusões, se for o caso, encaminhadas ao Ministério Público, para que promova a responsabilidade civil ou criminal dos infratores; **E**: incorreta. O vício de iniciativa não é convalidado por posterior sanção presidencial. O STF já decidiu reiteradas vezes que "**A sanção do projeto de lei não convalida o vício de inconstitucionalidade** resultante da usurpação do poder de iniciativa. A ulterior aquiescência do chefe do Poder Executivo, mediante sanção do projeto de lei, ainda quando dele seja a prerrogativa usurpada, não tem o condão de sanar o vício radical da inconstitucionalidade. Insubsistência da Súmula 5/STF" [ADI 2.867, rel. min. Celso de Mello, j. 03.12.2003, P, *DJ* de 09.02.2007.] = ADI 2.305, rel. min. Cezar Peluso, j. 30.06.2011, P, *DJE* de 05.08.2011.
Gabarito "D".

(Analista – TRT/16ª – 2014 – FCC) Xisto, Procurador de Justiça do Estado do Maranhão, é nomeado pelo Presidente da República Conselheiro do Conselho Nacional do Ministério Público, após ter o seu nome aprovado pela maioria absoluta do Senado Federal. Para ser escolhido Corregedor Nacional, Xisto deverá

(A) ser eleito, em votação secreta, dentre os membros do Ministério Público que integram o Conselho, vedada a recondução.
(B) ser eleito, em votação aberta, dentre os membros do Ministério Público que integram o Conselho, permitida uma recondução.
(C) necessariamente ser o conselheiro com mais idade integrante do Conselho, com exceção do Procurador-

-Geral da República, que preside o Conselho Nacional do Ministério Público.

(D) ser eleito, em votação secreta, dentre os membros do Ministério Público que integram o Conselho, permitida uma recondução.

(E) ser indicado, obrigatoriamente pelo Procurador-Geral da República, Presidente do Conselho Nacional do Ministério Público, para posteriormente ser nomeado pelo Presidente da República.

A: correta. De acordo com o art. 130-A, § 3º, da CF, o Conselho escolherá, em **votação secreta**, um **Corregedor nacional**, dentre os **membros do Ministério Público que o integram, vedada a recondução**, competindo-lhe, além das atribuições que lhe forem conferidas pela lei, as seguintes: I receber reclamações e denúncias, de qualquer interessado, relativas aos membros do Ministério Público e dos seus serviços auxiliares; II exercer funções executivas do Conselho, de inspeção e correição geral; III requisitar e designar membros do Ministério Público, delegando-lhes atribuições, e requisitar servidores de órgãos do Ministério Público; **B**: incorreta. Como mencionado, a votação é secreta; **C**: incorreta. Não há essa regra prevista no texto constitucional; **D**: incorreta. É vedada a recondução; **E**: incorreta. Mais uma vez, não há essa regra prevista no texto constitucional.

Gabarito: "A".

5. DEFESA DO ESTADO E DAS INSTITUIÇÕES DEMOCRÁTICAS

(Analista Judiciário – TRE/PA – 2020 – IBFC) Os mecanismos de defesa do Estado e das instituições democráticas estão previstos expressamente na Constituição Federal de 1988 (CF/88). Diante disto, leia o excerto do artigo 136 da CF/88:

"Art. 136. O Presidente da República pode, ouvidos o Conselho da República e o Conselho de Defesa Nacional, _____ para preservar ou prontamente restabelecer, em locais restritos e determinados, a ordem pública ou a paz social ameaçadas por _____ ou _____."

Assinale a alternativa que preencha correta e respectivamente as lacunas.

(A) decretar estado de defesa / grave e iminente instabilidade institucional / atingidas por calamidades de grandes proporções na natureza

(B) solicitar ao Congresso Nacional autorização para decretar o estado de sítio / comoção grave de repercussão nacional / declaração de estado de guerra ou resposta a agressão armada estrangeira

(C) decretar estado de sítio / grave e iminente instabilidade institucional / declaração de estado de guerra ou resposta a agressão armada estrangeira

(D) decretar intervenção federal / por violação à integridade nacional / invasão estrangeira ou de uma unidade da Federação em outra

De acordo com o art. 136 da CF, o Presidente da República pode, ouvidos o Conselho da República e o Conselho de Defesa Nacional, decretar estado de defesa para preservar ou prontamente restabelecer, em locais restritos e determinados, a ordem pública ou a paz social ameaçadas por grave e iminente instabilidade institucional ou atingidas por calamidades de grandes proporções na natureza.

Gabarito: "A".

6. TRIBUTAÇÃO E ORÇAMENTO

(Analista - TRF/4 - FCC - 2019) À luz da disciplina constitucional do processo de elaboração de leis orçamentárias,

(A) as emendas ao projeto de lei do orçamento anual serão apresentadas e apreciadas perante a Comissão mista permanente de Deputados e Senadores responsável por exercer o acompanhamento e a fiscalização da execução orçamentária.

(B) o projeto de lei de diretrizes orçamentárias será acompanhado de demonstrativo regionalizado do efeito, sobre as receitas e despesas, decorrente de isenções, anistias, remissões, subsídios e benefícios de natureza financeira, tributária e creditícia.

(C) o Presidente da República poderá propor modificação nos projetos de lei relativos ao plano plurianual, às diretrizes orçamentárias e ao orçamento anual, desde que não iniciada a votação do projeto respectivo, na Comissão mista parlamentar permanente.

(D) as emendas individuais ao projeto de lei orçamentária serão aprovadas no limite de 1,2% da receita corrente líquida prevista no projeto encaminhado pelo Poder Executivo, sendo que metade deste percentual será destinada a ações de desenvolvimento e manutenção do ensino.

(E) os recursos que, em decorrência de veto ao projeto de lei orçamentária anual, ficarem sem despesas correspondentes poderão ser utilizados, conforme o caso, mediante créditos especiais ou suplementares, com prévia e específica autorização legislativa.

A: incorreta, pois as emendas serão apresentadas na Comissão mista, que sobre elas emitirá parecer, e apreciadas pelo Plenário das duas Casas do Congresso Nacional (art. 166, § 2º, da CF); **B**: incorreta, pois o **projeto de lei orçamentária** será acompanhado de demonstrativo regionalizado do efeito, sobre as receitas e despesas, decorrente de isenções, anistias, remissões, subsídios e benefícios de natureza financeira, tributária e creditícia (art. 165, § 6º, da CF); **C**: incorreta, porque o Presidente da República poderá enviar mensagem ao Congresso Nacional para propor modificação nos projetos de lei relativos ao plano plurianual, às diretrizes orçamentárias e ao orçamento anual, enquanto não iniciada a votação, na Comissão mista, da parte cuja alteração é proposta (art. 166, § 5º, da CF); **D**: incorreta, já que as emendas individuais ao projeto de lei orçamentária serão aprovadas no limite de 2% (dois por cento) da receita corrente líquida do exercício anterior ao do encaminhamento do projeto, observado que a metade desse percentual será destinada a **ações e serviços públicos de saúde** (art. 166, § 9º, da CF, com nova redação dada pela Emenda Constitucional nº 126/2022); **E**: correta, de acordo com o art. 166, § 8º, da CF.

Gabarito: "E".

(Analista – TRE/GO – 2015 – CESPE) No que se refere às normas constitucionais relativas ao Sistema Tributário Nacional, julgue o próximo item.

(1) De acordo com o princípio constitucional da capacidade contributiva, sempre que possível, os impostos terão caráter pessoal e serão graduados segundo a capacidade econômica do contribuinte.

1: correto. De acordo com o art. 145, § 1º, da CF, **sempre que possível, os impostos terão caráter pessoal e serão graduados segundo a capacidade econômica do contribuinte**, facultado à administração tributária, especialmente para conferir efetividade a esses objetivos, identificar, respeitados os direitos individuais e nos termos da lei, o patrimônio, os rendimentos e as atividades econômicas do contribuinte.

Gabarito: "1C".

7. ORDEM ECONÔMICA E FINANCEIRA

(Analista – TRT/20ª – 2011 – FCC) Como agente normativo e regulador da atividade econômica, o Estado exercerá, na forma da lei,

(A) em regra, a exploração da atividade econômica, sendo determinante ao setor privado.
(B) o planejamento, sendo determinante para o setor privado.
(C) a fiscalização, sendo determinante para o setor privado.
(D) as funções de fiscalização, incentivo e planejamento, sendo este determinante para o setor público e indicativo para o setor privado.
(E) a fiscalização intensiva sobre o setor privado, assumindo, em regra, a exploração direta da atividade econômica.

Conforme o art. 174, *caput*, da CF, o Estado exercerá, como agente normativo e regulador da atividade econômica, na forma da lei, as funções de fiscalização, incentivo e planejamento, sendo este determinante para o setor público e indicativo para o setor privado.
Gabarito "D".

(Analista – TRE/AC – 2010 – FCC) Em relação à política agrícola e fundiária e da reforma agrária, analise:

I. A pequena e média propriedade rural, assim definida em lei, ainda que seu proprietário não possua outra, também é suscetível de desapropriação para fins de reforma agrária.
II. O decreto que declarar o imóvel como de interesse social, para fins de reforma agrária, autoriza a União a propor a ação de desapropriação.
III. O título de domínio e a concessão de uso aos beneficiários da distribuição de imóveis rurais pela reforma agrária serão conferidos ao homem ou à mulher, ou a ambos, independentemente do estado civil, nos termos e condições previstos em lei.

Está correto o que se afirma APENAS em

(A) II e III.
(B) I e III.
(C) III.
(D) II.
(E) I.

I: incorreta, pois não reflete o disposto no art. 185, I, da CF; II: correta. Art. 184, § 2º, da CF; III: correta. Art. 183, § 1º, da CF.
Gabarito "A".

8. ORDEM SOCIAL

(Analista – TJ/AM – 2013 – FGV) Com relação às previsões constitucionais sobre ciência e tecnologia (Artigos 218 e 219), assinale a afirmativa correta.

(A) Trata-se de normas programáticas que não trazem qualquer dispositivo autoaplicável para os Estados.
(B) União, Estados, Distrito Federal e municípios somente podem vincular parcela de sua receita orçamentária a entidades públicas de fomento ao ensino e à pesquisa científica e tecnológica até o limite definido em lei complementar.
(C) A pesquisa tecnológica voltar-se-á preponderantemente para a solução dos problemas regionais, uma vez que a Constituição prioriza o desenvolvimento igualitário de todas as regiões.
(D) Dos entes federativos, apenas a União pode vincular parcela de sua receita orçamentária a entidades públicas de fomento ao ensino e à pesquisa científica e tecnológica.
(E) A Constituição prevê o estímulo à autonomia tecnológica do país, o que dá amparo às leis que prevejam benefícios para as empresas que invistam em pesquisa e criação de tecnologia.

A: incorreta. Há dispositivos autoaplicáveis como, por exemplo, o art. 218, § 5º, da CF; **B:** incorreta. De acordo com o § 5º do art. 218 da CF, é facultado aos Estados e ao Distrito Federal vincular parcela de sua receita orçamentária a entidades públicas de fomento ao ensino e à pesquisa científica e tecnológica; **C:** incorreta. O art. 218, § 2º, da CF, determina que a pesquisa tecnológica voltar-se-á preponderantemente para a solução dos *problemas brasileiros* e para o desenvolvimento do sistema produtivo *nacional e regional*; **D:** incorreta. Como mencionado, *os Estados e o Distrito Federal* têm a faculdade de vincular de sua receita orçamentária a entidades públicas de fomento ao ensino e à pesquisa científica e tecnológica; **E:** correta. O § 4º do art. 218 da CF determina que a lei *apoiará e estimulará as empresas que invistam em pesquisa, criação de tecnologia* adequada ao País, formação e aperfeiçoamento de seus recursos humanos e que pratiquem sistemas de remuneração que assegurem ao empregado, desvinculada do salário, participação nos ganhos econômicos resultantes da produtividade de seu trabalho.
Gabarito "E".

9. QUESTÕES COMBINADAS

(Analista – TJ/ES – 2023 – CEBRASPE) A respeito dos Poderes Executivo e Legislativo, em atenção à CF e à jurisprudência do STF, julgue os itens subsequentes.

(1) O preceito inserido na CF, segundo o qual é vedada, dentro da mesma legislatura, a recondução para os cargos diretivos do Poder Legislativo, não é de reprodução obrigatória pelas Constituições estaduais.
(2) É inconstitucional norma de Constituição estadual que amplia as competências da Assembleia Legislativa para, além das contas do chefe do Executivo, promover o julgamento de contas dos chefes do Legislativo e do Judiciário.
(3) Até que ocorra a aprovação do projeto de lei de diretrizes orçamentárias, a sessão legislativa não será interrompida.
(4) O veto, formalizado pelo chefe do Poder Executivo, somente poderá versar sobre texto parcial de artigo do projeto de lei nos casos em que não fique prejudicada a aplicação da norma legal a ser promulgada.

1: Certo. O STF por ocasião do julgamento da ADI nº 793 firmou entendimento no sentido de que: "A norma do § 4º do art. 57 da CF que, cuidando da eleição das Mesas das Casas Legislativas federais, veda a recondução para o mesmo cargo na eleição imediatamente subsequente, não é de reprodução obrigatória nas Constituições dos Estados-membros, porque não se constitui num princípio constitucional estabelecido". **2.** Certo. É o que decidiu o STF ao julgar a ADI 6981: "É inconstitucional norma de Constituição Estadual que amplia as competências de Assembleia Legislativa para julgamento de contas de gestores públicos, sem observar a simetria com a Constituição Federal, por violação aos arts. 71, II, e

75 da CF/1988." (STF – *Inf.* 1079). **3:** Certo. Art. 57, § 2º, da CF. **4:** Errado. Art. 66, § 2º, da CF. AMN

Gabarito 1C, 2C, 3C, 4E

(Analista Judiciário – TJ/PA – 2020 – CESPE/CEBRASPE) O conflito entre uma norma especial anterior e uma norma geral posterior classifica-se como

(A) antinomia de primeiro grau real e deve ser resolvido pelo critério hierárquico.

(B) antinomia de primeiro grau aparente e deve ser resolvido pelo critério temporal.

(C) antinomia de segundo grau real e somente pode ser resolvido por decisão de corte constitucional.

(D) antinomia de segundo grau aparente e deve ser resolvido pelo critério da especialidade.

(E) antinomia insuperável e somente pode ser resolvido por solução do Poder Legislativo.

Antinomias ou lacunas são os conflitos que surgem entre normas válidas, causando dúvida sobre qual delas deverá ser aplicada no caso concreto. Na análise das antinomias, três critérios devem ser levados em conta para a solução dos conflitos: critério cronológico (norma posterior prevalece sobre norma anterior); critério da especialidade (norma especial prevalece sobre norma geral); e critério hierárquico (norma superior prevalece sobre norma inferior). Antinomia de 1º grau é conflito de normas que envolve apenas um desses critérios; antinomia de 2º grau é o conflito de normas que envolve dois dos critérios apontados. Antinomia aparente é a situação em que há metacritério para solução de conflito; antinomia real é a situação em que não há metacritério para solução de conflito, pelo menos inicial, dentro dos que foram expostos. Quando se tem um conflito de uma norma especial anterior e uma norma geral posterior, prevalecerá o critério da especialidade, valendo a primeira norma. Trata-se, portanto, de um caso de antinomia de segundo grau aparente a ser resolvido pelo critério da especialidade. AN

Gabarito "D".

(Analista - TRT/15 - FCC - 2018) Sindicato de servidores públicos estaduais de determinada categoria, em funcionamento há menos de um ano, pretende propor mandado de segurança para afastar a aplicação de edital de concurso público de promoção de servidores titulares de cargos públicos efetivos, por entender que os critérios de promoção adotados pela Administração pública violam princípios constitucionais. De acordo com as normas constitucionais, o sindicato

(A) tem legitimidade para propor mandado de segurança coletivo perante a Justiça do Trabalho, competente para julgar a matéria.

(B) tem legitimidade para propor mandado de segurança coletivo perante a Justiça Estadual, competente para julgar a matéria.

(C) não tem legitimidade para propor mandado de segurança coletivo, por faltar-lhe o requisito de tempo mínimo de funcionamento, mas os servidores públicos prejudicados pelo edital poderão impetrar mandado de segurança individual perante a Justiça do Trabalho, competente para julgar a matéria.

(D) não tem legitimidade para propor mandado de segurança coletivo, assegurado apenas às entidades de classe e às associações, mas os servidores públicos prejudicados pelo edital poderão impetrar mandado de segurança individual perante a Justiça Estadual, competente para julgar a matéria.

(E) tem legitimidade para propor mandado de segurança individual perante a Justiça do Trabalho, competente para julgar a matéria.

De acordo a Constituição de 1988, o mandado de segurança coletivo pode ser impetrado: a) por partido político com representação no Congresso Nacional; b) por organização sindical; c) por entidade de classe; ou d) por associação legalmente constituída e em funcionamento há pelo menos um ano, em defesa dos interesses de seus membros ou associados (art. 5º, LXX). Assim, a legitimidade do sindicato para a impetração de mandado de segurança coletivo independe da comprovação de um ano de constituição e funcionamento (STF, RE 198919, Relator: Min. Ilmar Galvão, Primeira Turma, julgado em 15/06/1999). Ademais, compete à Justiça comum julgar as ações de servidores contra o Poder Público, conforme entendimento do STF: "*Competência. Justiça do Trabalho. Incompetência reconhecida. Causas entre o poder público e seus servidores estatutários. Ações que não se reputam oriundas de relação de trabalho. Conceito estrito dessa relação. Feitos da competência da Justiça comum. Interpretação do art. 114, I, da CF, introduzido pela EC 45/2004. Precedentes. Liminar deferida para excluir outra interpretação. (...) O disposto no art. 114, I, da CF não abrange as causas instauradas entre o poder público e servidor que lhe seja vinculado por relação jurídico-estatutária.*" (ADI 3395 MC, Relator: Min. Cezar Peluso, Tribunal Pleno, julgado em 05/04/2006). Logo, o sindicato tem legitimidade para propor mandado de segurança coletivo perante a Justiça Estadual, competente para julgar a matéria. AN

Gabarito "B".

(Analista Jurídico –TCE/PA – 2016 – CESPE) No que se refere aos direitos e garantias fundamentais e a outros temas relacionados ao direito constitucional, julgue os próximos itens.

(1) É do Supremo Tribunal Federal a competência para o processo e o julgamento de mandado de injunção coletivo apontando ausência de norma regulamentadora a cargo do Tribunal de Contas da União (TCU) ajuizado por associação de classe devidamente constituída.

(2) Como o *habeas data* não pode ser utilizado por pessoa jurídica, deve ser reconhecida a ilegitimidade ativa na hipótese de pessoa jurídica ajuizar *habeas data* para obter informações de seu interesse constante de dados de determinada entidade governamental.

(3) Considere que, em procedimento de controle administrativo, o Conselho Nacional de Justiça (CNJ) tenha rejeitado pedido do interessado de reconhecimento da ilegalidade de ato praticado por tribunal de justiça e que, inconformado, o interessado tenha impetrado mandado de segurança contra o CNJ no Supremo Tribunal Federal (STF). Nessa situação, conforme o entendimento do STF, a decisão negativa do CNJ não está sujeita a revisão por meio de mandado de segurança impetrado diretamente na Suprema Corte.

1: correta. A competência, de fato, é do STF, conforme determina o art. 102, I, *q*, da CF. Determina tal dispositivo que compete ao Supremo Tribunal Federal o processo e julgamento, de forma originária, do mandado de injunção, **quando a elaboração da norma** regulamentadora **for atribuição** do Presidente da República, do Congresso Nacional, da Câmara dos Deputados, do Senado Federal, das Mesas de uma dessas Casas Legislativas, **do Tribunal de Contas da União**, de um dos Tribunais Superiores, ou do próprio Supremo Tribunal Federal. Além disso, de acordo com o art. 12, III, da Lei 13.300, de 23 de junho de 2016 (Lei do Mandado de Injunção), o mandado de injunção coletivo pode ser promovido por organização sindical, **entidade de classe ou associação legalmente constituída** e em funcionamento há pelo menos 1 (um) ano, para assegurar o exercício de direitos, liberdades e prerrogativas em favor da totalidade ou de parte de seus membros ou associados, na forma de seus estatutos e desde que pertinentes a suas finalidades, dispensada, para tanto, autorização especial; **2:** errada. Ao contrário do mencionado, o *habeas data* **pode ser impetrado por pessoa jurídica**; **3:** correta. O STF, no julgamento do MS 26676 DF, já decidiu que "**as deliberações negativas do Conselho Nacional de Justiça não estão sujeitas a revisão por meio de mandado de segurança impetrado diretamente no Supremo Tribunal Federal**. II - Para o reconhecimento de eventual nulidade, ainda que absoluta, faz-se necessária a demonstração do prejuízo efetivamente sofrido. III - Mandado de segurança conhecido em parte e, nessa extensão, denegada a ordem" (grifos nossos).

Gabarito 1C, 2E, 3C

(Analista Jurídico –TCE/PA – 2016 – CESPE) No que se refere aos poderes da República e ao Tribunal de Contas da União, julgue os itens subsequentes.

(1) Em decorrência das prerrogativas da autonomia e do autogoverno, o TCU detém iniciativa reservada para instaurar processo legislativo destinado a alterar sua organização e funcionamento, sendo formalmente inconstitucional lei de iniciativa parlamentar que disponha sobre a referida matéria.

(2) Segundo o STF, configura hipótese de inconstitucionalidade formal, por vício de iniciativa, a edição de lei de iniciativa parlamentar que estabeleça atribuições para órgãos da administração pública.

1: correta. De acordo com o STF: "Conforme reconhecido pela Constituição de 1988 e por esta Suprema Corte, **gozam as Cortes de Contas do país das prerrogativas da autonomia e do autogoverno, o que inclui, essencialmente, a iniciativa reservada para instaurar processo legislativo que pretenda alterar sua organização e seu funcionamento**, como resulta da interpretação sistemática dos arts. 73, 75 e 96, II, *d*, da CF (...).[ADI 4.418 MC, rel. min. Dias Toffoli, j. 06.10.2010, P, *DJE* de 15.06.2011.] Vide: ADI 1.994, rel. min. Eros Grau, j. 24.05.2006, P, *DJ* de 08.09.2006 (grifos nossos); **2:** correta. Determina o STF que "**É indispensável a iniciativa do chefe do Poder Executivo** (mediante projeto de lei ou mesmo, após a EC 32/2001, por meio de decreto) **na elaboração de normas que de alguma forma remodelem as atribuições de órgão pertencente à estrutura administrativa** de determinada unidade da Federação.[ADI 3.254, rel. min. Ellen Gracie, j. 16.11.2005, P, *DJ* de 02.12.2005.] (grifos nossos).

Gabarito 1C, 2C

(Analista Jurídico – TCE/PR – 2016 – CESPE) No que concerne ao mandado de segurança, à reclamação e às ações popular, civil pública e de improbidade administrativa, assinale a opção correta de acordo com a legislação e com a jurisprudência dos tribunais superiores.

(A) O cabimento do mandado de segurança depende da presença de direito líquido e certo e, portanto, esse instrumento será inadequado quando a matéria de direito, objeto da ação, for controvertida.

(B) O Superior Tribunal de Justiça possui competência originária para julgar ação popular quando no polo passivo da demanda figurar ministro de Estado.

(C) O Superior Tribunal de Justiça reconhece o direito à propositura de ação de improbidade exclusivamente contra particular, nos casos em que não se possa identificar agente público autor do ato de improbidade.

(D) A reclamação é a medida que poderá ser utilizada para garantir a observância do caráter vinculante de decisão proferida nos incidentes de resolução de demandas repetitivas e de assunção de competência.

(E) O Supremo Tribunal Federal consagrou o entendimento no sentido da indispensabilidade da observância do princípio do contraditório no inquérito civil que fundamente o ajuizamento de ação civil pública.

A: incorreta. Embora a expressão seja "direito líquido e certo", o que deve ser comprovado de plano é o fato. Será dotado de certeza e liquidez aquele fato que contenha prova pré-constituída. Por exemplo, o portador do vírus HIV, que possui um laudo médico confirmando a existência da doença – AIDS –, tem direito líquido e certo a receber a medicação do governo para se manter vivo. Por outro lado, **a controvérsia sobre matéria de direito**, conforme determina a Súmula 625 do STF, **não impede concessão de mandado de segurança**; **B:** incorreta. O STJ não detém competência para julgar ação popular. O entendimento do STF é de que "A competência para julgar ação popular contra ato de qualquer autoridade, até mesmo do presidente da República, é, via de regra, **do juízo competente de primeiro grau**. [AO 859 QO, rel. p/ o ac. min. Maurício Corrêa, j. 11.10.2001, P, *DJ* de 01.08.2003.]; **C:** incorreta. A ação de improbidade administrativa **não pode ser proposta apenas em relação a particulares**. Segundo o STJ: "os particulares não podem ser responsabilizados com base na LIA [Lei de improbidade Administrativa] sem que figure no polo passivo um agente público responsável pelo ato questionado, o que não impede, contudo, o eventual ajuizamento de Ação Civil Pública comum para obter o ressarcimento do Erário" (REsp 896.044/PA, Rel. Min. Herman Benjamin, Segunda Turma, julgado em 16.09.2010, *DJe* 19.04.2011); **D:** correta. Determina o art. 988, IV, do CPC, alterado pela Lei nº 13.256, de 2016, que caberá reclamação da parte interessada ou do Ministério Público, dentre outras hipóteses, para garantir a observância de acórdão proferido em julgamento de incidente de resolução de demandas repetitivas ou de incidente de assunção de competência; **E:** incorreta. Ao contrário do mencionado, de acordo com o STF: "AGRAVO DE INSTRUMENTO. ADMINISTRATIVO. AÇÃO CIVIL PÚBLICA. DEFESA DO PATRIMÔNIO PÚBLICO. LEGITIMIDADE DO MINISTÉRIO PÚBLICO. **DESNECESSIDADE DE OBSERVÂNCIA, NO INQUÉRITO CIVIL, DOS PRINCÍPIOS DO CONTRADITÓRIO E DA AMPLA DEFESA**. PRECEDENTES. AGRAVO AO QUAL SE NEGA SEGUIMENTO" (STF – AI: 790829 RS, Relator: Min. CÁRMEN LÚCIA, Data de Julgamento: 13.06.2011, Data de Publicação: *DJe*-121 DIVULG 24.06.2011 PUBLIC 27.06.2011) (grifos nossos).

Gabarito "D"

(Analista – Judiciário –TRE/PI – 2016 – CESPE) A respeito do controle de constitucionalidade, das finanças públicas e da ordem econômica financeira, assinale a opção correta.

(A) De acordo com a CF, a realização de licitação para a prestação de serviços públicos é obrigatória sob o regime de concessão, mas dispensável no caso de permissão.

(B) Em razão da sua natureza meramente administrativa, o TCU não poderá exercer o controle de constitucionalidade incidental de uma lei ou de atos do poder público quando do julgamento de seus processos.

(C) A decisão em sede de ADI, apesar de sua eficácia contra todos e de seu efeito vinculante, não atinge o Poder Legislativo em sua função típica.

(D) Lei Orgânica municipal que receba emenda com previsão para obrigação vedada expressamente pela CF, em razão da pertinência temática, poderá ser objeto de ADI perante o STF.

(E) Ainda que tenha vedado a possibilidade de abertura de crédito extraordinário por medida provisória para atender despesas imprevisíveis e urgentes, a CF previu a possibilidade de tramitação legislativa em regime de urgência.

A: incorreta. De acordo com o *caput* do art. 175 da CF, incumbe ao Poder Público, na forma da lei, diretamente ou sob regime de concessão ou permissão, **sempre por meio de licitação**, a prestação de serviços públicos; **B:** incorreta. Determina a Súmula 347 do STF que o Tribunal de Contas, no exercício de suas atribuições, **pode apreciar a constitucionalidade das leis e dos atos do Poder Público**; **C:** correta. O **efeito vinculante não atinge o Poder Legislativo** na sua função típica, pois, caso contrário, haveria uma petrificação no sistema e as decisões do Supremo, que fossem dotadas de efeito vinculante, impediriam o exercício da função típica do legislativo; **D:** incorreta. Lei de natureza municipal não pode ser questionada no STF por meio de ADI. De acordo com art. 102, I, *a*, da CF, é da competência do Supremo Tribunal Federal o processo e julgamento, de forma originária, da ação direta de inconstitucionalidade **de lei ou ato normativo** federal ou estadual e a ação declaratória de constitucionalidade de lei ou ato normativo federal; **E:** incorreta. Ao contrário do mencionado, **a CF admite a abertura de crédito extraordinário por meio de medida provisória**, conforme determina os arts. 62, § 1º, I, *d*, e 167, § 3º, ambos da CF.

Gabarito "C".

9. DIREITO PENAL

Eduardo Dompieri e Arthur Trigueiros

1. CONCEITO, FONTES, PRINCÍPIOS E APLICAÇÃO DA LEI NO TEMPO E NO ESPAÇO

(Analista – TJ/ES – 2023 – CEBRASPE) A respeito do princípio da consunção, julgue os itens a seguir.

(1) Com previsão expressa na parte geral do Código Penal brasileiro, o princípio da consunção pode ser caracterizado como um subprincípio do princípio da intervenção mínima.

(2) O princípio da consunção é um princípio de resolução de conflito de leis penais no tempo, sem previsão expressa na parte geral do Código Penal brasileiro.

1: errada. Primeiro porque o princípio da consunção não conta com previsão expressa na Parte Geral do CP; segundo porque não há relação deste postulado com o da intervenção mínima. Sempre que a um mesmo fato houver a possibilidade aparente de incidência de normas diferentes, está-se diante do que a doutrina convencionou chamar de *conflito aparente de normas*. Como bem sabemos, por força do princípio do *non bis in idem*, é inviável que a um mesmo fato recaiam duas normas incriminadoras, razão pela qual deve-se verificar qual delas deve prevalecer em detrimento da outra. E é com vistas a dar solução a este aparente conflito de normas que a doutrina desenvolveu regras, fixando quatro princípios, a saber: especialidade; subsidiariedade; consunção; e alternatividade. A eles. Aplicar-se-á o princípio da especialidade quando, pela mera comparação entre as leis, for possível constatar que uma delas (a especial) contém todos os elementos da outra (a geral), e mais alguns, denominados especializantes. Nesse caso, a lei especial afastará a incidência da lei geral. Já o princípio da subsidiariedade será aplicado quando uma determinada lei definir como crime um fato mais amplo e grave (lei primária) do que outra, menos ampla e de menor gravidade (lei subsidiária). Assim, a lei primária prevalecerá sobre a subsidiária, sendo de rigor a apreciação do fato em concreto. Por fim, pelo princípio da consunção (ou absorção), que igualmente exige a comparação de fatos concretos, o fato mais amplo e grave absorverá o menos amplo e menos grave, quando este for uma fase normal ou etapa do crime mais gravoso. Quanto ao princípio da alternatividade, aplicável para aqueles tipos penais que contemplam dois ou mais verbos (tipos mistos alternativos, crimes de ação múltipla ou de conteúdo variado), a doutrina majoritária aponta que não se trata de mecanismo de solução de um conflito aparente de normas, mas, sim, de um conflito interno na mesma norma. É o que se dá, por exemplo, no crime de tráfico de drogas (art. 33 da Lei 11.343/2006), dentre tantos outros previstos na legislação penal. Pelo tudo que foi dito, forçoso concluir que o princípio da consunção, desenvolvido no contexto do conflito aparente de normas, nenhuma relação tem com o postulado da intervenção mínima, segundo o qual o Direito Penal deve interferir o mínimo possível na vida do indivíduo. Com isso, deve-se, tão somente em último caso, recorrer a este ramo do direito com o fito de solucionar conflitos surgidos em sociedade. Desta feita, se determinadas condutas podem ser contidas por meio de outros mecanismos de controle, deve-se evitar o Direito Penal, reservando-o àqueles comportamentos efetivamente nocivos. O *princípio da intervenção mínima* abrange os princípios da subsidiariedade e da fragmentariedade. Pelo princípio da fragmentariedade, a lei penal constitui uma pequena parcela (fragmento) do ordenamento jurídico. Isso porque somente se deve lançar mão desse ramo do direito diante da ineficácia ou inexistência de outros instrumentos de controle social menos traumáticos (subsidiariedade); 2: errada. De fato, como já ponderamos acima, o princípio da consunção não tem previsão na Parte Geral do CP. E da mesma forma que este princípio não tem relação com o da intervenção mínima, também não se presta a dirimir conflitos de leis penais no tempo. *Grosso modo*, na hipótese de leis penais sucessivas, deve ser aplicada a que foi mais favorável ao acusado. **ED**

Gabarito 1E, 2E

(Analista – TJ/ES – 2023 – CEBRASPE) De acordo com o princípio da bagatela imprópria, julgue o item que se segue.

(1) A aplicação da pena não pode ter finalidade exclusivamente retributiva.

1: correta. O princípio que conduz à exclusão da tipicidade material de condutas causadoras de danos insignificantes ou de perigos ínfimos é o da bagatela *própria*. Ensina o saudoso jurista Luiz Flávio Gomes que "o princípio da irrelevância penal do fato está contemplado (expressamente) no art. 59 do CP e apresenta-se como consequência da desnecessidade da pena, no caso concreto; já o princípio da insignificância, ressalvadas raras exceções, não está previsto expressamente no direito brasileiro (é pura criação jurisprudencial), fundamentado nos princípios gerais do Direito Penal" (**Direito penal – Parte Geral**. 2. ed. São Paulo: RT, 2009. vol. 2, p. 220). Acerca da distinção entre esses dois princípios, ainda segundo o magistério de Luiz Flávio Gomes, "uma coisa é o princípio da irrelevância penal do fato, que conduz à sua não punição concreta e que serve como cláusula geral para um determinado grupo de infrações (para as infrações bagatelares impróprias) e, outra, muito distinta, é o princípio da insignificância *tout court*, que se aplica para as infrações bagatelares próprias e que dogmaticamente autoriza excluir do tipo penal as ofensas (lesões ou perigo concreto) de mínima magnitude, ou nímias, assim como as condutas que revelem exígua idoneidade ou potencialidade lesiva. As infrações bagatelares são próprias quando já nascem bagatelares (...)" (**Direito Penal – parte geral**. 2. ed. São Paulo: RT, 2009, vol. 2, p. 219). Devem ser consideradas impróprias, por seu turno, as infrações que, embora não nasçam insignificantes, assim se tornam posteriormente, tornando a pena que porventura seria aplicada desnecessária. Daí dizer que a aplicação da pena não pode ter finalidade exclusivamente retributiva. **ED**

Gabarito 1C

(Analista – TJ/ES – 2023 – CEBRASPE) No que se refere à aplicação da lei penal no tempo, julgue os itens subsequentes.

(1) O crime permanente é aquele cujo resultado prolonga-se no tempo, atraindo a aplicação da lei penal vigente ao término do resultado.

(2) No caso dos crimes omissivos, considera-se o momento da omissão e aplica-se a lei vigente pressupondo o último momento que poderia ter sido utilizado pelo agente para praticar a ação.

(3) No caso dos crimes continuados, aplica-se a lei mais severa, ainda que posterior à cessação da continuidade, haja vista se tratar de ficção jurídica.

1: errada. Na verdade, crime permanente é aquele cuja consumação (e não o resultado) se prolonga no tempo por vontade do agente. Isto é, a consumação se protrai no tempo, sempre dependente da ação do sujeito ativo. Por se tratar de crime permanente, a sucessão de leis penais no tempo enseja a aplicação da lei vigente enquanto não cessado o comportamento ilícito, ainda que se trate de lei mais gravosa. É esse o entendimento firmado na Súmula n. 711 do STF: "A lei penal mais grave aplica-se ao crime continuado ou ao crime permanente, se a sua vigência é anterior à cessação da continuidade ou permanência"; **2:** correta, pois em conformidade com o disposto no art. 4º do CP, que tratar do tempo do crime; **3:** errada, já que a Súmula 711 do STF, acima transcrita, também tem incidência no contexto dos crimes continuados, em que será aplicada a lei mais grave somente na hipótese de a sua vigência ser anterior à cessação da continuidade. ED

Gabarito 1E, 2C, 3E

(Analista Judiciário – TJ/PA – 2020 – CESPE/CEBRASPE) Com relação ao tempo e ao lugar do crime, o Código Penal brasileiro adotou, respectivamente, as teorias do(a)

(A) resultado e da ação.
(B) consumação e do resultado.
(C) atividade e da ubiquidade.
(D) ubiquidade e da atividade.
(E) ação e da consumação.

No que se refere ao *tempo do crime*, o Código Penal acolheu, em seu art. 4º, a *teoria da ação* ou da *atividade*, que considera praticado o crime no momento da ação ou da omissão, mesmo que outro seja o do resultado; já em matéria de lugar do crime, o legislador adotou, no CP, a *teoria mista* ou da *ubiquidade*, segundo a qual se considera praticado o crime no lugar onde ocorreu a ação ou omissão, no todo ou em parte, bem como onde se produziu ou deveria produzir-se o resultado (art. 6º do CP). ED

Gabarito "C".

(Analista Judiciário – TJ/AL – 2018 – FGV) No dia 02.01.2018, Jéssica, nascida em 03.01.2000, realiza disparos de arma de fogo contra Ana, sua inimiga, em Santa Luzia do Norte, mas terceiros que presenciaram os fatos socorrem Ana e a levam para o hospital em Maceió. Após três dias internada, Ana vem a falecer, ainda no hospital, em virtude exclusivamente das lesões causadas pelos disparos de Jéssica.

Com base na situação narrada, é correto afirmar que Jéssica:

(A) não poderá ser responsabilizada criminalmente, já que o Código Penal adota a Teoria da Atividade para definir o momento do crime e a Teoria da Ubiquidade para definir o lugar;
(B) poderá ser responsabilizada criminalmente, já que o Código Penal adota a Teoria do Resultado para definir o momento do crime e a Teoria da Atividade para definir o lugar;
(C) poderá ser responsabilizada criminalmente, já que o Código Penal adota a Teoria da Ubiquidade para definir o momento do crime e a Teoria da Atividade para definir o lugar;
(D) não poderá ser responsabilizada criminalmente, já que o Código Penal adota a Teoria da Atividade para definir o momento do crime e apenas a Teoria do Resultado para definir o lugar;
(E) poderá ser responsabilizada criminalmente, já que o Código Penal adota a Teoria do Resultado para definir o momento do crime e a Teoria da Ubiquidade para definir o lugar.

Segundo consta do enunciado, Jéssica, um dia antes de atingir a maioridade, investiu contra sua inimiga Ana, alvejando-a com disparos de arma de fogo. Socorrida por pessoas que a tudo assistiram, Ana permanece hospitalizada por três dias e, não resistindo aos ferimentos provocados por Jéssica, vem a falecer. Temos, portanto, que a conduta levada a efeito por Jéssica (disparos de arma de fogo) verificou-se ao tempo em que ela ainda era inimputável (17 anos); posteriormente, quando já contava com 18 anos, a vítima contra a qual Jéssica investiu vem a falecer (o resultado foi produzido quando ela já era maior). A questão que aqui se coloca é saber se Jéssica deve ser responsabilizada na qualidade de imputável ou como inimputável. Para os efeitos do ECA (Estatuto da Criança e do Adolescente), deve ser considerada a idade do adolescente à data da conduta (ação ou omissão). Assim, como a prática da conduta se deu a poucos dias de o adolescente atingir a maioridade (o disparo de uma arma de fogo) e o resultado foi produzido quando o agente completou 18 anos (morte da vítima), valerá, aqui, a data do fato e não a do resultado, de forma que o agente ficará sujeito a uma medida socioeducativa, isto é, não responderá criminalmente. Incorporou-se, portanto, a teoria da atividade, consagrada no art. 4º do Código Penal, segundo a qual se considera praticado o crime no momento da ação ou omissão (conduta), ainda que outro seja o do resultado. É o que estabelece o art. 104, parágrafo único, do ECA. Aplicando tal regra ao caso narrado no enunciado, forçoso concluir que Jéssica deve ser responsabilizada como menor (cometeu ato infracional), sujeitando-se, portanto, à imposição de medidas socioeducativas. Ademais disso, em matéria de lugar do crime, o legislador adotou, no CP, a teoria mista ou da ubiquidade, segundo a qual se considera praticado o crime no lugar onde ocorreu a ação ou omissão, no todo ou em parte, bem como onde se produziu ou deveria produzir-se o resultado (art. 6º do CP). ED

Gabarito "A".

(Analista Jurídico – TRF5 – FCC – 2017) Sobre a aplicação da lei penal, é correto afirmar que

(A) o Código Penal adotou o princípio da territorialidade, em relação à aplicação da lei penal no espaço. Tal princípio é absoluto, não admitindo qualquer exceção.
(B) transitada em julgado a sentença condenatória, compete ao Juízo do Conhecimento a aplicação da lei mais benigna.
(C) a lei aplicável para os crimes permanentes será aquela vigente quando se iniciou a conduta criminosa do agente.
(D) quando a *abolitio criminis* se verificar depois do trânsito em julgado da sentença penal condenatória, extinguir-se-ão todos os efeitos penais e extrapenais da condenação.
(E) a lei excepcional ou temporária, embora decorrido o período de sua duração ou cessadas as circunstâncias que a determinaram, aplica-se ao fato praticado durante a sua vigência.

A: incorreta (art. 5º, *caput*, do CP), pois houve a adoção, pelo Brasil, do princípio da territorialidade temperada. Assim, como regra, aos crimes cometidos em território nacional aplicar-se-á a lei brasileira, sem prejuízo, contudo, das convenções, tratados e regras de direito internacional que disponham em sentido contrário. Em outras palavras, o postulado da territorialidade, dado que comporta exceção, não é absoluto, como afirmado na assertiva; **B:** incorreta. Segundo disposto no art. 66, I, da LEP e entendimento firmado na Súmula 611, do STF, com o advento do trânsito em julgado da sentença condenatória, a aplicação da lei mais benigna caberá ao juízo da execução; caberia ao juízo processante (de conhecimento) se a lei penal mais favorável ao agente entrasse em vigor no curso da instrução e antes do trânsito em julgado; se tal ocorrer em grau de recurso, ao tribunal competente caberá o reconhecimento da *lex mitior*; **C:** incorreta. Segundo entendimento firmado na Súmula 711 do STF, "A lei penal mais grave aplica-se ao crime continuado ou ao crime permanente, se a sua vigência é anterior à cessação da continuidade ou da permanência". Cabe relembrar que *crime permanente* é aquele cuja consumação se protrai no tempo por vontade do agente. Exemplo sempre lembrado pela doutrina é o crime de *sequestro e cárcere privado*, capitulado no art. 148 do CP, em que a consumação se opera no momento em que a vítima é privada de sua liberdade. Essa consumação, que teve início com a privação da liberdade da vítima, prolongar-se-á no tempo. Por tudo isso, a lei aplicável para os crimes permanentes será aquela vigente ao tempo da cessação da permanência, e não por ocasião de seu início; **D:** incorreta. A chamada *abolitio criminis* corresponde à situação em que a lei nova deixa de considerar infração penal determinado fato até então tido como tal. Em outras palavras, a lei nova exclui do âmbito de incidência do Direito Penal um fato que, sob a égide da lei anterior, era considerado criminoso. Sua previsão está no art. 2º, *caput*, do CP e o seu reconhecimento leva à extinção da punibilidade (art. 107, III, CP). Alcança a execução (condenação com trânsito em julgado) e os efeitos penais da sentença condenatória; subsistem, entretanto, os efeitos extrapenais da condenação, tal como a obrigação de reparar o dano causado pelo delito. Exemplo é o que se deu com o adultério, que, então previsto no art. 240 do CP, deixou de ser considerado crime com o advento da Lei 11.106/2005; **E:** correta, pois corresponde ao que estabelece o art. 3º do CP. No que toca às leis de vigência temporária (tanto as temporárias quanto as excepcionais), estas são consideradas *ultra-ativas* e *autorrevogáveis*. Quer-se com isso dizer que tudo o que ocorrer na vigência de uma lei temporária ou excepcional será por ela regido, mesmo que não mais esteja em vigor, pois, se assim não fosse, nenhuma eficácia teria. Não se aplica às leis de vigência temporária, assim, o princípio da retroatividade benéfica.

(Analista – STF – 2013 – CESPE) Acerca dos princípios gerais que norteiam o direito penal, das teorias do crime e dos institutos da Parte Geral do Código Penal brasileiro, julgue os itens a seguir.

(1) Considere que Manoel, penalmente imputável, tenha sequestrado uma criança com o intuito de receber certa quantia como resgate. Um mês depois, estando a vítima ainda em cativeiro, nova lei entrou em vigor, prevendo pena mais severa para o delito. Nessa situação, a lei mais gravosa não incidirá sobre a conduta de Manoel.

(2) A teoria finalista adota o conceito clássico de ação, entendida como mero impulso mecânico, dissociado de qualquer conteúdo da vontade.

(3) Considerando o disposto no Código Penal brasileiro, quanto à matéria do erro, é correto afirmar que, em regra, o erro de proibição recai sobre a consciência da ilicitude do fato, ao passo que o erro de tipo incide sobre os elementos constitutivos do tipo legal do crime.

1: errada. Sendo a extorsão mediante sequestro – art. 159, CP crime permanente, em que a consumação se prolonga no tempo por vontade do agente, a sucessão de leis penais no tempo enseja a aplicação da lei vigente enquanto não cessado o comportamento ilícito, ainda que se trate de lei mais gravosa. É esse o entendimento firmado na Súmula n. 711 do STF: "A lei penal mais grave aplica-se ao crime continuado ou ao crime permanente, se a sua vigência é anterior à cessação da continuidade ou permanência"; **2:** incorreta. A assertiva se refere, em verdade, à chamada teoria causal (naturalística ou clássica), em relação à qual a conduta deve ser entendida como um comportamento humano voluntário, positivo ou negativo, apto a produzir modificação no mundo exterior. Já para a teoria finalista, a conduta corresponde a um comportamento humano, consciente e voluntário, dirigido, como o próprio nome sugere, a uma finalidade, a um propósito; **3:** correta. O *erro de proibição*, denominação concebida pela doutrina, é chamado, pelo Código Penal, de erro sobre a ilicitude do fato (art. 21, CP). Uma vez reconhecido, exclui a culpabilidade (art. 21, *caput*, CP), desde que escusável; se inescusável, constituirá causa de redução de pena. O erro de tipo, por sua vez, tem por objeto os elementos constitutivos do tipo penal, gerando a exclusão do dolo e, em consequência, da tipicidade penal (art. 20, *caput*, CP).

(Analista – TRE/CE – 2012 – FCC) NÃO é uma das condições necessárias dentre aquelas estabelecidas pelo Código Penal para aplicação da lei brasileira, ao crime cometido no estrangeiro praticado por brasileiro:

(A) entrar o agente no território nacional no prazo máximo de dois anos após o crime.

(B) ser o fato punível também no país onde foi praticado.

(C) estar o crime incluído entre aqueles pelos quais a lei brasileira autoriza a extradição.

(D) não ter sido o agente absolvido no estrangeiro.

(E) não ter sido o agente perdoado no estrangeiro.

A: incorreta (devendo ser assinalada), pois o art. 7º, § 2º, *a*, do CP não fixou prazo para o ingresso do agente no território nacional; **B:** correta, sendo a condição prevista no art. 7º, § 2º, *b*, do CP; **C:** correta, sendo a condição contemplada no art. 7º, § 2º, *c*, do CP; **D:** correta, sendo a condição prevista no art. 7º, § 2º, *d*, do CP; **E:** correta, sendo a condição prevista no art. 7º, § 2º, *e*, do CP.

(Analista – TRE/RJ – 2012 – CESPE) A respeito de institutos diversos de direito penal, julgue os itens a seguir.

(1) Nos casos de delitos contra o patrimônio praticados sem violência ou grave ameaça à pessoa, a aplicação do princípio da insignificância é admitida pelo Superior Tribunal de Justiça, mesmo que existam condições pessoais desfavoráveis, tais como maus antecedentes, reincidência ou ações penais em curso.

(2) Segundo a jurisprudência do Superior Tribunal de Justiça, é inidônea a utilização do critério do número de infrações penais praticadas para calcular o percentual de aumento da pena fundado no crime continuado.

1: correta. O fato de o réu ser reincidente ou ainda portador de maus antecedentes criminais não obsta a aplicação do princípio da insignificância, cujo reconhecimento está condicionado à existência de outros requisitos. Nesse sentido: STF, RE 514.531/RS, 2.ª T., j. 21.10.2008, rel. Min. Joaquim Barbosa, *DJ* 06.03.2009; STJ, HC 221.913/SP, 6.ª T., j. 14.02.2012, rel. Min. Og Fernandes, *DJ* 21.03.2012. Mais recentemente, o plenário do STF, em julgamento conjunto de três HCs, adotou o entendimento no sentido de que a incidência ou não do postulado da insignificância em favor de agentes reincidentes ou com maus antecedentes autores de crimes patrimoniais desprovidos de violência ou grave ameaça deve ser aferida caso a caso. *Vide* HCs 123.108, 123.533 e 123.734; **2:** incorreta. De fato, o aumento de pena será determinado pelo número de crimes: quanto maior o número de infrações, maior deve ser o aumento. Nesse sentido: STJ, HC 234.861/SP, 5.ª T., j. 02.10.2012, rel. Min. Jorge Mussi, *DJ* 09.10.2012. Mais recentemente, o STJ editou a Súmula 659: "A fração de aumento em razão da prática de crime continuado deve ser fixada de acordo com o número de delitos cometidos, aplicando-se 1/6 pela prática de duas infrações, 1/5 para três, 1/4 para quatro, 1/3 para cinco, 1/2 para seis e 2/3 para sete ou mais infrações."

(Analista – TRF/3ª Região – 2014 – FCC) Dentre as ideias estruturantes ou princípios abaixo, todos especialmente importantes ao direito penal brasileiro, NÃO tem expressa e literal disposição constitucional o da
(A) legalidade.
(B) proporcionalidade.
(C) individualização.
(D) pessoalidade.
(E) dignidade humana.

A: incorreta. O *princípio da legalidade, estrita legalidade* ou *reserva legal*, que está contemplado, de forma expressa, nos arts. 1º do CP e 5º, XXXIX, da CF, estabelece que os tipos penais só podem ser concebidos por lei em sentido estrito, ficando afastada, assim, a possibilidade de a lei penal ser criada por outras formas legislativas que não a lei em sentido formal, como, por exemplo, a *medida provisória* (art. 62, § 1º, I, *b*, da CF); **B:** correta (deve ser assinalada), na medida em que este princípio, embora tenha aplicação no âmbito do direito penal, não encontra previsão expressa e literal no texto da Constituição Federal. Cuida-se, portanto, de princípio implícito; **C:** incorreta. Princípio explícito previsto nos arts. 5º, XLVI, da CF e 59 do CP; **D:** incorreta. O *princípio da pessoalidade* ou *personalidade* ou *da responsabilidade pessoal*, que encontra previsão expressa no art. 5º, XLV, CF, prescreve que a pena não pode passar da pessoa do delinquente, podendo, entretanto, a obrigação de reparar o dano e a decretação de perdimento de bens ser, nos termos da lei, estendidas aos sucessores e contra eles executadas até o limite do valor do patrimônio transferido; **E:** incorreta, já que se trata de princípio contemplado, de forma expressa, no art. 1º, III, da CF.
Gabarito "B".

(Analista – TJ/AM – 2013 – FGV) No tocante aos princípios constitucionais orientadores do estudo da Teoria do Crime, assinale a afirmativa **incorreta**.
(A) O *princípio da intervenção mínima* abrange os princípios da subsidiariedade e da fragmentariedade.
(B) O *princípio da dignidade humana* atua como uma espécie de "superprincípio", devendo toda norma jurídica nele se escorar.
(C) O *princípio da adequação social* serve de base de interpretação da norma, além de orientar o legislador para eventual revogação do tipo penal.
(D) O *princípio da insignificância* autoriza o afastamento da tipicidade material.
(E) O *princípio da alteridade* permite a punição do agente por conduta sem condições de atingir direito de terceiros.

A: correta. É do princípio da intervenção mínima, ao qual se submete o Direito Penal, que este deve interferir o mínimo possível na vida do indivíduo. Com isso, deve-se, tão somente em último caso, recorrer a este ramo do direito com o fito de solucionar conflitos surgidos em sociedade. Desta feita, se determinadas condutas podem ser contidas por meio de outros mecanismos de controle, deve-se evitar o Direito Penal, reservando-o àqueles comportamentos efetivamente nocivos. Pelo princípio da fragmentariedade, a lei penal constitui, por força do postulado da intervenção mínima, uma pequena parcela (fragmento) do ordenamento jurídico. Isso porque somente se deve lançar mão desse ramo do direito diante da ineficácia ou inexistência de outros instrumentos de controle social menos traumáticos (subsidiariedade); **B:** correta. Segundo o magistério de Cleber Rogério Masson, no artigo intitulado *Prescrição Penal como Direito Fundamental: Correlação Lógica entre Limites Estatais ao Direito de Punir e a Dignidade da Pessoa Humana*, "A análise do texto constitucional revela que a dignidade da pessoa humana não é um simples princípio. Muito mais do que isso, constitui-se em fundamento, e, por corolário, em valor supremo e fundante da República, da Federação, do País, da Democracia e do Direito. Portanto, não é apenas um princípio da ordem jurídica, mas o é também da ordem política, social, econômica e cultural. Daí a sua natureza de valor supremo, porque está na base de toda a vida nacional" (MIRANDA, Jorge; SILVA, Marco Antonio Marques da (coordenação). *Tratado Luso-Brasileiro da Dignidade Humana*. São Paulo: Quartier Latin, 2008. p. 815); **C:** correta. Segundo o postulado da adequação social, cujo conteúdo é dirigido tanto ao aplicador/intérprete da norma quanto ao legislador, não se pode reputar criminosa a conduta tolerada pela sociedade, ainda que corresponda a uma descrição típica. É dizer, embora formalmente típica, porque subsumida num tipo penal, carece de tipicidade material, porquanto em sintonia com a realidade social em vigor. A sociedade se mostra, nessas hipóteses, indiferente ante a prática da conduta, como é o caso da tatuagem. Também são exemplos: a circuncisão praticada na religião judaica; o furo na orelha para colocação de brinco etc.; **D:** correta. O princípio da insignificância, cuja aplicação é amplamente reconhecida pela jurisprudência, afasta, de fato, a tipicidade material da conduta. São requisitos necessários à sua incidência: mínima ofensividade da conduta; nenhuma periculosidade social da ação; reduzido grau de reprovabilidade do comportamento; e inexpressividade da lesão jurídica provocada (STF, HC 98.152-MG, 2ª T., rel. Min. Celso de Mello, 19.05.09); **E:** incorreta (devendo ser assinalada). É do princípio da alteridade que a conduta há de transcender a esfera individual do agente e atingir interesse alheio. Em outras palavras, ninguém será punido por ter feito mal a si mesmo. É por essa razão que não se punem a autolesão e a tentativa de suicídio.
Gabarito "E".

(Analista – TJ/AM – 2013 – FGV) No tocante à *aplicação da lei penal*, assinale a afirmativa **incorreta**.
(A) Lei penal extrativa é aquela que produz efeitos fora de seu período de vigência, podendo ser ultrativa ou retroativa.
(B) A *abolitio criminis* é causa de extinção da punibilidade.
(C) A *novatio legis in mellius* é retroativa, salvo quando já houve o trânsito em julgado da decisão condenatória respectiva.
(D) Em se tratado de crime permanente, aplica-se a lei vigente no momento em que cessou a permanência, ainda que se trate de lei penal mais gravosa.
(E) No caso de *abolitio criminis*, cessam os efeitos penais do fato praticado, persistindo os civis.

A: correta. A extratividade, fenômeno segundo o qual a lei opera efeitos fora de seu período de vigência, é gênero, do qual são espécies a ultratividade e a retroatividade. Por ultratividade se deve entender o fenômeno em que a norma jurídica é aplicada a fato ocorrido depois de sua revogação (os efeitos da lei são projetados para o futuro); já pela retroatividade, a norma jurídica tem incidência a fato verificado antes de iniciada a sua vigência. Deve ficar claro que, à luz do princípio do *tempus regit actum*, a lei deve disciplinar os fatos ocorridos sob a sua vigência. Em princípio, pois, não deve alcançar fatos verificados antes nem depois de a lei entrar em vigor. Sucede que, em determinadas situações, a incidência da lei penal poderá se dar de forma retroativa ou ultrativa; **B:** correta. De fato, a *abolitio criminis*, a teor do que estabelece o art. 107, III, do CP, é causa extintiva da punibilidade, em que a lei posterior deixa de considerar crime fato que antes era tipificado como tal (art. 2º, *caput*, do CP). Como consequência, ficam afastados o delito e também todos os seus reflexos penais; os efeitos civis, no entanto, subsistem; **C:** incorreta (devendo ser assinalada), visto que a lei penal nova mais favorável ao agente (*novatio legis in mellius*) alcançará o fato já decidido por sentença condenatória com trânsito em julgado. Tal é o que se extrai do art. 2º, parágrafo único, do CP; **D:** correta, pois corresponde ao entendimento firmado na Súmula 711 do STF: "A lei penal mais grave aplica-se ao crime continuado ou ao crime

permanente, se a sua vigência é anterior à cessação da continuidade ou da permanência"; **E:** correta. Diante da ocorrência de *abolitio criminis*, ficam afastados, conforme se depreende do art. 2º, *caput*, parte final, do CP, os efeitos penais da sentença condenatória, remanescendo, no entanto, os efeitos civis.
Gabarito "C".

(Analista – TJ/AM – 2013 – FGV) Com relação à *lei penal no espaço*, assinale a afirmativa **incorreta**.

(A) A legislação penal brasileira adota o princípio da territorialidade absoluta.
(B) Aplica-se a lei penal brasileira aos crimes praticados em aeronave pública brasileira ainda que esteja em território estrangeiro.
(C) As embaixadas estrangeiras não são consideradas território estrangeiro, aplicando-se a lei brasileira nos crimes praticados no seu interior, salvo quando o autor for agente diplomático ou possua imunidade diplomática.
(D) São princípios empregados para solucionar a regra da extraterritorialidade: personalidade ou nacionalidade, domicílio, defesa, justiça universal, representação ou da bandeira.
(E) Para fins de Direito Penal, o conceito de território não se restringe à área limitada pelas fronteiras brasileiras.

A: incorreta (devendo ser assinalada), visto que, no que toca à lei penal no espaço, o CP adotou, em seu art. 5º, a territorialidade temperada (não a absoluta). Isso significa que, aos crimes perpetrados em território brasileiro, será aplicada a lei local, ressalvadas as convenções, tratados e regras de direito internacional; **B:** correta, dado que as embarcações e aeronaves públicas são consideradas, para os efeitos penais, extensão do território nacional; há de incidir, aos crimes praticados nas suas dependências, a lei penal brasileira (princípio da territorialidade – art. 5º, § 1º, CP); **C:** correta, pois, de fato, as sedes diplomáticas não são consideradas extensão do território estrangeiro, aplicando-se, bem por isso, a lei penal nacional aos crimes ali praticados; **D:** correta. Pelo princípio da personalidade ou nacionalidade (art. 7º, II, *b*, do CP), deve ser aplicada a lei do país de origem do agente. Neste caso, a incidência da lei brasileira depende da conjugação das condições indicadas no art. 7º, § 2º, do CP; pelo princípio da defesa (ou proteção), a incidência extraterritorial da lei nacional leva em conta a nacionalidade do bem jurídico violado; pelo princípio da justiça universal, a lei nacional tem incidência no âmbito dos crimes previstos em tratados ou convenções subscritos pelo Brasil. São exemplos a tortura e o tráfico de drogas. Cuida-se de extraterritorialidade condicionada (art. 7º, II, *a*, e § 2º, do CP); por fim, enuncia o princípio da representação ou da bandeira que, sendo o crime praticado a bordo de aeronave ou navio brasileiro, mercante ou de propriedade privada, em território estrangeiro, o foro competente para o julgamento, desde que o governo do país estrangeiro não tenha interesse na punição do agente, é o da bandeira da aeronave ou do navio (Brasil). É a hipótese contida no art. 7º, II, *c*, do CP; **E:** correta, nos termos do art. 5º, § 1º, do CP.
Gabarito "A".

2. CLASSIFICAÇÃO DOS CRIMES, FATO TÍPICO E TIPO PENAL

(Analista – TJ/SC – FGV – 2018) Durante uma discussão entre Carla e Luana, que eram amigas, Carla desfere, com intenção de causar lesão leve, um tapa na face de Luana, que a havia ofendido. Ocorre que, de maneira totalmente surpreendente, Luana vem a falecer no dia seguinte, em virtude do tapa recebido e da lesão causada, pois rompeu-se um desconhecido coágulo sanguíneo na cabeça, mesmo diante do fraco golpe. Na semana seguinte, a família de Luana, revoltada, procura a Delegacia, narra o ocorrido e afirma ter interesse em ver Carla processada criminalmente.

Confirmados os fatos, assim como a intenção de Carla, o Ministério Público poderá imputar a Carla a prática do(s) crime(s) de:

(A) lesão corporal leve dolosa e homicídio culposo;
(B) lesão corporal seguida de morte;
(C) lesão corporal leve;
(D) homicídio doloso;
(E) homicídio culposo.

Carla deverá ser responsabilizada pelo crime que quis praticar: lesão corporal de natureza leve (art. 129, *caput*, CP). O rompimento do coágulo sanguíneo existente na cabeça de Luana constitui causa preexistente relativamente independente. O enunciado não deixa dúvidas de que a agressora não tinha conhecimento da existência desta causa preexistente. Não é o caso de imputar a Carla o crime de lesão corporal seguida de morte, delito preterdoloso, já que a morte de Luana, tal como ocorreu, era absolutamente imprevisível. Como bom sabemos, no crime de lesão corporal seguida de morte, o resultado letal deve ocorrer a título de culpa. Da mesma forma, não é o caso de atribuir a Carla o cometimento do crime de homicídio culposo, já que o resultado morte não era previsível. A previsibilidade objetiva constitui requisito do delito culposo. Menos ainda é o caso de imputar a Carla o crime de homicídio doloso, pois, pelo que consta do enunciado, em momento algum ela desejou a morte da vítima. Seu intento era tão somente lesioná-la.
Gabarito "C".

(Analista Judiciário – TRE/PE – CESPE – 2017) De acordo com os principais teóricos do direito penal, a teoria da imputação objetiva se refere especificamente à

(A) culpabilidade.
(B) antijuridicidade.
(C) tipicidade material.
(D) relação de causalidade.
(E) punibilidade.

Para a teoria da *imputação objetiva*, desenvolvida, em 1970, por Claus Roxin, não basta a *tipicidade formal*, que corresponde à perfeita adequação do fato concreto à descrição típica contida na norma. É imprescindível ainda a chamada *tipicidade material*. É dizer, a responsabilização do agente não pode condicionar-se tão somente à causalidade natural. O crime, portanto, não pode ser analisado apenas do ponto de vista da causalidade material; é também necessário que a causalidade seja analisada sob o aspecto normativo. Assim, presente a tipicidade formal, só há que se falar em responsabilização quando a conduta criar, para o bem protegido, uma situação de perigo juridicamente proibida. Uma vez adotada a teoria da imputação objetiva, a relação de causalidade somente se estabelecerá se superadas as seguintes fases: análise do *tipo objetivo* (causalidade, criação de um risco proibido e realização do risco no resultado); análise do *tipo subjetivo*, representado pelo *dolo* ou *culpa*.
Gabarito "D".

(Analista Jurídico – TCE/PR – 2016 – CESPE) Considerando a relação de causalidade prevista no Código Penal, assinale a opção correta.

(A) As causas supervenientes relativamente independentes possuem relação de causalidade com a conduta do sujeito e não excluem a imputação do resultado.
(B) As causas preexistentes relativamente independentes não possuem relação de causalidade com a conduta do sujeito e excluem a imputação do resultado.

(C) As causas preexistentes absolutamente independentes possuem relação de causalidade com a conduta do sujeito e não excluem o nexo causal.

(D) As causas concomitantes relativamente independentes não possuem relação de causalidade com a conduta do sujeito e não excluem a imputação do resultado.

(E) As causas concomitantes absolutamente independentes não possuem relação de causalidade com a conduta do sujeito e excluem o nexo causal.

A: incorreta. As causas supervenientes relativamente independentes excluem, sim, a imputação, desde que sejam aptas, por si sós, a produzir o resultado; os fatos anteriores, no entanto, serão imputados a quem os praticou (art. 13, § 1º, do CP). Exemplo clássico e sempre lembrado pela doutrina é aquele em que a vítima de tentativa de homicídio é socorrida e levada ao hospital e, ali estando, vem a falecer, não em razão dos ferimentos que experimentou, mas por conta de incêndio ocorrido na enfermaria do hospital. Este evento (incêndio) do qual decorreu a morte da vítima constitui causa superveniente relativamente independente que, por si só, gerou o resultado. O nexo causal, nos termos do art. 13, § 1º, do CP, é interrompido (há imprevisibilidade). O agente, por isso, responderá por homicídio na forma tentada (e não na modalidade consumada). Perceba que, neste caso, estamos a falar de causa *relativamente* independente porque, não fosse a tentativa de homicídio, o ofendido não seria, por óbvio, hospitalizado e não seria, por consequência, vítima do incêndio que produziu, de fato, a sua morte; **B:** incorreta. A chamada causa preexistente relativamente independente, como o nome sugere, existe previamente à conduta do agente. Exemplo clássico: "A", agindo com *animus necandi* em relação a "B", contra este desfere golpe de facão em região não letal; no entanto, por ser portador de hemofilia, "B" tem seu quadro agravado e, por conta disso, vem a falecer. Neste caso, o resultado naturalístico (morte), porque querido por "A", a este será imputado, respondendo por homicídio consumado. Veja que, se excluirmos a conduta de "A" (golpe de facão), o resultado morte não teria ocorrido. Daí falar-se em causa *relativamente independente*; **C:** incorreta. No comentário anterior, a causa, que preexistia à conduta do agente, era, como já dissemos, *relativamente* independente, ou seja, originou-se da conduta do sujeito ativo; agora, na assertiva "C", a causa, também preexistente, é *absolutamente* independente. Isso quer dizer que a causa preexistente é absolutamente desvinculada da conduta do agente, não se originando nesta. O resultado teria ocorrido de qualquer forma, ainda que excluíssemos a conduta do agente. Exemplo: "B" é vítima de disparos de arma de fogo efetuados por "A", que desejava a sua morte, o que de fato vem a ocorrer. Depois disso, constata-se, no exame necroscópico, que o resultado naturalístico adveio não dos disparos que vitimaram "B", mas de veneno neste aplicado antes da conduta de "A" (causa preexistente). Perceba que a morte teria ocorrido de qualquer forma. Neste caso, imputam-se ao agente tão somente os atos que praticou, e não o resultado naturalístico (morte). Há quebra, portanto, do nexo de causalidade. "A", assim, responderá por tentativa de homicídio; **D:** incorreta. Concomitante é a causa que ocorre de forma simultânea à conduta do agente. A solução, neste caso, é idêntica àquela dada à causa preexistente relativamente independente: o resultado naturalístico deve ser imputado ao agente; **E:** correta. Tal como se dá nas causas preexistentes absolutamente independentes (alternativa "C"), o resultado, no contexto das causas absolutamente independentes *concomitantes* à conduta do agente, não poderá ser imputado ao sujeito ativo, que responderá tão somente pelos atos que praticou. **ED**
Gabarito "E."

(**Analista – TJ/AM – 2013 – FGV**) Paulo, querendo matar Lúcia, vem a jogá-la da janela do apartamento do casal. A vítima na queda não vem a falecer, apesar de sofrer lesões graves, tendo caído na área do apartamento térreo do prédio. Naquele local, vem a ser atacada por um cão raivoso que lhe causa diversas outras lesões que foram a causa de sua morte. De acordo com o caso apresentado e as lições acerca da teoria do crime, assinale a afirmativa correta.

(A) Paulo deverá responder por homicídio consumado, porque realizado o resultado por ele desejado desde o início.

(B) Paulo deverá responder por lesão corporal grave, em razão da quebra do nexo causal entre a sua conduta e o resultado morte.

(C) Paulo deverá responder por homicídio culposo, porque previsível que a queda por ele operada poderia causar a morte da vítima.

(D) Paulo deverá responder por tentativa de homicídio por força do surgimento de causa superveniente relativamente independente que, por si só, causou o resultado.

(E) Paulo deverá responde por tentativa de homicídio, por força do surgimento de causa superveniente absolutamente independente.

O ataque animal de que foi vítima Lúcia, depois de ter sido lançada de seu apartamento por Paulo, constitui causa superveniente relativamente independente que, por si só, gerou o resultado. O nexo causal, neste caso, nos termos do art. 13, § 1º, do CP, é interrompido (há imprevisibilidade). Paulo, por isso, responderá por homicídio na forma tentada. De se ver que o CP acolheu, em seu art. 13, *caput*, como regra, a chamada teoria da *conditio sine qua non*, que estabelece que causa é tudo aquilo sem a qual o resultado não teria ocorrido. Esta teoria, no entanto, não tem incidência no âmbito das causas supervenientes relativamente independentes que por si só gerem o resultado, dado que, como já dissemos, há um rompimento do nexo causal, não sendo o caso, portanto, de atribuir ao agente o resultado final (morte decorrente do ataque de animal). **ED**
Gabarito "D."

(**Analista – TJ/AM – 2013 – FGV**) A doutrina costuma classificar os crimes de acordo com suas características, gravidade, *modus operandi*, resultado, etc. Diante desta classificação doutrinária, assinale a afirmativa correta.

(A) Nos *crimes materiais* o tipo descreve uma conduta e um resultado, não exigindo que este se produza para sua consumação.

(B) Nos *crimes formais* o tipo descreve apenas uma conduta, não fazendo qualquer referência ao resultado, que não existe no campo naturalístico.

(C) Nos *crimes de perigo concreto*, a consumação apenas reclama a prática da conduta proibida.

(D) Nos *crimes permanentes* a consumação se protrai no tempo enquanto desejar o agente.

(E) Nos *crimes a prazo* a lei exige 30 dias para a sua consumação.

A e B: incorretas. Crimes materiais são aqueles em que o tipo penal contempla uma ação e um resultado naturalístico, sendo imprescindível a ocorrência deste para a consumação do crime. A não ocorrência do resultado, nesta modalidade de crime, faz com que o delito permaneça na esfera na tentativa; já os crimes formais, a exemplo dos materiais, também descrevem uma conduta e um resultado, mas, diferentemente, este não é exigido para a consumação do delito. São também chamados, por isso, de crime de consumação antecipada ou de resultado cortado. Impende aqui ressaltar que, no caso dos delitos formais, a concretização do resultado descrito no tipo configura o chamado exaurimento (desdobramento típico), desnecessário, insisto, à consumação do delito; crimes de mera conduta, por sua vez, são aqueles que se consumam no exato instante em que esta é praticada. A lei, neste caso, não faz qualquer menção a resultado naturalístico, que, bem por isso, é impossível de ocorrer. Perceba que a assertiva "A" contempla o conceito de crime formal, ao passo que a proposição "B" corresponde à definição do crime de mera conduta; **C:** incorreta, já que, nessa modalidade de crime, exige-se mais do que a prática da conduta proibida; impõe-se também que a conduta exponha o bem jurídico a situação de perigo concreto, efetivo, sob pena de atipicidade da conduta; **D:** correta. Nos chamados crimes permanentes, a consumação se protrai no tempo por vontade do agente. É exemplo o crime de ocultação de cadáver na forma "ocultar", em que a sua consumação se prolonga no tempo, condicionada à vontade do sujeito. Outro exemplo, este sempre lembrado pela doutrina, é o crime de sequestro e cárcere privado, previsto no art. 148 do CP. Neste caso, a consumação, que se dá no exato instante em que a vítima tem tolhida a sua liberdade de ir e vir, se prolonga, por vontade do agente, enquanto o ofendido estiver sob o seu poder; **E:** incorreta. Crime a prazo é aquele cuja consumação está condicionada ao transcurso de um interregno designado no tipo penal. É o caso do delito tipificado no art. 169, II, do CP, cuja consumação somente se opera depois de transcorrido o prazo de 15 (quinze) dias para que o agente, que encontrou a coisa perdida, promova a sua devolução ao proprietário/possuidor. ED

Gabarito "D".

3. CRIMES DOLOSOS, CULPOSOS E PRETERDOLOSOS; ERRO DE TIPO, DE PROIBIÇÃO E DEMAIS ERROS

Na confraternização de final de ano de um tribunal de justiça, Ulisses, servidor do órgão, e o desembargador ganharam um relógio da mesma marca – em embalagens idênticas –, mas de valores diferentes, sendo consideravelmente mais caro o do desembargador. Ao ir embora, Ulisses levou consigo, por engano, o presente do desembargador, o qual, ao notar o sumiço do relógio e acreditando ter sido vítima de crime, acionou a polícia civil. Testemunhas afirmaram ter visto Ulisses com a referida caixa. No dia seguinte, o servidor tomou conhecimento dos fatos e dirigiu-se espontaneamente à autoridade policial, afirmando que o relógio estava na casa de sua namorada, onde fora apreendido.

(Analista Judiciário – TJ/PA – 2020 – CESPE/CEBRASPE) Nessa situação hipotética, a conduta de Ulisses na festa caracterizou

(A) erro de tipo.
(B) excludente de ilicitude.
(C) arrependimento posterior.
(D) erro de proibição.
(E) crime impossível.

Segundo consta, Ulisses, ao final da festa de confraternização da qual participava, subtraiu, para si, objeto pertencente a outrem, consistente em um relógio de valor considerável cujo proprietário é um desembargador que também se encontrava na mesma confraternização. Em princípio, a conduta de Ulisses se adequa, à perfeição, à descrição típica do art. 155 do CP: *subtrair, para si ou para outrem, coisa alheia móvel*. Sucede que, pelo enunciado proposto, fica claro que a subtração perpetrada por Ulisses se deu em razão de engano de sua parte. Em outras palavras, ele levou consigo o relógio pertencente a outrem pensando se tratar do seu, já que, assim como o desembargador, ele também ganhara um relógio, cuja embalagem era idêntica à da vítima. Ulisses, como se pode ver, confundiu-se, trocando os relógios. Errou, portanto, sobre a elementar *alheia*, integrante do tipo penal do furto. Como bem sabemos, nos crimes em geral, e no furto não é diferente, é imprescindível, à existência da conduta, o elemento subjetivo, ora

representado pelo dolo, ora pela culpa. No caso do furto, o elemento subjetivo é representando pelo dolo, que consiste na vontade livre e consciente de apossar-se clandestinamente de coisa alheia móvel de forma definitiva, não transitória (*animus furandi* ou *animus rem sibi habendi*). Em momento algum, como é possível concluir pela leitura do enunciado, Ulisses desejava se apossar do relógio pertencente ao desembargador. Ele, ao assim agir, incorreu em erro de tipo, nos termos do art. 20, *caput*, do CP, que exclui, sempre, o dolo, podendo, também, excluir a culpa, se invencível (ou inevitável, ou escusável). Caracteriza-se, como já afirmado, pelo fato de o agente equivocar-se em relação a um dos elementos do tipo legal do crime. Enfim, o erro que recair sobre qualquer elementar típica terá o condão de excluir o dolo, tratando-se do que se denomina de erro de tipo essencial. Registre-se que, sendo o erro evitável ou inescusável, o agente será punido a título de culpa, desde que exista previsão legal da forma culposa do crime. No caso do furto, não há previsão de modalidade culposa. ED

Gabarito "A".

(Analista Judiciário – TRE/PA – 2020 – IBFC) Quanto ao "erro sobre elementos do tipo" e "erro sobre a ilicitude do fato", analise as afirmativas abaixo e dê valores Verdadeiro (V) ou Falso (F):

( ) Não cabe a incidência de erro de tipo nos crimes omissivos espúrios, em face do dever de agir para evitar o resultado, levando-se em conta a relação de normalidade ou perigo do caso concreto.

( ) O erro relativo à existência de uma causa de exclusão de ilicitude consiste em discriminante putativa por erro de proibição. Nesse caso, se inescusável o erro, afasta-se o dolo, subsistindo a responsabilidade por crime culposo, se previsto em lei.

( ) Ao agente provocador que atua dolosamente deverá ser imputado, na forma dolosa, o crime cometido pelo provocado. Já o agente provocado ficará impune, desde que escusável o seu erro.

( ) Incide sobre o "error in persona" a teoria da equivalência do bem jurídico atingido. Nesse caso, o agente responderá pelo crime praticado, porém, no momento da aplicação da pena, serão consideradas as condições da vítima virtual.

Assinale a alternativa que apresenta a sequência correta de cima para baixo.

(A) V, F, F, V
(B) F, F, V, V
(C) F, V, V, F
(D) V, V, V, V

1ª assertiva: falsa. O *crime omissivo espúrio* (*impróprio, comissivo por omissão* ou *impuro*), grosso modo, é aquele em que o sujeito ativo, por uma omissão inicial, gera um resultado posterior, que ele tinha o dever de evitar (art. 13, § 2º, do CP). A existência do crime omissivo espúrio pressupõe a conjugação de duas normas: uma norma proibitiva, que encerra um tipo penal comissivo e a todos é dirigido, e uma norma mandamental, que é endereçada a determinadas pessoas sobre as quais recai o dever de agir. Assim, a título de exemplo, a violação à regra contida no art. 121 do CP (não matar) pressupõe, via de regra, uma conduta positiva (um agir, um fazer); agora, a depender da qualidade do sujeito ativo (art. 13, § 2º), essa mesma norma pode ser violada por meio de uma omissão, o que se dá quando o agente, por força do que dispõe o art. 13, § 2º, do CP, tem o dever de agir para evitar o resultado. Perceba, dessa forma, que a conduta omissiva imprópria, diferentemente da própria, não está descrita em tipos penais específicos. A tipicidade decorre da conjugação do art. 13, § 2º, do CP com um tipo penal comissivo. O tipo penal, no crime de homicídio (doloso ou culposo), encerra uma conduta positiva (matar alguém); em determinadas situações, porém, este delito pode comportar a modalidade omissiva, desde que se esteja diante de uma das hipóteses do art. 13, § 2º, do CP. Exemplo sempre lembrado pela doutrina é o da mãe que propositadamente deixa de amamentar seu filho, que, em razão disso, vem a morrer. Será ela responsabilizada por homicídio doloso, na medida em que seu dever de agir está contemplado na regra inserta no art. 13, § 2º, do CP. Perceba que, neste último caso, a mãe, a quem incumbe o dever de cuidado e proteção, deixou de alimentar seu filho de forma intencional, causando-lhe a morte. Assim, deverá responder por homicídio doloso. O resultado naturalístico, que neste caso é a morte, como se pode ver, é imprescindível à consumação do delito. Feitas essas ponderações acerca da modalidade espúria ou imprópria de omissão, falemos sobre o cabimento do erro de tipo nesses crimes. Segundo ensina Cleber Masson, "nada impede a incidência do erro de tipo em relação ao dever de agir para evitar o resultado, levando-se em conta a relação de normalidade ou perigo do caso concreto. Em síntese, é cabível o erro de tipo na seara dos crimes omissivos impróprios. Exemplo: O salva-vidas avista um banhista se debatendo em águas rasas de uma praia e, imaginando que ele não estava se afogando (e sim dançando, brincando com outra pessoa etc.), nada faz. Posteriormente, tal banhista é retirado do mar sem vida por terceiros. Nessa hipótese, é possível o reconhecimento do instituto previsto no art. 20, *caput*, do Código Penal, aplicando-se os efeitos que lhe são inerentes" (*Direito Penal Esquematizado*, 8ª ed., vol. 1, Ed. Método, p. 317); **2ª assertiva:** falsa. A primeira parte da proposição está correta, na medida em que, de fato, o erro relativo à existência de uma causa de exclusão de ilicitude consiste em descriminante putativa por erro de proibição. É o chamado erro de proibição indireto. Nesta hipótese (e aqui reside o erro da assertiva), subsistem o dolo e também a culpa. Sendo o erro escusável, exclui-se a culpabilidade; se for inescusável o erro, não é afastada a culpabilidade, devendo o agente responder, neste caso, por delito doloso, incidindo a diminuição de pena da ordem de um sexto a um terço, tal como estabelece o art. 21, *caput*, do CP; **3ª assertiva:** verdadeira. A figura do agente provocador está prevista no art. 20, § 2º, do CP. Aqui, a responsabilidade deverá recair sobre o agente que levou o terceiro (agente provocado) a incidir em erro; **4ª assertiva:** verdadeira. Em primeiro lugar, necessário proceder à distinção entre os institutos do *erro sobre a pessoa* e *erro na execução*. Este último, também chamado de *aberratio ictus*, refere-se à situação em que o agente, por acidente ou erro no uso dos meios de execução, atinge pessoa diversa da pretendida. No erro sobre a pessoa (art. 20, § 3º, do CP), o agente, por uma falsa percepção da realidade, se equivoca quanto à própria vítima do crime, atingindo pessoa diversa da pretendida. Note que, na *aberratio ictus*, inexiste por parte do agente equívoco sobre a pessoa que deverá ser atingida; o que existe é erro na execução do crime: por exemplo, erro de pontaria. De qualquer forma, nos dois casos a consequência é a mesma: serão levadas em consideração as qualidades da pessoa que o agente queria atingir, e não as da pessoa que o agente efetivamente atingiu (vítima). É o que estabelecem os arts. 20, § 3º, do CP (erro quanto à pessoa) e 73, também do CP (erro na execução).

Gabarito "B".

(Analista – TJ/SC – FGV – 2018) Flavio, pretendendo matar seu pai Leonel, de 59 anos, realiza disparos de arma de fogo contra homem que estava na varanda da residência do genitor, causando a morte deste. Flavio, então, deixa o local satisfeito, por acreditar ter concluído seu intento delitivo, mas vem a descobrir que matara um amigo de seu pai, Vitor, de 70 anos, que, de costas, era com ele parecido.

A Flavio poderá ser imputada a prática do crime de homicídio doloso, com erro:

(A) sobre a pessoa, considerando a agravante de crime contra ascendente, mas não a causa de aumento em razão da idade da vítima;

(B) sobre a pessoa, considerando a causa de aumento em razão da idade da vítima, mas não a agravante de crime contra ascendente;

(C) de execução, considerando a agravante de crime contra ascendente, mas não a causa de aumento em razão da idade da vítima;

(D) de execução, considerando a agravante de crime contra ascendente e a causa de aumento em razão da idade da vítima;

(E) de execução, considerando a causa de aumento da idade da vítima, mas não a agravante de crime contra ascendente.

Flavio, que pretendia matar seu pai, Leonel, atira, em ledo engano, contra outra pessoa, pensando tratar-se de seu genitor, vítima contra a qual queria, desde o início, investir. Flávio incorreu em erro sobre a pessoa: queria atingir "A", mas, por equívoco, acaba por atingir "B". Neste caso, à luz do que dispõe o art. 20, § 3º, do CP, devem-se levar em consideração as condições ou qualidades pessoais da vítima que o agente pretendia atingir (pai), e não as daquela que efetivamente foi atingida (amigo do pai). Dessa forma, no caso acima narrado, as condições que devem ser levadas em conta são as do pai de Flávio, porquanto era esta vítima que ele queria atingir. Bem por isso, deverá considerada a agravante de crime contra ascendente, e desconsiderada a causa de aumento em razão da idade da vítima.

Gabarito "A".

4. TENTATIVA, CONSUMAÇÃO, DESISTÊNCIA, ARREPENDIMENTO E CRIME IMPOSSÍVEL

(Analista – TRE/AP – 2011 – FCC) Paulo abordou a vítima Pedro em via pública e, mediante grave ameaça com emprego de arma de fogo, anunciou o assalto e exigiu a entrega da carteira com dinheiro. No momento em que Pedro retirava a carteira do bolso para entregar para Paulo este resolveu ir embora espontaneamente sem subtrair a *res*. Trata-se de hipótese típica de:

(A) arrependimento eficaz.

(B) desistência voluntária.

(C) tentativa.

(D) arrependimento posterior.

(E) crime impossível.

Na *desistência voluntária* – art. 15, primeira parte, do CP –, o agente, podendo chegar até a consumação do crime, acha por bem interromper sua execução, isto é, o sujeito ativo muda de ideia e desiste de consumar o delito. Foi o que se passou com Paulo. Ele deu início à execução do crime de roubo, já que empregou grave ameaça contra Pedro com o propósito de subtrair-lhe bens, e, após, de forma espontânea (basta a voluntariedade), desistiu da empreitada e evadiu-se do local. A tentativa do crime de roubo fica afastada, pois, para a sua configuração, seria necessário que a consumação não tivesse ocorrido por circunstâncias *alheias* à vontade do agente. Aqui, o crime não se consumou por circunstâncias *relacionadas* à vontade do agente. É importante aqui fazer um esclarecimento: o crime narrado no enunciado não teria atingido seu momento consumativo ainda que se considerasse como tal o da subtração da *res*. Vale dizer, permaneceria, de qualquer maneira, na esfera da tentativa. Digo isso porque, hodiernamente, os Tribunais superiores consolidaram o entendimento segundo o qual o momento consumativo do crime de roubo (e também do furto) é o do apossamento do bem, independentemente da inversão tranquila da posse. A esse respeito: STF, 1ª T., HC 92.450-DF, Rel. Min. Ricardo Lewandowski, j. 16.9.08. Tal entendimento encontra-se consolidado na Súmula 582, do STJ.

Gabarito "B".

(Analista – TJ/CE – 2013 – CESPE) A respeito da inimputabilidade penal, do erro, da desistência voluntária, do arrependimento eficaz, do crime impossível e da relevância da omissão, assinale a opção correta.

(A) Crime impossível e delito putativo são considerados pela doutrina como expressões sinônimas.
(B) Aquele que causa um acidente e, sem justo motivo, deixa de socorrer a vítima, que falece no local, comete crime de omissão de socorro.
(C) De acordo com o entendimento do STJ, aquele que pratica um crime no mesmo dia em que tenha completado dezoito anos é considerado inimputável.
(D) Aquele que porta carteira nacional de habilitação falsa, acreditando ser ela um documento legítimo, não pratica o delito de uso de documento falso, uma vez que incide em erro de tipo acidental.
(E) O agente que tenha desistido voluntariamente de prosseguir na execução ou, mesmo depois de tê-la esgotado, atue no sentido de evitar a produção do resultado, não poderá ser beneficiado com os institutos da desistência voluntária e do arrependimento eficaz caso o resultado venha a ocorrer.

A: incorreta, dado que não se confundem *crime impossível* e *delito putativo*. Neste, também chamado *imaginário*, a ilicitude do comportamento existe tão somente na cabeça do agente. Sua conduta, em verdade, não é criminosa. Difere, portanto, do crime impossível, em que o agente, querendo praticar determinado crime, não alcança a sua consumação por ineficácia absoluta do meio empregado ou por impropriedade absoluta do objeto. Note que, neste último caso, não há, por parte do agente, erro quanto à ilicitude de sua conduta. Há, isto sim, impossibilidade de atingir-se o resultado que ele, agente, almejara; **B**: incorreta. O causador de acidente de trânsito do qual resulta a morte da vítima deverá ser responsabilizado pelo crime de homicídio culposo de trânsito com o aumento de pena pela omissão de socorro (art. 302, § 1º, III, do CTB), e não pelo crime de omissão de socorro do art. 135 do CP, pelo qual responderá aquele que, não sendo o causador do acidente tampouco nele houver se envolvido, podendo prestar socorro, deixar de fazê-lo; **C**: incorreta. Cessa a inimputabilidade por menoridade e tem lugar a imputabilidade no primeiro instante do dia do aniversário, não importando o horário em que o agente nasceu. Conferir: "RECURSO ESPECIAL. CRIME COMETIDO NO DIA EM QUE O AGENTE COMPLETOU 18 ANOS. IMPUTABILIDADE. 1. É imputável o agente que cometeu o delito no dia em que completou 18 anos, a despeito de ter nascido em fração de hora inferior ao exato momento do crime. 2. Recurso conhecido e provido" (REsp 199700304015, Hamilton Carvalhido, STJ, 6ª T., *DJ* 05.06.2000); **D**: incorreta, já que se trata, na verdade, de erro de tipo essencial (e não acidental), apto a afastar o dolo do agente, que agiu sem saber que a carteira de habilitação que portava era falsa (art. 20, CP); **E**: correta. Com efeito, o reconhecimento dos institutos previstos no art. 15 do CP (desistência voluntária e arrependimento eficaz) pressupõe que as intervenções tenham de fato evitado a produção do resultado outrora querido pelo agente; se assim não for, o agente, embora tenha desistido de concretizar seu intento inicial, será responsabilizado pelo resultado. Assim, se o agente, querendo, num primeiro momento, a morte da vítima, e, posteriormente, uma vez iniciada a execução do crime, desiste e passa a agir para evitá-la, será responsabilizado pelo crime de homicídio doloso se a sua intervenção não lograr evitar o resultado letal. Gabarito "E".

Determinado agente, insatisfeito com as diversas brigas que tinha com seu vizinho, resolve matá-lo. Ao ver seu desafeto passando pela rua, pega sua arma, que estava em situação regular e contava com apenas uma bala, e atira, vindo a atingi-lo na barriga. Lembrando-se que o vizinho era pai de duas crianças, arrepende-se de seu ato e leva a vítima ao hospital. O médico, diante do pronto atendimento e rápida cirurgia, salva a vida da vítima.

(Analista – MP/MS – 2013 – FGV) Diante da situação acima, o membro do Ministério Público deve

(A) denunciar o agente pelo crime de lesão corporal, pois o arrependimento posterior no caso impede que o agente responda pelo resultado pretendido inicialmente.
(B) denunciar o agente pelo crime de lesão corporal, pois houve arrependimento eficaz.
(C) denunciar o agente pelo crime de lesão corporal, pois houve desistência voluntária.
(D) denunciar o agente pelo crime de tentativa de homicídio, tendo em vista que o resultado pretendido inicialmente não foi obtido.
(E) requerer o arquivamento, diante da atipicidade da conduta.

A: incorreta. O *arrependimento posterior*, disciplinado no art. 16 do CP, pressupõe, diferentemente da *desistência voluntária* e do *arrependimento eficaz*, que o crime já tenha atingido sua consumação. No caso descrito no enunciado, o crime, por iniciativa do agente, não se consumou. Mais: mesmo que tivesse se consumado, ainda assim não poderia o agente beneficiar-se do arrependimento posterior, já que se exige, ao reconhecimento desta causa de diminuição de pena, que o crime não tenha sido praticado mediante violência ou grave ameaça; **B**: correta. O agente, determinado a dar cabo da vida de seu vizinho e desafeto, desfere contra ele um tiro de arma de fogo, que é atingido em região vital (barriga). Logo em seguida, o atirador se arrepende do que acabara de fazer e passa agir para evitar que o resultado *morte* (inicialmente por ele desejado) ocorresse, providenciando para que a vítima fosse socorrida ao hospital. Por conta dessa intervenção, a vítima é salva. Neste caso, em vista do que estabelece o art. 15, segunda parte, do CP, o agente deverá responder tão somente pelos atos que praticou: a lesão corporal; **C**: incorreta. Não é hipótese de *desistência voluntária*. É que, nesta modalidade de tentativa abandonada, exige-se que o agente não tenha esgotado os meios executórios, pois só assim ele poderá *desistir* de prosseguir na execução. No caso aqui retratado, o agente esgotou os meios de que dispunha para alcançar o resultado: depois de disparar o único tiro de que dispunha, nada mais havia a ser feito. Não houve, portanto, interrupção voluntária do *iter criminis*, requisito necessário ao reconhecimento da *desistência voluntária*. O agente, ao contrário, já tendo realizado tudo que julgava necessário à consumação, agiu para que o resultado não se produzisse. Enfim, na desistência voluntária, o agente, arrependido, desiste de dar sequência à execução; no arrependimento eficaz, o agente, depois de realizar tudo que podia para alcançar o resultado, arrepende-se e passa agir para evitá-lo. Pressupõe, portanto, uma ação, um fazer; **D**: incorreta. Tanto a desistência voluntária quanto o arrependimento eficaz afastam a ocorrência do crime tentado. Isso porque a ausência de consumação se dá por iniciativa do agente, e não por circunstâncias alheias à sua vontade (pressuposto da tentativa); **E**: incorreta. A teor do art. 15 do CP, ao agente deverá ser imputada a prática dos atos anteriores; neste caso, a lesão corporal. Gabarito "B".

5. ANTIJURIDICIDADE E CAUSAS EXCLUDENTES

No Direito Penal brasileiro, prevalece no âmbito doutrinário e jurisprudencial a adoção da teoria tripartida do fato criminoso, ou seja, crime é a conduta típica, ilícita e culpável. Nem toda conduta típica será ilícita, tendo em vista que existem causas de exclusão da ilicitude.

(Analista – MP/MS – 2013 – FGV) As alternativas a seguir apresentam causas que excluem a ilicitude, de acordo com o Código Penal, **à exceção de uma**. Assinale-a.

(A) Legítima Defesa.
(B) Obediência hierárquica.
(C) Estrito cumprimento de dever legal.
(D) Exercício regular de direito.
(E) Estado de necessidade.

A: a legítima defesa constitui hipótese de causa excludente da ilicitude (antijuridicidade) – art. 23, II, do CP; **B:** alternativa a ser assinalada. A obediência hierárquica (e também a coação moral irresistível) constitui hipótese de exclusão da culpabilidade (art. 22, CP), e não da ilicitude; **C:** causa de exclusão da ilicitude prevista no art. 23, III, do CP; **D:** causa de exclusão da ilicitude prevista no art. 23, III, do CP; **E:** causa de exclusão da ilicitude prevista no art. 23, I, do CP. ED
Gabarito "B".

6. CONCURSO DE PESSOAS

(Analista – TJ/MA – 2019 – FCC) Segundo o Código Penal brasileiro, bem como o entendimento dos Tribunais Superiores, sobre o concurso de pessoas,

(A) se a participação no crime for de menor importância, isenta o agente da pena.
(B) a pena imposta aos autores do crime será a mesma, independentemente de um dos concorrentes participar de crime menos grave.
(C) não se comunicam as circunstâncias e as condições de caráter pessoal, ainda quando elementares do crime.
(D) o ajuste, a determinação ou instigação e o auxílio, salvo disposição expressa em contrário, não são puníveis, se o crime não chega a ser consumado.
(E) para caracterizar o concurso, basta que duas ou mais pessoas concorram para a prática delituosa, não sendo necessária a identificação dos corréus.

A: incorreta, uma vez que, sendo a participação, no concurso de pessoas, de menor importância, a pena, a teor do disposto no art. 29, § 1º, do CP, será diminuída de um sexto a um terço. Não há, portanto, que se falar em isenção de pena neste caso; **B:** incorreta. Isso porque, se um dos concorrentes desejar participar de crime menos grave, a ele será aplicada a pena correspondente a este (delito menos grave), tal como estabelece o art. 29, § 2º, do CP. Agora, se o resultado mais grave for previsível, a pena (do delito menos grave) será aumentada até a metade; **C:** incorreta. A teor do art. 30 do CP, as condições e circunstâncias de caráter pessoal de fato não se comunicam, salvo quando elementares do crime; **D:** incorreta. Somente não serão puníveis se o crime não chegar, ao menos, a ser tentado (e não consumado, como consta da assertiva). É o que estabelece o art. 31 do CP; **E:** correta. De fato, a identificação do concorrente não constitui pressuposto ao reconhecimento do concurso de pessoas.
Gabarito "E".

(Analista Judiciário – TRE/PI – CESPE – 2016) A respeito do concurso de pessoas, assinale a opção correta.

(A) As circunstâncias objetivas se comunicam, mesmo que o partícipe delas não tenha conhecimento.
(B) Em se tratando de peculato, crime próprio de funcionário público, não é possível a coautoria de um particular, dada a absoluta incomunicabilidade da circunstância elementar do crime.
(C) A determinação, o ajuste ou instigação e o auxílio não são puníveis.
(D) Tratando-se de crimes contra a vida, se a participação for de menor importância, a pena aplicada poderá ser diminuída de um sexto a um terço.
(E) No caso de um dos concorrentes optar por participar de crime menos grave, a ele será aplicada a pena referente a este crime, que deverá ser aumentada mesmo na hipótese de não ter sido previsível o resultado mais grave.

A: incorreta. As *circunstâncias objetivas* se comunicam, *desde que todos delas tenham conhecimento, inclusive o partícipe* (art. 30, CP); **B:** incorreta. Em regra, as circunstâncias e condições de caráter pessoal, por força do que dispõe o art. 30 do CP, não podem comunicar-se aos coautores e partícipes. Sucede que o mesmo dispositivo, na sua parte final, estabelece que essas circunstâncias e condições de caráter pessoal, quando elementares do crime, devem ser transmitidas aos coautores e partícipes, desde que estes tenham conhecimento disso. Assim, se o crime de peculato é praticado, em concurso (coautoria ou participação), por dois agentes, um dos quais funcionário público, o coautor ou partícipe que não integra os quadros da Administração deverá, juntamente com o *intraneus*, responder pelo crime do art. 312 do CP. É dizer, a condição de caráter pessoal, por ser elementar do crime, comunica-se ao partícipe e ao coautor; **C:** incorreta. Somente não serão puníveis, em regra, se o crime não chegar, ao menos, a ser tentado (art. 31, CP); **D:** correta. A regra contida no art. 29, § 1º, do CP tem aplicação, em princípio, a todos os crimes, não somente aos delitos contra a vida; **E:** incorreta. Trata-se da cooperação dolosamente distinta (art. 29, § 2º, do CP). Neste caso, a pena do crime menos grave somente será aumentada na hipótese de o resultado mais grave ser previsível. ED
Gabarito "D".

(Analista – TRE/CE – 2012 – FCC) José, João e Mario praticam um determinado delito. Contudo, José, um dos concorrentes, queria participar de delito menos grave daquele cometido pelos agentes. Neste caso, para José, será aplicada a pena do crime:

(A) menos grave, aumentada de 1/6 a 2/3, independentemente da previsibilidade do resultado mais grave.
(B) mais grave diminuída de 1/6 a 1/3.
(C) mais grave em qualquer hipótese.
(D) menos grave, que será aumentada até metade, na hipótese de ter sido previsível o resultado mais grave.
(E) menos grave, em qualquer hipótese, sem nenhuma majoração ou redução.

Estabelece o art. 29, § 2º, do CP que, se algum dos agentes quis participar de crime menos grave, a ele será aplicada a pena deste; essa pena, no entanto, será aumentada até metade, no caso de o resultado mais grave ser previsível. É a chamada *cooperação dolosamente distinta*. ED
Gabarito "D".

(Analista – TRE/TO – 2011 – FCC) No concurso de pessoas,

(A) a instigação e o auxílio, em qualquer hipótese, são puníveis mesmo que o crime não ocorra.
(B) se a participação for de menor importância, a pena pode ser diminuída de metade.
(C) quem, de qualquer modo, concorre para o crime incide nas penas a este cominadas, na medida de sua culpabilidade.
(D) se algum dos concorrentes quis participar de crime menos grave, ser-lhe-á aplicada a pena do crime cometido, reduzida de um a dois terços.
(E) as circunstâncias e as condições de caráter pessoal se comunicam, sejam, ou não, elementares do crime.

A: incorreta. Estabelece o art. 31 do CP que "o ajuste, a determinação ou instigação e o auxílio, salvo disposição expressa em contrário, não são puníveis, se o crime não chega, pelo menos, a ser tentado". São os casos de impunibilidade; **B:** assertiva incorreta, pois, se se tratar de participação de menor importância, a pena, a teor do disposto no art. 29, § 1º, do CP, será diminuída de um sexto a um terço; **C:** assertiva correta, pois reflete o contido no art. 29, *caput*, do CP; **D:** incorreta. Se algum dos concorrentes quis participar de delito menos grave, a ele será aplicada a pena deste, conforme estabelece o art. 29, § 2º, primeira parte, do CP; se, entretanto, o resultado mais gravoso lhe era previsível, a pena então será aumentada até metade, nos termos do mesmo art. 29, § 2º, segunda parte, do CP. É a chamada *cooperação dolosamente distinta;* **E:** incorreta. Em vista da disciplina estabelecida no art. 30 do CP, as circunstâncias e as condições de caráter pessoal não se comunicam, salvo quando elementares do crime. ED
Gabarito "C".

7. CULPABILIDADE E CAUSAS EXCLUDENTES

(Analista Judiciário – TRE/PE – CESPE – 2017) Um dos elementos da culpabilidade, a imputabilidade será excluída no caso de o agente atuar sob o estado de embriaguez completa

(A) intencional.
(B) fortuita.
(C) culposa.
(D) preordenada.
(E) voluntária.

Somente é apta a excluir a imputabilidade penal a embriaguez acidental proveniente de caso fortuito ou força maior (desde que completa) – art. 28, § 1º, CP; a embriaguez culposa (e também a voluntária), ainda que completa, não leva à exclusão da imputabilidade – art. 28, II, do CP, o mesmo ocorrendo com a embriaguez *preordenada*, a qual, aliás, funciona como agravante genérica, de acordo com o art. 61, II, *l*, do CP. ED
Gabarito "B".

(Analista – TRE/AP – 2011 – FCC) Exclui a imputabilidade penal, nos termos preconizados pelo Código Penal,

(A) a embriaguez voluntária pelo álcool ou substância de efeitos análogos.
(B) a emoção e a paixão.
(C) a embriaguez culposa pelo álcool ou substância de efeitos análogos.
(D) se o agente, em virtude de perturbação de saúde mental ou por desenvolvimento mental incompleto ou retardado, não era inteiramente capaz de entender o caráter ilícito do fato ou de determinar-se de acordo com esse entendimento.
(E) a embriaguez completa proveniente de caso fortuito ou força maior, se o agente era, ao tempo da ação ou da omissão, inteiramente incapaz de entender o caráter ilícito do fato ou de determinar-se de acordo com esse entendimento.

A: proposição incorreta, visto que a embriaguez voluntária pelo álcool ou substância de efeitos análogos, nos termos do art. 28, II, do CP, não exclui a imputabilidade penal; **B:** incorreta, pois a emoção e a paixão não excluem a imputabilidade penal, conforme preceitua o art. 28, I, do CP. Todavia, constitui circunstância atenuante o fato de o agente ter cometido o crime sob influência de violenta emoção, provocada por ato injusto da vítima (art. 65, III, *c*, do CP); **C:** incorreta, pois a *embriaguez culposa* não gera a exclusão da imputabilidade, nos moldes do art. 28, II, do CP; **D:** incorreta, nos termos do art. 26, parágrafo único, do CP (causa de diminuição de pena aplicável ao semi-imputável); **E:** correta.

Nos termos do art. 28, § 1º, do CP, a embriaguez completa proveniente de caso fortuito ou força maior exclui a imputabilidade, desde que o agente, por conta dela, fique totalmente incapacitado de entender o caráter ilícito do fato ou de determinar-se conforme tal entendimento. ED
Gabarito "E".

(Analista – TRE/TO – 2011 – FCC) De acordo com o Código Penal brasileiro, são penalmente inimputáveis:

(A) os menores de dezoito anos.
(B) os maiores de dezoito e menores de 21 anos.
(C) os que praticam fato definido como crime em estado de violenta emoção.
(D) os que praticam fato definido como crime em estado de embriaguez, sendo esta voluntária ou culposa.
(E) os maiores de setenta anos.

Art. 27 do CP. Adotamos, quanto aos menores de 18 anos, o critério biológico, que presume que estes são inteiramente incapazes de entender o caráter ilícito do fato e de determinar-se de acordo com esse entendimento. Trata-se de uma presunção absoluta. No mais, a imputabilidade dessas pessoas encontra previsão no art. 228 da CF/1988. ED
Gabarito "A".

(Analista – TRE/MG – 2012 – CONSULPLAN) O agente pode cometer o crime embriagado, consumir bebida alcoólica para praticá-lo ou, no momento do fato, estar embriagado involuntariamente. É correto afirmar que, para o Direito Penal, a embriaguez preordenada traz a seguinte consequência:

(A) exclui a imputabilidade.
(B) constitui causa atenuante.
(C) exclui a culpabilidade se completa.
(D) constitui causa agravante genérica.
(E) é uma causa de exclusão da ilicitude.

A chamada embriaguez preordenada, que é aquela em que o agente, propositadamente, se embriaga com o propósito de encorajar-se e, dessa forma, cometer o crime, constitui a circunstância agravante prevista no art. 61, II, "l", do CP. É hipótese de incidência da teoria da *actio libera in causa*. Somente a embriaguez nas condições estabelecidas no art. 28, § 1º, do CP terá o condão de excluir a imputabilidade do agente (embriaguez completa proveniente de caso fortuito ou força maior que haja levado o agente à total incapacidade de entender o caráter ilícito do fato ou de determinar-se de acordo com tal entendimento); se a incapacidade de entendimento for parcial, a pena será reduzida de um a dois terços, na forma estatuída no art. 28, § 2º, do CP. ED
Gabarito "D".

(Analista – TJ/AM – 2013 – FGV) Observada a doutrina majoritária brasileira no estudo da teoria do crime, analise as afirmativas a seguir.

I. O fato típico é composto da conduta humana dolosa ou culposa, resultado, nexo causal e tipicidade.
II. A força irresistível, o movimento reflexo e a coação moral irresistível, são hipóteses de ausência de conduta.
III. A força física absoluta que exclui a conduta pode ser proveniente da natureza ou da ação de um terceiro.

Assinale:

(A) se somente a afirmativa I estiver correta.
(B) se somente a afirmativa II estiver correta.
(C) se somente as afirmativas I e II estiverem corretas.
(D) se somente as afirmativas I e III estiverem corretas.

(E) se todas as afirmativas estiverem corretas.

I: correta. Para a teoria finalista, adotada pelo Código Penal, crime é um fato típico e antijurídico (concepção bipartida). O fato típico, por sua vez, contempla os seguintes elementos: conduta (dolosa ou culposa); tipicidade; nexo causal; e resultado; II: incorreta. Na força irresistível e no movimento reflexo, a ação do agente é desprovida de voluntariedade; se não há voluntariedade, inexiste conduta e, por consequência, crime; até aqui a alternativa está correta. A incorreção reside na afirmação de que inexiste conduta na hipótese de o agente agir sob coação moral irresistível (art. 22, CP). É que a coação moral irresistível (*vis compulsiva*) afasta a culpabilidade por inexigibilidade de conduta diversa, mantendo íntegros, porém, o fato típico e a ilicitude. Não constitui, bem por isso, hipótese de ausência de conduta, elemento integrante do fato típico. Para a concepção bipartida, há crime, já que presentes os seus elementos: fato típico e antijuridicidade. Cuidado: a coação física irresistível (*vis absoluta*), porque afeta a voluntariedade do comportamento humano, afasta a conduta e, por conseguinte, o próprio fato típico. Não há, neste caso, crime; III: correta. São as hipóteses de caso fortuito e força maior, que excluem a conduta e, por conseguinte, o fato típico. Não há que se falar, neste caso, em crime. ED

Gabarito "D".

8. PENA E MEDIDA DE SEGURANÇA

(Analista – TJ/ES – 2023 – CEBRASPE) Com relação às penas privativas de liberdade no Código Penal, julgue os próximos itens.

(1) No regime fechado, o condenado fica sujeito a isolamento nos períodos diurno e noturno.
(2) No regime aberto, o condenado poderá trabalhar fora do estabelecimento prisional, desde que esteja sob vigilância.

1: errada. Por força do que dispõe o art. 34, § 1º, do CP, *o condenado fica sujeito a trabalho no período diurno e a isolamento durante o repouso noturno*; **2:** errada, pois contraria o disposto no art. 36, § 1º, do CP: *o condenado deverá, fora do estabelecimento e sem vigilância, trabalhar, frequentar curso ou exercer outra atividade autorizada, permanecendo recolhido durante o período noturno e nos dias de folga.* ED

Gabarito 1E, 2E.

(Analista Judiciário – TRE/PA – 2020 – IBFC) Por concurso de crimes se entende a prática de duas ou mais infrações penais, mediante a unidade ou pluralidade de condutas. Quanto às espécies do referido instituto, analise as afirmativas abaixo:

I. Segundo jurisprudência dos tribunais superiores, não há continuidade delitiva entre os crimes de roubo e extorsão, ainda que praticados em conjunto, uma vez que os referidos crimes, apesar de serem da mesma natureza, são de espécies diversas.
II. Ocorre concurso material quando o agente, mediante uma só ação, pratica crimes de roubo contra vítimas diferentes, ainda que da mesma família, eis que caracterizada a violação a patrimônios distintos.
III. Segundo decisão do Superior Tribunal de Justiça, os desígnios autônomos que caracterizam o concurso formal próprio ou perfeito referem-se a qualquer forma de dolo, direto ou eventual.
IV. Dentre as espécies de crime continuado, o parágrafo único do artigo 71 do Código Penal prevê o crime continuado qualificado, segundo a doutrina, o qual se verifica nos crimes dolosos, contra vítimas diferentes, cometidos com violência ou grave ameaça à pessoa.

Assinale a alternativa correta.

(A) Apenas as afirmativas I, III e IV estão corretas
(B) Apenas as afirmativas I e IV estão corretas
(C) Apenas as afirmativas II e III estão corretas
(D) Apenas a afirmativa I está correta

I: correta. O STJ e o STF consagraram o entendimento no sentido de que não há continuidade delitiva entre os crimes de roubo e extorsão, ainda que praticados no mesmo contexto fático e em conjunto. Trata-se, isto sim, de hipótese de concurso material. Exemplo típico é aquele em que o agente, depois de subtrair, mediante emprego de violência, bens da vítima, a constrange a entregar o cartão bancário e a respectiva senha, para que de sua conta seja sacado valor em espécie. Nesse sentido, conferir: "É inviável o reconhecimento da continuidade delitiva entre os crimes de roubo e de extorsão, por se tratarem de delitos de espécies distintas, ainda que cometidos no mesmo contexto temporal" (STJ, AgRg no AREsp 1641748/MG, Rel. Ministro REYNALDO SOARES DA FONSECA, QUINTA TURMA, julgado em 18/08/2020, DJe 24/08/2020); II: incorreta. No crime de roubo, se as subtrações que vulneraram o patrimônio de duas ou mais pessoas se derem no mesmo contexto, fala-se em concurso *formal* de crimes (art. 70 do CP), e não em concurso *material*. Nesse sentido é a lição de Guilherme de Souza Nucci: "(...) Ilustrando, o autor ingressa num ônibus, anuncia o assalto e pede que todos passem os bens. Concretiza-se o concurso formal perfeito, pois o agente não possui desígnios autônomos, vale dizer, dolo direto em relação a cada uma das vítimas, que nem mesmo conhece (...)" (*Código Penal Comentado*. 13. ed., São Paulo: Ed. RT, 2013. p. 807). Na jurisprudência: "É assente neste Tribunal Superior que, praticado o crime de roubo mediante uma só ação, contra vítimas diferentes, não há se falar em crime único, mas sim em concurso formal, visto que violados patrimônios distintos. Precedentes" (HC 315.059/SP, Rel. Ministra Maria Thereza de Assis Moura, Sexta Turma, julgado em 06.10.2015, *DJe* 27.10.2015). Também nesse sentido: "Caracteriza-se o concurso formal de crimes quando praticado o roubo, mediante uma só ação, contra vítimas distintas, pois atingidos patrimônios diversos. Precedentes" (STJ, HC 459.546/SP, Rel. Ministra LAURITA VAZ, SEXTA TURMA, julgado em 13/12/2018, DJe 04/02/2019); III: incorreta. Nos termos do art. 70 do CP, o concurso formal poderá ser *próprio* (perfeito) ou *impróprio* (imperfeito). No primeiro caso (primeira parte do *caput*), temos que o agente, por meio de uma única ação ou omissão (um só comportamento), pratica dois ou mais crimes, idênticos ou não, com *unidade de desígnio*; já no *concurso formal impróprio* ou *imperfeito* (segunda parte do *caput*), a situação é diferente. Aqui, a conduta única decorre de desígnios autônomos, vale dizer, o agente, no seu atuar, deseja os resultados produzidos. Como consequência, as penas serão somadas, aplicando-se o critério ou sistema do *cúmulo material*. No concurso formal perfeito, diferentemente, se as penas previstas forem idênticas, aplica-se somente uma; se diferentes, aplica-se a maior, acrescida, em qualquer caso, de um sexto até metade (sistema da exasperação). Pois bem. Feitas essas ponderações acerca da diferença entre as modalidades própria e imprópria do concurso formal, passemos à análise do elemento subjetivo. O concurso formal próprio, ao contrário do afirmado na alternativa, não comporta desígnios autônomos, isto é, o agente, ao realizar a conduta típica causadora de dois ou mais resultados, atua desprovido da vontade de produzir mais de um crime. Disso é possível inferir que o concurso formal próprio se estabelece entre crimes culposos ou entre um delito culposo e outro doloso. A modalidade de concurso formal em que o agente atua com desígnios autônomos em relação à pluralidade de resultados produzidos é o imperfeito ou impróprio, hipótese em que o agente age com dolo (direto ou eventual) em relação aos resultados produzidos. Segundo o magistério de Cleber Masson, "imperfeito, ou impróprio, é a modalidade de concurso formal que se verifica quando a conduta dolosa do agente e os crimes concorrentes derivam de desígnios autônomos. Portanto, envolve crimes dolosos, qualquer que seja sua espécie (dolo direto ou dolo eventual)" (*Direito Penal Esquematizado*, 8ª ed., vol. 1, Ed. Método, p. 760). No STJ: "1. O concurso formal perfeito caracteriza-se quando o agente pratica duas ou mais infrações penais mediante uma única ação ou omissão; já o concurso formal imperfeito evidencia-se quando a conduta única (ação ou omissão) é dolosa e os delitos concorrentes resultam de desígnios autônomos. Ou seja, a distinção fundamental entre os dois tipos de concurso formal varia de acordo com o elemento subjetivo que animou o agente ao iniciar a sua conduta. 2. A expressão "desígnios autônomos" refere-se a qualquer forma de dolo, seja ele direto ou eventual. Vale dizer, o dolo eventual também representa o endereçamento da vontade do agente, pois ele, embora vislumbrando a possibilidade de ocorrência de um segundo resultado, não o desejando diretamente, mas admitindo-o, aceita-o" (HC 191.490/RJ, Rel. Ministro SEBASTIÃO REIS JÚNIOR, SEXTA TURMA, julgado em 27/09/2012, DJe 09/10/2012); **IV:** incorreta. O parágrafo único do artigo 71 do Código Penal prevê o chamado crime continuado *específico*, que se verifica nos crimes dolosos, contra vítimas diferentes, cometidos com violência ou grave ameaça à pessoa. Neste caso, incidirá a pena de qualquer dos crimes, se idênticas forem, ou a mais grave, se diferentes, aumentada até o triplo. Crime continuado *qualificado* (referido na assertiva) é aquele cujas penas dos crimes parcelares são diferentes (art. 71, *caput*, do CP). **Gabarito "D".**

(Analista Judiciário – TJ/PA – 2020 – CESPE/CEBRASPE) No que concerne às penas previstas no Código Penal brasileiro, assinale a opção correta.

(A) O trabalho externo não é admissível para os condenados em regime fechado.

(B) A pena de multa deve ser paga no prazo máximo de um mês após o trânsito em julgado da sentença.

(C) São espécies de penas restritivas de direitos: interdição temporária de direitos, prestação de serviço à comunidade e pagamento de multa.

(D) As penas restritivas de direitos apenas serão aplicáveis em substituição à pena privativa de liberdade fixada em quantidade inferior a dois anos.

(E) A limitação de final de semana é uma das penas restritivas de direitos, devendo o condenado permanecer em casa de albergado por cinco horas diárias aos finais de semana.

A: incorreta, visto que, no regime fechado, o trabalho externo é, sim, admissível, desde que em serviços ou obras públicas – art. 34, § 3º, do CP; **B:** incorreta, na medida em que, a teor do que estabelece o art. 50, *caput*, do CP, a pena de multa deve ser paga no prazo de 10 dias após o trânsito em julgado da sentença. No que concerne à pena de multa, importante fazer algumas ponderações, tendo em conta o advento do chamado *pacote anticrime*. Até o advento da Lei 9.268/1996, era possível a conversão da pena de multa não adimplida em pena privativa de liberdade. Ou seja, o não pagamento da pena de multa imposta ao condenado poderia ensejar a sua prisão. Com a entrada em vigor desta Lei, modificou-se o procedimento de cobrança da pena de multa, que passou a ser considerada dívida de valor, com incidência das normas relativas à dívida da Fazenda Pública. Com isso, deixou de ser possível – e esse era o objetivo a ser alcançado – a conversão da pena de multa em prisão. A partir de então, surgiu a discussão acerca da atribuição para cobrança da pena de multa: deveria ela se dar na Vara da Fazenda Pública ou na Vara de Execução Penal? A jurisprudência, durante muito tempo, consagrou o entendimento no sentido de que a pena pecuniária, sendo dívida de valor, possui caráter extrapenal e, portanto, a sua execução deve se dar pela Procuradoria da Fazenda Pública. Tal entendimento, até então pacífico, sofreu um revés em 2018, quando o STF, ao julgar a ADI 3150, conferiu nova interpretação ao art. 51 do CP e passou a considerar que a cobrança da multa, que constitui, é importante que se diga, espécie de sanção penal, cabe ao Ministério Público, que o fará perante o juízo da execução penal. Ficou ainda decidido que, caso o MP não promova a cobrança dentro do prazo de noventa dias, aí sim poderá a Procuradoria da Fazenda Pública fazê-lo. A atuação da Fazenda Pública passou a ser, portanto, subsidiária em relação ao MP. Pois bem. A Lei 13.964/2019 (Pacote Anticrime), ao conferir nova redação ao art. 51 do CP, consolidou o entendimento adotado pelo STF, no sentido de que a execução da pena de multa ocorrerá perante o juiz da execução penal. A cobrança, portanto, cabe ao MP. De se ver que a atribuição subsidiária conferida à Fazenda Pública (pelo STF) não constou da nova redação do art. 51 do CP; **C:** incorreta, já que a multa constitui espécie do gênero *pena*, ao lado das penas privativas de liberdade e restritivas de direito (art. 32, CP). Entre as modalidades de penas restritivas de direito está a pena de prestação pecuniária (art. 43, I, CP), que não se confunde com a de multa; **D:** incorreta, pois contraria o disposto no art. 44, I, do CP, que estabelece a possibilidade de aplicação da substituição da pena privativa de liberdade de até 4 anos para pena restritiva de direitos; **E:** correta, pois reflete o que dispõe o art. 48 do CP. **Gabarito "E".**

(Analista – TJ/SC – FGV – 2018) Juarez, 72 anos de idade, primário e de bons antecedentes, em situação de desespero, praticou um crime de roubo simples, não restando o delito consumado por circunstâncias alheias à vontade do agente. Considerando as circunstâncias do fato e o *iter criminis* percorrido, foi aplicada pena de 2 anos e 8 meses de reclusão.

Considerando as informações narradas, no momento da aplicação da pena:

(A) não poderá ser reconhecida a substituição da pena privativa de liberdade por restritiva de direitos e nem suspensão condicional da pena, mas poderá ser fixado regime aberto, apesar de o crime envolver violência ou grave ameaça à pessoa;

(B) não poderá ser reconhecida a substituição da pena privativa de liberdade por restritiva de direitos e nem suspensão condicional da pena, mas caberá concessão, imediata, de prisão albergue domiciliar;

(C) poderá ser substituída a pena privativa de liberdade por duas restritivas de direito e, em caso de descumprimento, a pena deve ser cumprida em regime inicial aberto;

(D) poderá ser substituída a pena privativa de liberdade por duas restritivas de direito e, em caso de descumprimento, a pena deve ser cumprida em regime inicial semiaberto;

(E) não poderá ser substituída a pena privativa de liberdade por restritiva de direitos, mas caberá suspensão condicional da pena.

Não cabe a substituição da pena privativa de liberdade por restritiva de direitos. Com efeito, a despeito de a pena aplicada (2 anos e 8 meses de reclusão) ser inferior a 4 anos, o crime pelo qual foi condenado Juarez (art. 157, *caput*, do CP) tem como meio de execução o emprego de violência ou grave ameaça, o que afasta a incidência do benefício da substituição, tal como dispõe o art. 44, I, do CP. Poderá ser concedido a Juarez o *sursis* etário (suspensão condicional da pena), previsto no art. 77, § 2º, do CP, já que conta com mais de 70 anos e a pena que lhe foi impingida não é superior a 4 anos, estando presentes os demais requisitos. Quanto ao regime inicial de cumprimento da pena, será o aberto, conforme estabelece o art. 33, § 2º, *c*, do CP, já que se trata de condenado não reincidente cuja pena aplicada não é superior a 4 anos. **Gabarito "E".**

(Analista Judiciário – TRF/2 – Consulplan – 2017) Sobre aplicação da pena, assinale a alternativa INCORRETA.

(A) O desconhecimento da lei é uma causa atenuante.

(B) A incidência da circunstância atenuante não pode conduzir à redução da pena abaixo do mínimo legal.

(C) É circunstância que sempre atenua a pena ter o agente cometido o crime em estado de embriaguez preordenada.

(D) No concurso de agravantes e atenuantes, a pena deve aproximar-se do limite indicado pelas circunstâncias preponderantes, entendendo-se como tais as que resultam dos motivos determinantes do crime, da personalidade do agente e da reincidência.

A: correta. Cuida-se, de fato, da circunstância atenuante prevista no art. 65, II, do CP; **B:** correta. Isso porque, segundo orientação jurisprudencial atualmente em vigor, consubstanciada na Súmula 231 do STJ, não se admite que a consideração das circunstâncias atenuantes leve a pena abaixo do mínimo legal. Bem por isso, se o magistrado, no primeiro estágio do sistema trifásico, estabelecer a pena-base no mínimo legal, não poderá, na segunda fase, ao levar em conta circunstância atenuante, reduzir a pena aquém do mínimo cominado. Tal somente poderá ocorrer na terceira etapa de fixação da pena, quando então o juiz levará em conta as causas de diminuição de pena; **C:** incorreta, na medida em que a embriaguez preordenada constitui hipótese de circunstância agravante (e não atenuante!), tal como estabelece o art. 61, II, *l*, do CP; **D:** correta. De fato, no concurso de circunstâncias atenuantes e agravantes, de acordo com o que dispõe o art. 67 do CP, a pena deve aproximar-se do limite indicado pelas circunstâncias preponderantes, assim consideradas aquelas que resultam dos motivos determinantes do crime, da personalidade do agente e da reincidência. Gabarito "C".

(Analista – TRE/AP – 2011 – FCC) Quando o agente, mediante uma só ação ou omissão dolosa, pratica dois ou mais crimes, idênticos ou não, e os crimes concorrentes resultam de desígnios autônomos, haverá:

(A) concurso formal, aplicando-se a mais grave das penas cabíveis ou, se iguais, somente uma delas, mas aumentada, em qualquer caso, de um sexto até metade.

(B) crime continuado, podendo o juiz, considerando a culpabilidade, os antecedentes, a conduta social e a personalidade do agente, bem como os motivos e as circunstâncias, aumentar a pena de um só dos crimes, se idênticas, ou a mais grave, se diversas, até o triplo.

(C) concurso material, aplicando-se cumulativamente as penas privativas de liberdade para cada delito.

(D) concurso formal, aplicando-se cumulativamente as penas privativas de liberdade cominadas para cada delito.

(E) crime continuado, aplicando-se a pena de um só dos crimes, se idênticas, ou a mais grave, se diversas, aumentada, em qualquer caso, de um sexto a dois terços.

Nos termos do art. 70 do CP, o concurso formal poderá ser *próprio* (perfeito) ou *impróprio* (imperfeito). No primeiro caso (primeira parte do *caput*), temos que o agente, por meio de uma única ação ou omissão (um só comportamento), pratica dois ou mais crimes, idênticos ou não, com *unidade de desígnio*; já no *concurso formal impróprio* ou *imperfeito* (segunda parte do *caput*), a situação é diferente. Aqui, a conduta única decorre de desígnios autônomos, vale dizer, o agente, no seu atuar, deseja os resultados produzidos. É o caso aqui tratado. Como consequência, as penas serão somadas, aplicando-se o critério ou sistema do *cúmulo material*. No concurso formal perfeito, diferentemente, se as penas previstas forem idênticas, aplica-se somente uma; se diferentes, aplica-se a maior, acrescida, em qualquer caso, de um sexto até metade (sistema da exasperação). Gabarito "D".

(Analista – TRE/PR – 2012 – FCC) Tício amarrou dois inimigos juntos num poste e os matou com um único disparo. Nesse caso, houve:

(A) crime continuado, aplicando-se a pena de um dos crimes aumentada de dois terços até o dobro.

(B) crime continuado, aplicando-se as penas de um dos crimes aumentadas de um sexto a dois terços.

(C) concurso formal próprio, aplicando-se as penas de um dos crimes, aumentada de um sexto até a metade.

(D) concurso formal impróprio e as penas aplicam-se cumulativamente.

(E) concurso formal próprio, aplicando-se as penas de um dos crimes aumentada até o triplo.

Pelo que é afirmado no enunciado, Tício agiu com o propósito de matar seus dois inimigos (pluralidade de desígnios). Como os resultados advieram de uma única conduta por ele levada a efeito (um único disparo de arma de fogo), tem-se que está configurada hipótese de *concurso formal impróprio* (ou imperfeito), razão pela qual as penas serão aplicadas cumulativamente. É o que estabelece o art. 70, *caput*, 2ª parte, do CP. Gabarito "D".

(Analista – TRE/SP – 2012 – FCC) Considere as seguintes situações hipotéticas de cidadãos processados pela Justiça Pública:

I. José, não reincidente, é condenado a cumprir pena de 04 anos de reclusão por crime de denunciação caluniosa e poderá iniciar o cumprimento da pena em regime aberto.

II. Paulo é condenado a cumprir pena de 02 anos de reclusão por crime de coação no curso do processo, e tem sua pena privativa de liberdade substituída por uma pena restritiva de direitos e por multa.

III. Murilo registra condenação anterior por crime de falso testemunho e está sendo processado por crime de peculato. Nesse caso, não poderá ter a sua pena privativa de liberdade substituída pela restritiva de direitos, por expressa vedação legal.

De acordo com o Código Penal, está correto o que consta APENAS em:

(A) I.
(B) II.
(C) III.
(D) I e II.
(E) II e III.

I: correta, pois o réu primário, condenado a pena igual ou inferior a quatro anos, poderá iniciar o cumprimento da reprimenda no regime aberto (art. 33, § 2º, *c*, do CP); **II:** incorreta, pois não cabe, aqui, a substituição da pena privativa de liberdade por restritiva de direitos porque a prática do crime em que incorreu Paulo (art. 344, do CP) pressupõe o emprego de violência ou grave ameaça (art. 44, I, do CP); **III:** incorreta, pois a substituição, neste caso, é, em regra, vedada (art. 44, II, do CP). Entretanto, poderá ela operar-se se estiverem presentes os requisitos a que alude o art. 44, § 3º, do CP, a saber: a substituição há de ser *socialmente recomendável* e o réu não pode ser reincidente na prática do mesmo crime (reincidência específica). Gabarito "A".

(Analista – TRE/TO – 2011 – FCC) Nos termos do Código Penal, é efeito automático da condenação, não sendo necessário ser declarado na sentença:

(A) A inabilitação para dirigir veículo, quando utilizado como meio para a prática de crime doloso.
(B) A perda de cargo, função pública ou mandato eletivo quando for aplicada pena privativa de liberdade por tempo superior a quatro anos em qualquer crime, salvo nos crimes praticados com abuso de poder ou violação de dever para com a Administração Pública.
(C) A perda de cargo, função pública ou mandato eletivo, quando aplicada pena privativa de liberdade por tempo igual ou superior a um ano, nos crimes praticados com abuso de poder ou violação de dever para com a Administração Pública.
(D) Tornar certa a obrigação de indenizar o dano causado pelo crime.
(E) A incapacidade para o exercício do pátrio poder, tutela ou curatela, nos crimes dolosos, sujeitos à pena de reclusão, cometidos contra filho, tutelado ou curatelado.

Quanto ao tema "efeitos da condenação", importante, antes de analisar cada assertiva, tecer algumas considerações a respeito de modificação legislativa ocorrida em 2019. Vejamos. A Lei 13.964/2019, mais conhecida como Pacote Anticrime, inseriu o art. 91-A no Código Penal. Como bem sabemos, os arts. 91 e 92 do CP tratam dos efeitos extrapenais da condenação, com a diferença de que o art. 91 contém os chamados efeitos genéricos, que, sendo automáticos, prescindem de declaração do juiz na sentença, enquanto o art. 92 trata dos efeitos específicos, assim considerados os que devem ser expressamente declarados em sentença, já que somente são aplicados em determinadas situações. *Grosso modo*, o art. 91-A, introduzido pela Lei 13.964/2019, cria novas modalidades de efeitos da condenação, especialmente voltadas à perda do patrimônio não vinculado, de forma direta, ao crime imputado ao agente. Explico. O art. 91, II, b, do CP, por exemplo, reza que será perdido o bem que constitua proveito auferido pelo agente com a prática do fato criminoso. Perceba que este proveito auferido foi incorporado ao "patrimônio" do agente em razão do cometimento do crime pelo qual ele foi processado. Ou seja, há vinculação direta do bem perdido com o crime pelo qual o agente foi condenado. Já os efeitos da condenação introduzidos por meio do art. 91-A alcançam o patrimônio auferido pelo agente que se revele incompatível com os seus ganhos (há perda deste patrimônio como produto ou proveito do crime). Não há, neste caso, como se pode ver, vinculação direta entre o bem perdido e o crime praticado. Para tanto, deverá ser apurada a diferença entre o valor do patrimônio do condenado e aquele que seja compatível com o seu rendimento lícito. O *caput* do art. 91-A estabelece que tais efeitos somente alcançarão condenações às quais a lei comine pena máxima superior a seis anos de reclusão. Ou seja, nestes casos recairá sobre o patrimônio do condenado verdadeira "prestação de contas". O § 1º do dispositivo aponta o que se deve entender por "patrimônio do condenado". Já o § 2º assegura a este o direito de demonstrar a inexistência de incompatibilidade ou a procedência lícita de seu patrimônio. Em outras palavras, cabe a ele, condenado, fazer prova da licitude de seu patrimônio. Imaginemos que um funcionário público amealhe, no período de 10 anos de serviço, um patrimônio correspondente a 30 milhões de reais, sendo que sua renda anual é de 150 mil reais. Evidente que há patente incompatibilidade entre o patrimônio e os ganhos lícitos do intraneus. Deverá ele fazer prova de que o patrimônio que, em princípio, seria incompatível com a sua renda foi construído, por exemplo, com o recebimento de uma herança, ou ainda por meio do exercício de atividade na iniciativa privada. À acusação caberá tão somente demonstrar a incompatibilidade. A perda do patrimônio ilicitamente auferido deverá ser requerida pelo MP quando do oferecimento da denúncia, com a indicação da diferença apurada. É o que estabelece o art. 91-A, § 3º, do CP. Pois somente assim a defesa terá condições de exercer o contraditório em sua plenitude, de forma a rechaçar, no curso do processo, o pleito ministerial de perda do patrimônio. Caberá ao juiz, ao termo da instrução, declarar, na sentença condenatória, o valor da diferença apurada e especificar os bens cuja perda foi decretada (art. 91-A, § 4º). Dito isso, passemos à análise das alternativas. **A**: incorreta. A inabilitação para dirigir veículo, quando utilizado como meio para a prática de crime doloso, constitui efeito *específico* da condenação. Isso quer dizer que, em vista do que dispõe o art. 92, parágrafo único, do CP, este efeito da condenação, previsto no art. 92, III, do CP, por não ser automático, pressupõe que o juiz o pronuncie na sentença. Para facilitar a compreensão deste tema, cabe um esclarecimento. Os efeitos da condenação contemplados no art. 91 do CP são *automáticos* (genéricos). Significa dizer que é desnecessário o pronunciamento do juiz, a esse respeito, na sentença. Já o art. 92 do CP trata dos efeitos da condenação *não automáticos* (específicos), que, por essa razão, somente podem incidir se o juiz, na sentença condenatória, declará-los de forma motivada, justificando-os; **B**: assertiva incorreta, pois, conforme estabelecido no art. 92, I, a, do CP, para a perda do cargo, neste caso, basta que a pena privativa de liberdade aplicada seja igual ou superior a um ano (crimes praticados com abuso de poder ou violação de dever para com a Administração Pública). Além disso, cuida-se de efeito *específico* da condenação, visto que contemplado no rol do art. 92 do CP; **C**: incorreta. Da mesma forma, trata-se de efeito *específico* da condenação (não automático), que deve, por conta disso, ser declarado e motivado na sentença condenatória (art. 92, parágrafo único, do CP); **D**: assertiva correta, visto que contempla hipótese de efeito *genérico* (automático) da condenação (art. 91, I, do CP). Aqui, o magistrado está dispensado de proceder à declaração e motivação deste efeito na sentença condenatória; **E**: incorreta, pois constitui, a teor do art. 92, II, do CP, hipótese de efeito *não automático* da condenação. Registre-se, por oportuno, que a Lei 13.715/2018, alterando a redação do preceitado art. 92, II, do CP, impõe como efeito da condenação a incapacidade para o exercício do poder familiar, da tutela ou da curatela nos crimes dolosos sujeitos à pena de reclusão cometidos não somente contra filho ou filha, mas também contra outrem igualmente titular do mesmo poder familiar, ou contra tutelado ou curatelado. Gabarito "D".

(Analista – TRE/TO – 2011 – FCC) Sobre as penas privativas de liberdade previstas no Código Penal brasileiro, é correto afirmar:

(A) No regime fechado, se o condenado trabalhar durante o dia ficará dispensado do isolamento noturno.
(B) Considera-se regime semiaberto a execução da pena em casa de albergado ou estabelecimento adequado.
(C) A pena de reclusão deve ser cumprida em regime fechado, semiaberto ou aberto.
(D) No regime fechado é proibido o trabalho externo em qualquer serviço.
(E) No regime semiaberto o condenado deverá trabalhar, frequentar curso ou exercer outra atividade autorizada, fora do estabelecimento e sem vigilância, permanecendo recolhido durante o período noturno e nos dias de folga.

A: assertiva incorreta, nos termos do art. 34, § 1º, do CP; **B**: incorreta, visto que se considera, a teor do art. 33, § 1º, b, do CP, *regime semiaberto* a execução da pena em colônia agrícola, industrial ou estabelecimento similar. Em casa de albergado ou em estabelecimento adequado será cumprida a pena no *regime aberto* – art. 33, § 1º, c, do CP; **C**: proposição correta, visto que em consonância com o disposto no art. 33, *caput*, primeira parte, do CP; **D**: incorreta, visto que, no regime fechado, o trabalho externo é admissível, desde que em serviços ou obras públicas – art. 34, § 3º, do CP; **E**: assertiva incorreta, visto que se refere às regras do *regime aberto* (art. 36, § 1º, do CP). Gabarito "C".

(Analista – TJ/CE – 2013 – CESPE) A respeito da aplicação das penas, das medidas de segurança e dos benefícios penais do condenado, assinale a opção correta.

(A) De acordo com o Código Penal, réu primário condenado à pena de dois anos de reclusão pelo crime de furto qualificado consumado não pode se beneficiar da suspensão condicional da pena.
(B) O cometimento de crime doloso anteriormente à concessão do benefício do livramento condicional não enseja a revogação do benefício.
(C) A medida de segurança, por não possuir natureza de sanção penal, não se sujeita a prazo prescricional.
(D) De acordo com a jurisprudência do STJ, na dosimetria da pena, os fatos posteriores ao crime em julgamento não podem ser utilizados para configurar reincidência, mas podem servir de fundamento para valorar negativamente a culpabilidade, a personalidade e a conduta social do réu.
(E) A reabilitação do condenado poderá ser requerida após a decorrência do prazo de cinco anos, contado do dia em que for extinta, de qualquer modo, a pena ou terminar sua execução, computando-se o período de prova da suspensão e o do livramento condicional.

A: correta, dado o que estabelece o art. 77, III, do CP; B: incorreta (art. 86, II, do CP); C: incorreta. A medida de segurança, por constituir, ao lado da pena, espécie do gênero *sanção penal*, sujeita-se, sim, à prescrição. Sua função é a de prevenir crimes que possam ser cometidos pelo sujeito considerado perigoso; D: incorreta. Nesse sentido: "(...) No cálculo da pena-base, é impossível a consideração de condenação transitada em julgado correspondente a fato posterior ao narrado na denúncia para valorar negativamente os maus antecedentes, a personalidade ou a conduta social do agente. Já a condenação por fato anterior ao delito que aqui se julga, mas com trânsito em julgado posterior, pode ser utilizada como circunstância judicial negativa, a título de antecedente criminal (...)" (HC 201101444858, Marco Aurélio Bellizze, STJ, 5ª T., *DJE* 16.09.2013); E: incorreta, já que não reflete o disposto no art. 94 do CP.

Diante das falhas do sistema penitenciário atual, o Direito Penal moderno vem buscando evitar o encarceramento, em especial através da previsão de medidas alternativas à pena privativa de liberdade.

(Analista – MP/MS – 2013 – FGV) A esse respeito, assinale a afirmativa correta.
(A) São hipóteses de penas restritivas de direito a prestação pecuniária, perda de bens e valores, prestação de serviço à comunidade ou a entidades públicas, interdição temporária de direitos e limitação de fim de semana.
(B) Poderá a pena privativa de liberdade inferior a 4 anos ser substituída pela restritiva de direito se o réu for tecnicamente primário, mas não será admitida a substituição em nenhuma hipótese de réu reincidente.
(C) De acordo com o Código Penal, a pena privativa de liberdade inferior a 6 meses poderá ser substituída por apenas uma restritiva de direitos, inclusive prestação de serviços à comunidade.
(D) A pena restritiva de direito converte-se em privativa de liberdade quando ocorrer o descumprimento injustificado da restrição imposta, não sendo deduzido o tempo de pena cumprido da restritiva de direitos.
(E) Em qualquer hipótese, sobrevindo condenação a pena privativa de liberdade, por outro crime, a pena restritiva de direito deverá ser convertida em privativa de liberdade.

A: correta, pois contempla o rol de penas restritivas de direitos presente no art. 43 do CP; B: incorreta. Primeiro porque, para beneficiar-se da substituição, a pena aplicada ao agente deve ser *igual* ou inferior a quatro anos (*não seja superior a quatro anos* – art. 44, I, do CP); em segundo lugar, porque, embora a substituição, neste caso, seja, em regra, vedada – art. 44, II, poderá ela operar-se se estiverem presentes os requisitos a que alude o art. 44, § 3º, do CP, a saber: a substituição há de ser *socialmente recomendável*, e o réu não pode ser reincidente na prática do mesmo crime (reincidência específica); C: incorreta, nos termos do art. 46, *caput*, do CP, que estabelece que a prestação de serviços à comunidade ou a entidades públicas é aplicável às condenações superiores a seis meses de privação de liberdade; D: incorreta, uma vez que, na hipótese de conversão, será deduzido o tempo cumprido da pena restritiva de direitos (art. 44, § 4º, do CP); E: incorreta, pois não corresponde à regra disposta no art. 44, § 5º, do CP.

(Analista – MP/MS – 2013 – FGV) Sobre o *instituto do livramento condicional*, assinale a afirmativa incorreta.
(A) A obtenção do livramento condicional nos casos de condenação por crimes hediondos exige, como requisito temporal, o cumprimento de mais de dois terços da pena pelo condenado primário e mais de três quintos para o condenado reincidente na prática de crimes desta natureza.
(B) Tem como requisito temporal, em regra, o cumprimento de um terço da pena se o condenado não for reincidente em crime doloso e tiver bons antecedentes.
(C) As penas que correspondem às infrações diversas devem somar-se para efeito de livramento.
(D) Se o liberado for condenado irrecorrivelmente, por crime ou contravenção, à pena que não seja privativa de liberdade, poderá o juiz revogar o livramento.
(E) A revogação será obrigatória se o liberado vem a ser condenado à pena privativa de liberdade, em sentença irrecorrível, por crime cometido durante vigência do benefício.

A: incorreta, devendo ser assinalada, dado que o reincidente em crime hediondo ou equiparado não faz jus ao livramento condicional; somente poderá obtê-lo o não reincidente em crimes dessa natureza depois de cumprir mais de 2/3 (dois terços) da pena – art. 83, V, do CP; B: correta, pois reflete a regra do art. 83, I, do CP; C: correta, pois corresponde à regra presente no art. 84 do CP; D: correta, nos termos do art. 87, segunda parte, do CP; E: correta, nos termos do art. 86, I, do CP. No que concerne ao livramento condicional, embora nenhuma repercussão tenha na resolução desta questão, reputo importante fazer algumas ponderações em face do advento da Lei 13.964/2019, que introduziu novo requisito para a concessão do livramento condicional. Até então, tínhamos que o inciso III do art. 83 do CP continha os seguintes requisitos: comportamento satisfatório no curso da execução da pena; bom desempenho no trabalho atribuído ao reeducando; e aptidão para prover à própria subsistência por meio de trabalho honesto. O que fez a Lei 13.964/2019 foi inserir, neste inciso III, um quarto requisito. Doravante, além de preencher os requisitos contemplados no art. 83 do CP (nos seus cinco incisos), é de rigor que o reeducando, para fazer jus à concessão do livramento, não tenha cometido falta grave nos últimos 12 meses. O inciso III, que passou a abrigar esta modificação, foi fracionado em quatro alíneas ("a", "b", "c" e "d"), cada qual correspondente a um requisito (os três aos quais me referi acima e este novo requisito introduzido pela *novel* lei).

Gabarito "A".

9. AÇÃO PENAL

(Analista – TRF/3ª – 2007 – FCC) No crime complexo, a ação penal é:

(A) pública incondicionada, se qualquer dos crimes componentes do tipo deva ser apurado por iniciativa do Ministério Público.

(B) pública condicionada, mesmo que qualquer dos crimes componentes do tipo deva ser apurado por iniciativa do Ministério Público, desde que em relação a outro ou outros a sua ação dependa de representação.

(C) pública incondicionada em relação aos crimes componentes do tipo que são dessa natureza e privada ou pública condicionada em relação a outro ou outros que sejam de iniciativa privada ou sujeito a representação.

(D) pública ou privada, dependendo de acordo entre o Ministério Público e o ofendido ou seu representante legal.

(E) privada, se um dos crimes componentes do tipo for dessa natureza, mesmo que outro ou outros devam ser apurados por iniciativa do Ministério Público.

A resposta deve ser extraída do art. 101 do CP, que assim dispõe: "quando a lei considera como elemento ou circunstâncias do tipo legal fatos que, por si mesmos, constituem crimes, cabe ação pública em relação àquele, desde que, em relação a qualquer destes, se deva proceder por iniciativa do Ministério Público".

Gabarito "A".

10. EXTINÇÃO DA PUNIBILIDADE – PRESCRIÇÃO

(Analista – TRF/4 – FCC – 2019) Sobre a extinção da punibilidade, nos termos preconizados pelo Código Penal, é correto afirmar:

(A) A prescrição da pena de multa ocorrerá no prazo de 2 anos quando ela for cumulativamente cominada com a pena privativa de liberdade.

(B) Nos crimes conexos, a extinção da punibilidade de um deles não impede, quanto aos outros, a agravação da pena resultante da conexão.

(C) A sentença que conceder o perdão judicial será considerada para fins de reincidência.

(D) São reduzidos pela metade os prazos de prescrição quando o criminoso era, ao tempo do crime, menor de 21 (vinte e um) anos ou, na data da sentença, maior de 60 (sessenta) anos.

(E) A prescrição, depois da sentença condenatória com trânsito em julgado para a acusação, regula-se pela pena aplicada, e poderá ter por termo inicial data anterior à da denúncia ou queixa.

A: incorreta. Diferentemente do que se afirma na alternativa, a prescrição da pena de multa, sendo ela alternativa ou cumulativamente cominada com a pena privativa de liberdade, ocorrerá no mesmo prazo estabelecido para esta, nos termos do art. 114, II, CP; agora, se a pena de multa for a única cominada ou aplicada, aí sim a prescrição ocorrerá no interregno de dois anos (art. 114, I, CP); **B:** correta. Tal como afirmando nesta alternativa, nos crimes conexos, a extinção da punibilidade de um deles não impede, quanto aos outros, a agravação da pena resultante da conexão. É o que estabelece o art. 108 do CP; **C:** incorreta, pois não reflete o que estabelece o art. 120 do CP, segundo o qual *a sentença que conceder perdão judicial não será considerada para efeitos de reincidência*; **D:** incorreta, pois não corresponde ao que estabelece o art. 115 do CP, segundo o qual a redução somente alcançará, além do menor de 21 anos, o maior de *70 anos*, e não *de 60*, como constou na assertiva; **E:** incorreta, pois contraria o que estabelece o art. 110, § 1º, do CP.

Gabarito "B".

(Analista Judiciário – TJ/AL – 2018 – FGV) De maneira geral, a doutrina define prescrição como a perda do direito do Estado de punir ou de executar determinada pena em razão da inércia estatal com o decurso do tempo. Tradicionalmente, o instituto é classificado em prescrição da pretensão punitiva e prescrição da pretensão executória.

Sobre essa causa de extinção da punibilidade, é correto afirmar que:

(A) a idade do réu, seja qual for, não é relevante para fins de definição do prazo prescricional;

(B) o oferecimento da denúncia é a primeira causa de interrupção do prazo prescricional;

(C) a reincidência do agente é relevante para a definição do prazo prescricional da pretensão executória, mas não do prazo da prescrição da pretensão punitiva pela pena em abstrato;

(D) o reconhecimento da prescrição, seja da pretensão punitiva seja da pretensão executória, afasta todos os efeitos penais e extrapenais da condenação;

(E) o prazo prescricional se inicia, no crime de bigamia, na data da constituição do segundo casamento, ainda que o fato se torne conhecido para terceiros em outro momento.

A: incorreta, na medida em que a menoridade relativa e a senilidade constituem fatores que conduzem à redução da metade do lapso prescricional, conforme estabelece o art. 115 do CP; **B:** incorreta. Isso porque a primeira causa de interrupção do prazo prescricional é o *recebimento* da denúncia, e não o seu *oferecimento* (art. 117, I, CP); **C:** correta, já que a reincidência constitui marco interruptivo da pretensão executória (art. 117, VI, do CP), não havendo repercussão no contexto da prescrição da pretensão punitiva. Tal entendimento encontra-se consolidado na Súmula 220, do STJ, que tem o seguinte verbete: "A reincidência não influi no prazo da prescrição da pretensão punitiva"; **D:** incorreta. O reconhecimento da prescrição da pretensão punitiva, por ocorrer antes de a sentença transitar em julgado, afasta todos os efeitos de eventual sentença condenatória (penais e extrapenais). Diferentemente, a prescrição da pretensão executória somente alcança o efeito principal da condenação, isto é, a pena imposta. Remanescem, pois, os efeitos secundários da condenação, como a reincidência, a obrigação de reparar o dano etc. Na jurisprudência: "A Corte Especial deste Superior Tribunal de Justiça, por ocasião do julgamento da APn 688/RO, pacificou o entendimento de que a extinção da punibilidade do agente, pelo reconhecimento da prescrição da pretensão punitiva, anula os efeitos penais e extrapenais da condenação, afastando o interesse na interposição de recurso" (AgRg no REsp 1517471/RS, Rel. Ministra Maria Thereza De Assis Moura, Sexta Turma, julgado em 03/04/2018, DJe 09/04/2018); **E:** incorreta, pois contraria o disposto no art. 111, IV, do CP, segundo o qual, nos crimes de bigamia e nos de falsificação ou alteração de assentamento de registro civil, a prescrição tem como marco inicial a data em que o fato se tornou conhecido.

Gabarito "C".

(Analista Judiciário – TRE/SP – FCC – 2017) Paulo, quando tinha 20 anos de idade, após ser abordado em uma blitz da polícia rodoviária federal na Rodovia Presidente Dutra, no dia 1º de Junho de 2010, oferece R$ 1.000,00, em dinheiro, para o policial responsável pela abordagem para não ser autuado por excesso de velocidade. Paulo é conduzido ao Distrito Policial, preso em flagrante, e acaba beneficiado pela Justiça sendo colocado em liberdade após pagamento de fiança. Encerrado o inquérito Policial, a denúncia em desfavor de Paulo, pelo crime de corrupção ativa, é recebida no dia 15 de Julho de 2014. O processo tramita regularmente e Paulo é condenado a cumprir pena de 2 anos de reclusão, em regime inicial aberto, por sentença publicada em 14 de Agosto de 2016. A sentença transita em julgado. Ricardo, advogado de Paulo, postula ao Magistrado competente para a execução da sentença o reconhecimento da prescrição. Neste caso, de acordo com o Código Penal, a prescrição da pretensão punitiva estatal ocorre em

(A) 8 anos e a pena cominada ao réu, Paulo, não está prescrita, cabendo a ele cumprir regularmente sua pena.

(B) 4 anos e a pena cominada ao réu, Paulo, não está prescrita, cabendo a ele cumprir regularmente sua pena.

(C) 3 anos e a pena cominada ao réu, Paulo, está prescrita em decorrência do decurso do prazo superior a 3 anos entre a data do crime e do recebimento da denúncia.

(D) 4 anos e a pena cominada ao réu, Paulo, está prescrita em decorrência do decurso do prazo entre a data do crime e do recebimento da denúncia.

(E) 2 anos e a pena cominada ao réu, Paulo, está prescrita em decorrência do decurso do prazo entre a data do recebimento da denúncia e a publicação da sentença condenatória.

No caso narrado no enunciado, deve o candidato, antes de mais nada, atentar-se para o fato de que, ao tempo em que o crime foi praticado, Paulo ainda não contava com 21 anos, razão pela qual deve-se aplicar a regra contida no art. 115 do CP, que estabelece que a prescrição, neste caso, é reduzida pela metade. Pois bem. Pelo crime que praticou (corrupção ativa), Paulo foi condenado ao cumprimento da pena de 2 anos de reclusão, que, nos termos do art. 109, V, do CP, prescreverá em 4 (quatro) anos, interregno este que, pela razão que acima expusemos, será reduzido de metade, chegando, então, ao prazo prescricional definitivo de 2 anos. Considerando que entre o recebimento da denúncia (15 de julho de 2014) e a publicação da sentença (14 de agosto de 2016) transcorreu prazo superior a 2 (dois) anos, operou-se a prescrição da pretensão punitiva (retroativa). ED
Gabarito "E".

(Analista Judiciário – TRE/PE – CESPE – 2017) O prazo prescricional da pretensão punitiva

(A) será calculado sobre o total da pena aplicada a todos os crimes praticados após a incidência do acréscimo, se se tratar de concurso formal imperfeito.

(B) será calculado sobre o total correspondente à soma das penas de todos os crimes praticados, se se tratar de crime continuado.

(C) será calculado sobre o total correspondente à soma de todas as penas dos crimes praticados, se se tratar de concurso material.

(D) será calculado isoladamente em cada crime praticado, desconsiderando-se o acréscimo decorrente do concurso, se se tratar de concurso formal perfeito.

(E) será calculado isoladamente em cada um dos crimes praticados, computando-se o acréscimo decorrente da continuidade, se se tratar de crime continuado.

A: incorreta, na medida em que, no concurso formal impróprio, a prescrição será calculada com base na pena de cada delito, isoladamente, tal como estabelece o art. 119, CP. Vide Súmula 497, do STF; **B:** incorreta. No caso do crime continuado, deve-se considerar, de forma isolada, cada delito (art. 119, CP); **C:** incorreta. Da mesma forma que nas demais, cada delito do concurso material tem a sua prescrição calculada de forma isolada e individual. É dizer, não se pode proceder ao somatório (art. 119, CP); **D:** correta. A prescrição será calculada em relação à pena do crime mais grave, utilizada como base para incidir o acréscimo, desconsiderando-se o acréscimo decorrente do concurso (art. 119, CP); **E:** incorreta (art. 119, CP). Vide Súmula 497 do STF. ED
Gabarito "D".

(Analista – TRE/SP – 2012 – FCC) Rubens está sendo processado por crime de peculato, praticado no dia 03 de fevereiro de 2008, quando tinha 20 anos de idade. A denúncia foi recebida no dia 05 de junho de 2008. Por sentença judicial, publicada no Diário Oficial no dia 10 de novembro de 2011, Rubens foi condenado a cumprir pena de 02 (dois) anos e 06 (seis) meses de reclusão, em regime inicial aberto, e ao pagamento de 10 (dez) dias-multa. A pena privativa de liberdade aplicada pelo Magistrado foi substituída, na forma do artigo 44, do Código Penal, por uma pena restritiva de direitos de prestação de serviços à comunidade, pelo prazo da pena privativa de liberdade aplicada, e por 10 (dez) dias-multa, no valor unitário mínimo. A sentença transitou em julgado no dia 1º de janeiro de 2012. Nesse caso, após o trânsito em julgado, a prescrição para as penalidades aplicadas ao réu verifica-se no prazo de:

(A) 02 anos para a pena privativa de liberdade e para as multas.

(B) 08 anos para a pena privativa de liberdade e 02 anos para as multas.

(C) 04 anos para a pena privativa de liberdade e para as multas.

(D) 04 anos para a pena privativa de liberdade e 02 anos para as multas.

(E) 08 anos para a pena privativa de liberdade e para as multas.

Dado que a condenação, tanto para a acusação quanto para a defesa, tornou-se definitiva (operou-se o trânsito em julgado), terão incidência, aqui, as regras da *prescrição da pretensão executória*. Assim sendo, o prazo prescricional levará em conta a pena concretamente aplicada, que, neste caso, é de dois anos e seis meses de reclusão, além da pena de multa. É o que estabelece o art. 110, *caput*, do CP. O fato de o juiz ter procedido à substituição da pena privativa de liberdade por restritivas de direito em nada altera o cálculo do prazo prescricional, dado o que dispõe o art. 109, parágrafo único, do CP. O prazo prescricional será extraído com base nas regras estampadas no art. 109 do CP. Dessa forma, tendo a pena sido fixada em dois anos e seis meses, chegaremos ao interregno de oito anos (art. 109, IV, do CP), prazo esse que, por força do art. 115 do CP, será reduzido de metade, o que corresponde a quatro anos. No que toca à pena de multa, a prescrição obedecerá ao mesmo prazo (art. 114, II, do CP). ED
Gabarito "C".

José, funcionário público, no dia 10.10.2008, apropriou-se de dinheiro recebido de terceiro por erro, no exercício do cargo. Tendo em vista que contava com 19 anos completos, foi instaurado inquérito policial para apurar a ocorrência da infração. A investigação foi recebida pelo membro do Ministério Público em 11.10.2012, onde ficou constatado que há indícios de autoria e materialidade na prática do crime de peculato mediante erro de outrem, que tem prevista a pena de reclusão de 1 a 4 anos e multa.

(Analista – MP/MS – 2013 – FGV) Com relação à situação acima, é correto afirmar que:

(A) o *parquet* deve oferecer denúncia pela prática do crime de peculato mediante erro de outrem, indicando obrigatoriamente todas as atenuantes e agravantes que entenda presente na hipótese fática.

(B) o *parquet* deve requerer ao juiz a extinção da punibilidade pela prescrição pela pena ideal, tendo em vista que, sendo o réu primário, provavelmente haverá prescrição com base na pena posteriormente aplicada.

(C) o parquet deve requerer ao juiz o arquivamento com base na extinção da punibilidade pela prescrição da pretensão punitiva pela pena em abstrato.

(D) o *parquet* deve oferecer denúncia pela prática do crime de peculato mediante erro de outrem, sem necessidade de indicar todas as agravantes e atenuantes aplicáveis ao caso concreto.

(E) o *parquet* deve requerer ao juiz o arquivamento com base na extinção da punibilidade pela prescrição de pretensão executória.

É caso de arquivamento dos autos de inquérito. Considerando a pena máxima aplicada ao crime do qual é acusado José, que, segundo estabelece o art. 109, IV, do CP, é de 8 anos, temos que a prescrição dar-se-ia no dia 09.10.2016. Neste caso, ainda não se teria atingido a prescrição. Sucede que, pelo fato de João contar com 19 anos à data da prática do crime, menor, portanto, de 21 anos, o prazo prescricional, a teor do art. 115 do CP, será reduzido de metade, chegando-se, assim, ao interregno de 4 anos. A prescrição, neste caso, dar-se-á no dia 09.10.2012. Portanto, resta ao MP requerer ao juiz o arquivamento dos autos, já que se operou a extinção da punibilidade pela prescrição – art. 107, IV, do CP.

Gabarito "C".

11. CRIMES CONTRA A PESSOA E CONTRA O PATRIMÔNIO

(Analista – TJ/MA – 2019 – FCC) Segundo o Código Penal brasileiro, bem como o entendimento dos Tribunais Superiores, sobre os crimes contra o patrimônio,

(A) tanto o crime de roubo quanto o de furto, para a sua consumação, não precisam que a posse da coisa furtada ou roubada seja mansa, pacífica ou desvigiada.

(B) o ato de constranger alguém, mediante violência ou grave ameaça, e com o intuito de obter para si ou para outrem indevida vantagem econômica, a fazer, tolerar que se faça ou deixar de fazer alguma coisa, constitui, em tese, o crime de roubo qualificado.

(C) apropriar-se de coisa alheia móvel, de que tem a posse ou a detenção, configura, em tese, o crime de furto de coisa comum.

(D) no caso do agente que praticar o crime de furto contra o cônjuge, na constância da sociedade conjugal, o juiz poderá substituir a pena de reclusão pela de detenção, diminuí-la de um a dois terços, ou aplicar somente a pena de multa.

(E) no crime de estelionato, não é possível que o sujeito passivo seja pessoa jurídica de direito público, já que somente pessoas físicas podem ser sujeitos passivos desse crime.

A: correta. De fato, em regressão garantista, os tribunais superiores consolidaram o entendimento segundo o qual o crime de roubo se consuma com a mera inversão da posse do bem mediante emprego de violência ou grave ameaça, independente da posse mansa, pacífica e desvigiada da coisa pelo agente. *Vide*, nesse sentido: STF, HC 96.696, Rel. Min. Ricardo Lewandowski. Confirmando esse entendimento, o STJ editou a Súmula 582: "Consuma-se o crime de roubo com a inversão da posse do bem mediante emprego de violência ou grave ameaça, ainda que por breve tempo e em seguida à perseguição imediata ao agente e recuperação da coisa roubada, sendo prescindível a posse mansa e pacífica ou desvigiada. De igual forma, a consumação do crime de furto é alcançada com a simples posse, ainda que efêmera, do bem subtraído, sendo dispensável que esta se dê de forma mansa e pacífica, sendo também prescindível que o objeto material saia da esfera de vigilância do sujeito passivo; **B:** incorreta, na medida em que a assertiva corresponde à descrição típica do crime de extorsão (art. 158 do CP), que constitui, é importante que se diga, modalidade de crime contra o patrimônio que guarda bastante similitude com o delito de roubo, este previsto no art. 157 do CP. *Grosso modo*, a diferença mais marcante entre esses crimes reside na prescindibilidade ou não do comportamento da vítima. Em outras palavras, temos que, no roubo, o agente alcança a vantagem patrimonial independentemente da participação do ofendido; já na extorsão, diferentemente, impõe-se a participação da vítima. Segundo Guilherme de Souza Nucci, "a diferença concentra-se no fato de a extorsão exigir a participação ativa da vítima fazendo alguma coisa, tolerando que se faça ou deixando de fazer algo em virtude da ameaça ou da violência sofrida. Enquanto no roubo o agente atua sem a participação da vítima, na extorsão o ofendido colabora ativamente com o autor da infração penal (...)" (*Código Penal Comentado*, 18ª ed. Forense, 2017. p. 1015); **C:** incorreta. Isso porque a assertiva contém a descrição típica do delito de apropriação indébita, capitulado no art. 168 do CP. Neste crime, o agente toma como sua coisa pertencente a outrem. O sujeito ativo tem a posse ou a detenção da coisa, na qual ingressou de forma legítima e, posteriormente, passa a portar-se como se dono fosse, recusando a sua devolução. A característica marcante deste delito, portanto, é o abuso de confiança. No furto, quer o do art. 155 do CP, quer o do art. 156 do CP (furto de coisa comum), pressupõe-se a subtração do bem, isto é, o agente ingressa na posse do objeto de forma ilegítima, clandestina; **D:** incorreta. O caso narrado no enunciado (furto contra cônjuge na constância da sociedade conjugal) configura hipótese de isenção de pena (art. 181, I, do CP); **E:** incorreta, já que a pessoa jurídica, mesmo de direito público, pode figurar como sujeito passivo do delito de estelionato, bastando que sofra prejuízo patrimonial em decorrência da fraude empregada.

Gabarito "A".

(Analista – TRF/4 – FCC – 2019) Rômulo e José combinaram durante uma festa a prática de um roubo contra determinada farmácia durante a madrugada. Saindo da festa, os dois rumaram no carro de José para o estabelecimento comercial vítima e lá praticaram o roubo, subtraindo todo o dinheiro que havia no caixa. Para o roubo Rômulo utilizou uma arma de brinquedo, enquanto José empregou um revólver calibre 38, devidamente municiado. Quando os dois roubadores estavam saindo da farmácia com o produto do roubo, o segurança do estabelecimento, Pedro, resolveu reagir e, neste momento, José efetuou contra ele três disparos de arma de fogo, ferindo-o gravemente na região do abdômen. Pedro foi socorrido no hospital mais próximo e sobreviveu aos ferimentos. Naquela mesma noite Rômulo e José foram presos pela polícia, que conseguiu recuperar a *res furtiva* e apreender as armas utilizadas (simulacro e revólver calibre 38). Neste caso,

(A) Rômulo e José responderão por crime de tentativa de latrocínio.
(B) José responderá por crime de tentativa de latrocínio, enquanto Rômulo por roubo qualificado pelo concurso de agentes.
(C) José responderá por crime de tentativa de latrocínio, enquanto Rômulo por roubo duplamente qualificado pelo concurso de agentes e emprego de arma de fogo.
(D) Rômulo e José responderão por crime de roubo duplamente qualificado pelo concurso de agentes e emprego de arma de fogo, bem como pelo crime de tentativa de homicídio contra a vítima Pedro.
(E) José responderá por crime de roubo duplamente qualificado pelo concurso de agentes e emprego de arma de fogo, bem como pelo crime de tentativa de homicídio contra a vítima Pedro, enquanto Rômulo responderá por crime de roubo qualificado pelo concurso de agentes.

Em caso de subtração consumada (ou tentada) e morte tentada, não há dúvidas de que o agente deverá responder por tentativa de latrocínio. É a conclusão que se tira da leitura da Súmula 610 do STF, para a qual há latrocínio quando o homicídio se consuma, ainda que não realize o agente a subtração de bens da vítima. Como se pode ver, a consumação, no latrocínio, está atrelada ao resultado morte, ainda que a subtração não tenha sido implementada. Dessa forma, forçoso concluir que, no caso narrado no enunciado, em que a subtração se consumou mas o resultado morte não ocorreu por circunstâncias alheias à vontade dos agentes, o crime a ser imputado é o latrocínio, na forma tentada (art. 157, § 3º, II, c/c o art. 14, II, todos do CP). Havendo, no latrocínio (consumado ou tentado), concurso de agentes, todos os envolvidos, em princípio, respondem pelo crime, ainda que somente um dos agentes tenha matado ou tentado matar a vítima, salvo se restar provado que um deles quis participar de delito menos grave. No caso acima narrado, tendo em conta a adoção da teoria monista, ambos devem responder por latrocínio tentado, ainda que somente José tenha efetuado os disparos de arma de fogo contra o segurança. Nessa esteira: "É irrelevante saber-se quem disparou o tiro que matou a vítima, pois todos os agentes assumiram o risco de produzir o resultado morte" (RT, 747/707). ED

Gabarito "A"

(Analista Judiciário – TJ/AL – 2018 – FGV) Com muitos processos conclusos para sentença, juiz de determinada Vara Criminal solicita que seu secretário analise uma ação penal em que se imputa a Jorge a prática de crime de roubo majorado, em fase de sentença, fazendo resumo dos fatos e destacando os aspectos relevantes para fins de aplicação da pena. Nos autos do processo consta que o denunciado i) tinha 20 anos na data dos fatos; ii) possuía condenação cujo trânsito em julgado ocorreu antes da prática do delito ora julgado; iii) confessou os fatos durante seu interrogatório; iv) empregou arma branca e agiu em concurso de agentes com outro indivíduo não identificado quando da subtração da coisa alheia.

Com base nos dados acima descritos, o secretário deverá destacar, em seu resumo, de acordo com a jurisprudência dos Tribunais Superiores, que:

(A) existem duas atenuantes da pena, logo a pena intermediária poderá ser aplicada abaixo do mínimo penal;
(B) existem duas causas de aumento de pena, de modo que a pena poderá ser aumentada em patamar acima do mínimo previsto em razão apenas da quantidade de majorantes;
(C) não devem ser reconhecidas causas de aumento, já que não houve emprego de arma de fogo e o coautor não foi identificado;
(D) poderá haver compensação da agravante da reincidência com a atenuante da menoridade relativa ou atenuante da confissão espontânea;
(E) não deve ser reconhecida a causa de aumento do emprego de arma, mas deve a pena ser majorada em razão do concurso de agentes.

A: incorreta, pois, nos termos da Súmula 231 do STJ, *a incidência da circunstância atenuante não pode conduzir à redução da pena abaixo do mínimo legal*; **B:** incorreta. Nos termos da Súmula 443 do STJ, *o aumento na terceira fase de aplicação da pena no crime de roubo circunstanciado exige fundamentação concreta, não sendo suficiente para a sua exasperação a mera indicação do número de majorantes*; **C:** incorreta. Com o advento da Lei 13.654/2018, o art. 157, § 2º, I, do CP, que impunha aumento de pena no caso de a violência ou ameaça, no crime de roubo, ser exercida com emprego de arma, foi revogado. Em relação à incidência desta causa de aumento, a jurisprudência havia consolidado o entendimento segundo o qual o termo *arma* tem acepção ampla, ou seja, estão inseridas no seu conceito tanto as armas *próprias*, como, por excelência, a de fogo, quanto as *impróprias* (faca, punhal, foice etc.). Pois bem. Além de revogar o dispositivo acima, esta mesma lei promoveu a inclusão da mesma causa de aumento de pena (emprego de arma) no § 2º-A, I, do CP. Até aí, nenhum problema. Como bem sabemos, o deslocamento de determinado comportamento típico de um para outro dispositivo, por força da regra da continuidade típico-normativa, não tem o condão de descriminalizar a conduta. Sucede que a Lei 13.654/2018, ao deslocar esta causa de aumento do art. 157, § 2º, I, do CP para o art. 157, § 2º-A, I, também do CP, limitou o alcance do termo *arma*, já que passou a referir-se tão somente à arma de *fogo*, do que se conclui que somente incorrerá nesta causa de aumento o agente que se valer, para a prática do roubo, de arma de fogo (revólver, pistola, fuzil etc.); portanto, se o agente utilizar, para o cometimento deste delito, arma branca, o roubo será simples, já que, repita-se, a nova redação do dispositivo especificou que tipo de arma é apta a configurar o aumento: arma de fogo. Outro detalhe: pela redação anterior, o agente que fizesse uso de arma (de fogo ou branca) estaria sujeito a um aumento de pena da ordem de um terço até metade; a partir de agora, se utilizar arma (necessariamente de fogo), sujeitar-se-á a um incremento da ordem de dois terços. Desnecessário dizer que tal inovação não poderá retroagir e atingir fatos ocorridos antes da entrada em vigor desta lei, já que constitui *lex gravior*. De outro lado, essa mesma norma que excluiu a arma que não seja de fogo deverá retroagir para beneficiar o agente (*novatio legis in mellius*) que praticou o crime de roubo com emprego de arma branca antes de ela entrar em vigor. Pois bem. Ao que parece, o examinador não levou em consideração esta modificação legislativa. Pela legislação anterior, o emprego de arma branca configurava causa de aumento (art. 157, § 2º, I, CP). Seja como for, a alternativa estaria errada de qualquer maneira, na medida em que o fato de o comparsa não haver sido identificado não elide o reconhecimento da causa de aumento prevista no art. 157, § 2º, II, do CP. Em resumo, temos que, pela legislação anterior (antes de a Lei 13.654/2018 haver revogado o art. 157, § 2º, I, do CP e incluído o art. 157, § 2º-A, I, do CP), o emprego de arma branca tinha que ser reconhecido como causa de aumento no roubo. Neste caso, a assertiva conteria dois erros. Se levarmos em consideração a legislação posterior (Lei 13.654/2018), a primeira parte da assertiva, que se refere ao emprego de arma, estaria correta; a segunda parte, que se refere ao concurso de agentes, está errada de

qualquer forma, já que a não identificação do comparsa não obsta, antes ou mesmo depois da referida legislação, o reconhecimento da causa de aumento. Este quadro, que acima explicitamos, perdurou até o dia 23 de janeiro de 2020, data em que entrou em vigor a Lei 13.964/2019 (pacote anticrime). Duas modificações foram promovidas por esta lei nas majorantes do crime de roubo. Em primeiro lugar, foi reinserida a causa de aumento na hipótese de o agente se valer, para a prática do crime de roubo, de arma branca (inserção do inciso VII no § 2º do art. 157 do CP). Lembremos que, com a edição da Lei 13.654/2018, o emprego de arma branca, no roubo, deixou de configurar causa de aumento. Pois bem. Além disso, a Lei 13.964/2019 introduziu no art. 157 do CP o § 2º-B, que estabelece nova causa de aumento de pena para o roubo, quando a violência ou grave ameaça for exercida com emprego de arma de fogo de uso restrito ou proibido. Neste caso, a pena prevista no *caput* será aplicada em dobro. Em resumo, a partir de 23 de janeiro de 2020, teremos o seguinte: violência/grave ameaça exercida com emprego de arma branca (art. 157, § 2º, VII, CP): aumento de pena da ordem de um terço até metade; violência/grave ameaça exercida com emprego de arma de fogo, desde que não seja de uso restrito ou proibido (art. 157, § 2º-A, I, CP): a pena será aumentada de dois terços; violência/grave ameaça exercida com emprego de arma de fogo de uso restrito ou proibido (art. 157, § 2º-B, CP): a pena será aplicada em dobro; **D:** correta. O STJ consolidou o entendimento segundo o qual é possível a compensação da reincidência com a confissão. Confira-se: "Agravo regimental no *habeas corpus*. Roubo majorado. 1. Dosimetria da pena. Confissão. Reincidência. Concurso. Compensação. Cabimento. Precedente da terceira seção do STJ. 2. Presença de majorantes. Fixação da fração de aumento acima do mínimo legal. Critério meramente matemático. Súmula 443 do STJ. Flagrante ilegalidade. 3. Agravo regimental desprovido. 1. Esta Corte Superior pacificou entendimento, quando o julgamento do EREsp nº 1.154.752/RS pela Terceira Seção, de que a agravante da reincidência pode ser compensada com a atenuante da confissão espontânea, devendo o julgador atentar para as singularidades do caso concreto. 2. A Eg. Quinta Turma deste Colendo STJ firmou orientação no sentido da possibilidade da compensação total quando o réu possui uma só condenação transitada em julgado, como na hipótese. (...)" (STJ, AgRg no HC 211528/RJ, 5ª Turma, j. 18.02.2014, rel. Min. Moura Ribeiro, *DJe* 21.02.2014). De igual forma, é admitida a compensação entre a reincidência e a menoridade; **E:** incorreta, tendo em conta que o examinador não levou em consideração a alteração legislativa promovida pela Lei 13.654/2018. Se tivesse levado, a assertiva estaria correta, pelas razões que já expusemos acima.
Gabarito "D".

(Analista Judiciário – TRT/8ª – 2016 – CESPE) No dia vinte e oito de junho de 2014, por volta de dezenove horas, na sala de espera de um posto de saúde, Paulo aguardava atendimento e exasperou-se com a demora. A funcionária Márcia, de cor negra, pediu-lhe calma, dizendo que o médico lhe atenderia brevemente, mas Paulo retrucou, exaltado: "— Chama logo o doutor, sua negrinha à toa!". Sentindo-se insultada pelos impropérios proferidos, Márcia, constrangida, chorou diante de mais de trinta pessoas que ali estavam esperando atendimento.

Considerando a situação hipotética apresentada, assinale a opção correta, considerando a jurisprudência do Superior Tribunal de Justiça.

(A) A conduta de Paulo tipifica-se como crime de injúria com elementos referentes à raça e à cor, de modo que a ação penal deve ser procedida por iniciativa do Ministério Público, mediante simples representação da ofendida.

(B) Eventual representação de Márcia só terá validade caso preencha todos os requisitos legais e seja reduzida a termo em formulário próprio, conforme modelo aprovado pelos órgãos do Poder Judiciário.

(C) Dado que a pretensão punitiva contra crime de injúria qualificada pelo preconceito racial é realizada mediante ação penal pública condicionada à representação, eventual pedido de explicação feito por Márcia suspenderia o prazo decadencial para sua propositura.

(D) O fato de Paulo ter se exasperado diante da atitude de Márcia, que lhe pediu para ter calma, configurou retorsão imediata, cabendo, portanto, o perdão judicial com extinção da punibilidade.

(E) A conduta de Paulo tipifica-se como crime de racismo e, portanto, a pretensão punitiva não está sujeita à prescrição ou à decadência, haja vista a ofensa ao princípio da dignidade humana.

A: correta. De fato, Paulo, ao xingar Márcia de "negrinha à toa", cometeu o crime de injúria racial, na medida em que a ofensa proferida por Paulo à honra subjetiva de Márcia fez referência à cor de sua pele. Cuidava-se do crime capitulado no art. 140, § 3º, do CP. Dentro do tema tratado nesta alternativa, valem algumas ponderações, tendo em conta inovações implementadas pela Lei 14.532/2023. O crime de racismo, previsto na Lei 7.716/1989, não se confunde com a figura até então capitulada no art. 140, § 3º, do CP, que definia o delito de injúria preconceituosa. Com efeito, segundo sempre sustentou doutrina e jurisprudência, o delito de racismo pressupõe a prática de conduta de natureza segregacionista, ao passo que a injúria racial, então prevista no art. 140, § 3º, do CP, tal como ocorre com o crime de injúria simples, pressupõe que a ofensa seja dirigida a pessoa determinada ou, ao menos, a um grupo determinado de pessoas. *Grosso modo*, é o xingamento envolvendo raça, cor, etnia, religião ou origem. Como consequência desta distinção, tínhamos que o racismo era considerado crime inafiançável, imprescritível e de ação penal pública incondicionada; já a injúria racial era tida por afiançável, prescritível e de ação penal pública condicionada. Tal realidade começou a ser alterada pela ação da jurisprudência. O STF, em sintonia com precedente do STJ, por seu Plenário, ao julgar, em 28/10/2021, o HC 154.248, da relatoria do Ministro Edson Fachin, fixou o entendimento no sentido de que o crime de injúria racial deve ser inserido na seara no delito de racismo, passando a ser, com isso, imprescritível. Mais recentemente, a Lei 14.532/2023, imbuída desse mesmo espírito, alterou o teor do art. 140, § 3º, do CP, que passa a contar com a seguinte redação: *Se a injúria consiste na utilização de elementos referentes a religião ou à condição de pessoa idosa ou com deficiência*. Como se pode ver, o legislador, com isso, excluiu da forma qualificada da injúria ofensas contendo elementos referentes a raça, cor, etnia ou procedência nacional. Tais modalidades migraram para a Lei 7.716/1989, cujo art. 2º-A passa a ter a seguinte redação: *Injuriar alguém, ofendendo-lhe a dignidade ou o decoro, em razão de raça, cor, etnia ou procedência nacional*. Dessa forma, o crime de injúria racial foi tipificado como racismo. A consequência disso é que tal modalidade de injúria passa a ser, agora por força de lei, imprescritível, inafiançável e incondicionada a ação penal. Além disso, a pena, até então era de reclusão de 1 a 3 anos e multa, passa a ser de 2 a 5 anos de reclusão. Perceba que, se levarmos em conta as modificações operadas pela Lei 14.532/2023, esta assertiva pode ser considerada como correta; **B:** incorreta. A representação (art. 39, *caput* e §§ 1º e 2º, do CPP) não tem rigor formal. Os tribunais, inclusive o STF, já se manifestaram nesse sentido. É suficiente que a vítima demonstre de forma inequívoca a intenção de ver processado o ofensor; **C:** incorreta. O pedido de explicações (art. 144 do CP) somente tem incidência no campo da ação penal privativa do ofendido, a quem cabe formular tal pedido. Ademais, tal providência não tem o condão de suspender o prazo decadencial à propositura da queixa-crime; **D:** incorreta. A retorsão imediata pressupõe que o ofensor (no caso Paulo) revide a ofensa proferida inicialmente pelo ofendido (no caso Márcia), o que não ocorreu, já que Márcia se limitou a pedir a Paulo que mantivesse a calma; **E:** incorreta. *Vide* comentário à alternativa "A".

Gabarito "A".

(Analista – TRE/AP – 2011 – FCC) Considere as seguintes assertivas com relação aos crimes contra o patrimônio, de acordo com o Código Penal:

I. É isento de pena quem comete crime de furto em prejuízo de ascendente com 60 anos de idade.

II. Somente se procede mediante representação, se o agente pratica crime de estelionato em prejuízo de irmão.

III. É isento de pena quem comete crime de extorsão contra cônjuge na constância da sociedade conjugal.

Está correto que se afirma SOMENTE em

(A) II.
(B) I e II.
(C) I e III.
(D) II e III.
(E) III.

I: incorreta, pois é isento de pena, nos termos do art. 181, II, do CP, aquele que comete delito contra o patrimônio em detrimento, entre outros, de ascendente, não se aplicando tal imunidade, segundo estabelece o art. 183, III, do CP, se o crime é praticado contra pessoa com idade igual ou superior a 60 anos; **II:** assertiva correta, visto que em consonância com o estabelecido no art. 182, II, do CP. Atenção: a ação penal, no estelionato, sempre foi, via de regra, pública incondicionada. As exceções ficavam por conta das hipóteses elencadas no art. 182 do CP (imunidade relativa), que impunha que a vítima manifestasse seu desejo, por meio de representação, no sentido de ver processado o ofensor, legitimando o Ministério Público, dessa forma, a agir. Com o advento da Lei 13.964/2019, posterior, portanto, à elaboração desta questão, o que era exceção, no crime de estelionato, virou regra. Ou seja, o crime capitulado no art. 171 do CP passa a ser de ação penal pública condicionada à representação do ofendido, conforme impõe o art. 171, § 5º, do CP. Este mesmo dispositivo, no entanto, estabelece exceções (hipóteses em que a ação penal será pública incondicionada), a saber: quando a vítima for: a Administração Pública, direta ou indireta; criança ou adolescente; pessoa com deficiência mental; ou maior de 70 anos ou incapaz; **III:** incorreta, pois é isento de pena, nos termos do art. 181, I, do CP, aquele que comete delito contra o patrimônio em detrimento, entre outros, de cônjuge, não se aplicando tal imunidade, segundo estabelece o art. 183, I, do CP, se o crime é de roubo ou de extorsão, ou, em geral, quando haja emprego de grave ameaça ou violência contra a pessoa.

Gabarito "A".

(Analista – TJ/AM – 2013 – FGV) João teve apreendido seu veículo pela financeira por falta de pagamento. Não podendo ficar sem o carro para o cumprimento de suas atividades diárias, resolve certa noite se dirigir a um restaurante conhecido da cidade e, fingindo ser manobrista, recebe do proprietário a respectiva chave e, em seguida, desaparece com o carro sendo o fato registrado pelo lesado na delegacia da área.

Dias depois, o fato é descoberto e o carro recuperado, não sofrendo o lesado qualquer prejuízo patrimonial. A conduta de João tipifica o crime de:

(A) furto mediante fraude.
(B) estelionato.
(C) apropriação indébita.
(D) furto tentado.
(E) estelionato tentado.

A questão exige que o candidato saiba a distinção entre os crimes de furto mediante fraude, estelionato e apropriação indébita, que, a depender do caso concreto, é bastante tênue. A solução deve ser extraída do significado que é conferido à ação nuclear de cada delito. Vejamos. No crime capitulado no art. 171 do CP (estelionato), a vítima, ludibriada, induzida em erro pelo agente, a este entrega o objeto material do delito. No caso retratado no enunciado, o proprietário do veículo somente fez a sua entrega a João porque, induzido em erro por este, pensou tratar-se do manobrista. Depois de adquirir a posse do veículo, passou a agir como se dono dele fosse. Ocorre, a rigor, uma inversão da posse. Importante notar que não houve subtração do bem, razão pela qual não há que se falar na prática do crime de furto mediante fraude, em que o engodo é empregado com o fito de viabilizar a subtração do bem. Aqui não houve subtração, já que o veículo foi entregue a João pelo proprietário. Da mesma forma, não houve crime de apropriação indébita – art. 168, CP –, visto que, neste, o dolo é subsequente à posse; no estelionato é antecedente. Ademais disso, os outros requisitos do crime do art. 171 do CP se fazem presentes, a saber: emprego de ardil ou outro meio fraudulento; obtenção de vantagem ilícita; e prejuízo alheio. Embora isto não tenha repercussão na resolução desta questão, é importante que se diga que a ação penal, no crime de estelionato, em face da inclusão do § 5º ao art. 171 do CP, promovida pelo pacote anticrime (Lei 13.964/2019), passa a ser, em regra, pública condicionada à representação do ofendido. Antes disso, era incondicionada.

Gabarito "B".

12. CRIMES CONTRA A FÉ PÚBLICA, A ADMINISTRAÇÃO PÚBLICA E AS FINANÇAS PÚBLICAS

(Analista – TRF3 – 2024 – VUNESP) Simplício, no exercício de suas funções como servidor público, exigiu dolosamente de Tércio, um cidadão, taxa em valor superior ao devido por um serviço público prestado e, ainda, não recolheu aos cofres públicos a importância paga por Tercio, tendo desviado o dinheiro em proveito próprio.

Nessa situação hipotética, considerando o disposto no Código Penal, é correto afirmar que Simplício cometeu o crime de

(A) excesso de exação qualificado.
(B) peculato qualificado.
(C) corrupção ativa.
(D) excesso de exação e peculato.
(E) peculato mediante erro de outrem.

O relato contido no enunciado corresponde à forma qualificada do crime de excesso de exação, prevista no art. 316, § 2º, do CP, nos seguintes termos: *Se o funcionário desvia, em proveito próprio ou de outrem, o que recebeu indevidamente para recolher aos cofres públicos: Pena – reclusão, de dois a doze anos, e multa*. Importante que se diga que não se trata do crime de concussão comum, já que, neste caso, o agente é sempre movido pelo propósito de obter vantagem indevida. Nas palavras de Julio Fabbrini Mirabete e Renato N. Fabbrini, *depois de efetuado o pagamento pela vítima, o agente, em vez de recolher a quantia obtida aos cofres públicos, desvia-a em proveito seu ou alheio. Exige-se, pois, a conduta de desvio da quantia (total ou parcial), bem como o elemento subjetivo do tipo, que é a finalidade de beneficiar-se ou beneficiar terceiro. Indiferente para a caracterização do crime em apreço se o sujeito ativo resolve praticar o desvio antes ou depois do recebimento. Haverá peculato, porém, se o tributo já estiver recolhido e o agente apossar-se dele* (Manual de Direito Penal – Parte Especial Arts. 235 a 361 do CP. 34. ed. Indaiatuba, SP: Editora Foco. P. 310).

Gabarito "A".

(Analista Judiciário – TJ/PA – 2020 – CESPE/CEBRASPE) A conduta de quem faz declaração falsa de estado de pobreza para fins de obtenção dos benefícios da justiça gratuita em ação judicial é considerada

(A) atípica.
(B) crime de falsa identidade.
(C) crime de falsidade ideológica.
(D) crime de falsificação de documento público.
(E) crime de falsificação de documento particular.

Tanto a jurisprudência do STF quanto a do STJ consagraram o entendimento no sentido de que a conduta consistente em firmar ou fazer uso de declaração de pobreza falsa em juízo, com a finalidade de obter os benefícios da justiça gratuita, não configura crime, na medida em que tal manifestação não pode ser considerada documento para fins penais, uma vez que é passível de comprovação posterior. Conferir: "O entendimento do Superior Tribunal de Justiça é no sentido de que a mera declaração de estado de pobreza para fins de obtenção dos benefícios da justiça gratuita não é considerada conduta típica, diante da presunção relativa de tal documento, que comporta prova em contrário" (RHC 24.606/RS, Rel. Min. Nefi Cordeiro, 6ª Turma, DJe 02/06/2015). In casu, o ora agravante foi denunciado por falsidade ideológica (art. 299 do Código Penal), por ter firmado falsamente declaração de pobreza, com o fito de obter o benefício da justiça gratuita. Após receber a peça exordial, o Magistrado determinou a intimação do acusado para comparecer à audiência de proposta de suspensão condicional do processo, sem antes apreciar as teses aventadas pela Defesa na resposta à acusação, dentre as quais sustentava-se que a conduta praticada era atípica" (AgRg no RHC 43.279/SP, Rel. Min. Ribeiro Dantas, 5ª Turma, j. 13.12.2016, DJe 19.12.2016). ED
Gabarito "A".

Antônio e Breno, bacharéis em direito, fazendo-se passar por oficiais de justiça, compareceram em determinada joalheria alegando que teriam de cumprir mandado judicial de busca e apreensão de parte da mercadoria, por suspeita de crime tributário. Para não cumprir os mandados, solicitaram a quantia de R$ 10.000,00 que foi paga pelo dono do estabelecimento.

(Analista Judiciário – TJ/PA – 2020 – CESPE/CEBRASPE) Nessa situação, Antônio e Breno responderão pelo crime de

(A) concussão.
(B) corrupção ativa.
(C) corrupção passiva.
(D) usurpação de função pública.
(E) tráfico de influência.

A: incorreta. Antônio e Breno não poderiam ser responsabilizados pelo crime de concussão (art. 316, CP), que, sendo próprio, exige que a conduta descrita no tipo penal seja concretizada por funcionário público, atributo que eles não detêm; **B:** incorreta. Também não incorreram no crime de corrupção ativa, que, embora se trate de delito praticado por particular contra a administração pública, pressupõe que o agente ofereça ou prometa vantagem indevida a funcionário público, imbuído do propósito de fazê-lo praticar, omitir ou retardar ato de ofício (art. 333, CP); **C:** incorreta. Da mesma forma que o crime de concussão, a corrupção passiva somente pode ser praticada por funcionário público, não sendo este o caso de Antônio e Breno; **D:** correta. Antônio e Breno, segundo o enunciado proposto, com o fim de alcançar vantagem patrimonial, se fazem passar por oficiais de justiça, induzindo em erro o proprietário do estabelecimento, que paga o valor por eles solicitado. Embora esta alternativa tenha sido considerada como correta, registre-se a existência de divergência doutrinária e jurisprudencial quanto à configuração, nesta hipótese, do crime de estelionato. Para esta corrente, quando o agente se limita a mentir que exerce função pública (sem praticar atos inerentes ao ofício) imbuído do propósito de induzir alguém em erro e, como isso, obter vantagem ilícita, estará configurado o crime de estelionato. É bem este o caso narrado no enunciado. Para esta mesma corrente, se o agente realiza atos inerentes a determinada função pública e, dessa forma, obtém certa vantagem, o crime, neste caso, é o do art. 328, parágrafo único, do CP (usurpação de função pública qualificada); **E:** incorreta. O agente que solicita vantagem a alguém, alegando gozar de prestígio junto à Administração para influir no comportamento de servidor público, comete o crime de tráfico de influência (art. 332 do CP). Este crime muito se assemelha ao estelionato, ou melhor, constitui uma modalidade específica de estelionato, em que o sujeito ativo vende a falsa ideia de que fará uso de sua influência para obter, em favor da vítima, benefício junto à Administração. Levada a engano pelo ardil aplicado pelo sujeito, o ofendido, ludibriado, entrega-lhe a vantagem perseguida. É crime de ação múltipla ou de conteúdo variado, uma vez que o tipo penal contempla várias condutas (exigir, cobrar e obter). Este crime não deve ser confundido com o delito do art. 357 do CP (exploração de prestígio). Neste, as pessoas em relação às quais o agente alega gozar de prestígio estão especificadas no tipo penal: juiz, jurado, órgão do MP, funcionário de justiça etc. É crime contra a administração da Justiça, ao passo que o tráfico de influência é delito contra a administração pública em geral. ED
Gabarito "D".

(Analista – TJ/MA – 2019 – FCC) O funcionário público que

(A) patrocinar, direta ou indiretamente, interesse privado perante a administração pública, valendo-se da qualidade de funcionário, pratica, em tese, o crime de advocacia administrativa.
(B) solicitar ou receber, para si ou para outrem, direta ou indiretamente, ainda que fora da função ou antes de assumi-la, mas em razão dela, vantagem indevida, ou aceitar promessa de tal vantagem, pratica, em tese, o crime de corrupção ativa.
(C) retardar ou deixar de praticar, indevidamente, ato de ofício, ou praticá-lo contra disposição expressa de lei, para satisfazer interesse ou sentimento pessoal, pratica, em tese, o crime de condescendência criminosa.
(D) deixar, por indulgência, de responsabilizar subordinado que cometeu infração no exercício do cargo ou, quando lhe falte competência, não levar o fato ao conhecimento da autoridade competente, pratica, em tese, o crime de condescendência criminosa.
(E) se apropriar de dinheiro, valor ou qualquer outro bem móvel, público ou particular, de que tem a posse em razão do cargo, ou desviá-lo, em proveito próprio ou alheio, pratica, em tese, o crime de concussão.

A: correta. O crime de advocacia administrativa, tipificado no art. 321 do CP, pressupõe que o funcionário público, valendo-se dessa qualidade, patrocine, direta ou indiretamente, interesse privado perante a Administração Pública. Apesar do nome, não se exige que o sujeito ativo seja *advogado*. Cuida-se, isto sim, como já dito, de delito praticado por funcionário público (é crime próprio) que, valendo-se do cargo que ocupa, defende interesse privado de terceiro perante a Administração; **B:** incorreta, na medida em que a descrição típica contida na proposição corresponde ao delito de corrupção passiva (art. 317, CP), que constitui, *grosso modo*, a ação do funcionário público corrupto. Neste crime, o *intraneus* solicita, recebe ou aceita promessa de receber vantagem que não lhe é devida. Trata-se, como se pode ver, de delito próprio, já que o tipo penal impõe uma qualidade especial ao sujeito ativo, qual seja, a de ser funcionário público; já a corrupção ativa (art. 333, CP) refere-se à ação do corruptor, que oferece ou promete vantagem indevida a funcionário público para que este pratique, retarde ou deixe de praticar ato de ofício. Cuida-se de crime comum, já que pode ser praticado por qualquer pessoa. Tanto é assim que está inserido no capítulo *dos crimes praticados por particular contra a administração em geral*; **C:** incorreta. Trata-se do crime de prevaricação (art. 319, CP), que consiste na conduta do funcionário público (delito próprio, portanto) que, de forma indevida, retarda ou deixa de praticar ato de ofício, ou ainda o pratica em desconformidade com o que a lei estabelece, com vistas a satisfazer interesse ou sentimento pessoal; **D:** incorreta, segundo a organizadora. Esta alternativa, a nosso ver, deve ser considerada correta, já que a descrição típica nela contida corresponde ao delito de condescendência criminosa (art. 320, CP); **E:** incorreta. Trata-se do crime de peculato (art. 312, *caput*, do CP), e não o de concussão (art. 316, CP), que pressupõe que o funcionário público exija, para si ou para outrem, direta ou indiretamente, ainda que fora da função ou antes de assumi-la, mas em razão dela, vantagem indevida.

Gabarito "A".

(Analista Jurídico – TRF5 – FCC – 2017) Não é considerado funcionário público, ainda que por extensão, para os efeitos penais o

(A) funcionário atuante em empresa contratada para prestar serviço atípico para a Administração pública.

(B) servidor temporário.

(C) servidor ocupante em cargos por comissão.

(D) empregado público contratado sob o regime da CLT.

(E) cidadão nomeado para compor as mesas receptoras de votos e de justificativas no dia das eleições.

A assertiva a ser assinalada é a "A", já que não é considerado funcionário público, para os fins penais, aquele que atua em empresa contratada para prestar serviço *atípico* para a Administração pública. É que, segundo reza o art. 327, § 1º, do CP, somente será equiparado a funcionário público, para efeitos penais, aquele que trabalha para empresa prestadora de serviço contratada para a execução de atividade *típica* (e não atípica) da Administração Pública.

Gabarito "A".

(Analista Judiciário – TRE/SP – FCC – 2017) Maurício, funcionário do gabinete do Vereador Tício em um determinado município paulista, ocupante de cargo em comissão, recebe a quantia em dinheiro público de R$ 2.000,00 para custear uma viagem na qual representaria o Vereador Tício em um encontro nacional marcado para a cidade de Brasília. Contudo, Maurício se apropria do numerário e não comparece ao compromisso oficial, viajando para o Estado de Mato Grosso do Sul com a família, passando alguns dias em um hotel na cidade de Bonito. Maurício cometeu, no caso hipotético apresentado, crime de

(A) corrupção passiva, sujeito à pena de reclusão de dois a doze anos, e multa, aumentada da terça parte por ser ocupante de cargo em comissão.

(B) corrupção passiva, sujeito à pena de reclusão de dois a doze anos, e multa, sem qualquer majoração.

(C) peculato, sujeito à pena de reclusão de dois a doze anos, e multa, sem qualquer majoração.

(D) peculato, sujeito à pena de reclusão de dois a doze anos, e multa, aumentada da terça parte por ser ocupante de cargo em comissão.

(E) prevaricação, sujeito à pena de detenção de 3 meses a 1 ano.

Não é o caso de imputar a Maurício a prática do crime de corrupção passiva, que consiste na conduta do funcionário público que solicita, recebe ou aceita promessa de vantagem indevida (art. 317, CP). O mesmo se diga em relação ao delito de prevaricação, que restará configurado na hipótese de o funcionário, movido pelo propósito de satisfazer interesse ou sentimento pessoal, retardar ou deixar de praticar, de forma indevida, ato de ofício, ou ainda praticá-lo em desconformidade com o que estabelece a lei (art. 319, CP). Resta, assim, o crime de peculato (art. 312, CP), no qual incorreu Maurício, que, conforme relata o enunciado, apropriou-se (agiu como se dono fosse) de numerário que lhe foi entregue para o fim de custear viagem na qual deveria representar, na qualidade de funcionário público e em compromisso oficial, o vereador Tício. Em vez disso, agindo como se dono fosse do valor em questão, viajou em férias com a família. Estará sujeito, portanto, à pena prevista para o delito de peculato (2 a 12 anos de reclusão e multa), à qual deverá incidir o aumento correspondente à terça parte pelo fato de Maurício ser ocupante de cargo em comissão, tal como impõe o art. 327, § 2º, do CP.

Gabarito "D".

(Analista Judiciário – TRE/SP – FCC – 2017) À luz do Código Penal, sobre a falsidade documental nos crimes contra a fé pública,

(A) a falsificação de um documento emanado de sociedade de economia mista federal caracteriza o crime de falsificação de documento público.

(B) equipara-se a documento público para caracterização do crime de falsificação de documento público o cartão de crédito ou débito.

(C) se o autor do crime de falsificação de selo ou sinal público é funcionário público e comete o crime prevalecendo-se do cargo, a pena é aumentada de um terço.

(D) aquele que faz inserir na Carteira de Trabalho e Previdência Social do empregado declaração falsa ou diversa da que deveria ter constado estará sujeito às penas cominadas ao crime de falsidade ideológica.

(E) o médico que dá, no exercício de sua função, atestado falso com o fim lucrativo estará sujeito à pena privativa de liberdade cominada ao delito de falsidade de atestado médico aumentada de metade.

A: correta. O documento emanado de sociedade de economia mista, que se insere no conceito de entidade paraestatal, equipara-se, para os fins penais, a documento *público* (art. 297, § 2º, CP); **B:** incorreta, na medida em que o cartão de crédito ou débito equivale, para o fim de configurar o crime de falsificação, a documento particular (e não público!), incorrendo o agente nas penas do crime previsto no art. 298, parágrafo único, do CP (falsificação de cartão), dispositivo inserido por meio da Lei 12.737/2012; **C:** incorreta, uma vez que o aumento de pena, neste caso, será de sexta parte (e não de um terço!). É o que estabelece o art. 296, § 2º, do CP; **D:** incorreta. Quem assim agir será responsabilizado pelo crime do art. 297, § 3º, II, do CP (falsificação de documento público); **E:** incorreta. É que, se o crime de falsificação de atestado médico for cometido com o fim de lucro, além da pena privativa de liberdade, será também aplicada a de multa (art. 302, parágrafo único, CP).

Gabarito "A".

(Analista Judiciário – TRE/PE – CESPE – 2017) Acerca do crime de assunção de obrigação no último ano do mandato ou legislatura, assinale a opção correta.

(A) Tal crime classifica-se como crime de mão própria, exigindo-se, para sua tipificação, atuação pessoal e direta do agente, razão pela qual não se admite coautoria ou participação.

(B) É típica a conduta do agente que autoriza a assunção de obrigação nos dois últimos quadrimestres do último ano do mandato caso reste parcela a ser paga no exercício seguinte, ainda que haja contrapartida suficiente de disponibilidade de caixa.

(C) O sujeito ativo desse crime é o funcionário público competente para ordenar ou autorizar a assunção de obrigação, podendo ser inclusive diretor de fundos, autarquias, fundações e empresas estatais dependentes.

(D) O tipo penal em questão prevê as modalidades dolosa e culposa, podendo o comportamento do agente ser comissivo, omissivo próprio ou impróprio.

(E) Por se tratar de crime de menor potencial ofensivo, admite-se a transação penal, mas, como a conduta do agente ofende a moralidade e a probidade administrativa, há vedação expressa à concessão de suspensão condicional da pena.

A: incorreta. Cuida-se de crime *próprio* (e não de *mão própria*!), uma vez que, a despeito de exigir uma qualidade especial do sujeito ativo (funcionário público com atribuição para ordenar ou autorizar a assunção de obrigação), prescindível, à configuração deste crime (art. 359-C, CP), a atuação pessoal e direta do agente; **B:** incorreta. Se houver contrapartida suficiente para fazer frente à parcela a ser paga no exercício seguinte, não haverá o crime do art. 359-C do CP; **C:** correta. O conceito de funcionário público deve ser extraído do art. 327 do CP; **D:** incorreta. O elemento subjetivo é representado pelo dolo. Não há previsão de modalidade culposa. Além disso, a conduta descrita no tipo penal pode ser comissiva ou, excepcionalmente, omissiva imprópria. Não é admitida a omissão própria; **E:** incorreta. Não se trata de infração de menor potencial ofensivo, uma vez que a pena máxima cominada a este delito corresponde a quatro anos de reclusão, superior, portanto, ao limite estabelecido no art. 61 da Lei 9.099/1995, que considera como infração de menor potencial ofensivo, além das contravenções penais, os crimes cuja pena máxima cominada não seja superior a dois anos. Descabe, dessa forma, a transação penal, cuja incidência é restrita a tais infrações. De outro lado, não há vedação expressa à suspensão condicional da pena (arts. 77 e seguintes do CP). Gabarito "C".

(Analista Judiciário – TRE/SP – FCC – 2017) O Delegado de Polícia de um determinado município paulista recebe a notícia de um crime de roubo que vitimou Alfredo, que teve seu veículo subtraído por um agente mediante grave ameaça, com emprego de arma de fogo. Durante o trâmite do Inquérito Policial apura-se que Joaquim foi o autor do crime, o qual tem a sua prisão preventiva decretada. Ainda na fase policial, Fabíola, a pedido de Joaquim, comparece na Delegacia de Polícia para prestar depoimento e alega que Joaquim, seu amigo, estava em sua companhia no momento do crime. Encerrado o Inquérito Policial o Ministério Público denuncia Joaquim pelo crime de roubo, denúncia esta recebida pelo Magistrado competente. Fabíola não é encontrada para prestar depoimento em juízo sob o crivo do contraditório, mesmo arrolada pela Defesa de Joaquim. Ao final do processo Joaquim é condenado pelo crime de roubo em primeira instância e, posteriormente, é instaurada ação penal contra Fabíola por crime de falso testemunho. Durante o trâmite do recurso interposto por Joaquim contra a sentença que o condenou por crime de roubo, e da ação penal instaurada por falso testemunho contra Fabíola, esta resolve se retratar, afirmando que Joaquim não estava com ela no dia do crime. No caso hipotético apresentado, na esteira do Código Penal, Fabíola

(A) não cometeu crime de falso testemunho, pois prestou depoimento falso apenas durante o trâmite do Inquérito Policial.

(B) será regularmente processada pelo crime de falso testemunho e estará sujeita à pena cominada ao delito, sem qualquer causa de redução de pena.

(C) não poderá ser punida por crime de falso testemunho, pois se retratou antes da sentença proferida nos autos da ação penal instaurada por falto testemunho.

(D) será regularmente processada pelo crime de falso testemunho e estará sujeita à pena cominada ao delito no Código Penal, reduzida de 1/3.

(E) será regularmente processada pelo crime de falso testemunho e estará sujeita à pena cominada ao delito no Código Penal, reduzida de 1/6.

O crime de falso testemunho, que vem definido no art. 342 do CP, pode ser praticado em *processo judicial* ou *administrativo*, em *inquérito policial* e também em *juízo arbitral*. Ocorrendo no curso das investigações do inquérito policial, pouco importa se o depoimento falso será ou não renovado em juízo, agora sob o crivo do contraditório. Uma vez concluído, no curso do inquérito, o depoimento da testemunha que faltou com a verdade, o crime do art. 342 do CP estará consumado. É delito, portanto, formal, na medida em que dispensa, à sua consumação, a produção de resultado naturalístico. Deve ser excluída, assim, a assertiva "A", segundo a qual não haveria a prática do crime de falso testemunho porquanto o depoimento foi prestado em sede de inquérito. O segundo ponto a ser analisado diz respeito à ocorrência ou não da retratação como causa extintiva da punibilidade (arts. 107, VI, e 342, § 2º, do CP). No caso narrado no enunciado, a retratação foi realizada durante o trâmite do recurso interposto por Joaquim contra a sentença que o condenou pelo cometimento do crime de roubo. Ou seja, após a prolação da sentença em cujo processo foi prestado o falso testemunho. Consta também que, quando da retratação, já estava em curso a ação penal instaurada para apuração deste delito. Pois bem. Segundo estabelece o art. 342, § 2º, do CP, a retratação somente terá o condão de levar à extinção da punibilidade se ocorrer antes da sentença no processo em que o depoimento falso foi prestado, e não no processo instaurado para apurar sua ocorrência. Dessa forma e em conclusão, Fabíola deverá ser responsabilizada pelo cometimento do crime de falso testemunho (art. 342, CP). Não há previsão de causa de diminuição de pena a incidir neste caso. Correta, assim, a assertiva "B". Gabarito "B".

(Analista Judiciário – TRT/8ª – 2016 – CESPE) Acerca dos crimes contra a fé pública e dos crimes praticados por associações ou organizações criminosas, assinale a opção correta.

(A) Aquele que falsifica documento para, em seguida, usá-lo em procedimento subsequente comete os crimes de falsificação de documento e de uso de documento falso, haja vista a presença de dolos distintos e autônomos em relação a cada conduta praticada.

(B) A falsidade ideológica é configurada pelo dolo genérico de se omitir, em documento público ou particular, declaração que dele devia constar, ou nele inserir ou fazer inserir declaração falsa ou diversa da que devia ser escrita, mesmo que não enseje proveito ilícito ou prejuízo a terceiros.

(C) A estabilidade e a permanência nas relações entre os agentes reunidos em conjugação de esforços para a prática reiterada de crimes são essenciais para que se configure a associação criminosa, diferenciando-se essa do simples concurso eventual de pessoas para realizaram uma ação criminosa.

(D) A associação criminosa, denominação atual do antigo crime de quadrilha ou bando, por ser crime material, só se realiza quando mais de três pessoas se reúnem, em caráter estável e permanente, para o cometimento de crimes, consumando-se com a prática efetiva de um delito.

(E) A conduta de se colocar em circulação uma única cédula falsa, no valor de cinquenta reais, não pode ser reputada como algo que efetivamente perturba o convívio social, sendo admissível enquadrá-la como materialmente atípica pela incidência do princípio da insignificância.

A: incorreta. Embora não haja consenso na doutrina e na jurisprudência, prevalece hoje o entendimento no sentido de que o agente que falsifica documento e, ato contínuo, dele faz uso somente responde pelo crime de falsificação, sendo o seu uso reputado *post factum* não punível. Nessa ótica: "O uso dos papéis falsificados, quando praticado pelo próprio autor da falsificação, configura *post factum* não punível, mero exaurimento do *crimen falsi*, respondendo o falsário, em tal hipótese, pelo delito de falsificação de documento público (CP, art. 297) ou, conforme o caso, pelo crime de falsificação de documento particular (CP, art. 298)" (STF, 2ª T., HC 84.533-MG, rel. Min. Celso de Mello, j. 14.09.2004); **B:** incorreta. No contexto da falsidade ideológica, exige-se, à configuração deste delito, o chamado *elemento subjetivo específico*, assim entendido o especial fim do agente de prejudicar direito, criar obrigação ou alterar a verdade sobre fato juridicamente relevante; **C:** correta. De fato, para a configuração do crime de *associação criminosa*, que, antes do advento da Lei 12.850/2013, denominava-se *quadrilha ou bando*, é indispensável a existência de vínculo associativo estável e permanente entre os agentes que a compõem. Em assim sendo, a reunião de agentes com o fim de praticar um crime específico configura, em tese, mero concurso eventual de pessoas (art. 29, CP), e não associação criminosa (art. 288, CP); **D:** incorreta. Cuida-se de crime formal (e não material), cuja consumação, bem por isso, se dá com a associação, de forma estável, de três ou mais pessoas, ainda que não venham a cometer delito algum; **E:** incorreta. Dada a relevância do bem jurídico tutelado, que é a fé pública, o princípio da insignificância (crime de bagatela), segundo entendimento hoje consolidado nos tribunais superiores, não tem incidência no crime de moeda falsa (art. 289, CP). Nesse sentido, conferir: "Moeda Falsa – Insignificância – Afastamento. Descabe cogitar da insignificância do ato praticado uma vez imputado o crime de circulação de moeda falsa" (STF, HC 126285, relator Min. Marco Aurélio, Primeira Turma, julgado em 13/09/2016, processo eletrônico Dje-206 divulg 26-09-2016 public 27-09-2016). No STJ: "A jurisprudência do Superior Tribunal de Justiça mostra-se consolidada e em harmonia com o entendimento do Supremo Tribunal Federal para afastar a incidência do princípio da insignificância ao delito de moeda falsa, independentemente do valor ou quantidade de cédulas apreendidas, uma vez que o bem jurídico tutelado por esta norma penal é a fé pública" (AgRg no AREsp 1012476/SP, Rel. Ministro Jorge Mussi, Quinta Turma, julgado em 18/04/2017, DJe 26/04/2017).

Gabarito "C".

(Analista Jurídico –TCE/PA – 2016 – CESPE) Com base no Código Penal e na jurisprudência dos tribunais superiores, julgue os itens a seguir, a respeito dos crimes contra a administração pública.

(1) O crime de ordenação de despesa não autorizada é de natureza material, consumando-se no momento em que a despesa é efetuada.

(2) O agente público que ordena despesa sem o conhecimento de que tal despesa não era autorizada por lei incide em erro de proibição.

1: incorreta, visto que o crime de ordenação de despesa não autorizada (art. 359-D, CP) é de natureza formal (e não material). Isso porque a sua consumação não está condicionada à produção de resultado naturalístico, consistente na realização da despesa; **2:** incorreta. Ensina Cezar Roberto Bitencourt, ao tratar do crime do art. 359-D do CP, que "o eventual desconhecimento da inexistência de autorização legal caracteriza erro de tipo, que exclui o dolo e, por extensão, a tipicidade (art. 20, *caput*)" (*Código Penal Comentado*, 7. ed., Saraiva, p. 405)

Gabarito 1E, 2E.

(Analista Jurídico – TCE/PR – 2016 – CESPE) No que se refere ao crime de peculato, assinale a opção correta com base na jurisprudência do Superior Tribunal de Justiça (STJ).

(A) A reparação do dano pelo funcionário público antes do recebimento da denúncia exclui a configuração do crime de peculato doloso.

(B) A qualidade de funcionário público do sujeito ativo é elementar do crime de peculato, a qual não se comunica a coautores e partícipes estranhos ao serviço público.

(C) A circunstância de o sujeito ativo ser funcionário público ocupante de cargo de elevada responsabilidade justifica a majoração da pena-base aplicada em decorrência da condenação pela prática do crime de peculato.

(D) A consumação do crime de peculato-apropriação ocorre com a posse mansa e pacífica do objeto material pelo funcionário público.

(E) A consumação do crime de peculato-desvio ocorre no momento em que o funcionário público obtém a vantagem indevida com o desvio do dinheiro, ou outro bem móvel, em proveito próprio ou de terceiro.

A: incorreta. No contexto do peculato *doloso*, a reparação do dano levada a efeito por ato voluntário do agente até o recebimento da denúncia constitui causa de diminuição de pena da ordem de um a dois terços, conforme estabelece o art. 16 do CP (arrependimento posterior); de ver-se que, se o peculato for *culposo* (não é esse o caso da assertiva), a reparação do dano, se precedente ao trânsito em julgado da sentença penal condenatória, dá azo à extinção da punibilidade (art. 312, § 3º, CP); **B:** incorreta. A despeito de o crime de peculato (art. 312, CP) ser considerado próprio, ou seja, exigir, como elementar do delito, a qualidade de funcionário público, nada obsta que o particular, no concurso de pessoas, figure como coautor ou partícipe no mesmo crime, desde que, é claro, o *extraneus* tenha ciência da condição de funcionário público de seu comparsa; **C:** correta. Com efeito, o STJ tem entendido que o fato de o funcionário público ser ocupante de cargo de elevada responsabilidade justifica a majoração da pena-base aplicada em razão de condenação pelo cometimento do crime de peculato. Cuidado: esse incremento na reprimenda, que incide na pena-base (primeira fase), não pode ser confundido com a causa de aumento de pena (terceira fase) prevista no art. 327, § 2º, do CP; **D:** incorreta, uma vez que a consumação do *peculato-apropriação* (art. 312, *caput*, 1ª parte, do CP) se dá no exato instante em que o agente passa a se comportar como se dono fosse da coisa, isto é, quando ele, funcionário, inverte o ânimo com que tem sobre o objeto do delito, seja dinheiro, valor ou qualquer outro bem móvel; **E:** incorreta. Opera-se a consumação no *peculato-desvio* (art. 312, *caput*, 2ª parte, do CP) no momento em que o funcionário dá destinação diversa à coisa, sendo desnecessária a obtenção da vantagem visada.

Gabarito "C".

(Analista Jurídico – TCE/PR – 2016 – CESPE) À luz da jurisprudência do STJ, assinale a opção correta, no que se refere aos crimes contra administração pública.

(A) O crime de corrupção ativa se consuma com a realização da promessa ou apenas com a oferta de vantagem indevida.
(B) O crime de concussão se consuma com o recebimento das vantagens exigidas indevidamente, sendo mero exaurimento a utilização de tais vantagens.
(C) O funcionário público que se utiliza de violência ou grave ameaça para obter vantagem indevida em razão de sua função comete o crime de concussão.
(D) Em razão da incidência do princípio da bilateralidade nos crimes de corrupção passiva e ativa, a comprovação de um deles pressupõe a do outro.
(E) Para a configuração do crime de corrupção passiva, é prescindível a existência de nexo de causalidade entre a conduta do funcionário público e a realização de ato funcional de sua competência.

A: correta. De fato, a corrupção ativa (art. 333 do Código Penal) é delito formal, cujo momento consumativo, bem por isso, se opera no exato instante em que o agente *oferece* ou *promete* vantagem indevida, independentemente de efetivo prejuízo para a administração, consistente na aceitação da oferta ou mesmo da promessa; **B:** incorreta, visto que o crime de concussão, sendo formal, se consuma com a mera *exigência*, isto é, com a imposição do pagamento indevido, não sendo necessário que se concretize o recebimento da vantagem, que, se porventura ocorrer, configurará mero *exaurimento*. Atenção: outra inovação promovida pela Lei 13.964/2019 (Pacote Anticrime) é a alteração da pena máxima cominada ao crime de concussão, previsto no art. 316 do CP. Com isso, a pena para este delito, que era de 2 a 8 anos de reclusão, e multa, passa para 2 a 12 anos de reclusão, e multa. Corrige-se, dessa forma, a distorção que até então havia entre a pena máxima cominada ao crime de concussão e aquelas previstas para os delitos de corrupção passiva (317, CP) e corrupção ativa (art. 333, CP). Doravante, a pena, para estes três crimes, vai de 2 a 12 anos de reclusão, sem prejuízo da multa. Mesmo porque o crime de concussão denota, no seu cometimento, maior gravidade do que o delito de corrupção passiva. No primeiro caso, o agente exige, que tem sentido de impor, obrigar, sempre se valendo do cargo que ocupa para intimidar a vítima e, dessa forma, alcançar a colimada vantagem indevida; no caso da corrupção passiva, o *intraneus*, no lugar de exigir, solicita, recebe ou aceita promessa de receber tal vantagem; **C:** incorreta. O funcionário que se vale de violência ou grave ameaça para obter vantagem indevida em razão de sua função comete, em tese, o crime de extorsão (art. 158, CP), e não o de concussão; **D:** incorreta. Isso porque o crime de corrupção (ativa ou passiva) não pressupõe, necessariamente, a existência de um crime bilateral (corrupção passiva de um lado e corrupção ativa de outro). Imaginemos a situação em que o funcionário solicita vantagem indevida de um particular. Neste caso, o crime funcional (corrupção passiva), porque formal, já restará consumado, pouco importando que o particular atenda ou não ao pleito formulado pelo *intraneus*. Temos, neste caso, tão somente o crime de corrupção passiva. De outro lado, se o particular oferece ao funcionário vantagem indevida e este a recusa, há somente o cometimento do crime de corrupção ativa por parte do particular. É claro que, se o funcionário aceitar a promessa formulada pelo particular, haverá dois crimes: corrupção ativa pelo particular e passiva pelo funcionário; **E:** incorreta. Conferir: "(...) Para a configuração do crime previsto no artigo 317 do Código Penal exige-se a solicitação, o recebimento ou a promessa de vantagem se faça pelo funcionário público em razão do exercício de sua função, ainda que fora dela ou antes de seu início, mostrando-se indispensável, desse modo, a existência de nexo de causalidade entre a conduta do servidor e a realização de ato funcional de sua competência (...)" (HC 135.142/MS, Rel. Ministro JORGE MUSSI, QUINTA TURMA, julgado em 10.08.2010, DJe 04.10.2010).

Gabarito "A".

(Analista – Judiciário –TRE/PI – 2016 – CESPE) Com relação aos crimes contra a administração pública, assinale a opção correta.

(A) O detentor de cargo em comissão não é equiparado a funcionário público para fins penais.
(B) A exigência, por funcionário público no exercício da função, de vantagem indevida, configura crime de corrupção ativa.
(C) Caso os autores de crime contra a administração pública sejam ocupantes de função de direção de órgão da administração direta, as penas a eles impostas serão aumentadas em um terço.
(D) Tratando-se de crime de peculato culposo, a reparação do dano após o trânsito em julgado de sentença penal condenatória ocasiona a extinção da punibilidade do autor.
(E) Não configura crime o fato de o funcionário deixar de praticar ato de ofício a pedido de outrem se, com isso, ele não obtiver vantagem patrimonial.

A: incorreta, segundo a organizadora. Na verdade, o detentor de cargo em comissão é considerado funcionário público para feitos penais (art. 327, *caput*, do CP), e não por equiparação (art. 327, § 1º, do CP). Ademais, o detentor de cargo em comissão será mais severamente punido, na forma do art. 327, § 2º, do CP, que estabelece causa de aumento de pena; **B:** incorreta. A conduta do funcionário público consistente em *exigir*, no exercício da função pública, vantagem indevida configura o crime de *concussão* (art. 316, *caput*, CP). A corrupção ativa (art. 333, CP) consiste na conduta do particular que oferece ou promete vantagem indevida a funcionário público com o fim de determiná-lo a praticar, omitir ou retardar ato de ofício. Cuida-se, portanto, de crime comum, já que não se exige do sujeito ativo nenhuma qualidade especial; **C:** correta, pois corresponde ao disposto no art. 327, § 2º, do CP; **D:** incorreta, uma vez que a reparação do dano, no peculato culposo, sendo posterior ao trânsito em julgado de sentença penal condenatória, determinará a redução de metade da pena imposta (art. 312, § 3º, parte final, do CP). A extinção da punibilidade somente será alcançada, no peculato culposo, se a reparação do dano se der antes do trânsito em julgado de sentença penal condenatória (art. 312, § 3º, primeira parte, do CP); **E:** incorreta. Neste caso, o funcionário incorrerá nas penas do crime do art. 317, § 2º, do CP (corrupção passiva privilegiada).

Gabarito "C".

(Analista Judiciário – TRT/8ª – 2016 – CESPE) Considerando a jurisprudência do Superior Tribunal de Justiça relativamente a crimes contra a administração pública e de lavagem de dinheiro, assinale a opção correta.

(A) A conduta pautada no oferecimento de propina a policiais militares com o objetivo de safar-se de prisão em flagrante insere-se no âmbito da autodefesa, de modo que não deve ser tipificada como crime de corrupção ativa.
(B) No crime de lavagem ou ocultação de bens, direitos e valores, para se tipificar a conduta praticada, é necessário que os bens, direitos ou valores provenham de crime anterior e que o agente já tenha sido condenado judicialmente pelo crime previamente cometido.
(C) O agente não integrante dos quadros da administração pública não pode ser sujeito ativo do crime de concussão.

(D) A perda do cargo público, quando a pena privativa de liberdade for estabelecida em tempo inferior a quatro anos, apenas pode ser decretada como efeito da condenação quando o crime for cometido com abuso de poder ou com violação de dever para com a administração pública.

(E) A conduta no crime de corrupção ativa, por se tratar de crime material, apenas deve ser tipificada caso haja o efetivo pagamento de propina ao servidor público, mesmo que o agente não tenha obtido a vantagem pretendida.

A: incorreta. Aquele que oferece vantagem indevida a policiais militares para se ver livre de prisão em flagrante incorre nas penas do crime de corrupção ativa (art. 333, CP), não havendo que se falar, aqui, no exercício de autodefesa. Conferir o seguinte julgado do STF, do qual, ao que parece, foi extraída a proposição: "(...) Revela-se totalmente inconcebível a tese sustentada na impetração, no sentido de que o oferecimento de propina a policiais militares, com vistas a evitar a prisão em flagrante, caracterizaria autodefesa, excluindo a prática do delito de corrupção ativa, uma vez que tal garantia não pode ser invocada para fins de legitimar práticas criminosas. Precedente do STF (...)" (HC 249.086/SP, Rel. Ministro JORGE MUSSI, QUINTA TURMA, julgado em 09.09.2014, *DJe* 15.09.2014); **B:** incorreta. É despicienda, para a tipificação do crime de lavagem de dinheiro, a condenação do agente pelo cometimento da infração penal (crime e contravenção penal) antecedente. Segundo reza o art. 2º, II, da Lei 9.613/1998, "o processo e julgamento dos crimes previstos nesta Lei: II – independem do processo e julgamento das infrações penais antecedentes, ainda que praticados em outro país (...)". Basta, pois, a existência de prova de que a infração penal antecedente ocorreu (materialidade da infração); **C:** incorreta. A qualidade de "funcionário público" constitui elementar do crime de concussão. Estabelece o art. 30 do CP que as elementares se comunicam aos partícipes, desde que sejam de conhecimento destes. Assim, se o crime de concussão é praticado por um funcionário em concurso com quem não integra os quadros do funcionalismo, ambos responderão pelo crime do art. 316, *caput*, do CP. É dizer, a condição de caráter pessoal, por ser elementar do crime, comunica-se ao coautor e ao partícipe; **D:** correta. No que toca à perda do cargo, função pública ou mandato eletivo como efeito secundário de natureza extrapenal da condenação, há duas situações a considerar: se a pena privativa de liberdade aplicada for superior a quatro anos, é de rigor a perda do cargo, função ou mandato eletivo, pouco importando, neste caso, se a conduta do funcionário foi praticada com abuso de poder ou com violação de dever inerente à função pública (art. 92, I, "b", do CP); agora, se a pena privativa de liberdade aplicada for inferior a quatro (é o caso desta assertiva), a perda do cargo, função pública ou mandato eletivo do agente somente se dará se este houver agido, na prática criminosa, com abuso de poder ou violação de deveres para com a Administração Pública (art. 92, I, "a", do CP). Nas duas hipóteses, cuida-se de efeito não automático da condenação, exigindo, portanto, declaração motivada na sentença (art. 92, parágrafo único, do CP); **E:** incorreta, na medida em que se trata de crime *formal* (e não *material*), em que a consumação se opera no momento em que a oferta ou promessa chega ao conhecimento do funcionário público; a entrega da propina, portanto, se houver, não é necessária à concretização do tipo penal. ED
Gabarito "D".

(Analista – TRE/AP – 2011 – FCC) No tocante aos crimes contra a Administração Pública, o funcionário que retarda ato de ofício, com infração de dever funcional, cedendo a pedido ou influência de outrem, comete crime de:

(A) Prevaricação.
(B) Peculato.
(C) Concussão.
(D) Excesso de Exação.
(E) Corrupção Passiva.

Art. 317, § 2º, do CP. Trata-se de modalidade privilegiada de corrupção passiva. ED
Gabarito "E".

(Analista – TRE/AP – 2011 – FCC) De acordo com o Código Penal NÃO é causa de extinção da punibilidade a:

(A) reparação do dano posterior à sentença irrecorrível no crime de peculato culposo.
(B) morte do agente.
(C) anistia.
(D) prescrição.
(E) retroatividade de lei que não mais considera o fato como criminoso.

No peculato culposo – art. 312, § 2º, do CP, a reparação do dano somente extingue a punibilidade se for anterior à sentença irrecorrível; se, no entanto, lhe é posterior, reduz de metade a pena imposta, conforme prescreve o art. 312, § 3º, do CP. ED
Gabarito "A".

(Analista – TRE/CE – 2012 – FCC) Pedro, menor de dezessete anos, comete um ato infracional equiparado a crime de roubo contra um supermercado, empreendendo fuga logo em seguida. José, seu melhor amigo, de 22 anos de idade, deixa Pedro ingressar em sua residência e ali permanecer por alguns dias, impedindo a ação da Polícia. Neste caso, José:

(A) cometeu crime de tráfico de influência.
(B) cometeu crime de favorecimento pessoal.
(C) não cometeu nenhum crime.
(D) cometeu crime de favorecimento real.
(E) cometeu crime de fraude processual.

É atípico o comportamento daquele que auxilia autor de ato infracional a ocultar-se da polícia, visto que a conduta praticada pelo menor (ato infracional equiparado ao crime de roubo) não pode ser entendida como "crime apenado com reclusão", não restando configurado o crime de favorecimento pessoal, previsto no art. 348 do CP. ED
Gabarito "C".

(Analista – TREMG – 2012 – CONSULPLAN) No município "X", o funcionário Mévio ocupava cargo em comissão na Prefeitura. No entanto, foi exonerado *ex officio*, pelo prefeito, mediante mera publicação no Diário Oficial, a qual não chegou ao conhecimento do servidor, que chegou a praticar diversos atos de ofício. Considerando que não havia autorização para a prática dos citados atos, é correto afirmar que Mévio:

(A) praticou o crime de prevaricação (Art. 319 do Código Penal).
(B) praticou o ato amparado por uma causa excludente da culpabilidade.
(C) praticou o crime de exercício funcional ilegalmente prolongado (Art. 324 do Código Penal).
(D) se estivesse em gozo de férias e praticasse atos de ofício, teria cometido o crime de exercício funcional ilegalmente prolongado (Art. 324 do Código Penal).
(E) não praticou crime, pois o fato é atípico. Para que cometesse o crime de exercício funcional ilegalmente prolongado, ele deveria ter conhecimento real de sua exoneração.

A prática do crime previsto no art. 324 do CP (exercício funcional ilegalmente antecipado ou prolongado) pressupõe que o agente aja imbuído do propósito de permanecer no exercício de função pública depois de oficialmente exonerado (dolo).
Gabarito "E".

(Analista – TRE/PR – 2012 – FCC) João foi parado numa estrada porque dirigia em excesso de velocidade. Ao ser abordado pelo policial, ofereceu-lhe a quantia de R$ 100,00 para que relevasse a multa. Nisso, uma viatura policial chegou ao local e João, em vista disso, antes que o policial tivesse se manifestado a respeito da aceitação ou não da oferta, dela desistiu, dizendo-lhe para lavrar a autuação. Nesse caso, João:

(A) não cometeu nenhum delito porque o fato é penalmente atípico.
(B) não cometeu nenhum crime, porque houve desistência voluntária.
(C) cometeu crime de corrupção passiva na forma tentada.
(D) não cometeu nenhum delito porque houve arrependimento eficaz.
(E) cometeu crime de corrupção ativa na forma consumada.

João cometeu o crime previsto no art. 333 do CP – corrupção ativa consumada. Trata-se de delito formal, cujo *momento consumativo* se opera no exato instante em que o agente *oferece* vantagem indevida ao policial, independentemente da produção do resultado naturalístico previsto no tipo penal (recebimento da vantagem). Se porventura o policial tivesse aceitado a oferta feita por João, incorreria nas penas do crime previsto no art. 317 do CP – corrupção passiva.
Gabarito "E".

(Analista – TRE/PR – 2012 – FCC) No que concerne aos crimes praticados contra a Administração em geral, é correto afirmar:

(A) O crime de resistência só se consuma se, em razão da violência ou grave ameaça, o ato legal não vier a ser executado.
(B) A reintrodução no país de produtos de fabricação nacional destinados exclusivamente à exportação e de venda proibida no Brasil, constitui crime de contrabando.
(C) O crime de desacato admite a forma culposa quando o agente estiver no exercício de suas funções.
(D) O crime de corrupção passiva admite a forma culposa quando cometido através de interposta pessoa.

A: incorreta. O crime de resistência (art. 329 do CP) é formal, pois a sua consumação não está condicionada à produção de resultado naturalístico (não execução do ato contra o qual se insurgiu o agente). A consumação se dá, portanto, em momento anterior, com o emprego de violência ou ameaça; **B:** correta. *Vide*, nesse sentido: TRF – 1.ª Região, *RT* 755/735, e art. 334-A do CP, introduzido pela Lei 13.008/2014; **C:** incorreta, pois inexiste previsão de desacato culposo e, salvo os casos expressos em lei, ninguém pode ser punido por fato previsto como crime, senão quando o pratica dolosamente (parágrafo único do art. 18 do CP); **D:** incorreta, pois a corrupção passiva também não comporta a modalidade culposa, e, conforme esclarecido anteriormente, salvo os casos expressos em lei, ninguém pode ser punido por fato previsto como crime, senão quando o pratica dolosamente (art. 18, parágrafo único, do CP).
Gabarito "B".

(Analista – TRE/TO – 2011 – FCC) Arrebatamento de preso é classificado como crime:

(A) contra a fé pública.
(B) contra a administração da Justiça.
(C) de abuso de autoridade.
(D) praticado por particular contra a administração em geral.
(E) praticado por funcionário público contra a administração em geral.

O crime de arrebatamento de preso, previsto no art. 353 do CP, integra o Capítulo III (Dos Crimes Contra a Administração da Justiça) do Título XI (Dos Crimes contra a Administração Pública).
Gabarito "B".

(Analista – TRE/MG – 2012 – CONSULPLAN) Marque a alternativa que NÃO descreve um crime contra a Administração Pública (praticado por funcionário público contra a Administração em Geral, praticado por particular contra a Administração em Geral ou praticado contra a Administração da Justiça).

(A) Particular, desobedece à ordem legal de servidor público.
(B) Particular, perante autoridade, acusa-se de crime inexistente.
(C) Particular, sozinho, subtrai, para si, bem de repartição pública.
(D) Funcionário público deixa de praticar, indevidamente, ato de ofício, para satisfazer interesse pessoal.
(E) Funcionário público apropria-se de dinheiro público que, no exercício do cargo, recebeu por erro de outrem.

A: incorreta. A assertiva contempla a descrição típica do delito de desobediência, previsto no art. 330 do CP, que é crime praticado por particular contra a administração em geral (Capítulo II do Título XI da Parte Especial do Código Penal). Perceba que os crimes previstos neste capítulo são denominados comuns, já que não impõem ao sujeito ativo nenhuma qualidade especial, isto é, podem ser praticados por qualquer pessoa, como ocorre com a grande maioria dos crimes, tanto os previstos no Código Penal quanto aqueles contidos em leis especiais; **B:** incorreta. Isso porque a proposição contém a descrição típica do crime previsto no art. 341 do CP (autoacusação falsa), que constitui delito contra a administração da Justiça. É, assim como o crime de desobediência, delito comum; **C:** correta. É que a conduta do particular que, sem a colaboração de funcionário público, subtrai, para si, bem de repartição pública incorre no crime de furto (art. 155, CP), delito contra o patrimônio previsto no art. 156 do CP; **D:** incorreta, uma vez que a descrição corresponde ao crime do art. 319 do CP (prevaricação), que é delito cujo bem jurídico sob tutela é a administração pública. Mais precisamente, crime praticado por funcionário público contra a administração em geral. É crime próprio, na medida em que o tipo penal exige do sujeito ativo uma característica específica, qual seja, a de ser funcionário público; **E:** incorreta. Cuida-se do crime de peculato mediante erro de outrem (art. 313, CP), que é próprio do funcionário público.
Gabarito "C".

13. CRIMES DA LEI DE DROGAS

(Analista Judiciário – TJ/AL – 2018 – FGV) Luiz, primário e de bons antecedentes, sem qualquer envolvimento pretérito com crime, não mais aguentando ver seu filho chorar e pedir a compra de um videogame que todos os colegas da escola tinham, aceita transportar, mediante recebimento de valores, por solicitação de seu cunhado, 30g de maconha para determinado endereço de município vizinho ao que residia, no mesmo Estado da Federação. Durante o transporte, antes mesmo de ultrapassar o limite do município em que residia, vem a ser preso em flagrante. Durante a instrução, todos os fatos acima narrados são confirmados, inclusive a intenção de transportar as drogas para outro município.

Considerando apenas as informações expostas, no momento da sentença:

(A) poderá Luiz ser absolvido em razão da excludente da culpabilidade da inexigibilidade de conduta diversa;
(B) poderá ser aplicada a causa de diminuição do tráfico privilegiado, inclusive sendo possível a substituição da pena privativa de liberdade por restritiva de direitos;
(C) não poderá ser aplicada a causa de diminuição de pena do tráfico privilegiado, já que incompatível com a causa de aumento do tráfico intermunicipal, que deve ser reconhecida;
(D) não poderá ser reconhecida a causa de aumento do tráfico intermunicipal prevista na Lei nº 11.343/06, pois não houve efetiva transposição da fronteira, mas poderá ser reconhecida a causa de diminuição do tráfico privilegiado;
(E) poderão ser reconhecidas a causa de aumento do tráfico intermunicipal, ainda que não tenha sido ultrapassada a fronteira do município, e a causa de diminuição do tráfico privilegiado.

A: incorreta. A *inexigibilidade de conduta diversa* constitui um dos elementos da culpabilidade. Funda-se no princípio de que somente devem ser punidas as condutas que podem ser evitadas. Dessa forma, se, no caso concreto, não era possível exigir do agente conduta diferente da que adotou, ficará excluída a sua culpabilidade. Não é este o caso do enunciado. Com efeito, Luiz, por maior e mais nobre que fosse a sua vontade de ver o desejo de seu filho atendido, tinha como escolher trilhar outro caminho no lugar de ingressar no mundo do crime; **B**: correta. Pela narrativa contida no enunciado, possível concluir pela existência dos requisitos necessários ao reconhecimento da causa de diminuição de pena do art. 33, § 4º, da Lei 11.343/2006, a saber: ser o réu primário; ostentar bons antecedentes; não se dedicar a atividades criminosas; e não ser membro de facção criminosa. A substituição da pena privativa de liberdade por restritiva de direitos era vedada, a teor do art. 33, § 4º, da Lei de Drogas, para o crime de tráfico. Sucede que o STF, no julgamento do HC 97.256/RS, declarou, incidentalmente, a inconstitucionalidade dessa vedação. Posteriormente, o Senado Federal, por meio da Resolução 5/2012, suspendeu a execução da expressão "vedada a conversão em penas restritivas de direito", presente no art. 33, § 4º, da Lei 11.343/2006. Portanto, nada impede, atualmente, que o juiz autorize a substituição da pena privativa de liberdade por restritiva de direitos no crime de tráfico bem assim a fixação de regime aberto, desde que preenchidos os requisitos legais; **C**: incorreta. O fato de o tráfico ser efetuado entre municípios de um mesmo estado da federação (tráfico intermunicipal) não constitui causa de aumento de pena. O que há é o aumento de pena na hipótese de o tráfico ser internacional (art. 40, I, da Lei 11.343/2006) ou interestadual (art. 40, V, da Lei 11.343/2006); **D** e **E**: incorretas. Vide comentário anterior. ED

Gabarito "B".

(Analista – TJ/SC – FGV – 2018) Em inovação legislativa, a Lei nº 11.343/06, em seu art. 33, § 4º, trouxe a figura do tráfico privilegiado, em especial para mitigar a severa punição do tráfico de drogas para o chamado "traficante de primeira viagem".

Sobre as previsões da Lei nº 11.343/06 sobre o tema e de acordo com a jurisprudência dos Tribunais Superiores, é correto afirmar que:

(A) a condenação por tráfico, ainda que privilegiado e com pena inferior a 4 anos, não permite a substituição da pena privativa de liberdade por restritiva de direitos;
(B) o benefício do tráfico privilegiado poderá ser aplicado ainda que o agente seja, também, condenado pelo crime de associação para o tráfico;
(C) a quantidade de drogas poderá ser considerada no momento da aplicação da pena base, mas não a natureza do material apreendido;
(D) o regime inicial de cumprimento de pena, diante do tráfico privilegiado, deverá ser necessariamente o fechado;
(E) o tráfico privilegiado poderá ser reconhecido mesmo diante da figura do tráfico majorado.

A: incorreta. A substituição da pena privativa de liberdade por restritiva de direitos era vedada, a teor do art. 33, § 4º, da Lei de Drogas, para o crime de tráfico. O STF, ao julgar o HC 97.256/RS, declarou, incidentalmente, a inconstitucionalidade dessa vedação. Posteriormente, o Senado Federal, por meio da Resolução 5/2012, suspendeu a execução da expressão "vedada a conversão em penas restritivas de direito", presente no art. 33, § 4º, da Lei 11.343/2006. Portanto, nada impede, atualmente, que o juiz autorize a substituição da pena privativa de liberdade por restritiva de direitos no crime de tráfico bem assim a fixação de regime aberto, desde que preenchidos os requisitos legais; **B**: incorreta. A condenação simultânea pelo cometimento dos crimes de associação para o tráfico (art. 35, Lei 11.343/2006) e tráfico de drogas elide o reconhecimento do privilégio contido no art. 33, § 4º, Lei 11.343/2006, porquanto resta evidenciada, neste caso, a dedicação do agente a atividades criminosas ou a sua participação em organização criminosa. Nesse sentido: "(...) Além disso, tem-se que a condenação pelo crime de associação para o tráfico, por si só, já tem o condão de inviabilizar a aplicação do redutor previsto no art. 33, § 4º, da Lei Antidrogas, pois essa circunstância impede que o agente preencha os requisitos legais para a aplicação da minorante" (AgInt no AREsp 1290627/SP, Rel. Ministro Ribeiro Dantas, Quinta Turma, julgado em 24/09/2019, DJe 30/09/2019); **C**: incorreta, pois contraria o disposto no art. 42 da Lei de Drogas, que dispõe que o magistrado levará em conta, na fixação das penas, com preponderância sobre o art. 59 do CP, a natureza e a quantidade da substância apreendida; **D**: incorreta. Ao julgar o HC 111.840/ES, em 2012, o STF declarou a inconstitucionalidade incidental da obrigatoriedade do regime inicialmente fechado previsto para os crimes hediondos e assemelhados. Conferir: "O STF, no julgamento do HC n. 111.840/ES, declarou inconstitucionalidade do § 1º do art. 2º da Lei n. 8.072/90, com a redação que lhe foi dada pela Lei n. 11.464/07, afastando, dessa forma, a obrigatoriedade do regime inicial fechado para os condenados por crimes hediondos e equiparados. Assim, o regime prisional será fixado em obediência ao que dispõe o art. 33, §§ 2º e 3º, e art. 59, ambos do Código Penal – CP" (HC 515.261/SP, Rel. Ministro Joel Ilan Paciornik, Quinta Turma, julgado em 25/06/2019, DJe 05/08/2019)."; **E**: correta. De fato, podem coexistir o tráfico privilegiado (art. 33, § 4º, da Lei 11.343/2006) com o majorado (art. 40, Lei 11.343/2006). ED

Gabarito "E".

14. OUTROS CRIMES DA LEGISLAÇÃO EXTRAVAGANTE

(Analista Judiciário – TJ/PA – 2020 – CESPE/CEBRASPE) De acordo com a Lei 8.666/1993, configura crime de fraude em licitação instaurada para aquisição ou venda de bens ou mercadorias, ou contrato dela decorrente, com prejuízo à fazenda pública,

(A) reduzir preços dos bens ou mercadorias.
(B) entregar uma mercadoria por outra.
(C) ordenar despesa não autorizada por lei.
(D) prestar garantia sem contragarantia.
(E) onerar a proposta ou a execução do contrato, ainda que justificadamente.

Conduta descrita no art. 96, III, da Lei 8.666/1993, que assim dispõe: *Fraudar, em prejuízo da Fazenda Pública, licitação instaurada para aquisição ou venda de bens ou mercadorias, ou contrato dela decorrente: (...) III – entregando uma mercadoria por outra.* Atenção: os arts. 89 a 108 da Lei 8.666/1993, que reuniam os crimes em espécie e o respectivo procedimento judicial, foram revogados pela Lei 14.133/2021 (nova Lei de Licitações e Contratos Administrativos). Por força desta mesma Lei, os delitos relativos a licitações e contratos administrativos foram inseridos no Código Penal, criando-se, para tanto, o Capítulo II-B, dentro do Título XI (dos crimes contra a administração pública). Assim, as condutas configuradoras de crimes relativos a licitações e contratos administrativos, que antes tinham previsão na Lei 8.666/1993, passam a tê-lo nos arts. 337-E a 337-P do CP. A conduta descrita no enunciado se enquadra, atualmente, no art. 337 L, III, do CP.
Gabarito "B".

(Analista – TJ/MA – 2019 – FCC) Segundo o que dispõe a legislação nacional acerca dos crimes hediondos (Lei n. 8.072/1990),

(A) o feminicídio não consta do rol dos crimes hediondos.
(B) o crime de favorecimento da prostituição ou de outra forma de exploração sexual de criança ou adolescente ou de vulnerável é hediondo.
(C) o crime de corrupção é definido como hediondo de acordo com o ordenamento jurídico.
(D) o delito de exposição a perigo embarcação ou aeronave, própria ou alheia, ou praticar qualquer ato tendente a impedir ou dificultar navegação marítima, fluvial ou aérea é hediondo, conforme o Código Penal.
(E) o crime de lesão corporal dolosa, em nenhuma de suas modalidades, é, para efeito da lei brasileira, hediondo.

A: incorreta. É que o feminicídio, que constitui modalidade de homicídio qualificado (art. 121, § 2º, VI, do CP), é considerado delito hediondo, nos termos do art. 1º, I, da Lei 8.072/1990 (Crimes Hediondos); **B:** correta, já que se trata de delito inserido no rol dos crimes hediondos (art. 1º, VIII, da Lei 8.072/1990); **C:** incorreta, já que o delito de corrupção (ativa ou passiva) não integra o rol dos crimes hediondos, definidos no art. 1º da Lei 8.072/1990; **D:** incorreta, uma vez que não integra o rol dos crimes hediondos, definidos no art. 1º da Lei 8.072/1990; **E:** incorreta, na medida em que o crime de lesão corporal dolosa, desde de natureza gravíssima (art. 129, § 2º, do CP), bem como o delito de lesão corporal seguida de morte (art. 129, § 3º, do CP), quando praticados contra agente estatal integrante do sistema de segurança pública, são considerados hediondos (art. 1º, I-A, da Lei 8.072/1990). Atenção: a Lei 13.964/2019 (pacote anticrime) alterou a Lei 8.072/1990 e ali inseriu novas modalidades de delito hediondo. Com isso, ganharam tal rótulo os seguintes crimes: roubo circunstanciado pela restrição de liberdade da vítima; roubo circunstanciado pelo emprego de arma de fogo (de uso permito, restrito ou proibido); roubo qualificado pelo resultado lesão corporal grave ou morte (o latrocínio já era hediondo); extorsão qualificada pela restrição da liberdade da vítima ou ocorrência de lesão corporal ou morte; furto qualificado pelo emprego de explosivo ou de artefato análogo que cause perigo comum; comércio ilegal de arma de fogo; tráfico internacional de arma de fogo, acessório ou munição; e o crime de organização criminosa, quando voltado à prática de crime hediondo ou equiparado. Mais recentemente, a Lei 14.811/2024 alterou a Lei 8.072/1990, conferindo o rótulo de hediondo aos seguintes crimes:

sequestro e cárcere privado cometido contra menor de 18 (dezoito) anos (art. 148, § 1º, inciso IV); tráfico de pessoas cometido contra criança ou adolescente (art. 149-A, **caput**, incisos I a V, e § 1º, inciso II); os crimes previstos no § 1º do art. 240 e no art. 241-B da Lei nº 8.069, de 13 de julho de 1990 (Estatuto da Criança e do Adolescente).
Gabarito "B".

(Analista – TRF/4 – FCC – 2019) Ricardo, Prefeito Municipal do município "X", juntamente com Rodolfo, o Secretário Municipal da Cultura, contrataram a empresa "YY" para uma obra na cidade, sem realizar o procedimento licitatório, fora das hipóteses de dispensa ou inexigibilidade de licitação previstas pela Lei no 8.666/1993. A empresa "YY", através de seu diretor presidente Caio, atuou juntamente com o Prefeito Ricardo e o Secretário Rodolfo, seus amigos, para a assinatura do contrato, independentemente do certame licitatório, beneficiando-se evidentemente da contratação. Após regular investigação, Ricardo e Rodolfo foram indiciados pela polícia por infração ao artigo 89, da Lei n. 8.666/1993 (Art. 89. Dispensar ou inexigir licitação fora das hipóteses previstas em lei, ou deixar de observar as formalidades pertinentes à dispensa ou à inexigibilidade: Pena – detenção, de 3 (três) a 5 (cinco) anos, e multa).

No caso hipotético apresentado, Caio, Diretor Presidente da empresa "YY", beneficiária do contrato administrativo celebrado com o Poder Público, cometeu

(A) apenas infração administrativa e estará sujeito, assim como a empresa, à rescisão imediata do contrato e às sanções administrativas de advertência e declaração de inidoneidade para licitar ou contratar com a Administração Pública enquanto perdurarem os motivos determinantes da punição.
(B) apenas infração administrativa e estará sujeito, assim como a empresa, à rescisão imediata do contrato e às sanções administrativas de multa e suspensão temporária de participação em licitação e impedimento de contratar com a Administração, por prazo não superior a 1 (um) ano.
(C) crime e estará sujeito às penas previstas para o crime descrito no artigo 89, da Lei n. 8.666/1993, com redução de 1/3 (um terço) a 2/3 (dois terços), pelo fato de ser a empresa beneficiária, e não ter responsabilidade pela realização do procedimento licitatório.
(D) crime e também estará sujeito às penas previstas para o crime descrito no artigo 89, da Lei n. 8.666/1993.
(E) apenas infração administrativa e estará sujeito, assim como a empresa, à rescisão imediata do contrato e às sanções administrativas de advertência e suspensão temporária de participação em licitação e impedimento de contratar com a Administração, por prazo não superior a 3 (três) anos.

Caio, que atuou juntamente com o Prefeito Ricardo e o Secretário Rodolfo, seus amigos, para a assinatura do contrato sem o necessário certame licitatório, disso se beneficiando, incorrerá na figura específica para o contratado prevista no art. 89, parágrafo único, da Lei 8.666/1993. Ainda que não houvesse tal dispositivo legal (parágrafo único), mesmo assim o contratado, neste caso Caio, que se beneficiou da fraude licitatória operada em conjunto com os agentes públicos, seria responsabilizado na qualidade de partícipe do mesmo crime praticado por Ricardo e Rodolfo (art. 89, *caput*, Lei 8.666/1993). Atenção: os arts. 89 a 108 da Lei 8.666/1993, que reuniam os crimes em espécie e o respectivo procedimento judicial, foram revogados pela Lei 14.133/2021 (nova Lei de Licitações e Contratos Administrativos). Por força desta mesma Lei, os delitos relativos a licitações e contratos administrativos foram inseridos no Código Penal, criando-se, para tanto, o Capítulo II-B, dentro do Título XI (dos crimes contra a administração pública). Assim, as condutas configuradoras de crimes relativos a licitações e contratos administrativos, que antes tinham previsão na Lei 8.666/1993, passam a tê-lo nos arts. 337-E a 337-P do CP. ED

Gabarito "D".

(Analista – TJ/SC – FGV – 2018) Em cumprimento de mandado de busca e apreensão no local de trabalho de João, que era um estabelecimento comercial de sua propriedade e de sociedade em que figurava como administrador e principal sócio, foram apreendidas duas armas de fogo, de calibre permitido, com numeração aparente, devidamente municiadas. João esclareceu que tinha as armas para defesa pessoal, apesar de não possuir autorização e nem registro das mesmas.

Diante disso, foi denunciado pela prática de dois crimes de porte de arma de fogo de uso permitido (art. 14 da Lei nº 10.826/03), em concurso material.

No momento de aplicar a sentença, o juiz deverá reconhecer que:

(A) ocorreram dois crimes de posse de arma de fogo de uso permitido (art. 12 da Lei nº 10.826/03) em concurso material;

(B) ocorreram dois crimes de posse de arma de fogo de uso permitido (art. 12 da Lei nº 10.826/03) em concurso formal;

(C) ocorreram dois crimes de porte de arma de fogo de uso permitido em concurso formal;

(D) ocorreu crime único de porte de arma de fogo de uso permitido, afastando-se o concurso de delitos;

(E) ocorreu crime único de posse de arma de fogo de uso permitido (art. 12, Lei nº 10.826/03), afastando-se o concurso de delitos.

Desde que no mesmo contexto fático, deve ser reconhecido crime único. Nesse sentido: "A jurisprudência desta Corte consolidou-se no sentido da existência de um delito único quando apreendidas mais de uma arma, munição, acessório ou explosivo em posse do mesmo agente, dentro do mesmo contexto fático, não havendo que se falar em concurso material ou formal entre as condutas, pois se vislumbra uma só lesão de um mesmo bem tutelado" (HC 362.157/RJ, Rel. Ministro Reynaldo Soares Da Fonseca, Quinta Turma, julgado em 18/05/2017, DJe 23/05/2017). ED

Gabarito "E".

(Analista Jurídico –TCE/PA – 2016 – CESPE) Com base no disposto na Lei n.º 1.079/1950, no Decreto-lei n.º 201/1967 e na jurisprudência dos tribunais superiores, julgue os seguintes itens.

(1) É coautor de crime de responsabilidade praticado por prefeitos o vereador que se utiliza indevidamente de veículo do município cedido pelo prefeito e se envolve em sinistro, causando considerável prejuízo ao erário público.

(2) O cometimento de crime de responsabilidade de prefeito consistente em deixar de cumprir ordem judicial individualizada e diretamente a ele dirigida depende da presença de dolo preordenado revelador de desprezo institucional para com a administração da justiça.

(3) Inexiste crime de responsabilidade se o acusado, no momento do oferecimento da denúncia, não mais exerce o cargo que exercia quando cometeu ilícito previsto na Lei n.º 1.079/1950, mesmo que permaneça no exercício de outra função pública.

1: incorreta. Quanto à possibilidade de o vereador figurar como coautor nos crimes definidos no art. 1º do Decreto-lei 201/1967, conferir o julgado do STF: "(...) 3. In casu, o paciente, prefeito municipal, foi denunciado pela suposta prática do crime de responsabilidade descrito no art. 1º, inc. II, do decreto-lei 201/1967, por ceder, para uso indevido de vereador de sua base de sustentação, veículo do município, que restou sinistrado, causando considerável prejuízo ao erário. 4. A alegação de ausência de autoria, objetivando o trancamento da ação penal, demanda aprofundado reexame de fatos e provas, insuscetível em habeas corpus. 5. A ausência de denúncia de suposto coautor, matéria inerente à prova, não revela prima facie violação do princípio da indisponibilidade da ação penal. 6. O princípio da indisponibilidade da ação penal não se aplica na hipótese de crime próprio, por isso que o sujeito ativo do crime de responsabilidade é o prefeito ou quem, em virtude de substituição, nomeação ou indicação, esteja no exercício das funções de chefe do Executivo Municipal. Os delitos referidos no art. 1º do Dec.-lei 201/67 só podem ser cometidos por prefeito, em razão do exercício do cargo ou por quem, temporária ou definitivamente, lhe faça as vezes. Assim, o presidente da Câmara Municipal, ou os vereadores, ou qualquer servidor do Município não podem ser sujeito ativo de nenhum daqueles crimes, a não ser como copartícipe (Leis Penais Especiais e sua Interpretação Jurisprudencial, coordenação Alberto Silva Franco e Rui Stocco, 7ª ed. revista, atualizada e ampliada, São Paulo: Ed. Revista dos Tribunais, 2002, p. 2.690)" (RHC 107675, Relator(a): Min. LUIZ FUX, Primeira Turma, julgado em 27.09.2011); **2:** correta. Segundo o STF, "para a perfectibilização do tipo penal do artigo 1º, XIV, segunda parte, do Decreto-Lei 201/67 exige-se dolo preordenado em descumprir uma ordem judicial individualizada e diretamente dirigida ao Prefeito, a revelar menoscabo e desprezo institucional para com a administração da justiça. 2. Conduta dolosa que não se configura no caso concreto, uma vez inexistente prova da cientificação do Prefeito quanto à ordem alegadamente descumprida, seja pessoalmente ou por outros meios inequívocos (...)" (AP 555, Relator(a): Min. ROSA WEBER, Primeira Turma, julgado em 06.10.2015); **3:** correta, pois reflete o que estabelece o art. 15 da Lei 1.079/1950. ED

Gabarito 1E, 2C, 3C.

(Analista Jurídico – TCE/PR – 2016 – CESPE) No que se refere ao acordo de leniência no caso de prática de atos ilícitos previstos na Lei n.º 12.846/2013, assinale a opção correta.

(A) A celebração do acordo de leniência interrompe o prazo prescricional dos atos ilícitos previstos na Lei n.º 12.846/2013.

(B) A celebração do acordo de leniência poderá reduzir em até dois terços o valor a ser pago a título de reparação dos danos causados pela pessoa jurídica responsável pelo ato ilícito.

(C) A propositura e a celebração desse tipo de acordo são de competência exclusiva do Ministério Público no âmbito do inquérito civil ou durante o processamento de ação civil pública.

(D) Tal acordo poderá ser celebrado com a pessoa jurídica que aceitar cooperar plenamente com a apuração do ato ilícito, ainda que ela não tenha admitido a sua participação na infração investigada.

(E) A rejeição da proposta de acordo de leniência pela pessoa jurídica investigada implicará a confissão e o reconhecimento da prática do ato ilícito em apuração.

A: correta, pois em conformidade com o teor do art. 16, § 9º, da Lei 12.846/2013; B: incorreta, pois não reflete o que estabelece o art. 16, §§ 2º e 3º, da Lei 12.846/2013; C: incorreta, pois não reflete o que estabelece o art. 16, § 10, da Lei 12.846/2013; D: incorreta, pois não reflete o que estabelece o art. 16, § 1º, III, da Lei 12.846/2013; E: incorreta, pois não reflete o que estabelece o art. 16, § 7º, da Lei 12.846/2013.
Gabarito "A".

(Analista Jurídico – TCE/PR – 2016 – CESPE) De acordo com o Decreto-lei n.º 201/1967 e a jurisprudência dos tribunais superiores, assinale a opção correta.

(A) O prazo prescricional referente à pena de perda do cargo decorrente de condenação definitiva de prefeito por crime de responsabilidade previsto no Decreto-lei n.º 201/1967 é distinto do prazo prescricional previsto para a pena privativa de liberdade aplicada ao condenado pelo mesmo crime.

(B) Para a configuração de crime de responsabilidade previsto no Decreto-lei n.º 201/1967, é imprescindível que o desvio de rendas públicas tenha ocorrido em proveito do próprio prefeito.

(C) É imprescindível a autorização da respectiva câmara municipal para o julgamento, perante o Poder Judiciário, dos acusados da prática dos crimes de responsabilidade previstos no Decreto-lei n.º 201/1967.

(D) O prefeito que emprega rendas públicas em proveito próprio para a realização de propagandas autopromocionais comete o crime de peculato-uso.

A: correta. Na jurisprudência do STJ: "(...) As penas de perda do cargo e de inabilitação para o exercício de cargo ou função pública, previstas no art. 1.º, § 2.º, do Decreto-Lei n.º 201/67, são autônomas em relação à pena privativa de liberdade, sendo distintos os prazos prescricionais" (REsp 945.828/PR, Rel. Ministra LAURITA VAZ, QUINTA TURMA, julgado em 28.09.2010, DJe 18.10.2010); B: incorreta, uma vez que o crime de responsabilidade consistente em desviar bens ou rendas públicas, previsto no art. 1º, I, do Decreto-lei 201/1967, configura-se ainda que a conduta praticada seja *em proveito alheio*; C: incorreta, pois não retrata o que estabelece o art. 1º, *caput*, do Decreto-lei 201/1967: o julgamento, perante o Poder Judiciário, dos acusados da prática dos crimes de responsabilidade previstos no Decreto-lei 201/1967 não está condicionado à autorização da respectiva câmara municipal; D: incorreta. Segundo o STF, "o emprego de rendas públicas em proveito próprio, com realização de propagandas autopromocionais, não caracteriza o peculato-uso, cuja atipicidade é reconhecida pela doutrina e pela jurisprudência, mas no qual não há intuito de apropriação e que somente se caracteriza quando estão envolvidos bens fungíveis (...)" (AP 432, Relator(a): Min. LUIZ FUX, Tribunal Pleno, julgado em 10.10.2013).
Gabarito "A".

(Analista Judiciário – TJ/MT – UFMT – 2016) Em relação aos crimes de tortura, marque V para as afirmativas que correspondam ao tipo de crime descrito e F àquelas que não correspondem.

( ) Constranger alguém com emprego de violência ou grave ameaça, causando-lhe sofrimento físico ou mental, para provocar ação ou omissão de natureza criminosa.

( ) Submeter alguém, sob sua guarda, poder ou autoridade, com emprego de violência ou grave ameaça, a intenso sofrimento físico ou mental, como forma de aplicar castigo pessoal ou medida de caráter preventivo.

( ) Constranger alguém com emprego de violência ou grave ameaça, causando-lhe sofrimento físico ou mental, em razão de discriminação racial ou religiosa.

( ) Constranger alguém com emprego de violência ou grave ameaça, causando-lhe sofrimento físico ou mental, com o fim de obter informação, declaração ou confissão da vítima ou de terceira pessoa.

Assinale a sequência correta.

(A) V, V, V, V
(B) F, V, F, V
(C) F, F, F, F
(D) V, F, V, F

1ª assertiva: verdadeira (crime previsto no art. 1º, I, *b*, da Lei 9.455/1997); **2ª assertiva:** verdadeira (crime previsto no art. 1º, II, da Lei 9.455/1997); **3ª assertiva:** verdadeira (crime previsto no art. 1º, I, *c*, da Lei 9.455/1997); **4ª assertiva:** verdadeira (crime previsto no art. 1º, I, *a*, da Lei 9.455/1997).
Gabarito "A".

(Analista Judiciário – TJ/MT – UFMT – 2016) Em relação ao conceito de organização criminosa, disposto na Lei nº 12.850/2013, assinale a afirmativa correta.

(A) Considera-se organização criminosa a associação de 2 (duas) ou mais pessoas estruturalmente ordenada e caracterizada pela divisão de tarefas, ainda que informalmente, com objetivo de obter, direta ou indiretamente, vantagem de qualquer natureza, mediante a prática de infrações penais cujas penas máximas sejam superiores a 4 (quatro) anos, ou que sejam de caráter transnacional.

(B) Considera-se organização criminosa a associação de 2 (duas) ou mais pessoas estruturalmente ordenada e caracterizada pela divisão de tarefas, ainda que informalmente, com objetivo de obter, direta ou indiretamente, vantagem de qualquer natureza, mediante a prática de infrações penais cujas penas máximas sejam superiores a 2 (dois) anos, ou que sejam de caráter transnacional.

(C) Considera-se organização criminosa a associação de 4 (quatro) ou mais pessoas estruturalmente ordenada e caracterizada pela divisão de tarefas, ainda que informalmente, com objetivo de obter, direta ou indiretamente, vantagem de qualquer natureza, mediante a prática de infrações penais cujas penas máximas sejam superiores a 2 (dois) anos, ou que sejam de caráter transnacional.

(D) Considera-se organização criminosa a associação de 4 (quatro) ou mais pessoas estruturalmente ordenada e caracterizada pela divisão de tarefas, ainda que informalmente, com objetivo de obter, direta ou indiretamente, vantagem de qualquer natureza, mediante a prática de infrações penais cujas penas máximas sejam superiores a 4 (quatro) anos, ou que sejam de caráter transnacional.

Está correta a assertiva "D", uma vez que corresponde à redação do art. 1º, § 1º, da Lei 12.850/2013, que contempla o atual conceito de *organização criminosa*.
Gabarito "D".

(Analista Judiciário – TJ/MT – UFMT – 2016) Sobre a interceptação telefônica, segundo a Lei nº 9.296/1996, assinale a afirmativa INCORRETA.

(A) Não será admitida interceptação telefônica quando a prova puder ser feita por outros meios disponíveis.

(B) Será admitida interceptação telefônica quando houver indícios razoáveis de autoria ou participação em infração penal.

(C) A interceptação telefônica poderá ser determinada pelo juiz, de ofício ou a requerimento da autoridade policial na investigação criminal.

(D) A interceptação telefônica poderá ser determinada pelo juiz, de ofício ou a requerimento do Ministério Público na investigação criminal.

A: correta (art. 2º, II, da Lei 9.296/1996); **B:** correta (art. 2º, I, da Lei 9.296/1996); **C:** correta (art. 3º, caput e I, da Lei 9.296/1996). Além disso, a interceptação também poderá ser determinada (sempre pelo magistrado) a requerimento do MP, quer durante a investigação criminal, quer no curso da ação penal (art. 3º, II, da Lei 9.296/1996); **D:** correta. Vide comentário anterior. Como se pode ver, as assertivas estão todas corretas, sendo hipótese, portanto, de anulação da questão. ED
Gabarito "Anulada."

(Analista – STF – 2013 – CESPE) No que se refere às condutas tipificadas como crimes em leis penais extravagantes, julgue os itens seguintes.

(1) Independentemente da pena prevista, aos crimes praticados contra a mulher em situação de violência doméstica não se aplica as disposições da Lei dos Juizados Especiais Criminais.

(2) Equipara-se à figura delitiva do tráfico ilícito de substância entorpecente a conduta daquele que oferece droga, sem objetivo de lucro, a pessoa de seu relacionamento para juntos a consumirem.

1: correta. De fato, os crimes (e também as contravenções) praticados com violência doméstica contra a mulher não se submetem à disciplina da Lei 9.099/1995, conforme estabelece o art. 41 da Lei 11.340/2006 (Maria da Penha), cuja constitucionalidade, outrora questionada, foi confirmada pelos tribunais superiores. Conferir: "Violência doméstica – Art. 41 da Lei 11.340/06 – Alcance. O preceito do artigo 41 da Lei 11.340/06 alcança toda e qualquer prática delituosa contra a mulher, até mesmo quando consubstancia contravenção penal, como é a relativa a vias de fato. Violência doméstica – Artigo 41 da Lei 11.340/06 – Afastamento da Lei 9.099/95 – Constitucionalidade. Ante a opção político-normativa prevista no art. 98, inciso I, e a proteção versada no art. 226, § 8º, ambos da Constituição Federal, surge harmônico com esta última o afastamento peremptório da Lei nº 9.099/95 – mediante o artigo 41 da Lei 11.340/2006 – no processo-crime a revelar violência contra a mulher" (HC 106212, Marco Aurélio, STF); **2:** errada. A assertiva contempla a hipótese descrita no art. 33, § 3º, da Lei 11.343/2006 (Drogas). É a chamada *cessão gratuita*, que traz os seguintes requisitos: eventualidade no oferecimento da droga; ausência de objetivo de lucro; intenção de consumir a droga em conjunto; e oferecimento da droga a pessoa do relacionamento do agente. É crime de menor potencial ofensivo. ED
Gabarito 1C, 2E

Analista – TRF/3ª Região – 2014 – FCC) *Não se tipifica crime material contra a ordem tributária, previsto no art. 1º, incisos I a IV, da Lei 8.137/90, antes do lançamento definitivo do tributo.*

O enunciado da Súmula Vinculante 24 do STF, citado acima, mais diretamente implica que

(A) o erro sobre elemento do tipo penal exclui o dolo.

(B) reduz-se a pena quando, até o recebimento da denúncia, o agente de crime cometido sem violência ou grave ameaça reparar o dano ou restituir a coisa.

(C) a prescrição começa a correr do dia em que o crime se consumou.

(D) o erro inevitável sobre a ilicitude do fato isenta de pena.

(E) a confissão espontânea da autoria do crime atenua a pena.

Conferir: "*HABEAS CORPUS*. DELITO CONTRA A ORDEM TRIBUTÁRIA. SONEGAÇÃO FISCAL. PROCEDIMENTO ADMINISTRATIVO-TRIBUTÁRIO AINDA EM CURSO. AJUIZAMENTO PREMATURO, PELO MINISTÉRIO PÚBLICO, DA AÇÃO PENAL. IMPOSSIBILIDADE. AUSÊNCIA DE JUSTA CAUSA PARA A VÁLIDA INSTAURAÇÃO DA "PERSECUTIO CRIMINIS". INVALIDAÇÃO DO PROCESSO PENAL DE CONHECIMENTO DESDE O OFERECIMENTO DA DENÚNCIA, INCLUSIVE. PEDIDO DEFERIDO. Tratando-se dos delitos contra a ordem tributária, tipificados no art. 1º da Lei nº 8.137/90, a instauração da concernente persecução penal depende da existência de decisão definitiva, proferida em sede de procedimento administrativo, na qual se haja reconhecido a exigibilidade do crédito tributário ("an debeatur"), além de definido o respectivo valor ("quantum debeatur"), sob pena de, em inocorrendo essa condição objetiva de punibilidade, não se legitimar, por ausência de tipicidade penal, a válida formulação de denúncia pelo Ministério Público. Precedentes. – Enquanto não se constituir, definitivamente, em sede administrativa, o crédito tributário, não se terá por caracterizado, no plano da tipicidade penal, o crime contra a ordem tributária, tal como previsto no art. 1º da Lei nº 8.137/90. Em consequência, e por ainda não se achar configurada a própria criminalidade da conduta do agente, sequer é lícito cogitar-se da fluência da prescrição penal, que somente se iniciará com a consumação do delito (CP, art. 111, I). Precedentes" (HC 84092, CELSO DE MELLO, STF). ED
Gabarito "C".

15. TEMAS COMBINADOS DE DIREITO PENAL

(Analista – MPU – CESPE – 2018) Cada um dos itens a seguir apresenta uma situação hipotética seguida de uma assertiva a ser julgada, a respeito da aplicação e da interpretação da lei penal, do concurso de pessoas e da culpabilidade.

(1) Um indivíduo, penalmente imputável, em continuidade delitiva, foi flagrado por autoridade policial no decorrer da prática criminosa de furtar sinal de TV a cabo. Nessa situação, de acordo com o atual entendimento do Supremo Tribunal Federal, aplica-se a analogia ao caso concreto, no sentido de imputar ao agente a conduta típica do crime de furto de energia elétrica.

(2) Joaquim, penalmente imputável, praticou, sob absoluta e irresistível coação física, crime de extrema gravidade e hediondez. Nessa situação, Joaquim não é passível de punição, porquanto a coação física, desde que absoluta, é causa excludente da culpabilidade.

(3) João e Manoel, penalmente imputáveis, decidiram matar Francisco. Sem que um soubesse da intenção do outro, João e Manoel se posicionaram de tocaia e, concomitantemente, atiraram na direção da vítima, que veio a falecer em decorrência de um dos disparos. Não foi possível determinar de qual arma foi deflagrado o projétil que atingiu fatalmente Francisco. Nessa situação, João e Manoel responderão pelo crime de homicídio na forma tentada.

1: incorreta. Não constitui furto de energia a subtração de sinal de TV a cabo, consoante já decidido pelo Supremo Tribunal Federal. Conferir:

"(...) O sinal de TV a cabo não é energia, e assim, não pode ser objeto material do delito previsto no art. 155, § 3º, do Código Penal. Daí a impossibilidade de se equiparar o desvio de sinal de TV a cabo ao delito descrito no referido dispositivo. Ademais, na esfera penal não se admite a aplicação da analogia para suprir lacunas, de modo a se criar penalidade não mencionada na lei (analogia in malam partem), sob pena de violação ao princípio constitucional da estrita legalidade. Precedentes. Ordem concedida" (HC 97261, Relator(a): Min. Joaquim Barbosa, Segunda Turma, julgado em 12.04.2011, DJe-081 divulg 02.05.2011). Cuidado: este entendimento não é compartilhado, ao menos em parte, pelo STJ, para o qual o sinal de TV a cabo pode ser equiparado a energia elétrica para o fim de incidir o art. 155, § 3º, do CP. Nesse sentido: "(...) Assim não fosse, tomando-se por base apenas os fatos relatados na inicial do mandamus impetrado na origem e no aresto objurgado, não se constata qualquer ilegalidade passível de ser remediada por este Sodalício, pois o sinal de TV a cabo pode ser equiparado à energia elétrica para fins de incidência do artigo 155, § 3º, do Código Penal. Doutrina. Precedentes" (RHC 30.847/RJ, Rel. Ministro Jorge Mussi, Quinta Turma, julgado em 20/08/2013, DJe 04/09/2013). Mais recentemente, a 6ª Turma do STJ, alinhando-se ao posicionamento consagrado no STF, adotou o entendimento de que a captação clandestina de sinal de TV a cabo não pode ser enquadrada no crime de furto. Conferir: "RECURSO ESPECIAL. PENAL. ART. 155, §§ 3.º, E 4.º, INCISO IV, DO CÓDIGO PENAL. CAPTAÇÃO CLANDESTINA DE SINAL DE TELEVISÃO POR ASSINATURA. EQUIPARAÇÃO AO FURTO DE ENERGIA ELÉTRICA. INVIABILIDADE. PRECEDENTES DO SUPREMO TRIBUNAL FEDERAL E DO SUPERIOR TRIBUNAL DE JUSTIÇA. RECURSO ESPECIAL DESPROVIDO. 1. A jurisprudência do Superior Tribunal de Justiça se inclinava no sentido de que o furto de sinal de televisão por assinatura se enquadraria na figura típica do art. 155, § 3.º, do Código Penal. 2. O Supremo Tribunal Federal, no julgamento do HC n.º 97.261/RS, entendeu que o sinal de televisão não se equipararia à energia elétrica, bem assim que não haveria subtração na hipótese de captação indevida de sinal, motivo pelo qual a conduta não se amoldaria ao crime do art. 155, § 3.º, do Código Penal. Asseverou também que a ausência de previsão de sanção no art. 35 da Lei n.º 8.977/1995, que definiu a captação clandestina de sinal como ilícito penal, somente poderia ser suprida por outra lei, não podendo ser utilizado o preceito secundário de outro tipo penal, sob pena de haver indevida analogia in malam partem. Precedente da Sexta Turma desta Corte Superior. 3. Recurso especial desprovido" (REsp 1838056/RJ, Rel. Ministra LAURITA VAZ, SEXTA TURMA, julgado em 09/06/2020, DJe 25/06/2020); **2: incorreta**. A coação física irresistível, por afetar a vontade, elimina a conduta, que é o primeiro elemento do fato típico. Portanto, se alguém for coagido fisicamente, de forma irresistível, a praticar uma infração penal, sequer terá praticado fato típico. Não se confunde a coação física irresistível com a coação moral irresistível. Esta sim afasta a culpabilidade, ante a inexigibilidade de conduta diversa, respondendo apenas o coator pela infração praticada pelo coagido (art. 22 do CP); **3: correta**. Na autoria colateral, os agentes, sem que um conheça a intenção do outro, dirigem sua conduta, de forma simultânea, para a prática do mesmo crime. Por inexistir liame subjetivo entre eles, não há que se falar em coautoria ou participação. Apurando-se qual dos agentes deu causa ao resultado, este será responsabilizado pelo crime consumado; o outro, pelo crime na forma tentada. Não sendo possível, na autoria colateral, identificar qual dos agentes deu causa ao resultado, estaremos diante, então, da chamada autoria incerta (hipótese do enunciado). Neste caso, a melhor solução recomenda que ambos respondam pelo crime na forma tentada, já que não foi possível apurar-se quem foi o responsável pelo resultado. ED

Gabarito 1E. 2E. 3C

(Analista – MPU – CESPE – 2018) Com relação aos crimes em espécie, julgue os itens que se seguem, considerando o entendimento firmado pelos tribunais superiores e a doutrina majoritária.

(1) Situação hipotética: João, penalmente imputável, dominado por violenta emoção após injusta provocação de José, ateou fogo nas vestes do provocador, que veio a falecer em decorrência das graves queimaduras sofridas. Assertiva: Nessa situação, João responderá por homicídio na forma privilegiada-qualificada, sendo possível a concorrência de circunstâncias que, ao mesmo tempo, atenuam e agravam a pena.

(2) Situação hipotética: Um indivíduo, penalmente imputável, ameaçou com arma de fogo um adolescente e subtraiu-lhe todos os pertences, incluindo-se valores e objetos pessoais. O autor foi preso logo depois, em flagrante delito, todavia, quando da abordagem policial, já não mais portava a arma utilizada no roubo. Assertiva: Nessa situação, o agente responderá pelo roubo na forma simples, sendo indispensável a apreensão da arma de fogo pela autoridade policial para a caracterização da correspondente majorante do crime.

(3) No crime de peculato, o proveito a que se refere o tipo penal pode ser tanto material quanto moral, consumando-se o delito mesmo que a vantagem auferida pelo agente não seja de natureza econômica.

(4) Nos crimes de falsidade documental, considera-se documento particular todo aquele não compreendido como público, ou a este equiparado, e que, em razão de sua natureza ou relevância, seja objeto da tutela penal — como cartão de crédito, por exemplo.

1: certa. As causas de diminuição de pena previstas no art. 121, § 1º, do CP (homicídio privilegiado), por serem de ordem *subjetiva*, ou seja, por estarem jungidas à motivação do crime, somente são compatíveis com as qualificadoras de ordem *objetiva* (aquelas não ligadas à motivação do crime). É o caso do homicídio privilegiado praticado por meio de fogo. Nesse caso, é perfeitamente possível a coexistência do privilégio contido no art. 121, § 1º, do CP com a qualificadora do art. 121, § 2º, III, do CP (meio cruel), já que esta é de ordem objetiva, isto é, não está ligada à motivação do crime, mas a sua forma de execução. É o chamado homicídio qualificado-privilegiado. Agora, se a qualificadora for de ordem *subjetiva*, como é o *motivo torpe*, não há que se falar em compatibilidade entre esta e a figura privilegiada; **2: errada**. Segundo entendimento jurisprudencial hoje prevalente, não há necessidade, à incidência da majorante prevista no art. 157, § 2º-A, I, CP, de apreensão da arma e submissão desta a exame pericial, quando a sua utilização resultar comprovada por outros meios de prova. Em outras palavras, a não apreensão da arma de fogo empregada no crime de roubo não é motivo bastante a afastar a incidência da causa de aumento do art. 157, § 2º-A, I, do CP. Conferir, nesse sentido: STJ, HC 127.661/SP, 5ª T., j. 14.05.2009, rel. Min. Laurita Vaz, DJe 08.06.2009. No mesmo sentido: "A Terceira Seção do STJ "firmou o entendimento de que é despicienda a apreensão e a perícia da arma de fogo, para a incidência da majorante do § 2º-A, I, do art. 157 do CP, quando existirem, nos autos, outros elementos de prova que evidenciem a sua utilização no roubo [...]" (HC 606.493/RJ, Rel. Ministro RIBEIRO DANTAS, QUINTA TURMA, julgado em 15/09/2020, DJe 21/09/2020), como ocorreu na hipótese, pois há prova testemunhal e imagens de câmera de segurança que evidenciam o uso do artefato pelo Agravante" (STJ, AgRg no HC 618.879/SP, Rel. Ministra LAURITA VAZ, SEXTA TURMA, julgado em 06/04/2021, DJe 15/04/2021). No mesmo sentido: STF, HC 125769-SP, 2ª T., j. 24.03.2015, rel. Dias Toffoli; **3: certa**. No peculato, o proveito, de fato, pode ser tanto material quanto moral; **4: correta**. Considera-se público o documento elaborado por funcionário público no exercício de suas funções; particular, por sua vez, é todo documento que não se encaixa no conceito de público ou público por equiparação. O cartão de crédito/débito, embora não seja, na sua essência, documento, é equiparado, para fins penais, a documento particular (art. 298, parágrafo único, CP).

(Analista Judiciário – TJ/AL – 2018 – FGV) Valter, 30 anos, foi denunciado pela prática de crime de estupro de vulnerável (Art. 217-A, § 1º do CP – pena: 8 a 15 anos de reclusão) e corrupção de menores (Art. 244-B, Lei nº 8.069/90 – pena: 1 a 4 anos de reclusão) em concurso formal de delitos, pois, segundo consta da denúncia, na companhia de seu sobrinho de 16 anos, teria praticado conjunção carnal com vítima de 22 anos que possuía deficiência mental e não podia oferecer resistência. Consta do procedimento a informação de que o adolescente responderia a outra ação socioeducativa pela suposta prática de ato infracional. Os fatos são integralmente confirmados durante a instrução, de modo que o Ministério Público requer a condenação nos termos da denúncia. A defesa, porém, requer a absolvição do crime de corrupção de menores e aplicação da pena mínima do estupro.

Considerando as informações narradas e que não há circunstância a justificar a aplicação da pena de qualquer dos crimes, em caso de condenação, acima do mínimo legal, no momento da sentença:

(A) não deverá ser reconhecida a corrupção de menores, diante do passado infracional do adolescente, afastando-se o concurso de crimes;

(B) deverá ser reconhecida a corrupção de menores, não havendo, porém, quaisquer consequências na aplicação da pena, já que o crime de estupro é mais grave;

(C) não deverá ser reconhecida a corrupção de menores, que resta configurada quando o agente pratica crime com menor de 14 anos, afastando-se o concurso de crimes;

(D) deverá ser reconhecida a corrupção de menores e, aplicando-se a pena mínima do crime de estupro de vulnerável, diante do concurso formal, deverá, no caso, ser aplicada a regra da exasperação;

(E) deverá ser reconhecida a corrupção de menores e, aplicando-se a pena mínima do crime de estupro de vulnerável, diante do concurso formal, deverá, no caso, ser aplicada a regra da cumulação de penas.

Pelo relato apresentado no enunciado, parece não haver qualquer dúvida de que tio e sobrinho cometeram o crime de estupro de vulnerável, uma vez que praticaram conjunção carnal com vítima de 22 anos que, pelo fato de ser deficiente mental, não podia oferecer resistência. A questão que aqui se coloca é saber se Valter, na hipótese narrada no enunciado, praticou o crime de corrupção de menores (art. 244-B, Lei 8.069/1990), já que, segundo consta, o adolescente responde a outra ação socioeducativa pela prática de ato infracional, o que, em princípio, o tornaria corrompido. No que concerne a este crime, delito atualmente previsto no 244-B do ECA, é prevalente o entendimento segundo o qual se trata de crime *formal*. O fato é que há, tanto na doutrina quanto na jurisprudência, duas correntes quanto ao momento consumativo do crime de corrupção de menores. Para parte da doutrina e também para o STJ, o crime em questão é *formal*, consumando-se independentemente da efetiva corrupção da vítima. Nesse sentido: "(...) A Terceira Seção do Superior Tribunal de Justiça, ao apreciar o Recurso Especial 1.127.954/DF, representativo de controvérsia, pacificou seu entendimento no sentido de que o crime de corrupção de menores – antes previsto no art. 1º da Lei 2.252/1954, e hoje inscrito no art. 244-B do Estatuto da Criança e do Adolescente – é delito formal, não exigindo, para sua configuração, prova de que o inimputável tenha sido corrompido, bastando que tenha participado da prática delituosa" (AgRg no REsp 1371397/DF, 6ª T., j. 04.06.2013, rel. Min. Assusete Magalhães, *DJe* 17.06.2013). Consolidando tal entendimento, o STJ editou a Súmula 500, a seguir transcrita: "A configuração do crime previsto no art. 244-B do Estatuto da Criança e do Adolescente independe da prova da efetiva corrupção do menor, por se tratar de delito formal". Uma segunda corrente sustenta que o crime do art. 244-B do ECA é *material*, sendo imprescindível, à sua consumação, a ocorrência do resultado naturalístico, isto é, a efetiva corrupção do menor. Dessa forma, forçoso concluir que Valter cometeu os crimes de estupro de vulnerável e corrupção de menores, pouco importando o fato de seu sobrinho já ostentar anotações pela prática de outros atos infracionais. A segunda questão que se coloca é quanto ao tipo de concurso formal que deve ser reconhecido. Considerando que as penas dos crimes em que incorreu Valter deverão ser aplicadas no patamar mínimo, há de incidir a regra da cumulação material das penas, tal como estabelece o art. 70, parágrafo único, do CP, e não a exasperação da pena (art. 70, *caput*, primeira parte, CP), uma vez que mais benéfico ao agente. Este é o chamado concurso formal próprio ou perfeito. Agora, se se entender que o concurso a ser reconhecido é o formal impróprio ou imperfeito, caracterizado pela presença de desígnios autônomos, as penas deverão ser somadas, adotando-se o critério do cúmulo material. Em qualquer hipótese, como se pode ver, impõe-se a somatória das penas.

(Analista Judiciário – TRT/8ª – 2016 – CESPE) Assinale a opção correta, considerando a lei e a jurisprudência dos tribunais superiores.

(A) A conduta de vender ou expor à venda CDs ou DVDs contendo gravações de músicas, filmes ou shows não configura crime de violação de direito autoral, por ser prática amplamente tolerada e estimulada pela procura dos consumidores desses produtos.

(B) Na aplicação dos princípios da insignificância e da lesividade, as condutas que produzam um grau mínimo de resultado lesivo devem ser desconsideradas como delitos e, portanto, não ensejam a aplicação de sanções penais aos seus agentes.

(C) O uso de revólver de brinquedo no crime de roubo justifica a incidência da majorante prevista no Código Penal, por intimidar a vítima e desestimular sua reação.

(D) A idade da vítima é um dado irrelevante na dosimetria da pena do crime de homicídio doloso.

(E) Para a configuração dos crimes contra a honra, exige-se somente o dolo genérico, desconsiderando-se a existência de intenção, por parte do agente, de ofender a honra da vítima.

A: incorreta. Segundo enuncia o princípio da *adequação social*, não se pode reputar criminosa a conduta tolerada pela sociedade, ainda que corresponda a uma descrição típica. É dizer, embora formalmente típica, porque subsumida num tipo penal, carece de tipicidade material, porquanto em sintonia com a realidade social em vigor. A aplicação deste postulado no contexto da conduta descrita na assertiva foi rechaçada pelo STJ, quando da edição da Súmula 502: "Presentes a materialidade e a autoria, afigura-se típica, em relação ao crime previsto no art. 184, § 2º, do CP, a conduta de expor à venda CDs e DVDs piratas"; **B**: correta, de acordo com a organizadora. Segundo pensamos, a assertiva contempla tão somente um dos vetores cuja existência é necessária ao reconhecimento do princípio da insignificância. Com efeito, segundo entendimento consolidado no STF, a incidência do princípio da insignificância está condicionada ao reconhecimento conjugado dos seguintes vetores: i) mínima ofensividade da conduta do agente; ii) nenhuma periculosidade social da ação; iii) reduzido grau de reprovabilidade do comportamento; iv) inexpressividade da lesão jurídica provocada; **C:** incorreta. Hodiernamente, é tranquilo o entendimento dos tribunais superiores no sentido de que o emprego de arma de brinquedo, no contexto do crime de roubo, não autoriza o reconhecimento da causa de aumento prevista no art. 157, § 2º, I, do CP. Lembremos que a Súmula 174 do STJ, que consolidava o entendimento pela incidência da majorante em casos assim, foi cancelada em 24 de outubro de 2001, apontando, portanto, mudança de posicionamento; **D:** incorreta, pois contraria o disposto no art. 121, § 4º, 2ª parte, do CP: "(...) sendo doloso o homicídio, a pena é aumentada de 1/3 (um terço) se o crime é praticado contra pessoa menor de 14 (quatorze) ou maior de 60 (sessenta) anos"; **E:** incorreta. Embora não haja consenso acerca deste tema, é fato que, para a maior parte da doutrina e da jurisprudência, exige-se, à configuração dos crimes contra a honra, a presença do elemento subjetivo do tipo específico, que é o dolo específico de ofender a honra da vítima. Conferir a lição de Guilherme de Souza Nucci, ao tratar do elemento subjetivo do tipo no contexto dos crimes de calúnia, difamação e injúria: "(...) pune-se o crime quando o agente agir dolosamente. Não há a forma culposa. Entretanto, exige-se, majoritariamente (doutrina e jurisprudência), o elemento subjetivo do tipo específico, que é a especial intenção de ofender, magoar, macular a honra alheia. Este elemento intencional está implícito no tipo" (*Código Penal Comentado*, 13ª ed. São Paulo: RT, 2013. p. 716). O STJ, em edição de n. 130 da ferramenta *Jurisprudência em Teses*, publicou, sobre este tema, a seguinte tese: "Para a configuração dos crimes contra a honra, exige-se a demonstração mínima do intento positivo e deliberado de ofender a honra alheia (dolo específico), o denominado *animus caluniandi, diffamandi vel injuriandi*". ED

Gabarito "B".

(Analista Judiciário – TRT/8ª – 2016 – CESPE) No tocante à interpretação dos crimes de perigo abstrato e dos crimes contra a organização do trabalho, contra a administração pública e contra a dignidade sexual, consoante a jurisprudência dos tribunais superiores, assinale a opção correta.

(A) Por se tratar de delito de perigo abstrato, o abandono de incapaz dispensa a prova do efetivo risco de dano à saúde da vítima.

(B) O crime de porte ilegal de arma de fogo, classificado como delito de perigo abstrato, não dispensa a prova pericial para estabelecer a sua eficiência na realização de disparos, necessária para demonstrar o risco potencial à incolumidade física das pessoas.

(C) O agente que não é funcionário público não pode figurar como sujeito ativo do crime de peculato.

(D) No crime de aliciamento para o fim de emigração, pune-se a conduta de recrutar trabalhadores, mediante fraude, com o fim de levá-los para território estrangeiro, como forma de se garantir a proteção à organização do trabalho.

(E) Para a caracterização do crime de concussão, a conduta do servidor público deve consistir na exigência de vantagem indevida, necessariamente em dinheiro, para si ou para outrem, em razão da função que o servidor exerce.

A: incorreta. O crime do art. 133 do CP (abandono de incapaz) é, ao contrário do afirmado, de perigo *concreto*, em que se exige a efetiva demonstração de que a vítima foi exposta a situação de risco; **B:** incorreta. Nesse sentido, conferir: "(...) O crime de porte ilegal de arma de fogo é de perigo abstrato, sendo prescindíveis, para o reconhecimento da materialidade delitiva, a realização de perícia para atestar a potencialidade lesiva do artefato ou a constatação de seu efetivo municiamento" (STJ, REsp 1511416/RS, Rel. Ministro ROGERIO SCHIETTI CRUZ, SEXTA TURMA, julgado em 03.05.2016, *DJe* 12.05.2016). Na mesma ótica: "(...) Consoante a jurisprudência desta Terceira Seção, consolidada no julgamento do EResp n. 1.005.300/RS, tratando-se de crime de perigo abstrato, é prescindível a realização de laudo pericial para atestar a potencialidade da arma apreendida e, por conseguinte, caracterizar o crime de porte ilegal de arma de fogo" (STJ, HC 268.658/RS, Rel. Ministro NEFI CORDEIRO, SEXTA TURMA, julgado em 12.04.2016, *DJe* 22.04.2016). Consolidando tal entendimento, o STJ, em edição de n. 102 da ferramenta *Jurisprudência em Teses*, publicou, sobre este tema, a seguinte tese: "O crime de porte ilegal de arma de fogo, acessório ou munição de uso permitido (art. 14 da Lei n. 10.826/2003) é de perigo abstrato e de mera conduta, bastando para sua caracterização a prática de um dos núcleos do tipo penal, sendo desnecessária a realização de perícia"; **C:** incorreta. É certo que o crime de peculato (art. 312, CP), por ser próprio, somente pode ser praticado pelo funcionário público. Entretanto, nada obsta que o particular figure como sujeito ativo deste crime, desde que pratique qualquer das ações descritas no tipo em coautoria ou participação com o *intraneus*; **D:** correta. A assertiva corresponde à descrição típica do crime do art. 206 do CP, que integra o Título IV (Crimes contra a Organização do Trabalho); **E:** incorreta. Isso porque a vantagem indevida, no crime de concussão, não se restringe a dinheiro. Há autores (Damásio de Jesus, Nelson Hungria e Magalhães Noronha) que entendem que a vantagem, neste caso, deve ter natureza patrimonial (aqui incluído o dinheiro); para outros (Guilherme de Souza Nucci e Julio Fabbrini Mirabete, entre outros), a vantagem indevida pode ser de qualquer espécie, não só de conotação patrimonial. Por exemplo: favor sexual. ED

Gabarito "D".

(Analista Judiciário –TRE/PI – 2016 – CESPE) Acerca dos crimes em espécie, assinale a opção correta.

(A) Em se tratando de crime ambiental, não se admite a incidência do princípio da insignificância.

(B) A apreensão de arma de fogo na posse do autor dias após o cometimento de crime de roubo não constitui crime autônomo, sendo fato impunível.

(C) A nulidade do exame pericial na arma de fogo descaracteriza o crime de porte ilegal, mesmo diante de conjunto probatório idôneo, conforme entendimento do Supremo Tribunal Federal.

(D) O particular não pode responder pela prática do crime de abuso de autoridade, nem mesmo como partícipe.

(E) Conforme o entendimento do Supremo Tribunal Federal, é possível a condenação de pessoa jurídica pela prática de crime ambiental, mesmo que absolvidas as pessoas físicas ocupantes de cargos de presidência ou direção.

A: incorreta. Tanto o STF quanto o STJ acolhem a possibilidade de incidência do princípio da insignificância no contexto dos crimes ambientais. Conferir: "AÇÃO PENAL. Crime ambiental. Pescador flagrado com doze camarões e rede de pesca, em desacordo com a Portaria 84/02, do IBAMA. Art. 34, parágrafo único, II, da Lei nº 9.605/98. *Rei furtivae* de valor insignificante. Periculosidade não considerável do agente. Crime de bagatela. Caracterização. Aplicação do princípio da insignificância. Atipicidade reconhecida. Absolvição decretada. HC concedido para esse fim. Voto vencido. Verificada a objetiva insignificância jurídica do ato tido por delituoso, à luz das suas circunstâncias, deve o réu, em recurso ou *habeas corpus*, ser absolvido por atipicidade do comportamento" (STF, HC 112563, Relator(a): Min. RICARDO LEWANDOWSKI, Relator(a) p/ Acórdão: Min. CEZAR PELUSO, Segunda Turma, julgado em 21.08.2012); **B:** incorreta. Nesse sentido: "(...) 1. Caso no qual o acusado foi preso portando ilegalmente arma de fogo, usada também em crime de roubo três dias antes. Condutas autônomas, com violação de diferentes bens jurídicos em cada uma delas. 2. Incorrente o esgotamento do dano social no crime de roubo, ante a violação posterior da incolumidade pública pelo porte ilegal de arma de fogo, não há falar em aplicação do princípio da consunção. 3. Recurso desprovido" (RHC 106067, Relator(a): Min. ROSA WEBER, Primeira Turma, julgado em 26.06.2012); **C:** incorreta. Conferir: "*Habeas corpus*. Posse ilegal de arma de fogo. Verificação de nulidade de exame pericial inviável na via do *habeas corpus*. Impossibilidade de dilação probatória. Eventual nulidade do exame pericial na arma de fogo não descaracteriza o delito previsto no art. 14, *caput*, da Lei nº 10.826/03. Precedentes. 1. A alegada nulidade do exame pericial, em virtude de ter sido realizado por policiais que atuaram nos autos do inquérito e sem a qualificação necessária à realização de tais exames, em total desacordo com a regra prevista no art. 159, § 1º, do Código de Processo Penal, não pode ser verificada na via estreita do *habeas corpus*, pois essa análise demandaria reexame do conjunto probatório. 2. Eventual nulidade do exame pericial na arma de fogo não descaracteriza o delito previsto no art. 14, *caput*, da Lei nº 10.826/03 quando existir um conjunto probatório que permita ao julgador formar convicção no sentido da existência do crime imputado ao paciente, bem como da autoria do fato. 3. *Habeas corpus* denegado" (HC 96921, Relator(a): Min. MARCO AURÉLIO, Relator(a) p/ Acórdão: Min. DIAS TOFFOLI, Primeira Turma, julgado em 14.09.2010); **D:** incorreta. Tal como se dá no contexto dos crimes praticados por funcionário público previstos no Código Penal, os crimes de abuso de autoridade admitem, sim, que o particular figure como sujeito ativo (coautor ou partícipe), desde que em concurso com o *intraneus* (art. 30, CP). Registre-se que, atualmente, os crimes de abuso de autoridade estão definidos na Lei 13.869/2019, que revogou, na íntegra, a Lei 4.898/1965; **E:** correta. No STF: "1. O art. 225, § 3º, da Constituição Federal não condiciona a responsabilização penal da pessoa jurídica por crimes ambientais à simultânea persecução penal da pessoa física em tese responsável no âmbito da empresa. A norma constitucional não impõe a necessária dupla imputação. 2. As organizações corporativas complexas da atualidade se caracterizam pela descentralização e distribuição de atribuições e responsabilidades, sendo inerentes, a esta realidade, as dificuldades para imputar o fato ilícito a uma pessoa concreta. 3. Condicionar a aplicação do art. 225, §3º, da Carta Política a uma concreta imputação também a pessoa física implica indevida restrição da norma constitucional, expressa a intenção do constituinte originário não apenas de ampliar o alcance das sanções penais, mas também de evitar a impunidade pelos crimes ambientais frente às imensas dificuldades de individualização dos responsáveis internamente às corporações, além de reforçar a tutela do bem jurídico ambiental. 4. A identificação dos setores e agentes internos da empresa determinantes da produção do fato ilícito tem relevância e deve ser buscada no caso concreto como forma de esclarecer se esses indivíduos ou órgãos atuaram ou deliberaram no exercício regular de suas atribuições internas à sociedade, e ainda para verificar se a atuação se deu no interesse ou em benefício da entidade coletiva. Tal esclarecimento, relevante para fins de imputar determinado delito à pessoa jurídica, não se confunde, todavia, com subordinar a responsabilização da pessoa jurídica à responsabilização conjunta e cumulativa das pessoas físicas envolvidas. Em não raras oportunidades, as responsabilidades internas pelo fato estarão diluídas ou parcializadas de tal modo que não permitirão a imputação de responsabilidade penal individual. 5. Recurso Extraordinário parcialmente conhecido e, na parte conhecida, provido" (RE 548181, Relator(a): Min. ROSA WEBER, Primeira Turma, julgado em 06/08/2013, ACÓRDÃO ELETRÔNICO DJe-213 DIVULG 29-10-2014 PUBLIC 30-10-2014). Na mesma esteira, o STJ: "1. Conforme orientação da 1ª Turma do STF, "O art. 225, § 3º, da Constituição Federal não condiciona a responsabilização penal da pessoa jurídica por crimes ambientais à simultânea persecução penal da pessoa física em tese responsável no âmbito da empresa. A norma constitucional não impõe a necessária dupla imputação." (RE 548181, Relatora Min. ROSA WEBER, Primeira Turma, julgado em 06.08.2013, acórdão eletrônico *DJe*-213, divulg. 29/10/2014, public. 30.10.2014). 2. Tem-se, assim, que é possível a responsabilização penal da pessoa jurídica por delitos ambientais independentemente da responsabilização concomitante da pessoa física que agia em seu nome. Precedentes desta Corte. 3. A personalidade fictícia atribuída à pessoa jurídica não pode servir de artifício para a prática de condutas espúrias por parte das pessoas naturais responsáveis pela sua condução. 4. Recurso ordinário a que se nega provimento" (RMS 39.173/BA, Rel. Ministro REYNALDO SOARES DA FONSECA, QUINTA TURMA, julgado em 06.08.2015, *DJe* 13.08.2015).

(Analista – STF – 2013 – CESPE) Julgue os itens subsecutivos, a respeito dos crimes previstos na Parte Especial do Código Penal.

(1) Considere que José, penalmente imputável, tenha fornecido abrigo para que o seu irmão Alfredo, autor de crime de homicídio, se escondesse e evitasse a ação da autoridade policial. Nessa situação, a conduta de José é isenta de pena em face de seu parentesco com Alfredo.

(2) Considere que Armando, penalmente imputável, no dia 25/3/2013, mediante grave ameaça, tenha constrangido Maria, de dezesseis anos de idade, à prática de conjunção carnal e ato libidinoso diverso, no mesmo cenário fático. Nessa situação, Armando responderá por dois delitos – estupro e atentado violento ao pudor – em concurso material, devendo ser condenado a pena equivalente à soma das sanções previstas para cada um desses crimes.

1: correta. À primeira vista, a conduta levada a efeito por José se enquadra no tipo penal do art. 348 do CP, que define o crime de *favorecimento pessoal*, já que este forneceu abrigo ao seu irmão, Alfredo, autor de crime de homicídio, com o fim de homiziá-lo e, dessa forma, evitar a ação da autoridade policial. Sucede que, em razão do grau de parentesco existente entre os dois (são irmãos), configurada está a causa de isenção de pena (escusa absolutória) presente no art. 348, § 2º, do CP; assim, nenhuma responsabilidade penal recairá sobre José; **2:** incorreta. Os tribunais, até a edição da Lei 12.015/2009, tinham como consolidado o entendimento segundo o qual, quando o *atentado violento ao pudor* não constituísse meio natural para a prática do *estupro*, caracterizado estaria o concurso material de crimes: STJ, HC 102.362-SP, 5ª T., Rel. Min. Felix Fischer, j. 18.11.2008. Com a Lei 12.015/2009, que promoveu uma série de mudanças na disciplina dos crimes sexuais, o estupro – art. 213 do CP –, que incriminava tão somente a conjunção carnal realizada com mulher, mediante violência ou grave ameaça, passou a incorporar, também, a conduta antes contida no art. 214 do CP – dispositivo hoje revogado (art. 7º da Lei 12.015/2009). Dito de outro modo, constitui estupro, na sua nova forma, toda modalidade de violência sexual levada a efeito para qualquer fim libidinoso, incluída, por óbvio, a conjunção carnal. Dessa forma, o crime do art. 213 do CP, com a mudança implementada pela Lei 12.015/2009, passou a comportar, além da conduta consubstanciada na conjunção carnal violenta, contra homem ou mulher, também o comportamento consistente em obrigar alguém a praticar ou permitir que com o sujeito ativo se pratique outro ato libidinoso que não a conjunção carnal. Criou-se, assim, um tipo misto alternativo, razão pela qual a prática, por exemplo, de *sexo oral* e *conjunção carnal* no mesmo contexto fático implica o cometimento de crime único. Incide, no caso, o *princípio da alternatividade*. Nesse sentido, o seguinte julgado do STJ: "Com a superveniência da Lei 12.015/2009, a conduta do crime de atentado violento ao pudor, anteriormente prevista no art. 214 do Código Penal, foi inserida naquela do art. 213, constituindo, assim, quando praticadas contra a mesma vítima e num mesmo contexto fático, crime único de estupro" (AgRg no REsp 1127455-AC, 6ª T., rel. Min. Sebastião Reis Júnior, 28.08.2012). Conferir Edição n. 151 da ferramenta *Jurisprudência em Teses*, do STJ: *Após o advento da Lei n. 12.015/2009, que tipificou no mesmo dispositivo penal (art. 213 do CP) os crimes de estupro e de atentado violento ao pudor, é possível o reconhecimento de crime único entre* *as condutas, desde que tenham sido praticadas contra a mesma vítima e no mesmo contexto-fático.* **E**

Gabarito 1C, 2E

(Analista – TRE/GO – 2015 – CESPE) No que concerne à lei penal no tempo, tentativa, crimes omissivos, arrependimento posterior e crime impossível, julgue os itens a seguir.

(1) Configura-se tentativa incruenta no caso de o agente não conseguir atingir a pessoa ou a coisa contra a qual deveria recair sua conduta.

(2) A mãe que, apressada para fazer compras, esquecer o filho recém-nascido dentro de um veículo responderá pela prática de homicídio doloso no caso de o bebê morrer por sufocamento dentro do veículo fechado, uma vez que ela, na qualidade de agente garantidora, possui a obrigação legal de cuidado, proteção e vigilância da criança.

(3) De acordo com a teoria subjetiva, aquele que se utilizar de uma arma de brinquedo para ceifar a vida de outrem mediante disparos, não logrando êxito em seu desiderato, responderá pelo delito de tentativa de homicídio.

(4) A revogação expressa de um tipo penal incriminador conduz a *abolitio criminis*, ainda que seus elementos passem a integrar outro tipo penal, criado pela norma revogadora.

1: correta. Denomina-se tentativa incruenta (ou branca) aquela segundo a qual o agente, iniciada a execução do crime, não consegue alcançar a consumação por circunstâncias alheias à sua vontade, sequer conseguindo atingir a pessoa ou a coisa contra a qual deveria recair sua conduta. Contrapõe-se à tentativa cruenta (ou vermelha), assim considerada quando o agente, embora consiga atingir a pessoa ou coisa sobre a qual deveria recair sua conduta, não alcança a consumação por circunstâncias alheias à sua vontade. Em suma, em qualquer uma delas, o agente não consegue alcançar a consumação. A distinção reside no fato de a pessoa ou coisa sobre a qual recai a conduta do agente ser atingida (tentativa cruenta ou vermelha) ou não (tentativa incruenta ou branca); **2: errada.** O fato de a mãe esquecer seu filho recém-nascido dentro de um veículo fechado, que vem a morrer por sufocamento, caracteriza homicídio culposo. A culpa decorre, no caso apresentado, da pressa da mãe, que, negligente, foi às compras e esqueceu o filho no carro. Na espécie, não estamos diante de um crime omissivo impróprio (ou comissivo por omissão), no qual se aplica o disposto no art. 13, § 2º, do CP, que pressupõe que o agente, podendo e devendo agir para impedir o resultado, nada faz, decorrendo de sua omissão o resultado querido ou previsível; **3: correta.** De acordo com a teoria subjetiva, aplicável ao crime impossível (art. 17 do CP), leva-se em consideração a intenção do agente, materializada por sua conduta, não importando se os meios por ele empregados ou o objeto do crime tinham idoneidade ou não para a produção de determinado resultado. Assim, no caso apresentado na assertiva, se o agente quiser matar a vítima com uma arma de brinquedo, ainda que esta seja absolutamente inidônea para o alcance do resultado almejado, responderá por tentativa de homicídio. Para a teoria subjetiva, o que se leva em consideração, repita-se, é a vontade do agente, que responderá, em qualquer caso, por tentativa. Frise-se que nosso CP adotou a teoria objetiva temperada (ou intermediária), segundo a qual o crime impossível somente se caracterizará se o meio empregado ou o objeto material do crime forem absolutamente inidôneos para produzir o resultado almejado, caso em que nem mesmo a tentativa estará caracterizada. Daí falar-se, também, em tentativa impossível (ou tentativa inidônea, tentativa inadequada ou quase crime); **4: errada.** A mera revogação de um tipo penal (denominada de revogação formal) não produz *abolitio criminis*, sendo indispensável que o comportamento criminoso nele veiculado também seja revogado (revogação material).

Exemplo de inocorrência de *abolitio criminis* se deu com o crime de atentado violento ao pudor. A Lei 12.015/2009 revogou expressamente o art. 214 do CP. Todavia, o comportamento criminoso veiculado em referido tipo penal foi "transferido" para o art. 213 do CP (estupro). Portanto, embora com outro nome (atualmente, estupro), o "antigo" atentado violento ao pudor continua a existir. Ocorreu, aqui, o fenômeno denominado continuidade normativo-típica. **AT**

Gabarito 1C, 2E, 3C, 4E

(Analista – TRE/GO – 2015 – CESPE) Julgue os itens seguintes, a respeito de concurso de pessoas, tipicidade, ilicitude, culpabilidade e fixação da pena.

(1) É possível que réu primário portador de circunstâncias judiciais desfavoráveis condenado à pena de quatro anos de reclusão inicie o cumprimento da reprimenda em regime semiaberto.

(2) Caso um indivíduo obtenha de um amigo, por empréstimo, uma arma de fogo, dando-lhe ciência de sua intenção de utilizá-la para matar outrem, o amigo que emprestar a arma será considerado partícipe do homicídio se o referido indivíduo cometer o crime pretendido, ainda que este não utilize tal arma para fazê-lo e que o amigo não o estimule a praticá-lo.

(3) Aquele que for fisicamente coagido, de forma irresistível, a praticar uma infração penal cometerá fato típico e ilícito, porém não culpável.

1: correta. As circunstâncias judiciais previstas no art. 59 do CP devem ser levadas em consideração para a fixação do regime inicial de cumprimento de pena (art. 33, § 3º, do CP). Assim, nada obstante a aplicação de uma pena de quatro anos de reclusão enseje a fixação de regime inicial aberto (art. 33, § 2º, "c", do CP), desde que o réu seja primário, a existência de circunstâncias judiciais desfavoráveis poderá autorizar a escolha de regime inicial mais gravoso (no caso, semiaberto). Tal decorre, inclusive, da Súmula 719 do STF, segundo a qual a imposição de regime mais severo do que a pena aplicada permitir exige motivação idônea; **2: errada.** O concurso de pessoas exige a conjugação de alguns requisitos (cumulativos), quais sejam: a) pluralidade de agentes (mínimo de duas pessoas); b) unidade de infração penal (todos os agentes devem concorrer para uma mesma infração penal); c) liame subjetivo ou vínculo psicológico (todos os agentes devem ter o mesmo propósito, aderindo uns à vontade dos outros); e d) relevância causal (o comportamento de cada um dos agentes deve ser relevante para a produção do resultado). No caso relatado na assertiva, ainda que o agente que emprestou a arma ao amigo estivesse ciente da intenção deste de utilizá-la para matar alguém, não tendo ela sido utilizada para o homicídio, e não tendo o executor material do crime sido instigado a cometê-lo, inexistirá a relevância causal, necessária ao reconhecimento do concurso de pessoas. Assim, aquele que emprestou a arma não poderá ser considerado partícipe, cujo comportamento acessório pressupõe o induzimento (criação de ideia criminosa inexistente na mente do agente), a instigação (reforço de ideia criminosa já existente na mente do agente) ou o auxílio (ajuda material para a prática do crime); **3: errada.** A coação física irresistível, por afetar a vontade, elimina a conduta, que é o primeiro elemento do fato típico. Portanto, se alguém for coagido fisicamente, de forma irresistível, a praticar uma infração penal, sequer terá praticado fato típico. Não se confunde a coação física irresistível com a coação moral irresistível. Esta sim afasta a culpabilidade, ante a inexigibilidade de conduta diversa, respondendo apenas o coator pela infração praticada pelo coagido (art. 22 do CP). **AT**

Gabarito 1C, 2E, 3E

(Analista – TRE/GO – 2015 – CESPE) No que se refere aos crimes contra o patrimônio, contra a dignidade sexual e contra a fé e a administração públicas, julgue os itens que se seguem.

(1) Cometerá o crime de extorsão o servidor público que, em razão do cargo e mediante grave ameaça, exigir para si vantagem econômica.

(2) Praticará o crime de estelionato aquele que obtiver para si vantagem ilícita, em prejuízo de incapaz, mantendo-o em erro, mediante fraude.

(3) Cometerá o crime de estupro a mulher que constranger homem, mediante grave ameaça, a com ela praticar conjunção carnal.

(4) Cometerá o delito de falsidade ideológica o médico que emitir atestado declarando, falsamente, que determinado paciente está acometido por enfermidade.

1: correta. De fato, se um servidor público, ainda que em razão do cargo, exige para si vantagem econômica, empregando grave ameaça, responderá pelo crime de extorsão (art. 158 do CP), e não por concussão (art. 316 do CP). Nesta, o funcionário público, valendo-se de sua condição, exige, para si ou para outrem, vantagem indevida, impondo à vítima, ainda que de forma velada, um temor decorrente da própria autoridade que possui (*metus publicae potestatis*); **2:** errada. Cometerá o crime de abuso de incapazes (art. 173 do CP) aquele que abusar, em proveito próprio ou alheio, de necessidade, paixão ou inexperiência de menor, ou da alienação ou debilidade mental de outrem, induzindo qualquer deles à prática de ato suscetível de produzir efeito jurídico, em prejuízo próprio ou de terceiro; **3:** correta. À luz da nova redação dada ao art. 213 do CP pela Lei 12.015/2009, pratica estupro qualquer pessoa (homem ou mulher) que constranger alguém, mediante violência ou grave ameaça, a ter conjunção carnal, ou a praticar ou permitir que com ele se pratique outro ato libidinoso. Assim, se uma mulher, mediante grave ameaça, obrigar um homem a com ela praticar conjunção carnal (coito vaginal), terá praticado estupro; **4:** errada. Dar o médico, no exercício de sua profissão, atestado falso, caracteriza o crime do art. 302 do CP. Muito embora esse comportamento caracterize verdadeira falsidade ideológica, cuidou o legislador de criar um crime específico para o médico.

Gabarito 1C, 2E, 3C, 4E

(Analista – TJ/CE – 2013 – CESPE) Acerca do arrependimento posterior, da culpa, dos crimes qualificados pelo resultado, das excludentes de ilicitude e das excludentes de culpabilidade, assinale a opção correta.

(A) Todo crime qualificado pelo resultado é um crime preterdoloso.

(B) A coação física irresistível é capaz de excluir a culpabilidade pelo cometimento de um crime.

(C) Para a doutrina majoritária, aquele que, para salvar-se de perigo iminente, sacrifica direito de outrem não atua em estado de necessidade.

(D) O instituto do arrependimento posterior pode ser aplicado ao crime de lesão corporal culposa.

(E) O direito penal admite a compensação de culpas.

A: incorreta. Isso porque nem todo *crime qualificado pelo resultado* pode ser considerado *preterdoloso*; mas todo *delito preterdoloso* é *qualificado pelo resultado*, já que se trata de uma suas espécies. Em outras palavras, *crime preterdoloso* é espécie do gênero *crime qualificado pelo resultado*. Considera-se *preterdoloso* o crime em que o agente, agindo com dolo na conduta antecedente, vai além e acaba por produzir um resultado agravador não desejado (culpa no consequente). Além do delito *preterdoloso*, o crime qualificado pelo resultado pode resultar de outras situações, a saber: dolo na conduta antecedente e dolo na conduta consequente; conduta antecedente culposa e resultado agravador doloso; e conduta antecedente culposa e consequente também culposo; **B:** incorreta. A coação física irresistível (*vis absoluta*), a que faz menção esta alternativa, porque afeta a voluntariedade do comportamento humano, afasta a conduta e, por conseguinte, o próprio fato típico. Não há crime. A coação moral irresistível (*vis compulsiva*), por sua vez, afasta a culpabilidade por inexigibilidade de conduta diversa, mantendo íntegros, porém, o fato típico e a ilicitude; **C:** incorreta. Conquanto o art. 24 do CP somente contemple, como requisito necessário ao reconhecimento da excludente do estado de necessidade, o perigo *atual*, é certo que na doutrina prevalece o entendimento segundo o qual o perigo *iminente* (aquele que está prestes a ocorrer) é também apto a configurar esta excludente de antijuridicidade; **D:** correta, na medida em que se admite, sim, a incidência do arrependimento posterior (art. 16, CP) diante da prática de crimes culposos, como é o caso da lesão corporal culposa; **E:** incorreta. É consolidado na doutrina o entendimento segundo o qual inexiste, no direito penal, compensação de culpas, isto é, uma conduta culposa não anula a outra.

Gabarito "D".

(Analista – TJ/CE – 2013 – CESPE) Com relação ao excesso punível, aos crimes contra a dignidade sexual, aos crimes contra o sentimento religioso e o respeito aos mortos, aos crimes contra a família e aos crimes contra a administração pública, assinale a opção correta.

(A) No crime de bigamia, a data do fato constitui o termo inicial do prazo prescricional.

(B) Comete o crime de concussão o empregado de empresa pública que, utilizando-se de grave ameaça, exige para si vantagem econômica.

(C) Ao contrário do que ocorria com a Parte Geral do Código Penal de 1940, o Código Penal atual não prevê, expressamente, a aplicabilidade das regras de excesso punível às quatro causas de exclusão de ilicitude.

(D) No estupro de vulnerável, a presunção de violência é absoluta, segundo a jurisprudência do STJ, sendo irrelevante e a aquiescência do menor ou mesmo o fato de já ter mantido relações sexuais anteriormente.

(E) As cinzas humanas não podem ser objeto material do crime de vilipêndio a cadáver.

A: incorreta, já que, por expressa disposição do art. 111, IV, do CP, o termo inicial do lapso prescricional corresponde, no crime de bigamia, à data em que o fato se tornou conhecido; **B:** incorreta, pois a configuração do crime de concussão (art. 316, CP) pressupõe que o funcionário se valha, para o seu cometimento, de sua função para alcançar a vantagem indevida; **C:** incorreta. É claro que o art. 23, parágrafo único, do CP ao estabelecer, quando se referir às causas de exclusão da ilicitude, que "o agente, em qualquer das hipóteses deste artigo, responderá pelo excesso doloso ou culposo"; **D:** correta. Nessa perspectiva, conferir: "Penal e processo penal. Agravo regimental no agravo em recurso especial. Estupro de vulnerável. Presunção de violência. Continuidade delitiva. Percentual máximo de aumento proporcional ao número de infrações. Acórdão estadual em harmonia com a jurisprudência desta corte superior. Agravo desprovido. A jurisprudência deste Tribunal é firme no sentido de "a presunção de violência nos crimes contra os costumes cometidos contra menores de 14 anos, prevista na antiga redação do art. 224, alínea a, do Código Penal, possui caráter absoluto, pois constitui critério objetivo para se verificar a ausência de condições de anuir com o ato sexual. Não pode, por isso, ser relativizada diante de situações como de um inválido consentimento da vítima; eventual experiência sexual anterior; tampouco o relacionamento amoroso entre o agente e a vítima" (REsp 1.152.864/SC, Rel. Ministra Laurita Vaz, 3ª Seção, DJe 01.04.2014). É firme a jurisprudência dos Tribunais Superiores no sentido de que o aumento operado em face da continuidade deve levar em conta o número de infrações cometidas. Incide o enunciado n. 83/STJ quando a decisão proferida pelo Tribunal de origem encontra-se em harmonia com a jurisprudência desta Corte. Agravo regimental desprovido" (AGARESP 201401707335, Ericson Maranho (Desembargador convocado do TJ/SP) – 6ª TURMA, DJE 03/11/2014). Consolidando tal entendimento, o STJ editou a Súmula n. 593: "O crime de estupro de vulnerável se configura com a conjunção carnal ou prática de ato libidinoso com menor de 14 anos, sendo irrelevante eventual consentimento da vítima para a prática do ato, sua experiência sexual anterior ou existência de relacionamento amoroso com o agente". Mais recentemente, a Lei 13.718/2018, ao inserir o § 5º no art. 217-A do CP, consagra o entendimento adotado pela Súmula 593, do STJ, no sentido de que o consentimento e a experiência sexual anterior são irrelevantes à configuração do crime de estupro de vulnerável; **E**: incorreta, na medida em que, por expressa disposição do art. 211 do CP, o crime de vilipêndio a cadáver tem como objeto jurídico, além do próprio cadáver, também as suas cinzas.

Gabarito "D".

(Analista – TJ/CE – 2013 – CESPE) A respeito dos crimes contra o patrimônio, dos crimes contra a fé pública, da Lei de Crimes Hediondos, da Lei Maria da Penha e da Lei Antidrogas, assinale a opção correta.

(A) A pena privativa de liberdade imposta a um condenado primário, portador de bons antecedentes, sentenciado à pena de três anos de reclusão por tráfico ilícito de substâncias entorpecentes, não pode ser substituída por restritiva de direitos.

(B) Crime de lesão corporal leve praticado em contexto de violência doméstica contra a mulher é de ação penal pública condicionada à representação da ofendida.

(C) Um réu reincidente, condenado à pena de dez anos de reclusão em regime fechado pelo crime de estupro simples, somente poderá progredir de regime depois de cumpridos seis anos de pena.

(D) Aquele que adultera fotocópia não autenticada comete o crime de falsidade ideológica.

(E) Aquele que, à noite, subtrai coisa alheia móvel de residência desabitada pratica o crime de furto simples, sem causa de aumento de pena.

A: incorreta. A substituição da pena privativa de liberdade por restritiva de direitos era vedada, a teor do art. 33, § 4º, da Lei de Drogas, para o crime de tráfico. Sucede que o STF, no julgamento do HC 97.256/RS, declarou, incidentalmente, a inconstitucionalidade dessa vedação. Posteriormente, o Senado Federal, por meio da Resolução nº 5/2012, suspendeu a execução da expressão "vedada a conversão em penas restritivas de direito", presente no art. 33, § 4º, da Lei nº 11.343/2006. Portanto, nada impede, atualmente, que o juiz autorize a substituição da pena privativa de liberdade por restritiva de direitos no crime de tráfico bem assim a fixação de regime aberto, desde que preenchidos os requisitos legais. Nesse sentido, conferir a ementa a seguir, em que se reconheceu a inconstitucionalidade da vedação em questão, sob o pretexto de que tal implicaria violação ao postulado da individualização da pena: "*Habeas corpus*. Tráfico de drogas. Art. 44 da Lei nº 11.343/2006: Impossibilidade de conversão da pena privativa de liberdade em pena restritiva de direitos. Declaração incidental de inconstitucionalidade. Ofensa à garantia constitucional da individualização da pena (inciso XLVI do ART. 5º da CF/88). Ordem parcialmente concedida. 1. O processo de individualização da pena é um caminhar no rumo da personalização da resposta punitiva do Estado, desenvolvendo-se em três momentos individuados e complementares: o legislativo, o judicial e o executivo. Logo, a lei comum não tem a força de subtrair do juiz sentenciante o poder-dever de impor ao delinquente a sanção criminal que a ele, juiz, afigurar-se como expressão de um concreto balanceamento ou de uma empírica ponderação de circunstâncias objetivas com protagonizações subjetivas do fato-tipo. Implicando essa ponderação em concreto a opção jurídico-positiva pela prevalência do razoável sobre o racional; ditada pelo permanente esforço do julgador para conciliar segurança jurídica e justiça material. 2. No momento sentencial da dosimetria da pena, o juiz sentenciante se movimenta com inelimínável discricionariedade entre aplicar a pena de privação ou de restrição da liberdade do condenado e uma outra que já não tenha por objeto esse bem jurídico maior da liberdade física do sentenciado. Pelo que é vedado subtrair da instância julgadora a possibilidade de se movimentar com certa discricionariedade nos quadrantes da alternatividade sancionatória. 3. As penas restritivas de direitos são, em essência, uma alternativa aos efeitos certamente traumáticos, estigmatizantes e onerosos do cárcere. Não é à toa que todas elas são comumente chamadas de penas alternativas, pois essa é mesmo a sua natureza: constituir-se num substitutivo ao encarceramento e suas sequelas. E o fato é que a pena privativa de liberdade corporal não é a única a cumprir a função retributivo-ressocializadora ou restritivo-preventiva da sanção penal. As demais penas também são vocacionadas para esse geminado papel da retribuição-prevenção-ressocialização, e ninguém melhor do que o juiz natural da causa para saber, no caso concreto, qual o tipo alternativo de reprimenda é suficiente para castigar e, ao mesmo tempo, recuperar socialmente o apenado, prevenindo comportamentos do gênero. 4. No plano dos tratados e convenções internacionais, aprovados e promulgados pelo Estado brasileiro, é conferido tratamento diferenciado ao tráfico ilícito de entorpecentes que se caracterize pelo seu menor potencial ofensivo. Tratamento diferenciado, esse, para possibilitar alternativas ao encarceramento. É o caso da Convenção Contra o Tráfico Ilícito de Entorpecentes e de Substâncias Psicotrópicas, incorporada ao direito interno pelo Decreto 154, de 26 de junho de 1991. Norma supralegal de hierarquia intermediária, portanto, que autoriza cada Estado soberano a adotar norma comum interna que viabilize a aplicação da pena substitutiva (a restritiva de direitos) no aludido crime de tráfico ilícito de entorpecentes. 5. Ordem parcialmente concedida tão-somente para remover o óbice da parte final do art. 44 da Lei 11.343/2006, assim como da expressão análoga "vedada a conversão em penas restritivas de direitos", constante do § 4º do art. 33 do mesmo diploma legal. Declaração incidental de inconstitucionalidade, com efeito *ex nunc*, da proibição de substituição da pena privativa de liberdade pela pena restritiva de direitos; determinando-se ao Juízo da execução penal que faça a avaliação das condições objetivas e subjetivas da convolação em causa, na concreta situação do paciente" (HC 97256, AYRES BRITTO, STF); **B**: incorreta (art. 16 da Lei 11.340/2006). É que o STF, ao julgar a ADIN nº 4.424, de 09.02.2012, entendeu ser incondicionada a ação penal em caso de crime de lesão corporal praticado contra a mulher no ambiente doméstico. A atuação do MP, nesses casos, portanto, prescinde da anuência da vítima, entendimento esse consagrado na Súmula n. 542, do STJ; **C**: correta (art. 2º, § 2º, da Lei 8.072/1990). No campo dos crimes hediondos, como é o caso do estupro simples (art. 1º, V, da Lei de Crimes Hediondos), se primário o condenado, fará jus à progressão de regime depois de cumprir 2/5 da pena; em se tratando de apenado reincidente, deverá cumprir 3/5 da sanção imposta. Assim, se a pena aplicada é de 10 anos, o condenado pela prática de estupro, se reincidente, deverá permanecer, no regime mais severo, seis anos, o que corresponde a 3/5 da pena. Trata-se de modificação introduzida pela Lei 11.464/07, que pôs fim à celeuma existente a respeito da matéria. Atenção: com a alteração promovida pela Lei 13.964/2019 na redação do art. 112 da LEP (posterior, portanto, à elaboração desta questão), criam-se novos patamares para o reeducando pleitear a progressão de regime de cumprimento de pena, aqui incluído o condenado pela prática de crime hediondo/equiparado, cuja disciplina, até então, estava no art. 2º, § 2º, da Lei 8.072/1990, que estabelecia faixas diferenciadas de cumprimento de pena necessárias à progressão, dispositivo expressamente revogado pela Lei 13.964/2019. Com isso, as novas regras de progressão, inclusive para os autores de crimes hediondos, estão contempladas no novo art. 112 da LEP, que foi substancialmente reformulado pela Lei 13.964/2019, estabelecendo uma nova e ampla tabela de progressão de regime. No caso de que trata esta alternativa (apenado reincidente específico na prática de crime hediondo sem resultado morte), a fração, que era de 3/5 (art. 2º, § 2º, da Lei 8.072/1990), passou a ser de 60% (art. 112, VII, da LEP), o que, na prática, não faz diferença. Mas há casos em que a nova disciplina conferida à matéria traz recrudescimento de tratamento, como, por exemplo, a inovação promovida no art. 112, VIII, da LEP, em que o apenado reincidente (específico) na prática de crime hediondo/equiparado ficará sujeito ao cumprimento de 70% da pena imposta para progredir de regime; **D**: incorreta, já que a fotocópia não autenticada não pode ser considerada como documento. Vale aqui o registro de que o STJ fixou o entendimento no sentido de que os percentuais de 60% e 70 %, introduzidos no art. 112 da LEP pelo pacote anticrime, somente se aplicam na hipótese de reincidência específica em crime hediondo/equiparado. Conferir: "1. Em recente mudança de orientação jurisprudencial, esta egrégia Quinta Turma, por unanimidade de votos, no julgamento do HC 613.268/SP, deu provimento ao agravo regimental, concedendo habeas corpus de ofício para que seja retificado o cálculo de pena, fazendo constar o percentual de 40% (quarenta por cento) para fins de progressão de regime prisional, por entender que inexiste na novatio legis (a nova redação dada ao art. 112 da Lei de Execução Penal – LEP) percentual a disciplinar a progressão de regime ora pretendida, pois os percentuais de 60% e 70% foram destinados aos reincidentes específicos. 2. Nessa ordem de ideias, no caso concreto, o paciente cumpre pena pelo crime de tráfico de drogas, sua condenação anterior é por crime distinto, sendo, pois, reincidente genérico, impõe-se a aplicação do percentual equivalente ao que é previsto para o primário – 40%. 3. Agravo regimental provido. Habeas corpus concedido, de ofício, para que a transferência do paciente ao regime menos rigoroso observe, quanto ao requisito objetivo, o cumprimento de 40% da pena privativa de liberdade a que condenado, salvo se cometida falta grave" (AgRg no HC 627.551/SP, Rel. Ministro JOEL ILAN PACIORNIK, QUINTA TURMA, julgado em 30/03/2021, DJe 15/04/2021); **E**: incorreta. Embora se trate de tema polêmico, prevalece o entendimento, tanto na doutrina quanto na jurisprudência, de que a causa de aumento de pena prevista no art. 155, § 1º, do CP (furto noturno) também se aplica a estabelecimentos comerciais e residências não habitadas. Isso porque, durante o repouso noturno, a vigilância é mais precária, mesmo em se tratando de imóvel não habitado ou ainda comercial. Conferir: "*Habeas corpus*. Art. 155, § 1.º, do Código penal. Delito cometido em estabelecimento comercial. Aplicação da causa especial de aumento do crime cometido durante o repouso noturno. Possibilidade. *Habeas corpus* denegado. 1. Incide a majorante prevista no § 1.º do art. 155 do Código Penal, quando o crime é cometido durante a madrugada, horário no qual a vigilância da vítima é menos eficiente e seu patrimônio mais vulnerável, o que ocorre inclusive para estabelecimentos comerciais. 2. A causa especial de aumento de pena do furto cometido durante o repouso noturno pode se configurar mesmo quando o crime é cometido em estabelecimento comercial ou residência desabitada, sendo indiferente o fato de a vítima estar, ou não, efetivamente repousando. 3. Precedentes do Superior Tribunal de Justiça. 4. *Habeas corpus* denegado" (HC 201002163390, Laurita Vaz, STJ – 5ª TURMA, *DJE* 26.06.2012). No mesmo sentido: "A jurisprudência desta Corte é firme no sentido de que a causa especial de aumento de pena do furto cometido durante o repouso noturno pode se configurar mesmo quando o crime é cometido em estabelecimento comercial ou residência desabitada, sendo indiferente o fato de a vítima estar, ou não, efetivamente repousando (HC 191.300/MG, Rel. Ministra LAURITA VAZ, Quinta Turma, julgado em 12/6/2012, DJe 26/6/2012), devendo ser mantida, portanto, no caso"(STJ, AgRg no HC 609.143/SP, Rel. Ministro REYNALDO SOARES DA FONSECA, QUINTA TURMA, julgado em 02/02/2021, DJe 04/02/2021). ED

Gabarito "C"

(Analista – TJDFT – 2013 – CESPE) Em 18/2/2011, às 21 horas, na cidade X, João, que planejara detalhadamente toda a empreitada criminosa, Pedro, Jerônimo e Paulo, de forma livre e consciente, em unidade de desígnios com o adolescente José, que já havia sido processado por atos infracionais, decidiram subtrair para o grupo uma geladeira, um fogão, um botijão de gás e um micro-ondas, pertencentes a Lúcia, que não estava em casa naquele momento. Enquanto João e Pedro permaneceram na rua, dando cobertura à ação criminosa, Paulo, Jerônimo e José entraram na residência, tendo pulado um pequeno muro e utilizado grampos para abrir a porta da casa. Antes da subtração dos bens, Jerônimo, arrependido, evadiu-se do local e chamou a polícia. Ainda assim, Paulo e José se apossaram de todos os bens referidos e fugiram antes da chegada da polícia. Dias depois, o grupo foi preso, mas os bens não foram encontrados. Na delegacia, verificou-se que João, Pedro e Paulo já haviam sido condenados anteriormente pelo crime de estelionato, mas a sentença não havia transitado em julgado e que Jerônimo tinha sido condenado, em sentença transitada em julgado, por contravenção penal.

Com base na situação hipotética apresentada, julgue os itens de 1 a 7.

(1) Como o crime foi executado por Paulo e por José, menor de idade, e, por isso, inimputável, não incidirá a qualificadora do concurso de pessoas.

(2) Tendo sido a subtração dos objetos praticada na companhia de menor de dezoito anos de idade, João, Pedro e Paulo praticaram o crime de furto qualificado em concurso formal com o delito de corrupção de menores, ainda que José já houvesse praticado outros delitos à data do crime.

(3) O fato de o crime ter sido praticado durante o repouso noturno não implicará aumento de pena, uma vez que a vítima não estava repousando em sua residência no momento da ação criminosa.

(4) Dada a utilização de grampos para a abertura da porta da residência da vítima, incidirá, no caso concreto, a qualificadora do emprego de chave falsa.

(5) Jerônimo, por ter desistido voluntariamente da execução do crime, responderá pelo crime de violação de domicílio, e não pelo delito de furto.

(6) Jerônimo não pode ser considerado reincidente.

(7) O fato de os bens subtraídos não terem sido recuperados não justifica, no caso de condenação dos agentes, o aumento da pena-base a título de valoração negativa da circunstância judicial das consequências do crime, por constituir aspecto ínsito ao tipo penal de furto.

1: incorreta. Ainda que um dos coautores/partícipes seja inimputável, incidirá, mesmo assim, a qualificadora presente no art. 155, § 4º, IV, do CP (concurso de duas ou mais pessoas). Ademais, segundo a melhor doutrina, pouco importa, à configuração desta qualificadora, que o apoio prestado se dê na forma de coautoria ou participação. Conferir, nesse sentido, a lição de Guilherme de Souza Nucci: "(...) O apoio prestado, seja como coautor, seja como partícipe, segundo entendemos, pode servir para configurar a figura do inciso IV. O agente que furta uma casa, enquanto o comparsa, na rua, vigia o local, está praticando um furto qualificado. Inexiste, na lei, qualquer obrigatoriedade para que o concurso se dê exclusivamente na forma de coautoria (quem pratica o núcleo do tipo, executando o crime), podendo configurar-se na forma de participação (auxílio a quem pratica a ação de subtrair)" (*Código Penal Comentado*, 13ª ed. São Paulo: RT, 2013. p. 801); **2**: correta. Conferir: "Habeas corpus. Roubo majorado e corrupção de menores. Alegação de constrangimento ilegal. Pleito pelo reconhecimento do concurso formal entre os crimes de roubo majorado e corrupção de menores. Possibilidade. Precedentes. Ordem concedida de ofício. 1. São necessárias para a configuração do concurso formal de crimes (art. 70, primeira parte, do Código Penal) a unidade de ação e a ausência de desígnios autônomos para os delitos praticados. 2. Deve ser reconhecida, na hipótese, a existência do concurso formal entre os crimes de roubo e corrupção de menores, vez que o paciente, com uma única conduta, praticou os dois delitos. **3. Habeas corpus** não conhecido, por ser substitutivo do recurso cabível. Ordem concedida, de ofício, para reconhecer a existência de concurso formal entre os delitos de roubo circunstanciado e corrupção de menores, redimensionando a pena para 6 (seis) anos, 2 (dois) meses e 20 (vinte) dias de reclusão, mantidos os demais termos da condenação" (HC 201200009371, Campos Marques (Desembargador convocado do TJ/PR) – Quinta Turma, *DJE* 09.11.2012); **3:** incorreta. Embora se trate de tema polêmico, prevalece o entendimento, tanto na doutrina quanto na jurisprudência, de que a causa de aumento de pena prevista no art. 155, § 1°, do CP (furto noturno) também se aplica a estabelecimentos comerciais e residências não habitadas. Conferir: *"Habeas corpus*. Art. 155, § 1°, do Código penal. Delito cometido em estabelecimento comercial. Aplicação da causa especial de aumento do crime cometido durante o repouso noturno. Possibilidade. *Habeas corpus* denegado. 1. Incide a majorante prevista no § 1° do art. 155 do Código Penal, quando o crime é cometido durante a madrugada, horário no qual a vigilância da vítima é menos eficiente e seu patrimônio mais vulnerável, o que ocorre inclusive para estabelecimentos comerciais. 2. A causa especial de aumento de pena do furto cometido durante o repouso noturno pode se configurar mesmo quando o crime é cometido em estabelecimento comercial ou residência desabitada, sendo indiferente o fato de a vítima estar, ou não, efetivamente repousando. 3. Precedentes do Superior Tribunal de Justiça. 4. Habeas corpus denegado" (HC 201002163390, Laurita Vaz, STJ – 5ª TURMA, DJE 26/06/2012); **4:** correta, pois não há a necessidade de que o instrumento empregado tenha o formato de chave. Cuidado: é pacífico, na jurisprudência e na doutrina, o entendimento segundo o qual não deve ser considerada como falsa a chave verdadeira utilizada de forma clandestina. Conferir: STJ, 5ª T., HC 101495-MG, rel. Min. Napoleão Nunes Maia Filho, 19.06.2008; **5:** correta. Se considerarmos que a desistência de Jerônimo se deu após o crime de furto ter a sua execução iniciada, ele fará jus ao benefício previsto no art. 15, primeira parte, do CP (desistência voluntária), respondendo tão somente pelos atos que praticou (violação de domicílio); **6:** correta. Da aplicação conjugada dos arts. 63 do CP e 7° da Lei das Contravenções Penais, temos que a reincidência ocorrerá nos seguintes casos: a) crime (antes) + crime (depois); b) contravenção (antes) + contravenção (depois); e c) crime (antes) + contravenção (depois). Não se admite, por falta de amparo legal, contravenção (antes) + crime (depois); **7:** correta. Conferir: "(...) Ocorre que a não recuperação de parte do produto do crime não pode justificar o aumento da pena-base a título de consequência do crime por se tratar de aspecto subsumido ao próprio tipo penal de roubo" (STJ, HC 82.533-DF, rel. Min. Arnaldo Esteves Lima, 22.04.2008).

(**Analista – TJ/DFT – 2013 – CESPE**) Em 15/10/2005, nas dependências do banco Y, Carlos, com o objetivo de prejudicar direitos da instituição financeira, preencheu e assinou declaração falsa na qual se autodenominava Maurício. No mesmo dia, foi até outra agência do mesmo banco e, agindo da mesma forma, declarou falsamente chamar-se Alexandre. Em 1/5/2010, Carlos foi denunciado, tendo a denúncia sido recebida em 24/5/2010. Após o devido processo legal, em sentença proferida em 23/8/2012, o acusado foi condenado a um ano e dois meses de reclusão, em regime inicialmente aberto, e ao pagamento de doze dias-multa, no valor unitário mínimo legal. A pena privativa de liberdade foi substituída por uma pena restritiva de direitos e multa. O MP não apelou da sentença condenatória.

Com relação à situação hipotética acima, julgue os itens seguintes.

(1) O pagamento da pena de multa deverá ser revertido à instituição financeira lesada pelo delito.

(2) Ao preencher e assinar declarações adotando nome falso, Carlos praticou o crime de falsidade ideológica.

(3) As ações de Carlos configuram crime continuado, visto que as condições de tempo, lugar e modo de execução foram as mesmas em ambos os casos, tendo a ação subsequente dado continuidade à primeira.

(4) O juiz deveria ter substituído a pena privativa de liberdade por duas penas restritivas, de direitos e multa, e não por apenas uma, já que Carlos foi condenado a pena superior a um ano.

1: incorreta. Não devemos confundir a pena de multa prevista no art. 49 do CP com a pena de prestação pecuniária, modalidade de pena restritiva de direitos (art. 45, § 1°, do CP). A pena de multa, a que faz referência o enunciado, deverá ser destinada ao fundo penitenciário, conforme estabelece o *caput* do art. 49 do CP; já a prestação pecuniária do art. 45, § 1°, do CP será destinada à vítima da infração penal, a seus dependentes, ou a entidade pública ou privada com destinação social; **2:** correta. Com a conduta consistente em preencher e assinar declarações adotando nome falso, com o fim de prejudicar direitos da instituição financeira, Carlos incorreu no crime do art. 299 do CP (falsidade ideológica); **3:** correta, pois a conduta de Carlos contempla todos os requisitos contidos no art. 71 do CP (crime continuado); **4:** incorreta, pois não reflete o disposto no art. 44, § 2°, do CP.

10. DIREITO PROCESSUAL PENAL

Eduardo Dompieri

1. FONTES, PRINCÍPIOS GERAIS, INTERPRETAÇÃO E EFICÁCIA DA LEI PROCESSUAL NO TEMPO E NO ESPAÇO

(**Analista – STM – 2011 – CESPE**) Julgue os itens que se seguem, referentes ao direito processual penal.

(1) De acordo com doutrina e a jurisprudência, os princípios da ampla defesa e da plenitude de defesa são sinônimos, visto que ambos têm por escopo assegurar ao acusado o acesso aos instrumentos normativos hábeis ao exercício da defesa.

(2) Entende-se por devido processo legal a garantia do acusado de não ser privado de sua liberdade em um processo que seguiu a forma estabelecida na lei; desse princípio deriva o fato de o descumprimento de qualquer formalidade pelo juiz ensejar a nulidade absoluta do processo, por ofensa a esse princípio.

(3) Os efeitos causados pelo princípio constitucional da presunção de inocência no ordenamento jurídico nacional incluem a inversão, no processo penal, do ônus da prova para o acusador.

(4) Na CF, constam, expressamente, dispositivos sobre a inadmissibilidade de provas ilícitas por derivação.

1: incorreta. As defesas *ampla* e *plena* não devem ser confundidas. Esta constitui princípio informador do Tribunal do Júri (art. 5º, XXXVIII, *a*, da CF/1988). Vai além, pois, da defesa ampla, impondo ao defensor o encargo de atuar, na defesa de seu representado, da forma mais completa possível, contrapondo-se, com proficiência, a todos os argumentos trazidos pela acusação; **2:** incorreta. O devido processo penal está consagrado no art. 5º, LIV, da CF/1988. Prescreve o *princípio do prejuízo*, consagrado no art. 563 do CPP, que, em se tratando de *nulidade relativa*, em que o prejuízo não é presumido, é necessário, para se decretar a nulidade do ato, verificar se o mesmo gerou efeitos prejudiciais. Embora o art. 563 do CPP, que enuncia o princípio do prejuízo, tenha mais incidência no campo das nulidades relativas, em que o prejuízo não é presumido, o STF tem se posicionado no sentido do que tal dispositivo também se aplica às nulidades absolutas, de sorte que, seja a nulidade relativa, seja absoluta, é imperiosa a demonstração de prejuízo. Nesse sentido: "O acórdão recorrido está alinhado à jurisprudência do Supremo Tribunal Federal no sentido de que a demonstração de prejuízo, "a teor do art. 563 do CPP, é essencial à alegação de nulidade, seja ela relativa ou absoluta, eis que (...) o âmbito normativo do dogma fundamental da disciplina das nulidades – *pas de nullité sans grief* – compreende as nulidades absolutas" (HC 85.155/SP, Rel.ª Min. Ellen Gracie). 2. Para chegar a conclusão diversa do acórdão recorrido, seriam necessárias a análise da legislação infraconstitucional pertinente e a reapreciação dos fatos e do material probatório constante dos autos (Súmula 279/STF), procedimentos inviáveis em recurso extraordinário. 3. Agravo interno a que se nega provimento" (ARE 984373 AgR, Relator(a): Min. Roberto Barroso, Primeira Turma, julgado em 14.10.2016, processo eletrônico DJe-234 divulg 03.11.2016 public 04.11.2016); **3:** correta, visto que, no campo do ônus da prova, que constitui uma das faces deste princípio presente no art. 5º, LVII, da CF/1988, o encargo de provar a culpa do réu é de fato da acusação. A propósito, tal incumbência já consta do art. 156, *caput*, do CPP; **4:** incorreta. O texto da Constituição somente faz referência às *provas ilícitas*, nos seguintes termos: "são inadmissíveis, no processo, as provas obtidas por meios ilícitos" (art. 5º, LVI). Embora a Constituição Federal de 1988 não faça menção à chamada *prova ilícita por derivação*, o art. 157, § 1º, do CPP se encarregou de fazê-lo. Assim, a prova derivada da ilícita deve ser defenestrada do processo, não podendo, dessa forma, contribuir para a formação da convicção do julgador. Adotou-se, aqui, a *teoria norte-americana dos frutos da árvore envenenada*. De ver-se, todavia, que o Código de Processo Penal, neste mesmo dispositivo, previu duas exceções, a saber: quando não evidenciado o nexo de causalidade entre a prova primária e a secundária; e quando as derivadas (prova secundária) puderem ser obtidas por uma fonte independente das primeiras (prova primária).

Gabarito 1E, 2E, 3C, 4E

2. INQUÉRITO POLICIAL E OUTRAS FORMAS DE INVESTIGAÇÃO

(**Analista – TJ/ES – 2023 – CEBRASPE**) Acerca do inquérito policial e da sua tramitação, julgue o item que se segue.

(1) Na ação penal privada, concluído o inquérito policial, o delegado de polícia remeterá os autos ao juízo competente, independentemente de tramitação pelo órgão ministerial.

1: correta. De fato, de acordo com a regência do art. 19 do CPP, *Nos crimes em que não couber ação pública, os autos do inquérito serão remetidos ao juízo competente, onde aguardarão a iniciativa do ofendido ou de seu representante legal, ou serão entregues ao requerente, se o pedir, mediante traslado.*

Gabarito 1C

(**Analista Judiciário – TJ/PA – 2020 – CESPE/CEBRASPE**) De acordo com o entendimento do STF, o uso de algemas

(A) é uma excepcionalidade e deve ser justificado previamente, de forma oral ou por escrito.
(B) é restrito à prisão penal, sendo inadmissível na prisão cautelar, devido ao princípio da inocência.
(C) ensejará responsabilidade disciplinar, civil e penal da autoridade que o determinar, caso seja injustificado.
(D) ensejará a anulabilidade da prisão e dos atos subsequentes, caso seja injustificado.
(E) é lícito somente nas hipóteses de fundado receio de fuga e de perigo à integridade física de terceiros.

A: incorreta, uma vez que a Súmula Vinculante 11 somente admite a justificativa *por escrito*; **B:** incorreta, já que o uso de algemas não é restrito à prisão penal (ou prisão-pena), assim considerada aquela decorrente de condenação definitiva, podendo o seu emprego se dar, desde que atendidos os requisitos contidos na Súmula Vinculante 11, quando da execução de prisão cautelar (flagrante ou cumprimento de mandado de custódia preventiva/temporária); **C:** correta, pois reflete o teor da Súmula Vinculante 11; **D:** incorreta. A falta de justificativa da necessidade do uso de algemas não leva à anulação da prisão tampouco dos atos que lhe forem subsequentes. Ensejará, isto sim, responsabilidade disciplinar, civil e penal da autoridade que o determinar e deixar de apresentar justificativa por escrito; **E:** incorreta. Além dessas hipóteses, também é possível o emprego de algemas em caso de resistência e de perigo à integridade física do próprio preso, nos termos do entendimento sufragado na Súmula Vinculante 11.

Gabarito "C".

(Analista – MPU – CESPE – 2018) Em relação a inquérito policial, ação penal e competência, julgue os próximos itens, de acordo com o entendimento da doutrina majoritária e dos tribunais superiores.

(1) Denúncia anônima sobre fato grave de necessária repressão imediata é suficiente para embasar, por si só, a instauração de inquérito policial para rápida formulação de pedido de quebra de sigilo e de interceptação telefônica.

(2) É de seis meses o prazo para que o ministro da Justiça requeira a instauração de inquérito policial em crime de ação penal pública condicionada. Findo esse prazo, opera-se a decadência do direito de ação.

(3) Havendo a prática de contravenção penal contra bens e serviços da União em conexão probatória com crime de competência da justiça federal, opera-se a separação dos processos, cabendo à justiça estadual processar e julgar a contravenção penal.

1: errada. A denúncia anônima (também chamada de *apócrifa* ou *inqualificada*), segundo tem entendido a jurisprudência, não é apta, por si só, a autorizar a instauração de inquérito policial, dando início à persecução penal, ainda que tenha como objeto fato grave de necessária repressão imediata. Antes disso, a autoridade policial deverá fazer uma averiguação prévia a fim de verificar a procedência da denúncia apócrifa, para, depois disso, determinar, se for o caso, a instauração de inquérito. Nesse sentido: "(...) *a autoridade policial, ao receber uma denúncia anônima, deve antes realizar diligências preliminares para averiguar se os fatos narrados nessa 'denúncia' são materialmente verdadeiros, para, só então, iniciar as investigações*" (STF, HC 95.244, 1ª T., rel. Min. Dias Toffoli, DJE de 29.04.2010). No mesmo sentido: "*1. Elementos dos autos que evidenciam não ter havido investigação preliminar para corroborar o que exposto em denúncia anônima. O Supremo Tribunal Federal assentou ser possível a deflagração da persecução penal pela chamada denúncia anônima, desde que esta seja seguida de diligências realizadas para averiguar os fatos nela noticiados antes da instauração do inquérito policial. Precedente. 2. A interceptação telefônica é subsidiária e excepcional, só podendo ser determinada quando não houver outro meio para se apurar os fatos tidos por criminosos, nos termos do art. 2º, inc. II, da Lei n. 9.296/1996. Precedente. 3. Ordem concedida para se declarar a ilicitude das provas produzidas pelas interceptações telefônicas, em razão da ilegalidade das autorizações, e a nulidade das decisões judiciais que as decretaram amparadas apenas na denúncia anônima, sem investigação preliminar*" (HC 108147, Relator(a): Min. Cármen Lúcia, Segunda Turma, julgado em 11.12.2012, Processo Eletrônico *DJe-022 Divulg 31.01.2013 Public 01.02.2013*); **2:** errada, dado que o CPP não fixa prazo. Assim sendo, a instauração de IP pode ser requerida e a requisição poderá ser oferecida enquanto não estiver extinta a punibilidade pela prescrição. Ensina Guilherme de Souza Nucci que, *diante do silêncio da lei, a qualquer tempo, enquanto não estiver extinta a punibilidade do agente (como pode ocorrer com o evento da prescrição), pode o Ministro da Justiça encaminhar a requisição ao Ministério Público* (**Código de Processo Penal Comentado**, 17ª ed., p. 131); **3:** certa, dado que o art. 109, IV, primeira parte, da CF afasta a competência da Justiça Federal para o processamento e julgamento das contravenções penais, mesmo que praticadas em detrimento de bens, serviços ou interesse da União ou de suas entidades autárquicas ou empresas públicas, entendimento esse consagrado na Súmula nº 38, STJ: "Compete à Justiça Estadual Comum, na vigência da Constituição de 1988, o processo por contravenção penal, ainda que praticada em detrimento de bens, serviços ou interesse da União ou de suas entidades". Assim sendo, é de rigor, na hipótese desta alternativa, a separação dos processos. **ED**

Gabarito 1E, 2E, 3C.

(Analista Judiciário – TRF/2 – Consulplan – 2017) 'Fulano de Tal' foi preso em flagrante delito por crime afeto à justiça comum estadual. Comunicado da prisão, o juiz de direito converteu a prisão em flagrante em prisão preventiva. Nesta hipótese, o inquérito policial deverá ser concluído em _____ dias, a partir da _____." Assinale a alternativa que completa correta e sequencialmente a afirmativa anterior.

(A) 10 / prisão
(B) 15 / prisão
(C) 10 / instauração
(D) 15 / instauração

O art. 10, *caput*, do CPP estabelece o prazo *geral* de 30 dias para conclusão do inquérito, quando o indiciado não estiver preso; se preso estiver, o inquérito deve terminar em 10 dias (é este o caso referido no enunciado). Tal prazo tem como termo inicial a data em que foi efetivada a prisão (captura), quer em flagrante, quer por força de custódia preventiva. É importante que se diga que, na Justiça Federal, se o indicado estiver preso, o prazo para conclusão do inquérito é de 15 dias, podendo haver uma prorrogação por igual período, conforme dispõe o art. 66 da Lei 5.010/1966; se solto, o inquérito deve ser concluído em 30 dias, em consonância com o disposto no art. 10, *caput*, do CPP. Há outras leis especiais, além desta, que estabelecem prazos diferenciados para a ultimação das investigações. Ao tempo em que esta questão foi elaborada, era vedado ao magistrado prorrogar o prazo para conclusão do inquérito policial na hipótese de o investigado encontrar-se preso. Isso mudou com a edição da Lei 13.964/2019, que, ao introduzir o art. 3º-B, VIII, no CPP, estabeleceu ser uma das atribuições do juiz das garantias a prorrogação do prazo do inquérito policial, estando o investigado preso, desde que em face de representação formulada pela autoridade policial. O art. 3º-B, § 2º, do CPP, também inserido pelo pacote anticrime, reza que tal prorrogação do prazo do IP, em que o investigado esteja preso, pode se dar por até 15 dias, uma única vez.

Gabarito "A".

(Analista – TRE/GO – 2015 – CESPE) Após a realização de inquérito policial iniciado mediante requerimento da vítima, Marcos foi indiciado pela autoridade policial pela prática do crime de furto qualificado por arrombamento.

Nessa situação hipotética, de acordo com o disposto no Código de Processo Penal e na atual jurisprudência do Superior Tribunal de Justiça acerca de inquérito policial,

(1) o Ministério Público pode requerer ao juiz a devolução do inquérito à autoridade policial, se necessária a realização de nova diligência imprescindível ao oferecimento da denúncia, como, por exemplo, de laudo pericial do local arrombado.

(2) embora fosse possível a instauração do inquérito mediante requisição do juiz, somente a autoridade policial poderia indiciar Marcos como o autor do delito.

(3) o prazo legal para que o delegado de polícia termine o inquérito policial é de trinta dias, se Marcos estiver solto, ou de dez dias, se preso preventivamente pelo juiz, contado esse prazo, em ambos os casos, da data da portaria de instauração.

1: correta. De fato, nos termos do art. 16 do CPP, somente terá lugar a devolução dos autos de inquérito à autoridade policial para diligências imprescindíveis à formação da chamada *opinio delicti*; **2:** correta. De fato, nos crimes de ação penal pública, como é o caso do furto, a instauração do inquérito policial pode dar-se de várias formas, entre as quais por meio de requisição do juiz de direito (art. 5º, II, CPP). Também é verdade que o indiciamento constitui providência privativa da autoridade policial. É o que estabelece o art. 2º, § 6º, da Lei 12.830/2013, que contempla regras sobre a investigação criminal conduzida pelo delegado de polícia. Quanto a isso, conferir o magistério de Guilherme de Souza Nucci: "Requisição de indiciamento: cuida-se de procedimento equivocado, pois indiciamento é ato exclusivo da autoridade policial, que forma o seu convencimento sobre a autoria do crime, elegendo, formalmente, o suspeito de sua prática. Assim, não cabe ao promotor ou ao juiz exigir, através de requisição, que alguém seja indiciado pela autoridade policial, porque seria o mesmo que demandar à força que o presidente do inquérito conclua ser aquele o autor do delito (...)" (*Código de Processo Penal Comentado*, 12ª ed., p. 101); **3:** incorreta, na medida em que, estando o investigado preso, o prazo de 10 dias para a conclusão do inquérito policial tem como termo inicial a data em que se efetivou a sua prisão (art. 10, *caput*, do CPP).

Gabarito 1C, 2C, 3E

(Analista – TRE/AL – 2010 – FCC) No que diz respeito ao inquérito policial é INCORRETO afirmar:

(A) É sempre essencial ao oferecimento da denúncia ou da queixa.

(B) Deve terminar no prazo de 30 dias, quando o indiciado estiver solto.

(C) Não poderá ser arquivado por determinação da autoridade policial.

(D) Nos crimes em que a ação pública depender de representação, não poderá sem ela ser iniciado.

(E) Se o fato for de difícil elucidação, e o indiciado estiver solto, a autoridade poderá requerer ao juiz a devolução dos autos, para diligências.

A: incorreta, devendo ser assinalada. O inquérito policial não é essencial, imprescindível ao oferecimento da queixa ou denúncia (arts. 12 e 46, § 1º, do CPP), desde que o titular da ação penal disponha de elementos suficientes para ajuizá-la; se não dispuser de tais elementos, deverão eles ser reunidos por meio de inquérito policial; **B:** correta. O art. 10, *caput*, do CPP estabelece o prazo geral de trinta dias para conclusão do inquérito, quando o indiciado não estiver preso; se preso estiver, o inquérito deve terminar em dez dias. Na Justiça Federal, se o indiciado estiver preso, o prazo para a conclusão do inquérito é de quinze dias, podendo haver uma prorrogação por igual período, conforme dispõe o art. 66 da Lei 5.010/1966; **C:** correta. A autoridade policial não está credenciada a determinar o arquivamento dos autos de inquérito policial (art. 17 do CPP); somente podendo fazê-lo o juiz, desde que a requerimento do Ministério Público (arts. 18 e 28 do CPP). Atenção: com o advento da Lei 13.964/2019, conhecida como Pacote Anticrime, posterior, portanto, à elaboração desta questão, alterou-se toda a sistemática que rege o arquivamento do inquérito policial. Até então, tínhamos que cabia ao membro do MP promover (requerer) o arquivamento e ao juiz, se concordasse, determiná-lo. Pois bem. Com a modificação operada na redação do art. 28 do CPP pela Lei 13.964/2019, o representante do parquet deixa de requerer o arquivamento e passa a, ele mesmo, determiná-lo, sem qualquer interferência do magistrado, cuja atuação, nesta etapa, em homenagem ao sistema acusatório, deixa de existir. No entanto, ao determinar o arquivamento do IP, o membro do MP deverá submeter sua decisão, segundo a nova redação conferida ao art. 28, *caput*, do CPP, à instância revisora dentro do próprio Ministério Público, para fins de homologação. Sem prejuízo disso, caberá ao promotor que determinou o arquivamento comunicar a sua decisão ao investigado, à autoridade policial e à vítima. Esta última, por sua vez, ou quem a represente, poderá, se assim entender, dentro do prazo de 30 dias, a contar da comunicação de arquivamento, submeter a matéria à revisão da instância superior do órgão ministerial (art. 28, § 1º, CPP). Por fim, o § 2º deste art. 28, com a redação que lhe deu a Lei 13.964/2019, estabelece que, nas ações relativas a crimes praticados em detrimento da União, Estados e Municípios, a revisão do arquivamento do IP poderá ser provocada pela chefia do órgão a quem couber a sua representação judicial. Este novo art. 28 do CPP, que, como dissemos, alterou todo o procedimento que rege o arquivamento do IP, no entanto, teve suspensa, por força de decisão cautelar proferida pelo STF, a sua eficácia. O ministro Luiz Fux, relator, ponderou, em sua decisão, tomada na ADI 6.305, de 22.01.2020, que, embora se trate de inovação louvável, a sua implementação, no prazo de 30 dias (*vacatio legis*), revela-se inviável, dada a dimensão dos impactos sistêmicos e financeiros que por certo ensejarão a adoção do novo procedimento de arquivamento do inquérito policial. Além da modificação operada no *caput* do art. 28 do CPP, a Lei 13.964/2019 introduziu, logo em seguida, o art. 28-A, que trata do chamado acordo de não persecução penal, que consiste, em linhas gerais, no ajuste obrigacional firmado entre o Ministério Público e o investigado, em que este admite sua responsabilidade pela prática criminosa e aceita se submeter a determinadas condições menos severas do que a pena que porventura ser-lhe ia aplicada em caso de condenação. Este instrumento de justiça penal consensual não é novidade no ordenamento jurídico brasileiro, uma vez que já contava com previsão na Resolução 181/2017, editada pelo CNMP, posteriormente modificada pela Resolução 183/2018. O art. 28-A do CPP impõe os seguintes requisitos à celebração do acordo de não persecução penal: a) que não seja caso de arquivamento da investigação; b) crime praticado sem violência ou grave ameaça à pessoa; c) crime punido com pena mínima inferior a 4 anos; d) confissão formal e circunstanciada; e) que o acordo se mostre necessário e suficiente para reprovação e prevenção do crime; f) não ser o investigado reincidente; g) não haver elementos probatórios que indiquem conduta criminosa habitual, reiterada ou profissional; h) não ter o agente sido agraciado com outro acordo de não persecução, transação penal ou suspensão condicional do processo nos 5 anos anteriores ao cometimento do crime; i) não se tratar de crimes praticados no âmbito de violência doméstica ou familiar ou praticados contra a mulher por razões da condição de sexo feminino, em favor do agressor; D: correta. Reza o art. 5º, § 4º, do CPP que o inquérito não poderá ser instaurado, nos crimes de ação penal pública condicionada, sem o oferecimento da representação; E: correta, pois está em conformidade com o que estabelece o art. 10, § 3º, do CPP. Vale lembrar que, com o advento da Lei 13.964/2019, passou a ser possível a dilação de prazo para conclusão do IP também na hipótese de o investigado encontrar-se preso (art. 3º-B, VIII e § 2º, do CPP). Mais recentemente, ao finalmente julgar as ADIs 6.298, 6.299, 6.300 e 6.305, o Plenário do STF, por maioria, conferiu interpretação conforme ao *caput* do art. 28 do CPP para assentar que, ao se manifestar pelo arquivamento do inquérito policial ou de quaisquer elementos informativos da mesma natureza, o órgão do Ministério Público submeterá sua manifestação ao juiz competente e comunicará à vítima, ao investigado e à autoridade policial, podendo encaminhar os autos para o procurador-geral ou para a instância de revisão ministerial, quando houver, para fins de homologação, na forma da lei. No mesmo julgamento, ao apreciar a constitucionalidade do § 1º do art. 28 do CPP, conferiu-lhe interpretação conforme para assentar que, além da vítima ou de seu representante legal, a autoridade judicial competente também poderá submeter a matéria à revisão da instância competente do órgão ministerial, caso verifique patente ilegalidade ou teratologia no ato do arquivamento. Como se pode ver, o controle judicial sobre o arquivamento do inquérito policial, que havia sido afastado com a modificação operada pela Lei 13.964/2019 no art. 28, *caput*, do CPP, foi retomado com a interpretação atribuída a este dispositivo pelo STF, o que, para significativa parcela da doutrina, representa verdadeiro retrocesso, já que viola o sistema acusatório.

Gabarito "A"

(Analista – TRE/AP – 2011 – FCC) No que concerne ao Inquérito Policial, de acordo com o Código de Processo Penal, é correto afirmar que:

(A) Do despacho que indeferir o requerimento do ofendido de abertura de inquérito caberá recurso administrativo ao Juiz Corregedor da Comarca.

(B) Para verificar a possibilidade de haver a infração sido praticada de determinado modo, a autoridade policial poderá proceder à reprodução simulada dos fatos, ainda que esta contrarie a moralidade ou a ordem pública.

(C) O inquérito, nos crimes em que a ação pública depender de representação, não poderá sem ela ser iniciado.

(D) A autoridade policial poderá mandar arquivar autos de inquérito em situações excepcionais previstas em lei.

(E) A incomunicabilidade do indiciado dependerá sempre de despacho nos autos e somente será permitida quando o interesse da sociedade ou a conveniência da investigação o exigir.

A: incorreta, visto que, nos termos do art. 5º, § 2º, do CPP, do despacho da autoridade policial que indeferir o requerimento de abertura de inquérito formulado pela vítima, caberá recurso ao chefe de Polícia; B: incorreta. É bem verdade que a autoridade policial, a fim de verificar, com exatidão, como se deu a prática da infração penal, poderá proceder à reprodução simulada dos fatos (reconstituição do crime), desde que, em conformidade com o estabelecido no art. 7º do CPP, não contrarie, ao realizá-la, a moralidade ou a ordem pública. Assertiva, portanto, incorreta; C: correta, já que, em vista do que dispõe o art. 5º, § 4º, do CPP, o inquérito, na ação penal pública condicionada, não poderá ser instaurado sem o oferecimento da *representação* por parte do ofendido, o que constitui *condição de procedibilidade*; D: incorreta. É vedado à autoridade policial determinar o arquivamento de autos de inquérito policial, conforme reza o art. 17 do CPP; somente poderá fazê-lo, dada a modificação operada pela Lei 13.964/2019 no art. 28 do CPP, o Ministério Público. A lei, neste caso, não faz ressalvas; E: incorreta. O art. 21, parágrafo único, do CPP estabelece a possibilidade de o magistrado decretar a incomunicabilidade do indiciado pelo interregno de até três dias, com vistas a impedir que ele atrapalhe a investigação. Embora este dispositivo não tenha sido revogado de forma expressa, é certo que a maioria da doutrina entende que a incomunicabilidade do indiciado no inquérito policial esteja revogada de forma tácita, porquanto incompatível com a atual ordem constitucional. Fato é que, para aqueles que sustentam a sua incompatibilidade à Constituição Federal de 1988 (Guilherme de Souza Nucci, Damásio E. de Jesus, Vicente Greco Filho, entre outros), se a incomunicabilidade do preso não pode ser decretada durante o Estado de Defesa – art. 136, § 3º, IV, da CF/1988, que constitui um *período de anormalidade*, com muito mais razão não haveria por que decretar a incomunicabilidade do indiciado em pleno período de normalidade. Seja como for, este art. 21, parágrafo único, do CPP, na sua parte final, prevê que a incomunicabilidade não poderá alcançar o advogado, em consonância com o disposto no art. 7º, III, do Estatuto da Advocacia (Lei 8.906/1994), que lhe assegura *comunicar-se com seus clientes, pessoal e reservadamente, mesmo sem procuração, quando estes se acharem presos, detidos ou recolhidos em estabelecimentos civis ou militares, ainda que considerados incomunicáveis.* (grifamos).
Gabarito "C".

(Analista – TRE/PR – 2012 – FCC) O inquérito policial

(A) poderá ser instaurado mesmo se não houver nenhuma suspeita quanto à autoria do delito.

(B) não poderá ser instaurado por requisição do Ministério Público.

(C) só poderá ser instaurado para apurar crimes de ação pública.

(D) pode ser arquivado pelo Delegado Geral de Polícia.

(E) poderá ser iniciado nos crimes de ação penal pública condicionada sem a representação do ofendido.

A: correta. Ainda que inexistam elementos que permitam, desde logo, apontar a autoria da infração penal, a instauração do inquérito policial é de rigor, visto que se presta justamente a apurar a prática do fato criminoso e a respectiva autoria; B: incorreta. A requisição do Ministério Público constitui uma das formas de instauração do inquérito policial (art. 5º, II, do CPP); C: incorreta. O inquérito se presta a apurar crimes cuja ação penal seja pública (condicionada ou incondicionada) ou privada. Neste último caso, a sua instauração está condicionada ao requerimento de quem tenha legitimidade para a ação penal respectiva – art. 5º, § 5º, do CPP; D: incorreta, dado que em nenhuma hipótese a autoridade policial poderá determinar o arquivamento dos autos de inquérito policial – art. 17 do CPP; E: incorreta, visto que, sem a representação do ofendido, o inquérito policial, nos crimes a ela condicionados, não poderá ser iniciado.
Gabarito "A".

(Analista – TRE/BA – 2010 – CESPE) Julgue o item que se segue, relativo a inquérito policial (IP) e prisão temporária.

(1) A autoridade que preside o IP assegurará o sigilo necessário à elucidação do fato ou exigido pelo interesse da sociedade. Dessa forma, o advogado do indiciado não terá acesso ao IP quando a autoridade competente declarar seu caráter sigiloso.

O inquérito policial é, em vista do que dispõe o art. 20 do CPP, sigiloso. Ocorre que, a teor do art. 7º, XIV, da Lei 8.906/1994 (Estatuto da Advocacia), constitui direito do advogado, entre outros: "examinar, em qualquer instituição responsável por conduzir investigação, mesmo sem procuração, autos de flagrante e de investigações de qualquer natureza, findos ou em andamento, ainda que conclusos à autoridade, podendo copiar peças e tomar apontamentos, em meio físico ou digital". Sobre este tema, o STF editou a Súmula Vinculante nº 14, a seguir transcrita: "É direito do defensor, no interesse do representado, ter acesso amplo aos elementos de prova que, já documentados em procedimento investigatório realizado por órgão com competência de polícia judiciária, digam respeito ao exercício do direito de defesa". Chamo a atenção para as ressalvas presentes nos §§ 10 e 11 do art. 7º da Lei 8.906/1994, ambos introduzidos pela Lei 13.245/2016: § 10. *Nos autos sujeitos a sigilo, deve o advogado apresentar procuração para o exercício dos direitos de que trata o inciso XIV;* § 11: *No caso previsto no inciso XIV, a autoridade competente poderá delimitar o acesso do advogado aos elementos de prova relacionados a diligências em andamento e ainda não documentados nos autos, quando houver risco de comprometimento da eficiência, da eficácia ou da finalidade das diligências.*
Gabarito 1E.

(Técnico – TRF/1ª – 2011 – FCC) Arquivado o inquérito policial por despacho do juiz, a requerimento do Ministério Público, a ação penal

(A) só poderá ser instaurada com base em novas provas.

(B) só poderá ser instaurada se o pedido de arquivamento do Ministério Público tiver se baseado em prova falsa.

(C) não poderá mais ser instaurada por ter se exaurido a atividade de acusação.

(D) não poderá mais ser instaurada, pois implicaria revisão prejudicial ao acusado.

(E) só poderá ser instaurada se houver requisição do Procurador-Geral de Justiça.

Uma vez ordenado o arquivamento do inquérito policial, por falta de base para a denúncia, nada obsta que a autoridade policial proceda a novas pesquisas, desde que de outras provas tenha conhecimento, independente de autorização judicial – art. 18 do CPP. Isso porque a decisão que determina o arquivamento do inquérito policial não gera, em regra, coisa julgada material. Registre-se, no entanto, que as "outras provas" a que faz alusão o art. 18 do CPP devem ser entendidas como *provas substancialmente novas*, ou seja, aquelas que até então não eram de conhecimento das autoridades. Veja, a propósito, o teor da Súmula nº 524 do STF: "Arquivado o inquérito policial, por despacho do juiz, a requerimento do Promotor de Justiça, não pode a ação penal ser iniciada, sem novas provas". Agora, se o arquivamento do inquérito se der por ausência de tipicidade, a decisão, neste caso, tem efeito preclusivo, é dizer, produz coisa julgada material, impedindo, dessa forma, o desarquivamento do inquérito. A esse respeito, *Informativo STF 375*. Embora isto não repercuta no seu gabarito, é importante que se diga que esta questão é anterior à Lei 13.964/2019, que modificou por completo o procedimento de arquivamento dos autos de inquérito policial. Com isso, o novo art. 28 do CPP, ao qual foram acrescentados dois parágrafos, a decisão de mandar arquivar os autos de IP, até então do magistrado, foi conferida ao representante do MP. Mais recentemente, ao finalmente julgar as ADIs 6.298, 6.299, 6.300 e 6.305, o Plenário do STF, por maioria, conferiu interpretação conforme ao *caput* do art. 28 do CPP para assentar que, ao se manifestar pelo arquivamento do inquérito policial ou de quaisquer elementos informativos da mesma natureza, o órgão do Ministério Público submeterá sua manifestação ao juiz competente e comunicará à vítima, ao investigado e à autoridade policial, podendo encaminhar os autos para o procurador-geral ou para a instância de revisão ministerial, quando houver, para fins de homologação, na forma da lei. No mesmo julgamento, ao apreciar a constitucionalidade do § 1º do art. 28 do CPP, conferiu-lhe interpretação conforme para assentar que, além da vítima ou de seu representante legal, a autoridade judicial competente também poderá submeter a matéria à revisão da instância competente do órgão ministerial, caso verifique patente ilegalidade ou teratologia no ato do arquivamento. Como se pode ver, o controle judicial sobre o arquivamento do inquérito policial, que havia sido afastado com a modificação operada pela Lei 13.964/2019 no art. 28, *caput*, do CPP, foi retomado com a interpretação atribuída a este dispositivo pelo STF, o que, para significativa parcela da doutrina, representa verdadeiro retrocesso, já que viola o sistema acusatório.

Gabarito: "A".

(Analista – TJ/CE – 2013 – CESPE) Acerca de inquérito policial (IP), assinale a opção correta. Nesse sentido, considere que a sigla MP, sempre que empregada, se refere ao Ministério Público.

(A) Ainda que o MP possua provas suficientes para instauração da ação penal, o IP não poderá ser dispensado.
(B) O MP, que é o *dominus litis*, pode determinar a abertura de IPs, requisitar esclarecimentos e diligências investigatórias, bem como assumir a presidência do IP.
(C) A elaboração de laudo pericial na fase do IP sem prévio oferecimento de quesitos pela defesa ofende o princípio da ampla defesa quando somente tenha sido dada oportunidade de manifestação e oferecimento de quesitos após sua juntada.
(D) O arquivamento do IP pode ser realizado pela autoridade policial, quando houver requerimento do MP, com sua concordância.
(E) Caso o MP requeira o arquivamento de IP com fundamento na atipicidade do fato, a decisão que determinar o arquivamento com base nesse fundamento, ainda que seja emanada de juiz absolutamente incompetente, impedirá a instauração de processo que tenha por objeto o mesmo episódio.

A: incorreta. Isso porque o inquérito policial, segundo doutrina e jurisprudência unânimes, não constitui fase obrigatória e imprescindível da persecução penal. Pode o membro do MP, pois, dele abrir mão e ajuizar, de forma direta, a ação penal, desde que, é claro, disponha de elementos de informação suficientes ao seu exercício (da ação penal). É o que se infere do art. 12 do CPP; **B:** incorreta. Pode o MP, é verdade, requisitar à autoridade policial a abertura de inquérito (art. 5º, II, do CPP), bem como, ao final das investigações do inquérito policial, promover o retorno dos autos ao delegado de polícia para a realização de diligências investigatórias imprescindíveis ao exercício da ação penal (art. 16, CPP). Agora, não poderá o representante do *parquet*, ainda que seja o *dominus litis*, assumir a presidência do inquérito policial, atribuição exclusiva do delegado de polícia (art. 2º, § 1º, Lei 12.830/2013); poderá, isto sim, presidir apuração de fato criminoso por meio de inquérito *criminal*, mas não *policial*; **C:** incorreta. Como bem sabemos, as perícias em geral constituem prova *não repetível*, que, embora sejam, em regra, realizadas no curso das investigações, serão submetidas, na etapa processual, ao chamado contraditório diferido (posterior). Não há ofensa, pois, ao postulado da ampla defesa o fato de o laudo, no curso das investigações, ser elaborado sem prévio oferecimento de quesitos pela defesa; **D:** incorreta, dado que é vedado ao delegado de polícia, sob qualquer pretexto, promover o arquivamento de autos de inquérito policial; tal providência somente poderá ser determinada, a requerimento do MP, pelo juiz de direito (art. 17 do CPP). Vale lembrar que o juiz, com a modificação implementada no art. 28 do CPP pela Lei 13.964/2019, deixou de ter ingerência no procedimento de arquivamento do IP. Tal decisão, doravante, cabe ao MP. Mais recentemente, ao finalmente julgar as ADIs 6.298, 6.299, 6.300 e 6.305, o Plenário do STF, por maioria, conferiu interpretação conforme ao *caput* do art. 28 do CPP para assentar que, ao se manifestar pelo arquivamento do inquérito policial ou de quaisquer elementos informativos da mesma natureza, o órgão do Ministério Público submeterá sua manifestação ao juiz competente e comunicará à vítima, ao investigado e à autoridade policial, podendo encaminhar os autos para o procurador-geral ou para a instância de revisão ministerial, quando houver, para fins de homologação, na forma da lei. No mesmo julgamento, ao apreciar a constitucionalidade do § 1º do art. 28 do CPP, conferiu-lhe interpretação conforme para assentar que, além da vítima ou de seu representante legal, a autoridade competente também poderá submeter a matéria à revisão da instância competente do órgão ministerial, caso verifique patente ilegalidade ou teratologia no ato do arquivamento. Como se pode ver, o controle judicial sobre o arquivamento do inquérito policial, que havia sido afastado com a modificação operada pela Lei 13.964/2019 no art. 28, *caput*, do CPP, foi retomado com a interpretação atribuída a este dispositivo pelo STF, o que, para significativa parcela da doutrina, representa verdadeiro retrocesso, já que viola o sistema acusatório; **E:** correta. Uma vez ordenado o arquivamento do inquérito policial, por falta de base para a denúncia, nada obsta que a autoridade policial proceda a novas pesquisas, desde que de outras provas tenha conhecimento – art. 18 do CPP. Isso porque a decisão que determina o arquivamento do inquérito policial não gera, em regra, coisa julgada material. Agora, se o arquivamento do inquérito se der por ausência de tipicidade (é o caso narrado na proposição), a decisão, neste caso, ainda que tomada por juízo incompetente, tem efeito preclusivo, é dizer, produz coisa julgada material, impedindo, dessa forma, o desarquivamento do inquérito. A esse respeito, conferir: "Habeas corpus: cabimento. É da jurisprudência do Tribunal que não impedem a impetração de *habeas corpus* a admissibilidade de recurso ordinário ou extraordinário da decisão impugnada, nem a efetiva interposição deles. II – Inquérito policial: arquivamento com base na atipicidade do fato: eficácia de coisa julgada material. A decisão que determina o arquivamento do inquérito policial, quando fundado o pedido do Ministério Público em que o fato nele apurado não constitui crime, mais que preclusão, produz coisa julgada material, que – ainda quando emanada a decisão de juiz absolutamente incompetente -, impede a instauração de processo que tenha por objeto o mesmo episódio. Precedentes: HC 80.560, 1ª T., 20.02.01, Pertence, RTJ 179/755; Inq 1538, Pl., 08.08.01, Pertence, RTJ 178/1090; Inq-QO 2044, Pl., 29.09.04, Pertence, DJ 28.10.04; HC 75.907, 1ª T., 11.11.97, Pertence, DJ 9.4.99; HC 80.263, Pl., 20.2.03, Galvão, RTJ 186/1040" (HC 83346, Sepúlveda Pertence, STF).

Gabarito "E".

(Analista – TJ/AP – 2010 – FCC) Marque a alternativa correta. Nos crimes de ação pública,

(A) o inquérito policial só pode ser iniciado de ofício;

(B) a autoridade policial, logo que tiver conhecimento da prática da infração penal, deverá dirigir-se ao local, providenciando para que não se alterem o estado de conservação das coisas, até a chegada dos peritos criminais;

(C) a requisição do Ministério Público para a instauração do inquérito policial dispensa a narração do fato, com todas as suas circunstâncias;

(D) o inquérito policial só pode ser iniciado mediante requisição do Ministério Público.

A e D: incorretas. O art. 5º do CPP estabelece as formas pelas quais, nos crimes de ação penal pública, o inquérito policial poderá ser iniciado, a saber: de ofício; por requisição do juiz de direito; por requisição do Ministério Público; e por meio de requerimento do ofendido. Poderá, ainda, ser iniciado por meio de auto de prisão em flagrante – arts. 301 e seguintes do CPP; **B: correta.** O art. 6º do CPP lista as providências que devem ser tomadas pela autoridade policial logo que tiver conhecimento da prática de infração penal, dentre as quais está o contido na assertiva, que corresponde ao inc. I do dispositivo; **C: incorreta.** Apesar de o art. 5º, § 1º, do CPP fazer menção tão somente ao requerimento, deve-se aplicá-lo, por analogia, à requisição. Assim, a requisição do Ministério Público e do juiz conterá a narração do fato com todas as suas circunstâncias, além dos demais requisitos contidos no dispositivo (individualização e testemunhas). Conferir o magistério de Guilherme de Souza Nucci: *requisições dirigidas à autoridade policial, exigindo a instauração de inquérito contra determinada pessoa, ainda que apontem o crime, em tese, necessitam conter dados suficientes que possibilitem ao delegado tomar providências e ter um rumo a seguir (ver o disposto no § 1º deste artigo). Não é cabível um ofício genérico, requisitando a instauração de inquérito contra Fulano, pela prática de estelionato, por exemplo. Afinal, o que fez Fulano exatamente? Quando e onde? Enfim, a requisição deve sustentar-se em fatos, ainda que possa ser desprovida de documentos comprobatórios (Código de Processo Penal Comentado, 17ª ed., p. 71).*

Gabarito "B".

3. AÇÃO PENAL E AÇÃO CIVIL *EX DELICTO*

(Analista – TJ/ES – 2023 – CEBRASPE) No que se refere aos efeitos da sentença penal condenatória e absolutória, julgue os itens subsequentes.

(1) Conforme a regra processual penal, o juiz que exarou a sentença estabelecerá o valor mínimo para a reparação dos danos morais e dos prejuízos materiais sofridos pelo ofendido.

(2) A decisão absolutória fundada no reconhecimento da inexistência material do fato exclui a propositura da respectiva ação civil.

(3) Impede a propositura de ação civil indenizatória a sentença penal que julgar extinta a punibilidade do réu.

1: errada, pois em desconformidade com o art. 387, IV, do CPP: *O juiz, ao proferir sentença condenatória: (...) IV – fixará valor mínimo para reparação dos danos causados pela infração, considerando os prejuízos sofridos pelo ofendido;* **2:** correta, pois reflete a regra presente no art. 66 do CPP: *Não obstante a sentença absolutória no juízo criminal, a ação civil poderá ser proposta quando não tiver sido, categoricamente, reconhecida a inexistência material do fato;* **3:** errada, pois não impede o ajuizamento da ação reparatória, na esfera civil, a decisão que julgar extinta a punibilidade (art. 67, II, CPP).

Gabarito 1E, 2C, 3E

Maria foi vítima de estupro praticado por um desconhecido em um parque. Ao comparecer à delegacia, ela comunicou formalmente o ocorrido e submeteu-se a exame de corpo de delito, que comprovou a violência sexual; em seguida, foi feito o retrato falado do estuprador. Apesar dos esforços da autoridade policial, o autor do crime somente foi identificado e reconhecido pela vítima sete meses após a ocorrência do fato.

(Analista Judiciário – TJ/PA – 2020 – CESPE/CEBRASPE) Nessa situação hipotética, concluídas as investigações, o Ministério Público deve

(A) oferecer a denúncia, visto que estão presentes as condições da ação penal.

(B) manifestar-se pelo arquivamento do inquérito policial por falta de interesse de agir.

(C) manifestar-se pelo arquivamento do inquérito policial por falta de possibilidade jurídica do pedido.

(D) manifestar-se pelo arquivamento do inquérito policial por falta de justa causa.

(E) oficiar à vítima para que ela informe se ainda tem interesse na propositura da ação penal.

Pelo que consta do enunciado proposto, há lastro probatório mínimo, já que a materialidade restou comprovada por meio do exame de corpo de delito a que foi submetida Maria e a autoria foi estabelecida com a identificação do autor do crime que a vitimou. Pois bem. Segundo ainda o enunciado, o sujeito ativo somente foi identificado sete meses depois do delito, o que poderia sugerir (e aqui está a "pegadinha" da questão) a ocorrência do fenômeno da decadência, que levaria à extinção da punibilidade. Ainda que a ação, no crime de estupro, fosse pública condicionada à representação, ainda assim não teria sido implementada a decadência, uma vez que o prazo de seis meses somente começaria a correr a partir do momento em que a vítima tivesse conhecimento da identidade do autor (art. 38, *caput*, CPP). Sucede que a ação penal, nos crimes sexuais, por força de alteração legislativa ocorrida em 2018, passou a ser pública incondicionada, de forma que o Ministério Público não mais depende da manifestação de vontade da vítima para promover a ação penal, do que se conclui que a alternativa "A" é a correta, cabendo ao *parquet* oferecer a denúncia, já que estão presentes as condições da ação penal. Façamos algumas ponderações sobre a Lei 13.718/2018, que, dentre várias inovações implementadas nos crimes contra a dignidade sexual, mudou, como acima dito, a natureza da ação penal nesses delitos. Com isso, a ação penal, nos crimes sexuais, passa a ser pública incondicionada. Vale lembrar que, antes do advento desta Lei, a ação era, em regra, pública condicionada, salvo nas situações em que a vítima era vulnerável ou menor de 18 anos. Fazendo um breve histórico, temos o seguinte quadro: a ação penal, nos crimes sexuais, era, em regra, privativa do ofendido, a este cabendo a propositura da ação penal; posteriormente, a partir do advento da Lei 12.015/2009, a ação penal, nesses crimes, deixou de ser privativa do ofendido para ser pública condicionada a representação, em regra; agora, com a entrada em vigor da Lei 13.718/2018, a ação penal, nos crimes contra a dignidade sexual, que antes era pública condicionada, passa a ser pública incondicionada. Com isso, o titular da ação penal, que é o MP, prescinde de manifestação de vontade da vítima para promover a ação penal. Dessa forma, fica sepultado o debate que antes havia acerca da aplicação da Súmula 608, do STF.

Gabarito "A".

Antônia foi vítima de calúnia praticada por Francisca e Rita. Inconformada, Antônia, na mesma semana em que sofreu a calúnia, tomou as providências para que fosse proposta a ação penal cabível, mas o fez apenas contra Francisca, porque Rita era amiga de sua mãe.

(Analista Judiciário – TJ/PA – 2020 – CESPE/CEBRASPE) Nessa situação hipotética, ocorreu

(A) retratação.
(B) renúncia.
(C) perdão.
(D) perempção.
(E) decadência.

Embora o ofendido, na ação penal privada, disponha de discricionariedade para avaliar a conveniência em ajuizar ou não a queixa-crime (conveniência ou oportunidade), não lhe é dado fazê-lo contra tão somente um dos ofensores, sendo-lhe vedado, pois, escolher contra quem a ação será promovida. É o que estabelece o art. 48 do CPP, que enuncia o princípio da indivisibilidade, cuja violação acarreta a renúncia em relação aos demais ofensores, redundando na extinção da punibilidade de todos. Foi o que se deu no caso narrado no enunciado. Sendo a vontade de Antônia promover a queixa-crime, deveria fazê-lo em relação a Francisca e Rita, e não somente em relação àquela. Se assim o fez, renunciou, de forma tácita, ao direito de queixa, extinguindo-se a punibilidade de todos (art. 49, CPP).

Gabarito "B".

(Analista Judiciário – TJ/PA – 2020 – CESPE/CEBRASPE) Impede a propositura de ação civil indenizatória a decisão penal que

(A) arquivar o inquérito policial.
(B) julgar extinta a punibilidade do agente.
(C) reconhecer a inexistência material do fato.
(D) absolver o réu em razão de o fato imputado não constituir crime.
(E) absolver o réu em razão de não existir prova suficiente para sua condenação.

A: incorreta. Isso porque o despacho que determina o arquivamento do inquérito policial não elide a possibilidade de propositura da ação civil (art. 67, I, CPP); **B:** incorreta, pois não impede o ajuizamento da ação reparatória, na esfera civil, a decisão que julgar extinta a punibilidade (art. 67, II, CPP); **C:** correta, já que ação civil poderá ser ajuizada quando não tiver sido, categoricamente, reconhecida a inexistência material do fato (art. 66, CPP); **D:** incorreta, na medida em que a absolvição do réu em razão do fato a ele imputado não constituir crime não obsta a propositura da ação civil (art. 67, III, CPP); **E:** incorreta, pois contraria o disposto no art. 66 CPP, que autoriza a propositura da ação civil na hipótese de não haver prova suficiente para a condenação do réu. Somente servirá de obstáculo ao ajuizamento da ação civil o reconhecimento de que o fato não existiu.

Gabarito "C".

(Analista Judiciário – TJ/AL – 2018 – FGV) Foi instaurado inquérito policial para apurar a suposta prática de crime de estelionato, figurando Valéria como vítima e Júlio César como indiciado. Após a realização de diversas diligências e a apresentação de relatório conclusivo por parte da autoridade policial, o Ministério Público analisou os elementos informativos e encaminhou ao Judiciário promoção de arquivamento, entendendo pela inexistência de justa causa. Ao tomar conhecimento, Valéria fica revoltada com a conduta do órgão ministerial, pois está convicta de que Júlio César seria o autor do delito. Diante disso, apresenta queixa, iniciando ação penal privada subsidiária da pública.

Quando iniciada a análise da ação penal privada subsidiária da pública, deverá o órgão do Poder Judiciário competente:

(A) receber a inicial acusatória e, caso o ofendido deixe de promover o andamento do processo por 30 dias seguidos, deverá ser reconhecida a perempção;
(B) não receber a inicial acusatória, tendo em vista que não houve omissão do Ministério Público a justificar a ação penal privada subsidiária da pública;
(C) receber a inicial acusatória, passando o ofendido a figurar como parte do processo, não podendo o Ministério Público aditar a queixa oferecida;
(D) receber a inicial acusatória, podendo o Ministério Público oferecer denúncia substitutiva da queixa, fornecer elementos de prova e interpor recursos;
(E) não receber a inicial acusatória, pois não há previsão do instituto da ação penal privada subsidiária da pública na Constituição da República de 1988, não sendo a previsão do Código de Processo Penal recepcionada.

Um dos temas mais recorrentes em provas de concursos públicos é a chamada ação penal privada subsidiária da pública, em especial o pressuposto ao seu ajuizamento. Segundo posicionamento doutrinário e jurisprudencial pacífico, a propositura da ação penal privada subsidiária da pública, à luz do que estabelecem os arts. 5º, LIX, da CF, 100, § 3º, do CP e 29 do CPP, tem como pressuposto a ocorrência de desídia do membro do Ministério Público, que deixa de promover a ação penal dentro do prazo estabelecido em lei. Bem por isso, não há que se falar nesta modalidade de ação privada na hipótese de o representante do MP promover o arquivamento dos autos de inquérito policial, e bem assim quando requerer o retorno dos autos de inquérito à Delegacia de Polícia para a realização de diligências complementares. Não há, nestes dois casos, inércia por parte do representante do *parquet*. Conferir o magistério de Guilherme de Souza Nucci: "(...) é inaceitável que o ofendido, porque o inquérito foi arquivado, a requerimento do Ministério Público, ingresse com ação penal privada subsidiária da pública. A titularidade da ação penal não é, nesse caso, da vítima e a ação privada, nos termos do art. 29, somente é admissível quando o órgão acusatório estatal deixa de intentar a ação penal, no prazo legal, mas não quando age, pedindo o arquivamento. Há, pois, diferença substancial entre não agir e manifestar-se pelo arquivamento, por crer inexistir fundamento para a ação penal" (*Código de Processo Penal Comentado*, 17ª ed., p. 146). Na jurisprudência: "1. A comprovação inequívoca da inércia do Ministério Público é requisito essencial para justificar o ajuizamento da ação penal privada subsidiária da pública. 2. O pedido de arquivamento do feito, formulado pelo Ministério Público, titular da ação penal, não pode ser discutido, senão acolhido. Precedentes do STF e do STJ. 3. Agravo regimental não provido" (STJ – AgRg na APn: 557 DF 2008/0269543-6, Relator: Ministra NANCY ANDRIGHI, Data de Julgamento: 06.10.2010, CE – CORTE ESPECIAL, Data de Publicação 09.11.2010).

Gabarito "B".

(Analista – TJ/SC – FGV – 2018) O Código de Processo Penal prevê uma série de institutos aplicáveis às ações penais de natureza privada.

Sobre tais institutos, é correto afirmar que:

(A) a renúncia ao exercício do direito de queixa ocorre antes do oferecimento da inicial acusatória, mas deverá ser expressa, seja através de declaração do ofendido seja por procurador com poderes especiais;
(B) o perdão do ofendido oferecido a um dos querelados poderá a todos aproveitar, podendo, porém, ser recusado pelo beneficiário, ocasião em que não produzirá efeitos em relação a quem recusou;
(C) a renúncia ao exercício do direito de queixa ocorre após o oferecimento da inicial acusatória, gerando extinção da punibilidade em relação a todos os querelados;
(D) a decadência ocorrerá se o ofendido não oferecer queixa no prazo de 06 meses a contar da data dos fatos, sendo irrelevante a data da descoberta da autoria;
(E) a perempção ocorre quando o querelante deixa de comparecer a atos processuais para os quais foi intimado, ainda que de maneira justificada.

A: incorreta. A *renúncia, que comporta tanto a modalidade expressa quanto a tácita e consiste na desistência, por parte da vítima, em processar seu agressor*, ocorre sempre antes do início da ação penal (antes do recebimento da queixa), conforme arts. 57 do CPP e 104 do CP; **B:** correta. O *perdão* constitui ato por meio do qual o querelante desiste de prosseguir na ação penal privada. Portanto, pressupõe-se que a ação penal tenha se iniciado. Ao contrário da *renúncia*, somente produzirá efeitos, com a extinção da punibilidade, em relação ao querelado que o aceitar. Trata-se, portanto, de ato bilateral, na forma estatuída no art. 51 do CPP. A *renúncia*, diferentemente, é ato unilateral, uma vez que, para produzir efeitos, não depende de aceitação do autor do crime; **C:** incorreta, na medida em que, conforme já ponderado acima, a renúncia somente terá lugar antes do início da ação penal; **D:** incorreta, já que o marco inicial, na contatem do prazo decadencial, é representado pelo dia em que o ofendido vem a saber quem é o seu ofensor (art. 38, *caput*, do CPP); **E:** incorreta, pois contraria o disposto no art. 60, III, do CPP, que estabelece que somente a ausência injustificada poderá dar azo à configuração da perempção. Gabarito "B".

(Analista Judiciário – TRF/2 – Consulplan – 2017) Sobre os temas queixa, perdão e renúncia, assinale a alternativa INCORRETA.

(A) A renúncia ao exercício do direito de queixa, em relação a um dos autores do crime, a todos se estenderá.
(B) O perdão concedido a um dos querelados aproveitará a todos, produzindo efeito em relação ao que o recusar.
(C) A queixa contra qualquer dos autores do crime obrigará ao processo de todos, e o Ministério Público velará pela sua indivisibilidade.
(D) A queixa, ainda quando a ação penal for privativa do ofendido, poderá ser aditada pelo Ministério Público, a quem caberá intervir em todos os termos subsequentes do processo.

A: correta. A renúncia ao exercício do direito de queixa, em relação a um dos autores do crime, será, de fato, estendida aos demais. É o que estabelece o art. 49 do CPP; **B:** incorreta (a ser assinalada). O *perdão* constitui ato por meio do qual o querelante desiste de prosseguir na ação penal privada. Ao contrário da *renúncia*, somente produzirá efeitos, com a extinção da punibilidade, em relação ao querelado que o aceitar. Trata-se, portanto, de ato bilateral, na forma estatuída no art. 51 do CPP; **C:** correta. Pelo postulado da *indivisibilidade*, consagrado no art. 48 do CPP, que rege a ação penal privada, a ser exercida por meio de queixa, não é dado ao ofendido escolher contra quem a ação será ajuizada. É dizer: ou processa todos os autores identificados ou não processa nenhum (ou desiste da ação contra todos ou não desiste); **D:** correta, pois, de fato, a queixa, ainda quando a ação penal for privativa do ofendido, poderá ser aditada pelo Ministério Público, a quem caberá intervir em todos os termos do processo, nos moldes do art. 45 do CPP. Gabarito "B".

(Analista Judiciário – TJ/MT – UFMT – 2016) Sobre a ação civil, assinale a afirmativa INCORRETA.

(A) A ação de ressarcimento de danos poderá ser proposta no juízo cível contra o autor do crime e, se for o caso, contra o responsável civil.
(B) A decisão que julgar extinta a punibilidade não impedirá a propositura da ação civil.
(C) O despacho de arquivamento do inquérito não impedirá a propositura da ação civil.
(D) Intentada a ação penal, o juiz da ação civil não poderá suspender o curso desta até o julgamento definitivo daquela.

A: correta, pois corresponde ao que dispõe o art. 64, *caput*, do CPP; **B:** correta, uma vez que retrata o disposto no art. 67, II, do CPP; **C:** correta, pois em conformidade com o teor do art. 67, I, do CPP; **D:** incorreta, pois não reflete o que estabelecem os arts. 64, parágrafo único, do CPP e 315 do NCPC. Gabarito "D".

(Analista – TRE/AP – 2011 – FCC) Considere as seguintes assertivas sobre as espécies de ação penal, de acordo com o Código de Processo Penal:

I. Na ação penal privada, comparecendo mais de uma pessoa com direito de queixa, terá preferência o descendente e, em seguida, pela ordem, o cônjuge e o ascendente, podendo, entretanto, qualquer delas prosseguir na ação, caso o querelante desista da instância ou a abandone.

II. Seja qual for o crime, quando praticado em detrimento do patrimônio ou interesse da União, a ação penal será pública.

III. Na ação penal pública condicionada, o direito de representação poderá ser exercido, pessoalmente ou por procurador com poderes especiais, mediante declaração, escrita ou oral, feita ao juiz, ao órgão do Ministério Público, ou à autoridade policial.

Está correto o que se afirma SOMENTE em

(A) I e II.
(B) II.
(C) I.
(D) II e III.
(E) I e III.

I: incorreta. Em obediência ao estabelecido no art. 36 do CPP, comparecendo mais de uma pessoa com direito de queixa, a preferência será do cônjuge, seguido pelo parente mais próximo na ordem estabelecida no art. 31 do CPP (ascendente, descendente e irmão). Estes, em caso de abandono ou desistência por parte do querelante, têm o direito de prosseguir na ação; **II:** correta, visto que em conformidade com o teor

do art. 24, § 2º, do CPP; **III:** correta, visto que em conformidade com o teor do art. 39, *caput*, do CPP.
Gabarito "D".

(Analista – TREMG – 2012 – CONSULPLAN) Quanto à Ação Penal Privada Subsidiária da Pública, marque V para as afirmativas verdadeiras e F para as falsas.

( ) Tem-se admitido a propositura da ação penal privada subsidiária da pública, em caso de arquivamento do inquérito policial.

( ) Ajuizada a ação subsidiária, o Ministério Público não poderá retomar a ação como parte principal.

( ) Oferecida a queixa subsidiária, o Ministério Público poderá repudiá-la e oferecer denúncia substitutiva.

( ) Admite-se a ação penal privada subsidiária da pública tanto em crimes de ação penal pública incondicionada, quanto em crimes de ação penal pública condicionada à representação do ofendido.

A sequência está correta em

(A) V, V, V, F
(B) V, F, V, F
(C) V, F, F, V
(D) F, F, V, V
(E) F, V, F, V

1ª assertiva: incorreta, visto que em desconformidade com posicionamento doutrinário e jurisprudencial dominante. Com efeito, dado que a propositura da ação penal privada subsidiária pressupõe a ocorrência de inação, desídia do membro do Ministério Público, não terá cabimento tal modalidade de ação privativa do ofendido na hipótese de o representante do *parquet* promover o arquivamento dos autos do inquérito policial. Conferir: *Recurso recebido como agravo regimental. Crimes de prevaricação e de condescendência criminosa. Ação penal privada subsidiária da pública. Inércia do Ministério Público Federal não caracterizada. Manifestação do parquet. Falta de justa causa por ausência de indícios quanto à materialidade e à autoria. Arquivamento.* – Na linha da jurisprudência desta Corte, a viabilizada da ação penal privada subsidiária da pública depende da efetiva inércia do Ministério Público, o que não ocorre no caso em debate. – Manifestando-se o Ministério Público Federal pela ausência de indícios de materialidade e de autoria, não há como prosseguir com o presente feito, relativo aos crimes de prevaricação e de condescendência criminosa (artigos 319 e 310 do CPC), sendo obrigatório o arquivamento do processo. Precedentes. Agravo regimental improvido. Procedimento criminal arquivado." (STJ, Pet na APN 699/MT, 2012/0072560-8, Corte Especial, j. 01.08.2012, rel. Min. Cesar Asfor Rocha, *DJe* 13.08.2012); **2ª assertiva:** incorreta. No âmbito da ação penal privada subsidiária, o ofendido ou seu representante legal dispõe do prazo decadencial de seis meses para oferecer a queixa-crime, a contar do dia em que tem fim o prazo para o oferecimento da denúncia (art. 38, parte final, do CPP), ao qual, é importante que se diga, não se submete o Ministério Público, que poderá, a qualquer tempo, desde que antes da prescrição, recobrar a ação e oferecer a denúncia; **3ª assertiva:** correta. Intentada a ação penal privada subsidiária, caberá ao Ministério Público, nos moldes do que prescreve o art. 29 do CPP, "(...) aditar a queixa, repudiá-la e oferecer denúncia substitutiva, intervir em todos os termos do processo, fornecer elementos de prova, interpor recurso e, a todo tempo, no caso de negligência do querelante, retomar a ação como parte principal"; **4ª assertiva:** correta. A ação penal privada subsidiária terá lugar tanto no âmbito da ação penal pública incondicionada quanto no da condicionada à representação do ofendido.
Gabarito "D".

(Analista – TJ/AM – 2013 – FGV) Com relação à *ação penal privada*, assinale a afirmativa correta.

(A) O direito de ação na inércia voluntária do ofendido, pode ser exercido por seu cônjuge ou descendente.
(B) Na ação penal privada vigora o princípio da indisponibilidade.
(C) Na ação penal privada não se aplica o perdão da vítima como forma de extinção da punibilidade.
(D) Na ação penal privada vigora o princípio da indivisibilidade.
(E) São modalidades: exclusivamente privada, personalíssima, subsidiária da pública e condicionada à requisição do Ministro da Justiça.

A: incorreta. Somente caberá ao *cônjuge* ou ao *descendente* (e também ao *ascendente* e *irmão*) o oferecimento da queixa ou o prosseguimento da ação já em curso na hipótese de morte do ofendido ou quando declarado ausente por decisão judicial, nos termos do art. 31 do CPP. Dado que a ação penal privada é informada pelos *princípios da oportunidade* (ou conveniência) e *disponibilidade*, é conferida ao ofendido a prerrogativa de deixar de ajuizar a queixa (renúncia) e, no curso da ação, desistir de dar-lhe prosseguimento (perdão); **B:** incorreta, visto que, como já dito, a ação penal privativa do ofendido é regida pelo *princípio da disponibilidade*, segundo o qual pode o seu titular desistir de prosseguir na demanda por ele ajuizada. O *princípio da indisponibilidade* – art. 42 do CPP – é exclusivo da ação penal pública; **C:** incorreta. Pelo contrário, o perdão do ofendido somente terá incidência no âmbito da ação penal de iniciativa privativa do ofendido. É importante que se diga que o perdão, diferentemente da renúncia, somente produzirá o efeito de extinguir a punibilidade se aceito for pelo querelado (art. 107, VI, do CP); **D:** correta (art. 48 do CPP, que proclama o *princípio da indivisibilidade da ação penal privada*). Embora não haja disposição expressa de lei, entendemos que o *princípio da indivisibilidade* é também aplicável à ação penal pública, uma vez que o promotor de justiça tem o dever de promover a ação penal contra todos os agentes identificados que cometeram a infração penal; **E:** incorreta. A ação penal condicionada à requisição do Ministro da Justiça constitui, ao lado da ação penal condicionada à representação do ofendido, modalidade de ação penal pública (art. 24, *caput*, do CPP). Detém legitimidade para o seu ajuizamento, portanto, o Ministério Público.
Gabarito "D".

(Analista – TJ/CE – 2013 – CESPE) No que se refere à ação penal, assinale a opção correta.

(A) Arquivado o IP, por decisão judicial, a pedido do MP, permite-se o ajuizamento da ação penal privada subsidiária pública quando a vítima se sentir lesada pela violação de seus direitos.
(B) Feita proposta de suspensão condicional do processo pelo MP, o acusado deverá declarar imediatamente se a aceita ou não, pois não lhe é permitido postergar tal manifestação para momento ulterior ao recebimento da denúncia.
(C) A desistência da ação penal privada somente poderá ocorrer até a prolação da sentença condenatória.
(D) O perdão concedido a um dos querelados aproveitará a todos, mesmo que haja recusa de um deles, não produzindo efeitos somente em relação a este.
(E) A representação, condição de procedibilidade da ação penal pública condicionada, exige formalidade, não podendo ser suprida pela simples manifestação expressa da vítima ou de seu representante.

A: incorreta. A *ação penal privada subsidiária da pública*, que será intentada pelo ofendido ou seu representante legal, somente terá lugar na hipótese de o membro do Ministério Público revelar-se desidioso, omisso, deixando de cumprir o prazo fixado em lei para a propositura da ação penal pública (art. 29 do CPP). O pedido de arquivamento do inquérito formulado pelo MP não pode ser interpretado como desídia, uma vez que o representante do *parquet*, após examinar os autos de inquérito, agiu e adotou uma das medidas legais postas à sua disposição. Na jurisprudência do STJ: "recurso especial. Direito Processual Penal. Usurpação de função pública. Violação de sigilo funcional. Prevaricação. Concussão e tortura. Recurso especial fundado na alínea "c" do permissivo Constitucional. Dissídio jurisprudencial. Não demonstrado e não comprovado. Arquivado o inquérito, a requerimento do ministério público, no prazo legal. Ação penal privada subsidiária da pública. Legitimidade ativa do ofendido. Inocorrência. Recurso parcialmente conhecido e improvido. 1. A divergência jurisprudencial, autorizativa do recurso especial interposto, com fundamento na alínea "c" do inciso III do artigo 105 da Constituição Federal, requisita comprovação e demonstração, esta, em qualquer caso, com a transcrição dos trechos dos acórdãos que configurem o dissídio, mencionando-se as circunstâncias que identifiquem ou assemelhem os casos confrontados, não se oferecendo, como bastante, a simples transcrição de ementas ou votos. 2. Postulado o arquivamento do inquérito policial, não há falar em inércia do Ministério Público e, consequentemente, em ação penal privada subsidiária da pública. Precedentes do STF e do STJ. 3. A regra do artigo 29 do Código de Processo Penal não tem incidência na hipótese do artigo 28 do mesmo diploma legal, relativamente ao Chefe do Ministério Público Federal. 4. Recurso parcialmente conhecido e improvido" (RESP 200200624875, Hamilton Carvalhido, 6ª TURMA, DJE de 22/04/2008); **B:** incorreta. Conferir: "*habeas corpus*. Impetração originária. Substituição ao recurso ordinário. Impossibilidade. Respeito ao sistema recursal previsto na carta magna. Não conhecimento. 1. A Primeira Turma do Supremo Tribunal Federal, buscando dar efetividade às normas previstas na Constituição Federal e na Lei 8.038/1990, passou a não mais admitir o manejo do *habeas corpus* originário em substituição ao recurso ordinário cabível, entendimento que deve ser adotado por este Superior Tribunal de Justiça, a fim de que seja restabelecida a organicidade da prestação jurisdicional que envolve a tutela do direito de locomoção. 2. Tratando-se de *writ* impetrado antes da alteração do entendimento jurisprudencial, o alegado constrangimento ilegal será enfrentado para que se analise a possibilidade de eventual concessão de *habeas corpus* de ofício. Crime ambiental (artigo 39, combinado com o artigo 40, ambos da Lei 9.605/1998). Oferecimento da proposta de suspensão condicional do processo antes da apresentação de resposta à acusação. Ilegalidade. Necessidade de interpretação do artigo 89 da Lei 9.099/1995 à luz das modificações trazidas pela Lei 11.719/2008. Constrangimento ilegal evidenciado. Concessão da ordem de ofício. 1. Embora o artigo 89 da Lei 9.099/1995 estabeleça que a proposta de suspensão condicional do processo deve ser feita no momento do oferecimento da denúncia, tal dispositivo deve ser compatibilizado com as modificações promovidas no procedimento comum ordinário pela Lei 11.719/2008. 2. Diante da possibilidade de absolvição sumária, mostra-se desarrazoado admitir que a suspensão condicional do processo seja oferecida ao denunciado antes da análise de sua resposta à acusação, na qual pode veicular teses que, se acatadas, podem encerrar a ação penal. 3. Não se pode exigir que o acusado aceite a suspensão condicional do processo antes mesmo que suas alegações de inépcia da denúncia, de falta de justa causa para a persecução penal, ou de questões que possam ensejar a sua absolvição sumária sejam devidamente examinadas e refutadas pelo magistrado singular. 4. Ademais, revela-se extremamente prejudicial ao réu o entendimento de que a suspensão condicional do processo deve ser ofertada antes mesmo do exame da sua resposta à acusação, pois seria obrigado a decidir sobre a aceitação do benefício sem que a própria viabilidade da continuidade da ação penal seja verificada. 5. *Habeas corpus* não conhecido. Ordem concedida de ofício para determinar ao Juízo singular que analise as questões suscitadas pela defesa na resposta à acusação antes de propor ao paciente o benefício da suspensão condicional do processo" (HC 201200745068, Jorge Mussi, STJ, 5ª Turma, DJE de 29.10.2013); **C:** incorreta. Ajuizada a ação penal privada, poderá o querelante dela desistir, valendo-se do perdão ou da perempção, até o trânsito em julgado da decisão condenatória (art. 106, § 2º, CP); **D:** correta. O *perdão* constitui ato por meio do qual o querelante desiste de prosseguir na ação penal privada. Ao contrário da *renúncia*, somente produzirá efeitos, com a extinção da punibilidade, em relação ao querelado que o aceitar. Trata-se, portanto, de ato bilateral, na forma estatuída no art. 51 do CPP; **E:** incorreta, já que a jurisprudência firmou entendimento no sentido de que a *representação*, condição de procedibilidade ao exercício da ação penal pública condicionada, não exige rigor formal, sendo suficiente que o ofendido ou seu representante demonstre, de forma inequívoca, seu desejo em ver processado o ofensor.

Gabarito "D".

As *ações penais* podem ser classificadas como públicas incondicionadas, públicas condicionadas à representação ou à requisição do Ministro da Justiça ou ação penal privada.

(Analista – MP/MS – 2013 – FGV) A respeito dessas modalidades, assinale a afirmativa correta.

(A) A representação feita pelo ofendido é retratável até o momento do recebimento da denúncia.

(B) Seja qual for o crime, quando praticado em detrimento do patrimônio ou interesse da União, Estado ou Município, a ação penal será pública.

(C) O direito de representação não possui uma forma predeterminada, podendo ser exercido mediante declaração pessoal do ofendido ou de procurador com poderes gerais, de maneira escrita ou oral, feita ao juiz, ao órgão do Ministério Público ou à autoridade policial.

(D) No caso de morte do ofendido, se a ação penal de natureza privada não for classificada como personalíssima, o direito de oferecer queixa ou prosseguir na ação passará ao cônjuge, companheiro, ascendentes e descendentes, mas não ao irmão.

(E) O perdão independe de aceitação do querelado, tácita ou expressa.

A: é incorreto afirmar-se que a retratação pode se dar até o *recebimento* da denúncia. Isso porque, a teor do que estabelece o art. 25 do CPP, terá lugar a retratação até o *oferecimento* da denúncia; depois disso, portanto, ela passa a ser irretratável, o que inclui a fase de recebimento da inicial; **B:** correta, pois retrata a regra presente no art. 24, § 2º, do CPP; **C:** incorreta. É verdade que a representação, segundo doutrina e jurisprudência pacíficas, não depende de fórmula sacramental prescrita em lei, sendo suficiente que o ofendido manifeste, de forma inequívoca, seu desejo em ver processado seu ofensor. Também é fato que a representação comporta as formas *escrita* e *verbal*, conforme prescreve o art. 39 do CPP, que também estabelece que esta condição de procedibilidade pode ser dirigida ao magistrado, ao promotor ou à autoridade policial. Até aqui, a proposição está correta. Está incorreta, no entanto, quando afirma que o direito de representação pode ser exercido por procurador com poderes gerais. É que, por força do que dispõe o art. 39, *caput*, do CPP, impõe-se que a representação, quando não oferecida pessoalmente pelo ofendido, o seja por procurador que detenha poderes especiais para tanto; **D:** incorreta, pois, no caso de morte do ofendido, a representação, condição objetiva de punibilidade, será exercida pelo cônjuge, ascendente, descendente ou irmão (inclusive), na forma estatuída no art. 31 do CPP; agora, se se tratar de ação penal privada personalíssima, a morte do ofendido, único que dispõe de legitimidade para o exercício desta modalidade de ação, levará, inevitavelmente, à extinção da punibilidade do ofensor; **E:** incorreta. Sendo ato bilateral, o perdão só gera a extinção da punibilidade se for aceito pelo querelado – art. 51 do CPP e art. 105 do CP.

Gabarito "B".

(FGV – 2015) Carlos foi indiciado pela prática de um crime de lesão corporal grave, que teria como vítima Jorge. Após o prazo de 30 dias, a autoridade policial elaborou relatório conclusivo e encaminhou o procedimento para o Ministério Público. O promotor com atribuição concluiu que não existiam indícios de autoria e materialidade, razão pela qual requereu o arquivamento. Inconformado com a manifestação, Jorge contratou advogado e propôs ação penal privada subsidiária da pública. Nesse caso, é correto afirmar que

(A) caso a queixa seja recebida, o Ministério Público não poderá aditá-la ou interpor recurso no curso do processo.

(B) caso a queixa seja recebida, havendo negligência do querelante, deverá ser reconhecida a perempção.

(C) a queixa proposta deve ser rejeitada pelo magistrado, pois não houve inércia do Ministério Público.

(D) a queixa proposta deve ser rejeitada pelo magistrado, tendo em vista que o instituto da ação penal privada subsidiária da pública não foi recepcionado pela Constituição Federal.

Segundo posicionamento doutrinário e jurisprudencial pacífico, a propositura da ação penal privada subsidiária da pública tem como pressuposto a ocorrência de desídia do membro do Ministério Público, deixando de promover a ação penal dentro do prazo estabelecido em lei. Bem por isso, não há que se falar nesta modalidade de ação privada na hipótese de o representante do MP requerer o arquivamento dos autos de inquérito policial, e bem assim quando requerer o retorno dos autos de inquérito à Delegacia de Polícia para a realização de diligências complementares. Não há, nestes dois casos, inércia por parte do representante do *parquet*. Conferir o magistério de Guilherme de Souza Nucci: "(...) é inaceitável que o ofendido, porque o inquérito foi arquivado, a requerimento do Ministério Público, ingresse com ação penal privada subsidiária da pública. A titularidade da ação penal não é, nesse caso, da vítima e a ação privada, nos termos do art. 29, somente é admissível quando o órgão acusatório estatal deixa de intentar a ação penal, no prazo legal, mas não quando age, pedindo o arquivamento. Há, pois, diferença substancial entre não agir e manifestar-se pelo arquivamento, por crer inexistir fundamento para a ação penal" (*Código de Processo Penal Comentado*, 12ª ed., p. 150). Embora não caiba o ajuizamento de ação penal privada subsidiária da pública, tal como acima ponderado, é certo que, com as modificações que foram implementadas no procedimento de arquivamento do inquérito policial pela Lei 13.964/2019, a vítima ou seu representante legal poderá se insurgir contra o arquivamento do IP promovido pelo promotor de justiça e submeter a matéria à revisão da instância competente do órgão ministerial (art. 28, § 1º, CPP, introduzido pela Lei 13.964/2019).

Gabarito "C".

4. JURISDIÇÃO E COMPETÊNCIA; CONEXÃO E CONTINÊNCIA

(Analista – TJ/MA – 2019 – FCC) Sobre a competência no processo penal é correto afirmar:

(A) Será determinada, de regra, pelo domicílio ou residência do réu.

(B) É vedado ao Tribunal do Júri o julgamento de crimes patrimoniais.

(C) Será determinada pela conexão quando a prova de uma infração influir na prova de outra.

(D) No concurso entre a jurisdição comum e a militar, prevalece a última para o processamento conjunto e unitário.

(E) É determinada pela continência quando houver mais de um juiz igualmente competente para o caso.

A: incorreta. No processo penal, a competência, tal como estabelece o art. 70, *caput*, do CPP, será determinada, em regra, pelo local em que se deu a consumação do delito ou, no caso de tentativa, no lugar em que foi praticado o derradeiro ato de execução. A residência ou domicílio do réu somente constituirá critério de fixação de competência na hipótese de não ser conhecido o lugar da infração. Perceba que este último critério tem caráter supletivo (subsidiário), ou seja, somente se lançará mão dele quando for totalmente desconhecido o lugar da infração (art. 72, *caput*, do CPP); **B:** incorreta. Como é sabido, ao Tribunal do Júri cabe o julgamento dos crimes dolosos contra a vida (arts. 5º, XXXVIII, da CF e 74, § 1º, do CPP). Sucede que, se houver conexão ou continência entre um crime doloso contra a vida e um delito comum, cuja competência não seja do Júri, caberá a este o julgamento conjunto (art. 78, I, do CP). Em outras palavras, o Júri exerce *vis attractiva* em relação aos delitos de competência do juízo comum que tenham conexão ou continência com delitos dolosos contra a vida. Dessa forma, caberá ao Tribunal Popular julgar, por exemplo, um crime de homicídio doloso conexo com um delito de estupro; ou ainda um delito de homicídio doloso conexo com um crime patrimonial; **C:** correta, já que se trata da hipótese de conexão prevista no art. 76, III, do CP; **D:** incorreta. Havendo conexão entre jurisdição comum e militar, impõe-se a separação dos julgamentos (art. 79, I, CPP); **E:** incorreta. Havendo mais de um juiz igualmente competente para o caso, o critério a ser adotado para determinar a competência é o da distribuição, isto é, é feito um sorteio para estabelecer qual o juiz que atuará no feito (art. 75, CPP).

Gabarito "C".

(Analista – TRF/4 – FCC – 2019) Analise o seguinte caso hipotético:

Xisto cometeu crime de corrupção ativa ao oferecer dinheiro a um auditor fiscal da Receita Federal para que sua empresa, situada na cidade de Florianópolis, não fosse autuada por sonegação de tributos federais, no mês de Agosto de 2018. Após o crime, Xisto foi eleito, no último pleito, para o mandato de Deputado Estadual, pelo estado de Santa Catarina, tomando posse neste ano de 2019.

Neste caso, a competência para processar e julgar Xisto será

(A) do Tribunal de Justiça do Estado de Santa Catarina.

(B) do Tribunal Regional Federal da 4ª Região.

(C) do Superior Tribunal de Justiça.

(D) do Supremo Tribunal Federal.

(E) de uma das varas federais de Florianópolis, com competência criminal.

Não há dúvidas de que o crime em que incorreu Xisto é de competência da Justiça Federal, porquanto praticado contra um auditor fiscal da Receita Federal no pleno exercício de suas funções. A questão que aqui se coloca é acerca da incidência ou não, neste caso, do foro por prerrogativa de função, já que, no ano seguinte ao cometimento delitivo, Xisto tomou posse como deputado estadual, o que, em tese, determina a competência do Tribunal Regional da respectiva Região (já que se trata de crime federal). Sucede que, no dia 3 de maio de 2018, o Plenário do STF, por maioria de votos, decidiu que o foro por prerrogativa de função de que gozam parlamentares federais (senadores e deputados) se aplica tão somente a infrações penais cometidas no exercício do cargo e em razão das funções a ele relacionadas. Tal decisão foi tomada no julgamento de questão de ordem da ação penal 937, cujo relator é o ministro Luís Roberto Barroso. Com isso, se o crime imputado a senador ou deputado federal é cometido antes da diplomação, o julgamento caberá ao juízo de primeira instância; se for cometido no curso do mandado mas nenhuma relação tiver com o seu exercício, o julgamento também caberá ao juiz de primeira instância (por exemplo: homicídio; roubo; embriaguez ao volante); agora, sendo o delito cometido durante o mandato e havendo relação entre ele e o desempenho da função parlamentar (corrupção passiva, por exemplo), o julgamento deverá realizar-se perante o STF. Uma das primeiras questões que surgiu, entre tantas outras, é se este entendimento que restringe o foro por prerrogativa de função se aplica para outras hipóteses de foro privilegiado ou apenas para os deputados federais e senadores. Segundo o STF, em decisão tomada no julgamento do Inq 4703 QO/DF, ocorrido em 12/06/2018 e da relatoria do ministro Luiz Fux, tal restrição imposta ao foro privilegiado vale também para ministros de Estado. O STJ, por sua vez, ao enfrentar a questão, tendo por base a decisão do STF na AP 937, decidiu que a restrição do foro deve alcançar governadores e conselheiros dos Tribunais de Contas estaduais (AP 866 e AP 857). Lembremos que o art. 105, I, "a", da CF/88 estabelece que compete ao STJ julgar os crimes praticados por governadores de Estado e por conselheiros dos Tribunais de Contas dos Estados. No que concerne aos prefeitos, ainda não há consenso. Há tribunais que, em face da nova interpretação conferida pelo STF ao foro por prerrogativa de função, remeteram os processos contra o chefe do executivo municipal para julgamento pela 1ª instância. ED

Gabarito "E".

(Analista – TRF/4 – FCC – 2019) Considere os seguintes fatos criminosos:

I. Paulo é acusado de crime de furto tentado, na forma simples, de equipamentos de informática pertencentes à Petrobrás, com pena prevista de 01 a 04 anos de reclusão e multa, com a redução de 1/3 a 2/3 pelo crime tentado.

II. Rodrigo, funcionário público federal, abandona o cargo que ocupa na cidade de Porto Alegre-RS, fora dos casos permitidos em lei, causando em decorrência deste fato prejuízo público, infringindo o tipo penal do artigo 323, § 1°, do Código Penal, com pena prevista de detenção, de 3 meses a 1 ano, e multa.

III. Ronaldo é acusado de crime de desacato contra policial federal no Aeroporto de Guarulhos (artigo 331, do Código Penal), com pena prevista de 6 meses a 2 anos de detenção, ou multa.

IV. Xisto, durante um procedimento licitatório promovido por empresa pública federal, devassa o sigilo de proposta apresentada, infringindo o tipo penal previsto no artigo 94, da Lei n. 8.666/1993, com pena prevista de 02 a 03 anos de detenção e multa.

É competente o Juizado Especial Federal Criminal para processamento e julgamento dos delitos indicados em

(A) I, II e III, apenas.
(B) II e III, apenas.
(C) I, II e IV, apenas.
(D) I, III e IV, apenas.
(E) I, II, III e IV.

I: incorreta. O julgamento deve se dar pela Justiça Estadual, levando-se em conta que o crime foi praticado contra a Petrobras, sociedade de economia mista federal. A solução deve ser extraída da Súmula 42 do STJ: "Compete à Justiça comum estadual processar e julgar as causas cíveis em que é parte sociedade de economia mista e os crimes praticados em seu detrimento". Além disso, subtraindo um terço da pena máxima cominada ao furto simples, que é de quatro anos, chega-se a 2 anos e 8 meses, superior ao limite estabelecido no art. 61 da Lei 9.099/1995, que corresponde a 2 anos; **II:** correta. Será competente para o julgamento o Juizado Especial Federal Criminal. Isso porque se trata de delito praticado por funcionário público federal contra a Administração Federal; além do que, a pena máxima cominada ao crime é inferior a 2 anos, limite que define a competência do Juizado Especial, tal como estabelecem os arts. 2°, *caput*, da Lei 10.259/2001 e 61 da Lei 9.099/1995; **III:** correta, tendo em conta o que foi ponderado no comentário anterior: **IV:** incorreta. Trata-se de crime cuja pena máxima cominada é superior a 2 anos, o que afasta a competência do Juizado Especial (arts. 2°, *caput*, da Lei 10.259/2001 e 61 da Lei 9.099/1995). ED

Gabarito "B".

(Analista Judiciário – TJ/AL – 2018 – FGV) Desembargador do Tribunal de Justiça do Estado de São Paulo ofereceu queixa-crime em face de João, perante Vara Criminal da Comarca de Maceió, imputando-lhe a prática do crime de calúnia com causa de aumento, já que João teria lhe imputado, nesta comarca, falsamente, fato definido como crime de ação penal pública, para demonstrar que o crime efetivamente foi praticado pelo Desembargador, na presença de diversas pessoas. Ao tomar conhecimento da queixa, João, querelado, apresenta exceção da verdade, que é recebida e processada pelo órgão competente.

Considerando apenas as informações narradas no enunciado, o julgamento da exceção da verdade será de competência do(a):

(A) Supremo Tribunal Federal;
(B) Superior Tribunal de Justiça;
(C) Tribunal de Justiça do Estado de São Paulo;
(D) Tribunal de Justiça do Estado de Alagoas;
(E) Vara Criminal da Comarca de Maceió.

Segundo estabelece o art. 85 do CPP, nos crimes contra a honra que comportam exceção da verdade, na hipótese de esta ser ajuizada em face de querelante que goze de foro por prerrogativa de função, como é o caso de desembargador, o julgamento da exceção caberá ao Tribunal, neste caso o STJ, e não ao juízo de primeira instância no qual tramita a ação. Tão logo seja julgada a exceção pelo tribunal no qual o querelante goze de foro especial, os autos serão devolvidos ao juízo de origem, no qual o feito terá prosseguimento. Ou seja, caberá ao tribunal, neste caso o STJ, tão somente a apreciação e julgamento da exceção. Importante que se diga, ademais, que o julgamento pela instância superior se restringe à exceção da verdade no contexto do crime de calúnia. Não alcança, portanto, a exceção da verdade no delito de difamação. ED

Gabarito "B".

(Analista – TJ/SC – FGV – 2018) Vânia, analista judiciária que trabalhava com a juíza do Tribunal do Júri do Tribunal de Justiça de Florianópolis, recebeu, para análise, duas ações penais logo após o oferecimento da denúncia por parte do Ministério Público. Na primeira, imputava-se o crime de infanticídio à Defensora Pública Estadual Ana, que teria praticado o fato em Florianópolis. Na segunda, imputava-se o crime de homicídio doloso qualificado ao juiz de direito Tício, delito esse que seria relacionado ao cargo. Tício atuava junto ao Tribunal de Justiça de Santa Catarina, na Comarca de Blumenau/SC, mas o fato teria ocorrido no Paraná. Ao receber os procedimentos, Vânia verifica que a Constituição Estadual do Estado de Santa Catarina prevê foro por prerrogativa de função aos Defensores Públicos do Estado, que devem ser julgados pelo Tribunal de Justiça de Santa Catarina.

Com base na situação hipotética narrada, ao analisar o procedimento, Vânia deveria verificar que o juízo em que atuava:

(A) não era competente para processar ambas as ações penais, pois deveria a denúncia em desfavor de Ana ser oferecida perante o Tribunal de Justiça de Santa Catarina, e a denúncia em desfavor de Tício, perante o Tribunal de Justiça do Paraná;

(B) era competente para processamento da ação penal em desfavor de Ana, mas não em desfavor de Tício, que deveria ter sido denunciado perante o Tribunal de Justiça de Santa Catarina;

(C) era competente para processamento da ação penal em desfavor de Ana, mas não em desfavor de Tício, que deveria ter sido denunciado perante o Tribunal de Justiça do Paraná;

(D) não era competente para processar ambas as ações penais, pois deveriam as denúncias ser oferecidas perante o Tribunal de Justiça do Estado de Santa Catarina;

(E) era competente para processar as duas ações penais propostas em desfavor de Ana e Tício.

No caso da defensora pública, à qual se imputa o cometimento do crime de infanticídio (crime contra a vida previsto no art. 123 do CP), fato este ocorrido em Florianópolis, a solução, no que concerne à competência para o seu julgamento, deve ser extraída da Súmula Vinculante 45, a seguir transcrita: "A competência constitucional do Tribunal do Júri prevalece sobre o foro por prerrogativa de função estabelecido exclusivamente pela Constituição estadual". Devemos ter em mente que, ainda que não houvesse tal entendimento (firmado por meio da Súmula Vinculante 45), a competência, tendo em conta o teor da decisão tomada no julgamento de questão de ordem da ação penal 937, pelo STF, que restringiu o alcance do foro especial, seria, da mesma forma, do Tribunal Popular (da comarca de Florianópolis). Mesmo porque o crime pelo qual foi denunciada nenhuma relação tem com o cargo que ocupa. Já no que se refere ao magistrado, denunciado pela prática do delito de homicídio doloso qualificado, a despeito do entendimento firmado pelo STF no julgamento da ação penal 937, deverá ser processado pelo tribunal ao qual está vinculado (Tribunal de Justiça de Santa Catarina), ainda que o delito tenha ocorrido em outra unidade da Federação.
Gabarito "B".

(Analista Jurídico – TRF5 – FCC – 2017) Em relação à competência e processamento dos crimes de falsidade documental, tipificados no Capítulo III, do Código Penal, e, ainda, considerando o que dispõem as Súmulas do Supremo Tribunal Federal e Superior Tribunal de Justiça acerca do tema, é correto afirmar que:

(A) Compete à Justiça Federal o processo e julgamento dos crimes de falsificação e uso de documento falso relativo a estabelecimento particular de ensino.

(B) A competência para processar e julgar o crime de uso de documento falso é firmada em razão da entidade ou órgão ao qual foi apresentado o documento público, não importando a qualificação do órgão expedidor.

(C) Compete à Justiça Estadual comum processar e julgar civil denunciado pelos crimes de falsificação e de uso de documento falso quando se tratar de falsificação da Caderneta de Inscrição e Registro – CIR ou de Carteira de Habilitação de Amador – CHA, ainda que expedidas pela Marinha do Brasil.

(D) Compete à Justiça Federal processar e julgar o crime de falsa anotação na Carteira de Trabalho e Previdência Social, atribuído à empresa privada.

(E) É possível a suspensão condicional do processo, prevista na Lei no 9.099/1995 (Juizado Especial Criminal), para o crime de falsidade ideológica, ainda, que o agente seja funcionário público e cometa o crime prevalecendo-se do cargo.

A: incorreta, dado que a competência, neste caso, é da Justiça estadual, conforme entendimento sufragado na Súmula 104, do STJ; **B:** correta. A solução desta assertiva deve ser extraída da Súmula 546, do STJ: "A competência para processar e julgar o crime de uso de documento falso é firmada em razão da entidade ou órgão ao qual foi apresentado o documento público, não importando a qualificação do órgão expedidor". Ou seja, pouco importa, aqui, o fato de o órgão expedidor do documento falso ser estadual. O critério a ser utilizado para o fim de determinar a Justiça competente é o da entidade ou órgão ao qual o documento foi apresentado; **C:** incorreta, uma vez que a competência, conforme Súmula Vinculante 36, é da Justiça Federal, e não da estadual; **D:** incorreta, pois contraria o entendimento firmado na Súmula 62, do STJ; **E:** incorreta. É que o aumento de pena decorrente do fato de o crime do art. 299 do CP ser praticado por funcionário público que se prevalece de suas funções afasta a incidência da suspensão condicional do processo, permitida nas infrações penais cuja pena mínima cominada não seja superior a um ano (art. 89, Lei 9.099/1995). Vide Súmulas 243, do STJ, e 723, do STF.
Gabarito "B".

(Analista Judiciário – TRE/PI – CESPE – 2016) Com relação a jurisdição e competência, assinale a opção correta.

(A) Prefeito municipal do estado do Rio Grande do Sul que cometa o delito de porte ilegal de arma em cidade do estado de São Paulo será processado e julgado pelo Tribunal de Justiça do Estado de São Paulo.

(B) Caso parlamentar federal cometa crimes de licitações fraudulentas e obras superfaturadas, apurados por inquérito civil durante o exercício funcional, o foro por prerrogativa de função persistirá mesmo após o encerramento do mandato, pois o STF assegura tal prerrogativa nos casos de crimes de improbidade administrativa.

(C) Parlamentar estadual que cometa crime contra bens e interesses da União deverá ser processado e julgado pelo tribunal de justiça com jurisdição no local do delito.

(D) Prefeito municipal que cometa homicídio doloso será processado e julgado pelo tribunal de justiça local, e não pelo tribunal do júri.

(E) Ocorrerá a separação de processos quando um parlamentar federal praticar homicídio doloso em concurso com outro parlamentar estadual, pois, no caso deste, o foro especial é estabelecido pela Constituição estadual.

Antes de analisar cada alternativa, cabem algumas observações a respeito do foro por prerrogativa de função, considerando mudança de entendimento acerca deste tema no STF. No dia 3 de maio de 2018, o Plenário do STF, por maioria de votos, decidiu que o foro por prerrogativa de função de que gozam parlamentares federais (senadores e deputados) se aplica tão somente a infrações penais cometidas no exercício do cargo e em razão das funções a ele relacionadas. Tal decisão foi tomada no julgamento de questão de ordem da ação penal 937, cujo relator é o ministro Luís Roberto Barroso. Com isso, se o crime imputado a senador ou deputado federal é cometido antes da diplomação, o julgamento caberá ao juízo de primeira instância; se for cometido no curso do mandado mas nenhuma relação tiver com o seu exercício, o julgamento também caberá ao juiz de primeira instância (por exemplo: homicídio; roubo; embriaguez ao volante); agora, sendo o delito cometido durante o mandato e havendo relação entre ele e o desempenho da função parlamentar (corrupção passiva, por exemplo), o julgamento deverá realizar-se perante o STF. Uma das primeiras questões que surgiu, entre tantas outras, é se este entendimento que restringe o foro por prerrogativa de função se aplica para outras hipóteses de foro privilegiado ou apenas para os deputados federais e senadores. Segundo o STF, em decisão tomada no julgamento do Inq 4703 QO/DF, ocorrido em 12/06/2018 e da relatoria do ministro Luiz Fux, tal restrição imposta ao foro privilegiado vale também para ministros de Estado. O STJ, por sua vez, ao enfrentar a questão, tendo por base a decisão do STF na AP 937, decidiu que a restrição do foro deve alcançar governadores e conselheiros dos Tribunais de Contas estaduais (AP 866 e AP 857). Lembremos que o art. 105, I, "a", da CF/88 estabelece que compete ao STJ julgar os crimes praticados por governadores de Estado e por conselheiros dos Tribunais de Contas dos Estados. No que concerne aos prefeitos, ainda não há consenso. Há tribunais que, em face da nova interpretação conferida pelo STF ao foro por prerrogativa de função, remeteram os processos contra o chefe do executivo municipal para julgamento pela 1ª instância. Mais recentemente, o STJ, por meio de seu Pleno, ao julgar, em 21/11/2018, a QO na AP 878, fixou a tese de que o entendimento firmado no STF a respeito da restrição imposta ao foro por prerrogativa de função não se aplica a desembargador, que, ainda que o crime praticado nenhuma relação tenha com o exercício do cargo, deverá ser julgado pelo STJ, ou seja, o precedente do STF não se aplica a todos os casos de foro por prerrogativa de função. Dito isso, passemos à resolução de cada alternativa. **A:** incorreta. O prefeito municipal que comete crime comum em outro estado da federação será julgado pelo Tribunal de Justiça do Estado ao qual pertence o município no qual ele exerce seu cargo. No STJ: 1. *No caso, o Interessado, prefeito do Município de Rafael Fernandes/RN, foi autuado em flagrante-delito em ocasião em que portava um revólver calibre 38 sem autorização ou registro, em rodovia no Município de Salgueiro/PE. O Tribunal de Justiça do Estado do Rio Grande do Norte, posteriormente, expediu alvará de soltura. O Tribunal de Justiça do Estado de Pernambuco, então, suscitou o presente conflito, sob o fundamento de que a Corte potiguar não tinha jurisdição sobre crime comum ocorrido em município pernambucano. 2. O Poder Constituinte, ao criar a prerrogativa prevista no art. 29, inciso X, da Constituição da República, previu que o julgamento dos Prefeitos, em razão do cometimento de crimes comuns, ocorre perante o Tribunal de Justiça. 3. A razão teleológica dessa regra é a de que, devido ao relevo da função de um Prefeito, e o interesse que isso gera ao Estado em que ele localizado o Município, a apreciação da conduta deve se dar pelo Tribunal de Justiça da respectiva unidade da Federação. 4. Ora, a Constituição é clara ao prever como um dos preceitos que regem o Município o "julgamento do Prefeito perante o Tribunal de Justiça". Ressalte-se: está escrito no inciso X do Art. 29 da Carta Magna "perante o Tribunal de Justiça", e não "perante Tribunal de Justiça". O artigo definido que consta na referida redação, conferida pelo Constituinte, determina sentido à norma que não pode ser ignorado pelo aplicador da Lei, impedindo a interpretação de que se utilizou a Corte Suscitante.* (CC 120.848/PE, Rel. Ministra LAURITA VAZ, TERCEIRA SEÇÃO, julgado em 14.03.2012, DJe 27.03.2012); **B:** incorreta. Por se tratar de ação de natureza civil, a improbidade administrativa tramitará no juízo de primeira instância. Não há que se falar, neste caso, em foro por prerrogativa de função, aplicável às ações de natureza penal; **C:** incorreta. Sendo federal o crime praticado pelo parlamentar, o julgamento caberá ao TRF da respectiva região (e não ao TJ). Conferir: *A Constituição de 1988, ao definir o rol de matérias da competência da Justiça Federal, incluiu os crimes praticados contra o sistema financeiro e a ordem econômico-financeira, nos casos determinados por lei. Se a denúncia imputa ao paciente a prática de crimes previstos na Lei n 7.492/86, diploma legal que definiu os crimes contra o Sistema Financeiro Nacional, a ação penal deve ser processada e julgada pela Justiça Federal, como expressamente previsto no seu art. 26, sendo despiciendo o debate sobre a existência ou não de lesão a bens, serviços ou interesses da União Federal. Encontrando-se o paciente no exercício do mandato de deputado estadual, titular de prerrogativa de foro, a ação penal deve ter curso no Tribunal Regional Federal com jurisdição no lugar do delito.* (HC 14.131/PR, Rel. Ministro VICENTE LEAL, SEXTA TURMA, julgado em 16.11.2000, DJ 04.12.2000, p. 111); **D:** correta. Tanto o foro por prerrogativa de função quanto o Tribunal do Júri estão contemplados na Constituição Federal. Jurisprudência e doutrina são unânimes em afirmar que, neste caso, prevalece o foro por prerrogativa de função. Assim, o prefeito municipal, porque tem foro especial previsto na CF (art. 29, X), ainda que tenha cometido um crime doloso contra a vida, será julgado pelo Tribunal de Justiça ao qual está vinculado. Consolidando tal entendimento, foi editada a Súmula 721 do STF, cujo teor foi reproduzido na Súmula Vinculante 45: "A competência constitucional do Tribunal do Júri prevalece sobre o foro por prerrogativa de função estabelecido exclusivamente pela Constituição estadual"; **E:** ambas as prerrogativas estão contempladas na CF, sendo certo que a do deputado estadual é extraída por simetria.

Gabarito "D".

(Analista Judiciário – TRE/PE – CESPE – 2017) Em ano sem eleições, João, durante crise de ciúmes, destruiu o título de eleitor de sua esposa, Maria, para causar-lhe transtornos e dificultar que ela obtivesse passaporte. Após queixa de Maria, foi instaurado inquérito policial para a apuração de crime.

Nessa situação hipotética, de acordo com a atual jurisprudência dos tribunais superiores, eventual ação penal deverá ser proposta na

(A) justiça estadual, por se tratar de crime de destruição de documento público.

(B) justiça federal ou justiça eleitoral, por aplicação da regra da prevenção.

(C) justiça federal, por se tratar de crime de destruição de documento público federal.

(D) justiça estadual, por não estar o crime vinculado a pleito eleitoral.

(E) justiça eleitoral, por se tratar de crime de destruição de documento relativo à eleição.

Conferir: "A simples existência, no Código Eleitoral, de descrição formal de conduta típica não se traduz, *incontinenti*, em crime eleitoral, sendo necessário, também, que se configure o conteúdo material de tal crime. 2. Sob o aspecto material, deve a conduta atentar contra a liberdade de exercício dos direitos políticos, vulnerando a regularidade do processo eleitoral e a legitimidade da vontade popular. Ou seja, a par da existência do tipo penal eleitoral específico, faz-se necessária, para sua configuração, a existência de violação do bem jurídico que a norma visa tutelar, intrinsecamente ligado aos valores referentes à liberdade do exercício do voto, a regularidade do processo eleitoral e à preservação do modelo democrático. 3. A destruição de título eleitoral da vítima, despida de qualquer vinculação com pleitos eleitorais e com o intuito, tão somente, de impedir a identificação pessoal, não atrai a competência da Justiça Eleitoral. 4. Conflito conhecido para declarar a competência do Juízo Federal da Vara de Execuções Fiscais e Criminal de Caxias do Sul – SJ/RS, ora suscitante" (CC 127.101/RS, Rel. Ministro Rogerio Schietti Cruz, Terceira Seção, julgado em 11.02.2015, DJe 20.02.2015).

Gabarito "C".

(Analista Judiciário – TRF/2 – Consulplan – 2017) Sobre o tema Competência Penal da Justiça Federal, assinale a alternativa INCORRETA.

(A) Compete à Justiça Federal processar e julgar crime de falso testemunho cometido no processo trabalhista.

(B) Compete à Justiça Federal processar e julgar os crimes praticados em detrimento das sociedades de economia mista.

(C) Compete à Justiça Federal processar e julgar os crimes praticados contra funcionário público federal, quando relacionados com o exercício da função.

(D) Compete à Justiça Estadual Comum, na vigência da Constituição de 1988, o processo por contravenção penal, ainda que praticada em detrimento de bens, serviços ou interesse da União ou de suas entidades.

A: correta. De fato, é da competência da Justiça Federal (e não da Estadual) o processamento e julgamento do crime de falso testemunho praticado em processo trabalhista (Súmula n. 165, STJ); **B:** incorreta (a ser assinalada), pois contraria o entendimento firmado na Súmula n. 42 do STJ: "Compete à Justiça Comum Estadual processar e julgar as causas cíveis em que é parte sociedade de economia mista e os crimes praticados em seu detrimento"; **C:** correta, uma vez que reflete o entendimento firmado na Súmula n. 147 do STJ: que a seguir se transcreve: "Compete à Justiça Federal processar e julgar os crimes praticados contra funcionário público federal, quando relacionados com o exercício da função"; **D:** correta. O art. 109, IV, primeira parte, da CF afasta a competência da Justiça Federal para o processamento e julgamento das contravenções penais, mesmo as praticadas em detrimento de bens, serviços ou interesse da União ou de suas entidades autárquicas ou empresas públicas. É o que estabelece a Súmula n. 38, STJ: "Compete à Justiça Estadual Comum, na vigência da Constituição de 1988, o processo por contravenção penal, ainda que praticada em detrimento de bens, serviços ou interesse da União ou de suas entidades".

Gabarito "B".

(Analista Judiciário – TRE/SP – FCC – 2017) Xisto, policial militar rodoviário no exercício da função, resolve em um único dia de trabalho praticar três crimes de corrupção passiva, utilizando para tanto o mesmo *modus operandi*, solicitando dinheiro de condutores de veículos para não fazer a autuação administrativa pelo excesso de velocidade. O primeiro crime é praticado às 09h na cidade de Guarulhos. O segundo é praticado às 12h na cidade de Mogi das Cruzes. E o terceiro é praticado às 14h na cidade de Jacareí, onde Xisto é preso em flagrante por policiais civis, prisão esta analisada e mantida pelo Magistrado competente daquela comarca. Xisto é denunciado pelo Ministério Público da comarca de Jacareí pelos três crimes de corrupção passiva. Sobre o caso hipotético apresentado e à luz do Código de Processo Penal, a competência da comarca de Jacareí foi determinada

(A) por conexão.
(B) por continência.
(C) por prevenção.
(D) pela prerrogativa de função.
(E) pelo lugar da infração.

O enunciado descreve típica hipótese de *crime continuado*, em que o agente, por meio de duas ou mais condutas, pratica dois ou mais crimes da mesma espécie e, pelas condições de tempo, lugar, maneira de execução e outras semelhanças, devem as condutas subsequentes ser entendidas como continuação da primeira (art. 71 do CP). Sendo assim, por força do que dispõe o art. 71 do CPP, considerando que as condutas foram desenvolvidas em lugares diversos, cada qual sujeita a um foro diferente, a competência para o julgamento de todas firmar-se-á pela *prevenção*, cabendo o julgamento ao juiz que houver antecedido os demais na prática de algum ato do processo ou mesmo anterior a este, neste caso representado pela decretação da prisão preventiva,

determinada pelo magistrado de Jacareí, comarca em que deverá o processo, portanto, tramitar (art. 83, CPP).

Gabarito "C".

(Analista – TRE/AP – 2011 – FCC) Analise as seguintes assertivas sobre a competência, de acordo com o Código de Processo Penal:

I. A competência será, de regra, determinada pelo lugar em que se consumar a infração, ou, no caso de tentativa, pelo lugar em que for praticado o último ato de execução.

II. Quando o último ato de execução for praticado fora do território nacional, será competente o juiz do lugar em que o crime, embora parcialmente, tenha produzido ou devia produzir seu resultado.

III. A competência será determinada pela continência quando a prova de uma infração ou de qualquer de suas circunstâncias elementares influir na prova de outra infração.

Está correto o que se afirma SOMENTE em

(A) I e II.
(B) I e III.
(C) II e III.
(D) I.
(E) III.

I: correta. O Código de Processo Penal adotou, em seu art. 70, *caput*, a *teoria do resultado*, segundo a qual se considera competente para o julgamento da infração penal o foro do local onde se deu a sua consumação; se se tratar de crime tentado, a competência será firmada em razão do local em que ocorreu o último ato de execução; **II:** correta, nos termos do art. 70, § 2º, do CPP. É hipótese de crime à distância ou de espaço máximo (aquele cuja conduta é realizada em um país e o resultado é produzido em outro), sendo o caso, portanto, de se aplicar o teor do art. 6º do CP (teoria da ubiquidade); **III:** incorreta, pois a alternativa descreve uma das hipóteses de conexão (art. 76, III, do CPP). As hipóteses de continência estão contempladas no art. 77 do CPP.

Gabarito "A".

(Analista – TRE/CE – 2012 – FCC) Sobre a competência, de acordo com o Código de Processo Penal, analise as assertivas abaixo.

I. Tratando-se de infração permanente, praticada em território de duas ou mais jurisdições, a competência será determinada pelo lugar em que for praticado o último ato de execução.

II. Quando incerto o limite territorial entre duas ou mais jurisdições, a competência firmar-se-á pela prevenção.

III. Não sendo conhecido o lugar da infração, a competência regular-se-á pelo domicílio ou residência do réu.

IV. Nos casos de exclusiva ação privada, o querelante não poderá preferir o foro de domicílio ou de residência do réu se conhecido o lugar da infração.

Está correto o que se afirma APENAS em

(A) I e IV.
(B) II e IV.
(C) III e IV.
(D) II e III.
(E) I e II.

I: incorreta. Em vista do que dispõe o art. 71 do CPP, tratando-se de crime continuado ou permanente, em que a ação tenha se desenvolvido em território de mais de uma jurisdição, a competência para o processamento e julgamento firmar-se-á pela prevenção; **II:** correta, nos termos do art. 70, § 3º, do CPP; **III:** correta, pois em consonância com o que estabelece o art. 72, *caput*, do CPP; **IV:** incorreta, dado que, em casos assim, o querelante poderá, sim, preferir o foro do domicílio ou residência do réu, mesmo que conhecido o lugar da infração – art. 73 do CPP.

Gabarito "D".

(Analista – TRE/PR – 2012 – FCC) A respeito da competência, considere:

I. O foro competente do caso de tentativa é o do local em que o delito iria se consumar.
II. Não sendo conhecido o lugar da infração, a competência regular-se-á pelo domicílio ou residência do réu.
III. A competência será determinada pela conexão e implicará reunião dos processos, mesmo que um ou alguns deles já tenham sido julgados.

Está correto o que se afirma APENAS em
(A) I.
(B) II.
(C) I e II.
(D) I e III.
(E) II e III.

I: incorreta, pois, no caso de tentativa, será competente o foro do local em que foi praticado o derradeiro ato executório – art. 70, *caput*, 2.ª parte, do CPP; **II:** correta, nos termos do art. 72, *caput*, do CPP; **III:** incorreta, pois contraria o disposto na Súmula 235 do STJ, a seguir transcrita: "A conexão não determina a reunião dos processos, se um deles já foi julgado".

Gabarito "B".

(Analista – TRE/TO – 2011 – FCC) Na hipótese de crime cuja execução tenha sido iniciada no território nacional, mas a consumação tenha ocorrido fora dele, a competência será determinada
(A) pelo lugar onde ocorreu a consumação.
(B) pelo lugar em que tiver sido praticado, no Brasil, o último ato de execução.
(C) pelo lugar em que tiver sido praticado, no Brasil, o primeiro ato de execução.
(D) pela prevenção.
(E) pela residência ou domicílio do réu.

Incidirá, aqui, a *teoria da ubiquidade*, consagrada no art. 6º do CP e aplicável aos chamados *crimes à distância* ou *de espaço máximo*, que são aqueles em que a execução se inicia em um país e a consumação se opera em outro. Com base no que dispõe o art. 70, § 1º, do CPP, a competência, no Brasil, será firmada pelo lugar em que tiver sido praticado o último ato de execução.

Gabarito "B".

(Analista – TJ/CE – 2013 – CESPE) Assinale a opção correta em relação a competência, conexão e continência.
(A) Na determinação da competência por conexão ou continência, quando houver concurso entre a jurisdição comum e a especial, prevalecerá aquela.
(B) A junção dos processos, em decorrência de conexão ou continência, é absoluta.
(C) A competência será determinada pela conexão quando duas ou mais pessoas forem acusadas pela mesma infração.
(D) Caso um deputado federal cometa um crime de corrupção e seu comparsa, um delito doloso contra a vida, ambos serão processados e julgados perante o STF.
(E) Se um deputado federal cometer um crime doloso contra a vida, ele terá de ser julgado pelo STF, em detrimento do tribunal do júri.

A: incorreta. No concurso entre a jurisdição comum e a especial, há de prevalecer esta última – art. 78, IV, do CPP; **B:** incorreta, na medida em que o art. 79 do CPP estabelece exceções à regra que determina a união de processos no âmbito da conexão; **C:** incorreta, uma vez que a assertiva contempla hipótese de continência (e não de conexão) – art. 77, I, do CPP; **D:** incorreta. Segundo entendimento firmado na Súmula n. 704 do STF: "Não viola as garantias do juiz natural, da ampla defesa e do devido processo legal a atração por continência ou conexão do processo do corréu ao foro por prerrogativa de função de um dos denunciados". A incorreção da assertiva reside no fato de que nem sempre se verificará o julgamento conjunto (regra do foro prevalente), dado que, em se tratando de crime doloso contra a vida, é de rigor o desmembramento do feito, com o julgamento do deputado federal pelo STF e do corréu sem foro privilegiado pelo tribunal do júri, já que se trata de foros garantidos pela CF; **E:** correta. É que a jurisprudência consolidou o entendimento segundo o qual, na hipótese de ambas as competências (no caso, Júri e prerrogativa de função) estarem contempladas na Constituição Federal, deverá prevalecer a competência em razão da prerrogativa de função. É o que se infere da leitura da Súmula nº 721, do STF, cujo teor foi reproduzido na Súmula Vinculante 45. Importante dizer que o foro por prerrogativa de função deve ser analisado à luz da decisão tomada pelo STF no julgamento de questão de ordem da ação penal 937, que lhe conferiu nova interpretação, restringindo sobremaneira o seu alcance.

Gabarito "E".

A competência em matéria penal, condicionando o exercício da jurisdição, representa um conjunto de regras que asseguram a eficácia do princípio da imparcialidade e, em especial, do juiz natural.

(Analista – MP/MS – 2013 – FGV) Sobre esse tema, assinale a afirmativa correta.
(A) Mesmo quando conhecido o local da infração, nos casos de exclusiva ação privada, o querelante poderá preferir o foro de sua residência ou domicílio.
(B) Quando houver conexão entre crime federal e estadual, a consequência necessária será a cisão dos processos, com julgamento na Justiça Federal e Estadual, respectivamente.
(C) Qualquer que seja o crime cometido, cabe ao Tribunal de Justiça julgar os juízes estaduais, do Distrito Federal e dos Territórios.
(D) A competência constitucional do Tribunal do Júri prevalece sobre o foro por prerrogativa de função, estabelecido "exclusivamente" pela Constituição estadual.
(E) O membro do Ministério Público estadual vinculado ao Tribunal de Justiça do Mato Grosso do Sul que cometer crime doloso contra a vida será julgado perante o Tribunal do Júri deste estado, qualquer que seja o local da infração, diante da previsão de foro por prerrogativa de função.

A: incorreta. Ainda que conhecido o lugar da infração, o querelante, na ação penal privada exclusiva, poderá preferir o foro de domicílio ou da residência do *réu* – art. 73 do CPP; **B:** incorreta, já que em desconformidade com o entendimento sufragado na Súmula n. 122 do STJ: "Compete à Justiça Federal o processo e julgamento unificado dos crimes conexos de competência federal e estadual, não se aplicando a regra do art. 78, II, a, do Código de Processo Penal"; **C**: incorreta, na medida em que a competência para julgar juízes de direito (e também promotores de justiça) em exercício de função eleitoral é do Tribunal Regional Eleitoral, e não do Tribunal de Justiça (art. 96, III, da CF); **D**: correta, nos termos da Súmula 721 do STF, cujo teor foi reproduzido na Súmula Vinculante n. 45, a seguir transcrita: "A competência constitucional do Tribunal do Júri prevalece sobre o foro por prerrogativa de função estabelecido exclusivamente pela Constituição estadual"; **E**: incorreta. Prevalece, neste caso, a competência do foro por prerrogativa de função, devendo o membro do MP ser julgado pelo Tribunal de Justiça de seu Estado.

Gabarito "D".

(FGV – 2015) Durante 35 anos, Ricardo exerceu a função de juiz de direito junto ao Tribunal de Justiça de Minas Gerais. Contudo, no ano de 2012, decidiu se aposentar e passou a morar em Florianópolis, Santa Catarina. No dia 22.01.2015, travou uma discussão com seu vizinho e acabou por ser autor de um crime de lesão corporal seguida de morte, consumado na cidade em que reside. Oferecida a denúncia, de acordo com a jurisprudência majoritária dos Tribunais Superiores, será competente para julgar Ricardo

(A) o Tribunal de Justiça do Estado de Minas Gerais.

(B) uma das Varas Criminais de Florianópolis.

(C) o Tribunal de Justiça de Santa Catarina.

(D) o Tribunal do Júri de Florianópolis.

A teor da Súmula n. 451, do STF, a competência por prerrogativa de função não deve ter incidência depois de cessado o exercício funcional. No caso narrado no enunciado, o juiz de direito, porque aposentado ao tempo em que praticou o crime acima narrado, não mais faz jus a ser julgado pelo Tribunal de Justiça do Estado em que era magistrado, seu juízo natural somente se ainda não tivesse aposentado. Nunca é demais lembrar que a Súmula n. 394, do STF, que assegurava a autoridade a prerrogativa de foro mesmo depois de cessado o exercício de cargo ou mandato, foi cancelada pelo Pleno do próprio tribunal. Conferir, a esse respeito, a seguinte ementa, que, embora se refira a membro do MP, tem aplicação no âmbito da magistratura: "*HABEAS CORPUS* LIBERATÓRIO. TORTURA CONTRA CRIANÇA EM CONTINUIDADE DELITIVA. PROCURADORA DE JUSTIÇA APOSENTADA. INEXISTÊNCIA DE PRIVILÉGIO DE FORO. SÚMULA 451/STF. COMPETÊNCIA DO JUIZ CRIMINAL E NÃO DO JUIZADO ESPECIAL DE VIOLÊNCIA DOMÉSTICA E FAMILIAR CONTRA A MULHER. CRIME COMETIDO EM RAZÃO DA CONDIÇÃO DE CRIANÇA DA VÍTIMA. PEDIDO DE LIBERDADE PROVISÓRIA PREJUDICADO. SUPERVENIÊNCIA DA SENTENÇA E DO ACÓRDÃO CONFIRMATÓRIO DA CONDENAÇÃO. NOVOS TÍTULOS APTOS A SUSTENTAR A CUSTÓDIA, CUJOS FUNDAMENTOS NÃO FORAM IMPUGNADOS NA INICIAL. PRECEDENTES DA 3ª SEÇÃO DESTA CORTE. PARECER DO MPF PELA DENEGAÇÃO DA ORDEM. HC PARCIALMENTE CONHECIDO E, NESSA EXTENSÃO, DENEGADA A ORDEM. 1. A competência especial por prerrogativa de função não se estende ao crime cometido após a cessação definitiva do exercício funcional. Súmula 451/STF. 2. Ressai dos fatos narrados na denúncia que a paciente tinha a guarda provisória e precária da vítima e a submeteu a intolerável e intenso sofrimento psicológico e físico ao praticar, em continuidade delitiva, diversas agressões verbais e violência física, de forma a caracterizar o crime de tortura descrito no art. 1º, inciso II, combinado com o § 4º, inciso II da Lei 9.455/1997. 3. O fato de a menor agredida ser do sexo feminino não possui qualquer influência no delito praticado pela paciente, pois foi a condição de criança que levou a acusada a praticá-lo. Caso a vítima fosse homem, a conduta não deixaria de existir, pois é fundamental para a acusada era a incapacidade de resistência da vítima diante das agressões físicas e mentais praticadas. Destarte, se o delito não tem razão no fato de a vítima ser do gênero mulher, não há falar em competência do Juizado Especial de Violência Doméstica e Familiar. 4. Ao que se tem das informações colhidas no endereço eletrônico do TJRJ, foi proferida a sentença condenatória e julgado o recurso de Apelação defensivo. Nesses casos, esta Corte tem entendido pela prejudicialidade da análise do decreto prisional, uma vez que há novos títulos a amparar a custódia cautelar, cujos fundamentos se desconhece e não foram impugnados na inicial deste HC. 5. Parecer do MPF pela denegação da ordem. 6. HC parcialmente conhecido e, nessa extensão, denegada a ordem" (HC 172.784/RJ, Rel. Ministro NAPOLEÃO NUNES MAIA FILHO, QUINTA TURMA, julgado em 03.02.2011, *DJe* 21.02.2011).

Gabarito "B".

(FGV – 2015) Juan da Silva foi autor de uma contravenção penal, em detrimento dos interesses da Caixa Econômica Federal, empresa pública. Praticou, ainda, outra contravenção em conexão, dessa vez em detrimento dos bens do Banco do Brasil, sociedade de economia mista.

Dessa forma, para julgá-lo será competente

(A) a Justiça Estadual, pelas duas infrações.

(B) a Justiça Federal, no caso da contravenção praticada em detrimento da Caixa Econômica Federal, e Justiça Estadual, no caso da infração em detrimento do Banco do Brasil.

(C) a Justiça Federal, pelas duas infrações.

(D) a Justiça Federal, no caso de contravenção praticada em detrimento do Banco do Brasil, e Justiça Estadual pela infração em detrimento da Caixa Econômica Federal.

A assertiva a ser assinalada como correta é a "A", dado que o art. 109, IV, primeira parte, da CF afasta a competência da Justiça Federal para o processamento e julgamento das contravenções penais, mesmo que praticadas em detrimento de bens, serviços ou interesse da União ou de suas entidades autárquicas ou empresas públicas. Nesse sentido a Súmula 38, STJ: "Compete à Justiça Estadual Comum, na vigência da Constituição de 1988, o processo por contravenção penal, ainda que praticada em detrimento de bens, serviços ou interesse da União ou de suas entidades". Conferir: "Agravo regimental no conflito negativo de competência. Contravenções penais. Ilícitos que devem ser processados e julgados perante o juízo comum estadual, ainda que ocorridos em face de bens, serviços ou interesse da união ou de suas entidades. Súmula 38 desta corte. Configuração de conexão probatória entre contravenção e crime, este de competência da justiça comum federal. Impossibilidade, até nesse caso, de atração da jurisdição federal. Regras processuais infraconstitucionais que não se sobrepõem ao dispositivo de extração constitucional que veda o julgamento de contravenções pela justiça federal (art. 109, IV, da constituição da república). Declaração da competência do juízo de direito do juizado especial cível da comarca de Florianópolis/SC para o julgamento da contravenção penal prevista no art. 68, do Decreto-lei 3.688, de 3 de outubro de 1941. Agravo desprovido. 1. É entendimento pacificado por esta Corte o de que as contravenções penais são julgadas pela Justiça Comum Estadual, mesmo se cometidas em detrimento de bens, serviços ou interesses da União ou de suas entidades. Súmula 38 desta Corte. 2. Até mesmo no caso de conexão probatória entre contravenção penal e crime de competência da Justiça Comum Federal, aquela deverá ser julgada na Justiça Comum Estadual. Nessa hipótese, não incide o entendimento de que compete à Justiça Federal processar e julgar, unificadamente, os crimes conexos de competência federal e estadual (súmula 122 desta Corte), pois tal determinação, de índole legal, não pode se sobrepor ao dispositivo de extração constitucional que veda o julgamento de contravenções por Juiz Federal (art. 109, IV, da Constituição da República). Precedentes.

3. Agravo regimental desprovido. Mantida a decisão em que declarada a competência do Juízo de Direito do Juizado Especial Cível da Comarca de Florianópolis/SC para o julgamento da contravenção penal prevista no art. 68, do Decreto-Lei 3.688, de 3 de outubro de 1941" (AGRCC 201102172177, Laurita Vaz, STJ, 3ª Seção, *DJE* 07.03.2012).

Gabarito "A".

5. QUESTÕES E PROCESSOS INCIDENTES

(Analista – TRF/4 – FCC – 2019) Sobre o sequestro de bens imóveis adquiridos pelo indiciado com os proveitos do crime, como medida assecuratória, de acordo com o que estabelece o Código de Processo Penal, é CORRETO afirmar:

(A) Efetivado o sequestro e autuado em apartado, não se admitirão embargos de terceiro.

(B) Não caberá o sequestro dos bens imóveis, adquiridos pelo indiciado com os proventos da infração, se já tiverem sido transferidos a terceiro.

(C) O sequestro será levantado se o réu for absolvido em primeiro grau de jurisdição, ainda que pendente de análise o recurso de apelação interposto pelo Ministério Público.

(D) O sequestro será levantado se a ação penal não for intentada no prazo de 60 dias, contado da data em que ficar concluída a diligência.

(E) O juiz, de ofício ou a requerimento do ofendido, só poderá ordenar o sequestro depois de oferecida a denúncia ou queixa.

A: incorreta. Assim dispõe o art. 129 do CPP: *o sequestro autuar-se-á em apartado e admitirá embargos de terceiro*; **B:** incorreta, pois contraria o disposto no art. 125 do CPP, que estabelece que terá lugar o sequestro dos bens imóveis adquiridos pelo indiciado com os proventos de infração, *ainda que já tenham sido transferidos a terceiro*; **C:** incorreta, pois não corresponde ao que estabelece o art. 131, III, do CPP, que impõe tenha a decisão de absolvição passado em julgado; **D:** correta, pois constitui hipótese de levantamento do sequestro (art. 131, I, CPP); **E:** incorreta, pois, à luz do que estabelece o art. 127 do CPP, o sequestro pode ser determinado (sempre pelo juiz) no curso do processo ou ainda antes de oferecida a denúncia ou queixa. ED

Gabarito "D".

(Analista – TRF/3ª Região – 2014 – FCC) Exceção de suspeição de magistrado deve ser julgada procedente quando o juiz

(A) permitiu, antes do recebimento da denúncia, dilação de prazo para conclusão do inquérito policial.

(B) prolatou sentença em feito desmembrado.

(C) já proferiu, em outros processos, decisões desfavoráveis ao excipiente.

(D) não acolheu pretensão do excipiente em relação à suposta parcialidade da Procuradora da República.

(E) for acionista de sociedade interessada no processo.

A: incorreta, uma vez que não se enquadra em nenhuma das hipóteses de suspeição previstas no art. 254 do CPP; **B:** incorreta, uma vez que não se enquadra em nenhuma das hipóteses de suspeição previstas no art. 254 do CPP; **C:** incorreta, uma vez que não se enquadra em nenhuma das hipóteses de suspeição previstas no art. 254 do CPP; **D:** incorreta, uma vez que não se enquadra em nenhuma das hipóteses de suspeição previstas no art. 254 do CPP; **E:** correta, na medida em que corresponde à hipótese de suspeição contida no art. 254, VI, do CPP.

Gabarito "E".

(Analista – TJ/AM – 2013 – FGV) Sobre a *busca* e *apreensão*, assinale a afirmativa **incorreta**.

(A) A busca domiciliar não poderá ser determinada de ofício pelo juiz, dependendo de requerimento de qualquer das partes.

(B) A busca domiciliar será executada de dia, podendo se realizar à noite se consentida pelo morador.

(C) No caso de o morador não autorizar a realização da busca legalmente determinada, o executor da ordem poderá arrombar a porta e forçar a entrada.

(D) A busca em mulher será feita por outra mulher, se não importar retardamento ou prejuízo da diligência.

(E) O executor da busca, quando o morador estiver ausente, fica autorizado a arrombar a porta, devendo a diligência ser assistida por qualquer vizinho presente.

A: incorreta, devendo ser assinalada, dado que o art. 242 do CPP confere ao magistrado a prerrogativa de determinar de ofício a busca domiciliar; **B:** correta, pois reflete o disposto no art. 245, *caput*, do CPP; **C:** correta, pois reflete o disposto no art. 245, § 2º, do CPP; **D:** correta, pois reflete o disposto no art. 249 do CPP; **E:** correta, pois reflete o disposto no art. 245, § 4º, do CPP.

Gabarito "A".

6. PROVA

(Analista – MPU – CESPE – 2018) Em cada um dos itens a seguir é apresentada uma situação hipotética seguida de uma assertiva a ser julgada em consonância com a doutrina majoritária e com o entendimento dos tribunais superiores acerca de provas no processo penal, prisão e liberdade provisória e *habeas corpus*.

(1) Um indivíduo penalmente imputável ameaça, ardilosa e reiteradamente, determinada pessoa mediante ligações telefônicas de número não identificado, prometendo-lhe graves malefícios e provocando-lhe intenso temor. Nessa situação, é cabível o deferimento de pedido de interceptação telefônica formulado pela autoridade policial competente, para a formação de prova da autoria e da materialidade do delito.

(2) Um cidadão penalmente imputável foi preso em flagrante delito pela prática de crime hediondo. Nessa situação, é vedada a concessão de fiança ao autuado, mas não será proibido o deferimento de liberdade provisória.

(3) Um indivíduo penalmente imputável apresentou-se espontaneamente a autoridade policial depois de ter cometido um crime. Nessa situação, a apresentação espontânea não impede a decretação da prisão preventiva nos casos em que a lei a autoriza.

(4) Um cidadão foi indiciado por supostamente ter praticado crime contra a administração pública. O próprio indiciado, que não possui formação universitária, impetrou habeas corpus por meio de carta manuscrita. Nessa situação, é incabível o *habeas corpus*, devido à falta de capacidade postulatória do impetrante.

(5) No curso de um processo criminal, antes do interrogatório, foi noticiada a morte do réu no momento da oitiva das testemunhas de defesa e de acusação. Nessa situação, para que seja declarada extinta a punibilidade, a morte do réu não poderá ser demonstrada com base apenas na prova testemunhal.

1: errada. A apuração do fato narrado na assertiva não comporta a decretação de interceptação telefônica. Isso porque o crime de ameaça prevê pena de detenção, e o art. 2º, III, da Lei 9.296/1996 não admite interceptação telefônica se o fato constituir infração penal punida, no máximo, com detenção; **2:** correta. Nos crimes hediondos e assemelhados, como é o caso do tráfico de drogas, o art. 5º, XLIII, da Constituição Federal veda tão somente a concessão de *fiança*. Com o advento da Lei 11.464/2007, que modificou a redação do art. 2º da Lei de Crimes Hediondos, cuja redação original vedava a concessão de fiança e liberdade provisória, passou a ser possível a sua concessão sem fiança, já que foi extraída do dispositivo (art. 2º, II, da Lei 8.072/1990). Mais recentemente, a Lei 12.403/2011 promoveu uma série de inovações no âmbito da prisão e da liberdade provisória, entre elas alterou a redação do art. 323 do CPP, que passou a prever que os crimes hediondos e os delitos a eles equiparados (tráfico de drogas, tortura e terrorismo) são inafiançáveis. Pois bem, tal prescrição é inquestionável, já que em perfeita harmonia com o texto da CF/1988 (art. 5º, XLIII). A questão que se coloca, todavia, é saber se a liberdade provisória sem fiança pode ser aplicada aos crimes hediondos e assemelhados. A despeito de haver divergências, notadamente na jurisprudência, entendemos, s.m.j., que a CF/88 proibiu tão somente a liberdade provisória com fiança. Se quisesse de fato proibir a liberdade provisória sem fiança, teria por certo feito menção a ela. Não o fez. Logo, a liberdade provisória vedada pelo constituinte nos crimes hediondos e equiparados é somente a com fiança; **3:** correta. O fato de a Lei 12.403/2011 ter operado a revogação do art. 317 do CPP (apresentação espontânea do acusado) não impede que se decrete a custódia preventiva do acusado que se apresente espontaneamente, desde que presentes os requisitos autorizadores dessa medida cautelar; **4:** errada, na medida em que o *habeas corpus*, no que se refere à sua impetração, não exige habilitação técnica, podendo tal atribuição ser conferida a qualquer pessoa – art. 654, *caput*, do CPP. Assim, pode o próprio paciente, tenha ele ou não curso universitário, impetrar, ainda que de forma manuscrita, ordem de HC; **5:** certa, pois em conformidade com o art. 62 do CPP.

Gabarito: 1E, 2C, 3C, 4E, 5C

(Analista Judiciário – TJ/AL – 2018 – FGV) Carlos conduzia seu veículo automotor de maneira tranquila, quando foi parado em uma operação que verificava a condução de veículo automotor em via pública sob a influência de álcool. Apesar de estar totalmente consciente de seus atos, Carlos havia ingerido 07 (sete) latas de cerveja, razão pela qual temia que o teste do "bafômetro" identificasse percentual acima do permitido em lei.

De acordo com a jurisprudência majoritária dos Tribunais Superiores, Carlos:

(A) não é obrigado a realizar o exame, que exige um comportamento positivo seu, respeitando-se a regra de que ninguém é obrigado a produzir prova contra si, diferentemente do que ocorreria se fosse necessária apenas cooperação passiva;

(B) é obrigado a realizar o exame, tendo em vista que esse é indispensável para a configuração do tipo, sempre podendo o resultado ser utilizado como meio de prova;

(C) não é obrigado a realizar o exame, pois ninguém é obrigado a produzir prova contra si, seja através de cooperação ativa seja com cooperação passiva, como no caso de ato de reconhecimento de pessoa;

(D) é obrigado a realizar o exame, ainda que este seja desnecessário para a configuração do tipo, que pode ser demonstrado por outros meios de prova;

(E) é obrigado a realizar o exame, mas seu resultado poderá ou não ser utilizado como meio de prova de acordo com a vontade de Carlos, já que ninguém é obrigado a produzir prova contra si.

O princípio do "nemo tenetur se detegere" (ninguém é obrigado a produzir prova contra si mesmo) engloba o direito do acusado de não ser obrigado a praticar qualquer comportamento ativo, mas não inclui comportamentos passivos, como, por exemplo, sujeitar-se ao reconhecimento pessoal. Em outras palavras, quando a produção da prova que se pretende obter implicar um comportamento positivo do investigado/acusado (bafômetro, reconstituição de crime, exame grafotécnico, entre outros), é de rigor o seu consentimento. Agora, na hipótese o investigado/acusado ser mero objeto de verificação, sem que sua cooperação implique um comportamento positivo, como ocorre no reconhecimento pessoal, não lhe é lícito recusar-se, podendo, em último caso, ser compelido a tal.

Gabarito: A

(Analista Judiciário – TJ/AL – 2018 – FGV) Tadeu figura como acusado em ação penal em que se investiga a prática do crime de tráfico de drogas, respondendo ao processo na condição de preso. Entendendo existir fundada suspeita de que Tadeu integre organização criminosa e que haveria risco de fuga em seu deslocamento, para prevenir a segurança pública, o magistrado determinou, de ofício, a realização do interrogatório do réu por videoconferência. Tadeu, então, indaga seu advogado sobre a validade da decisão.

Com base nas informações expostas, o advogado de Tadeu deverá esclarecer que:

(A) o interrogatório por videoconferência, atualmente, é a regra no processo penal, respeitando-se a garantia da ordem pública;

(B) o interrogatório por videoconferência não é admitido pela legislação penal, em respeito ao direito de presença, mas tão só a oitiva de testemunhas sem a presença do acusado;

(C) o interrogatório por videoconferência poderia ser determinado em decisão fundamentada do juiz após requerimento das partes, mas não de ofício;

(D) as partes deverão ser intimadas da decisão que determinar o interrogatório por videoconferência com antecedência mínima de 10 dias;

(E) a decisão que determinar a realização de interrogatório por videoconferência poderá ser impugnada através de recurso em sentido estrito no prazo de 05 dias.

A: incorreta. Ao contrário do afirmado, o interrogatório por videoconferência constitui, atualmente, providência de caráter excepcional, da qual o juiz somente poderá lançar mão diante da presença de uma das hipóteses elencadas no art. 185, § 2º, do CPP; **B:** incorreta, já que o art. 185, § 2º, do CPP prevê a possibilidade de o interrogatório do réu preso ser realizado por meio de sistema de videoconferência, sem que isso implique violação a garantias constitucionais, desde que, como já dissemos, tal providência seja fundamentada em uma das hipóteses legais; **C:** incorreta, já que tal providência pode ser determinada de ofício pelo juiz, tal como estabelece o art. 185, § 2º, do CPP; **D:** correta, pois em conformidade com o art. 185, § 3º, do CPP; **E:** incorreta. Não há previsão de recurso. Contra a decisão que determinar a realização de interrogatório por videoconferência fora dos parâmetros estabelecidos em lei poderá ser impetrado *habeas corpus*.

Gabarito: D

(Analista – TJ/SC – FGV – 2018) Em determinada data, Glaucia ingressou em estabelecimento comercial, após arrombar a fechadura da porta, para subtrair diversos bens. Descobertos os fatos, foi denunciada pelo crime de furto qualificado pelo rompimento de obstáculo.

Considerando que a infração deixou vestígios, o reconhecimento da qualificadora:

(A) poderia ser obtido a partir da produção de provas de qualquer natureza, tendo em vista que adotado pelo Direito Processual Penal brasileiro o princípio do livre convencimento motivado;
(B) dependeria de laudo pericial direto e, ainda que tivessem desaparecido os vestígios, o exame indireto não seria suficiente;
(C) exigiria exame de corpo de delito, que poderia ser direto ou indireto, ainda que realizado por um perito, mas a confissão não seria suficiente;
(D) dependeria de realização de exame pericial, que poderia, porém, ser suprido pela confissão do réu;
(E) exigiria realização de exame pericial, exame esse que deveria ser realizado por dois peritos oficiais.

Segundo estabelece o art. 158 do CPP, nas infrações que deixam vestígios, é de rigor a realização do exame de corpo de delito, direto ou indireto, cuja falta, no entanto, não pode ser suprida pela confissão do acusado. Diante do desaparecimento dos vestígios do delito, deve-se recorrer à fórmula contida no art. 167 do CPP, que autoriza que, neste caso, a prova testemunhal poderá suprir tal ausência. Supondo, por exemplo, que o agente, no furto qualificado pelo rompimento de obstáculo, faça desaparecer os vestígios do crime, com o fim de dificultar a sua identificação, poderá a prova da qualificadora ser produzida por meio do depoimento de testemunhas. No mais, a redação anterior do art. 159 do CPP estabelecia que a perícia fosse realizada por *dois* profissionais. Atualmente, com a modificação a que foi submetido este dispositivo (pela Lei 11.690/2008), a perícia será levada a efeito por *um* perito oficial portador de diploma de curso superior. À falta deste, determina o § 1º do art. 159 que o exame seja feito por duas pessoas idôneas, detentoras de diploma de curso superior preferencialmente na área específica, dentre aquelas que tiverem habilitação técnica relacionada com a natureza do exame. ED
Gabarito "C".

(Analista Jurídico – TRF5 – FCC – 2017) No que tange às disposições relativas às provas no Código de Processo Penal, é correto afirmar:

(A) Não sendo possível o exame de corpo de delito, por haverem desaparecido os vestígios, o acusado deverá ser absolvido, não sendo permitido a prova testemunhal para suprir-lhe a falta.
(B) Ainda que a infração penal deixe vestígios, havendo confissão do acusado, dispensável a realização do exame de corpo de delito.
(C) A autópsia será feita em, no máximo, seis horas depois do óbito, salvo se os peritos, pela evidência dos sinais de morte, julgarem que possa ser feita depois daquele prazo, o que declararão no auto.
(D) Em caso de lesões corporais, se o primeiro exame pericial tiver sido incompleto, proceder-se-á a exame complementar por determinação da autoridade policial ou judiciária, de ofício, ou a requerimento do Ministério Público, do ofendido ou do acusado, ou de seu defensor.

(E) Em razão de seu caráter técnico e vinculatório, o juiz ficará adstrito ao laudo pericial produzido, não podendo rejeitá-lo.

A: incorreta. É certo que o exame de corpo de delito, nas infrações que deixam vestígios, é indispensável – art. 158 do CPP. Agora, se estes vestígios, por qualquer razão, se perderem, nosso ordenamento jurídico admite que a prova testemunhal supra essa ausência – art. 167 do CPP. A confissão, no entanto, por expressa disposição do art. 158 do CPP, não poderá ser utilizada para esse fim. Quanto ao exame de corpo de delito, é importante que se diga que a Lei 13.721/2018 inseriu no art. 158 do CPP um parágrafo único, segundo o qual dar-se-á prioridade à realização do exame de corpo de delito quando se tratar de crime que envolva: I – violência doméstica e familiar contra mulher; II – violência contra criança, adolescente, idoso ou pessoa com deficiência; **B:** incorreta, dado que a confissão, como já dito, não poderá ser utilizada para o fim de suprir o exame de corpo de delito (art. 158, CPP); **C:** incorreta, já que o exame necroscópico deve ser realizado pelo menos 6 horas depois do óbito (e não em até seis horas, como consta da assertiva), ressalvada a hipótese em que os peritos, em razão da evidência dos sinais de morte, chegarem à conclusão de que o exame pode ser realizado em prazo menor, e não em prazo maior (art. 162, caput, do CPP); **D:** correta, pois corresponde à redação do art. 168, caput, do CPP; **E:** incorreta. O juiz, fazendo uso da prerrogativa que lhe confere o art. 182 do CPP, poderá aceitar ou rejeitar o laudo, no todo ou em parte. É dizer, o magistrado não ficará vinculado ao laudo. ED
Gabarito "D".

(Analista Judiciário – TRE/SP – FCC – 2017) Manoel está cumprindo pena em penitenciária paulista de segurança máxima, na cidade de Presidente Bernardes, após ser condenado por quatro crimes de homicídio. Na cidade e comarca de São Paulo é instaurada uma nova ação penal contra Manoel por crime de coação no curso do processo. Havendo fundada suspeita de que o réu, Manoel, integra organização criminosa e que poderá fugir durante o deslocamento entre as cidades de Presidente Bernardes e São Paulo, o Magistrado competente, por decisão fundamentada, e em caráter excepcional, assegurando ao réu a entrevista prévia com seu advogado e o acompanhamento da audiência de instrução, poderá

(A) de ofício, ou, a requerimento das partes, realizar o interrogatório de Manoel por sistema de videoconferência, intimando as partes com, pelo menos, 10 dias de antecedência.
(B) se houver requerimento das partes, apenas, realizar o interrogatório de Manoel por sistema de videoconferência, intimando as partes com, pelo menos, 10 dias de antecedência.
(C) de ofício, ou, a requerimento das partes, realizar o interrogatório de Manoel por sistema de videoconferência, intimando as partes com, pelo menos, 5 dias de antecedência.
(D) se houver requerimento das partes, apenas, realizar o interrogatório de Manoel por sistema de videoconferência, intimando as partes com, pelo menos, 5 dias de antecedência.
(E) de ofício, ou, a requerimento das partes, realizar o interrogatório de Manoel por sistema de videoconferência, intimando as partes com, pelo menos, 7 dias de antecedência.

A solução desta questão deve ser extraída do art. 185, § 2º, do CPP, que estabelece as hipóteses em que poderá o juiz recorrer à videoconferência para realizar o interrogatório do réu preso. Antes de mais nada,

10. DIREITO PROCESSUAL PENAL

é importante entender que este recurso somente pode ser utilizado em situações excepcionais, entre as quais aquela narrada no enunciado: fundada suspeita de que o réu, Manoel, integra organização criminosa e que poderá fugir durante o deslocamento entre as cidades de Presidente Bernardes e São Paulo. Neste caso, poderá o juiz, sempre por decisão fundamentada, quer de ofício, quer a pedido das partes, determinar que o interrogatório seja realizado por sistema de videoconferência, decisão da qual as partes deverão ser intimadas com 10 dias de antecedência (art. 185, § 3º, do CPP).

Gabarito "A".

(Analista – TRE/GO – 2015 – CESPE) Considerando que, em audiência de instrução e julgamento à qual compareceu a mãe do acusado como testemunha de acusação arrolada pelo Ministério Público, a defesa tenha, imediatamente, suscitado questão de ordem requerendo ao juiz que não tomasse seu depoimento por notório impedimento, julgue o próximo item conforme as normas previstas no Código de Processo Penal sobre provas.

(1) Nessa situação, o juiz deve indeferir a questão de ordem suscitada pela defesa, mas deve informar à mãe do réu que ela pode abster-se de depor e que, mesmo que tenha interesse emprestar seu depoimento, não estará comprometida a dizer a verdade.

1: correta. De uma forma geral, sobre todos recai o dever de servir como testemunha, comparecendo em juízo quando convocado e prestando seu depoimento. Cuida-se, portanto, de um dever imposto por lei, que, se descumprido, pode levar à responsabilização da testemunha por crime de falso testemunho (art. 342, CP). A exceção a essa regra atinge as pessoas elencadas no art. 206 do CPP, que podem, por isso, recusar-se a depor. Entre eles está a mãe do acusado, à qual é conferida a prerrogativa de negar-se a prestar depoimento; por se tratar de uma faculdade (e não de proibição), nada impede que a genitora do réu preste seu testemunho, mas, neste caso, sobre ela não recairá a obrigação de dizer a verdade; será ouvida, por isso, na qualidade de informante; assim, se mentir, não será processada por crime de falso testemunho. O art. 206 do CPP estabelece que, em uma única hipótese, as pessoas ali mencionadas não podem recusar-se a depor: quando não for possível, de qualquer outra forma, produzir a prova do fato ou de suas circunstâncias, hipótese em que, ainda assim, não se deferirá o dever de dizer a verdade.

Gabarito 1C

(Analista – TRE/TO – 2011 – FCC) Quanto ao exame de corpo de delito e às perícias em geral, de acordo com o Código de Processo Penal:

(A) O laudo pericial será elaborado no prazo máximo de cinco dias, podendo este prazo ser prorrogado por igual período, a requerimento do Ministério Público.

(B) Os exames de corpo de delito serão feitos por dois peritos oficiais.

(C) Se a infração deixar vestígios, a ausência do exame de corpo de delito pode ser suprida pela confissão do acusado.

(D) Ao assistente de acusação, ao ofendido, ao querelante e ao acusado é facultada a indicação de assistente técnico.

(E) Os peritos não oficiais ficarão dispensados de compromisso se forem especialistas na matéria objeto da perícia e tiverem prestado compromisso em entidade de classe.

A: incorreta. O laudo pericial, a teor do que dispõe o art. 160, parágrafo único, do CPP, será elaborado dentro do prazo de *dez dias*, podendo este interregno ser prorrogado em casos excepcionais a requerimento do perito; **B: incorreta.** A redação anterior do art. 159 do CPP estabelecia que a perícia fosse realizada por *dois* profissionais. Atualmente, com a modificação implementada na redação do dispositivo pela Lei 11.690/2008, a perícia será levada a efeito por *um* perito oficial portador de diploma de curso superior. À falta deste, determina o § 1º do art. 159 do CPP que o exame seja feito por duas pessoas idôneas, detentoras de diploma de curso superior preferencialmente na área específica, dentre aquelas que tiverem habilitação técnica relacionada com a natureza do exame; **C: incorreta.** Sempre que a infração deixar vestígios, é indispensável o exame de corpo de delito (exame de verificação da existência do crime); não sendo possível essa verificação, em razão do desaparecimento dos vestígios do delito, a *prova testemunhal* poderá suprir tal falta; a *confissão*, em hipótese alguma (arts. 158 e 167, do CPP); **D: correta**, visto que em consonância com o disposto no art. 159, § 3º, do CPP; **E: incorreta**, nos termos do art. 159, § 2º, do CPP.

Gabarito "D".

(Analista – TRE/RJ – 2012 – CESPE) A respeito das provas e das normas procedimentais para os processos perante o Superior Tribunal de Justiça e o Supremo Tribunal Federal, julgue o item abaixo.

(1) O firme e coeso depoimento da vítima é suficiente para comprovar o emprego de arma de fogo pelo réu no delito de roubo.

1: correta. A jurisprudência do STF (e também do STJ) aponta pela desnecessidade de apreensão da arma e respectiva perícia para a configuração da majorante prevista no art. 157, § 2º, I, do CP, podendo tal falta ser suprida por outros meios de prova, tais como as declarações do ofendido e depoimentos de testemunhas. Nesse sentido: "HABEAS CORPUS. PENAL. ROUBO CIRCUNSTANCIADO (EMPREGO DE ARMA BRANCA). AUSÊNCIA DE APREENSÃO E PERÍCIA DA ARMA. DISPENSABILIDADE PARA A CARACTERIZAÇÃO DA CAUSA ESPECIAL DE AUMENTO QUANDO PROVADA A SUA UTILIZAÇÃO POR OUTROS MEIOS. 1. Esta Corte entende que é dispensável a apreensão da arma ou a realização do exame pericial para a caracterização da causa de aumento prevista no art. 157, § 2º, inciso I, do Código Penal, mormente em se tratando de um estilete, de potencialidade lesiva presumida, quando existem outros elementos probatórios que levam a concluir pela sua efetiva utilização no crime. Precedentes. 2. Ordem denegada" (HC 127.661/SP, Rel. Ministra LAURITA VAZ, QUINTA TURMA, julgado em 14.05.2009, DJe 08.06.2009). No mesmo sentido: "A Terceira Seção do STJ "firmou o entendimento de que é despicienda a apreensão e a perícia da arma de fogo, para a incidência da majorante do § 2º-A, I, do art. 157 do CP, quando existirem, nos autos, outros elementos de prova que evidenciem a sua utilização no roubo [...]" (HC 606.493/RJ, Rel. Ministro RIBEIRO DANTAS, QUINTA TURMA, julgado em 15/09/2020, DJe 21/09/2020), como ocorreu na hipótese, pois há prova testemunhal e imagens de câmera de segurança que evidenciam o uso do artefato pelo Agravante" (STJ, AgRg no HC 618.879/SP, Rel. Ministra LAURITA VAZ, SEXTA TURMA, julgado em 06/04/2021, DJe 15/04/2021).

Gabarito 1C

(Analista – TRE/SP – 2012 – FCC) Analise as seguintes situações sobre as testemunhas, de acordo com o Código do Processo Penal:

I. Tício, padre de uma paróquia na cidade de São Paulo, mantém contato, no exercício de sua atividade religiosa, com uma determinada pessoa que lhe conta com detalhes, em função da fé no confessionário, que presenciou um delito de homicídio na porta da sua casa, praticado contra um vizinho. Tício poderá figurar como testemunha, mas está proibido de prestar depoimento em juízo, salvo se quiser e for desobrigado pela parte interessada.

II. O Presidente do Superior Tribunal de Justiça é arrolado como testemunha em um processo crime que tramita em uma das Varas Criminais da Comarca de São Paulo. Neste caso, ele será inquirido em local, dia e hora previamente ajustados com o juiz do processo, podendo optar, também, pela prestação de depoimento por escrito, caso em que as perguntas, formuladas pelas partes, lhes serão transmitidas por ofício.

III. Em regular audiência de instrução e julgamento está sendo ouvida testemunha arrolada pela acusação. O juiz não poderá indeferir perguntas formuladas pelo advogado do réu, mesmo se não tiverem relação com o processo.

Está correto o que consta SOMENTE em

(A) I.
(B) II.
(C) I e II.
(D) I e III.
(E) II e III.

I: correta. As pessoas listadas no art. 207 do CPP estão em regra proibidas de prestar depoimento. Trata-se de uma imposição legal, e não mera faculdade; poderão, todavia, fazê-lo se a parte que lhe confiou o segredo desobrigá-la e a autorizar a depor. Assertiva, portanto, correta; **II:** incorreta. Somente têm a faculdade de optar pela prestação de depoimento escrito o Presidente e o Vice-Presidente da República, bem assim os Presidentes do Senado Federal, da Câmara dos Deputados e do Supremo Tribunal Federal – art. 221, § 1º, do CPP; **III:** incorreta, pois o juiz pode, sim, indeferir as perguntas que puderem induzir a resposta, não tiverem relação com a causa ou importarem na repetição de outra já respondida – art. 212, *caput*, do CPP.

Gabarito "A".

(Analista – TJ/CE – 2013 – CESPE) Assinale a opção correta no que diz respeito às provas no processo penal.

(A) É vedada a realização de interrogatório por videoconferência, por ferir o direito de autodefesa do acusado.

(B) A confissão feita perante a autoridade policial não será passível de retratação em juízo caso tenha sido assegurado ao acusado o direito ao contraditório e à ampla defesa mediante o acompanhamento de um advogado.

(C) Admite-se a oitiva de corréu na qualidade de testemunha, de informante, ou mesmo de colaborador ou delator, atualmente conhecida como delação premiada.

(D) O cônjuge separado não se pode recusar a prestar depoimento na condição de testemunha sobre o suposto cometimento de um delito pelo ex-marido, devendo assumir o compromisso de dizer a verdade.

(E) Haja vista que o interrogatório judicial é meio de defesa do réu, o desrespeito a essa franquia individual, resultante da arbitrária recusa em lhe permitir a formulação de reperguntas aos demais corréus constituirá causa geradora de nulidade absoluta.

A: incorreta. Embora constitua exceção, assim considerado pela lei processual penal (art. 185, § 2º, do CPP), a realização de interrogatório por sistema de videoconferência não ofende o princípio da autodefesa. De toda sorte, é importante que se diga que o emprego deste recurso tecnológico, por impossibilitar uma aproximação física entre julgador e acusado, tem gerado, desde o seu nascedouro, polêmica na doutrina e na jurisprudência; **B:** incorreta, na medida em que a confissão, a teor do art. 200 do CPP, é passível de retratação a qualquer tempo.

Mesmo porque, conforme é sabido, a confissão extrajudicial, porque não realizada sob o crivo do contraditório e ampla defesa, ainda que acompanhada por advogado, deve ser considerada tão somente como *indício* (meio de prova indireto). Não pode, por isso, ser utilizada, por si só, para dar suporte a decreto condenatório. Deve, isto sim, ser cotejada com as demais provas produzidas em juízo (art. 197, CPP); **C:** incorreta. Embora o corréu possa ser ouvido como delator ou colaborador, é certo que é incorreto afirmar-se que poderá funcionar como testemunha, na medida em que não se pode conferir-lhe o dever de dizer a verdade. Nesse sentido: "Recurso ordinário em *habeas corpus*. Estelionato (artigo 171 do Código Penal). Alegado cerceamento de defesa. Indeferimento do pedido de oitiva de corréu como testemunha. Impossibilidade. Constrangimento ilegal não caracterizado. 1. Ao magistrado é facultado o indeferimento, de forma fundamentada, do requerimento de produção de provas que julgar protelatórias, irrelevantes ou impertinentes, devendo a sua imprescindibilidade ser devidamente justificada pela parte. Doutrina. Precedentes do STJ e do STF. 2. No caso dos autos, a defesa pretendeu a oitiva de corréu que aceitou a proposta de suspensão condicional do processo como testemunha, o que foi indeferido pela togada responsável pelo feito. 3. O corréu, por não ter o dever de falar a verdade e por não prestar compromisso, não pode servir como testemunha, o que afasta o constrangimento ilegal de que estaria sendo vítima a recorrente. Doutrina. Precedentes. 4. Recurso improvido" (RHC 201302786058, Jorge Mussi, STJ, 5.ª TURMA, *DJE* de 02.10.2013); **D:** incorreta, pois o cônjuge, mesmo que separado, poderá recusar-se a prestar depoimento em desfavor do seu ex-marido (art. 206, CPP – onde se lê *desquitado* deve se ler *separado*); **E:** correta. Conferir: "Processo penal. Habeas corpus. Interrogatório. Direito da defesa de corréu realizar reperguntas. Possibilidade desde que respeitado o direito de permanecer em silêncio e à não incriminação. Relaxamento da prisão. Constrangimento não evidenciado. Ordem concedida em parte. 1. Embora o interrogatório mantenha seu escopo eminentemente como meio de defesa, quando envolve a acusação ou participação de outro denunciado, cria a possibilidade à defesa do litisconsorte passivo realizar reperguntas, assegurando a ampla defesa e a participação ativa do acusado no interrogatório dos corréus. 2. Não há que se confundir, nessa situação, o corréu com testemunha, pois o interrogado não estará obrigado a responder as perguntas dos demais envolvidos, preservado o direito de permanecer em silêncio e de não produzir provas contra si. Precedentes desta Turma e do Supremo Tribunal Federal. 3. A anulação dos interrogatórios não gera o direito automático ao relaxamento da prisão, não existindo nos autos elementos suficientes à caracterização de excesso de prazo que justifique a revogação da custódia cautelar, pois se trata de ação complexa em que se apura a atuação de estruturada quadrilha responsável pelo tráfico de diversos tipos de drogas e com vários envolvidos. 4. *Habeas corpus* concedido em parte para determinar a renovação dos interrogatórios dos acusados, assegurando o direito das defesas dos corréus realizarem reperguntas, resguardado o direito dos interrogados à não autoincriminação e ao de permanecer em silêncio, mantidos os demais atos da instrução" (HC 201000267009, Haroldo Rodrigues (Desembargador convocado do TJ/CE, STJ, 6ª TURMA, *DJE* de 16.08.2010).

Gabarito "E".

O juiz formará sua convicção pela livre apreciação da prova. Todas as provas são relativas, não ficando o magistrado subordinado a nenhum critério apriorístico no apurar, através dela, a verdade.

(Analista – MP/MS – 2013 – FGV) Sobre o *direito probatório*, de acordo com o Código de Processo Penal, assinale a afirmativa correta.

(A) É papel da testemunha sempre expor seus conhecimentos sobre os fatos, além de suas apreciações pessoais.

(B) A expedição de carta precatória para oitiva de testemunha suspende a instrução criminal.
(C) O juiz, ao verificar que a veracidade do depoimento da testemunha pode ficar comprometido pela presença do réu, causando humilhação, temor ou sério constrangimento à testemunha, determinará a retirada do réu, independente de qualquer medida anterior.
(D) Desde a reforma do Código de Processo Penal realizada pela Lei n. 11.690/2008, o interrogatório do réu no procedimento ordinário passou a ser feito pelo sistema *cross examination*, ou seja, primeiro as partes devem formular as perguntas ao réu. Ao magistrado cabe a complementação, formulando perguntas que entenda pertinente.
(E) O ofendido, quando devidamente intimado para prestar declarações sobre as circunstâncias da infração, pode ser conduzido à presença da autoridade, se deixar de comparecer sem justo motivo.

A: incorreta, já que o juiz somente autorizará a testemunha a fazer apreciações de ordem subjetiva quando estas forem inseparáveis da narrativa do fato (art. 213 do CPP); **B**: incorreta, uma vez que contraria a regra presente no art. 222, § 1º, do CPP, que estabelece que a instrução criminal não é suspensa; **C**: incorreta, visto que, neste caso, caberá ao juiz, antes de determinar a retirada do réu da sala de audiências, procurar proceder à inquirição por videoconferência; não sendo isso possível, aí sim o juiz providenciará a retirada do acusado. Além disso, estas providências e suas justificativas devem constar do termo de audiência. É o que estabelece o art. 217 do CPP; **D**: incorreta, já que o sistema denominado *cross examination*, em que as perguntas são formuladas, pelas partes, diretamente, sem a intermediação do juiz, somente se aplica ao depoimento das testemunhas. No interrogatório, vige o sistema *presidencialista*, em que as perguntas das partes, ao final da oitiva do acusado pelo magistrado, serão formuladas por este; **E**: correta, pois reflete o disposto no art. 201, § 1º, do CPP.

Gabarito "E".

7. PRISÃO, MEDIDAS CAUTELARES E LIBERDADE PROVISÓRIA

(Analista Judiciário – TRE/PA – 2020 – IBFC) A execução penal tem por objetivo efetivar as disposições de sentença ou decisão criminal e proporcionar condições para a harmônica integração social do condenado e do internado. Com relação ao tema, assinale a alternativa incorreta:

(A) Não fere o contraditório e o devido processo de decisão que, sem ouvida prévia da defesa, determine transferência ou permanência de custodiado em estabelecimento penitenciário federal
(B) O plenário do Supremo Tribunal Federal (STF), no julgamento das Ações Declaratória de Constitucionalidade (ADC) 43, 44 e 54, pacificou o entendimento no sentido de ser admitida a chamada "execução provisória da pena", após prolação de Acórdão condenatório em segunda instância, sendo que isso não ofende o princípio constitucional da presunção de inocência
(C) O cumprimento de prisão domiciliar não impede a liberdade de culto, razão pela qual, considerada a possibilidade de controle do horário e de delimitação da área percorrida por meio do monitoramento eletrônico, o comparecimento a culto religioso não representa risco ao cumprimento da pena
(D) O indulto extingue os efeitos primários da condenação (pretensão executória), mas não atinge os efeitos secundários, penais ou extrapenais

A: correta, uma vez que corresponde ao entendimento sedimentado na Súmula 639, do STJ: *Não fere o contraditório e o devido processo decisão que, sem ouvida prévia da defesa, determine transferência ou permanência de custodiado em estabelecimento penitenciário federal*; **B**: incorreta. A decretação ou manutenção da prisão cautelar (provisória ou processual), assim entendida aquela que antecede a condenação definitiva, deve sempre estar condicionada à demonstração concreta de sua imperiosa necessidade, ainda que se trate da prática de crimes graves, como é o caso do tráfico de drogas, delito equiparado a hediondo. Bem por isso, deve o magistrado apontar as razões, no seu entender, que a tornam indispensável (art. 312 do CPP). Colocado de outra forma, a prisão provisória ou cautelar somente se justifica dentro do ordenamento jurídico quando necessária ao processo. Deve ser vista, portanto, como um *instrumento* do processo a ser utilizado em situações *excepcionais*. É por essa razão que a prisão decorrente de sentença penal condenatória recorrível deixou de constituir modalidade de prisão cautelar. Era uma prisão automática, já que, com a prolação da sentença condenatória, o réu era recolhido ao cárcere (independentemente de a prisão ser necessária). Nesse contexto, o acusado era considerado presumidamente culpado. Com as modificações introduzidas pela Lei 11.719/2008 e também em razão da atuação dos tribunais, esta modalidade de prisão cautelar deixou de existir, consagrando, assim, o *postulado da presunção de inocência*. Em vista dessa nova realidade, se o acusado permanecer preso durante toda a instrução, a manutenção dessa prisão somente terá lugar se indispensável for ao processo, pouco importando se, uma vez condenado em definitivo, permanecerá ou não preso (art. 387, § 1º, CPP). A prisão desnecessária decretada ou mantida antes de a sentença passar em julgado constitui antecipação da pena que por ventura seria aplicada em caso de condenação, o que representa patente violação ao princípio da presunção de inocência, postulado esse de índole constitucional – art. 5º, LVII. De se ver ainda que, tendo em conta as mudanças implementadas pela Lei 12.403/2011, que instituiu as *medidas cautelares alternativas à prisão provisória*, esta somente terá lugar diante da impossibilidade de se recorrer às medidas cautelares. Dessa forma, a prisão, como medida excepcional que é, deve também ser vista como instrumento subsidiário, supletivo. Pois bem. É importante registrar que essa tônica (de somente dar-se início ao cumprimento da pena depois do trânsito em julgado da sentença penal condenatória) sofreu um revés. Explico. O STF, em julgamento histórico realizado em 17 de fevereiro de 2016, mudou, à revelia de grande parte da comunidade jurídica, seu entendimento acerca da possibilidade de prisão antes do trânsito em julgado da sentença penal condenatória. A Corte, ao julgar o HC 126.292, passou a admitir a execução da pena após decisão condenatória proferida em segunda instância. Com isso, passou a ser desnecessário, para dar início ao cumprimento da pena, aguardar o trânsito em julgado da decisão condenatória. Flexibilizou-se, pois, o postulado da presunção de inocência. Naquela ocasião, votaram pela mudança de paradigma sete ministros, enquanto quatro mantiveram o entendimento até então prevalente. Cuidava-se, é bem verdade, de uma decisão tomada em processo subjetivo, sem eficácia vinculante, portanto. Tal decisão, conquanto tomada em processo subjetivo, passou a ser vista como uma mudança de entendimento acerca de tema que há vários anos havia se sedimentado. Mais recentemente, nossa Suprema Corte foi chamada a se manifestar, em ações declaratórias de constitucionalidade impetradas pelo Conselho Federal da OAB e pelo Partido Ecológico Nacional, sobre a constitucionalidade do art. 283 do CPP. Existia a expectativa de que algum ou alguns dos ministros mudassem o posicionamento adotado no julgamento realizado em fevereiro de 2016. Afinal, a decisão, agora, teria uma repercussão muito maior, na medida em que tomada em ADC. Pois bem. Depois de muita especulação e grande expectativa, o STF, em julgamento realizado em 5 de outubro do mesmo ano, desta vez por maioria mais apertada (6 a 5), já que houve mudança de posicionamento do ministro

Dias Toffoli, indeferiu as medidas cautelares pleiteadas nessas ADCs (43 e 44), mantendo, assim, o posicionamento que autoriza a prisão depois de decisão condenatória confirmada em segunda instância. O julgamento do mérito dessas ações permaneceu pendente até 7 de novembro de 2019, quando, finalmente, depois de muita expectativa, o STF, em novo julgamento histórico, referente às ADCs 43, 44 e 54 (a que faz referência a proposição), mudou o entendimento adotado em 2016, até então em vigor, que permitia a execução (provisória) da pena de prisão após condenação em segunda instância. Reconheceu-se a constitucionalidade do art. 283 do CPP, com a redação que lhe foi dada pela Lei 12.403/2011. Por 6 x 5, ficou decidido que é vedada a execução provisória da pena. Cumprimento de pena, a partir de agora, portanto, somente quando esgotados todos os recursos. Atualmente, essa discussão acerca da possibilidade de prisão em segunda instância, que suscitou debates tão acalorados, chegando, inclusive, a ganhar as ruas, saiu do STF, onde até então se encontrava, e passou para o Parlamento. Hoje se discute qual o melhor caminho para inserir, no nosso ordenamento jurídico, a prisão após condenação em segunda instância. Aguardaremos; **C**: correta. Conferir: "1. O cumprimento de prisão domiciliar não impede a liberdade de culto, quando compatível com as condições impostas ao reeducando, atendendo à finalidade ressocializadora da pena. 2. Não havendo notícia do descumprimento das condições impostas pelo juízo da execução, admite-se ao executado, em prisão domiciliar, ausentar-se de sua residência para frequentar culto religioso, no período noturno. 3. Considerada a possibilidade de controle do horário e de delimitação da área percorrida por meio do monitoramento eletrônico, o comparecimento a culto religioso não representa risco ao cumprimento da pena. 4. Recurso especial parcialmente provido para permitir ao reeducando o comparecimento a culto religioso às quintas e domingos, das 19h às 21h, mantidas as demais condições impostas pelo Juízo das Execuções Criminais" (STJ, REsp 1788562/TO, Rel. Ministro NEFI CORDEIRO, SEXTA TURMA, julgado em 17/09/2019, DJe 23/09/2019); **D**: correta, na medida em que reflete o entendimento consolidado na Súmula 631, do STJ: *O indulto extingue os efeitos primários da condenação (pretensão executória), mas não atinge os efeitos secundários, penais ou extrapenais.*

Gabarito "B".

(Analista Judiciário – TRE/PA – 2020 – IBFC) Os temas "prisão e liberdade" são tratados, sobretudo, pela Lei Processual Penal, sendo que a jurisprudência dos tribunais superiores tem moldado sua aplicação à luz dos princípios constitucionais. Sobre tal permissão, analise as afirmativas abaixo:

I. A prisão preventiva imposta à mulher gestante ou que for mãe ou responsável por crianças ou pessoas com deficiência será substituída por prisão domiciliar, desde que não tenha cometido crime com violência ou grave ameaça a pessoa e não tenha cometido o crime contra seu filho ou dependente, não se admitindo outras exceções não previstas em lei.

II. A prática de contravenção penal, no âmbito de violência doméstica, não é motivo idôneo para justificar a prisão preventiva do réu. Não há previsão legal que autorize a prisão preventiva contra o autor de uma contravenção penal, logo, decretar a prisão preventiva nesta hipótese representa ofensa ao princípio da legalidade estrita.

III. A decisão que, na audiência de custódia, determina o relaxamento da prisão em flagrante sob o argumento de que a conduta praticada é atípica faz coisa julgada material. Assim, não poderá o juiz receber denúncia posterior contra o indivíduo, narrando os mesmos fatos.

IV. A decretação de prisão temporária só pode ser considerada legítima caso constitua medida comprovadamente adequada e necessária ao acautelamento da fase pré-processual, não servindo para tanto a suposição de que o suspeito virá a comprometer a atividade investigativa.

Assinale a alternativa correta.

(A) Apenas as afirmativas I, II e III estão corretas
(A) Apenas as afirmativas II, III e IV estão corretas
(C) Apenas as afirmativas II e IV estão corretas
(D) As afirmativas I, II, III e IV estão corretas

I: incorreta. A Lei 13.769/2018 inseriu no CPP o art. 318-A, que estabelece a substituição da prisão preventiva por prisão domiciliar da mulher gestante, mãe ou responsável por crianças ou pessoas com deficiência. Como bem sabemos, a 2ª turma do STF, ao julgar o HC coletivo 143.641, assegurou a conversão da prisão preventiva em domiciliar a todas as presas provisórias do país que sejam gestantes, puérperas ou mães de crianças e deficientes sob sua guarda. Perceba, dessa forma, que o legislador, ao inserir o art. 318-A do CPP, nada mais fez do que contemplar, no texto legal, o entendimento consolidado no *habeas corpus* coletivo a que fizemos referência. Também em consonância com o que ficou decidido no julgamento do HC, o legislador impôs dois requisitos: que não tenha sido cometido crime com grave ameaça ou violência contra a pessoa; que não tenha sido cometido contra o filho ou dependente. O art. 318-B, também inserido por meio da Lei 13.769/2018, prevê a possibilidade de aplicação concomitante da prisão domiciliar e das medidas alternativas previstas no art. 319 do CPP, na esteira do decidido no HC 143.641. Pois bem. A questão que aqui se coloca é saber se esta substituição, uma vez preenchidos os requisitos legais, é automática. Em outras palavras, pode o juiz, ainda que o caso concreto não se enquadre nas exceções previstas em lei (crime com grave ameaça ou violência contra a pessoa ou contra o filho ou dependente), negar a substituição? Haveria a possibilidade de se invocar outra exceção não contemplada em lei para o fim de indeferir a substituição? Segundo o STJ, há situações que podem ensejar o indeferimento da substituição da custódia preventiva pela domiciliar, ainda que a custodiada não se enquadre nas exceções previstas no dispositivo legal. O fato de o legislador não ter contemplado outras exceções no texto legal não significa que o juiz esteja impedido de negar a substituição diante de situações excepcionais. Conferir: "4. A prisão domiciliar consiste no recolhimento do indiciado ou acusado em sua residência, só podendo dela ausentar-se com autorização judicial (art. 317 do Código de Processo Penal). 5. O art. 318-A do Código de Processo Penal, introduzido pela Lei n. 13.769/2018, estabelece um poder-dever para o juiz substituir a prisão preventiva por domiciliar de gestante, mãe de criança menor de 12 anos e mulher responsável por pessoa com deficiência, sempre que apresentada prova idônea do requisito estabelecido na norma (art. 318, parágrafo único), ressalvadas as exceções legais. 6. A normatização de apenas duas das exceções não afasta a efetividade do que foi decidido pelo Supremo no Habeas Corpus n. 143.641/SP, nos pontos não alcançados pela nova lei. O fato de o legislador não ter inserido outras exceções na lei, não significa que o Magistrado esteja proibido de negar o benefício quando se deparar com casos excepcionais. Assim, deve prevalecer a interpretação teleológica da lei, assim como a proteção aos valores mais vulneráveis. Com efeito, naquilo que a lei não regulou, o precedente da Suprema Corte deve continuar sendo aplicado, pois uma interpretação restritiva da norma pode representar, em determinados casos, efetivo risco direto e indireto à criança ou ao deficiente, cuja proteção deve ser integral e prioritária" (HC 470.549/TO, Rel. Ministro REYNALDO SOARES DA FONSECA, QUINTA TURMA, julgado em 12/02/2019, DJe 20/02/2019); **II**: correta. Conferir: "Em se tratando de aplicação da cautela extrema, não há campo para interpretação diversa da literal, de modo que não existe previsão legal autorizadora da prisão preventiva contra autor de uma contravenção, mesmo na hipótese específica de transgressão das cautelas de urgência diversas já aplicadas. 2. No caso dos autos, nenhum dos fatos praticados pelo agente – puxões de cabelo, torção de braço (que não geraram lesão corporal) e discussão no interior de veículo, onde tentou arrancar dos braços da ex-companheira o filho que têm em comum –, configura crime propriamente dito. 3. Vedada a incidência do art. 313, III, do CPP, tendo em vista a notória ausência de autorização legal para a decisão que decretou a constrição cautelar do acusado. 4. Ordem concedida, para que o paciente possa responder a ação penal em liberdade, se por outro motivo não estiver preso" (STJ, HC 437.535/SP, Rel. Ministra MARIA THEREZA DE ASSIS MOURA, Rel. p/ Acórdão Ministro ROGERIO SCHIETTI CRUZ, SEXTA TURMA, julgado em 26/06/2018, DJe 02/08/2018); **III:** incorreta. A decisão tomada em sede de audiência de custódia que, ao argumento de atipicidade ou mesmo de falta de provas, concede liberdade provisória ao autuado em flagrante não vincula o titular da ação penal, que poderá oferecer denúncia, na medida em que tal decisão não faz coisa julgada. Nesse sentido: "A decisão proferida durante a audiência de custódia, ao relaxar a prisão em flagrante da recorrente, independentemente dos motivos que determinaram a concessão da liberdade, não vincula o titular da ação penal, e, portanto, não obsta o posterior oferecimento de denúncia, sob pena de negativa de vigência ao art. 24 do Código de Processo Penal." (RHC 85.970/SP, Rel. Ministro FELIX FISCHER, QUINTA TURMA, julgado em 10/4/2018, DJe 16/4/2018). 2. A audiência de custódia não se presta à incursão no mérito do futura ação penal, por isso, magistrado designado para a sua realização, exceto para fins relacionados única e exclusivamente à prisão, não possui competência para emitir juízo de valor sobre validade ou não de provas. 3. Agravo desprovido" (STJ, AgRg no RHC 127.436/RN, Rel. Ministro RIBEIRO DANTAS, QUINTA TURMA, julgado em 18/08/2020, DJe 25/08/2020). No mesmo sentido, o STF: "*In casu*, o juízo plantonista apontou a atipicidade da conduta em sede de audiência de apresentação, tendo o Tribunal de origem assentado que "a pretensa atipicidade foi apenas utilizada como fundamento opinativo para o relaxamento da prisão da paciente e de seus comparsas, uma vez que o MM. Juiz de Direito que presidiu a audiência de custódia sequer possuía competência jurisdicional para determinar o arquivamento dos autos. Por se tratar de mero juízo de garantia, deveria ter se limitado à regularidade da prisão e mais nada, porquanto absolutamente incompetente para o mérito da causa. Em função disso, toda e qualquer consideração feita a tal respeito – mérito da infração penal em tese cometida – não produz os efeitos da coisa julgada, mesmo porque de sentença sequer se trata" (HC 157306, Relator(a): LUIZ FUX, Primeira Turma, julgado em 25/09/2018, PROCESSO ELETRÔNICO DJe-043 DIVULG 28-02-2019 PUBLIC 01-03-2019); **IV:** correta. Conferir: "A prisão temporária, por sua própria natureza instrumental, é permeada pelos princípios do estado de não culpabilidade e da proporcionalidade, de modo que sua decretação só pode ser considerada legítima caso constitua medida comprovadamente adequada e necessária ao acautelamento da fase pré-processual, não servindo para tanto a mera suposição de que o suspeito virá a comprometer a atividade investigativa (HC n. 286.981/MG, Ministra Laurita Vaz, Quinta Turma, DJe 1º/7/2014). 2. No caso, a instância ordinária, em virtude de representação da autoridade policial e requerimento do Ministério Público, decretou a prisão temporária com o intuito de garantir a efetiva apuração dos fatos, notadamente pela gravidade concreta do delito e porque, após o ocorrido, o paciente não foi mais localizado, o que dificulta a continuidade e conclusão das investigações criminais. 3. Ordem denegada" (STJ, HC 379.690/SP, Rel. Ministro SEBASTIÃO REIS JÚNIOR, SEXTA TURMA, julgado em 04/04/2017, DJe 17/04/2017).

Gabarito "C".

(Analista Judiciário – TJ/AL – 2018 – FGV) Carla foi presa em flagrante pela prática de crime de estelionato (pena: 1 a 5 anos de reclusão e multa), sendo verificado na Delegacia que ela teria diversas condenações definitivas pela prática de crimes da mesma natureza. Encaminhada para audiência de custódia, após manifestação do Ministério Público, foi a prisão em flagrante convertida em preventiva. Com o oferecimento da denúncia, foi realizado laudo pericial em que os peritos concluíram pela semi-imputabilidade da acusada, bem como o risco de reiteração delitiva. Foi, ainda, constatado que Carla encontrava-se com três meses de gravidez.

Considerando as informações narradas e as previsões do Código de Processo Penal sobre o tema "Prisões e Medidas Cautelares", é correto afirmar que:

(A) a autoridade policial poderia ter arbitrado fiança em sede policial;

(B) as medidas cautelares alternativas dependem de requerimento das partes, não podendo ser aplicadas de ofício, sob pena de violação do princípio da inércia;

(C) a prisão domiciliar em substituição à prisão preventiva poderá ser aplicada pelo magistrado, apesar de Carla ainda estar no terceiro mês de gestação;

(D) o magistrado poderá substituir a prisão preventiva pela medida cautelar de internação provisória, tendo em vista que há laudo constatando a semi-imputabilidade e o risco de reiteração;

(E) a prisão preventiva decretada deve ser relaxada, uma vez que o ato "audiência de custódia" não está previsto no código de Processo Penal, não admitindo o Supremo Tribunal Federal sua realização.

A: incorreta. Não poderia o delegado ter arbitrado fiança em favor de Carla, na medida em que, à luz do que dispõe o art. 322, *caput*, do CPP, a autoridade policial somente está credenciada a conceder fiança nos casos de infração penal cuja pena máxima cominada não seja superior a 4 anos. A pena máxima cominada ao estelionato é de 5 anos; **B:** incorreta. No que toca à oportunidade para decretação das medidas cautelares alternativas, aplica-se a mesma regra prevista para a prisão preventiva (art. 311, CPP). Assim, por força do disposto no art. 282, § 2º, do CPP, as medidas cautelares diversas da prisão podem ser decretadas de ofício pelo juiz, desde que no curso da ação penal. Se ainda na fase de investigação, a decretação, que sempre caberá ao juiz de direito, somente poderá se dar mediante representação da autoridade policial ou a requerimento do MP. Atenção: esta assertiva e seu respectivo comentário não levaram em conta as alterações implementadas pela Lei 13.964/2019 nos arts. 282, § 2º, do CPP e art. 311 do CPP, que agora vedam a atuação de ofício do juiz na decretação de medidas cautelares de natureza pessoal, como a prisão processual, ainda que no curso da ação penal; **C:** correta. O juiz poderá, em vista do que estabelece o art. 318 do CPP, substituir a prisão preventiva pela domiciliar nas seguintes hipóteses: agente que contar com mais de 80 (oitenta) anos (inciso I); agente extremamente debilitado por motivo de doença grave (inciso II); quando o agente for imprescindível aos cuidados de pessoa com menos de 6 (seis) anos ou com deficiência (inciso III); quando se tratar de gestante (inciso IV – cuja redação foi alterada pela Lei 13.257/2016); quando se tratar de mulher com filho de até 12 anos de idade incompletos (inciso V – cuja redação foi determinada pela Lei 13.257/2016); homem, caso seja o único responsável pelos cuidados do filho de até 12 anos de idade incompletos (inciso VI – cuja redação foi determinada pela Lei 13.257/2016). São várias as situações, portanto, em que a substituição será autorizada. Perceba que o caso de Carla está inserido no art. 318, IV, do CPP, segundo o qual a substituição poderá ser realizada independente do mês de gestação em que se encontre a presa. Basta, portanto, que a mulher esteja grávida. Quanto a este tema, importante tecer algumas ponderações, tendo em vista o advento da Lei 13.769/2018, que, entre outras coisas, inseriu no CPP o art. 318-A, que estabelece a substituição da prisão preventiva por prisão domiciliar da mulher gestante, mãe ou responsável por crianças ou pessoas com deficiência. Além disso, disciplina o regime de cumprimento de pena privativa de liberdade de condenadas na mesma situação, com alteração da Lei de Crimes

Hediondos e da Lei de Execução Penal. Como bem sabemos, a 2ª turma do STF, ao julgar o HC coletivo 143.641, assegurou a conversão da prisão preventiva em domiciliar a todas as presas provisórias do país que sejam gestantes, puérperas ou mães de crianças e deficientes sob sua guarda. Perceba, dessa forma, que o legislador, ao inserir o art. 318-A do CPP, nada mais fez do que contemplar, no texto legal, o entendimento consolidado no *habeas corpus* coletivo a que fizemos referência. Também em consonância com o que ficou decidido no julgamento do HC, o legislador impôs dois requisitos: que não tenha sido cometido crime com grave ameaça ou violência contra a pessoa; que não tenha sido cometido contra o filho ou dependente. O art. 318-B, também inserido por meio da Lei 13.769/2018, prevê a possibilidade de aplicação concomitante da prisão domiciliar e das medidas alternativas previstas no art. 319 do CPP, na esteira do decidido no HC 143.641. Para além da inserção desses dois dispositivos legais no CPP, a Lei 13.769/2018 promoveu alterações na LEP. Perceba, pois, que os arts. 318, 318-A e 318-B tratam da concessão da prisão domiciliar no contexto da prisão preventiva, que constitui modalidade de prisão provisória. Pressupõe-se, aqui, portanto, ausência de condenação definitiva. Após o trânsito em julgado da condenação, a prisão domiciliar passa a ser disciplinada, como não poderia deixar de ser, pela LEP. Neste caso, temos que a Lei 13.769/2018 inseriu no art. 112 da LEP o § 3º, que estabelece fração diferenciada de cumprimento de pena para que a mulher, nas condições a que fizemos referência, possa alcançar o regime mais brando (a fração necessária, que antes era um sexto, passou para um oitavo). Para tanto, a reeducanda deve reunir quatro requisitos cumulativos, além de ter cumprido um oitavo da pena que lhe foi imposta. Também incluído pela Lei 13.769/2018, o § 4º do art. 112 da LEP estabelece que a prática de novo crime doloso ou falta grave acarretará a revogação do benefício. Por fim, também foi modificada a Lei de Crimes Hediondos, com a alteração, pela Lei 13.769/2018, do art. 2º, § 2º, que agora estabelece que a progressão, nesses crimes, se se tratar de mulher grávida, mãe ou responsável por criança ou pessoa com deficiência, obedecerá ao que estabelecem os §§ 3º e 4º do art. 112 da LEP. Em outras palavras, institui-se, no que concerne aos crimes hediondos e equiparados, regra específica de progressão no caso de o beneficiário encontrar-se em uma das condições acima; **D:** incorreta, uma vez que a internação provisória, prevista no art. 319, VII, do CPP, pressupõe que o crime imputado ao agente tenha sido cometido com violência ou grave ameaça, não sendo este o caso do estelionato, delito cuja prática é atribuída a Carla; **E:** incorreta. Embora a audiência de custódia não esteja contemplada, de forma expressa, no Código de Processo penal e na CF/1988, a Convenção Americana sobre Direitos Humanos (Pacto de San José da Costa Rica), incorporada ao ordenamento jurídico brasileiro, em seu art. 7º (5), assim estabelece: Toda pessoa presa, detida ou retida deve ser conduzida, sem demora, à presença de um juiz ou outra autoridade autorizada por lei a exercer funções judiciais (...)". O Conselho Nacional de Justiça, em parceria com o Tribunal de Justiça de São Paulo e também com o Ministério da Justiça, lançou e implementou o projeto "audiência de custódia", cujo propósito é assegurar ao preso o direito de ser apresentado, de forma rápida, a um juiz de direito, ao qual caberá analisar, entre outros aspectos, a legalidade da prisão em flagrante e também a necessidade de a mesma ser convertida em prisão preventiva. Mais recentemente, o CNJ, por meio da Resolução 213/2015, disciplinou as audiências de custódia em todo o território nacional. Quanto à manifestação, do STF, sobre a constitucionalidade da audiência de custódia, vide ADI 5.240. Atenção: posteriormente à elaboração desta questão, a Lei 13.964/2019, conhecida como Pacote Anticrime, contemplou a audiência de custódia, inserindo-a no art. 310 do CPP. Pela primeira vez, portanto, a audiência de custódia, objeto de tantos debates na comunidade jurídica, tem previsão legal. Segundo estabelece a nova redação do *caput* do art. 310 do CPP, "após receber o auto de prisão em flagrante, no prazo máximo de 24 (vinte e quatro) horas após a realização da prisão, o juiz deverá promover audiência de custódia com a presença do acusado, seu advogado constituído ou membro da Defensoria Pública e o membro do Ministério Público, e, nessa audiência, o juiz deverá, fundamentadamente: (...)". Posteriormente a isso, o Congresso Nacional, ao apreciar os vetos impostos pelo presidente da República ao PL 6.341/2019 (que deu origem à Lei 13.964/2019), rejeitou (derrubou) vários deles (na verdade, 16 dos 24 vetos). No que toca à audiência de custódia, com a rejeição ao veto imposto pelo PR ao art. 3º-B, § 1º, do CPP (contido no PL 6341/2019), fica vedada a possibilidade de se proceder à audiência de custódia por meio de sistema de videoconferência (ressalvado o período de pandemia). Doravante, pois, as audiências de custódia deverão ser realizadas presencialmente. O art. 3º-B, § 1º, do CPP conta com a seguinte redação (agora restabelecida com a derrubada do veto): *O preso em flagrante ou por força de mandado de prisão provisória será encaminhado à presença do juiz de garantias no prazo de 24 (vinte e quatro) horas, momento em que se realizará audiência com a presença do Ministério Público e da Defensoria Pública ou de advogado constituído, vedado o emprego de videoconferência.* Ponderou o presidente da República, por ocasião de seu veto, que *suprimir a possibilidade da realização da audiência por videoconferência gera insegurança jurídica.* Além disso, segundo também justificou, *o dispositivo pode acarretar em aumento de despesa, notadamente nos casos de juiz em vara única, com apenas um magistrado, seja pela necessidade de pagamento de diárias e passagens a outros magistrados para a realização de uma única audiência, seja pela necessidade premente de realização de concurso para a contratação de novos magistrados.*

Gabarito "C".

(Analista – TJ/SC – FGV – 2018) Durante investigação pela prática de crime hediondo, após receber os autos, o Ministério Público requer ao Poder Judiciário devolução do inquérito à Delegacia pelo prazo de 30 dias para prosseguir nas investigações, atendendo à única solicitação apresentada pela autoridade policial. O juiz, contudo, decide decretar a prisão preventiva de José e a prisão temporária de Maria, dois dos indiciados no procedimento. Os dois presos procuram seus advogados, esclarecendo que ambos têm 30 anos, são primários, Maria não tem filhos e José tem um filho de 9 anos, dividindo o sustento do menino com a mãe da criança.

O advogado de Maria e José deverá esclarecer que:

(A) a prisão de Maria é ilegal e a de José é legal, havendo previsão de substituição da prisão preventiva por domiciliar no caso de José em razão da idade de seu filho;

(B) a prisão de Maria é ilegal e a de José é legal, não havendo previsão de substituição da prisão preventiva por domiciliar no caso de José em razão da idade de seu filho;

(C) a prisão de ambos os indiciados é legal, havendo previsão de substituição da prisão preventiva por domiciliar no caso de José em razão da idade de seu filho;

(D) a prisão de Maria é legal e a de José ilegal;

(E) a prisão de ambos os indiciados é ilegal.

As duas prisões, porque decretadas de ofício pelo magistrado, devem ser consideradas ilegais. Devemos ter em mente, antes de mais nada, que, na hipótese acima narrada, tanto a prisão temporária quanto a preventiva foram decretadas no curso das investigações do inquérito policial. Não havia, até aquele momento, ação penal em curso. Tratemos, por primeiro, da iniciativa para a decretação da custódia temporária, tema bastante recorrente em concursos públicos em geral. Caberá ao juiz decretar esta modalidade de prisão provisória, e somente poderá fazê-lo a requerimento do MP ou em face de representação da autoridade policial. Ou seja, é imprescindível que haja provocação do MP ou do delegado. No caso acima narrado, o juiz a decretou de ofício, o que está

10. DIREITO PROCESSUAL PENAL

em desacordo com o que estabelecem os art. arts. 1º, I, e 2º, *caput*, da Lei 7.960/1989. No caso da prisão preventiva, o juiz, ao tempo em que esta questão foi elaborada, podia agir de ofício, decretando esta modalidade de custódia provisória, desde que na fase de instrução processual (ação penal). Hodiernamente, dadas as modificações operadas no art. 311 do CPP pela Lei 13.964/2019, está o juiz impedido de agir de ofício na decretação da prisão preventiva, quer no curso das investigações, quer durante a ação penal. ED

Gabarito "E".

(Analista Judiciário – TRF/2 – Consulplan – 2017) Poderá o juiz substituir a prisão preventiva pela domiciliar quando o agente for:

(A) Maior de 70 anos.
(B) Imprescindível aos cuidados de pessoa menor de 7 anos de idade.
(C) Gestante, apenas a partir do 7º mês de gravidez ou sendo esta de alto risco.
(D) Homem, caso seja o único responsável pelos cuidados do filho de até doze anos de idade incompletos.

A prisão domiciliar, é bom que se diga, não está inserida no âmbito das medidas cautelares diversas da prisão (art. 319, CPP). Cuida-se, isto sim, de prisão preventiva que deverá ser cumprida no domicílio do investigado/acusado, desde que, é claro, este esteja em uma das situações previstas no art. 318 do CPP (com redação alterada por força da Lei 13.257/2016): maior de 80 anos (e não de 70, tal como consta da assertiva "A", que está incorreta, portanto); extremamente debilitado por motivo de doença grave; imprescindível aos cuidados especiais de pessoa menor de 6 anos de idade ou com deficiência (e não de 7 anos, como consta da alternativa "B", incorreta, portanto); gestante (em qualquer mês da gravidez, e não somente a partir do 7º mês, como consta da assertiva "C", também incorreta); mulher com filho de até 12 (doze) anos de idade incompletos; homem, caso seja o único responsável pelos cuidados do filho de até 12 (doze) anos de idade incompletos (hipótese que corresponde à assertiva "D", que está correta e deve, portanto, ser assinalada).

Gabarito "D".

(Analista Judiciário – TJ/MT – UFMT – 2016) A respeito da prisão temporária, disposta na Lei nº 7.960, de 21 de dezembro de 1989, assinale a afirmativa INCORRETA.

(A) O juiz poderá, de ofício ou a requerimento do Ministério Público e do advogado, determinar que o preso seja submetido a exame de corpo de delito.
(B) O juiz poderá, de ofício ou a requerimento do Ministério Público e do advogado, solicitar informações e esclarecimentos da autoridade policial.
(C) Caberá prisão temporária quando o indicado tiver residência fixa.
(D) Caberá prisão temporária por crimes contra o sistema financeiro.

A: correta (art. 2º, § 3º, da Lei 7.960/1989); **B:** correta (art. 2º, § 3º, da Lei 7.960/1989); **C:** correta. Ainda que o investigado tenha residência fixa, mesmo assim poderá a prisão temporária ser decretada em seu desfavor. Isso porque os incisos I e II, este último que trata da hipótese de decretação da custódia temporária quando o investigado não tiver residência fixa ou não fornecer elementos necessários ao esclarecimento de sua identidade, são alternativos, devendo concorrer com a exigência imposta pelo inciso III, todos do art. 1º da Lei 7.960/1989. Ou seja, a prisão temporária será decretada se estiverem presentes os requisitos contemplados nos incisos I e III ou II e III. Se a decretação se der com base nos incisos I e III, pouco importa se o investigado tem ou não residência fixa; **D:** correta (art. 1º, III,

o, da Lei 7.960/1989). A questão, pelo fato de não conter alternativa incorreta, foi anulada.

Gabarito Anulada.

(Analista – STF – 2013 – CESPE) Acerca da prisão preventiva, julgue o item a seguir.

(1) A prisão preventiva subsidiária por descumprimento de medida cautelar anteriormente imposta somente poderá ser decretada para os crimes dolosos punidos com pena máxima privativa de liberdade superior a quatro anos, observados os demais requisitos normativos.

1: incorreta. A chamada prisão preventiva *substitutiva* ou *subsidiária*, assim entendida aquela imposta por descumprimento das medidas cautelares contempladas no art. 319 do CPP, não se sujeita, por força do que estabelecem os arts. 282, § 4º, e 312, § 1º, ambos do CPP, à limitação prevista no art. 313, I, do CPP, segundo o qual a custódia preventiva não poderá ser decretada nos crimes dolosos cuja pena máxima cominada não seja superior a quatro anos. É importante que se diga que, embora a prisão preventiva, neste caso, seja, em princípio, possível, o seu decreto somente poderá se dar diante da impossibilidade de proceder-se à substituição da medida imposta por outra mais adequada ou a sua cumulação com a medida anterior impingida. Se, ainda assim, a nova medida (em substituição ou por cumulação) mostrar-se insuficiente, aí, sim, poderá o juiz recorrer à derradeira alternativa, decretando a prisão preventiva. É o que se extrai do art. 282, § 4º, do CPP. Como se vê, a tônica introduzida pela Lei de Reforma n. 12.403/2011 é evitar a todo custo a segregação cautelar, à qual somente poderá se recorrer em último caso. Importante consignar que a redação do art. 282, § 4º, do CPP foi alterada pela Lei 13.964/2019, de tal sorte que, atualmente, a atuação de ofício do magistrado, neste caso, fica vedada. Ou seja, ante a notícia de descumprimento de medida cautelar anteriormente imposta, a prisão preventiva somente será decretada pelo juiz em face de requerimento do MP, do assistente ou do querelante.

Gabarito 1E.

(Analista – TRE/CE – 2012 – FCC) José, primário, de bons antecedentes e regularmente identificado, está sendo investigado em regular inquérito policial, acusado de praticar crime de contrabando na forma simples, punido com reclusão de um a quatro anos. Nesse caso,

(A) o Juiz poderá aplicar de ofício a José, durante a fase investigatória, uma das medidas cautelares substitutivas da prisão preventiva, desde que presentes os pressupostos legais para tanto.
(B) o Juiz poderá decretar, de ofício, durante a fase investigatória, presentes os requisitos legais, a prisão preventiva de José.
(C) havendo prisão em flagrante e tratando-se de crime inafiançável, o juiz não poderá conceder a José liberdade provisória.
(D) havendo prisão em flagrante, a Autoridade Policial não poderá arbitrar a fiança ao réu, cabendo exclusivamente ao Magistrado fixá-la.
(E) o Juiz, em regra, não poderá decretar a prisão preventiva de José.

Antes de analisar as alternativas, vale a observação de que, com o advento da Lei 13.008/2014 (posterior, portanto, à elaboração desta questão), que introduziu, no Código Penal, o art. 334-A, a pena para o crime de contrabando, que antes era de 1 a 4 anos de reclusão, passou para 2 a 5 anos de reclusão. Com isso, atualmente não é dado ao delegado de polícia, em razão dessa alteração legislativa, estabelecer fiança ao autor desse delito. Importante dizer que a pena para o crime de descaminho, previsto no art. 334 do CP, permanece a mesma, ou seja, 1 a 4 anos de reclusão. Levamos em conta, para a resolução desta questão, a legislação vigente à época de aplicação da prova. Pois bem, dito isso, passemos à análise das assertivas. **A:** incorreta, dado que o magistrado somente poderá agir de ofício, na decretação das medidas cautelares diversas da prisão, no curso da ação penal. Na fase investigatória, a medida cautelar somente poderá ser decretada a requerimento do Ministério Público ou por representação da autoridade policial – art. 282, § 2º, do CPP. Sendo anterior à Lei 13.964/2019, esta questão e seu comentário não levaram em conta as modificações operadas pelo pacote anticrime na redação do art. 282, § 2º, do CPP, que veda a possibilidade, que antes existia, de o juiz decretar a custódia preventiva de ofício no curso da ação penal; **B:** incorreta. Aqui não é diferente. Por força da Lei 12.403/2011, a redação do art. 311 do CPP foi modificada. A prisão preventiva continua a ser decretada em qualquer fase da investigação policial ou do processo penal, mas o juiz, que antes podia determiná-la de ofício também na fase de inquérito, somente poderá fazê-lo, a partir de agora, no curso da ação penal. É dizer, para que a custódia preventiva seja decretada no curso da investigação, é necessário que haja provocação da autoridade policial, mediante representação, ou do Ministério Público, por meio de requerimento. Atenção: a prisão temporária destinada a viabilizar investigações de crimes graves somente pode ser decretada na fase de inquérito. Aqui, nada mudou. Bem sabemos que, com a edição da Lei 13.964/2019, posterior à elaboração desta questão, o juiz, que antes podia decretar a prisão preventiva de ofício durante a instrução, agora não mais poderá fazê-lo, dependendo, sempre, de provocação do órgão acusador ou da autoridade policial, neste último caso no curso do IP; **C:** incorreta. Nada obsta que o juiz, ao receber o auto de prisão em flagrante pela prática de crime inafiançável, conceda ao indiciado a liberdade provisória sem fiança; **D:** incorreta. Outra novidade trazida pela Lei 12.403/2011 é que a autoridade policial pode, agora, arbitrar fiança em qualquer infração penal cuja pena máxima cominada não seja superior a quatro anos (reclusão ou detenção). Pela redação anterior do art. 322 do CPP, o delegado somente estava credenciado a arbitrar fiança nas contravenções e nos crimes apenados com detenção; **E:** correta. Pela novel redação do art. 313 do CPP, a prisão preventiva somente terá lugar diante da prática de crime doloso punido com pena privativa de liberdade máxima superior a quatro anos. Esta é a regra. As exceções estão contempladas nos incisos II e III do mesmo dispositivo (reincidente em crime doloso e violência doméstica). Assertiva correta, portanto.

Gabarito "E".

(Analista – TRE/TO – 2011 – FCC) De acordo com o Código de Processo Penal, serão recolhidos a quartéis ou a prisão especial, à disposição da autoridade competente, quando sujeitos a prisão antes de condenação definitiva, dentre outros,

(A) os filhos de magistrados.
(B) os estudantes universitários.
(C) os cidadãos inscritos no "Livro de Mérito".
(D) os vereadores, exceto os de cidade com menos de cem mil habitantes.
(E) os estrangeiros.

Art. 295, IV, do CPP.

Gabarito "C".

(Analista – TJ/AM – 2013 – FGV) As alternativas a seguir apresentam *medidas cautelares* diversas da prisão, **à exceção de uma**. Assinale-a.

(A) Monitoramento eletrônico.
(B) Limitação de final de semana, devendo o acusado permanecer, aos sábados e domingos, por cinco horas diárias, em casa de albergado ou outro estabelecimento adequado.
(C) Fiança nos crimes que a admitem.
(D) Comparecimento periódico em juízo, no prazo e nas condições fixadas pelo juiz, para informar e justificar atividades.
(E) Proibição de acesso ou frequência a determinados lugares.

A: correta. Medida cautelar prevista no art. 319, IX, do CPP; **B:** incorreta, devendo ser assinalada, visto que a proposição contempla modalidade de pena restritiva de direitos prevista nos arts. 43, VI, e 48 do CP; **C:** correta. Medida cautelar prevista no art. 319, VIII, do CPP; **D:** correta. Medida cautelar prevista no art. 319, I, do CPP; **E:** correta. Medida cautelar prevista no art. 319, II, do CPP.

Gabarito "B".

(Analista – TJ/AM – 2013 – FGV) Quando o agente é perseguido logo após a infração, em situação que faça presumir ser o autor do fato, configura hipótese de flagrante

(A) próprio.
(B) impróprio ou quase flagrante.
(C) presumido.
(D) esperado.
(E) prorrogado.

A assertiva descreve hipótese de *flagrante impróprio, imperfeito* ou *quase-flagrante*, modalidade em que o sujeito, logo em seguida à prática criminosa, é perseguido e, depois disso, preso (art. 302, III, CPP). Não deve ser confundido com o chamado *flagrante ficto* ou *presumido* (art. 302, IV, CPP), no qual o agente é encontrado logo depois do crime na posse de instrumentos, armas, objetos ou papéis, em circunstâncias que revelem ser ele o autor da infração penal. Como se pode ver, inexiste, nesta forma de flagrante, o elemento *perseguição*, indispensável no *quase-flagrante*. Difere, da mesma forma, do *flagrante próprio, real* ou *verdadeiro* (art. 302, I e II, do CPP), que é aquele em que o agente é surpreendido no exato instante em que comete a infração ou quando acaba de cometê-la. Denomina-se *esperado* o flagrante em que a polícia aguarda o momento de agir. Constitui hipótese viável de flagrante porquanto, aqui, inexiste induzimento ou instigação (como ocorre no flagrante provocado), mas mero monitoramento, acompanhamento. *Prorrogado* é o flagrante em que a lei, em determinadas situações, permite que a polícia retarde o momento da prisão para possibilitar uma melhor colheita da prova. Exemplo é a *ação controlada*, nos casos de organização criminosa, que atualmente se encontra disciplinada pelos arts. 8º e 9º da Lei 12.850/2013, que revogou, na íntegra, a Lei 9.034/1995 (art. 26 da Lei 12.850/2013).

Gabarito "B".

(Analista – TRE/MG – 2012 – CONSULPLAN) Sobre o tema Prisão, Medidas Cautelares e Liberdade Provisória, marque a alternativa correta.

(A) Tício, assistente da acusação, não tem legitimidade para requerer a decretação de prisão preventiva do acusado no processo penal.
(B) Tício, maior de 80 anos de idade, comete um crime e tem prisão preventiva decretada contra si. Pode o juiz substituí-la por prisão domiciliar.
(C) Tício comete um crime de homicídio simples, não hediondo, e pode ter sua prisão temporária decretada pelo prazo de 30 dias, prorrogáveis por mais 30.
(D) Tício comete um crime apenado com reclusão e é preso em flagrante delito. A autoridade policial não

pode arbitrar fiança, pois só poderia fazê-la em relação às infrações apenadas com detenção.
(E) Tício comete um crime doloso contra a vida. Ele não poderá ter decretada a monitoração eletrônica como medida cautelar diversa da prisão, pois não existe tal medida no processo penal brasileiro.

A: incorreta, dado que, a partir da entrada em vigor da Lei de Reforma 12.403/2011, que conferiu à prisão cautelar nova conformação normativa, passou-se a admitir que o pleito de prisão preventiva fosse formulado pelo assistente de acusação (art. 311 do CPP); **B:** correta, pois reflete o que estabelece o art. 318, I, do CPP; **C:** incorreta. Por não ser considerado hediondo (salvo na hipótese de ser praticado em atividade típica de grupo de extermínio – art. 1º, I, da Lei 8.072/1990 – Crimes Hediondos), o prazo de prisão temporária, no crime de homicídio simples, será de *cinco* dias, prorrogável por igual período, nos termos do art. 2º, *caput*, da Lei 7.960/1989 (Prisão Temporária); **D:** incorreta. Com a reforma implementada pela Lei 12.403/2011 no âmbito da prisão e da liberdade provisória, a autoridade policial, agora, pode arbitrar fiança em qualquer infração penal cuja pena máxima cominada não seja superior a quatro anos (reclusão ou detenção). Pela redação anterior do art. 322 do CPP, o delegado somente estava credenciado a arbitrar fiança nas contravenções e nos crimes apenados com detenção. Assertiva, portanto, incorreta; **E:** incorreta. Dadas as modificações introduzidas, no campo da prisão provisória, pela Lei 12.403/2011, a *monitoração eletrônica* passou a constituir modalidade de medida cautelar alternativa à prisão processual (art. 319, IX, do CPP).

Gabarito "B".

Em 2011, a Lei n. 12.403 trouxe uma série de inovações no tratamento conferido pelo Código de Processo Penal às prisões cautelares. Ademais, uma grande novidade foi a previsão detalhada de medidas cautelares típicas diversas da prisão que poderão ser aplicadas pelo magistrado.

(Analista – MP/MS – 2013 – FGV) Sobre o tema *prisão e medidas cautelares*, assinale a afirmativa correta.
(A) A prisão preventiva pode ser decretada em qualquer fase do processo penal ou investigação policial, sempre de ofício ou a requerimento do Ministério Público, do assistente de acusação ou do querelante, ou por representação da autoridade policial.
(B) De acordo com a jurisprudência amplamente majoritária do Superior Tribunal de Justiça, tanto o flagrante esperado quanto o flagrante preparado são ilegais.
(C) A medida cautelar de internação provisória poderá ser decretada nos crimes praticados com violência ou grave ameaça, quando os peritos concluirem ser inimputável ou semi-imputável o acusado, desde que haja risco de reiteração.
(D) O juiz poderá substituir a prisão preventiva pela domiciliar, de acordo com o Código de Processo Penal, sempre que o agente for maior de 65 anos.
(E) A prisão temporária será decretada pelo juiz pelo prazo máximo de 10 dias, prorrogável por igual período no caso de extrema e comprovada necessidade.

A: incorreta, dado que, com as modificações operadas pela Lei 12.403/2011 no campo da prisão processual, o juiz, que antes podia determinar a custódia preventiva de ofício em qualquer fase da persecução penal, agora somente poderá fazê-lo no curso da ação penal; assim, a prisão preventiva, no decorrer da investigação, somente será decretada (sempre pelo juiz) a requerimento do MP, do querelante ou do assistente, ou por representação da autoridade policial, conforme estabelece o art. 311 do CPP. Atualmente, por força das modificações a que foi submetido o art. 311 do CPP, não é mais possível ao juiz agir de ofício na decretação da prisão preventiva, mesmo que no curso da ação penal. Este dispositivo foi alterado pela Lei 13.964/2019, em vigor posteriormente à elaboração desta questão; **B:** incorreta. Segundo doutrina e jurisprudência pacíficas, não há ilegalidade no chamado *flagrante esperado*, em que a polícia, uma vez comunicada, aguarda a ocorrência do crime, não exercendo qualquer tipo de controle sobre a ação do agente; inexiste, neste caso, intervenção policial que leve o agente à prática delituosa. É, por isso, hipótese viável de prisão em flagrante. Não deve ser confundido com o *flagrante preparado*. Este restará configurado sempre que o agente provocador levar alguém a praticar uma infração penal. Está-se aqui diante de uma modalidade de crime impossível (art. 17 do CP), consubstanciada na Súmula n. 145 do STF; **C:** correta, nos termos do art. 319, VII, do CPP; **D:** incorreta, uma vez que tal substituição somente é possível se o agente contar com mais de oitenta anos (e não sessenta e cinco), nos termos do art. 318 do CPP (inciso I), que estabelece outras hipóteses em que é possível a substituição, a saber: agente extremamente debilitado por motivo de doença grave (inciso II); quando o agente for imprescindível aos cuidados de pessoa com menos de 6 (seis) anos ou com deficiência (inciso III); quando se tratar de gestante (inciso IV – cuja redação foi alterada pela Lei 13.257/2016); mulher com filho de até 12 anos de idade incompletos (inciso V – cuja redação foi determinada pela Lei 13.257/2016); homem, caso seja o único responsável pelos cuidados do filho de até 12 anos de idade incompletos (inciso VI – cuja redação foi determinada pela Lei 13.257/2016); **E:** incorreta, uma vez que esta modalidade de prisão provisória terá o prazo de cinco dias, prorrogável por igual período em caso de extrema e comprovada necessidade, nos termos do art. 2º, *caput*, da Lei 7.960/89. Em se tratando, no entanto, de crime hediondo ou a ele equiparado (tortura, tráfico de drogas e terrorismo), a custódia temporária será decretada por *até* trinta dias, prorrogável por igual período em caso de extrema e comprovada necessidade, em consonância com o disposto no art. 2º, § 4º, da Lei 8.072/90 (Crimes Hediondos).

Gabarito "C".

(FGV – 2015) A prisão temporária pode ser definida como uma medida cautelar restritiva, decretada por tempo determinado, destinada a possibilitar as investigações de certos crimes considerados pelo legislador como graves, antes da propositura da ação penal. Sobre o tema, assinale a afirmativa correta.
(A) Assim como a prisão preventiva, pode ser decretada de ofício pelo juiz, após requerimento do Ministério Público ou representação da autoridade policial.
(B) Sendo o crime investigado hediondo, o prazo poderá ser fixado em, no máximo, 15 dias, prorrogáveis uma vez pelo mesmo período.
(C) Findo o prazo da temporária sem prorrogação, o preso deve ser imediatamente solto.
(D) O preso, em razão de prisão temporária, poderá ficar detido no mesmo local em que se encontram os presos provisórios ou os condenados definitivos.

A assertiva a ser assinalada como correta é a "C". No curso do inquérito, tanto a prisão temporária quanto a preventiva não podem ser decretadas de ofício; quanto à custódia preventiva, cabia decretação de ofício tão somente na instrução processual (art. 311, CPP), o que passou a ser vedado com o advento da Lei 13.964/2019, que alterou a redação do art. 311 do CPP; no que toca à prisão temporária, sua decretação somente pode realizar-se no curso das investigações e mediante representação da autoridade policial ou a requerimento do MP (art. 2º da Lei 7.960/1989); não pode ser decretada de ofício. Em resumo, ao tempo em que esta questão foi elaborada, somente comportava decretação de ofício a prisão preventiva no curso da ação penal. Hoje, isso deixou de ser possível. Se o crime for hediondo ou assemelhado, o prazo de prisão temporária será de *trinta* dias, prorrogável por mais trinta, também em caso de comprovada e extrema necessidade. É o teor do art. 2º, § 4º, da Lei 8.072/1990 (Crimes Hediondos). Diz-se que a ordem de prisão temporária contém o chamado "comando implícito de soltura" porquanto, passados os 5 dias de custódia, o investigado deverá ser imediatamente posto em liberdade pela autoridade policial, sem a necessidade de alvará de soltura a ser expedido pelo juiz que decretou a prisão. Evidente que permanecerá custodiado o investigado que contra si for prorrogada a prisão temporária ou mesmo expedido mandado de prisão preventiva. É o que estabelece o art. 2º, § 7º, da Lei 7.960/1989, cuja redação foi alterada pela Lei 13.869/2019 (nova Lei de Abuso de Autoridade). Por fim, os presos temporários devem permanecer separados dos demais (art. 3º da Lei 7.960/1989).

Gabarito "C".

8. SUJEITOS PROCESSUAIS, CITAÇÃO, INTIMAÇÃO E PRAZOS

(Analista – TJ/ES – 2023 – CEBRASPE) À luz da legislação de regência e do entendimento doutrinário dominante, julgue os itens que se seguem, relativos à citação e à intimação no processo penal.

(1) Na ação penal privada, o querelante será intimado da sentença pessoalmente ou por intermédio do advogado constituído nos autos.

(2) Em obediência ao princípio do contraditório, ausente o citado por edital, é vedada a produção de provas em juízo, sob pena de nulidade absoluta.

(3) Se, quando citado por hora certa, o acusado não comparecer, será decretada a sua revelia nos mesmos moldes da citação por edital.

1: correta, pois em conformidade com o disposto no art. 391 do CPP; **2:** errada. Na hipótese de o réu não ser encontrado, deverá o juiz determinar a sua citação por edital, depois de esgotados os meios disponíveis para a sua localização. Se o acusado, depois de citado por edital, não comparecer tampouco constituir defensor, o processo e o prazo prescricional ficarão, em vista da disciplina estabelecida no art. 366 do CPP, suspensos. A produção da prova considerada urgente deverá se dar em conformidade com o entendimento firmado na Súmula 455 do STJ: "A decisão que determina a produção antecipada de provas com base no art. 366 do CPP deve ser concretamente fundamentada, não a justificando unicamente o mero decurso do tempo". Mais: a colheita desta prova somente poderá se dar na presença de defensor público ou dativo, para o fim de que ao acusado seja assegurado direito de defesa; **3:** errada. Nos termos do art. 362, parágrafo único, do CPP, *completada a citação com hora certa, se o acusado não comparecer, ser-lhe-á nomeado defensor dativo*.

Gabarito 1C, 2E, 3E.

(Analista Judiciário – TJ/PA – 2020 – CESPE/CEBRASPE) Se um acusado, citado por edital, não comparecer para defender-se em ação penal pelo crime de falsidade ideológica, nem constituir advogado, o juiz

(A) deverá decretar a prisão preventiva do réu.

(B) determinará a interrupção do curso do prazo, que é prescricional.

(C) decretará revelia do réu e dará seguimento ao processo com defensor dativo.

(D) poderá determinar a produção de provas consideradas urgentes.

(E) suspenderá o processo e o curso do prazo, que é decadencial.

Na hipótese de o réu não ser encontrado, deverá o juiz determinar a sua citação por edital, depois de esgotados os meios disponíveis para a sua localização. Se o acusado, depois de citado por edital, não comparecer tampouco constituir defensor, o processo e o prazo prescricional ficarão, em vista da disciplina estabelecida no art. 366 do CPP, suspensos. Quanto ao período durante o qual o prazo prescricional deverá permanecer suspenso, prevalece o entendimento de que tal deverá ocorrer pelo interregno correspondente ao prazo máximo em abstrato previsto para o crime narrado na peça acusatória. A esse respeito, *vide* Súmula 415 do STJ. A produção da prova considerada urgente deverá se dar em conformidade com o entendimento firmado na Súmula 455 do STJ: "A decisão que determina a produção antecipada de provas com base no art. 366 do CPP deve ser concretamente fundamentada, não a justificando unicamente o mero decurso do tempo". Mais: a colheita desta prova somente poderá se dar na presença de defensor público ou dativo, para o fim de que ao acusado seja assegurado direito de defesa. No que toca à prisão preventiva, a sua decretação, no âmbito do art. 366 do CPP, somente poderá se dar diante da presença dos requisitos do art. 312 do CPP, sendo vedada, portanto, a decretação automática da custódia. O mesmo há de ser aplicado à produção antecipada de provas, que está condicionada à demonstração de sua necessidade, não bastando, a autorizá-la, como dissemos, o mero decurso do tempo.

Gabarito "D".

(Analista – TJ/MA – 2019 – FCC) Conforme dispõe o Código de Processo Penal brasileiro, a citação

(A) da vítima completará a formação do processo.

(B) será por edital, caso o réu esteja preso.

(C) será dispensada, caso o réu resida em área de risco.

(D) salvo agendamento por hora certa, a da vítima e a da testemunha, ocorrerão por edital.

(E) do militar far-se-á por intermédio do chefe do respectivo serviço.

A: incorreta. A formação do processo restará aperfeiçoada com a citação do *acusado* (e não da *vítima*), conforme art. 363, *caput*, do CPP. Vale lembrar que a citação constitui ato processual cuja finalidade é levar ao conhecimento do réu o teor da acusação que contra ele foi formalizada, bem como cientificá-lo do prazo de que dispõe para oferecer sua defesa, por meio de resposta escrita (art. 396, CPP); **B:** incorreta. Se preso estiver o réu, sua citação far-se-á pessoalmente, nos termos do art. 360 do CPP, isto é, será realizada por mandado a ser cumprido por oficial de Justiça; **C:** incorreta. Ainda que o réu resida em área de risco, sua citação será de rigor; **D:** incorreta, já que se trata de hipótese não prevista em lei; **E:** correta, pois reflete o disposto no art. 358 do CPP.

Gabarito "E".

(Analista – TRE/TO – 2011 – FCC) De acordo com o Código de Processo Penal brasileiro, ao juiz

(A) é permitido atuar no processo em que parente afim, na linha colateral, em terceiro grau, seja parte.

(B) não é vedado exercer a jurisdição no processo, mesmo que tenha funcionado como juiz em outra instância, pronunciando-se de fato ou de direito sobre a questão.

(C) não é vedado atuar no processo em que for amigo íntimo de qualquer das partes.

(D) é permitido atuar no processo em que parente afim, na linha direta, em segundo grau, não sendo parte, tenha interesse direto no feito.

(E) cabe prover a regularidade do processo, bem como manter a ordem dos respectivos atos.

A: incorreta, pois constitui hipótese de impedimento contemplada no art. 252, IV, do CPP; **B:** incorreta, pois constitui hipótese de impedimento contemplada no art. 252, III, do CPP; **C:** incorreta, pois constitui hipótese de suspeição contemplada no art. 254, I, primeira parte, do CPP; **D:** incorreta, pois constitui hipótese de impedimento contemplada no art. 252, IV, do CPP; **E:** correta, conforme estatuído no art. 251 do CPP.

Gabarito "E".

(Analista – TJ/CE – 2013 – CESPE) Assinale a opção correta com relação a prazos processuais, citações e intimações.

(A) A expedição de carta rogatória para citação de réu no exterior não suspende o curso da prescrição até o seu cumprimento.

(B) No caso de réu preso na mesma unidade da Federação em que o juiz exerça a sua jurisdição, a citação poderá ser feita por edital caso haja rebelião no presídio.

(C) O comparecimento espontâneo do réu e a respectiva constituição de patrono para exercer sua defesa não serão suficientes para sanar eventual irregularidade na citação, devendo esta ser novamente realizada, assim como todos os demais atos processuais subsequentes.

(D) Os prazos processuais contam-se da juntada aos autos do mandado ou de carta precatória ou de ordem.

(E) Somente quando houver comprovação de prejuízo é que será declarada a nulidade do processo criminal por falta de intimação da expedição de precatória para inquirição de testemunha.

A: incorreta. Em vista do que estabelece o art. 368 do CPP, estando o acusado no estrangeiro, em local conhecido, será citado por carta *rogatória*, devendo ser suspenso o curso do prazo prescricional até o seu cumprimento; **B:** incorreta, uma vez que contraria o entendimento firmado na Súmula n. 351, do STF: "É nula a citação por edital de réu preso na mesma unidade da Federação em que o juiz exerce a sua jurisdição"; **C:** incorreta, pois não reflete a regra presente no art. 570 do CPP; **D:** incorreta, pois contraria o entendimento sufragado na Súmula n. 710 do STF, que estabelece que, no processo penal, os prazos serão contados da data em que ocorreu a intimação, e não do dia em que se deu a juntada do mandado ou da carta precatória aos autos; **E:** correta, uma vez a alternativa contempla hipótese de nulidade *relativa*, cujo reconhecimento está condicionado à demonstração de prejuízo (art. 563, CPP). Nesse sentido a Súmula n. 155 do STF: "É relativa a nulidade do processo criminal por falta de intimação da expedição de precatória para inquirição de testemunha".

Gabarito "E".

(Escrevente – TJ/SP – 2011 – VUNESP) Se por ocasião do interrogatório o acusado indica seu defensor (advogado), o qual não traz por escrito o instrumento de mandato (procuração),

(A) deverá o juiz nomear defensor público ao acusado.

(B) referida constituição é válida, não sendo necessária outra providência de regularização.

(C) deverá o advogado providenciar a juntada do instrumento de mandato no próximo ato processual que realizar.

(D) deverá o juiz conceder prazo de 2 (dois) dias, a fim de que a representação processual seja regularizada.

(E) deverá o juiz declarar o acusado indefeso, intimando-o a indicar por escrito novo defensor no prazo de 2 (dois) dias.

É do art. 266 do CPP que a constituição de defensor independerá de instrumento de mandato se a indicação, feita pelo réu, se der por ocasião do interrogatório.

Gabarito "B".

(Escrevente – TJ/SP – 2011 – VUNESP) Estabelece o art. 366 do CPP que o acusado citado por edital que não comparece nem nomeia defensor

(A) será declarado revel, com consequente nomeação de defensor dativo, o qual acompanhará o procedimento até seu final.

(B) será declarado revel, admitindo-se verdadeiros os fatos articulados na denúncia ou queixa.

(C) terá, obrigatoriamente, decretada prisão preventiva em seu desfavor.

(D) terá o processo e o curso do prazo prescricional suspensos.

(E) será intimado por hora certa.

Na hipótese de o réu não ser encontrado, deverá o juiz determinar a sua citação por edital, depois de esgotados os meios disponíveis para a sua localização. Se o réu, depois de citado por edital, não comparecer tampouco constituir defensor, o processo e o prazo prescricional ficarão, em vista da disciplina estabelecida no art. 366 do CPP, suspensos. Quanto ao período durante o qual o prazo prescricional deverá permanecer suspenso, prevalece o entendimento de que tal deverá ocorrer pelo interregno correspondente ao prazo máximo em abstrato previsto para o crime narrado na peça acusatória. A esse respeito, Súmulas 415 e 455 do STJ.

Gabarito "D".

(Escrevente – TJ/SP – 2011 – VUNESP) Considere as seguintes assertivas:

I. a suspeição não poderá ser declarada nem reconhecida, quando a parte injuriar o juiz ou de propósito der motivo para criá-la;

II. nos juízos coletivos, não poderão servir no mesmo processo os juízes que forem entre si parentes, consanguíneos ou afins, em linha reta ou colateral até o terceiro grau, inclusive;

III. o juiz dar-se-á por suspeito, e, se não o fizer, poderá ser recusado por qualquer das partes, se ele, seu cônjuge, ascendente ou descendente, estiver respondendo a processo por fato análogo, sobre cujo caráter criminoso haja controvérsia.

É correto o que se afirma em

(A) III, apenas.
(B) I e II, apenas.
(C) I e III, apenas.
(D) II e III, apenas.
(E) I, II e III.

I: correta, pois a assertiva corresponde exatamente ao teor do art. 256 do CPP; **II:** correta, pois a assertiva corresponde exatamente ao teor do art. 253 do CPP; **III:** correta, pois a assertiva corresponde exatamente ao teor do art. 254, II, do CPP.

Gabarito "E".

O Ministério Público é instituição permanente, essencial à função jurisdicional do Estado, incumbindo-lhe a defesa da ordem jurídica, do regime democrático e dos interesses sociais e individuais indisponíveis (Art. 127 da Constituição).

(Analista – MP/MS – 2013 – FGV) A esse respeito, analise as afirmativas a seguir.

I. Os órgãos do Ministério Público não funcionarão nos processos em que o juiz ou qualquer das partes for seu cônjuge, ou parente, consanguíneo ou afim, em linha reta ou colateral, até o terceiro grau, inclusive, e a eles se estendem, no que lhes for aplicável, as prescrições relativas à suspeição e aos impedimentos dos juízes.

II. A participação de membro do Ministério Público na fase investigatória criminal não acarreta impedimento ou suspeição para o oferecimento da denúncia.

III. No caso de ação penal privada subsidiária da pública, cabe ao Ministério Público aditar a queixa, repudiá-la e oferecer denúncia substitutiva, interpor recurso e, no caso de negligência do querelante e desde que haja sua concordância, retomar a ação penal como parte principal.

Assinale:

(A) se somente a afirmativa I estiver correta.
(B) se somente a afirmativa II estiver correta.
(C) se somente a afirmativa III estiver correta.
(D) se somente as afirmativas I e II estiverem corretas.
(E) se todas as afirmativas estiverem corretas.

I: correta, pois corresponde à redação do art. 258 do CPP; II: correta, pois reflete o entendimento firmado na Súmula n. 234, STJ: "A participação de membro do Ministério Público na fase investigatória criminal não acarreta seu impedimento ou suspeição para o oferecimento da denúncia"; III: incorreta, uma vez que a retomada da titularidade da ação privada subsidiária pelo MP, na hipótese de negligência do querelante, prescinde da concordância deste (art. 29, CPP).
Gabarito "D".

9. PROCESSO E PROCEDIMENTOS; SENTENÇA E COISA JULGADA

(Analista Judiciário – TJ/PA – 2020 – CESPE/CEBRASPE) Nos casos de sentença de impronúncia ou de absolvição sumária em procedimento do tribunal do júri,

(A) é cabível o recurso de apelação.
(B) é cabível o recurso em sentido estrito.
(C) são cabíveis o recurso de apelação e o recurso em sentido estrito, respectivamente.
(D) são cabíveis o recurso em sentido estrito e o recurso de apelação, respectivamente.
(E) são cabíveis o recurso de agravo e o recurso de apelação, respectivamente.

Se o juiz impronunciar o acusado, ou mesmo absolvê-lo sumariamente, o recurso a ser interposto é a *apelação*, na forma estatuída no art. 416 do CPP, e não o *recurso em sentido estrito ou o agravo*. Isso porque se trata de decisões terminativas do processo, o que não justificaria a interposição do recurso em sentido estrito tampouco o de agravo.
Gabarito "A".

(Analista Judiciário – TJ/PA – 2020 – CESPE/CEBRASPE) De acordo com o Código de Processo Penal (CPP), no procedimento comum ordinário, após o recebimento de denúncia e o oferecimento de resposta à acusação pela defesa, o juiz absolverá sumariamente o denunciado na hipótese de

(A) haver dúvida quanto à autoria do réu ou à sua participação no crime.
(B) ficar comprovada a inimputabilidade mental do réu.
(C) a denúncia ser manifestamente inepta.
(D) faltar justa causa para o exercício da ação penal.
(E) o fato narrado evidentemente não constituir crime.

A: incorreta. A ausência de lastro probatório mínimo (justa causa), quer em razão da falta de indícios suficientes de autoria, quer no que toca à existência da infração penal (leia-se: materialidade), dá azo à rejeição da denúncia/queixa, nos termos do que estabelece o art. 395, III, do CPP. Havendo dúvida quanto à autoria do réu ou à sua participação no crime, mas existindo indícios suficientes de autoria, desde que haja materialidade, é de rigor o recebimento da peça acusatória. Cuidado: embora o lastro probatório mínimo leve ao recebimento da inicial, a dúvida quanto à autoria ou participação, após a conclusão da instrução, ensejará a absolvição do acusado, nos termos do que prevê o art. 386, V, do CPP; **B**: incorreta, uma vez que o art. 397, II, do CPP exclui a possibilidade de proceder-se à absolvição sumária em caso de *inimputabilidade*, dado que tal circunstância deverá ser apurada no curso da instrução processual; **C**: incorreta. O fato de a inicial acusatória ser manifestamente inepta leva à sua rejeição (395, I, CPP); **D**: incorreta, na medida em que a falta de justa causa para o exercício da ação penal constitui hipótese de rejeição da denúncia/queixa (art. 395, III, CPP); **E**: correta, uma vez que se trata de hipótese de absolvição sumária (art. 397, III, CPP).
Gabarito "E".

(Analista Judiciário – TJ/AL – 2018 – FGV) David, reincidente, foi denunciado pela prática de crime de furto qualificado. No curso da instrução, uma testemunha afirma que David tinha a posse regular e anterior daquele bem que teria sido subtraído, razão pela qual o Ministério Público, ao final da produção probatória, adita a denúncia, altera os fatos narrados e imputa ao réu a prática do crime de apropriação indébita. Após ratificação das provas, o Ministério Público apresentou alegações finais, requerendo a condenação do réu nas sanções do delito de apropriação indébita. O magistrado, porém, ao analisar as provas, conclui que, na verdade, o crime praticado foi de furto qualificado, conforme descrito na denúncia antes do aditamento.

Diante da hipótese narrada, o juiz, de imediato:

(A) poderá condenar o réu pela prática do crime de furto qualificado, aplicando o instituto da *mutatio libelli*;
(B) poderá condenar o réu pela prática do crime de furto qualificado, aplicando o instituto da *emendatio libelli*;
(C) não poderá condenar o réu pela prática do crime de furto qualificado, pois o Ministério Público aditou a denúncia, de modo que ocorreu *mutatio libelli*;
(D) não poderá condenar o réu pela prática do crime de furto qualificado, pois o Ministério Público aditou a denúncia, de modo que ocorreu *emendatio libelli*;
(E) poderá encaminhar os autos ao Ministério Público, determinando que ele realize aditamento da denúncia no prazo de 05 dias, sob pena de conferir nova capitulação jurídica.

O acusado, no processo penal, defende-se dos fatos a ele imputados, e não da definição jurídica que é atribuída ao crime na peça acusatória, denúncia ou queixa. Pouco importa, pois, a classificação legal operada pelo titular da ação penal na exordial. É nesse sentido que reza o art. 383 do CPP (*emendatio libelli*). Note que o fato, na *emendatio libelli*, permanece inalterado, sem prejuízo, por isso mesmo, para a defesa. A mudança, aqui, incide na classificação da conduta, levada a efeito pela acusação, no ato da propositura da ação, e retificada pelo juiz, de ofício, no momento da sentença. Diferentemente do que se dá na *emendatio libelli*, em que é alterada tão somente a capitulação legal atribuída pelo titular da ação, na *mutatio libelli* os fatos são objeto de alteração no curso da instrução, razão por que é de rigor que o juiz determine a notificação do MP para que este proceda ao aditamento da denúncia, com manifestação da defesa e oportunidade para que as

partes produzam provas, respeitando-se, dessa forma, o contraditório. Este, portanto, é o cenário da *mutatio libelli*, presente no art. 384 do CPP. Pois bem. Na hipótese narrada no enunciado, é evidente que houve alteração no quadro probatório. Isso porque o depoimento da testemunha ouvida no curso da instrução alterou os fatos narrados na inicial, ensejando nova capitulação jurídica. É caso de *mutatio libelli*, em que se impõe as providências previstas no art. 384 do CPP. Houve, portanto, segundo o enunciado, aditamento da denúncia em razão da *mutatio libelli*. Neste caso, deve prevalecer a narrativa referente ao fato novo (superveniente), sendo vedado ao juiz condenar o acusado com base no fato originário (art. 384, § 4°, parte final).
Gabarito "C".

(Analista – Judiciário –TRE/PI – 2016 – CESPE) Assinale a opção correta a respeito dos procedimentos penais.

(A) Nos termos da Lei n.° 8.038/1990, o relator não poderá decidir sozinho quanto ao recebimento ou à rejeição da exordial, impondo-se ao tribunal, de forma colegiada, deliberar a esse respeito.

(B) Tratando-se do procedimento ordinário, expirado o prazo para o oferecimento da defesa inicial, opera-se a preclusão temporal.

(C) Em se tratando do procedimento sumaríssimo, não é necessário que a sentença contenha relatório, sendo também prescindível a motivação, devido à celeridade de seus atos processuais.

(D) Não será aplicado o procedimento sumaríssimo da lei dos juizados especiais criminais na hipótese de alta complexidade da causa, caso em que o juiz deverá encaminhar os autos ao juiz comum para a adoção do procedimento comum ordinário.

A: correta, pois reflete o disposto no art. 6° da Lei 8.038/1990; **B:** incorreta. Não há que se falar, no processo penal, em preclusão temporal. A falta de resposta à acusação dentro do prazo estabelecido em lei impõe ao juiz a obrigação de nomear defensor ao acusado, que atuará, a partir daí, na sua defesa; **C:** incorreta, visto que, no rito sumaríssimo, afeto às infrações penais de menor potencial ofensivo, somente o relatório (e não a motivação), ao contrário do que se verifica nos ritos ordinário e sumário, é dispensável, em conformidade com o art. 81, § 3°, da Lei 9.099/1995 e em homenagem à informalidade, à economia processual e à celeridade, princípios informadores do Juizado Especial Criminal; **D:** incorreta. Nesta hipótese, o procedimento a ser adotado é o *sumário*, e não o *ordinário* (art. 538, CPP).
Gabarito "A".

(Analista – Judiciário –TRE/PI – 2016 – CESPE) Acerca dos procedimentos, no juízo singular, dos crimes de responsabilidade dos funcionários públicos, dos crimes de calúnia e injúria e dos crimes contra a propriedade imaterial, assinale a opção correta.

(A) Em se tratando de procedimentos dos crimes contra a propriedade imaterial, se a infração deixar vestígios, a queixa será instruída com a perícia realizada, admitindo-se o suprimento por outro meio de prova caso a perícia não possa ser realizada ou os vestígios desapareçam.

(B) O procedimento de apuração dos crimes contra a propriedade imaterial independe da natureza da ação penal, pois esses crimes são de ação penal pública incondicionada.

(C) Os procedimentos dos crimes contra honra relativos aos processos e julgamentos dos crimes de calúnia e de injúria são inaplicáveis aos crimes de difamação por falta de previsão legal.

(D) O rito previsto para o procedimento dos crimes contra a honra é idêntico ao previsto para o procedimento comum ordinário, agregando-se, apenas, a audiência de tentativa de conciliação e a possibilidade de serem deduzidas, em determinados casos, as exceções da verdade e notoriedade do fato.

(E) De acordo com o CPP, o procedimento dos crimes funcionais aplica-se a todos os crimes funcionais afiançáveis e inafiançáveis.

A: incorreta, uma vez que contraria o disposto no art. 525 do CPP. Por força desse dispositivo, o exame de corpo de delito constitui condição especial de procedibilidade ao ajuizamento da ação penal. A sua ausência, portanto, implica rejeição da queixa; **B:** incorreta (art. 186 do CP); **C:** incorreta. Embora o art. 519 do CPP, que cuida do processo e julgamento dos crimes contra a honra, somente faça menção à injúria e calúnia, esse procedimento também é aplicável ao crime de difamação. Atualmente, o processo dos crimes contra a honra (calúnia, difamação e injúria) segue as regras estabelecidas para o procedimento sumaríssimo (Lei 9.099/1995), já que se trata de infrações de menor potencial ofensivo, exceção feita à injúria racial, cuja pena máxima cominada é de 3 anos, fora, portanto, do âmbito do procedimento da Lei 9.099/1995; **D:** correta (arts. 520 a 523 do CPP); **E:** incorreta (art. 514, CPP).
Gabarito "D".

(Analista – STF – 2013 – CESPE) Acerca da *emendatio libelli* e de outros importantes institutos do processo penal, julgue os itens subsequentes.

(1) O STF sumulou o entendimento no sentido da impossibilidade da *mutatio libelli* em segundo grau de jurisdição, o qual se mantém válido, a despeito das modificações nas normas processuais sobre a matéria, uma vez que os princípios da proibição da *reformatio in pejus*, da ampla defesa e da congruência da sentença penal, entre outros, vedam o aditamento à denúncia e a inclusão de fato novo após a sentença de primeiro grau.

(2) Ao apreciar recurso interposto pela defesa contra decisão condenatória de primeiro grau, o tribunal pode atribuir ao fato uma classificação penal diversa da constante da denúncia ou da queixa, sem alterar a descrição fática da inicial acusatória nem aumentar a pena imposta ao recorrente, ainda que da nova tipificação possa resultar pena maior do que a fixada na sentença.

1: correta. Embora a Súmula n. 453, do STF, que veda a incidência da *mutatio libelli* em segundo grau de jurisdição, seja anterior à Lei 11.719/2008, que alterou a redação, entre outros, do art. 384 do CPP, dando nova conformação jurídica à *mutatio libelli*, o entendimento nela (súmula) firmado continua a ser aplicado; **2:** correta. A despeito de a *mutatio libelli* não ter incidência no âmbito do julgamento dos recursos (Súmula n. 453, do STF), o mesmo não se diga em relação à *emendatio libelli*, que poderá ser aplicada pelos tribunais em grau de recurso, desde que, é claro, seja observado o princípio que veda a *reformatio in pejus* (art. 617, CPP). Em outras palavras, não terá lugar a inovação na capitulação jurídica atribuída à conduta do recorrente que implique agravamento na pena a ele imposta pelo juízo *a quo*. Cabe, aqui, distinguir os fenômenos em estudo. No campo da *emendatio libelli*, o fato descrito pela acusação na peça inicial permanece inalterado, sem prejuízo, por isso mesmo, para a defesa. A mudança, aqui, incide na classificação da conduta, levada a efeito pela acusação, no ato da propositura da ação, e retificada pelo juiz, de ofício, no momento da sentença, sendo desnecessário, em vista disso, ouvir a esse respeito o defensor. Na *mutatio libelli*, diferentemente, temos que a prova colhida na instrução aponta para uma nova definição jurídica do fato, diversa daquela contida na inicial. Por força do que estabelece o art. 383 do CPP, com a redação que lhe conferiu a Lei de Reforma n. 11.719/08, impõe-se o aditamento da exordial pelo órgão acusatório, ainda que a nova capitulação jurídica implique aplicação de pena igual ou menos grave.

Gabarito 1C, 2C

(Analista – STF – 2013 – CESPE) Tendo em vista variados temas para o processo penal, julgue os itens seguintes.

(1) No processo de competência do tribunal do júri, a absolvição sumária imprópria deve ser anulada, por ofensa aos princípios do juiz natural, da ampla defesa e do devido processo legal, se o advogado do réu, além de defender a inimputabilidade do acusado, sustentar outras teses defensivas. Essa afirmativa é válida ainda que a inimputabilidade já tenha sido devidamente comprovada na instrução probatória realizada na primeira fase do procedimento.

(2) No processo penal, as decisões interlocutórias simples proferidas por juiz singular são, em regra, irrecorríveis, como é o caso da decisão de recebimento da denúncia ou da queixa. As decisões interlocutórias mistas, terminativas ou não terminativas são recorríveis por meio de recurso em sentido estrito, mas irrecorríveis por apelação, como é o caso da decisão de impronúncia.

1: correta. Conferir: "Processo penal. *Habeas corpus*. Homicídio tentado. Inimputabilidade. Absolvição sumária e submissão à medida de segurança. Alegação de causa excludente de ilicitude. Legítima defesa. Competência do conselho de sentença. Constrangimento ilegal configurado. Ordem concedida. 1. A absolvição sumária por inimputabilidade do acusado constitui sentença absolutória imprópria, a qual impõe a aplicação de medida de segurança, razão por que ao magistrado incumbe proceder à análise da pretensão executiva, apurando-se a materialidade e autoria delitiva, de forma a justificar a imposição da medida preventiva. 2. Reconhecida a existência do crime e a inimputabilidade do autor, tem-se presente causa excludente de culpabilidade, incumbindo ao juízo sumariante, em regra, a aplicação da medida de segurança. 3. "Em regra, o *meritum causae* nos processos de competência do júri é examinado pelo juízo leigo. Excepciona-se tal postulado, por exemplo, quando da absolvição sumária, ocasião em que o juiz togado não leva a conhecimento do júri ação penal em que, pelo logo, se identifica a necessidade de absolvição. Precluindo a pronúncia, deve a matéria da inimputabilidade ser examinada pelo conselho de sentença, mormente, se existe tese defensiva diversa, como a da legítima defesa" (HC 73.201/DF). 4. Havendo tese defensiva relativa à excludente de ilicitude prevista no art. 23 do Código Penal (legítima defesa), não deve subsistir a sentença que absolveu sumariamente o paciente e aplicou-lhe medida de segurança, em face de sua inimputabilidade, por ser esta tese mais gravosa que aquela outra. 5. Ordem concedida para anular o processo a partir da sentença que absolveu sumariamente o paciente para que outra seja proferida, a fim de que seja analisada a tese da legítima defesa exposta nas alegações finais" (STJ, HC 200800217224, Arnaldo Esteves Lima, QUINTA TURMA, *DJE* de 02.08.2010); **2**: incorreta. Com o advento da Lei 11.689/08, que modificou os arts 416 e 581, IV, do CPP, a decisão de impronúncia, que antes comportava *recurso em sentido estrito*, passou a ser combatida por meio de *recurso de apelação*.

Gabarito 1C, 2E

(Analista – TRE/AP – 2011 – FCC) Sobre a sentença é correto afirmar que:

(A) O juiz, ao proferir a sentença condenatória, não poderá fixar em favor do ofendido valor mínimo para reparação dos danos causados pela infração, devendo a discussão ser dirimida no juízo cível.

(B) Qualquer das partes poderá, no prazo de cinco dias, pedir ao juiz que declare a sentença, sempre que nela houver obscuridade, ambiguidade, contradição ou omissão.

(C) O juiz, sem modificar a descrição do fato contida na denúncia ou queixa, poderá atribuir-lhe definição jurídica diversa, desde que, em consequência, não tenha de aplicar pena mais grave.

(D) Nos crimes de ação pública, o juiz poderá proferir sentença condenatória, ainda que o Ministério Público tenha opinado pela absolvição, bem como reconhecer agravantes, embora nenhuma tenha sido alegada.

(E) Havendo aditamento da denúncia, cada parte poderá arrolar até cinco testemunhas, no prazo de 5 (cinco) dias, ficando o juiz, na sentença, adstrito aos termos do aditamento.

A: incorreta, pois contraria o disposto no art. 387, IV, do CPP; **B**: incorreta, visto que as partes contam com o prazo de dois dias para opor embargos de declaração (art. 382 do CPP); **C**: incorreta, visto que o juiz, na hipótese de *emendatio libelli*, poderá atribuir definição jurídica diversa, ainda que, para tanto, tenha que aplicar pena mais grave (art. 383, *caput*, do CPP); **D**: correta, nos termos do art. 385 do CPP; **E**: incorreta, pois em desacordo com o prescrito no art. 384, § 4º, do CPP, que estabelece que cada parte poderá arrolar até três testemunhas.

Gabarito "D"

(Analista – TRE/AP – 2011 – FCC) Nos crimes afiançáveis de responsabilidade dos funcionários públicos, estando a denúncia ou queixa em devida forma, o juiz mandará autuá-la e ordenará a notificação do acusado, para responder por escrito, dentro do prazo de

(A) cinco dias.
(B) dez dias.
(C) quinze dias.
(D) trinta dias.
(E) vinte dias.

Este prazo está contemplado no art. 514 do CPP. *Vide*, a esse respeito, a Súmula 330 do STJ.

Gabarito "C"

(Analista – TJ/CE – 2013 – CESPE) Com relação ao tribunal do júri, assinale a opção correta.

(A) Não há previsão de recurso acerca da admissibilidade ou não do desaforamento, admitindo-se a possibilidade de impetração de mandado de segurança.

(B) Se um secretário de Estado, com foro por prerrogativa de função estabelecido pela Constituição estadual, cometer um crime doloso contra a vida, ele terá de ser julgado pelo tribunal do júri.

(C) A audiência da defesa é prescindível para o desaforamento de processo da competência do tribunal júri.

(D) O desaforamento pode ocorrer na pendência de recurso contra a decisão de pronúncia, de tal modo que o pronunciamento pela instância superior dar-se-á após a remessa dos autos para a outra jurisdição.

(E) O desaforamento não pode ser decretado simplesmente para se assegurar a segurança pessoal do réu, sendo imprescindível que exista dúvida sobre a imparcialidade do júri ou que o interesse da ordem pública o reclame.

A: incorreta. Em que pese a decisão que determina ou não o desaforamento ser irrecorrível, é possível, em princípio, a impetração de *habeas corpus* (e não de mandado de segurança); B: correta, uma vez que corresponde ao entendimento firmado na Súmula nº 721 do STF, cujo teor foi reproduzido na Súmula Vinculante n. 45, a seguir transcrita: "A competência constitucional do Tribunal do Júri prevalece sobre o foro por prerrogativa de função estabelecido exclusivamente pela Constituição estadual"; C: incorreta, pois não corresponde ao entendimento firmado na Súmula n. 712, do STF: "É nula a decisão que determina o desaforamento de processo da competência do júri sem audiência da defesa"; D: incorreta, na medida em que não reflete a norma presente no art. 427, § 4º, do CPP; E: incorreta, pois contraria o disposto no art. 427, *caput*, do CPP, segundo o qual o desaforamento pode se dar quando houver dúvida acerca da segurança pessoal do acusado. Gabarito "B".

(Escrevente – TJ/SP – 2011 – VUNESP) Considere os seguintes crimes: peculato (CP, art. 312, *caput*), pena de reclusão de dois a doze anos e multa; prevaricação (CP, art. 319), pena de detenção de três meses a um ano e multa; comunicação falsa de crime ou contravenção (CP, art. 340), pena de detenção de um a seis meses ou multa.

Assinale a alternativa que, respectivamente, traz a espécie do rito procedimental adotado (CPP, art. 394 e Lei 9.099/1995, art. 61) para o processo e julgamento de cada um dos três crimes citados. Considere que os crimes serão isoladamente processados.

(A) Ordinário; sumaríssimo; sumaríssimo.
(B) Ordinário; ordinário; sumaríssimo.
(C) Ordinário; sumário; sumaríssimo.
(D) Sumário; sumário; sumaríssimo.
(E) Sumário; sumário; sumário.

O crime de peculato (art. 312, *caput*, do CP) será processado e julgado segundo as regras do procedimento comum ordinário, já que a sanção máxima cominada a este crime é superior a quatro anos de pena privativa de liberdade; já os crimes de prevaricação (art. 319 do CP) e comunicação falsa de crime ou contravenção (art. 340 do CP) serão processados segundo as regras estabelecidas para o procedimento sumaríssimo (Lei 9.099/1995), visto que se trata, em razão da pena cominada, de infrações penais de menor potencial ofensivo (crimes cuja pena máxima não seja superior a dois anos bem como as contravenções penais). Gabarito "A".

(Escrevente – TJ/SP – 2010 VUNESP) Assinale a alternativa correta com relação à regra instituída pelo Código de Processo Penal no que concerne aos procedimentos comuns.

(A) O *sumaríssimo* é adotado para os réus maiores de 70 (setenta) anos.
(B) O *sumário* é adotado para as infrações penais de menor potencial ofensivo.
(C) O *sumário* é adotado quando o réu estiver preso, ou quando estiver presente outro motivo que justifique o desenvolvimento célere dos atos processuais.
(D) O *sumaríssimo* é adotado quando o crime objeto da ação penal tiver sanção máxima cominada igual ou inferior a 4 (quatro) anos de pena privativa de liberdade.
(E) O *ordinário* é adotado quando o crime objeto da ação penal tiver sanção máxima cominada igual ou superior a 4 (quatro) anos de pena privativa de liberdade.

A: incorreta, visto que o *sumaríssimo* é o rito do procedimento comum voltado para o processamento das infrações penais de menor potencial ofensivo (Lei 9.099/1995), conforme estabelece o art. 394, § 1º, III, do CPP; B: incorreta, pois o rito do procedimento comum a ser adotado para o processamento das infrações penais de menor potencial ofensivo é o sumaríssimo (art. 394, § 1º, III, do CPP). O rito *sumário* será adotado quando o crime a ser julgado tiver sanção máxima cominada inferior a quatro anos; C: incorreta. O fato de o réu encontrar-se preso enquanto aguarda o julgamento não constitui fator determinante do procedimento/rito a ser adotado. Tal circunstância terá influência, isto sim, nos prazos da instrução; D: incorreta. Como já dito, o *sumaríssimo* é o rito do procedimento comum voltado para o processamento das infrações penais de menor potencial ofensivo; E: correta, pois em consonância com o disposto no art. 394, § 1º, I, do CPP. Gabarito "E".

10. NULIDADES

(Analista – STF – 2013 – CESPE) A respeito de nulidade, julgue o item seguinte.

(1) O tribunal *ad quem* não poderá reconhecer de ofício a nulidade da sentença absolutória de primeiro grau proferida por juiz incompetente, contra a qual tenha o Ministério Público interposto recurso, sem, no entanto, alegar o vício de incompetência absoluta.

1: correta, já que em conformidade com o entendimento firmado na Súmula n. 160 do STF. Conferir: "*Habeas corpus*. Paciente absolvido em primeira instância. Preliminar de incompetência, não suscitada na apelação do ministério público, acolhida de ofício pelo tribunal, por tratar-se de nulidade absoluta. Alegação de que a sentença absolutória transitou em julgado em tudo aquilo que não foi objeto do recurso do *parquet*. Pretensão de aplicação da súmula 160/STF, com a manutenção da absolvição diante da impossibilidade de haver nova decisão mais gravosa ao réu. O Tribunal, ao julgar apelação do Ministério Público contra sentença absolutória, não pode acolher nulidade – ainda que absoluta -, não veiculada no recurso da acusação. Interpretação da Súmula 160/STF que não faz distinção entre nulidade absoluta e relativa. Os atos praticados por órgão jurisdicional constitucionalmente incompetente são atos nulos e não inexistentes, já que proferidos por juiz regularmente investido de jurisdição, que, como se sabe, é una. Assim, a nulidade decorrente de sentença prolatada com vício de incompetência de juízo precisa ser declarada e, embora não possua o alcance das decisões válidas, pode produzir efeitos. Precedentes. A incorporação do princípio do ne bis in idem ao ordenamento jurídico pátrio, ainda que sem o caráter de preceito constitucional, vem, na realidade, complementar o rol dos direitos e garantias individuais já previstos pela Constituição Federal, cuja interpretação sistemática leva à conclusão de que a Lei Maior impõe a prevalência do direito à liberdade em detrimento do dever de acusar. Nesse contexto, princípios como o do devido processo legal e o do juízo natural somente podem ser invocados em favor do réu e nunca em seu prejuízo. Por isso, estando o Tribunal, quando do julgamento da apelação, adstrito ao exame da matéria impugnada pelo recorrente, não pode invocar questão prejudicial ao réu não veiculada no referido recurso, ainda que se trate de nulidade absoluta, decorrente da incompetência do juízo. *Habeas corpus* deferido em parte para que, afastada a incompetência, seja julgada a apelação em seu mérito" (HC 80263, Ilmar Galvão, STF). Gabarito 1C.

(Analista – TRE/AP – 2011 – FCC) No processo penal, especificamente sobre as nulidades, é correto afirmar:

(A) Ocorrerá nulidade no caso de comparecimento de quinze jurados para constituição do júri.

(B) Não será declarada a nulidade de ato processual que não houver influído na apuração da verdade substancial ou na decisão da causa.

(C) As omissões da denúncia ou da queixa poderão ser supridas a todo o tempo, até cinco dias antes da audiência de instrução designada.

(D) A nulidade por ilegitimidade do representante da parte não poderá ser sanada, ensejando a renovação de todos os atos processuais praticados.

A: incorreta (art. 564, III, *i*, do CPP); **B:** correta, visto que em conformidade com o disposto no art. 566 do CPP; **C:** incorreta (art. 567 do CPP); **D:** incorreta (art. 568 do CPP).
Gabarito "B".

(Analista – TJ/AM – 2013 – FGV) Sobre as *nulidades no processo penal*, assinale a afirmativa **incorreta**.

(A) Nenhum ato será declarado nulo, se da nulidade não resultar prejuízo para a acusação ou para a defesa.

(B) Nenhuma das partes poderá arguir a nulidade a que haja dado causa, ou para qual tenha concorrido, ou referente à formalidade cuja observância só à parte contrária interesse.

(C) Não será declarada a nulidade de ato processual que não houver influído na apuração da verdade substancial ou na decisão da causa.

(D) A incompetência do juízo anula somente os atos decisórios.

(E) A falta do exame de corpo de delito nos crimes que deixam vestígios é causa de nulidade, não admitindo que seja sanada de qualquer forma.

A: correta. Em se tratando de *nulidade relativa*, em que o prejuízo não é presumido, é necessário, para se decretar a nulidade do ato, verificar se o mesmo gerou efeitos prejudiciais. É o *princípio do prejuízo*, consagrado no art. 563 do CPP. *Vide* Súmula 523 do STF; **B:** correta, pois em conformidade com o disposto no art. 565 do CPP, que enuncia o *princípio do interesse da parte*, cuja incidência é restrita às nulidades relativas; **C:** correta. Nos termos do que estabelece o art. 566 do CPP, se determinado ato processual, cuja prática se deu em desacordo com as formalidades impostas pela lei, for irrelevante para se chegar à verdade substancial, não será declarada a sua nulidade; **D:** correta, pois reflete o disposto no art. 567 do CPP. Neste caso, o processo, uma vez declarada a nulidade, será remetido ao juiz que detém competência para o seu julgamento; **E:** incorreta, devendo ser assinalada, dado que o art. 564, III, *b*, do CPP faz uma ressalva. É fato que o exame de corpo de delito, direto ou indireto, nas infrações que deixam vestígios, é indispensável – art. 158 do CPP. Agora, se estes vestígios, por qualquer razão, se perderem, nosso ordenamento jurídico admite que a *prova testemunhal* supra essa ausência – art. 167 do CPP. A confissão, no entanto, por expressa disposição do art. 158 do CPP, não poderá ser utilizada para esse fim.
Gabarito "E".

11. RECURSOS

(Analista – TJ/MA – 2019 – FCC) O recurso em sentido estrito é cabível em face de

(A) acórdão que denegar recurso extraordinário.

(B) deferimento de livramento condicional ou de remição de pena.

(C) sentença penal condenatória por crime patrimonial.

(D) sentença que pronuncie o réu.

(E) despacho do Delegado de Polícia que determinar a acareação.

A: incorreta. Uma vez denegado o recurso extraordinário, caberá a interposição de agravo, nos termos do art. 1.042 do NCPC; **B:** incorreta, já que tal decisão desafia agravo em execução (art. 197, LEP); **C:** incorreta. É hipótese de interposição de recurso de apelação (art. 593, I, CPP); **D:** correta. De fato, a decisão de pronúncia desafia recurso em sentido estrito (art. 581, IV, do CPP); **E:** incorreta, já que contra o despacho da autoridade policial que determina a acareação não cabe recurso.
Gabarito "D".

(Analista Judiciário – TJ/AL – 2018 – FGV) Na mesma data, o juiz presidente do Tribunal do Júri publicou três decisões em processos distintos em que se apurava a prática de crimes dolosos contra a vida: na primeira, onde Romeu figurava como denunciado, foi proferida decisão de impronúncia, tendo em vista que o juiz entendeu não haver indícios suficientes de autoria; na segunda, onde Otelo figurava como acusado, foi proferida sentença de absolvição sumária, entendendo o magistrado restar provada a inexistência do fato; na terceira, figurando William como réu, houve decisão de pronúncia.

Intimado, o advogado de William demonstrou seu inconformismo com a decisão. Por sua vez, o Ministério Público também optou por recorrer das decisões de absolvição sumária e impronúncia.

Considerando as situações narradas, o advogado de William deverá apresentar:

(A) recurso em sentido estrito, enquanto o Ministério Público deve apresentar apelação contra a decisão de absolvição sumária de Otelo e recurso em sentido estrito contra a decisão de impronúncia de Romeu;

(B) recurso em sentido estrito, enquanto o Ministério Público deve apresentar recurso em sentido estrito contra a decisão de absolvição sumária de Otelo e apelação contra a decisão de impronúncia de Romeu;

(C) recurso de apelação, enquanto o Ministério Público deve apresentar apelação contra a decisão de absolvição sumária de Otelo e recurso em sentido estrito contra a decisão de impronúncia de Romeu;

(D) recurso de apelação, assim como o Ministério Público, que deve apresentar recursos de apelação contra as decisões de absolvição sumária de Otelo e de impronúncia de Romeu;

(E) recurso em sentido estrito, enquanto o Ministério Público deve apresentar recursos de apelação contra as decisões de absolvição sumária de Otelo e de impronúncia de Romeu.

Com o advento da Lei 11.689/2008, que modificou os arts. 416 e 581, IV e VI, do CPP, a decisão de *impronúncia* e *absolvição sumária*, que antes comportava *recurso em sentido estrito*, passou a ser combatida por meio de *recurso de apelação*. A pronúncia, por sua vez, continua a ser impugnada por meio de *recurso em sentido estrito*, nos termos do art. 581, IV, do CPP. ED
Gabarito "E".

(Analista – TJ/SC – FGV – 2018) Após regular reconhecimento de falta grave, o juiz da Vara de Execuções Penais determinou a regressão de regime de cumprimento de pena, a perda de 1/3 dos dias remidos e o reinício da contagem do prazo para concessão de indulto.

Da decisão do juiz, caberá:

(A) recurso em sentido estrito, pois não cabe reinício da contagem do prazo para concessão de indulto, apesar de ser admitida perda de parte dos dias remidos e regressão de regime;

(B) agravo, pois não cabe, em razão do reconhecimento de falta grave, regressão de regime, em que pese seja admitida perda de parte dos dias remidos e reinício do prazo do indulto;

(C) agravo, pois não cabe reinício da contagem do prazo para concessão de indulto, apesar de ser admitida perda de parte dos dias remidos e regressão de regime;

(D) recurso em sentido estrito, tendo em vista que não se admite perda de parte dos dias remidos e nem reinício da contagem do prazo para concessão de indulto;

(E) agravo, tendo em vista que não se admite perda de parte dos dias remidos e nem reinício da contagem do prazo para concessão de indulto.

É o caso de interposição de recurso de agravo em execução, nos termos do art. 197 da LEP, por meio do qual deverá ser combatida a decisão que estabeleceu o reinício da contagem do prazo para concessão de indulto. É este o entendimento firmado por meio da Súmula 535, do STJ. Já a perda de parte dos dias remidos, na hipótese de cometimento de falta grave, está prevista no art. 127 da LEP, que estabelece que o juiz poderá, em casos assim, revogar até um terço do tempo remido. No que toca à falta grave, o seu cometimento implica, entre outras consequências, a regressão de regime de cumprimento de pena, tal como previsto no art. 118, I, da LEP. **ED**
Gabarito "C".

(Analista Jurídico – TRF5 – FCC – 2017) Com relação à disciplina relativa aos recursos no Processo Penal,

(A) o Ministério Público poderá desistir de recurso que haja interposto.

(B) caberá apelação no prazo de 15 (quinze) dias das sentenças definitivas de condenação ou absolvição proferidas por juiz singular.

(C) no caso de concurso de agentes, a decisão do recurso interposto por um dos réus, se fundado em motivos que não sejam de caráter exclusivamente pessoal, aproveitará aos outros.

(D) a apelação da sentença absolutória, por possuir efeito suspensivo, impedirá que o réu seja posto imediatamente em liberdade.

(E) em razão do princípio da ampla defesa, é possível a interposição de recurso, ainda que a parte não tenha interesse na reforma ou modificação da decisão.

A: incorreta. Nada obsta que o MP renuncie ao direito de recorrer; o que não se admite é que o órgão acusador, depois de interpor o recurso, desista de dar-lhe seguimento. É o que estabelece o art. 576 do CPP, que enuncia o princípio da indisponibilidade. De igual forma e com base nesse mesmo princípio, não é dado ao MP desistir da ação que haja proposto (art. 42, CPP); **B:** incorreta, dado que a apelação, nesse caso, deverá ser interposta no prazo de cinco dias (e não de 15), conforme estabelece o art. 593, I, do CPP; **C:** correta. Estabelece o art. 580 do CPP que o corréu que não recorreu da sentença será beneficiado pelo recurso interposto pelo outro corréu, desde que este seja fundado em motivo que não seja de caráter exclusivamente pessoal. É o chamado efeito extensivo dos recursos; **D:** incorreta, pois contraria o disposto no art. 596 do CPP, que estabelece que a apelação da sentença absolutória não impedirá que o réu seja posto imediatamente em liberdade. Ou seja, a sentença absolutória possui efeito meramente devolutivo. Isso porque não seria razoável que o juiz, após reconhecer a inocência do réu, mantivesse a sua prisão cautelar, aguardando o julgamento do recurso interposto contra o decreto absolutório; **E:** incorreta. É vedado à parte interpor recurso, provocando o reexame da matéria por instância superior, quando não tiver interesse na modificação da decisão. É dizer, a modificação da decisão deverá trazer à parte algum benefício; caso contrário, não poderá recorrer por falta de pressuposto subjetivo (art. 577, parágrafo único, do CPP). **ED**
Gabarito "C".

(Analista Judiciário – TRE/PE – CESPE – 2017) Com relação à apelação criminal, assinale a opção correta.

(A) O julgamento de apelação por órgão fracionário de tribunal composto majoritariamente por juízes de primeiro grau convocados viola o princípio constitucional do juiz natural.

(B) O efeito devolutivo amplo permite ao tribunal competente, no julgamento de apelação exclusiva da defesa, agravar a situação do condenado.

(C) Em razão da preclusão, a apresentação extemporânea das razões impede o conhecimento do recurso de apelação tempestivamente interposto.

(D) O efeito devolutivo da apelação contra decisões do tribunal do júri é adstrito aos fundamentos nela presentes.

(E) A renúncia ao direito de apelar manifestada pelo réu impede o conhecimento de eventual recurso de apelação já interposto pelo seu defensor.

A: incorreta. No sentido de que não há violação ao postulado do juiz natural, conferir: "Processual penal. Habeas corpus. Roubo. Apelação julgada por Câmara composta majoritariamente por juízes convocados. Princípio do juiz natural. Ordem denegada. 1. Não viola o princípio do Juiz natural o julgamento de apelação por órgão colegiado presidido por Desembargador, sendo os demais integrantes Juízes convocados. Precedente do Plenário do STF. 2. *Habeas Corpus* extinto sem resolução de mérito" (HC 101473, Relator(a): Min. Marco Aurélio, Relator(a) p/ Acórdão: Min. Roberto Barroso, Primeira Turma, julgado em 16.02.2016, Acórdão Eletrônico *DJe*-117 Divulg 07.06.2016 Public 08.06.2016); **B:** incorreta. É vedada, no processo penal, a chamada *reformatio in pejus*, ou seja, não é dado ao Tribunal, nos casos em que houver recurso exclusivo da defesa, reformar, para pior, a decisão proferida pelo juízo a quo. Em outras palavras, a situação do réu não pode sofrer qualquer piora no Tribunal caso somente ele recorra da decisão (art. 617, CPP); **C:** incorreta. Conferir: "Esta Corte já sedimentou a orientação no sentido de que, apresentado o torno de apelação dentro do prazo legal, a apresentação extemporânea das razões recursais constitui mera irregularidade, que não prejudica a apreciação do recurso. Precedentes. II – O entendimento adotado pelo tribunal regional, que deixou de conhecer da apelação em função da extemporaneidade das razões recursais, configura flagrante constrangimento ilegal, apto a justificar a superação do enunciado da Súmula 691 deste Tribunal e, por conseguinte, a concessão da ordem. III – Ordem concedida para determinar ao Tribunal Regional Federal da 1ª Região que, afastada a preliminar de intempestividade, prossiga no julgamento da apelação interposta pelo ora paciente" (HC 112355, Relator(a): Min. Ricardo Lewandowski, Segunda Turma, julgado em 26.06.2012, Processo Eletrônico *DJe*-181 Divulg 13.09.2012 Public 14.09.2012); **D:** correta, pois reflete o entendimento sufragado na Súmula 713 do STF: *O efeito devolutivo da apelação contra decisões do júri é adstrito aos fundamentos da sua interposição*; **E:** incorreta, uma vez que contraria o entendimento firmado na Súmula n. 705: *A renúncia do réu ao direito*

de apelação, manifestada sem a assistência do defensor, não impede o conhecimento da apelação por este interposta.
Gabarito "D".

(Analista Judiciário – TRE/SP – FCC – 2017) Sobre o recurso de apelação à luz do Código de Processo Penal,

(A) a apelação de sentença condenatória, em regra, não terá efeito suspensivo.

(B) é vedado ao apelante arrazoar o recurso de apelação na superior instância.

(C) havendo assistente de acusação este arrazoará o recurso de apelação, no prazo de cinco dias após o Ministério Público.

(D) quando cabível a apelação, se a parte pretender recorrer somente de parte da decisão, poderá usar o recurso em sentido estrito.

(E) a renúncia do réu ao direito de apelação, manifestada sem a assistência do defensor, não impede o conhecimento da apelação por este interposta.

A: incorreta. Diferentemente do que ocorre com a sentença *absolutória*, que tem somente efeito devolutivo, a sentença *condenatória* tem, em regra, efeito *suspensivo*, tal como estabelece o art. 597 do CPP; **B:** incorreta, na medida em que o art. 600, § 4º, do CPP confere ao apelante a prerrogativa de arrazoar o recurso de apelação na instância superior; **C:** incorreta. Se houver assistente, este arrazoará o recurso de apelação no prazo de 3 dias (e não de 5), sempre após o MP (art. 600, § 1º, CPP); **D:** incorreta, uma vez que o art. 593, § 4º, do CPP veda que, nesta hipótese, o recorrente se valha do recurso em sentido estrito, impondo-se-lhe que interponha recurso de apelação; **E:** correta, pois em consonância com o entendimento firmado na Súmula n. 705, "a renúncia do réu ao direito de apelação, manifestada sem a assistência do defensor, não impede o conhecimento da apelação por este interposta".
Gabarito "E".

(Analista – TRE/GO – 2015 – CESPE) Célio, réu primário e de bons antecedentes, foi condenado em primeira instância à pena de vinte e dois anos de reclusão em regime fechado pela prática do crime de latrocínio tentado, o que motivou o advogado do réu a se preparar para interpor apelação. O juiz que emitiu a sentença decretou também a prisão preventiva de Célio, que havia respondido ao processo em liberdade. No entanto, a polícia, que tentava cumprir o mandado de prisão emitido pelo juiz, não conseguiu encontrar o réu condenado.

Considerando as normas previstas no Código de Processo Penal a respeito de prazos e recursos, julgue o item a seguir, referente à situação hipotética apresentada.

(1) O advogado de Célio tem cinco dias para apelar da sentença, prazo no qual devem ser também oferecidas as razões recursais ao juízo de primeira instância ou ao tribunal competente.

1: incorreta. O prazo de cinco dias, previsto no art. 593, *caput*, do CPP, refere-se à apresentação, no juízo *a quo*, da petição de interposição do recurso de apelação, cujas razões serão então apresentadas, desde que recebido o recurso, no prazo de oito dias, no próprio juízo prolator da sentença recorrida ou no tribunal que julgará o recurso (art. 600, *caput*, do CPP), o que ficará a critério do recorrente.
Gabarito 1E.

(Analista – TRE/CE – 2012 – FCC) Xisto é denunciado pelo Ministério Público por crimes de peculato e prevaricação. Após a autuação, o Magistrado competente, em decisão fundamentada, recebe parcialmente a denúncia. Contra esta decisão caberá

(A) Apelação, no prazo de quinze dias.
(B) Apelação, no prazo de oito dias.
(C) Recurso em Sentido Estrito, no prazo de oito dias.
(D) Apelação, no prazo de cinco dias.
(E) Recurso em Sentido Estrito, no prazo de cinco dias.

A decisão do magistrado que recebe, em parte, a inicial acusatória desafia recurso em sentido estrito – nos termos do art. 581, I, do CPP. O art. 586 do CPP estabelece o prazo de cinco dias para a interposição deste recurso. Cuidado: na hipótese prevista no inciso XIV do art. 581 do CPP (decisão que incluir jurado na lista geral ou desta o excluir), o recurso em sentido estrito será interposto no prazo de 20 dias (art. 586, parágrafo único, do CPP).
Gabarito "E".

(Analista – TRF/3ª Região – 2014 – FCC) Antônio está preso e foi condenado pela prática do delito de tráfico de entorpecentes. Ao ser intimado da decisão condenatória, assinou termo de renúncia ao direito de recorrer. O defensor legalmente constituído, porém, interpôs apelação. Diante disso,

(A) deve prevalecer a vontade do réu em não recorrer.
(B) deve ser processada a apelação.
(C) a apelação só deve ser processada depois de intimado novamente o réu, para ficar ciente de que seu defensor apelou da decisão condenatória.
(D) o advogado deve ser destituído, porque agiu em dissonância à vontade do réu.
(E) somente deve ser processada a apelação se a renúncia do acusado for anterior à interposição feita pelo advogado.

Neste caso, deve-se processar o recurso interposto pelo defensor constituído, em obediência ao entendimento firmado na Súmula n. 705, do STF: "A renúncia do réu ao direito de apelação, manifestada sem a assistência do defensor, não impede o conhecimento da apelação por este interposta".
Gabarito "B".

(Analista – TRE/MG – 2012 – CONSULPLAN) Considere as seguintes situações-problema ocorridas no procedimento ordinário do Processo Penal.

I. Mévio foi condenado pela prática de corrupção ativa e interpôs apelação, mas o MM. Juiz de Direito, em despacho, julgou-a deserta.
II. O MM. Juiz Federal ordenou a suspensão do processo penal, em virtude da questão prejudicial.
III. O MM. Juiz de Direito absolveu sumariamente o réu no procedimento do Tribunal do Júri.
IV. O MM. Juiz de Direito impronunciou o réu no procedimento do Tribunal do Júri.

Contra as decisões acima descritas, são cabíveis os seguintes recursos, respectivamente,

(A) agravo / recurso em sentido estrito / recurso em sentido estrito / apelação.
(B) recurso em sentido estrito / recurso em sentido estrito / apelação / apelação.
(C) recurso em sentido estrito / apelação / recurso em sentido estrito / apelação.

(D) apelação / apelação / recurso em sentido estrito / recurso em sentido estrito.

(E) apelação / recurso em sentido estrito / apelação / recurso em sentido estrito.

I: a assertiva contempla hipótese de interposição de *recurso em sentido estrito*, na forma estatuída no art. 581, XV, do CPP; **II:** a assertiva contempla hipótese de interposição de *recurso em sentido estrito*, na forma estatuída no art. 581, XVI, do CPP; **III:** a assertiva contempla hipótese de interposição de *recurso de apelação*, na forma estatuída no art. 416 do CPP; **IV:** a assertiva contempla hipótese de interposição de *recurso de apelação*, na forma estatuída no art. 416 do CPP.
Gabarito "B".

(Analista – TJ/AM – 2013 – FGV) Sobre os *recursos* em geral, assinale a afirmativa correta.

(A) Não há no Código de Processo Penal vigente a possibilidade de recurso de ofício pelo juiz.

(B) Terceira pessoa, ainda que não tenha interesse direto na decisão, pode recorrer na busca do incremento da pena.

(C) Ainda que intempestividade tenha sido causada por erro ou omissão dos funcionários da justiça, com base no princípio da segurança jurídica, o recurso nesta condição não poderá ser admitido.

(D) Salvo a hipótese de má-fé, a parte não será prejudicada pela interposição de um recurso por outro.

A: incorreta. Regra geral, a interposição dos recursos fica a critério da parte que se vê prejudicada pela decisão judicial (voluntariedade dos recursos – art. 574 do CPP). Há casos, porém, em que o próprio juiz deve recorrer da sua decisão, ainda que a parte não tenha interposto recurso. Este é o chamado recurso de ofício ou reexame necessário. São exemplos: sentença que concede *habeas corpus* (art. 574, I, do CPP) e sentença que absolve sumariamente o acusado (art. 574, II, do CPP); **B:** incorreta, pois não reflete o disposto no art. 577, parágrafo único, do CPP; **C:** incorreta, dado o que estabelece o art. 575 do CPP; **D:** correta, pois corresponde ao que estabelece o art. 579 do CPP (princípio da fungibilidade recursal); **E:** incorreta. À exceção do protesto por novo júri, suprimido do Código de Processo Penal pela Lei 11.689/2008, que revogou seus arts. 607 e 608, os demais recursos têm previsão no Código de Processo Penal.
Gabarito "D".

(Analista – TJ/ES – 2011 – CESPE) Acerca de nulidades e recursos, julgue o item subsecutivo

(1) Caberá recurso em sentido estrito contra a sentença que pronunciar o réu e recurso de apelação contra a sentença que o impronuncie.

1: correta (arts. 581, IV, e 416 do CPP).
Gabarito 1C.

(Escrevente – TJ/SP – 2011 – VUNESP) Considere as seguintes assertivas:

I. o Ministério Público poderá desistir de recurso que haja interposto;
II. não se admitirá recurso da parte que não tiver interesse na reforma ou modificação da decisão;
III. salvo a hipótese de má-fé, a parte não será prejudicada pela interposição de um recurso por outro.

De acordo com o CPP em suas *disposições gerais* sobre os recursos (arts. 574 a 580), é correto apenas o que se afirma em

(A) II.

(B) III.
(C) I e II.
(D) I e III.
(E) II e III.

I: incorreta. É vedado ao Ministério Público, em vista do que preconiza o postulado da indisponibilidade, desistir da ação penal que haja proposto (art. 42 do CPP), bem assim do recurso que haja interposto (art. 576 do CPP); **II:** correta, visto que em conformidade com o que preceitua o art. 577, parágrafo único, do CPP; **III:** correta, visto que em conformidade com o que preceitua o art. 579, *caput*, do CPP.
Gabarito "E".

(FGV – 2015) Marcelo foi denunciado pela prática de um crime de furto. Entendendo que não haveria justa causa, antes mesmo de citar o acusado, o magistrado não recebeu a denúncia. Diante disso, o Ministério Público interpôs o recurso adequado. Analisando a hipótese, é correto afirmar que

(A) o recurso apresentado pelo Ministério Público foi de apelação.

(B) apesar de ainda não ter sido citado, Marcelo deve ser intimado para apresentar contrarrazões ao recurso, sob pena de nulidade.

(C) mantida a decisão do magistrado pelo Tribunal, não poderá o Ministério Público oferecer nova denúncia pelo mesmo fato, ainda que surjam provas novas.

(D) antes da rejeição da denúncia, deveria o magistrado ter citado o réu para apresentar resposta à acusação.

Está correto o que se afirma na alternativa "B", porquanto em conformidade com o entendimento firmado na Súmula 707, STF: "Constitui nulidade a falta de intimação do denunciado para oferecer contrarrazões ao recurso interposto da rejeição da denúncia, não a suprimindo a nomeação de defensor dativo".
Gabarito "B".

(FGV – 2015) Após regular instrução processual, Flávio foi condenado pela prática do crime de tráfico ilícito de entorpecentes a uma pena privativa de liberdade de cinco anos de reclusão, a ser cumprida em regime inicial fechado, e 500 dias-multa. Intimado da sentença, sem assistência da defesa técnica, Flávio renunciou ao direito de recorrer, pois havia confessado a prática delitiva. Rafael, advogado de Flávio, porém, interpôs recurso de apelação dentro do prazo legal, buscando a mudança do regime de pena. Neste caso, é correto dizer que o recurso apresentado por Rafael

(A) não poderá ser conhecido, pois houve renúncia por parte de Flávio, mas nada impede que o Tribunal, de ofício, melhore a situação do acusado.

(B) deverá ser conhecido, pois não é admissível a renúncia ao direito de recorrer, no âmbito do processo penal.

(C) não poderá ser conhecido, pois a renúncia expressa de Flávio não pode ser retratada, não podendo o Tribunal, de ofício, alterar a decisão do magistrado.

(D) deverá ser conhecido, pois a renúncia foi manifestada sem assistência do defensor.

A solução para esta questão deve ser extraída da Súmula 705: "A renúncia do réu ao direito de apelação, manifestada sem a assistência do defensor, não impede o conhecimento da apelação por este interposta".
Gabarito "D".

12. *HABEAS CORPUS* E REVISÃO CRIMINAL

(Analista – TJ/SC – FGV – 2018) Mário, condenado definitivamente pela prática de crime de furto qualificado, após o cumprimento da pena, apresenta revisão criminal, sem assistência de advogado, sob o argumento de que a decisão se baseou em documento comprovadamente falso.

O analista judiciário, ao receber e analisar o pedido de revisão, deverá concluir que a medida:

(A) é cabível, e eventual absolvição imporá o reestabelecimento de todos os direitos perdidos em razão da condenação;

(B) não é cabível, uma vez que não mais persiste o interesse diante do cumprimento integral da pena imposta;

(C) não é cabível, tendo em vista que a falsidade de prova testemunhal não é fundamento idôneo a justificá-la;

(D) não é cabível, tendo em vista que Mário não estava representado por advogado legalmente habilitado;

(E) é cabível, admitindo, durante o processamento da revisão, a produção de todos os meios de prova.

A: correta, pois reflete o que dispõe o art. 627 do CPP; **B:** incorreta. Transitada em julgado a sentença penal condenatória, a revisão pode ser requerida a qualquer tempo, antes ou depois de extinta a pena (art. 622, caput, do CPP). Ensina Guilherme de Souza Nucci, ao discorrer sobre a revisão criminal após o cumprimento da pena, que: "é admissível, tendo em vista o nítido interesse do condenado em obter um decreto absolutório, que pode livrá-lo de incômodo antecedente criminal (...)" (*Código de Processo Penal Comentado*, 17ª ed., p. 1446); **C:** incorreta, uma vez que contraria o disposto no art. 621, II, do CPP; **D:** incorreta, pois contraria o disposto no art. 623 do CPP, que estabelece que a revisão poderá ser pedida pelo próprio réu ou por procurador legalmente habilitado ou, no caso de morte do condenado, pelo cônjuge, ascendente, descendente ou irmão. Admite-se, pois, que o próprio condenado ajuíze a ação revisional, ainda que não se faça representar por advogado; **E:** incorreta, já que, para a obtenção de prova nova, é de rigor o ajuizamento da chamada *justificação criminal*, cujo propósito é servir de base para futura e eventual revisão criminal a ser proposta. Conferir: "O pleito do recorrente não se insere dentre as hipóteses taxativas do art. 621 do Código de Processo Penal. De fato, concluiu-se que a pretensão aqui formulada, na verdade, pretende a reanálise do mérito da ação principal, já transitada em julgado, providência que não se coaduna com o instituto da revisão criminal. As testemunhas listadas no rol do pedido de justificação criminal já haviam sido ouvidas no curso da instrução criminal, de modo que o pedido de reinquirição não se amolda ao conceito de prova nova, exigido para o conhecimento da revisão criminal, conforme o art. 621, inciso III, do Código de Processo Penal. 3. A justificação criminal se destina à obtenção de provas novas com o objetivo de subsidiar revisão criminal, não sendo o meio jurídico adequado para nova oitiva de testemunhas cujos depoimentos já tiverem sido colhidos no curso da ação penal que se busca anular" (RHC 101.478/RJ, Rel. Ministro Reynaldo Soares Da Fonseca, Quinta Turma, julgado em 19/03/2019, DJe 09/04/2019). Gabarito "A".

(Analista Judiciário – TRE/PE – CESPE – 2017) O *habeas corpus* é cabível

(A) para discutir excessivo valor exigido a título de alimentos em decisão que tenha decretado a prisão civil do devedor.

(B) em favor de pessoa jurídica, pois tem como objetivo fazer cessar todo e qualquer constrangimento ilegal.

(C) contra a aplicação de pena de multa em sentença penal condenatória, pois a pena pecuniária pode ser convertida em prisão.

(D) para afastar pena acessória de perda de cargo público imposta em sentença penal condenatória.

(E) em casos de flagrante ilegalidade da prisão civil por dívida de alimentos.

A: incorreta. A conferir: "O *habeas corpus* não é a via adequada para o exame aprofundado de provas a fim de averiguar a condição econômica do devedor, a necessidade do credor dos alimentos e o eventual excesso do valor dos alimentos. Precedentes. 2. O pagamento apenas parcial dos valores devidos a título de alimentos não afasta a possibilidade de decretação da prisão civil do devedor conforme já reiteradamente decidido pelo STJ. 3. Ordem denegada" (HC 245.804/MS, Rel. Ministra Maria Isabel Gallotti, Quarta Turma, julgado em 12.11.2013, DJe 26.11.2013); **B:** incorreta. Embora possa figurar como impetrante, a pessoa jurídica não pode ser paciente no *habeas corpus*, dado que este se presta a proteger, direta ou indiretamente, a liberdade de locomoção; **C:** incorreta. Segundo a Súmula n. 693 do STF: "Não cabe *habeas corpus* contra decisão condenatória a pena de multa, ou relativo a processo em curso por infração penal a que a pena pecuniária seja a única cominada". Mesmo porque, com a alteração implementada pela Lei 9.268/1996, que modificou a redação do art. 51 do Código Penal, fica vedada a conversão da pena de multa em prisão; **D:** incorreta. Não cabe, já que o HC somente será utilizado quando houver lesão ou ameaça de lesão à liberdade de locomoção (art. 647, CPP); **E:** correta. Caberá HC, já que aqui está em jogo a liberdade de locomoção. Gabarito "E".

(Analista – Judiciário –TRE/PI – 2016 – CESPE) Considerando as disposições legais e jurisprudenciais sobre o *habeas corpus*, assinale a opção correta.

(A) Na qualidade de titulares de seus cargos, o delegado de polícia, o promotor de justiça e o juiz de direito podem impetrar *habeas corpus* em favor de terceiros.

(B) Conforme a lei e a jurisprudência, não se admite liminar em *habeas corpus*, ainda que presentes o *fumus boni iuris* e o *periculum in mora*.

(C) É inadmissível a reiteração de pedido de *habeas corpus*, ainda que haja novos fatos, não analisados no pedido anterior.

(D) É indispensável, sob pena de nulidade, a manifestação do Ministério Público no procedimento de *habeas corpus* impetrado perante juiz de direito.

(E) Qualquer pessoa, quer se trate de brasileiro, quer de estrangeiro não residente no país, pode impetrar *habeas corpus*, devendo o *writ* ser redigido em português.

A: incorreta. O juiz, embora possa conceder de ofício ordem de *habeas corpus*, não poderá, nessa qualidade, impetrar essa ação constitucional; o delegado de polícia, na qualidade de titular de seu cargo, também não poderá impetrar HC; já o Ministério Público, por expressa previsão contida no art. 654, caput, do CPP, poderá fazê-lo. Agora, desde que tal não se dê em razão do cargo, tanto o magistrado quanto a autoridade policial poderão impetrar *habeas corpus*; **B:** incorreta. Em que pese não haver expressa previsão legal a autorizar a concessão de liminar em *habeas corpus*, é pacífico na jurisprudência tal possibilidade, desde que a medida se revele urgente e estejam presentes o *fumus boni juris* e o *periculum in mora*; **C:** incorreta. A jurisprudência firmou entendimento no sentido de que somente é vedada a reiteração de pedido de *habeas corpus* se a segunda impetração vier desacompanhada de qualquer fato novo; **D:** incorreta. O fato é que não há previsão legal que imponha, em sede de *habeas corpus* que tramita em primeira instância, a intervenção do MP, que deverá, no entanto, ser intimado da decisão que conceder ou denegar a ordem; **E:** correta. De fato, a legitimidade ativa no HC é ampla, podendo impetrá-lo qualquer pessoa (art. 654, *caput*, do CPP), aqui incluídos o estrangeiro, o analfabeto, a pessoa jurídica, entre outros. Também é certo que a impetração há de ser redigida em língua portuguesa.

(Analista – STJ – 2008 – CESPE) Julgue os seguintes itens, que versam acerca de *habeas corpus* e das relações jurisdicionais com autoridade estrangeira.

(1) O STJ entende possível o recebimento de *habeas corpus* como substitutivo de revisão criminal, quando a ilegalidade for manifesta e não for necessário o revolvimento de matéria fático-probatória.

(2) A alegação de ausência do estado de flagrância é matéria de ordem pública e, por versar diretamente sobre o direito de liberdade, ainda que não tenha sido objeto de análise pelo tribunal *a quo*, pode ser analisada pelo STJ.

1: correta. Nesse sentido, o julgado seguinte: "PROCESSUAL PENAL. HABEAS CORPUS. ART. 121, § 2º, I, III E IV, ART. 211 (DUAS VEZES), ART. 180, § 1º, E ART. 288, PARÁGRAFO ÚNICO, TODOS DO CP. HABEAS CORPUS SUBSTITUTIVO DE REVISÃO CRIMINAL. POSSIBILIDADE. I – O recebimento do *habeas corpus* como substitutivo de revisão criminal é viável tão somente quando a ilegalidade for manifesta e não seja necessário o revolvimento de matéria fático-probatória (Precedentes). II – Dessa forma, havendo possibilidade de lesão ao direito de locomoção do paciente, deve o e. Tribunal *a quo* conhecer do *habeas corpus* impetrado na origem, como substituto de revisão criminal, para análise, como entender de direito, das questões levantadas na impetração, que não exijam o revolvimento de prova. III – Assim, no caso, deve o e. Tribunal de origem examinar as questões levantadas no writ referentes à dosimetria da pena (matéria de direito). Contudo, não merece censura a decisão prolatada pelo e. Tribunal de origem em que não conheceu do *mandamus* na parte em que se buscava a revisão da condenação do paciente pelos crimes conexos. Isso porque é inegável que, neste caso, o exame do material probatório revelar-se-ia indispensável, posto que não há como se afastar uma condenação com base na alegação de falta de justa causa sem que se verifique em que elementos probatórios se apoia o juízo condenatório. Ordem parcialmente concedida" (STJ, HC 102.139/PA, 5ª T., j. 17.06.2008, rel. Min. Felix Fischer, *DJe* 18.08.2008); **2:** incorreta. A alegação de ausência do estado de flagrância, para ser apreciada pelo STJ, há de ter sido objeto de análise pelo tribunal *a quo*, sob pena de configurar indevida supressão de instância. Conferir: "HABEAS CORPUS. PRISÃO EM FLAGRANTE. HOMICÍDIO DUPLAMENTE QUALIFICADO, POSSE ILEGAL DE ARMA DE FOGO DE USO PERMITIDO E VIOLÊNCIA DOMÉSTICA. ALEGAÇÃO DE AUSÊNCIA DO ESTADO DE FLAGRÂNCIA. MATÉRIA NÃO EXAMINADA NO TRIBUNAL *A QUO*. SUPRESSÃO DE INSTÂNCIA. INDEFERIMENTO DO PEDIDO DE LIBERDADE PROVISÓRIA. AUSÊNCIA DE JUSTIFICATIVA IDÔNEA AMPARADA EM FATOS CONCRETOS. CONSTRANGIMENTO ILEGAL EVIDENCIADO. PRECEDENTES DO STJ E DO STF. ORDEM PARCIALMENTE CONHECIDA E, NESTA PARTE, CONCEDIDA, EM CONSONÂNCIA COM O PARECER MINISTERIAL. 1. A alegação de ausência do estado de flagrância não foi objeto de análise pelo acórdão impugnado, o que inviabiliza o exame da matéria por esta Corte, sob pena de indevida supressão de instância. 2. É fora de dúvida que a manutenção da prisão cautelar, assim entendida aquela que antecede a condenação transitada em julgado, há de explicitar a necessidade da medida, indicando os motivos que a tornam indispensáveis, dentre os elencados no art. 312 do CPP, como, aliás, impõe o art. 315 do mesmo Código. 3. Como se verifica da decisão que indeferiu o pedido de liberdade provisória do paciente, confirmada pela Corte Estadual, manteve-se a segregação do acusado sob o argumento de que era necessária, mas sem apontar, objetivamente, as razões pelas quais se mostra indispensável o seu encarceramento provisório, limitando-se a repetir os dizeres do art. 312 do CPP. 4. Ordem parcialmente conhecida e, nesta parte, concedida, em consonância com o parecer do MPF, mas apenas e somente para deferir o pedido de liberdade provisória ao paciente, se por outro motivo não estiver preso, sem prejuízo de nova decretação, com base em fundamentação concreta." (STJ, HC 98.882/RJ, 5ª T., j. 26.06.2008, rel. Ministro Napoleão Nunes Maia Filho, *DJe* 04.08.2008).

(Analista – TRE/SP – 2012 – FCC) Sobre o *habeas corpus* e seu processo, de acordo com o Código de Processo Penal, considere:

I. A competência para processar e julgar, originalmente, o *habeas corpus*, cuja autoridade coatora for um Secretário de Estado, é do Tribunal de Justiça do respectivo Estado.

II. A utilização do *habeas corpus* é assegurada ao agente que responde processo por infração penal, a que a pena pecuniária seja a única cominada ou contra decisão condenatória a pena de multa.

III. José, Juiz de Direito de uma determinada comarca do Estado de São Paulo, recebeu, após regular distribuição, um *habeas corpus* questionando uma ordem dada por um Delegado de Polícia da cidade. Após requisitar informações, tomou conhecimento de que a ordem foi ratificada por Pedro, outro Juiz de Direito da mesma comarca, para o qual o Inquérito Policial foi distribuído. Neste caso, cessa de imediato a competência do Magistrado José, para quem foi distribuído o *habeas corpus*, conhecer do *writ*.

Está correto o que consta APENAS em

(A) I.
(B) III.
(C) I e II.
(D) I e III.
(E) II e III.

I: correta, nos termos do disposto no art. 650, II, do CPP; **II:** incorreta, pois contraria o contido na Súmula 693 do STF: "Não cabe *habeas corpus* contra decisão condenatória a pena de multa, ou relativo a processo em curso por infração penal a que a pena pecuniária seja a única cominada"; **III:** correta, pois reflete o disposto no art. 650, § 1º, do CPP.

(Analista – TJ/CE – 2013 – CESPE) No que se refere ao *habeas corpus*, assinale a opção correta.

(A) A superveniência da sentença condenatória não prejudica o *habeas corpus* quando esse tenha por objeto o decreto de prisão preventiva.

(B) O *habeas corpus* constitui remédio processual utilizado para promover a análise da prova penal.

(C) O *habeas corpus* é o instrumento constitucional adequado para restabelecer os direitos políticos.

(D) É cabível *habeas corpus* contra decisão condenatória a pena de multa, ou relativo a processo em curso por infração penal a que a pena pecuniária seja a única cominada.

(E) Não cabe *habeas corpus* originário para o tribunal pleno de decisão de turma, ou do plenário, proferida em *habeas corpus* ou no respectivo recurso.

A: incorreta. Conferir: "*Habeas corpus*. Manutenção de prisão em flagrante. Superveniência de sentença condenatória. Novo título prisional. Pedido julgado prejudicado. A superveniência de sentença condenatória que constitui novo título prisional prejudica o *habeas corpus* que ataca unicamente o indeferimento de pedido de liberdade provisória formulado pelo paciente, que havia sido preso em flagrante. *Habeas corpus* julgado prejudicado" (HC 96555, Joaquim Barbosa, STF); **B**: incorreta. Isso porque é consagrado na doutrina e jurisprudência o entendimento segundo o qual, por constituir medida urgente, o *habeas corpus* é incompatível com um exame mais detalhado das provas que integram os autos. Nessa ótica, conferir a jurisprudência do STJ: "*Habeas corpus*. Execução penal. Progressão de regime. Preenchimento do requisito subjetivo. Análise aprofundada da conduta carcerária do apenado. Via inadequada. Ordem denegada. 1. O habeas corpus, conforme reiterada jurisprudência desta Corte Superior de Justiça, presta-se a sanar coação ou ameaça ao direito de locomoção, possuindo âmbito de cognição restrito às hipóteses de ilegalidade evidente, em que não se faz necessária a análise de provas. 2. Hipótese em que o Magistrado da execução procedeu a uma detalhada análise do mérito do condenado, das faltas disciplinares por ele cometidas, e entendeu incabível a progressão de regime, pela falta do requisito subjetivo. Trata-se de matéria de fato, não de direito, e a inversão do decidido depende de um exame amplo e profundo da conduta carcerária do apenado. Irrepreensível, portanto, o aresto que negou provimento ao agravo em execução. 3. Ordem denegada" (HC 201201024725, Maria Thereza de Assis Moura, STJ, 6ª T.URMA, *DJE* de 27.08.2012); **C**: incorreta, na medida em que o *habeas corpus* se presta tão somente a combater ilegalidade ou abuso de poder voltado à constrição imposta à liberdade de ir e vir, o que nenhuma relação tem com a perda/suspensão de direitos políticos; **D**: incorreta, pois contraria o contido na Súmula 693 do STF: "Não cabe *habeas corpus* contra decisão condenatória a pena de multa, ou relativo a processo em curso por infração penal a que a pena pecuniária seja a única cominada"; **E**: correta. Nesse sentido: "*Habeas corpus*. Decisão de ministro relator do supremo tribunal federal. Não cabimento. Súmula 606. Decisão impugnável por meio de agravo interno, e não através de outra impetração. *Habeas corpus* não conhecido. 1. Esta Corte firmou a orientação do não cabimento de *habeas corpus* contra ato de Ministro Relator ou contra decisão colegiada de Turma ou do Plenário do próprio Tribunal, independentemente de tal decisão haver sido proferida em sede de *habeas corpus* ou proferida em sede de recursos em geral (Súmula 606). 2. É legítima a decisão monocrática de Relator que nega seguimento a *habeas corpus* manifestamente inadmissível, por expressa permissão do art. 38 da Lei 8.038/1990 e do art. 21, § 1º, do RISTF. O caminho natural e adequado para, nesses casos, provocar a manifestação do colegiado é o agravo interno (art. 39 da Lei 8.038/1990 e art. 317 do RISTF), e não outro habeas corpus. 3. *Habeas corpus* não conhecido" (HC 97009, Marco Aurélio, STF).

Gabarito "E".

13. LEGISLAÇÃO EXTRAVAGANTE E TEMAS COMBINADOS

Luís foi denunciado pela prática de crime de menor potencial ofensivo em um juizado especial criminal de Belém – PA, mas não foi encontrado para ser citado pessoalmente.

(Analista Judiciário – TJ/PA – 2020 – CESPE/CEBRASPE) Nessa situação hipotética,

(A) será determinada a citação por edital, com prazo de cinco dias.

(B) será nomeado defensor dativo para representar Luís na audiência de conciliação.

(C) o processo ficará suspenso até que Luís seja encontrado.

(D) o processo será encaminhado ao juízo comum.

(E) a vítima será intimada para informar o endereço atualizado de Luís.

O art. 66, parágrafo único, da Lei 9.099/1995 estabelece que, no âmbito do procedimento sumaríssimo, não localizado o acusado para ser citado pessoalmente, as peças serão encaminhadas ao juízo comum para prosseguimento, no qual se procederá, se necessário for, à citação por hora certa ou por edital, dada a incompatibilidade dessas modalidades de citação ficta com a celeridade imanente ao procedimento adotado na Lei 9.099/1995.

Gabarito "D".

(Analista Judiciário – TRE/PA – 2020 – IBFC) Leia abaixo o que dispõe o parágrafo 6º do artigo 2º da Lei de Organizações Criminosas (Lei nº 12.850 de 2013):

"Art. 2º, § 6º A condenação com trânsito em julgado acarretará ao funcionário público _____ do cargo, função, emprego ou mandato eletivo e _____ pelo prazo _____ ao cumprimento da pena.

Assinale a alternativa que preencha correta e respectivamente as lacunas.

(A) a perda / a suspensão dos direitos políticos / de 8 (oito) a 10 (dez) anos subsequentes

(B) a perda / a interdição para o exercício de função ou cargo público / de 8 (oito) anos subsequentes

(C) a demissão a bem do serviço público / a interdição para o exercício de função ou cargo público / de 8 (oito) a 10 (dez) anos subsequentes

(D) a demissão a bem do serviço público / a suspensão dos direitos políticos / de 8 (oito) anos subsequentes

A solução desta questão deve ser extraída do art. 2º, § 6º, da Lei 12.850/2013, que assim dispõe: *a condenação com trânsito em julgado acarretará ao funcionário público a perda do cargo, função, emprego ou mandato eletivo e a interdição para o exercício de função ou cargo público pelo prazo de 8 (oito) anos subsequentes ao cumprimento da pena*. Cuida-se de efeito genérico e automático, razão pela qual prescinde de imposição expressa pelo juiz na sentença condenatória.

Gabarito "B".

(Analista Judiciário – TJ/AL – 2018 – FGV) A Lei n. 12.850, publicada em 02 de agosto de 2013, trouxe uma série de inovações legislativas ao disciplinar sobre a definição do crime de organização criminosa e sobre investigação penal e meios de obtenção de provas. Um dos institutos previstos na lei mais controvertidos e estudados pela doutrina e jurisprudência é o da colaboração premiada. De acordo com as previsões dessa lei, é correto afirmar que:

(A) o juiz não poderá recusar homologação à proposta que não atender aos requisitos legais, ou adequá-la ao caso concreto;

(B) o colaborador, nos depoimentos que prestar, renunciará, na presença da defesa técnica, ao direito ao silêncio e estará sujeito ao compromisso legal de dizer a verdade;

(C) as declarações do colaborador, como meio de obtenção de prova que são, poderão servir como fundamento único para justificar uma condenação;

(D) a colaboração premiada poderá ser realizada posteriormente à sentença, podendo ser acordada redução da pena em até 2/3 ou concessão de livramento condicional independentemente da pena cumprida;

(E) a negociação do acordo de colaboração premiada, em respeito aos princípios da ampla defesa e paridade de armas, contará com a participação do acusado, de seu defensor, do Ministério Público e do juiz competente para julgamento.

A: incorreta, pois contraria o disposto no art. 4º, § 8º, da Lei 12.850/2013, cuja redação foi alterada pela Lei 13.964/2019, que estabelece que é dado ao juiz, sim, recusar homologação à proposta que não atender aos requisitos legais, devolvendo-se às partes para as adequações necessárias; **B:** correta, porque corresponde ao que estabelece o art. 4º, § 14, da Lei 12.850/2013; **C:** incorreta, pois não reflete o disposto no art. 4º, § 16, da Lei 12.850/2013. A Lei 13.964/2019 alterou a redação do art. 4º, § 16, da Lei 12.850/2013, ampliando o leque de decisões que não podem ser proferidas tendo como fundamento único a declaração do colaborador. Com isso, fica o juiz impedido de, com base nas declarações do colaborador, proferir sentença condenatória (vedação que já existia); decretar medidas reais ou pessoais (inciso I, incluído pela Lei 13.964/2019); e proferir decisão de recebimento de denúncia ou queixa (inciso II, incluído pela Lei 13.964/2019); **D:** incorreta, pois contraria o disposto no art. 4º, § 5º, da Lei 12.850/2013; **E:** incorreta, pois contraria o disposto no art. 4º, § 6º, da Lei 12.850/2013, que veda a participação do juiz na negociação do acordo de colaboração premiada. ED

Gabarito "B".

(Analista Judiciário – TJ/AL – 2018 – FGV) A Lei nº 7.210/84 trata da matéria Execução Penal, afastando-se, assim, a maioria das previsões sobre o tema trazidas pelo Código de Processo Penal.

Sobre as previsões da Lei de Execução Penal e a jurisprudência majoritária dos Tribunais Superiores sobre o tema, é correto afirmar que:

(A) a execução penal é procedimento administrativo, de modo que não está sujeita ao princípio da legalidade;

(B) a prática de falta grave permite ao magistrado a revogação de todos os dias de pena remidos;

(C) o recurso de agravo é o cabível contra as decisões da execução, admitindo ao juízo *a quo* o exercício do juízo de retratação;

(D) a regressão de regime cautelar, diante da prática de novo crime doloso, nunca será admitida;

(E) a prática de falta grave interrompe o prazo de contagem do livramento condicional.

A: incorreta. No que concerne à natureza jurídica da execução penal, conferir a lição de Guilherme de Souza Nucci: "cuida-se de atividade jurisdicional, voltada a tornar efetiva a pretensão punitiva do Estado, em associação à atividade administrativa, fornecedora dos meios materiais para tanto" (*Leis penais e processuais penais comentadas*, volume II, Ed. Forense, p. 157, 2014). Ada Pellegrini Grinover, de forma semelhante, enxerga, na execução penal, uma atividade complexa, que se desenvolve tanto no plano jurisdicional quanto no administrativo; **B:** incorreta. Em vista das alterações implementadas na LEP pela Lei 12.433/11, estabeleceu-se, no caso de cometimento de falta grave, uma proporção máxima em relação à qual poderá se dar a perda dos dias remidos. Assim, diante da prática de falta grave, poderá o juiz, em vista da nova redação do art. 127 da LEP, revogar no máximo 1/3 do tempo remido, devendo a contagem recomeçar a partir da data da infração disciplinar. Antes disso, o condenado perdia os dias remidos na sua totalidade; **C:** correta. De fato, tal como estabelece o art. 197 da LEP, as decisões proferidas em sede de execução penal comportam a interposição do recurso de agravo, cujo rito a ser seguido é o do recurso em sentido estrito, que prevê, em seu art. 589, *caput*, do CPP, o efeito regressivo (possibilidade de o juiz retratar-se); **D:** incorreta, pois não corresponde ao que estabelece o art. 118, I, da LEP, que prevê a possibilidade de o reeducando, diante do cometimento de fato definido como crime doloso, regredir de regime de cumprimento de pena; **E:** incorreta, pois contraria o entendimento sedimentado na Súmula 441, do STJ: *A falta grave não interrompe o prazo para a obtenção de livramento condicional*. Atenção: a Lei 13.964/2019, com vigência a partir de 23 de janeiro de 2020 e posterior, portanto, à aplicação desta prova, introduziu novo requisito para a concessão do livramento condicional. Até então, tínhamos que o inciso III do art. 83 do CP continha os seguintes requisitos: comportamento satisfatório no curso da execução da pena; bom desempenho no trabalho atribuído ao reeducando; e aptidão para prover à própria subsistência por meio de trabalho honesto. O que fez a Lei 13.964/2019 foi inserir, neste inciso III, um quarto requisito. Doravante, além de preencher os requisitos contemplados no art. 83 do CP (os seus cinco incisos), é de rigor que o reeducando, para fazer jus à concessão do livramento, não tenha cometido falta grave nos últimos 12 meses. O inciso III, que passou a abrigar esta modificação, foi fracionado em quatro alíneas ("a", "b", "c" e "d"), cada qual correspondente a um requisito (os três aos quais me referi acima e este novo requisito introduzido pela *novel* lei). ED

Gabarito "C".

(Analista – TJ/SC – FGV – 2018) Lauro foi denunciado pela prática do crime de lesão corporal leve praticada no contexto de violência doméstica e familiar contra a mulher (art. 129, § 9º, CP – pena: 3 meses a 3 anos de reclusão). Antes do recebimento da denúncia, veio a ser denunciado em outra ação penal, dessa vez pelo crime de ameaça, também praticado no contexto da Lei nº 11.340/06, após a vítima ter comparecido à Delegacia, narrado o ato e afirmado que desejava ver Lauro processado, nos termos exigidos pelo Código Penal para responsabilização criminal, pleiteando medidas de urgência. Após o oferecimento das denúncias, mas antes do recebimento, a companheira de Lauro, Joana, suposta vítima, comparece ao cartório do Juizado de Violência Doméstica e Familiar contra a Mulher, informando não mais ter interesse em ver Lauro responsabilizado criminalmente pelos fatos.

Diante da informação de Joana, o servidor poderá esclarecer que a vontade da vítima:

(A) não poderá ensejar retratação da representação em relação a ambos os delitos, tendo em vista que, por serem praticados em contexto de violência doméstica e familiar contra a mulher, a responsabilização penal independe da vontade da ofendida;

(B) poderá justificar a retratação da representação em relação a ambos os delitos, mas tal retratação deverá ocorrer em audiência especial, na presença do magistrado, ouvido o Ministério Público;

(C) não poderá ensejar retratação da representação em relação a ambos os delitos, tendo em vista que, ainda que a vontade da ofendida possa ser relevante, já houve oferecimento das denúncias;

(D) poderá justificar retratação da representação em relação ao crime de ameaça, observadas as exigências legais em audiência especial, mas não do crime de lesão corporal;

(E) poderá justificar a retratação da representação em relação a ambos os delitos, sendo válida, para tanto, mera declaração da ofendida nos autos.

O entendimento do STF que estabeleceu a natureza incondicionada da ação penal, tomado em controle concentrado de constitucionalidade (ADIn 4.424), somente se aplica aos crimes de lesão corporal, independente de sua extensão, praticados contra a mulher no ambiente doméstico. Tal entendimento encontra-se consagrado na Súmula 542, do STJ: "A ação penal relativa ao crime de lesão corporal resultante de violência doméstica contra a mulher é pública incondicionada". Este entendimento não se aplica, todavia, ao crime de ameaça (de que foi vítima Joana), na medida em que o MP, para ajuizar a ação penal, depende da manifestação de vontade da ofendida, materializada por meio da representação. Neste caso, poderá a ofendida, desde que em audiência especialmente designada para esse fim e até o recebimento da denúncia, renunciar à representação formulada (art. 16 da Lei 11.340/2006).

Gabarito "D".

(Analista Judiciário – TRE/PE – CESPE – 2017) Conforme a Lei nº 9.099/1995 e o entendimento dos tribunais superiores, a suspensão condicional do processo

(A) não será aplicável em caso de infrações penais cometidas em concurso formal, quando a pena mínima cominada resultante da incidência da majorante for inferior a um ano.

(B) será aplicável em caso de infrações penais cometidas em concurso formal, quando a pena mínima cominada resultante da incidência da majorante for superior a um ano, mas não ultrapassar dois anos.

(C) não será aplicável em caso de infrações penais cometidas em concurso material, quando a pena mínima cominada resultante do somatório for igual a um ano.

(D) não será aplicável em caso de infrações penais cometidas em continuidade delitiva, quando a pena mínima cominada resultante da incidência da majorante for superior a um ano.

(E) será aplicável em caso de infrações penais cometidas em concurso material, quando a pena mínima cominada resultante do somatório for igual ou inferior a dois anos.

A solução desta questão deve ser extraída das Súmulas: 243, do STJ: *O benefício da suspensão do processo não é aplicável em relação às infrações penais cometidas em concurso material, concurso formal ou continuidade delitiva, quando a pena mínima cominada, seja pelo somatório, seja pela incidência da majorante, ultrapassar o limite de 1 (um) ano*; e 723, do STF: *Não se admite a suspensão condicional do processo por crime continuado, se a soma da pena mínima da infração mais grave com o aumento mínimo de um sexto for superior a um ano.*

Gabarito "D".

(Analista Judiciário – TRE/SP – FCC – 2017) Nos termos preconizados pelas Leis nº 9.099/1995 e nº 10.259/2001, que regulam os Juizados Especiais Criminais, considere:

I. A homologação da transação penal prevista no artigo 76 da Lei nº 9.099/1995 não faz coisa julgada material e, descumpridas suas cláusulas, retoma-se a situação anterior, possibilitando-se ao Ministério Público a continuidade da persecução penal mediante oferecimento de denúncia ou requisição de inquérito policial.

II. O Ministério Público poderá oferecer proposta de transação penal a Ricardo, primário e de bons antecedentes, acusado de cometer crime eleitoral previsto no artigo 39, da Lei nº 9.507/1997, ao ser surpreendido realizando propaganda de boca de urna no último pleito, crime este punível com detenção de 6 meses a 1 ano e multa.

III. O Ministério Público não poderá oferecer proposta de transação penal a Rodolfo, primário e de bons antecedentes, e acusado de cometer crime de usurpação de função pública, previsto no artigo 328, do Código Penal, que prevê pena de detenção de 3 meses a 2 anos e multa.

Está correto o que consta APENAS em

(A) II e III
(B) II.
(C) I e III.
(D) I e II.
(E) I.

I: correta, pois corresponde à redação da Súmula Vinculante 35: "A homologação da transação penal prevista no artigo 76 da Lei 9.099/1995 não faz coisa julgada material e, descumpridas suas cláusulas, retoma-se o *status quo ante*, possibilitando-se ao Ministério Público a continuidade da persecução penal mediante oferecimento de denúncia ou requisição de inquérito policial"; II: correta. Na hipótese narrada, cabe ao MP, de fato, oferecer proposta de transação penal, tal como autoriza o art. 76 da Lei 9.099/1995, que tem incidência no contexto das infrações penais de menor potencial ofensivo, assim consideradas as contravenções penais e os crimes aos quais a lei preveja pena privativa de liberdade máxima não superior a 2 anos, cumulada ou não com multa (art. 61, Lei 9.099/1995). O crime em que incorreu Ricardo tem pena privativa de liberdade máxima correspondente a *um ano*; III: incorreta, dado o que foi ponderado no comentário anterior: sendo a pena máxima privativa de liberdade não superior a 2 anos (é o caso narrado), impõe-se ao MP a formulação de transação penal.

Gabarito "D".

(Analista Judiciário – TRF/2 – Consulplan – 2017) "A progressão de regime, no caso dos condenados por crimes hediondos dar-se-á após o cumprimento de _____ da pena, se o apenado for primário; e de _____, se reincidente." Assinale a alternativa que completa correta e sequencialmente a afirmativa anterior.

(A) 1/3 / 2/3
(B) 1/4 / 2/5
(C) 1/6 / 1/2
(D) 2/5 / 3/5

Se o crime é hediondo (como é o caso, por exemplo, do estupro, latrocínio, homicídio qualificado) ou a ele assemelhado (tráfico de drogas, terrorismo e tortura), a progressão de regime, por imposição do art. 2º, § 2º, da Lei 8.072/1990, dar-se-á nos seguintes moldes: sendo o apenado primário, a progressão ocorrerá após o cumprimento de dois quintos da pena; se reincidente, depois de cumpridos três quintos. É importante que se diga que, se a prática do crime hediondo ou assemelhado for anterior à entrada em vigor da Lei 11.464/2007, que alterou, na Lei de Crimes Hediondos, o lapso exigido para a progressão de regime, deverá incidir, quanto aos condenados por crimes dessa natureza, a regência do art. 112 da LEP, que impõe, como condição para progressão de regime, o cumprimento de um sexto da pena no regime anterior, além de bom comportamento carcerário. Este entendimento está contemplado na Súmula 471 do STJ. Esta questão e seu respectivo comentário não levaram em conta as modificações realizadas pela Lei 13.964/2019, que alterou substancialmente o art. 112 da LEP, com a inclusão de novas faixas para o condenado pleitear a progressão de regime de cumprimento de pena, aqui incluídos os autores de crimes hediondos e equiparados. Com isso, a nova tabela de progressão ficou mais detalhada, já que, até então, contávamos com o percentual único de 1/6 para os crimes comuns e 2/5 e 3/5 para os crimes hediondos e equiparados. Doravante, passamos a ter novas faixas, agora expressas em porcentagem, que levam em conta, no seu enquadramento, fatores como primariedade e o fato de o delito haver sido praticado com violência/grave ameaça. A primeira faixa corresponde a 16%, a que estão sujeitos os condenados que forem primários e cujo crime praticado for desprovido de violência ou grave ameaça (art. 112, I, LEP); em seguida, passa-se à faixa de 20%, destinada ao sentenciado reincidente em crime praticado sem violência à pessoa ou grave ameaça (art. 112, II, LEP); a faixa seguinte, de 25%, é aplicada ao apenado primário que tiver cometido crime com violência à pessoa ou grave ameaça (art. 112, III, LEP); à faixa de 30% ficará sujeito o condenado reincidente em crime cometido com violência contra a pessoa ou grave ameaça (art. 112, IV, LEP); deverá cumprir 40% da pena o condenado pelo cometimento de crime hediondo ou equiparado, se primário (art. 112, V, LEP); estão sujeitos ao cumprimento de 50% da pena imposta o condenado pela prática de crime hediondo ou equiparado, com resultado morte, se for primário; o condenado por exercer o comando, individual ou coletivo, de organização criminosa estruturada para a prática de crime hediondo ou equiparado; e o condenado pela prática do crime de constituição de milícia privada (art. 112, VI, LEP); deverá cumprir 60% da pena o condenado reincidente na prática de crime hediondo ou equiparado (art. 112, VII, LEP); e 70%, que corresponde à última faixa, o sentenciado reincidente em crime hediondo ou equiparado com resultado morte (art. 112, VIII, LEP). O art. 2°, § 2°, da Lei 8.072/1990, como não poderia deixar de ser, foi revogado, na medida em que a progressão, nos crimes hediondos e equiparados, passou a ser disciplinada no art. 112 da LEP. Além disso, o art. 112, § 1°, da LEP, com a nova redação determinada pela Lei 13.964/2019, impõe que somente fará jus à progressão de regime, nos novos patamares, o apenado que ostentar boa conduta carcerária, a ser atestada pelo diretor do estabelecimento. Por sua vez, o art. 112, § 5°, da LEP, incluído pela Lei 13.964/2019, consagrando entendimento jurisprudencial, estabelece que não se considera hediondo ou equiparado o crime de tráfico de drogas previsto no art. 33, § 4°, da Lei 11.343/2006. Bem recentemente, quando já em vigor as alterações implementadas pelo pacote anticrime, o Congresso Nacional, ao apreciar os vetos impostos pelo presidente da República ao PL 6.341/2019 (que deu origem à Lei 13.964/2019), rejeitou (derrubou) vários deles (na verdade, 16 dos 24 vetos). No que toca ao tema bom comportamento como condicionante à progressão de regime, o texto original do projeto de lei previa a inclusão ao art. 112 da LEP do § 7°, segundo o qual o bom comportamento é readquirido após 1 (um) ano da ocorrência do fato, ou antes, após o cumprimento do requisito temporal exigível para a obtenção do direito. Pois bem. Este dispositivo, entre tantos outros, foi objeto de rejeição ao veto imposto pelo PR, de sorte que ele passa a integrar o pacote anticrime. O Palácio do Planalto assim justificou a imposição do veto: a propositura legislativa, ao dispor que o bom comportamento, para fins de progressão de regime, é readquirido após um ano da ocorrência do fato, ou antes, após o cumprimento do requisito temporal exigível para a obtenção do direito, contraria o interesse público, tendo em vista que a concessão da progressão de regime depende da satisfação de requisitos não apenas objetivos, mas, sobretudo, de aspectos subjetivos, consistindo este em bom comportamento carcerário, a ser comprovado, a partir da análise de todo o período da execução da pena, pelo diretor do estabelecimento prisional. Assim, eventual pretensão de objetivação do requisito vai de encontro à própria natureza do instituto, já pré-concebida pela Lei 7.210, de 1984, além de poder gerar a percepção de impunidade com relação às faltas e ocasionar, em alguns casos, o cometimento de injustiças em relação à concessão de benesses aos custodiados. Vale aqui o registro de que o STJ fixou o entendimento no sentido de que os percentuais de 60% e 70 %, introduzidos no art. 112 da LEP pelo pacote anticrime, somente se aplicam na hipótese de reincidência específica em crime hediondo/equiparado. Conferir: "1. Em recente mudança de orientação jurisprudencial, esta egrégia Quinta Turma, por unanimidade de votos, no julgamento do HC 613.268/SP, deu provimento ao agravo regimental, concedendo habeas corpus de ofício para que seja retificado o cálculo de pena, fazendo constar o percentual de 40% (quarenta por cento)

para fins de progressão de regime prisional, por entender que inexiste na *novatio legis* (a nova redação dada ao art. 112 da Lei de Execução Penal – LEP) percentual a disciplinar a progressão de regime ora pretendida, pois os percentuais de 60% e 70% foram destinados aos reincidentes específicos. 2. Nessa ordem de ideias, no caso concreto, o paciente cumpre pena pelo crime de tráfico de drogas, sua condenação anterior é por crime distinto, sendo, pois, reincidente genérico, impõe-se a aplicação do percentual equivalente ao que é previsto para o primário – 40%. 3. Agravo regimental provido. Habeas corpus concedido, de ofício, para que a transferência do paciente ao regime menos rigoroso observe, quanto ao requisito objetivo, o cumprimento de 40% da pena privativa de liberdade a que condenado, salvo se cometida falta grave" (AgRg no HC 627.551/SP, Rel. Ministro JOEL ILAN PACIORNIK, QUINTA TURMA, julgado em 30/03/2021, DJe 15/04/2021).

(Analista – TRE/GO – 2015 – CESPE) Camila foi presa em flagrante delito pela suposta prática de tráfico de drogas. Após ser citada da ação penal, manifestou interesse em ser assistida pela defensoria pública.

Com relação a essa situação hipotética, julgue o próximo item, com base na jurisprudência do Superior Tribunal de Justiça e nas disposições do Código de Processo Penal.

(1) Devido à gravidade do delito de que Camila é acusada, o juiz que receber o auto de prisão em flagrante está legalmente impedido de, de ofício, conceder-lhe liberdade provisória ou aplicar-lhe medidas cautelares.

1: incorreta. O Pleno do STF, em controle difuso, reconheceu a inconstitucionalidade da parte do art. 44 da Lei de Drogas que proibia a concessão de liberdade provisória nos crimes de tráfico (HC 104.339/SP, Pleno, rel. Min. Gilmar Mendes, 10.05.2012). Com isso, pode-se afirmar que aos investigados/acusados de crime de tráfico pode ser concedida, de ofício, liberdade provisória sem fiança. De igual modo, pode o juiz, também de ofício, assim que comunicado da prisão em flagrante, aplicar as medidas cautelares elencadas no art. 319 do CPP. Atualmente, a análise, pelo juiz, da prisão em flagrante e seus possíveis desdobramentos, como a concessão de fiança ou a sua conversão em prisão preventiva, dar-se-á em sede de audiência de custódia, a ser promovida pelo juiz no interregno de 24 horas a contar do recebimento do auto de prisão em flagrante, tal como estabelece o art. 310, *caput*, do CPP. No que concerne à audiência de custódia, valem alguns esclarecimentos. Dentre as inúmeras alterações promovidas pela Lei 13.964/2019 está a modificação do art. 310 do CPP. O conteúdo do parágrafo único deste dispositivo foi inserido, com pequenas alterações no seu texto, no art. 310, § 1°. Além disso, – e aqui está a alteração mais significativa –, o Pacote Anticrime promoveu a inclusão, no *caput* deste dispositivo, da *audiência de custódia*. Embora não contemplada, de forma expressa, na CF/1988, a Convenção Americana sobre Direitos Humanos (Pacto de San José da Costa Rica), incorporada ao ordenamento jurídico brasileiro com status de norma dotada de supralegalidade, em seu art. 7° (5), assim estabelece: "Toda pessoa presa, detida ou retida deve ser conduzida, sem demora, à presença de um juiz ou outra autoridade autorizada por lei a exercer funções judiciais (...)". O Conselho Nacional de Justiça, em parceria com o Tribunal de Justiça de São Paulo e também com o Ministério da Justiça, lançou e implementou o projeto "audiência de custódia", cujo propósito é assegurar ao preso o direito de ser apresentado, de forma rápida, a um juiz de direito, ao qual cabe analisar, entre outros aspectos, a legalidade da prisão em flagrante e também a necessidade da mesma ser convertida em prisão preventiva. Para tanto, o CNJ editou a Resolução 213/2015, cujo art. 1° assim estabelece: *Determinar que toda pessoa presa em flagrante delito, independentemente da motivação ou natureza do ato, seja obrigatoriamente apresentada, em até 24 horas da comunicação do flagrante, à autoridade judicial competente, e ouvida sobre as circunstâncias em que* *se realizou sua prisão ou apreensão*. Posteriormente, a Lei 13.964/2019 contemplou a audiência de custódia, inserindo-a no art. 310 do CPP. Pela primeira vez, portanto, a audiência de custódia, objeto de tantos debates na comunidade jurídica, tem previsão legal. Como dissemos acima, até então esta matéria estava prevista tão somente na Resolução CNJ 213/2015 e no Pacto de San José da Costa Rica (que ingressou no nosso ordenamento jurídico com status de norma supralegal). Segundo estabelece a nova redação do *caput* do art. 310 do CPP, "após receber o auto de prisão em flagrante, no prazo máximo de 24 (vinte e quatro) horas após a realização da prisão, o juiz deverá promover audiência de custódia com a presença do acusado, seu advogado constituído ou membro da Defensoria Pública e o membro do Ministério Público, e, nessa audiência, o juiz deverá, fundamentalmente: (...)".

Gabarito 1E

(Analista – TRE/GO – 2015 – CESPE) Tendo recebido denúncia feita pelo Ministério Público contra José pela prática do delito de roubo circunstanciado devido ao emprego de arma de fogo e ao concurso de agentes, o juiz determinou a citação pessoal do acusado no endereço residencial constante nos autos. O oficial de justiça, por não ter localizado José, certificou que ele se encontrava em local incerto e não sabido.

Considerando as disposições do Código de Processo Penal, julgue os itens que se seguem, tendo como referência a situação hipotética apresentada.

(1) Suponha que José tenha constituído advogado. Nessa situação, a intimação do advogado deve, em regra, ser realizada por publicação no órgão incumbido da publicidade dos atos judiciais e deve incluir o nome do acusado.

(2) O juiz deve determinar a citação de José por edital e decretar a sua prisão preventiva ainda que este tenha constituído advogado.

1: correta, uma vez que retrata a regra presente no art. 370, § 1º, do CPP: "A intimação do defensor constituído, do advogado do querelante e do assistente far-se-á por publicação no órgão incumbido da publicidade dos atos judiciais da comarca, incluindo, sob pena de nulidade, o nome do acusado"; **2:** incorreta. A prisão preventiva, porque anterior ao trânsito em julgado da sentença condenatória, deve ser utilizada com parcimônia, somente podendo o juiz dela lançar mão quando revelar-se absolutamente imprescindível ao processo, o que há de ser aferido por meio do art. 312 do CPP, que estabelece os fundamentos desta modalidade de custódia cautelar. À vista disso, o mero fato de o acusado não ser localizado pelo oficial de Justiça não pode servir de fundamento para a decretação da prisão preventiva, que deve – repita-se – ser determinada somente quando necessária. A citação por edital tem como pressuposto o esgotamento de todas as possibilidades de localização do réu. Não encontrado em seu endereço residencial, o juiz deve adotar a cautela de verificar a existência de outros endereços, fazendo expedir, quando necessário, ofícios para tentativa de localização (se, por exemplo, é advogado, ao respectivo órgão de classe, que, neste caso, é a OAB). Se, depois disso, o paradeiro do réu permanecer desconhecido, procede-se à citação por edital.

Gabarito 1C, 2E

(Analista – TRE/AP – 2011 – FCC) No que se refere à suspensão do processo prevista no artigo 89, da Lei nº 9.099/1995, é INCORRETO afirmar que

(A) a suspensão será revogada se, no curso do prazo, o beneficiário vier a ser processado por outro crime.

(B) além das condições obrigatórias estabelecidas por lei o Juiz poderá especificar outras condições a que fica subordinada a suspensão, desde que adequadas ao fato e à situação pessoal do acusado.

(C) a decisão judicial que homologa a suspensão condicional do processo interrompe a prescrição e, durante o prazo de suspensão do processo, não correrá a prescrição.

(D) expirado o prazo de suspensão do processo, sem revogação, o Juiz declarará extinta a punibilidade.

(E) a suspensão poderá ser revogada se o acusado vier a ser processado, no curso do prazo, por contravenção, ou descumprir qualquer outra condição imposta.

A: correta, visto que de acordo com o estabelecido no art. 89, § 3º, primeira parte, da Lei 9.099/1995; **B:** correta, visto que de acordo com o estabelecido no art. 89, § 2º, da Lei 9.099/1995; **C:** incorreta, devendo ser assinalada, pois a assertiva está em desacordo com o que reza o art. 89, § 6º, da Lei 9.099/1995; **D:** correta, visto que de acordo com o estabelecido no art. 89, § 5º, da Lei 9.099/1995; **E:** correta, visto que de acordo com o estabelecido no art. 89, § 4º, da Lei 9.099/1995.

Gabarito "C"

(Analista – TRE/SP – 2012 – FCC) Moacir foi conduzido ao Distrito Policial acusado de praticar crime de desacato, pois teria xingado um Policial Militar quando foi abordado em uma operação bloqueio da "Lei Seca" na cidade de São Paulo. Foi lavrado o respectivo Termo Circunstanciado e encaminhado ao Fórum local. Moacir ostenta vasta folha de antecedentes criminais e não fazia jus a qualquer benefício legal.

O Ministério Público ofereceu, então, denúncia contra Moacir, acusando-o de praticar o delito em questão (desacato). Designada audiência de instrução, debates e julgamento, o acusado foi regularmente citado e compareceu ao ato acompanhado de seu advogado. Iniciado o ato processual, o Magistrado concedeu a palavra ao advogado de Moacir para responder aos termos da denúncia. Em seguida, o Magistrado, em decisão fundamentada, rejeitou a denúncia apresentada pelo Ministério Público. Contra essa decisão

(A) não caberá recurso.

(B) caberá apelação, no prazo de três dias, que será julgada por turma composta de três Juízes em exercício no primeiro grau de jurisdição, reunidos na sede do Juizado.

(C) caberá apelação, no prazo de cinco dias, que será julgada por turma composta de três Juízes em exercício no primeiro grau de jurisdição, reunidos na sede do Juizado.

(D) caberá apelação, no prazo de dez dias, que será julgada por turma composta de três Juízes em exercício no primeiro grau de jurisdição, reunidos na sede do Juizado.

(E) caberá apelação, no prazo de quinze dias, que será julgada por turma composta de três Juízes em exercício no primeiro grau de jurisdição, reunidos na sede do Juizado.

O art. 82, *caput* e § 1º, da Lei 9.099/1995 estabelece que da decisão que rejeitar a denúncia ou a queixa caberá recurso de apelação, a ser interposto, por petição escrita, no prazo de dez dias, da qual deverão constar as razões e o pedido. O julgamento deste recurso caberá a uma turma composta de três juízes em exercício no primeiro grau de jurisdição, reunidos na sede do Juizado.

Gabarito "D"

(Analista – TJ/DFT – 2013 – CESPE) No que se refere à competência, sujeitos processuais, provas, medidas cautelares e recursos, julgue os itens a seguir.

(1) O assistente de acusação poderá intervir na ação penal pública em qualquer tempo, desde que não haja trânsito em julgado da sentença.

(2) Presentes os requisitos para a concessão da liberdade provisória, não se mostra viável condicionar a soltura do paciente ao recolhimento de fiança, caso ele não tenha condições de arcar com tais custos.

(3) Cabe recurso em sentido estrito contra decisão do magistrado de primeira instância que indefira absolvição sumária pleiteada na resposta à acusação.

(4) O querelante pode escolher ajuizar queixa-crime no foro do domicílio do réu, ainda que conhecido o lugar da infração.

1: correta. O assistente será admitido a partir do recebimento da denúncia e até o trânsito em julgado da sentença condenatória. É o que estabelece o art. 269 do CPP; **2:** correta, pois em conformidade com o disposto nos arts. 325, § 1º, I, e 350, ambos do CPP; **3:** incorreta. A decisão denegatória de absolvição sumária não está contemplada no rol do art. 581 do CPP, que estabelece as hipóteses de cabimento do recurso em sentido estrito; **4:** correta. Ainda que conhecido o lugar da infração, o querelante, na ação penal privada exclusiva, poderá preferir o foro do domicílio ou da residência do réu – art. 73 do CPP. Assertiva, portanto, correta.
Gabarito 1C, 2C, 3E, 4C

(Analista – TJ/ES – 2011 – CESPE) Julgue os próximos itens, relativos ao processo penal.

(1) O exame de corpo de delito bem como outras perícias devem ser realizados por dois peritos oficiais, portadores de diploma de curso superior; na falta desses peritos, o exame deverá ser realizado por duas pessoas idôneas, portadoras de diploma de curso superior, preferencialmente em área específica.

(2) O princípio da obrigatoriedade é mitigado em infrações de menor potencial ofensivo, uma vez que, nesses casos, há possibilidade de oferta de transação penal.

(3) Via de regra, em crimes de atribuição da polícia civil estadual, caso o indiciado esteja preso, o prazo para a conclusão do inquérito será de quinze dias, podendo ser prorrogado; e caso o agente esteja solto, o prazo para a conclusão do inquérito será de trinta dias, podendo, também, ser prorrogado.

(4) Caso diversas infrações sejam praticadas por diversas pessoas, umas contra as outras, configurar-se-á conexão intersubjetiva por reciprocidade.

1: incorreta. A redação anterior do art. 159 do CPP estabelecia que a perícia fosse realizada por *dois* profissionais. Atualmente, com a modificação implementada na redação do dispositivo pela Lei 11.690/2008, a perícia será levada a efeito por *um* perito oficial portador de diploma de curso superior. À falta deste, determina o § 1º do art. 159 que o exame seja feito por duas pessoas idôneas, detentoras de diploma de curso superior preferencialmente na área específica, dentre aquelas que tiverem habilitação técnica relacionada com a natureza do exame; **2:** incorreta (art. 76 da Lei 9.099/1995); **3:** incorreta. O prazo a que se refere o art. 10, *caput*, do CPP (10 dias), dentro do qual o inquérito deve ser concluído, se preso estiver o indiciado, não comporta dilação; admitirá dilação tão somente o prazo de 30 dias em que deverá terminar o inquérito caso o indiciado esteja solto (art. 10, § 3º, do CPP). Atenção: o art. 3º-B, VIII, do CPP, introduzido pela Lei 13.964/2019, estabelece ser uma das atribuições do juiz das garantias a prorrogação do prazo do inquérito policial, estando o investigado preso, desde que em face de representação formulada pela autoridade policial. O art. 3º-B, § 2º, do CPP, por sua vez, reza que tal prorrogação do prazo do IP, em que o investigado esteja preso, pode se dar por até 15 dias, uma única vez.; **4:** correta. Art. 76, I, do CPP.
Gabarito 1E, 2E, 3E, 4C

11. DIREITO CIVIL

Ana Paula Dompieri, Gabriela Rodrigues, Márcio Alexandre Pereira e Gustavo Nicolau

1. LINDB

(Analista Judiciário – TRT/20 – FCC – 2016) Maria trabalhou durante o tempo previsto, em legislação pertinente, para pedir sua aposentação. Não obstante, optou por continuar trabalhando, deixando de formular pedido de concessão do benefício. Caso lei nova altere as regras para a aposentação, Maria

(A) poderá alegar direito adquirido ao benefício, mas este se regerá pela lei nova, a qual tem efeito imediato.

(B) poderá alegar direito adquirido ao benefício, que será regido pela lei revogada.

(C) será atingida pela lei nova, pois possui mera expectativa de direito ao benefício.

(D) será atingida pela lei nova, pois possui mera faculdade jurídica de requerer o benefício.

(E) poderá alegar direito adquirido ao benefício, mas este se regerá pela lei nova, a qual tem efeito retroativo.

Maria preencheu todos os requisitos necessários para exercer plenamente o seu direito, o que a coloca no *status* de direito adquirido (Lei de Introdução, art. 6º, §2º) protegida, portanto, de eventual nova lei. Nesse caso, quando vier a solicitar a aposentadoria, a aposentadoria de Maria deverá seguir as regras da lei revogada. **GN**
Gabarito "B".

(Analista Judiciário – TRE/SP – FCC – 2017) André adquiriu um terreno onde pretendia construir uma fábrica de tintas. Na época da aquisição, não havia lei impedindo esta atividade na região em que se localizava o terreno. Passado o tempo, porém, antes de André iniciar qualquer construção, sobreveio lei impedindo o desenvolvimento de atividades industriais naquela área, por razões ambientais. A lei tem efeito

(A) imediato e atinge André, que não tem direito adquirido ao regime jurídico anterior a seu advento.

(B) retroativo e atinge André, por tratar de questão de ordem pública.

(C) imediato, mas não atinge André, que possui direito adquirido ao regime jurídico anterior a seu advento.

(D) retroativo, mas não atinge André, que possui direito adquirido ao regime jurídico anterior a seu advento.

(E) retroativo mas não atinge André, por tratar de direito disponível.

De acordo com o art. 6º da Lei de Introdução, "A Lei em vigor terá efeito imediato e geral, respeitados o ato jurídico perfeito, o direito adquirido e a coisa julgada". No caso em tela, André tinha direito adquirido apenas em relação à propriedade em si, a qual é e continuará sendo dele. Restrições e limitações ao direito de propriedade não se encontram na esfera de aquisição prévia de direito. Logo, ele permanece proprietário sem, contudo, poder dar o destino que imaginava ao bem. **GN**
Gabarito "A".

(Analista – Judiciário –TRE/PI – 2016 – CESPE) O aplicador do direito, ao estender o preceito legal aos casos não compreendidos em seu dispositivo, vale-se da

(A) interpretação teleológica.
(B) socialidade da lei.
(C) interpretação extensiva.
(D) analogia.
(E) interpretação sistemática.

A: incorreta, pois a interpretação teleológica busca extrair o significado da lei levando em consideração a sua finalidade, o seu objetivo; **B**: incorreta, pois a socialidade visa trazer uma aplicação da lei segundo o melhor interesse da sociedade. Ex.: função social da propriedade e dos contratos; **C**: incorreta, pois a interpretação extensiva é uma compreensão da lei de forma expandida, ampliada; **D**: correta, pois a analogia é utilizada justamente quando não há lei que trate de uma determinada situação. Assim, aplica-se outra lei que regulamenta situação semelhante; **E**: incorreta, pois, pela interpretação sistemática, busca-se a compreensão da lei a partir do ordenamento jurídico de que esta seja parte, relacionando-a com outras. **GN**
Gabarito "D".

(Analista Judiciário – TRT/8ª – 2016 – CESPE) Assinale a opção correta, em relação à classificação e à eficácia das leis no tempo e no espaço.

(A) Quanto à eficácia da lei no espaço, no Brasil se adota o princípio da territorialidade moderada, que permite, em alguns casos, que lei estrangeira seja aplicada dentro de território brasileiro.

(B) De acordo com a Lei de Introdução às Normas do Direito Brasileiro (LINDB), em regra, a lei revogada é restaurada quando a lei revogadora perde a vigência.

(C) Por ser o direito civil ramo do direito privado, impera o princípio da autonomia de vontade, de forma que as partes podem, de comum acordo, afastar a imperatividade das leis denominadas cogentes.

(D) A lei entra em vigor somente depois de transcorrido o prazo da *vacatio legis*, e não com sua publicação em órgão oficial.

(E) Dado o princípio da continuidade, a lei terá vigência enquanto outra não a modificar ou revogar, podendo a revogação ocorrer pela derrogação, que é a supressão integral da lei, ou pela ab-rogação, quando a supressão é apenas parcial.

A: correta, pois a lei estrangeira pode ser aplicada no Brasil em casos específicos. É o que ocorre, por exemplo, com pessoa que deixa bens no Brasil, mas que tinha domicílio no exterior. Para tais casos, o juiz deverá aplicar a lei do domicílio do *de cujus* (LI, art. 10, e CF, art. 5º, XXXI). O próprio CPC (art. 376) prevê a hipótese de aplicação de lei estrangeira; **B**: incorreta, pois a chamada repristinação depende de expressa previsão da lei que revogou a lei revogadora (LI, art. 2º, § 3°); **C**: incorreta, pois as leis cogentes não podem ser afastadas por acordo entre as partes. É o caso, por exemplo, dos deveres conjugais (CC, art. 1.566) ou das obrigações decorrentes do poder familiar (CC,

art. 1.630); **D:** incorreta, pois pode haver leis que não tenham *vacatio legis*. Nesse caso, entram em vigor no dia de sua publicação no Diário Oficial (LI, art. 1º); **E:** incorreta, pois a derrogação é a revogação parcial, ao passo que a ab-rogação é a revogação integral da lei.
Gabarito "A".

(Analista – TJ/AM – 2013 – FGV) Considerando os conceitos de vigência, validade e eficácia, assinale a afirmativa **incorreta**.

(A) A norma, durante o período da *vacatio legis*, apesar de válida, ainda não é vigente

(B) A norma pode ter eficácia, apesar de não ter validade, nem vigência.

(C) A norma revogada deixa apenas de ter vigência e eficácia.

(D) A norma de eficácia limitada, apesar de possuir eficácia jurídica, não possui plena eficácia técnica.

(E) A norma possui eficácia social quando presentes as condições fáticas necessárias para o seu cumprimento.

A questão traz ao candidato a necessidade de domínio de três conceitos fundamentais: validade, vigência e eficácia da norma. Para Tercio Sampaio, a definição de validade, vigência e eficácia das normas jurídicas são essas respectivamente: a primeira, é uma qualidade da norma que designa sua pertinência ao ordenamento, por terem sido obedecidas as condições formais e materiais de sua produção e consequente integração no sistema. A segunda, conceitua como uma qualidade da norma que diz respeito ao tempo de validade, ao período que vai do momento em que ela entra em vigor (passa a ter força vinculante) até o momento em que é revogada, ou em que se esgota o prazo prescrito para sua duração. A terceira, sendo uma qualidade da norma que se refere à possibilidade de produção concreta de efeitos, porque estão presentes as condições fáticas exigíveis para sua observância, espontânea ou imposta, ou para a satisfação dos objetivos visados (efetividade ou eficácia social), ou porque estão presentes as condições técnico-normativas exigíveis para sua aplicação (eficácia técnica). E ainda conceitua no seu rol dogmático do ordenamento o *vigor*, em que advoga ser uma qualidade da norma que diz respeito a sua força vinculante, isto é, à impossibilidade de os sujeitos subtraírem-se a seu império, independentemente da verificação de sua vigência ou de sua eficácia (Introdução ao Estudo do Direito, p. 203). Portanto, temos o seguinte: **A:** correta, pois o período de *vacatio legis* justamente serve para retardar o início de vigência da norma, para que os jurisdicionados possam se adaptar às novas regras; **B:** correta, pois como verificado na explicação supra, ainda que a norma não tenha validade (por não seguir os padrões formais e materiais para sua elaboração) ou vigência é possível que ela tenha eficácia social, por exemplo; **C:** incorreta (devendo ser assinalada), pois a norma revogada também perde sua validade, sob o ponto de vista de sua aplicabilidade; **D:** correta, pois a norma de eficácia limitada não possui plena eficácia técnica, haja vista não estarem presentes as condições técnico-normativas exigíveis para sua aplicação; **E:** correta, pois reflete quase que literalmente o conceito de eficácia social descrito acima.
Gabarito "C".

(Analista – TRT/16ª – 2014 – FCC) Uma lei foi elaborada, promulgada e publicada. Por não conter disposição em contrário, entrará em vigor 45 dias depois de oficialmente publicada, data que cairá no dia 18 de abril, feriado (sexta-feira da paixão de Cristo); dia 19 de abril é sábado; dia 20 de abril é domingo; dia 21 de abril é feriado (Tiradentes). Essa lei entrará em vigor no dia

(A) 19 de abril.

(B) 21 de abril.

(C) 20 de abril.

(D) 22 de abril.

(E) 18 de abril.

Nos termos da LC 95/1998, art. 8, § 1º, diz que: "A contagem do prazo para entrada em vigor das leis que estabeleçam período de vacância far-se-á com a inclusão da data da publicação e do último dia do prazo, entrando em vigor no dia subsequente à sua consumação integral.
Gabarito "E".

(Analista Judiciário – TRE/PA – 2020 – IBFC) A Lei de Introdução às Normas do Direito Brasileiro (LINDB), enquanto norma de direito, define normas de vigência e aplicação de leis, e não tem sua incidência restrita ao direito privado. Nesse sentido, assinale a alternativa **incorreta**.

(A) A nova lei, que estabelece disposições gerais ou especiais a par das já existentes, não revoga nem modifica a lei anterior. Salvo disposição em contrário, a lei revogada não se restaura por ter a revogadora perdido a vigência

(B) Consideram-se atos jurídicos perfeitos os direitos que o seu titular ou alguém por ele possa exercer, como aqueles cujo começo do exercício tenha termo pré-fixo, ou condição preestabelecida inalterável, a arbítrio de outrem

(C) Ninguém se escusa de cumprir a lei, alegando que não a conhece. Trata-se do Princípio da obrigatoriedade da norma que comporta exceções previstas no próprio ordenamento jurídico

(D) No caso de conflito entre norma posterior e norma anterior, valerá a primeira, pelo critério cronológico, caso de antinomia de primeiro grau aparente

A: correta, não devendo ser assinalada (art. 2º,§§ 2º e 3º da LINDB); **B:** incorreta, devendo ser assinalada, pois reputa-se ato jurídico perfeito o já consumado segundo a lei vigente ao tempo em que se efetuou (art. 6º, § 1º da LINDB); **C:** correta, não devendo ser assinalada (art. 3º da LINDB); **D:** correta, não devendo ser assinalado (art. 2º da LINDB).
Gabarito "B".

2. GERAL

2.1. Pessoas naturais

(Analista Judiciário – TRF/2 – Consulplan – 2017) Acerca das pessoas naturais, analise as afirmativas que seguem:

I. A pessoa com deficiência poderá testemunhar em igualdade de condições com as demais pessoas.

II. São absolutamente incapazes aqueles que, por causa permanente, não puderem exprimir sua vontade.

III. São incapazes, relativamente a certos atos ou à maneira de os exercer, os ébrios habituais, os viciados em tóxico e os que, por deficiência mental, tenham o discernimento reduzido.

Estão corretas as afirmativas:

(A) I, apenas.

(B) I e II, apenas.

(C) II e III, apenas.

(D) I, II, III.

I: correta, pois de acordo com o disposto no art. 228, §2º, do Código Civil; **II:** incorreta, pois apenas o menor de dezesseis anos é absolutamente incapaz (CC, art. 3º). A pessoa que não pode exprimir sua vontade é apenas relativamente incapaz (CC, art. 4º, III); **III:** incorreta,

pois os que tenham "discernimento reduzido" não são considerados relativamente incapazes (CC, art. 4º).
Gabarito "A".

(Analista – STF – 2013 – CESPE) Acerca das pessoas naturais, julgue os próximos itens.

(1) É característica dos direitos da personalidade a sua oponibilidade erga omnes.

(2) A sentença que declara a ausência da pessoa natural deve ser submetida a registro público.

1: correta, pois esses direitos geram deveres de abstenção de cada um de nós, inclusive do Estado; **2:** correta, nos termos art. 29, VI da Lei 6.015/73.
Gabarito 1C, 2C.

(Analista – TRT/15 – FCC – 2018) Em relação à capacidade, considerando o que dispõe o Código Civil,

(A) por disposição expressa, a personalidade civil da pessoa começa com sua concepção.

(B) são absolutamente incapazes aqueles que, por causa transitória ou permanente, como o estado de coma, não puderem exprimir sua vontade.

(C) entre outras hipóteses, cessará, para os menores, a incapacidade, pela concessão dos pais, ou de um deles na falta do outro, mediante instrumento público, independentemente de homologação judicial, ou por sentença do juiz, ouvido o tutor, se o menor tiver dezesseis anos completos.

(D) a comoriência, isto é, a morte de duas ou mais pessoas na mesma ocasião, resolve-se na presunção de que a mais velha morreu primeiro, se não for possível provar quem faleceu em primeiro lugar.

(E) a morte presumida exige sempre a decretação da ausência, que se dá quando a lei autoriza a abertura de sucessão definitiva.

A: incorreta, pois a personalidade civil da pessoa começa do nascimento com vida (art. 2º CC); **B:** incorreta, pois aqueles que, por causa transitória ou permanente, como o estado de coma, não puderem exprimir sua vontade são considerados relativamente incapazes (art. 4º, III CC); **C:** correta, pois trata-se da emancipação voluntária e legal, prevista no art. 5º, parágrafo único, I, CC; **D:** incorreta, pois se dois ou mais indivíduos falecerem na mesma ocasião, não se podendo averiguar se algum dos comorientes precedeu aos outros, presumir-se-ão simultaneamente mortos (art. 8º, CC); **E:** incorreta, pois a morte pode ser declarada presumida, sem decretação de ausência se for extremamente provável a morte de quem estava em perigo de vida ou se alguém, desaparecido em campanha ou feito prisioneiro, não for encontrado até dois anos após o término da guerra (art. 7º, CC).
Gabarito "C".

2.2. Pessoas jurídicas

(Analista Judiciário – Área Judiciária – TRT12 – 2013 – FCC) No tocante às pessoas jurídicas:

(A) começa a existência legal das pessoas jurídicas de direito privado com o início efetivo de suas atividades ao público.

(B) de direito público interno são civilmente responsáveis por atos dos seus agentes que, nessa qualidade, causem danos a terceiros, ressalvado direito regressivo contra os causadores do dano, se houver por parte destes culpa ou dolo.

(C) a criação, a organização, a estruturação interna e o funcionamento das instituições religiosas é condicional, por ser laico o Estado brasileiro, que deverá autorizar ou não seu reconhecimento e registro.

(D) os partidos políticos são pessoas jurídicas de direito público interno.

(E) as autarquias e as associações públicas são pessoas jurídicas de direito privado.

A: incorreta, pois começa a existência legal das pessoas jurídicas de direito privado *com a inscrição do ato constitutivo no respectivo registro*, precedida, quando necessário, de autorização ou aprovação do Poder Executivo, averbando-se no registro todas as alterações por que passar o ato constitutivo (art. 45 do CC); **B:** correta, (art. 43 do CC); **C:** incorreta, pois o Estado não deve interferir na estruturação interna das instituições religiosas, nem tampouco necessita autorizar o seu funcionamento e registro. Neste sentido, é vedado ao Estado estabelecer cultos religiosos ou igrejas, subvencioná-los, embaraçar-lhes o funcionamento ou manter com eles ou seus representantes relações de dependência ou aliança, ressalvada, na forma da lei, a colaboração de interesse público (art. 19, I da CF); **D:** incorreta, pois os partidos políticos são pessoas jurídicas de direito privado (art. 44, V do CC); **E:** incorreta, pois as autarquias, inclusive as associações públicas São pessoas jurídicas de direito público interno (art. 41, IV do CC).
Gabarito "B".

(Analista – TRT/11ª – 2012 – FCC) Considere as seguintes assertivas a respeito das Associações:

I. A convocação dos órgãos deliberativos far-se-á na forma do estatuto, garantido a 1/5 (um quinto) dos associados o direito de promovê-la.

II. Constituem-se as associações pela união de pessoas que se organizem para fins não econômicos. Não há, entre os associados, direitos e obrigações recíprocos.

III. O modo de constituição e de funcionamento dos órgãos deliberativos não são obrigatórios no conteúdo do estatuto das associações.

IV. A qualidade de associado é intransmissível, se o estatuto não dispuser o contrário.

De acordo com o Código Civil brasileiro está correto o que se afirma APENAS em

(A) I, II e III.
(B) I, II e IV.
(C) I e IV.
(D) II, III e IV.
(E) II e IV.

I: correta (art. 60 do CC); **II:** correta (art. 53 do CC); **III:** incorreta, pois são obrigatórios sob pena de nulidade (art. 54, V, do CC); **IV:** correta (art. 56, *caput* do CC).
Gabarito "B".

(Analista – TRT/1ª – 2012 – FCC) A Fundação Juju foi regularmente criada para atuar no benefício de crianças carentes e está em plena atividade na cidade do Rio de Janeiro. Uma das pessoas competentes para gerir e representar a Fundação Juju pretende alterar o seu estatuto. Para tanto, a alteração não pode contrariar o fim da Fundação e, além disso, deverá ser deliberada

(A) pela maioria absoluta dos competentes para gerir e representar a fundação e aprovada pelo órgão do Ministério Público, com possibilidade de suprimento judicial caso este denegue a aprovação.

(B) por dois terços dos competentes para gerir e representar a fundação e aprovada pelo órgão do Ministério Público, com possibilidade de suprimento judicial caso este denegue a aprovação.

(C) pela maioria simples dos competentes para gerir e representar a fundação e homologada pelo Juiz competente, após aprovação pelo Ministério Público.

(D) pela maioria absoluta dos competentes para gerir e representar a fundação e homologada pelo Juiz competente, após aprovação do Ministério Público.

(E) por todas as pessoas competentes para gerir e representar a fundação e homologada pelo Juiz competente, após aprovação do Ministério Público.

A: incorreta, pois o quórum de aprovação é dois terços dos competentes para gerir a fundação, e não a maioria absoluta (art. 67, I do CC); B: correta, com fulcro no art. 67, I e III do CC; C, D e E: incorretas, pois o quórum é de dois terços e a aprovação se dá pelo órgão do Ministério Público, independentemente de homologação pelo juiz. Note que o juiz apenas participará do procedimento se o órgão do Ministério Público denegar a aprovação e o interessado requerer ao magistrado que a supra. **AG**
Gabarito "B".

(Analista – TRT1 – 2018 – AOCP) Caio pretende constituir em seu nome uma empresa de comércio de calçados. Ana pretende constituir em seu nome uma igreja de sua religião para propagar sua fé. Fernanda pretende criar um partido político. Diante do intuito de cada um dos sujeitos fictícios deste enunciado e considerando os ditames da legislação civil, assinale a alternativa correta.

(A) O partido político de Fernanda não será classificado como pessoa jurídica de direito privado, em razão de os partidos políticos serem tratados apenas em legislação específica e não serem regulamentados pelo Código Civil de 2002.

(B) A constituição da igreja de Ana não estará sujeita ao regime das pessoas jurídicas de direito privado, tendo-se em vista tratar-se de instituição religiosa, que é regulamentada pelo clero, que goza de normativa própria para tanto.

(C) Os partidos políticos são definidos como "sui generis", ou seja, de aspecto próprio, singular ou inclassificável, não se enquadrando, portanto, nem como pessoa jurídica de direito público nem como pessoa jurídica de direito privado.

(D) Caso a empresa de Caio possua administração coletiva, seu contrato social não pode definir o modo de tomada de decisões que não seja pela maioria de votos presentes.

(E) Constituída a empresa de comércio de calçados de Caio, em caso de desvio de finalidade ou em caso de confusão patrimonial, pode o juiz decidir que os efeitos de certas e determinadas relações de obrigações sejam estendidos aos bens particulares dos administradores ou sócios da pessoa jurídica.

A: incorreta, pois os partidos políticos são considerados pessoas jurídicas de direito privado, nos termos do art. 44, V CC; B: incorreta, pois as organizações religiosas são consideradas pessoas jurídicas de direito privado, consoante art. 44, IV CC. É livre a sua criação, organização, estruturação interna e o funcionamento, sendo vedado ao poder público negar-lhes reconhecimento ou registro dos atos constitutivos e necessários ao seu funcionamento (art. 44, § 1º, CC); **C:** incorreta, pois os partidos políticos têm natureza de pessoa jurídica de direito privado, nos termos do art. 44, V, CC; **D:** incorreta, pois o contrato social pode dispor de modo diverso (art. 48, parte final, CC); **E:** correta, pois trata-se da desconsideração da personalidade jurídica, com fundamento no art. 50, *caput*, CC. **GR**
Gabarito "E".

2.3. Direitos da personalidade

Uma família viajava de navio do Brasil para a Europa e, no curso da viagem, o navio naufragou, tendo morrido os quatro integrantes dessa família. Não foi possível identificar o integrante da família que morreu primeiro. Robson era o mais velho, Marcos, o mais novo, e João, maior de sessenta e cinco anos de idade. Rogério estava doente, em estágio terminal de sua vida.

(Analista – TJ/CE – 2013 – CESPE) Nessa situação hipotética, com base no disposto no Código Civil, dada a impossibilidade de constatar quem morreu primeiro, presume-se que

(A) Rogério morreu primeiro, por estar em estágio terminal da vida.

(B) João morreu primeiro, por ser maior de sessenta e cinco anos de idade.

(C) Robson morreu primeiro, por ser o mais velho.

(D) todos morreram simultaneamente.

(E) Marcos morreu primeiro.

Tendo em vista que não foi possível constatar a ordem do falecimento, a Lei traz a presunção de todos morreram simultaneamente (art. 8º do CC). Não faz nenhuma diferença saber a idade ou a condição de vida da pessoa antes da morte. **GR**
Gabarito "D".

(Analista – TRT/9 – 2012 – FCC) No tocante aos direitos da personalidade,

(A) nenhuma pessoa pode ser constrangida a submeter-se, com risco de vida, a tratamento médico ou intervenção cirúrgica.

(B) é irrevogável o ato de disposição gratuita do próprio corpo, no todo ou em parte, para depois da morte.

(C) a ameaça ou a lesão a eles não se estendem aos mortos, por serem personalíssimas.

(D) como regra geral, os direitos da personalidade são passíveis de livre transmissão e renúncia.

(E) é sempre possível a comercialização de partes do próprio corpo, se com a disposição não houver diminuição permanente da integridade física do doador.

A: correta, nos termos do art. 15 do CC; B: incorreta, pois o ato de disposição do próprio corpo é revogável a qualquer tempo (art. 14, parágrafo único do CC); C: incorreta, pois a ameaça ou a lesão a direito da personalidade se estende aos mortos, sendo cabível a reparação por perdas e danos. Serão legitimados para requerê-la cônjuge sobrevivente, ou qualquer parente em linha reta, ou colateral até o quarto grau (art. 12, parágrafo único, do CC); **D:** incorreta, pois as partes do próprio corpo não podem ser comercializadas, mas apenas doadas com fins científicos ou altruísticos (art. 14, *caput* do CC). **AG**
Gabarito "A".

(Analista – TRE/PR – 2012 – FCC) Considere as seguintes disposições legais:

I. A validade do negócio jurídico requer forma prescrita ou não defesa em lei.

II. A validade da declaração de vontade não dependerá de forma especial, senão quando a lei expressamente a exigir.

É correto afirmar que

(A) as duas disposições se acham em vigor.
(B) nenhuma das disposições se acha em vigor.
(C) apenas a primeira disposição se acha em vigor.
(D) apenas a segunda disposição se acha em vigor.
(E) as duas disposições apenas parcialmente se acham em vigor.

I: correta, nos termos do art. 104, III, do CC; II: correta, nos termos do art. 107 do CC. **Gabarito "A".**

(Analista – TRT1 – 2018 – AOCP) Em relação à integridade psicofísica, assinale a alternativa correta.

(A) A lesão à integridade psicofísica não pode ser objeto de reparação indenizatória, visto não enquadrar-se em qualquer classificação de bens tutelados pelo ordenamento jurídico civil.
(B) A legislação civil veda ato de disposição do próprio corpo quando importar em diminuição permanente da integridade física, salvo por exigência médica.
(C) É vedada a manifesta disposição do próprio corpo, mesmo que gratuita ou posterior à morte.
(D) Mesmo diante da inexistência de consentimento, a existência de risco de vida não pode ser considerada como fator impeditivo para realização de tratamento médico ou intervenção cirúrgica, visto que o risco de vida é considerado inerente à prática de atos de tratamento ou cirurgia.
(E) A mera ameaça à integridade psicofísica não configura condição para requerimento de tutela inibitória.

A: incorreta, pois tanto o corpo, como a integridade física e psíquica do ser humano são tutelados pelo ordenamento jurídico, sendo sua disposição limitada apenas para fins específicos (art. 13 CC). A violação a este direito é passível de ação indenizatória (art. 12, *caput* CC); **B:** correta, nos termos do art. 13 CC. O ato de dispor do próprio corpo apenas pode se dar por necessidades médicas; **C:** incorreta, pois é válida, com objetivo científico, ou altruístico, a disposição gratuita do próprio corpo, no todo ou em parte, para depois da morte (art. 14 CC); **D:** incorreta, pois ninguém pode ser constrangido a submeter-se, com risco de vida, a tratamento médico ou a intervenção cirúrgica (art. 15 CC); **E:** incorreta, pois a mera ameaça já configura condição para requerimento da tutela inibitória (art. 12 CC). **Gabarito "B".**

2.4. Domicílio

(Analista – TRT/2ª – 2014 – FCC) José Silva possui residências em São Paulo, onde vive nove meses por ano em razão de suas atividades profissionais, bem como em Trancoso, na Bahia, e em São Joaquim, Santa Catarina, onde alternadamente vive nas férias de verão e inverno. São seus domicílios

(A) qualquer uma dessas residências, em São Paulo, Trancoso ou São Joaquim.
(B) apenas a residência que José Silva escolher, expressamente, comunicando formalmente as pessoas com quem se relacione.
(C) apenas a residência em que José Silva se encontrar no momento, excluídas as demais no período correspondente.
(D) apenas São Paulo, por passar a maior parte do ano nessa cidade.
(E) apenas São Paulo, por se tratar do local de suas atividades profissionais.

Domicílio é a sede jurídica da pessoa, onde ela responde por suas obrigações civis. O Código Civil no art. 70, dispõe que domicílio é o lugar onde a pessoa estabelece a sua residência com ânimo definitivo. O conceito de domicílio é formado por dois elementos: objetivo (residência) e subjetivo (ânimo definitivo, é a vontade de ser encontrado). É possível a pluralidade domiciliar, conforme prevê o art. 71 do CC, "Se, porém, a pessoa natural tiver diversas residências, onde, alternativamente, viva, considerar-se-á domicílio seu qualquer delas". E ainda, o art. 72 do CC preceitua que o exercício da profissão em lugares diversos gera a pluralidade domiciliar (domicílio profissional). Lembre-se, quanto às espécies, domicílio pode ser legal ou necessário (decorre da lei, as hipóteses estão no art. 76 do CC) e voluntário (fixado livremente). **Gabarito "A".**

(Analista – TRT/1ª – 2012 – FCC) Sobre o domicílio, de acordo com o Código Civil, é INCORRETO afirmar:

(A) O militar do Exército tem por domicílio, em regra, a sede do comando a que se encontrar imediatamente subordinado.
(B) A pessoa jurídica de direito privado, possuindo diversos estabelecimentos em lugares diferentes, cada um deles será considerado domicílio para os atos nele praticados.
(C) O Agente Diplomático do Brasil que, citado no estrangeiro, alegar extraterritorialidade sem designar onde tem, no país, o seu domicílio, poderá ser demandado no Distrito Federal ou no último ponto do território brasileiro onde o teve.
(D) Se a administração de pessoa jurídica de direito privado tiver sede no estrangeiro, haver-se-á por domicílio da pessoa jurídica, no tocante às obrigações contraídas por cada uma das suas agências, o lugar do estabelecimento situado no Brasil, a que ela corresponder.
(E) O domicílio do marítimo é necessário e é considerado o lugar onde o navio estiver matriculado.

A: incorreta (devendo ser assinalada), pois o domicílio do militar do Exército é o local onde servir (art. 76, parágrafo único, do CC); **B:** correta (art. 75, § 1º, do CC); **C:** correta (art. 77 do CC); **D:** correta (art. 75, § 2º, do CC); **E:** correta (art. 76, parágrafo único, do CC). **Gabarito "A".**

(Analista – TRF/4 – FCC – 2019) Acerca do domicílio, considere:

I. A União tem domicílio múltiplo, no Distrito Federal e na Capital de todos os Estados da Federação onde houver procuradoria em funcionamento.
II. Mesmo tendo a pessoa jurídica diversos estabelecimentos em lugares diferentes, apenas o lugar da sua sede é considerado seu domicílio.
III. O servidor público tem domicílio necessário.
IV. Se a pessoa natural exercer profissão em lugares diversos, terá domicílio apenas no lugar onde se concentrar sua principal atividade.

V. A pessoa natural que não tenha residência habitual considera-se domiciliada no lugar onde for encontrada.

Está correto o que consta APENAS de

(A) I e II.
(B) I e III.
(C) II e IV.
(D) III e V.
(E) IV e V.

I: incorreta, pois o domicílio da União é exclusivamente o Distrito Federal (art. 75, I, CC); **II:** incorreta, pois em se tratado de pessoa jurídica considera-se seu domicílio o lugar onde funcionarem as respectivas diretorias e administrações, ou onde elegerem domicílio especial no seu estatuto ou atos constitutivos (art. 75, IV, CC); **III:** correta (art. 76, *caput*, CC); **IV:** incorreta, pois se a pessoa exercitar profissão em lugares diversos, cada um deles constituirá domicílio para as relações que lhe corresponderem (art. 72, parágrafo único, CC); **V:** correta (art. 73 CC). Logo, a alternativa a ser assinalada é a letra D. Gabarito "D".

2.5. Bens

(Analista Judiciário – TRT/8ª – 2016 – CESPE) Com referência aos bens, assinale a opção correta.

(A) As benfeitorias úteis são aquelas indispensáveis à conservação do bem ou para evitar sua deterioração, acarretando ao mero possuidor que as realize o direito à indenização e retenção do bem principal.

(B) Um bem divisível por natureza não pode ser considerado indivisível pela simples vontade das partes, devendo tal indivisibilidade ser determinada por lei.

(C) O direito à sucessão aberta é considerado bem imóvel, ainda que todos os bens deixados pelo falecido sejam móveis.

(D) Bens infungíveis são aqueles cujo uso importa sua destruição.

(E) Os frutos são as utilidades que não se reproduzem periodicamente; por isso, se os frutos são retirados da coisa, a sua quantidade diminui.

A: incorreta, pois as benfeitorias úteis são aquelas que aumentam ou facilitam o uso do bem (CC, art. 96, § 2°); **B:** incorreta, pois a vontade das partes também pode determinar que o bem, naturalmente divisível, seja considerado indivisível (CC, art. 88); **C:** correta, pois o que é considerado bem imóvel é o direito em si, não importando os bens que compõem a herança (CC, art. 80, II); **D:** incorreta, pois a definição dada refere-se aos bens consumíveis (CC, art. 86); **E:** incorreta, pois os frutos se renovam periodicamente e sua retirada não implica diminuição do principal. Exemplos: juros, aluguel, safra etc. (CC, art. 95). Gabarito "C".

(Analista Judiciário – Área Judiciária – TRT12 – 2013 – FCC) Em relação aos bens:

(A) pertenças são bens que constituem partes integrantes de outros bens móveis ou imóveis, para incremento de sua utilidade.

(B) são móveis os materiais provisoriamente separados de um prédio, para nele se reempregarem.

(C) infungíveis são os bens móveis que podem substituir-se por outros da mesma espécie, qualidade e quantidade.

(D) não perdem o caráter de bens imóveis as edificações que, separadas do solo, mas conservando sua unidade, forem removidas para outro local.

(E) as benfeitorias podem ser principais, acessórias, singulares e coletivas.

A: incorreta, pois são pertenças os bens que, *não constituindo* partes integrantes, se destinam, de modo duradouro, ao uso, ao serviço ou ao aformoseamento de outro (art. 93 do CC); **B:** incorreta, pois referidos bens não perdem o caráter de imóveis (art. 81, II do CC); **C:** incorreta, pois esse é o conceito de bem fungível (art. 85 do CC); **D:** correta (art. 81, I do CC); **E:** incorreta, pois as benfeitorias podem ser úteis, necessárias ou voluptuárias (art. 96, *caput*, do CC). Gabarito "D".

(Analista – TRT/11ª – 2012 – FCC) Um fundo de comércio, uma biblioteca e um rebanho são uma universalidade de

(A) direito, direito e de fato, respectivamente.
(B) direito.
(C) fato.
(D) fato, fato e de direito, respectivamente.
(E) fato, direito e de direito, respectivamente.

A alternativa correta é a assertiva "C", pois em conformidade com o art. 90 do CC, *in verbis* "Constitui universalidade de fato a pluralidade de bens singulares que, pertinentes à mesma pessoa, tenham destinação unitária. Parágrafo único. Os bens que formam essa universalidade podem ser objeto de relações jurídicas próprias". Neste passo, tanto o fundo de comércio, como a biblioteca, como o rebanho têm destinação unitária, pois podem ser comercializados como um todo, sendo que os bens que os compõem também podem ser objeto de relações jurídicas individuais. Gabarito "C".

(Analista – TRT/15 – FCC – 2018) Em relação aos bens,

(A) consideram-se como benfeitorias mesmo os melhoramentos ou acréscimos sobrevindos ao bem sem a intervenção do proprietário, possuidor ou detentor.

(B) os naturalmente divisíveis podem tornar-se indivisíveis somente por vontade das partes.

(C) os negócios jurídicos que dizem respeito ao bem principal como regra abrangem as pertenças, salvo as exceções legais.

(D) os materiais destinados a alguma construção, enquanto não forem empregados, conservam sua qualidade de móveis; readquirem essa qualidade os provenientes da demolição de algum prédio.

(E) são consumíveis os bens móveis que podem substituir-se por outros da mesma espécie, qualidade e quantidade.

A: incorreta, pois não se consideram benfeitorias os melhoramentos ou acréscimos sobrevindos ao bem sem a intervenção do proprietário, possuidor ou detentor (art. 97 CC); **B:** incorreta, pois os bens naturalmente divisíveis podem tornar-se indivisíveis por determinação da lei ou por vontade das partes (art. 88 CC); **C:** incorreta, pois os negócios jurídicos que dizem respeito ao bem principal não abrangem as pertenças, salvo se o contrário resultar da lei, da manifestação de vontade, ou das circunstâncias do caso (art. 94 CC); **D:** correta (art. 84 CC); **E:** incorreta, pois são consumíveis os bens móveis cujo uso importa destruição imediata da própria substância, sendo também considerados tais os destinados à alienação (art. 86 CC). Gabarito "D".

2.6. Fatos jurídicos

(Analista Judiciário – TRE/PE – CESPE – 2017) Com relação a negócios jurídicos, prescrição e provas, assinale a opção correta à luz do Código Civil e da jurisprudência do STJ.

(A) A pretensão condenatória decorrente da declaração de nulidade de cláusula contratual que preveja reajuste em plano de saúde prescreve em três anos.
(B) A prova exclusivamente testemunhal é admitida somente para negócios jurídicos cujo valor não ultrapasse o décuplo do maior salário mínimo vigente no país ao tempo que forem celebrados.
(C) A presunção é inferida a partir de um fato jurídico indireto e, por essa razão, não consta no rol dos meios de prova do Código Civil.
(D) Nas declarações de vontade, prevalece o sentido literal da linguagem em detrimento da intenção nelas consubstanciada.
(E) A validade do negócio jurídico pode subordinar-se, se convencionado pelas partes, a evento futuro e incerto, mediante condição.

A: correta, pois o STJ fixou entendimento no sentido de que: "Cuidando-se de pretensão de nulidade de cláusula de reajuste prevista em contrato de plano ou seguro de assistência à saúde ainda vigente, com a consequente repetição do indébito, a ação ajuizada está fundada no enriquecimento sem causa e, por isso, o prazo prescricional é o trienal de que trata o art. 206, §3º, IV, do Código Civil de 2002". (REsp 1360969/RS, Rel. Ministro Marco Buzzi, Rel. p/ Acórdão Ministro Marco Aurélio Bellizze, Segunda Seção, julgado em 10/08/2016, DJe 19/09/2016); **B:** incorreta, pois tal regra limitativa foi revogada pelo CPC de 2015. Atualmente prevalece a regra segundo a qual, "qualquer que seja o valor do negócio jurídico, a prova testemunhal é admissível como subsidiária ou complementar da prova por escrito" (CC, art. 227, parágrafo único); **C:** incorreta, pois a presunção é uma das provas estabelecidas pelo rol do art. 212 do Código Civil; **D:** incorreta, pois o art. 112 do Código Civil é expresso em afirmar que "Nas declarações de vontade se atenderá mais à intenção nelas consubstanciada do que ao sentido literal da linguagem"; **E:** incorreta, pois a condição (evento futuro e incerto) refere-se apenas à eficácia do negócio jurídico e não à sua validade. Gabarito "A".

2.6.1. Condição, termo e encargo

(Analista – TRT/23ª – 2011 – FCC) Num negócio jurídico, a parte a quem aproveitaria o seu implemento, forçou maliciosamente a ocorrência de condição. Nesse caso,

(A) reputa-se verificada a condição.
(B) considera-se não implementada a condição.
(C) o negócio jurídico é nulo para todos os efeitos legais.
(D) o negócio jurídico é anulável.
(E) a verificação da condição será retardada em 90 dias.

Art. 129 do CC. Faz todo sentido essa solução, pois se alguém forçou maliciosamente uma condição que o aproveita, nada mais justo que se repute não verificada a condição. Gabarito "B".

(Analista – TRT/24ª – 2011 – FCC) A condição

(A) maliciosamente levada a efeito por aquele a quem aproveita o seu implemento considera-se não verificada.
(B) resolutiva, enquanto não se realizar, impede a eficácia do negócio jurídico, não podendo ser exercido, desde a conclusão deste, o direito por ele estabelecido.
(C) que sujeitar o efeito do negócio jurídico ao puro arbítrio de uma das partes, em geral, é válida, em decorrência do princípio da liberdade de contratar.
(D) cujo implemento for maliciosamente obstado pela parte a quem favorecer não se reputa verificada quanto aos efeitos jurídicos.
(E) suspensiva impede que o titular do direito eventual pratique atos destinados a conservá-lo.

A: correta (art. 129 do CC); **B:** incorreta, pois é o contrário, ou seja, se for resolutiva a condição, enquanto esta não se realizar, vigorará o negócio jurídico, podendo exercer-se desde a conclusão deste o direito por ele estabelecido; **C:** incorreta, pois essas condições são defesas, proibidas (art. 122 do CC); **D:** incorreta, pois, nesse caso, a condição reputa-se verificada (art. 129 do CC); **E:** incorreta, pois, mesmo suspensa a condição, o titular do direito eventual está autorizado pela lei a conservar o seu direito (art. 130 do CC). Gabarito "A".

(Analista – TRT1 – 2018 – AOCP) Referente aos temas Negócio Jurídico, Condição e Termo, assinale a alternativa correta.

(A) Tem-se por termo o acontecimento futuro e incerto que subordina a eficácia do negócio jurídico.
(B) Apesar de subordinarem a eficácia do negócio jurídico, tanto o termo quanto a condição não possuem o condão de suspender a exigibilidade de título executivo extrajudicial.
(C) A existência de apenas condições contraditórias ou incompreensíveis não são suficientes para invalidar o negócio jurídico.
(D) Diante de condição suspensiva ou resolutiva, o direito eventual não é passível de atos de conservação praticados por aquele que o detém, sendo possível tal prática apenas por aquele que possui a obrigação de transferência do direito, em razão de ainda não tê-lo transferido.
(E) Os negócios jurídicos entre vivos que não possuam prazo estipulado podem ser exequíveis desde logo.

A: incorreta, pois o termo constitui-se em evento futuro e certo (art. 131 CC); **B:** incorreta, pois é possível que a exigibilidade do título executivo extrajudicial dependa do cumprimento de termo ou condição. A Lei não restringe sua aplicação apenas a negócios jurídicos (arts. 121 e 131 CC); **C:** incorreta, pois condições contraditórias ou incompatíveis invalidam os negócios jurídicos que lhe são subordinados (art. 123, III CC); **D:** incorreta, pois diante de condição suspensiva ou resolutiva, o direito eventual é passível de atos de conservação praticados por aquele que o detém (art. 130 CC); **E:** correta, nos termos do art. 134 CC. A exceção se dá apenas se a execução tiver de ser feita em lugar diverso ou depender de tempo. Gabarito "E".

Os itens a seguir apresentam condições mencionadas na legislação civil, isto é, cláusulas que, derivando exclusivamente da vontade das partes, subordinam o efeito do negócio jurídico a evento futuro e incerto.

I. resolutiva e impossível
II. suspensiva e juridicamente impossível
III. de não fazer coisa impossível
IV. de fazer coisa ilícita

(**Analista Judiciário – TJ/PA – 2020 – CESPE/CEBRASPE**) De acordo com o Código Civil, invalidam os negócios jurídicos que lhes sejam subordinados, caso estejam presentes, as condições citadas apenas nos itens

(A) I e II.
(B) II e IV.
(C) III e IV.
(D) I, II e III.
(E) I, III e IV.

I: errada, pois invalidam os negócios jurídicos que lhes são subordinados as condições física ou juridicamente impossíveis, quando *suspensivas* (art. 123, I CC); **II:** certa (art. 123, I CC); **III:** errada, pois nesse caso tem-se por inexistente a condição (art. 124 CC); **IV:** certa (art. 123, II CC). Logo, a alternativa correta é a letra B. **Gabarito "B".**

2.6.2. Defeitos do negócio jurídico

(**Analista – Judiciário – TRE/PI – 2016 – CESPE**) A remissão de dívida que leve o devedor à insolvência configura

(A) abuso de direito.
(B) má-fé.
(C) fraude contra credores.
(D) dolo.
(E) lesão.

A: incorreta, pois o abuso de direito é o exercício de um direito que ultrapassa os limites da boa-fé, bons costumes, fim social e fim econômico (CC, art. 187). Ótimo exemplo foi dado pelo STJ (REsp 811690/RR) ao concluir que houve abuso de direito da concessionária de energia elétrica que cortou o fornecimento do consumidor em virtude de débito inferior a R$ 1,00; **B:** incorreta, pois má-fé é a ciência de um vício que macula o negócio; **C:** correta, pois perdoar uma dívida equivale, na prática, a doar um valor para alguém. Se uma pessoa está devendo, ela não pode perdoar valores dos quais ela é credora, pois isso prejudica os seus próprios credores. Assim, por exemplo, "A" não pode perdoar o valor que "B" lhe deve se, ele próprio ("A"), está devendo para "C" e não tem como pagar (CC, art. 158); **D:** incorreta, pois o dolo é o vício do consentimento que se configura pelo artifício malicioso que conduz uma pessoa a praticar negócio que jamais praticaria se estivesse consciente do engano (CC, art. 145); **E:** incorreta, pois na lesão uma pessoa, sob premente necessidade, ou por inexperiência, se obriga a prestação manifestamente desproporcional ao valor da prestação oposta (CC, art. 157). **Gabarito "C".**

(**Analista – TRT/3ª – 2015 – FCC**) Marcela permutou um televisor avariado com um celular avariado de Marina. Ambas sabiam que os respectivos bens estavam deteriorados e ambas esconderam tal circunstância uma da outra buscando tirar vantagem na transação. Julgando-se prejudicada, Marina ajuizou ação contra Marcela requerendo a invalidação do negócio e indenização. O juiz deverá

(A) desacolher ambos os pedidos, pois, se as duas partes procedem com dolo, nenhuma pode alegá-lo para anular o negócio nem reclamar indenização.
(B) acolher apenas o pedido de invalidação do negócio, pois esta pode ser reconhecida inclusive de ofício.
(C) acolher apenas o pedido de indenização, em razão do princípio que veda o enriquecimento sem causa.
(D) acolher ambos os pedidos, pois o dolo de uma parte não anula o da outra.
(E) acolher apenas o pedido de invalidação, desde que formulado no prazo decadencial de quatro anos da celebração do negócio.

Dolo é todo artifício malicioso que induz alguém a praticar um negócio jurídico prejudicial ou para obter vantagem para si ou para outrem. Em regra, o dolo será anulável nos termos do art. 178, II, CC. O Código prevê uma exceção quanto ao dolo bilateral ou recíproco (quando as partes agem com dolo). Neste caso, não se anula o negócio, nem haverá indenização por perdas e danos, conforme prevê o art. 150 do CC: 'Se ambas as partes procederem com dolo, nenhuma pode alegá-lo para anular o negócio, ou reclamar indenização". Assim, a fim de resguardar a boa-fé nas relações contratuais, não há o que se proteger se ambas as partes tinham a intenção de prejudicar a outra, há uma compensação, pois ninguém pode se beneficiar pela própria torpeza – *nemo auditur propriam turpitudinem allegans*. **Gabarito "A".**

(**Analista – TRT/2ª – 2014 – FCC**) Robinho foi ao shopping com a intenção de comprar um relógio de ouro, para combinar com suas inúmeras correntes do mesmo metal. De pouca cultura, adquiriu um relógio folheado a ouro, apenas, que tentou devolver mas a loja não aceitou, alegando terem vendido exatamente o que Robinho pediu e não terem agido de má-fé. Se Robinho procurar a solução judicialmente, seu advogado deverá pleitear a

(A) nulidade do negócio jurídico, por embasamento em falso motivo.
(B) ineficácia do negócio jurídico, por erro incidental e abusividade do funcionário da loja ré.
(C) anulação do negócio jurídico, alegando lesão por inexperiência.
(D) nulidade do negócio jurídico, por erro essencial quanto ao objeto principal da relação jurídica.
(E) anulação do negócio jurídico, alegando erro substancial no tocante a uma qualidade essencial do relógio adquirido.

A: incorreta, pois motivo é a ideia, a razão que leva ao negócio, em regra, o erro quanto ao fim colimado (falso motivo) não vicia o negócio, a não ser quando nele figurar expressamente, figurando-o como sua razão determinante (art. 140 do CC), porém, neste caso tornaria o negócio anulável e não nulo; **B:** incorreta, pois erro incidental é aquele que se opõe ao substancial, visto que se refere a circunstâncias de menor importância, de qualidades secundárias ao objeto, que não geram o efetivo prejuízo; **C:** incorreta, porque na lesão é o prejuízo resultante da desproporção entre as prestações de um contrato, no momento da sua celebração, determinada pela premente necessidade ou inexperiência de uma das partes (art. 157 do CC); **D:** incorreta, pois erro não torna o negócio nulo, mas sim anulável nos termos do art. 178 do CC; **E:** correta, visto que erro substancial é o erro sobre circunstâncias e aspectos relevantes do negócio, de modo que o sujeito não realizaria o negócio se conhecesse da realidade. O sujeito só realizou o negócio porque pensou que o relógio fosse de ouro, é o erro que diz respeito à qualidade essencial do objeto (*error in substantia*), previsto no art. art. 139, I, do CC. É anulável nos termos do art. 178, II, do CC. **Gabarito "E".**

(**Analista – TRT/11ª – 2012 – FCC**) Em um negócio jurídico uma parte pensa que a outra parte está doando um bem quando na verdade o bem está sendo oferecido à venda. Neste caso, ocorreu

(A) *error in negotio* tratando-se de erro substancial que poderá anular o negócio jurídico.

(B) *error in corpore* tratando-se de erro substancial que poderá anular o negócio jurídico.
(C) erro acidental que não anula o negócio jurídico, devendo as partes adequá-los à situação real.
(D) erro acidental que anula o negócio jurídico, não cabendo perdas e danos à parte prejudicada.
(E) *error juris* tratando de erro substancial que poderá anular o negócio jurídico.

A: correta, pois, de fato trata-se de erro substancial, considerando que diz respeito à natureza do negócio (doação X compra e venda). Assim, nos termos do arts. 138 e 139, I do CC, o negócio jurídico é anulável; **B**: incorreta, pois o erro *in corpore* diz respeito ao erro sobre o objeto do negócio, o que não é o caso; **C e D**: incorreta, pois não se trata de hipótese de erro acidental, mas sim erro essencial, consoante expressa disposição de Lei (art. 139, I do CC). Ademais, apenas para constar, o erro acidental não anula o negócio jurídico, mas apenas dá direito a indenização por perdas e danos; **E**: incorreta, pois muito embora o erro de direito também seja caso de anulação do negócio jurídico, ele não está presente no caso em testilha (art. 139, III do CC).
Gabarito "A".

(Analista – TRT/1ª – 2012 – FCC) Sobre os defeitos dos negócios jurídicos, de acordo com o Código Civil brasileiro, considere:

I. A coação sempre vicia o ato, ainda que exercida por terceiro, e se a parte prejudicada com a anulação do ato não soube da coação exercida por terceiro, só este responde por perdas e danos.
II. Tratando-se de negócios gratuitos, a anulação por fraude contra credores dispensa que o estado de insolvência do devedor seja conhecido por qualquer uma das partes, mas no caso de contrato oneroso do devedor insolvente é necessário, para a anulação, que a insolvência seja notória ou haver motivo para que ela seja conhecida do outro contratante.
III. O dolo do representante legal ou convencional de uma das partes só obriga o representado a responder civilmente até a importância do proveito que teve.

Está correto o que se afirma APENAS em

(A) I e II.
(B) I e III.
(C) II.
(D) II e III.
(E) III.

I: incorreta, pois vicia o negócio jurídico a coação exercida por terceiro apenas se a parte que dela se aproveite tivesse ou devesse ter conhecimento do ato (art. 154 do CC). Quanto a segunda parte da assertiva, não há reparos a serem feitos, nos termos do art. 155 do CC; **II**: correta (arts. 158 e 159 do CC); **III**: incorreta, pois havendo dolo do representante convencional, o representado responderá solidariamente com ele por perdas e danos e não apenas no limite do proveito que teve (art. 149 do CC).
Gabarito "C".

Em abril de 2019, Pedro alienou todos seus bens para seu sobrinho Renato, a título gratuito. Ao praticar esse ato, Pedro se tornou insolvente, em manifesto prejuízo a Caio, que era seu credor no momento da alienação. Posteriormente, em agosto de 2019, Pedro contraiu nova dívida, desta vez com o credor Marcelo.

(Analista Judiciário – TJ/PA – 2020 – CESPE/CEBRASPE) De acordo com o Código Civil, é correto afirmar que, nessa situação hipotética, a anulação de negócio jurídico por fraude contra credores

(A) independe de ação judicial específica para ser reconhecida.
(B) depende da demonstração de conluio fraudulento entre Pedro e Renato, e tanto Caio quanto Marcelo têm direito de pleitear a anulação.
(C) depende da demonstração de conluio fraudulento entre Pedro e Renato, e apenas o credor Caio tem direito de pleitear a anulação.
(D) independe da demonstração de conluio fraudulento entre Pedro e Renato, e tanto Caio quanto Marcelo têm direito de pleitear a anulação.
(E) independe da demonstração de conluio fraudulento entre Pedro e Renato, e apenas o credor Caio tem direito de pleitear a anulação.

A: incorreta, pois para que o negócio jurídico seja anulado é necessário ação judicial pelo credor prejudicado (art. 161 CC); **B**: incorreta, pois independe de prova de conluio fraudulento a transmissão gratuita de bens do devedor para o terceiro quando essa transação o reduzir à insolvência perante o credor (art. 158, *caput* CC). Apenas Caio poderá pleitear a anulação, pois apenas ele já era credor quando a fraude ocorreu (art. 158, § 2º CC); **C**: incorreta, pois independe de prova de conluio fraudulento a transmissão gratuita de bens do devedor para o terceiro quando essa transação o reduzir à insolvência perante o credor (art. 158, *caput* CC); **D**: incorreta, pois apenas Caio poderá pleitear a anulação, pois apenas ele já era credor quando a fraude ocorreu (art. 158, § 2º CC); **E**: correta (art. 158 *caput* e § 2º CC).
Gabarito "E".

(Analista Judiciário – TRE/PA – 2020 – IBFC) Os vícios ou defeitos do negócio jurídico são divididos pela doutrina em duas categorias, os vícios da vontade ou do consentimento e os vícios sociais. Considere as disposições do Código Civil e assinale a alternativa correta:

(A) Configura-se lesão quando alguém, premido da necessidade de salvar-se, ou a pessoa de sua família, de grave dano conhecido pela outra parte, assume obrigação excessivamente onerosa
(B) Será nulo o negócio jurídico por dolo de terceiro, se a parte a quem aproveite dele tivesse ou devesse ter conhecimento; em caso contrário, ainda que subsista o negócio jurídico, o terceiro responderá por todas as perdas e danos da parte a quem ludibriou
(C) Vicia o negócio jurídico a coação exercida por terceiro, se dela tivesse ou devesse ter conhecimento a parte a que aproveite, e esta responderá solidariamente com aquele por perdas e danos
(D) É anulável o negócio jurídico simulado, mas subsistirá o que se dissimulou, se válido for na substância e na forma. Ressalvam-se os direitos de terceiros de boa-fé em face dos contraentes do negócio jurídico simulado

A: incorreta, pois ocorre a lesão quando uma pessoa, sob premente necessidade, ou por inexperiência, se obriga a prestação manifestamente desproporcional ao valor da prestação oposta (art. 157 *caput* CC). O conceito que foi trazido na alternativa é o de estado de perigo; **B**: incorreta, pois esse negócio é anulável e não nulo (art. 148 CC); **C**: correta (art. 154 CC); **D**: incorreta, pois o negócio jurídico simulado é nulo e não anulável (art. 167 *caput* CC).
Gabarito "C".

2.6.3 Interpretação do negócio jurídico

(Analista – TRT/18 – 2023 – FCC) De acordo com o Código Civil, a anuência das partes à celebração dos negócios jurídicos em geral

(A) depende, necessariamente, de declaração de vontade expressa, que deverá ser sempre formalizada por escrito, sob pena de não valer.

(B) depende, necessariamente, de declaração de vontade expressa, que tanto poderá ser formalizada por escrito quanto manifestada oralmente.

(C) só depende de declaração de vontade expressa nos casos em que a lei exigir instrumento público para a validade do negócio.

(D) pode ocorrer pelo silêncio, quando as circunstâncias ou os usos o autorizarem, e não for necessária a declaração de vontade expressa.

(E) pode ocorrer pelo silêncio, mas somente nos casos em que a lei expressamente assim autorizar.

A: incorreta, pois a anuência pode ser tácita. Neste sentido, o silêncio importa anuência, quando as circunstâncias ou os usos o autorizarem, e não for necessária a declaração de vontade expressa (art. 111 CC); B: incorreta, pois a anuência não depende de declaração de vontade expressa. O silêncio importa anuência quando a declaração expressa não for obrigatória e as circunstâncias ou os usos o autorizarem (art. 111 CC). E quando a lei exigir declaração expressa, ela elucidará se será aceita a forma escrita ou oral. Neste sentido, a validade da declaração de vontade não dependerá de forma especial, senão quando a lei expressamente a exigir (art. 107 CC); C: incorreta, pois é possível que a lei exija declaração expressa, mas não necessariamente por instrumento público (art. 107 CC). Os casos em que o legislador exige instrumento público estão previstos em Lei. Um exemplo é a escritura pública para negócios jurídicos de disposição de bens imóveis (art. 108 CC); D: correta (art. 111 CC); E: incorreta, pois pode ocorrer pelo silêncio quando as circunstâncias ou os usos o autorizarem (art. 111 CC). Não é necessário autorização legal. **Gabarito "D".**

(Analista – TRT9 – 2012 – FCC) Em relação à interpretação do negócio jurídico, é correto afirmar que

(A) quaisquer negócios jurídicos onerosos interpretam-se estritamente.

(B) na vontade declarada atender-se-á mais à intenção das partes do que à literalidade da linguagem.

(C) a renúncia interpreta-se ampliativamente.

(D) o silêncio da parte importa sempre anuência ao que foi requerido pela outra parte.

(E) como regra geral, não subsiste a manifestação da vontade se o seu autor houver feito a reserva mental de não querer o que manifestou.

A: incorreta, pois quando o legislador usa a palavra "quaisquer" é possível substituí-la pela palavra "todos", então a assertiva traz que "todo contrato oneroso interpreta-se estritamente", o que não reflete a verdade. O Código Civil traz regra expressa quanto à interpretação estrita apenas no que se refere aos contratos jurídicos gratuitos (benéficos) e à renúncia (art. 114 CC); B: correta, pois reproduz o art. 112 do CC; C: incorreta, pois a renúncia interpreta-se estritamente (art. 114 do CC); D: incorreta, pois o silêncio da parte apenas importa anuência quando as circunstâncias ou os usos o autorizarem, e não for necessária a declaração de vontade expressa (art. 111 do CC); E: incorreta, pois a regra é de que subsiste a manifestação de vontade, ainda que o seu autor haja feito a reserva mental de não querer o que manifestou, salvo se dela o destinatário tinha conhecimento. Afinal se o destinatário tinha conhecimento, caso a lei mantivesse válida a manifestação de vontade, estaria prestigiando a sua má-fé (art. 110 do CC). **Gabarito "B".**

(Analista – TRT/10ª – 2013 – CESPE) Julgue os itens que se seguem, a respeito da interpretação da legislação e dos atos e negócios jurídicos.

(1) Atualmente o direito brasileiro é adepto à aplicação dos danos punitivos (*punitive damages*) a fim de evitar a causação de danos aos consumidores por falta de zelo do fornecedor.

(2) Considere que Cláudio tenha adquirido de Pedro um apartamento, cuja venda fora anunciada por este em jornal, e que, em razão dessa venda, Pedro tenha ficado sem patrimônio para garantir o pagamento de suas dívidas. Nessa situação, o negócio jurídico celebrado entre ambos é passível de anulação por fraude contra credores em face da presunção de má-fé de Pedro.

1: Certa, pois verificada a ocorrência do dano, o fornecedor tem o dever de repará-lo. No caso do Código de Defesa do Consumidor, em regra, a responsabilidade é objetiva (arts. 12 e 18 do CDC). No que tange à responsabilidade pelo Código Civil, os artigos fundamentais que justificam a assertiva são o arts. 186 c.c 927; 2: Certa. A assertiva traz vários pontos a serem analisados. De proêmio é possível notar que houve um contrato de compra e venda de imóveis, logo temos um negócio jurídico oneroso. Neste passo, os negócios jurídicos onerosos podem ser anuláveis por fraude contra credores se presentes duas condições alternativas: quando a insolvência do devedor for notória ou houver motivo para ser conhecida do outro contratante. A notoriedade da insolvência geralmente vem à tona pela simples obtenção de certidões do distribuidor obtidas pelo adquirente que refletem a situação delicada que muitas vezes se encontra o alienante. Assim, é dever do comprador diligente munir-se dessas informações antes de comprar o imóvel, sob pena de ter o negócio jurídico anulado pelos credores prejudicados (art. 159 do CC). **Gabarito 1C, 2C**

(Analista – TJ/CE – 2013 – CESPE) Acerca de pessoas naturais e negócio jurídico, assinale a opção correta à luz do Código Civil e da doutrina de referência.

(A) Na concretização do negócio jurídico, o silêncio não tem consequência concreta a favor das partes.

(B) Todas as pessoas naturais, por possuírem capacidade de direito, podem praticar, por si próprias, a generalidade dos atos da vida civil.

(C) Considera-se termo a cláusula que, derivando exclusivamente da vontade das partes, subordina o efeito do negócio jurídico a evento futuro e incerto.

(D) Os negócios jurídicos devem ser interpretados conforme a boa-fé e os usos do lugar de sua celebração.

(E) Se, da declaração de vontade, for detectado o falso motivo, o negócio jurídico será sempre anulado.

A: incorreta, pois o silencio gera repercussão no negócio jurídico, de maneira que importa anuência, quando as circunstâncias ou os usos o autorizarem, e não for necessária a declaração de vontade expressa (art. 111 do CC); B: incorreta, pois prática de atos da vida civil tem a ver com a capacidade de fato, de modo que aquele que possui capacidade plena pode praticá-los livremente, contudo aqueles que não a possuem necessitam de representação ou assistência para a sua validade (art. 104, I do CC); C: incorreta, pois este é o conceito de condição (art. 121

do CC). No "termo", os efeitos do negócio jurídico ficam subordinados a um evento futuro e *certo*, em que já há a aquisição do direito, ficando suspenso apenas o seu exercício (art. 131 do CC); **D:** correta (art. 113 do CC); **E:** incorreta, pois o falso motivo só vicia a declaração de vontade quando expresso como razão determinante (art. 140 do CC).
Gabarito "D".

(Analista Judiciário – Área Judiciária – TRT12 – 2013 – FCC) Acerca dos negócios jurídicos:

(A) nas declarações de vontade importa considerar e fazer prevalecer apenas o sentido literal da linguagem.

(B) os negócios jurídicos benéficos e a renúncia interpretam-se ampliativamente.

(C) a manifestação de vontade subsiste ainda que o seu autor haja feito a reserva mental de não querer o que manifestou, salvo se dela o destinatário tinha conhecimento.

(D) se forem eles celebrados com a cláusula de não valer sem instrumento público, este passa a ser incidental e secundário ao ato.

(E) o silêncio de uma parte importa sempre anuência à vontade declarada pela outra parte.

A: incorreta, pois nas declarações de vontade se atenderá mais à *intenção nelas consubstanciada* do que ao sentido literal da linguagem (art. 112 do CC); **B:** incorreta, pois os negócios jurídicos benéficos e a renúncia interpretam-se *estritamente* (art. 114 do CC); **C:** correta (art. 110 do CC); **D:** incorreta, pois o negócio jurídico celebrado com a cláusula de não valer sem instrumento público, *este é da substância do ato* (art. 109 do CC); **E:** incorreta, pois o silêncio apenas importa anuência, quando as circunstâncias ou os usos o autorizarem, e não for necessária a declaração de vontade expressa (art. 111 do CC).
Gabarito "C".

2.6.4. Invalidade do negócio jurídico

(Analista Judiciário – TRE/SP – FCC – 2017) Para se furtar à legislação eleitoral, Paulo transferiu para si patrimônio da empresa na qual é sócio. Na sequência, simulou doar o dinheiro a candidato, pela pessoa física. Na verdade, porém, foi a empresa quem realizou, de fato, a doação. O negócio simulado é

(A) válido, se atender à forma prescrita em lei e não prejudicar direito de terceiros.

(B) nulo, matéria cognoscível de ofício, não se sujeitando a declaração de nulidade a prazo de decadência ou de prescrição.

(C) anulável, dependendo, a sua invalidação, de provocação da parte, sujeita a prazo decadencial de quatro anos.

(D) anulável, matéria cognoscível de ofício e não sujeita a prazo de decadência ou de prescrição.

(E) nulo, dependendo a sua invalidação de provocação da parte, sujeita a prazo decadencial de quatro anos.

A simulação ocorre sempre que a declaração de vontade não corresponde aos fatos concretos ocorridos no mundo fenomênico. No caso apresentado, o que realmente ocorreu foi uma doação da empresa para o candidato a cargo público. Paulo aparaceu apenas como doador, com o objetivo de se furtar a aplicação da lei. Nesse caso, não há dúvidas, o ato simulado é nulo de pleno direito (CC, art. 167) e – nessa condição – é cognoscível de ofício (CC, art. 168, parágrafo único), não havendo prazo para seu reconhecimento (CC, art. 169).
Gabarito "B".

(Analista Judiciário – TRT/24 – FCC – 2017) À luz do Código Civil, NÃO é nulo o negócio jurídico celebrado entre duas partes quando

(A) for preterida alguma solenidade que a lei considere essencial para a sua validade.

(B) o motivo determinante, comum a ambas as partes, for ilícito.

(C) tiver por objetivo fraudar lei imperativa.

(D) for indeterminável o seu objeto.

(E) houver vício resultante de coação.

A: incorreta, pois para tal ausência de solenidade, há previsão expressa de nulidade absoluta no art. 166, V, do Código Civil; **B:** incorreta, pois tal previsão de nulidade absoluta encontra respaldo no art. 166, III, do CC; **C:** incorreta, pois a intenção de fraudar lei imperativa gera nulidade absoluta do negócio jurídico (CC, art. 166, VI); **D:** incorreta, pois o art. 166, II estabelece tal hipótese como causa de nulidade absoluta; **E:** correta, pois a coação – assim como os demais vícios do consentimento – gera apenas anulabilidade do negócio jurídico (CC, art. 171, II).
Gabarito "E".

(Analista – TRT/3ª – 2015 – FCC) Pedro comprou, por valor inferior ao de mercado, rara e valiosa coleção de selos pertencente a Lucas, que tinha 14 anos e não foi representado quando da celebração do negócio. Passados alguns meses e não entregue o bem, Pedro procurou Lucas oferecendo-lhe suplementação do preço, a fim de que as partes ratificassem o ato. A pretendida ratificação

(A) não poderá ocorrer, salvo se Lucas for assistido quando da confirmação.

(B) poderá ocorrer, pois os negócios anuláveis podem ser confirmados pela vontade das partes.

(C) deverá ocorrer, em prestígio ao princípio da conservação dos contratos.

(D) não poderá ocorrer, porque o negócio jurídico nulo não é suscetível de confirmação.

(E) poderá ocorrer apenas pelo juiz, depois da intervenção do Ministério Público.

A: Errada, pois a questão trata de negócio jurídico firmado por pessoa absolutamente incapaz, nos termos do art. 3º do CC, assim, para exercerem pessoalmente os seus direitos civis, devem ser representados por seus pais, tutor ou curador. O que não se confunde com a incapacidade relativa, onde os atos civis só poderão ser exercidos mediante assistência do representante legal (art. 4º do CC); **B:** Errada, uma vez que se trata de negócio jurídico nulo previsto no art. 166 do CC, e não de negócio jurídico anulável previsto no art. 171 do CC, passível de ratificação; **C:** Errada, pois o princípio da conservação dos negócios jurídicos previsto no art. 170 do CC diz que o negócio jurídico nulo poderá ser convertido se desde que: a) contenha os requisitos substanciais e formais de outro; b) que as partes quereriam o outro contrato, se tivessem tido conhecimento da nulidade; **D:** Correta. O negócio jurídico será nulo quando não preencher os requisitos de validade ou não for praticado de acordo com a lei, de acordo com o art. 166, I, do CC, o negócio jurídico será nulo quando realizado por pessoa absolutamente incapaz (art. 3º do CC). Dessa forma, ao contrário dos anuláveis, os negócios jurídicos nulos não podem ser ratificados e, tampouco, convalescem pelo decurso do tempo, nos termos do art. 169 do mesmo diploma legal: "O negócio jurídico nulo não é suscetível de confirmação, nem convalesce pelo decurso do tempo"; **E:** Errada, pois o que poderá ser alegado pelo Juiz é a nulidade, de acordo com o parágrafo único do art. 168 do CC, uma vez que o negócio jurídico nulo não pode ser ratificado (art. 169).
Gabarito "D".

(Analista – TJ/DFT – 2013 – CESPE) A respeito de fatos jurídicos, julgue os itens a seguir.

(1) Considere que Alfredo, com o objetivo de vender imóvel de sua propriedade, tenha firmado, a título gratuito, contrato de mandato com Mário. Nessa situação hipotética, a partir da formalização do contrato, Alfredo não poderá impedir a realização do negócio, salvo se ficar demonstrada a incapacidade civil de Mário.

(2) Considere que Roberto, com o objetivo de fraudar seus credores, tenha alienado seus bens a Flávio. Nessa situação, o prazo decadencial para que esse negócio seja anulado será contado do dia em que os credores tiverem ciência da alienação dos bens.

(3) Considere que Cláudio tenha vendido seu veículo, por R$ 35.000,00, à sua irmã Matilde. Nessa situação hipotética, o negócio jurídico é classificado como aquisição por ato *inter vivos*, derivada, bilateral, a título oneroso e consensual.

1: incorreto, pois existem outras formas de se extinguir o contrato de mandato, além da incapacidade das partes, consoante expressa previsão do art. 682 do CC. Assim, a comprovação da incapacidade civil de Mário não é a única forma de Alfredo conseguir impedir a realização do negócio; **2:** incorreto, pois o termo inicial da contagem do prazo é o dia em que se realizou o negócio jurídico (art. 178, II do CC); **3:** correta, pois não se tratou de uma aquisição mortis causa, foi derivada na medida em que não foi uma aquisição originária de propriedade, isto é, a primeira aquisição do veículo, bilateral, pois houve reciprocidade de obrigações para ambas as partes (pagar o preço e entregar o carro), a título oneroso, pois há vantagem patrimonial para ambos os contratantes, e consensual, pois se aperfeiçoou com a mera manifestação de vontade. **AG**

Gabarito 1E, 2E, 3C

(Analista – TRE/MG – 2012 – CONSULPLAN) O art. 104 do Código Civil estabelece que a validade do negócio jurídico requer agente capaz, objeto lícito, possível, determinado ou determinável e forma prescrita ou não defesa em lei. A falta ou o defeito de qualquer desses requisitos leva à invalidade do negócio jurídico. A respeito do tema, assinale a alternativa correta.

(A) Se o dolo, um dos defeitos do negócio jurídico que causa sua anulabilidade, for do representante legal ou convencional de uma das partes, só está obrigado o representado a responder civilmente até a importância do proveito que teve.

(B) É anulável o negócio jurídico simulado, mas subsistirá o que se dissimulou, se válido for na substância e na forma. Também é anulável o negócio jurídico viciado por erro, dolo, coação, estado de perigo, lesão ou fraude contra credores, e o prejudicado tem o prazo decadencial de dois anos para pugnar pela sua anulação.

(C) Os negócios de transmissão gratuita de bens ou remissão de dívida, se os praticar o devedor já insolvente, ou por eles reduzido à insolvência, desde que não o ignore, poderão ser anulados pelos credores quirografários, como lesivos dos seus direitos, sendo que igual direito assiste aos credores cuja garantia se tornar insuficiente.

(D) Respeitada a intenção das partes, a invalidade parcial de um negócio jurídico não o prejudicará na parte válida, se esta for separável. Além disso, a invalidade da obrigação principal implica a das obrigações acessórias, mas a destas não induz a da obrigação principal, exceto em caso de nulidade, em que o vício em uma das obrigações, principal ou acessória, contamina todas as demais.

(E) A validade da declaração de vontade não dependerá de forma especial, senão quando a lei expressamente a exigir, como no caso dos negócios jurídicos que visem à constituição, transferência, modificação ou renúncia de direitos reais sobre imóveis de valor superior a trinta vezes o maior salário mínimo vigente no País, em que, não dispondo a lei em contrário, a escritura pública é essencial à sua validade.

A: incorreta, na medida em que se o dolo for do representante convencional, o representado responderá solidariamente com ele por perdas e danos (art. 149 do CC); **B:** incorreta, pois o negócio jurídico simulado é nulo, e não anulável (art. 167 do CC); **C:** incorreta, trata-se de hipótese de fraude contra credores em negócio jurídico gratuito Assim, ainda que o terceiro ignore o estado de insolvência do devedor, a Lei autoriza sua anulação (art. 158 do CC); **D:** incorreta, pois a invalidade da obrigação acessória não induz a da obrigação principal e o Código Civil não traz exceção a essa regra (art. 184 do CC); **E:** correta, pois reproduz o disposto nos artigos 107 e 108 do CC, porém apenas fora de ordem, o que não altera o sentido da norma. **AG**

Gabarito 'E'.

(Analista – TRF/4 – FCC – 2019) Comete abuso de direito o titular de um direito que, ao exercê-lo, excede manifestamente os limites impostos pelo seu fim econômico ou social, pela boa-fé ou pelos bons costumes. Para o Código Civil, o abuso de direito constitui ato

(A) lícito, mas que dá causa ao dever de indenizar.

(B) lícito, mas que não produz efeitos.

(C) ilícito, que dá causa ao dever de indenizar.

(D) ilícito, mas que não dá causa ao dever de indenizar.

(E) ilícito, porém plenamente válido e eficaz.

A: incorreta, pois a Lei expressamente afirma que o abuso de direito é ato ilícito (art. 187 CC); **B:** incorreta, pois o ato é ilícito (art. 187 CC). A análise de eficácia apenas se aplica quando tratamos de negócios jurídicos ou atos jurídicos lícitos (art. 104 a 184 CC que traz disposições sobre os negócios jurídicos e art. 185, que trata dos atos jurídicos lícitos). Não há que se analisar existência, validade e eficácia de um ato ilícito, pois ele já é viciado em sua origem, em sua essência; **C:** correta (art. 187 CC); **D:** incorreta, pois a Lei determina o dever de indenizar (art. 187 CC); **E:** incorreta, pois não há que se falar em análise de validade e eficácia de ato ilícito, conforme já explicado na alternativa B. **GR**

Gabarito 'C'.

(Analista Judiciário – TJ/AL – 2018 – FGV) Por meio de instrumento particular, Maria e Carlos pactuaram a venda de um imóvel pelo preço de R$ 200.000,00. Na ocasião da assinatura do contrato, Carlos, comprador, imitiu-se na posse do bem. Ao levar o pacto para registro no ofício de imóveis, o tabelionato comunicou a Carlos que se recusaria a praticar o ato, visto que o negócio jurídico padecia de invalidade.

Diante dessa situação, é correto afirmar que:

(A) a recusa do tabelionato é indevida, visto que a eventual irregularidade pode ser sanada e o negócio confirmado pelas partes;

(B) o negócio jurídico é inexistente e, portanto, Carlos deverá devolver o imóvel a Maria, contra o reembolso das benfeitorias úteis;

(C) a recusa do cartório é devida e as disposições do instrumento subscrito pelas partes são inválidas;

(D) a compra e venda desejada pelas partes é válida, apesar da nulidade do instrumento que a previu;

(E) o negócio jurídico produz efeitos de promessa de compra e venda e deve ser assim registrado, ainda que as partes não tenham previsto eventual irregularidade no pacto.

A: incorreta, pois a recusa é devida, com fundamento nos arts. 166, IV, CC e art. 108 CC. A compra e venda de imóvel neste valor apenas pode ser feita por meio de escritura pública. Quando a forma exigida em lei não é respeitada, o negócio jurídico é nulo; B: incorreta, pois o negócio jurídico atende os requisitos do plano de existência, isto é, partes, objeto e forma. O vício está no plano da validade (art. 166, IV, CC) e não da existência; C: correta, pois o tabelionato de fato não poderia registrar o contrato, uma vez que não atende os requisitos previstos em Lei (art. 108 CC); D: incorreta, pois a compra e venda é nula, nos termos do art. 166, IV, CC. Não é possível que um contrato seja válido e nulo ao mesmo tempo; E: incorreta, pois o negócio jurídico nulo não produz nenhum efeito (art. 169 CC). Não é suscetível de confirmação, convalidação e eventual sentença que reconhece a nulidade tem efeito *ex tunc*. Gabarito "C".

2.6.5. Atos ilícitos

(Analista – TRT/16ª – 2014 – FCC) A respeito dos atos jurídicos lícitos e ilícitos, considere:

I. Constitui ato ilícito a destruição da coisa alheia a fim de remover perigo iminente.
II. Não comete ato ilícito o titular de um direito que, ao exercê-lo, excede manifestamente os limites impostos pelos bons costumes.
III. Aquele que, por ação ou omissão voluntária, violar direito e causar dano a outrem, ainda que exclusivamente moral, comete ato ilícito.

Está correto o que se afirma APENAS em

(A) II e III.
(B) I e II.
(C) I e III.
(D) III
(E) I.

I. Errada, pois nos termos do art. 188, II, do CC, age em estado de necessidade aquele que, destrói a propriedade alheia, para salvar a si ou a terceiro de perigo grave e iminente, liberando-se da obrigação de indenizar; II: Errada, pois de acordo com o art. 187 do CC, denomina-se abuso de direito, o extravasamento de conduta que extrapole os limites, dentro do âmbito do direito, que cause prejuízo ao próximo, gerando o dever de indenizar; III: Certa, pois, trata-se da responsabilidade civil, responsabilidade contratual e extracontratual, se o agente, por ação ou omissão, com ou sem intenção de prejudicar, mas acarreta prejuízo a outrem, comete ato ilícito, passível de indenização. Gabarito "D".

(Analista – TJ/ES – 2011 – CESPE) Julgue o seguinte item.

(1) Cometerá ato ilícito por abuso de direito o motorista de ambulância que, trafegando em situação de emergência e, portanto, com a sirene ligada, ultrapassar semáforo fechado e abalroar veículo de particular que, sem justificativa, deixe de lhe dar passagem.

1: o ato ilícito tradicional está previsto no art. 186 do CC, tratando-se de conduta culposa ou dolosa que causa um dano a alguém; já o ato ilícito por abuso de direito está previsto no art. 187 do CC, tratando-se do exercício de um direito, de forma abusiva. No caso, o motorista da ambulância NÃO cometerá ato ilícito, pois não houve, na descrição dos fatos, qualquer abuso de direito. A ambulância estava em situação de emergência e com a sirene ligada, e no exercício regular de um direito. Gabarito 1E.

2.7. Prescrição e decadência

(Analista Jurídico – TRF5 – FCC – 2017) Em janeiro de 2010, acidente de trânsito culposamente provocado por Ricardo causou danos materiais a Tereza, pessoa maior e capaz. Dois anos depois do acidente, em janeiro de 2012, Tereza promoveu em face de Ricardo protesto interruptivo da prescrição. Dois anos depois, em janeiro de 2014, promoveu novo protesto. Dois anos mais tarde, em janeiro de 2016, ajuizou contra Ricardo ação pleiteando indenização por conta do acidente. Nesse caso, considerando que prescreve em três anos a pretensão de reparação civil, conclui-se que

(A) ao tempo do ajuizamento da ação, a pretensão não estava prescrita.
(B) a prescrição ocorreu no ano de 2015, podendo ser pronunciada de ofício pelo juiz.
(C) a prescrição ocorreu no ano de 2015, não podendo ser pronunciada de ofício pelo juiz.
(D) ao tempo do segundo protesto, já se havia consumado a prescrição, que poderá ser pronunciada de ofício pelo juiz.
(E) ao tempo do segundo protesto, já se havia consumado a prescrição, que não poderá ser pronunciada de ofício pelo juiz.

Consoante art. 202, II CC, a prescrição por protesto apenas poderá ocorrer uma vez. Assim, considerando que em 2012 Tereza exerceu este direito, a prescrição começou a correr do zero novamente (art. 202, parágrafo único). Sendo o prazo de três anos, a pretensão prescreveu em 2015, podendo tranquilamente ser pronunciada de ofício pelo juiz. Gabarito "B".

(Analista Jurídico – TRT2 – FCC – 2018) A empresa "X", fabricante de peças automotivas, contrata o engenheiro de segurança do trabalho Ricardo para atuar como assistente em uma reclamação trabalhista movida por três funcionários demitidos da empresa. As partes assinam contrato e estabelecem a remuneração pelos serviços que serão prestados. Ricardo conclui o seu trabalho e apresenta o laudo para o qual foi contratado. Contudo, a empresa "X" deixa de pagar os honorários contratados, no importe de R$ 8.000,00. Neste caso, concluído o trabalho e inadimplida a obrigação, a pretensão de Ricardo para cobrança dos seus honorários prescreve em:

(A) 5 anos.
(B) 1 ano.
(C) 3 anos.
(D) 10 anos.
(E) 4 anos.

Art. 206, § 5º, II CC. Gabarito "A".

(Analista Judiciário – TRT/20 – FCC –2016) X e Y, maiores e capazes, mantêm relação contratual e estipularam que, no caso de uma das partes se acidentar, o prazo prescricional, para a pretensão de reparação civil, seria ampliado de três para cinco anos. Passados dois anos, as partes aditaram o contrato para o fim de renunciarem antecipadamente ao prazo de prescrição. Ocorrido o acidente, a vítima aguardou quatro anos para então ajuizar ação de reparação civil. A pretensão

(A) não está prescrita, porque o Código Civil admite a renúncia antecipada à prescrição, desde que feita de maneira expressa.

(B) está prescrita, porque os prazos de prescrição não podem ser alterados por acordos das partes, nem pode ocorrer renúncia antecipada à prescrição, devendo a parte a quem aproveita alegá-la em preliminar de contestação, sob pena de preclusão.

(C) não está prescrita, porque os prazos de prescrição podem ser alterados por acordo das partes.

(D) está prescrita, porque os prazos de prescrição não podem ser alterados por acordo das partes, nem pode ocorrer renúncia antecipada à prescrição, podendo a parte a quem aproveita alegá-la em qualquer grau de jurisdição.

(E) está prescrita, porque os prazos de prescrição não podem ser alterados por acordo das partes, nem pode ocorrer renúncia antecipada à prescrição, devendo a parte a quem aproveita alegá-la até a sentença, sob pena de preclusão.

X e Y celebraram duas cláusulas contratuais consideradas inválidas pelo Código Civil. A primeira foi a alteração do prazo prescricional de três para cinco anos, o que é proibido pelo art. 192 do Código Civil. A segunda foi a renúncia antecipada ao benefício da prescrição, a qual também é proibida. Vale a menção de que a renúncia à prescrição é admitida, desde que seja feita após a consumação do prazo (CC, art. 191). Logo, o prazo de prescrição continuou sendo de três anos a contar do acidente. Como a vítima aguardou quatro anos para ajuizar a ação de reparação civil, sua pretensão está prescrita. **GN**

Gabarito "D".

(Analista – TRT/3ª – 2015 – FCC) Durante a constância do casamento, Lourenço emprestou para sua mulher, Bianca, a quantia de R$ 10.000,00, que deveria ser devolvida em um ano. Passados mais de dez anos sem que a dívida houvesse sido paga, o casal se divorciou. Passados dois anos e meio da decretação do divórcio, Lourenço ajuizou ação de cobrança contra Bianca, que, em contestação, alegou decadência, requerendo a extinção do processo com resolução de mérito. Tal como formulada, a alegação de Bianca

(A) improcede, pois se aplicam à decadência as normas que impedem a prescrição e não se passaram mais de quatro anos da decretação do divórcio.

(B) procede, pois, salvo disposição em contrário, não se aplicam à decadência as normas que impedem a prescrição.

(C) improcede, pois o prazo para cobrança da dívida tem natureza prescricional, mas o juiz deverá decretar a prescrição de ofício, pois se passaram mais de dez anos da realização do negócio.

(D) procede, pois, embora se apliquem à decadência as normas que impedem a prescrição, passaram-se mais de dois anos da decretação do divórcio.

(E) improcede, pois o prazo para cobrança da dívida tem natureza prescricional e não corre durante a constância da sociedade conjugal, além de não ter se ultimado, depois da decretação do divórcio.

A: Errada, uma vez que contraria o disposto no art. 207 do CC; **B:** Errada, pois no caso em tela, aplica-se o prazo especial de prescrição previsto no art. 206, § 5º, I, do CC, de 5 anos, bem como a regra de impedimento e suspensão da prescrição, prevista no art. 197, I, do CC. Portanto, não se aplicará o disposto no art. 207 do mesmo diploma legal, uma vez que o prazo para a cobrança da dívida tem natureza prescricional; **C:** Errada, pois contraria os arts. 206, § 5º, I e 197, I, ambos do CC; **D:** Errada, pois viola o previsto no art. 207 do CC; **E:** Correta, de acordo com o disposto no art. 197, I, do CC, não corre prescrição entre os cônjuges, na constância da sociedade conjugal, ou seja, é causa suspensiva da prescrição que faz cessar, temporariamente seu curso. Dessa forma, extinta a sociedade conjugal com o divórcio (art. 1.571, IV, do CC), fica superada a causa suspensiva da prescrição, retomando o seu curso normal, computando o tempo anteriormente decorrido, se existiu. Nesse caso, o prazo prescricional é quinquenal, isto é, prescreve em 5 anos, nos moldes do art. 206, § 5º, I, do mesmo dispositivo legal. **MP**

Gabarito "E".

(Analista – TRT/1ª – 2012 – FCC) A empresa Y, que atua no ramo de cosméticos, situada na cidade do Rio de Janeiro, tem administração coletiva exercida pelos seus dez sócios, nos termos preconizados pelo seu Estatuto Social. Em uma reunião de diretoria, a maioria dos presentes decide tomar uma decisão para o futuro da empresa que contraria o estatuto social e a lei. Neste caso, para Manoel, um dos sócios, inconformado com a decisão tomada pela diretoria da empresa, o direito de anular esta decisão decairá, de acordo com o CC, em

(A) três anos.
(B) um ano.
(C) dois anos.
(D) quatro anos.
(E) cinco anos.

A alternativa correta é a assertiva "A", conforme art. 206, § 3º, VII, a, do CC. **AG**

Gabarito "A".

(Analista – TRT/1ª – 2012 – FCC) Miguel ajuizou ação de indenização contra Mauro, julgada procedente. Antes de transitar em julgado a sentença, quando ainda tramitava recurso de apelação, Mauro e Miguel resolveram assinar um termo, aumentando em um ano o prazo prescricional para cobrança das despesas desembolsadas pelas partes no curso do litígio. Mantida a sentença pelo E. Tribunal de Justiça do Estado do Rio de Janeiro, para cobrança das despesas despendidas em juízo do vencido Mauro, Miguel terá, a partir do trânsito em julgado, o prazo prescricional, de acordo com o CC, de

(A) 6 anos.
(B) 5 anos.
(C) 3 anos.
(D) 1 ano.
(E) 2 anos.

A alternativa correta é a assertiva "B". De início é importante ressaltar que os prazos de prescrição não podem ser alterados pela vontade das partes, consoante art. 192 do CC. Logo, esse acordo feito entre

Mauro e Miguel é inválido. Neste passo, o prazo para a cobrança das despesas judiciais pelo vencedor em face do vencido é de cinco anos, nos termos do art. 206, § 5º, III, do CC. **AG**
Gabarito "B".

(Analista – STF – 2013 – CESPE) Em relação aos negócios jurídicos e à decadência, julgue os itens subsequentes.

(1) É válida a renúncia à decadência legal.
(2) A renúncia deve ser interpretada restritivamente, ao passo que os negócios jurídicos benéficos merecem interpretação extensiva.

1: incorreta, pois é nula a renúncia à decadência fixada em lei (art. 209 do CC); 2: incorreta, pois tanto os negócios jurídicos benéficos como a renúncia interpretam-se estritamente (art. 114 do CC). **AG**
Gabarito 1E, 2E.

(Analista – TRF/3ª Região – 2014 – FCC) Considere as seguintes situações hipotéticas:

I. Minerva empresto R$ 10.000,00 para sua amiga Glaucia, uma vez que a mesma necessitava saldar despesas hospitalares de seu filho. As amigas celebraram confissão de dívida assinada por duas testemunhas idôneas, dívida esta não saldada por Glaucia.
II. Lurdes Maria é contadora. No ano de 2012, Lurdes prestou seus serviços profissionais para a Família Silva, elaborando as declarações de imposto de renda do Sr. e Sra. Silva, bem como de seus dois filhos, cobrando pelos serviços o valor de quatro salários mínimos. A família Silva não efetuou o pagamento dos serviços de Lurdes Maria.
III. Hortência alugou seu conjunto comercial para Amanda que está lhe devendo R$ 20.000,00 pelo não pagamento do aluguel referente aos últimos quatro meses.

Nestes casos, de acordo com o Código Civil brasileiro, em regra, prescreverá em cinco anos, APENAS

(A) as pretensões de Minerva e Hortência.
(B) as pretensões de Lurdes Maria e Hortência.
(C) as pretensões de Minerva e Lurdes Maria.
(D) a pretensão de Minerva.
(E) a pretensão de Hortência.

I: correta, pois prescreve em cinco anos a pretensão de cobrança de dívidas líquidas constantes de instrumento público ou particular (art. 206, § 5º, I do CC); II: correta, pois prescreve em cinco anos a pretensão dos profissionais liberais em geral (art. 206, §5º, II do CC); III: incorreta, pois prescreve em três anos a pretensão relativa a aluguéis de prédios urbanos ou rústicos (art. 206, § 3º, I do CC). **MP**
Gabarito "C".

(Analista – TRE/CE – 2012 – FCC) Considere:

I. A pretensão de cobrança de dívidas líquidas constantes de instrumento público ou particular.
II. A pretensão dos profissionais liberais em geral, procuradores judiciais, curadores e professores pelos seus honorários.
III. A pretensão do vencedor para haver do vencido o que despendeu em juízo.
IV. A pretensão dos hospedeiros para o pagamento da hospedagem.

De acordo com o Código Civil brasileiro, prescreve em cinco anos as pretensões indicadas APENAS em

(A) II e IV.
(B) II, III e IV.
(C) I, II e III.
(D) I e III.
(E) I e IV.

I: correta, pois prescreve em cinco anos, de acordo com o disposto no art. 206, § 5º, I, do CC; II: correta, pois prescreve em cinco anos, de acordo com o disposto no art. 206, § 5º, II, do CC; III: correta, pois prescreve em cinco anos, de acordo com o disposto no art. 206, § 5º, III, do CC; IV: incorreta, pois prescreve em um ano, de acordo com o disposto no art. 206, § 1º, I, do CC. **AG**
Gabarito "C".

(Analista – TRT/15 – FCC – 2018) Em relação à prescrição, considere:

I. A suspensão da prescrição em favor de um dos credores solidários é personalíssima e não beneficia os demais em nenhuma hipótese.
II. A prescrição pode ser alegada em qualquer grau de jurisdição, pela parte a quem aproveita.
III. A prescrição ocorre em dez anos, quando a lei não lhe haja fixado prazo menor.
IV. A prescrição iniciada contra uma pessoa cessa em relação ao seu sucessor.

Está correto o que consta APENAS de

(A) I e IV.
(B) I, II e III.
(C) II, III e IV.
(D) I, III e IV.
(E) II e III.

I: incorreta, pois a suspensão da prescrição em favor de um dos credores solidários aproveita aos outros se a obrigação for indivisível (art. 201 CC); II: correta (art. 193 CC); III: correta (art. 205 CC); IV: incorreta, pois a prescrição iniciada contra uma pessoa continua a correr contra o seu sucessor (art. 196 CC). Portanto, a alternativa a ser assinalada é a letra E. **GR**
Gabarito "E".

(Analista Judiciário – TJ/PA – 2020 – CESPE/CEBRASPE) No que concerne às modalidades de decadência legal e convencional, assinale a opção correta, de acordo com o Código Civil.

(A) Não há qualquer distinção de tratamento jurídico entre as espécies de decadência legal e convencional.
(B) A decadência convencional é nula de pleno direito, porque somente a lei pode estabelecer prazos decadenciais.
(C) Ambas as modalidades de decadência, caso consumadas, devem ser reconhecidas de ofício pelo magistrado.
(D) Diferentemente do que ocorre com a decadência convencional, a decadência legal, caso consumada, não pode ser objeto de renúncia pelo interessado.
(E) Ao legislador é vedado criar hipóteses de suspensão ou interrupção de prazo decadencial legal.

A: incorreta, pois o tratamento jurídico entre a decadência legal e convencional é diferente. Neste passo, se a decadência for convencional, a parte a quem aproveita pode alegá-la em qualquer grau de jurisdição, mas o juiz não pode suprir a alegação (art. 211 CC). Além disso, quanto a decadência legal, o juiz deve reconhecê-la de ofício (art. 210 CC); B:

incorreta, pois a lei faculta que as partes estipulem prazos decadenciais (art. 211 CC); **C:** incorreta, pois o juiz apenas pode reconhecer de ofício a decadência legal (art. 210 CC); **D:** correta (art. 209 CC); **E:** incorreta, pois o legislador pode criar hipóteses de suspensão ou interrupção de prazo decadencial legal (art. 207, 1ª parte CC).

Gabarito "D".

3. OBRIGAÇÕES

(Analista Judiciário – TRT/20 – FCC – 2016) Carlos vendeu um cavalo a Cláudio, por R$ 1.000,00. Antes da entrega, porém, o cavalo faleceu de causas naturais, sem que Carlos tenha tido culpa. Com a morte do cavalo, sem culpa de Carlos, a obrigação

(A) resolve-se para ambas as partes, tendo Carlos direito a perdas e danos.

(B) resolve-se para Carlos, devendo Cláudio pagar o preço, de R$ 1.000,00, porém não perdas e danos.

(C) não se resolve para nenhuma das partes, devendo Carlos entregar cavalo de características semelhantes a Cláudio, enquanto este deverá pagar o preço, de R$ 1.000,00.

(D) resolve-se para ambas as partes, tendo Cláudio direito a perdas e danos.

(E) resolve-se para ambas as partes, sem direito a perdas e danos.

O caso apresentado na questão encaixa-se com perfeição na previsão do art. 234 do Código Civil. Ocorreu perda do objeto obrigacional (que é uma coisa certa e determinada) sem culpa do devedor, antes da entrega. Nesse caso a solução legal é simples: a obrigação se resolve para ambas as partes, não havendo direito a perdas e danos. Repare que quem sofreu o prejuízo foi Carlos (o dono do bem até o momento da entrega), o qual não receberá nenhum valor pelo bem e – se já houvesse recebido – teria que devolvê-lo. Isso cumpre a milenar regra segundo a qual: *resperit domino*.

Gabarito "E".

(Analista Judiciário – TRT/11 – FCC – 2017) Nas obrigações solidárias:

(A) Se o devedor exonerar expressamente da solidariedade um ou mais devedores, não mais subsistirá a dos demais.

(B) A obrigação solidária não pode ser pura e simples para um dos cocredores ou codevedores, e condicional, ou a prazo ou pagável em local diferente, para outro.

(C) Convertendo-se a prestação em perdas e danos, não mais subsiste a solidariedade.

(D) A propositura de ação pelo credor contra um ou alguns dos devedores solidários implicará em renúncia da solidariedade.

(E) Cada um dos credores solidários tem direito a exigir do devedor o cumprimento da prestação por inteiro.

A: incorreta, pois "Se o credor exonerar da solidariedade um ou mais devedores, subsistirá a dos demais" (CC, art. 282, parágrafo único); **B:** incorreta, pois "a obrigação solidária pode ser pura e simples para um dos cocredores ou codevedores, e condicional, ou a prazo, ou pagável em lugar diferente, para o outro" (CC, art. 266); **C:** incorreta, pois a solidariedade é um vínculo entre as diversas partes de um mesmo polo obrigacional (diversos credores ou diversos devedores). Tal vínculo não guarda nenhuma relação com o objeto da dívida. Logo, "convertendo--se a prestação em perdas e danos, subsiste, para todos os efeitos, a solidariedade" (CC, art. 271); **D:** incorreta, pois tal propositura contra um ou alguns dos devedores não representa renúncia do direito material da solidariedade (CC, art. 275, parágrafo único); **E:** correta, pois esta é a principal regra da solidariedade ativa, ou seja, qualquer credor pode cobrar a obrigação integral do devedor (CC, art. 267). Mas a solidariedade ativa vai além disso. Paga bem o devedor que pagar toda a dívida a apenas um dos credores solidários (CC, art. 269).

Gabarito "E".

(Analista Judiciário – TJ/AL – 2018 – FGV) Em 31 de janeiro de 2018, Renato, avisado por amigos, acessou sua rede social e verificou que Felipe, seu desafeto, dirigiu-lhe palavras de baixo calão, desonrando-o, mediante postagem pública ocorrida em 22 de janeiro de 2018. Em 05 de fevereiro do mesmo ano, Felipe recebe notificação de Renato, solicitando que fosse apagada a mensagem desonrosa. Ante a inércia de Felipe, Renato ajuíza, em 09 de março de 2018, ação pleiteando a retirada da mensagem, bem como a condenação de Felipe ao pagamento de indenização pelos danos morais sofridos.

A mora da obrigação de indenizar é verificada:

(A) em 31 de janeiro de 2018;

(B) em 22 de janeiro de 2018;

(C) quando do trânsito em julgado da sentença;

(D) em 05 de fevereiro de 2018;

(E) em 09 de março de 2018.

O caso em tela trata-se de responsabilidade civil extracontratual com fundamento nos arts. 186 e 927 do CC. A constituição em mora neste caso específico independe de qualquer ato que o ofendido venha a tomar, isto é, independe de notificação. A mora constitui-se a partir da prática do evento danoso, isto é, 22 de janeiro de 2018, consoante art. 398 CC que prevê: "Nas obrigações provenientes de ato ilícito, considera-se o devedor em mora, desde que o praticou". Logo, a alternativa correta é a letra B.

Gabarito "B".

3.1. Introdução, classificação e modalidades das obrigações

(Analista – Judiciário –TRE/PI – 2016 – CESPE) Se toda obrigação se tornar inválida pela perda do objeto em razão de a prestação principal padecer de impossibilidade originária, haverá uma obrigação

(A) solidária.

(B) indivisível.

(C) alternativa.

(D) modal.

(E) facultativa.

A: incorreta, pois a característica principal da solidariedade é a responsabilidade integral de todos os devedores (solidariedade passiva) ou a prerrogativa de todos os credores de cobrar tudo (solidariedade ativa); **B:** incorreta, pois a perda do objeto indivisível converte a obrigação em perdas e danos, tornando-a divisível (CC, art. 263); **C:** incorreta pois, nessa espécie de obrigação, a impossibilidade da prestação principal faz concentrar a obrigação na prestação remanescente. É a chamada "concentração involuntária" (CC, art. 253); **D:** incorreta, pois a obrigação modal é aquela que apresenta um encargo, um ônus. Ex.: doo meu sítio com a obrigação de você construir uma capela (CC, art. 136); **E:** correta, pois, a rigor, a obrigação facultativa apresenta um só objeto. Caso ele pereça, extingue-se a obrigação. A sua característica marcante, todavia, é que, no momento de sua execução, o devedor tem a prerrogativa de cumprir a obrigação de forma diversa. Um exemplo desta obrigação ocorre no contrato estimatório (CC, art. 534).

Gabarito "E".

(Analista Judiciário – TRT/8ª – 2016 – CESPE) Com relação ao direito das obrigações, assinale a opção correta.

(A) Tratando-se de obrigação com objeto indivisível e pluralidade de credores, presume-se a solidariedade ativa.

(B) Dada a natureza da obrigação, a exoneração, pelo credor, da solidariedade a um dos devedores, aproveitará aos demais.

(C) Em se tratando de obrigação solidária, ainda que somente um dos devedores seja o culpado pela impossibilidade de seu cumprimento, todos os demais continuam obrigados ao pagamento do valor equivalente.

(D) Se a obrigação *intuitu personae* se tornar impossível, ainda que não haja culpa das partes, haverá conversão em perdas e danos em favor do credor.

(E) Havendo impossibilidade de cumprimento, por culpa do devedor, de apenas uma das obrigações alternativas, ao credor restará ficar com a obrigação que subsistiu, independentemente de caber a ele a escolha.

A: incorreta, pois o enunciado confunde indivisibilidade do objeto com solidariedade entre os credores. É correto afirmar que, com objeto indivisível, qualquer credor pode cobrar toda a dívida, mas isso não equipara a situação à solidariedade ativa, a qual traz outras consequências; **B:** incorreta, pois o credor pode exonerar um ou alguns dos devedores, mantendo a solidariedade entre os demais (CC, art. 282, parágrafo único); **C:** correta, mas vale a ressalva de que, pelas perdas e danos decorrentes da culpa, somente o culpado responde (CC, art. 279); **D:** incorreta, pois nessa hipótese a obrigação é considerada extinta (CC, art. 248); **E:** incorreta, pois, se a escolha cabia ao credor, ele poderá optar entre a obrigação remanescente e o valor da outra, com perdas e danos (CC, art. 255).

Gabarito "C".

(Analista – TJ/CE – 2013 – CESPE) Rebeca, obrigada por três débitos da mesma natureza a Joana, pretende indicar a qual deles oferecerá pagamento, já que todos os débitos são líquidos e vencidos.

Nessa situação hipotética, Rebeca deverá valer-se da

(A) imputação do pagamento.
(B) dação em pagamento.
(C) compensação.
(D) sub-rogação legal.
(E) sub-rogação convencional

A: correta, pois a imputação do pagamento é a indicação ou determinação da dívida a ser quitada quando uma pessoa obrigada por dois ou mais débitos, líquidos e vencidos, da mesma natureza e com o mesmo credor só pode pagar um deles (art. 352 do CC); **B:** incorreta, pois a dação em pagamento é o acordo de vontades por meio do qual o credor aceita receber prestação diversa da que lhe é devida (art. 356 do CC); **C:** incorreta, pois a compensação é a extinção das obrigações entre duas pessoas que são, ao mesmo tempo, credora e devedora uma da outra (art. 368 do CC); **D** e **E:** incorretos, pois sub-rogação é a operação pela qual a dívida se transfere a terceiro que a pagou, com todos os seus acessórios (art. 349 do CC). A sub-rogação legal é a que opera de pleno direito e a convencional é a que decorre da vontade das partes.

Gabarito "A".

Após ter sido cobrado extrajudicialmente por José, em face de dívida que tinha com este, Mário realizou o pagamento ao credor. Logo em seguida, Mário descobriu que, na data em que realizou o pagamento, a dívida já havia prescrito.

(Analista – TJ/CE – 2013 – CESPE) Com referência a essa situação hipotética, assinale a opção correta com base no Código Civil.

(A) José deverá restituir somente metade do valor pago por Mário, uma vez que deve ser reconhecida a responsabilidade concorrente pelo fato.

(B) José não deverá restituir o valor a Mário, visto que não se pode repetir o que se pagou para solver dívida prescrita, ou cumprir obrigação judicialmente inexigível.

(C) José deverá restituir integralmente o valor a Mário, já que recebeu o que não lhe era devido, tendo sido indevido o pagamento feito por Mário. O valor da dívida não deverá ser atualizado monetariamente, não devendo incidir sobre ele juros legais.

(D) José deverá restituir o valor a Mário, uma vez que se locupletou ilicitamente, recebendo o que não lhe era devido. O valor da dívida deverá ser atualizado monetariamente, não incidindo sobre ele acréscimo de juros legais.

(E) José deverá restituir o valor a Mário, visto que recebeu o que não lhe era devido. O valor da dívida deverá corresponder ao dobro do valor devido.

A: incorreta, pois José não é obrigado a restituir nenhum valor a Mário, por tratar-se de obrigação natural; **B:** correta, pois nenhum valor deve ser restituído, haja vista que a obrigação não foi extinta, muito embora estivesse prescrita. Este é um típico caso de obrigação natural, em que o débito existe, muito embora não seja mais exigível; **C:** incorreta, pois o pagamento era devido, logo José não precisa restituir nenhum valor; **D:** incorreta, pois não há falar-se em locupletamento, pois o valor pago era devido; **E:** incorreta, pois nada deverá ser devolvido.

Gabarito "B".

(Analista – TJ/AM – 2013 – FGV) Carlos e Andréa estão obrigados a entregar um cavalo da espécie Manga Larga Marchador a Manoel. Porém, na véspera da entrega, Carlos, por descuido, deixa o portão aberto, o cavalo foge e tenta atravessar um rio próximo à propriedade, morrendo afogado.

Considerando o contexto fático narrado, analise as afirmativas a seguir.

I. A obrigação deixa de ser indivisível, pois houve conversão da prestação originária.
II. Andréa e Carlos estão obrigados ao pagamento de suas cotas e das perdas e danos.
III. Manoel pode escolher o devedor a ser acionado para requerer o ressarcimento em perdas e danos, pois há pluralidade de credores.

Assinale:
(A) se somente a afirmativa III estiver correta.
(B) se somente as afirmativas I e III estiverem corretas.
(C) se somente a afirmativa II estiver correta.
(D) se somente as afirmativas I e II estiverem corretas.
(E) se somente a afirmativa I estiver correta.

I: correta. Trata-se de obrigação de entrega de coisa indivisível, cujo perecimento do objeto se deu por culpa de um dos devedores. Nesta hipótese, o Código Civil prevê que o devedor responderá pelo valor equivalente mais perdas e danos (art. 234, parte final). Ao indicar que o devedor responderá pelo "valor equivalente", já nota-se que houve a conversão da prestação originária (de um cavalo para dinheiro), o que torna a obrigação divisível. Neste passo, importante mencionar o artigo 263, *caput*, do CC, o que prevê: "Perde a qualidade de indivisível a obrigação que se resolver em perdas e danos"; **II:** incorreta, pois a culpa pela morte do cavalo foi apenas de Carlos. Assim, Andréa responderá apenas pelo valor de sua cota (considerando que a obrigação tornou-se divisível), e Carlos pelo valor de suas cotas somadas às perdas e danos (art. 263, § 2°, do CC); **III:** incorreta, pois as perdas e danos apenas podem ser exigidas de Carlos, pois ele foi o culpado pelo perecimento do objeto. É importante ter em mente que há dois elementos distintos: o valor equivalente da prestação e as perdas e danos. No que tange ao valor equivalente da prestação (isto é, o preço do cavalo na data da morte), Andréa é responsável pela metade e Carlos pela outra metade. Além dessa parte, Carlos ainda responderá pelas perdas e danos, pois elas vêm em caráter de sanção por ele ter agido com culpa. Assim, Manoel apenas poderá exigi-las deste devedor (art. 234 do CC e art. 263, § 2° do CC). Por fim, ressalte-se que o caso em tela retrata a pluralidade de devedores e não de credores. **AG**

Gabarito "E".

(Analista – TJ/AM – 2013 – FGV) Pedro está obrigado a dar uma vaca leiteira, avaliada em R$ 50.000,00, a dois credores, Maria e João. Maria remite a dívida e João exige a entrega do animal.

Considerando o contexto fático narrado, analise as afirmativas a seguir.

I. Por se tratar de obrigação indivisível, Maria não poderia remitir a dívida sem a anuência de João.
II. João somente poderá exigir a entrega da vaca se pagar R$ 25.000,00 a Pedro.
III. A remissão de parte da dívida realizada por Maria tem o condão de acarretar a extinção da obrigação da entrega da vaca a João.

Assinale:

(A) se somente a afirmativa I estiver correta.
(B) se somente a afirmativa II estiver correta.
(C) se somente a afirmativa III estiver correta.
(D) se somente as afirmativas I e II estiverem corretas.
(E) se somente as afirmativas II e III estiverem corretas.

I: incorreta, pois muito embora a obrigação seja indivisível, Maria pode remitir a dívida independentemente da anuência de João (art. 262, *caput*, do CC); **II:** correta, pois remitida a dívida por um dos credores, a obrigação ainda persiste com relação aos demais, sendo que estes apenas poderão exigi-la após o pagamento do valor de sua cota, descontada a cota remitida. Portanto, João deverá pagar os R$ 25.000,00 para poder exigir a entrega da vaca de Pedro; **III:** incorreta, pois e remissão perpetrada por Maria se dá apenas no que tange à sua cota. Com relação a João a dívida continua plenamente exigível na sua devida proporção (art. 262, *caput*, do CC). **AG**

Gabarito "B".

(Analista – TRT/11ª – 2012 – FCC) Considere as seguintes assertivas a respeito da obrigação de dar coisa certa e da obrigação de dar coisa incerta:

I. Até a tradição pertence ao devedor a coisa, com os seus melhoramentos e acrescidos, pelos quais poderá exigir aumento no preço. Os frutos percebidos são do devedor, cabendo ao credor os pendentes.
II. Em regra, a obrigação de dar coisa certa abrange os acessórios dela embora não mencionados.

III. Antes da escolha, não poderá o devedor alegar perda ou deterioração da coisa, ainda que por força maior ou caso fortuito.
IV. A coisa incerta será indicada, ao menos, pelo gênero. Nas coisas determinadas pelo gênero, em regra, a escolha pertence ao credor.

De acordo com o Código Civil brasileiro está correto o que se afirma APENAS em

(A) I, II e III.
(B) I, II e IV.
(C) I e III.
(D) II, III e IV.
(E) II e IV.

I: correta (art. 237 do CC); **II:** correta (art. 233 do CC); **III:** correta (at. 246 do CC); **IV:** incorreta, pois a coisa incerta será indicada, ao menos, pelo gênero e pela quantidade. Nas coisas determinadas pelo gênero e pela quantidade, em regra, a escolha pertence ao devedor, se o contrário não resultar do título da obrigação (art. 244 do CC). **AG**

Gabarito "A".

(Analista – TJ/SC – FGV – 2018) Ricardo, artista plástico, recebe em sua galeria Jaqueline, colecionadora de artes plásticas. Encantada com duas peças de Ricardo, denominadas Dida e Jute, Jaqueline as reserva, obrigando-se a retornar no dia seguinte para escolher uma delas e realizar o pagamento da eleita. Na data marcada, Jaqueline informa que gostaria de adquirir Dida. Contudo, Ricardo responde que apenas restou Jute, visto que Dida foi por ele vendida na noite anterior.

Diante dessa situação, Jaqueline:

(A) deverá adquirir Jute, visto que já a havia reservado;
(B) poderá exigir perdas e danos em relação a Dida;
(C) deverá pagar Jute, pois Dida se perdeu sem culpa de Ricardo;
(D) resolverá o pacto estabelecido com Ricardo, sem perdas e danos;
(E) deverá escolher outra peça, ainda que não seja Jute.

A: incorreta, pois no ato da reserva ficou claro que Jaqueline iria levar uma ou outra. Temos uma obrigação de entregar coisa certa, cuja faculdade de escolha cabia a credora. Uma vez que a possibilidade de escolha se perdeu por culpa do devedor, Jaqueline não pode ser obrigada a ficar com o quadro, ainda que seja mais valioso (art. 313 CC); **B:** correta, pois Dida se perdeu por culpa de Ricardo, afinal, ele intencionalmente vendeu a peça. Assim, Jaqueline pode exigir dele o valor equivalente mais perdas e danos (art. 234 CC, parte final); **C:** incorreta, pois Dida se perdeu com culpa de Ricardo. Logo, Jaqueline não tem o dever de pagar nada, mas sim o direito de receber (art. 235 CC); **D:** incorreta, pois Jaqueline tem o direito ao valor equivalente à peça mais perdas e danos; **E:** incorreta, pois ela não tem dever algum de escolher outra peça. Na verdade, tem o direito de exigir o valor equivalente de Dida mais perdas e danos (art. 234 CC). **GR**

Gabarito "B".

(Analista Judiciário – TRE/PA – 2020 – IBFC) A Teoria Geral das Obrigações é o primeiro tema a ser tratado pela parte especial do Código Civil, entre os seus artigos 233 a 420. Sobre esse assunto, analise as afirmativas abaixo:

I. O vínculo imaterial ou espiritual da obrigação consiste no vínculo jurídico existente entre as partes na relação obrigacional, ou seja, o elo que sujeita o devedor à determinada prestação, seja ela positiva ou negativa, em favor do credor.

II. Se um dos credores remitir a dívida, a obrigação não ficará extinta para com os outros; mas estes só a poderão exigir, descontada a quota do credor remitente. O mesmo critério se observará no caso de transação, novação, compensação ou confusão.
III. Nos contratos onerosos, responde por simples culpa o contratante, a quem o contrato aproveite, e por dolo aquele a quem não favoreça. Nos contratos benéficos, responde cada uma das partes por culpa, salvo as exceções previstas em lei.
IV. Na cessão por título oneroso, o cedente, ainda que não se responsabilize, fica responsável ao cessionário pela existência do crédito ao tempo em que lhe cedeu; a mesma responsabilidade lhe cabe nas cessões por título gratuito, se tiver procedido de má-fé.

Assinale a alternativa correta.

(A) Apenas a afirmativa III está correta
(B) Apenas as afirmativas I e II estão corretas
(C) Apenas as afirmativas I, II e IV estão corretas
(D) As afirmativas I, II, III e IV estão corretas

I: certa, pois a obrigação é composta por elemento objetivo (material) e imaterial (virtual, espiritual). O elemento objetivo é a prestação que pode ser positiva ou negativa. Sendo a obrigação positiva, ela terá como conteúdo o dever de entregar coisa certa ou incerta (obrigação de dar) ou o dever de cumprir determinada tarefa (obrigação de fazer); sendo a obrigação negativa, o conteúdo é uma abstenção (obrigação de não fazer) – arts. 233 a 251 CC. O elemento imaterial é o vínculo jurídico existente na relação obrigacional, sendo também o elo que sujeita o devedor à determinada prestação em favor do credor, o que constitui o liame legal que conecta as partes envolvidas; II: certa (art. 262 CC); III: errada, pois nos contratos benéficos, responde por simples culpa o contratante, a quem o contrato aproveite, e por dolo aquele a quem não favoreça. Nos contratos onerosos, responde cada uma das partes por culpa, salvo as exceções previstas em lei (art. 392 CC); IV: certa (art. 295 CC). Gabarito "C".

3.2. Transmissão das obrigações

(Analista – TJ/AM – 2013 – FGV) Maria emprestou R$ 5.000,00 para Cláudia. Uma semana antes do vencimento da obrigação, Cláudia procura Maria propondo que o pagamento seja feito por meio de uma cessão do crédito a alimentos que ela possui com José (pai de Cláudia), avaliado em R$ 20.000,00.

A partir da situação hipotética, assinale a afirmativa correta.

(A) Não é possível a cessão de créditos, pois o direito a alimentos é incessível por expressa vedação legal.
(B) Não é possível a cessão de créditos, pois o valor devido por Maria é menor do que o crédito que ela tem com José.
(C) Somente será possível a cessão de créditos, caso José concorde com a substituição da credora.
(D) Somente será possível a cessão de créditos após o vencimento da dívida, por expressa determinação legal.
(E) Somente será possível a cessão de créditos, caso Maria tenha alguma relação de parentesco com José.

A assertiva correta é a alternativa "A", pois a lei veda expressamente a possibilidade de cessão do crédito alimentar (art. 1.707 do CC). Daí, todas as demais alternativas ficam automaticamente excluídas. Gabarito "A".

(Analista – TJ/ES – 2011 – CESPE) Julgue o seguinte item.

(1) O crédito é um direito que pode ser cedido pelo seu titular (credor). Entretanto, a cessão de crédito, em regra, dependerá da anuência tanto do cessionário quanto do devedor.

1: incorreta, pois a cessão de crédito não depende da anuência do devedor, mas tão somente da notificação deste acerca da cessão efetuada (art. 290 do CC). Gabarito "1E".

3.3. Adimplemento e extinção das obrigações

(Analista Judiciário – TRE/PE – CESPE – 2017) Assinale a opção correta no que se refere ao adimplemento das obrigações.

(A) O pagamento feito por terceiro ao credor não obriga o reembolso pelo devedor, se este tiver ciência da prescrição da pretensão do credor e se opuser ao adimplemento.
(B) Caso haja dúvida quanto ao fato de o terceiro ter efetuado pagamento em nome próprio ou do devedor, presume-se que o tenha feito em nome do devedor.
(C) Embora a quitação seja um direito subjetivo do devedor, ele não pode reter o pagamento como forma de compelir o credor a fornecer-lhe o recibo.
(D) Caso sejam designados dois ou mais lugares para o pagamento, a escolha do local para efetuá-lo caberá ao devedor, em exceção à regra geral de que o pagamento seja efetuado no domicílio do credor.
(E) O terceiro não interessado que paga a dívida, em nome próprio, se sub-roga nos direitos do credor.

A: correta, pois "O pagamento feito por terceiro, com desconhecimento ou oposição do devedor, não obriga a reembolsar aquele que pagou, se o devedor tinha meios para ilidir a ação" (CC, art. 306); B: incorreta, pois não existe tal presunção no Código Civil; C: incorreta, pois: "O devedor que paga tem direito a quitação regular, e pode reter o pagamento, enquanto não lhe seja dada" (CC, art. 319); D: incorreta, pois nessa hipótese a escolha cabe ao credor (CC, art. 327, parágrafo único); E: incorreta, pois o terceiro não interessado tem apenas direito de regresso simples, o qual não se confunde com a sub-rogação. Apenas o terceiro interessado tem sub-rogação nos direitos do credor (CC, art. 305). Gabarito "A".

(Analista Judiciário – TRF/2 – Consulplan – 2017) Conforme leciona o doutrinador Humberto Dalla Bernardinade Pinho: "a ação de consignação em pagamento é um instituto criado pelo direito processual apenas para regular o procedimento de eficácia liberatória do pagamento sem que haja, necessariamente, a transferência do bem ao credor, tanto que o pagamento por consignação é regulado nos Arts. 334 a 345 do Código Civil." Sobre o mencionado procedimento especial previsto pelo Novo Código de Processo Civil de 2015, assinale a alternativa INCORRETA.

(A) A consignação será requerida no lugar do pagamento, cessando para o devedor, à data do depósito, os juros e os riscos, salvo se a demanda for julgada improcedente.
(B) Na contestação da ação de consignação em pagamento, o réu poderá alegar que o depósito não é integral, mas tal alegação somente será admissível se ele indicar o montante que entende devido.
(C) Conforme entendimento do Superior Tribunal de Justiça, diante do rito especial previsto para a ação de

consignação e pagamento, torna-se inviável a cumulação do pedido consignatório com outros pedidos no mesmo processo.

(D) São também legitimados a propor a ação de consignação em pagamento, nos casos previstos em lei, o terceiro juridicamente interessado na extinção da dívida e o terceiro não interessado que aja em nome e à conta do devedor.

A: correta, pois de plena conformidade com o estabelecido pelo artigo 540 do Código de Processo Civil, **B:** correta, pois a assertiva reproduz o disposto no art. 544, parágrafo único do Código de Processo Civil; **C:** incorreta, pois o STJ já pacificou o entendimento segundo o qual "se admite a cumulação dos pedidos de revisão de cláusulas do contrato e de consignação em pagamento das parcelas tidas como devidas por força do mesmo negócio jurídico e de que quando o autor cumula pedidos que possuem procedimentos judiciais diversos, implicitamente requer o emprego do procedimento ordinário" (REsp 616.357/PE, Rel. Ministro Carlos Alberto Menezes Direito, Terceira Turma, julgado em 07/06/2005, DJ 22/08/2005, p. 263); **D:** correta, pois de acordo com o permissivo legal do art. 539 do CPC. GN

Gabarito "C".

(Analista Judiciário – TRT/8ª – 2016 – CESPE) Em cada uma das seguintes opções, é apresentada uma situação hipotética seguida de uma assertiva a ser julgada acerca de institutos relacionados ao adimplemento e à extinção das obrigações. Assinale a opção que apresenta a assertiva correta.

(A) César, que deve a Caio a quantia correspondente a R$ 1.000, passa por situação de dificuldade financeira, razão por que Caio resolveu perdoar-lhe a dívida. Nessa situação, a remissão, que tem o único objetivo de extinguir a dívida, independe da aceitação de César.

(B) Márcio contraiu duas dívidas com Joana, nos valores de R$ 300 e R$ 150, com vencimento, respectivamente, em 20/12/2015 e em 5/1/2016; em 10/1/2016, Márcio entregou a Joana R$ 150, mas não indicou qual dívida desejava saldar. Joana tampouco apontou qual dívida estava sendo quitada. Nessa situação, presume-se que o pagamento refere-se à dívida vencida em 5/1/2016, já que o valor entregue importa em sua quitação integral.

(C) João contraiu obrigação, tornando-se devedor de Pedro, mas nada foi estabelecido quanto ao local do efetivo cumprimento da obrigação. Nessa situação, considera-se o local de cumprimento a casa do credor, uma vez que, na ausência de estipulação do local de pagamento, se presume que a dívida é portável (*portable*).

(D) Mário, estando obrigado a pagar R$ 50.000 a Paulo, ofereceu-lhe, na data do pagamento, um veículo para solver a dívida, o que foi aceito por Paulo, que, após receber o veículo, teve que entregá-lo a um terceiro em decorrência de uma ação de evicção. Nessa situação, como Paulo foi evicto da coisa recebida em pagamento, será restabelecida a obrigação primitiva.

(E) Ana tem uma dívida já prescrita no valor de R$ 300 com Maria, que, por sua vez, deve a quantia de R$ 500, vencida recentemente, a Ana. Nessa situação, ainda que sem a concordância de Ana, Maria poderá compensar as dívidas e pagar a Ana apenas R$ 200, porquanto, embora prescrita, a dívida de Ana ainda existe e é denominada obrigação moral.

A: incorreta, pois o perdão (remissão) da dívida pelo credor depende de aceitação do devedor (CC, art. 385); **B:** incorreta, pois se não houve indicação (imputação) de qual dívida estava sendo quitada, nem pelo credor, nem pelo devedor, a lei imputa na mais antiga (CC, art. 355); **C:** incorreta, pois, como regra geral, o lugar do pagamento é o domicílio do devedor (CC, art. 327); **D:** correta. O enunciado traz hipótese de dação em pagamento e posterior evicção, ou seja, o credor aceita a coisa em pagamento e posteriormente a perde, pois terceiro demonstrou ser o verdadeiro dono da *res*. Nesse caso, a solução dada pela lei é exatamente o restabelecimento da obrigação primitiva (CC, art. 359); **E:** incorreta, pois não se efetua compensação quando uma das dívidas já está prescrita (CC, art. 190). GN

Gabarito "D".

(Analista Jurídico – TCE/PR – 2016 – CESPE) Carlos se obrigou a entregar a Roberto um automóvel fabricado em 1970, mas, diante da dificuldade de adimplemento, ficou acordada a substituição da obrigação pela entrega de um veículo zero km fabricado no corrente ano.

Nessa situação hipotética, de acordo com o Código Civil, ocorreu uma

(A) compensação.
(B) novação.
(C) sub-rogação convencional.
(D) transação.
(E) remissão.

A: incorreta, pois a compensação exige créditos recíprocos, o que não está presente na hipótese (CC, art. 368); **B:** correta, pois se extinguiu a primeira obrigação (*de entregar automóvel fabricado em 1970*) visando criar uma nova obrigação (*entregar veículo zero km fabricado no corrente ano*). Tal novação alterou o objeto obrigacional, assim levando o nome de novação objetiva (CC, art. 360); **C:** incorreta, pois a sub-rogação convencional exige a substituição do sujeito ativo nas hipóteses do art. 347 do Código Civil; **D:** incorreta, pois não houve prevenção de litígios por concessões recíprocas (CC, art. 840); **E:** incorreta, pois a remissão é o perdão da dívida por parte do credor (CC, art. 385). GN

Gabarito "B".

(Analista – TRT/11ª – 2012 – FCC) De acordo com o Código Civil brasileiro, o pagamento feito de boa-fé ao credor putativo é

(A) inválido, desde que seja arguida a nulidade no prazo decadencial de dois anos contados do pagamento.
(B) válido, exceto se provado depois que não era credor.
(C) inválido em qualquer hipótese podendo ser arguida a qualquer momento.
(D) válido, ainda provado depois que não era credor.
(E) inválido, desde que seja arguida a nulidade no prazo decadencial de um ano contado do pagamento.

A assertiva correta é a alternativa "D", na medida em que o pagamento feito ao credor putativo é válido, ainda provado depois que não era o credor (art. 309 do CC). AG

Gabarito "D".

(Analista – TRE/CE – 2012 – FCC) No tocante ao adimplemento e extinção das obrigações, segundo o Código Civil brasileiro, é certo que

(A) é lícito convencionar o aumento progressivo de prestações sucessivas.
(B) sendo a quitação do capital sem reserva dos juros, estes não se presumem pagos.

(C) a entrega do título ao devedor, em regra, não firma a presunção do pagamento.

(D) em regra, quando o pagamento for em quotas periódicas, a quitação da última não estabelece a presunção de estarem solvidas as anteriores.

(E) o devedor que paga tem direito a quitação regular, mas não pode reter o pagamento, enquanto não lhe seja dada.

A: correta, nos termos do art. 316 do CC; B: incorreta, pois nesse caso os juros presumem-se pagos, nos termos do art. 323 do CC; C: incorreta, pois a entrega do título ao devedor firma a presunção do pagamento, nos termos do art. 324 do CC; D: incorreta, pois quando o pagamento for em quotas periódicas, a quitação da última estabelece, até prova em contrário, a presunção de estarem solvidas as anteriores, nos termos do art. 322 do CC; E: incorreta, pois o devedor que paga tem direito a quitação regular, e pode reter o pagamento, enquanto não lhe seja dada, nos termos do art. 319 do CC. Gabarito "A".

3.4. Inadimplemento das obrigações

(Analista – TRT1 – 2018 – AOCP) Tício, empreiteiro, realizou contrato de prestação de serviços com Mévio. O instrumento contratual dispunha a obrigação de Tício em construir um muro, no prazo de 5 (cinco) dias, em volta de todo o terreno onde se encontra construída a casa de Mévio. O contrato previa que a contraprestação pelo serviço realizado seria o pagamento, em dinheiro, de Mévio para Tício, no valor R$ 10.000,00 (dez mil reais) no prazo de 10 (dez) dias após concluída toda a construção, sob pena de 10% de multa sobre o valor do serviço. Restou acordado, ainda, que Mévio forneceria os materiais necessários para a conclusão da obra. Diante das situações hipotéticas a seguir, assinale a alternativa que condiz com o disposto na legislação civil.

(A) Caso Mévio não cumpra com sua obrigação, os ônus do não cumprimento incluem: multa contratual, correção/atualização monetária e juros remuneratórios.

(B) Se Tício não cumprir com sua obrigação no prazo contratual e a prestação se tornar inútil a Mévio em razão de contratação de outro profissional para tanto, poderá Mévio rejeitar a prestação e cancelar o contrato, o que lhe impedirá de requerer que as perdas e danos que eventualmente tenha sofrido sejam satisfeitas.

(C) Caso Mévio pratique ato que impeça Tício de realizar os serviços no prazo estipulado, este não incorrerá em mora e poderá, ainda, requisitar em Juízo o que eventualmente possa ter efetivamente deixado de lucrar.

(D) Em caso de a obrigação pelo fornecimento dos materiais não constar estipulada no contrato, a obrigação será sempre do empreiteiro, por assim decorrer do disposto na legislação civil sobre o contrato de empreitada.

(E) Em razão da vinculação pessoal e especificidade da produção técnica, apenas o empreiteiro que elabora o projeto pode executá-lo, evitando assim divergências interpretativas, sendo que, em caso de necessidade de execução por outro profissional empreiteiro, outro projeto deve ser elaborado.

A: incorreta, pois caso Mévio não cumpra com sua obrigação deverá arcar com os prejuízos a que sua mora dá causa, mais juros moratórios, atualização dos valores monetários segundo índices oficiais regularmente estabelecidos, e honorários de advogado (art. 395, *caput*, CC). Importante ressaltar que não se trata de juros remuneratórios, pois estes consistem no ressarcimento pelo uso consentido de capital pertencente a outra pessoa, visando reparar as perdas e danos decorrentes dos lucros cessantes que o credor experimentou, em razão da privação de seu capital. Já os juros moratórios são aqueles que decorrem de um pagamento que se faz em desacordo à data, modo ou forma previstos, pois entende-se que se descumpriu uma obrigação (arts. 406 e 407 CC); B: incorreta, pois se a prestação se tornar inútil por culpa de Tício, Mévio pode rejeitar a prestação, cancelar o contrato e exigir a satisfação das perdas e danos (art. 395, parágrafo único, CC); C: correta, nos termos dos arts. 396 e 402 parte final CC. A mora não ocorre para Tício, pois o inadimplemento na hipótese em questão se deu por culpa de Mévio. Logo, Tício não poderá ser prejudicado; D: incorreta, pois a obrigação de fornecer os materiais não se presume; resulta da lei ou da vontade das partes (art. 610, § 1º, CC); E: incorreta, pois o contrato para elaboração de um projeto não implica a obrigação de executá-lo, ou de fiscalizar-lhe a execução (art. 610, § 2º CC). Logo, não necessariamente o empreiteiro que faz o projeto é aquele que a realiza. Gabarito "C".

3.5. Enriquecimento sem causa

(Analista – TRT/24ª – 2011 – FCC) A respeito do enriquecimento sem causa, considere:

I. Aquele que, sem justa causa, se enriquecer à custa de outrem, será obrigado a restituir o indevidamente auferido, pelo valor da data em que ocorreu o enriquecimento.

II. Se o enriquecimento tiver por objeto coisa determinada, quem a recebeu é obrigado a restituí-la, e, se a coisa não mais subsistir, a restituição se fará pelo valor do bem da época em que ocorreu o enriquecimento.

III. A restituição do indevidamente auferido será devida quando a causa que justificou o enriquecimento deixou de existir.

Está correto o que consta APENAS em

(A) II e III.
(B) I e II.
(C) I e III.
(D) III.
(E) II.

I: incorreta, pois será obrigado a restituir o indevidamente auferido, *com atualização monetária* (art. 884 do CC); II: incorreta, pois a restituição se fará pelo valor do bem *na época em que foi exigido* (art. 884, parágrafo único, do CC); III: correta (art. 885 do CC). Gabarito "D".

4. CONTRATOS

4.1. Teoria geral dos contratos

(Analista Judiciário – TJ/MT – UFMT – 2016) Considerando o disposto no Código Civil vigente no que diz respeito aos contratos, é correto afirmar:

(A) A coisa recebida em virtude de contrato comutativo não pode ser enjeitada por defeitos ocultos que lhe diminuam o valor.

(B) O contrato preliminar pode ser desfeito e o estipulante não der execução ao pactuado, não cabendo perdas e danos.

(C) O evicto tem direito à restituição integral das quantias que pagou, salvo estipulação em contrário.
(D) Nos contratos bilaterais, qualquer dos contratantes pode exigir o cumprimento do outro antes de cumprida a sua obrigação.

A: incorreta, pois a regra prevista no art. 441 do Código Civil é rigorosamente inversa. "A coisa recebida em virtude de contrato comutativo pode ser enjeitada por vícios ou defeitos ocultos, que a tornem imprópria ao uso a que é destinada, ou lhe diminuam o valor"; **B:** incorreta, pois nessa hipótese é admitido o pedido de perdas e danos (CC, art. 465); **C:** correta, pois – como regra – o evicto faz jus ao recebimento integral do que pagou. O próprio Código Civil (art. 448) admite a cláusula contratual que reforça, atenua ou exclui a garantia contra a evicção; **D:** incorreta, pois nenhum dos contratantes pode exigir o cumprimento do outro antes de cumprida a sua própria obrigação (CC, art. 476). Gabarito "C".

4.1.1. Disposições preliminares

(Analista Judiciário – TRT/24 – FCC – 2017) À luz do Código Civil, no que concerne aos contratos em geral,
(A) havendo estipulação em favor de terceiro, se ao terceiro, em favor de quem se fez o contrato, se deixar o direito de reclamar-lhe a execução, poderá o estipulante exonerar o devedor.
(B) encaminhada uma proposta de contrato pelo proponente, a aceitação fora do prazo, com adições, restrições, ou modificações, não importará nova proposta.
(C) o contrato preliminar deve conter todos os requisitos essenciais ao contrato a ser celebrado, observando inclusive a sua forma.
(D) as partes podem, por cláusula expressa, reforçar ou diminuir a responsabilidade pela evicção, mas jamais excluí-la.
(E) a proposta feita sem prazo por telefone deixa de ser obrigatória se não foi imediatamente aceita.

A: incorreta, pois o estipulante não tem o direito de exonerar o devedor (CC, art. 437); **B:** incorreta, pois tais medidas acarretam nova proposta (CC, art. 431); **C:** incorreta, pois o contrato preliminar deve conter todos os requisitos essenciais ao contrato a ser celebrado, exceto no que se refere à forma; **D:** incorreta, pois o Código Civil admite a cláusula que exclui a responsabilidade pela evicção (CC, art. 448); **E:** correta, pois de acordo com a previsão do CC, art. 428, I. Gabarito "E".

(Analista Jurídico – TCE/PR – 2016 – CESPE) Acerca da disciplina dos contratos no Código Civil, assinale a opção correta.
(A) Se coisa recebida em virtude de contrato comutativo for enjeitada por defeito oculto que lhe diminua o valor, o alienante terá de restituir o que receber, acrescido de perdas e danos, ainda que desconheça o vício.
(B) A ausência de fixação de preço em determinado contrato de compra e venda de material de construção tornaria nulo o referido contrato.
(C) Decretada judicialmente a nulidade de um contrato por ter a prestação do devedor se tornado excessivamente onerosa, a sentença terá efeito a partir de sua publicação.
(D) Sob pena de nulidade, o contrato preliminar deve observar a mesma forma prescrita em lei para a celebração do contrato definitivo.
(E) Aprovado o projeto, é lícito ao proprietário da obra introduzir modificações de pequena monta sem anuência do autor, ainda que a execução tenha sido confiada a terceiro por contrato de empreitada.

A: incorreta, pois, na hipótese de vício redibitório, só haverá direito a pleitear perdas e danos caso o alienante tivesse ciência do vício (CC, art. 443); **B:** incorreta, pois, na "*venda sem fixação de preço ou de critérios para a sua determinação, [...] entende-se que as partes se sujeitaram ao preço corrente nas vendas habituais do vendedor*" (CC, art. 488); **C:** incorreta, pois nesse caso os efeitos da sentença retroagem até a data da citação (CC, art. 478); **D:** incorreta, pois o contrato preliminar deve conter todos os requisitos essenciais ao contrato a ser celebrado, salvo no que se refere à forma; **E:** correta, pois o art. 621, parágrafo único, do Código Civil admite as: "*alterações de pouca monta*". Gabarito "E".

(Analista – STF – 2013 – CESPE) A respeito dos contratos, julgue o item seguinte.
(1) A teoria do substancial adimplemento visa impedir o uso desequilibrado, pelo credor, do direito de resolução, preterindo desfazimentos desnecessários em prol da preservação do acordado, com vistas à realização de princípios como o da boa-fé objetiva e o da função social dos contratos.

1: Correta, pois por meio dessa teoria visa-se preservar o contrato que já foi substancialmente adimplido. Neste passo, havendo adimplemento substancial da avença, as perdas e danos deverão equitativas à parcela não atendida, respeitando-se sempre a razoabilidade. Neste contexto, cita-se o Enunciado n. 361 JDC/CJF: O adimplemento substancial decorre dos princípios gerais contratuais, de modo a fazer preponderar a função social do contrato e o princípio da boa-fé objetiva, balizando a aplicação do art. 475. Gabarito 1C.

(Analista – TJ/AM – 2013 – FGV) A respeito dos contratos, analise as afirmativas a seguir.
I. O direito positivo brasileiro prevê a liberdade de forma para realização dos contratos, por expressa previsão legal.
II. Nos negócios jurídicos *ad probationem*, a forma é considerada requisito de validade, podendo o negócio ser considerado inválido.
III. A regra da liberdade de forma só admite exceções expressamente previstas em lei.
Assinale:
(A) se somente a afirmativa III estiver correta.
(B) se somente as afirmativas I e III estiverem corretas.
(C) se somente a afirmativa II estiver correta.
(D) se somente as afirmativas II e III estiverem corretas.
(E) se somente a afirmativa I estiver correta.

I e III: corretas (art. 107 do CC); **II:** incorreta, pois nos negócios jurídicos *ad probationem* a forma é importante apenas para efeito de prova. Já nos negócios jurídicos *ad solemnitatem*, a forma é considerada requisito de validade sob pena de nulidade, ex.: art. 108 do CC. Gabarito "B".

José e Rafael realizaram um negócio jurídico em que ficou estipulado que: José entregaria determinado bem móvel para Rafael, que ficaria autorizado a vender o bem, pagando a José, em contrapartida, o valor de quinhentos reais; e Rafael poderia optar por devolver o bem, no prazo de vinte dias, para José.

11. DIREITO CIVIL | 395

(Analista Judiciário – TJ/PA – 2020 – CESPE/CEBRASPE) De acordo com o Código Civil, nessa situação hipotética foi firmado um contrato classificado como

(A) atípico.
(B) solene.
(C) unilateral.
(D) consensual.
(E) comutativo.

A: incorreta, pois contratos atípicos são aqueles sem tipificacação legal. Na situação descrita temos um contrato estimatório previsto no art. 534 e seguintes CC; **B:** incorreta, pois contrato solene é o pacto que exige na sua constituição, sob pena de nulidade forma prescrita em lei, como a realização do ato por meio de instrumento público. No caso do contrato estimatório a lei não traz essa exigência, logo trata-se de um contrato não solene (art. 534 a 537 CC); **C:** incorreta, pois contrato unilateral é aquele em que só uma das partes tem a obrigação, enquanto a outra apenas concorda com os termos. No caso do contrato estimatório há obrigação para ambas as partes (o consignante entrega o bem e o consignatário entrega o valor caso o venda, ou restitui a coisa na data determinada – art. 534 CC); **D:** incorreta, pois trata-se de um contrato real, pois para que o negócio se aperfeiçoe é necessária a entrega do bem. Apenas o acordo entre as partes não é suficiente (art. 534 CC); **E:** correta pois contrato comutativo é aquele em que cada uma das partes faz prestações equivalentes, e tem conhecimento destes atos. Opõe-se ao contrato aleatório, onde o elemento risco é intensamente presente. O contrato estimatório é comutativo, pois não envolve risco (art. 534 CC). GR
Gabarito "E".

4.1.2. Formação dos contratos

(Analista – TRF/3ª Região – 2014 – FCC) Em determinado contrato, o fiador renunciou expressamente ao benefício de ordem. O credor está executando o contrato em razão da dívida não paga requerendo a penhora de imóvel de propriedade do fiador, apesar do devedor ser proprietário de diversos imóveis. Neste caso,

(A) a renúncia ao benefício de ordem é lícita e permitida pelo Código Civil brasileiro.
(B) a renúncia ao benefício de ordem é nula, uma vez que o fiador possui o direito de exigir, até contestação da lide, que seja executado, primeiramente, os bens do devedor.
(C) a renúncia ao benefício de ordem é anulável, uma vez que o fiador possui o direito de exigir, até contestação da lide, que seja executado, primeiramente, os bens do devedor.
(D) o fiador somente possui o direito de exigir que sejam executados, primeiramente, os bens do devedor se houver bens sitos no mesmo município em que tramita a execução, livres e desembargados.
(E) o fiador somente possui o direito de exigir que sejam executados, primeiramente, os bens do devedor se houver bens sitos no mesmo município na qual foi celebrado o contrato de locação, livres e desembargados.

A: correta (art. 828, I, do CC); **B** e **C:** incorretas, pois a renúncia ao benefício de ordem é válida, desde que expressamente manifestada. Ademais, o enunciado não relatava nenhum tipo de vício no que tange a exteriorização da vontade em renunciar. Assim, os bens do fiador podem ser diretamente atingidos (art. 828, I, do CC); **D** e **E:** incorretas, pois fiador apenas tem esse direito se não houver renunciado ao benefício de ordem (art. 827, parágrafo único do CC). Se houve renúncia, é irrelevante saber se os bens do locatário estão localizados no município onde tramita e execução ou onde foi celebrado o contrato. MP
Gabarito "A".

4.1.3. Vícios redibitórios

(Analista – TRT/14ª – 2011 – FCC) Se a coisa recebida em virtude de contrato comutativo apresentar defeitos ocultos que a tornem imprópria ao uso a que é destinada ou lhe diminuam o valor,

(A) o alienante sabendo do vício ou defeito da coisa, deverá devolver ao comprador o dobro do que recebeu e o dobro das perdas e danos.
(B) o alienante desconhecendo o vício ou defeito da coisa, deverá devolver ao comprador o valor recebido, as despesas do contrato, além de perdas e danos.
(C) o adquirente decai do direito de obter a redibição ou abatimento no preço, no prazo de um ano, se a coisa for imóvel, contado da entrega efetiva.
(D) a responsabilidade do alienante não subsiste se a coisa perecer em seu poder por vício oculto já existente ao tempo da tradição.
(E) o prazo para o adquirente obter a redibição ou abatimento no preço conta-se da alienação, ficando reduzido a um terço se já estava na posse da coisa.

A: incorreta, pois o alienante, sabendo do vício da coisa, restituirá o que recebeu e pagará perdas e danos (art. 443 do CC); **B:** incorreta, pois o alienante, não sabendo do vício da coisa, estará sujeito à redibição do contrato (extinção deste, com devolução do valor pago, mais despesas do contrato) ou a ter de fazer um abatimento no preço da coisa (arts. 441 e 442 do CC); **C:** correta (art. 445 do CC); **D:** incorreta, pois a responsabilidade subsiste sim nesse caso (art. 444 do CC); **E:** incorreta, pois fica reduzido à metade nesse caso (art. 445, caput do CC). AG
Gabarito "C".

(Analista – TRT/20ª – 2011 – FCC) Tício vendeu uma coleção de livros jurídicos a Cícero, sendo que, três meses depois, o comprador descobriu que um dos livros apresentava defeito oculto e estava em branco. Nesse caso, Cícero

(A) não poderá rejeitar a coleção porque já foi ultrapassado o prazo máximo de trinta dias da data da celebração do contrato.
(B) poderá rejeitar a coleção e reclamar abatimento no preço.
(C) só poderá rejeitar a coleção se o alienante conhecia o vício e não avisou o comprador no ato da venda.
(D) não poderá rejeitar a coleção, porque o defeito oculto de uma das coisas vendidas em conjunto não autoriza a rejeição de todas.
(E) poderá rejeitar a coleção e pleitear indenização por perdas e danos.

A: incorreta, pois quando o vício, por sua natureza, for daqueles que só podem ser conhecido mais tarde, o prazo contar-se-á do momento em que o comprador dele tiver ciência, até o prazo máximo de 180 dias, em se tratando de bem móvel (art. 445, § 1º, do CC); **B:** incorreta, porque se deve escolher uma coisa *ou* outra (arts. 441 e 442 do CC); **C:** incorreta, pois o fato do alienante saber do vício não é necessário para a configuração dos direitos do comprador, tratando-se de mera situação de agravamento da situação do alienante, que terá, também, de arcar com perdas e danos (art. 443 do CC); **D:** correta, não sendo razoável que haja a rejeição de tudo, sob pena de abuso de direito; **E:**

incorreta, pois as perdas e danos só são devidas se o alienante sabe do vício da coisa, circunstância não relatada no enunciado da questão. **Gabarito "D".**

4.1.4. Classificação dos contratos

(Analista – TJ/ES – 2011 – CESPE) Julgue o seguinte item.

(1) Os negócios jurídicos bilaterais são onerosos, pois ambas as partes auferem benefícios. Nesse sentido, é correto afirmar que a exceção de contrato não cumprido é aplicável a todo negócio jurídico oneroso.

1: incorreta, pois a classificação dos negócios em unilaterais e bilaterais leva em conta critério do número de vontades necessárias para a formação do contrato; quando, para a formação deste, faz-se necessário apenas uma vontade (ex.: testamento), o negócio é unilateral; ao contrário, o negócio pode ser bilateral (duas vontades) ou plurilateral (mais de duas vontades); uma doação sem encargo, por exemplo, é negócio jurídico bilateral, pois é necessária a emissão de duas declarações de vontade para a formação desse contrato; porém, na doação sem encargo apenas uma das partes aufere benefício, o que demonstra a incorreção da afirmação; já classificação dos contratos em unilaterais e bilaterais leva em conta outro critério, qual seja, quais partes têm obrigações; o contrato é unilateral quando apenas uma das partes têm obrigações, e bilateral, quando ambas as têm; a exceção de contrato não cumprido só se aplica a contratos bilaterais, não havendo relação com o negócio jurídico oneroso ou não. **Gabarito 1E**

4.1.5. Extinção dos contratos

João, mediante contrato firmado, prestava assistência técnica de computadores à empresa de Mário. João e Mário, por mútuo consenso, resolveram por fim à relação contratual.

(Analista – TJ/CE – 2013 – CESPE) Nessa situação hipotética, considerando o que dispõe a doutrina majoritária sobre a matéria, caracterizou-se a

(A) resolução bilateral do contrato.
(B) revogação do contrato.
(C) anulação do contrato.
(D) inexistência contratual.
(E) resilição bilateral do contrato.

A: incorreta, pois por meio da resolução ocorre a extinção do contrato por inexecução contratual ou onerosidade excessiva. Em ambos os casos, não há falar-se em vontade das partes; **B:** incorreta, pois a revogação advém da resilição unilateral do contrato, em que um dos contratantes não mais deseja continuar com a avença; **C:** incorreta, pois a anulação do contrato se dá por meio de uma decisão desconstitutiva do Poder judiciário, com efeitos "ex nunc"; **D:** incorreta, pois o contrato existe, vez que possui agente, objeto, forma, vontade e fim negocial; **E:** correta, pois resilição unilateral é a extinção do contrato pela vontade de ambos os contratantes. O elemento essencial diferenciador com a resolução é a vontade. **Gabarito "E".**

Ricardo comprou uma motocicleta de Manoel, firmando contrato em que não constava nenhuma cláusula expressa sobre a evicção. Após um mês de uso, a motocicleta foi apreendida por um oficial de justiça, que foi à casa de Ricardo cumprir mandado judicial de busca e apreensão fruto de ação judicial. Instado por Ricardo, Manoel declarou desconhecer a ação judicial que originou o referido mandado, alegando que adquiriu a motocicleta de terceiro.

(Analista – TJ/CE – 2013 – CESPE) Considerando essa situação hipotética e o disposto no Código Civil, assinale a opção correta.

(A) Manoel responderá pelo dano somente se for comprovada a sua má-fé.
(B) Ricardo não terá direito à indenização pela perda do veículo, em razão da liberdade de contratar.
(C) Manoel não responderá pelo dano experimentado por Ricardo, haja vista que inexiste medida judicial aplicável a essa situação.
(D) Ricardo deverá demandar judicialmente Manoel, que responderá pela evicção.
(E) Manoel não responderá pelo dano experimentado por Ricardo, porque não tinha conhecimento da ação judicial e do mandado.

A: incorreta, pois Manoel responderá pela evicção, independentemente doa boa ou má-fé, haja vista que não havia no contrato nenhuma cláusula expressa excluindo a garantia (447 do CC); **B:** incorreta, pois a Lei garante a Ricardo o direito de ser indenizado por Manoel, no que tange à restituição integral do preço além de outros itens previstos no art. 450 do CC; **C:** incorreta, pois Ricardo pode ingressar com medida judicial contra Manoel, a fim de ser indenizado (art. 456, *caput*, e art. 450 do CC); **D:** correta, pois o ajuizamento de ação reparatória é plenamente cabível (art. 447 do CC); **E:** incorreta, pois o desconhecimento da ação e do mandado não excluem a responsabilidade de Manoel. Tais vícios apenas têm o condão de prejudicar o ato processual (art. 214, *caput*, do CPC), mas não de invalidar o direito material. **Gabarito "D".**

4.2. Contratos em espécie

4.2.1. Compra e venda

(Analista Jurídico – TRT2 – FCC – 2018) Sobre o contrato de compra e venda, nos termos estabelecidos pelo Código Civil, é correto afirmar:

(A) Não pode um condômino em coisa indivisível vender a sua parte a estranhos, se outro consorte a quiser, tanto por tanto. O condômino, a quem não se der conhecimento da venda, poderá, depositando o preço, haver para si a parte vendida a estranhos, se o requerer no prazo máximo de noventa dias, sob pena de decadência.
(B) É anulável a venda de descendente a ascendente, salvo se os outros descendentes e o cônjuge do alienante, independentemente do regime de bens do casamento, expressamente houverem consentido.
(C) É lícita a compra e venda entre cônjuges com relação a bens excluídos da comunhão.
(D) A fixação do preço não pode ser deixada ao arbítrio de terceiro, que os contratantes logo designarem ou prometerem designar, havendo expressa vedação legal nesse sentido.
(E) Nas coisas vendidas conjuntamente, o defeito oculto de uma autoriza a rejeição de todas.

A: incorreta, pois o prazo é de 180 dias, e não de 90 dias (art. 504, *caput* CC); **B:** incorreta, pois é anulável a venda de *ascendente a des-*

cendente, salvo se os outros descendentes e o cônjuge do alienante expressamente houverem consentido. Dispensa-se o consentimento do cônjuge apenas se o regime de bens for o da separação obrigatória (art. 496 CC); **C:** correta, art. 499 CC; **D:** incorreta, pois o art. 485 CC prevê que a fixação do preço *pode* ser deixada ao arbítrio de terceiro, que os contratantes logo designarem ou prometerem designar; **E:** incorreta, pois nas coisas vendidas conjuntamente, o defeito oculto de uma *não autoriza* a rejeição de todas (art. 503 CC). GR
Gabarito "C".

(Analista Judiciário – TRT/11 – FCC –2017) Paulo vendeu um automóvel para Pedro, reservando para si a propriedade até que o preço esteja integralmente pago. Tal modalidade de compra e venda denomina-se

(A) venda sujeita a preferência.
(B) venda a contento.
(C) venda sobre documentos.
(D) retrovenda.
(E) venda com reserva de domínio.

A: incorreta, pois a venda sujeita a preferência impõe ao comprador do um bem a obrigação de– na hipótese de querer vender– oferecer ao vendedor pelo mesmo preço e pelas mesmas condições (CC, art. 513); **B**: incorreta, pois a venda a contento só se aperfeiçoará depois que o possível comprador manifestar seu agrado em relação ao bem adquirido (CC, art. 509); **C**: incorreta, pois na venda sobre documentos a tradição da coisa é substituída pela entrega do seu título representativo e dos outros documentos exigidos pelo contrato (CC, art. 529); **D**: incorreta, pois a retrovenda é a cláusula que autoriza o vendedor de um bem a recomprá-lo do comprador pelo mesmo preço além do reembolso das demais despesas (CC, art. 505); **E**: correta, pois na venda com reserva de domínio, o vendedor reserva para si a propriedade, até que o preço esteja integralmente pago (CC, art. 521).
Gabarito "E".

(Analista Judiciário – TRT/24 – FCC – 2017) Sobre o contrato de compra e venda, nos termos estabelecidos pelo Código Civil, é correto afirmar:

(A) O prazo para exercer o direito de preferência ou preempção não poderá exceder a cinco anos, se a coisa for imóvel.
(B) É anulável a venda de ascendente a descendente sem o consentimento dos outros descendentes e do cônjuge do alienante, independentemente do regime de bens estabelecido para o casamento.
(C) Não pode um condômino em coisa indivisível vender a sua parte a estranhos, se outro consorte a quiser, tanto portanto, observadas as regras estabelecidas pela legislação em vigor.
(D) No contrato de compra e venda com reserva de domínio o vendedor poderá executar a cláusula de reserva de domínio independentemente de constituir o devedor em mora, mediante protesto ou interpelação judicial.
(E) É vedada a fixação pelas partes do preço da coisa à taxa de mercado ou de bolsa em certo e determinado dia e lugar.

A: incorreta, pois tal prazo é de dois anos (CC, art. 513 parágrafo único); **B**: incorreta, pois na venda de ascendente a descendente, a lei dispensa o consentimento do cônjuge quando o regime for o da separação obrigatória de bens (CC, art. 496); **C**: correta, pois a lei de fato estipula tal limitação ao condômino que pretenda vender sua parte ideal (CC, art. 504); **D**: incorreta, pois "o vendedor somente poderá executar a cláusula de reserva de domínio após constituir o comprador em mora, mediante protesto do título ou interpelação judicial" (CC, art. 525); **E**: incorreta, pois tal fixação é admitida pelo art. 486 do Código Civil.
Gabarito "C".

(Analista – TRT/2ª – 2014 – FCC) Considere as afirmativas relativas à compra e venda:

I. Nulo é o contrato de compra e venda, quando se deixa ao arbítrio exclusivo de uma das partes, a fixação do preço.
II. Salvo cláusula em contrário, ficarão as despesas de escritura e registro a cargo do vendedor, e a cargo do comprador as da tradição.
III. Até o momento da tradição, os riscos da coisa correm por conta do comprador, e os do preço por conta do vendedor.
IV. Não sendo a venda a crédito, o vendedor não é obrigado a entregar a coisa antes de receber o preço.

Está correto o que consta em

(A) III e IV, apenas.
(B) I, II, III e IV.
(C) I e IV, apenas.
(D) II e III, apenas.
(E) I e II, apenas.

I: Correto, de acordo com o art. 489 do CC. A lei proíbe a estipulação arbitrária do preço por um dos contratantes, pois fere a consensualidade do contrato, que deve ser aperfeiçoado por disposição comum de vontades recíprocas; **II**: incorreto, pois viola o art. 490 do CC, visto que não existindo convenção pelos contratantes atinente às despesas do negócio, as de escritura e registro são de responsabilidade do comprador adquirente; **III**: incorreto, afronta o art. 492 do CC, "Até o momento da tradição, os riscos da coisa correm por conta do vendedor, e os do preço por conta do comprador"; **IV**: Correto, de acordo com o texto expresso do art. 491 do CC. Vale dizer, na compra e venda à vista, a entrega da coisa está condicionada ao pagamento imediato do preço. O cumprimento das prestações deve ser recíproco.
Gabarito "C".

(Analista – TRT/16ª – 2014 – FCC) A respeito da compra e venda, é correto afirmar:

(A) É lícita a compra e venda entre cônjuges, com relação a bens excluídos da comunhão.
(B) Nas coisas vendidas conjuntamente, o defeito oculto de uma autoriza a rejeição de todas.
(C) As despesas com a tradição da coisa móvel correrão por conta do comprador.
(D) Nas vendas a crédito, o vendedor não é obrigado a entregar a coisa antes de receber o preço.
(E) A tradição da coisa vendida, na falta de estipulação em contrário, dar-se-á no domicílio do comprador.

A: Correta, pois de acordo com o art. 499 do CC, é permitida a venda de um cônjuge ao outro, apenas com relação aos bens excluídos da comunhão. Os bens excluídos do regime da comunhão de bens são os relacionados no art. 1.668 do mesmo dispositivo legal; **B**: Errada, pois cuida-se de vício redibitório, que é o vício oculto que incide sobre a coisa tornando-a imprópria ao uso a que se destina ou diminuindo seu valor, em coisas vendidas em conjunto, conforme a interpretação de Agostinho Alvin, o artigo refere-se "... às coisas singulares, ainda que vendidas na mesma ocasião e por um preço só", por exemplo, 200 livros da mesma edição (ALVIM, 1961, p. 112); **C**: Errada, pois as despesas com a tradição ocorrem por conta do vendedor, na falta de estipulação em contrário; **D**: Errada, pois é uma exceção ao princípio da *exceptio tio non adimpleti contractus*, segundo o qual poderia o vendedor reter a coisa até que receba o preço, em caso da venda ter sido à vista, entretanto, nos casos de venda a crédito, a entrega da coisa ocorre antes do pagamento do preço, nos moldes do art. 491 do CC; **E:** Errada, pois o art. 493 do CC diz que: "A tradição da coisa vendida, na falta de estipulação expressa, dar-se-á no lugar onde ela se encontrava, ao tempo da venda". MP

Gabarito "A".

(Analista – TRT9 – 2012 – FCC) Quanto à compra e venda,

(A) o preço da coisa deve ser fixado sempre em dinheiro, vedado que se o estabeleça à taxa de mercado ou de bolsa, em certo e determinado dia e lugar.

(B) só pode ter por objeto coisa atual, vedada a transação sobre coisas futuras.

(C) uma vez estabelecida, automaticamente transfere o domínio da coisa ao comprador, que se obriga ao pagamento do preço em dinheiro.

(D) é válido o contrato se for deixada ao arbítrio exclusivo de uma das partes a fixação do apreço, desde que as partes sejam maiores e capazes.

(E) quando pura, o contrato respectivo considerar-se-á consumado, obrigatório e perfeito, desde que as partes acordarem no objeto e no preço.

A: incorreta, pois o art. 486 do CC prevê expressamente que também se poderá deixar a fixação do preço à taxa de mercado ou de bolsa, em certo e determinado dia e lugar; **B:** incorreta, haja vista que não há impedimento de que a transação verse sobre coisas futuras (art. 483 do CC), hipóteses em que teremos uma compra e venda de natureza aleatória, regulamentada entre os artigos 458/461 do CC; **C:** incorreta, pois pelo contrato de compra e venda uma das partes se obriga a transferir o objeto (logo, não há transferência automática do domínio) ao comprador, que se obriga ao pagamento do preço em dinheiro (art. 481 do CC); **D:** incorreta, pois é nulo o contrato de compra e venda, quando se deixa ao arbítrio exclusivo de uma das partes a fixação do preço (art. 489 do CC); **E:** correta (art. 482 do CC). AG

Gabarito "E".

(Analista – TRT/11ª – 2012 – FCC) Mario, é solteiro, possui três filhos maiores e uma neta também maior. Mario pretende vender uma de suas casas de praia para sua neta. Neste caso, Mário

(A) poderá celebrar contrato de compra e venda com sua neta, mas precisará do consentimento dos seus filhos, com exceção do pai da menina.

(B) poderá celebrar contrato de compra e venda com sua neta, mas precisará do consentimento de todos os seus filhos.

(C) poderá celebrar contrato de compra e venda com sua neta, independentemente do consentimento dos seus filhos.

(D) não poderá celebrar contrato de compra e venda com sua neta, independentemente do consentimento de seus filhos, tendo em vista expressa vedação legal.

(E) poderá celebrar contrato de compra e venda com sua neta, mas precisará apenas do consentimento do filho que é o pai da menina.

Considerando que as partes são maiores e capazes e que a questão não menciona se o bem padece de alguma cláusula restritiva de alienação (inalienabilidade, por exemplo); é perfeitamente possível que a compra e venda seja realizada, desde que com o consentimento de todos os demais descendentes, sob pena de anulabilidade (art. 496, *caput*, do CC). AG

Gabarito "B".

(Analista – TRF/4 – FCC – 2019) Patrícia e Beatriz celebraram contrato de compra e venda de um automóvel usado, convencionando que o preço seria fixado por Fernando, o qual, por sua vez, recusou a incumbência. Nesse caso, o contrato

(A) é nulo de pleno direito, pois é vedado atribuir a terceiro a fixação do preço em contrato de compra e venda.

(B) é nulo de pleno direito, pois só se admite atribuir a terceiro a fixação do preço em contratos de compra e venda de coisas fungíveis.

(C) era válido por ocasião da celebração, mas a recusa de Fernando o tornou inválido.

(D) é válido, mas ficará sem efeito por conta da recusa de Fernando, salvo se Patrícia e Beatriz designarem outra pessoa para fixar o preço.

(E) é juridicamente inexistente, pois é vedado atribuir a terceiro a fixação do preço em contrato de compra e venda.

A: incorreta, pois a lei permite que as partes atribuam a terceiro a fixação do preço em contrato de compra e venda (art. 485, 1ª parte CC); **B:** incorreta, pois a Lei não faz a restrição de ser apenas em coisas fungíveis (art. 485 CC); **C:** incorreta, pois a recusa de Fernando repercute nos efeitos do contrato e não no campo da validade (art. 485, 2ª parte CC); **D:** correta, pois a recusa de Fernando repercute no campo da eficácia. O contrato ficará sem efeito até que as partes indiquem outra pessoa para fixar o preço (art. 485 CC); **E:** incorreta, pois o contrato é existente e válido. A Lei permite a fixação de preço por terceiros em contrato de compra e venda. (art. 485 CC). GR

Gabarito "D".

4.2.2. Doação

(Analista – TRE/AP – 2011 – FCC) João é casado com Maria, com a qual possui dois filhos, Tício e Tobias. Maria, Tobias e Tício descobriram que João doou um bem particular seu para sua amante, Bárbara, com quem possui um relacionamento amoroso. Esta doação poderá ser anulada

(A) por Maria, Tobias e Tício, até seis meses depois de dissolvida a sociedade conjugal.

(B) apenas por Maria, até dois anos depois de dissolvida a sociedade conjugal.

(C) por Maria, Tobias e Tício, até cinco anos depois de dissolvida a sociedade conjugal.

(D) apenas por Tício e Tobias, até cinco anos depois de dissolvida a sociedade conjugal.

(E) por Maria, Tobias e Tício, até dois anos depois de dissolvida a sociedade conjugal.

A doação do cônjuge adúltero ao seu cúmplice pode ser anulada pelo outro cônjuge, ou por seus herdeiros necessários, até dois anos depois de dissolvida a sociedade conjugal (art. 550 do CC). AG

Gabarito "E".

(Analista – TRE/SP – 2012 – FCC) Minotauro, empresário milionário, celebrou contrato de doação com seu amigo de infância Aquiles. Através do referido contrato Minotauro doou para Aquiles uma pequena propriedade imóvel, onde ele pudesse organizar seu comitê eleitoral, já que pretende se candidatar nas próximas eleições municipais. O contrato de doação, em regra, é

(A) oneroso, bilateral e solene.
(B) gratuito, bilateral e de natureza real.
(C) gratuito, unilateral e de natureza real.
(D) gratuito, bilateral e de caráter pessoal.
(E) gratuito, unilateral e de caráter pessoal.

A alternativa E está correta pela definição de contrato de doação, que é um contrato gratuito (que apenas uma das partes aufere benefício ou vantagem), unilateral (que cria obrigação unicamente para uma das partes) e de caráter pessoal (celebrados em razão das qualidades pessoais do donatário). **AG**
Gabarito "E".

(Analista – TRE/TO – 2011 – FCC) Na doação não sujeita a encargo, se o doador fixar prazo ao donatário para declarar se aceita ou não a liberalidade e este, ciente do prazo, não a fizer,

(A) deverá o doador celebrar aditivo contratual e notificar por escrito o donatário para que se manifeste dentro de trinta dias.
(B) entender-se-á que aceitou.
(C) entender-se-á que não aceitou.
(D) deverá o doador notificar por escrito o donatário para que se manifeste no prazo improrrogável de 24 horas.
(E) deverá o doador notificar por escrito o donatário para que se manifeste no prazo improrrogável de 48 horas.

O doador pode fixar prazo ao donatário, para declarar se aceita ou não a liberalidade. Desde que o donatário, ciente do prazo, não faça, dentro dele, a declaração, entender-se-á que aceitou, se a doação não for sujeita a encargo (art. 539 do CC). **AG**
Gabarito "B".

(Analista – TJ/SC – FGV – 2018) Paulo e Mônica, pais de Rubens e Carolina, decidem presentear a filha com um de seus imóveis, o que fazem mediante escritura de doação, sem a participação de Rubens.

No caso, esse contrato:

(A) não surte efeito em relação a Rubens, visto que dele não participou;
(B) é nulo, pois Rubens deveria ter subscrito como interveniente anuente;
(C) é inexistente, pois viola o princípio da solidariedade familiar;
(D) deve ser ratificado por Rubens para ganhar eficácia;
(E) é válido, ainda que não tenha contado com a anuência de Rubens.

A: incorreta, pois a doação é válida e eficaz, inclusive com relação a Rubens. Sua participação neste ato é dispensável, pois a lei permite que haja doação de ascendente para descendente, o que será considerado antecipação da legítima (art. 544 CC); B: incorreta, pois essa doação não requer a anuência de Rubens (art. 544 CC); C: incorreta, pois não há que se falar em vício no campo da existência nem da validade, pois todos os requisitos estão preenchidos, quais sejam: partes maiores e capazes, objeto lícito, possível e determinável e forma prescrita ou não defesa em lei (art. 166 CC); D: incorreta, pois o contrato não necessita da ratificação de Rubens para gerar efeitos, pois já plenamente existente, válido e eficaz (art. 544 CC); E: correta, nos termos no art. 544 CC. **GR**
Gabarito "E".

4.2.3. Locação

(Analista Judiciário – TRF/2 – Consulplan – 2017) "João, proprietário de uma casa situada na cidade de Belo Horizonte, celebra um contrato de locação do referido imóvel residencial urbano com Mário, o qual figura na relação jurídica na qualidade de locatário. Posteriormente, durante a vigência do contrato, a queda de um raio atinge o quadro de distribuição de energia elétrica da casa, ensejando um incêndio que destrói completamente o imóvel." Conforme as regras contidas no Código Civil de 2002, assinale a alternativa correta.

(A) Ainda que se trate de caso fortuito ou força maior, João poderá pleitear de Mário, que estava na posse do bem, os valores referentes aos aluguéis vencidos e não pagos até o evento danoso, resolvendo-se o contrato locatício.
(B) Aplicar-se-á a máxima da *res perit domino*, ou seja, a coisa perece para o dono. Como Mário encontrava-se na posse direta do bem, deverá suportar os ônus resultantes da destruição da casa, ressarcindo todos os prejuízos suportados por João.
(C) Cuida-se de hipótese de solidariedade legal entre o locador e o locatário, de modo que ambos deverão responder, na mesma medida, pelas perdas e danos resultantes do desastre natural. Saliente-se que Mário poderá descontar do montante devido os valores já pagos a título de aluguel.
(D) João, na qualidade de proprietário e locador do imóvel, não poderia pleitear de Mário um novo imóvel ou seu valor correspondente, mas, com base nos princípios da solidariedade, da eticidade e da boa-fé objetiva que regem o Direito Civil contemporâneo, deverá ser ressarcido a título de perdas e danos pelos prejuízos sofridos.

A: correta, pois os valores já vencidos constituem direito adquirido do locador do imóvel e não guardam relação com o fato danoso superveniente; B: incorreta, pois o dono é João e a máxima *res perit domino* não se aplica ao possuidor; C: incorreta, pois a destruição do imóvel sem culpa das partes gera obrigação exclusiva ao dono do imóvel, aplicando-se o princípio *res perit domino*; D: incorreta, pois tais princípios não justificam a transferência de responsabilidade do dono para o locatário, ainda que parcialmente. **GN**
Gabarito "A".

(Analista Judiciário – TRT/11 – FCC – 2017) No que concerne ao contrato de locação de coisas, considere:

I. Benfeitorias necessárias feitas com expresso consentimento do locador.
II. Benfeitorias necessárias feitas sem expresso consentimento do locador.
III. Benfeitorias úteis feitas com expresso consentimento do locador.
IV. Benfeitorias úteis feitas sem expresso consentimento do locador.

Salvo disposição em contrário, o locatário goza do direito de retenção APENAS em

(A) I, III e IV.
(B) III e IV.
(C) I e III.
(D) I, II e III.

(E) II, III e IV.

No caso de locação de coisas, o locatário goza do direito de retenção das benfeitorias necessárias (com ou sem consentimento do locador) e também no caso de benfeitorias úteis, desde que estas tenham sido feitas" com expresso consentimento do locador" (CC, art. 578). GN
Gabarito "D".

(Analista – TRT/20ª – 2011 – FCC) De acordo com o Código Civil brasileiro, no contrato de locação de coisas

(A) a locação por tempo determinado não cessa de pleno direito findo o prazo estipulado, exigindo que o locatário seja notificado.

(B) se o locatário empregar a coisa em uso diverso do ajustado, ou da que se destina, poderá o locador, além de rescindir o contrato, exigir perdas e danos.

(C) a locação por tempo determinado cessa de pleno direito se ocorrer a morte do locador ou do locatário.

(D) se, findo o prazo, o locatário continuar na posse da coisa alugada, sem oposição do locador, presumir-se-á prorrogada a locação pelo mesmo aluguel e pelo mesmo prazo.

(E) em se tratando de imóvel alienado durante a locação, o locador só poderá despejar o locatário e reaver o imóvel observado o prazo de trinta dias após a notificação.

A: incorreta, pois cessa de pleno direito, não dependendo de notificação ou aviso (art. 573 do CC); **B:** correta (art. 570 do CC); **C:** incorreta, pois, nesse caso, a locação transfere-se aos herdeiros do locador ou locatário por prazo determinado (art. 577 do CC); **D:** incorreta, pois se presumirá prorrogada a locação pelo mesmo aluguel, mas sem o prazo determinado (art. 574 do CC); **E:** incorreta, pois o novo locador só terá direito de despejar o locatário antes do prazo se do contrato de locação não constar cláusula de vigência, e não constar registro; além disso, cumprido o requisito, o locatário observará prazo de 90 dias, e não de 30 dias (art. 576, *caput* e § 2º, do CC). AG
Gabarito "B".

4.2.4. Prestação de serviço

(Analista – TRT/11ª – 2012 – FCC) No que concerne a prestação de serviços regida pelo Código Civil brasileiro, sem aprazimento da outra parte, aquele a quem os serviços são prestados

(A) poderá transferir a outrem o direito aos serviços ajustados, desde que haja prévia comunicação para a outra parte com antecedência mínima de 30 dias.

(B) poderá transferir a outrem o direito aos serviços ajustados, bem como o prestador de serviços, poderá dar substituto que os preste.

(C) poderá transferir a outrem o direito aos serviços ajustados, mas não poderá o prestador de serviços dar substituto que os preste.

(D) poderá transferir a outrem o direito aos serviços ajustados, desde que haja prévia comunicação da outra parte com antecedência mínima de 90 dias.

(E) não poderá transferir a outrem o direito aos serviços ajustados e não poderá dar substituto que os preste.

A alternativa correta é a assertiva "E", na medida em que reproduz a redação do art. 605 do CC, *in verbis*: "Nem aquele a quem os serviços são prestados, poderá transferir a outrem o direito aos serviços ajustados, nem o prestador de serviços, sem aprazimento da outra parte,

dar substituto que os preste." Daí verifica-se que todas as demais alternativas automaticamente restam excluídas. AG
Gabarito "E".

(Analista – TRE/TO – 2011 – FCC) O contrato de prestação de serviços regulado pelo Código Civil brasileiro, quando qualquer uma das partes não souber ler, nem escrever o instrumento

(A) deverá obrigatoriamente ser celebrado em cartório através de documento público assinado na presença de duas testemunhas.

(B) poderá ser assinado a rogo e subscrito por duas testemunhas.

(C) deverá ser assinado por um terceiro, maior e capaz, designado pelo analfabeto, na presença de três testemunhas.

(D) deverá ser assinado por um terceiro, maior e capaz e submetido à homologação judicial.

(E) deverá obrigatoriamente ser celebrado com assistência de familiar do analfabeto na presença de duas testemunhas, com posterior registro do documento em cartório.

Art. 595 do CC. AG
Gabarito "B".

4.2.5. Empreitada

(Analista Jurídico – TRT2 – FCC – 2018) Josué, proprietário de um terreno na cidade de Itaquaquecetuba/SP, firmou contrato de empreitada com o empreiteiro Manoel, envolvendo trabalho e materiais, para construção de um imóvel comercial no local. No curso da obra o arquiteto contratado pelo dono da obra Josué, com a anuência deste, apresenta diversas modificações substanciais, desproporcionais ao projeto originalmente aprovado para o contrato celebrado entre as partes. Neste caso, se Josué exigir que as modificações sejam realizadas pelo empreiteiro Manoel, nos termos estabelecidos pelo Código Civil,

(A) Manoel somente poderá suspender a obra caso notifique previamente Josué com antecedência mínima de 90 dias.

(B) Manoel poderá suspender a obra apenas no caso de Josué não arcar com o acréscimo do preço.

(C) estará extinto automaticamente o contrato de empreitada, independentemente da manifestação das partes, diante da alteração do projeto por iniciativa exclusiva de Josué.

(D) Manoel não poderá suspender a obra e nem exigir acréscimo no preço.

(E) Manoel poderá suspender a obra ainda que Josué arque com o acréscimo do preço.

Considerando que houve mudanças substanciais já tendo sido o contrato de empreitada firmado, Manoel pode suspender a obra ainda que Josué arque com o acréscimo do preço, nos termos do que prevê o art. 625, III, CC: *se as modificações exigidas pelo dono da obra, por seu vulto e natureza, forem desproporcionais ao projeto aprovado, ainda que o dono se disponha a arcar com o acréscimo de preço*. Portanto, a alternativa correta é a letra E. GR
Gabarito "E".

(Analista Judiciário – TRT/11 – FCC – 2017) No contrato de empreitada,

(A) o contrato para elaboração de um projeto implica a obrigação de executá-lo.
(B) presume-se a obrigação de fornecer materiais por parte do empreiteiro.
(C) o empreiteiro é obrigado a pagar os materiais que recebeu, se por imperícia ou negligência os inutilizar.
(D) o contrato para elaboração de um projeto implica a obrigação de fiscalizar a sua execução.
(E) a morte de qualquer das partes implica sempre a sua extinção.

A: incorreta, pois o "contrato para elaboração de um projeto não implica a obrigação de executá-lo" (CC, art. 610 §2°); B: incorreta, pois a obrigação de fornecer os materiais não se presume, resulta da lei ou da vontade das partes (CC, art. 610 §1°); C: correta, pois de pleno acordo com a previsão do art. 617 do Código Civil; D: incorreta, pois o contrato para elaboração de um projeto não implica a obrigação de fiscalizar sua execução (CC, art. 610 §2°); E: incorreta, pois a morte de qualquer das partes não extingue o contrato de empreitada (CC, art. 626). Gabarito "C".

(Analista Judiciário – TRT/24 – FCC – 2017) Ricardo, empreiteiro, firmou contrato de empreitada com Rodrigo, envolvendo fornecimento de mão de obra e materiais para construção de uma casa com cinco dormitórios em condomínio fechado na cidade de São Paulo. A obra transcorreu de forma regular e o imóvel foi entregue ao contratante Rodrigo. À luz do Código Civil, com a entrega da obra, Ricardo responderá pela solidez e segurança do trabalho, assim em razão dos materiais, como o solo, durante o prazo irredutível de

(A) 10 anos, decaindo deste direito assegurado ao dono da obra, se Rodrigo não propuser a ação nos 180 dias seguintes ao aparecimento do vício ou defeito.
(B) 5 anos, decaindo deste direito assegurado ao dono da obra, se Rodrigo não propuser a ação nos 180 dias seguintes ao aparecimento do vício ou defeito.
(C) 5 anos, decaindo deste direito assegurado ao dono da obra, se Rodrigo não propuser a ação nos 90 dias seguintes ao aparecimento do vício ou defeito.
(D) 15 anos, decaindo deste direito assegurado ao dono da obra, se Rodrigo não propuser a ação nos 90 dias seguintes ao aparecimento do vício ou defeito.
(E) 10 anos, decaindo deste direito assegurado ao dono da obra, se Rodrigo não propuser a ação nos 90 dias seguintes ao aparecimento do vício ou defeito.

A questão diz respeito a um contrato de empreitada que envolve fornecimento de mão de obra e material para a construção. Nessa hipótese, o Código Civil (art. 618) estabelece que o empreiteiro responderá por cinco anos pela solidez e segurança do trabalho. Contudo, existe um prazo adicional nesse caso. Uma vez constatado o vício ou defeito, o dono da obra deverá propor a ação no prazo decadencial de 180 dias. Gabarito "B".

(Analista – TRT/16ª – 2014 – FCC) Lucius, através de contrato de empreitada com preço global certo e ajustado no respectivo instrumento, contratou o empreiteiro Petrus para reformar a sua residência. Durante a reforma, o preço de mercado dos materiais sofreu redução de 12% do preço global convencionado. Nesse caso, o preço global convencionado, a pedido do dono da obra,

(A) poderá ser revisto, para que se lhe assegure a diferença apurada.
(B) não poderá ser revisto, porque o contrato faz lei entre as partes.
(C) só poderá ser revisto, se a redução ocorrida no mercado for superior a 20%.
(D) só poderia ser revisto se a redução ocorrida no mercado fosse do preço da mão de obra.
(E) só comporta redução se o preço do material e também da mão de obra for superior a 30%.

De acordo com o art. 620 do CC, "Se ocorrer diminuição no preço do material ou da mão de obra superior a 1/10 (um décimo) do preço global convencionado, poderá este ser revisto, a pedido do dono da obra, para que lhe assegure a diferença apurada". O referido artigo visa estabelecer um reequilíbrio econômico do contrato, obstando o enriquecimento sem causa se a mudança no valor ensejar excessiva vantagem para o empreiteiro. Gabarito "A".

4.2.6. Mandato

(Analista Jurídico – TRT2 – FCC – 2018) Xisto, residente no Canadá, firma com Bruno contrato de mandato outorgando a este a necessária procuração para a administração de alguns negócios da família no Brasil. Outorgada a procuração ao mandatário, e concretizado o mandato, nos termos estabelecidos pelo Código Civil,

(A) ciente o mandatário do falecimento de Xisto, ele não deve concluir o negócio já começado, ainda que haja perigo na demora.
(B) se Bruno exceder os poderes do mandato será considerado mero gestor de negócios, enquanto o mandante lhe não ratificar os atos.
(C) o mandatário não tem direito de retenção sobre coisa de que tenha a posse em virtude do mandato no caso de não pagamento, pelo mandante, daquilo que despendeu durante o desempenho do encargo.
(D) no caso de Bruno contrariar as instruções do mandante Xisto, sem extrapolar os limites do mandato, o mandante não ficará obrigado para com aqueles com quem o seu procurador contratou.
(E) o mandante é obrigado a pagar ao mandatário a remuneração ajustada e as despesas da execução do mandato, ainda que o negócio não surta o efeito esperado por culpa do mandatário.

A: incorreta, pois ciente da morte do mandante, o mandatário deve concluir o negócio já começado, se houver perigo na demora (art. 674 CC); B: correta (art. 665 CC); C: incorreta, pois o mandatário tem direito de reter, do objeto da operação que lhe foi cometida o quanto baste para pagamento de tudo que lhe for devido em consequência do mandato (art. 664 CC); D: incorreta, pois ainda que o mandatário contrarie as instruções do mandante, se não exceder os limites do mandato, ficará o mandante obrigado para com aqueles com quem o seu procurador contratou; mas terá contra este ação pelas perdas e danos resultantes da inobservância das instruções (art. 679 CC); E: incorreta, pois se o negócio não surtir o efeito esperado por culpa do mandatário, o mandante não é obrigado a pagar (art. 676 CC). Gabarito "B".

(Analista – Judiciário – TRE/PI – 2016 – CESPE) Pedro, em razão de ter mudado de cidade, concedeu a seu amigo Carlos, que tem dezesseis anos de idade, poderes para, em seu nome, praticar os atos necessários à venda de um imóvel. Considerando essa situação hipotética, assinale a opção correta.

(A) Caso Carlos desatenda a alguma instrução, Pedro se desobriga a cumprir o contrato.
(B) Para que o contrato se aperfeiçoe, Carlos deverá aceitar expressamente.
(C) Caso Pedro venha a falecer, Carlos poderá agir no interesse dos herdeiros, se houver.
(D) O fato de Carlos ter dezesseis anos não torna anulável o contrato.
(E) Por ser ato *intuitu personae*, é vedado a Carlos substabelecer.

A: incorreta, pois o mandante é obrigado a satisfazer todas as obrigações contraídas pelo mandatário, na conformidade do mandato conferido (CC, art. 675); B: incorreta, pois "a aceitação do mandato pode ser tácita, e resulta do começo de execução" (CC, art. 659); C: incorreta, pois a morte do mandante extingue o contrato de mandato (CC, art. 682); D: correta, pois a lei admite mandatário a partir dos dezesseis anos (CC, art. 666); E: incorreta, pois o substabelecimento é permitido pela lei, salvo expressa vedação no contrato de mandato. GN
Gabarito "D".

(Analista Judiciário – Área Judiciária – TRT/12 – 2013 – FCC) Relativos ao mandato, considere:

I. A outorga do mandato está sujeita à forma exigida por lei para o ato a ser praticado. Admite-se mandato verbal mesmo que o ato deva ser celebrado por escrito, dado o caráter não solene do contrato.
II. A aceitação do mandato pode ser tácita, e resulta do começo de execução.
III. O maior de dezesseis e menor de dezoito anos não emancipado pode ser mandatário, mas o mandante não tem ação contra ele senão de conformidade com as regras gerais, aplicáveis às obrigações contraídas por menores.

Está correto o que consta em
(A) II, apenas.
(B) I e II, apenas.
(C) I e III, apenas.
(D) II e III, apenas.
(E) I, II e III.

I: incorreta, pois A outorga do mandato está sujeita à forma exigida por lei para o ato a ser praticado. *Não se admite* mandato verbal quando o ato deva ser celebrado por escrito (art. 657 do CC); II: correta (art. 659 do CC); III: correta (art. 666 do CC). GR
Gabarito "D".

(Analista – TRE/AP – 2011 – FCC) Terceiro sem mandato
(A) pode adquirir a posse, dependendo esta aquisição de ratificação do mandante.
(B) não pode adquirir a posse, por expressa disposição legal existente no Código Civil brasileiro.
(C) pode adquirir a posse, independentemente de ratificação do mandante.
(D) pode adquirir a posse, independentemente de ratificação do mandante, desde que tenha figurado na qualidade de mandatário em, no mínimo, cinco negócios anteriores.
(E) pode adquirir a posse, independentemente de ratificação do mandante, se esta se der pelo prazo máximo de três meses.

Art. 1.205, II, do CC. AG
Gabarito "A".

(Analista – TRF/4 – FCC – 2019) Por meio de escritura pública, André outorgou a Beatriz mandato para que, em seu nome, ela pudesse celebrar contratos. A escritura foi omissa quanto à possibilidade de substabelecer (não a autorizava, nem a vedava expressamente). Ainda assim, por meio de instrumento particular, Beatriz substabeleceu os poderes que a ela tinham sido outorgados a Carlos, que praticou atos em nome de André. Nesse caso,

(A) o substabelecimento é inválido, pois exigia, necessariamente, a mesma forma do mandato (instrumento público); além disso, Beatriz responderá, perante André, pelos atos praticados por Carlos, independentemente de culpa deste.
(B) o substabelecimento é inválido, pois a possibilidade de substabelecer não foi prevista na escritura pública de mandato; além disso, Beatriz responderá, perante André, por eventuais atos culposos praticados por Carlos.
(C) o substabelecimento é válido, sendo que Beatriz responderá, perante André, por eventuais atos culposos praticados por Carlos.
(D) o substabelecimento é válido, sendo que Beatriz não responderá, perante André, por eventuais atos culposos praticados por Carlos.
(E) o substabelecimento é válido, sendo que Beatriz responderá, perante André, pelos atos praticados por Carlos, independentemente de culpa deste.

A: incorreta, pois o substabelecimento é válido, porque ainda quando se outorgue mandato por instrumento público, é possível substabelecer-se mediante instrumento particular. Ademais, Beatriz apenas responderá pelos atos que o substabelecido praticar culposamente (art. 667, § 4º, CC); B: incorreta, pois a lei prevê a hipótese de a procuração ser omissa quanto a possibilidade de substabelecimento. Neste caso, a consequência é que o procurador será responsável se o substabelecido proceder culposamente (art. 667, § 4º CC). Não está previsto que o substabelecimento será inválido; C: correta, nos termos do art. 667, § 4º CC; D: incorreta, pois Beatriz responderá perante André, por eventuais atos culposos praticados por Carlos (art. 667, § 4º CC); E: incorreta, pois Beatriz apenas responderá perante André pelos atos praticados com culpa por Carlos (art. 667, § 4º CC). GR
Gabarito "C".

4.2.7. Seguro

(Analista – TRE/AP – 2011 – FCC) No caso de sinistro parcial, salvo disposição em contrário, o seguro de um interesse por menos do que valha
(A) acarreta a redução proporcional da indenização.
(B) não gera qualquer redução ou amortização da indenização devida.
(C) acarreta a redução legal e prefixada de, no máximo, 10% da indenização.
(D) acarreta a redução legal e prefixada de, no máximo, 15% da indenização.

(E) acarreta a redução legal e prefixada de, no máximo, 50% da indenização.

Art. 783 do CC.
Gabarito "A".

(Analista – TRE/TO – 2011 – FCC) Em regra, no seguro de dano, a transferência do contrato a terceiro com a alienação ou cessão do interesse segurado é

(A) admitida, sendo que se o instrumento contratual é nominativo, a transferência produz efeitos em relação ao segurador após dez dias úteis da efetivação da transferência, sendo desnecessário aviso escrito.
(B) vedada pelo Código Civil brasileiro em atenção aos princípios da transparência e da boa-fé objetiva.
(C) admitida, sendo que, se o instrumento contratual é nominativo, a transferência produz efeitos em relação ao segurador imediatamente, sendo desnecessário aviso escrito.
(D) admitida, sendo que a apólice ou o bilhete à ordem se transfere por endosso em branco.
(E) admitida, sendo que a apólice ou o bilhete à ordem só se transfere por endosso em preto, datado e assinado pelo endossante e pelo endossatário.

Art. 785, *caput* e § 2º, do CC.
Gabarito "E".

4.2.8. Fiança

(Analista Judiciário – TRE/SP – FCC – 2017) A respeito da fiança, considere:

I. Pode ser estipulada na forma verbal, desde que na presença de, ao menos, duas testemunhas.
II. Pode ser estipulada ainda que contra a vontade do devedor.
III. Não pode ser de valor inferior ao da obrigação principal.
IV. Não admite interpretação extensiva.

Está correto o que consta APENAS em

(A) II e IV.
(B) II e III.
(C) I e IV.
(D) I e II.
(E) I e III

I: incorreta, pois o Código Civil exige a forma escrita (art. 819); II: correta. O contrato de fiança é estabelecido entre o credor e o fiador. O devedor não é parte contratual e– como não há prejuízo para ele– o Código dispensa sua anuência (CC, art. 820); III: incorreta, pois a fiança pode ser estabelecida em valor igual ou inferior à dívida (CC, art. 823); IV: correta, pois de acordo com a regra interpretativa do art. 819 do CC.
Gabarito "A".

(Analista – TJ/ES – 2011 – CESPE) Julgue o seguinte item.

(1) Em face de sua natureza benéfica, o contrato de fiança deve ser interpretado estritamente.

1: correto (arts. 114 e 819 do CC).
Gabarito 1C

4.2.9. CONTRATOS COMBINADOS

(Analista Judiciário – TRT/8ª – 2016 – CESPE) A respeito dos contratos, assinale a opção correta.

(A) O doador pode fixar cláusula de reversão, pela qual o bem doado volta ao seu patrimônio se ele sobreviver ao donatário.
(B) A pessoa que se tornar fiadora de devedor declarado insolvente poderá invocar o benefício de ordem quando for cobrada pela dívida antes do devedor principal.
(C) A outorga de mandato por meio de instrumento público desautoriza o substabelecimento mediante instrumento particular.
(D) Tratando-se de contrato consensual, considera-se concluído o comodato no momento do acordo de vontades.
(E) Em caso de descumprimento de acordo que previa o direito de preferência na venda de um imóvel, a parte preterida terá o direito de desfazer o negócio sobre o qual tinha prelação.

A: correta, pois a cláusula de reversão tem exatamente esse objetivo, ou seja, fazer o bem voltar ao doador caso ele sobreviva ao donatário (CC, art. 547). Trata-se, a rigor, de uma cláusula resolutiva expressa inserida no contrato de doação; **B:** incorreta, pois o benefício de ordem não pode ser oposto se o devedor principal for insolvente ou falido (CC, art. 828, III); **C:** incorreta, pois o que determina a forma do mandato e também do substabelecimento é a forma exigida para o negócio principal (CC, art. 657); **D:** incorreta, pois o comodato é um perfeito exemplo de contrato real, a saber, aquele que só se perfaz com a efetiva entrega do bem; **E:** incorreta, pois, nessa hipótese, a parte preterida só terá direito a perdas e danos (CC, art. 518).
Gabarito "A".

5. RESPONSABILIDADE CIVIL

(Analista – TRT/18 – 2023 – FCC) João e Paulo, maiores e capazes, agindo em conjunto, praticaram ato ilícito do qual resultaram danos a Letícia. De acordo com o Código Civil, a responsabilidade civil de João e Paulo pelos danos causados a Letícia

(A) é solidária, mas um tem direito de regresso em face do outro, caso venha a arcar sozinho com a reparação.
(B) é solidária, inexistindo direito de regresso entre eles, ainda que um venha a arcar sozinho com a reparação.
(C) não é solidária, respondendo cada um deles limitada e proporcionalmente à importância da sua respectiva participação para a consumação dos danos.
(D) não é solidária, respondendo cada um deles limitada e proporcionalmente à importância do seu respectivo patrimônio.
(E) não é solidária, respondendo cada um deles pela metade dos danos causados, independentemente da importância das suas respectivas participações para a consumação dos danos ou dos seus patrimônios.

A: correta, pois se a ofensa tiver mais de um autor, todos responderão solidariamente pela reparação (art. 942, 2ª parte CC) e aquele que ressarcir o dano causado por outrem pode reaver o que houver pago daquele por quem pagou (art. 934, 1ª parte CC). Portanto, a responsabilidade é solidária e há o direito de regresso; **B:** incorreta, pois há o direito de regresso (art. 934, 1ª parte CC); **C:** incorreta, pois a responsabilidade é solidária (art. 942, 2ª parte CC), podendo inclusive apenas um deles ser acionado pela dívida toda (art. 264 CC), garantido o direito de regresso da parte correspondente ao autor que não foi demandado (art. 934, 1ª parte CC); **D:** incorreta, pois a responsabilidade é solidária (art. 942, 2ª parte CC), podendo inclusive apenas um deles ser acionado pela dívida toda (art. 264 CC), garantido o direito de regresso da parte correspondente ao autor que não foi demandado (art. 934, 1ª parte CC). Responderão com seu patrimônio no limite do valor da dívida (art. 942, 1ª parte CC); **E:** incorreta, pois a responsabilidade é solidária (art. 942, 2ª parte CC). É possível que um deles seja acionado pela dívida toda, garantido o direito de regresso e o patrimônio dos devedores é que responderá pela dívida, nos termos das justificativas anteriores.

Gabarito "A".

(Analista Judiciário – TRT/20 – FCC – 2016) Gabriel, pessoa menor de 16 anos, lançou pedras no veículo de Rogério, causando-lhe danos materiais. No momento do ato ilícito, Gabriel estava sob a autoridade e companhia de seu pai, Arnaldo. Rogério ajuizou ação contra Arnaldo, que

(A) responde objetivamente pelo ato de Gabriel e não tem direito de regresso contra o filho, que é pessoa absolutamente incapaz.

(B) responde subjetivamente pelo ato de Gabriel e tem direito de regresso contra o filho, que é pessoa relativamente incapaz.

(C) não responde pelo ato de Gabriel, tendo em vista que a responsabilidade civil é pessoal e intransferível.

(D) responde objetivamente pelo ato de Gabriel e tem direito de regresso contra o filho, que deverá ressarci-lo quando atingir a maioridade civil.

(E) responde subjetivamente pelo ato de Gabriel e não tem direito de regresso contra o filho, que é pessoa absolutamente incapaz.

A questão envolve interessante hipótese de ato ilícito praticado por pessoa menor de dezoito anos de idade. Nesse caso, o Código Civil imputa a responsabilidade objetiva aos pais. Significa que o pai de Gabriel não poderá alegar que educou seu filho muito bem ou que vigiou seu filho cuidadosamente, pois não se discute a culpa dos pais. Ainda nessa situação, depois que Gabriel pagar a indenização, ele não terá ação regressiva contra seu filho, mesmo depois que esse tenha completado dezoito anos de idade (CC, art. 932, I combinado com 934). A lei entendeu que não apenas a responsabilidade, mas também a dívida em si deve recair sobre os pais.

Gabarito "A".

(Analista Judiciário – TRE/PE – CESPE – 2017) Quando caminhava pelo acostamento de uma via pública, Francisco foi atropelado por veículo de propriedade de uma locadora de veículos conduzido por Pedro. Em razão do acidente, Francisco sofreu fratura do fêmur e ficou internado por um mês. As lesões por ele sofridas geraram debilidade permanente, que o impedem de trabalhar, e cicatrizes na perna, que lhe causam constrangimento.

Nessa situação hipotética, conforme a legislação aplicável e a jurisprudência dos tribunais superiores,

(A) Francisco não pode cumular pedido de compensação por danos morais e estéticos, porquanto os danos estéticos estão incluídos nos danos morais.

(B) se Francisco não comprovar o valor auferido por seu trabalho, o juiz poderá determinar que a eventual indenização arbitrada seja paga de uma só vez, mesmo contra a vontade da vítima.

(C) a locadora de veículos e Pedro são solidariamente responsáveis pelos danos causados a Francisco.

(D) caso Francisco viesse a óbito, cessariam seus direitos da personalidade e seus pais não poderiam pleitear perdas e danos.

(E) a debilidade permanente causada a Francisco pode dar causa ao pagamento de pensão alimentícia pela causadora do dano, no valor de no máximo um salário mínimo, até ele completar sessenta e cinco anos de idade.

A: incorreta, pois o STJ concluiu que "É lícita a cumulação das indenizações por dano moral e por dano estético decorrentes de um mesmo fato, desde que passíveis de identificação autônoma" (AgInt no AREsp 1026481/ES, Rel. Ministro Ricardo Villas Bôas Cueva, Terceira Turma, julgado em 02/05/2017, DJe 08/05/2017); **B:** incorreta, pois o pagamento de uma só vez não é destinado a essa hipótese (CC, art. 950, parágrafo único); **C:** correta, pois "A empresa locadora de veículos responde, civil e solidariamente como locatário, pelos danos por este causados a terceiro, no uso do carro locado" (Súmula 492/STF); **D:** incorreta, pois "Em se tratando de morto, terá legitimação para requerer a medida prevista neste artigo o cônjuge sobrevivente, ou qualquer parente em linha reta, ou colateral até o quarto grau" (CC, art. 12 parágrafo único); **E:** incorreta, pois não há na lei a tal limitação de um salário mínimo.

Gabarito "C".

(Analista Judiciário – TJ/AL – 2018 – FGV) Alessandra, ao passar ao lado do prédio em que se encontra estabelecido o Condomínio do Edifício Praia Bonita, é atingida por um carrinho de brinquedo, proveniente do alto da edificação. Ao olhar para cima, vê crianças saindo da janela do apartamento 502, mas não pode afirmar ao certo de onde veio o objeto.

Nessas circunstâncias, responde pelos danos sofridos por Alessandra:

(A) o síndico do condomínio;

(B) o morador do apartamento 502;

(C) o responsável pelas crianças do apartamento 502;

(D) ninguém, pois inimputáveis os prováveis autores do dano;

(E) o condomínio.

A: incorreta, pois não é possível atribuir responsabilidade individual ao síndico por falta de previsão legal. O CC prevê no art. 938 que aquele que habitar prédio, ou parte dele, responde pelo dano proveniente das coisas que dele caírem ou forem lançadas em lugar indevido. Contudo, não havendo identificação de quem tenha lançado o objeto, nem a Lei nem a jurisprudência imputa a responsabilidade ao síndico; **B:** incorreta, pois a responsabilidade apenas poderia ser imputada ao morador da unidade 502 se for comprovado o nexo entre a conduta e o dano (art. 186 e 927 CC); **C:** incorreta, pois não existem provas de que as crianças tenham lançado o objeto, logo, não há que se imputar culpa aos seus responsáveis. Eles apenas teriam o dever de indenizar se ficasse provado o nexo entre a ação das crianças e o dano (art. art. 186 e 927 CC); **D:** incorreta, pois a inimputabilidade dos supostos autores não exime o dever dos pais de indenizar (art. 932, I, CC). Porém, ressalte-se que no caso em tela, os pais não serão responsabilizados por falta de nexo causal entre o dano e a conduta; **E:** correta, pois nos termos do art. 938 CC "aquele que habitar prédio, ou parte dele, responde pelo dano proveniente das coisas que dele caírem ou forem lançadas em lugar indevido". Contudo, quando a indicação precisa do morador responsável se mostra inviável, ao condomínio incumbirá a reparação de danos – materiais e extrapatrimoniais – causados à vítima, a fim de se evitar a falta de tutela de seu direito subjetivo. A doutrina majoritária entende que sendo a responsabilidade *effusis et dejectis* de natureza objetiva, a geração do dever de indenizar prescinde da comprovação de dolo ou culpa, sendo suficiente a ocorrência e prova do evento danoso e do prejuízo daí decorrente. Conforme as valiosas lições do doutrinador civilista Sílvio de Salvo Venosa: *"Toda comunidade condominial responde pelo dano, podendo o condomínio ingressar com ação regressiva contra o causador direto. (...) Ao habitar um condomínio, o morador assume o risco de conviver nessa comunhão. Trata-se de mais um encargo da vida contemporânea. Ademais, essa solução encontrada pela jurisprudência atende à tendência moderna de pulverizar a responsabilidade no seio da sociedade para número amplo de pessoas, a fim de permitir sempre que possível a reparação do prejuízo* (VENOSA, Sílvio de Salvo. Direito Civil. 7ª ed. São Paulo: Atlas, 2007, p. 108).

Gabarito "E".

5.1. Dever de indenizar

(Analista Judiciário – TRT/8ª – 2016 – CESPE) A respeito da responsabilidade civil, assinale a opção correta.

(A) Conforme o entendimento sumulado do STJ, a indenização em decorrência de publicação não autorizada de imagem de pessoa, com fins econômicos ou comerciais, depende da comprovação do prejuízo.

(B) A pessoa lesada não terá direito à indenização quando os danos que lhe foram causados decorrerem de conduta praticada em estado de necessidade, ainda que ela não seja responsável pelo perigo.

(C) Em decorrência da própria condição de incapacidade, o menor incapaz não pode responder pelos prejuízos que causar a terceiros.

(D) A sentença criminal que absolve o réu, por qualquer dos fundamentos previstos em lei, impede o reexame dos mesmos fatos para fins de responsabilização civil.

(E) De acordo com o entendimento sumulado do STF, presume-se a culpa do empregador pelos atos culposos de seus prepostos e empregados.

A: incorreta, pois a Súmula 403 do STJ determina que: "*Independe de prova do prejuízo a indenização pela publicação não autorizada de imagem de pessoa com fins econômicos ou comerciais*"; **B:** incorreta, pois a vítima do dano terá direito a indenização, quando ela não for responsável pelo perigo criado (CC, arts. 188 e 930); **C:** incorreta, pois, com requisitos específicos, existe previsão de responsabilidade direta do patrimônio do incapaz (CC, art. 928); **D:** incorreta, pois apenas duas hipóteses impedem tal reexame, a saber, existência do fato e negativa de autoria (CC, art. 935); **E:** a banca do exame considerou esta alternativa como correta. De fato, a Súmula 341 do STF, do ano de 1963, apresenta a seguinte redação: "*É presumida a culpa do patrão ou comitente pelo ato culposo do empregado ou preposto*". Ocorre que tal entendimento foi superado pelo art. 933 do Código Civil, que mudou a sistemática para a responsabilização objetiva, não se discutindo mais a culpa do empregador.

Gabarito "E".

(Analista Jurídico – TCE/PR – 2016 – CESPE) Com relação à responsabilidade civil à luz do Código Civil, assinale a opção correta.

(A) Por filiar-se à teoria do risco, o Código Civil estabelece como regra a responsabilidade objetiva, a qual prescinde da demonstração da culpa.

(B) Os pais exonerar-se-ão da obrigação de reparar dano causado pelo filho se provarem não ter havido negligência da parte deles.

(C) A escola terá direito de regresso contra o aluno, caso seja obrigada a indenizar prejuízo por ele causado a terceiros.

(D) Provado o vínculo de subordinação, o empregador responderá pelos danos causados pelo empregado a terceiros, por culpa *in eligendo*.

(E) Para que se possa exigir a restituição de pessoa que recebeu gratuitamente o produto de um crime para o qual não tenha concorrido, deve-se comprovar eventual vantagem econômica auferida.

A: incorreta, pois nosso sistema adotou a responsabilidade subjetiva como regra. A responsabilidade objetiva (aquela que não depende de comprovação de culpa) será aplicada para os casos especificados em lei e para as atividades de risco (CC, art. 927, parágrafo único); **B:** incorreta, pois a responsabilidade dos pais pelos atos ilícitos praticados pelo filho menor é objetiva. Assim, não se discute a culpa dos pais (CC, art. 933); **C:** correta, pois a escola é apenas a responsável pela indenização. O verdadeiro devedor é o aluno (ou seus pais, caso seja incapaz). Nesses casos, assegura-se direito de regresso (CC, art. 934); **D:** incorreta, pois a responsabilidade do empregador é objetiva, ou seja, não depende da demonstração de sua culpa (CC, art. 933); **E:** incorreta, pois o art. 932, V, do Código Civil não exige tal comprovação.

Gabarito "C".

(Analista Jurídico –TCE/PA – 2016 – CESPE) Determinada associação civil ajuizou ação indenizatória em face de uma sociedade empresária jornalística, com o intuito de receber indenização por danos materiais e morais decorrentes de publicação de reportagem com informações falsas, cujo único objetivo era macular a imagem e a credibilidade da associação civil, conforme ficou provado no processo.

Considerando essa situação hipotética, julgue os itens que se seguem.

(1) Na situação em apreço, para fixar o valor da condenação pelos danos materiais, o juiz deve considerar os denominados danos hipotéticos ou eventuais, pois, ainda que não tenha sido comprovado efetivo prejuízo material, presume-se que a conduta ilícita causou lesão à associação.

(2) A proteção dos direitos da personalidade positivada no Código Civil é aplicável, na medida do possível, à associação civil autora, que sofre dano moral em caso de grave violação a sua imagem e honra objetiva.

1: incorreta, pois a indenização mede-se pela extensão do dano (CC, art. 944). A indenização pelo dano material depende da comprovação do prejuízo sofrido; **2:** correta, pois, obedecendo aos limites e a natureza da pessoa jurídica, esta também pode ser vítima de danos morais (STJ, súmula 227).

Gabarito 1E, 2C.

(Analista – TRT/3ª – 2015 – FCC) Saulo foi condenado criminalmente, por decisão transitada em julgado, em razão de lesões corporais causadas em Anderson, tendo sido reconhecidos, dentre outros elementos, a existência do fato e seu autor. Se Anderson ajuizar ação na esfera civil, Saulo

(A) poderá questionar a existência do fato e sua autoria independentemente de qualquer requisito, tendo em vista que a responsabilidade civil é independente da criminal.

(B) poderá questionar a existência do fato e sua autoria desde que, no juízo cível, apresente provas novas.

(C) não poderá questionar a existência do fato nem sua autoria.

(D) poderá questionar apenas a autoria do fato e desde que, no juízo cível, apresente provas novas.

(E) poderá questionar apenas a existência do fato e desde que, no juízo cível, apresente provas novas.

De acordo com o art. 935 do CC, "A responsabilidade civil é independente da criminal, não se podendo questionar mais sobre a existência do fato, ou sobre que seja o seu autor, quando estas questões se acharem decididas no juízo criminal". Todas as demais alternativas violam o mencionado art. 935 do CC. Lembre-se, em nosso direito vigora o princípio da independência da responsabilidade civil em relação à criminal. O art. 64 do CPP diz que a reparação de dano pode ser proposta independentemente do procedimento criminal. Mas se a sentença criminal reconhecer o fato e a autoria, a justiça civil não poderá questionar tais matérias. Assim, transitada em julgado a sentença condenatória, pode os interessados promover-lhe a execução, no juízo cível, para o efeito da reparação do dano, o ofendido, seu representante legal ou seus herdeiros (art. 63 do CPP). Lembre-se: sentença penal condenatória faz coisa julgada no cível, sentença penal absolutória que reconhece a inexistência do fato ou da autoria fazem coisa julgada no cível, de outro lado, sentença penal absolutória que se fundamenta em falta de provas não faz coisa julgada no juízo cível. **MP**

Gabarito "C".

(Analista – TRT/11ª – 2012 – FCC) Carla é viúva e possui três filhos, Adão, Eva e Eduardo. Adão tem quinze anos; Eva tem dezessete; Eduardo tem 21 anos e é excepcional, sem desenvolvimento mental completo. Todos os filhos quando estavam jogando bola no quintal da residência quebraram duas janelas, uma mesa, cinco vasos e uma estátua muito valiosa da casa vizinha. Carla ressarciu o dano. Neste caso, Carla

(A) só poderá reaver o que pagou de Eva.
(B) poderá reaver o que pagou de todos os filhos.
(C) não poderá reaver o que pagou de nenhum dos filhos.
(D) só poderá reaver o que pagou de Eva e Eduardo.
(E) só poderá reaver o que pagou de Adão e Eduardo.

Considerando que todos os causadores dos danos são descendentes de Carla, sendo que Adão é absolutamente incapaz, Eva e Eduardo relativamente incapazes, sua genitora não poderá reaver o que pagou de nenhum dos filhos, nos termos do art. 934 do CC. **AG**

Gabarito "C".

(Analista – TRT/10ª – 2013 – CESPE) No que concerne à obrigações e à responsabilidade civil, julgue os próximos itens.

(1) Conforme jurisprudência do Superior Tribunal de Justiça, a responsabilidade do empregador por acidente de trabalho é subjetiva e fundada em presunção relativa de culpa de sua parte, de forma que a ele cabe o ônus da prova quanto à existência de alguma causa excludente de sua responsabilidade.

(2) Subsistindo apenas uma das prestações, a obrigação alternativa transforma-se em simples, já que o credor terá perdido o direito de escolha.

1: Certa, pois trata-se de hipótese da aplicação de culpa presumida ao empregador, isto é, inverte-se o ônus probatório cabendo a ele demonstrar que agiu de acordo com os ditames legais. Neste espeque, encarta-se recente julgado do STJ: "Agravo regimental em recurso especial. Processo civil e trabalho. Acidente de trabalho. Responsabilidade subjetiva do empregador. Culpa presumida. Inversão do ônus da prova. Momento processual. Prequestionamento. Ausência. Sumulas 282 E 356 DO STF. 1. Nos acidentes de trabalho, cabe ao empregador comprovar o cumprimento das obrigações legais de preservação da integridade física do trabalhador e respeito à normas de segurança e medicina do trabalho. Precedente específico. 2. Não se conhece do recurso especial quando a decisão recorrida deixa de se manifestar acerca da questão federal suscitada. 3. Agravo regimental não provido (Processo: AgRg no REsp 856791 RS 2006/0131618-0; Relator: Ministro Paulo de Tarso Sanseverino; Julgamento: 19/05/2011; Órgão julgador: Terceira Turma; Publicação: DJe 26/05/2011); **2:** Errada, na medida em que a segunda parte da assertiva está incorreta. Neste passo, em regra, nas obrigações alternativas a escolha cabe ao devedor (art. 252, *caput*, do CC). A primeira parte da assertiva não encontra problemas, pois de acordo com o art. 253 do CC. **AG**

Gabarito 1C, 2E

(Analista – TRT/10ª – 2013 – CESPE) Julgue os itens de 1 a 6, relativos ao direito obrigacional e à responsabilidade civil.

(1) Se houver no contrato cláusula que exclua a responsabilidade de indenizar ao cocontratante, ter-se-á, nesse caso, a denominada cláusula de irresponsabilidade.

(2) Se uma empresa farmacêutica colocar à venda um novo medicamento para prevenir diabetes, mas esse produto ainda estiver em teste, ter-se-á, nesse caso, um exemplo de responsabilidade objetiva fundada na teoria risco-proveito.

(3) Em situações excepcionais elencadas em dispositivo do Código Civil, é possível que o credor de uma obrigação de alimentos ceda o seu crédito a terceiro.

(4) Se uma criança com onze anos de idade for vítima de atropelamento com resultado morte, seus pais poderão ingressar com ação de indenização por danos morais sob o argumento da configuração de hipótese de dano em ricochete.

(5) Se o indivíduo A receber do indivíduo B, mediante contrato estimatório, duas dúzias de bordados, esses bens não poderão ser penhorados pelos credores de A, salvo se o preço já houver sido pago integralmente.

(6) A *supressio* ocorre quando um contratante que violou uma norma jurídica aproveita-se da situação criada pela violação.

1: certa, na medida em cláusula de irresponsabilidade, também chamada cláusula de não indenizar exclui previa e bilateralmente a obrigação. Segundo Silvio Venosa "trata-se da cláusula pela qual uma das partes contratantes declara que não será responsável por danos emergentes do contrato, seu inadimplemento total ou parcial (Silvio Venosa. Direito Civil. 3. ed., p. 51). **2:** certa (art. 927, parágrafo único e art. 931 do CC); **3:** errada, pois o crédito alimentar não admite em nenhuma hipótese é passível de cessão (art. 1.707 do CC); **4:** certa, na medida em que o sofrimento, a dor e o trauma provocados pela morte de um ente querido podem gerar o dever de indenizar. Assim tem entendido o Superior Tribunal de Justiça ao julgar pedidos de reparação feitos por parentes ou pessoas que mantenham fortes vínculos afetivos com a vítima. Vide REsp 1.208.949; **5:** certa (art. 536 do CC); **6:** errada, pois consoante ensina o professor Flávio Tartuce (Direito Civil. 4. ed. São Paulo: Método. vol. 3, p. 126/127), a *supressio* (Verwirkung), significa a supressão, por renúncia tácita, de um direito ou de uma posição jurídica, pelo seu não exercício com o passar dos tempos. O seu sentido pode ser notado pela leitura do art. 330 do CC, que adota o conceito, eis que "o pagamento reiteradamente feito em outro local faz presumir renúncia do credor relativamente ao previsto no contrato." **AG**

Gabarito 1C, 2C, 3E, 4C, 5C, 6E

(Analista – TRE/SP – 2012 – FCC) Platão, prefeito da cidade "Magnífica", está sendo demandado judicialmente pela empresa de publicidade X em R$ 50.000,00 pelos serviços prestados durante a campanha eleitoral. Ocorre que Platão já efetuou o pagamento da quantia mencionada na data aprazada pelas partes. De acordo com o Código Civil brasileiro, salvo se houver prescrição, a empresa de publicidade X, em razão da demanda de dívida já paga, ficará obrigada a pagar a Platão

(A) R$ 25.000,00.
(B) R$ 50.000,00.
(C) R$ 75.000,00.
(D) R$ 100.000,00.
(E) R$ 125.000,00.

De acordo com o disposto no art. 940 do CC, aquele que demandar por dívida já paga ficará obrigado a pagar ao devedor o dobro do que houver cobrado, no caso, R$ 100.000,00. **AG**
Gabarito "D".

(Analista – TJ/SC – FGV – 2018) O Shopping Center ABC oferece serviço de transporte (ônibus) para clientes, entre a praça principal da cidade e o centro comercial, sem deles nada cobrar. Joana, cliente, ao utilizar o ônibus, sofreu lesão física quando o veículo se desgovernou em razão do estouro repentino do pneu.

Acerca de tal fato, o ABC:

(A) responde subjetivamente, pelo que, diante da força maior, não deve indenizar Joana;
(B) não tem responsabilidade, visto se tratar de transporte na modalidade gratuita;
(C) deve indenizar Joana, pois responde objetivamente, não afastada por hipótese de fortuito interno;
(D) indenizará Joana, desde que ela demonstre negligência na manutenção do veículo;
(E) não responderá pelos danos de Joana, visto se tratar de hipótese de fortuito externo.

A: incorreta, pois na situação em tela existe uma relação de consumo. O shopping como fornecedor e Joana como consumidora. Por mais que o transporte seja num primeiro momento gratuito, para o shopping existe um ganho. Não diretamente em pecúnia, afinal, o valor da passagem não é cobrado. Mas o fornecedor se beneficia de forma indireta pelas compras que Joana faz no estabelecimento. Sendo assim, aplica-se o art. 14 do CDC que atribui responsabilidade objetiva ao fornecedor pelos defeitos na prestação do serviço. A força maior não se constitui em excludente da responsabilidade (art. 14, §3º CC); **B:** incorreta, pois ainda que seja transporte na modalidade gratuita, existe um ganho indireto do shopping, o que consequentemente lhe atribui o dever de indenizar (art. 14 CDC); **C:** correta, pois o shopping como fornecedor tem o dever de prestar os serviços de modo a não causar dano aos seus consumidores. Considerando que houve defeito na prestação de serviço do qual ele era responsável (o fornecimento de transporte gratuito), logo deve indenizar (art. 14 CDC). As excludentes de responsabilidade estão previstas no § 3º do art. 14 CDC, são elas: provar que o defeito inexiste ou provar culpa exclusiva do consumidor. O fortuito interno não exclui a responsabilidade; **D:** incorreta, pois Joana não tem a obrigação de demonstrar a negligência na manutenção do veículo, uma vez que a responsabilidade do shopping é objetiva, isto é, responde independentemente de culpa (art. 14 CDC); **E:** incorreta, pois houve um fato, um dano e nexo entre esses dois elementos. Por se tratar de relação de consumo na prestação de serviço, o fornecedor assume o risco tanto de fortuitos internos como externos. Logo, terá de indenizar (art. 14 CDC). **GR**
Gabarito "C".

(Analista – TRT1 – 2018 – AOCP) Pedro, trabalhador, é funcionário da empresa Y. Em determinada eventualidade, visando evitar um incêndio, Pedro destruiu um painel de energia responsável pela distribuição de energia elétrica na empresa, arremessando-o para longe por três vezes e atingindo um veículo estacionado em via pública, de propriedade de Jonas. De acordo com as disposições da legislação civil, sobre o tema responsabilidade civil, assinale a alternativa INCORRETA.

(A) Considerando que Jonas estivesse dentro do veículo, com seu consequente falecimento em razão do praticado por Pedro, o direito de exigir a reparação será transmitido aos herdeiros de Jonas.
(B) Em eventual ação judicial indenizatória manejada pelo proprietário do veículo, poderá a empresa Y ser condenada na reparação pelos danos materiais, visto que é ela civilmente responsável por seus empregados, serviçais e prepostos, no exercício do trabalho que lhes competir, ou em razão dele.
(C) Em eventual ação judicial indenizatória manejada pelo proprietário do veículo, em que conste no polo passivo a empresa e Pedro, verificada a situação específica de inexistência de culpa da empresa empregadora, não poderá ela ser responsabilizada pelo ato praticado por Pedro.
(D) Caso reste consignado que Pedro praticou ato dentro dos limites necessários, visando à remoção de perigo iminente, mesmo diante da destruição da coisa alheia, tal ato não será tratado como ilícito, mas sim como legítimo.
(E) No caso da alternativa "D", caso a prática do ato exceda manifestamente os limites impostos para seu fim, poderá, sim, ser tratado como ato ilícito o montante excedente.

A: correta, não devendo ser assinalada. Nos termos do art. 943 CC, o direito de exigir reparação e a obrigação de prestá-la transmitem-se com a herança; **B:** correta, não devendo ser assinalada. Prevê o art. 932, III, CC que o empregador é responsável por seus empregados, serviçais e prepostos, no exercício do trabalho que lhes competir, ou em razão dele; **C:** incorreta, devendo ser assinalada. Ainda que não haja culpa de sua parte, responderá ela pelos atos praticados pelos terceiros causadores do dano (art. 933 CC); D: correta, não devendo ser assinalada. O ato será considerado como legítimo, nos termos do art. 188, II, e parágrafo único CC; **E:** correta, não devendo ser assinalada. O excesso dos limites no exercício de um direito torna o ato ilícito, nos termos do art. 187 CC. **GR**
Gabarito "C".

(Analista – TRT/15 – FCC – 2018) Rogério, de 14 anos, briga na escola com Filipe, da mesma idade, e lhe quebra o braço, causando-lhe prejuízo de R$ 2.000,00 nas despesas médicas e de hospital. Fica provado que Filipe não deu causa à briga, razão pela qual seu pai, representando-o, quer receber o valor dos danos. Nessas circunstâncias, Rogério,

(A) ainda que devidamente representado, não responderá pelo prejuízo, porque o fato envolveu duas pessoas absolutamente incapazes, sem discernimento para entenderem o caráter ilícito de sua conduta, equiparando-se o evento a caso fortuito ou força maior.
(B) por ser absolutamente incapaz, não responderá em nenhuma hipótese pelo prejuízo causado, o que se restringe a pessoas maiores ou relativamente inca-

pazes, caso em que haverá solidariedade com seus responsáveis legais.

(C) apesar de absolutamente incapaz, responde exclusiva e diretamente pelo prejuízo causado, por se tratar de conduta dolosa e não culposa, sendo irrelevante a condição financeira de seus responsáveis legais; no entanto, não pode ser privado de meios suficientes à sua subsistência.

(D) apesar de absolutamente incapaz, responderá pelo prejuízo que causou, se as pessoas que respondem por ele não tiverem obrigação de fazê-lo ou não dispuserem de meios suficientes; nesse caso, a indenização deverá ser equitativa e não terá lugar se privar do necessário o incapaz ou as pessoas que dele dependam.

(E) em qualquer hipótese, responderá pelo prejuízo se seus responsáveis legais não tiverem meios para indenizar a vítima, sem limitação quanto à extensão da indenização pela natureza ilícita de sua conduta.

A: incorreta, pois o fato de ser incapaz não o exime da responsabilidade de reparar o dano. Neste caso Rogério poderá ser acionado representado por seu pai, pois a Lei prevê que são também responsáveis pela reparação civil os pais, pelos filhos menores que estiverem sob sua autoridade (art. 932, I, CC); B: incorreta, pois o fato de ser absolutamente incapaz não o exonera do dever de reparar o dano. A reparação do dano não se restringe a pessoas maiores ou relativamente incapazes. Rogério será acionado nos moldes do art. 932, I, CC e ainda pode ser obrigado a reparar exclusivamente o dano se as pessoas por ele responsáveis não tiverem obrigação de fazê-lo ou não dispuserem de meios suficientes (art. 928 CC); C: incorreta, pois por ser absolutamente incapaz seu pai também é responsável pela reparação (arts. 932, I e 933 CC). Rogério apenas responderá exclusivamente se as pessoas por ele responsáveis não tiverem obrigação de fazê-lo ou não dispuserem de meios suficientes (art. 928 CC). Logo, é relevante saber a condição financeira dos pais; D: correta, nos termos do art. 928 CC; E: incorreta, pois apenas responderá pelos prejuízos se os seus responsáveis legais não tiverem obrigação de fazê-lo ou não dispuserem de meios suficientes. A indenização será equitativa, não terá lugar se privar do necessário o incapaz ou as pessoas que dele dependem (art. 928 CC). Gabarito "D".

5.2. *Quantum* indenizatório

(Analista – TRT/11ª – 2012 – FCC) De acordo com o Código Civil brasileiro, no caso de homicídio, a indenização consiste, sem excluir outras reparações, no pagamento

(A) das despesas com o tratamento da vítima, seu funeral e o luto da família, bem como na prestação de alimentos às pessoas a quem o morto os devia, levando-se em conta a duração provável da vida da vítima.

(B) apenas das despesas com o tratamento da vítima, bem como na prestação de alimentos às pessoas a quem o morto os devia, levando-se em conta a duração provável da vida da vítima.

(C) das despesas com seu funeral e o luto da família, bem como na prestação de alimentos às pessoas a quem o morto os devia, pelo período máximo de dois anos.

(D) das despesas com seu funeral e o luto da família, bem como na prestação de alimentos às pessoas a quem o morto os devia, pelo período máximo de cinco anos.

(E) das despesas com o tratamento da vítima, seu funeral e o luto da família, bem como na prestação de alimentos às pessoas a quem o morto os devia pelo período máximo de dez anos.

A: correta (art. 948, I e II do CC); B: incorreta, na medida em que exclui as despesas com funeral e luto da família; C e D: incorretas, pois excluem as despesas com tratamento da vítima e limita o tempo de prestação de alimentos às pessoas a quem o morto os devia; E: incorreta, pois limita o tempo de prestação de alimentos às pessoas a quem o morto os devia. Gabarito "A".

(Analista – TRT/20ª – 2011 – FCC) No que concerne à responsabilidade civil é INCORRETO afirmar que a indenização

(A) no caso de lesão ou outra ofensa à saúde consistirá no pagamento das despesas do tratamento e dos lucros cessantes até o fim da convalescença, além de algum outro prejuízo que o ofendido prove haver sofrido.

(B) poderá ser reduzida, equitativamente, pelo juiz se houver excessiva desproporção entre a gravidade da culpa e o dano.

(C) será fixada tendo em conta a gravidade da culpa da vítima em confronto com a do autor do dano se a vítima tiver concorrido culposamente para o evento danoso.

(D) por ofensa à liberdade pessoal, se o ofendido não puder provar prejuízo, será fixada equitativamente pelo juiz, na conformidade das circunstâncias do caso.

(E) consistirá, havendo usurpação ou esbulho do alheio, se a restituição da coisa não for possível, na restituição do equivalente, estimado pelo valor de afeição, ainda que este se avantaje ao seu preço ordinário.

A: correto (art. 949 do CC); B: correto (art. 944, parágrafo único, do CC); C: correto (art. 945 do CC); D: correto (art. 954 c/c com art. 953, ambos do CC); E: incorreto, devendo ser assinalada, pois estimar-se-á pelo seu preço ordinário e pelo de afeição, contanto que este *não* se avantaje àquele (art. 952, parágrafo único, do CC). Gabarito "E".

6. COISAS

(Analista Jurídico – TRF5 – FCC – 2017) Considere as proposições abaixo acerca da hipoteca.

I. É valida a cláusula que proíbe ao proprietário alienar imóvel hipotecado.
II. Só aquele que pode alienar poderá hipotecar, mas a propriedade superveniente torna eficaz, desde o registro, a hipoteca estabelecida por quem não era dono.
III. A coisa comum a dois ou mais proprietários não pode ser dada em garantia real, na sua totalidade, sem o consentimento de todos, mas cada um pode individualmente dar em garantia real a parte que tiver, independentemente da concordância dos demais.
IV. Somente bens imóveis podem ser objeto de hipoteca.
V. O dono do imóvel hipotecado não pode constituir outra hipoteca sobre ele, salvo se houver concordância do titular do crédito garantido pela primeira hipoteca.

Está correto o que se afirma APENAS em

(A) I e IV.
(B) I e V.
(C) II e III.

(D) II e V.
(E) III e IV.

I: incorreta. Art. 1.475, parágrafo único, pois a cláusula é nula; **II:** correta. Art. 1420 CC, *caput* e §1º; **III:** correta. Art. 1.420, § 2º; **IV:** incorreta, pois podem ser objeto de hipoteca todos os bens e direitos elencados no art. 1.473 CC, inclusive navios e aeronaves, que por natureza são bens móveis, porém, a lei considera-os imóveis, justamente por esses bens gozarem de características que somente os direitos reais possuem; **V:** incorreta, pois prevê o art. 1.476 CC que o dono do imóvel hipotecado *pode* constituir outra hipoteca sobre ele, mediante novo título, em favor do mesmo ou de outro credor. **Gabarito "C".**

(Analista Jurídico – TRT2 – FCC – 2018) Sobre o penhor, a anticrese e a hipoteca, nos termos preconizados pelo Código Civil, é INCORRETO afirmar:

(A) Os sucessores do devedor não podem remir parcialmente o penhor ou a hipoteca na proporção dos seus quinhões; qualquer deles, porém, pode fazê-lo no todo.
(B) A propriedade superveniente torna eficazes, desde o registro, as garantias reais estabelecidas por quem não era dono.
(C) O pagamento de uma ou mais prestações da dívida não importa exoneração correspondente da garantia, ainda que esta compreenda vários bens, salvo disposição expressa no título ou na quitação.
(D) O dono do imóvel hipotecado não pode constituir outra hipoteca sobre ele, mediante novo título, em favor do mesmo credor.
(E) O credor hipotecário e o pignoratício têm o direito de excutir a coisa hipotecada ou empenhada, e preferir, no pagamento, a outros credores, observada, quanto à hipoteca, a prioridade no registro.

A: correta, nos termos do art. 1.429, *caput* CC; **B:** correta, nos termos do art. 1.420, §. 1º CC; **C:** correta, conforme art. 1.421 CC; **D:** incorreta, devendo ser assinalada, pois o dono do imóvel hipotecado *pode* constituir outra hipoteca sobre ele, mediante novo título, em favor do mesmo credor (art. 1.476 CC); **E:** correta, consoante art. 1.422 CC. **Gabarito "D".**

(Analista Judiciário – TRT/20 – FCC – 2016) Considere as proposições abaixo, acerca do penhor, da hipoteca e da anticrese:

I. As garantias reais estabelecidas por quem não é dono tornam-se eficazes, desde o registro, com a propriedade superveniente.
II. A coisa comum a dois ou mais proprietários pode ser dada em garantia real, na sua totalidade, sem o consentimento de todos.
III. Em regra, o pagamento de uma ou mais prestações da dívida importa exoneração correspondente da garantia.
IV. A dívida garantida por penhor, hipoteca ou anticrese considera-se vencida se o devedor cair em insolvência ou falir.

Está correto o que se afirma APENAS em

(A) I e IV.
(B) III e IV.
(C) I e III.
(D) II e IV.
(E) III.

I: correta, pois de acordo com a previsão estabelecida pelo art. 1.420, §1º, do Código Civil; **II:** incorreta, pois não se admite tal concessão. Contudo, "cada um pode individualmente dar em garantia real a parte que tiver" (CC, art. 1.420, §2º); **III:** incorreta, pois "O pagamento de uma ou mais prestações da dívida não importa exoneração correspondente da garantia" (CC, art. 1.421); **IV:** correta, pois de acordo com a previsão estabelecida pelo art. 1.425, II, do Código Civil. **Gabarito "A".**

(Analista Judiciário – TJ/MT – UFMT – 2016) No que diz respeito à aquisição por acessão, marque V para as assertivas verdadeiras e F para as falsas.

(   ) Aquele que semeia em terreno alheio perde, em proveito do proprietário, as sementes e plantas, não tendo direito à indenização se procedeu de boa-fé.
(   ) O terreno aluvial formado em frente a prédios de proprietários distintos será dividido entre eles proporcionalmente à antiga margem.
(   ) As ilhas que se formarem pelo desdobramento de um novo braço do rio pertencem aos proprietários dos terrenos à custa dos quais se constituíram.
(   ) Os acréscimos formados imperceptivelmente por aterros naturais ao longo das margens das correntes de águas não pertencem aos donos dos terrenos marginais.

Assinale a sequência correta.

(A) F,V,V,F
(B) F,F,V,V
(C) V,F,F,V
(D) V,V,F,F

I: Falsa, pois nesse caso há direito à indenização (CC, art. 1.255); **II:** Verdadeira, pois de acordo com a previsão do art. 1.250, parágrafo único do Código Civil; **III:** Verdadeira, pois de pleno acordo com a previsão do art. 1.249, III, do CC; **IV:** Falsa, pois nessa hipótese, chamada de aluvião, tais acréscimos pertencem aos donos dos terrenos marginais (CC, art. 1.250). **Gabarito "A".**

(Analista Judiciário – TJ/MT – UFMT – 2016) Sobre a posse e seus efeitos, assinale a afirmativa INCORRETA.

(A) O possuidor de má-fé tem direito, enquanto ela durar, aos frutos percebidos.
(B) O possuidor de boa-fé não responde por deterioração da coisa que não der causa.
(C) O possuidor de má-fé será ressarcido somente pelas benfeitorias necessárias.
(D) O possuidor de boa-fé será indenizado pelas benfeitorias necessárias e úteis.

A: incorreta, pois tal direito é assegurado apenas ao possuidor de boa-fé (CC, art. 1.214); **B:** correta, pois de acordo com a previsão do art. 1.217 do Código Civil; **C:** correta, pois de acordo com a regra estabelecida pelo art. 1.220 do Código Civil; **D:** correta, pois de acordo com a regra estabelecida pelo art. 1.219 do Código Civil. **Gabarito "A".**

(Analista Judiciário – TRT/11 – FCC – 2017) A respeito do penhor, da hipoteca e da anticrese, é correto afirmar que

(A) os sucessores do devedor podem remir parcialmente o penhor ou a hipoteca na proporção dos seus quinhões.
(B) é nula a cláusula que autoriza o credor pignoratício, anticrético ou hipotecário a ficar com o objeto da garantia, se a dívida não for paga no vencimento.

(C) é válida a cláusula que proíbe ao proprietário alienar o imóvel hipotecado.

(D) o dono do imóvel hipotecado não pode constituir outra hipoteca sobre ele, mediante novo título, em favor de outro credor.

(E) cada um dos coproprietários não pode dar em garantia real a parte que tiver da coisa comum sem o consentimento de todos.

A: incorreta, pois "Os sucessores do devedor não podem remir parcialmente o penhor ou a hipoteca na proporção dos seus quinhões". Todavia, qualquer deles pode fazê-lo no todo (CC, art. 1.429); **B:** correta, pois o chamado *pacto comissório* é proibido pela lei (CC, art. 1.428); **C:** incorreta, pois tal cláusula é nula (CC, art. 1.475); **D:** incorreta, pois tal constituição é admitida (CC, art. 1.476); **E:** incorreta, pois cada um deles pode "**individualmente dar em garantia real a parte que tiver**" (CC, art. 1.420 §2°). Gabarito "B".

(Analista Judiciário – TRT/24 – FCC – 2017) Sobre a hipoteca, de acordo com o Código Civil, é correto afirmar:

(A) Não é nula a cláusula que autoriza o credor hipotecário a ficar com o objeto da garantia, se a dívida não for paga no vencimento.

(B) Desapropriado o bem dado em garantia hipotecária pelo devedor a dívida estará, em regra, vencida.

(C) Os sucessores do devedor podem remir parcialmente a hipoteca na proporção dos seus quinhões.

(D) A propriedade superficiária não pode ser objeto de hipoteca.

(E) As partes poderão convencionar em contrato cláusula proibindo o proprietário de alienar o imóvel hipotecado.

A: incorreta, pois tal cláusula é denominada *pacto comissório* e é nula de pleno direito não somente para o caso de hipoteca, mas também para o caso de penhor e anticrese (CC, art. 1.428); **B:** correta. O Código Civil estipula que a desapropriação do bem dado em garantia gera o vencimento da dívida. Neste caso, deverá ser depositada a parte do preço que for necessária para o pagamento integral do credor (CC, art. 1.425, V); **C:** incorreta, pois os sucessores não podem remir parcialmente o penhor ou hipoteca. Qualquer deles, porém, pode fazê-lo no todo (CC, art. 1.429); **D:** incorreta, pois a propriedade superficiária pode ser objeto de hipoteca (CC, art. 1.473, X); **E:** incorreta, pois tal cláusula é nula de pleno direito (CC, art. 1.475). Como é um direito real, a hipoteca continua gravando o bem, não importando quem seja o dono. Gabarito "B".

(Analista – TRT/2ª – 2014 – FCC) Após pagar um terço de empréstimo garantido por hipoteca de seu imóvel, Bento Francisco procura aliená-lo a Kelly Joyce, mas ao notificar o credor hipotecário – o banco que lhe emprestou o dinheiro – este não consente com a venda, alegando haver no contrato cláusula que a proíbe expressamente. O posicionamento do banco credor é

(A) juridicamente equivocado, já que a lei civil prevê ser nula a cláusula que proíbe ao proprietário alienar imóvel hipotecado.

(B) juridicamente equivocado, pois, embora não se possa alienar a coisa antes de pago um determinado montante, a partir de um terço do pagamento do empréstimo já é possível vender o imóvel dado em garantia hipotecária.

(C) válido juridicamente, pois a alienação do imóvel só é possível pelo tomador do empréstimo após o pagamento de dois terços da dívida.

(D) válido juridicamente, já que o contrato faz lei entre as partes e Bento Francisco o celebrou livre e espontaneamente.

(E) juridicamente equivocado, por ser anulável o contrato, dada a abusividade da cláusula proibitiva de alienação.

Viola o art. 1.475 do CC, "É nula a cláusula que proíbe ao proprietário alienar o imóvel hipotecado". Hipoteca é o direito real de garantia que tem por objeto bens imóveis, navio ou avião pertencentes ao devedor ou a terceiro e que, embora não entregues ao credor, asseguram-lhe, preferencialmente, o recebimento de seu crédito. Não é possível estabelecer cláusula que proíba o proprietário de alienar o imóvel 'do, porém, é permitido convencionar o vencimento do crédito hipotecário, se o imóvel for alienado (parágrafo único do art. 1.475 do CC). Lembre-se, por ser direito real, a hipoteca deve ser registrada no cartório do lugar do imóvel, conforme prevê o art. 1.492 do CC. Gabarito "A".

(Analista – TRF/3ª Região – 2014 – FCC) Considere as seguintes hipóteses:

I. Mariana, por onze anos, sem interrupção e nem oposição, possui, como sua, uma casa de 300 metros quadrados, tendo estabelecido no referido imóvel sua moradia habitual, realizando obras de conservação e ampliação da casa.

II. Gleison não é proprietário de imóvel urbano ou rural, mas possui, como sua, uma casa de 150 metros quadrados por sete anos ininterruptos e sem oposição utilizando-a como sua moradia.

III. Benício, proprietário de um terreno rural de 10 hectares, possui, como sua, uma casa de 70 metros quadrados, por oito anos ininterruptamente e sem oposição, utilizando-a como sua moradia.

De acordo com o Código Civil brasileiro, em razão da posse, poderá adquirir a propriedade dos imóveis acima mencionados

(A) Mariana, apenas.

(B) Mariana e Gleison, apenas.

(C) Gleison, apenas.

(D) Mariana, Gleison e Benício.

(E) Gleison e Benício, apenas.

I: correta, pois trata-se de caso de usucapião extraordinária previsto no art. 1.238 parágrafo único do CC, em que a aquisição se dá após 10 anos de posse mansa, pacífica e ininterrupta, haja vista Mariana ter utilizado o local para moradia habitual e ter realizado obras de caráter produtivo; II: correta, pois trata-se de caso de usucapião especial urbana, em que adquire-se a propriedade aquele que, não sendo possuidor de outro imóvel urbano ou rural, ocupa área urbana de até duzentos e cinquenta metros quadrados, por cinco anos ininterruptamente e sem oposição, utilizando-a para sua moradia ou de sua família (art. 1.240, *caput*, do CC); III: incorreta, pois Benício não poderá usucapir a casa pela modalidade de usucapião especial urbana, pois é proprietário de outro imóvel rural (art. 1.239 do CC). Ademais, não é possível a aplicação de nenhuma outra modalidade de usucapião. Gabarito "B".

(Analista – TJ/CE – 2013 – CESPE) No que se refere à posse, assinale a opção correta.

(A) Configura-se constituto possessório quando o proprietário da coisa aliena esse direito e permanece na posse direta da coisa, de modo possuidor direto defender a sua posse contra o indireto o que aquele que possuía

em seu próprio nome, passa a possuir em nome de outrem.
(B) A posse do imóvel não faz presumir a das coisas móveis que nele estiverem.
(C) A posse violenta ou clandestina é injusta, e a obtida a título precário pode ser considerada justa.
(D) O possuidor indireto é aquele que, achando-se em relação de dependência para com outro, conserva a posse em nome deste e em cumprimento de ordens ou de instruções suas.
(E) Dada a existência de relação de subordinação, o possuidor direto de um bem não pode defender a sua posse contra o possuidor indireto desse mesmo bem.

A: correta, pois o **constituto possessório**, que é aquela situação em que um possuidor em nome próprio passa a possuí-la em nome de outro, adquirindo a posse indireta da coisa. É o caso do dono que vende a coisa e passa a nela ficar como locatário ou comodatário. Sobre o assunto, cita-se Enunciado n. 77 JDC/CJF: *A posse das coisas móveis e imóveis também pode ser transmitida pelo constituto possessorio*. B: incorreta, pois a posse do imóvel *faz* presumir, até prova contrária, a das coisas móveis que nele estiverem (art. 1.209 do CC); C: incorreto, pois tanto a posse violenta, como a clandestina, como a precária são injustas (art. 1.299 do CC); D: incorreta, pois este é o conceito de detentor (art. 1.198 "caput" do CC). Posse indireta é aquela exercida por quem cedeu, temporariamente, o uso ou o gozo da coisa a outra pessoa; E: incorreta, pois o possuidor direto defender a sua posse contra o indireto, não existindo tal relação de subordinação (art. 1.197 do CC).

(Analista Judiciário – Área Judiciária – TRT/12 – 2013 – FCC) No que tange ao penhor:
(A) são credores pignoratícios, desde que contratado desse modo, os hospedeiros, ou fornecedores de pousada ou alimento, sobre as bagagens, móveis, joias ou dinheiro que os seus consumidores ou fregueses tiverem consigo nas respectivas casas ou estabelecimentos, pelas despesas ou consumo que aí tiverem feito.
(B) no penhor rural, industrial, mercantil e de veículos, as coisas empenhadas são transferidas ao credor, que as deve guardar e conservar.
(C) não podem ser objeto de penhor agrícola os animais do serviço ordinário de estabelecimento agrícola, nem as colheitas pendentes ou em vias de formação.
(D) podem ser objeto de penhor direitos, suscetíveis de cessão, sobre coisas móveis ou imóveis, com registro em Títulos e Documentos ou no Registro Imobiliário, conforme o caso.
(E) constitui-se o penhor, como regra geral, pela transferência efetiva da posse que, em garantia do débito ao credor ou a quem o represente, faz o devedor, ou alguém por ele, de uma coisa móvel, suscetível de alienação.

A: incorreta, pois tais pessoas são credores pignoratícios independentemente de convenção (art. 1.647 "caput" do CC); B: incorreta, pois no penhor rural, industrial, mercantil e de veículos, as coisas empenhadas *continuam em poder do devedor*, que as deve guardar e conservar (art. 1.431, parágrafo único do CC); C: incorreta, pois tais itens *podem* ser objeto de penhor agrícola (art. 1.442, V e II do CC); D: incorreta, pois não podem ser objeto de penhor os direitos suscetíveis de cessão sobre coisas imóveis (art. 1.451 do CC); E: correta (art. 1.431 do CC).

(Analista – TRT/10ª – 2013 – CESPE) Com relação aos direitos reais, julgue os itens subsecutivos.
(1) A depreciação do bem imóvel dado em garantia pelo devedor causada pela falta de conservação acarreta, por si só, o vencimento antecipado do débito.
(2) Na promessa de compra e venda de imóvel não loteado, pode-se inserir cláusula de arrependimento, contudo o exercício do direito de retratação só será cabível antes do pagamento total do preço.

1: errada, na medida em que para que ocorra o vencimento antecipado do débito, a depreciação ou deterioração do bem devem ser tamanhas que desfalquem a garantia, e o devedor intimado, não a reforce ou a substitua (art. 1.425, I do CC); 2: certa, consoante trecho de artigo do professor Nelson Rosenvald: "O Código Civil incorre no mesmo equívoco de antigas decisões do Supremo Tribunal Federal que interpretando literalmente o artigo 22 do Decreto-Lei 58/1937 entendiam que somente era possível a adjudicação compulsória se o compromisso de compra e venda estivesse registrado (Marco Aurélio Bezerra de Melo. Direito das Coisas. Lúmen Juris. 2002. p. 278.). O art. 1.417 do Código Civil enfatiza que o direito real à aquisição não se formará quando, não obstante registrada, contiver a promessa de compra e venda a cláusula de arrependimento. Cuida-se de direito potestativo que confere ao promissário comprador a opção de resilir unilateralmente (art. 473, CC) o negócio jurídico, mediante a denúncia notificada a outra parte, impondo-se a devolução integral das quantias pagas. Há de se observar que o direito de arrependimento foi proscrito do compromisso de compra e venda de lotes rurais e urbanos, sendo de essência a sua irretratabilidade. Pela Súmula 166 do STF, "é inadmissível o arrependimento do compromisso de compra e venda sob o regime do Decreto-Lei 58". Igual entendimento se extrai da leitura do art. 25 da Lei 6.766/1979. Assim, não há possibilidade de inserção de cláusula de arrependimento, tanto nos contratos que envolvam lotes rurais (Decreto-Lei 58/1937) quanto nos que pertinem a lotes urbanos (Lei 6.766/1979). A vedação é de ordem pública, sendo plenamente justificável pela própria dinâmica dos contratos que envolvem loteamentos. Se fosse possível a retratação, o compromitente vendedor poderia livremente praticar a especulação imobiliária com a seguida venda e recompra de lotes por preços bem superiores aos obtidos nas transações anteriores. Pela dicção do novo Código Civil, somente para os imóveis não loteados resta ainda possibilidade de arrependimento, mediante cláusula expressa no contrato, desde que não pago totalmente o preço. Caso contrário, entende-se que houve decadência ao exercício do direito potestativo de arrependimento, uma vez que haveria uma lesão à boa-fé do promissário comprador que adimpliu suas obrigações e flagrante abuso do direito por parte do promitente vendedor" (ROSENVALD, Nelson. A Promessa de compra e venda no Código Civil de 2002. Disponível em: [www.flaviotartuce.adv.br/artigosc/ROSENVALD_COMPRA.doc]. Acesso em: 07.10.2013].

(Analista – TRE/CE – 2012 – FCC) Com relação à Posse, considere:
I. As benfeitorias não se compensam com os danos, e só obrigam ao ressarcimento se, ao tempo da evicção, ainda existirem.
II. O possuidor pode intentar a ação de esbulho, ou a de indenização, contra o terceiro, que recebeu a coisa esbulhada sabendo que o era.
III. Ao possuidor de má-fé serão ressarcidos somente as benfeitorias necessárias.
IV. O possuidor de boa-fé tem direito, enquanto ela durar, aos frutos percebidos.
De acordo com o Código Civil brasileiro, está correto o que se afirma APENAS em
(A) II e IV.
(B) I, II e III.

(C) I e III.
(D) III e IV.
(E) II, III e IV.

I: incorreta, pois, de acordo com o disposto no art. 454 do CC, se as benfeitorias abonadas ao que sofreu a evicção tiverem sido feitas pelo alienante, o valor delas será levado em conta na restituição devida. Além disso, o Código não estabelece que só obrigará ao ressarcimento se, ao tempo da evicção, ainda existirem; **II:** correta, nos termos do art. 1.212 do CC; **III:** correta, nos termos do art. 1.220 do CC; **IV:** correta, nos termos do art. 1.214, *caput*, do CC. **AG**

Gabarito "E".

(Analista Judiciário – TJ/AL – 2018 – FGV) A Associação dos Amantes do Turismo (AAT) recebeu, a título de usufruto instituído pelo associado Jorge, um imóvel de sua propriedade. As partes convencionaram, no título de instituição, que o usufruto seria pelo prazo de vinte anos. Decorridos dez anos da instituição, os associados, sem a participação de Jorge, que morrera há dois anos, deliberaram, em assembleia, ceder gratuitamente o usufruto do imóvel à Associação de Agentes de Viagem (AAV), em reconhecimento a serviços recebidos pela AAT.

A cessão, feita sem prazo determinado, é considerada:

(A) válida, pois, consolidada a propriedade com a morte de Jorge, a AAT poderia destinar o bem da forma que lhe aprouvesse;
(B) inválida, pois a cessão gratuita do usufruto dependeria da autorização de Jorge;
(C) válida e vigerá até o término do prazo previsto no ato de instituição do usufruto por Jorge;
(D) ineficaz, pois o instituto do usufruto não permite cessão gratuita;
(E) válida e vigerá por trinta anos a partir da instituição do usufruto por Jorge.

A: incorreta, pois a morte de Jorge não consolida a propriedade nas mãos do usufrutuário, isto é, o usufruto continua existindo. O que extingue o usufruto é a morte do usufrutuário, e não da do nu-proprietário (art. 1.410, I, CC). A cessão do direito ao usufruto poderia ser feita pelos demais associados, nos termos do art. 1.393 CC, mas por direitos inerentes ao usufruto e não à propriedade; **B:** incorreta, pois a cessão gratuita do exercício do usufruto é válida, independentemente da anuência de Jorge. Ao ceder o exercício do usufruto, o usufrutuário está cedendo a percepção dos frutos advindos da coisa (direito pessoal) mantendo consigo o direito real e intransferível a terceiros (art. 1.393 CC); **C:** correta, pois a cessão é válida (art. 1.393 CC) e vigerá até o término do prazo instituído (art. 1.410, II, CC); **D:** incorreta, pois o instituto do usufruto admite cessão gratuita (art. 1.393 CC); **E:** incorreta, pois no caso em tela vigerá pelo prazo que foi determinado expressamente na instituição, isto é, vinte anos. Se não houvesse sido instituído prazo, daí o máximo seria trinta anos (art. 1.410, III, CC). **GR**

Gabarito "C".

(Analista – TJ/SC – FGV – 2018) Gabriel era empregado caseiro do imóvel de praia de José Luiz, localizado no Balneário Camboriú. Após o falecimento de José Luiz, nenhum familiar se apresenta a Gabriel, que, embora demitido pelo inventariante do espólio de José Luiz, mantém-se no imóvel, cuidando dele como se seu fosse. Após dois anos do falecimento do ex-empregador e a realização de diversas benfeitorias para a manutenção do imóvel às suas expensas, Gabriel é surpreendido, ao retornar de um rápido passeio, com a ocupação do imóvel por sobrinhos de José Luiz, dizendo-se proprietários do bem.

Diante dessa situação, Gabriel:

(A) nada poderá fazer, pois os sobrinhos agiram mediante legítimo desforço possessório;
(B) poderá pleitear indenização pelas benfeitorias, mas não a posse, já que era mero detentor;
(C) não faz jus a indenização por benfeitoria e tampouco a reaver a posse, visto que esta era exercida de má-fé;
(D) pode se valer do imediato desforço possessório moderado para reaver, por autotutela, a posse;
(E) deve receber o valor das benfeitorias realizadas em dobro, por conta da posse de boa-fé.

A: incorreta, pois a Lei garante o direito de posse à Gabriel. Ainda que seja possuidor de má-fé, prevê o art. 1.210, §2º CC que não obsta à manutenção ou reintegração na posse a alegação de propriedade, ou de outro direito sobre a coisa. Logo, ele tem o direito se ser mantido na posse sem ser molestado; **B:** incorreta, pois Gabriel deixou de ser detentor assim que foi demitido pelo inventariante. A partir daquele momento o seu *animus* passou a ser outro, pois optou por se manter da posse, ainda que de má-fé. Sendo assim, poderá ser indenizado apenas pelas benfeitorias necessárias (art. 1.220 CC); **C:** incorreta, pois tem o direito de reaver a posse (art. 1.210, *caput* e §1º). O fato de estar de má-fé não lhe tira esse direito, mas apenas lhe impõe algumas restrições, sendo que uma delas é a de ser apenas ressarcido pelas benfeitorias necessárias (art. 1.220 CC); **D:** correta, pois a posse lhe pertence, e por conta disso tem o direito de ser mantido nela em caso de turbação, restituído no de esbulho, e segurado de violência iminente (art. 1.210 CC), podendo inclusive valer-se do desforço imediato para reavê-la; **E:** incorreta, pois trata-se de posse de má-fé, o que lhe confere o direito apenas de ser ressarcido as benfeitorias necessárias (art. 1.220 CC). **GR**

Gabarito "D".

(Analista Judiciário – TRE/PA – 2020 – IBFC) São direitos reais, dentre outros, o usufruto, a habitação e o direito do promitente comprador do imóvel, previstos expressamente no diploma civil. Sobre os referidos institutos, analise as afirmativas abaixo e dê valores Verdadeiro (V) ou Falso (F):

( ) O usufruto pode ser transferido por alienação, mas o seu exercício pode ceder-se por título gratuito ou oneroso.
( ) O promitente comprador adquire direito real à aquisição do imóvel, mediante promessa de compra e venda, em que se pactuou ou não arrependimento, caso celebrada por instrumento público, ainda que não registrada no Cartório de Registro de Imóveis.
( ) Constituído o usufruto em favor de duas ou mais pessoas, transferir-se-á proporcionalmente aos sobreviventes a parte relativa aos usufrutuários falecidos, salvo se, por estipulação expressa ou tácita, vier a ser extinto o quinhão desses.
( ) Se o direito real de habitação for conferido a mais de uma pessoa, qualquer delas que sozinha habite a casa terá de pagar aluguel à outra, ou às outras, mas não as pode inibir de exercerem, querendo, o direito, que também lhes compete, de habitá-la.

Assinale a alternativa que apresenta a sequência correta de cima para baixo.

(A) V, V, V, V
(B) V, F, V, F
(C) F, V, F, V

(D) F, F, F, F

Primeira alternativa: falsa, pois *não* se pode transferir o usufruto por alienação; mas o seu exercício pode ceder-se por título gratuito ou oneroso (art. 1.393 CC); Segunda alternativa: falsa, pois não há a opção de se ter pactuado arrependimento, é possível que seja também por instrumento particular e o registro do Cartório de Registro de imóveis é indispensável (art. 1.417 CC); Terceira alternativa: falsa, pois constituído o usufruto em favor de duas ou mais pessoas, *extinguir-se-á a parte em relação a cada uma das que falecerem*, salvo se, por estipulação *expressa*, o quinhão desses couber ao sobrevivente (art. 1.411 CC); Quarta alternativa: falsa, pois se o direito real de habitação for conferido a mais de uma pessoa, qualquer delas que sozinha habite a casa *não* terá de pagar aluguel à outra, ou às outras, mas não as pode inibir de exercerem, querendo, o direito, que também lhes compete, de habitá-la (art. 1.415 CC). Logo, resposta a ser assinalada é a letra D.
Gabarito "D".

(Analista – TRT/18 – 2023 – FCC) De acordo com o Código Civil, é possível perder a propriedade, entre outras causas, por

(A) renúncia e abandono, mas não por perecimento da coisa.
(B) renúncia e perecimento da coisa, mas não por abandono.
(C) abandono e perecimento da coisa, mas não por renúncia.
(D) renúncia, mas não por abandono ou perecimento da coisa.
(E) abandono, renúncia e perecimento da coisa.

A: incorreta, pois o perecimento da coisa é uma hipótese de perda da propriedade (art. 1.275, IV CC); **B:** incorreta, pois o abandono é uma hipótese de perda da propriedade (art. 1.275, III CC); **C:** incorreta, pois a renúncia é uma hipótese de perda da propriedade (art. 1.275, II CC); **D:** incorreta, pois o abandono e o perecimento da coisa são hipóteses de perda da propriedade (art. 1.275 III e IV CC); **E:** correta (art. 1.275, III, II e IV CC).
Gabarito "E".

7. FAMÍLIA

(Analista – TRT/18 – 2023 – FCC) De acordo com o Código Civil, o casamento contraído por infringência de impedimento é

(A) anulável, assim como o casamento do menor em idade núbil quando não autorizado por seu representante legal.
(B) anulável, diferentemente do casamento decorrente de vício da vontade, que é nulo de pleno direito.
(C) anulável, diferentemente do casamento do menor em idade núbil quando não autorizado por seu representante legal, que é nulo de pleno direito.
(D) nulo de pleno direito, diferentemente do casamento decorrente de vício da vontade, que é meramente anulável.
(E) nulo de pleno direito, assim como o casamento do menor em idade núbil quando não autorizado por seu representante legal.

A: incorreta, pois o casamento é nulo (art. 1.548, II CC); **B:** incorreta, pois o casamento contraído por infringência de impedimento é nulo (art. 1.548, II CC) e o casamento decorrente de vício da vontade é anulável (art. 1.550, III CC); **C:** incorreta, pois o casamento contraído por infringência de impedimento é nulo (art. 1.548, II CC) e o casamento do menor em idade núbil quando não autorizado por seu representante legal é anulável (art. 1.550, II CC); **D:** correta (art. 1.548, II CC c/c art. 1.550, III CC); **E:** incorreta, pois o casamento do menor em idade núbil quando não autorizado por seu representante legal é anulável (art. 1.550, II CC).
Gabarito "D".

(Analista Judiciário – TRE/PE – CESPE – 2017) A respeito do direito das famílias, assinale a opção correta.

(A) O ato jurídico da adoção depende da efetiva assistência do poder público e de sentença constitutiva, ressalvados os casos de maiores de dezoito anos de idade, que independem de sentença.
(B) O reconhecimento de filhos havidos fora do casamento pode ser feito por manifestação direta e expressa perante o juiz.
(C) Não se admite a alteração do regime de bens no curso do matrimônio.
(D) A obrigação de prestar alimentos não é transmitida aos herdeiros do devedor.
(E) O bem de família pode ser instituído mediante qualquer instrumento que evidencie a vontade da entidade familiar de destacar parte de seu patrimônio.

A: incorreta, pois mesmo nesses casos é exigida sentença judicial (CC, art. 1.619); **B:** correta, pois de acordo com a forma prevista pelo art. 1º, IV, da Lei 8.560/1992; **C:** incorreta, pois tal alteração é admitida mediante autorização judicial (CC, art. 1.639 §2º); **D:** incorreta, pois tal transmissão aos herdeiros é prevista pela lei civil (CC, art. 1.700); **E:** incorreta, pois a lei exige escritura pública ou testamento (CC, art. 1.711).
Gabarito "B".

(Analista – TRT/10ª – 2013 – CESPE) Julgue o item abaixo, relativo ao casamento civil.

(1) O Código Civil adotou o critério biopsicológico com relação à idade núbil; assim, para a mulher e o homem poderem casar é necessário que tenham completado, respectivamente, dezesseis e dezoito anos de idade.

1: A assertiva está errada, uma vez que a Constituição Federal adotou o princípio da igualdade entre homens e mulheres, conforme disposto no art. 5º, I. Em harmonia com mencionada norma, o Código Civil não faz distinção de gênero quanto a idade núbil para o casamento, de modo que tanto o homem como a mulher podem se casar a partir dos 16 anos de idade, exigindo-se autorização de ambos os pais, ou de seus representantes legais, enquanto não atingida a maioridade civil (art. 1.517, *caput*, do CC).
Gabarito 1E.

(Analista – TJ/SC – FGV – 2018) Marta e Rodrigo, ambos com 40 anos, pretendem contrair matrimônio. Com esse objetivo, dirigem-se ao cartório de notas e solicitam a elaboração de pacto antenupcial, por meio do qual desejam estipular que apenas os bens adquiridos após cinco anos de casamento sejam comunicados. Quanto aos bens adquiridos antes do referido termo, deverão observar o regime da separação total.

Na hipótese, essas disposições:

(A) são nulas, pois se trata de fraude ao regime legal;
(B) são válidas, visto ser livre convencionar o regime de bens;
(C) devem ser interpretadas unicamente como regime de separação de bens;
(D) podem ser objeto de conversão e adaptadas ao regime da comunhão parcial;

(E) são válidas, desde que nenhum bem seja adquirido nos primeiros cinco anos.

A: incorreta, pois é lícito aos nubentes, antes de celebrado o casamento, estipular, quanto aos seus bens, o que lhes aprouver (art. 1.639 CC); **B:** correta, pois considerando que o casal não se enquadra nos casos de regime de separação legal (art. 1.641 CC), podem convencionar o que desejarem com relação aos seus bens (art. 1.639 CC); **C:** incorreta, pois não há que se falar em regime de separação de bens, pois tais hipóteses não se configuram (art. 1.641 CC); **D:** incorreta, pois a alteração do regime de bens se dá apenas por autorização judicial em pedido motivado de ambos os cônjuges, apurada a procedência das razões invocadas e ressalvados os direitos de terceiros (art. 1.639, § 2º CC); E: incorreta, pois as disposições são totalmente válidas e eles podem adquirir bens nos primeiros 5 anos, o que resultará para esse período a aplicação do regime de separação total de bens, conforme convencionado (art. 1.639 CC). Gabarito "B".

8. SUCESSÕES

(Analista – TJ/AM – 2013 – FGV) A respeito da *abertura da sucessão* e da *aceitação da herança*, assinale a afirmativa **incorreta**.

(A) Caso o herdeiro seja casado, a aceitação de herança independe da anuência do seu cônjuge.

(B) Opera-se a transmissão imediata da propriedade, da posse dos bens e das dívidas do *de cujus*, no momento da abertura da sucessão, independentemente da vontade e do conhecimento dos herdeiros.

(C) O período entre a abertura da sucessão e a aceitação da herança é denominado delação.

(D) O direito de aceitar ou renunciar à herança tem natureza de direito subjetivo.

(E) O direito positivo brasileiro veda, expressamente, ao sucessor por um mesmo e único título, a aceitação parcial da herança.

A: correta, haja vista que o direito que o herdeiro possui de aceitar ou não a herança trata-se um direito personalíssimo, o deve ser exercido independentemente de termo, ou condição (art. 1.808 do CC; **B:** correta, na medida em que a assertiva reflete o princípio de saisine, elencado na norma do art. 1.784 do CC; **C:** correta, consoante preceitua Maria Helena Diniz: "A doutrina faz uso da expressão delação para identificar o momento em que, aberta a sucessão, o patrimônio do falecido ficaria à disposição dos herdeiros(...). A delação geralmente coincide com a abertura da sucessão, consistindo no oferecimento da herança à pessoa que possa adquiri-la, encarado sob o aspecto da acessibilidade" (Manual das Sucessões; RT: 2008, p. 98); **D:** incorreta, devendo ser assinalada. Direito subjetivo é a faculdade conferida ao indivíduo de fazer valer o seu interesse apoiando-se nas normas de direito objetivo. Por sua vez, o direito objetivo nada mais é do que o conjunto de normas vigentes no país numa determinada época. Assim, o direito de aceitar ou renunciar a herança é fruto do direito objetivo. A fim de que não restem dúvidas, temos exemplo de direito subjetivo no livro das sucessões no art. 1.807 do CC; **E:** correta, pois não se pode aceitar ou renunciar a herança em parte (art. 1.808 do CC). Gabarito "D".

(Analista – TRT/10ª – 2013 – CESPE) No que concerne à sucessão no direito civil, julgue os itens subsequentes.

(1) A ofensa física é uma das causas que autorizam a deserdação, não sendo necessário que haja condenação criminal ou que a condenação criminal seja grave ou gravíssima.

(2) No caso de legado alternativo, se o legatário falecer antes de ter realizado a opção, o exercício desse direito passará aos seus herdeiros.

(3) Caso ocorra a premoriência do legatário, o legado deverá ser transmitido aos seus herdeiros.

(4) Considere a seguinte situação hipotética. Jorge, filho de Paulo, este recém-falecido, providenciou o velório, tendo cuidado de toda a parte burocrática para a realização do enterro de seu pai. Nessa situação hipotética, os atos praticados por Jorge caracterizaram a sua aceitação da herança dos bens de seu pai.

(5) Com o falecimento do autor da herança, esta se transmite de forma definitiva aos seus herdeiros independentemente da abertura da sucessão e da existência de testamento.

1: certa, nos termos dos arts. 1.962, I e 1.963, I do CC, sendo que o Código Civil não faz distinção quanto à natureza da condenação criminal; **2:** correta (art. 1.933 do CC); **3:** errada, pois a premoriência do legatário é causa de caducidade do legado (art. 1.939, V do CC); **4:** errada, pois não exprimem aceitação de herança os atos oficiosos, como o funeral do finado, os meramente conservatórios, ou os de administração e guarda provisória (art. 1.805, § 1º do CC); **5:** incorreta, pois, não obstante a existência de testamento seja dispensável, é imprescindível a abertura da sucessão para que haja a transmissão dos bens (art. 1.784 do CC). Gabarito 1C, 2C, 3E, 4E, 5E.

(Analista – TRT/10ª – 2013 – CESPE) No que concerne ao direito de família e ao direito das sucessões, julgue os itens subsequentes.

(1) O direito ao usufruto vidual é relativo, visto que sua efetivação se sujeita à demonstração pelo cônjuge sobrevivente de sua situação financeira precária.

(2) O único bem imóvel residencial do devedor é penhorável, desde que esteja desocupado.

1: errada, pois o art. 1.831 do CC é enfático ao prever que: "Ao cônjuge sobrevivente, qualquer que seja o regime de bens, será assegurado, sem prejuízo da participação que lhe caiba na herança, o direito real de habitação relativamente ao imóvel destinado à residência da família, desde que seja o único daquela natureza a inventariar". Ainda que o imóvel não se comunique com o cônjuge sobrevivente, em razão do regime de casamento ou por fazer parte do patrimônio particular do cônjuge falecido, o direito de habitação resulta dos princípios de proteção da família, e não de uma relação patrimonial. Por isso mesmo, esse direito de habitação do cônjuge, chamado pela doutrina de usufruto vidual, existe e é juridicamente assegurado independentemente do seu registro no cartório de imóveis ou da situação financeira do cônjuge supérstite. **2:** certa, pois a impenhorabilidade do bem de família apenas se dá se referido imóvel for utilizado como domicílio da entidade familiar, isto é, desde que as pessoas nele residam, pois a Lei visa proteger as pessoas e não o bem propriamente (art. 1º, Lei 8.009/1990). Objetiva-se garantir o direito à moradia. A partir do momento em que o bem não é habitado, não há nenhum impedimento para a sua constrição. Gabarito 1E, 2C.

(Analista – TJ/ES – 2011 – CESPE) Julgue o seguinte item.

(1) No que tange à capacidade para suceder, é correto afirmar que, com a abertura da sucessão, a herança se transmite imediatamente aos herdeiros, que passam a ser titulares de direitos adquiridos, aplicando-se a lei vigente à época da morte do autor da herança.

1: correta (arts. 1.784 e 1.787 do CC). Gabarito 1C.

(Analista Judiciário – TJ/AL – 2018 – FGV) Janaína, divorciada e mãe de três filhos maiores, estabelece união homoafetiva com Jurema, sem, contudo, regulamentar a relação por escrito. Ao longo do período de convivência, Janaína adquiriu pequeno apartamento, onde estabeleceu residência com sua companheira.

Diante do recente falecimento de Janaína, aos 58 anos, que apenas deixou o imóvel em que residia, Jurema fará jus:

(A) à meação do bem e ao direito real de habitação sobre o referido bem;

(B) a um sétimo do apartamento;

(C) à meação e a um quarto do imóvel;

(D) a um quarto do imóvel e ao direito real de habitação sobre o referido bem;

(E) à meação, a mais um quarto do imóvel e ao direito de habitação sobre o referido bem.

A: correta. Primeiramente insta destacar que o STF, por meio dos Recursos Extraordinários 646.721 e 878.694 reconheceu de forma incidental a inconstitucionalidade do art. 1.790 do CC/2002 e declarou o direito da companheira participar da herança de sua consorte em conformidade com o regime jurídico estabelecido no art. 1.829 do Código Civil de 2002. Ademais a ADI 4.277 prevê a igualdade de direitos no caso de uniões estáveis heterossexuais e homoafetivas. Traçado este pano de fundo, verifica-se que no caso em tela aplica-se os mesmos direitos do cônjuge. Considerando que o enunciado não mencionou expressamente o regime de bens que foi eleito nesta união estável, aplica-se o regime da comunhão parcial de bens (art. 1.725 CC). Assim, quanto à sucessão aplica-se a regra do art. 1.829, I, CC, isto é, haverá direito de meação à companheira sobrevivente e ela terá direito real de habitação (art. 1.832 CC); **B:** incorreta, pois Jurema tem direto a metade do apartamento por direito de meação (art. 1.829, I, CC); **C:** incorreta, pois Jurema apenas tem direito a sua meação. Ela apenas herdaria se Janaína tivesse deixado bens particulares. Como não deixou não tem direito à herança (art. 1.829, I, parte final); **D:** incorreta, pois tem direito a metade do imóvel pela meação (art. 1.829, I, CC); **E:** incorreta, pois não há que se falar em direito a mais um quarto do imóvel, pois ela não tem direito a herança, mas somente a meação (art. 1.829, I, CC). Gabarito "A".

9. TEMAS COMBINADOS

(Analista Judiciário – TRE/PE – CESPE – 2017) A empresa Bebidas Bom Preço Ltda. celebrou com uma empresa de alimentos, por prazo determinado, contrato de comodato cujo objeto era o empréstimo de um *freezer*. Era dever da comodatária armazenar somente produtos adquiridos da comodante.

Nessa situação hipotética, conforme a legislação aplicável ao caso e o entendimento doutrinário sobre o tema,

(A) por ter natureza pessoal, o contrato de comodato não se estenderá no caso de sucessão empresarial da empresa comodatária.

(B) a comodante não poderá suspender o uso da coisa antes do término do prazo do contrato, ainda que demonstre necessidade imprevista e urgente.

(C) o negócio jurídico perfez-se com a assinatura do contrato.

(D) a empresa comodatária pode cobrar da empresa comodante as despesas referentes ao uso e ao gozo da coisa emprestada.

(E) a cláusula de exclusividade acerca dos produtos que devem ficar armazenados no *freezer* não poderia ter sido estipulada.

A: correta, pois "a transferência importa a sub-rogação do adquirente nos contratos estipulados para exploração do estabelecimento, se não tiverem caráter pessoal" (CC, art. 1.148); **B:** incorreta, pois o Código Civil admite a suspensão do uso em caso de "necessidade imprevista e urgente" (CC, art. 581); **C:** incorreta, pois o contrato de comodato é considerado contrato real, ou seja, só se perfaz com a efetiva entrega do bem; **D:** incorreta, pois "o comodatário não poderá jamais recobrar do comodante as despesas feitas com o uso e gozo da coisa emprestada" (CC, art. 548); **E:** incorreta, pois trata-se de cláusula lícita e que impõe obrigação de não fazer. Gabarito "A".

(Analista Judiciário – TRT/24 – FCC – 2017) A empresa X, sediada na cidade de São Paulo capital, é integralmente extinta após regular liquidação em dezembro de 2016. Rodolfo, ex-sócio da empresa, desligado desde o ano de 2014, pretende receber uma dívida de R$ 500.000,00 dos sócios da empresa extinta. Neste caso, o prazo prescricional para Rodolfo exercer a sua pretensão, nos termos preconizados pelo Código Civil, contado o prazo da publicação da ata de encerramento da liquidação da sociedade, será de

(A) 2 anos.

(B) 1 ano.

(C) 10 anos.

(D) 5 anos.

(E) 3 anos.

O art. 206 §1°, V, do Código Civil estabelece o prazo prescricional de um ano para os credores cobrarem os "sócios ou acionistas, contado o prazo da publicação da ata de encerramento da liquidação da sociedade". Gabarito "B".

(Analista Judiciário – TRT/8ª – 2016 – CESPE) A respeito da pessoa natural e da pessoa jurídica, assinale a opção correta.

(A) São considerados absolutamente incapazes os menores de dezesseis anos de idade, os pródigos e aqueles que, mesmo por causa transitória, não puderem exprimir sua vontade.

(B) A dotação especial de bens livres do instituidor para a criação da fundação só tem validade se feita por escritura pública, sendo vedada a sua instituição mediante testamento.

(C) Os partidos políticos, assim como os municípios e a União, são pessoas jurídicas de direito público interno.

(D) Ao permitir que o nascituro pleiteie alimentos ao suposto pai, por meio de ação judicial, a lei reconheceu-lhe personalidade jurídica.

(E) No caso de um tutor pretender adquirir para si bens do tutelado, é correto afirmar que aquele tem capacidade para a prática desse negócio jurídico, mas carece de legitimação para realizar tal aquisição.

A: incorreta, pois apenas os menores de dezesseis anos são absolutamente incapazes (CC, art. 3°); **B:** incorreta, pois o testamento também é forma adequada para a criação da fundação (CC, art. 62); **C:** incorreta, pois os partidos políticos são pessoas jurídicas de direito privado (CC, art. 44); **D:** incorreta, pois somente aquele que já nasceu com vida é que possui a personalidade jurídica. Isso não impede o nascituro de titularizar direitos subjetivos (CC, art. 2°); **E:** correta. A legitimação é uma capacidade extra, que a lei exige de certas pessoas para a prática de determinados atos. Um ótimo exemplo é justamente o do tutor, que, apesar de capaz, não pode adquirir bens do tutelado, sob pena de nulidade (CC, art. 497). **GN**

Gabarito "E".

(Analista Jurídico – TCE/PR – 2016 – CESPE) A respeito da interpretação das leis, de pessoas físicas e jurídicas e de bens, assinale a opção correta.

(A) O menor, ao completar dezesseis anos de idade, adquire capacidade de direito, ainda que não tenha sido emancipado.

(B) A pessoa que viva alternadamente em mais de uma residência terá como domicílio aquela em que passe a maior parte do tempo.

(C) Caso a administração de uma associação seja exercida de modo coletivo, suas decisões terão de ser tomadas pela maioria absoluta.

(D) Um parque estadual poderá ser submetido à ordem especial de fruição mediante a cobrança para ingresso de pessoas.

(E) Pelo método sistemático, interpreta-se a norma a partir do ordenamento jurídico de que esta seja parte, relacionando-a, direta ou indiretamente, com outras de mesmo objeto.

A: incorreta, pois a capacidade de direito é adquirida no nascimento com vida (CC, art. 2°); **B:** incorreta, pois nesse caso qualquer uma delas poderá ser considerada seu domicílio (CC, art. 71); **C:** incorreta, pois o Código Civil (art. 48) exige apenas maioria dos presentes; **D:** incorreta, pois o "*uso comum dos bens públicos pode ser gratuito ou retribuído*" (CC, art. 103); **E:** correta, pois o enunciado bem conceitua o método sistemático de interpretação. Interpreta-se um dispositivo conforme o sistema jurídico no qual está inserido. **GN**

Gabarito "E".

(Analista Jurídico – TCE/PR – 2016 – CESPE) A respeito da disciplina do negócio jurídico no Código Civil, assinale a opção correta.

(A) Em ação que vise à discussão de cláusulas contratuais, o juiz deverá, de ofício, declarar a nulidade do negócio caso verifique que o devedor foi coagido a contratar.

(B) Um contrato de compra e venda de imóvel que for realizado sem escritura pública poderá ser convertido em promessa de compra e venda.

(C) Caso o juiz decrete a nulidade de obrigação que uma pessoa pagou a um incapaz, ficará afastada a possibilidade de o devedor reclamar o que pagou ao credor incapaz, independentemente de este ter ou não se beneficiado do negócio.

(D) Se um dos declarantes ocultar sua verdadeira intenção quanto aos efeitos jurídicos do negócio, este será inexistente por ausência de manifestação qualificada.

(E) O silêncio de uma das partes quanto ao negócio jurídico proposto não tem o condão de criar vínculo, sendo necessária declaração de vontade expressa.

A: incorreta, pois a coação é um vício do consentimento e, como tal, gera a anulabilidade do negócio jurídico, a qual não se pronuncia de ofício pelo juiz (CC, arts. 151; 171 e 177); **B:** correta, pois o que se afirma na assertiva se enquadra perfeitamente na hipótese de conversão do negócio jurídico nulo (CC, art. 170), que permite, a partir de um negócio nulo, criar um negócio válido, desde que a forma usada seja adequada e também que seja possível concluir que a intenção das partes seria essa, caso houvessem previsto a nulidade; **C:** incorreta, pois o pagamento feito ao incapaz de quitar é valido em uma hipótese: se provado que o pagamento reverteu em favor do incapaz (CC, art. 310); **D:** incorreta, pois, nessa hipótese, denominada "reserva mental", a manifestação de vontade subsiste, exceto se o destinatário soubesse da verdadeira intenção do declarante (CC, art. 110); **E:** incorreta, pois "*O silêncio importa anuência, quando as circunstâncias ou os usos o autorizarem, e não for necessária a declaração de vontade expressa*" (CC, art. 111). **GN**

Gabarito "B".

(Analista Jurídico –TCE/PA – 2016 – CESPE) No que diz respeito às normas jurídicas, à prescrição, aos negócios jurídicos e à personalidade jurídica, julgue os itens a seguir.

(1) As partes contratantes podem, de comum acordo, alterar os prazos prescricionais referentes a pretensões de direitos disponíveis e, nessa hipótese, a prescrição terá natureza convencional.

(2) Em observância ao princípio da conservação contratual, caso ocorra o vício do consentimento denominado lesão, a parte lesionada pode optar pela revisão judicial do negócio jurídico, ao invés de pleitear sua anulação.

(3) De acordo com o Código Civil, o encerramento irregular de determinada sociedade empresária é, por si só, causa suficiente para a desconsideração da personalidade jurídica.

(4) É possível que lei de vigência permanente deixe de ser aplicada em razão do desuso, situação em que o ordenamento jurídico pátrio admite aplicação dos costumes de forma contrária àquela prevista na lei revogada pelo desuso.

1: incorreta, pois "*os prazos de prescrição não podem ser alterados por acordo das partes*" (CC, art. 192). Caso fosse possível alteração de prazos prescricionais, a segurança jurídica (objetivo maior do instituto da prescrição) estaria seriamente ameaçada; **2:** correta, pois o Código Civil prevê expressamente a possibilidade de conservação do negócio viciado pela lesão, desde que a parte favorecida aceite a diminuição do proveito obtido (CC, art. 157, § 2°). O Enunciado 148 do CJF determina a aplicação de tal instituto ao estado de perigo; **3:** incorreta, pois a desconsideração da personalidade jurídica é instituto excepcional e que somente pode ser aplicado nas restritas hipóteses legais, como, por exemplo, o art. 50 do Código Civil e o art. 28 do Código de Defesa do Consumidor. O mero encerramento irregular não é causa para a desconsideração; **4:** incorreta, pois o desuso não é causa de revogação da lei. Segundo o art. 2° da LI, a lei só se revoga por outra lei. **GN**

Gabarito 1E, 2C, 3E, 4E.

(Analista – TRE/GO – 2015 – CESPE) Julgue os próximos itens, referentes à interpretação da lei, aos direitos da personalidade, à validade dos negócios jurídicos e à prova.

(1) Considere a seguinte situação hipotética. Carlos, maior e capaz, celebrou com Rafael, menor de dezessete anos de idade, contrato pelo qual se comprometeu a realizar reparos na casa onde Rafael reside. Nessa situação, Carlos poderá pleitear a anulação do contrato com base na incapacidade de Rafael.

(2) Considere a seguinte situação hipotética. Durante o trâmite de uma ação judicial, João confessou fatos relevantes para a resolução do conflito. Posteriormente, João informou ao juiz da causa ter-se arrependido da confissão e solicitado a revogação do ato.

Nessa situação, caberá ao juiz indeferir o pedido de João com base no caráter irrevogável da confissão.

(3) No âmbito contratual, o princípio geral da boa-fé objetiva permite interpretação extensiva dos pactos firmados, e é aplicado inclusive no que diz respeito a relações pré-contratuais, o que garante a validade de normas de conduta implícitas.

(4) Considere a seguinte situação hipotética. Ricardo e Andrea adquiriram imóvel residencial de uma construtora que prometeu a entrega do bem em janeiro de 2013. Entretanto, o imóvel foi entregue somente em fevereiro de 2014, o que obrigou o casal a residir na casa de parentes por um ano. Nessa situação, os adquirentes fazem jus a indenização por danos morais em razão do atraso na entrega do imóvel.

1: Errada, pois nos termos do art. 181 do CC, trata-se de ato negocial inválido realizado por incapaz, uma exceção às regras da invalidade do negócio jurídico. O ato será nulo se celebrado por absolutamente incapaz, podendo qualquer interessado pedir a nulidade do ato negocial, até mesmo o juiz de ofício, e será anulável se celebrado por relativamente incapaz, cabendo ao incapaz pleitear a anulabilidade do negócio, e não aquele que com ele contratou. Além disso, terá que provar que o proveito do negócio jurídico reverteu em benefício do incapaz, ou seja, para obter a devolução do *quantum* pago ao menor, a parte contrária deverá demonstrar que o incapaz veio a se enriquecer em virtude do negócio nulo ou anulável; **2:** Correta, pois nos termos do art. 214 do CC, em princípio, a confissão é irrevogável, uma vez que se trata de ato íntimo e próprio do confitente. No entanto, se a confissão decorrer de erro, dolo ou coação poderá ser anulada; **3:** Correta, nos moldes do art. 422 do CC, é possível extrair os seguintes princípios: princípio da boa-fé nos contratos, a boa-fé objetiva e a proibição de comportamento contraditório (*venire contra factum proprium*). Dispõe que, em princípio, as partes devem guardar a boa-fé tanto na fase pré-contratual, como durante a execução do contrato e, ainda, pós eficácia das obrigações, bem como, a cláusula geral de boa-fé objetiva obriga as partes a não agirem em contradição, antes, durante e após a execução do contrato, é um dever de conduta de cada um dos contratantes; **4:** Errada, pois a jurisprudência (*v.* AgRg no AREsp 570.086/PE, Rel. Ministro Ricardo Villas Bôas Cueva, 3.ª T., j. 20.10.2015, *DJe* 27.10.2015) entende que o mero descumprimento contratual, em regra, não dá ensejo a danos morais, uma vez que não se mostra capaz de consubstanciar lesão a personalidade, de forma que frustração do atraso da entrega do imóvel não constitui fato capaz de gerar o abalo psicológico.

Gabarito 1E, 2C, 3C, 4E

(Analista – TRE/GO – 2015 – CESPE) A respeito de aspectos diversos do direito civil brasileiro, cada um dos próximos itens apresenta uma situação hipotética, seguida de assertiva a ser julgada.

(1) Márcia, casada com Tito e proprietária de grande fortuna, faleceu por causas naturais. Nessa situação, Tito poderá administrar a herança até que um inventariante seja nomeado pelo juiz.

(2) Carla, com vinte e um anos de idade, sofreu lesões físicas em decorrência de acidente provocado por condutor de veículo oficial. Nessa situação, o prazo prescricional a ser observado por Carla para o ajuizamento de eventual ação de indenização por danos materiais começou a correr a partir da data do acidente.

(3) Antônio e Viviane, casados entre si, possuem juntos dois imóveis de valor aproximadamente similar. Nessa situação, é vedado ao casal instituir um desses imóveis como bem de família voluntário.

1: Correta, pois cuida-se da figura do Administrador provisório, que é toda e qualquer pessoa que esteja na administração e posse da herança, representando o espólio ativa e passivamente até a nomeação de um inventariante pelo juiz, nos termos do art. 1.797, I, do CC. O presente artigo relaciona as pessoas que podem assumir esse encargo; **2:** Correta, pois de acordo com o art. 206, § 3º, V, do CC, o prazo prescricional para se buscar a reparação de danos materiais experimentados por acidente de trânsito é de 3 anos a contar da data do evento lesivo; **3:** Anulada, uma vez que bem de família voluntário é aquele constituído por ato voluntário do proprietário, e instituído por escritura pública devidamente registrada, e para a sua constituição se faz necessário o preenchimento de três requisitos, quais sejam: a) deve se tratar de patrimônio próprio do instituidor, nos termos do art. 1.711 do CC; b) a destinação do bem de família deve ser a moradia da família, arts. 1.712 e 1.717 do CC; e c) solvabilidade do instituidor, a fim de evitar fraude contra credores, uma vez que o bem de família é inalienável e impenhorável.

Gabarito 1C, 2C, 3 Anulada

(Analista – TRE/GO – 2015 – CESPE) A respeito da posse, da propriedade, da hipoteca e da responsabilidade civil, julgue os itens seguintes.

(1) A hipoteca legal, que consiste em um favor concedido pela lei a certas pessoas, difere da hipoteca convencional por não depender de registro para ter eficácia *erga omnes*.

(2) Em uma ação de indenização, o juiz pode, ao fixar o montante a ser pago pelo autor do dano, levar em consideração eventual conduta culposa da vítima.

(3) Se, mediante esbulho, João tirar de Carlos a posse sobre um imóvel rural, João não terá, nessa situação hipotética, posse exclusiva, mas posse nova, haja vista que, nesse caso, a precariedade não se convalida.

1: Errada, pois tanto a hipoteca legal, (art. 1.489 do CC) que é aquela que não se origina de contrato, mas constituída nos casos em que a lei define, como a convencional, ou voluntária, que é fruto de negócio jurídico bilateral de direito real, rege o princípio da autonomia privada, e tem por fim assegurar a execução de uma obrigação, ambas dependem de registro para a constituição regular e, portanto, a eficácia *erga omnes* do vínculo só se constitui após registro (art. 1.492 do CC); **2:** Correta. A regra é que a fixação do valor da indenização mede-se pela extensão do dano, nos termos do art. 944 do CC. Nesse caso, trata-se de culpa concorrente com culpa recíproca, prevista no art. 945 do CC, trata-se, portanto, de imputação de culpa à vítima, que também concorreu para o evento danoso; **3:** Errada, pois trata-se de posse violenta, que não se confunde com posse precária, ambas tornam a posse injusta, de acordo com o disposto no art. 1.200 do CC. Posse violenta é aquela obtida por ato de violência no início de seu exercício, por exemplo, no caso de esbulho quando o possuidor é retirado total ou parcialmente de sua posse. A posse violenta se convalida quando cessada a violência. Por outro lado, posse precária é aquela em que o possuidor se compromete a devolver a coisa, em razão de contrato, ou por qualquer outro negócio jurídico, ou seja, há obrigação de restituição da coisa e o possuidor não a restitui quebrando o dever de confiança. O vício ocorre a partir do momento da recusa em devolver, por exemplo, após o término do contrato de locação o locatário permanece na posse do imóvel contra a vontade do locador; dessa forma, essa precariedade não se convalida.

Gabarito 1E, 2C, 3E

(Analista – MPU – CESPE – 2018) A respeito de interpretação de lei, pessoas jurídicas e naturais, negócio jurídico, prescrição, adimplemento de obrigações e responsabilidade civil, julgue os itens a seguir.

(1) Na interpretação sistemática de lei, o intérprete busca o sentido da norma em consonância com as que inspiram o mesmo ramo do direito.

(2) Com a dissolução da pessoa jurídica, a personalidade desse ente não desaparece, mas subsiste até que a liquidação seja concluída.

(3) Negócio jurídico simulado por interposição de pessoa, por ocultação da verdade ou por falsidade de data será considerado nulo.

(4) Se houver capacidade legal e manifestação expressa por escrito, será válida a renúncia prévia da prescrição.

(5) Para a imputação do pagamento, os débitos devem ser relativos a coisas fungíveis entre si e consistir em obrigações líquidas e vencidas.

(6) Situação hipotética: Um indivíduo embriagado transportava em seu carro um passageiro, por simples cortesia, quando, por descuido, colidiu de frente com uma árvore às margens da pista. Assertiva: A embriaguez do motorista não atrai a responsabilidade pela reparação de eventuais danos materiais causados ao passageiro, posto que o transporte por simples cortesia é ato gratuito.

1: correta, pois a interpretação sistemática visa coordenar a lei interpretada com todo o ordenamento jurídico, notadamente para constatar a função que ela exerce; 2: correta (art. 51, *caput* CC); 3: correta (art. 167, *caput* CC); 4: incorreta, pois a renúncia da prescrição apenas é válida depois que ele se consumar. Não á válida a renúncia prévia da prescrição (art. 191 CC); 5: correta (art. 352 CC); 6: incorreta, pois apesar de as normas do contrato de transporte não se aplicarem ao transporte feito gratuitamente por amizade ou cortesia (art. 736, *caput* CC), a responsabilidade por danos materiais se aplica com fundamento nos art. 186 e 927, *caput* CC.
Gabarito 1C, 2C, 3C, 4E, 5C, 6E

No que concerne ao tratamento dado pelo Código Civil aos bens e aos negócios jurídicos, julgue os itens a seguir.

I. O Código Civil classifica os bens públicos como de uso comum, de uso especial e dominicais. Entre esses, apenas os dominicais estão sujeitos a usucapião, por seguirem o regime de direito privado.

II. Exceto se houver manifestação das partes em sentido contrário, o negócio jurídico realizado quanto ao bem principal inclui as pertenças, essenciais ou não essenciais, e os acessórios.

III. Situação hipotética: Marcela e Marina realizaram determinado negócio jurídico em que a declaração de vontade emitida por Marina era diversa de sua real intenção. Assertiva: A reserva mental somente torna inválido o negócio jurídico se dela possuir conhecimento a destinatária Marcela.

(Analista Judiciário – TJ/PA – 2020 – CESPE/CEBRASPE) Assinale a opção correta.

(A) Apenas o item II está certo.
(B) Apenas o item III está certo.
(C) Apenas os itens I e II estão certos.
(D) Apenas os itens I e III estão certos.
(E) Todos os itens estão certos.

I: errada, pois independente de sua classificação, os bens públicos não estão sujeitos a usucapião (art. 102 CC); II: errada, pois a regra é que as pertenças não estão incluídas no negócio jurídico sobre o bem principal. Apenas estará se o contrário resultar da lei, da manifestação de vontade, ou das circunstâncias do caso (art. 94 CC); III: certa, pois a manifestação de vontade subsiste ainda que o seu autor haja feito a reserva mental de não querer o que manifestou, salvo se dela o destinatário tinha conhecimento (art. 110 CC). Logo, a alternativa correta é a letra B.
Gabarito "B".

(Analista – INPI – 2024 – CEBRASPE) A respeito de aplicação das leis civis, de pessoas naturais e jurídicas e de bens, julgue os itens seguintes.

(1) O negócio jurídico referente ao bem principal excepcionalmente abrangerá as pertenças relativas a esse bem.

(2) Lei nova, que estabeleça disposições especiais a par das já existentes, modifica, mas não revoga a lei anterior.

(3) Ao contrato em curso será aplicada a lei vigente ao tempo da celebração, ainda que sobrevenha lei nova.

(4) Se uma pessoa viver alternadamente em mais de uma residência, será considerada seu domicílio aquela em que permanecer por mais tempo.

(5) O início da existência legal de uma fundação ocorre com a inscrição do ato constitutivo no registro civil de pessoas jurídicas.

1: certa (art. 94 CC); 2: errada: A lei nova, que estabeleça disposições gerais ou especiais a par das já existentes, não revoga nem modifica a lei anterior (art. 2º, § 2º da LINDB); 3: certa, pois pelo princípio "tempus regit actum" aplica-se a lei da data em que a relação jurídica foi firmada, ainda que sobrevenha lei nova; 4: errada: Se, porém, a pessoa natural tiver diversas residências, onde, alternadamente, viva, considerar-se-á domicílio seu qualquer delas (art. 71 CC); 5: certa (art. 45, "caput" CC).
Gabarito 1C, 2E, 3C, 4E, 5C

(Analista – INPI – 2024 – CEBRASPE) Acerca de fatos e negócios jurídicos, de atos jurídicos, de prescrição e decadência, de prova dos fatos jurídicos e de contratos, julgue os itens a seguir.

(1) O fato jurídico em sentido amplo, embora passível de modificar direitos, não tem o condão de, por si só, extinguir relações jurídicas.

(2) Caso os contratantes decidam subordinar os efeitos do negócio jurídico a evento futuro e incerto, estará caracterizada uma condição.

(3) Ainda que o abuso de direito possa ser caracterizado como ato lícito, haverá sempre obrigação de indenizar o prejudicado.

(4) Se a coisa recebida em virtude de contrato comutativo tiver seu valor diminuído em decorrência de defeito oculto, é lícito ao prejudicado enjeitá-la.

(5) A anulação do negócio jurídico concluído pelo representante em conflito de interesses com o representado sujeita-se a prazo prescricional.

(6) A confissão feita por representante da parte poderá ter eficácia.

1: errada: fato jurídico em sentido amplo é todo acontecimento natural ou humano que cria, modifica, conserva ou extingue direitos (*Novo Curso de Direito Civil 1 (parte geral) – Pablo Stolze Gagliano e Rodolfo Pamplona Filho, 15ª Ed. Ano:2013*); 2: certa (art. 121 CC); 3: errada: o que caracteriza o ato ilícito no abuso de direito é justamente o uso exacerbado de um direito que o indivíduo possui. Não gerará, porém o direito a indenização do prejudicado nos casos do art. 188, I e II CC; **4:** certa (art. 441, "caput" CC); **5:** errada: o prazo é de decadência de cento e oitenta dias, a contar da conclusão do negócio ou da cessação da incapacidade (art. 119, parágrafo único CC); **6:** certa: art. 213, parágrafo único CC.

(Analista – TJ/ES – 2023 – CEBRASPE) A respeito do conflito das leis no tempo, das pessoas naturais e das pessoas jurídicas, dos bens e dos contratos, julgue os itens a seguir.

(1) Se surgir uma nova lei que seja mais favorável ao devedor em determinada relação contratual, impõe-se a sua aplicação.

(2) Não havendo intenção difamatória, é lícito o emprego do nome de pessoa em publicações.

(3) Obrigações recíprocas e simultâneas são condições para opor a exceção do contrato não cumprido.

(4) Caso haja transferência de ativos ou de passivos entre os sócios e a pessoa jurídica, ficará caracterizada a confusão patrimonial.

(5) O fato de os bens constituírem uma universalidade de fato não obsta que eles sejam objeto de relações jurídicas próprias.

1: errada, pois pelo princípio "tempus regit actum" aplica-se a lei da data em que a relação jurídica foi firmada, ainda que sobrevenha outra lei mais benéfica ao devedor; **2:** errada, pois o nome da pessoa não pode ser empregado por outrem em publicações ou representações que a exponham ao desprezo público, ainda quando não haja intenção difamatória (art. 17 CC); **3:** certa (art. 476 CC); **4:** errada, pois apenas ficará caracterizada a confusão patrimonial se houver transferência de ativos ou de passivos sem efetivas contraprestações, exceto os de valor proporcionalmente insignificante (art. 50, § 2º, II CC); **5:** certa: (art. 90, parágrafo único CC).

(Analista – TJ/ES – 2023 – CEBRASPE) Acerca do fato jurídico, do negócio jurídico, dos atos jurídicos, da prescrição e da prova dos fatos jurídicos, julgue os itens subsequentes.

(1) Os fatos jurídicos são aptos a modificar direitos, seja de forma subjetiva, seja de forma objetiva.

(2) Embora a presunção seja admitida como meio de prova, as comuns ficam afastadas em razão da subjetividade que as permeia.

(3) O negócio jurídico simulado subsistirá caso não se constate a intenção de prejudicar terceiros.

(4) A culpa é prescindível para a configuração da responsabilidade civil decorrente do abuso de direito na prática de um ato.

1: certa, pois os fatos jurídicos são agentes que originam, modificam ou extinguem direitos; **2:** errada, pois as provas comuns não ficam afastadas. Apesar do artigo 212 do Código Civil brasileiro se referir à presunção como meio de prova, o assunto ainda é divergente entre os estudiosos. Segundo Didier Jr., Braga e Oliveira (2009, p.57) a presunção não é meio de prova, nem fonte desta. Para eles, trata-se de atividade do juiz, ao examinar as provas, ou do legislador, ao criar regras jurídicas a ser aplicadas (presunções legais) sempre ou quase sempre, conforme o caso. Em sentido contrário, Santos (1949, p. 369 a 370, v. V apud THIBAU, 2011, p. 82-83), assevera que a presunção apresenta nítido perfil probatório, já que estabelece probabilidade, maior ou menor, quanto à existência ou inexistência do fato probando. Segundo o processualista brasileiro (1949, p. 373, v. V apud THIBAU, 2011, p.83), é adequado afirmar que a presunção é prova, pois ambas são instrumentos de verificação dos fatos. Justamente por essa fragilidade em relação aos demais meios de provas, não há que se falar que as provas comuns ficam afastadas; **3:** errada, pois é nulo o negócio jurídico simulado, mas subsistirá o que se dissimulou, se válido for na substância e na forma (art. 167 CC); **4:** certa, pois o art. 187 CC não exige a culpa para configurar abuso de direito na responsabilidade civil.

12. Direito Processual Civil

Luiz Dellore

1. PRINCÍPIOS DO PROCESSO CIVIL

(Analista – TJ/ES – 2023 – CEBRASPE) No que diz respeito às normas fundamentais do processo civil, julgue os itens seguintes.

(1) Em regra, os juízes e os tribunais atenderão à ordem cronológica de conclusão para proferir sentença ou acórdão, ressalvadas, entre outras hipóteses, as sentenças proferidas em audiência, homologatórias de acordo ou de improcedência liminar do pedido, o julgamento de embargos de declaração, as preferências legais e as metas estabelecidas pelo Conselho Nacional de Justiça (CNJ).

(2) Não se admite que seja proferida decisão em desfavor de uma das partes do processo sem que ela seja previamente ouvida, ressalvadas as situações em que ficar caracterizado o abuso do direito de defesa ou o manifesto propósito protelatório da parte.

1: Correta, sendo essa a previsão do art. 12, *caput* e § 2º do CPC. Vale destacar que a ordem cronológica, apesar de prevista no CPC, é praticamente ignorada em todo o país. **2:** Errada. A primeira parte está correta, mas as exceções são a concessão de tutela provisória de urgência ou evidência (em que o contraditório será realizado posteriormente, ou seja, o contraditório será diferido), conforme o parágrafo único do art. 9º do CPC. O que está previsto na parte final do item é hipótese de tutela de evidência, que se verifica apenas após a manifestação do réu.
Gabarito 1C, 2E

(Analista – TRF/4 – FCC – 2019) Renato ajuizou ação de cobrança contra Paulo, julgada procedente em primeiro grau. No julgamento do recurso de apelação interposto pelo réu, o Tribunal pronunciou a prescrição de ofício, sem conceder às partes a oportunidade de se manifestarem sobre essa matéria, que não havia sido previamente ventilada no processo. De acordo com o que está disposto no Código de Processo Civil, o acórdão que decidiu o recurso de apelação é

(A) nulo, pois a prescrição não pode ser pronunciada de ofício.

(B) válido, pois a prescrição é matéria que pode ser apreciada de ofício, circunstância que dispensa prévia manifestação das partes.

(C) válido, pois, quando reconhecida em segundo grau de jurisdição, a prescrição pode ser pronunciada de ofício sem que antes seja dada oportunidade às partes de se manifestarem sobre ela.

(D) nulo, pois o juiz não poderá decidir com base em fundamento acerca do qual não se tenha dado às partes oportunidade de se manifestarem, nem mesmo em segundo grau de jurisdição, ainda que se trate de matéria pronunciável de ofício.

(E) nulo, pois o Tribunal não pode decidir com base em fundamento que não foi ventilado em primeiro grau de jurisdição, em virtude da preclusão.

A: incorreta, pois é possível o reconhecimento da prescrição de ofício (CPC, art. 487, II); **B:** incorreta, considerando que, mesmo sendo matéria passível de ser reconhecida de ofício, deve ser oportunizada prévia manifestação das partes, considerando o princípio da vedação de decisão surpresa (CPC, arts. 10 e 487, parágrafo único); **C:** incorreta, porque igualmente pelo princípio da vedação de decisão surpresa, ainda que reconhecida em 2º grau, deve ser aberta possibilidade de prévia manifestação das partes (CPC, arts. 10 e 487, parágrafo único); **D:** correta, em virtude do princípio da vedação de decisão surpresa (CPC, arts. 10 e 487, parágrafo único); **E:** incorreta, já que como prescrição é matéria de ordem pública, não ocorre preclusão (CPC, art. 487, II).
Gabarito "D"

(Analista Judiciário – TRE/PE – CESPE – 2017) Acerca das normas processuais civis, assinale a opção correta.

(A) O juiz não pode decidir com base em fundamento a respeito do qual não tenha sido dada oportunidade de manifestação às partes, ressalvado o caso de matéria que deva decidir de ofício.

(B) Os juízes e tribunais terão de, inexoravelmente, atender à ordem cronológica de conclusão para proferir sentença ou decisão.

(C) A boa-fé processual objetiva, que não se aplica ao juiz, prevê que as partes no processo tenham um comportamento probo e leal.

(D) O modelo cooperativo, que atende à nova ordem do processo civil no Estado constitucional, propõe que o juiz seja assimétrico no decidir e na condução do processo.

(E) O contraditório substancial tem por escopo propiciar às partes a ciência dos atos processuais, bem como possibilitar que elas influenciem na formação da convicção do julgador.

A: Incorreta, pois o princípio da vedação de decisões surpresa (CPC, art. 10) também se aplica aos casos em que o juiz deva decidir de ofício; **B:** Incorreta, pois a previsão de julgamento em ordem cronológica deve ser utilizada *preferencialmente*, e não obrigatoriamente (CPC, art. 12, com a redação da Lei 13.256/2016); **C:** Incorreta, porque a boa-fé e cooperação se aplicam a todos os participantes do processo, inclusive o juiz (CPC, arts 5º e 6º); **D:** Incorreta, pois a cooperação não significa que o juiz deva atuar em prol de uma das partes, ainda que seja hipossuficiente (CPC, art. 6º); **E:** Correta, pois o *contraditório efetivo*, que segundo a doutrina é o previsto no CPC (arts. 9º e 489, § 1º, entre outros), prevê não só a informação e manifestação (binômio, entendimento que prevalecia à luz do CPC anterior), mas sim a informação + manifestação + possibilidade de influenciar o julgador (trinômio).
Gabarito "E"

2. JURISDIÇÃO E COMPETÊNCIA

(Analista – TRT/18 – 2023 – FCC) De acordo com o Código de Processo Civil, a competência em razão do valor é

(A) relativa, tal como a competência em razão da pessoa, podendo ser modificada por convenção das partes.

(B) relativa, tal como a competência em razão da função, não podendo ser modificada por convenção das partes.

(C) absoluta, tal como a competência em razão da pessoa, não podendo ser modificada por convenção das partes.

(D) absoluta, tal como a competência em razão da matéria, podendo ser modificada por convenção das partes.

(E) relativa, tal como a competência em razão do território, podendo ser modificada por convenção das partes.

A: Incorreta, considerando que a competência em razão da pessoa é absoluta (CPC, art. 63). **B:** Incorreta, pois em se tratando de competência relativa, é possível a modificação por vontade das partes (CPC, art. 63) e a competência em razão da função é absoluta (CPC, art. 62). **C:** Incorreta, vez que a competência em razão do valor é relativa (CPC, art. 63) e, a competência em razão da pessoa é absoluta (e, como consequência, não é possível sua modificação por vontade das partes; CPC, art. 62). **D:** Incorreta, tendo em vista que competência em razão do valor é relativa (CPC, art. 63) e, a competência em razão da matéria é absoluta (e, como consequência, não é possível sua modificação por vontade das partes; CPC, art. 62). **E:** Correta. A competência relativa é gênero, dentro do qual existem duas espécies: (i) a competência em razão do território e (ii) a competência em razão do valor (CPC, art. 63).
Gabarito "E".

(Analista Jurídico – TRT2 – FCC – 2018) Sobre a competência, nos termos preconizados pelo Código de Processo Civil, é correto afirmar:

(A) Após a consumação da citação do réu a cláusula de eleição de foro, se abusiva, pode ser reputada ineficaz pelo juiz, que determinará a remessa dos autos ao juízo do foro do domicílio do réu.

(B) Tramitando uma ação de recuperação judicial perante a justiça estadual, havendo intervenção nos autos de uma empresa pública federal como terceiro interveniente, os autos serão encaminhados imediatamente ao juízo federal competente.

(C) Quando o réu não tiver domicílio ou residência no Brasil, a ação será proposta, em regra, no foro do domicílio do autor, e, se este também residir fora do Brasil, a ação será proposta obrigatoriamente em Brasília, na capital federal.

(D) A ação possessória imobiliária será proposta, em regra, no foro de situação da coisa, mas o autor pode optar por demandar no foro do domicílio do réu.

(E) Quando houver continência e a ação continente tiver sido proposta anteriormente, no processo relativo à ação contida será proferida sentença sem resolução de mérito, caso contrário, as ações serão necessariamente reunidas.

A: Incorreta, pois a ineficácia da cláusula de eleição de foro pode ser declarada de ofício pelo juiz, em momento *anterior* à citação (CPC, art. 63, § 3º). **B:** Incorreta, porque as ações de recuperação judicial (RJ), falência e insolvência civil são exceções à regra de atração da competência da Justiça Federal quando há intervenção da União, de suas empresas públicas, entidades autárquicas e fundações. Portanto, em uma ação de RJ, caso haja intervenção de uma empresa pública federal (como Caixa Econômica Federal ou Correios), o processo permanecerá tramitando perante a Justiça Estadual (CF, art. 109, I e; CPC, 45, I). **C:** Incorreta, porque em relação às ações fundadas em direito pessoal ou em direito real sobre bem móvel, se o autor e o réu residirem fora do Brasil, a ação poderá ser proposta em qualquer foro (CPC, art. 46, § 3º). **D:** Incorreta, considerando que a ação possessória deve ser proposta perante o juízo do foro da situação da coisa, sendo hipótese em que não se admite foro de eleição ou no domicílio do réu (CPC, art. 47, § 2º). **E:** Correta (CPC, art. 57).
Gabarito "E".

(Analista Judiciário – TRT/24 – FCC – 2017) Sobre a competência interna, de acordo com o Código de Processo Civil, é correto afirmar:

(A) Prorrogar-se-á a competência relativa se o réu não alegar a incompetência em preliminar de contestação.

(B) A ação possessória imobiliária será proposta no foro de situação da coisa, podendo o autor, contudo, optar pelo foro do domicílio do réu ou de eleição.

(C) Tramitando processo de recuperação judicial na Justiça Estadual, os autos serão remetidos ao juízo federal competente no caso de intervenção de uma determinada empresa pública federal.

(D) O foro da Capital do Estado é competente para as causas em que seja autora a União.

(E) A citação válida torna prevento o juízo e, ainda quando ordenada por juiz incompetente, constitui em mora o devedor e interrompe a prescrição.

A: Correta, pois se não houver alegação de incompetência relativa em preliminar de contestação, há a preclusão – e, portanto, o juiz relativamente incompetente passa a ser relativamente competente (CPC, art. 65); **B:** Incorreta, pois nesse caso não há possibilidade de opção por outro foro que não o do local do imóvel (CPC, art. 47, § 1º); **C:** Incorreta, porque recuperação judicial sempre tramita na Justiça Estadual, mesmo que haja crédito de empresa pública federal – trata-se de exceção prevista no art. 109, I, parte final, da CF; **D:** incorreta, pois nesse caso competente é o foro do domicílio do réu (CPC, art. 51); **E:** Incorreta, pois apenas a interrupção da prescrição é que se verifica quando a citação for determinada por juiz incompetente (CPC, art. 240, § 1º).
Gabarito "A".

(Analista Judiciário – TRF/2 – Consulplan – 2017) O Novo Código de Processo Civil de 2015, Lei Federal 13.105, trouxe consideráveis aprofundamentos em relação à cooperação jurídica internacional e aos instrumentos que a viabilizam. Sobre o tema proposto, assinale a alternativa correta.

(A) O auxílio direto é via útil ao órgão estrangeiro interessado para requerer quaisquer medidas judiciais ou extrajudiciais não proibidas pela lei brasileira.

(B) Não poderá ser objeto de auxílio direto a obtenção e prestação de informações sobre o ordenamento jurídico e sobre processos administrativos ou jurisdicionais findos ou em curso.

(C) Apenas quando houver prévio tratado de cooperação jurídica bilateral celebrado entre o Brasil e o país requerente será possível a prática de atos de cooperação jurídica internacional em território nacional.

(D) O Superior Tribunal de Justiça, no juízo de delibação da carta rogatória, pode rever o mérito do pronunciamento judicial estrangeiro para adequá-lo com as normas fundamentais que regem o Estado brasileiro.

A: Correta (CPC, art. 30, III); **B:** Incorreta, pois há previsão de auxílio direto para isso (CPC, art. 30, I); **C:** Incorreta, pois não se refere apenas a tratado (CPC, art. 30, *caput*); **D:** Incorreta, pois o auxílio direto pode ser administrativo e, se demandar atividade jurisdicional, será efetivado pelo juízo federal (CPC, art. 34).

Gabarito "A".

(Analista Judiciário – TRT/20 – FCC – 2016) Joana ajuizou ação de reintegração de posse contra Pietra. A ação tem como objeto um imóvel. Tal ação deverá ser proposta no foro

(A) do domicílio dos réus, cujo juízo tem competência absoluta.
(B) do domicílio dos réus, cujo juízo tem competência relativa.
(C) da situação do imóvel, cujo juízo tem competência absoluta.
(D) do domicílio dos autores, cujo juízo tem competência relativa.
(E) da situação do imóvel, cujo juízo tem competência relativa.

Tratando-se de direito real, a competência é a do foro do local do imóvel (CPC, art. 47). E, ainda que seja uma questão territorial, nesse caso não é possível foro de eleição, sendo que o Código é expresso ao apontar que se trata de competência absoluta (CPC, art. 47, § 2º). Assim, a alternativa correta é a "C".

Gabarito "C".

3. PARTES, PROCURADORES, MINISTÉRIO PÚBLICO E JUIZ

(Analista Judiciário – TJ/PA – 2020 – CESPE/CEBRASPE) Ao tratar dos deveres das partes e dos procuradores, o CPC expressamente estabelece que, sem prejuízo de outras sanções criminais, civis e processuais, constitui ato atentatório à dignidade da justiça, passível de aplicação ao responsável multa de até vinte por cento do valor da causa,

(A) a inovação ilegal no estado de fato de bem litigioso realizada pelo executado.
(B) a interposição de apelação com intuito protelatório.
(C) o ajuizamento de petição inicial para reconhecimento de direito manifestamente prescrito.
(D) o oferecimento de contestação com tese jurídica contrária ao enunciado de súmula vinculante.
(E) a utilização abusiva de incidente de desconsideração de personalidade jurídica.

A: correta (CPC, art. 77, VI e §§ 1º e 2º); **B:** incorreta, pois a interposição de recurso com intuito manifestamente protelatório configura litigância de má-fé, punível com multa de (1% a 10% do valor da causa corrigido), em favor da parte que sofreu o prejuízo (CPC, arts. 80, VII e 81); **C:** incorreta, já que essa situação justifica a improcedência liminar do pedido e não ato atentatório à dignidade da justiça – não há sanção (CPC, arts. 77, II e 332, §1º); **D:** incorreta, porque pode configurar litigância de má-fé (CPC, arts. 80, I e 81); **E:** incorreta, tendo em vista que proceder de modo temerário em incidente configura litigância de má-fé (CPC, arts. 80, VI e 81).

Gabarito "A".

(Analista Judiciário – TJ/AL – 2018 – FGV) No tocante à alienação de coisa litigiosa, por ato entre vivos e a título particular, é correto afirmar:

(A) pode dar azo à substituição processual, do alienante pelo adquirente, caso assim consinta a parte contrária;
(B) o adquirente poderá intervir no processo como assistente simples;
(C) não altera a legitimidade dos litigantes, ressalvada a hipótese de consentimento da parte contrária;
(D) os limites subjetivos da coisa julgada material não alcançam o adquirente, se este não tiver participado do processo;
(E) o alienante deverá promover a denunciação da lide em relação ao adquirente.

A: incorreta, pois a hipótese é de sucessão processual e não de substituição processual (CPC, art. 109, § 1º); **B:** incorreta, porque o adquirente poderá intervir como assistente litisconsorcial e não assistente simples (CPC, art. 109, § 2º); **C:** correta, ainda que não haja a alteração de legitimidade, é possível a sucessão do alienante se houver prévio consentimento da parte contrária (CPC, art. 109, § 1º); **D:** incorreta, considerando que os efeitos da sentença se estendem ao adquirente por expressa previsão legal (CPC, art. 109, § 3º); **E:** incorreta, tendo em vista não se tratar de hipótese de ação de regresso (CPC, art. 125).

Gabarito "C".

(Analista Jurídico – TRT2 – FCC – 2010) Sobre as partes e os procuradores, quanto às despesas, honorários advocatícios e multas, nos termos preconizados pelo Código de Processo Civil, é correto afirmar:

(A) Se o réu reconhecer a procedência do pedido e, simultaneamente, cumprir integralmente a prestação reconhecida, os honorários serão reduzidos pela metade.
(B) Na sentença, havendo sucumbência recíproca, o magistrado deverá compensar os honorários advocatícios entre os procuradores das partes litigantes, determinando, ainda, o rateio das custas e despesas processuais.
(C) Fixados os honorários advocatícios em quantia certa pelo Magistrado na sentença, os juros moratórios incidirão a partir da data da publicação da sentença.
(D) Se um estrangeiro, sem possuir bens imóveis no Brasil, for réu em uma ação indenizatória e apresentar reconvenção no prazo legal, deverá prestar caução suficiente ao pagamento das custas e dos honorários de advogado da parte contrária.
(E) Os honorários sucumbenciais, quando omitidos em decisão transitada em julgado, não poderão ser cobrados em execução ou em ação autônoma.

A: Correta (CPC, art. 90, §4º). **B:** Incorreta, pois o CPC expressamente veda a compensação dos honorários advocatícios em caso de sucumbência parcial (CPC, art. 85, § 14), de modo que superada a Súmula 306/STJ – apesar de ainda não ter sido formalmente revogada. **C:** Incorreta, porque nesse caso os juros moratórios deverão incidir a partir do trânsito em julgado da decisão (CPC, art. 85, §16). **D:** Incorreta, pois não é exigível caução de estrangeiro quando da reconvenção (CPC, art. 83, §1º, III). **E:** Incorreta, porque é possível ajuizar ação autônoma para definir e cobrar honorários advocatícios não fixados em anterior decisão transitada em julgado (CPC, art. 85, §18), de modo que superada a Súmula 453/STJ – apesar de ainda não ter sido formalmente revogada.

Gabarito "A".

(Analista Judiciário – TRT/11 – FCC – 2017) A respeito dos honorários advocatícios, é correto afirmar que

(A) os honorários advocatícios não podem exceder 5% do valor da condenação, nas causas em que a Fazenda Pública for parte.

(B) os honorários fixados na sentença não podem ser cumulados com os honorários arbitrados na fase recursal.
(C) não são devidos honorários no cumprimento de sentença contra a Fazenda Pública que enseje a expedição de precatório, desde que não tenha sido impugnada.
(D) não são devidos honorários advocatícios no cumprimento provisório de sentença.
(E) não são devidos honorários advocatícios nos casos de perda de objeto.

A: Incorreta, pois o teto contra a Fazenda é de 20%, tal qual em relação aos particulares – mas há um escalonamento (CPC, art. 85, § 3º, I); **B:** Incorreta, pois o Código prevê a sucumbência recursal (CPC, art. 85, § 11); **C:** Correta, sendo essa a expressa previsão legal (CPC, art. 85, § 7º); **D:** Incorreta, pois o CPC prevê honorários exatamente nessa hipótese (CPC, art. 85, § 1º). **E:** Incorreta, pois são devidos também nesse caso (CPC, art. 85, § 10).

Gabarito "C".

(Analista Judiciário – TRE/SP – FCC – 2017) Acerca dos impedimentos e suspeições do juiz, segundo o novo Código de Processo Civil, considere:
I. Há suspeição do juiz quando promover ação contra a parte ou seu advogado.
II. Há impedimento do juiz que for amigo íntimo ou inimigo de qualquer das partes ou de seus advogados.
III. Há impedimento do juiz quando qualquer das partes for sua credora ou devedora, de seu cônjuge ou companheiro ou de parentes destes, em linha reta até o terceiro grau, inclusive.
IV. Há impedimento do juiz no processo em que figure como parte cliente do escritório de advocacia de seu cônjuge, companheiro ou parente, consanguíneo ou afim, em linha reta ou colateral, até o terceiro grau, inclusive.
V. Há suspeição do juiz interessado no julgamento do processo em favor de qualquer das partes.
Está correto o que consta APENAS em
(A) I e III.
(B) I e II.
(C) II e IV.
(D) III e V.
(E) IV e V.

I: Incorreta, pois essa é uma situação objetiva e, portanto, de impedimento (CPC, art. 144, IX); **II:** Incorreta, porque esse caso (situação subjetiva) é de suspeição e não impedimento (CPC, art. 145, I); **III:** Incorreta, pois essa também é situação de suspeição (CPC, art. 145, III); **IV:** Correta, sendo essa uma polêmica previsão do Código a respeito do tema (CPC, art. 144, VIII) – mas que, até o momento, não foi declarada inconstitucional; **V:** Correta (CPC, art. 145, IV).

Gabarito "E".

(Analista Judiciário –TRE/PI – 2016 – CESPE) A respeito da atuação do Ministério Público (MP), do advogado e do juiz e da competência do órgão jurisdicionado, assinale a opção correta.
(A) A suspeição e o impedimento do juiz podem ser arguidos em qualquer tempo ou grau de jurisdição, ou até mesmo após o trânsito em julgado da sentença, mediante ação rescisória.
(B) A competência para processar e julgar ação reivindicatória de bens imóveis situados em dois ou mais municípios é fixada pela prevenção entre os municípios em que o bem estiver situado.
(C) A parte que não seja advogado poderá postular em causa própria perante a justiça comum, mas com atuação limitada ao primeiro grau de jurisdição, caso na localidade não haja advogados ou se os ali existentes se recusarem a fazê-lo ou se encontrarem impedidos para tal.
(D) Nas ações referentes ao estado e à capacidade das pessoas propostas pelo MP, a falta de intervenção deste como fiscal da lei provocará a nulidade do processo.
(E) A incompetência em razão da matéria e da pessoa pode ser conhecida e declarada de ofício, mas a incompetência em razão do lugar e da hierarquia só pode ser declarada mediante provocação da parte interessada.

A: incorreta, pois a ação rescisória só poderá ser ajuizada no caso de impedimento, não de suspeição (art. 966, II, CPC); **B:** correta, conforme se depreende do art. 60, CPC; **C:** incorreta, já que a parte só poderá postular em causa própria quando possuir habilitação legal (art. 103, parágrafo único, CPC) – essa previsão constante da alternativa existia no Código anterior, mas não foi repetida no atual CPC; **D:** incorreta, pois o MP não intervém como fiscal da ordem jurídica nas ações em que é parte; **E:** incorreta. Somente a incompetência absoluta, dentre a qual está incluída aquela em razão da hierarquia, pode ser declarada de ofício pelo juiz (arts. 64, § 1º, e 337, § 5º, CPC).

Gabarito "B".

(Analista Jurídico – TCE/PR – 2016 – CESPE) Em razão do não pagamento de tributos e da consequente inscrição do contribuinte em dívida ativa, determinado município pretende acionar judicialmente esse contribuinte inadimplente. Nessa situação,
(A) caso venha a ser ajuizada a ação, haverá obrigatoriedade de participação do Ministério Público no processo como fiscal da ordem jurídica.
(B) proposta a ação, o réu inadimplente, quando for eventualmente citado, poderá requerer gratuidade de justiça, mas a concessão dessa gratuidade não afastará definitivamente a responsabilidade do requerente quanto a despesas processuais e honorários advocatícios no processo.
(C) o Ministério Público poderá exercer a representação judicial do município, caso esse ente federativo não possua órgão oficial próprio de representação.
(D) para receber seu crédito, o município deverá propor ação de conhecimento, com pedido condenatório, no domicílio do réu.
(E) se, proposta a ação, surgir a necessidade de nomeação de curador especial para o réu, essa função deverá ser exercida pelo Ministério Público.

A: incorreta, pois a hipótese não se encontra dentre aquelas que contam com a participação do MP, sendo que o simples fato de haver participação da Fazenda Pública não impõe, por si só, a intervenção do MP (parágrafo único do art. 178, CPC); **B:** correta, porque a concessão de gratuidade não afasta a responsabilidade do beneficiário pelas despesas processuais e pelos honorários advocatícios decorrentes de sua sucumbência (art. 98, §§2º e 3º, CPC); **C:** incorreta, pois a representação judicial do município incumbe à Advocacia Pública, nos termos do art.

182, CPC; **D**: incorreta, pois o município deverá propor execução fiscal, de acordo com a Lei 6.830/1980; **E**: incorreta, pois a curadoria é encargo da Defensoria Pública (art. 72, parágrafo único, CPC).

Gabarito "B".

4. PRAZOS E ATOS PROCESSUAIS

(Analista – TJ/ES – 2023 – CEBRASPE) No que se refere às nulidades processuais, julgue os itens que se seguem.

(1) A falta de intimação do Ministério Público para acompanhar processo em que deva intervir gera nulidade, devendo o juiz invalidar todos os atos a partir da citação.

(2) As nulidades processuais deverão ser arguidas tão logo couber à parte falar nos autos, sob pena de convalidação do ato viciado; a preclusão não prevalecerá se for provado justo impedimento para a alegação ou quando se tratar de nulidade que deva ser decretada de ofício pelo juiz.

1: Errada, pois o Juiz invalidará somente os atos praticados *a partir do momento* em que o Ministério Público deveria ser intimado (CPC, art. 279, § 1º). **2**: Correta, pois dispõe o art. 278 do CPC que a nulidade dos atos deve, sob pena de preclusão, ser alegada na primeira oportunidade em que couber à parte falar nos autos. Não haverá, entretanto, preclusão com relação às nulidades que o juiz deva decretar de ofício ou ainda, caso a parte não alegue a nulidade em virtude de uma circunstância legítima (CPC, art. 278, p. único).

Gabarito 1E, 2C

(Analista – TRT/15 – FCC – 2018) No tocante à citação,

(A) verificando que o citando é mentalmente incapaz, o oficial de justiça procederá ao ato de citação, descrevendo e certificando minuciosamente a ocorrência, para que o juiz determine laudo médico que comprove a incapacidade.

(B) com exceção das microempresas, das cooperativas e das sociedades de responsabilidade limitada, as empresas públicas e privadas são obrigadas a manter cadastro nos sistemas de processo em autos eletrônicos, para efeito de recebimento de citações e intimações, as quais serão efetuadas preferencialmente por esse meio.

(C) será pessoal, podendo, no entanto, ser feita na pessoa do representante legal ou do procurador do réu, do executado ou do interessado.

(D) não se procederá ao ato citatório de doente, em nenhuma hipótese, enquanto for grave o seu estado.

(E) será feita por edital quando o oficial de justiça suspeitar por fortes evidências de ocultação por parte do citando.

A: incorreta, pois nesse caso o oficial não deve proceder à citação, mas somente informar a situação ao juiz (CPC, art. 245); **B**: incorreta, porque a dispensa desse cadastro existe apenas para as microempresas e as empresas de pequeno porte (CPC, art. 246, § 1º); **C**: correta, conforme expressa previsão legal (CPC, art. 242); **D**: incorreta, tendo em vista que o Código ressalva as situações em que há possibilidade de perecimento do direito (CPC, art. 244, IV); **E**: incorreta, porque se houver suspeita de ocultação, a citação será realizada por hora certa.

Gabarito "C".

(Analista – TRT/15 – FCC – 2018) A respeito das intimações, considere:

I. É obrigatório aos advogados promover a intimação da outra parte por meio do correio, juntando aos autos, a seguir, cópia do ofício de intimação e do aviso de recebimento; frustrada a intimação postal, proceder-se-á ao ato por meio do Diário Oficial eletrônico.

II. Em qualquer hipótese, o juiz determinará de ofício as intimações em processos pendentes.

III. A intimação será feita pessoalmente ou por hora certa, inexistindo porém a intimação por edital, modo que é restrito à citação e aos atos notariais extrajudiciais.

IV. A intimação da União, dos Estados, do Distrito Federal, dos Municípios e de suas respectivas autarquias e fundações de direito público será realizada perante o órgão de Advocacia Pública responsável por sua representação judicial.

V. A retirada dos autos do cartório ou da secretaria em carga pelo advogado, por pessoa credenciada a pedido do advogado ou da sociedade de advogados, pela Advocacia Pública, pela Defensoria Pública ou pelo Ministério Público implicará intimação de qualquer decisão contida no processo retirado, ainda que pendente de publicação.

Está correto o que consta APENAS de

(A) II, IV e V.
(B) IV e V.
(C) I, II e III.
(D) II e V.
(E) I, III e IV.

I: errada, considerando que a intimação da outra parte pelo próprio advogado é uma faculdade, conferida pelo CPC, a fim de conferir celeridade ao processo, e não uma obrigação (CPC, art. 269, § 1º); **II**: errada, pois o Código faz menção à possibilidade de disposições em sentido contrário (CPC, art. 271); **III**: errada, tendo em vista ser possível a intimação por edital (CPC, art. 275, § 2º); **IV**: correta, conforme expressão disposição legal (CPC, art. 269, § 3º); **V**: correta, considerando que a vista dos autos, antes da publicação do ato, implica na tomada de ciência pela parte (CPC, art. 272, § 6º).

Gabarito "B".

(Analista Judiciário – TRF/2 – Consulplan – 2017) Dentre as diversas alterações promovidas pelo Novo Código de Processo Civil de 2015 (Lei Federal 13.105), merece destaque a regulamentação do benefício da gratuidade de justiça. Sobre o tema proposto, analise as afirmativas a seguir.

I. A gratuidade de justiça poderá ser concedida à pessoa natural ou jurídica, nacional ou estrangeira, que comprove insuficiência de recursos para pagar as custas, as despesas processuais e os honorários advocatícios, na forma da lei.

II. A depender do caso concreto, o juiz poderá conceder ao requerente o parcelamento das despesas processuais que o beneficiário tiver que antecipar no curso do procedimento.

III. A concessão da gratuidade de justiça afasta a responsabilidade do beneficiário pelas despesas processuais e pelos honorários advocatícios decorrentes de sua sucumbência.

Estão corretas as afirmativas

(A) I, II e III.
(B) I e II, apenas.
(C) I e III, apenas.
(D) II e III, apenas.

I: Correta para a banca. Porém, o enunciado não reproduz na íntegra o art. 98 do CPC, que não faz menção a "comprovar insuficiência" – sendo que apenas a PJ precisa comprovar a insuficiência de recursos, pois há presunção quanto à PF. Assim, a alternativa deveria ser considerada incorreta, mas não foi; **II:** Correta, sendo essa uma expressa previsão legal (CPC, art. 98, § 6º); **III:** Incorreta, pois as custas e os honorários seguem devidos (CPC, art. 98, §§ 2º e 3º).

Gabarito "B".

(Analista Judiciário – TRF/2 – Consulplan – 2017) Diante das inovações trazidas pela Lei Federal 13.105/15, se ficar provado, durante o curso de um processo judicial, o abuso do direito de defesa por parte do réu, poderá ser adotada a seguinte providência pelo juiz da causa:

(A) O réu que proceda com abuso do direito de defesa será equiparado ao revel. Assim, presumir-se-ão verdadeiras as alegações de fato formuladas pelo autor e o juiz julgará antecipadamente o pedido, proferindo sentença com resolução do mérito.

(B) Independentemente da demonstração de perigo de dano ou de risco ao resultado útil do processo, poderá conceder tutela de evidência amparando o pleito do autor da causa. Idêntica solução deve ser adotada se presente o manifesto caráter protelatório da parte.

(C) O abuso de direito de defesa configura ato atentatório à dignidade da justiça, não sendo passível de enfrentamento pela via da tutela provisória. Deve o juiz, neste caso, aplicar ao responsável multa de até vinte por cento do valor da causa, de acordo com a gravidade da conduta.

(D) Será concedida a tutela antecipada em caráter antecedente, ainda que não haja demonstração de perigo de dano ou de risco ao resultado útil do processo. Contra tal decisão interlocutória poderá ser interposto, no prazo de quinze dias, o recurso de agravo de instrumento.

A: Incorreta, pois não há previsão legal nesse sentido; **B:** Correta, sendo essa hipótese de tutela de evidência como sanção (CPC, art. 311, I); **C:** Incorreta, considerando o exposto na alternativa "B"; **D:** Incorreta, pois tutela antecipada depende de situação de perigo, sendo que apenas a tutela de evidência independe de situação de urgência.

Gabarito "B".

(Analista Judiciário – TRT/24 – FCC – 2017) À luz do Código de Processo Civil, sobre os prazos, é correto afirmar:

(A) Nos processos em autos eletrônicos, a juntada de petições não ocorrerá de forma automática e dependerá de ato de serventuário da justiça.

(B) O prazo para o juiz prolatar sentença é de 15 dias, prorrogáveis por mais dez dias havendo motivo justificável.

(C) Em regra, considera-se o dia do começo do prazo o dia útil seguinte à consulta ao teor da citação ou da intimação ou ao término do prazo para que a consulta se dê, quando dada a citação ou a intimação for eletrônica.

(D) Nos processos físicos, os litisconsortes que tiverem diferentes procuradores, ainda que do mesmo escritório de advocacia, terão prazos contados em dobro para todas as suas manifestações, em qualquer juízo ou tribunal, independentemente de requerimento.

(E) É lícito ao juiz reduzir em caráter excepcional algum prazo peremptório independentemente de anuência das partes.

A: Incorreta, porque em processos eletrônicos as petições devem ser juntadas automaticamente (CPC, art. 228, § 2º); **B:** Incorreta, pois o prazo para proferir sentença é de 30 dias (CPC, art. 226, III), prorrogável por igual período se houver motivo justificável (CPC, art. 227); **C:** Correta, conforme previsão legal (CPC, art. 231, V); **D:** Incorreta, pois só há prazo em dobro, no processo físico, se os litisconsortes tiverem advogados distintos de escritórios distintos (CPC, art. 229); **E:** Incorreto, pois é lícito ao juiz aumentar os prazos, não reduzir (CPC, art. 139, VI).

Gabarito "C".

5. LITISCONSÓRCIO E INTERVENÇÃO DE TERCEIROS

(Analista – TRT/18 – 2023 – FCC) Em ação movida por Pedro contra José, este arguiu, em preliminar de contestação, sua ilegitimidade passiva, indicando Patrícia como sujeito passivo da relação jurídica discutida no processo. Nesse caso, de acordo com o Código de Processo Civil, o juiz deverá

(A) facultar a Pedro a alteração da petição inicial para substituição do réu, sendo que, realizada a substituição, Pedro reembolsará as despesas de José, mas ficará isento do pagamento de honorários ao procurador deste.

(B) facultar a Pedro a alteração da petição inicial para substituição do réu, sendo que, realizada a substituição, Pedro reembolsará as despesas de José e pagará honorários ao procurador deste.

(C) extinguir o processo sem resolução do mérito, caso conclua pela ilegitimidade de José, sendo-lhe vedado facultar a Pedro a emenda da petição inicial para substituição do réu depois de apresentada a contestação.

(D) extinguir o processo com resolução do mérito, caso conclua pela ilegitimidade de José, sendo-lhe vedado facultar a Pedro a emenda da petição inicial para substituição do réu depois de apresentada a contestação.

(E) determinar a substituição de José por Patrícia, independentemente de pedido ou mesmo da concordância de Pedro, caso conclua que ela é, de fato, sujeito passivo da relação jurídica discutida no processo.

A: Incorreta, pois Pedro deverá reembolsar as despesas, bem como pagar os honorários do advogado do réu excluído (CPC, art. 338, p. único). **B:** Correta, sendo essa a previsão legal do art. 338, caput e p. único do CPC; haverá a substituição do polo passivo, e o pagamento de honorários, em percentual entre 3 e 5 por cento. **C:** Incorreta, porque, nos termos do art. 338 do CPC, o Juiz facultará ao autor que, em 15 dias, altere a petição inicial para substituição do réu. **D:** Incorreta, conforme exposto na alternativa "C". **E:** Incorreta, pois a substituição do réu somente ocorrerá se, uma vez facultado pelo juiz, o autor assim fizer (CPC, art. 338 e 339, § 1º).

Gabarito "B".

(Analista Judiciário – TJ/PA – 2020 – CESPE/CEBRASPE) Segundo regramento estabelecido no CPC, o desmembramento do litisconsórcio multitudinário em razão do número excessivo de litigantes

(A) ocorre na fase de conhecimento, na liquidação de sentença ou na execução, desde que o litisconsórcio seja facultativo.

(B) é permitido somente antes da citação do réu, seja o litisconsórcio facultativo ou necessário.

(C) é vedado em sede de execução, seja ela decorrente de título judicial ou extrajudicial.

(D) depende da concordância de todas partes do processo, se o litisconsórcio for necessário e unitário.
(E) não pode ocorrer antes da liquidação de sentença, se o litisconsórcio for ativo e facultativo.

A: correta (CPC, art. 113, § 1º); B: incorreta, já que é permitido após a citação do réu, mas apenas para litisconsórcio facultativo (CPC, art. 113, § 1º); C: incorreta, pois o desmembramento é possível tanto no cumprimento de sentença, como na execução de título extrajudicial (CPC, art. 113, § 1º); D: incorreta, tendo em vista que não é permitido no litisconsórcio necessário (CPC, art. 113, § 1º); E: incorreta, porque pode ocorrer também na fase de conhecimento, limitando o polo ativo ou passivo (CPC, art. 113, § 1º).
Gabarito "A".

(Analista Judiciário – TRE/PA – 2020 – IBFC) A intervenção de terceiros consiste em permissão legal para que um sujeito alheio à relação jurídica processual originária ingresse em processo já em andamento, transformando-se em parte. Com relação ao tema, analise as afirmativas abaixo e dê valores Verdadeiro (V) ou Falso (F):

( ) A decisão do juiz ou relator sobre o ingresso de "amicus curiae" é irrecorrível.
( ) O incidente de desconsideração da personalidade jurídica, enquanto modalidade de intervenção de terceiros, não se aplica ao processo de competência dos juizados especiais, dada a existência de vedação legal expressa.
( ) No chamamento ao processo, a citação daqueles que devam figurar em litisconsórcio passivo será requerida pelo réu na contestação e deve ser promovida no prazo de 30 (trinta) dias, sob pena de extinção do feito.
( ) Demonstrado o desvio de finalidade ou a confusão patrimonial, será acolhido o pedido de desconsideração da personalidade jurídica para tornar ineficaz a alienação ou a oneração de bens, havida em fraude de execução, em relação a todos os possíveis credores prejudicados, ainda que não tenham intervindo nos autos.

Assinale a alternativa que apresenta a sequência correta de cima para baixo.

(A) V, V, V, V
(B) V, F, F, V
(C) V, F, F, F
(D) F, F, F, F

1: verdadeira – porém, a própria lei faz a ressalva quanto à possibilidade de oposição de embargos de declaração (CPC, art. 138, § 1º); assim, a pergunta é, sem dúvidas, confusa e pode induzir o candidato em erro (a questão deveria ter sido anulada); 2: falsa, pois, em regra, não se admite intervenção de 3º nos juizados especiais; porém, o CPC expressamente prevê a aplicação do IDPJ para os processos de competência dos juizados especiais (CPC, art. 1.062); assim, novamente, a pergunta gera confusão; 3: falsa, já que a consequência é tornar sem efeito o chamamento e não extinguir o processo (CPC, art. 131); 4: falsa, considerando que a alienação ou oneração dos bens será ineficaz apenas em relação ao requerente do incidente (CPC, art. 137).
Gabarito "C".

(Analista – TRF/4 – FCC – 2019) Tereza ajuizou ação de indenização contra a empresa "XPTO Comércio de Produtos de Informática Ltda". Ainda na fase instrutória do processo, requereu a instauração de incidente de desconsideração da personalidade jurídica. Nesse caso, o juiz deverá

(A) indeferir liminarmente o pedido, pois a instauração de incidente de desconsideração da personalidade jurídica só é cabível na fase de cumprimento de sentença.
(B) deferir o pedido, suspendendo o processo, desde que o requerimento tenha demonstrado o preenchimento dos pressupostos legais específicos para a desconsideração da personalidade jurídica.
(C) indeferir liminarmente o pedido, pois, na fase de conhecimento, a desconsideração da personalidade jurídica deve ser necessariamente requerida na petição inicial, dispensando a instauração do incidente.
(D) deferir o pedido, sem suspender o processo, desde que o requerimento tenha demonstrado o preenchimento dos pressupostos legais específicos para a desconsideração da personalidade jurídica.
(E) deferir o pedido, mas somente se ficar demonstrado perigo da demora, por risco de dilapidação de bens, que justifique a instauração do incidente antes da fase de cumprimento de sentença.

A: incorreta, porque a instauração do IDPJ é possível em qualquer fase do processo de conhecimento, do cumprimento de sentença e da execução (CPC, art. 134); B: correta, sendo essa a previsão legal (CPC, art. 134, §§ 3º e 4º); C: incorreta, porque é possível que o pedido de instauração do IDPJ seja incidental (ou seja, posterior à inicial), suspendendo-se a tramitação do processo principal (CPC, art. 134, §§ 2º e 3º); D: incorreta, pois o pedido incidental suspende a tramitação do processo principal (CPC, art. 134, §§ 2º e 3º); E: incorreta, considerando que a instauração do incidente independe da existência de perigo na demora (CPC, art. 133 e ss.).
Gabarito "B".

(Analista – TJ/SC – FGV – 2018) No que concerne à denunciação da lide, é correto afirmar que:

(A) é modalidade voluntária de intervenção de terceiros;
(B) pode ser provocada pela iniciativa do réu, mas não pela do autor;
(C) visa a corrigir o vício de ilegitimidade *ad causam* no polo passivo da lide;
(D) se o denunciante for vitorioso na demanda principal, a sua ação de denunciação não terá o mérito apreciado pelo juiz;
(E) pode haver várias denunciações num processo, para ensejar a pacificação de todas as relações jurídicas controvertidas.

A: incorreta, pois a denunciação da lide é modalidade de intervenção provocada (CPC, art. 125); B: incorreta, porque pode ser provocada por qualquer das partes, conforme expressa previsão legal (CPC, arts. 125 e 127); C: incorreta, pois esse é objetivo da substituição do polo passivo, a ser feita em contestação (CPC, arts. 338 e 339); D: correta, considerando que há uma relação de prejudicialidade entre a demanda original e a introduzida pela denunciação da lide (CPC, art. 129, parágrafo único); E: incorreta, pois se admite uma única denunciação sucessiva, conforme expressa previsão legal, para evitar morosidade (CPC, art. 125, §2º).
Gabarito "D".

(Analista – TJ/SC – FGV – 2018) Um credor celebrou contrato de mútuo com dois devedores solidários, que não cumpriram o dever de pagar o valor devido na data estipulada. Nesse cenário, o credor intentou ação de cobrança do valor total da dívida, em face de apenas um devedor.

O outro devedor, que não integrou a lide originária, pode:

(A) oferecer o incidente de desconsideração da personalidade jurídica inversa do réu, para que os bens de eventual sociedade sejam trazidos ao processo;
(B) peticionar nos autos, requerendo seu ingresso como assistente simples, uma vez que é juridicamente interessado;
(C) peticionar nos autos, requerendo seu ingresso como réu, formando um litisconsórcio passivo superveniente;
(D) ser denunciado à lide pelo autor ou pelo réu originário, formando um litisconsórcio ativo ou passivo, respectivamente;
(E) ser chamado ao processo pelo réu originário, formando um litisconsórcio passivo ulterior.

A: incorreta, pois não se está debatendo PJ nesse momento e, além disso, o codevedor não se valeria do IDPJ para acionar o outro codevedor; **B:** incorreta, pois seu ingresso não poderia ser como assistente simples e sim litisconsorcial, já que a relação jurídica (o débito) é com o credor, e não com o suposto assistido, de modo que a assistência seria a litisconsorcial (CPC, arts. 121 e 124); **C:** incorreta, pois não há previsão legal de "ingresso como réu", mas sim como assistente; **D:** incorreta, pois no caso de solidariedade não se usa a denunciação, que é usada para hipóteses de ação de regresso (CPC, art. 125); **E:** correta, pois quando se está diante de devedores solidários (não havendo necessidade de ação de regresso), a intervenção é o chamamento ao processo (CPC, art. 130, III).
Gabarito "E".

(Analista Jurídico – TRT2 – FCC – 2018) Manoela ajuizou ação de cobrança contra Suzana, objetivando o recebimento da quantia de R$ 18.000,00 decorrente de um serviço de assessoria prestado durante o ano de 2017. Recebida a inicial e determinada a citação da ré, a contestação é apresentada no prazo legal, com arguição preliminar de ilegitimidade de parte passiva e impugnação integral ao pleito inicial no mérito. Neste caso, nos termos estabelecidos pelo Código de Processo Civil,

(A) o juiz facultará ao autor, em 15 dias, a alteração da petição inicial para substituição do réu e, realizada a substituição, o autor reembolsará as despesas e pagará os honorários ao procurador do réu excluído, que serão fixados, em regra, entre três e cinco por cento do valor da causa.
(B) não é admitida a substituição do réu após a consumação da citação, cabendo ao juiz extinguir o processo sem resolver o mérito no caso de acolhimento da preliminar arguida.
(C) o juiz facultará ao autor, em 15 dias, a alteração da petição inicial para substituição do réu e, realizada a substituição, o autor não reembolsará as despesas processuais e também não pagará honorários ao procurador do réu excluído.
(D) o juiz facultará ao autor, em 5 dias, a alteração da petição inicial para substituição do réu e, realizada a substituição, o autor reembolsará as despesas e pagará os honorários ao procurador do réu excluído, que serão fixados, em regra, entre três e cinco por cento do valor da causa.
(E) o juiz facultará ao autor, em 5 dias, a alteração da petição inicial para substituição do réu e, realizada a substituição, o autor não reembolsará as despesas e também não pagará os honorários ao procurador do réu excluído.

A: Correta (CPC, art. 338, "caput" e parágrafo único). **B:** Incorreta, porque a sistemática do Código busca oportunizar às partes que corrijam os vícios sanáveis, em prestígio ao princípio da primazia do mérito (CPC, arts. 4º, 139, IX, 317 e 338). **C:** Incorreta, haja vista existir previsão expressa quanto à necessidade de reembolso das despesas processuais e do pagamento de honorários ao procurador do réu excluído (CPC, art. 338, parágrafo único). **D:** Incorreta, porque ao autor será concedido prazo de 15 dias para emenda da petição inicial (CPC, art. 338, "caput"). **E:** Incorreta, porque (i) o prazo concedido para emenda da inicial é de 15 dias, e (ii) o autor deverá reembolsar o réu excluído pelas despesas processuais adiantadas e deverá pagar os honorários ao seu procurador (CPC, art. 338, "caput" e parágrafo único).
Gabarito "A".

(Analista Jurídico – TRT2 – FCC – 2018) Sobre a intervenção de terceiros no Código de Processo Civil, é correto afirmar:

(A) Na assistência simples sendo revel o assistido, o assistente não será considerado seu substituto processual.
(B) A decisão do Magistrado que admitir uma entidade especializada, com representatividade adequada como amicus curiae, pode ser objeto de recurso de agravo de instrumento.
(C) Havendo denunciação da lide, se o denunciante for vencedor na ação principal, a ação de denunciação não terá o seu pedido examinado, sem prejuízo da condenação do denunciante ao pagamento das verbas de sucumbência em favor do denunciado.
(D) Instaurado o incidente de desconsideração da personalidade jurídica, o sócio ou a pessoa jurídica será citado para manifestar-se e requerer as provas cabíveis no prazo de 10 dias.
(E) Admitido o assistente simples a parte principal não pode renunciar ao direito sobre o que se funda a ação.

A: Incorreta, porque o Código expressamente aponta que, no caso de revelia ou omissão do assistido, o assistente será considerado seu substituto processual (CPC, art. 121, parágrafo único). **B:** Incorreta, pois a decisão que admite o ingresso do *amicus curiae* é irrecorrível (CPC, art. 138). **C:** Correta (CPC, art. 129, parágrafo único). **D:** Incorreta, uma vez que o prazo concedido para manifestação do terceiro é de 15 dias (CPC, art. 135). **E:** Incorreta, porque o assistente simples atua como auxiliar do assistido e não como parte, razão pela qual sua admissão não impede que o assistido renuncie ao direito sobre o qual se funda a ação (CPC, art. 122).
Gabarito "C".

(Analista Judiciário – TRE/SP – FCC – 2017) O incidente de desconsideração da personalidade jurídica, disciplinado pelo novo Código de Processo Civil,

(A) pode ser instaurado de ofício.
(B) é cabível no cumprimento de sentença, mas não na execução fundada em título executivo extrajudicial.
(C) não suspende o processo se instaurado na fase de cumprimento de sentença.
(D) é resolvido por sentença.
(E) é cabível em todas as fases do processo de conhecimento.

A: Incorreta, sempre dependendo de provocação da parte ou MP (CPC, art. 133); **B:** Incorreta, pois também cabe no caso de execução (CPC, art. 134); **C:** Incorreta, pois a regra é a suspensão do processo com a instauração do IDPJ (CPC, art. 134, § 3º); **D:** Incorreta, pois a decisão é, em regra, por interlocutória (CPC, art. 136); **E:** Correta, como visto no item "B" (CPC, art. 134).
Gabarito "E".

(**Analista Judiciário – TRT/24 – FCC – 2017**) Sobre a intervenção de terceiros, nos termos preconizados pelo Código de Processo Civil,

(A) na denunciação da lide, se o denunciante for vencedor, a ação de denunciação não terá o seu pedido examinado, sem prejuízo da condenação do denunciante ao pagamento das verbas de sucumbência em favor do denunciado.

(B) a assistência do terceiro juridicamente interessado é admitida em qualquer procedimento até a prolação da sentença de primeiro grau.

(C) na denunciação da lide, feita a denunciação pelo réu, se o denunciado for revel, o denunciante não pode deixar de prosseguir com sua defesa, eventualmente oferecida.

(D) a assistência simples obsta que a parte principal transija sobre direitos controvertidos.

(E) a decisão do juiz que solicita ou admite a participação de pessoa jurídica como *amicus curiae* em demanda com repercussão social da controvérsia pode ser impugnada por meio de agravo de instrumento.

A: Correta, existindo previsão exatamente nesse sentido (CPC, art. 129, p.u.); **B:** Incorreta, pois a assistência é admitida mesmo em grau recursal (CPC, art. 119, p.u.); **C:** Incorreta, pois o CPC permite exatamente essa conduta do denunciante (art. 128, II); **D:** Incorreta, pois a assistência simples não permite interferência do assistente quanto aos atos do assistido (CPC, art. 122); **E:** Incorreta, porque a legislação afirma que a decisão relativa à admissão do *amicus curiae* é irrecorrível (CPC, art. 138).
Gabarito "A".

(**Analista Judiciário – TRF/2 – Consulplan – 2017**) Embora já consagrado no direito brasileiro, o instituto da desconsideração da personalidade jurídica passou a receber o devido tratamento processual a partir das previsões contidas na Lei Federal 13.105/15. Considerando as novas regras trazidas pelo Código de Processo Civil de 2015, assinale a alternativa correta.

(A) A desconsideração da personalidade jurídica pode ser determinada *ex officio* pelo órgão julgador, não dependendo de pedido da parte ou do Ministério Público.

(B) Não obstante ser exemplo de intervenção de terceiro, admite-se a instauração do Incidente de desconsideração da personalidade jurídica no âmbito dos Juizados Especiais Cíveis.

(C) Para não causar embaraços à instrução processual, o incidente de desconsideração da personalidade jurídica será admitido até a fase de saneamento e organização do processo.

(D) Admite-se o pedido de desconsideração da personalidade jurídica formulado na petição inicial, hipótese em que será instaurado o incidente perante o mesmo juízo competente para o conhecimento da ação principal.

A: Incorreta, porque descabe desconsideração de ofício (CPC, art. 133); **B:** Correta (CPC, art. 1.062); **C:** Incorreta, pois cabe o IDPJ em todas as fases do processo, inclusive no cumprimento de sentença (CPC, art. 134); **D:** Incorreta. Ainda que caiba pleitear a desconsideração na inicial, nesse caso não haverá a instauração do incidente (CPC, art. 134, § 2º).
Gabarito "B".

(**Analista Jurídico – TCE/PR – 2016 – CESPE**) Maria e Fernanda são servidoras de determinado órgão público e, em litisconsórcio ativo, propuseram demanda judicial para a obtenção de vantagem pecuniária supostamente devida em razão do cargo que cada uma delas ocupa.

Nessa situação hipotética, tem-se um litisconsórcio classificado como

(A) facultativo e comum.

(B) facultativo e unitário.

(C) multitudinário.

(D) necessário e comum.

(E) necessário e unitário.

A hipótese é de litisconsórcio facultativo e comum. *Facultativo* porque as servidoras poderiam ajuizar ações distintas e autônomas, sendo certo que a eficácia da sentença não dependeria da formação do litisconsórcio; ou seja, há mera conexão entre as causas, o que permite o ajuizamento de uma única demanda (art. 113, II, CPC). *Comum* porque, no caso, o juiz não precisa decidir de modo uniforme para as litisconsortes, notadamente porquanto deverá considerar a situação fática e jurídica circundante a cada uma delas.
Gabarito "A".

6. PRESSUPOSTOS PROCESSUAIS E CONDIÇÕES DA AÇÃO

(**Analista – TRF/4 – FCC – 2019**) Em regra, o autor, brasileiro ou estrangeiro, que residir fora do Brasil ou deixar de residir no país ao longo da tramitação de processo deverá prestar caução suficiente ao pagamento das custas e dos honorários de advogado da parte contrária nas ações que propuser, se não tiver no Brasil bens imóveis que lhes assegurem o pagamento. Porém, de acordo com o Código de Processo Civil, não se exigirá essa caução quando houver dispensa prevista em acordo ou tratado internacional de que o Brasil faz parte, bem como

(A) na ação cautelar, nas ações fundadas em direito indisponível e no cumprimento de sentença.

(B) na reconvenção, na ação cautelar e nas ações que versarem sobre direito real.

(C) no cumprimento de sentença, na execução fundada em título extrajudicial e nas ações que versarem sobre direito real.

(D) na reconvenção, no cumprimento de sentença e nas ações fundadas em direito indisponível.

(E) na reconvenção, no cumprimento de sentença e na execução fundada em título extrajudicial.

A: incorreta, pois não há dispensa da caução para a ação cautelar (que em verdade deixou de existir no atual Código de forma autônoma) ou para as ações fundadas em direito indisponível (CPC, art. 83, II e III); **B:** incorreta, tendo em vista que, com exceção da reconvenção, exige-se caução para a propositura das ações mencionadas (CPC, art. 83, II e III); **C:** incorreta, pois não há dispensa da caução para as ações fundadas em direito real (CPC, art. 83, II e III); **D:** incorreta, pois não há dispensa da caução para as ações fundadas em direito indisponível (CPC, art. 83, II e III); **E:** correta, sendo esses os casos previstos em lei (CPC, art. 83, II e III).
Gabarito "E".

7. FORMAÇÃO, SUSPENSÃO E EXTINÇÃO DO PROCESSO

(Analista – TRT/15 – FCC – 2018) Em relação à formação, suspensão e extinção do processo,

(A) durante a suspensão do processo é defesa a realização de qualquer ato processual, sem exceção, para proteção do princípio da isonomia.
(B) considera-se proposta a ação quando a petição inicial for despachada pelo juiz, mas seus efeitos dependem quanto ao réu de sua citação válida.
(C) se o conhecimento do mérito depender de verificação da existência de fato delituoso, o juiz deve determinar a suspensão do processo até que a justiça criminal se pronuncie; nesse caso, a ação penal deve ser proposta em até seis meses, sob pena de cessação dos efeitos da suspensão.
(D) a extinção do processo sem resolução do mérito, por vício processual, dar-se-á de imediato; já a extinção com resolução de mérito dar-se-á somente por sentença, observados o contraditório e a ampla defesa.
(E) suspende-se o processo pela admissão de incidente de resolução de demandas repetitivas.

A: incorreta, pois é permitida a prática de atos urgentes durante a suspensão do processo, a fim de evitar dano irreparável à parte – salvo nos casos de arguição de impedimento ou suspeição do juiz (CPC, art. 314); **B:** incorreta, considerando que o CPC fixou o momento do protocolo da inicial como marco da propositura da ação (CPC, art. 312); **C:** incorreta, pois nesse caso o prazo para propositura da ação penal é de 3 meses (CPC, art. 315, § 1º); **D:** incorreta, considerando que deve ser oportunizada a correção do vício processual sanável pela parte, em prestígio ao princípio da primazia da resolução do mérito (CPC, art. 317); **E:** correta, sendo um dos casos previstos no art. 313 do Código, dispositivo que reúne as principais hipóteses de suspensão (CPC, art. 313, IV e 982, I).
Gabarito "E".

(Analista Judiciário – TRF/2 – Consulplan – 2017) Com base nas hipóteses legais que autorizam a suspensão do processo, conforme previsto no Novo Código de Processo Civil de 2015 (Lei Federal 13.105), analise as afirmativas a seguir.

I. O processo poderá ser suspenso por convenção das partes por prazo não superior a seis meses.
II. A arguição de impedimento ou de suspeição não autoriza a suspensão do processo.
III. Se o conhecimento do mérito depender de verificação da existência de fato delituoso, o juiz pode determinar a suspensão do processo até que se pronuncie a justiça criminal.

Estão corretas as afirmativas

(A) I, II e III.
(B) I e II, apenas.
(C) I e III, apenas.
(D) II e III, apenas.

I: Correta (CPC, art. 313, § 4º); **II:** Incorreta, sendo esse um dos casos de suspensão (CPC, art. 313, III); **III:** Correta, sendo esse um dos casos mais frequentes de suspensão (CPC, art. 315).
Gabarito "C".

(Analista Judiciário – TRT/20 – FCC – 2016) Renato ajuizou ação de cobrança contra Henrique. Apresentada contestação, Renato requereu a desistência da ação. O pedido

(A) depende da aceitação de Henrique e pode ser formulado até a sentença, que, se homologar a desistência, resolverá o mérito.
(B) independe da aceitação de Henrique e pode ser formulado apenas se a causa versar sobre direitos disponíveis. Se o juiz homologar a desistência, a sentença resolverá o mérito.
(C) depende da aceitação de Henrique e pode ser formulado apenas se tiver havido instrução. Se o juiz homologar a desistência, a sentença não resolverá o mérito.
(D) independe da aceitação de Henrique e pode ser formulado até a sentença, que, se homologar a desistência, não resolverá o mérito.
(E) depende da aceitação de Henrique e pode ser formulado até a sentença, que, se homologar a desistência, não resolverá o mérito.

Uma vez apresentada a contestação, não é mais possível a desistência da ação sem que haja concordância do réu (CPC, art. 485, § 4º). Por sua vez, a desistência, que importa extinção sem mérito, somente pode ser apresentada até a sentença (CPC, art. 485, § 5º). Assim, a alternativa correta é a "E".
Gabarito "E".

8. TUTELA PROVISÓRIA

(Analista Judiciário – TRE/PA – 2020 – IBFC) No tocante à disciplina das tutelas provisórias, tal qual previstas no Código de Processo Civil, assinale a alternativa **incorreta**.

(A) Para a concessão de tutela de urgência ou evidência, o juiz pode, conforme o caso, exigir caução real ou fidejussória idônea para ressarcir os danos que a outra parte possa vir a sofrer, podendo a caução ser dispensada se a parte economicamente hipossuficiente não puder oferecê-la
(B) A tutela da evidência será concedida, independentemente da demonstração de perigo de dano ou de risco ao resultado útil do processo, quando as alegações de fato puderem ser comprovadas apenas documentalmente e houver tese firmada em julgamento de casos repetitivos ou em súmula vinculante, caso em que o juiz poderá decidir liminarmente
(C) Independentemente da reparação por dano processual, a parte responde pelo prejuízo que a efetivação da tutela de urgência causar à parte adversa, entre outras hipóteses, obtida liminarmente a tutela em caráter antecedente, não fornecer os meios necessários para a citação do requerido no prazo de 5 (cinco) dias
(D) Efetivada a tutela cautelar, o pedido principal terá de ser formulado pelo autor no prazo de 30 (trinta) dias, caso em que será apresentado nos mesmos autos em que deduzido o pedido de tutela cautelar, não dependendo do adiantamento de novas custas processuais

A: incorreta, devendo ser assinalada, considerando que a lei prevê caução como exigência apenas para a concessão da tutela de *urgência*

(CPC, art. 300, § 1º); **B:** correta (CPC, art. 311, II); **C:** correta (CPC, art. 302, II); **D:** correta (CPC, art. 308).
Gabarito "A".

(Analista Judiciário – TJ/AL – 2018 – FGV) No que se refere às tutelas provisórias, é correto afirmar que:

(A) as deferidas contra o Poder Público somente podem ter a eficácia suspensa com o manejo do recurso cabível;
(B) têm natureza cautelar, na hipótese de concessão de alimentos provisórios;
(C) a tutela de urgência, caso tenha natureza antecipatória, pode ser deferida em caráter incidental, mas não antecedente;
(D) caso deferida, a tutela de urgência acautelatória não pode ser modificada ou revogada;
(E) são impugnáveis, caso concedidas pelo juízo de primeira instância, pelo recurso de agravo de instrumento.

A: incorreta, considerando que as tutelas provisórias deferidas contra a Fazenda podem ter sua eficácia suspensa por meio do pedido de suspensão de liminar, de segurança ou de sentença (SLS), instrumentos que não têm natureza recursal (Lei 8.437, art. 4º); **B:** incorreta, tendo em vista que a concessão de alimentos provisórios é tutela provisória de urgência de natureza satisfativa (antecipação de tutela), pois há o efetivo recebimento dos alimentos (Lei 5.478/68, art. 4º); **C:** incorreta, porque a tutela de urgência pode ser deferida em caráter incidental ou antecedente (CPC, art. 294, parágrafo único); **D:** incorreta, pois as tutelas provisórias podem ser revogadas ou modificadas a qualquer tempo (CPC, art. 296); **E:** correta, conforme previsão expressa no rol do art. 1.015, sendo o agravo de instrumento de tutela provisória o melhor exemplo do rol de cabimento desse recurso (CPC, art. 1.015, I).
Gabarito "E".

(Analista Judiciário – TRE/SP – FCC – 2017) Ao disciplinar a tutela provisória, o novo Código de Processo Civil estabelece que

(A) a tutela de urgência não poderá ser concedida sem justificação prévia, salvo se prestada caução idônea, caso em que poderá ser concedida liminarmente.
(B) a tutela antecipada requerida em caráter antecedente torna-se estável se da decisão que a conceder não for interposto o respectivo recurso, caso em que o processo será extinto.
(C) para a concessão da tutela de evidência, exige-se, dentre outros requisitos, a demonstração de perigo de dano ou de risco ao resultado útil do processo.
(D) efetivada a tutela cautelar requerida em caráter antecedente, o pedido principal terá de ser formulado pelo autor no prazo de 15 dias, em ação própria, cujos autos deverão ser apensados aos do pedido cautelar.
(E) é vedada, em qualquer caso, a concessão liminar de tutela de evidência, antes da oitiva da parte contrária.

A: Incorreta, pois a audiência de justificação prévia e a caução podem acontecer ou não, a critério do juiz (CPC, art. 300, §§ 1º e 2º); **B:** Correta, sendo a estabilização da tutela antecipada uma das grandes novidades do CPC (art. 304); **C:** Incorreta, pois a tutela de evidência se diferencia da tutela de urgência exatamente pela desnecessidade de perigo de dano (urgência) para sua concessão (CPC, art. 311); **D:** Incorreta, porque o prazo para ajuizamento do pedido principal, após a efetivação da tutela cautelar, é de 30 dias – e será formulado nos próprios autos, não de forma separada (CPC, art. 308); **E:** Incorreta, pois a legislação prevê a concessão de tutela de evidência liminarmente, em duas hipóteses (CPC, art. 311, parágrafo único).
Gabarito "B".

(Analista Judiciário – TRT/11 – FCC – 2017) A tutela de urgência, presentes os demais requisitos legais,

(A) só pode ser concedida após justificação prévia e sempre com caução.
(B) pode ser concedida quando houver perigo de dano, ou o risco ao resultado útil do processo.
(C) será concedida quando houver perigo de irreversibilidade dos efeitos da decisão.
(D) não pode ser efetivada através de arrolamento de bens, quando for de natureza cautelar.
(E) só pode ser concedida se o requerente oferecer caução real ou fidejussória idônea.

A: Incorreta, pois a caução e audiência de justificação prévia ficam a critério do juiz, de modo que não são obrigatórias (CPC, art. 300, §§ 1º e 2º); **B:** Correta, sendo essa a nomenclatura prevista em lei para a urgência (CPC, art. 300, *caput*); **C:** Incorreta, porque a previsão legal é exatamente a vedação de concessão quando há perigo de irreversibilidade (CPC, art. 300, § 3º); **D:** Incorreta, pois uma das 4 cautelares mencionadas é exatamente o arrolamento de bens (CPC, art. 301); **E:** Incorreta, considerando o exposto na alternativa "A".
Gabarito "B".

(Analista Jurídico – TCE/PA – 2016 – CESPE) Julgue os itens a seguir, referentes à tutela provisória e aos meios de impugnação das decisões judiciais conforme o novo Código de Processo Civil.

(1) Caso determinado ente da Federação interponha reclamação constitucional no STF para garantir a observância de súmula vinculante supostamente violada em decisão judicial, ao despachar a petição inicial, o relator da reclamação poderá determinar a suspensão do processo ou do ato impugnado, devendo requisitar informações da autoridade que tiver praticado o ato, além de determinar a citação do beneficiário da decisão impugnada para contestar.
(2) A denominada tutela provisória não pode ter natureza satisfativa, uma vez que essa modalidade de tutela jurisdicional se presta unicamente a assegurar a futura eficácia de tutela definitiva, resguardando direito a ser satisfeito.
(3) Se o recurso principal for conhecido, mas não for provido pelo tribunal, o recurso adesivo deverá ser considerado manifestamente prejudicado porque, conforme determinado pela legislação, se subordina ao recurso interposto de forma independente.

1: correta, nos termos do art. 989, incisos II e III, CPC; **2:** incorreta. A tutela provisória é gênero, no qual existem duas espécies (tutela e urgência e tutela de evidência). A tutela provisória de urgência se subdivide em cautelar (para resguardar) e antecipada (para satisfazer – CPC, art. 300, § 3º); **3:** incorreta, pois a subordinação do recurso adesivo ao principal restringe-se à hipótese de inadmissibilidade ou desistência deste último (art. 997, §2º, III, CPC).
Gabarito 1C, 2E, 3E.

9. PETIÇÃO INICIAL

Maria deseja ajuizar ação indenizatória com pedidos cumulados de dano material e dano moral contra a empresa aérea Y, em razão de cancelamento indevido de viagem ao exterior.

(Analista Judiciário – TJ/PA – 2020 – CESPE/CEBRASPE) Nessa hipótese, de acordo com o CPC, o valor da causa será

(A) o valor do dano material apenas, porque o dano moral deverá ser requerido de forma genérica.
(B) o fixado pelo magistrado segundo seu prudente arbítrio.
(C) o indicado pelo autor, segundo critérios de equidade e proporcionalidade.
(D) o total decorrente da soma do valor pedido a título de dano moral e de dano material.
(E) o valor do maior dos pedidos realizados pela parte autora.

A: incorreta, porque (embora a questão ainda seja polêmica, sem definição do STJ) de acordo com o CPC, o valor pretendido por dano moral também deve ser especificado (CPC, art. 292, V); **B:** incorreta, já que cabe às partes fixar o valor da causa, que pode ser corrigido pelo juiz, de ofício ou a requerimento da parte (CPC, art. 292, § 3º); **C:** incorreta, tendo em vista que o CPC prevê critérios objetivos para a fixação do valor da causa (CPC, art. 292, V); **D:** correta, considerando o exposto em "A" e a previsão do Código (CPC, art. 292, V); **E:** incorreta, pois essa é a regra para pedidos alternativos (CPC, art. 292, VII).

Gabarito "D".

(Analista – TJ/SC – FGV – 2018) Credor de obrigação contratual, já vencida e não paga, ajuizou ação em que se limitou a pleitear a declaração da existência de seu direito de crédito.

Ao apreciar a petição inicial, deverá o órgão jurisdicional:

(A) indeferi-la, dada a falta de interesse de agir;
(B) indeferi-la, dada a impossibilidade jurídica do pedido;
(C) indeferi-la, dada a sua inépcia formal;
(D) determinar que o autor a emende no prazo legal;
(E) proceder ao juízo positivo de admissibilidade da demanda.

A: incorreta, pois se verifica o interesse na simples declaração da existência do direito de crédito (CPC, art. 19, I); **B:** incorreta, já que o pedido de cobrança de dívida é juridicamente possível (lembrando que a possibilidade jurídica do pedido deixou de ser condição da ação no atual CPC); **C:** incorreta, pois além de não haver vício formal na inicial, deveria ser dado ao autor a oportunidade de corrigir o vício sanável antes do indeferimento da inicial (CPC, art. 321); **D:** incorreta, considerando não haver vício formal a ser corrigido, já que a pretensão do autor pode se limitar à declaração de existência de uma relação jurídica (CPC, art. 19, I); **E:** correta, já que possível o pedido apenas declaratório (CPC, art. 19, I) e, assim, o juiz deverá determinar a citação do réu (CPC, art. 334).

Gabarito "E".

(Analista – TJ/SC – FGV – 2018) João propôs uma demanda indenizatória em face de José, cumulando os pedidos de ressarcimento de dano material de dez mil reais e de reparação de dano moral de cinquenta mil reais. Após a audiência de conciliação infrutífera, José reconheceu a procedência do pedido de ressarcimento de dano material, pois realmente causou o prejuízo afirmado por João.

Todavia, entendeu que não assistia direito a qualquer reparação de dano moral. Nesse sentido, protestou pela produção de prova oral para provar suas alegações. O juiz, em julgamento antecipado parcial do mérito, julgou procedente o referido pedido de dano material, uma vez que este se mostrou incontroverso, e determinou a produção de prova oral em relação ao pedido de reparação de dano moral alegado.

Nesse cenário, é correto afirmar que:

(A) a cumulação de pedidos no caso é sucessiva, uma vez que é lícita e não há vínculo prejudicial entre os pedidos;
(B) a decisão que reconheceu o dano material não é impugnável imediatamente, devendo-se aguardar a decisão final de mérito;
(C) a decisão em relação ao dano material é impugnável por apelação, já que se trata de resolução do mérito deste pedido;
(D) é possível o enfrentamento do mérito integral, podendo ser concedida a antecipação de tutela do pedido referido de dano material;
(E) a decisão que julgou procedente o pedido de ressarcimento de dano material é impugnável por agravo de instrumento, no prazo de 15 dias úteis.

A: incorreta, considerando que, no caso, a cumulação de pedidos é simples e não sucessiva (pedido sucessivo é aquele em que o acolhimento de um pedido depende do acolhimento do outro); **B e C:** incorretas, pois a decisão parcial de mérito é impugnável via agravo de instrumento (CPC, arts. 356, § 5º e 1.015, II); **D:** incorreta, tendo em vista que a devolução da matéria ao Tribunal estará limitada à parcela do mérito decidida (CPC, art. 356); **E:** correta, pois a decisão parcial de mérito é impugnável por agravo de instrumento (CPC, arts. 356, § 5º e 1.015, II) e somente envolverá aquela parcela do pedido.

Gabarito "E".

10. DEFESA DO RÉU

(Analista Judiciário – TJ/AL – 2018 – FGV) João propõe ação em face de José e requer o benefício da gratuidade de justiça. Manifesta desinteresse na realização da audiência de conciliação ou mediação. O réu é citado e intimado para o comparecimento à audiência de mediação que não obstante fora designada. O réu peticiona no sentido também do desinteresse da realização dessa audiência e acosta aos autos sua contestação.

O réu, irresignado com a concessão de gratuidade de justiça ao autor, que ao seu sentir, teria condições de arcar com esta verba, deverá:

(A) interpor agravo de instrumento diretamente ao Tribunal de Justiça e requerer que o relator atribua efeito suspensivo ao processo;
(B) interpor reclamação, uma vez que o julgador praticou ato de ofício usurpando a competência do tribunal, que é quem deve conceder ou não a gratuidade;
(C) interpor apelação imediatamente, uma vez que essa decisão interlocutória não é passível de recorribilidade imediata pelo agravo de instrumento;
(D) aguardar a prolação da sentença e, simultaneamente à interposição da apelação, deve interpor o agravo de instrumento contra a referida decisão;

(E) arguir na preliminar da contestação apresentada, a indevida concessão do benefício da gratuidade de justiça concedida.

A: incorreta, pois (i) inicialmente necessário discutir isso na contestação e (ii) o cabimento do AI é restrito à decisão que rejeitar o pedido de concessão de gratuidade ou acolher o pedido de sua revogação – e não à decisão que mantém a gratuidade (CPC, art. 1.015, V); B: incorreta, tendo em vista que não é hipótese de reclamação (pois cabe recurso para isso – seja o agravo ou, ao final do processo em 1º grau, apelação) e a concessão da gratuidade pode se dar em qualquer grau de jurisdição (CPC, art. 99); C: incorreta, pois apenas as sentenças são impugnáveis via apelação (CPC, art. 1.009); D: incorreta, considerando não ser possível interpor os dois recursos ao mesmo tempo – princípio da unirrecorribilidade; E: correta, pois após a concessão da gratuidade, inicialmente deve-se debater isso perante o próprio juiz, e o momento para isso é a contestação, em preliminar (CPC, art. 337, XIII) e, somente após a decisão acerca dessa impugnação, se for rejeitada, é que será possível recorrer (se revogada a gratuidade, via AI; se mantida a gratuidade, via preliminar de apelação – CPC, art. 1.009, § 1º e 1.015, V).
Gabarito "E".

(Analista Jurídico – TRT2 – FCC – 2018) Mateus ajuizou ação de indenização por danos morais e materiais contra Moisés, manifestando expressamente, na própria inicial, o desinteresse na composição consensual. Ao receber a peça inicial, que preenche todos os requisitos legais, o Magistrado designa audiência de conciliação e determina a citação do réu com pelo menos 20 dias da data agendada para o ato processual. Após ser citado e intimado para comparecer à audiência conciliatória designada, Moisés protocola, por meio do seu advogado, petição manifestando expressamente desinteresse na composição amigável. Nesse caso, o réu Moisés poderá oferecer contestação no prazo de 15 dias, cujo termo inicial será a data

(A) da intimação do réu da decisão do Magistrado que deferiu o pedido de cancelamento da audiência.
(B) da juntada do novo mandado de citação, necessário para a lide em questão diante do cancelamento da audiência conciliatória.
(C) da audiência conciliatória designada, de caráter obrigatório, que não será cancelada mesmo com os pedidos veiculados pelas partes.
(D) do protocolo da sua petição postulando o cancelamento da audiência conciliatória.
(E) da nova citação do réu, após o deferimento do pedido de cancelamento da audiência.

A: Incorreta, considerando que o termo inicial para contagem será a data do protocolo do pedido de cancelamento da audiência de conciliação (CPC, art. 335, II). B: Incorreta, pois não haverá nova citação, tendo em vista que o réu já integra a relação processual (CPC, art. 335, II). C: Incorreta, porque a audiência de conciliação ou mediação não será realizada caso autor e réu manifestem desinteresse na autocomposição (CPC, art. 334, §4º, I). D: Correta, conforme exposto em "A" (CPC, art. 335, II). E: Incorreta, pois não haverá nova citação, como exposto em "B" (CPC, art. 335, II).
Gabarito "D".

11. PROVAS

(Analista – TRT/18 – 2023 – FCC) De acordo com o Código de Processo Civil, a distribuição do ônus da prova

(A) pode ser modificada a critério exclusivo da parte hipossuficiente.
(B) pode ser modificada pelas partes, desde que plenamente capazes, ainda que torne excessivamente difícil a uma delas o exercício do direito.
(C) só pode ser modificada pelas partes se recair sobre direito disponível.
(D) nunca pode ser modificada por convenção das partes, por constituir matéria de ordem pública.
(E) pode ser modificada pelas partes por convenção feita antes do processo, mas não durante ele.

A: Incorreta. A redistribuição do ônus da prova depende de expressa previsão legal ou, ainda, das peculiaridades da causa, relacionadas à impossibilidade ou à excessiva dificuldade de cumprir o encargo probatório (CPC, art. 373, § 1º). E, sempre, será uma decisão do juiz, e não algo a critério das partes. B: Incorreta, pois a distribuição diversa do ônus da prova não será admitida quando tornar excessivamente difícil a uma parte o exercício do direito (CPC, art. 373, § 3º, II). C: Correta, sendo essa a previsão acerca do tema, que permite a mudança do ônus, mas quando for possível dispor do direito em debate (CPC, art. 373, § 3º, I); D: Incorreta, pois como já visto na alternativa anterior, é possível a modificação do ônus da prova (CPC, art. 373, § 3º)
E: Incorreta, considerando que o art. 373, § 4º do CPC prevê que a convenção sobre os ônus probatórios pode ser realizada antes ou durante o curso do processo.
Gabarito "C".

A respeito de provas previstas no Código de Processo Civil (CPC), julgue os itens a seguir.

I. A prova escrita é imprescindível para a comprovação de vício do consentimento em contrato realizado entre particulares.
II. A ata notarial é meio de prova idôneo para comprovar fatos que o tabelião declarar que foram constatados em sua presença.
III. Quando a parte invocar direito de natureza estadual ou municipal, o magistrado somente poderá examinar a questão se houver provas nos autos que demonstre a existência da regra jurídica invocada.
IV. Cabe ao advogado da parte intimar a testemunha que arrolou por carta com aviso de recebimento, devendo juntar aos autos, no prazo legal, cópia da correspondência de intimação e do aviso de recebimento, sob pena de se considerar desistência da inquirição o não comparecimento da testemunha.

(Analista Judiciário – TJ/PA – 2020 – CESPE/CEBRASPE) Estão certos apenas os itens

(A) I e II.
(B) I e III.
(C) II e IV.
(D) I, III e IV.
(E) II, III e IV.

I: incorreta, pois é possível provar o vício de consentimento, nos contratos em geral, por meio de prova testemunhal (CPC, art. 446, II); II: correta (CPC, arts. 384 e 405); III: incorreta, porque pode ser que a parte tenha de provar o teor e a vigência de lei estadual ou municipal, apenas *se o juiz assim determinar* (CPC, art. 376); IV: correta, sendo que a intimação deve ser comprovada com, pelo menos, 3 dias da data da audiência (CPC, art. 455, §§ 1º e 3º).
Gabarito "C".

(Analista – TRF/4 – FCC – 2019) Acerca da produção antecipada de provas, considere:

I. A produção antecipada de provas é admitida, entre outras hipóteses, nos casos em que o prévio conhecimento dos fatos possa justificar ou evitar o ajuizamento de ação.
II. O juízo estadual tem competência para produção antecipada de prova requerida em face da União se, na localidade, não houver vara federal.
III. A produção antecipada de provas previne a competência do juízo para a ação que venha a ser proposta.
IV. Ao final do procedimento da produção antecipada de provas, caberá ao juiz se pronunciar sobre a ocorrência ou a inocorrência do fato, mas não sobre as respectivas consequências jurídicas.
V. O procedimento da produção antecipada de prova admite defesa sempre que possuir caráter contencioso.

Está correto o que consta APENAS de

(A) I e II.
(B) I e III.
(C) II e IV.
(D) III e V.
(E) IV e V.

I: correta, (CPC, art. 381, III); II: correta (CPC, art. 381, § 4º); III: errada, porque a produção antecipada de provas não torna o juízo prevento para a futura ação que vier a ser proposta (CPC, art. 381, § 3º); IV: errada, considerando que o juiz não se pronunciará sobre a ocorrência ou inocorrência do fato ou sobre as respectivas consequências jurídicas (CPC, art. 382, § 2º); V: errada, já que, em regra, não se admite defesa ou recurso, salvo contra a decisão que indeferir totalmente a produção da prova pleiteada (CPC, art. 382, § 4º).
Gabarito "A".

(Analista Judiciário – TJ/AL – 2018 – FGV) Na instrução de uma demanda judicial que tramita na comarca de Maceió, foi requerida pela parte autora a oitiva de uma testemunha que tem domicílio em área territorial que pertence à comarca de Porto Calvo. Ocorre que expedida a carta precatória para a referida oitiva, percebeu o juízo deprecado que a testemunha residia na área abrangida pela comarca de Maragogi.

Nesse cenário, deverá o juízo de Porto Calvo:

(A) cumprir a carta, pelo princípio da tempestividade dos atos processuais;
(B) devolver a carta ao juízo de Maceió, para que lá seja encaminhada ao juízo de Maragogi;
(C) remeter a carta ao juízo de Maragogi, em face do seu caráter itinerante;
(D) suscitar conflito de competência ao Tribunal de Justiça para que este decida qual o juízo competente;
(E) devolver a carta ao juízo de Maceió para que este suscite o conflito de competência.

A: incorreta, considerando que o domicílio da testemunha está fora de sua competência territorial, devendo a carta ser remetida ao juízo competente diretamente pelo juízo deprecado (CPC, art. 262); B: incorreta, porque a devolução da carta ao juízo deprecante ofenderia o princípio da economia dos atos processuais, desconsiderando o caráter itinerante da carta precatória (CPC, art. 262); C: correta, existindo na lei a previsão de a carta ser itinerante e por isso atender aos princípios da economia e celeridade (CPC, art. 262); D e E: incorretas, pois não há conflito de competência entre os dois juízos (CPC, art. 262).
Gabarito "C".

(Analista Judiciário – TRE/PE – CESPE – 2017) No que se refere às provas no processo civil, assinale a opção correta.

(A) Foi adotado o sistema do livre convencimento puro na valoração das provas pelo juiz.
(B) O ônus da prova incumbirá à parte que produziu o documento, quando for contestada a autenticidade deste.
(C) Devido ao fato de os indivíduos com menos de dezesseis anos de idade serem incapazes para depor, o juiz não pode admitir que eles deponham.
(D) É permitido ao advogado requerer o depoimento pessoal da parte que esteja sob o seu patrocínio.
(E) São admitidos os meios típicos e atípicos para a prova dos fatos em juízo, ainda que tais meios sejam moralmente ilegítimos.

A: Incorreta, pois o CPC prevê o livre convencimento *motivado* (CPC, art. 371 – dispositivo que não faz menção a "livre", palavra que constava no CPC anterior); B: Correta (CPC, art. 429, II); C: Incorreta, pois o juiz pode ouvi-los como informantes, ou seja, sem prestar compromisso de dizer a verdade (CPC, art. 447, § 4º); D: Incorreta, pois só é possível que a parte contrária peça o depoimento pessoal, pois o objetivo dessa prova é a confissão (CPC, art. 385); E: Incorreta, pois somente se admitem as provas moralmente legítimas (CPC, art. 369).
Gabarito "B".

(Analista Judiciário – TRT/20 – FCC – 2016) Considere as proposições abaixo, acerca da prova pericial.

I. O perito não está sujeito às causas de suspeição e impedimento, por não ser parte no processo.
II. O juiz poderá autorizar o pagamento da integralidade dos honorários antes do início dos trabalhos.
III. Os assistentes técnicos não estão sujeitos a impedimento ou suspeição.
IV. O juiz poderá dispensar prova pericial quando as partes, na inicial e na contestação, apresentarem, sobre as questões de fato, pareceres técnicos ou documentos elucidativos que considerar suficientes.

Está correto o que se afirma APENAS em

(A) II e III.
(B) I e II.
(C) III e IV.
(D) I e IV.
(E) I.

I: Incorreta, pois o perito, por também ter de ser imparcial, está sujeito a suspeição e impedimento (CPC, art. 465, § 1º, I); II Incorreta, pois metade dos honorários periciais devem ser pagos somente após o término dos trabalhos do perito – com a apresentação do laudo e eventuais esclarecimentos (CPC, art. 465, § 4º); III: Correta, porque os assistentes são de confiança e escolha das partes, não sendo sujeitos imparciais (CPC, art. 466, § 1º); IV: Correta (CPC, art. 472).
Gabarito "C".

(Analista Judiciário – TRT/8ª – 2016 – CESPE) Com base nas normas processuais relativas às provas no processo civil, assinale a opção correta.

(A) **Situação hipotética:** José propôs ação anulatória de infração de trânsito, alegando que ele e seu veículo não estavam no local da autuação na hora indicada na multa. **Assertiva:** Nessa situação, o réu terá o ônus de comprovar o fato contrário ao alegado por José, haja vista que não se pode exigir do autor a prova de fato negativo.

(B) A testemunha submetida ao regime da legislação trabalhista não pode sofrer, por ter comparecido à audiência, perda de salário ou desconto no tempo de serviço, podendo, ainda, qualquer testemunha requerer o pagamento da despesa realizada para ir à audiência.

(C) Situação hipotética: Em 2009, Rafael ajuizou ação indenizatória contra Marcos. Durante a instrução processual, a testemunha inquirida faleceu, três meses depois da inquisição. Em 2011, Luana acionou Marcos em ação que versava sobre o mesmo fato. **Assertiva:** Nessa situação, a utilização, no processo proposto por Luana, da prova testemunhal do processo ajuizado por Rafael é manifestamente ilegítima.

(D) Viola norma expressa do CPC — que determina que a instrução probatória será feita de acordo com o princípio dispositivo — o magistrado que determina de ofício a exibição de documento que estava com o réu.

(E) Caso, durante a produção de prova pericial em processo judicial, as partes solicitem prorrogação do prazo legal de cinco dias para indicar assistente técnico e formular quesitos, o juiz deve rejeitar o pedido, dada a natureza peremptória de qualquer prazo legal.

A: incorreta, pois o ônus da prova, neste caso, incumbe ao autor, conforme art. 373, I, CPC; ademais, em se tratando de ato administrativo (imposição de multa por infração de trânsito), subsiste presunção legal de veracidade em favor da Administração Pública, de modo que cabe ao particular o ônus de afastar referida presunção; **B:** correto (arts. 462 e 463, CPC); **C:** incorreta, pois o Código prevê a prova emprestada (art. 372, CPC); **D:** incorreta, pois há expressa previsão legal nesse sentido (art. 421, CPC); **E:** incorreta, pois isso é permitido, nos termos do art. 191, CPC, segundo o qual podem o juiz e as partes, de comum acordo, fixarem calendário para a prática de determinados atos processuais.

Gabarito "B".

12. SENTENÇA, COISA JULGADA E AÇÃO RESCISÓRIA

(Analista – TRT/18 – 2023 – FCC) De acordo com o Código de Processo Civil, a desistência da ação pode ser apresentada

(A) somente até a sentença.
(B) somente até a contestação.
(C) somente até o saneamento do processo.
(D) somente até a citação.
(E) a qualquer tempo, inclusive depois da sentença.

O tema é tratado no art. 485, § 5º: o autor poderá desistir da ação até a prolação da sentença. Além disso, acrescente-se que após o oferecimento de contestação, a desistência da ação dependerá do consentimento do réu (CPC, art. 485, § 4º).

Gabarito "A".

(Analista Judiciário – TJ/AL – 2018 – FGV) Quanto à ação rescisória, é correto afirmar que:

(A) o prazo para o seu ajuizamento é de dois anos, a fluir da data da prolação da decisão rescindenda;
(B) o Ministério Público não tem legitimidade para ajuizá-la;
(C) é cabível para impugnar decisão que, embora sem ser de mérito, impeça a admissibilidade do recurso correspondente;
(D) é exigível do autor o depósito de 5% sobre o valor da causa, ainda que se trate de beneficiário da gratuidade de justiça;
(E) não é admissível a concessão de tutela provisória.

A: incorreta, pois o prazo de 2 anos é contado a partir do trânsito em julgado da última decisão proferida no processo (CPC, art. 975); **B:** incorreta, por expressa previsão legal em sentido contrário (CPC, art. 967, III); **C:** correta, pois essa é das hipóteses em que o atual CPC permite para AR, mesmo não sendo uma efetiva decisão de mérito (CPC, art. 966, §2º); **D:** incorreta, porque a caução é dispensada para os beneficiários da gratuidade de justiça (CPC, art. 968, § 1º); **E:** incorreto, porque é possível a concessão de tutela provisória em ação rescisória, obstando o cumprimento da decisão rescindenda (CPC, art. 969).

Gabarito "C".

(Analista – TRT/10ª – 2013 – CESPE) Acerca de coisa julgada, liquidação de sentença e tutela específica das obrigações de fazer, julgue os itens seguintes.

(1) Embora a tutela específica nas obrigações de fazer seja um direito subjetivo do credor, este não poderá, ante o inadimplemento do devedor, ajuizar ação em que pleiteie a conversão da obrigação em prestação pecuniária.

(2) Sentença que julgar procedente o pedido deduzido em ação popular fará coisa julgada material erga omnes. No entanto, a que julgar o pedido improcedente não fará coisa julgada substancial, haja vista que, nesse caso, prevalecerá o interesse coletivo, podendo qualquer cidadão propor novamente a ação, desde que fundamentada com novas provas.

(3) Na liquidação de sentença prolatada em processo de desapropriação, se incluirão a correção monetária e os juros moratórios, ainda que a decisão judicial seja omissa em relação a eles, o mesmo não ocorrendo quanto às despesas judiciais.

1: incorreto, pois o credor poderá optar pelas perdas e danos consoante se depreende do artigo 499 do CPC (o que não será necessário o ajuizamento de nova ação, bastando que se faça a liquidação incidente no mesmo processo); **2:** Incorreto. É o que se denomina coisa julgada *secundum eventum litis* (art. 18 da Lei 4.717/1965), contudo a improcedência que acarreta a não formação da coisa julgada material é apenas decorrente de insuficiência de provas (coisa julgada *secundum eventum probationis*); **3:** correto. Quanto aos juros e atualização monetária está correto, pois constituem modalidades de pedido implícito (art. 322, § 2º, CPC). Quanto às custas, por ter previsão em Lei (art. 30, do Dec. Lei 3.365/1941: "Art. 30. As custas serão pagas pelo autor se o réu aceitar o preço oferecido; em caso contrário, pelo vencido, ou em proporção, na forma da lei.") também podem ser incluídas na liquidação.

Gabarito 1E, 2E, 3C.

(Analista – TJ/ES – 2011 – CESPE) Acerca da sentença e da coisa julgada, julgue o próximo item.

(1) Pode o juiz, desde que devidamente fundamentado, condenar o réu em objeto diverso do que lhe foi demandado.

1: O juiz, ao sentenciar, aprecia o pedido formulado pela parte (art. 141 do CPC).

Gabarito 1E.

13. TEORIA GERAL DOS RECURSOS

(Analista Judiciário – TJ/PA – 2020 – CESPE/CEBRASPE) De acordo com o estabelecido no CPC, o pronunciamento do magistrado que na justiça comum, em primeiro grau, revoga deferimento de gratuidade de justiça será

(A) irrecorrível.

(B) recorrível por agravo de instrumento em qualquer hipótese.

(C) recorrível por apelação em qualquer hipótese.

(D) recorrível, em regra, por agravo de instrumento, ressalvada a interposição de apelação quando a questão for resolvida na sentença.

(E) recorrível por agravo interno somente se a decisão for prolatada em audiência.

A decisão que aprecia a gratuidade é recorrível. Caso seja proferida durante o trâmite do processo, será interlocutória, então cabível agravo de instrumento; mas, se a gratuidade for decidida na própria sentença, então será cabível apelação (CPC, arts. 101 e 1.015, V). Se estivéssemos no tribunal e a decisão fosse proferida pelo relator, aí o recurso seria o agravo interno (CPC, art. 1.021).
Gabarito "D".

(Analista Judiciário – TJ/PA – 2020 – CESPE/CEBRASPE) De acordo com o CPC, a competência para realizar o juízo de admissibilidade em incidente de resolução de demandas repetitivas (IRDR) é do

(A) juízo singular, quando o incidente se origina de processo que está em primeiro grau.

(B) presidente do tribunal, exclusivamente.

(C) relator do IRDR, que decidirá monocraticamente.

(D) plenário do tribunal, obrigatoriamente.

(E) órgão colegiado que possua competência para julgar o IRDR segundo o regimento interno.

A questão trata da competência para realizar o juízo de admissibilidade do IRDR. O CPC dispõe que o órgão colegiado competente para julgar o incidente deverá realizar o juízo de admissibilidade (CPC, art. 981).
Gabarito "E".

(Analista – TJ/SC – FGV – 2018) Pedro ajuizou ação indenizatória em face de sociedade de economia mista estadual, pleiteando a condenação desta a lhe pagar verba correspondente a mil salários mínimos. Finda a fase instrutória, o juiz julgou parcialmente procedente o pedido, condenando a ré a pagar ao autor a verba equivalente a setecentos salários mínimos. Inconformada, a sociedade de economia mista interpôs recurso de apelação, pugnando pela reforma integral do julgado, vindo Pedro a fazer o mesmo, embora por meio de apelo adesivo, em que postulou a majoração da verba indenizatória. Ocorre que, na sequência, a ré desistiu de sua apelação.

Nesse contexto:

(A) o recurso da ré não deverá ser conhecido, embora deva sê-lo o de Pedro;

(B) o recurso de Pedro não deverá ser conhecido, embora deva sê-lo o da ré;

(C) ambos os recursos deverão ser conhecidos;

(D) nenhum dos recursos deverá ser conhecido, operando-se o imediato trânsito em julgado da sentença;

(E) nenhum dos recursos deverá ser conhecido, impondo-se a subida dos autos ao tribunal, mercê do reexame necessário.

A: incorreta, porque o conhecimento do recurso adesivo de Pedro está condicionado ao conhecimento do recurso principal (CPC, art. 997, § 2º, III); **B:** incorreta, já que a ré desistiu de sua apelação (CPC, art. 998); **C:** incorreta, tendo em vista que a desistência do recurso pela ré impede o conhecimento do recurso adesivo (CPC, art. 997, § 2º, III); **D:** correta, já que o recurso adesivo está subordinado ao principal (CPC, art. 997, § 2º, III); **E:** incorreta, pois a sentença proferida contra sociedade de economia mista não está sujeita ao reexame necessário (CPC, art. 496).
Gabarito "D".

(Analista Judiciário – TRT/11 – FCC – 2017) A respeito dos recursos, é correto afirmar:

(A) os embargos de declaração têm efeito suspensivo e, em alguns casos, têm efeito interrupto dos prazos recursais.

(B) a renúncia do direito de recorrer depende a anuência da outra parte.

(C) cabe agravo de instrumento dos despachos.

(D) o recorrente só poderá desistir do recurso com a anuência do recorrido e dos litisconsortes.

(E) cabe agravo de instrumento da decisão que julgar o incidente de desconsideração da personalidade jurídica.

A: Incorreta, pois o correto é o inverso: sempre interrompe e, excepcionalmente, podem ter efeito suspensivo (CPC, art. 1.026, *caput* e § 1º); **B:** Incorreta, pois renúncia independe de anuência (CPC, art. 999); **C:** Incorreta, pois despachos são irrecorríveis (CPC, art. 1.001); **D:** Incorreta, pois desistência independe de anuência (CPC, art. 998); **E:** Correta, sendo esse um dos casos previstos no rol de cabimento do agravo (CPC, art. 1.015, IV).
Gabarito "E".

(Analista Judiciário – TRT/24 – FCC – 2017) Renato ajuizou ação indenizatória contra Moisés que tramitou por meio eletrônico em uma das varas cíveis da comarca de São Paulo. Após o regular processamento a ação é julgada improcedente pelo Magistrado competente. Inconformado, Renato apresenta recurso de apelação sem, contudo, recolher qualquer valor a título de preparo. Neste caso, de acordo com o Código de Processo Civil, o juiz deverá

(A) intimar Renato, na pessoa de seu advogado, para realizar o recolhimento do valor do preparo e do porte de remessa e de retorno, sob pena de deserção.

(B) aplicar imediatamente a pena de deserção a Renato.

(C) intimar Renato, na pessoa de seu advogado, para realizar o recolhimento em dobro do valor do preparo e do porte de remessa e de retorno, sob pena de deserção.

(D) intimar Renato, na pessoa de seu advogado, para realizar o recolhimento em dobro do valor do preparo, exclusivamente, sob pena de deserção.

(E) intimar Renato, na pessoa de seu advogado, para realizar o recolhimento do valor do preparo, exclusivamente, sob pena de deserção.

A apelação não é objeto de admissibilidade na origem (CPC, art. 1.010, § 3º), mas somente no destino. Além disso, se não houver recolhimento de preparo, antes da deserção a parte deverá ser intimada a recolher as custas, em dobro (CPC, art. 1.007, § 4º). **A:** Incorreta, pois o juiz não faz a admissibilidade da apelação; **B:** Incorreta, pois o juiz não faz a admissibilidade e descabe a deserção de plano; **C:** Incorreta, pois o juiz não faz a admissibilidade da apelação; **D:** Correta para a banca, considerando a previsão de recolhimento em dobro – porém, não está correta a previsão de que isso seria feito pelo juiz, como aponta o enunciado – mas pelo desembargador, no tribunal (assim, a pergunta deveria ter sido anulada); **E:** Incorreta, pois deveria haver o recolhimento em dobro.

Gabarito "D".

(Analista – TJ/DFT – 2013 – CESPE) No que se refere a provas e recursos, julgue os itens subsequentes.

(1) A parte que, no prazo legal, apresentar recurso autônomo poderá, também, interpor recurso adesivo.

(2) O recorrente poderá, a qualquer tempo, sem a anuência do recorrido ou dos litisconsortes, desistir do recurso.

(3) Estarão legalmente impedidas de depor como testemunhas pessoas cegas e surdas quando a ciência do fato depender dos sentidos que lhes faltam.

1: incorreto, pois é pressuposto do recurso adesivo a conformação inicial com o julgado. Faltaria interesse recursal para o segundo recurso; **2:** correto conforme artigo 998 do CPC; **3:** incorreto, pois a despeito da impossibilidade de prestar depoimento, não se trata de impedimento, mas de incapacidade, conforme art. 447, § 1º, IV do CPC.

Gabarito 1E, 2C, 3E.

14. RECURSOS EM ESPÉCIE

(Analista Judiciário – TJ/AL – 2018 – FGV) O recurso cabível para se impugnar decisão interlocutória proferida em processo de execução é:

(A) o agravo de instrumento;

(B) o agravo retido;

(C) a apelação;

(D) a rescisória;

(E) nenhum, pois se trata de provimento irrecorrível.

A: correta, considerando que todas as decisões interlocutórias proferidas no processo de execução são impugnáveis via AI (CPC, art. 1.015, parágrafo único); **B:** errada, já que o agravo retido não foi mantido no atual código (o que antes era impugnado via retido agora é via preliminar de apelação – CPC, art. 1.009, § 1º); **C:** errada, pois apenas a decisão que extingue a execução (sentença) é impugnável via apelação (CPC, 203, § 1º e 1.009); **D:** errada, tendo em vista que a rescisória é cabível para combater decisões de mérito transitadas em julgado (CPC, art. 966); **E:** errada, pois todas as decisões interlocutórias proferidas no processo executivo são recorríveis via AI (CPC, art. 1.015, parágrafo único).

Gabarito "A".

(Analista Judiciário – TJ/AL – 2018 – FGV) Três supostos servidores do Tribunal de Justiça de Alagoas pedem em face do Estado o pagamento de parcela estipendial que entendem devida, e que ainda não receberam, e protestam por prova oral para comprovar seus direitos. Em resposta, o Estado afirma a ilegitimidade de um dos autores e, no mérito, infirma a pretensão deduzida, pois a categoria funcional desses autores não teria o direito à referida verba. Em decisão de saneamento e organização do processo, o juiz exclui o autor do processo, que teve sua legitimidade questionada, e indefere a produção de prova oral para os demais, por entender ser essa espécie de prova desnecessária para o julgamento da causa.

Nessa situação, é possível a interposição de:

(A) agravo de instrumento contra a decisão de exclusão do litisconsorte e do indeferimento da prova oral;

(B) agravo de instrumento contra a decisão de exclusão do litisconsorte e pedido de esclarecimentos em relação ao indeferimento da prova oral;

(C) apelação contra a decisão de exclusão do litisconsorte e agravo de instrumento contra a decisão que indeferiu a prova oral;

(D) apelação contra decisão de exclusão do litisconsorte e pedido de esclarecimentos em relação ao indeferimento da prova;

(E) apelação contra a decisão de exclusão do litisconsorte e contra a decisão que indeferiu a prova oral.

A: incorreta, porque a decisão que indefere a prova oral não é impugnável via AI, por não estar no rol previsto no Código (CPC, art. 1.015); **B:** correta, conforme expressa previsão legal (CPC, arts. 1.015, VII e 357, §1º); **C:** incorreta, pois não cabe apelação contra decisão interlocutória e, além disso, a decisão que indefere a prova oral não é impugnável via AI (CPC, art. 1.015); **D:** incorreta quanto à 1ª afirmação, já que o recurso cabível seria o AI (CPC, art. 1.015, VII); **E:** incorreta, tendo em vista que não cabe apelação contra decisão interlocutória (CPC, art. 1.009).

Gabarito "B".

(Analista Jurídico – TRT2 – FCC – 2018) Considere a seguinte situação hipotética:

No ano de 2015, a Terceira Turma do Superior Tribunal de Justiça julgou um importante tema de direito privado em sede de recurso especial envolvendo contratos bancários. Neste ano de 2018 houve alteração na composição da referida Turma, com a saída de três dos cinco Ministros e a posse de três novos Ministros. No mês de Abril do corrente ano, a mesma Terceira Turma do Superior Tribunal de Justiça, quando do julgamento de outro recurso especial, divergiu do julgamento anterior proferido no ano de 2015, quando da análise da mesma questão de mérito envolvendo contratos bancários. Neste caso, nos termos estabelecidos pelo Código de Processo Civil, a parte interessada poderá interpor

(A) agravo regimental.

(B) embargos de divergência.

(C) embargos infringentes.

(D) mandado de segurança.

(E) reclamação.

A questão trata da possibilidade de oposição de recurso em face de decisões colegiadas proferidas em sede de recurso especial ou de recurso extraordinário, a fim de uniformizar a jurisprudência sobre determinada matéria no âmbito dos órgãos fracionários dos Tribunais Superiores (STJ e STF). O caso narrado possibilita a oposição dos embargos de divergência diante da alteração substancial da composição da Turma, o que é permitido pelo Código (CPC, art. 1.043, §3º). Vale destacar que agravo regimental (na nomenclatura do CPC, agravo interno) só é cabível de decisão monocrática e que no Código não mais existem embargos infringentes (substituídos pelo julgamento estendido do art. 942). Assim, a alternativa correta é a "B".

Gabarito "B".

(Analista Judiciário – TRT/8ª – 2016 – CESPE) Determinado indivíduo propôs ação judicial contra empresa pública federal, pelo procedimento ordinário, requerendo o pagamento no valor de R$ 200.000. O juiz proferiu sentença acolhendo o pedido relativo a R$ 100.000 e, quanto aos outros valores objeto da cobrança, reconheceu de ofício a existência de prescrição.

Considerando essa situação hipotética, assinale a opção correta.

(A) No julgamento de apelação interposta contra a sentença, caso o tribunal verifique a ocorrência de nulidade sanável no processo, deverá obrigatoriamente determinar o retorno dos autos ao juízo que prolatou a sentença.
(B) Eventual recurso de apelação interposto pelo autor da ação pode ser provido monocraticamente, pelo relator, caso a sentença esteja em manifesto confronto com súmula de tribunal superior.
(C) A sentença é nula de pleno direito porque, conforme o CPC, é vedado ao magistrado reconhecer de ofício a prescrição.
(D) A sentença que condenou a empresa pública está sujeita ao reexame necessário e somente produzirá efeitos depois de confirmada pelo tribunal.
(E) Se somente a empresa pública apelar da sentença, o tribunal poderá aumentar o valor da indenização caso entenda, pela prova dos autos, não ter havido prescrição.

A: incorreta, pois, verificada a ocorrência de nulidade sanável, o relator determinará a realização ou renovação do ato processual, o que poderá ser feito no próprio Tribunal, sem necessidade de remessa dos autos à origem (art. 938, §1º, CPC); **B**: correta, conforme previsão do art. 932, V, "a", CPC; **C**: incorreta, pois a prescrição pode ser reconhecida de ofício (art. 487, II, CPC); **D**: incorreta, pois o reexame necessário restringe-se à União, Estados, DF, Municípios e suas autarquias e fundações de direito público, sendo certo que o art. 496, I, CPC não faz menção às empresas públicas; **E**: incorreto, considerando a vedação da "reformatio in pejus" (art. 1.013, CPC).

Gabarito "B".

(Analista Jurídico – TCE/PR – 2016 – CESPE) Rafael ajuizou ação, pelo procedimento comum, contra determinado ente federativo, pedindo anulação de decisão de tribunal de contas. Durante a instrução processual, o juiz indeferiu pedido de juntada superveniente de documento feito por Rafael.

Nessa situação hipotética, a decisão que indeferiu o requerimento de juntada de documento feito pelo autor

(A) será irrecorrível, mas poderá ser impugnada por mandado de segurança.
(B) poderá ser objeto de agravo de instrumento que terá de ser interposto diretamente no tribunal.
(C) poderá ser objeto de agravo retido, sob pena de preclusão da decisão interlocutória.
(D) poderá ser objeto de recurso em apelação ou contrarrazões de apelação.
(E) não poderá ser impugnada por recurso nem por ação autônoma de impugnação.

A questão envolve a recorribilidade no CPC. No caso, apesar de se tratar de decisão interlocutória, não há previsão no rol do art. 1.015 do CPC de recurso de agravo de instrumento contra essa decisão. Assim, pelo Código, essa decisão deverá ser impugnada em *preliminar de apelação* ou de contrarrazões de apelação (§ 1º do art. 1.009). Assim, pela letra da lei é essa a resposta. De qualquer forma, já há posição do STJ no sentido de que o rol do agravo é de "taxatividade mitigada" (tese repetitiva 988), para situações de "inutilidade da apelação". Em uma primeira análise, não há urgência na juntada de documento, de modo que a banca seguiu a letra da lei.

Gabarito "D".

15. EXECUÇÃO E EMBARGOS DO DEVEDOR

(Analista Judiciário – TRE/PA – 2020 – IBFC) O processo de execução é tratado no Livro II do Código de Processo Civil (CPC). Sobre o assunto, assinale a alternativa correta.

(A) O exequente que estiver, por direito de retenção, na posse de coisa pertencente ao devedor não poderá promover a execução sobre outros bens senão depois de excutida a coisa que se achar em seu poder
(B) Se a execução tiver por objeto obrigação de que seja sujeito passivo o proprietário de terreno submetido ao regime do direito de superfície, ou o superficiário, responderá pela dívida, exclusivamente, o direito real do qual é titular o executado, recaindo a penhora ou outros atos de constrição exclusivamente sobre a construção ou a plantação, no primeiro caso, ou sobre o terreno, no segundo caso
(C) O título estrangeiro só terá eficácia executiva quando satisfeitos os requisitos de formação exigidos pela lei do lugar do cumprimento da obrigação e quando o Brasil for indicado para tanto
(D) Quando houver mais de um executado, o prazo para cada um deles embargar conta-se a partir da juntada do último comprovante de citação, salvo no caso de cônjuges ou de companheiros, quando será contado a partir da juntada do respectivo comprovante

---

A: correta (CPC, art. 793); **B**: incorreta, porque a alternativa inverteu os objetos da penhora ou de atos de constrição: (i) proprietário do terreno – sobre o terreno; e (ii) superficiário – sobre a construção ou plantação (CPC, art. 791); **C**: incorreta, pois o título executivo estrangeiro só terá eficácia se satisfeitos os requisitos de formação exigidos pela lei do lugar de sua *celebração* (CPC, art. 784, § 3º); **D**: incorreta, já que o prazo para oposição de embargos, quando houver mais de um executado, será contado a partir da juntada do respectivo comprovante de citação, salvo no caso de cônjuges ou companheiros, que será contada da juntada do último comprovante (CPC, art. 915, § 1º).

Gabarito "A".

(Analista – TRT/15 – FCC – 2018) Em relação à execução por quantia certa,

(A) o exequente poderá obter certidão de que a execução foi admitida pelo juiz, com identificação das partes e do valor da causa, para fins de averbação no registro de imóveis, de veículos ou de outros bens sujeitos a penhora, arresto ou indisponibilidade.
(B) ao despachar a inicial, o juiz fixará, de plano, os honorários advocatícios de 15%, a serem pagos pelo executado, reduzindo-se esse valor a 5% em caso de pagamento integral no prazo de três dias.
(C) o executado será intimado para pagar a dívida em três dias, ou nomear bens suficientes à satisfação do crédito.
(D) se o oficial de justiça não encontrar o executado, devolverá o mandado em cartório, que intimará o exequente para indicar bens à penhora.
(E) no prazo para oferecimento de embargos à execução, impreterivelmente, poderá o executado remir a execução pagando o débito com os encargos e acréscimos legais.

A: correta, conforme expressa disposição legal (CPC, art. 828); **B**: incorreta, pois os honorários serão fixados em 10%, reduzindo para 5% em caso de pagamento (CPC, art. 827); **C**: incorreta, tendo em vista que o executado será citado (e não intimado) para pagar em 3 dias (CPC, art. 829); **D:** incorreta, pois caso não localizado o executado e existindo bens, o oficial de justiça deve arrestar tantos bens quanto bastante para garantir a execução (CPC, art. 830); **E:** incorreta, porque o executado poderá remir a execução (pagar o débito) até a alienação ou adjudicação de seus bens (CPC, art. 826).

Gabarito "A".

(Analista – TRT1 – 2018 – AOCP) De acordo com o Código de Processo Civil de 2015, em relação ao Processo de Execução, assinale a alternativa correta.

(A) Em que pese a característica de devedor, este não estará obrigado a arcar com as consequências da mora como juros e atualização monetária, tendo-se em vista que a mora é um assunto de direito material e não processual, não podendo, portanto, ser trazido à tona em procedimento executório.

(B) A execução deve suprir a necessidade do credor, visando ao adimplemento, sempre da maneira mais completa possível, independentemente das consequências que resultem ao devedor/executado.

(C) No processo de conhecimento, oferecida a contestação, não é possível ao autor alterar o pedido ou desistir da ação sem o consentimento do réu. De outra monta, desconsiderando a existência de embargos à execução, no processo de execução, ocorre uma maleabilidade desta regra processual de base, sendo que o credor poderá desistir de toda a execução, de parte dela ou até mesmo de determinados atos executivos.

(D) A execução deve propiciar ao exequente exatamente aquilo que obteria com o adimplemento voluntário do devedor, ou seja, exatamente o que consta no título, não sendo, portanto, cabível a substituição por perdas e danos nos casos de impossibilidade de entrega de coisa ou recusa da prestação de fazer ou não fazer.

(E) São exemplos de atos expropriatórios: penhora, arresto, exibição de documentos, busca e apreensão, imissão de posse.

A: incorreta, pois o processo de execução busca não só o principal, mas também os acessórios, decorrentes da mora (CPC, art. 798, parágrafo único); **B:** incorreta, considerando a existência do princípio da menor onerosidade do executado (CPC, art. 805); **C:** correta, pois a execução é fundada no interesse exclusivo do exequente (CPC, art. 775) – mas vale destacar que, caso houvesse a oposição de embargos e a matéria ventilada não fosse unicamente processual, a desistência dependeria da concordância do executado. **D:** incorreta, porque é plenamente possível a conversão em perdas e danos (CPC, arts. 809, 816 e 823); **E:** incorreta, considerando que os atos expropriatórios são a adjudicação, a alienação e a apropriação de frutos e rendimento da empresa e de outros bens (CPC, art. 825).

Gabarito "C".

(Analista Judiciário – TRE/PI – CESPE – 2016) Assinale a opção correta relativamente ao cumprimento de sentença e ao processo de execução de título executivo extrajudicial.

(A) Situação hipotética: Contra a sentença que julgou procedente o pedido formulado pelo requerente e confirmou os efeitos da antecipação da tutela, o requerido interpôs recurso de apelação. Assertiva: Nessa situação, o requerente poderá requerer a execução provisória do julgado, e os autos do processo não poderão subir ao tribunal para análise do apelo, enquanto não for liquidada a sentença.

(B) Situação hipotética: Transitada em julgado a sentença condenatória de pagar quantia certa, o executado foi intimado para cumprir a obrigação no prazo de dez dias, embora já tivesse cumprido a obrigação imposta pela sentença. Assertiva: Nessa situação, o executado deverá oferecer embargos do devedor com o objetivo de desconstituir a pretensão executiva.

(C) Em ação de execução por quantia certa, caso o devedor não cumpra a obrigação, o juiz poderá mandar intimar o executado para, caso existam bens disponíveis, indicar quais são e onde se encontram, sob pena de se caracterizar ato atentatório à dignidade da justiça e sujeitar o executado ao pagamento de multa que será revertida em favor do exequente.

(D) Em ação de execução de título executivo extrajudicial na qual o devedor ofereça embargos à execução no prazo legal, objetivando desconstituir a pretensão executiva, caso haja indícios do cumprimento da obrigação, o juiz poderá, de ofício, conceder efeito suspensivo aos embargos.

(E) Situação hipotética: Proposta ação de execução de título executivo extrajudicial, o executado opôs embargos com o objetivo de desconstituir totalmente a pretensão executiva em função de uma dação em pagamento. Assertiva: Nessa situação, se acolher o pedido formulado nos embargos, o juiz deverá proferir sentença nos autos da ação executiva, na qual deve julgar improcedente a pretensão executiva e extinguir o feito com resolução de mérito.

A: Incorreta. Ainda que seja possível o cumprimento de sentença provisório, os autos subirão ao tribunal e a liquidação de sentença ocorrerá na origem – por meio de cópias, se o processo for físico (CPC, art. 522, parágrafo único); **B:** Incorreta, pois o prazo para pagamento é de 15 dias (CPC, art. 523); **C:** Correta (CPC, art. 774, V); **D:** Incorreta, pois o efeito suspensivo dos embargos depende de pedido do embargante (CPC, art. 919, § 1º); **E:** Incorreta, pois a decisão quanto ao mérito se dará nos embargos.

Gabarito "C".

(Analista Judiciário – TRT/8ª – 2016 – CESPE) Antônio ajuizou contra Pedro execução civil de título extrajudicial no valor de R$ 300.000. Para garantia do juízo, foi penhorado bem imóvel pertencente a Pedro e sua esposa, Maria. Apesar de não ser parte da execução, Maria foi intimada da penhora, conforme determinado pela legislação processual.

Nessa situação hipotética, caso deseje tomar medida judicial com a única finalidade de proteger sua meação referente ao bem penhorado, Maria deve

(A) aguardar o término da execução e, oportunamente, ingressar com ação de nulidade da sentença.

(B) impetrar mandado de segurança, porque o CPC não prevê qualquer outro mecanismo para sua defesa.

(C) ingressar no processo como assistente simples de Pedro, demonstrando seu interesse no feito.

(D) se valer da modalidade de intervenção de terceiros denominada oposição.

(E) oferecer embargos de terceiro, que serão analisados pelo mesmo juízo que determinou a penhora.

A situação narrada no enunciado envolve a constrição de meação, típica situação para utilização de embargos de terceiro (art. 674, § 2º, I, CPC).

Gabarito "E".

(Analista Judiciário – TRT/8ª – 2016 – CESPE) Assinale a opção correta acerca da liquidação de sentença e da execução no processo civil.

(A) O ajuizamento de ação rescisória pelo executado suspende automaticamente o cumprimento da sentença ou do acórdão que seja objeto do pedido da referida ação autônoma de impugnação.

(B) Os atos executórios tratados pelo CPC não possuem natureza jurisdicional, motivo pelo qual não há necessidade de observância ao princípio do contraditório no processo de execução.

(C) Se o autor ou outro qualquer cidadão não promover os atos executórios no prazo legal na execução de sentença de procedência em ação popular, o juiz determinará a extinção anômala do processo.

(D) A parte pode dar início à liquidação antes do trânsito em julgado da sentença condenatória genérica, haja vista que a denominada liquidação provisória de sentença é permitida pela legislação processual.

(E) O compromisso de ajustamento de conduta firmado entre o Ministério Público e o responsável por violação a direito coletivo não possui eficácia executória, mas é documento hábil à propositura de ação monitória.

A: incorreta, pois a suspensão não é automática e depende da concessão de tutela provisória (art. 969, CPC); **B:** incorreta. Os atos executórios possuem natureza jurisdicional, de modo que a observância ao princípio do contraditório é essencial – inclusive porque na execução é possível a perda de bens (CF, art. 5º, LIV e LV); **C:** incorreta, pois, neste caso, o Ministério Público ficará encarregado de promover a execução (art. 16 da Lei 4.717/1965), sem que haja extinção do processo; **D:** correta, conforme previsão do art. 512 do CPC; **E:** incorreta, pois o TAC possui eficácia executiva, tratando-se de título executivo extrajudicial (§ 6º do art. 5º da Lei 7.347/1985).
Gabarito "D".

(Analista Judiciário – TRT/11 – FCC – 2017) Na execução fiscal, o executado poderá oferecer embargos

(A) no prazo de 15 dias, contados da data do oferecimento da garantia da execução.

(B) independentemente de seguro o juízo através da garantia da execução.

(C) no prazo de 15 dias, contados da citação para pagamento do débito.

(D) no prazo de 30 dias, contados do depósito, da juntada da prova da fiança bancária ou do seguro garantia ou da intimação da penhora.

(E) no prazo de 15 dias, contados da juntadas aos autos do comprovante do depósito.

A: Incorreta, pois o prazo é de 30 dias (Lei 6.830/1980, art. 16); **B:** Incorreta, pois os embargos dependem da garantia do juízo (Lei 6.830/1980, art. 16, incisos); **C:** Incorreta, pois o prazo é a partir da garantia do juízo; **D:** Correta (Lei 6.830/1980, art. 16, incisos); **E:** Incorreta, considerando o exposto nas alternativas anteriores.
Gabarito "D".

16. CUMPRIMENTO DE SENTENÇA E IMPUGNAÇÃO

(Analista – TJ/ES – 2023 – CEBRASPE) Acerca do cumprimento de sentença, julgue os próximos itens.

(1) O momento de exercício do direito de retenção de benfeitorias corresponde à fase de cumprimento de sentença.

(2) No cumprimento de sentença que reconheça a exigibilidade de obrigação de não fazer, o juiz poderá determinar uma série de providências, inclusive a busca e apreensão e o desfazimento de obra.

1: Errada, pois conforme previsão do art. 538, § 2º do CPC, o direito de retenção por benfeitorias deve ser exercido na fase de conhecimento, em sede de contestação. **2.** Correta. O artigo 536, § 1º do CPC estabelece que, no cumprimento de sentença, a fim de obter a efetivação da tutela específica, o Juiz poderá determinar, dentre outras medidas, a busca e apreensão e o desfazimento de obras.
Gabarito 1E, 2C.

(Analista – TRT1 – 2018 – AOCP) Preencha as lacunas e assinale a alternativa correta.

Para o Novo Código de Processo Civil, são exemplos de títulos executivos judiciais_____ e _____, não se enquadrando na mesma classificação _____ e _____.

(A) decisão homologatória de autocomposição extrajudicial / sentença arbitral / o crédito decorrente de foro laudêmio / o contrato de seguro de vida em caso de morte

(B) certidão de dívida ativa formal / certidão de partilha / a sentença arbitral / a nota promissória

(C) sentença penal condenatória / instrumento de transação referendado pelo ministério público / warrant / cheque

(D) sentença estrangeira homologada / decisão interlocutória / o acordo referendado pelo MP / a sentença arbitral

(E) escritura pública / certidão expedida por serventia notarial / a letra de câmbio formal / a certidão de partilha

A: correta (CPC, arts. 515, III e VII e 784, VI e VII); **B:** incorreta, pois a CDA é título executivo extrajudicial e a sentença arbitral é título executivo judicial (CPC, arts. 515, VII e 784, IX); **C:** incorreta, considerando que o instrumento de transação referendado pelo MP tem natureza de título executivo extrajudicial (CPC, art. 784, IV); **D:** incorreta, tendo em vista que as decisões interlocutórias, por si só, não constituem título executivo judicial e, além disso, a sentença arbitral constitui título executivo judicial (CPC, art. 515, VII); **E:** incorreta, pois a escritura pública, a certidão expedida por serventia notarial e a letra de câmbio são títulos executivos extrajudiciais e, de outro lado, a certidão de partilha é título executivo judicial (CPC, arts. 515, IV e 784, I, II e XI).
Gabarito "A".

(Analista – TRT1 – 2018 – AOCP) Marlene ajuizou ação de indenização por danos morais contra Salete, sendo que seu pedido foi julgado procedente, condenando a ré em dez mil reais. Transitado em julgado a sentença, Salete não realizou o pagamento, mesmo diante de intimação solicitada por Marlene para que viesse a cumprir sua obrigação definida em sentença. Diante da inadimplência, Marlene requereu a instauração da fase de cumprimento de sentença visando forçar o cumprimento da obrigação definida pelo título judicial. De acordo com o Código de Processo Civil de 2015, quanto ao procedimento de Cumprimento de Sentença Por Quantia Certa, assinale a alternativa correta.

(A) Caso Salete realize impugnação ao cumprimento de sentença manejado por Marlene, não poderá ela se valer de pedido de suspensão do cumprimento de sentença, visto que o Código de Processo Civil de 2015 veda tal possibilidade.

(B) Caso Salete realize impugnação ao cumprimento de sentença manejado por Marlene, limitando sua alegação a excesso de execução sem apresentar memória de cálculo do valor que entende devido, sua impugnação sofrerá rejeição liminar.

(C) Para que possa Marlene manejar seu cumprimento de sentença, poderá ela realizar a mera alegação do valor que se entende devido, sendo tal ato suficiente para basear o pedido de instauração do cumprimento de sentença de pagamento de quantia, cabendo ao alegado devedor discutir o valor, caso equivocado.

(D) Caso Salete verifique a possibilidade e interesse de manejo de impugnação ao cumprimento de sentença, será ela obrigada a realizar a garantia do juízo, sendo aceitas tanto a caução quanto eventual penhora já realizada nos autos.

(E) Caso Salete verifique a possibilidade e interesse de manejo de impugnação ao cumprimento de sentença, terá ela o prazo de 15 (quinze) dias para tanto, contados da intimação para cumprir a sentença.

A: incorreta, pois é possível a atribuição de efeito suspensivo à impugnação desde que garantido o juízo e demonstrado o risco de dano grave de difícil ou incerta reparação com o prosseguimento da execução (CPC, art. 525, §6º); **B**: correta, pois o Código determina que haja a indicação do valor no caso de excesso, sob pena de indeferimento liminar (CPC, art. 525, §§ 4º e 5º); **C**: incorreta, considerando que é dever da impugnante apresentar o demonstrativo discriminado de seu cálculo, sob pena de indeferimento liminar da impugnação (CPC, art. 525, §§ 4º e 5º); **D**: incorreta, pois a garantia do juízo é exigida apenas para a atribuição de efeito suspensivo à impugnação (CPC, art. 525); **E**: incorreta, já que o prazo para apresentar impugnação será contado a partir do término do prazo de 15 dias para pagamento voluntário – 15 + 15 (CPC, art. 525).
Gabarito "B".

(Analista Judiciário – TRT/20 – FCC – 2016) Acerca do cumprimento de sentença que reconhece o dever de pagar quantia, é correto afirmar:

(A) Inicia-se de ofício ou a requerimento do exequente.
(B) Não poderá ser promovido em face do fiador, do coobrigado ou do corresponsável que não tiver participado da fase de conhecimento.
(C) O devedor deve ser intimado sempre pessoalmente.
(D) Será efetuado na primeira instância, em regra, ainda que a causa seja de competência originária de tribunal.
(E) As questões relativas à validade do procedimento e dos atos executivos subsequentes não poderão ser arguidas nos próprios autos, devendo ser objeto de ação autônoma.

A: Incorreta, pois o cumprimento de sentença não se inicia de ofício (CPC, art. 523); **B**: Correta, pois, em regra, cabe o cumprimento contra quem estiver no título executivo judicial (CPC, art. 513, § 5º); **C**: Incorreta, pois cabe a intimação do devedor por diversas formas (CPC, art. 513, § 2º), de modo que somente será intimado pessoalmente de forma residual; **D**: Incorreta, pois o cumprimento de sentença ocorrerá no tribunal nos casos de competência originária de tribunal (CPC, art. 516, I); **E**: Incorreta, exatamente porque serão apresentadas nos próprios autos (CPC, art. 518).
Gabarito "B".

(Analista – Judiciário –TRE/PI – 2016 – CESPE) Assinale a opção correta relativamente ao cumprimento de sentença e ao processo de execução de título executivo extrajudicial.

(A) **Situação hipotética:** Contra a sentença que julgou procedente o pedido formulado pelo requerente e confirmou os efeitos da antecipação da tutela, o requerido interpôs recurso de apelação. **Assertiva:** Nessa situação, o requerente poderá requerer a execução provisória do julgado, e os autos do processo não poderão subir ao tribunal para análise do apelo, enquanto não for liquidada a sentença.

(B) **Situação hipotética:** Transitada em julgado a sentença condenatória de pagar quantia certa, o executado foi intimado para cumprir a obrigação no prazo de dez dias, embora já tivesse cumprido a obrigação imposta pela sentença. **Assertiva:** Nessa situação, o executado deverá oferecer embargos do devedor com o objetivo de desconstituir a pretensão executiva.

(C) Em ação de execução por quantia certa, caso o devedor não cumpra a obrigação, o juiz poderá mandar intimar o executado para, caso existam bens disponíveis, indicar quais são e onde se encontram, sob pena de se caracterizar ato atentatório à dignidade da justiça e sujeitar o executado ao pagamento de multa que será revertida em favor do exequente.

(D) Em ação de execução de título executivo extrajudicial na qual o devedor ofereça embargos à execução no prazo legal, objetivando desconstituir a pretensão executiva, caso haja indícios do cumprimento da obrigação, o juiz poderá, de ofício, conceder efeito suspensivo aos embargos.

(E) **Situação hipotética:** Proposta ação de execução de título executivo extrajudicial, o executado opôs embargos com o objetivo de desconstituir totalmente a pretensão executiva em função de uma dação em pagamento. **Assertiva:** Nessa situação, se acolher o pedido formulado nos embargos, o juiz deverá proferir sentença nos autos da ação executiva, na qual deve julgar improcedente a pretensão executiva e extinguir o feito com resolução de mérito.

A: incorreta. A sentença que confirma *tutela antecipada* não terá efeito suspensivo (art. 1.012, § 1º, V, CPC), sendo possível o cumprimento provisório da sentença (art. 520, CPC). Contudo, os autos principais serão remetidos ao Tribunal para análise do recurso (art. 1.010, § 3º, CPC), sendo que o cumprimento provisório da sentença será requerido por petição dirigida ao juízo competente (art. 522, CPC); **B**: incorreta. O prazo de pagamento é de 15 dias (art. 523, CPC); além disso, em se tratando de cumprimento de sentença, o instrumento a ser utilizado pelo devedor é a impugnação, e não embargos (art. 525, CPC); **C**: correto (art. 774, V, CPC); **D**: incorreta, porquanto a concessão de efeito suspensivo aos embargos depende de requerimento e só será deferida se a execução já estiver garantida por penhora, depósito ou caução suficientes (art. 919, § 1º, CPC); **E**: incorreta, pois a sentença deverá ser proferida nos próprios embargos (art. 920, III, CPC), que, vale dizer, possuem natureza de ação e devem ser oferecidos em autos apartados (art. 914, § 1º, CPC).
Gabarito "C".

17. PROCEDIMENTOS ESPECIAIS NO CPC

(Analista – TRT1 – 2018 – AOCP) Mateus realizou um contrato escrito para compra de um veículo de propriedade de Gabriel, no qual aquele pagaria a este o valor de dez mil reais pelo bem, no prazo de trinta dias da entrega, em dinheiro e diretamente na residência de Gabriel. Ocorre que Gabriel encontrava-se de mudança e, na pressa de perfectibilizar o negócio, realizou a entrega do bem, porém não informou seu novo endereço. Diante da impossibilidade de realizar o pagamento conforme disposição contratual, Mateus buscou a tutela jurisdicional estatal para se ver livre de sua obrigação, depositando o valor em juízo. De acordo com o Código de Processo Civil de 2015, em sede de Ação de Consignação em Pagamento, em relação à defesa do réu, assinale a alternativa correta.

(A) Poderá alegar, diante de inexistência de tentativa de consignação em pagamento extrajudicial por parte do autor, que estará este eivado pela falta de interesse de agir.

(B) Poderá alegar a inexigibilidade do título ou inexequibilidade da obrigação.

(C) Poderá solicitar a condenação do autor em perdas e danos e indenização de frutos, com base na mora no pagamento.

(D) Poderá alegar que foi justa a recusa, o depósito não se efetuou no prazo ou no lugar do pagamento, ou o depósito não é integral.

(E) Poderá requerer a revisão do contrato ou negócio jurídico celebrado.

A: incorreta, pois a consignação extrajudicial é uma faculdade do devedor e não constitui uma etapa prévia para a propositura da consignação judicial (CPC, art. 539, § 1º); B: incorreta, já que essas alegações sequer fariam sentido, considerando que o réu, na ação de consignação, é o credor da obrigação (CPC, art. 544); C: incorreta, considerando que o objetivo da consignação é justamente livrar o devedor dos efeitos da mora (CPC, art. 540); D: correta, sendo essas justificativas plausíveis para o não recebimento do valor (CPC, art. 544); E: incorreta, pois a cognição da ação de consignação é restrita, ficando o réu adstrito às matérias de defesa previstas no rol do art. 544 do CPC.
Gabarito "D".

(Analista – TRT1 – 2018 – AOCP) De acordo com o Código de Processo Civil de 2015, quanto à Ação de Embargos de Terceiro, assinale a alternativa INCORRETA.

(A) Essa modalidade de ação presta-se ao livramento de constrição de patrimônio de terceiro não envolvido com a lide principal.

(B) Essa modalidade de ação viabiliza proteção possessória ou dominial em relação à sua função.

(C) Essa modalidade de ação é cabível diante de gravame judicial e atos administrativos.

(D) Contra os embargos do credor com garantia real, o embargado somente poderá alegar que: o devedor comum é insolvente; o título é nulo ou não obriga a terceiro; outra é a coisa dada em garantia.

(E) A sentença de procedência determinará o desfazimento da constrição, determinará ordem de manutenção/reintegração de posse, levantamento da caução, se houver, e declarará o domínio.

A: correta, sendo essa a finalidade dos embargos de terceiro (CPC, art. 674); B: correta, pois cabem embargos de terceiro fundado na posse ou propriedade – possuidor ou senhor (CPC, arts. 674, § 1º e 677); C: incorreta, devendo esta ser assinalada. Isso porque a oposição de embargos de terceiro não é a medida cabível contra ato administrativo, sendo necessária a existência de constrição judicial (CPC, art. 674); D:
correta, conforme expressa previsão legal (CPC, art. 680); E: correta, sendo essa a previsão legal (CPC, art. 681).
Gabarito "C".

(Analista – TRT/11ª – 2012 – FCC) Sobre a ação monitória, é correto afirmar que NÃO

(A) pode a inicial fundar-se em mais de uma prova escrita sem eficácia de título executivo.

(B) pode a inicial ter por base nem fax, nem mensagem eletrônica (e-mail).

(C) cabe citação por edital.

(D) é admissível a citação por hora certa.

(E) depende de prévia segurança do juízo a oposição de embargos pelo réu.

A: incorreta, pois não há óbice para que a monitória seja instruída com mais de uma prova escrita; B: incorreta, pois a exigência da lei é prova escrita sem eficácia executiva, logo, fax ou e-mail são hábeis a instruir a ação monitória; C e D: incorretas, pois cabe citação por qualquer modalidade (art. 700, § 7º do CPC); E: correta, pois os embargos à monitória independem de prévia segurança do juízo (art. 702 do CPC).
Gabarito "E".

18. PROCEDIMENTOS ESPECIAIS DE LEGISLAÇÃO EXTRAVAGANTE

Determinado indivíduo, réu em processo que tramita no primeiro grau de juizado especial cível, deseja impetrar mandado de segurança contra decisão interlocutória teratológica prolatada pelo magistrado.

(Analista Judiciário – TJ/PA – 2020 – CESPE/CEBRASPE) Considerando-se essa situação hipotética e o entendimento sumulado do STJ, o mandado de segurança deve ser processado e examinado

(A) pelo próprio órgão judicial prolator da decisão.
(B) por vara cível da justiça comum.
(C) por turma recursal.
(D) pelo tribunal de justiça.
(E) pelo STJ.

A questão trata da competência para processar e julgar MS impetrado contra decisão de Juizado Especial Cível, da qual, pela Lei 9.099/95, não cabe recurso. Existe um debate acerca de como impugnar essa decisão (agravo de instrumento, MS ou efetivamente nada). O problema diz que a opção foi pelo MS – então deve-se partir dessa premissa. Nesse caso, de acordo com a Súmula 376 do STJ, compete à turma/colégio recursal apreciar o MS em que se *discute o mérito da decisão* – atenção para a exceção: compete aos TJs/TRFs processar e julgar MS relacionado ao *controle de competência dos Juizados Especiais*.
Gabarito "C".

(Analista Judiciário – TJ/AL – 2018 – FGV) Quanto ao procedimento do mandado de segurança, é correto afirmar que:

(A) a sentença concessiva da ordem não pode dar azo à instauração de execução por quantia certa;

(B) é admissível o ingresso de litisconsorte ativo, depois de o juiz deferir a liminar;

(C) a eficácia condenatória da sentença concessiva da ordem retroage à data da edição do ato administrativo impugnado;

(D) a autoridade impetrada tem legitimidade para interpor recursos;

(E) o acórdão denegatório da ordem, nas hipóteses de competência originária dos tribunais, poderá ser impugnado por recurso extraordinário ou especial.

A: incorreta, pois a ordem concessiva de MS é de natureza mandamental (busca determinar que o réu cumpra uma ordem) e não para se buscar a condenação ao pagamento de quantia (nesse sentido, a Súmula 269/STF: "O mandado de segurança não é substitutivo de ação de cobrança"); B: incorreta, já que o ingresso do litisconsorte ativo não será admitido após o despacho da petição inicial (Lei 12.016/09, art. 10, § 2º); C: incorreta, considerando que os efeitos devem retroagir à data do ajuizamento do MS (Lei 12.016/09, art. 14, § 4º e STF, Súmula 271/STF: "Concessão de mandado de segurança não produz efeitos patrimoniais em relação a período pretérito, os quais devem ser reclamados administrativamente ou pela via judicial própria."); D: correta, pois a Lei do MS conferiu legitimidade recursal à autoridade coatora (Lei 12.016/09, art. 14, § 2º); E: incorreta, tendo em vista que o acórdão denegatório da ordem, em casos de competência originária, é recorrível via ROC – recurso ordinário constitucional (Lei 12.016/09, art. 18 e CPC, art. 1.027).
Gabarito "D".

(Analista – TJ/SC – FGV – 2018) A medida judicial em que, de acordo com a legislação de regência, a pessoa jurídica de direito público, depois de integrada à lide, pode se abster de contestar, e até aderir ao pleito autoral, é:

(A) ação direta de inconstitucionalidade;
(B) mandado de segurança;
(C) mandado de injunção;
(D) *habeas data*;
(E) ação popular.

A questão trata de uma particularidade do procedimento especial da ação popular, em razão dos interesses defendidos, que possibilita à pessoa jurídica de direito público abster-se de contestar a ação ou mesmo atuar ao lado do autor (integrando o polo ativo como litisconsorte), pautando sua conduta pela utilidade ao interesse público envolvido (Lei 4.717/65, art. 6º, § 3º).
Gabarito "E".

(Analista Judiciário – TRT/11 – FCC – 2017) A respeito da ação popular, considere:

I. Pode ser proposta por pessoa jurídica.
II. Na defesa do patrimônio público caberá a suspensão liminar do ato lesivo impugnado.
III. O prazo prescricional é de 5 anos.

Está correto o que se afirma APENAS em

(A) II e III.
(B) I e II.
(C) I e III.
(D) I.
(E) II.

I: Incorreta, pois somente o cidadão é legitimidade ativo (Lei 4.717/1965, art. 1º, *caput* e § 3º); II: Correta (Lei 4.717/1965, art. 5º, § 4º); III: Correta (Lei 4.717/1965, art. 21).
Gabarito "A".

(Analista Judiciário – TRE/PE – CESPE – 2017) Acerca dos aspectos processuais das ações coletivas, assinale a opção correta.

(A) Em ação civil pública, fará coisa julgada *erga omnes* a sentença cujo pedido tiver sido julgado improcedente por insuficiência de provas.
(B) O processamento e o julgamento das ações civis públicas competem ao juízo do domicílio do causador do dano.
(C) Em ação de improbidade administrativa, é facultado ao Ministério Público agir no processo como fiscal da lei, desde que ele não atue como parte.
(D) Partido político tem legitimidade para impetrar mandado de segurança coletivo, sem a necessidade de demonstrar representação no Congresso Nacional.
(E) A legitimidade para propor ação popular é do cidadão; se ele desistir da ação, poderá o Ministério Público promover o seu prosseguimento.

A: Incorreta, pois no caso de improcedência por falta de provas, é possível a repropositura se surgirem novas provas (Lei 7347/1985, art. 16); B: Incorreta, porque a competência é do local do dano – e considerada funcional, portanto absoluta (Lei 7347/1985, art. 2º); C: Incorreta, pois nesse caso é obrigatória a atuação do MP como fiscal da ordem jurídica (Lei 8.429/1992, art. 17, § 4º); D: Incorreta, pois a legitimidade é do partido que tenha representação no Congresso (Lei 12.016,2009, art. 21); E: Correta (Lei 4.717/1965, art. 9º).
Gabarito "E".

(Analista Judiciário – TJ/MT – UFMT – 2016) Conforme disposto na Lei 9.099/1995 sobre a resposta do réu, assinale a afirmativa INCORRETA.

(A) É lícito ao réu, na reconvenção, formular pedidos em seu favor, fundados nos mesmos fatos objetos da controvérsia.
(B) É lícito ao réu, na contestação oral ou escrita, abordar toda a matéria de defesa.
(C) Ao autor da ação é facultada a resposta do pedido do réu na própria audiência.
(D) Ao réu é vedada a arguição de suspeição ou impedimento do juiz na contestação, devendo confeccionar peça específica.

A: Incorreta, devendo esta ser assinalada. No âmbito do JEC, não há reconvenção, mas sim pedido contraposto (Lei 9.099/1995, art. 31); B: Correta (Lei 9.099/1995, art. 30); C: Correta (Lei 9.099/1995, art. 31, parágrafo único); D: Correta (Lei 9.099/1995, art. 30).
Gabarito "A".

(Analista Judiciário – TRT/20 – FCC – 2016) Cabe mandado de segurança

(A) contra atos de gestão comercial praticados por administradores de empresa pública.
(B) contra decisão judicial contra a qual caiba recurso com efeito suspensivo.
(C) ainda que escoado o prazo prescricional de 120 dias.
(D) em caso de violação de direito líquido e certo por ato ilegal de dirigente de pessoa jurídica no exercício de atribuições do poder público, somente no que disser respeito a essas atribuições.
(E) somente se tiver havido violação de direito líquido e certo, não se admitindo que seja apresentado em caráter preventivo.

A: Incorreta, pois descabe MS contra ato de gestão comercial (Lei 12.016/2009, art. 1º, § 2º); B: Incorreta, pois descabe MS contra decisão que tenha recurso com efeito suspensivo (Lei 12.016/2009, art. 5º, II); C: Incorreta, pois o prazo de 120 dias é decadencial (Lei 12.016/2009, art. 23); D: Correta (Lei 12.016/2009, art. 1º, § 1º); E: Incorreta, pois cabe MS preventivo (Lei 12.016/2009, art. 1º – quando há menção a "justo receio" de sofrer ameaça).
Gabarito "D".

(Analista – TRE/CE – 2012 – FCC) Simoneta ajuizou ação de despejo para uso próprio em face de Gabriela perante o Juizado Especial Cível competente. A ação possui o valor da causa de R$ 18.000,00. Neste caso, de acordo com a Lei nº 9.099/1995, o Juizado Especial Cível é

(A) competente para apreciar tal demanda, mas Simoneta deverá obrigatoriamente estar assistida por advogado.
(B) competente para apreciar tal demanda, sendo a assistência do advogado facultativa para Simoneta.
(C) incompetente para apreciar a demanda em razão do valor da causa extrapolar o limite permitido na referida lei.
(D) incompetente para apreciar tal demanda uma vez que qualquer ação de despejo está excluída do rol de ações previstas na referida lei.
(E) incompetente para apreciar tal demanda uma vez que apenas a ação de despejo para uso próprio está excluída do rol de ações previstas na referida lei.

O juizado especial cível afigura-se competente para o processamento e julgamento da causa (art. 3.º, III, da Lei 9.099/1995), mas Simoneta deverá ser obrigatoriamente assistida por advogado, em razão de o valor da demanda superar o patamar de vinte salários mínimos (art. 9.º, *caput*, da Lei 9.099/1995).
Gabarito "A".

(Analista – TRE/CE – 2012 – FCC) No tocante a Ação Civil Pública considere:

I. O Ministério Público poderá instaurar, sob sua presidência, inquérito civil, ou requisitar, de qualquer organismo público ou particular, certidões, informações, exames ou perícias, no prazo que assinalar, o qual não poderá ser inferior a 10 dias úteis.
II. Os autos do inquérito civil ou das peças de informação arquivadas serão remetidos, sob pena de se incorrer em falta grave, no prazo de 15 dias, ao Conselho Superior do Ministério Público.
III. A promoção de arquivamento dos autos do inquérito civil será submetida a exame e deliberação do Colégio dos Procuradores de Justiça, conforme dispuser o seu Regimento.
IV. Em regra, constitui crime, punido com pena de reclusão de 1 a 3 anos, mais multa, a recusa, o retardamento ou a omissão de dados técnicos indispensáveis à propositura da ação civil, quando requisitados pelo Ministério Público.

Está correto o que se afirma APENAS em
(A) I, II e IV.
(B) I e IV.
(C) I, II e III.
(D) III e IV.
(E) I e II.

I: correto (art. 8.º, § 1.º, da Lei 7.347/1985); II: incorreto. O prazo é de três dias (art. 9.º, § 1.º, da Lei 7.347/1985); III: incorreto. O órgão incumbido de examinar e deliberar sobre a promoção de arquivamento é o Conselho Superior do Ministério Público (art. 9.º, § 3.º, da Lei 7.347/1985); IV: correto (art. 10 da Lei 7.347/1985).
Gabarito "B".

(Analista – TRE/MG – 2012 – CONSULPLAN) O legislador constituinte estabeleceu, dentre as garantias fundamentais, que se concederá mandado de segurança para proteger direito líquido e certo quando o responsável pela ilegalidade ou abuso de poder for autoridade pública ou agente de pessoa jurídica no exercício do Poder Público, bem como previu a possibilidade de impetração de mandado de segurança coletivo por partido político, organização sindical, entidade de classe ou associação, nos termos no texto constitucional. No ano de 2009, a Lei nº 12.016 revogou expressamente diversos textos legislativos infraconstitucionais, passando a disciplinar os mandados de segurança individual e coletivo. Com base na Lei nº 12.016, de 7 de agosto de 2009, e no entendimento do Superior Tribunal de Justiça, marque a alternativa correta.

(A) A sentença prolatada em mandado de segurança coletivo fará coisa julgada limitada aos membros do grupo ou categoria substituídos pelo impetrante.
(B) Da sentença que conceder o mandado de segurança caberá recurso de apelação e, caso o julgador denegue o mandado de segurança, o recurso cabível será o agravo de instrumento.
(C) A sentença que conceder a segurança estará sujeita ao duplo grau de jurisdição obrigatório e é cabível a condenação em honorários advocatícios nas ações de mandado de segurança.
(D) Não se concederá o mandado de segurança quando se tratar de decisão judicial transitada em julgado, mas se concederá contra a decisão judicial contra a qual caiba recurso com efeito suspensivo.
(E) A caducidade da medida liminar concedida, que ocorrerá quando o impetrante deixar de promover por mais de 10 dias úteis os atos que lhe cumprirem, será decretada a requerimento do Ministério Público, vedada a decretação *ex officio*.

A: correto de acordo com o art. 22 da Lei 12.016/09; B: incorreto. A sentença que denegar ou conceder o mandado caberá apelação (art. 14, da Lei 12.016/09); C: incorreto. A sentença está de fato sujeita ao duplo grau obrigatório (art. 14, § 1º, da Lei 12.016/09), mas não terá condenação em honorários (art. 25 da Lei 12.016/09); D: incorreto. O art. 5º, da Lei 12.016/09 não permite mandado de segurança contra decisão transitada em julgado (inciso III), nem contra decisão que caiba recurso judicial com efeito suspensivo (inciso II).
Gabarito "A".

19. TEMAS COMBINADOS

(Analista – TJ/ES – 2023 – CEBRASPE) No que se refere aos sujeitos no processo civil, julgue os itens subsequentes.

(1) A representação judicial de municípios por Associação de Representação de Municípios depende da existência de questões de interesse comum e de autorização dos chefes do Poder Executivo dos municípios associados.
(2) Considere que Paul, estrangeiro, tenha proposto reconvenção em face de João e que, durante o processo, Paul tenha regressado ao seu país de origem. Nessa situação, Paul não deverá prestar caução suficiente para o pagamento de custas e de honorários de sucumbência.
(3) Considere que Antônio, inconformado com uma decisão judicial, tenha apresentado recurso ao tribunal competente e, após a apresentação das razões e das contrarrazões, bem como da admissão do recurso, tenha desconstituído o seu único advogado. Considere, ainda, que, instado a regularizar a sua

representação processual, ele não tenha atendido à determinação judicial. Nessa situação, o relator não conhecerá do recurso, julgando-o deserto.

(4) É vedado ao juiz condenar o litigante de má-fé, salvo se houver requerimento nesse sentido.

1: Correta, conforme previsão do art. 75, § 5º do CPC – sendo essa uma inserção no CPC ocorrida em 2022. **2**: Correta, pois o CPC, art. 83, 1º, III estabelece que na reconvenção não há necessidade de se prestar caução suficiente ao pagamento das custas e honorários de advogado da parte contrária. **3**: Errada, pois a deserção ocorre em virtude do não recolhimento do preparo para a interposição do recurso (CPC, art. 1.007). No caso retratado na alternativa, o relator de fato não conhecerá do recurso, mas em razão da irregularidade da representação da parte (CPC, art. 76, § 2º, I). **4**: Errada, pois o Juiz poderá, de ofício ou a requerimento, condenar o litigante de má-fé (CPC, art. 81).

Gabarito 1C, 2C, 3E, 4E

(Analista Judiciário – TRE/PA – 2020 – IBFC) Há no diploma processual civil a previsão de pronunciamentos judiciais em diferentes momentos do processo. A respeito da temática, analise as afirmativas abaixo:

I. Pedido que contrariar entendimento firmado em incidente de resolução de demandas repetitivas ou de assunção de competência será julgado liminarmente improcedente, independentemente da citação do réu, nas causas que não dispensem a fase instrutória.

II. Quando um ou mais dos pedidos formulados ou parcela deles mostrar-se incontroverso ou, ainda, quando estiver em condições de imediato julgamento, nos termos do art. 355, o juiz decidirá parcialmente o mérito.

III. O juiz extinguirá o processo com resolução do mérito quando acolher a alegação de existência de convenção de arbitragem ou quando o juízo arbitral reconhecer sua competência, caso em que incumbirá ao réu apresentar as referidas alegações em sede de contestação, não podendo o juiz conhecer tais matérias de ofício.

IV. A decisão que condenar o réu ao pagamento de prestação consistente em dinheiro e a que determinar a conversão de prestação de fazer, de não fazer ou de dar coisa em prestação pecuniária valerão como título constitutivo de hipoteca judiciária, exceto se a condenação for genérica.

Assinale a alternativa correta.

(A) Apenas as afirmativas I, III e IV estão corretas
(B) Apenas as afirmativas II e IV estão corretas
(C) Apenas a afirmativa II está correta
(D) Apenas a afirmativa IV está correta

I: incorreta, já que a improcedência liminar do pedido só é possível se a causa dispensar a fase instrutória (CPC, art. 332, III); **II**: correta – trata-se do julgamento antecipado parcial do mérito (CPC, art. 356); **III**: incorreta, pois a existência de convenção de arbitragem acarreta a extinção *sem* resolução do mérito (CPC, art. 485, VII); **IV**: incorreta, porque a decisão produz a hipoteca judiciária, ainda que a condenação seja genérica (CPC, art. 495, § 1º, I).

Gabarito C

Durante uma tentativa de mediação judicial frustrada foram produzidas as seguintes informações e(ou) manifestações por uma das partes envolvidas no processo.

I. documento elaborado unicamente para fins de mediação
II. manifestação de aceitação de proposta de acordo apresentada pelo mediador
III. informação sobre a prática de crime de ação penal pública
IV. declaração formulada à outra parte na busca de entendimento para o conflito

(Analista Judiciário – TJ/PA – 2020 – CESPE/CEBRASPE) De acordo com o previsto na Lei 13.140/2015, que dispõe sobre mediação, independentemente da vontade das partes, a confidencialidade prevista na norma se aplica apenas às informações e(ou) manifestações constantes nos itens

(A) I e II.
(B) I e III.
(C) III e IV.
(D) I, II e IV.
(E) II, III e IV.

A questão trata do dever de confidencialidade na mediação e dos documentos e declarações que são alcançados por ele. **I**: correta (Lei 13.140/15, art. 30, § 1º, IV); **II**: correta (Lei 13.140/15, art. 30, § 1º, III); **III**: incorreta, pois a informação relativa à ocorrência de crime de ação penal pública não está alcançada pelo dever de confidencialidade (Lei 13.140/15, art. 30, § 3º); **IV**: correta (Lei 13.140/15, art. 30, § 1º, I).

Gabarito D

(Analista – MPU – CESPE – 2018) Com base nas normas que regem o processo civil, julgue os itens seguintes, acerca da função jurisdicional; do Ministério Público; de nulidades processuais; e de sentença.

(1) Na cooperação jurídica internacional, poderá ser prestado auxílio direto caso a medida requerida não decorra diretamente de decisão jurisdicional que, proferida por autoridade estrangeira, será submetida a juízo de delibação no Brasil.

(2) O Ministério Público será intimado a se manifestar em todas as causas em que a fazenda pública figurar em um dos polos, visto que essa hipótese é de interesse público e social.

(3) Em processo que envolva interesse de incapaz, tendo sido verificado que o *parquet* não foi intimado, o juiz decretará, de ofício, a nulidade do processo.

(4) A existência de convenção de arbitragem acarreta a extinção do processo sem resolução do mérito.

1: correta, sendo essa a previsão legal (CPC, art. 28); **2**: errada, considerando que a participação da Fazenda Pública não enseja, por si só, hipótese de intervenção do MP (CPC, art. 178, parágrafo único); **3**: errada, pois a decretação de nulidade dependerá da existência de prejuízo (CPC, arts. 279, § 2º e 282, § 1º); **4**: correta, lembrando que a existência de convenção de arbitragem deve ser alegada pelo réu (CPC, art. 485, VII).

Gabarito 1C, 2E, 3E, 4C

(Analista – MPU – CESPE – 2018) A respeito de mandado de segurança, ação civil pública, ação de improbidade administrativa e reclamação constitucional, julgue os itens que se seguem.

(1) De acordo com o Superior Tribunal de Justiça, compete à justiça federal processar e julgar mandado de segurança que envolva instituição de ensino superior particular, em razão do interesse da União.

(2) Depois de ajuizada ação de improbidade administrativa, se o juiz tiver verificado que o processo está em ordem, será determinada a notificação do requerido para apresentar manifestação por escrito.

(3) Conforme entendimento do Superior Tribunal de Justiça, em se tratando de direitos individuais disponíveis, o Ministério Público não detém legitimidade para propor ação, a não ser que exista lei específica que autorize tal atuação.

(4) Ainda que vise garantir a observância de súmula vinculante, o trânsito em julgado de decisão obsta o manejo de reclamação constitucional pela parte prejudicada.

1: correta, conforme entendimento pacificado pela 1ª Seção do STJ (STJ, Súmula 570 e REsp 1.344.771/PR, j. em 24/04/13); **2:** correta, conforme expressa previsão legal (Lei 8.429/92, art. 17, §7º), sendo que apenas após essa manifestação é que haverá a efetiva citação para contestação; **3:** alternativa anulada pela banca (mas há precedente da Seção de Direito Público do STJ nesse sentido: REsp 1.681.690/SP, Informativo 624); **4:** correta, conforme expressa disposição legal, de modo que por isso é necessário, além da reclamação, a interposição do recurso cabível para obstar o trânsito em julgado (CPC, art. 988, §5º, I).

Gabarito 1C, 2C, 3anulada, 4C

(Analista Judiciário – TRE/PE – CESPE – 2017) A respeito dos poderes, deveres e responsabilidades do juiz e dos atos processuais, assinale a opção correta à luz do Código de Processo Civil (CPC).

(A) Não podem ocorrer durante as férias forenses citações, intimações e penhoras, ainda que haja autorização judicial.

(B) Na ausência de preceito legal ou prazo determinado pelo juiz, será de cinco dias úteis o prazo para a prática de ato processual a cargo da parte.

(C) O juiz pode dilatar e reduzir os prazos processuais, adequando-os às necessidades do conflito, de modo a conferir maior efetividade à tutela do direito.

(D) Pode o magistrado declarar-se suspeito no processo por razões de foro íntimo; contudo, para assim fazer, ele deve externar tais razões.

(E) O terceiro que demonstre interesse jurídico poderá requerer ao juiz certidão de inteiro teor da sentença, no caso de processo que tramite sob segredo de justiça.

A: Incorreta, pois esses atos podem ocorrer nesses períodos, independentemente de autorização judicial (CPC, art. 212, § 2º); **B:** Correta (CPC, art. 218, § 3º); **C:** Incorreta, pois o juiz pode aumentar, mas não reduzir, os prazos processuais (CPC, art. 139, VI); **D:** Incorreta, pois *não é* necessário que o juiz indique as razões pelas quais é suspeito por motivo de foro íntimo (CPC, art. 145, § 1º); **E:** Incorreta, pois não é do inteiro teor, mas do dispositivo (CPC, art. 189, § 2º "O terceiro que demonstrar interesse jurídico pode requerer ao juiz *certidão do dispositivo da sentença*, bem como de inventário e de partilha resultantes de divórcio ou separação").

Gabarito 'B'.

(Analista Judiciário – TRE/PE – CESPE – 2017) João e José, residentes em Recife – PE, foram vítimas de acidente automobilístico provocado por Pedro, maior e capaz, domiciliado em Olinda – PE. As vítimas impetraram ações indenizatórias individuais em 10/3/2016, ambas no juízo de Recife – PE. Nessa situação hipotética,

(A) caso Pedro oponha incidente de exceção de incompetência relativa após a entrada em vigor do novo CPC, o juiz deverá declinar da competência.

(B) João e José poderiam optar por ingressar em litisconsórcio ativo e, nesse caso, seriam considerados como litigantes distintos em suas relações com Pedro.

(C) se as ações forem distribuídas para juízos distintos, os processos deverão ser reunidos em razão da existência de continência.

(D) ambos os processos devem seguir o rito ordinário, porquanto o procedimento sumário foi extinto no novo CPC.

(E) a citação de Pedro deve ocorrer por mandado, por meio de oficial de justiça.

A: Incorreta, pois não mais existe exceção de incompetência no atual CPC – sendo que a forma de impugnar a incompetência relativa é a preliminar de contestação (CPC, art. 64); **B:** Correta (CPC, art. 117); **C:** Incorreta, pois a hipótese não é de continência, mas sim de conexão, considerando a mesma causa de pedir (CPC, art. 55); **D:** Incorreta, porque no atual Código não há mais nem rito ordinário nem sumário, mas somente o procedimento comum (CPC, art. 318); **E:** Incorreta, pois pode ocorrer a citação por correio, mas não há nada que impeça, nesse caso, essa forma de citação (CPC, art. 247).

Gabarito 'B'.

(Analista Judiciário – TRE/PI – CESPE – 2016) A respeito da resposta do réu, da instrução processual e da sentença, assinale a opção correta.

(A) **Situação hipotética:** Aberta a audiência de instrução, o juiz identificou que o advogado do autor havia peticionado demonstrando a sua impossibilidade de comparecer ao ato processual, pois estava acometido de grave enfermidade. **Assertiva:** Nessa situação, o juiz deverá colher o depoimento pessoal das partes e a oitiva das testemunhas e determinar a suspensão do processo até o final da convalescença do advogado.

(B) **Situação hipotética:** Em audiência de instrução, o réu requereu a juntada de documentos para fazer contraprova de fatos alegados em depoimento pessoal, mas o juiz indeferiu o requerimento por ter sido este feito intempestivamente. **Assertiva:** Nessa situação, não cabe recurso contra a decisão de indeferimento, mas o réu poderá suscitar tal fato em razões ou contrarrazões de eventual recurso de apelação.

(C) Na ação de obrigação de fazer cuja sentença julgar procedente o pedido do autor, poderá haver aplicação de multa para o caso de não cumprimento da obrigação no prazo especificado, sendo vedada em qualquer caso a conversão da obrigação específica em perdas e danos.

(D) Caso o réu, citado na forma da lei, não apresente contestação, e a causa verse sobre direito indisponível, o juiz deverá proferir sentença desde logo, julgando antecipadamente a lide.

(E) Deferida a contradita diante da suspeição ou do impedimento, e sendo estritamente necessário o depoimento da testemunha contraditada, o juiz ouvirá o depoimento desta, independentemente de compromisso, e atribuirá a tal depoimento o valor que possa merecer diante das demais provas colhidas.

A: Incorreta, pois a hipótese é de adiamento da audiência (CPC, art. 362, II); **B:** Incorreta, porque a finalidade do depoimento pessoal é obter a confissão, contra o depoente (CPC, art. 385); assim, descabe prova documental para opor ao depoimento pessoal; **C:** Incorreta, pois é possível a conversão em perdas e danos, se o autor requerer ou impossível a tutela específica (CPC, art. 499); **D:** Incorreta, porque se o direito é indisponível, necessária a produção de prova (CPC, art. 345, II); **E:** Correta, sendo essa a hipótese de oitiva de informante (CPC, art. 447, §§ 4º e 5º c/c art. 457, § 2º).
Gabarito "E".

(Analista Judiciário – TRE/PI – CESPE – 2016) Tendo em vista que, em uma relação processual, o pronunciamento de mérito está condicionado ao cumprimento de algumas formalidades, tais como a atuação do órgão jurisdicional competente e o tempo dessa atuação, as condições da ação e os pressupostos processuais, assinale a opção correta.

(A) Transcorrido o prazo legal sem que o jurisdicionado ingresse em juízo para proteger seu direito, opera-se a preclusão do direito de ação.

(B) Quando a ação for considerada intransmissível por disposição legal, a morte de um dos sujeitos da relação processual provocará a extinção do processo sem resolução de mérito.

(C) Para não contrariar o princípio da inércia da jurisdição, segundo o qual a jurisdição deve ser provocada, é vedado ao juiz determinar, de ofício, a produção de provas.

(D) A jurisdição voluntária pode ser exercida extrajudicialmente em casos expressamente autorizados pelo ordenamento jurídico vigente, como nos casos de inventário ou divórcio extrajudiciais.

(E) O defeito ou a ausência de representação na relação processual provoca, por falta de uma das condições da ação, a extinção do processo sem resolução de mérito.

A: Incorreta, pois a hipótese narrada é de *prescrição*, não de *preclusão* (perda de uma faculdade processual); **B:** Correta, sendo exemplo típico a ação de divórcio (CPC, art. 485, IX); **C:** Incorreta, porque existem os poderes instrutórios do juiz (CPC, art. 370); **D:** Incorreta, pois inventário não é jurisdição voluntária, mas contenciosa – mas, vale destacar, é sim possível o inventário extrajudicial; **E:** Incorreta, pois a falta de representação é pressuposto processual e não condição da ação (CPC, art. 485, IV e VI).
Gabarito "B".

(Analista Jurídico –TCE/PA – 2016 – CESPE) No que diz respeito às normas processuais, aos atos e negócios processuais e aos honorários de sucumbência, julgue os itens que se seguem, com base no disposto no novo Código de Processo Civil.

(1) As partes capazes podem, antes ou durante o processo, convencionar sobre os seus ônus, poderes, faculdades e deveres processuais, sendo sempre indispensável a homologação judicial para a validade do acordo processual.

(2) Em observância ao princípio da primazia da decisão de mérito, o magistrado deve conceder à parte oportunidade para, se possível, corrigir vício processual antes de proferir sentença terminativa.

(3) No que se refere à comunicação dos atos processuais, aplica-se às entidades da administração pública direta e indireta a obrigatoriedade de manter cadastro nos sistemas de processo em autos eletrônicos, para o recebimento de citações e intimações, que serão preferencialmente realizadas por meio eletrônico.

(4) A nulidade decorrente da falta de intervenção do Ministério Público como fiscal da ordem jurídica nos processos em que deveria atuar como tal somente pode ser decretada após a manifestação do membro do Ministério Público sobre a existência ou inexistência de prejuízo.

1: incorreta, pois não há necessidade de homologação judicial para o negócio jurídico processual, apenas havendo posterior controle de validade pelo juiz (art. 190, *caput* e parágrafo único, CPC); **2:** correta, conforme art. 317 do CPC; **3:** correta, nos termos do § 1º do art. 246 do CPC; **4:** correta, tratando-se de inovação prevista no CPC, art. 279, § 2º.
Gabarito 1E; 2C; 3C; 4C.

(Analista Jurídico – TCE/PR – 2016 – CESPE) Com referência ao processo, ao procedimento comum e à intervenção de terceiros, assinale a opção correta de acordo com o Código de Processo Civil (CPC).

(A) De acordo com o CPC, sentença é o pronunciamento do magistrado que, com ou sem resolução do mérito, extingue o processo em primeiro grau. Os demais atos decisórios do juiz singular possuem natureza interlocutória.

(B) A impugnação da parte principal ao requerimento de ingresso do assistente dá ensejo à suspensão do processo principal até que sobrevenha decisão do juiz quanto ao incidente processual relativo ao ingresso do assistente.

(C) No procedimento comum, a ausência injustificada do réu à audiência de conciliação acarreta a decretação de sua revelia e a consequente presunção de veracidade dos fatos alegados pelo autor na petição inicial.

(D) No procedimento comum, contestação e reconvenção devem ser apresentadas em uma única peça processual, ressalvada ao réu a possibilidade de apresentar reconvenção isoladamente caso não deseje contestar.

(E) O pedido de desconsideração da personalidade jurídica deve ser formulado no momento da propositura da ação, sendo vedado o ingresso superveniente do sócio no processo após a estabilização da demanda.

A: incorreta, pois, pelo Código, a sentença é o pronunciamento por meio do qual o juiz, com fundamento nos arts. 485 e 487, põe fim à fase cognitiva do procedimento comum, bem como extingue a execução (CPC, art. 203, §1º); **B:** incorreto, pois a petição de ingresso de assistente não dá ensejo à suspensão do processo (art. 120, parágrafo único, CPC); **C:** incorreto. De acordo com o §8º do art. 334 do CPC, o não comparecimento injustificado do autor ou do réu à audiência de conciliação é considerado ato atentatório à dignidade da justiça e será sancionado com multa de até dois por cento da vantagem econômica pretendida ou do valor da causa, revertida em favor da União ou do Estado; **D:** correto, conforme se afere do art. 343, *caput* e § 6º, CPC; **E:** incorreto, pois o pedido pode ser realizado em todas as fases do processo (art. 134, CPC).
Gabarito "D".

(Analista Judiciário –TRT/8ª – 2016 – CESPE) De acordo com as normas previstas no Código de Processo Civil (CPC), assinale a opção correta acerca do processo e do procedimento.

(A) A pessoa casada necessita do consentimento de seu cônjuge para propor ação de consignação em pagamento referente a contrato de alienação fiduciária de automóvel.

(B) A procuração geral para o foro pode ser outorgada por instrumento particular, independentemente de reconhecimento de firma pela parte, e habilita o advogado a interpor recurso de apelação.

(C) O magistrado somente pode condenar o réu por litigância de má-fé se houver expresso requerimento da parte autora nesse sentido, sob pena de violação ao princípio da demanda.

(D) A questão preliminar é aquela cuja decisão influencia o teor da decisão do mérito como, por exemplo, a questão jurídica incidental referente à existência de relação de paternidade em uma ação de alimentos.

(E) Em decorrência do princípio da razoável duração do processo, o juiz possui a faculdade de prolatar sentença ilíquida, mesmo que o autor tenha formulado pedido certo e determinado.

A: incorreta, pois o consentimento só é necessário em ações que versem sobre direito real imobiliário (art. 73 do CPC), o que não é o caso; **B**: correta, nos termos do art. 104 do CPC; **C**: incorreta, pois a condenação em litigância de má-fé pode ser imposta de ofício pelo magistrado (art. 142 do CPC); **D**: incorreto, pois a questão *preliminar*, de ordem processual, não influencia o mérito, mas eventualmente acarreta a própria extinção do processo, sem resolução do mérito (arts. 337 e 485 do CPC). O exemplo narrado na alternativa se refere a questão *prejudicial* (§ 1ª do art. 503 do CPC); **E**: no CPC/1973 havia vedação expressa a essa possibilidade, mas no atual Código, não houve a repetição desse artigo. Mas a alternativa é incorreta considerando (i) a necessidade de congruência entre pedido e sentença (art. 492 do CPC) e (ii) a Súmula 318/STJ ("Formulado pedido certo e determinado, somente o autor tem interesse recursal em arguir o vício da sentença ilíquida"), até o momento não revogada.

Gabarito "B".

(Analista – Judiciário –TRE/PI – 2016 – CESPE) Tendo em vista que, em uma relação processual, o pronunciamento de mérito está condicionado ao cumprimento de algumas formalidades, tais como a atuação do órgão jurisdicional competente e o tempo dessa atuação, as condições da ação e os pressupostos processuais, assinale a opção correta.

(A) Transcorrido o prazo legal sem que o jurisdicionado ingresse em juízo para proteger seu direito, opera-se a preclusão do direito de ação.

(B) Quando a ação for considerada intransmissível por disposição legal, a morte de um dos sujeitos da relação processual provocará a extinção do processo sem resolução de mérito.

(C) Para não contrariar o princípio da inércia da jurisdição, segundo o qual a jurisdição deve ser provocada, é vedado ao juiz determinar, de ofício, a produção de provas.

(D) A jurisdição voluntária pode ser exercida extrajudicialmente em casos expressamente autorizados pelo ordenamento jurídico vigente, como nos casos de inventário ou divórcio extrajudiciais.

(E) O defeito ou a ausência de representação na relação processual provoca, por falta de uma das condições da ação, a extinção do processo sem resolução de mérito.

A: incorreta, pois o não ajuizamento da demanda importa, com o passar do tempo, na prescrição (art. 189, CC). Preclusão é a perda de uma faculdade processual; **B**: correta (art. 485, IX, CPC); **C**: incorreta, pois o juiz pode determinar, de ofício, a produção das provas necessárias ao julgamento, considerando seus poderes instrutórios (art. 370, CPC); **D**: incorreta. Divórcio e inventário são procedimentos que podem ser realizados de forma extrajudicial, se não houver conflito. Contudo, inventário é jurisdição contenciosa e não voluntária (art. 620, CPC); **E**: incorreta, pois essa falha processual se refere a pressupostos processuais e não a condições da ação – que somente são a legitimidade de parte e o interesse de agir.

Gabarito "B".

(Analista – TRT/11ª – 2012 – FCC) Numa ação, o réu não foi citado regularmente, mas, mesmo assim, apresentou contestação e atuou em todas as fases do processo, até o trânsito em julgado da decisão final. Nesse caso, na fase do cumprimento da sentença,

(A) poderá apresentar impugnação fundada na invalidade de citação.

(B) poderá apresentar impugnação fundada na inexistência de citação, por tratar-se de ato processual indispensável à regularidade do processo.

(C) só poderá apresentar impugnação fundada na inexistência de citação se demonstrar que se encontrava em local conhecido e poderia ter sido citado, mas não o foi.

(D) não poderá apresentar impugnação fundada na inexistência de citação.

(E) só poderá apresentar impugnação fundada na inexistência ou invalidade da citação se demonstrar que não foram esgotados os meios para a sua localização.

A: incorreto pelo princípio da instrumentalidade das formas (art. 239, § 1º, e 277 do CPC); **B**: incorreto pelo princípio da instrumentalidade das formas (art. 239, § 1º, e 277 do CPC); **C**: incorreto pelo princípio da instrumentalidade das formas (art. 239, § 1º, e 277 do CPC); **D**: correto, pois o comparecimento espontâneo do réu supre a necessidade de citação (art. 239, § 1º, e 277 do CPC); **E**: incorreto pelo princípio da instrumentalidade das formas (art. 239, § 1º, e 277 do CPC).

Gabarito "D".

13. DIREITO DO TRABALHO

Hermes Cramacon e Luiz Fabre

1. FONTES DO DIREITO DO TRABALHO

(Analista – TRT/16ª – 2014 – FCC) No tocante as fontes do Direito do Trabalho considere:

I. As fontes formais traduzem a exteriorização dos fatos por meio da regra jurídica.
II. São fontes formais do Direito do Trabalho as portarias ministeriais e a Constituição Federal brasileira.
III. A sentença normativa e as leis são fontes materiais autônomas.

Está correto o que se afirma APENAS em

(A) I e II.
(B) I e III.
(C) II e III.
(D) III.
(E) II.

I: correta, pois as fontes formais correspondem à norma jurídica já constituída, já positivada. Em outras palavras, representam a exteriorização dessas normas, ou seja, é a norma materializada. II: correta, pois a Constituição Federal e as portarias ministeriais constituem verdadeiras fontes formais, assim como a CLT. III: incorreta, pois a sentença normativa e s leis constituem fontes formais heterônomas, que decorrem da atividade normativa do Estado. Caracterizam-se pela participação de um agente externo (Estado) na elaboração da norma jurídica HC

Gabarito "A".

(Analista – TRT/6ª – 2012 – FCC) Com relação às Fontes do Direito do Trabalho, considere:

I. A Lei Ordinária que prevê disposições a respeito do 13º salário é uma fonte material autônoma.
II. As fontes heterônomas decorrem do exercício da autonomia privada, ou seja, sujeitos distintos do Estado possuem a faculdade de editar.
III. O contrato individual de emprego é uma fonte autônoma.
IV. A Convenção Coletiva de Trabalho é uma fonte autônoma.

Está correto o que se afirma APENAS em

(A) III e IV.
(B) I, II e III.
(C) I, II e IV.
(D) I e III.
(E) II e IV.

I: opção incorreta, pois as fontes materiais representam o momento pré-jurídico da norma, ou seja, a norma ainda não positivada. Representa a pressão exercida pelos trabalhadores contra o Estado buscando melhores condições de trabalho. As fontes materiais referem-se aos fatores sociais, econômicos, históricos, políticos e, ainda, filosóficos, que originam o direito, influenciando na criação da norma jurídica, como por exemplo, a greve. II: opção incorreta, pois as fontes formais heterônomas decorrem da atividade normativa do Estado. Caracterizam-se pela participação de um agente externo (Estado) na elaboração da norma jurídica. São exemplos: a Constituição Federal, a CLT. III: opção correta, pois as fontes formais autônomas se caracterizam por serem formadas com a participação imediata dos próprios destinatários da norma jurídica. Aqui, eles participam diretamente no processo de sua elaboração sem a interferência do agente externo (Estado), como ocorre com o contrato individual de trabalho. IV: opção correta, veja comentário anterior. HC/LF

Gabarito "A".

2. PRINCÍPIOS

(Analista – TRT/18 – 2023 – FCC) O princípio norteador do exercício do *jus variandi* pelo empregador, conforme disciplina a Consolidação das Leis do Trabalho é o

(A) do *in dubio pro operario*, desde que haja acordo mútuo entre empregado e empregador, sendo irrelevante o resultado de prejuízo ao trabalhador.
(B) da ausência de prejuízo ao empregado, independente de haver ou não mútuo consentimento.
(C) da primazia da realidade, não sendo relevante o resultado de prejuízo ao empregado.
(D) da condição mais benéfica ao trabalhador, não sendo condição essencial a concordância do empregado.
(E) do mútuo consentimento, aliado ao da ausência de prejuízo, quer direto, quer indireto ao empregado.

A: incorreta, pois pelo princípio do *in dubio pro operario*, havendo uma norma jurídica que admita diversas interpretações, deverá ser interpretada da maneira que mais favorecer o empregado. B: incorreta, pois deve haver mútuo consentimento, art. 468 CLT. C: incorreta, pois pelo princípio da primazia da realidade deve prevalecer a efetiva realidade dos fatos e não eventual forma construída em desacordo com a verdade. D: incorreta, pois o princípio da condição mais benéfica informa ao operador do direito que as vantagens adquiridas não podem ser retiradas, tampouco modificadas para pior. E: correta, pois previsto no art. 468 da CLT o *jus variandi* ensina que nos contratos individuais de trabalho só é lícita a alteração das respectivas condições por mútuo consentimento, e ainda assim desde que não resultem, direta ou indiretamente, prejuízos ao empregado, sob pena de nulidade da cláusula infringente desta garantia. HC

Gabarito "E".

(Analista - TRT1 - 2018 - AOCP) No que diz respeito aos princípios do direito material do trabalho, assinale a alternativa INCORRETA.

(A) O direito comum é fonte subsidiária do direito do trabalho.
(B) Em razão da vigência do princípio da proteção no direito do trabalho, é correto afirmar que, em havendo a coexistência de dois regulamentos em determinada empresa, a opção do empregado por um deles tem efeito jurídico de renúncia às regras do sistema do outro.
(C) Em razão da vigência do princípio da proteção e da norma mais favorável no direito do trabalho, é correto

afirmar que, em havendo a coexistência de dois regulamentos em determinada empresa, o empregado poderá aderir às regras mais benéficas de um ou de outro, não estando obrigado a fazer opção por apenas um deles.

(D) O princípio da aplicação da norma mais favorável é um desdobramento do princípio da proteção.

(E) O princípio da proteção pressupõe a proibição de alterações contratuais lesivas ao empregado, razão pela qual as cláusulas de regulamento de empresa que revoguem ou alterem vantagens deferidas anteriormente somente atingirão os trabalhadores admitidos após a revogação ou alteração respectiva.

A: correto, pois reflete a disposição do art. 8º, § 1º, da CLT. **B:** correto, pois reflete a disposição da súmula 51, II, do TST. **C:** incorreta, pois nos termos da súmula 51, II, do TST – Havendo a coexistência de dois regulamentos da empresa, a opção do empregado por um deles tem efeito jurídico de renúncia tácita às regras do sistema do outro. **D:** correto, pois o *Princípio protetor* que tem por escopo atribuir uma proteção maior ao empregado, parte hipossuficiente da relação jurídica laboral incorpora outros 3 subprincípios, quais sejam: *In dubio pro operario*, aplicação da norma mais favorável e condição mais benéfica; **E:** correta, pois reflete a disposição da súmula 51, I, do TST.

Gabarito "C".

(Analista Jurídico - TRT2 - FCC - 2018) Acerca das fontes do Direito do Trabalho, considere:

I. As autoridades administrativas e a Justiça do Trabalho, na falta de disposições legais ou contratuais, decidirão, conforme o caso, apenas pela jurisprudência, por analogia, por equidade, pelo direito comparado e outros princípios e normas gerais de direito, admitindo-se, excepcionalmente, que um interesse de classe ou particular prevaleça sobre o interesse público.

II. Súmulas e outros enunciados de jurisprudência editados pelo Tribunal Superior do Trabalho e pelos Tribunais Regionais do Trabalho não poderão restringir direitos legalmente previstos nem criar obrigações que não estejam previstas em lei.

III. No exame de convenção coletiva ou acordo coletivo de trabalho, a Justiça do Trabalho, além de analisar a conformidade dos elementos essenciais do negócio jurídico (agente capaz, objeto lícito, possível, determinado ou determinável e forma prescrita ou não defesa em lei), poderá anular cláusulas coletivas com base em juízos de valor sobre o pactuado, balizando sua atuação pelo princípio da intervenção adequada na autonomia da vontade coletiva.

Está correto o que se afirma APENAS em

(A) I.
(B) II.
(C) II e III.
(D) I e III.
(E) I e II.

I: incorreta, pois, nos termos do art. 8º da CLT, não só a jurisprudência, mas também por analogia, por equidade e outros princípios e normas gerais de direito, principalmente do direito do trabalho, e, ainda, de acordo com os usos e costumes, o direito comparado. Ademais, de maneira que nenhum interesse de classe ou particular prevaleça sobre o interesse público; II: correta, pois reflete a disposição contida no art. 8º, § 2º, da CLT; III: incorreta, pois, nos termos do § 3º do art. 8º da CLT, no exame de convenção coletiva ou acordo coletivo de trabalho, a Justiça do Trabalho analisará exclusivamente a conformidade dos elementos essenciais do negócio jurídico, respeitado o disposto no art. 104 do Código Civil e balizará sua atuação pelo princípio da intervenção mínima na autonomia da vontade coletiva.

Gabarito "B".

(Analista Judiciário – TRT/24 – FCC – 2017) O advogado Hércules pretende fundamentar uma tese na petição inicial de reclamatória trabalhista utilizando o ditame segundo o qual, ainda que haja mudanças vertiginosas no aspecto de propriedade ou de alteração da estrutura jurídica da empresa, não pode haver afetação quanto ao contrato de trabalho já estabelecido. Tal valor está previsto no princípio de Direito do Trabalho denominado

(A) razoabilidade.
(B) disponibilidade subjetiva.
(C) responsabilidade solidária do empregador.
(D) asserção empresarial negativa.
(E) continuidade da relação de emprego.

"E" é a opção correta. Isso porque, o princípio da continuidade da relação de emprego tem por objetivo preservar o contrato de trabalho, presumindo-se a contratação por prazo indeterminado, sendo a exceção o contrato com prazo determinado. Nos termos do art. 448 da CLT, qualquer mudança na propriedade ou na estrutura jurídica da empresa não afetará os contratos de trabalho dos respectivos empregados. Da mesma forma, qualquer alteração na estrutura jurídica da empresa não afetará os direitos adquiridos por seus empregados (art. 10 da CLT).

Gabarito "E".

(Analista Judiciário – TRT/20 – FCC – 2016) A restrição à autonomia da vontade inerente ao contrato de trabalho, em contraponto à soberania da vontade contratual das partes que prevalece no Direito Civil, é tida como instrumento que assegura as garantias fundamentais do trabalhador, em face do desequilíbrio de poderes inerentes ao contrato de emprego, é expressão do princípio da

(A) autonomia privada coletiva.
(B) condição mais benéfica.
(C) primazia da realidade.
(D) imperatividade das normas trabalhistas.
(E) prevalência do negociado em face do legislado.

"D" é a opção correta. As normas trabalhistas são imperativas, ou seja, normas de ordem pública que não podem, em regra, ser afastadas pela simples vontade das partes. No contrato de trabalho há pouco espaço para a autonomia de vontade, diferente do direito civil.

Gabarito "D".

(Analista – TRT/11ª – 2012 – FCC) O Juiz do Trabalho pode privilegiar a situação de fato que ocorre na prática, devidamente comprovada, em detrimento dos documentos ou do rótulo *conferido à relação de direito material*. Tal assertiva, no Direito do Trabalho, refere-se ao princípio da

(A) irrenunciabilidade.
(B) intangibilidade salarial.
(C) continuidade.
(D) primazia da realidade.
(E) proteção.

A: opção incorreta, pois o princípio da irrenunciabilidade ensina que as normas trabalhistas, em geral, possuem caráter imperioso ou cogente, na medida em que são normas de ordem pública e, por sua vez, não podem ser modificadas pelo empregador. **B**: opção incorreta, pois o princípio da intangibilidade salarial, estampado no art. 462 da CLT, determina a proibição ao empregador de efetuar descontos no salário do empregado. **C**: opção incorreta, pois o princípio da continuidade tem por objetivo preservar o contrato de trabalho, presumindo a contratação por prazo indeterminado, sendo a exceção o contrato com prazo determinado. **D**: opção correta, pois a assertiva bem explica o princípio da primazia da realidade. **E**: opção incorreta, pois o princípio da proteção tem por escopo atribuir uma proteção maior ao empregado, parte hipossuficiente da relação jurídica laboral. Em outras palavras, visa a atenuar a desigualdade existente entre as partes do contrato de trabalho.

Gabarito "D".

3. VÍNCULO EMPREGATÍCIO E CONTRATO DE TRABALHO

(Analista – TRT/18 – 2023 – FCC) Poliana está prestando serviços em teletrabalho para o Banco Mediterrâneo. O seu empregador pretende fazer a reversão do trabalho da empregada para a modalidade presencial. Para que a mesma se efetive, conforme prevê a Consolidação das Leis do Trabalho,

(A) deve haver a concordância da empregada, além de ser respeitado o prazo mínimo de transição de 10 dias.
(B) é necessária a observância do prazo mínimo de transição de 15 dias, podendo ser realizada por ato unilateral do empregador.
(C) é imprescindível a concordância da trabalhadora, além de ser respeitado o prazo mínimo de transição de 15 dias.
(D) é necessária a observância do prazo mínimo de transição de 10 dias, podendo ser realizada por ato unilateral do empregador.
(E) não há necessidade de prazo de transição, desde que haja concordância da empregada.

A: incorreta, pois não há necessidade de concordância da empregada e o prazo é de 15 dias. **B**: correta, pois nos termos do art. 75-C, § 2º, da CLT poderá ser realizada a alteração do regime de teletrabalho para o presencial por determinação do empregador, garantido prazo de transição mínimo de quinze dias, com correspondente registro em aditivo contratual. **C**: incorreta, pois não é necessário a concordância da empregada. **D**: incorreta, pois o prazo é de 15 dias. **E**: incorreta, pois há necessidade do prazo de transição de 15 dias e não há necessidade de concordância da empregada.

Gabarito "B".

(Analista - Área Administrativa - TRT1 - 2018 - AOCP) Antônio foi admitido, com registro em CTPS, na função de entregador, na empresa Roupa Bonita Confecções Ltda. em 1 de dez. de 2017 e foi demitido, sem justa causa, em 30 de mar. de 2018. Cumpria horário das 8h às 18h. Não recebeu as verbas rescisórias e outros direitos trabalhistas. Os sócios da empregadora são Paulo e Pedro, os quais também são sócios da empresa Roupa Bonita Tecelagem Ltda. A qual fabrica e fornece os tecidos para a Roupa Bonita Confecções. Paulo e Pedro são sócios, também, da Livraria Boa Leitura Ltda. e Delícia Bolos e da Doces Finos Ltda. Dessa última empresa, fazem parte do quadro social, também, José e João. Ocorre que Antônio prestava serviços com registro em CTPS para a empresa Roupa Bonita Confecções Ltda., mas, diariamente, desde o início do pacto laboral, auxiliava o entregador da Roupa Bonita Tecelagem Ltda. das 18h15 às 20h15. Diante do exposto, assinale a alternativa que apresenta quais empresas são legítimas para integrar o polo passivo da reclamatória trabalhista ajuizada pelo ex-empregado, bem como com qual ou quais empresas este poderá ver declarado o vínculo empregatício.

(A) As empresas Roupa Bonita Confecções e Roupa Bonita Tecelagem serão responsáveis solidárias pelo crédito perseguido na reclamatória trabalhista. Nesse caso, Antônio terá direito à declaração de vínculo empregatício também em face da Roupa Bonita Tecelagem, pois o fato de que este, habitualmente, prestou serviços a essa empresa gerou a existência de um segundo contrato de trabalho, coexistente com o primeiro.
(B) As quatro empresas listadas no enunciado, tendo em vista que Pedro e Paulo integram o quadro social de todas, serão responsáveis solidárias pelo crédito perseguido na reclamatória trabalhista. Nesse caso, Antônio não terá direito à declaração de vínculo empregatício em face da Roupa Bonita Tecelagem.
(C) As empresas Roupa Bonita Confecções e Roupa Bonita Tecelagem serão responsáveis solidárias pelo crédito perseguido na reclamatória trabalhista. Todavia, Antônio não terá direito à declaração de vínculo empregatício em face da empresa Roupa Bonita Tecelagem, pois a prestação de serviços a mais de uma empresa do mesmo grupo econômico não caracteriza a coexistência de mais de um contrato de trabalho.
(D) As quatro empresas listadas no enunciado, tendo em vista que Pedro e Paulo integram o quadro social de todas. Nesse caso, Antônio terá direito à declaração de vínculo empregatício também em face da Roupa Bonita Tecelagem, pois o fato de que este, habitualmente, prestava serviços para essa empresa gerou a existência de um segundo contrato de trabalho.
(E) As empresas Roupa Bonita Confecções e Roupa Bonita Tecelagem e Livraria Boa Leitura serão responsáveis solidárias, tendo em vista que Pedro e Paulo integram o quadro social de todas. Nesse caso, Antônio não terá direito à declaração de vínculo empregatício também em face da Roupa Bonita Tecelagem, pois o fato de que este, habitualmente, prestava serviços para essa empresa gerou a existência de um segundo contrato de trabalho.

Nos termos da súmula 129 do TST a prestação de serviços a mais de uma empresa do mesmo grupo econômico, durante a mesma jornada de trabalho, não caracteriza a coexistência de mais de um contrato de trabalho, salvo ajuste em contrário. Nesse caso, há responsabilidade solidária, nos termos do art. 2º, § 2º, da CLT.

Gabarito "A".

(Analista - TRT2 - FCC - 2018) Considere as seguintes hipóteses:

I. Camila, irmã de Vânia, faleceu hoje em razão de complicações decorrentes de uma cirurgia estética.
II. Fernanda se casou hoje às 19:00 horas. A cerimônia está marcada na casa da família na cidade de Itapetininga.
III. Norberto pretende se alistar eleitor, nos termos da legislação pertinente.
IV. Sônia está grávida. Gilberto, seu marido, pretende acompanhar suas consultas médicas para possibilitar um contato próximo com seu filho.

Nesses casos, de acordo com a Consolidação das Leis do Trabalho, Vânia, Fernanda, Norberto e Gilberto poderão deixar de comparecer ao serviço, sem prejuízo do salário, respectivamente, por até

(A) três dias consecutivos, três dias consecutivos, dois dias consecutivos ou não, cinco dias.
(B) dois dias consecutivos, dois dias consecutivos, três dias consecutivos ou não, dois dias.
(C) dois dias consecutivos, três dias consecutivos, três dias consecutivos, três dias.
(D) três dias consecutivos, dois dias consecutivos, três dias consecutivos, três dias.
(E) dois dias consecutivos, três dias consecutivos, dois dias consecutivos ou não, dois dias.

"E" é a opção correta. Isso porque, pela morte de sua irmã, Vânia poderá se ausentar por dois dias consecutivos, art. 473, I, da CLT; Fernanda, por ter se casado poderá se ausentar por 3 dias consecutivos, art. 473, II, da CLT; Norberto, por se alistar como eleitor poderá se ausentar por até 2 (dois) dias consecutivos ou não, art. 473, V, da CLT; Gilberto para acompanhar consultas médicas e exames complementares durante o período de gravidez de sua esposa poderá se ausentar por 2 dias.
Gabarito "E".

(Analista - TRT2 - FCC - 2018) Considere as seguintes hipóteses:

I. Trabalho de 28 horas semanais, sem a possibilidade de horas suplementares semanais.
II. Trabalho de 30 horas semanais, com a possibilidade de horas suplementares semanais.
III. Trabalho de 25 horas semanais, com a possibilidade de acréscimo de até seis horas suplementares semanais.
IV. Trabalho de 27 horas semanais, com a possibilidade de acréscimo de até seis horas suplementares semanais.

De acordo com a Consolidação das Leis do Trabalho, consideram-se trabalho em regime de tempo parcial aqueles indicados APENAS em

(A) III e IV.
(B) I e II.
(C) I e III.
(D) I, II e IV.
(E) II, III e IV.

I: correta, pois no trabalho em regime de tempo parcial com 28 horas semanais não é permitida a prestação de serviço extraordinário; II: incorreta, pois no trabalho em regime de tempo parcial com 30 horas semanais não é permitida a prestação de serviço extraordinário; III: correta, pois no trabalho em regime de tempo parcial com 25 horas semanais permite-se acréscimo de até seis horas suplementares semanais; IV: incorreta, pois no trabalho em regime de tempo parcial com 27 horas semanais não é permitida a prestação de serviço extraordinário. Veja art. 58-A da CLT.
Gabarito "C".

(Analista Judiciário – TRT/24 – FCC – 2017) Atenas foi empregada da empresa Delta Operadora Cambial que é dirigida, administrada e controlada pela empresa Delta Empreendimentos S/A, situação esta que caracteriza a existência de grupo econômico para fins trabalhistas. Após dois anos de contrato de trabalho Atenas foi dispensada sem justa causa, mas não recebeu as verbas rescisórias devidas. Nessa situação, conforme previsão contida na Consolidação das Leis do Trabalho, a responsabilidade pelo pagamento será

(A) das empresas Delta Operadora Cambial e Delta Empreendimentos S/A de forma solidária.
(B) da empresa empregadora Delta Operadora Cambial e subsidiariamente da empresa controladora Delta Empreendimentos S/A.
(C) da empresa controladora Delta Empreendimentos S/A e subsidiariamente da empresa empregadora Delta Operadora Cambial.
(D) apenas da empresa Delta Operadora Cambial porque era a efetiva empregadora.
(E) apenas a empresa Delta Empreendimentos S/A porque é a principal, que dirige, administra e controla.

"A" é a opção correta. Isso porque, nos termos do art. 2º, § 2º, da CLT sempre que uma ou mais empresas, tendo, embora, cada uma delas, personalidade jurídica própria, estiverem sob a direção, controle ou administração de outra, ou ainda quando, mesmo guardando cada uma sua autonomia, integrem grupo econômico, serão responsáveis solidariamente pelas obrigações decorrentes da relação de emprego. Vale lembrar que, nos termos do § 3º do mesmo dispositivo legal não caracteriza grupo econômico a mera identidade de sócios, sendo necessárias, para a configuração do grupo, a demonstração do interesse integrado, a efetiva comunhão de interesses e a atuação conjunta das empresas dele integrantes.
Gabarito "A".

(Analista Judiciário – TRT/20 – FCC – 2016) A Consolidação das Leis do Trabalho elenca na combinação dos artigos 2º e 3º os requisitos fáticos e jurídicos da relação de emprego. Nesse sentido,

(A) tornando-se inviável a prestação pessoal do trabalho, no curso do contrato, por certo período, o empregado poderá se fazer substituir por outro trabalhador.
(B) um trabalhador urbano que preste serviço ao tomador com finalidade lucrativa, mesmo que por diversos meses seguidos, mas apenas em domingos ou finais de semana, configura-se como trabalhador eventual.
(C) considerando que nem todo trabalho é passível de mensuração econômica, não se pode estabelecer que a onerosidade constitui-se em um elemento fático-jurídico da relação de emprego.
(D) somente o empregador é que, indistintamente, pode ser pessoa física ou jurídica, com ou sem finalidade lucrativa, jamais o empregado.
(E) na hipótese de trabalhador intelectual, a subordinação está relacionada ao poder de direção do empregador, mantendo o empregado a autonomia da vontade sobre a atividade desempenhada, sem se reportar ao empregador.

A: opção incorreta, pois o requisito da pessoalidade indica que o empregado não pode ser substituído. B: opção incorreta, pois eventual é o trabalhador admitido numa empresa para determinado evento. Em outras palavras, é o trabalho realizado de maneira eventual, de curta duração, cujos serviços não coincidem com os fins normais da empresa. C: opção incorreta, pois a remuneração é um dos requisitos da relação de emprego. D: opção correta, pois o empregador pode ser pessoa jurídica (art. 2º da CLT) ou física (art. 2º, § 1º, da CLT) E: opção incorreta, pois o empregado não terá autonomia da vontade.
Gabarito "D".

(Analista Judiciário – TRT/8ª – 2016 – CESPE) Assinale a opção correta de acordo com a legislação vigente e a jurisprudência do TST.

(A) O conceito de grupo econômico, por pressupor a existência de duas ou mais empresas, é incompatível com a atividade e o meio rural.
(B) A prestação de serviços a mais de uma empresa do mesmo grupo econômico, durante a mesma jornada de trabalho, não caracteriza a coexistência de mais de um contrato de trabalho, salvo ajuste em contrário.
(C) Quando uma ou mais empresas com personalidades jurídicas próprias estiverem sob a direção, o controle ou a administração de outra, constituindo grupo industrial, comercial ou de qualquer outra atividade econômica, serão, para os efeitos da relação de emprego, subsidiariamente responsáveis a empresa principal e cada uma das subordinadas.
(D) Em qualquer caso de aquisição de empresa pertencente a grupo econômico, o sucessor sempre responde solidariamente por débitos trabalhistas de empresa não adquirida que pertença ao mesmo grupo de empresas.
(E) Na análise da existência de grupo econômico entre empresas, não se aplica a teoria da desconsideração da personalidade jurídica.

A: opção incorreta, pois nos termos do art. 2º, § 2º, da CLT sempre que uma ou mais empresas, tendo, embora, cada uma delas, personalidade jurídica própria, estiverem sob a direção, controle ou administração de outra, ou ainda quando, mesmo guardando cada uma sua autonomia, integrem grupo econômico, serão responsáveis solidariamente pelas obrigações decorrentes da relação de emprego. Vale lembrar que, em conformidade com o § 3º do mesmo dispositivo legal, não caracteriza grupo econômico a mera identidade de sócios, sendo necessárias, para a configuração do grupo, a demonstração do interesse integrado, a efetiva comunhão de interesses e a atuação conjunta das empresas dele integrantes."; B: opção correta, pois a prestação de serviços a mais de uma empresa do mesmo grupo econômico, durante a mesma jornada de trabalho, não caracteriza a coexistência de mais de um contrato de trabalho, salvo ajuste em contrário, em conformidade com a Súmula 129 do TST; C: opção incorreta, pois, nos termos do art. 2º, § 2º, da CLT, que dá amparo à teoria do empregador único, a empresa principal e cada uma das subordinadas serão solidariamente responsáveis para os efeitos da relação de emprego; D: opção incorreta, pois, havendo aquisição de uma empresa pertencente ao mesmo grupo econômico, nos termos da Orientação Jurisprudencial 411 da SDI 1 do TST, o sucessor não responde solidariamente por débitos trabalhistas de empresa não adquirida, integrante do mesmo grupo econômico da empresa sucedida, quando, à época, a empresa devedora direta era solvente ou idônea economicamente, ressalvada a hipótese de má-fé ou fraude na sucessão; E: opção incorreta, pois, uma vez reconhecido o grupo econômico, não há óbice algum para não incidir a desconsideração da personalidade jurídica, que deverá ser aplicada, nos termos do art. 855-A da CLT, arts. 133 a 137 do CPC/2015 e art. 6º da IN 39 TST. Gabarito "B".

(Analista – TRT/3ª – 2015 – FCC) O contrato de trabalho é
I. um contrato de direito público, devido à forte limitação sofrida pela autonomia da vontade na estipulação de seu conteúdo.
II. concluído, como regra, intuito personae em relação à pessoa do empregador.
III. um contrato sinalagmático.
IV. um contrato sucessivo. A relação jurídica de emprego é uma "relação de débito permanente", em que entra como elemento típico a continuidade, a duração.
V. um contrato consensual. A lei, via de regra, não exige forma especial para sua validade.

Considerando as proposições acima, está correto o que consta APENAS em
(A) III, IV e V.
(B) III e V.
(C) I, II e V.
(D) I, III e IV.
(E) I, II e IV.

I: incorreta, pois o contrato de trabalho é considerado um contrato de direito privado, tendo em vista a natureza jurídica privada dos sujeitos e interesses envolvidos. Ademais, as partes poderão pactuar as condições que irão reger o contrato. II: incorreta, pois é considerado *intuito personae* em relação ao empregado, na medida em que ele não pode fazer-se substituir por outro empregado. Trata-se do requisito da pessoalidade do contrato de trabalho. III: correta, pois o contrato de trabalho é do tipo sinalagmático, ou seja, gera obrigações para ambas as partes (empregado e empregador). IV: correta, pois as obrigações se sucedem continuamente no tempo, enquanto perdurar o contrato. V: correta, pois o contrato de trabalho pode ser pactuado livremente pelas partes, sem a necessidade de observância de formalidades. Gabarito "A".

(Analista – TRT/3ª – 2015 – FCC) Maria, durante três anos, prestou serviços ao Clube de Mães Madalena Arraes, que é uma entidade sem fins lucrativos instituída para desenvolver atividades culturais e filantrópicas com a comunidade carente. Cumpria jornada de trabalho diário das 8 às 17 horas, com uma hora de intervalo para repouso e alimentação, devidamente controlada, e, enquanto estava trabalhando era obrigada a usar uniforme. Entregava relatórios semanais sobre as suas atividades e os resultados obtidos com as crianças e recebia mensalmente um valor fixo pelo trabalho prestado. Em relação à situação descrita,

(A) presentes as características da relação de emprego na relação mantida entre Maria e o Clube de Mães, deve ser reconhecido o vínculo de emprego entre as partes, não sendo óbice para tal reconhecimento o fato de o Clube de Mães ser entidade filantrópica sem finalidade lucrativa.
(B) embora presentes as características da relação de emprego, o fato de o Clube de Mães ser entidade filantrópica sem finalidade lucrativa impede o reconhecimento do vínculo de emprego entre as partes.
(C) somente seria possível o reconhecimento do vínculo de emprego entre as partes se presente a subordinação de Maria em relação ao Clube de Mães, o que não se verifica no presente caso.
(D) os serviços prestados à entidade sem fins lucrativos, desde que instituída para desenvolver atividades culturais e filantrópicas, não caracteriza vínculo de emprego, mas sim trabalho voluntário, sendo irrelevante estarem presentes as características da relação de emprego.
(E) a finalidade lucrativa do empregador e o recebimento de participação do trabalhador nesse lucro é essencial para a caracterização do vínculo de emprego.

A: correta, pois uma vez presentes os requisitos para a relação de emprego, quais sejam: subordinação, onerosidade, pessoalidade, pessoa física e habitualidade deve ser reconhecido o vínculo de emprego, ainda que o empregador seja entidade filantrópica sem fim lucrativo, art. 2º, § 1º, da CLT. **B:** incorreta, pois a entidade filantrópica sem fim lucrativo equipara-se a empregador, art. 2º, § 1º, da CLT. **C:** incorreta, pois se verifica o elemento da subordinação na medida em que Maria tinha jornada de trabalho controlada, era obrigada a usar uniforme e devia entregar relatórios semanais. **D:** incorreta, pois podemos notar no caso em estudo a presença de todos os elementos da relação de emprego capaz de reconhecer o vínculo empregatício. **E:** incorreta, pois a finalidade lucrativa não é elemento capaz de descaracterizar a relação de emprego. Veja art. 2º, § 1º, da CLT. **HC**

Gabarito "A".

(Analista – TRT/2ª – 2014 – FCC) Considere as assertivas:

I. As instituições beneficentes, para os efeitos da relação de emprego, são equiparadas ao empregador quando admitirem trabalhadores como empregados.
II. Não há solidariedade pelas obrigações trabalhistas entre as empresas de um grupo econômico quando cada qual é dotada de personalidade jurídica própria.
III. Embora o empregado doméstico não desempenhe atividade econômica, diversos direitos atribuídos aos trabalhadores urbanos são garantidos aos trabalhadores domésticos, como, por exemplo, férias, 13º salário, aviso-prévio.
IV. O trabalho temporário difere da relação de emprego por ser exercido sem subordinação e sem onerosidade.
V. O constituinte assegurou aos empregados rurais os mesmos direitos dos empregados urbanos.

Está correto o que consta APENAS em

(A) II, III e IV.
(B) III, IV e V.
(C) II e IV.
(D) I, II, III e IV.
(E) I, III e V.

I: correta, pois reflete o disposto no art. 2º, § 1º, da CLT. II: incorreta, pois nos termos do art. 2º, § 2º, da CLT há solidariedade solidária pelas obrigações trabalhistas entre as empresas de um grupo econômico quando cada qual é dotada de personalidade jurídica própria. III: correta, pois reflete o disposto no art. 7º, parágrafo único, da CF. Veja também a LC 150/2015. IV: incorreta, pois no trabalho temporário, regulado pela Lei 6.019/74, embora não haja o requisito da subordinação entre a empresa de trabalho temporário e a tomadora de serviços há onerosidade. V: correta, pois o disposto no art. 7º, *caput*, da CF, assegura igualdade entre os direitos assegurados aos empregados rurais e urbanos. **HC**

Gabarito "E".

(Analista – TRT/11ª – 2012 – FCC) A empresa Gama foi sucedida pela empresa Delta, ocupando o mesmo local, utilizando as mesmas instalações e fundo de comércio, assim como mantendo as mesmas atividades e empregados. Em relação aos contratos de trabalho dos empregados da empresa sucedida é correto afirmar que

(A) serão automaticamente extintos, fazendo surgir novas relações contratuais.
(B) as obrigações anteriores recairão sobre a empresa sucedida, e as posteriores sobre a sucessora.
(C) as cláusulas e condições estabelecidas no contrato de trabalho serão obrigatoriamente repactuadas entre os empregados e o novo empregador individual.
(D) a transferência de obrigações trabalhistas dependerá das condições em que a sucessão foi pactuada.
(E) os contratos se manterão inalterados e seguirão seu curso normal.

"E" é a opção correta, pois de acordo com os arts. 10 e 448 da CLT, qualquer alteração na estrutura jurídica da empresa não afetará os direitos adquiridos por seus empregados e não afetará os contratos de trabalho dos respectivos empregados. A legislação trabalhista, na defesa dos contratos de trabalho e visando à garantia do empregado, estabelece o princípio da continuidade do vínculo jurídico trabalhista, declarando que a alteração na estrutura jurídica e a sucessão de empresas em nada o afetarão o contrato de trabalho. Ademais, nos termos do art. 448-A da CLT caracterizada a sucessão empresarial ou de empregadores prevista nos arts. 10 e 448 desta Consolidação, as obrigações trabalhistas, inclusive as contraídas à época em que os empregados trabalhavam para a empresa sucedida, são de responsabilidade do sucessor. A empresa sucedida responderá solidariamente com a sucessora quando ficar comprovada fraude na transferência, art. 448-A, parágrafo único, da CLT. **HC/LF**

Gabarito "E".

(Analista – TRT/11ª – 2012 – FCC) Em relação à duração do contrato individual de trabalho, é correto afirmar que o contrato por prazo determinado

(A) será lícito, seja qual for a sua finalidade.
(B) quando for prorrogado mais de uma vez passará a vigorar sem determinação de prazo.
(C) não prevê o pagamento de indenização caso seja rescindido sem justa causa de forma antecipada.
(D) poderá ser estipulado por prazo superior a dois anos, desde que o seu objeto dependa da realização de determinados acontecimentos.
(E) sob a forma de contrato de experiência não poderá ultrapassar noventa dias, podendo ser estipulado por três períodos de trinta dias cada um.

A: opção incorreta, pois a contratação com prazo determinado feita com base na CLT, só poderá ocorrer nas hipóteses previstas nas alíneas do § 2º do art. 443 da CLT. **B:** opção correta, pois reflete o disposto 451 da CLT. **C:** opção incorreta, pois a indenização em casos de rescisão antecipada está prevista nos arts. 479 e 480 da CLT. **D:** opção incorreta, pois nos termos do art. 445 da CLT o prazo não será superior a 2 (dois) anos. **E:** opção incorreta, pois embora não possa ultrapassar 90 dias (art. 445, parágrafo único, da CLT), somente poderá haver uma única prorrogação, nos termos do art. 451 da CLT. **HC/LF**

Gabarito "B".

(Analista – TRT/1ª – 2012 – FCC) Considere as proposições abaixo em relação ao contrato individual de trabalho.

I. Para fins de contratação, o empregador não exigirá do candidato a emprego comprovação de experiência prévia por tempo superior a seis meses no mesmo tipo de atividade.
II. O contrato por prazo determinado só será válido em se tratando de serviço transitório e contrato de experiência.
III. O contrato de trabalho por prazo determinado não poderá ser estipulado por mais de um ano.
IV. As relações contratuais de trabalho podem ser objeto de livre estipulação das partes interessadas.

Está correto o que se afirma APENAS em

(A) I e II.
(B) I e IV.

(C) II e III.
(D) III e IV.
(E) II e IV.

I: opção correta, pois reflete o disposto no art. 442-A da CLT. II: opção incorreta, pois nos termos do art. 443,§ 2º, da CLT admite-se contrato com prazo determinado em se tratando de: a) de serviço cuja natureza ou transitoriedade justifique a predeterminação do prazo; b) de atividades empresariais de caráter transitório e c) de contrato de experiência. III: opção incorreta, pois nos termos do art. 445 da CLT o contrato com prazo determinado não poderá exceder 2 anos, já o contrato de experiência, 90 dias. IV: opção correta, pois reflete a disposição contida no art. 444 da CLT. HC/LF
Gabarito "B".

(Analista – TRT/6ª – 2012 – FCC) Conforme previsão da Consolidação das Leis do Trabalho, em relação aos sujeitos do contrato de trabalho, é INCORRETO afirmar que

(A) será considerado empregado aquele que presta serviços de forma pessoal e natureza não eventual, mediante retribuição pecuniária e sob a dependência do empregador.
(B) as instituições de beneficência e os profissionais liberais que admitirem trabalhadores como empregados equiparam-se ao empregador.
(C) o tempo em que o empregado estiver à disposição do empregador, aguardando ordens de serviço, considera-se como de serviço efetivo, salvo disposição especial expressamente consignada.
(D) não se distingue entre o trabalho realizado no estabelecimento do empregador, o executado no domicílio do empregado e o realizado a distância, desde que estejam caracterizados os pressupostos da relação de emprego.
(E) não haverá distinções relativas à espécie de emprego e à condição de trabalhador, exceto quanto ao trabalho intelectual, técnico e manual, em razão das suas peculiaridades.

A: correto (arts. 2º e 3º da CLT); B: correto (art. 2º, § 1º, da CLT); C: correto (art. 4º da CLT); D: correto (art. 6º da CLT); E: incorreto (devendo ser assinalada), nos termos do art. 3º, parágrafo único, da CLT. HC/LF
Gabarito "E".

(Analista – TRT/6ª – 2012 – FCC) Nos termos previstos na Consolidação das Leis do Trabalho, o contrato

(A) individual de trabalho não pode ser acordado verbalmente.
(B) de experiência não poderá exceder o prazo de 90 (noventa) dias.
(C) individual será obrigatoriamente alterado, caso haja mudança na propriedade ou na estrutura jurídica da empresa.
(D) de trabalho por prazo determinado poderá ser estipulado por mais de 2 (dois) anos, havendo mútuo consentimento das partes.
(E) de trabalho por prazo determinado poderá ser prorrogado mais de uma vez, dentro do prazo máximo estipulado, sem que passe a vigorar sem determinação de prazo.

A: incorreto (art. 442, *caput*, da CLT); B: correto (art. 445, parágrafo único, da CLT); C: incorreto (arts. 10 e 448 da CLT); D: incorreto (art. 445, *caput*, da CLT); E: incorreto (art. 451 da CLT). HC/LF
Gabarito "B".

4. RELAÇÕES ESPECIAIS DE TRABALHO

4.1. Domésticos

(Analista – TRT/14ª – 2011 – FCC) Karina e Mariana residem no pensionato de Ester, local em que dormem e realizam as suas refeições, já que Gabriela, proprietária do pensionato, contratou Abigail para exercer as funções de cozinheira. Jaqueline reside em uma república estudantil que possui como funcionária Helena, responsável pela limpeza da república, além de cozinhar para os estudantes moradores. Abigail e Helena estão grávidas. Neste caso,

(A) somente Helena é empregada doméstica, mas ambas terão direito a estabilidade provisória decorrente da gestação.
(B) somente Abigail é empregada doméstica, mas ambas terão direito a estabilidade provisória decorrente da gestação.
(C) ambas são empregadas domésticas, mas não terão direito a estabilidade provisória decorrente da gestação.
(D) nenhuma das empregadas são domésticas, mas ambas terão direito a estabilidade provisória decorrente da gestação.
(E) ambas são empregadas domésticas e terão direito a estabilidade provisória decorrente da gestação.

Na medida em que Abigail exerce suas atividades de cozinheira para pensionistas no âmbito de um pensionato, conclui-se que os serviços por esta prestados possuem finalidade lucrativa, a afastar seu enquadramento à situação do art. 1º da LC 150/2015, tratando-se de uma empregada comum. Helena, diversamente, exerce serviços não inseridos em uma estrutura que visa ao lucro, tratando-se de empregada doméstica. Não obstante, ambas terão direito à garantia no emprego decorrente da gestação (Ato das Disposições Constitucionais Transitórias, art. 10, II, b, quanto a empregada comum e art. 25, parágrafo único, da LC 150/2015, quanto a doméstica). HC/LF
Gabarito "A".

4.2. Digitadores

(Analista – TRT/23ª – 2011 – FCC) Os digitadores

(A) equiparam-se aos trabalhadores nos serviços de mecanografia (datilografia, escrituração ou cálculo), razão pela qual têm direito a intervalos de descanso de 10 minutos a cada 90 minutos de trabalho consecutivo.
(B) não se equiparam aos trabalhadores nos serviços de mecanografia (datilografia, escrituração ou cálculo), tratando-se de categorias distintas com direitos distintos, não havendo qualquer analogia relacionada aos períodos de descanso.
(C) equiparam-se aos trabalhadores nos serviços de mecanografia (datilografia, escrituração ou cálculo), razão pela qual têm direito a intervalos de descanso de 5 minutos a cada 90 minutos de trabalho consecutivo.
(D) equiparam-se aos trabalhadores nos serviços de mecanografia (datilografia, escrituração ou cálculo), razão pela qual têm direito a intervalos de descanso de 15 minutos a cada 120 minutos de trabalho consecutivo.
(E) equiparam-se aos trabalhadores nos serviços de mecanografia (datilografia, escrituração ou cálculo), razão

pela qual têm direito a intervalos de descanso de 15 minutos a cada 90 minutos de trabalho consecutivo.

Súmula 346 do TST e art. 72 da CLT. HC/LF
Gabarito "A".

4.3. Trabalho da Mulher

(Analista - TRT2 - FCC - 2018) De acordo com a Consolidação das Leis do Trabalho, à empregada que adotar ou obtiver guarda judicial para fins de adoção de criança ou adolescente será concedida licença-maternidade

(A) de 180 dias mediante apresentação da Certidão de Nascimento da criança e do termo judicial de guarda à adotante ou guardiã, sendo que a adoção ou guarda judicial conjunta ensejará a concessão de licença-maternidade a apenas um dos adotantes ou guardiães empregado ou empregada.

(B) de 120 dias mediante apresentação do termo judicial de guarda à adotante ou guardiã, sendo que a adoção ou guarda judicial conjunta ensejará a concessão de licença-maternidade aos dois adotantes ou guardiães empregado ou empregada.

(C) de 120 dias mediante apresentação do termo judicial de guarda à adotante ou guardiã, sendo que a adoção ou guarda judicial conjunta ensejará a concessão de licença-maternidade a apenas um dos adotantes ou guardiães empregado ou empregada.

(D) dependendo da idade da criança que poderá variar de 30 a 180 dias, independentemente da apresentação do termo judicial de guarda à adotante ou guardiã, sendo que a adoção ou guarda judicial conjunta ensejará a concessão de licença-maternidade a apenas um dos adotantes ou guardiães empregado ou empregada.

(E) dependendo da idade da criança que poderá variar de 30 a 180 dias, mediante a apresentação do termo judicial de guarda à adotante ou guardiã, sendo que a adoção ou guarda judicial conjunta ensejará a concessão de licença-maternidade aos dois adotantes ou guardiães empregado ou empregada.

"C" é a opção correta. Isso porque, nos termos do art. 392-A da CLT, à empregada que adotar ou obtiver guarda judicial para fins de adoção de criança ou adolescente será concedida licença-maternidade de 120 (cento e vinte) dias, sem prejuízo do emprego e do salário. HC
Gabarito "C".

(Analista Judiciário – TRT/8ª – 2016 – CESPE) De acordo com a Constituição Federal de 1988 (CF) e a jurisprudência do Tribunal Superior do Trabalho (TST), assinale a opção correta a respeito da estabilidade da gestante e da licença-maternidade.

(A) Se a admissão da gestante se deu mediante contrato de trabalho por prazo determinado, a empregada não tem direito à estabilidade provisória.

(B) Caso o empregador desconheça o estado gravídico da gestante, ela não terá direito à indenização decorrente da estabilidade após a cessação do auxílio-doença acidentário.

(C) A CF prevê duração de cento e oitenta dias para a licença gestante.

(D) Dada a garantia de emprego à gestante, ela pode ser reintegrada mesmo após dois anos da extinção do contrato de trabalho.

(E) Passado o período de estabilidade, garantem-se à gestante os salários e demais direitos correspondentes ao período de estabilidade, mas não a reintegração.

A: opção incorreta, pois a gestante possui estabilidade no emprego mesmo em contrato por prazo determinado, de acordo com a Súmula 244, III, TST; **B:** opção incorreta, pois o desconhecimento do estado gravídico pelo empregador não afasta o direito ao pagamento da indenização decorrente da estabilidade, de acordo com a Súmula 244, I, TST; **C:** opção incorreta, pois, nos termos do art. 7º, XVIII, o período de licença maternidade é de 120 dias. Vale lembrar que a licença maternidade poderá ser prorrogada por mais 60 dias, nos termos do art. 1º da Lei 11.770/2008. A prorrogação será garantida à empregada da pessoa jurídica que aderir ao programa Empresa Cidadã, desde que a empregada a requeira até o final do primeiro mês após o parto, e concedida imediatamente após a fruição da licença-maternidade; **D:** opção incorreta, pois, nos termos do item II da Súmula 244 do TST, a garantia de emprego à gestante só autoriza a reintegração se esta se der durante o período de estabilidade. Caso contrário, a garantia restringe-se aos salários e demais direitos correspondentes ao período de estabilidade; **E:** opção correta, pois reflete o disposto na Súmula 244, II, do TST. HC
Gabarito "E".

(Analista – TRT/11ª – 2012 – FCC) Considerando as normas especiais de proteção ao trabalho da mulher, é INCORRETO afirmar que

(A) é vedado publicar ou fazer publicar anúncio de emprego no qual haja referência ao sexo, à idade, à cor ou situação familiar, salvo quando a natureza da atividade, pública e notoriamente, assim o exigir.

(B) é vedado exigir atestado ou exame, de qualquer natureza, para comprovação de esterilidade ou gravidez, na admissão ou permanência no emprego.

(C) ao empregador é vedado empregar a mulher em serviço que demande o emprego de força muscular superior a vinte quilos de trabalho contínuo, ou vinte e cinco quilos para o trabalho ocasional, salvo se exercida a atividade com aparelhos mecânicos.

(D) a empregada que adotar ou obtiver guarda judicial para fins de adoção de criança será concedida licença-maternidade condicionada à apresentação do termo judicial de guarda à adotante ou guardiã.

(E) em caso de aborto não criminoso, comprovado por atestado médico oficial, a mulher terá um repouso remunerado de quatro semanas, ficando-lhe assegurado o direito de retornar à função que ocupava antes do afastamento.

A: opção correta, pois reflete o disposto no art. 373-A, I, da CLT. **B:** opção correta, pois reflete o disposto no art. 373-A, IV, da CLT. **C:** opção correta, pois reflete o disposto no art. 390 da CLT. **D:** opção correta, pois reflete o disposto no art. 392-A da CLT. Importante destacar que nos termos do citado dispositivo a licença-maternidade será concedida à empregada que adotar ou obtiver guarda judicial para fins de adoção de criança ou adolescente. **E:** opção incorreta, devendo ser assinalada, pois de acordo com o art. 395 da CLT o período de descanso será de 2 semanas. HC/LF
Gabarito "E".

(Analista – TRT/6ª – 2012 – FCC) Branca Pink, empregada da empregada "T" obteve a guarda judicial da menor Soraya de 7 anos de idade para fins de adoção. Neste caso, segundo a Consolidação das Leis Trabalhista, Branca Pink

(A) terá direito a 60 dias de licença-maternidade.

(B) não terá direito à licença maternidade em razão da adoção e não da gestação.

(C) não terá direito à licença maternidade em razão da adoção de menor com mais de cinco anos de idade.
(D) terá direito a 120 dias de licença-maternidade.
(E) terá direito a 30 dias de licença-maternidade.

"D" é a resposta correta, pois reflete o disposto no art. 392-A da CLT. Note que a Lei 12.010/2009 revogou os parágrafos do art. 392-A da CLT que previa um período de licença-maternidade diferenciado de acordo com a idade da criança. **HC/LF**

Gabarito "D".

(Analista – TRT/1ª – 2012 – FCC) Considera-se como regras de proteção à maternidade, de acordo com a Consolidação das Leis do Trabalho:

(A) licença de cento e vinte dias, sem prejuízo do emprego e do salário, e estabilidade no emprego pelo período desde a confirmação da gravidez até cinco meses após o parto.
(B) licença de cento e vinte dias, sem prejuízo do emprego e do salário, e estabilidade no emprego pelo período desde a confirmação da gravidez até cento e oitenta dias após o parto.
(C) licença de cento e oitenta dias, sem prejuízo do emprego e do salário, e estabilidade no emprego pelo período desde a confirmação da gravidez até cento e vinte dias após o parto.
(D) licença de cinco meses, sem prejuízo do emprego e do salário, e estabilidade no emprego pelo período desde a confirmação da gravidez até cento e vinte dias após o parto.
(E) licença de cento e vinte dias, sem prejuízo do emprego e do salário e, apenas para as empregadas urbanas, estabilidade no emprego pelo período desde a confirmação da gravidez até cinco meses após o parto.

"A" é a opção correta, pois reflete o disposto no art. 7º, XVIII, da CF e art. 10, II, b, do ADCT. Vale lembrar que o art. 1º da Lei 11.770/2008 prevê a possibilidade de prorrogação do período de licença por mais 60 dias. **HC/LF**

Gabarito "A".

4.4. Trabalho do Menor, Aprendizagem e Estágio

(Analista - TRT/15 - FCC - 2018) O Estatuto da Criança e do Adolescente (Lei 8.069/1990) prevê normas relativas ao direito à profissionalização e à proteção no trabalho, entre as quais,

(A) ao adolescente empregado, aprendiz, em regime familiar de trabalho, aluno de escola técnica, assistido em entidade governamental ou não governamental, é vedado trabalho noturno, realizado entre as vinte horas de um dia e as cinco horas do dia seguinte.
(B) ao adolescente até dezesseis anos de idade é assegurada bolsa de aprendizagem, após o que, na condição de aprendiz, passa a receber salário.
(C) a formação técnico-profissional obedecerá aos seguintes princípios: garantia de acesso e frequência obrigatória ao ensino regular; atividade compatível com o desenvolvimento do adolescente; horário especial para o exercício das atividades.
(D) o programa social que tenha por base o trabalho educativo, sob responsabilidade de entidade governamental ou não governamental com fins lucrativos, deverá assegurar ao adolescente que dele participe condições de capacitação para o exercício de atividade regular remunerada.
(E) no trabalho educativo o adolescente não pode receber qualquer valor a título de remuneração pelo trabalho efetuado ou pela participação na venda dos produtos de seu trabalho, sob pena de desvirtuamento da finalidade e descaracterização do trabalho educativo.

A: incorreto, pois nos termos do art. 67, I, da Lei 8.069/1990, é vedado trabalho noturno, realizado entre as vinte e duas horas de um dia e as cinco horas do dia seguinte. **B:** incorreto, pois nos termos do art. 64 da Lei 8.069/1990 ao adolescente até quatorze anos de idade é assegurada bolsa de aprendizagem. **C:** correto, pois reflete a disposição do art. 63 e seus incisos, da Lei 8.069/1990. **D:** incorreto, pois nos termos do art. 68 da Lei 8.069/1990 o programa social que tenha por base o trabalho educativo, sob responsabilidade de entidade governamental ou não governamental sem fins lucrativos, deverá assegurar ao adolescente que dele participe condições de capacitação para o exercício de atividade regular remunerada. **E:** incorreto, pois nos termos do art. 68, § 2º, da Lei 8.069/1990 o adolescente pode ser remunerado, porém, a remuneração que o adolescente recebe pelo trabalho efetuado ou a participação na venda dos produtos de seu trabalho não desfigura o caráter educativo.

Gabarito "C".

(Analista - Área Administrativa - TRT1 - 2018 - AOCP) Guilherme tem 17 anos e possui ensino fundamental completo. De posse de sua CTPS e buscando seu primeiro emprego, apresentou currículo e fez entrevista na empresa Brinquedos e Cia Ltda., loja do comércio varejista de brinquedos, para preencher a vaga de auxiliar administrativo. A jornada de trabalho a ser cumprida é das 8h às 17h, com 1 hora de intervalo para repouso e alimentação, de segunda-feira a sexta-feira. Considerando as disposições legais aplicáveis à espécie, é correto afirmar que

(A) Guilherme poderá ser contratado, com a devida anotação em CTPS, para exercer a função disponibilizada, posto que é maior de 16 anos, podendo, nesse caso, assinar os recibos de pagamento bem como a rescisão do contrato de trabalho, se esta vier a ocorrer antes que ele complete 18 anos.
(B) Guilherme poderá ser contratado somente na condição de aprendiz, com a devida anotação do contrato em sua CTPS.
(C) Guilherme poderá ser contratado, com a devida anotação em CTPS, para exercer a função disponibilizada, posto que é maior de 16 anos, podendo, nesse caso, assinar os recibos de pagamento. É, ainda, permitida a prorrogação da jornada de trabalho por até mais 2 (duas) horas, independentemente de acréscimo salarial, desde que tal possibilidade seja prevista por convenção ou acordo coletivo de trabalho, devendo ser o excesso de horas em um dia compensado pela diminuição em outro, observado o limite máximo de 48 horas semanais.
(D) Guilherme poderá ser contratado, com a devida anotação em CTPS, para exercer a função disponibilizada, posto que é maior de 16 anos, podendo, nesse caso, assinar os recibos de pagamento. Não será permitida a prorrogação de jornada de trabalho, em qualquer hipótese.
(E) Guilherme poderá ser contratado, com a devida anotação em CTPS, para exercer a função disponibilizada, posto que é maior de 16 anos, podendo, nesse caso, assinar os recibos de pagamento. É, ainda, permitida

a prorrogação da jornada de trabalho por até mais 2 (duas) horas, independentemente de acréscimo salarial, desde que haja autorização dos pais ou responsáveis e seja respeitado o horário das aulas.

Guilherme é considerado trabalhador menor (vide arts. 424 a 441 da CLT). O art. 7º, XXXIII, da CF proíbe o trabalho noturno, perigoso ou insalubre a menores de dezoito e de qualquer trabalho a menores de dezesseis anos, salvo na condição de aprendiz, a partir de quatorze anos. Ao menor não será permitido o trabalho em locais e serviços perigosos ou insalubres e, também, em locais ou serviços prejudiciais à sua moralidade, art. 405 da CLT. Poderá prorrogar sua jornada de trabalho, nos termos do art. 413 da CLT, por até mais 2 (duas) horas, independentemente de acréscimo salarial, mediante convenção ou acordo coletivo, desde que o excesso de horas em um dia seja compensado pela diminuição em outro, de modo a ser observado o limite máximo de 44 (quarenta e quatro) horas semanais ou outro inferior legalmente fixado. Ao menor é lícito firmar recibo pelo pagamento dos salários. Porém, em se tratando de rescisão do contrato de trabalho, é vedado ao menor de 18 (dezoito) anos dar, sem assistência dos seus responsáveis legais, quitação ao empregador pelo recebimento da indenização que lhe for devida, art. 439 da CLT.

Gabarito "C".

(Analista – TRT/6ª – 2012 – FCC) Quanto ao trabalho do menor, nos termos da legislação trabalhista consolidada, é INCORRETO afirmar que

(A) não será permitido ao menor o trabalho nos locais e serviços perigosos ou insalubres, constantes de quadro para esse fim aprovado pela Secretaria de Segurança e Medicina do Trabalho.

(B) quando o menor de 18 (dezoito) anos for empregado em mais de um estabelecimento, as horas de trabalho de cada um serão totalizadas.

(C) é proibido qualquer trabalho a menores de dezesseis anos de idade, salvo na condição de aprendiz, a partir dos quatorze anos.

(D) é lícito ao menor firmar recibo pelo pagamento dos salários, bem como, tratando-se de rescisão do contrato de trabalho, dar quitação ao empregador pelo recebimento da indenização que lhe for devida, sem assistência dos seus responsáveis legais.

(E) se aplica ao menor a vedação do serviço que demande o emprego de força muscular superior a 20 (vinte) quilos para o trabalho contínuo, ou 25 (vinte e cinco) quilos para o trabalho ocasional; exceto em caso da remoção de material feita por impulsão ou tração de vagonetes sobre trilhos, de carros de mão ou quaisquer aparelhos mecânicos.

A: correto, nos termos do art. 7º, XXXIII, da CF e do art. 405, I, da CLT (v. art. 441 da CLT); **B:** correto (art. 414 da CLT); **C:** correto (art. 7º, XXXIII, da CF e art. 403 da CLT); **D:** incorreto (devendo ser assinalado), nos termos do art. 439 da CLT; **E:** correto (art. 405, § 5º c/c art. 390 da CLT).

Gabarito "D".

5. TERCEIRIZAÇÃO E TRABALHO TEMPORÁRIO

(Analista Judiciário – TRT/24 – FCC – 2017) A empresa Ajax Produções contratou os serviços de dois operadores de som para atender à necessidade transitória de substituição de seu pessoal regular e permanente, optando pelo regime de trabalho temporário. Conforme legislação que regula o trabalho temporário,

(A) o contrato entre a empresa de trabalho temporário e a empresa tomadora ou cliente, com relação a um mesmo empregado, não poderá exceder de um ano, sujeito a apenas uma prorrogação por igual período.

(B) fica assegurada ao trabalhador temporário remuneração equivalente à percebida pelos empregados de mesma categoria da empresa tomadora ou cliente, calculada à base horária, garantida, em qualquer hipótese, a percepção do salário mínimo regional.

(C) entre a empresa de trabalho temporário e a empresa tomadora ou cliente deverá haver obrigatoriamente contrato escrito, mas entre a empresa de trabalho temporário e cada um dos assalariados colocados à disposição de uma empresa tomadora o contrato poderá ser verbal.

(D) no caso de falência da empresa de trabalho temporário, a empresa tomadora ou cliente é subsidiariamente responsável pela remuneração, indenização trabalhista e recolhimento das contribuições previdenciárias, no tocante ao tempo em que o trabalhador esteve sob suas ordens.

(E) a empresa de trabalho temporário poderá cobrar do trabalhador a importância máxima de 2% sobre o valor do primeiro salário a título de mediação, bem como efetuar os descontos previstos em Lei.

A: opção incorreta, pois nos termos do art. 10, § 1º, da Lei 6.019/1974 o contrato de trabalho temporário, com relação ao mesmo empregado, não poderá exceder ao prazo de cento e oitenta dias, consecutivos ou não. **B:** opção correta, pois reflete o disposto no art. 12, a, da Lei 6.019/1974. **C:** opção incorreta, pois nos termos do art. 11 da Lei 6.019/1974 o contrato de trabalho celebrado entre empresa de trabalho temporário e cada um dos assalariados colocados à disposição de uma empresa tomadora ou cliente será, obrigatoriamente, escrito e dele deverão constar, expressamente, os direitos conferidos aos trabalhadores. **D:** opção incorreta, pois nos termos do art. 16 da Lei 6.019/1974 no caso de falência da empresa de trabalho temporário, a empresa tomadora ou cliente é solidariamente responsável pelo recolhimento das contribuições previdenciárias, no tocante ao tempo em que o trabalhador esteve sob suas ordens, assim como em referência ao mesmo período, pela remuneração e indenização. **E:** opção incorreta, pois nos termos do art. 18 da Lei 6.019/1974 é vedado à empresa do trabalho temporário cobrar do trabalhador qualquer importância, mesmo a título de mediação, podendo apenas efetuar os descontos previstos em Lei.

Gabarito "B".

(Analista Judiciário – TRT/20 – FCC – 2016) A empresa Olimpos Metalúrgica decidiu terceirizar o setor de limpeza contratando os serviços de Atlas Limpadora que forneceu três faxineiras por um período de 10 meses. Após o término do contrato entre as empresas, as três faxineiras foram dispensadas pela empresa Atlas Limpadora, sem receber qualquer indenização rescisória, com 2 meses de salários em atraso e ausência do recolhimento do FGTS do período. Nessa situação, conforme entendimento sumulado pelo TST, sobre a responsabilidade da empresa Olimpos em relação aos direitos das faxineiras, pode-se afirmar que

(A) não haverá qualquer responsabilidade porque não eram empregadas da empresa Olimpos e a terceirização foi regular porque não era objeto de atividade-fim da tomadora.

(B) a responsabilidade será direta e exclusiva, com a formação do vínculo de emprego com a empresa Olimpos, porque a terceirização foi irregular.

(C) a responsabilidade será subsidiária em razão de terceirização regular, alcançando todos os direitos não cumpridos pela empresa empregadora no período.

(D) a responsabilidade será solidária em razão de terceirização irregular, alcançando todos os direitos não cumpridos pela empresa empregadora no período.

(E) a empresa Olimpos responderá de forma subsidiária porque a terceirização foi regular, mas fica restrita apenas a indenização rescisória em razão do rompimento contratual, porque os salários e o FGTS são de responsabilidade exclusiva da empregadora.

"C" é a opção correta. Nos termos do art. 5-A, § 5º, da Lei 6.019/1974, empresa contratante é subsidiariamente responsável pelas obrigações trabalhistas referentes ao período em que ocorrer a prestação de serviços, e o recolhimento das contribuições previdenciárias.
Gabarito "C".

(Analista – TRT/11ª – 2012 – FCC) O supermercado Delta terceirizou, de forma regular por meio de contrato, os serviços de vigilância junto à empresa Ajax Serviços. Houve inadimplência das obrigações trabalhistas em relação aos vigilantes. Nesta hipótese, o supermercado Delta

(A) poderá responder de forma solidária pelos débitos trabalhistas da empresa Ajax.

(B) não terá qualquer responsabilidade trabalhista visto que firmou contrato regular de terceirização com a prestadora Ajax.

(C) poderá responder de forma subsidiária ou solidária pelos débitos trabalhistas da empresa Ajax.

(D) poderá responder de forma subsidiária pelos débitos trabalhistas da empresa Ajax.

(E) poderá responder de forma solidária pelos débitos trabalhistas apenas em caso de falência da empresa Ajax.

"D" é a resposta correta. Isso porque trata-se de uma terceirização lícita, art. 4º-A da Lei 6.019/1974. Nessa hipótese, nos termos da súmula 331, item IV, do TST: "o inadimplemento das obrigações trabalhistas, por parte do empregador, implica a responsabilidade subsidiária do tomador dos serviços quanto àquelas obrigações, desde que haja participado da relação processual e conste também do título executivo judicial".
Gabarito "D".

(Analista – TRT9 – 2012 – FCC) Em relação ao trabalho temporário, com fundamento na legislação aplicável, é correto afirmar:

(A) A empresa de trabalho temporário é a pessoa física ou jurídica, urbana ou rural, cuja atividade consiste em colocar à disposição de outras empresas, temporariamente, trabalhadores devidamente qualificados, por ela remunerados e assistidos.

(B) Será nula de pleno direito qualquer cláusula de reserva, proibindo a contratação do trabalhador pela empresa tomadora ou cliente ao fim do prazo em que tenha sido colocado à sua disposição pela empresa de trabalho temporário.

(C) O contrato entre a empresa de trabalho temporário e a empresa tomadora ou cliente, com relação a um mesmo empregado, não poderá exceder de seis meses, salvo mediante autorização do Ministério do Trabalho.

(D) O contrato de trabalho celebrado entre a empresa de trabalho temporário e cada um dos assalariados colocados à disposição da empresa tomadora ou cliente poderá ser celebrado verbalmente ou por escrito, sendo vedada a modalidade de contrato tácito.

(E) A jornada normal de trabalho do temporário não poderá exceder de 6 horas diárias, remuneradas as horas extras com adicional de 20% sobre o valor da hora normal.

A: opção incorreta, pois nos termos do art. 4º, da Lei 6.019/1974 empresa de trabalho temporário é a pessoa jurídica, devidamente registrada no Ministério do Trabalho, responsável pela colocação de trabalhadores à disposição de outras empresas temporariamente. **B:** opção correta, pois reflete o disposto no art. 11, parágrafo único, da Lei 6.019/1974. **C:** opção incorreta, pois nos termos do art. 10, § 1º, da Lei 6.019/1974 o contrato de trabalho temporário, com relação ao mesmo empregador, não poderá exceder ao prazo de cento e oitenta dias, consecutivos ou não. Vale dizer que, além desse prazo o contrato poderá ser prorrogado por até noventa dias, consecutivos ou não, quando comprovada a manutenção das condições que o ensejaram. **D:** opção incorreta, pois o contrato deverá ser obrigatoriamente escrito, nos termos do art. 11 da Lei 6.019/1974. **E:** opção incorreta, pois a jornada de trabalho será de 8 horas diárias e o adicional será de 50% sobre a hora normal, art. 7º, XVI, da CF.
Gabarito "B".

6. JORNADA DE TRABALHO

(Analista – TRT/15 – FCC – 2018) Robson foi contratado pela empresa International Meal do Brasil Ltda. em regime de trabalho de tempo parcial, com duração de 20 horas semanais. Durante os últimos seis meses de trabalho, Robson fez 6 horas extras semanais. Robson requereu a seu empregador, 15 dias antes do término do período aquisitivo, a conversão de um terço do período de férias em abono pecuniário, o que foi recusado pelo empregador, sob a alegação de ser incabível o abono de férias nos contratos de trabalho em regime de tempo parcial. Em relação a essa situação,

(A) Robson não poderia ter feito horas extras, tendo em vista que as mesmas são vedadas nessa modalidade de contratação.

(B) as horas extras somente poderiam ter sido prestadas se a jornada semanal fosse de 26 horas.

(C) as horas extras deverão ser pagas com o acréscimo de 50% sobre o salário-hora normal, não havendo nessa modalidade de contratação a possibilidade de compensação.

(D) o abono de férias somente pode ser concedido, a requerimento do empregado, quando as férias tiverem duração de trinta dias, o que não ocorre no regime de trabalho de tempo parcial.

(E) é facultado ao empregado contratado sob regime de tempo parcial converter um terço do período de férias a que tiver direito em abono pecuniário.

Previsto no art. 58-A da CLT, o regime de tempo parcial é aquele cuja duração não exceda a 30 horas semanais, sem a possibilidade de horas suplementares semanais, ou, ainda, aquele cuja duração não exceda a 26 horas semanais, com a possibilidade de acréscimo de até seis horas suplementares semanais. Os empregados contratados por esse regime poderão converter um terço de suas férias em abono pecuniário, em conformidade com o art. 58-A, § 6º, da CLT.
Gabarito "E".

(Analista - Área Administrativa - TRT1 - 2018 - AOCP) Henrique foi contratado pela Loja de Conveniência Aki Tem Tudo, que funciona 24 horas, para exercer a função de atendente no horário das 21h de um dia às 6h do outro, com 1 hora de intervalo para repouso e alimentação. Diante dessa realidade contratual, é correto afirmar que

(A) Henrique terá direito ao pagamento do adicional noturno de 20% sobre o valor da hora normal, devendo ser considerada a hora reduzida de 52 minutos e 30 segundos, além de horas extras noturnas. É devido o adicional respectivo e a computação da hora reduzida das 22h até as 5h. O adicional noturno integrará a base de cálculo das horas extras prestadas em período noturno, vez que laboradas em condições de maior desgaste físico e mental. O adicional noturno, porque pago com habitualidade, integra o salário do empregado para todos os efeitos.

(B) Será devido a Henrique o pagamento do adicional noturno de 20% sobre o valor da hora normal, devendo ser considerada a hora reduzida de 52 minutos e 30 segundos, além de horas extras noturnas. É devido o adicional respectivo e a computação da hora reduzida das 22h até as 5h. O adicional noturno integrará a base de cálculo das horas extras prestadas em período noturno, vez que laboradas em condições de maior desgaste físico e mental. Adicional noturno e adicional horas extras, porque pagos com habitualidade, integram o salário do empregado para todos os efeitos.

(C) Henrique terá direito ao pagamento do adicional noturno de 20% sobre o valor da hora normal, devendo ser considerada a hora reduzida de 52 minutos e 30 segundos. É devido o adicional respectivo e a computação da hora reduzida das 22h até as 6h. É devida uma hora extra normal, sem considerar, para o cálculo respectivo, o adicional noturno. Adicional noturno e adicional horas extras, porque pagos com habitualidade, integram o salário do empregado para todos os efeitos.

(D) Será devido a Henrique o pagamento do adicional noturno de 20% sobre o valor da hora normal, devendo ser considerada a hora reduzida de 52 minutos e 30 segundos, além de horas extras noturnas. É devido o adicional respectivo e a computação da hora reduzida das 22h até as 6h. O adicional noturno integrará a base de cálculo das horas extras prestadas em período noturno, vez que laboradas em condições de maior desgaste físico e mental. Adicional noturno e adicional horas extras, porque pagos com habitualidade, integram o salário do empregado para todos os efeitos.

(E) Henrique terá direito ao pagamento do adicional noturno, de 20% sobre o valor da hora normal, devendo ser considerada a hora reduzida de 52 minutos e 30 segundos, além de horas extras noturnas. É devido o adicional respectivo e a computação da hora reduzida das 22h até as 6h. O adicional noturno não integrará a base de cálculo das horas extras. Adicional noturno e adicional horas extras, porque pagos com habitualidade, integram o salário do empregado para todos os efeitos.

Considera-se noturno, para os efeitos deste artigo, o trabalho executado entre as 22 horas de um dia e as 5 horas do dia seguinte, art. 73, § 2º, da CLT. Tendo em vista que Henrique trabalhava das 21h de um dia às 6h do outro, ou seja, uma hora antes do início do período considerado como noturno e uma hora depois desse período, temos que não será considerado noturno o período das 21h às 22h. Porém, será considerado noturno aquele prestado além das 5h, ou seja, na jornada de trabalho de Henrique até às 6h. Nesse sentido, a súmula 60, II, do TST entende que cumprida integralmente a jornada no período noturno e prorrogada esta, devido é também o adicional quanto às horas prorrogadas. Exegese do art. 73, § 5º, da CLT. O trabalho noturno terá remuneração superior a do diurno e, para esse efeito, sua remuneração terá um acréscimo de 20 % (vinte por cento), pelo menos, sobre a hora diurna, art. 73, *caput*, da CLT. A hora do trabalho noturno será computada como de 52 minutos e 30 segundos, art. 73, § 1º, da CLT. Nos termos da súmula 60, I, do TST o adicional noturno, pago com habitualidade, integra o salário do empregado para todos os efeitos.

Gabarito "D".

(Analista - TRT2 - FCC - 2018) Valéria, empregada da empresa "R", está preocupada com as mudanças ocorridas na Consolidação das Leis do Trabalho, notadamente com o seu intervalo para repouso ou alimentação. Considerando que ela possui jornada de trabalho diária de cinco horas, o seu intervalo para repouso ou alimentação

(A) continua sendo obrigatório de, no mínimo, quinze minutos.

(B) continua sendo obrigatório de, no mínimo, trinta minutos.

(C) continua sendo obrigatório de, no mínimo, vinte minutos.

(D) passou a ser obrigatório de, no mínimo, uma hora.

(E) passou a ser obrigatório de, no mínimo, trinta minutos.

"A" é a opção correta. Isso porque, nos termos do art. 71, § 1º, da CLT quando a duração do trabalho ultrapassar 4 (quatro) horas e não exceder 6 (seis) horas, será obrigatório um intervalo de 15 (quinze) minutos. HC

Gabarito "A".

(Analista Judiciário – TRT/11 – FCC – 2017) Mário presta serviços como entregador de carnes no Frigorífico "ABC" Ltda e, numa sexta-feira no final do dia, teve que estender sua jornada de trabalho para descarregar a mercadoria do caminhão e colocá-la na câmara fria, sob pena de perda irreparável do produto, sendo considerado um serviço inadiável. Neste caso, de acordo com a Consolidação das Leis do Trabalho, a prestação de horas extras

(A) poderá ocorrer independentemente da existência de acordo ou contrato coletivo e deverá ser comunicado, dentro de dez dias, à autoridade competente em matéria de trabalho, ou, antes desse prazo, justificado no momento da fiscalização sem prejuízo dessa comunicação.

(B) não poderá ocorrer sem a existência de acordo ou contrato coletivo, devendo o empregador contratar prestadores de serviços para fazê-lo.

(C) poderá ocorrer independentemente da existência de acordo ou contrato coletivo, entretanto o adicional a ser pago é de no mínimo 100% sobre a hora normal de trabalho.

(D) não poderá ocorrer sem a existência de acordo ou contrato coletivo, podendo o empregador solicitar os serviços de Mário, que poderá ou não aceitar a prestação dos serviços, já que não é obrigada pelo contrato de trabalho a fazê-lo.

(E) poderá ocorrer independentemente da existência de acordo ou contrato coletivo e deverá ser comunicado, dentro de noventa dias, à autoridade competente em matéria de trabalho, ou, antes desse prazo, justificado no momento da fiscalização sem prejuízo dessa comunicação.

"A" é a opção correta. Nos termos do art. 61, § 1º, da CLT o excesso, nos casos deste artigo, pode ser exigido independentemente de convenção coletiva ou acordo coletivo de trabalho. HC
Gabarito "A".

(Analista – TRT/11ª – 2012 – FCC - adaptada) Conforme previsão legal e jurisprudência sumulada do TST, em relação aos períodos de repousos e suas consequências, é INCORRETO afirmar que

(A) poderão ser concedidas férias coletivas a todos os empregados de uma empresa ou de determinados estabelecimentos ou setores da empresa que poderão ser gozadas em dois períodos anuais desde que nenhum deles seja inferior a dez dias corridos.

(B) não terá direito a férias o empregado que, no curso do período aquisitivo, deixar o emprego e não for readmitido dentro de sessenta dias subsequentes à sua saída ou se afastar do serviço, com percepção de auxílio-doença por mais de seis meses, embora descontínuos.

(C) o limite mínimo de uma hora para repouso ou refeição poderá ser reduzido por ato do Ministério do Trabalho, ainda que os empregados estiverem sob regime de trabalho prorrogado a horas suplementares.

(D) entre duas jornadas de trabalho haverá um período mínimo de onze horas consecutivas para descanso.

A: opção correta, pois reflete o disposto no art. 139, *caput* e § 1º, da CLT. **B:** opção correta, pois reflete o disposto no art. 133, I, da CLT. **C:** opção incorreta, devendo ser assinalada, pois de acordo com a parte final do art. 71, § 3º, da CLT, não poderão os empregados estar sob regime de trabalho prorrogado a horas suplementares. **D:** opção correta, pois refere-se ao intervalo interjornada, previsto no art. 66 da CLT. HC/LF
Gabarito "C".

(Analista – TRT9 – 2012 – FCC) Em relação ao intervalo para repouso e alimentação, é INCORRETO afirmar:

(A) Em qualquer trabalho contínuo cuja duração exceda de seis horas, é obrigatória a concessão de um intervalo de no mínimo uma hora e, salvo acordo escrito ou contrato coletivo em contrário, de no máximo duas horas.

(B) Não excedendo de seis horas o trabalho, será obrigatório um intervalo de quinze minutos quando a duração ultrapassar de quatro horas.

(C) A não concessão do intervalo para repouso e alimentação implica em mera sanção administrativa, com imposição de multa ao empregador.

(D) Os intervalos para repouso e alimentação previstos na Consolidação das Leis do Trabalho não serão computados na duração do trabalho.

(E) O trabalho em horas extras pelos empregados impede a redução do intervalo dos mesmos para período inferior a uma hora.

A: opção correta, pois reflete o disposto no art. 71 da CLT. **B:** opção correta, pois reflete o disposto no art. 71, § 1º, da CLT. **C:** opção incorreta, a não concessão ou a concessão parcial do intervalo intrajornada mínimo, para repouso e alimentação, a empregados urbanos e rurais, implica o pagamento, de natureza indenizatória, apenas do período suprimido, com acréscimo de 50% (cinquenta por cento) sobre o valor da remuneração da hora normal de trabalho. (art. 71, § 4º, da CLT).
Gabarito "A".

D: opção correta, pois reflete o disposto no art. 71, § 2º, da CLT. **E:** opção correta, pois reflete o disposto no art. 71, § 3º, da CLT. HC/LF
Gabarito "C".

(Analista – TRT/1ª – 2012 – FCC) Em relação ao intervalo para repouso e alimentação é INCORRETO afirmar:

(A) Em qualquer trabalho que exceda de seis horas, será concedido intervalo para repouso e alimentação de, no mínimo, uma hora e, no máximo, duas horas.

(B) Não excedendo de seis horas o trabalho, será obrigatório um intervalo de quinze minutos.

(C) Quando o intervalo para repouso e alimentação não for concedido pelo empregador, este deverá remunerar o período correspondente com um acréscimo de no mínimo cinquenta por cento sobre o valor da remuneração da hora normal de trabalho.

(D) Quando o intervalo para repouso e alimentação não for concedido pelo empregador, este deverá remunerar o período correspondente com um acréscimo de no mínimo vinte por cento sobre o valor da remuneração da hora normal de trabalho.

(E) Os intervalos de descanso não serão computados na duração do trabalho.

A: opção correta, pois reflete o disposto no art. 71 da CLT. **B:** opção correta, pois reflete o disposto no art. 71, § 1º, da CLT. **C:** opção correta, pois nos termos do art. 71, § 4º da CLT a não concessão ou a concessão parcial do intervalo intrajornada mínimo, para repouso e alimentação, a empregados urbanos e rurais, implica o pagamento, de natureza indenizatória, apenas do período suprimido, com acréscimo de 50% (cinquenta por cento) sobre o valor da remuneração da hora normal de trabalho. **D:** opção incorreta, devendo ser assinalada, pois nos termos do art. 71, § 4º, da CLT o adicional será de 50%. **E:** opção correta, pois reflete o disposto no art. 71, § 2º, da CLT. HC/LF
Gabarito "D".

Analista – TRT/6ª – 2012 – FCC) Em relação à jornada de trabalho e períodos de descanso previstos na Consolidação das Leis do Trabalho, é correto afirmar que:

(A) Entre duas jornadas de trabalho haverá um período mínimo de onze horas consecutivas para descanso.

(B) Não serão descontadas nem computadas como jornada extraordinária as variações de horário no registro de ponto não excedentes de dez minutos, observado o limite máximo de vinte minutos diários.

(C) Em qualquer trabalho contínuo, cuja duração não exceda de seis horas, será obrigatório um intervalo para repouso ou alimentação de trinta minutos quando a duração ultrapassar quatro horas.

(D) Em qualquer trabalho contínuo, cuja duração exceda de seis horas, será obrigatório um intervalo para repouso ou alimentação de uma hora no mínimo, que poderá ser reduzido por acordo individual entre empregado e empregador.

(E) A duração normal do trabalho poderá ser acrescida de horas suplementares, em número não excedente de três por dia, mediante acordo escrito entre empregador e empregado, ou mediante contrato coletivo de trabalho.

A: correto (art. 66 da CLT); **B:** incorreto (art. 58, § 1º, da CLT e súmula 366 do TST); **C:** incorreto (art. 71, *caput* e § 1º, da CLT); **D:** incorreto (art. 71, § 3º, da CLT) Veja art. 611-A, III, da CLT; **E:** incorreto (art. 59 da CLT). HC/LF
Gabarito "A".

7. TRABALHO NOTURNO (INCLUSIVE, ADICIONAL NOTURNO)

(Analista – TRT/18 – 2023 – FCC) Sócrates trabalha na empresa de segurança Alerta Máximo em jornada das 19 horas às 7 horas, exercendo as funções de vigilante ronda. Conforme previsão da Consolidação das Leis do Trabalho, o período laborado pelo empregado das

(A) 22 horas às 6 horas será considerado noturno, e a sua remuneração em relação à hora diurna deve ser no mínimo em 15% a mais.

(B) 21 horas às 5 horas será considerado noturno, e a sua remuneração em relação à hora diurna deve ser no mínimo em 20% a mais.

(C) 21 horas às 4 horas será considerado noturno, e a sua remuneração em relação à hora diurna deve ser no mínimo em 15% a mais.

(D) 22 horas às 6 horas será considerado noturno, e a sua remuneração em relação à hora diurna deve ser no mínimo em 10% a mais.

(E) 22 horas às 5 horas será considerado noturno, e a sua remuneração em relação à hora diurna deve ser no mínimo em 20% a mais.

Nos termos do art. 73, § 2º, da CLT no âmbito urbano considera-se noturno, o trabalho executado entre as 22 horas de um dia e as 5 horas do dia seguinte e para esse efeito, sua remuneração terá um acréscimo de 20 % (vinte por cento), pelo menos, sobre a hora diurna, na forma do caput do art. 73 da CLT. **HC**

Gabarito "E".

(Analista – TRT/6ª – 2012 – FCC) Conforme previsão contida na Consolidação das Leis do Trabalho, para o trabalhador urbano considera-se noturno o trabalho executado entre as

(A) 21 (vinte e uma) horas de um dia e as 5 (cinco) horas do dia seguinte.

(B) 20 (vinte) horas de um dia e as 4 (quatro) horas do dia seguinte.

(C) 22 (vinte e duas) horas de um dia e as 5 (cinco) horas do dia seguinte.

(D) 20 (vinte) horas de um dia e as 5 (cinco) horas do dia seguinte.

(E) 21 (vinte e uma) horas de um dia e as 6 (seis) horas do dia seguinte.

Art. 73, § 2º, da CLT. **HC/LF**

Gabarito "C".

8. FÉRIAS

(Analista – TRT/18 – 2023 – FCC) Tibério, de 60 anos, é empregado na empresa metalúrgica Açoforte, e seu empregador, para organização interna da empresa, pretende fracionar as suas próximas férias em 4 períodos, sendo um período de 10 dias, dois períodos de 7 dias e um período de 6 dias. Conforme prevê a Consolidação das Leis do Trabalho, esse fracionamento é

(A) irregular, porque para os empregados menores de 18 e maiores de 50 anos, as férias só podem ser concedidas em no máximo dois períodos, sendo um deles de no mínimo 20 dias corridos.

(B) possível, eis que atendido o requisito de ter no mínimo um período de 10 dias, para empregados com mais de 55 anos de idade.

(C) possível, desde que haja a concordância do empregado, na medida em que as férias podem ser concedidas em até 4 períodos, sendo um deles de no mínimo 10 dias.

(D) irregular, eis que as férias, desde haja concordância do empregado, pode ter seu período fracionado em até 3 períodos, sendo um deles de no mínimo 14 dias corridos.

(E) irregular, porque para os empregados menores de 18 e maiores de 55 anos, as férias só podem ser concedidas em no máximo três períodos, sendo um deles de no mínimo 15 dias corridos.

Nos termos do art. 134, § 1º, da CLT desde que haja concordância do empregado, as férias poderão ser usufruídas em até três períodos, sendo que um deles não poderá ser inferior a quatorze dias corridos e os demais não poderão ser inferiores a cinco dias corridos, cada um. O art. 134, § 2º, da CLT que estabelecia que para os maiores de 50 anos as férias deveriam ser concedidas de uma única vez foi revogado pela Lei 13.467/2017. **HC**

Gabarito "D".

(Analista Jurídico - TRT2 - FCC - 2018) Carlos, Alessandra e Augusto trabalham na empresa Flor de Lótus Ltda. Luana, por sua vez, acabou de ser dispensada por justa causa. Carlos, trabalhou durante 7 meses e, em seguida, ausentou-se para a apresentação ao serviço militar obrigatório. Já Alessandra, no seu período aquisitivo, se ausentou injustificadamente por 8 dias. Augusto acabou de receber comunicação de concessão de férias. Nesses casos, de acordo com a legislação vigente e entendimento sumulado do TST, é correto o que se afirma em:

(A) Alessandra terá direito às férias, na proporção de 18 dias corridos.

(B) Não há proibição legal para que as férias de Augusto se iniciem imediatamente antes de feriados ou dia de descanso semanal remunerado.

(C) Augusto poderá entrar no gozo das férias antes de apresentar ao empregador a sua Carteira de Trabalho e Previdência Social, para que nela seja anotada a concessão das férias. Nesse caso, deverá apresentá-la para a devida anotação em até 15 dias após o término do período de férias e seu retorno ao trabalho.

(D) O tempo de trabalho anterior à apresentação de Carlos para o serviço militar obrigatório será computado no período aquisitivo, desde que ele compareça ao estabelecimento dentro de 120 dias da data em que se verificar a respectiva baixa.

(E) Luana não terá direito ao recebimento da remuneração das férias proporcionais.

A: incorreta, pois, como possui 8 faltas injustificadas, terá direito a 24 dias de férias; **B**: incorreta, pois, nos termos do art. 134, § 3º, da CLT, é vedado o início das férias no período de dois dias que antecede feriado ou dia de repouso semanal remunerado; **C**: incorreta, pois, nos termos do art. 135, § 1º, da CLT, o empregado não poderá entrar no gozo das férias sem que apresente ao empregador sua Carteira de Trabalho e Previdência Social, para que nela seja anotada a respectiva concessão; **D**: incorreta, pois, nos termos do art. 132 da CLT, o tempo de trabalho anterior à apresentação do empregado para serviço militar obrigatório será computado no período aquisitivo, desde que ele compareça ao

estabelecimento dentro de 90 (noventa) dias da data em que se verificar a respectiva baixa; **E:** correta, pois, nos termos da súmula 171 do TST, salvo na hipótese de dispensa do empregado por justa causa, a extinção do contrato de trabalho sujeita o empregador ao pagamento da remuneração das férias proporcionais, ainda que incompleto o período aquisitivo de 12 (doze) meses.
Gabarito "E".

(Analista - TRT2 - FCC - 2018) Considere a seguinte hipótese: Gabi é empregada da fábrica de velas "V", laborando de segunda a sexta-feira das 9:00 às 18:00 com uma hora para descanso intrajornada. Sua empregadora pretende conceder férias para Gabi no mês de outubro deste ano.

De acordo com a Consolidação das Leis do trabalho, é VEDADO o início das férias no período

(A) de dois dias que antecede feriado, apenas.
(B) que antecede o repouso semanal remunerado, apenas.
(C) de três dias que antecede feriado ou dia de repouso semanal remunerado.
(D) de dois dias que antecede feriado ou dia de repouso semanal remunerado.
(E) de cinco dias que antecede feriado ou dia de repouso semanal remunerado.

"D" é a opção correta. Isso porque, nos termos do art. 134, § 3º, da CLT, é vedado o início das férias no período de dois dias que antecede feriado ou dia de repouso semanal remunerado.
Gabarito "D".

(Analista Judiciário - TRT/24 - FCC - 2017) Durante o período aquisitivo das férias 2016/2017, Perseu ausentou-se do serviço por 1 dia para acompanhar filho de cinco anos em consulta médica, por 2 dias consecutivos em razão de falecimento do seu irmão e 2 dias realizando exame vestibular para ingresso em estabelecimento de ensino superior. Nessa situação hipotética, em relação ao referido período Perseu terá direito ao gozo de férias na seguinte proporção:

(A) 18 dias corridos.
(B) 20 dias corridos
(C) 30 dias corridos
(D) 24 dias corridos
(E) 25 dias corridos.

"C" é a opção correta. Isso porque, nos termos do art. 473, XI (por 1 (um) dia por ano para acompanhar filho de até 6 (seis) anos em consulta médica), I (até 2 (dois) dias consecutivos, em caso de falecimento do irmão e VII (nos dias em que estiver comprovadamente realizando provas de exame vestibular para ingresso em estabelecimento de ensino superior) constituem motivos justificáveis de falta, o que não interferirá em seu período de férias disposto no art. 130 da CLT.
Gabarito "C".

(Analista Judiciário – TRT/11 – FCC – 2017) De acordo com o entendimento Sumulado do TST, as faltas ou ausências decorrentes de acidente do trabalho

(A) são consideradas para os efeitos de duração de férias e cálculo da gratificação natalina.
(B) não são consideradas para os efeitos de duração de férias, mas são consideradas para o cálculo da gratificação natalina.
(C) não são consideradas para os efeitos de duração de férias e cálculo da gratificação natalina.
(D) são consideradas para os efeitos de duração de férias, mas não são consideradas para o cálculo da gratificação natalina.
(E) são consideradas para os efeitos de duração de férias e cálculo da gratificação natalina de forma reduzida, limitando-se a quinze dias.

"C" é a opção correta. Nos termos da súmula 46 do TST as faltas ou ausências decorrentes de acidente do trabalho não são consideradas para os efeitos de duração de férias e cálculo da gratificação natalina.
Gabarito "C".

(Analista - TRT/10ª – 2013 – CESPE) Com base na CLT, julgue o próximo item.

(1) No curso do período aquisitivo das férias, o empregado que tiver percebido do órgão previdenciário prestações de acidente de trabalho ou auxílio-doença por sete meses, ainda que descontínuos, não terá direito a férias.

1. Opção correta, pois reflete o disposto no art. 133, IV, da CLT.
Gabarito "C".

(Analista – TRT/16ª – 2014 – FCC) Considere as seguintes hipóteses:

I. Vilma deixou seu emprego, porém foi readmitida no quadragésimo quinto dia subsequente à sua saída.
II. Katia permaneceu em gozo de licença, com percepção de salários, por mais de 45 dias.
III. Manoela percebeu da Previdência Social prestações de acidente de trabalho por 45 dias contínuos.
IV. Berenice percebeu da Previdência Social prestações de auxílio-doença por 45 dias descontínuos.

Nestes casos, considerando que Vilma, Katia, Manoela e Berenice são empregadas da empresa XXX Ltda., de acordo com a Consolidação das Leis do Trabalho, terão direito a férias

(A) Vilma, Katia, Manoela e Berenice.
(B) Manoela e Berenice, apenas.
(C) Vilma, Manoela e Berenice, apenas.
(D) Katia e Manoela, apenas.
(E) Katia e Berenice, apenas.

Isso porque Vilma terá direito às férias. Somente perderia seu direito caso deixasse o emprego e não fosse readmitida depois de 60 dias, art. 133, I, CLT. Katia por ter permanecido em gozo de licença, com percepção de salários, por mais de 30 dias, perderá o direito às férias, art. 133, II, da CLT. Já Manoela que percebeu da Previdência Social prestações de acidente de trabalho por 45 dias contínuos fará jus às férias. Somente perderia tal direito caso o período fosse superior a 6 meses, art. 133, IV, da CLT. Da mesma forma e pelos mesmos fundamentos legais Berenice, que recebeu da Previdência Social prestações de auxílio-doença por 45 dias descontínuos terá direito às férias.
Gabarito "C".

(Analista – TRT/3ª – 2015 – FCC) Quanto à remuneração a ser paga no período de férias,

(A) o empregado não receberá salário, pois nesse período houve o afastamento do exercício de sua atividade laboral.
(B) no salário pago por tarefa, para fins de apuração do valor das férias, toma-se a média da produção no período aquisitivo, aplicando-se o valor da tarefa do mês imediatamente anterior à concessão das férias.

(C) para o salário pago por porcentagem, a remuneração das férias será apurada pela média do que foi percebido nos doze meses que precederem à concessão das férias.

(D) no salário pago por hora, com jornadas variáveis, a remuneração das férias será a média dos últimos seis meses, aplicando-se o valor do salário vigente na data da sua apuração.

(E) a parte do salário paga em utilidades não será computada no valor das férias.

A: incorreta, pois o período de férias é remunerado, em conformidade com os arts. 129 e 142 da CLT. Veja art. 7º, XVII, CF. **B:** incorreta, pois nos termos do art. 142, § 2º, da CLT no salário pago por tarefa terá por base a média da produção no período aquisitivo do direito a férias, aplicando-se o valor da remuneração da tarefa na data da concessão das férias. **C:** correta, pois reflete o disposto no art. 142, § 3º, da CLT. **D:** incorreta, pois no salário pago por hora apurar-se-á a média do período aquisitivo, aplicando-se o valor do salário na data da concessão das férias. **E:** incorreta, pois a parte do salário paga em utilidades será computada no valor das férias, nos termos do art. 142, § 4º, da CLT. HC
Gabarito "C".

(Analista – TRT/2ª – 2014 – FCC) Perderá o direito a férias o empregado que, no curso do período aquisitivo,

(A) deixar o emprego e não for readmitido nos 60 dias posteriores à sua saída.

(B) prestar serviço militar obrigatório por período superior a 6 meses.

(C) deixar de trabalhar, com percepção de salários, por mais de 60 dias, em virtude de paralisação parcial ou total dos serviços da empresa, desde que tal paralisação tenha decorrido de força maior.

(D) tiver percebido da Previdência Social prestações de acidente do trabalho ou de auxílio-doença por mais de 6 meses, desde que contínuos.

(E) usufruir de licença remunerada, qualquer que seja o período de duração da mesma.

A: correta, pois reflete o disposto no art. 133, I, CLT. **B:** incorreta, pois nos termos do art. 132 da CLT, a prestação de serviço militar obrigatório corresponde a uma hipótese de suspensão do contrato de trabalho, não sendo devidos salários pelo empregador. No entanto, alguns efeitos do contrato são mantidos, dentre eles o cômputo do tempo de trabalho anterior à apresentação do empregado para serviço militar obrigatório no período aquisitivo para apuração das férias, desde que ele compareça ao estabelecimento dentro de 90 (noventa) dias da data em que se verificar a respectiva baixa (art. 132 da CLT). **C:** incorreta, pois de acordo com o art. 133, III, da CLT o período de paralisação superior a 30 dias não necessita ter ocorrido por motivo de força maior. **D:** incorreta, pois nos termos do art. 133, IV, da CLT o citado período pode ser descontínuo. **E:** incorreta, pois nos termos do art. 133, II, da CLT perderá o direito de férias o empregado que permanecer em gozo de licença, com percepção de salários, por mais de 30 (trinta) dias. HC
Gabarito "A".

(Analista –TRT/6ª – 2012 – FCC) No lojinha "Xérox e companhia" trabalham desde 2008 apenas duas empregadas, Loira e Linda, que são, respectivamente, mãe e filha. De acordo com a Consolidação das Leis do Trabalho, Loira e Linda

(A) não terão direito de gozar férias no mesmo período, em razão do evidente prejuízo para o serviço.

(B) terão direito de gozar férias no mesmo período uma vez que são membros da mesma família.

(C) só terão direito de gozar férias no mesmo período quando completarem cinco anos de serviço para a mesma empresa.

(D) só terão direito de gozar férias no mesmo período se Linda for estudante de ensino médio ou superior.

(E) só terão direito de gozar férias no mesmo período se Loira possuir mais de sessenta anos de idade.

"A" é a opção correta. Isso porque o art. 136, § 1º, da CLT determina que os membros de uma família, que trabalharem no mesmo estabelecimento ou empresa, terão direito a gozar férias no mesmo período, se assim o desejarem e se disto não resultar prejuízo para o serviço. Por serem as duas únicas funcionárias da loja, o prejuízo é manifesto, o que impossibilita o gozo de férias no mesmo período. HC/LF
Gabarito "A".

(Analista –TRT/11ª – 2012 – FCC) O empregado, no período aquisitivo de férias, faltou quatro dias seguidos em razão de falecimento da sua mãe, oito dias seguidos para celebrar seu casamento e de lua de mel, dois dias para doação voluntária de sangue. No período concessivo respectivo, ele terá direito a usufruir de

(A) 24 dias de férias.
(B) 30 dias de férias.
(C) 18 dias de férias.
(D) 16 dias de férias.
(E) somente 15 dias de férias em razão do excesso de faltas.

Art. 130, II, da CLT c/c arts. 131, I, e 473, I, II e IV, da CLT. HC/LF
Gabarito "A".

9. REMUNERAÇÃO, SALÁRIO E DEMAIS VANTAGENS[1]

(Analista - Área Administrativa - TRT1 - 2018 - AOCP) José é funcionário do Bar e Petiscaria Hora Feliz Ltda. na função de garçom, com registro em CTPS. Recebe o salário previsto em convenção coletiva da categoria. Além disso, recebe gorjetas pagas espontaneamente pelos clientes. O estabelecimento ainda cobra dos clientes taxa de serviço, à razão de 10% dos itens consumidos, cujo valor é destinado à distribuição aos empregados. A empresa fornece, também, uniforme a todos os empregados, a ser utilizado no local de trabalho para a prestação do serviço. Diante do exposto, no que se refere à remuneração do empregado, é correto afirmar que

(A) tanto a importância dada pelos clientes espontaneamente a José quanto o valor cobrado pela empregadora a título de taxa de serviço são considerados gorjeta.

(B) o uniforme fornecido pela empresa a José integra sua remuneração.

(C) as gorjetas recebidas por José dos clientes não integram sua remuneração.

(D) somente é considerada gorjeta a importância dada pelos clientes espontaneamente a José.

(E) a taxa de serviço cobrada pelo estabelecimento, nos termos do enunciado, não integra a remuneração do empregado.

---
1. ATENÇÃO: Sobre Adicional de Insalubridade/Periculosidade, ver questões referentes à Medicina e Segurança no Trabalho

A: correto, pois nos termos do art. 457, § 3º, da CLT considera-se gorjeta não só a importância espontaneamente dada pelo cliente ao empregado, como também o valor cobrado pela empresa, como serviço ou adicional, a qualquer título, e destinado à distribuição aos empregados. **B:** incorreto, pois nos termos do art. 458, § 2º, I, da CLT não integra a remuneração. **C:** incorreto, pois nos termos do art. 457 da CLT compreendem-se na remuneração do empregado, para todos os efeitos legais, além do salário devido e pago diretamente pelo empregador, como contraprestação do serviço, as gorjetas que receber. **D:** incorreto, veja art. 457 da CLT. **E:** incorreto, pois a taxa de serviço é considerada gorjeta e, portanto, integra a remuneração do empregado, art. 457 da CLT.
Gabarito "A".

(Analista – TRT/3ª – 2015 – FCC) Sobre equiparação salarial, considere:

I. É viável a equiparação salarial entre reclamante e paradigma que prestam serviços ao mesmo empregador, mas em municípios diversos que não integram a mesma região metropolitana.
II. A cessão de empregados não exclui a equiparação salarial, embora exercida a função em órgão governamental estranho à cedente, se esta responder pelos salários do paradigma e do reclamante.
III. A equiparação salarial não é possível quando o desnível salarial decorre de decisão judicial que beneficiou o paradigma.
IV. Desde que preenchidos os requisitos previstos em lei, é possível a equiparação salarial de trabalho intelectual, que pode ser avaliado por sua perfeição técnica, cuja aferição terá critérios objetivos.

Está correto o que consta APENAS em

(A) II e IV.
(B) I e IV.
(C) I, II e III.
(D) III e IV.
(E) I e II.

I: incorreta, pois o art. 461 da CLT exige que empregado e paradigma trabalhem no mesmo estabelecimento. **II:** correta, pois reflete o entendimento disposto no item V da súmula 6 do TST. **III:** incorreta, pois de acordo com o item VI da súmula 6 do TST presentes os pressupostos do art. 461 da CLT, é irrelevante a circunstância de que o desnível salarial tenha origem em decisão judicial que beneficiou o paradigma. **IV:** correta, pois reflete o disposto na súmula 6, item VII, do TST.
Gabarito "A".

(Analista – TRT/16ª – 2014 – FCC) Jussara é empregada da empresa X exercendo o cargo de vendedora externa de produtos, visitando todos os dias diversos clientes, em suas residências, escritórios e consultórios. Para o desempenho de suas atividades, Jussara utiliza-se de um veículo fornecido pelo empregador. Considerando que Jussara, além de utilizar-se do veículo para a realização de seu trabalho também o faz em atividades particulares, neste caso, o veículo fornecido

(A) possui natureza salarial, incorporando-se na sua remuneração apenas para alguns efeitos.
(B) possui natureza salarial, incorporando-se na sua remuneração para todos os efeitos.
(C) não tem natureza salarial.
(D) somente não terá natureza salarial se a empresa fornecer o combustível como ajuda de custo.
(E) somente terá natureza salarial se utilizado com habitualidade e exclusivamente pela empregada.

Isso porque o veículo é utilizado como ferramenta de trabalho, ou seja, é usado PARA o desempenho de suas atividades laborais. Desta forma, ainda que o veículo seja utilizado em atividades particulares não será considerado salário *in natura*, nos termos da súmula 367, I, do TST.
Gabarito "C".

(Analista – TRT/11ª – 2012 – FCC) A empresa Gama Participações fornece a seu gerente João alguns benefícios, além do pagamento em dinheiro relativo ao salário. Das utilidades fornecidas pela empresa ao empregado sob a forma de benefícios, constituem salário *in natura*

(A) matrícula e mensalidade de curso universitário.
(B) vestuário utilizado no local de trabalho para a prestação de serviços.
(C) transporte destinado ao deslocamento para o trabalho e retorno.
(D) seguro de vida e acidentes pessoais.
(E) aluguel de apartamento decorrente do contrato ou do costume.

A: opção incorreta, pois não serão consideradas salário in natura, nos termos do art. 458, § 2º, II, da CLT. **B:** opção incorreta, pois o vestuário não será considerado salário in natura, nos termos do art. 458, § 2º, I, da CLT. **C:** opção incorreta, pois o transporte destinado ao deslocamento para o trabalho e retorno não será considerado salário in natura, nos termos do art. 458, § 2º, III, da CLT. **D:** opção incorreta, pois o seguro de vida e acidentes pessoais não será considerado salário in natura, nos termos do art. 458, § 2º, V, da CLT. **E:** opção correta, pois nos termos do art. 458, *caput*, da CLT a habitação fornecida por força do contrato de trabalho constitui salário in natura.
Gabarito "E".

(Analista – TRT/10ª – 2013 – CESPE) Tendo em vista que o princípio da igualdade salarial no Brasil é garantia constitucional disciplinada pela Consolidação das Leis do Trabalho (CLT), julgue o item a seguir, acerca da equiparação salarial.

(1) Para que se reconheça o quadro de carreira como excludente da equiparação, é imprescindível a sua homologação pelo Ministério do Trabalho e Emprego, excetuando-se as entidades de direito público da administração direta, autárquica e funcional, cujo quadro de carreira será aprovado por ato administrativo da autoridade competente.

1: Opção incorreta, pois nos termos do art. 461, § 2º, da CLT a equiparação salarial não prevalecerá quando o empregador tiver pessoal organizado em quadro de carreira ou adotar, por meio de norma interna da empresa ou de negociação coletiva, plano de cargos e salários, dispensada qualquer forma de homologação ou registro em órgão público.
Gabarito 1E.

(Analista – TRT9 – 2012 – FCC) De acordo com a legislação aplicável, o 13º salário

(A) será pago entre os meses de fevereiro e outubro de cada ano.
(B) é um direito assegurado aos empregados urbanos, rurais, domésticos e não aos trabalhadores avulsos.
(C) será proporcional na extinção dos contratos a prazo, exceto os de safra, ainda que a relação de emprego haja findado antes de dezembro.

(D) será proporcional na cessação da relação de emprego resultante da aposentadoria do trabalhador, ainda que verificada antes de dezembro.

(E) deverá ser pago como antecipação na proporção de 40% a todos os empregados no mesmo mês.

A: opção incorreta, pois nos termos do art. 1º da Lei 4.749/1965 o 13º salário será pago até o dia 20 de dezembro de cada ano. Ademais, nos termos do art. 2º da mesma lei, entre os meses de fevereiro e novembro de cada ano, o empregador pagará, como adiantamento da gratificação referida no artigo precedente, de uma só vez, metade do salário recebido pelo respectivo empregado no mês anterior. **B:** opção incorreta, pois nos termos do art. 7º, XXXIV, da CF, também será devido ao avulso. **C:** opção incorreta, pois nos termos do art. 1º, § 3º, I, da Lei 4.090/1962 a gratificação será proporcional na extinção dos contratos a prazo, entre estes incluídos os de safra, ainda que a relação de emprego haja findado antes de dezembro. **D:** opção correta, pois reflete o disposto no art. 1º, § 3º, II, da Lei 4.090/1962. **E:** opção incorreta, pois nos termos do art. 2º da Lei 4.749/1965 o adiantamento corresponderá a metade do salário, sendo que o empregador não está obrigado a pagá-lo no mesmo mês a todos os empregados, em conformidade com o § 1º do mesmo dispositivo legal. HC/LF

Gabarito "D".

10. ALTERAÇÃO DO CONTRATO DE TRABALHO

(Analista - TRT1 - 2018 - AOCP) Plínio foi intimado, por carta com aviso de recebimento, para ser testemunha em uma audiência de instrução ação de despejo, designada para a data de 04 de jul. de 2018 às 13h30. Diante da questão fática, assinale a alternativa correta.

(A) Plínio poderá se ausentar do trabalho pelo tempo que se fizer necessário para estar em juízo, sem prejuízo do salário, pois o comparecimento perante a justiça, para depor como testemunha, caracteriza encargo público. Trata-se de hipótese de interrupção do contrato de trabalho.

(B) Ao empregador é facultado computar o período em que Plínio estará em juízo como 01 falta injustificada.

(C) Plínio poderá se ausentar do trabalho pelo tempo que se fizer necessário para estar em juízo sem prejuízo do salário, pois o comparecimento perante a justiça, para depor como testemunha, caracteriza encargo público. Trata-se de hipótese de suspensão do contrato de trabalho.

(D) Embora a audiência tenha sido designada em data e horário certos e determinados, Plínio poderá se ausentar do trabalho por 02 dias consecutivos, a iniciar-se no dia imediatamente anterior à audiência, a fim de consultar os autos e reunir-se com a parte que o intimou e seu procurador, sem prejuízo do salário, pois o comparecimento perante a justiça, para depor como testemunha, caracteriza encargo público. Trata-se de hipótese de interrupção do contrato de trabalho.

(E) Plínio não poderá se ausentar do trabalho para comparecer à audiência, devendo requerer a dispensa do encargo, tendo em vista que o regulamento interno da empresa veda o comparecimento de seus empregados em juízo a fim de prestar depoimento como testemunha.

Nos termos do art. 473, VIII, da CLT o empregado poderá deixar de comparecer ao serviço sem prejuízo do salário pelo tempo que se fizer necessário, quando tiver que comparecer a juízo. Trata-se de hipótese de interrupção de contrato de trabalho, na medida em que o período deve ser remunerado pelo empregador.

Gabarito "A".

(Analista - TRT1 - 2018 – AOCP - adaptada) Em relação à sistemática de alteração do contrato de trabalho contida na legislação laboral, é correto afirmar que

(A) por *jus variandi* entende-se a faculdade do empregador de alterar unilateralmente as condições de trabalho do empregado com vistas a melhor organizar sua atividade empresarial. Diante disso, visando alcançar melhor produtividade, pode o empregador, por exemplo, dividir as férias do empregado em até 3 períodos iguais de 10 dias.

(B) não configura-se alteração unilateral lesiva, pelo empregador, a determinação para que o empregado volte ao cargo efetivo, anteriormente ocupado, deixando o exercício de função de confiança.

(C) a reversão ao cargo anterior garante ao empregado a incorporação da gratificação para aquele empregado que exerça por mais de 10 anos o cargo gratificado, em razão dos princípios da intangibilidade salarial e da estabilidade financeira.

(D) o empregador não poderá, pelo prazo de 18 meses, contado da data da demissão respectiva, alterar para a modalidade de contrato intermitente o contrato de trabalho do empregado detentor de contrato de trabalho por prazo indeterminado que for demitido até 31 de dezembro de 2020.

(E) ao empregador é vedado, em qualquer hipótese, sem a anuência do empregado, transferi-lo para localidade diversa da que foi originalmente contratado.

A: incorreto, pois embora a afirmação do enunciado acerca do que se entende por *jus variandi* esteja correta, as férias somente poderão ser fracionadas em 3 períodos se tiver a anuência do empregado, art. 134, § 1º, da CLT. **B:** correto, pois nos termos do art. 468, § 1º, da CLT não se considera alteração unilateral a determinação do empregador para que o respectivo empregado reverta ao cargo efetivo, anteriormente ocupado, deixando o exercício de função de confiança. **C:** incorreto, pois nos termos do art. 468, § 2º, da CLT a reversão ao cargo anterior, com ou sem justo motivo, não assegura ao empregado o direito à manutenção do pagamento da gratificação correspondente, que não será incorporada, independentemente do tempo de exercício da respectiva função. **D:** incorreto, o enunciado se refere ao texto do art. 452-G da CLT que havia sido inserido pela MP 808/2017. Como a referida MP não foi convertida em lei não existe tal direito. **E:** incorreto, pois as hipóteses em que são permitidas transferências sem anuência do empregado estão elencadas nos parágrafos do art. 469 da CLT, como por exemplo: empregados de cargos de confiança, extinção do estabelecimento em que o empregado trabalhar.

Gabarito "B".

(Analista Jurídico - TRT2 - FCC - 2018) Mauro trabalha na sede da empresa Cristal Ltda, localizada em São Paulo, e ocupa o cargo de Gerente de Produtos, enquadrado como cargo de confiança. O setor em que Mauro trabalha será totalmente desativado e passará a ser desenvolvido na filial da empresa, localizada na cidade de Campinas, interior do Estado de São Paulo. Nesse caso, nos termos da lei trabalhista vigente e do entendimento sumulado do TST, é correto afirmar que a empresa Cristal Ltda

(A) poderá transferir Mauro e qualquer outro empregado da empresa, unilateralmente, pois a transferência de empregado para outra localidade diversa da que resultar o contrato sempre será permitida, ainda que não haja anuência do empregado.

(B) não poderá, apesar de Mauro exercer cargo de confiança, unilateralmente, transferi-lo para a cidade de Campinas, ainda que haja comprovação da necessidade do serviço, pois não houve extinção do estabelecimento.

(C) poderá transferir Mauro, unilateralmente, para a cidade de Campinas, visto que exerce cargo de confiança, desde que haja comprovação da necessidade do serviço.

(D) somente poderá transferir Mauro para a cidade de Campinas/SP, unilateralmente, se houver previsão explícita no contrato de trabalho.

(E) poderá transferir Mauro, unilateralmente, para a cidade de Campinas, pois exerce cargo de confiança, independentemente da comprovação da necessidade do serviço.

"C" é a opção correta. Isso porque, nos termos do art. 468, § 1º, da CLT, não se considera alteração unilateral a determinação do empregador para que o respectivo empregado reverta ao cargo efetivo, anteriormente ocupado, deixando o exercício de função de confiança. Importante lembrar que para a transferência do empregado, deverá o empregador comprovar a real necessidade do serviço. Nesse sentido, o TST editou a súmula 43, que presume abusiva a transferência sem comprovação da necessidade do serviço. Vale dizer, ainda, que essa alteração, com ou sem justo motivo, não assegura ao empregado o direito à manutenção do pagamento da gratificação correspondente, que não será incorporada, independentemente do tempo de exercício da respectiva função.
Gabarito "C".

(Analista Jurídico - TRT2 - FCC - 2018) Acerca da suspensão e interrupção do contrato de trabalho, de acordo com a legislação vigente e entendimento sumulado do TST:

(A) o empregado poderá deixar de comparecer ao serviço sem prejuízo do salário por 1 dia por ano para acompanhar filho de até 5 anos em consulta médica ou exames complementares.

(B) para a proteção do emprego, o contrato de trabalho poderá ser suspenso, por um período improrrogável de 2 a 5 meses, para participação do empregado em curso ou programa de qualificação profissional oferecido pelo empregador, desde que haja concordância formal do empregado e independentemente de previsão em convenção ou acordo coletivo de trabalho.

(C) o afastamento do empregado em virtude das exigências do serviço militar, ou de outro encargo público, constituirá motivo para alteração ou rescisão do contrato de trabalho por parte do empregador, não se configurando hipótese de suspensão ou interrupção do contrato de trabalho.

(D) durante o período de suspensão contratual para participação em curso ou programa de qualificação profissional, o empregado não fará jus aos benefícios voluntariamente concedidos pelo empregador.

(E) assegura-se o direito à manutenção de plano de saúde ou de assistência médica oferecido pela empresa ao empregado, não obstante suspenso o contrato de trabalho em virtude de auxílio-doença acidentário ou de aposentadoria por invalidez.

A: incorreta, pois, nos termos do art. 473, XI, da CLT, o empregado poderá deixar de comparecer ao serviço sem prejuízo do salário por 1 (um) dia por ano para acompanhar filho de até 6 (seis) anos em consulta médica; B: incorreta, pois, nos termos do art. 476-A da CLT, o contrato de trabalho poderá ser suspenso, por um período de dois a cinco meses, para participação do empregado em curso ou programa de qualificação profissional oferecido pelo empregador, com duração equivalente à suspensão contratual, mediante previsão em convenção ou acordo coletivo de trabalho e aquiescência formal do empregado; C: incorreta, pois, nos termos do art. 472 da CLT, o afastamento do empregado em virtude das exigências do serviço militar, ou de outro encargo público, não constituirá motivo para alteração ou rescisão do contrato de trabalho por parte do empregador; D: incorreta, pois, nos termos do § 4º do art. 476-A da CLT, durante o período de suspensão contratual para participação em curso ou programa de qualificação profissional, o empregado fará jus aos benefícios voluntariamente concedidos pelo empregador; E: correta, pois, nos termos da súmula 440 do TST, assegura-se o direito à manutenção de plano de saúde ou de assistência médica oferecido pela empresa ao empregado, não obstante suspenso o contrato de trabalho em virtude de auxílio-doença acidentário ou de aposentadoria por invalidez.
Gabarito "E".

(Analista Judiciário – TRT/20 – FCC – 2016) Minerva foi admitida em 2010 para trabalhar como corretora para a empresa Gama Participações Imobiliárias S/A. Após dois anos, ela passou a exercer o cargo de confiança de gerente de corretores, em razão de afastamento por acidente de trabalho do gerente Dionísio, recebendo gratificação de função. Dezoito meses após essa substituição, Minerva foi revertida ao cargo efetivo ocupado anteriormente de corretora, deixando o exercício de função de confiança, em decorrência do retorno ao trabalho de Dionísio, deixando de receber a gratificação de função. Conforme previsão legal e sumulada do Tribunal Superior do Trabalho, em relação à Minerva, a hipótese apresentada:

(A) será considerada alteração unilateral prejudicial, o que implica em irregularidade, cabendo indenização prevista em lei no valor da gratificação de função que passa a ser incorporada ao seu salário.

(B) resultará em pagamento complementar, nunca inferior a 25% do seu salário normal, em razão de modificação contratual lesiva.

(C) somente será revestida de regularidade caso tenha havido anuência formal de Minerva, com participação do sindicato profissional.

(D) é regular porque não será considerada alteração unilateral a determinação do empregador para que o empregado reverta ao cargo efetivo, anteriormente ocupado, deixando o exercício de função de confiança, sem qualquer consequência pecuniária.

(E) somente será possível se decorrer da real necessidade de serviço, caracterizando alteração unilateral lícita e prevista em lei, mas incorporando 50% da gratificação de função para cada ano ou fração igual ou superior a seis meses do exercício da função de confiança.

"D" é a opção correta. Nos termos do art. 468, § 1º, da CLT não se considera alteração unilateral a determinação do empregador para que o respectivo empregado reverta ao cargo efetivo, anteriormente ocupado, deixando o exercício de função de confiança. Vale dizer que, nos termos do § 2º do mesmo dispositivo legal essa alteração, com ou sem justo motivo, não assegura ao empregado o direito à manutenção do pagamento da gratificação correspondente, que não será incorporada, independentemente do tempo de exercício da respectiva função.
Gabarito "D".

(Analista Judiciário – TRT/8ª – 2016 – CESPE) No que se refere à alteração ou à extinção do contrato de emprego, assinale a opção correta.

(A) O adicional de transferência é devido na transferência provisória e na definitiva, sendo equivalente a, no mínimo, 25% dos salários que o empregado percebia na localidade de origem.

(B) Em caso de extinção do estabelecimento, é lícita a transferência do empregado, dado o princípio da continuidade da relação de emprego.

(C) As despesas resultantes da transferência que acarretem mudança de domicílio correm por conta do empregado.

(D) É lícita a rescisão por justa causa do contrato individual de trabalho ante a negativa do empregado à efetivação de qualquer alteração no contrato de trabalho proposta de forma unilateral pelo empregador.

(E) Constitui alteração unilateral ilícita a determinação do empregador para que o empregado deixe função de confiança e reverta a cargo efetivo anteriormente ocupado.

A: opção incorreta, pois o adicional de transferência de 25% descrito no § 3º do art. 469 da CLT somente será devido na transferência provisória; **B:** opção correta, pois, nos termos do art. 469, § 2º, da CLT, é lícita a transferência quando ocorrer extinção do estabelecimento em que trabalhar o empregado; **C:** opção incorreta, pois, nos termos do art. 470 da CLT, as despesas resultantes da transferência correrão por conta do empregador; **D:** opção incorreta, pois o empregador poderá alterar unilateralmente o contrato nas hipóteses previstas no art. 469, § 1º, CLT. São elas: a) empregados que exerçam cargos de confiança, isto é, aqueles que exerçam amplos poderes de mando, de modo a representarem a empresa nos atos de sua administração; b) empregados cujos contratos contenham cláusulas expressas prevendo essa possibilidade; c) nos casos em que a transferência decorra da própria natureza do serviço para o qual o empregado foi contratado; **E:** opção incorreta, pois, nos termos do art. 468, § 1º, da CLT, Não se considera alteração unilateral a determinação do empregador para que o respectivo empregado reverta ao cargo efetivo, anteriormente ocupado, deixando o exercício de função de confiança. Ademais, nos termos do § 2º do mesmo dispositivo legal essa alteração com ou sem justo motivo, não assegura ao empregado o direito à manutenção do pagamento da gratificação correspondente, que não será incorporada, independentemente do tempo de exercício da respectiva função. **Gabarito "B".**

(Analista – TRT/3ª – 2015 – FCC) Relativamente às alterações do contrato de trabalho,

(A) é considerada alteração unilateral vedada por lei a determinação do empregador para que o empregado com mais de dez anos no exercício de função de confiança, reverta ao cargo efetivo anteriormente ocupado.

(B) o empregador pode, sem a anuência do empregado exercente de cargo de confiança, transferi-lo, com mudança de domicílio, para localidade diversa da que resultar do contrato de trabalho, independentemente de real necessidade de serviço.

(C) o adicional de 25% do salário do empregado é devido nas hipóteses de transferência provisória e definitiva.

(D) a extinção do estabelecimento não é causa de transferência do empregado, sendo obrigatória, nesse caso, a extinção do contrato de trabalho.

(E) o empregador pode, sem a anuência do empregado cujo contrato de trabalho tenha condição, implícita ou explícita de transferência, transferi-lo, com mudança de domicílio, para localidade diversa da que resultar do contrato, desde que haja real necessidade de serviço.

A: incorreta, nos termos do art. 468, § 1º, da CLT, Não se considera alteração unilateral a determinação do empregador para que o respectivo empregado reverta ao cargo efetivo, anteriormente ocupado, deixando o exercício de função de confiança. Ademais, nos termos do § 2º do mesmo dispositivo legal essa alteração com ou sem justo motivo, não assegura ao empregado o direito à manutenção do pagamento da gratificação correspondente, que não será incorporada, independentemente do tempo de exercício da respectiva função.. **B:** incorreta, pois nos termos da súmula 43 do TST presume-se abusiva a transferência sem comprovação da necessidade do serviço. **C:** incorreta, pois de acordo com o art. 469, § 2º, da CLT e OJ 113 da SDI 1 do TST somente na transferência provisória será devido o adicional de 25%. **D:** incorreta, pois se ocorrer a extinção do estabelecimento em que trabalhar o empregado, sua transferência será lícita, nos termos do art. 469, § 2º, da CLT. **E:** correta, pois refletem o entendimento do art. 469, § 1º, da CLT. **Gabarito "E".**

(Analista – TRT/16ª – 2014 – FCC) Considere as seguintes hipóteses: A empresa "A" passa a exigir que seus empregados trabalhem de uniforme e a empresa "B" muda o maquinário da empresa para se adequar às modificações tecnológicas. Estes casos são exemplos de *jus variandi*

(A) extraordinário.

(B) ordinário.

(C) ordinário e extraordinário, respectivamente.

(D) extraordinário e ordinário, respectivamente.

(E) indireto e extraordinário, respectivamente.

Jus variandi ordinário é o direito conferido ao empregador de conduzir a prestação laboral de seus empregados, ajustando as circunstâncias e critérios de acordo com o seu interesse. Essas modificações dizem respeito aos aspectos não essenciais do contrato de trabalho e atua fora das cláusulas contratuais e/ou normas jurídicas. Já o *jus variandi* extraordinário, consiste na possibilidade que o empregador tem de modificar as condições de trabalho no âmbito de suas cláusulas contratuais e legais. Nesses casos, só é permitida a alteração se houver consentimento do empregado, que pode se dar por previsão contratual ou por autorização legal direta ou indireta. Assim, as alterações trazidas correspondem ao *jus variandi* ordinário do empregador. **Gabarito "B".**

(Analista – TRT/11ª – 2012 – FCC) Após alguns anos de serviço prestado a empresa Seguradora Beta S/A o empregado Pedro passou a exercer função de confiança em razão da licença maternidade da empregada Joana. Seis meses após, Joana voltou ao trabalho e Pedro foi revertido ao cargo efetivo anteriormente ocupado, deixando o exercício da função de confiança. Tal situação

(A) não será considerada alteração unilateral.

(B) implica em pagamento suplementar, nunca inferior a 25% do salário do empregado Pedro.

(C) só será regular se houver anuência do empregado Pedro.

(D) só será possível se não resultar em prejuízo ao empregado Pedro.

(E) só será possível se resultar de real necessidade de serviço.

"A" é a resposta correta, pois nos termos do art. 468, § 1º, da CLT, Não se considera alteração unilateral a determinação do empregador para que o respectivo empregado reverta ao cargo efetivo, anteriormente ocupado, deixando o exercício de função de confiança. Ademais, nos termos do § 2º do mesmo dispositivo legal essa alteração com ou sem justo motivo, não assegura ao empregado o direito à manutenção do pagamento da gratificação correspondente, que não será incorporada, independentemente do tempo de exercício da respectiva função. HC/LF

Gabarito "A".

11. SUSPENSÃO E INTERRUPÇÃO DO CONTRATO DE TRABALHO

(Analista - TRT/15 - FCC - 2018) A empresa SMG Logística Ltda. concedeu férias à sua empregada Valéria, referentes ao período aquisitivo 2015/2016. Considerando que Valéria faltou ao trabalho 12 dias injustificadamente durante o período aquisitivo, que requereu abono de férias 20 dias antes do término do período aquisitivo e que as férias foram concedidas a partir de 01/03/2018, de acordo com a legislação aplicável, a empregada gozou

(A) 24 dias de férias, recebeu a remuneração das férias em dobro, além do abono de férias.

(B) 24 dias de férias, recebeu a remuneração das férias de forma simples, além do abono de férias.

(C) 30 dias de férias, recebeu a remuneração das férias em dobro, mas não recebeu o abono de férias, que foi requerido fora do prazo legal.

(D) 18 dias de férias, recebeu a remuneração das férias em dobro, além do abono de férias.

(E) 18 dias de férias, recebeu a remuneração das férias em dobro, mas não recebeu o abono de férias, que foi requerido fora do prazo legal.

Por ter faltado ao serviço 12 dias injustificadamente, nos termos do art. 130, II, da CLT, terá direito a 24 dias de férias. Receberá a remuneração em dobro das férias, pois foram concedidas após o prazo do período concessivo, art. 137 da CLT. Nos termos do art. 145 da CLT o pagamento da remuneração das férias e, se for o caso, o do abono pecuniário serão efetuados até 2 (dois) dias antes do início do respectivo período. Dentro dessa ideia, o TST editou a súmula 450 que ensina ser devido o pagamento em dobro da remuneração de férias, incluído o terço constitucional, com base no art. 137 da CLT, quando, ainda que gozadas na época própria, o empregador tenha descumprido o prazo previsto no art. 145 do mesmo diploma legal.

Gabarito "A".

(Analista - TRT/15 - FCC - 2018) Em relação ao descanso semanal remunerado, o TST adota entendimento pacífico no sentido de que

(A) ao empregado pracista não é devida a remuneração do repouso semanal.

(B) é reconhecido o direito ao acréscimo de 1/4 a título de repouso semanal, considerando-se para esse fim o mês de quatro semanas e meia, ao professor que recebe salário à base de hora-aula.

(C) o adicional de insalubridade já remunera os dias de repouso semanal e feriados.

(D) a concessão do intervalo para repouso semanal, descaracteriza o turno de revezamento com jornada de 6 horas.

(E) a majoração do valor do repouso semanal remunerado, em razão da integração das horas extras habitualmente prestadas, repercute no cálculo das férias, da gratificação natalina e do aviso prévio.

A: incorreta, pois nos termos da súmula 27 do TST É devida a remuneração do repouso semanal e dos dias feriados ao empregado comissionista, ainda que pracista. **B:** incorreta, pois nos termos da súmula 351 do TST o professor que recebe salário mensal à base de hora-aula tem direito ao acréscimo de 1/6 a título de repouso semanal remunerado, considerando-se para esse fim o mês de quatro semanas e meia. **C:** correto, pois nos termos da OJ 103 da SDI 1 do TST o adicional de insalubridade já remunera os dias de repouso semanal. **D:** incorreta, pois nos termos da súmula 360 do TST a interrupção do trabalho destinada a repouso e alimentação, dentro de cada turno, ou o intervalo para repouso semanal, não descaracteriza o turno de revezamento com jornada de 6 (seis) horas previsto no art. 7º, XIV, da CF/88. **E:** incorreto, pois nos termos da OJ 394 da SDI 1 do a majoração do valor do repouso semanal remunerado, em razão da integração das horas extras habitualmente prestadas, não repercute no cálculo das férias, da gratificação natalina, do aviso prévio e do FGTS, sob pena de caracterização de "bis in idem".

Gabarito "C".

(Analista - TRT1 - 2018 - AOCP) Tereza iniciou o contrato de trabalho, na função de secretária, na empresa Boa Viagem Turismo Ltda. em 12 de jan. de 2017, sendo que, no período aquisitivo de férias, faltou sem justificativa 2 vezes e, justificadamente, 4 vezes. Nesse caso, é correto afirmar que

(A) o termo final do período aquisitivo de férias da empregada é 12 de jan. de 2018, e ela terá direito a 30 dias corridos de descanso.

(B) o termo final do período aquisitivo de férias da empregada é 11 de jan. de 2018, e ela terá direito a 24 dias corridos de descanso.

(C) o termo final do período aquisitivo de férias da empregada é 12 de jan. de 2018, e ela terá direito a 24 dias corridos de descanso.

(D) o termo final do período aquisitivo de férias da empregada é 11 de jan. de 2018, e ela terá direito a 30 dias corridos de descanso.

(E) o termo final do período aquisitivo de férias da empregada é 11 de jan. de 2018, e ela terá direito a 18 dias corridos de descanso.

Nos termos do art. 130, I, da CLT terá direito a 30 dias corridos de férias. O término do período aquisitivo se dá no dia anterior ao início de outro período concessivo (data de admissão). Assim, como iniciou seu labor no dia 12 de janeiro de 2017, será esse o dia do início do seu período aquisitivo, período esse que terá como término o dia 11 de janeiro de 2018.

Gabarito "D".

(Analista - TRT1 - 2018 - AOCP) Plínio foi intimado, por carta com aviso de recebimento, para ser testemunha em uma audiência de instrução ação de despejo, designada para a data de 04 de jul. de 2018 às 13h30. Diante da questão fática, assinale a alternativa correta.

(A) Plínio poderá se ausentar do trabalho pelo tempo que se fizer necessário para estar em juízo, sem prejuízo do salário, pois o comparecimento perante a justiça, para depor como testemunha, caracteriza encargo público. Trata-se de hipótese de interrupção do contrato de trabalho.

(B) Ao empregador é facultado computar o período em que Plínio estará em juízo como 01 falta injustificada.

(C) Plínio poderá se ausentar do trabalho pelo tempo que se fizer necessário para estar em juízo sem prejuízo do salário, pois o comparecimento perante a justiça, para depor como testemunha, caracteriza encargo público. Trata-se de hipótese de suspensão do contrato de trabalho.

(D) Embora a audiência tenha sido designada em data e horário certos e determinados, Plínio poderá se ausentar do trabalho por 02 dias consecutivos, a iniciar-se no dia imediatamente anterior à audiência, a fim de consultar os autos e reunir-se com a parte que o intimou e seu procurador, sem prejuízo do salário, pois o comparecimento perante a justiça, para depor como testemunha, caracteriza encargo público. Trata-se de hipótese de interrupção do contrato de trabalho.

(E) Plínio não poderá se ausentar do trabalho para comparecer à audiência, devendo requerer a dispensa do encargo, tendo em vista que o regulamento interno da empresa veda o comparecimento de seus empregados em juízo a fim de prestar depoimento como testemunha.

Nos termos do art. 473, VIII, da CLT o empregado poderá deixar de comparecer ao serviço sem prejuízo do salário pelo tempo que se fizer necessário, quando tiver que comparecer a juízo. Trata-se de hipótese de interrupção de contrato de trabalho, na medida em que o período deve ser remunerado pelo empregador.

Gabarito "A".

(FGV – 2015) Maria trabalha para a sociedade empresária Alfa S.A. como chefe de departamento. Então, é informada pelo empregador que será transferida de forma definitiva para uma nova unidade da empresa, localizada em outro estado da Federação. Para tanto, Maria, obrigatoriamente, terá de alterar o seu domicílio. Diante da situação retratada e do entendimento consolidado do TST, assinale a afirmativa correta.

(A) Maria receberá adicional de, no mínimo, 25%, mas tal valor, por ter natureza indenizatória, não será integrado ao salário para fim algum.

(B) A empregada não fará jus ao adicional de transferência porque a transferência é definitiva, o que afasta o direito.

(C) A obreira terá direito ao adicional de transferência, mas não à ajuda de custo, haja vista o caráter permanente da alteração.

(D) Maria receberá adicional de transferência de 25% do seu salário enquanto permanecer na outra localidade.

A: opção incorreta, pois somente a transferência provisória enseja pagamento de adicional de transferência, nos termos do art. 469, § 3º, da CLT e OJ 119 SDI 1 do TST. Veja. B: opção correta, pois reflete o entendimento disposto no art. 469, § 3º, da CLT que ensina ser devido o adicional de transferência de 25% somente enquanto durar a transferência, que nos leva a saber que se trata de uma transferência provisória. Nesse mesmo sentido ensina a OJ 119 da SDI 1 do TST. C: opção incorreta, pois por se tratar de transferência definitiva a obreira não fará jus ao adicional de transferência de 25% que somente será devido na transferência provisória. Por outro lado, que seja na transferência provisória, seja na definitiva, o empregador deverá pagar um acréscimo ao salário do obreiro visando custear as despesas dessa transferência, na medida em que representam gastos por parte do obreiro, veja súmula 29 do TST. D: opção incorreta, pois embora a assertiva transcreva o § 3º do art. 469 da CLT que cuida da transferência provisória do empregado, o enunciado da questão trata de transferência definitiva, o que afasta o direito à percepção do adicional. HC

Gabarito "B".

(Analista – TRT/11ª – 2012 – FCC) Em relação à alteração, suspensão e interrupção do contrato de trabalho, é correto afirmar que

(A) o empregador não poderá, em nenhuma hipótese, transferir o empregado para localidade diversa da que resultar do contrato.

(B) o afastamento do empregado em virtude das exigências do serviço militar não será motivo para alteração ou rescisão do contrato de trabalho por parte do empregador.

(C) o empregado que for aposentado por invalidez não terá o contrato de trabalho suspenso, mas sim rescindido.

(D) os primeiros quinze dias de afastamento do empregado por acidente de trabalho são considerados como causa de suspensão do contrato de trabalho.

(E) é lícita a alteração unilateral das condições de trabalho por determinação do empregador para poder manter o desenvolvimento do seu empreendimento, ainda que tal modificação resulte prejuízo indireto ao empregado.

A: incorreto (art. 469, §§ 1º e 2º da CLT); B: correto (art. 472 da CLT); C: incorreto, pois a hipótese é de suspensão e não de extinção do contrato de trabalho, conforme se depreende do art. 475 da CLT e das Súmulas 160 e 440 do TST e da OJ 375 da SDI1 do TST; D: incorreto (art. 60, § 3º, da Lei 8.213/1991); E: incorreto (art. 468 da CLT). HC/LF

Gabarito "B".

12. RESCISÃO DO CONTRATO DE TRABALHO (INCLUSIVE, AVISO-PRÉVIO)

(Analista – TRT/18 – 2023 – FCC) Penélope e seu empregador, o Restaurante Cuccina, pretendem rescindir, por acordo mútuo, o vínculo empregatício que mantêm desde 10/10/2020. Sabe-se que Penélope possui saldo de R$ 3.000,00 na conta do Fundo de Garantia do Tempo de Serviço (FGTS). Nesses termos, com base no que prevê a Consolidação das Leis do Trabalho, com relação ao FGTS, poderá a empregada sacar

(A) o valor total de R$ 3.000,00 da conta vinculada, mas a indenização sobre o saldo do FGTS ficará limitada a R$ 960,00.

(B) até o valor de R$ 1.500,00 da conta vinculada, e a indenização sobre o saldo do FGTS ficará limitada a R$ 600,00.

(C) o valor total de R$ 3.000,00 da conta vinculada, mas a indenização sobre o saldo do FGTS ficará limitada a R$ 600,00.

(D) até o valor de R$ 2.400,00 da conta vinculada, e a indenização sobre o saldo do FGTS ficará limitada a R$ 600,00.

(E) o valor total de R$ 3.000,00 da conta vinculada, mas a indenização sobre o saldo do FGTS ficará limitada a R$ 720,00.

Nos termos do art. 484-A, § 1º, da CLT poderá ser movimentado 80% do valor dos depósitos, ou seja, R$ 2.400,00; já a indenização será de R$ 600,00, ou seja, a metade (equivalente a 20%) do saldo de FGTS. HC

Gabarito "D".

(Analista - Área Administrativa - TRT1 - 2018 - AOCP) Em relação à rescisão do contrato de trabalho, assinale a alternativa correta.

(A) A alteração do quadro societário da empregadora constituída por sociedade limitada constitui justa causa para empregado rescindir o contrato de trabalho.
(B) Em se tratando o empregador de empresa constituída por sociedade limitada, a morte de qualquer dos sócios quotistas constitui justa causa para o empregado rescindir o contrato de trabalho.
(C) A instauração de inquérito policial em face do empregado constitui justa causa para rescisão do contrato de trabalho pelo empregador.
(D) Em caso de culpa recíproca no ato que determinou a rescisão do contrato de trabalho, o tribunal de trabalho reduzirá em um terço a indenização que seria devida em caso de culpa exclusiva do empregador.
(E) A perda da habilitação ou dos requisitos estabelecidos em lei para o exercício da profissão em decorrência de conduta dolosa do empregado constitui justa causa para o empregador rescindir o contrato de trabalho.

A: incorreto, pois nos termos do art. 10 da CLT qualquer alteração na estrutura jurídica da empresa não afetará os direitos adquiridos por seus empregados. Ademais, a mudança na propriedade ou na estrutura jurídica da empresa não afetará os contratos de trabalho dos respectivos empregados, art. 448 da CLT. **B:** incorreto, pois nos termos do art. 483, § 2º, da CLT somente no caso de morte do empregador constituído em empresa individual, é facultado ao empregado rescindir o contrato de trabalho. **C:** incorreto, pois nos termos do art. 482, alínea d, da CLT a condenação criminal do empregado, passada em julgado, caso não tenha havido suspensão da execução da pena é motivo para demissão por justa causa do empregado. **D:** incorreto, pois nos termos do art. 484 da CLT havendo culpa recíproca no ato que determinou a rescisão do contrato de trabalho, o tribunal de trabalho reduzirá a indenização à que seria devida em caso de culpa exclusiva do empregador, por metade. **E:** correto, pois reflete a disposição do art. 482, alínea m, da CLT.
Gabarito "E".

(Analista - TRT1 - 2018 - AOCP) Felipe, vendedor há 03 anos na empresa Águia Dourada Automóveis Ltda., descumpriu, em data de 24 de abr. de 2018, a determinação da empresa de não fumar no interior do local de trabalho, dirigida a todos os empregados, os quais detinham pleno conhecimento da regra. Ainda, quando abordado pelo gerente geral, em particular e adequadamente, para que não mais repetisse a conduta, agrediu-o fisicamente, desferindo-lhe um soco no rosto e dirigindo-lhe palavras de baixo calão. Tais fatos foram presenciados por 6 funcionários da empresa. Assinale, diante da situação posta, a alternativa correta.

(A) À empresa é permitida a rescisão do contrato de trabalho por justo motivo em face de Felipe, devendo fazê-lo imediatamente, sendo que este não terá direito ao recebimento de qualquer valor.
(B) À empresa é permitida a rescisão do contrato do trabalho por justa causa, podendo fazê-lo no prazo de 60 dias a partir da data dos fatos.
(C) Felipe poderá ser demitido por justa causa, mas somente após a instalação de inquérito para apuração de falta grave, no prazo de 30 dias.
(D) É vedado à empresa demitir Felipe por justa causa, devendo aplicar-lhe tão somente suspensão disciplinar de 03 dias, quando então ele perderá a remuneração correspondente aos dias de suspensão e a do descanso semanal remunerado correspondente, pois se trata de falta injustificada.
(E) À empresa é permitida a rescisão do contrato de trabalho por justa causa. Nesse caso, Felipe não terá direito ao recebimento de férias proporcionais acrescidas de um terço e do décimo terceiro salário proporcional, tampouco à indenização sobre o saldo da conta vinculada do FGTS.

A: incorreto, pois o empregado receberá as seguintes verbas trabalhistas: saldo de salário; férias simples e vencidas + 1/3 constitucional, 13º salário integral e depósitos de FGTS de 8% sobre o salário. **B:** incorreto, pois a empresa deve punir imediatamente princípio da imediatidade) e não no prazo de 60 dias, sob pena de perdão tácito. **C:** incorreto, pois não há necessidade de ajuizamento de inquérito judicial para apuração de falta grave (art. 853 da CLT) que é feito somente para demissão de empregado detentor de estabilidade provisória/garantia de emprego, como por exemplo o dirigente sindical. **D:** incorreto, pois é permitido demitir o empregado por justa causa nos termos do art. 482, alínea j, da CLT. **E:** correto, pois é permitida a rescisão por justa causa, art. 482, alínea j, da CLT. Nas demissões por justa causa o empregado faz jus as seguintes verbas trabalhistas: saldo de salário; férias simples e vencidas + 1/3 constitucional, 13º salário integral e depósitos de FGTS de 8% sobre o salário. Não há pagamento de férias proporcionais, nos termos da Súmula 171 do TST, tampouco o pagamento de 13º salário proporcional, em conformidade com o art. 3º da Lei 4.090/1962.
Gabarito "E".

(Analista Judiciário – TRT/24 – FCC – 2017) Diana frequentemente chegava atrasada no início de sua jornada de trabalho, atingia produção bem inferior àquela realizada pelos colegas de sua equipe, além de apresentar um número elevado de faltas injustificadas. Por tais razões, a empregada foi advertida, verbalmente e por escrito, além de receber suspensão disciplinar por 2 dias. Na situação apresentada, Diana cometeu falta grave que ensejaria a dispensa por justa causa na modalidade de

(A) incontinência de conduta.
(B) ato de insubordinação.
(C) atitude de indisciplina.
(D) ato de improbidade.
(E) desídia no desempenho das funções.

A: opção incorreta, pois *Incontinência de conduta*: comportamento desregrado ligado à vida sexual do obreiro, comportamento este que traz perturbações ao ambiente de trabalho, como, por exemplo, visitas a *sites* pornográficos na *internet*. **B:** opção incorreta, pois insubordinação consiste no descumprimento de ordens pessoais de serviço. **C:** opção incorreta, pois indisciplina consiste no descumprimento de ordens gerais de serviço. **D:** opção incorreta, pois improbidade revela mau caráter, maldade, desonestidade, má-fé, que cause prejuízo ou até risco à integridade do patrimônio do empregador, como, por exemplo, furto ou roubo de bens da empresa. **E:** opção correta, pois desídia no desempenho das funções: hipótese em que o empregado deixa de prestar o serviço com zelo, interesse, empenho, passando a laborar com negligência.
Gabarito "E".

(Analista Judiciário – TRT/24 – FCC – 2017) Em relação ao instituto jurídico do aviso-prévio, nos termos das normas contidas na Consolidação das Leis do Trabalho e da jurisprudência sumulada do Tribunal Superior do Trabalho,

(A) havendo aplicação da dispensa do empregado por justa causa em razão de desídia no desempenho de suas funções deverá ser concedido aviso-prévio.
(B) em caso de despedida indireta e rescisão por culpa recíproca não é devido o aviso-prévio.
(C) o pagamento relativo ao período de aviso-prévio trabalhado está sujeito à contribuição para o FGTS, o que não ocorre quando o mesmo for indenizado.
(D) o horário normal de trabalho do empregado, durante o prazo do aviso, será reduzido em duas horas diárias, sem prejuízo do salário integral, independentemente de quem tenha promovido a rescisão.
(E) é incorreto substituir o período que se reduz da jornada de trabalho, no aviso-prévio, pelo pagamento das horas correspondentes.

A: Opção incorreta, pois não há concessão de aviso-prévio em justa causa, nos termos do art. 487 da CLT. **B:** opção incorreta, pois é devido aviso-prévio na rescisão indireta, art. 487, § 4º, da CLT. **C:** opção incorreta, pois nos termos da súmula 305 do TST o pagamento relativo ao período de aviso-prévio, trabalhado ou não, está sujeito a contribuição para o FGTS. **D:** opção incorreta, pois nos termos do art. 488 da CLT o horário normal de trabalho do empregado, durante o prazo do aviso, e se a rescisão tiver sido promovida pelo empregador, será reduzido de 2 (duas) horas diárias, sem prejuízo do salário integral. **E:** opção correta, pois é ilegal substituir o período que se reduz da jornada de trabalho, no aviso-prévio, pelo pagamento das horas correspondentes. HC
Gabarito "E".

(Analista Judiciário – TRT/11 – FCC – 2017) A empresa de calçados Chão Azul Ltda. rescindiu o contrato de trabalho com justa causa da empregada Lívia que estava afastada do emprego gozando de auxílio doença previdenciário. Na última perícia médica Lívia teve alta do INSS, mas transcorridos cinquenta e cinco dias, ela não retornou ao trabalho e não justificou o motivo de não retornar. Neste caso, de acordo com entendimento sumulado do TST, a empresa
(A) agiu corretamente, uma vez que Lívia possuía o prazo de quinze dias após a cessação do benefício previdenciário para retornar ao trabalho ou justificar o motivo de não o fazer.
(B) agiu corretamente, uma vez que Lívia possuía o prazo de trinta dias após a cessação do benefício previdenciário para retornar ao trabalho ou justificar o motivo de não o fazer.
(C) não agiu corretamente, uma vez que Lívia possui o prazo de sessenta dias após a cessação do benefício previdenciário para retornar ao trabalho ou justificar o motivo de não o fazer, não havendo transcorrido, ainda este lapso temporal.
(D) não agiu corretamente, uma vez que Lívia possui o prazo de noventa dias após a cessação do benefício previdenciário para retornar ao trabalho ou justificar o motivo de não o fazer, não havendo transcorrido, ainda este lapso temporal.
(E) não agiu corretamente, neste caso, em razão do gozo do benefício previdenciário, independentemente do lapso temporal, não se configura a hipótese de abandono de emprego, sendo vedada a dispensa com justa causa.

"B" é a opção correta. Isso porque, nos termos da súmula 32 do TST entende presumir-se o abandono de emprego se o trabalhador não retornar ao serviço no prazo de 30 (trinta) dias após a cessação do benefício previdenciário nem justificar o motivo de não o fazer. O abandono de emprego é uma justa causa tipificada no art. 482, *i*, da CLT. HC
Gabarito "B".

(Analista Judiciário – TRT/20 – FCC – 2016) A notificação ou comunicação antecipada que uma das partes faz à outra manifestando a sua intenção em romper o contrato de trabalho é conceituada como aviso-prévio. Conforme previsão legal e sumulada pelo Tribunal Superior do Trabalho,
(A) é permitido por lei substituir o período que se reduz da jornada de trabalho, no aviso-prévio, pelo pagamento das horas correspondentes, desde que acrescida do adicional de horas extras em dobro.
(B) após a comunicação do aviso-prévio, a rescisão torna-se efetiva depois de expirado o respectivo prazo, mas, se a parte notificante reconsiderar o ato, antes de seu termo, a outra parte fica obrigada a aceitar a reconsideração.
(C) o empregado que, durante o prazo do aviso-prévio, cometer quaisquer das faltas consideradas pela lei como justa causa para a rescisão, perde o direito ao restante do respectivo prazo.
(D) a ocorrência de qualquer motivo de justa causa no decurso do prazo do aviso-prévio dado pelo empregador, retira do empregado qualquer direito às verbas rescisórias de natureza indenizatória.
(E) é devido o aviso-prévio na despedida indireta, mas nesse caso o valor das horas extraordinárias habituais não integrará o aviso-prévio indenizado.

A: opção incorreta, pois nos termos da súmula 230 do TST é ilegal substituir o período que se reduz da jornada de trabalho, no aviso-prévio, pelo pagamento das horas correspondentes. **B:** opção incorreta, pois nos termos do art. 489 da CLT dado o aviso-prévio, a rescisão torna-se efetiva depois de expirado o respectivo prazo, mas, se a parte notificante reconsiderar o ato, antes de seu termo, à outra parte é facultado aceitar ou não a reconsideração. **C:** opção correta, pois nos termos do art. 491 da CLT o empregado que, durante o prazo do aviso-prévio, cometer qualquer das faltas consideradas pela lei como justas para a rescisão, perde o direito ao restante do respectivo prazo. **D:** opção incorreta, pois nos termos da súmula 73 do TST a ocorrência de justa causa, salvo o de abandono de emprego, no decurso do prazo do aviso-prévio dado pelo empregador, retira do empregado qualquer direito às verbas rescisórias de natureza indenizatória. **E:** opção incorreta, pois nos termos do § 4º do art. 487 da CLT é devido o aviso-prévio na despedida indireta. Ademais, o § 5º do mesmo dispositivo ensina que O valor das horas extraordinárias habituais integra o aviso-prévio indenizado. HC
Gabarito "C".

(Analista – TRT/3ª – 2015 – FCC) A solidariedade quanto ao cumprimento das obrigações trabalhistas exige
(A) a existência de empresas com a mesma personalidade jurídica.
(B) a existência de direção, controle ou administração de uma empresa em relação a outras, constituindo grupo industrial, comercial ou de qualquer atividade econômica, embora cada uma com personalidade jurídica própria.
(C) a existência de empresas com personalidade jurídica e direção diferentes, mas com unidade de objeto social.
(D) a existência de previsão nos contratos sociais das empresas, pois a lei civil dispõe que a solidariedade decorre da lei ou do contrato.

(E) acordo entre empregado e o empregador, não bastando a simples configuração de grupo de empregadores.

A: incorreta, pois para que haja solidariedade quanto aos cumprimentos das obrigações trabalhistas não se exige que as empresas tenham a mesma personalidade jurídica quando estiverem sob a direção, controle ou administração de outra. Vide art. 2º, § 2º, da CLT. **B:** correta, pois reflete o disposto no art. 2º, § 2º, da CLT. **C:** incorreta, pois embora a lei exija empresas com personalidade jurídica diferentes, controladas ou administradas por outra, cada uma delas poderá ter um objeto social distinto, desde que possua caráter econômico. **D:** incorreta, pois a solidariedade quanto ao cumprimento das obrigações trabalhistas possui previsão legal, expressamente disposta no art. 2º, § 2º, da CLT. Ademais, no presente caso não se aplica o Código Civil, nos termos do art. 8º, parágrafo único, da CLT. **E:** incorreta, pois independentemente de acordo ajustado entre as partes, uma vez configurado o grupo de empresas, art. 2º, § 2º, da CLT haverá responsabilidade solidária entre as empresas. Gabarito "B".

(Analista – TRT/3ª – 2015 – FCC) Empregador dispensa o empregado sem justa causa, dando aviso prévio ao mesmo. No 12º dia de cumprimento do aviso, o empregador arrepende-se de ter dispensado o empregado e reconsidera seu ato. Essa reconsideração

(A) não gera qualquer efeito, pois em relação ao aviso prévio o legislador prevê que, depois de ter sido dado, não há qualquer possibilidade de arrependimento eficaz.

(B) gera efeitos imediatos, sendo certo que, no caso de aviso prévio indenizado, o empregado deve voltar imediatamente ao trabalho.

(C) não gera efeitos, pois já transcorridos mais de dez dias após a dispensa do empregado.

(D) gera efeitos, se a outra parte aceitar a reconsideração.

(E) não é possível, pois o aviso prévio é irrenunciável pelo empregado, não havendo que se falar em reconsideração do mesmo, sob pena de afronta a direito previsto em norma de ordem pública.

A: incorreta, pois nos termos do art. 489 da CLT é possível a retratação do aviso prévio. **B:** incorreta, pois é facultada à parte que recebeu a ordem de aviso prévio aceitar ou não a reconsideração. **C:** incorreta, pois a reconsideração do aviso prévio pode ocorrer até expirado seu período, que será de no mínimo 30 dias. **D:** correta, pois nos termos do art. 489 da CLT dado o aviso prévio, a rescisão torna-se efetiva depois de expirado o respectivo prazo, mas, se a parte notificante reconsiderar o ato, antes de seu termo, à outra parte é facultado aceitar ou não a reconsideração. Todavia, caso seja aceita a reconsideração ou continuando a prestação depois de expirado o prazo, o contrato continuará a vigorar, como se o aviso prévio não tivesse sido dado. **E:** incorreta, pois como estudamos é possível a reconsideração do aviso prévio. Gabarito "D".

(Analista – TRT/2ª – 2014 – FCC) Em relação às hipóteses de rescisão do contrato de trabalho por prazo indeterminado, considere:

I. O pedido de demissão caracteriza-se como ato de iniciativa do empregado, praticado com a intenção de extinguir o contrato.

II. Havendo culpa recíproca no ato que determinou a rescisão do contrato, será devida a mesma indenização que seria devida em caso de culpa exclusiva do empregador.

III. No caso de prática de falta grave pelo empregador, poderá o empregado pleitear a rescisão do seu contrato e o pagamento das respectivas indenizações, sendo-lhe facultado, em qualquer hipótese, permanecer ou não no serviço até final da decisão do processo.

IV. A morte do empregador pessoa física leva à extinção do contrato de trabalho, salvo se o empregado, por ocasião do falecimento do empregador, tiver mais de dez anos de serviço para o mesmo.

Está INCORRETO o que consta APENAS em

(A) I, II e IV.
(B) II, III e IV.
(C) II e III.
(D) I e IV.
(E) III e IV.

I: correta, pois o pedido de demissão que o empregado faz ao empregador é um ato de sua iniciativa que tem por objetivo colocar fim ao contrato de trabalho. II: incorreta, pois nos termos do art. 484 da CLT havendo culpa recíproca a indenização à que seria devida em caso de culpa exclusiva do empregador, será reduzida pela metade. III: incorreta, pois caso o empregado faça o pedido de rescisão indireta por justa causa do empregador, art. 483 da CLT, poderá permanecer no emprego se o empregador não cumprir as obrigações do contrato de trabalho ou se o empregador reduzir o seu trabalho, sendo este por peça ou tarefa, de forma a afetar sensivelmente a importância dos salários, em conformidade com o art. 483, § 3º, da CLT. IV: incorreta, pois nos termos do art. 483, § 2º, da CLT no caso de morte do empregador constituído em empresa individual, é facultado ao empregado rescindir o contrato de trabalho. Gabarito "B".

(Analista – TRT/16ª – 2014 – FCC) Vera é empregada da empresa "S" Ltda. e recebe seu salário na base de tarefa. Ontem, Vera teve seu contrato de trabalho rescindido. Neste caso, para recebimento de seu aviso prévio indenizado, o cálculo será feito de acordo com

(A) a média dos últimos doze meses de serviço.
(B) a média dos últimos seis meses de serviço.
(C) a média dos últimos dois meses de serviço.
(D) o valor recebido no mês anterior ao mês da rescisão contratual.
(E) o valor recebido no mês anterior ao mês da rescisão contratual acrescido de 50%.

Nos termos do art. 487, § 3º, da CLT em se tratando de salário pago na base de tarefa, o cálculo, para os efeitos dos parágrafos anteriores, será feito de acordo com a média dos últimos 12 (doze) meses de serviço. Gabarito "A".

(Analista – TRT/16ª – 2014 – FCC) Claudiomar, sócio-gerente da empresa "M" Ltda descobriu que Bruno, um de seus empregados do setor de montagem de peças, foi condenado em processo criminal pela prática do crime de estelionato qualificado. O referido processo encontra-se em fase de recurso e Bruno respondendo em liberdade. Neste caso, de acordo com a Consolidação das Leis do Trabalho, Claudiomar

(A) poderá rescindir imediatamente o contrato de Bruno por justa causa, havendo dispositivo legal expresso neste sentido, devendo notificar previamente o empregado.

(B) não poderá rescindir o contrato de Bruno por justa causa independentemente da aplicação de pena e do trânsito em julgado uma vez que não guarda qualquer relação com o contrato de trabalho.

(C) só poderá rescindir o contrato de Bruno por justa causa após o trânsito em julgado da sentença condenatória, caso não haja suspensão da execução da pena.

(D) só poderá rescindir o contrato de Bruno por justa causa após o trânsito em julgado da sentença condenatória e independentemente da ocorrência ou não de suspensão da execução da pena.

(E) poderá rescindir imediatamente o contrato de Bruno por justa causa, havendo dispositivo legal expresso neste sentido, independente de prévia notificação do empregado.

"C" é a resposta correta. Para a rescisão por justa causa, art. 482, *d*, da CLT exige-se a condenação do empregado, transitada em julgado, da qual decorra sua prisão, sem direito à suspensão da execução da pena. O que enseja a dispensa é a impossibilidade de comparecer ao trabalho. HC
Gabarito "C".

(Analista – TRT/9 – 2012 – FCC) Considerando as previsões da CLT sobre rescisão do contrato de trabalho, é INCORRETO afirmar:

(A) No caso de morte do empregador constituído em empresa individual, é facultado ao empregado rescindir o contrato de trabalho.

(B) No caso de paralisação temporária ou definitiva do trabalho, motivada por ato de autoridade municipal, estadual ou federal, ou pela promulgação de lei ou resolução que impossibilite a continuação da atividade, prevalecerá o pagamento da indenização, que ficará a cargo do governo responsável.

(C) Havendo culpa recíproca no ato que determinou a rescisão do contrato de trabalho, não há que se falar em recebimento de indenização.

(D) Nos contratos que tenham termo estipulado, o empregador que, sem justa causa, despedir o empregado, será obrigado a pagar-lhe, a título de indenização, e por metade, a remuneração a que teria direito até o término do contrato.

(E) Aos contratos por prazo determinado que contiverem cláusula assecuratória do direito recíproco de rescisão antes de expirado o termo ajustado, aplicam-se, caso seja exercido tal direito por qualquer das partes, os princípios que regem a rescisão dos contratos por prazo indeterminado.

A: opção correta, pois reflete o disposto no art. 483, § 2º, da CLT. **B:** opção correta, pois reflete o disposto no art. 486 da CLT. **C:** opção incorreta, devendo ser assinalada, pois nos termos do art. 484 da CLT havendo culpa recíproca no ato que determinou a rescisão do contrato de trabalho, o tribunal de trabalho reduzirá a indenização à que seria devida em caso de culpa exclusiva do empregador, por metade. **D:** opção correta, pois reflete o disposto no art. 479 da CLT. **E:** opção correta, pois reflete o disposto no art. 481 da CLT. HC/LF
Gabarito "C".

(Analista – TRT/6ª – 2012 – FCC) Clodoaldo, empregado da empresa "VV" há cinco anos, forneceu informação falsa quanto às suas necessidades de deslocamento de sua residência para o seu local de trabalho, visando receber maiores vantagens a título de vale transporte. Neste caso, Clodoaldo

(A) praticou falta grave passível de rescisão de seu contrato de trabalho por justa causa, em razão da prática de ato de incontinência de conduta.

(B) praticou falta grave passível de rescisão de seu contrato de trabalho por justa causa, em razão da prática de ato de improbidade.

(C) praticou falta grave passível de rescisão de seu contrato de trabalho por justa causa, em razão da prática de ato de insubordinação.

(D) praticou falta grave passível de rescisão de seu contrato de trabalho por justa causa, em razão da prática de ato de indisciplina.

(E) não praticou falta grave passível de rescisão de seu contrato de trabalho, mas deverá receber punição disciplinar em razão da conduta descrita.

A: opção incorreta, pois a incontinência de conduta, art. 482, a, da CLT, aponta um comportamento desregrado ligado à vida sexual do empregado, comportamento este que traz perturbações ao ambiente de trabalho. **B:** opção correta, pois o ato de improbidade, art. 482, a, da CLT, revela mau caráter, maldade, desonestidade, má-fé, por parte do empregado, que cause prejuízo ou até risco à integridade do patrimônio do empregador. **C:** opção incorreta, pois o ato de insubordinação, art. 482, h, da CLT consiste no descumprimento de ordens pessoais de serviço. **D:** opção incorreta, pois a indisciplina, art. 482, h, da CLT, consiste no descumprimento de ordens gerais de serviço. **E:** opção incorreta, pois o obreiro praticou falta grave tipificada no art. 482, a, da CLT. HC/LF
Gabarito "B".

(Analista – TRT/6ª – 2012 – FCC) Marius foi contratado por prazo indeterminado pela empresa Alfa Contabilidade Empresarial. Após onze meses de trabalho, recebeu um comunicado escrito da sua dispensa sem justa causa, com a determinação para trabalhar durante o período de aviso-prévio. Na presente situação, conforme legislação aplicável ao aviso-prévio, é correto afirmar:

(A) O horário normal de trabalho do empregado, durante o prazo do aviso, será reduzido de 1 (uma) hora diária, sem prejuízo do salário integral.

(B) É facultado ao empregado faltar ao serviço, sem prejuízo do salário integral, por 7 (sete) dias corridos.

(C) Dado o aviso-prévio, a rescisão torna-se efetiva depois de expirado o respectivo prazo, mas, se a parte notificante reconsiderar o ato, antes de seu termo, à outra parte é obrigada a aceitar a reconsideração.

(D) Mesmo que o empregado, durante o prazo do aviso-prévio, cometa qualquer das faltas consideradas pela lei como justas para a rescisão, ele não perde o direito ao restante do respectivo prazo.

(E) O reajuste salarial coletivo, determinado no curso do aviso-prévio, beneficia o empregado pré-avisado da despedida, salvo na hipótese de ter recebido antecipadamente os salários correspondentes ao período do aviso.

A: incorreto (art. 488, *caput*, da CLT); **B:** correto (art. 488, parágrafo único, da CLT); **C:** incorreto (art. 489 da CLT); **D:** incorreto (art. 491 da CLT – v. Súmula 73 do TST); **E:** incorreto (art. 487, § 6º, da CLT). HC/LF
Gabarito "B".

(Analista – TRT/11ª – 2012 – FCC) Diariamente e durante o horário de expediente, uma empregada expõe e vende produtos de higiene e beleza para seus colegas de trabalho, sem a permissão do seu empregador. Tal situação configura motivo para rescisão contratual por justa causa?

(A) Não, porque seria apenas motivo para advertência ou suspensão do empregado.
(B) Não, porque não há previsão legal para tal situação de rescisão por justa causa.
(C) Sim, porque o fato é grave, embora não esteja previsto em lei.
(D) Sim, porque o fato está tipificado em lei como justa causa para rescisão do contrato pelo empregador.
(E) Não, porque o fato não é tão grave e poderia apenas ensejar a rescisão sem justa causa.

Art. 482, c, da CLT.
Gabarito "D".

13. ESTABILIDADE E GARANTIA NO EMPREGO

(Analista – TRT/18 – 2023 – FCC) Temístocles foi indicado pelo seu empregador para exercer cargo de direção na Comissão Interna de Prevenção de Acidentes (CIPA). Com base no que prevê o ordenamento jurídico brasileiro vigente, referido empregado

(A) não possui garantia de emprego, pois esta é restrita a membros eleitos pelos empregados, desde o registro da candidatura até 1 ano após o término do mandato.
(B) é detentor de garantia de emprego, desde o início do mandato até 1 ano após seu término.
(C) goza de garantia no emprego, desde a sua indicação até 2 anos após o final de seu mandato.
(D) tem seu emprego garantido, desde sua aprovação no Conselho de Representantes da CIPA até 1 ano após o término do mandato.
(E) não possui garantia de emprego, pois esta é restrita a membros eleitos pelos empregados, desde o registro da candidatura até 2 anos após o término do mandato.

Nos termos do art. 10, II, a do ADCT, somente o empregado eleito para cargo de direção de comissões internas de prevenção de acidentes, possui garantia de empregado desde o registro de sua candidatura até um ano após o final de seu mandato. O empregado indicado pelo empregador não possui esse direito.
Gabarito "A".

(Analista - TRT1 - 2018 - AOCP) Mariana foi admitida para exercer a função de recepcionista na empresa fabricante de produtos de limpeza Limpabem Ltda. em data de 12 de nov. de 2014. Em 13 de dez. de 2017, teve sua gravidez confirmada, com data provável do parto para 19 de jun. de 2018. Em data de 31 de jan. de 2018, foi demitida sem justa causa por iniciativa do empregador, sem, contudo, receber as verbas decorrentes da estabilidade gerada pela gravidez. A convenção coletiva de trabalho aplicável à categoria profissional à qual pertence Mariana estabelece que as empregadas gestantes, desde a gravidez até 60 dias após o término da licença-maternidade, têm estabilidade. Diante disso, é correto afirmar que

(A) Mariana somente será reintegrada à empresa se tal hipótese ocorrer no curso do período de estabilidade, compreendido desde a confirmação da gravidez até 60 dias após o término da licença-maternidade. Caso contrário, a garantia restringir-se-á aos salários e demais direitos correspondentes ao período de estabilidade.
(B) Mariana terá direito à reintegração ao emprego ou à indenização do período estabilitário, desde a gravidez até 60 dias após o término da licença-maternidade, caso haja comunicado seu estado gravídico ao empregador imediatamente após dele ter ciência.
(C) Mariana somente será reintegrada à empresa se tal hipótese ocorrer no curso do período de estabilidade, que é compreendido desde a confirmação da gravidez até cinco meses após o parto. Caso contrário, a garantia restringir-se-á aos salários e demais direitos correspondentes ao período de estabilidade.
(D) Mariana terá direito à reintegração ao emprego ou à indenização do período estabilitário, desde a confirmação da gravidez até cinco meses após o parto, caso haja comunicado seu estado gravídico ao empregador imediatamente após dele ter ciência.
(E) não é possível que a norma coletiva estenda a garantia de emprego à gestante, tendo em vista que a norma constitucional limita a estabilidade decorrente da gravidez a 5 meses após o parto.

Nos termos da súmula 244, II, do TST a garantia de emprego à gestante só autoriza a reintegração se esta se der durante o período de estabilidade. Do contrário, a garantia restringe-se aos salários e demais direitos correspondentes ao período de estabilidade. Importante lembrar que a Convenção Coletiva de Trabalho não pode contrariar direito previsto no art. 10, II, b, do ADCT.
Gabarito "C".

(Analista Jurídico - TRT2 - FCC - 2018) Carolina, Mariana e Antônio são empregados da empresa Viação Mar Azul Ltda. Carolina foi contratada por prazo determinado e descobriu que está grávida. Mariana, contratada por prazo determinado, recentemente sofreu um acidente de trabalho e encontra-se afastada de suas atividades profissionais. Antônio, por sua vez, contratado por prazo indeterminado, acaba de registrar sua candidatura a cargo de direção de entidade sindical. Neste caso, nos termos da lei trabalhista vigente e do entendimento sumulado do TST, é correto afirmar:

(A) O desconhecimento da empresa Viação Mar Azul Ltda. do estado gravídico de Carolina afasta o direito ao pagamento de indenização decorrente da estabilidade gestante, existente desde a comunicação da gravidez até cinco meses após o parto.
(B) Mariana goza da garantia provisória de emprego decorrente de acidente de trabalho.
(C) Carolina não tem direito à estabilidade provisória, existente desde a confirmação da gravidez até 5 meses após o parto, pois foi admitida mediante contrato por tempo determinado.
(D) Fica vedada a dispensa de Antônio, a partir do momento da data da eleição a cargo de direção de entidade sindical, até 1 ano após o final do seu mandato, exceto se fosse como suplente.
(E) Antônio teria direito à estabilidade, mesmo que o registro da candidatura a cargo de dirigente sindical tivesse sido realizado durante o período de aviso prévio, ainda que indenizado.

A: incorreta, pois, nos termos da súmula 244, I, do TST, o desconhecimento do estado gravídico pelo empregador não afasta o direito ao pagamento da indenização decorrente da estabilidade; B: correta, pois, nos termos do item III da súmula 378 do TST, o empregado submetido a contrato de trabalho por tempo determinado goza da garantia provisória de emprego decorrente de acidente de trabalho prevista no art. 118 da Lei 8.213/1991; **C:** incorreta, pois ainda que a empregada tenha sido contratada mediante contrato com prazo determinado há estabilidade provisória no emprego, de acordo com a súmula 244, III, do TST; **D:** incorreta, pois, nos termos do art. 8º, VIII, CF e art. 543, §3º, da CLT, é vedada a dispensa do empregado sindicalizado a partir do registro da candidatura a cargo de direção ou representação sindical e, se eleito, ainda que suplente, até um ano após o final do mandato, salvo se cometer falta grave; **E:** incorreta, pois, nos termos da súmula 369, V, do TST, o registro da candidatura do empregado a cargo de dirigente sindical durante o período de aviso prévio, ainda que indenizado, não lhe assegura a estabilidade. HC

Gabarito "B".

(Analista – TRT/10ª – 2013 – CESPE) Julgue os itens que se seguem, relativos a estabilidade e garantias provisórias de emprego.

(1) Segundo o Tribunal Superior do Trabalho (TST), o empregado de categoria diferenciada eleito dirigente sindical só gozará de estabilidade se exercer na empresa atividade pertinente à categoria profissional do sindicato para o qual tiver sido eleito dirigente.

(2) É vedada a dispensa dos membros de comissão de conciliação prévia até um ano após o final do mandato, salvo se cometerem falta, nos termos da lei.

1. Opção correta, pois nos termos da súmula 369, III, do TST, o empregado de categoria diferenciada eleito dirigente sindical só goza de estabilidade se exercer na empresa atividade pertinente à categoria profissional do sindicato para o qual foi eleito dirigente. **2.** Opção incorreta, pois nos termos do art. 625-B, § 1º, da CLT somente os representantes dos empregados membros da Comissão de Conciliação Prévia possuem a garantia de emprego. Ademais, o mesmo dispositivo legal ensina poderá ser dispensado caso cometa falta grave e não mera "falta" como consignado na assertiva o cometimento de falta grave. HC/LF

Gabarito 1C, 2E

(Analista – TRT/3ª – 2015 – FCC) Matheus trabalha na filial da empresa X, na cidade de Juiz de Fora. Em 24 de março de 2015 foi eleito membro da CIPA. Entretanto, no dia 28 de maio de 2015, o estabelecimento em que trabalhava foi extinto e ele foi dispensado sem justa causa. Em relação a essa situação,

(A) a dispensa é inválida, pois a estabilidade de membro eleito da CIPA tem por fundamento o interesse coletivo dos trabalhadores que representa.

(B) a dispensa é válida, sendo certo que a estabilidade do cipeiro não constitui vantagem pessoal, mas garantia para as atividades dos membros da CIPA, que somente tem razão de ser quando em atividade a empresa. Extinto o estabelecimento, não se verifica a despedida arbitrária.

(C) a dispensa é inválida, pois a estabilidade do cipeiro constitui vantagem pessoal que independe da atividade da empresa.

(D) havendo membro eleito da CIPA no estabelecimento, o mesmo não pode ser extinto, sob pena de afronta à garantia fundamental de permanência no emprego assegurada ao cipeiro.

(E) a dispensa é válida, mas a empresa terá que pagar ao empregado indenização equivalente ao período faltante para o término da estabilidade, pela metade.

"B" é a resposta correta. Em conformidade com o entendimento cristalizado na súmula 339, II, do TST a estabilidade provisória do cipeiro não constitui vantagem pessoal, mas garantia para as atividades dos membros da CIPA, que somente tem razão de ser quando em atividade a empresa. Extinto o estabelecimento, não se verifica a despedida arbitrária, sendo impossível a reintegração e indevida a indenização do período estabilitário. HC

Gabarito "B".

(Analista – TRT9 – 2012 – FCC) Em relação às estabilidades provisórias no emprego, considere as proposições:

I. A estabilidade é assegurada ao dirigente sindical eleito como titular e ao eleito como suplente.

II. A estabilidade da gestante estende-se desde a confirmação da gravidez até 6 meses após o parto.

III. A estabilidade do dirigente sindical vai desde o registro da candidatura até um ano após o término do mandato.

IV. O empregado eleito para o cargo de direção de comissões internas de prevenção de acidentes tem estabilidade desde a eleição até um ano após o término do mandato.

V. O empregado acidentado no trabalho tem garantida, pelo prazo mínimo de 12 meses, a manutenção do seu contrato de trabalho na empresa, após a cessação do auxílio-doença acidentário, independentemente de percepção de auxílio-acidente.

Está correto APENAS o que se afirma em

(A) I, III e V.
(B) II, III e IV.
(C) I, II e V.
(D) II, IV e V.
(E) I, II e III.

I: opção correta, pois reflete o disposto no art. 8º, VIII, da CF e art. 543, § 3º, da CLT. Veja súmula 369, II, do TST. **II:** opção incorreta, pois o período de estabilidade da empregada gestante é desde a confirmação da gravidez até 5 meses após o parto, os termos do art. 10, II, b, do ADCT. **III:** opção correta, pois reflete o disposto no art. 8º, VIII, da CF e art. 543, § 3º, da CLT. **IV:** opção incorreta, pois nos termos do art. 10, II, a, do ADCT a estabilidade é contada desde o registro de sua candidatura até um ano após o final de seu mandato. **V:** opção correta, pois reflete o disposto no art. 118 da Lei 8.213/1991. HC/LF

Gabarito "A".

14. FGTS

(Analista - TRT2 - FCC - 2018) De acordo com a Lei no 8.036/1990, o Conselho Curador estabelece normas e diretrizes que regem o Fundo de Garantia do Tempo de Serviço (FGTS). Representantes dos trabalhadores e dos empregadores

(A) fazem parte da composição deste Conselho Curador, sendo que terão mandato de dois anos, vedada a recondução, inclusive para os suplentes.

(B) fazem parte da composição deste Conselho Curador, sendo que terão mandato de dois anos, podendo ser reconduzidos uma única vez, inclusive os suplentes.

(C) não fazem parte da composição deste Conselho Curador, tratando-se de um órgão governamental que possui apenas integrantes indicados pela autoridade competente do Poder Executivo.

(D) não fazem parte da composição deste Conselho Curador, tratando-se de um órgão governamental que possui apenas integrantes indicados pelas autoridades competentes dos Poderes Executivo e Legislativo.

(E) fazem parte da composição deste Conselho Curador, sendo que terão mandato de três anos, vedada a recondução, inclusive para os suplentes.

"B" é a opção correta. Isso porque, nos termos do art. 3º da Lei 8.036/1990, o FGTS será regido por normas e diretrizes estabelecidas por um Conselho Curador, composto por representação de trabalhadores, empregadores e órgãos e entidades governamentais, na forma estabelecida pelo Poder Executivo. Ademais, nos termos do § 3º do mesmo dispositivo legal, o mandato será de 2 anos, podendo ser reconduzidos uma única vez.
Gabarito "B".

(Analista Judiciário – TRT/24 – FCC – 2017) Quanto ao Fundo de Garantia por Tempo de Serviço – FGTS, segundo ordenamento jurídico e jurisprudência sumulada do Tribunal Superior do Trabalho:

(A) A contribuição para o Fundo de Garantia do Tempo de Serviço incide sobre a remuneração mensal devida ao empregado, inclusive horas extras e adicionais, desde que habituais.

(B) É trintenária a prescrição do direito de reclamar contra a falta de recolhimento de contribuição para o FGTS, observado o prazo de cinco anos após o término do contrato.

(C) Quando ocorrer despedida por culpa recíproca ou força maior, reconhecida pela Justiça do Trabalho, o percentual da multa rescisória será reduzido para dez por cento.

(D) A prescrição da pretensão relativa às parcelas remuneratórias alcança o respectivo recolhimento da contribuição para o FGTS.

(E) A conta vinculada do trabalhador no FGTS poderá ser movimentada quando houver suspensão total do trabalho avulso por período igual ou superior a sessenta dias, comprovada por declaração do sindicato representativo da categoria profissional.

A: opção incorreta, pois nos termos da súmula 63 do TST a contribuição para o Fundo de Garantia do Tempo de Serviço incide sobre a remuneração mensal devida ao empregado, inclusive horas extras e adicionais eventuais, ainda que não habituais. B: opção incorreta, pois nos termos da súmula 362 a prescrição será quinquenal. C: opção incorreta, pois nos termos do art. 18, § 2º, da Lei 8.036/1990 quando ocorrer despedida por culpa recíproca ou força maior, reconhecida pela Justiça do Trabalho, o percentual da multa rescisória será de 20 (vinte) por cento. D: opção correta, pois a prescrição da pretensão relativa às parcelas remuneratórias alcança o respectivo recolhimento da contribuição para o FGTS. E: opção incorreta, pois nos termos do art. 20, X, da Lei 8.036/1990 a conta poderá ser movimentada em caso de suspensão total do trabalho avulso por período igual ou superior a 90 (noventa) dias, comprovada por declaração do sindicato representativo da categoria profissional.
Gabarito "D".

(Analista Judiciário – TRT/11 – FCC – 2017) Com relação ao FGTS, considere:

I. A equivalência entre os regimes do Fundo de Garantia do Tempo de Serviço e da estabilidade prevista na CLT é meramente jurídica e não econômica, sendo indevidos valores a título de reposição de diferenças.

II. O pagamento relativo ao período de aviso-prévio, trabalhado ou não, está sujeito à contribuição para o FGTS.

III. Caberá ao Conselho Curador do FGTS, na qualidade de agente operador, emitir Certificado de Regularidade do FGTS.

IV. Quando ocorrer rescisão do contrato de trabalho por culpa recíproca ou força maior reconhecida pela Justiça do Trabalho, o percentual devido relativo à multa pela rescisão será de 20%.

Está correto o que se afirma APENAS em

(A) I e II.
(B) I, II e III.
(C) II, III e IV.
(D) I, II e IV.
(E) III e IV.

I: correto. Nos termos da súmula 98, I, do TST A equivalência entre os regimes do Fundo de Garantia do Tempo de Serviço e da estabilidade prevista na CLT é meramente jurídica e não econômica, sendo indevidos valores a título de reposição de diferenças. II: correto. Nos termos da súmula 305 do TST O pagamento relativo ao período de aviso-prévio, trabalhado ou não, está sujeito à contribuição para o FGTS. III: incorreto. Nos termos do art. 7º, V, da Lei 8.036/1990 cabe à Caixa Econômica Federal emitir Certificado de Regularidade do FGTS. IV: correto. Nos termos do art. 18, § 2º, da Lei 8.036/1990 quando ocorrer despedida por culpa recíproca ou força maior, reconhecida pela Justiça do Trabalho, percentual relativo à multa pela rescisão será de 20 (vinte) por cento.
Gabarito "D".

(Analista – TRT/2ª – 2014 – FCC) Um trabalhador avulso teve seu trabalho suspenso de forma total pelo período de 90 dias, tendo sido tal suspensão comprovada por declaração do sindicato representativo da categoria profissional. Nesse caso, em relação ao FGTS, de acordo com a legislação aplicável, os valores depositados em sua conta vinculada

(A) não poderão ser sacados tendo em vista que o saque de FGTS do trabalhador avulso só ocorre por ocasião da aposentadoria do mesmo.

(B) poderão ser sacados, eis que preenchidos os requisitos legais para tanto.

(C) não poderão ser sacados, uma vez que a suspensão do trabalho não completou o período de 120 dias.

(D) só poderão ser sacados se a suspensão do trabalho for autorizada pelo Ministério do Trabalho.

(E) só poderão ser sacados se o trabalhador tiver completado 65 anos de idade.

A: incorreta, pois a Lei 8.036/90 trata de outras situações que o trabalhador avulso poderá sacar o FGTS. Veja art. 20 da Lei 8.036/90. Ademais, por força do art. 7º, XXXIV, da CF, o FGTS é um direito dos trabalhadores urbanos e rurais estendido aos trabalhadores avulsos. B: correta, pois os requisitos exigidos no art. 20, X, da Lei 8.036/90 foram atendidos. C: incorreta, pois o período de suspensão disposto no art. 20, X, da Lei 8.036/90 não é de 120 dias, mas de 90 dias. D: incorreta, pois a suspensão do trabalho não carece de autorização do Ministério do Trabalho, mas sim de declaração do sindicato representativo da categoria profissional. E: incorreta, pois nos termos do art. 20, XV, da Lei 8.036/90 a idade deve ser igual ou superior a 70 anos.
Gabarito "B".

(Analista – TRT9 – 2012 – FCC) Com fundamento na legislação aplicável ao FGTS, a conta vinculada do trabalhador NÃO poderá ser movimentada na hipótese de

(A) falecimento do trabalhador.
(B) dispensa indireta.

(C) culpa recíproca.
(D) aposentadoria concedida pela Previdência Social.
(E) pedido de demissão.

A: opção incorreta, pois poderá ser movimentada, nos termos do art. 20, IV, da Lei 8.036/1990. **B:** opção incorreta, pois poderá ser movimentada, nos termos do art. 20, I, da Lei 8.036/1990. **C:** opção incorreta, pois poderá ser movimentada, nos termos do art. 20, I, da Lei 8.036/1990. **D:** opção incorreta, pois poderá ser movimentada, nos termos do art. 20, III, da Lei 8.036/1990. **E:** opção correta, pois no pedido de demissão o empregado não poderá movimentar a conta do FGTS, na medida em que não consta no rol do art. 20 da Lei 8.036/1990. HC/LF
Gabarito "E".

15. MEDICINA E SEGURANÇA NO TRABALHO

(Analista - Área Administrativa - TRT1 - 2018 - AOCP) Em relação às atividades consideradas perigosas e o direito ao adicional de periculosidade, assinale a alternativa INCORRETA.

(A) O empregado exposto permanentemente ou que, de forma intermitente, sujeita-se a condições de risco, faz jus ao recebimento do adicional de periculosidade. O adicional de periculosidade é indevido tão somente quando o contato ou exposição a atividades ou operações perigosas ocorre eventualmente, ou seja, de forma fortuita, ou mesmo que seja habitual, ocorra por período de tempo muito reduzido.

(B) O empregado exposto permanentemente ou que, de forma intermitente ou eventual, assim considerada a fortuita, sujeita-se a condições de risco faz jus ao recebimento do adicional de periculosidade.

(C) O adicional de periculosidade legalmente estabelecido é de 30% sobre o salário do trabalhador, sem os acréscimos resultantes de gratificações, prêmios ou participações nos lucros da empresa e, quando pago com habitualidade, integra o salário do empregado para todos os efeitos.

(D) O trabalhador que desempenha suas funções em motocicleta, como os motoboys, tem direito ao recebimento do adicional de periculosidade.

(E) É inválida a cláusula de acordo ou convenção coletiva de trabalho fixando o adicional de periculosidade em percentual inferior ao estabelecido em lei, ainda que proporcional ao tempo de exposição ao risco.

A: correto, pois reflete a disposição da súmula 364, I, do TST. **B:** incorreto, pois a exposição eventual não confere a percepção do adicional de periculosidade, súmula 364, I, do TST. **C:** correto, pois reflete a disposição do art. 193, § 1º, da CLT. **D:** correto: pois consideradas perigosas as atividades de trabalhador em motocicleta, art. 193, § 4º, da CLT; **E:** correto: pois reflete a disposição da súmula 364, II, TST.
Gabarito "B".

(Analista - TRT2 - FCC - 2018) Segundo entendimento Sumulado do Tribunal Superior do Trabalho, o trabalho executado em condições insalubres, em caráter intermitente, só por essa circunstância,

(A) aumenta o respectivo adicional para 40%.
(B) afasta o direito à percepção do respectivo adicional.
(C) reduz o respectivo adicional para 10%.
(D) reduz o respectivo adicional para 20%.
(E) não afasta o direito à percepção do respectivo adicional.

"E" é a opção correta. Isso porque, nos termos da súmula 47 do TST, o trabalho executado em condições insalubres, em caráter intermitente, não afasta, só por essa circunstância, o direito à percepção do respectivo adicional. HC
Gabarito "E".

(Analista - TRT2 - FCC - 2018) Rosana e Marcela são empregadas da empresa "D". Apesar de trabalharem na mesma empresa, elas laboram em atividades consideradas insalubres, respectivamente, em grau médio e mínimo. No começo deste ano, Rosana e Marcela deram à luz seus filhos, Bernardo e Frederico, respectivamente, sendo que, coincidentemente, as empregadas devem retornar ao trabalho na próxima segunda-feira. Considerando que ambas estão amamentando seus filhos, de acordo com a Consolidação das Leis do Trabalho, sem prejuízo de sua remuneração, nessa situação:

(A) Incluído o valor do adicional de insalubridade, ambas as empregadas deverão afastar-se das atividades consideradas insalubres que exercem quando apresentarem atestado de saúde, emitido por médico de confiança delas, recomendando o afastamento.

(B) Não incluso o valor do adicional de insalubridade, ambas as empregadas deverão afastar-se das atividades consideradas insalubres que exercem quando apresentarem atestado de saúde, emitido por médico de confiança delas, recomendando o afastamento.

(C) Incluído o valor do adicional de insalubridade, ambas as empregadas deverão afastar-se das atividades consideradas insalubres que exercem independentemente de apresentarem qualquer atestado de saúde, tratando-se de um direito constitucionalmente garantido.

(D) Não incluso o valor do adicional de insalubridade, somente Rosana deverá afastar-se das atividades consideradas insalubres que exercia quando apresentar atestado de saúde, emitido por médico de sua confiança, recomendando o afastamento.

(E) Incluído o valor do adicional de insalubridade, somente Rosana deverá afastar-se das atividades consideradas insalubres que exercia independentemente de apresentar qualquer atestado de saúde, tratando-se de um direito constitucionalmente garantido.

"A" é a opção correta. Isso porque, nos termos do art. 394-A, III, da CLT, sem prejuízo de sua remuneração, nesta incluído o valor do adicional de insalubridade, a empregada deverá ser afastada de atividades consideradas insalubres em qualquer grau quando apresentar atestado de saúde, emitido por médico de confiança da mulher, que recomende o afastamento durante a lactação. HC
Gabarito "A".

(Analista Judiciário – TRT/11 – FCC – 2017) Carlos é empregado da empresa DCD Ltda. Ele recebe adicional de periculosidade em razão da atividade desenvolvida na empresa. Exatamente em razão desta atividade Carlos também é remunerado pelas horas que permanece de sobreaviso em sua residência, porém, na remuneração destas horas de sobreaviso a empresa paga sem a integração do adicional de periculosidade. Neste caso, de acordo com o entendimento Sumulado do TST, a empresa empregadora efetua o pagamento de forma

(A) incorreta se as horas de sobreaviso ultrapassam dez horas durante um mês, uma vez que, somente neste

caso, haverá integração do adicional de periculosidade sobre as horas de sobreaviso.
(B) incorreta uma vez que a integração do adicional de periculosidade sobre as horas de sobreaviso é sempre devido, em razão da atividade desenvolvida pelo empregado.
(C) incorreta se as horas de sobreaviso ultrapassam quinze horas durante um mês, uma vez que, somente neste caso, haverá integração do adicional de periculosidade sobre as horas de sobreaviso.
(D) correta uma vez que Carlos não se encontra em condições de risco, razão pela qual é incabível a integração do adicional de periculosidade sobre as horas de sobreaviso.
(E) incorreta se as horas de sobreaviso ultrapassam vinte horas durante um mês, uma vez que, somente neste caso, haverá integração do adicional de periculosidade sobre as horas de sobreaviso.

"D" é a opção correta. Nos termos da súmula 132 do TST durante as horas de sobreaviso, o empregado não se encontra em condições de risco, razão pela qual é incabível a integração do adicional de periculosidade sobre as mencionadas horas.
Gabarito "D".

(Analista Judiciário – TRT/20 – FCC – 2016) Juno trabalhou por oito meses como vigilante bancário, exercendo atividades que, por sua natureza ou métodos de trabalho, implicavam risco acentuado pela exposição permanente a roubos ou outras espécies de violência física nas atividades profissionais de segurança patrimonial. Nessa situação, Juno fará jus a adicional de
(A) insalubridade no valor de 30% da remuneração global, incluindo os acréscimos decorrentes de gratificações e prêmios.
(B) periculosidade no importe de 10%, 20% ou 40% do salário mínimo, conforme o grau de risco da exposição verificado em perícia de engenheiro ou médico do trabalho.
(C) penosidade no importe de 10%, 20% ou 40% do salário básico, conforme o grau de risco da exposição verificado em perícia de engenheiro ou médico do trabalho.
(D) periculosidade no importe de 30% sobre o salário básico, mas sem descontar ou compensar deste adicional outros da mesma natureza eventualmente já concedidos ao vigilante por meio de acordo coletivo.
(E) periculosidade no valor de 30% sobre o salário sem os acréscimos resultantes de gratificações, prêmios ou participações nos lucros da empresa.

"E" é a opção correta. Nos termos do art. 193, II, da CLT são consideradas atividades ou operações perigosas, aquelas que, por sua natureza ou métodos de trabalho, impliquem risco acentuado em virtude de exposição permanente do trabalhador a roubos ou outras espécies de violência física nas atividades profissionais de segurança pessoal ou patrimonial. Assim, em conformidade com o § 1º do citado dispositivo, o trabalho em condições de periculosidade assegura ao empregado um adicional de 30% (trinta por cento) sobre o salário sem os acréscimos resultantes de gratificações, prêmios ou participações nos lucros da empresa.
Gabarito "E".

(Analista – TRT/3ª – 2015 – FCC) Daniel, empregado da Pizzaria Novo Sabor, trabalha como entregador de pizza, utilizando moto para tal finalidade. Em razão da condição de execução do trabalho, Daniel
(A) não tem direito de receber qualquer adicional de remuneração, pois seu trabalho não se caracteriza como atividade insalubre ou perigosa.
(B) não tem direito de receber qualquer adicional de remuneração, pois não trabalha com inflamáveis ou explosivos, as únicas situações que caracterizam condição perigosa de trabalho para fins de percepção do adicional respectivo.
(C) tem direito de receber adicional de insalubridade, pois o trabalho com moto é prejudicial para sua saúde.
(D) tem direito de receber adicional de insalubridade, mas somente em grau mínimo, mais adicional de periculosidade, calculado em razão do tempo em que se utiliza da moto na execução do trabalho.
(E) tem direito de receber adicional de periculosidade, por expressa previsão legal.

"E" é a opção correta. O § 4º ao art. 193 da CLT garante aos profissionais que utilizam a motocicleta para trabalhar com o transporte de passageiros e mercadorias, como os motoboys, mototaxistas, motofretistas e de serviço comunitário de rua, o direito ao adicional de periculosidade de 30% sobre seus salários, descontados os acréscimos resultantes de gratificações, prêmios ou participações nos lucros da empresa. Contudo, de acordo com o Anexo 5 da NR 16 do MTE algumas atividades NÃO são consideradas perigosas para efeitos da lei. São elas: a) a utilização de motocicleta ou motoneta exclusivamente no percurso da residência para o local de trabalho ou deste para aquela; b) as atividades em veículos que não necessitem de emplacamento ou que não exijam carteira nacional de habilitação para conduzi-los; c) as atividades em motocicleta ou motoneta em locais privados; d) as atividades com uso de motocicleta ou motoneta de forma eventual, assim considerado o fortuito, o que, sendo habitual, dá-se por tempo extremamente reduzido.
Gabarito "E".

(Analista – TRT/16ª – 2014 – FCC) Considere os seguintes itens:
I. Gratificações.
II. Prêmios.
III. Participações nos lucros da empresa.
Para o cálculo do adicional de periculosidade
(A) incidem as verbas indicadas apenas em II e III.
(B) incidem as verbas indicadas em I, II e III.
(C) incidem as verbas indicadas apenas em I e II.
(D) não incidem as verbas indicadas apenas em I e II.
(E) não incidem as verbas indicadas em I, II e III.

Nos termos do art. 193, § 1º, da CLT o trabalho em condições de periculosidade assegura ao empregado um adicional de 30% (trinta por cento) sobre o salário sem os acréscimos resultantes de gratificações, prêmios ou participações nos lucros da empresa.
Gabarito "E".

(Analista – TRT/9 – 2012 – FCC) Considere as proposições:
I. Atividades ou operações insalubres são aquelas que, por sua natureza, condições ou métodos de trabalho, exponham os empregados a agentes nocivos à saúde, acima dos limites de tolerância fixados em razão da natureza e da intensidade do agente e do tempo de exposição aos seus efeitos.

II. A eliminação ou neutralização da insalubridade ocorrerá com a adoção de medidas que conservem o ambiente de trabalho dentro dos limites de tolerância e com a utilização pelo trabalhador de EPI's que diminuam a intensidade do agente agressivo a limites de tolerância.

III. O trabalho em condições de periculosidade assegura ao empregado um adicional de 30% (trinta por cento) sobre o salário, com os acréscimos resultantes de gratificações, prêmios ou participações nos lucros da empresa.

IV. A caracterização e a classificação da insalubridade e da periculosidade far-se-ão através de perícias, ficando a primeira a cargo de Médico do Trabalho e a segunda a cargo de Engenheiro do Trabalho, registrado no Ministério do Trabalho.

V. O adicional de insalubridade e o adicional de periculosidade incorporam-se ao salário do empregado, não podendo deixar de ser pagos mesmo que tenha havido a cessação do risco à saúde ou a integridade física do mesmo.

Está correto APENAS o que se afirma em

(A) III, IV e V.
(B) II, III e V.
(C) I e II.
(D) II e IV.
(E) I, II e V.

I: opção correta, pois reflete o disposto no art. 189 da CLT. II: opção correta, pois reflete o disposto no art. 191, I e II, da CLT. III: opção incorreta, pois nos termos do art. 193, § 1º, da CLT o trabalho em condições de periculosidade assegura ao empregado um adicional de 30% (trinta por cento) sobre o salário sem os acréscimos resultantes de gratificações, prêmios ou participações nos lucros da empresa. IV: opção incorreta, pois nos termos do art. 195 da CLT a caracterização e a classificação da insalubridade e da periculosidade, far-se-ão através de perícia a cargo de Médico do Trabalho ou Engenheiro do Trabalho, registrados no Ministério do Trabalho. Veja também a súmula 448 do TST. V: opção incorreta, pois nos termos do art. 194 da CLT o direito do empregado ao adicional de insalubridade ou de periculosidade cessará com a eliminação do risco à sua saúde ou integridade física. HC/LF
Gabarito "C".

(Analista – TRT/6ª – 2012 – FCC) Carlus trabalha em um posto de abastecimento de combustíveis. Exerce as funções de frentista, cuja atividade principal é abastecer os veículos com combustível direto da bomba. Recebe salário base e vale refeição. Pelo exercício das suas funções, nos termos da legislação aplicável à matéria, Carlus faz jus ao pagamento do adicional de

(A) penosidade no valor correspondente a 40% sobre o salário mínimo.
(B) insalubridade no percentual de 10%, 20% ou 40% do salário mínimo.
(C) periculosidade no percentual de 30% do salário contratual.
(D) periculosidade no percentual 10%, 20% ou 40% do salário mínimo.
(E) penosidade no percentual de 30% do salário contratual.

"C" é a resposta correta, pois reflete o disposto no art. 193, I, e § 1º, da CLT. Nesse sentido, veja a súmula 39 do TST: "Os empregados que operam em bomba de gasolina têm direito ao adicional de periculosidade (Lei nº 2.573, de 15.08.1955)." HC/LF
Gabarito "C".

(Analista – TRT/6ª – 2012 – FCC) Afrodite trabalha em posto de revenda de combustível líquido, possuindo contato permanente com líquidos combustíveis. Neste caso, de acordo com a Consolidação das Leis do Trabalho, ela terá direito ao adicional de

(A) insalubridade correspondente a 25% sobre o seu salário base.
(B) periculosidade correspondente a 25% sobre o seu salário base.
(C) periculosidade correspondente a 20% sobre o seu salário base.
(D) insalubridade correspondente a 40, 20 ou 10% sobre o seu salário mínimo.
(E) periculosidade correspondente a 30% sobre o seu salário base.

"E" é a opção correta, pois reflete o disposto no art. 193, I, § 1º, da CLT. Sobre o tema veja a súmula 364, I, do TST: "ADICIONAL DE PERICULOSIDADE". EXPOSIÇÃO EVENTUAL, PERMANENTE E INTERMITENTE. I- Tem direito ao adicional de periculosidade o empregado exposto permanentemente ou que, de forma intermitente, sujeita-se a condições de risco. Indevido, apenas, quando o contato dá-se de forma eventual, assim considerado o fortuito, ou o que, sendo habitual, dá-se por tempo extremamente reduzido. HC/LF
Gabarito "E".

16. PRESCRIÇÃO E DECADÊNCIA

(Analista – TRT/1ª – 2012 – FCC) O prazo prescricional para reclamar créditos resultantes das relações de trabalho, conforme previsão legal e entendimento sumulado do TST, é de

(A) dois anos para os trabalhadores rurais, até o limite de cinco anos após a extinção do contrato de trabalho.
(B) cinco anos para os trabalhadores urbanos e rurais, até o limite de dois anos após a extinção do contrato de trabalho.
(C) dois anos para os trabalhadores urbanos e rurais, até o limite de cinco anos após a extinção do contrato de trabalho.
(D) trinta anos para reclamar contra o não recolhimento da contribuição para o FGTS.
(E) trinta anos para reclamar contra o não recolhimento da contribuição para o FGTS, observado o prazo de cinco anos após o término do contrato de trabalho.

"B" é a alternativa correta, pois reflete o disposto no art. 7º, XXIX, da CF e art. 11 da CLT. Veja também a súmula 308, I, do TST. HC/LF
Gabarito "B".

(Analista – TRT/6ª – 2012 – FCC) Analisando-se as normas legais relativas ao instituto da prescrição no Direito do Trabalho, é correto afirmar:

(A) Contra menores de 21 (vinte e um) anos não corre nenhum prazo de prescrição.
(B) O direito de ação quanto a créditos resultantes das relações de trabalho prescreve em três anos para contrato em vigor e encerrados.

(C) O direito de ação quanto a créditos resultantes das relações de trabalho prescreve em cinco anos após a extinção do contrato de trabalho.

(D) Não corre prazo de prescrição para as ações que tenham por objeto anotações para fins de prova junto à Previdência Social.

(E) A prescrição do direito de reclamar a concessão das férias ou o pagamento da respectiva remuneração será sempre contada da cessação do contrato de trabalho.

A: incorreto (art. 440 da CLT); **B** e **C:** incorretos (arts. 7º, XXIX, da CF e 11 da CLT); **D:** correto (art. 11, § 1º, da CLT); **E:** incorreto (art. 149 da CLT).

Gabarito "D".

17. ORGANIZAÇÃO E LIBERDADE SINDICAL

(Analista – TRT/2ª – 2014 – FCC) São critérios previstos pelo ordenamento jurídico para formação, respectivamente, das categorias econômicas, profissionais e profissionais diferenciadas:

(A) Similitude de condições de vida oriunda da profissão ou trabalho em comum, em situação de emprego na mesma atividade econômica ou em atividades econômicas similares ou conexas; solidariedade de interesses econômicos dos que empreendem atividades idênticas, similares ou conexas; e exercício de profissões ou funções diferenciadas por força de estatuto profissional especial ou em consequência de condições de vida singulares.

(B) Homogeneidade de representação perante as autoridades administrativas, na defesa dos interesses econômicos; solidariedade de interesses e similitude de condições de vida decorrentes de estatuto profissional próprio; e exercício de profissões ou funções diferenciadas por força de estatuto profissional especial ou em consequência de condições de vida singulares.

(C) Solidariedade de interesses econômicos dos que empreendem atividades idênticas, similares ou conexas; similitude de condições de vida oriunda da profissão ou trabalho em comum, em situação de emprego na mesma atividade econômica ou em atividades econômicas similares ou conexas; e exercício de profissões ou funções diferenciadas por força de estatuto profissional especial ou em consequência de condições de vida singulares.

(D) Exercício de profissões ou funções diferenciadas por força de estatuto profissional especial ou em consequência de condições de vida singulares; similitude de condições de vida oriunda da profissão ou trabalho em comum, em situação de emprego na mesma atividade econômica ou em atividades econômicas similares ou conexas; e solidariedade de interesses econômicos dos que empreendem atividades idênticas, similares ou conexas.

(E) Solidariedade de interesses econômicos dos que empreendem atividades idênticas, similares ou conexas; exercício de profissões ou funções diferenciadas por força de estatuto profissional especial ou em consequência de condições de vida singulares; e similitude de condições de vida oriunda da profissão ou trabalho em comum, em situação de emprego na mesma atividade econômica ou em atividades econômicas similares ou conexas.

"C" é a correta, pois nos termos do art. 511, § 1º, da CLT a solidariedade de interesses econômicos dos que exploram atividades idênticas, similares ou conexas, constitui o vínculo social denominado categoria econômica. Já a categoria profissional, em conformidade com o § 2º do art. 511 da CLT é caracterizada pela semelhança de condições de vida oriunda da profissão ou trabalho em comum, em situação de emprego na mesma atividade econômica ou em atividades econômicas similares ou conexas. Por último, categoria profissional diferenciada é a que se forma dos empregados que exerçam profissões ou funções diferenciadas por força de estatuto profissional especial ou em consequência de condições de vida singulares.

Gabarito "C".

(Analista – TRT/10ª – 2013 – CESPE) Julgue os próximos itens, acerca dos direitos coletivos do trabalho.

(1) A diferença básica entre a convenção coletiva de trabalho e o acordo coletivo de trabalho traduz-se nos seus sujeitos, pois, enquanto na convenção coletiva os sujeitos são o sindicato profissional de um lado e uma ou mais empresas do outro, no acordo coletivo os sujeitos são o sindicato profissional de um lado e, de outro lado, o sindicato da categoria econômica.

(2) O chamado locaute, vedado pelo ordenamento jurídico brasileiro, significa a paralisação do trabalho ordenada pelo próprio empregador.

(3) As confederações são entidades sindicais de grau superior, de âmbito nacional, que, para terem tal *status*, devem ser constituídas por, no mínimo, cinco federações e ter sede em Brasília.

1. opção incorreta, pois no acordo coletivo os sujeitos são o sindicato profissional de um lado e uma ou mais empresas do outro, na convenção coletiva os sujeitos são o sindicato profissional de um lado e, de outro lado, o sindicato da categoria econômica, nos termos do art. 611, *caput*, e § 1º, da CLT. **2.** Opção correta, pois nos termos do art. 17 da Lei 7.783/1990 o lockout é proibido. **3.** Opção incorreta, pois nos termos do art. 535 da CLT as Confederações organizar-se-ão com o mínimo de 3 (três) federações e terão sede na Capital da República.

Gabarito 1E, 2C, 3E.

(Analista – TRT9 – 2012 – FCC) A associação em sindicatos constitui um dos elementos decorrentes da liberdade sindical. O ordenamento jurídico brasileiro, no entanto, impõe a associação sindical a partir da formação de categorias, que podem ser:

(A) profissionais diferenciadas: aquelas formadas a partir da similitude de condições de vida oriunda da profissão ou trabalho em comum, em situação de emprego na mesma atividade econômica ou em atividades econômicas similares ou conexas.

(B) profissionais: aquelas formadas a partir da similitude de condições de vida oriunda da profissão ou trabalho em comum, em situação de emprego na mesma atividade econômica ou em atividades econômicas similares ou conexas.

(C) econômicas: aquelas formadas a partir da similitude de condições de vida dos trabalhadores, oriunda da profissão ou trabalho em comum dos mesmos, definindo, em consequência, a atividade econômica preponderante das empresas.

(D) econômicas: as que se formam a partir do exercício de profissões ou funções diferenciadas em relação aos demais empregados, definindo, em consequência, a atividade econômica preponderante das empresas.

(E) profissionais diferenciadas: as que se formam a partir da solidariedade de interesses econômicos dos trabalhadores que trabalham em atividades idênticas, similares ou conexas. similares ou conexas.

"B" é a opção correta, pois reflete o disposto no art. 511, § 2°, da CLT. Importante lembrar que nos termos do art. 511, § 3°, da CLT categoria profissional diferenciada é a que se forma dos empregados que exerçam profissões ou funções diferenciadas por força de estatuto profissional especial ou em consequência de condições de vida singulares. Já a similitude de condições de vida oriunda da profissão ou trabalho em comum, em situação de emprego na mesma atividade econômica ou em atividades econômicas similares ou conexas, compõe a categoria profissional, nos termos do § 2° do art. 511 da CLT. HC/LF

Gabarito "B".

(Analista – TRT/14ª – 2011 – FCC) Considere as seguintes assertivas:

I. As organizações de trabalhadores e de entidades patronais estão sujeitas à suspensão por via administrativa.

II. Os trabalhadores e as entidades patronais, sem distinção de qualquer espécie, têm o direito, sem autorização prévia, de constituírem organizações da sua escolha.

III. As organizações de trabalhadores e de entidades patronais têm o direito de elaborar os seus estatutos e regulamentos administrativos, mas devem submetê-los a registro em órgão público para a análise da legalidade e adequação aos interesses nacionais.

De acordo com a Convenção no 87 da Organização Internacional do Trabalho, está correto o que se afirma APENAS em

(A) I.
(B) II.
(C) III.
(D) I e II.
(E) II e III.

Observe-se, preliminarmente, que a Convenção n. 87 da OIT não foi ratificada pelo Brasil. I: errado, art. 4° da Conv. 87; II: certo, art. 2° da Conv. 87; III: errado, art. 3° da Conv. 87. HC/LF

Gabarito "B".

18. CONVENÇÕES E ACORDOS COLETIVOS DE TRABALHO

(Analista – TRT/3ª – 2015 – FCC) Em relação às normas coletivas,

(A) os efeitos de uma convenção coletiva de trabalho só alcançam os associados dos sindicatos convenentes.

(B) o acordo coletivo de trabalho é ajustado entre um grupo de empregados e uma ou mais empresas, à revelia dos sindicatos representativos das categorias profissional e econômica.

(C) o prazo de duração do acordo coletivo de trabalho é sempre menor do que o da convenção coletiva de trabalho.

(D) as convenções e os acordos coletivos de trabalho somente têm vigência após a homologação de seu conteúdo pelo Ministério do Trabalho.

(E) as convenções e os acordos coletivos de trabalho entrarão em vigor três dias após a data de entrega dos mesmos no Ministério do Trabalho.

A: incorreta, pois os efeitos de uma convenção coletiva de trabalho alcançam a categoria profissional e econômica representadas. Veja arts. 611 e 613, III, da CLT. **B:** incorreta, pois nos termos do art. 611, § 1°, da CLT acordo coletivo de trabalho é o ajuste celebrado entre o sindicato da categoria profissional com uma ou mais empresas da mesma categoria econômica. **C:** incorreta, pois nos termos do art. 614, § 3°, da CLT não será permitido estipular duração de convenção coletiva ou acordo coletivo de trabalho superior a dois anos, sendo vedada a ultratividade. **D:** incorreta, pois entrarão em vigor 3 (três) dias após a data da sua entrega no Ministério do Trabalho e Emprego, art. 614, § 1°, CLT. **E:** correta, pois reflete o disposto no art. 614, § 1°, da CLT. HC

Gabarito "E".

(Analista – TRT/16ª – 2014 – FCC) No tocante às convenções e acordos coletivos de trabalho, considere:

I. O acordo coletivo de trabalho é o instrumento normativo que decorre da negociação coletiva, sendo firmado, em regra, pelo sindicato da categoria profissional com uma ou mais empresas.

II. O acordo coletivo não é fonte do Direito do Trabalho, uma vez que estabelece normas genéricas e abstratas.

III. A cláusula de convenção coletiva de trabalho que prevê multa ao sindicato que descumprir a convenção coletiva classifica-se em obrigacional.

IV. O prazo máximo de duração de convenção coletiva de trabalho são três anos, permitida uma única prorrogação desde que dentro deste período.

Está correto o que se afirma APENAS em

(A) II e IV.
(B) I, III e IV.
(C) I, II e III.
(D) I e III.
(E) II e III.

I: correta, pois reflete o disposto no art. 611, § 1°, da CLT. **II:** incorreta, pois o acordo coletivo é considerado fonte formal autônoma do direito do trabalho. **III:** correta, pois cláusula obrigacional é aquela que cria direitos e deveres às partes que participaram do acordo. Multa para o sindicato que descumprir cláusulas desse acordo possui conteúdo obrigacional. **IV:** incorreta, pois nos termos do art. 614, § 3°, da CLT não será permitido estipular duração de convenção coletiva ou acordo coletivo de trabalho superior a dois anos, sendo vedada a ultratividade. HC

Gabarito "D".

(Analista – TRT/11ª – 2012 – FCC - adaptada) Em relação ao direito coletivo do trabalho é correto afirmar que

(A) Convenção Coletiva de Trabalho é o acordo de caráter normativo, pelo qual dois ou mais Sindicatos representativos de categorias econômicas e profissionais estipulam condições de trabalho aplicáveis, no âmbito das respectivas representações, às relações individuais do trabalho.

(B) a solidariedade de interesses econômicos dos que empreendem atividades idênticas, similares ou conexas, constitui o vínculo social básico denominado categoria profissional diferenciada.

(C) somente os Sindicatos poderão celebrar convenções coletivas de trabalho para reger as relações das categorias a elas vinculadas, inorganizadas em Sindicatos, no âmbito de suas representações.

(D) as condições estabelecidas em Acordo Coletivo de Trabalho não prevalecerão sobre as estipuladas em Convenção Coletiva de Trabalho.

(E) não será permitido estipular duração de Convenção Coletiva de Trabalho ou Acordo Coletivo de Trabalho superior a um ano.

A: opção correta, pois reflete o disposto no art. 611 da CLT. **B:** opção incorreta, pois o conceito de categoria diferenciada vem disposto no art. 511, § 3°, da CLT. **C:** opção incorreta, pois nos termos do art. 611, § 2°, da CLT as Federações e, na falta desta, as Confederações representativas de categorias econômicas ou profissionais poderão celebrar convenções coletivas de trabalho para reger as relações das categorias a elas vinculadas. **D:** opção incorreta, pois nos termos do art. 620 da CLT as condições estabelecidas em acordo coletivo de trabalho sempre prevalecerão sobre as estipuladas em convenção coletiva de trabalho.. **E:** opção incorreta, pois nos termos do art. 614, § 3°, da CLT pois nos termos do art. 614, § 3°, da CLT não será permitido estipular duração de convenção coletiva ou acordo coletivo de trabalho superior a dois anos, sendo vedada a ultratividade. HC/LF

(Analista – TRT/1ª – 2012 – FCC) Em relação às normas coletivas de trabalho, é correto afirmar:

(A) Convenção Coletiva de Trabalho é o acordo de caráter normativo pelo qual se estipulam condições de trabalho aplicáveis, no âmbito da empresa ou das empresas acordantes, às respectivas relações de trabalho.

(B) Acordo Coletivo de Trabalho é o acordo de caráter normativo pelo qual se estipulam condições de trabalho aplicáveis, no âmbito das respectivas representações, às relações individuais de trabalho.

(C) O processo de prorrogação de Convenção ou Acordo será automático, desde que não haja manifestação expressa em sentido contrário da Assembleia Geral dos sindicatos convenentes.

(D) Não será permitido estipular duração de Convenção ou Acordo superior a quatro anos.

(E) Os sindicatos representativos de categorias econômicas ou profissionais e as empresas, inclusive as que não tenham representação sindical, quando provocados, não podem recusar-se à negociação coletiva.

A: opção incorreta, pois nos termos do art. 611 da CLT Convenção Coletiva de Trabalho é o acordo de caráter normativo, pelo qual dois ou mais Sindicatos representativos de categorias econômicas e profissionais estipulam condições de trabalho aplicáveis, no âmbito das respectivas representações, às relações individuais de trabalho. **B:** opção incorreta, pois nos termos do art. 611, § 1°, da CLT é facultado aos Sindicatos representativos de categorias profissionais celebrar Acordos Coletivos com uma ou mais empresas da correspondente categoria econômica, que estipulem condições de trabalho, aplicáveis no âmbito da empresa ou das acordantes respectivas relações de trabalho. **C:** opção incorreta, pois nos termos do art. 615 da CLT o processo de prorrogação ficará subordinado, em qualquer caso, à aprovação de Assembleia Geral dos Sindicatos convenentes ou partes acordantes. **D:** opção incorreta, pois nos termos do art. 614, § 3°, da CLT não será permitido estipular duração de convenção coletiva ou acordo coletivo de trabalho superior a dois anos, sendo vedada a ultratividade. **E:** opção correta, pois reflete o disposto no art. 616 da CLT. HC/LF

---

19. DIREITO DE GREVE

(Analista – TRT/11ª – 2012 – FCC) Nos serviços ou atividades essenciais, os sindicatos, os empregadores e os trabalhadores ficam obrigados, de comum acordo, a garantir, durante a greve, a prestação dos serviços indispensáveis ao atendimento das necessidades inadiáveis da comunidade. Nos termos da lei que assegura o exercício do direito de greve, NÃO são considerados serviços ou atividades essenciais:

(A) assistência médica e hospitalar.

(B) atividades escolares do ensino fundamental.

(C) guarda, uso e controle de substâncias radioativas, equipamentos e materiais nucleares.

(D) compensações bancárias.

(E) distribuição e comercialização de medicamentos e alimentos.

A: opção incorreta, pois é considerada atividade essencial nos termos do art. 10, II, da Lei 7.783/1989. **B:** opção correta, pois "atividades escolares do ensino fundamental" não consta no rol de atividades essenciais descritas no art. 10 da Lei 7.783/1989. **C:** opção incorreta, pois é considerada atividade essencial nos termos do art. 10, VIII, da Lei 7.783/1989. **D:** opção incorreta, pois é considerada atividade essencial nos termos do art. 10, XI, da Lei 7.783/1989. **E:** opção incorreta, pois é considerada atividade essencial nos termos do art. 10, III, da Lei 7.783/1989. HC/LF

(Analista – TRT/9 – 2012 – FCC) De acordo com o previsto na Lei nº 7.783/1989 (Lei de Greve), em relação à greve em serviços ou atividades essenciais, é INCORRETA a afirmação:

(A) São considerados serviços ou atividades essenciais, entre outros, transporte coletivo; captação e tratamento de esgoto e lixo; telecomunicações; processamento de dados ligados a serviços essenciais.

(B) Os sindicatos, os empregadores e os trabalhadores ficam obrigados de comum acordo, a garantir, durante a greve, a prestação dos serviços indispensáveis ao atendimento das necessidade inadiáveis da comunidade.

(C) São considerados serviços ou atividades essenciais, entre outros: assistência médica e hospitalar; funerário; controle de tráfego aéreo; compensação bancária.

(D) As entidades sindicais ou os trabalhadores, conforme o caso, ficam obrigados a comunicar a decisão aos empregadores e aos usuários com antecedência mínima de 48 horas da paralisação.

(E) São necessidades inadiáveis da comunidade aquelas que, não atendidas, coloquem em perigo iminente a sobrevivência, a saúde ou a segurança da população.

A: opção correta, pois reflete o disposto no art. 10, incisos V, VI, VII e IX, respectivamente, da Lei 7.783/1989. **B:** opção correta, pois reflete o disposto no art. 11 da Lei 7.783/1989. **C:** opção correta, pois reflete o disposto no art. 10, incisos II, IV, X e XI, respectivamente, da Lei 7.783/1989. **D:** opção incorreta, pois o art. 3°, parágrafo único, da Lei 7.783/1989 prevê o aviso-prévio da greve com antecedência mínima de 48 horas. Já para as atividades essenciais esse prazo é de 72 horas, nos termos do art. 13 da Lei 7.783/1989. **E:** opção correta, pois reflete o disposto no art. 11, parágrafo único, da Lei 7.783/1989. HC/LF

(Analista – TRT/1ª – 2012 – FCC) Em relação ao direito de greve, é correto afirmar:

(A) Ao servidor público civil é garantido o exercício livre e amplo do direito de greve.
(B) É assegurado o direito de greve, competindo aos trabalhadores decidir sobre a sua extensão e fixar quais as atividades que serão consideradas como essenciais para fins de delimitação do movimento.
(C) Considera-se legítimo exercício do direito de greve a suspensão coletiva, temporária e total, de prestação pessoal de serviços a empregador.
(D) São assegurados aos grevistas, dentre outros direitos, o emprego de meios pacíficos tendentes a persuadir ou aliciar os trabalhadores a aderirem à greve, a arrecadação de fundos e a livre divulgação do movimento.
(E) Compete aos sindicatos a garantia, durante a greve, da prestação dos serviços indispensáveis ao atendimento das necessidades inadiáveis da comunidade.

A: opção incorreta, pois nos termos do art. 37, VII, da CF o direito de greve é limitado nos termos da lei. Importante lembrar que até que sobrevenha regulamentação própria, aplica-se a Lei 7.783/1989 ao servidor público civil, veja julgamento de Mandados de Injunção 670, 708, 712 no STF. B: opção incorreta, pois as atividades essenciais estão elencadas no art. 10 da Lei 7.783/1989. C: opção incorreta, pois nos termos do art. 2º da Lei 7.783/1989 considera-se legítimo exercício do direito de greve a suspensão coletiva, temporária e pacífica, total ou parcial, de prestação pessoal de serviços a empregador. D: opção correta, pois reflete o disposto no art. 6º incisos I e II, da Lei 7.783/1989. E: opção incorreta, pois nos termos do art. 11 da Lei 7.783/1989 nos serviços ou atividades essenciais, os sindicatos, os empregadores e os trabalhadores ficam obrigados, de comum acordo, a garantir, durante a greve, a prestação dos serviços indispensáveis ao atendimento das necessidades inadiáveis da comunidade. HC/LF
Gabarito "D".

20. COMISSÃO DE CONCILIAÇÃO PRÉVIA

(Analista – TRT/6ª – 2012 – FCC) Em se tratando de Comissões de Conciliação Prévia – CCP, conforme determina a legislação trabalhista, é correto afirmar:

(A) As empresas e os sindicatos podem instituir Comissões de Conciliação Prévia, de composição paritária, com representantes dos empregados e dos empregadores, não se admitindo a sua constituição por grupo de empresas ou em caráter intersindical.
(B) Caso exista, na mesma localidade e para a mesma categoria, Comissão de empresa e Comissão sindical, o interessado deverá submeter a sua demanda perante a sindical.
(C) O mandato dos membros da CCP, titulares e suplentes, é de dois anos, permitida duas reconduções.
(D) É vedada a dispensa dos membros da CCP, titulares e suplentes, até seis meses após o final do mandato, salvo se cometerem falta grave, nos termos da lei.
(E) Aceita a conciliação, será lavrado termo assinado pelo empregado, pelo empregador ou seu preposto e pelos membros da Comissão, sendo que o termo de conciliação é título executivo extrajudicial.

A: incorreto (art. 625-A, parágrafo único, da CLT); B: incorreto (art. 625-D, § 4º, da CLT); C: incorreto (art. 625-B, III, da CLT); D: incorreto (art. 625-B, § 1º, da CLT); E: correto (art. 625-E da CLT). HC/LF
Gabarito "E".

21. QUESTÕES COMBINADAS

(Analista - TRT/15 - FCC - 2018) Marinela trabalhou como professora em um Colégio no período de 15/03/2015 a 30/11/2016, quando foi dispensada sem justa causa sob a alegação de necessidade de diminuição de custo. Foi recontratada pelo mesmo Colégio em 03/03/2017, para exercício das mesmas funções, mas com salário reduzido em 20%, em razão da redução da carga horária imposta pelo empregador, sem que tenha havido diminuição do número de alunos da escola. Tendo sido novamente dispensada em 30/11/2017, pretende ingressar em juízo para, pleiteando a unicidade contratual, requerer as diferenças decorrentes da redução salarial, bem como os respectivos reflexos e, ainda, em relação ao primeiro período de trabalho, o vale transporte que não foi concedido. Considerando as disposições legais e o entendimento pacífico do TST,

(A) em razão da unicidade contratual, que pode ser reconhecida pelo exíguo tempo entre a dispensa e a recontratação, a redução da carga horária do professor, sem que haja diminuição do número de alunos, constitui alteração contratual, sendo ilícita a redução salarial imposta.
(B) a redução da carga horária do professor sempre é possível, tratando-se de alteração contratual admitida pelo ordenamento jurídico, não importando haver unicidade contratual.
(C) não há que se falar no caso em unicidade contratual, tendo em vista que os contratos são distintos, definidos por ano letivo, o que implica em validade da redução da carga horária, não restando caracterizada redução salarial.
(D) a pretensão em relação ao vale transporte prescreve em 30/11/2018 e o pedido de diferenças salariais decorrentes da redução salarial imposta pelo empregador, e os consequentes reflexos, prescreve em 30/11/2019.
(E) em razão da unicidade contratual, as pretensões prescrevem em 30/11/2019, com exceção dos reflexos das diferenças salariais no FGTS, que prescrevem em 30/11/2022.

Nos termos da OJ 244 da SDI 1 do TST a redução da carga horária do professor, em virtude da diminuição do número de alunos, não constitui alteração contratual, uma vez que não implica redução do valor da hora-aula. A demissão seguida de recontratação em curto prazo pode ser tida como nula, o que caracterizaria a unicidade contratual. No entanto, com o cancelamento da súmula 20 do TST, julgados entendem a necessidade de se comprovar prejuízo ao empregado, como no caso em análise. (RR 492014-22.1998.5.03.5555)
Gabarito "A".

(Analista - TRT/15 - FCC - 2018) A contribuição para o PIS/PASEP será apurada mensalmente

(A) pelas pessoas jurídicas de direito privado e as que lhes são equiparadas pela legislação do imposto de renda, inclusive as empresas públicas e as sociedades de economia mista e suas subsidiárias, com base no faturamento anual.
(B) pelas pessoas jurídicas de direito público interno, com base no valor mensal das receitas correntes

arrecadadas e das transferências correntes e de capital recebidas.

(C) e as sociedades cooperativas, além da contribuição sobre a folha de pagamento mensal, pagarão, também, a contribuição calculada com base no faturamento anual, em relação às receitas decorrentes de operações praticadas com não associados.

(D) e, para determinação da base de cálculo do PIS/PASEP, são incluídas, entre as receitas das autarquias, os recursos classificados como receitas do Tesouro Nacional nos Orçamentos Fiscal e da Seguridade Social da União.

(E) e, para determinação da base de cálculo do PIS/PASEP, são incluídas, entre as receitas das autarquias, os recursos derivados da distribuição das cotas tributárias do ente instituidor.

A: incorreta, pois nos termos do art. 2º, I, da Lei 9.715/1998, pelas pessoas jurídicas de direito privado e as que lhes são equiparadas pela legislação do imposto de renda, inclusive as empresas públicas e as sociedades de economia mista e suas subsidiárias, com base no faturamento do mês. **B:** correta, pois reflete a disposição contida no inciso art. 2º, III, da Lei 9.715/1998. **C:** incorreta, pois nos termos do § 1º do art. 2º, da Lei 9.715/1998 As sociedades cooperativas, além da contribuição sobre a folha de pagamento mensal, pagarão, também, a contribuição calculada na forma do inciso I, em relação às receitas decorrentes de operações praticadas com não associados. **D e E:** incorretas, pois nos termos do § 3º do art. 2º da Lei 9.715/1998 para determinação da base de cálculo, não se incluem, entre as receitas das autarquias, os recursos classificados como receitas do Tesouro Nacional nos Orçamentos Fiscal e da Seguridade Social da União.
Gabarito "B".

(Analista - Área Administrativa - TRT1 - 2018 - AOCP) No que se refere à licença-paternidade, assinale a alternativa correta.

(A) Ao empregado é garantido o direito de ausentar-se do trabalho por 3 dias consecutivos quando do nascimento do filho, no decorrer da primeira semana, sendo o período de licença irredutível. Tal direito é indisponível, não podendo ser alterado por legislação infraconstitucional, tampouco negociado pelas partes, individualmente ou através de acordos ou convenções coletivas de trabalho.

(B) O empregado tem direito de ausentar-se do trabalho por 5 dias úteis, alternados ou corridos, à sua escolha, no decorrer do primeiro mês de nascimento do filho. Tal direito é indisponível e a quantidade de dias de licença é irredutível.

(C) O empregado poderá deixar de comparecer ao serviço por 5 dias consecutivos em caso de nascimento do filho, no decorrer da primeira semana. Contudo, tal direito pode ser reduzido ou até suprimido totalmente por acordos ou convenções coletivas de trabalho.

(D) É garantido ao empregado o direito de ausentar-se do trabalho por 5 dias consecutivos quando do nascimento do filho, no decorrer da primeira semana, sendo o período de licença irredutível. Tal direito é indisponível, não podendo ser alterado por legislação infraconstitucional, tampouco negociado pelas partes, individualmente ou através de acordos ou convenções coletivas de trabalho.

(E) Ao empregado é garantido o direito de ausentar-se do trabalho por 5 dias quando do nascimento do filho, no decorrer da primeira semana, sendo o período de licença irredutível. Todavia, o empregador poderá descontar do salário do trabalhador os dias correspondentes à licença, que serão equiparados a faltas injustificadas.

Nos termos do art. 10, § 1º, do ADCT, o prazo da licença-paternidade a que se refere o inciso é de cinco dias.
Gabarito "D".

(Analista - MPU - CESPE - 2018) A respeito de atividades perigosas ou insalubres, proteção ao trabalho do menor e convenções e acordos coletivos de trabalho, julgue os itens subsequentes, com base na CLT e no entendimento dos tribunais superiores.

(1) Empregado que opera bomba de gasolina tem direito ao adicional de periculosidade, equivalente a 30% do salário, em razão do risco da atividade desempenhada.

(2) Jovem empregado de dezessete anos de idade pode firmar recibo de pagamento de salário e dar quitação no termo de rescisão do seu contrato de trabalho, sem a assistência de seus responsáveis legais.

(3) À luz da CLT, em caso de divergência entre a lei e a convenção coletiva de trabalho no que se refere à participação dos empregados nos lucros da empresa, prevalecerá o entendimento firmado na convenção coletiva de trabalho.

1: correto, pois nos termos da súmula 39 do TST os empregados que operam em bomba de gasolina têm direito ao adicional de periculosidade de 30% sobre o salário sem os acréscimos resultantes de gratificações, prêmios ou participações nos lucros da empresa, na forma do art. 193, § 1º, da CLT. **2:** Errado, pois nos termos do art. 439 da CLT é lícito ao menor firmar recibo pelo pagamento dos salários. Tratando-se, porém, de rescisão do contrato de trabalho, é vedado ao menor de 18 (dezoito) anos dar, sem assistência dos seus responsáveis legais, quitação ao empregador pelo recebimento da indenização que lhe for devida. **3:** Correto, pois nos termos do art. 611-A, XV, da CLT a negociação coletiva prevalecerá sobre a lei.
Gabarito 1C, 2E, 3C.

(Analista - MPU - CESPE - 2018) À luz da Consolidação das Leis do Trabalho (CLT) e do entendimento dos tribunais superiores, julgue os itens a seguir, referentes a aspectos pertinentes ao contrato de trabalho.

(1) Policial militar que preste, em empresa privada, serviço de natureza contínua, de maneira subordinada e mediante o recebimento de salário, poderá ter o reconhecimento do vínculo de emprego com a empresa, independentemente de eventual penalidade disciplinar prevista em estatuto.

(2) Conforme a CLT, empregado que recebe gratificação de função há mais de dez anos perderá tal retribuição caso seja revertido ao cargo efetivo anteriormente ocupado.

(3) Na rescisão de contrato de trabalho por culpa recíproca, o empregado não tem direito ao recebimento de aviso prévio.

(4) A concessão apenas parcial do intervalo para alimentação e repouso gera para o empregador a obrigação de pagar ao empregado o valor correspondente ao intervalo integral acrescido de 50% do valor da remuneração da hora normal de trabalho.

(5) O empregado que ocasionalmente trabalhar no período das 20 h de um dia até às 8 h do dia seguinte terá direito ao recebimento do adicional noturno, inclusive com relação às três últimas horas trabalhadas.

1. correto, pois nos termos da súmula 386 do TST preenchidos os requisitos do art. 3º da CLT, é legítimo o reconhecimento de relação de emprego entre policial militar e empresa privada, independentemente do eventual cabimento de penalidade disciplinar prevista no Estatuto do Policial Militar. **2.** Correto, pois nos termos do art. 468, § 2º, da CLT a reversão ao cargo efetivo não assegura ao empregado o direito à manutenção do pagamento da gratificação correspondente, que não será incorporada, independentemente do tempo de exercício da respectiva função. **3.** Errado, pois nos termos da súmula 14 do TST reconhecida a culpa recíproca na rescisão do contrato de trabalho (art. 484 da CLT), o empregado tem direito a 50% (cinquenta por cento) do valor do aviso-prévio, do décimo terceiro salário e das férias proporcionais. **4.** Errado, pois nos termos do art. 71, § 4º, da CLT a não concessão ou a concessão parcial do intervalo intrajornada mínimo, para repouso e alimentação, a empregados urbanos e rurais, implica o pagamento, de natureza indenizatória, apenas do período suprimido, com acréscimo de 50% (cinquenta por cento) sobre o valor da remuneração da hora normal de trabalho. **5.** Correto, pois nos termos do art. 71, § 5º, da CLT às prorrogações do trabalho noturno aplicam-se as regras do capítulo da duração de trabalho. O TST por meio da súmula 60, item II ensina que cumprida integralmente a jornada no período noturno e prorrogada esta, devido é também o adicional quanto às horas prorrogadas. Exegese do art. 73, § 5º, da CLT.

Gabarito 1C, 2C, 3E, 4E, 5C

(Analista Judiciário – TRT/24 – FCC – 2017) Sócrates foi aposentado por invalidez pelo INSS após ter trabalhado por dez anos na empresa Deuses Imortais. Em razão desse fato o plano de saúde do trabalhador foi cancelado pela empregadora uma vez que ela arcava integralmente com os respectivos custos. Nesta situação, conforme legislação aplicável e entendimento sumulado pelo Tribunal Superior do Trabalho,

(A) a opção pela manutenção do plano de saúde constitui uma faculdade da empregadora, mas não há obrigação legal neste sentido.

(B) há determinação legal para que a empregadora mantenha o plano de saúde pelo prazo mínimo de 12 meses, quando então ocorreria o término da estabilidade do trabalhador.

(C) o plano de saúde deve ser mantido pela empregadora porque o contrato de trabalho está suspenso diante da aposentadoria por invalidez.

(D) a empregadora atuou de forma correta uma vez que com a aposentadoria por invalidez houve a ruptura do contrato de trabalho, não ensejando mais nenhuma obrigação contratual.

(E) a aposentadoria por invalidez interrompe o contrato de trabalho pelo prazo de 24 meses, razão pela qual o plano de saúde deve ser mantido até o término deste prazo.

"C" é a opção correta. Nos termos da súmula 440 do TST Assegura-se o direito à manutenção de plano de saúde ou de assistência médica oferecido pela empresa ao empregado, não obstante suspenso o contrato de trabalho em virtude de auxílio-doença acidentário ou de aposentadoria por invalidez.

Gabarito "C".

(Analista Judiciário – TRT/11 – FCC – 2017) Considere as seguintes situações hipotéticas: Marta é empregada vendedora comissionista da loja X situada no interior do Shopping Y. Sua irmã, Gabriela, é vendedora comissionista pracista da fábrica de remédios Z. Nestes casos, de acordo com o entendimento Sumulado do TST, é devida a remuneração do repouso semanal

(A) e dos dias feriados apenas para Marta.

(B) e dos dias feriados apenas para Gabriela.

(C) para Marta e Gabriela e dos dias feriados apenas para Marta.

(D) para Marta e Gabriela, sendo que os feriados não são remunerados, tendo em vista que já recebem comissões pelas vendas efetuadas nestes dias.

(E) e dos dias feriados para Marta e Gabriela.

"E" é a opção correta. Isso porque, em conformidade com a súmula 27 do TST é devida a remuneração do repouso semanal e dos dias feriados ao empregado comissionista, ainda que pracista.

Gabarito "E".

(Analista Judiciário – TRT/20 – FCC – 2016) Considere:

I. Ulisses presta serviços por três meses para a empresa Ajax Estruturas S/A para suprir necessidade transitória de substituição do seu pessoal regular e permanente, por intermédio da empresa Delta Mão de Obra Ltda.

II. Isis trabalha na produção de uma peça teatral durante a temporada de oito meses no teatro municipal, com ajuste de pagamento por obra certa.

III. Hermes é psicoterapeuta e faz palestras e consultas em centro de apoio à criança com deficiência motora, realizando dois plantões semanais de doze horas cada um, com ajuste apenas do ressarcimento das despesas que comprovadamente realizou no desempenho de suas atividades.

A relação de trabalho apresentada no item I, II e III corresponde, respectivamente, a

(A) autônomo; eventual; avulso.

(B) terceirizado; avulso; autônomo.

(C) avulso; eventual; terceirizado.

(D) voluntário; aprendiz; autônomo.

(E) temporário; eventual; voluntário.

I: empregado temporário, entendido como aquele prestado por pessoa física contratada por uma empresa de trabalho temporário que a coloca à disposição de uma empresa tomadora de serviços, para atender à necessidade de substituição transitória de pessoal permanente ou à demanda complementar de serviços, art. 2º da Lei 6.019/1974. II: Eventual, entendido como o trabalhador admitido numa empresa para determinado evento. Em outras palavras, é o trabalho realizado de maneira eventual, de curta duração, cujos serviços não coincidem com os fins normais da empresa. O trabalhador eventual é vulgarmente chamado de "bico" ou "*freelancer*", laborando de maneira precária, na medida em que não se encontra presente o elemento habitualidade. III: Trabalho voluntário é aquele que exerce atividade não remunerada prestada por pessoa física a entidade pública de qualquer natureza ou a instituição privada de fins não lucrativos que tenha objetivos cívicos, culturais, educacionais, científicos, recreativos ou de assistência à pessoa, art. 1º da Lei 9.608/1998.

Gabarito "E".

(Analista – TRT/10ª – 2013 – CESPE) Julgue os itens seguintes, referentes ao contrato de emprego.

(1) O pagamento da remuneração de férias e o do abono pecuniário de férias deve ser efetuado até dois dias antes do início do respectivo período de gozo.

(2) Considere a seguinte situação hipotética. O empregador Jorge, imotivadamente, manifestou desejo de romper o vínculo empregatício e conceder aviso-prévio ao seu empregado Lauro, cuja remuneração é percebida quinzenalmente. Nessa situação hipotética, Lauro terá direito a optar pela redução do horário de trabalho em duas horas diárias ou a se ausentar do serviço por sete dias corridos, sem prejuízo do salário, durante o cumprimento do aviso-prévio.

(3) Considere a seguinte situação hipotética. Cinco meses depois de ser contratada pelo empregador Alfa, Maria engravidou. Quando ela estava no terceiro mês de gravidez, Alfa, que não sabia dessa gravidez, manifestou o desejo de desfazer o vínculo empregatício com Maria. Nessa situação hipotética, e para casos a ela semelhantes, adotou-se como regra a chamada teoria objetiva, sendo relevante para a configuração da estabilidade provisória de Maria apenas a confirmação da gravidez por ela própria, pouco importando se Alfa tinha ou não conhecimento do estado gravídico da obreira.

(4) Se o término do contrato de trabalho se der em razão de ato faltoso praticado por ambas as partes do pacto de emprego, ter-se-á a denominada culpa recíproca, hipótese em que o empregado não fará jus ao décimo terceiro salário do ano em curso.

(5) É possível a movimentação da conta vinculada do trabalhador no FGTS no caso de despedida sem justa causa, inclusive a indireta, de culpa recíproca e de força maior.

(6) O contrato individual de trabalho pode ser acordado tácita ou expressamente, verbalmente ou por escrito e por prazo determinado ou indeterminado.

(7) O empregado pode se ausentar do trabalho, pelo tempo que se fizer necessário, quando tiver de comparecer em juízo e, nesse caso, haverá a suspensão das obrigações do contrato de trabalho.

1. Opção correta, pois reflete o disposto no art. 145 da CLT. Veja súmula 450 do TST. 2. Opção correta, pois reflete o disposto no art. 488, parágrafo único, da CLT. 3. Opção correta, pois a assertiva está de acordo com o entendimento consubstanciado na súmula 244, I, do TST. 4. Opção incorreta, pois havendo culpa recíproca o valor referente ao 13º salário será pago pela metade, veja súmula 14 do TST. 5. Opção correta, pois reflete o disposto no art. 20, I, da Lei 8.036/1990. 6. Opção correta, pois nos termos do art. 443 da CLT o contrato individual de trabalho poderá ser acordado tácita ou expressamente, verbalmente ou por escrito, por prazo determinado ou indeterminado, ou para prestação de trabalho intermitente. 7. Opção incorreta, pois nos termos do art. 473, VIII, da CLT pelo tempo que se fizer necessário, quando tiver de comparecer em juízo, o empregado poderá deixar de comparecer ao trabalho, sem prejuízo dos salários.

(FGV – 2015) Lúcio é enfermeiro num hospital e, após cumprir seu expediente normal de 8 horas de serviço, tratando dos pacientes enfermos, recebe solicitação para prosseguir no trabalho, realizando hora extra. Lúcio se nega, afirmando que a prorrogação não foi autorizada pelo órgão competente do Ministério do Trabalho e do Emprego. Diante desse impasse e de acordo com a CLT, marque a afirmativa correta.

(A) Lúcio está errado, pois seu dever é de colaboração para com o empregador. A resistência injustificada à sobrejornada dá margem à ruptura por justa causa, por ato de insubordinação.

(B) Lúcio está correto, pois é pacífico e sumulado o entendimento de que nenhum empregado é obrigado a realizar horas extras.

(C) Lúcio está errado, pois a legislação em vigor não exige que eventual realização de hora extra seja antecedida de qualquer autorização de órgão governamental.

(D) Lúcio está correto, pois, tratando-se de atividade insalubre, a prorrogação de jornada precisa ser previamente autorizada pela autoridade competente.

A: opção incorreta, pois a resistência de Lúcia encontra amparo legal, não dando ensejo à justa causa do empregado por ato de insubordinação prevista no art. 482, h, da CLT. B: opção incorreta, pois embora Lúcio esteja correto, não há entendimento sumulado determinando que nenhum empregado é obrigado ou não a prestar horas extras. A prestação de horas suplementares depende de acordo escrito entre empregado e empregador ou mediante acordo ou convenção coletiva de trabalho, art. 59 da CLT. Por se tratar de prorrogação de jornada de trabalho em atividade insalubre, a súmula 349 do TST foi cancelada. C: opção incorreta, pois viola diretamente o disposto no art. 60 da CLT. Veja súmula 85, VI, TST. D: opção correta, pois nos termos do art. 60 da CLT, é necessária a licença prévia das autoridades competentes em matéria de higiene do trabalho para que qualquer tipo prorrogação na jornada de trabalho nas atividades insalubres. Veja súmula 85, VI, TST.

(FGV – 2015) Henrique é técnico de segurança do trabalho da sociedade empresária ALFA e irá aproveitar 20 dias de férias, pois decidiu converter 10 dias de férias em dinheiro. No seu lugar, assumindo de forma plena as tarefas, ficará Vítor, seu melhor assistente e subordinado. Nesse caso, durante o período de férias e de acordo com o entendimento do TST,

(A) Vítor não receberá o mesmo salário, porque a substituição é eventual, por apenas 20 dias.

(B) Vítor terá direito ao mesmo salário de Henrique, pois a substituição não é eventual.

(C) Vítor terá direito ao seu salário e ao de Henrique, porque há acúmulo de funções.

(D) a situação retratada é ilegal, tratando-se de desvio de função, vedado pelo ordenamento jurídico

A: opção incorreta, pois no caso em tela não se trata de uma substituição eventual, entendida como aquela feita por um período curtíssimo de tempo. Em se tratando de substituição no período de férias, o TST entende ser substituição provisória, ainda que somente por 20 dias, termos da súmula 159, I, do TST. B: opção correta, pois reflete o entendimento disposto na Súmula 159, I, do TST. C: opção incorreta, pois não há acumulo de funções, sendo que Vitor fará jus somente A percepção do mesmo salário de Henrique. D: opção incorreta, pois se encaixa dentro do poder de direção do empregador, sendo que o art. 450 da CLT e a súmula 159 do TST disciplinam a situação apontada na questão.

(FGV – 2015) Determinado empregado foi contratado para criar e desenvolver programas de software, criando novas soluções para as demandas dos clientes do seu empregador. Em sua atividade normal, esse empregado inventou um programa original, muito útil e prático, para que os empresários controlassem à distância seus estoques, o que possibilitou um aumento nas vendas.

Diante da situação retratada, assinale a afirmativa correta.

(A) O empregado terá direito, conforme a Lei, a uma participação sobre o lucro obtido nessas vendas.

(B) A Lei é omissa a esse respeito, de modo que, caso não haja consenso entre as partes, será necessário o ajuizamento de ação trabalhista para resolver o impasse.

(C) Todo o lucro obtido pelo invento será do empregado.

(D) O empregado terá direito apenas ao seu salário normal, exceto se o seu contrato de trabalho tiver previsão de participação no lucro do seu invento.

A: opção incorreta, pois nesse tipo de contrato de trabalho a lei não prevê participação do empregado nos lucros obtidos na venda da invenção o empregado fará jus somente ao salário pactuado, que somente será devida se houver previsão contratual, art. 88 e § 1º da Lei 9.279/1996. **B:** opção incorreta, pois a hipótese é regulada pela Lei 9.279/1996 que dispõe sobre a propriedade industrial, especificamente nos arts. 88 a 93 da citada lei. **C:** opção incorreta, pois nesse tipo de contrato, a retribuição pelo trabalho limita-se ao salário ajustado, nos termos do art. 88, § 1º, da Lei 9.279/1996. **D:** opção correta, pois de acordo com o art. 88 da Lei 9.279/1996 a invenção e o modelo de utilidade pertencem exclusivamente ao empregador quando decorrerem de contrato de trabalho que tenha por objeto a pesquisa ou a atividade inventiva ou que resulte da natureza dos serviços para os quais foi o empregado contratado, não prevendo a lei participação nos lucros. Assim, salvo disposição contratual em outro sentido, a retribuição pelo trabalho limita-se ao salário ajustado, nos termos do § 1º do art. 88 da Lei 9.279/1996.

Gabarito "D".

14. Direito Processual do Trabalho

Hermes Cramacon e Luiz Fabre

1. JUSTIÇA DO TRABALHO E MINISTÉRIO PÚBLICO DO TRABALHO

(Analista – TRT1 – 2018 – AOCP) Em relação à organização do Ministério Público do Trabalho, é correto afirmar que

(A) incumbe aos procuradores do Trabalho de Segunda Categoria recorrer das decisões dos juízes e Tribunais do Trabalho, nos casos previstos em lei.

(B) incumbe aos procuradores de Primeira Categoria exarar parecer nos processos de competências dos Tribunais Regionais.

(C) o Procurador-Geral do Trabalho é o chefe do Ministério Público do Trabalho e será nomeado pelo Procurador-Geral da República dentre integrantes da instituição com mais de 35 anos de idade e de 5 anos na carreira.

(D) o Procurador-Geral do Trabalho é o chefe do Ministério Público do Trabalho e será nomeado pelo Procurador-Geral da República dentre integrantes da instituição com mais de 35 anos de idade e de 10 anos na carreira.

(E) os procuradores de Segunda Categoria poderão substituir os Procuradores de Primeira Categoria em seus impedimentos, licenças e férias, mas não farão jus ao recebimento dos vencimentos correspondentes ao cargo do substituído no período correspondente.

A: incorreta, pois nos termos do art. 8º, IV, do Decreto 40.359/1956 (Regulamento do Ministério Público da União junto a Justiça do Trabalho) tal atribuição pertence ao Aos Procuradores de Primeira Categoria. **B:** incorreta, pois nos termos do art. 9º, III, do Decreto 40.359/1956 tal atribuição pertence aos Procuradores de Segunda Categoria. **C:** correto, pois reflete as disposições do art. 6º do Decreto 40.359/1956 e art. 88 da LC 75/93. **D:** incorreto, pois nos termos do art. 88 da LC 75/93 o tempo de carreira é de 5 anos. **E:** incorreto, pois nos termos do art. 12 do Decreto 40.359/1956 os Procuradores de primeira categoria substituir-se-ão mutuamente ou pelos de segunda, em seus impedimentos, licenças e férias, através de ato designativo do Procurador Geral, desde que não seja nomeado substituto. HC
Gabarito "C".

(Analista Judiciário – TRT/20 – FCC – 2016) A Constituição Federal expressamente prevê regras que organizam a estrutura da Justiça do Trabalho, e tratam da sua competência. Conforme tal regramento,

(A) os juízes dos Tribunais Regionais do Trabalho, oriundos da magistratura da carreira, que comporão o Tribunal Superior do Trabalho serão indicados pelos próprios Regionais, alternativamente, e escolhidos pelo Congresso Nacional.

(B) os Tribunais Regionais do Trabalho instalarão a justiça itinerante, com a realização de audiência e demais funções de atividade jurisdicional, nos limites territoriais da respectiva jurisdição, servindo-se de equipamentos públicos e comunitários.

(C) haverá pelo menos um Tribunal Regional do Trabalho em cada Estado e no Distrito Federal, e a lei instituirá as Varas do Trabalho, podendo, nas comarcas onde não forem instituídas, atribuir sua jurisdição a Vara do Trabalho mais próxima.

(D) os mandados de segurança, *habeas corpus* e *habeas data*, quando o ato questionado envolver matéria sujeita à jurisdição da Justiça do Trabalho serão julgados e processados na Justiça Federal, por se tratar de remédios jurídicos de natureza constitucional.

(E) os Tribunais Regionais do Trabalho compõem-se de, no mínimo, nove juízes, que serão recrutados na respectiva região, e nomeados pelo Presidente do Tribunal Superior do Trabalho dentre brasileiros com mais de trinta e menos de sessenta e cinco anos.

A: opção incorreta, pois os juízes dos TRTs oriundos da magistratura da carreira que compõem o TST serão indicados pelo próprio TST, art. 111-A, II, CF. **B:** opção correta, pois reflete a disposição do art. 115, § 1º, da CF. **C:** opção incorreta, pois nos termos do art. 112 da CF a competência será do juiz de direito. **D:** opção incorreta, pois nos termos do art. 114, IV, da CF a competência será da justiça do trabalho. **E:** opção incorreta, pois nos termos do art. 115 da CF os Tribunais Regionais do Trabalho compõem-se de, no mínimo, sete juízes, recrutados, quando possível, na respectiva região, e nomeados pelo Presidente da República dentre brasileiros com mais de trinta e menos de sessenta e cinco anos. HC
Gabarito "B".

(Analista Judiciário – TRT/20 – FCC – 2016) O Ministério Público da União, organizado por Lei Complementar, é instituição permanente, essencial à função jurisdicional do Estado, compreendendo em sua estrutura o Ministério Público do Trabalho. Sobre a organização desse último, é correto afirmar que

(A) os Procuradores Regionais do Trabalho poderão atuar tanto nos Tribunais Regionais do Trabalho quanto nas Varas do Trabalho, de forma residual.

(B) o chefe do Ministério Público do Trabalho é o Procurador-Geral da República indicado em lista tríplice pelos seus pares e nomeado pelo Congresso Nacional.

(C) dentre os órgãos do Ministério Público do Trabalho estão o Colégio de Procuradores do Trabalho, a Câmara de Coordenação e Revisão do Ministério Público do Trabalho e a Corregedoria do Ministério Público do Trabalho.

(D) os Subprocuradores-Gerais do Trabalho serão designados para oficiar junto ao Tribunal Regional do Trabalho da 10ª Região – Distrito Federal, com sede em Brasília.

(E) o Conselho Superior do Ministério Público do Trabalho será composto pelo Procurador-Geral do Trabalho, o Vice- Procurador-Geral do Trabalho, quatro Subprocuradores-Gerais do Trabalho e quatro procuradores regionais do trabalho, todos eleitos pelos seus pares.

A: opção incorreta, pois nos termos do art. 110 da LC 75/1993 os Procuradores Regionais do Trabalho serão designados para oficiar junto aos Tribunais Regionais do Trabalho e não nas Varas do Trabalho. **B:** opção incorreta, pois nos termos do art. 87 da LC 75/1993 o Procurador-Geral do Trabalho é o Chefe do Ministério Público do Trabalho. **C:** opção correta, pois o art. 85 da LC 75/1993, respectivamente nos incisos II, IV e V aponta como órgãos do MPT. **D:** opção incorreta, pois os termos do art. 107 da LC 75/1993 os Subprocuradores-Gerais do Trabalho serão designados para oficiar junto ao Tribunal Superior do Trabalho e nos ofícios na Câmara de Coordenação e Revisão. **E:** opção incorreta, pois nos termos do art. 95 da LC 75/1993 o Conselho Superior do Ministério Público do Trabalho será composto por: a) Procurador-Geral do Trabalho e o Vice-Procurador-Geral do Trabalho, que o integram como membros natos; b) quatro Subprocuradores-Gerais do Trabalho, eleitos para um mandato de dois anos, pelo Colégio de Procuradores do Trabalho, mediante voto plurinominal, facultativo e secreto, permitida uma reeleição e c) quatro Subprocuradores-Gerais do Trabalho, eleitos para um mandato de dois anos, por seus pares, mediante voto plurinominal, facultativo e secreto, permitida uma reeleição. HC

Gabarito "C".

(Analista – TRT/3ª – 2015 – FCC) Em relação às Varas do Trabalho e aos Tribunais Regionais do Trabalho,

(A) a lei criará Varas da Justiça do Trabalho, podendo, nas comarcas não abrangidas por sua jurisdição, atribuí-la aos Juízes de Direito, com Recurso para o respectivo Tribunal Regional do Trabalho.

(B) a lei criará Varas da Justiça do Trabalho, não podendo, nas comarcas não abrangidas por sua jurisdição, atribuí-la aos Juízes de Direito, com Recurso para o respectivo Tribunal Regional do Trabalho.

(C) a lei criará Varas da Justiça do Trabalho, podendo, nas comarcas não abrangidas por sua jurisdição, atribuí-la aos Juízes de Direito, com Recurso para o respectivo Tribunal de Justiça.

(D) há, atualmente, no Brasil, 22 Tribunais Regionais do Trabalho, sendo um em cada Estado, exceto no Estado de São Paulo que possui dois Tribunais Regionais do Trabalho.

(E) compete aos Tribunais Regionais do Trabalho, julgar os recursos ordinários interpostos em face das decisões das Varas e também, originariamente, as ações envolvendo relação de trabalho.

A: correta, pois reflete o disposto no art. 112 da CF. **B:** incorreta, pois nos termos do art. 112 da CF nas comarcas onde não houver vara do Trabalho, atribuir a competência para o juiz de direito. **C:** incorreta, pois nos termos do art. 112 da CF os recursos serão dirigidos ao Tribunal Regional do Trabalho (TRT) local e não ao Tribunal de Justiça. **D:** incorreta, pois os Tribunais Regionais do Trabalho constituem a 2ª Instância da Justiça do Trabalho. Atualmente são 24 (vinte e quatro) Tribunais Regionais, que estão distribuídos pelo território nacional. O estado de São Paulo possui dois Tribunais Regionais do Trabalho: o da 2ª Região, sediado na capital do estado e o da 15ª Região, com sede em Campinas. **E:** incorreta, pois as ações envolvendo relação de trabalho são de competência das Varas do Trabalho. HC

Gabarito "A".

(Analista – TRT/3ª – 2015 – FCC) Em relação à competência e às formas de atuação, compete ao Ministério Público do Trabalho

(A) promover ação civil pública no âmbito da Justiça do Trabalho, para defesa de interesses individuais e coletivos, quando desrespeitados os direitos sociais constitucionalmente garantidos.

(B) promover ação civil pública no âmbito da Justiça do Trabalho, para defesa de interesses coletivos, quando desrespeitados os direitos sociais constitucionalmente garantidos.

(C) promover ação civil pública no âmbito da Justiça Comum, para defesa de interesses coletivos, quando desrespeitados os direitos sociais constitucionalmente garantidos.

(D) promover ação civil pública no âmbito da Justiça do Trabalho, para defesa de interesses individuais e coletivos, quando desrespeitadas os normas previstas na Consolidação das Leis do Trabalho.

(E) instaurar instância em caso de greve, desde que provocado pelo sindicato patronal.

A: incorreta, pois o Ministério Público do Trabalho não possui competência para a defesa de interesses individuais, nos termos do art. 83 da LC 75/93. **B:** correta, pois reflete o disposto no art. 83, III, da LC 75/93. **C:** incorreta, pois nos termos do art. 83, III, da LC 75/93 a competência será para promover a ação civil pública no âmbito da Justiça do Trabalho. **D:** incorreta, pois nos termos do art. 83, III, da LC 75/93 o Ministério Público do Trabalho não possui competência para a defesa de interesses individuais. Ademais, devem ser desrespeitados os direitos sociais constitucionalmente garantidos. **E:** incorreta, pois nos termos do art. 83, VIII, da LC 75/93 a competência será para o Ministério Público do Trabalho instaurar instância em caso de greve, quando a defesa da ordem jurídica ou o interesse público assim o exigir. HC

Gabarito "B".

(Analista – TRT/9 – 2012 – FCC) Conforme normas legais aplicáveis à organização da Justiça do Trabalho, incluindo o Tribunal Superior do Trabalho, os Tribunais Regionais do Trabalho e as Varas do Trabalho, é correto afirmar que

(A) o Conselho Superior da Justiça do Trabalho funcionará junto ao Tribunal Superior do Trabalho, cabendo-lhe exercer, na forma da lei, a supervisão administrativa, orçamentária, financeira e patrimonial da Justiça do Trabalho de primeiro e segundo graus, como órgão central do sistema, cujas decisões terão efeito vinculante.

(B) o Tribunal Superior do Trabalho compor-se-á de 17 Ministros, togados e vitalícios, escolhidos dentre brasileiros com mais de 35 e menos de 60 anos, nomeados pelo Presidente da República, após aprovação pelo Congresso Nacional.

(C) dentre os Ministros do Tribunal Superior do Trabalho, 11 serão escolhidos dentre juízes dos Tribunais Regionais do Trabalho, integrantes da carreira da magistratura trabalhista, três dentre advogados e três dentre membros do Ministério Público do Trabalho.

(D) em cada Estado e no Distrito Federal haverá pelo menos um Tribunal Regional do Trabalho, e a lei instituirá as Varas do Trabalho, podendo, nas comarcas onde não forem instituídas, atribuir sua jurisdição aos juízes de direito, sendo que nesse caso os recursos são julgados diretamente pelo Tribunal Superior do Trabalho.

(E) os Tribunais Regionais do Trabalho compõem-se de, no mínimo, 11 juízes, recrutados, quando possível, na respectiva região, e nomeados pelo Presidente do Tribunal Superior do Trabalho dentre brasileiros com mais de 30 e menos de 65 anos.

A: assertiva correta, pois reflete o disposto no art. 111-A, § 2º, II, da CF; **B:** assertiva incorreta, pois o TST será composto por de vinte e sete Ministros, escolhidos dentre brasileiros com mais de trinta e cinco anos e menos de sessenta e cinco anos, de notável saber jurídico e reputação ilibada, nomeados pelo Presidente da República após aprovação pela maioria absoluta do Senado Federal (art. 111-A, caput, da CF); **C:** assertiva incorreta, pois nos termos dos incisos I e II do art. 111-A da CF um quinto dos Ministros, ou seja, 6 Ministros serão escolhidos dentre advogados com mais de dez anos de efetiva atividade profissional e membros do Ministério Público do Trabalho com mais de dez anos de efetivo exercício, observado o disposto no art. 94 da CF e os demais Ministros, ou seja, 21 Ministros dentre juízes dos Tribunais Regionais do Trabalho, oriundos da magistratura da carreira, indicados pelo próprio Tribunal Superior; **D:** assertiva incorreta, pois nos termos do art. 112 da CF os recursos serão dirigidos ao respectivo Tribunal Regional do Trabalho; **E:** assertiva incorreta, pois os Tribunais Regionais do Trabalho serão compostos por, no mínimo, sete juízes, recrutados, quando possível, na respectiva região, e nomeados pelo Presidente da República dentre brasileiros com mais de trinta e menos de sessenta e cinco anos, nos termos do que dispõe o caput do art. 115 da CF. HC/LF
Gabarito "A".

(Analista – TRT/6ª – 2012 – FCC) Quanto aos serviços auxiliares da Justiça do Trabalho, é INCORRETO afirmar:

(A) Compete à secretaria das Varas do Trabalho o recebimento, a autuação, o andamento, a guarda e a conservação dos processos e outros papéis que lhe forem encaminhados.

(B) Nas localidades em que existir mais de uma Vara do Trabalho compete ao distribuidor a distribuição, pela ordem rigorosa de entrada, e sucessivamente a cada Vara, dos feitos que, para esse fim, lhe forem apresentados pelos interessados.

(C) Compete à secretaria das Varas do Trabalho a realização das penhoras e demais diligências processuais.

(D) Na falta ou impedimento do Oficial de Justiça ou Oficial de Justiça Avaliador, o Juiz poderá atribuir a realização do ato a qualquer serventuário.

(E) No caso de avaliação, terá o Oficial de Justiça Avaliador, para cumprimento do ato, o prazo de 15 (quinze) dias.

A: assertiva correta (art. 711, *a*, da CLT); **B:** assertiva correta (arts. 713 e 714, *a*, da CLT); **C:** assertiva correta (art. 711, *h*, da CLT); **D:** assertiva correta (art. 721, § 5º, da CLT); **E:** assertiva incorreta, devendo ser assinalada, pois o prazo para o Oficial de Justiça Avaliador concluir a avaliação é de 10 dias, conforme preceitua o art. 721, § 3º, da CLT, c/c o art. 888 da CLT. HC/LF
Gabarito "E".

2. TEORIA GERAL E PRINCÍPIOS DO PROCESSO DO TRABALHO

(Analista – TRT/16ª – 2014 – FCC) No tocante ao Procedimento Sumaríssimo, dispõe o artigo 852-D da CLT que: *O juiz dirigirá o processo com liberdade para determinar as provas a serem produzidas, considerado o ônus probatório de cada litigante, podendo limitar ou excluir as que considerar excessivas, impertinentes ou protelatórias, bem como para apreciá-las e dar especial valor às regras de experiência comum ou técnica.* Neste caso, está presente o Princípio

(A) da Imediatidade.

(B) Dispositivo.

(C) da Identidade física do juiz.

(D) Inquisitivo.

(E) do Juiz natural.

A: incorreta, pois o princípio da imediatidade é peculiar do direito material do trabalho e ensina que tão logo seja cometida a falta pelo empregado, deverá o empregador agir e punir seu empregado, sob pena de se caracterizar o perdão tácito, ou seja, não poderá o empregador punir em momento posterior. **B:** incorreta, pois o princípio do dispositivo disposto no art. 2º do CPC/2015 ensina que: "o processo começa por iniciativa da parte e se desenvolve por impulso oficial, salvo as exceções previstas em lei.". **C:** incorreta, pois o princípio da identidade física do juiz estava previsto no art. 132 do CPC/1973 não está previsto no CPC/2015. Esse princípio determinava que o magistrado que presidiu e concluiu a instrução probatória ficava vinculado ao processo, devendo, assim, ser o prolator da sentença. **D:** correta, pois o princípio inquisitivo ou do impulso oficial está consagrado no art. 2º CPC/2015 e ensina que o processo começa por iniciativa da parte, mas se desenvolve por impulso oficial. **E:** incorreta, pois do juiz natural ensina que nenhum litígio será julgado sem prévia existência legal de determinado juízo, ou seja, não poderão ser criados Tribunais de Exceção, feitos para julgar determinadas causas. Todos têm o direito de serem julgados por juiz competente e pré-constituído na forma da lei. Veja art. 5º, XXXVII e LIII, CF. HC
Gabarito "D".

(Analista – TRT/9 – 2012 – FCC) A legislação processual do trabalho regulamenta o trâmite de dissídios individuais, criando regras sobre a forma de reclamação e a notificação do reclamado. Segundo tais normas, a reclamação

(A) recebida e protocolada será remetida a segunda via da petição ao reclamado, notificando-o ao mesmo tempo, para comparecer à audiência de julgamento, que será a primeira desimpedida, depois de 48 horas.

(B) será, preliminarmente, sujeita à distribuição nas localidades em que houver apenas uma Vara do Trabalho.

(C) poderá ser apresentada pelos empregados e empregadores, pessoalmente, ou por seus representantes e pelos sindicatos de classe.

(D) será feita por notificação via oficial de justiça, não sendo admitida a notificação por edital nos processos que tramitam pelo rito ordinário.

(E) poderá ser acumulada num só processo com outros, quando houver identidade de matéria, desde que sejam empregados da mesma profissão e região metropolitana.

A: assertiva incorreta, pois nos termos do art. 841, *caput*, da CLT a audiência deverá ser feita depois de 5 dias; **B:** assertiva incorreta, pois nos termos do art. 838 da CLT nas localidades em que houver mais de uma Vara do Trabalho a reclamação será preliminarmente sujeita à distribuição; **C:** assertiva correta, pois reflete o disposto no art. 839, a, da CLT; **D:** assertiva incorreta, pois, nos termos do § 1º do art. 841 da CLT, a notificação será feita em registro postal com franquia, sendo que, se o reclamado der embaraços ao seu recebimento ou não for encontrado, far-se-á a notificação por edital, inserto no jornal oficial ou no que publicar o expediente forense, ou, na falta, afixado na sede do Juízo; **E:** assertiva incorreta, pois nos termos do art. 842 da CLT poderá haver a acumulação de ações nos casos de empregados da mesma empresa ou estabelecimento. HC/LF
Gabarito "C".

(Analista – TRT/9 – 2012 – FCC) Dentre os princípios norteadores do Processo do Trabalho estão a oralidade e a concentração dos atos em audiência. Nessa seara, conforme previsão legal,

(A) o depoimento das partes e testemunhas que não souberem falar a língua nacional será feito por meio de intérprete nomeado pelo juiz e as despesas correrão por conta da parte vencida no processo.

(B) se, até 30 minutos após a hora marcada, o Juiz não houver comparecido, os presentes poderão retirar-se, devendo o ocorrido constar do livro de registro das audiências.

(C) o Juiz manterá a ordem nas audiências, mas não poderá mandar retirar do recinto os assistentes que a perturbarem em razão da publicidade das audiências na Justiça do Trabalho, sendo que nesse caso deverá adiar a sessão.

(D) as audiências dos órgãos da Justiça do Trabalho serão públicas e realizar-se-ão em dias úteis previamente fixados, entre 8 e 18 horas, não podendo ultrapassar 5 horas seguidas, salvo quando houver matéria urgente.

(E) as audiências dos órgãos da Justiça do Trabalho serão públicas e realizar-se-ão na sede do Juízo ou Tribunal não podendo ser designado outro local para a realização das audiências.

A: assertiva incorreta, pois embora nos termos do art. 819 da CLT o depoimento da parte ou da testemunha que não souber falar português seja feita por intérprete nomeado pelo juiz, de acordo com o § 2º do mesmo dispositivo, as despesas correrão por conta da parte a que interessar o depoimento; **B:** assertiva incorreta, pois, nos termos do art. 815, parágrafo único, da CLT, o período é de 15 (quinze) minutos; **C:** assertiva incorreta, pois, nos termos do art. 816 da CLT, o Juiz poderá mandar retirar do recinto os assistentes que a perturbarem; **D:** assertiva correta, pois reflete os exatos termos do disposto no art. 813 da CLT; **E:** assertiva incorreta, pois em casos especiais, nos termos do art. 813, § 1º, da CLT, poderá ser designado outro local para a realização das audiências, mediante edital afixado na sede do Juízo ou Tribunal, com a antecedência mínima de 24 (vinte e quatro) horas. HC/LF

Gabarito "D."

(Analista – TRT/1ª – 2012 – FCC) Considerando-se os princípios gerais do processo aplicáveis ao processo judiciário trabalhista é correto afirmar:

(A) A irrecorribilidade das decisões interlocutórias é um dos aspectos da oralidade, plenamente identificado no processo trabalhista.

(B) Não se aplica o princípio da concentração dos atos processuais em audiência, como ocorre no processo comum.

(C) Não há omissão das normas processuais na Consolidação das Leis do Trabalho que justifique a aplicação subsidiária do processo comum.

(D) Havendo omissão das normas processuais na Consolidação das Leis do Trabalho fica a critério de cada Juiz a aplicação do direito processual comum, cujo critério para adoção é a concordância das partes.

(E) A execução trabalhista poderá ser promovida apenas pelas partes interessadas, não havendo o impulso oficial ex officio pelo próprio Juiz competente.

A: assertiva correta. O processo do trabalho se distingue do processo comum por ter acolhido, em sua magnitude, o princípio da oralidade representado, de um lado, pela concentração dos atos processuais, e de outro, pela irrecorribilidade imediata das decisões interlocutórias, que está expressa no art. 893, § 1º, da CLT; **B:** assertiva incorreta, pois, como informado na resposta à assertiva anterior, aplica-se o princípio da concentração dos atos, como se observa pela redação dos arts. 843 a 850 da CLT; **C:** assertiva incorreta, pois existem diversas omissões nas normas processuais, e nessas hipóteses deveremos aplicar a regra esculpida no art. 769 da CLT. No mesmo sentido art. 15 CPC/2015; **D:** assertiva incorreta, pois nos termos do art. 769 da CLT, nos casos de omissão o operador do Direito aplicará o direito processual comum, exceto naquilo em que for incompatível com as normas processuais trabalhistas, independente da concordância das partes; **E:** assertiva incorreta, pois, nos termos do art. 878 da CLT, execução será promovida pelas partes, permitida a execução de ofício pelo juiz ou pelo Presidente do Tribunal apenas nos casos em que as partes não estiverem representadas por advogado. HC/LF

Gabarito "A."

3. PRESCRIÇÃO E DECADÊNCIA

(Analista – TRT/8ª – 2010 – FCC) Tobias foi contratado pela empresa Rosa para trabalhar como operário em 01 Fevereiro de 1999. Em 01 Junho de 2009 Tobias foi dispensado por justa causa baseada em ato de improbidade. Tobias ingressou com a competente reclamação trabalhista no dia 27 de Julho de 2010. Neste caso, a reclamação trabalhista

(A) não está prescrita, porém Tobias somente poderá requerer seus direitos trabalhistas dos cinco anos anteriores a data da propositura da ação.

(B) está prescrita de acordo com as normas preconizadas na Consolidação das Leis do Trabalho e na Constituição Federal brasileira.

(C) não está prescrita, porém Tobias somente poderá requerer seus direitos trabalhistas dos cinco anos anteriores a data de sua dispensa.

(D) não está prescrita, porém Tobias somente poderá requerer seus direitos trabalhistas dos dois anos anteriores a data de sua dispensa.

(E) não está prescrita e Tobias poderá requerer seus direitos trabalhistas de todo o período contratual.

Arts. 7º, XXIX, da CF, 11 da CLT e súmula 308, I, do TST. HC/LF

Gabarito "A."

4. COMPETÊNCIA

(Analista – TRT/15 – FCC – 2018) A arguição de incompetência territorial no processo do trabalho se dará por meio da apresentação de exceção de incompetência, que tem regras definidas em lei, entre as quais,

(A) apresentada a exceção, os autos serão imediatamente conclusos ao juiz, que intimará o reclamante e, se existentes, os litisconsortes, para manifestação no prazo comum de 5 dias.

(B) entendendo necessária produção de prova oral, o juízo ouvirá as testemunhas do excipiente na própria audiência, julgando a exceção em seguida.

(C) sua apresentação será feita no prazo de 10 dias a contar da notificação, antes da audiência e em peça que sinalize a existência desta exceção.

(D) sua apresentação deve ocorrer juntamente com a contestação, em peça apartada, devendo ser analisada e decidida pelo juiz de plano, em audiência.

(E) protocolada a petição, o processo será interrompido e não se realizará a audiência até que se decida a exceção.

A: correto, pois reflete a disposição do art. 800, § 2º, da CLT. **B:** incorreta, pois nos termos do art. 800, § 3º, da CLT se entender necessária a produção de prova oral, o juízo designará audiência, garantindo o direito de o excipiente e de suas testemunhas serem ouvidos, por carta precatória, no juízo que este houver indicado como competente. **C:** incorreta, pois nos termos do art. 800 da CLT sua apresentação será feita no prazo de 5 dias. **D:** incorreta, pois nos termos do art. 800 da CLT será apresentada no prazo de 5 dias a contar da notificação, antes da audiência e em peça que sinalize a existência desta exceção. **E:** incorreta, pois nos termos do art. 800, § 1º, da CLT o processo será suspenso.
Gabarito "A".

(Analista – Área Administrativa – TRT1 – 2018 – AOCP) Em relação à competência da Justiça do Trabalho, assinale a alternativa INCORRETA.

(A) A Constituição Federal ampliou a competência da Justiça do Trabalho, atribuindo a esta poderes para dirimir conflitos decorrentes das relações de trabalho e não somente relações de emprego.

(B) À Justiça do Trabalho compete processar e julgar as ações que envolvam representação sindical entre sindicatos, entre sindicatos e trabalhadores e entre sindicatos e empregadores.

(C) A Justiça do Trabalho é competente para processar e julgar mandados de segurança, *habeas corpus* e *habeas data* quando o ato questionado envolver matéria sujeita à sua jurisdição.

(D) A Justiça do Trabalho é competente para processar e julgar ações de indenização por dano moral ou patrimonial, decorrentes da relação de trabalho.

(E) À Justiça do Trabalho compete processar e julgar as ações que envolvam representação sindical entre sindicatos, entre sindicatos e trabalhadores, entre sindicatos e empregadores e demandas de qualquer natureza entre empregadores que façam parte de um mesmo sindicato patronal.

A: correto, pois reflete a disposição do art. 114, I, da CF (Vide ADI 3395) **B:** correto, pois reflete a disposição do art. 114, III, da CF. **C:** correto, pois reflete a disposição do art. 114, IV, da CF. (Vide ADI 3684 STF) **D:** correto, pois reflete a disposição do art. 114, VI, da CF. **E:** incorreto, pois embora a primeira parte da assertiva esteja correta (art. 114, III, CF) a Justiça do Trabalho não é competente para demandas de qualquer natureza, mas apenas relação de trabalho (art. 114, I, da CF).
Gabarito "E".

(Analista – TRT1 – 2018 – AOCP) No que tange à exceção de incompetência territorial, no âmbito do processo trabalhista, assinale a alternativa correta.

(A) A Exceção de Incompetência territorial deverá ser apresentada como preliminar de contestação. Ao exceto será concedido prazo de 24 horas para manifestação respectiva, devendo a decisão ser proferida na primeira audiência ou sessão que se seguir.

(B) A exceção de incompetência territorial deverá ser apresentada em peça apartada que sinalize explicitamente a existência da exceção, antes da audiência no prazo de 5 dias, contados do recebimento da notificação pela reclamada. Protocolada a petição de exceção, ao exceto será concedido prazo de 24 horas para manifestação respectiva, devendo a decisão ser proferida na primeira audiência ou sessão que se seguir.

(C) A Exceção de Incompetência territorial deverá ser apresentada como preliminar de contestação. Ao exceto será concedido prazo de 24 horas para manifestação respectiva, devendo a decisão ser proferida no prazo de 5 dias.

(D) A exceção de incompetência territorial deverá ser apresentada em peça apartada que sinalize explicitamente a existência da exceção, antes da audiência, no prazo de 5 dias, contados do recebimento da notificação pela reclamada. Protocolada a petição de exceção, o processo será suspenso. O juiz intimará o exceto para manifestação no prazo de 5 dias. Da decisão que decidir a exceção de incompetência, caberá recurso ordinário no prazo de 8 dias.

(E) A exceção de incompetência territorial deverá ser apresentada em peça apartada que sinalize explicitamente a existência da exceção, antes da audiência, no prazo de 5 dias, contados do recebimento da notificação pela reclamada. Protocolada a petição de exceção, o processo será suspenso até que se decida o incidente.

Nos termos do art. 800 da CLT a exceção de incompetência territorial deverá ser apresentada no prazo de cinco dias a contar da notificação, antes da audiência e em peça que sinalize sua existência. Já o § 1º do mesmo dispositivo legal ensina que protocolada a petição de exceção, até que esta seja decidida, o processo será suspenso e não se realizará a audiência inicial designada que se refere o art. 843 da CLT.
Gabarito "E".

(Analista Judiciário – TRT/24 – FCC – 2017) Asclépio, residente e domiciliado em Manaus, participou de processo seletivo e foi contratado na cidade de Brasília, onde se localiza a sede da empresa Orfheu Informática S/A, para trabalhar como programador, na filial da empresa no Município de Campo Grande. No contrato de trabalho as partes convencionaram como foro de eleição a comarca de São Paulo. Após dois anos de contrato, Asclépio foi dispensado por justa causa sem receber nenhuma verba rescisória, retornando para Manaus. Não concordando com o motivo da sua rescisão, o trabalhador resolveu ajuizar reclamação trabalhista em face da sua ex-empregadora. Conforme a regra de competência territorial prevista na lei trabalhista a ação deverá ser proposta na Vara do Trabalho de

(A) Brasília, por ser a sede da empresa reclamada.
(B) Brasília, por ser o local da contratação.
(C) Manaus, local de seu domicílio.
(D) Campo Grande, local da prestação dos serviços.
(E) São Paulo, foro de eleição contratual.

"D" é a opção correta. Nos termos do art. 651 da CLT é competente o foro do local da prestação dos serviços. No entanto, de acordo com o art. 507-A da CLT nos contratos individuais de trabalho cuja remuneração seja superior a duas vezes o limite máximo estabelecido para os benefícios do Regime Geral de Previdência Social, poderá ser pactuada cláusula compromissória de arbitragem, desde que por iniciativa do empregado ou mediante a sua concordância expressa, nos termos previstos na Lei 9.307, de 23 de setembro de 199.

Gabarito "D".

(Analista Judiciário – TRT/20 – FCC – 2016) Hera participou de processo seletivo e foi contratada como música instrumentista da Orquestra do Banco Ultra S/A, no Município de Itabaiana/SE, onde tem o seu domicílio. No contrato de trabalho foi estipulado como foro de eleição para propositura de demanda trabalhista o Município de Aracaju/SE. O banco possui agências em todos estados do Brasil e a sua sede está localizada em Brasília/DF. Durante os oito meses em que foi empregada do Banco, Hera exerceu suas funções apenas no Município de Aracaju/SE. Caso decida ajuizar reclamação trabalhista em face de seu ex-empregador, deverá propor em

(A) Aracaju, porque foi o local da prestação dos serviços.
(B) Aracaju, por ser o foro de eleição previsto em contrato de trabalho.
(C) Itabaiana, porque é o foro do seu domicílio.
(D) Brasília, por estar situada a sede do Banco reclamado.
(E) Aracaju, Itabaiana ou Brasília, dependendo da sua própria conveniência como reclamante.

"A" é a opção correta. Nos termos do art. 651 da CLT a competência será do local da prestação de serviços. Vale dizer que, o art. 507-A da CLT nos contratos individuais de trabalho cuja remuneração seja superior a duas vezes o limite máximo estabelecido para os benefícios do Regime Geral de Previdência Social, poderá ser pactuada cláusula compromissória de arbitragem, desde que por iniciativa do empregado ou mediante a sua concordância expressa.

Gabarito "A".

(Analista Judiciário – TRT/8ª – 2016 – CESPE) Carlo, cidadão brasileiro domiciliado em Minas Gerais, veterinário e advogado, ex-empregado público de autarquia federal sediada unicamente em Brasília – DF, foi demitido sem justa causa em 27/1/2015, na capital federal, local onde os serviços foram prestados. Em 28/1/2016, Carlo propôs em juízo pedido de indenização no valor total de R$ 20.000, por entender que diversos de seus direitos trabalhistas haviam sido violados.

Nessa situação hipotética,

(A) ambas as partes estão imunes do pagamento de custas processuais.
(B) é obrigatória a adoção do rito processual sumaríssimo.
(C) a propositura da ação trabalhista foi extemporânea, em virtude do instituto da prescrição.
(D) caso não haja conciliação prévia, deve-se adotar a forma verbal para a reclamação trabalhista.
(E) o foro competente para apreciação da lide, em primeira instância, seria o Distrito Federal.

A: opção incorreta, pois a entidade autárquica está isenta do pagamento de custas, nos termos do art. 790-A, I, CLT. Já o reclamante Carlo não está isento do recolhimento de custas, se for o caso. A justiça gratuita será concedida à pessoa com insuficiência de recursos, nos termos do art. 98 do CPC/2015; **B:** opção incorreta, pois nos termos do art. 852-A, parágrafo único, da CLT, estão excluídas do procedimento sumaríssimo as demandas em que é parte a Administração Pública direta, autárquica e fundacional; **C:** opção incorreta, pois o prazo prescricional de 2 anos disposto no art. 7º, XXIX, da CF e art. 11 da CLT foi respeitado; **D:** opção incorreta, pois a petição inicial poderá ser apresentada de forma escrita ou verbal, nos termos do art. 840 da CLT;

E: opção correta, pois, nos termos do art. 651 da CLT, a competência para ajuizamento da reclamação trabalhista, em regra, é determinada pela localidade onde o empregado, reclamante ou reclamado prestar serviços ao empregador.

Gabarito "E".

(Analista – TRT/3ª – 2015 – FCC) Em relação à competência material da Justiça do Trabalho:

(A) As ações relativas às penalidades administrativas impostas aos empregadores pelos órgãos de fiscalização das relações de trabalho devem ser julgadas pela Justiça Federal, nos termos do artigo 109 da CF/88.
(B) Desde a promulgação da CF/88, a Justiça do Trabalho é competente para julgar ações impostas pelos órgãos de fiscalização, em matéria trabalhista, aos empregadores.
(C) A Emenda Constitucional n. 45/04, deu nova redação ao artigo 114 da CF/88, estabelecendo que cabe à Justiça do Trabalho processar e julgar as ações relativas às penalidades administrativas impostas aos empregadores pelos órgãos de fiscalização das relações de trabalho.
(D) Impõe multas administrativas ao empregador em processos trabalhistas, nos quais foi constatada a ocorrência de infração aos dispositivos da CLT.
(E) Não é competente, de ofício, para executar as contribuições previdenciárias das sentenças que proferir.

A: incorreta, pois nos termos do art. 114, VII, da CF a ação será de competência da Justiça do Trabalho. **B:** incorreta, pois a competência foi atribuída à Justiça do Trabalho por meio da EC 45/2004. **C:** correta, pois está de acordo com o art. 114, VII, da CF. **D:** incorreta, pois a multa não será imposta pela Justiça do Trabalho, mas sim pelos órgãos de fiscalização das relações de trabalho (Ministério do Trabalho e Emprego). **E:** incorreta, pois nos termos do art. 114, VIII, da CF a Justiça do Trabalho possui competência para, de ofício, para executar as contribuições previdenciárias das sentenças que proferir.

Gabarito "C".

(Analista – TRT/2ª – 2014 – FCC) Compete à Justiça do Trabalho processar e julgar

I. as ações sobre representação sindical, entre sindicatos, entre sindicatos e trabalhadores e entre sindicatos e empregadores.
II. a ação em que todos os membros da magistratura sejam direta ou indiretamente interessados, e aquela em que mais da metade dos membros do tribunal de origem estejam impedidos ou sejam direta ou indiretamente interessados.
III. os conflitos e atribuições entre autoridades administrativas e judiciárias da União, ou entre autoridades judiciárias de um Estado e administrativas de outro ou do Distrito Federal, ou entre as deste e da União.
IV. as ações relativas às penalidades administrativas impostas aos empregadores pelos órgãos de fiscalização das relações de trabalho.

Está correto o que consta em

(A) I e IV, apenas.
(B) I, II, III e IV.
(C) I e III, apenas.
(D) I, apenas.
(E) II e IV, apenas.

I: correta, pois reflete o disposto no art. 114, III, CF. II: incorreta, pois nos termos do art. 102, I, *n*, da CF a ação é de competência do STF. III: incorreta, pois nos termos do art. 105, I, *g*, da CF a ação é de competência do STJ. IV: correta, pois reflete o disposto no art. 114, VII, da CF. Gabarito "A".

(Analista – TRT/9 – 2012 – FCC) Athenas, residente na cidade de Apucarana, foi contratada em Londrina para trabalhar como secretária da Diretoria Comercial da Empresa de Turismo Semideuses Ltda., cuja matriz está sediada em Cascavel. Após dois anos de contrato prestado na filial da empresa em Curitiba, foi dispensada, embora tenha avisado o seu empregador que estava grávida. Athenas decidiu ajuizar ação reclamatória trabalhista postulando a sua reintegração por estabilidade de gestante. No presente caso, a Vara do Trabalho competente para processar e julgar a demanda é a do município de

(A) Cascavel, em razão de ser a matriz da empresa empregadora que é ré na ação.
(B) Curitiba, porque nesse caso a comarca competente é a Capital do Estado.
(C) Apucarana, por ser o local da residência da trabalhadora.
(D) Curitiba, por ser o local da prestação dos serviços.
(E) Londrina, porque foi o local da contratação da trabalhadora.

"D" é a assertiva correta, pois, nos termos do art. 651 da CLT, a competência será determinada pelo local da prestação de serviço. Gabarito "D".

(Analista – TRT/1ª – 2012 – FCC) Minerva, domiciliada no município de Duque de Caxias, foi contratada no município de Resende para trabalhar na empresa Olimpo Empreendimentos. Durante todo o contrato de trabalho trabalhou no município de Friburgo, sede da sua empregadora. Após três anos de labor, Minerva foi dispensada. Para receber as verbas rescisórias que não foram pagas, a comarca competente para o ajuizamento de reclamação trabalhista é a do município de

(A) Resende, porque é o local onde foi firmado o contrato de trabalho.
(B) Friburgo, porque é o local da prestação dos serviços da trabalhadora.
(C) Duque de Caxias, porque é o local do domicílio da reclamante.
(D) Rio de Janeiro, porque, além de ser a Capital do Estado, é a sede do Tribunal Regional do Trabalho da 1a Região.
(E) Duque de Caxias, Resende ou Friburgo, pois não há regra na CLT? Consolidação das Leis do Trabalho, regulando a competência territorial.

"B" é a assertiva correta, pois nos termos do art. 651 da CLT a competência será determinada pelo local da prestação de serviço. Gabarito "B".

(Analista – TRT/11ª – 2012 – FCC) O trabalhador firmou contrato de trabalho com a empresa no município "Alfa" para prestar serviços no município "Beta". A empresa possui sua sede e domicílio no município "Gama". Após ser dispensado o trabalhador, que reside no município "Delta", resolve ajuizar ação reclamatória trabalhista para receber seus haveres rescisórios. Neste caso, de acordo com a CLT, deverá ajuizar a reclamatória no município

(A) "Alfa" porque foi o local onde da celebração do contrato.
(B) "Delta" porque é o domicílio do trabalhador reclamante.
(C) "Gama" porque é o domicílio da empresa reclamada.
(D) "Alfa" ou "Delta" porque o trabalhador poderá optar pelo local da celebração do contrato ou pelo seu domicílio.
(E) "Beta" porque foi o local da prestação dos serviços.

Nos termos do art. 651 da CLT a competência será determinada pelo local da prestação de serviço. Gabarito "E".

5. CUSTAS, EMOLUMENTOS E HONORÁRIOS

(Analista – TRT/18 – 2023 – FCC) Arquimedes, tendo contratado advogado particular, teve julgada procedente a sua ação trabalhista proposta em face da sua empregadora, a empresa de segurança Águia de Ouro, tendo a Fazenda Pública do Estado de Goiás como litisconsorte, por ser a tomadora de serviços. O juízo condenou a empresa prestadora e, de forma subsidiária, a Fazenda Pública ao pagamento, além das verbas devidas decorrentes do contrato de trabalho, também de honorários sucumbenciais no importe de 20% do valor que resultar da liquidação de sentença. Analisando a hipótese em tela, à luz do que prevê a Consolidação das Leis do Trabalho, a sentença está

(A) incorreta, na medida em que extrapola o limite máximo de 10%, nas hipóteses em que esteja presente a Fazenda Pública no polo passivo.
(B) incorreta, eis que no processo do trabalho não são devidos honorários sucumbenciais, ressalvada a situação de assistência judiciária pelo sindicato.
(C) incorreta, eis que o limite máximo de condenação em honorários sucumbenciais é de 15% do que resultar da liquidação de sentença.
(D) correta quanto ao limite máximo de 20% de honorários sucumbenciais, mas deve ser reformada a sentença quanto à Fazenda Pública, que não pode suportar tal condenação.
(E) correta, tanto em relação ao percentual, quanto em relação à Fazenda Pública, que também pode ser condenada em honorários sucumbenciais.

A sentença está incorreta, pois nos termos do art. 791-A da CLT ao advogado, ainda que atue em causa própria, serão devidos honorários de sucumbência, fixados entre o mínimo de 5% (cinco por cento) e o máximo de 15% (quinze por cento) sobre o valor que resultar da liquidação da sentença, do proveito econômico obtido ou, não sendo possível mensurá-lo, sobre o valor atualizado da causa. Importante frisar que nos termos do § 1º do art. 791-A da CLT os honorários são devidos também nas ações contra a Fazenda Pública e nas ações em que a parte estiver assistida ou substituída pelo sindicato de sua categoria. Gabarito "C".

(Analista – Área Administrativa – TRT1 – 2018 – AOCP) No que se refere às custas no âmbito da Justiça do Trabalho, é INCORRETO afirmar que

(A) as custas serão calculadas sobre o valor da causa quando houver condenação.
(B) são isentos do pagamento de custas: a União; os Estados; o Distrito Federal; os Municípios e respectivas autarquias e fundações públicas federais, estaduais ou municipais que não explorem atividade econômica; o Ministério Público do Trabalho; os beneficiários de justiça gratuita.
(C) as custas serão calculadas sobre o valor da causa quando houver extinção do processo sem julgamento do mérito.
(D) as custas se destinam a remunerar os gastos do erário e não à garantia do juízo.
(E) nas ações de qualquer natureza, de competência da Justiça do Trabalho, bem como nas demandas propostas perante a Justiça Estadual, no exercício da jurisdição trabalhista, as custas relativas ao processo de conhecimento incidirão à base de 2%, observado o valor mínimo de R$ 10,64 e o máximo de quatro vezes o limite máximo dos benefícios do Regime Geral de Previdência Social.

A: incorreto, pois nos termos do art. 789, I, da CLT quando houver acordo ou condenação, as custas serão calculadas sobre esse valor, ou seja, do acordo ou condenação e não sobre o valor da causa. **B:** correta, pois reflete a disposição do art. 790-A, *caput* e incisos I e II, da CLT. **C:** correto, pois reflete a disposição do art. 789, II, da CLT. **D:** correto, pois as custas servem para recompor os gastos com o erário. Já a garantia do juízo é feita pelo depósito recursal, art. 899 e parágrafos, da CLT; **E:** correta, pois reflete a disposição do art. 789 da CLT. HC

Gabarito "A".

(Analista Judiciário – TRT/24 – FCC – 2017) Em audiência realizada no curso da ação trabalhista movida por Perseu em face da empresa Cavalo de Troia Empreendimentos, após terem sido ouvidas as partes, o Juiz apresentou proposta conciliatória que foi aceita pelas partes. Entretanto, nada foi ajustado sobre custas. Conforme normas contidas na Consolidação das Leis do Trabalho, as custas processuais

(A) ficarão a cargo da reclamada, em razão do princípio da hipossuficiência do trabalhador.
(B) serão de responsabilidade do reclamante que irá se beneficiar com proveito econômico do acordo.
(C) serão dispensadas pela União nos casos de conciliação em processo trabalhista.
(D) caberão em partes iguais aos litigantes, sempre que houver acordo, se de outra forma não for convencionado.
(E) serão atribuídas sempre à reclamada, uma vez que o acordo implica em confissão de dívida.

"D" é a opção correta. Nos termos do art. 789, § 3º, da CLT sempre que houver acordo, se de outra forma não for convencionado, o pagamento das custas caberá em partes iguais aos litigantes. HC

Gabarito "D".

(Analista Judiciário – TRT/11 – FCC – 2017) No tocante às custas, considere:

I. A parte vencedora na primeira instância, se vencida na segunda, está obrigada, independentemente de intimação, a pagar as custas fixadas na sentença originária, das quais ficara isenta a parte então vencida.
II. No caso de inversão do ônus da sucumbência em segundo grau, sem acréscimo ou atualização do valor das custas e se estas já foram devidamente recolhidas, caberá um novo pagamento pela parte vencida, ao recorrer.
III. Não caracteriza deserção a hipótese em que, acrescido o valor da condenação, não houve fixação ou cálculo do valor devido a título de custas e tampouco intimação da parte para o preparo do recurso, devendo ser as custas pagas ao final.
IV. Não há reembolso das custas à parte vencedora mesmo na hipótese em que a parte vencida for pessoa isenta do seu pagamento, nos termos previstos na Consolidação das Leis do Trabalho.

Está correto o que se afirma APENAS em

(A) II e III.
(B) I e III.
(C) I, II e IV.
(D) II, III e IV.
(E) I e IV.

I: opção correta. Nos termos da súmula 25, I, do TST a parte vencedora na primeira instância, se vencida na segunda, está obrigada, independentemente de intimação, a pagar as custas fixadas na sentença originária, das quais ficara isenta a parte então vencida. **II:** incorreta. Em conformidade com a súmula 25, II, do TST no caso de inversão do ônus da sucumbência em segundo grau, sem acréscimo ou atualização do valor das custas e se estas já foram devidamente recolhidas, descabe um novo pagamento pela parte vencida, ao recorrer. Deverá ao final, se sucumbente, reembolsar a quantia. **III:** correto. A súmula 25, III, do TST ensina que não caracteriza deserção a hipótese em que, acrescido o valor da condenação, não houve fixação ou cálculo do valor devido a título de custas e tampouco intimação da parte para o preparo do recurso, devendo ser as custas pagas ao final. **IV:** opção incorreta. O item IV da súmula 25 do TST ensina que o reembolso das custas à parte vencedora faz-se necessário mesmo na hipótese em que a parte vencida for pessoa isenta do seu pagamento, nos termos do art. 790-A, parágrafo único, da CLT. HC

Gabarito "B".

(Analista – TRT/3ª – 2015 – FCC) No Processo do Trabalho, na fase de conhecimento, as custas serão sempre pagas

(A) no momento da propositura da ação e incidirão no percentual de 2% sobre o valor atribuído à causa.
(B) ao final do processo e incidirão no percentual de 2% sobre o valor da causa, em caso de procedência ou procedência em parte do pedido, e sobre o valor do acordo, em caso de conciliação.
(C) ao final do processo e incidirão no percentual de 2% sobre o valor da condenação, em caso de procedência e procedência em parte do pedido, e sobre o valor do acordo, em caso de conciliação.
(D) ao final do processo e incidirão no percentual de 5% sobre o valor da condenação, em caso de procedência, procedência em parte do pedido e sobre o valor do acordo, em caso de conciliação.
(E) ao final do processo e incidirão no percentual de 5% sobre o valor da condenação, apurado em liquidação de sentença, em caso de procedência, procedência em parte do pedido, e sobre o valor do acordo, em caso de conciliação.

Nos dissídios individuais, ainda que propostos perante a Justiça Estadual no exercício da jurisdição trabalhista (art. 112 da CF), as custas relativas ao processo de conhecimento sempre serão no importe de 2% (dois por cento) e serão calculadas da seguinte maneira: **A:** Em caso de acordo ou condenação, as custas serão calculadas sobre o respectivo valor. Vale lembrar que, sempre que houver acordo, o pagamento das custas caberá em partes iguais aos litigantes se outra forma não for convencionada; **B:** caso o processo seja extinto sem julgamento do mérito ou julgado totalmente improcedente, as custas serão calculadas sobre o valor da causa; **C:** Nas ações declaratórias e constitutivas, também serão calculadas sobre o valor da causa; **D:** Para as ações que o valor da condenação for indeterminado, deverá o magistrado fixar um valor. As custas serão pagas pelo vencido após o trânsito em julgado da decisão. No caso de recurso, serão pagas e comprovado o recolhimento dentro do prazo recursal, em conformidade com a súmula 245 do TST. HC

Gabarito "C".

(Analista – TRT/16ª – 2014 – FCC) Em determinada reclamação trabalhista o Conselho Regional de Medicina do Estado do Maranhão – CRM-MA foi condenado em R$ 11.000,00 relativo a danos morais sofridos por ex-empregado. O CRM-MA pretende interpor recurso ordinário. Neste caso, no tocante às custas processuais, estas

(A) serão devidas no importe de R$ 220,00.
(B) serão indevidas uma vez que o CRM-MA é isento do recolhimento de custas processuais.
(C) serão devidas no importe de R$ 110,00.
(D) serão devidas no importe de R$ 330,00.
(E) somente serão devidas a final e dependerão do valor da condenação após o trânsito em julgado da demanda.

As custas relativas ao processo de conhecimento sempre serão no importe de 2% (dois por cento) e serão calculadas da seguinte maneira: **A:** Em caso de acordo ou condenação, as custas serão calculadas sobre o respectivo valor. As custas serão pagas pelo vencido após o trânsito em julgado da decisão. No caso de recurso, serão pagas e comprovado o recolhimento dentro do prazo recursal, em conformidade com a súmula 245 do TST. Importante lembrar que as entidades fiscalizadoras do exercício profissional, como por exemplo: CRM, OAB, CREA etc. não estão isentas do pagamento de custas, nos termos do art. 790-A, parágrafo único, da CLT. HC

Gabarito "A".

(Analista – TRT/6ª – 2012 – FCC) Rafus ajuizou reclamação trabalhista em face da sua empregadora a empresa Alfa & Beta Comunicações, pleiteando o pagamento de verbas rescisórias. Houve a determinação de ser emendada a petição inicial no prazo de 10 dias. Tal determinação não foi cumprida, razão pela qual ocorreu a extinção do processo sem resolução ou julgamento do mérito. Nesta situação, sobre as custas

(A) relativas ao processo de conhecimento incidirão à base de 1% e serão calculadas sobre o valor da causa.
(B) relativas ao processo de conhecimento incidirão à base de 1% observado o mínimo legal e serão calculadas sobre o valor arbitrado pelo juiz.
(C) relativas ao processo de conhecimento incidirão à base de 2% e serão calculadas sobre o valor estimado da condenação da ação.
(D) relativas ao processo de conhecimento incidirão à base de 2% observado o mínimo legal e serão calculadas sobre o valor da causa.
(E) haverá isenção do pagamento em razão da não apreciação do mérito da ação.

Art. 789, II, da CLT. HC/LF
Gabarito "D".

(Analista – TRT/9ª – 2010 – FCC) Na reclamação trabalhista X, a autarquia municipal Flor foi vencida e condenada em primeira instância ao pagamento do valor líquido de R$ 70.000,00. Na reclamação trabalhista Y, a fundação pública federal Terra, que não explora atividade econômica, também foi vencida e condenada em primeira instância ao pagamento do valor líquido de R$ 90.000,00. Nestes casos, de acordo com a Consolidação das Leis do Trabalho,

(A) somente a autarquia municipal Flor é isenta do pagamento de custas, devendo a fundação pública federal Terra depositar R$ 900,00, a título de custas, para interposição de recurso ordinário.
(B) somente a autarquia municipal Flor é isenta do pagamento de custas, devendo a fundação pública federal Terra depositar R$ 1.800,00, a título de custas, para interposição de recurso ordinário.
(C) somente a fundação pública federal Terra é isenta do pagamento de custas, devendo a autarquia municipal Flor depositar R$ 1.400,00, a título de custas, para interposição de recurso ordinário.
(D) tanto a autarquia municipal Flor como a fundação pública federal Terra são isentas do pagamento de custas.
(E) não há isenção de custas, devendo a autarquia municipal Flor depositar R$ 1.400,00 e a fundação pública federal Terra depositar R$ 1.800,00, a título de custas, para interposição dos respectivos recursos ordinários.

Art. 790-A, I, da CLT. HC/LF
Gabarito "D".

6. PARTES, ADVOGADOS, REPRESENTAÇÃO

(Analista Judiciário – TRT/24 – FCC – 2017) Analisando o normativo previsto na Consolidação das Leis do Trabalho quanto à nomeação de advogado com poderes para o foro em geral na Justiça do Trabalho,

(A) dá-se pela juntada prévia de instrumento de procuração, com firma devidamente reconhecida.
(B) a nomeação poderá ser efetivada mediante simples registro em ata de audiência, a requerimento verbal do advogado interessado, com anuência da parte representada.
(C) apenas o trabalhador poderá reclamar sem a presença do advogado, uma vez que o princípio do *jus postulandi* somente se aplica à parte hipossuficiente.
(D) o advogado pode atuar sem que lhe sejam exigidos poderes outorgados pela parte, em razão da previsão legal do *jus postulandi*.
(E) nos dissídios coletivos é obrigatória aos interessados a assistência por advogado constituído necessariamente por instrumento de mandato, com firma devidamente reconhecida.

A: opção incorreta, pois a CLT não prevê regra específica para a juntada prévia de procuração aos autos da reclamação trabalhista. Sobre o tema veja súmula 383 do TST. **B:** opção correta, pois nos termos do art. 791, § 3º, da CLT a constituição de procurador com poderes para o foro em geral poderá ser efetivada, mediante simples registro em ata de audiência, a requerimento verbal do advogado interessado, com anuência da parte representada. **C:** opção incorreta, pois nos termos do art. 791 da CLT empregado e empregador poderão fazer uso do *jus postulandi*. **D:** opção incorreta, pois somente as partes podem fazer uso do *jus postulandi*. Para o que o advogado possa atuar em nome da parte, é necessária a procuração, art. 104 do CPC/2015. **E:** opção incorreta, pois nos termos do art. 791, § 2º, da CLT nos dissídios coletivos é facultada aos interessados a assistência por advogado.

Gabarito "B".

(Analista Judiciário – TRT/20 – FCC – 2016) Vênus atuou durante 6 anos como preposta da Cia de Bebidas Fonte de Amor. Por força da crise econômica foi dispensada sem receber alguns direitos trabalhistas. Em razão de sua experiência, ingressou com reclamação trabalhista de forma verbal, sem constituir advogado. Conforme súmula do Tribunal Superior do Trabalho e dispositivo processual trabalhista, a capacidade postulatória de Vênus em relação a essa reclamatória

(A) está restrita a fase de conhecimento na Vara do Trabalho.

(B) limita-se às Varas do Trabalho e aos Tribunais Regionais do Trabalho, não alcançando a fase executória.

(C) limita-se às Varas do Trabalho e aos Tribunais Regionais do Trabalho, não alcançando os recursos de competência do Tribunal Superior do Trabalho.

(D) é ilimitada quanto a fase processual, bem como em relação à instância, alcançando inclusive o Tribunal Superior do Trabalho, porque a lei permite o acompanhamento das reclamações até o final.

(E) está restrita à fase de conhecimento, incluindo recursos em todas as instâncias trabalhistas, Varas do Trabalho, Tribunais Regionais do Trabalho e Tribunal Superior do Trabalho, mas não envolve a fase de execução.

"C" é a opção correta, pois nos termos da súmula 425 do TST o *jus postulandi* das partes, estabelecido no art. 791 da CLT, limita-se às Varas do Trabalho e aos Tribunais Regionais do Trabalho, não alcançando a ação rescisória, a ação cautelar, o mandado de segurança e os recursos de competência do Tribunal Superior do Trabalho.

Gabarito "C".

(Analista – TRT/1ª – 2012 – FCC) Hermes manteve contrato de trabalho com a empresa Gama Transportadora de Cargas por três anos, sendo dispensado por justa causa, sem receber nenhuma verba rescisória. Procurou a Vara do Trabalho do município para ajuizar reclamação trabalhista. Conforme previsão contida na Consolidação das Leis do Trabalho e jurisprudência atual e sumulada pelo TST, Hermes

(A) deve necessariamente constituir advogado para a propositura da reclamação trabalhista.

(B) pode postular sem a necessidade de advogado em todas as instâncias da Justiça do Trabalho.

(C) pode propor a reclamação trabalhista sem constituir advogado, apenas na primeira instância.

(D) não precisa constituir advogado para atuar em todas instâncias da Justiça do Trabalho, desde que esteja assistido pelo Sindicato da Categoria Profissional.

(E) pode reclamar pessoalmente perante a Justiça do Trabalho, limitando-se às Varas do Trabalho e aos Tribunais Regionais do Trabalho.

A assertiva "E" é a correta, pois nos termos do art. 791 da CLT que trata do jus postulandi na Justiça do Trabalho reclamar pessoalmente perante a Justiça do Trabalho e acompanhar as suas reclamações até o final. No entanto, de acordo com a Súmula 425 do TST: "O jus postulandi das partes, estabelecido no art. 791 da CLT, limita-se às Varas do Trabalho e aos Tribunais Regionais do Trabalho, não alcançando a ação rescisória, a ação cautelar, o mandado de segurança e os recursos de competência do Tribunal Superior do Trabalho".

Gabarito "E".

(Analista – TRT/14ª – 2011 – FCC) A procuração *apud acta* é o mandato

(A) para fins genéricos com permissão expressa para substabelecer.

(B) para fins genéricos que veda expressamente o substabelecimento.

(C) com vigência previamente estipulada.

(D) passado a advogado dativo para fins específicos e determinados logo após a intimação da reclamada.

(E) passado em audiência perante o Juiz do Trabalho.

"E" é a resposta correta. Também denominado mandato tácito, está previsto no art. 791, § 3º, da CLT.

Gabarito "E".

7. NULIDADES

(Analista Judiciário – TRT/24 – FCC – 2017) Urano ingressou com reclamatória trabalhista pretendendo receber adicional de periculosidade e horas extras em face da empresa que trabalha. Na audiência UNA designada foi requerida a prova técnica pericial e a oitiva de testemunhas por carta precatória. O juiz deferiu apenas a realização da prova pericial, encerrando a instrução processual e designando julgamento. Inconformado, o patrono de Urano pode alegar nulidade processual

(A) em qualquer fase do processo, por se tratar de nulidade fundada em incompetência de foro.

(B) apenas em grau de recurso, por se tratar de nulidade fundada em incompetência de prerrogativa.

(C) em qualquer momento do processo, quando arguida por quem lhe tiver dado causa.

(D) no prazo de cinco dias após a realização da audiência, por meio de agravo de instrumento.

(E) à primeira vez em que tiver de falar em audiência ou nos autos, em razão do princípio da preclusão.

"E" é a opção correta. Isso porque, por conta da irrecorribilidade imediata das decisões interlocutórias, prevista no art. 893, § 1º, da CLT a decisão no caso em análise é irrecorrível de imediato, razão pela qual, nos termos do art. 795 da CLT, a parte deverá fazer o protesto antipreclusivo devendo arguir a nulidade à primeira vez em que tiverem de falar em audiência ou nos autos.

Gabarito "E".

(Analista Judiciário – TRT/20 – FCC – 2016) Na reclamação trabalhista movida pelo empregado Záfiro em face da empresa Olimpo S/A houve procedência parcial em sentença. A reclamada interpôs recurso, mas por equívoco do Juízo não houve intimação do reclamante para apresentar contrarrazões. O recurso teve seu provimento negado. No caso, quanto à teoria das nulidades processuais, conforme previsão contida no texto consolidado,

(A) caberia arguição pela reclamada da nulidade processual visto que não foi cumprido ato processual essencial.

(B) deveria ser declarada a nulidade de ofício, que alcançaria todos os atos decisórios.

(C) não poderia ser declarada nulidade de ofício por não ser absoluta, mas caso fosse arguida por quaisquer das partes seria acolhida com anulação dos atos decisórios.

(D) a nulidade não seria declarada porque não houve prejuízo à parte que não foi intimada para apresentar contrarrazões do recurso.

(E) deveria ser declarada a nulidade por provocação da reclamada apenas em eventual ação rescisória a ser movida.

"D" é a opção correta, pois nos termos do art. 794 da CLT nos processos sujeitos à apreciação da Justiça do Trabalho só haverá nulidade quando resultar dos atos inquinados manifesto prejuízo às partes litigantes. HC
Gabarito "D".

(Analista Judiciário – TRT/8ª – 2016 – CESPE) Acerca das nulidades e exceções aplicáveis ao processo do trabalho, assinale a opção correta.

(A) O pronunciamento da nulidade depende do consentimento da parte que lhe tiver dado causa.

(B) Pronunciada determinada nulidade, deverá ser declarada, consequentemente, a nulidade de todos os demais atos processuais.

(C) Na justiça do trabalho, admitem-se exceções apenas em matéria de defesa quanto ao mérito.

(D) O juiz da causa é obrigado a dar-se por suspeito nas situações em que o autor da ação for de sua íntima relação pessoal.

(E) A nulidade do processo judicial deve ser declarada em juízo de admissibilidade pela secretaria judicial à qual a ação trabalhista for distribuída.

A: opção incorreta, pois, nos termos do art. 795 da CLT, as nulidades não serão declaradas senão mediante provocação de quaisquer das partes, as quais deverão argui-las na primeira oportunidade em que tiverem de falar em audiência ou nos autos; **B:** opção incorreta, pois, nos termos do art. 281 do CPC/2015, anulado o ato, consideram-se de nenhum efeito todos os subsequentes que dele dependam, todavia, a nulidade de uma parte do ato não prejudicará as outras que dela sejam independentes. Nesse mesmo sentido, determina o art. 797 da CLT que o juiz ou Tribunal que pronunciar a nulidade declarará os atos a que ela se estende; **C:** opção incorreta, pois, nos termos do art. 799 da CLT, as exceções de incompetência territorial, suspeição e impedimento serão opostas com suspensão do feito; **D:** opção correta, pois reflete o disposto no art. 801, b, da CLT; **E:** opção incorreta, pois a nulidade será declarada por um juiz ou pelo Tribunal, nunca pela secretaria. HC
Gabarito "D".

(Analista – TRT/3ª – 2015 – FCC) Em relação à sentença no Processo do Trabalho, a decisão

(A) *citra* ou *infra petita* é a que decide além do pedido, ou seja, defere verbas além das postuladas na inicial.

(B) *ultra petita* contém julgamento fora do pedido, ou seja, o provimento jurisdicional sobre o pedido é diverso do postulado.

(C) *extra petita* é a que decide aquém do pedido, contendo omissão do julgado.

(D) *citra* ou *infra petita* ocorre quando, por exemplo, o reclamante pede horas extras, adicional de insalubridade e danos morais, mas a sentença não aprecia o pedido de horas extras.

(E) *ultra petita* ocorre quando, por exemplo, o reclamante postula horas extras e a sentença defere horas pela não concessão de intervalo intrajornada.

Sentença *extra petita* é aquela em que juiz concede algo distinto do que foi pedido na petição inicial. Por sua vez, a **sentença** *ultra petita* é aquela em que o juiz ultrapassa o que foi pedido, ou seja, vai além dos limites do pedido. Já a **sentença** *infra* ou *citra petita* é aquela em que o magistrado concede menos do pedido. HC
Gabarito "D".

(Analista – TRT/11ª – 2012 – FCC) Nos processos sujeitos à apreciação da Justiça do Trabalho, a nulidade

(A) não poderá ser declarada mediante provocação das partes, mas apenas se arguida ex officio pelo Juiz.

(B) será pronunciada ainda quando arguida por quem lhe tiver dado causa.

(C) só será declarada quando resultar dos atos inquinados manifesto prejuízo às partes litigantes.

(D) após declarada não prejudicará senão os atos anteriores ou posteriores que dele dependam, ou sejam consequência.

(E) será sempre pronunciada, mesmo que seja possível suprir-se a falta ou repetir-se o ato.

A: assertiva incorreta, pois, nos termos do art. 795, *caput*, da CLT, as nulidades não serão declaradas senão mediante provocação das partes; **B:** assertiva incorreta, pois nos termos do art. 796, b, da CLT, a nulidade não será declarada quando for arguida por quem lhe tiver dado causa; **C:** assertiva correta, pois reflete o disposto no art. 794 da CLT; **D:** assertiva incorreta, pois, nos termos do art. 798 da CLT, a nulidade do ato não prejudicará senão os posteriores que dele dependam ou sejam consequência; **E:** assertiva incorreta, pois a nulidade não será pronunciada quando for possível suprir-se a falta ou repetir-se o ato, nos termos do art. 796, a, da CLT. HC/LF
Gabarito "C".

(Analista – TRT/1ª – 2012 – FCC) Zeus, funcionário de uma empresa pública com contrato regido pelas normas da CLT – Consolidação das Leis do Trabalho – ajuizou reclamação trabalhista em face da empresa para reclamar o pagamento de gratificação denominada "sexta-parte" e as suas integrações. A ação foi distribuída na 1ª Vara do Trabalho da Cidade do Rio de Janeiro. O advogado de Zeus informou-lhe que o Juiz Titular daquela Vara, em outros processos análogos, rejeitou o referido pedido. Para que o processo não fosse julgado por aquele Juiz, Zeus deliberadamente ofendeu o magistrado em audiência, inclusive ameaçando-o de morte. Conforme norma expressa da CLT, na presente situação está configurada a suspeição do Juiz?

(A) Sim, por configurar o interesse na causa por parte do Juiz.

(B) Não, porque não é caso de parentesco por consanguinidade até o terceiro grau civil.

(C) Sim, pelo risco da manutenção de sua integridade física.

(D) Não, porque o litigante procurou de propósito o motivo de que se originaria a suspeição.

(E) Não, por não haver previsão na CLT de que a inimizade pessoal possa gerar suspeição do Juiz.

A assertiva "D" é a opção correta, pois, nos termos do parágrafo único, parte final do art. 801 da CLT, a suspensão não será admitida sempre que o recusante/empregado procurou de propósito o motivo de que ela se originou. HC/LF

Gabarito "D".

(Analista – TRT/6ª – 2012 – FCC) Nos processos sujeitos à apreciação da Justiça do Trabalho, em relação à matéria de nulidades, é correto afirmar que:

(A) As nulidades somente serão declaradas se forem arguidas em recurso de revista ao TST.
(B) A nulidade do ato não prejudicará senão os posteriores que dele dependam ou sejam consequência.
(C) O juiz ou Tribunal que pronunciar a nulidade não precisa declarar os atos a que se estende.
(D) Ainda que seja possível repetir-se o ato, a nulidade será pronunciada.
(E) Ainda que dos atos inquinados não resulte manifesto prejuízo às partes, a nulidade deverá ser declarada de ofício pelo juiz.

A: assertiva incorreta (art. 795, caput, da CLT); **B:** assertiva correta (art. 798 da CLT); **C:** assertiva incorreta (art. 797 da CLT); **D:** assertiva incorreta (art. 796, a, da CLT); **E:** assertiva incorreta (art. 794 da CLT). HC/LF

Gabarito "B".

(Analista – TRT/14ª – 2011 – FCC) Foi afixado na sede do juízo e publicado no jornal local, com antecedência de dez dias, edital com dia, hora e local em que ocorrerá leilão de apartamento penhorado em um processo. Neste caso, o ato é

(A) anulável tendo em vista disposição expressa neste sentido na Consolidação das Leis do Trabalho, podendo tal nulidade ser alegada apenas pela parte prejudicada.
(B) válido desde que este edital forneça prazo de trinta dias para a manifestação expressa de credores quirografários e com garantia real.
(C) anulável tendo em vista disposição expressa neste sentido na Consolidação das Leis do Trabalho, podendo tal nulidade ser alegada apenas pelo Ministério Público do Trabalho.
(D) válido e eficaz tendo em vista que todas as formalidades legais foram devidamente respeitadas.
(E) nulo por desatender formalidade legal prevista na Consolidação das Leis do Trabalho.

A irregularidade em questão decorre da inobservância do prazo prescrito pelo art. 888, *caput*, da CLT, de afixação e publicação do edital com antecedência mínima de 20 dias. Tal prazo de antecedência mínima é norma de ordem pública, cogente, referente ao interesse público vertido na melhor divulgação do leilão para que interessados compareçam e possam otimizar os lances. Ademais, tal prazo, ainda, é uma garantia ao executado, que poderá contar com tal período para amealhar capital a fim de remir a execução, no que a questão passa a se referir ao princípio do devido processo legal. Portanto, em que pese a maior flexibilidade das nulidades processuais trabalhistas em relação às nulidades do processo comum, entendemos que o vício em questão é insanável e diz com nulidade absoluta, assim aquela que é ditada por fins de interesse público, não tendo as partes poder de disposição deste interesse. HC/LF

Gabarito "E".

(Analista – TRT/14ª – 2011 – FCC) Com relação às nulidades, o princípio da transcendência é aquele que prevê que

(A) a nulidade de uma parte do ato prejudicará as outras, mesmo que dela sejam independentes.
(B) só haverá nulidade nos processos sujeitos à apreciação da Justiça do Trabalho quando resultar dos atos inquinados manifesto prejuízo às partes litigantes.
(C) deverão ser declaradas ex *officio* as nulidades fundadas em incompetência de foro, sendo considerados nulos os atos decisórios.
(D) o juiz, quando a lei prescrever determinada forma, sem cominação de nulidade, considerará válido o ato se, realizado de outro modo, lhe alcançar a finalidade.
(E) anulado o ato reputam-se de nenhum efeito todos os subsequentes, que dele dependam.

A: trata-se de assertiva incorreta (art. 798 da CLT), com a invocação deturpada do princípio da utilidade; **B:** assertiva correta, uma vez que se trata do princípio do prejuízo ou da transcendência (art. 794 da CLT), inspirado na expressão francesa *pas de nullité sans grief*; **C:** a assertiva está incorreta (art. 795, § 1º, da CLT), mas não se trata de regra decorrente do princípio da transcendência. É importante se observar que a expressão "foro", aqui tratada, se refere a hipóteses de incompetência absoluta (incompetência funcional, material etc.), não dizendo respeito à incompetência territorial (*ratione loci*), que é hipótese de incompetência relativa, não pronunciável de ofício e sujeita à regra de prorrogação de competência caso a parte não oponha exceção de incompetência por ocasião da defesa; **D:** assertiva incorreta, pois a assertiva trata-se do princípio da instrumentalidade das formas (arts. 188 e 277 CPC/2015); **E:** assertiva incorreta, pois se trata do princípio da causalidade ou consequencialidade, segundo o qual só os atos que não sejam consequência do ato considerado nulo, desde que dele não dependam, poderão ser aproveitados (art. 281 CPC/2015). V. arts. 64, § 1 e 282 CPC/2015, e 797 da CLT. HC/LF

Gabarito "B".

8. PROVAS

(Analista – Área Administrativa – TRT1 – 2018 – AOCP) Relativamente à distribuição do ônus da prova, assinale a alternativa correta.

(A) Vige, na sistemática de distribuição do ônus da probante no processo do trabalho, a distribuição dinâmica ônus da prova, prevista originariamente no CPC de 2015 (art. 373, § 1º). Assim, nos casos previstos em lei ou diante de peculiaridades da causa relacionadas à impossibilidade ou à excessiva dificuldade de cumprir o encargo probatório ou, ainda, à maior facilidade de obtenção da prova do fato contrário, poderá o juízo atribuir o ônus da prova de modo diverso.
(B) O juízo poderá atribuir o ônus da prova de modo diverso, desde que o faça por decisão fundamentada, o que deverá ser feito na audiência de conciliação, tendo a parte reclamada apresentado contestação escrita.
(C) A decisão que atribuir o ônus da prova de modo diverso será proferida na abertura da audiência de instrução, não sendo permitido, por tal motivo, o adiamento da audiência respectiva.
(D) O juízo poderá atribuir o ônus da prova de modo diverso, desde que o faça por decisão fundamentada, o que deverá ser feito na abertura da audiência de

instrução, não sendo possível à parte à qual o encargo probatório foi transferido desincumbir-se de tal ônus.

(E) No direito do trabalho, a prova das alegações incumbe à parte que às fizer, sendo irrelevante se uma das partes apresenta impossibilidade ou excessiva dificuldade de cumprir seu encargo probatório.

A regra da distribuição dinâmica ônus da prova está prevista no art. 818, § 1º, da CLT que ensina que nos casos previstos em lei ou diante de peculiaridades da causa relacionadas à impossibilidade ou à excessiva dificuldade de cumprir o encargo nos termos deste artigo ou à maior facilidade de obtenção da prova do fato contrário, poderá o juízo atribuir o ônus da prova de modo diverso, desde que o faça por decisão fundamentada, caso em que deverá dar à parte a oportunidade de se desincumbir do ônus que lhe foi atribuído. HC
Gabarito "A".

(Analista Judiciário – TRT/8ª – 2016 – CESPE) Em relação às provas no processo do trabalho e à aplicação subsidiária do Código de Processo Civil (CPC), assinale a opção correta.

(A) É admissível o testemunho de surdo-mudo por meio de intérprete nomeado pela parte interessada no depoimento, ficando as custas do intérprete a cargo da justiça do trabalho.
(B) É permitido à testemunha recusar-se a depor.
(C) No processo do trabalho, admite-se o testemunho de pessoa na condição de simples informante, o que significa que ela não precisa prestar compromisso.
(D) Não se admite como testemunha o estrangeiro que residir no país, mas não falar a língua portuguesa.
(E) No processo do trabalho, em consequência da aplicação subsidiária do CPC, a regra geral é que a parte requerida detém o ônus da prova.

A: opção incorreta, pois, nos termos do art. 819, § 1º, da CLT, o intérprete será nomeado pelo juiz; B: opção incorreta, pois, nos termos do art. 448 do CPC/2015, a testemunha não é obrigada a depor sobre fatos que lhe acarretem grave dano, bem como ao seu cônjuge ou companheiro e aos seus parentes consanguíneos ou afins, em linha reta ou colateral, até o terceiro grau ou a cujo respeito, por estado ou profissão, deva guardar sigilo. Veja também o art. 463 do CPC/2015, que ensina que o depoimento prestado pela testemunha em juízo é considerado serviço público; C: opção correta, pois, nos termos do art. 829 da CLT, a testemunha que for parente até o terceiro grau civil, amigo íntimo ou inimigo de qualquer das partes não prestará compromisso, e seu depoimento valerá como simples informação; D: opção incorreta, pois, nos termos do art. 819 da CLT, o depoimento das partes e testemunhas que não souberem falar a língua nacional será feito por meio de intérprete nomeado pelo juiz; E: opção incorreta, pois, nos termos do art. 818 da CLT e art. 373 do CPC/2015 o ônus da prova incumbe ao autor/reclamante, quanto ao fato constitutivo de seu direito, e ao réu/reclamado, quanto à existência de fato impeditivo, modificativo ou extintivo do direito do autor. HC
Gabarito "C".

(Analista – TRT/3ª – 2015 – FCC) Em relação à prova documental no Processo do Trabalho,

(A) o pagamento de salário deverá ser efetuado contra recibo, assinado pelo empregado; em se tratando de analfabeto, deve ser assinado por seu representante legal.
(B) terá força de recibo o comprovante de depósito em conta bancária, aberta para esse fim em nome do empregado, com o consentimento deste, em estabelecimento de crédito próximo ao local de trabalho.
(C) terá força de recibo o comprovante de depósito em conta bancária, aberta para esse fim em nome do empregado, independentemente do consentimento deste, em estabelecimento de crédito definido pelo empregador.
(D) no recibo de pagamento é possível adotar o denominado "salário complessivo", que engloba o pagamento de todas as parcelas em uma única, indiscriminadamente.
(E) na esfera trabalhista, em razão do princípio da primazia da realidade, prevalece o entendimento de que o recibo de pagamento pode ser escrito, verbal ou tácito, podendo a empresa comprovar o pagamento dos salários por todos os meios de prova em direito admitidos.

A: incorreta, pois nos termos do art. 464 da CLT o pagamento do salário deverá ser efetuado contra recibo, assinado pelo empregado; em se tratando de analfabeto, mediante sua impressão digital, ou, não sendo esta possível, a seu rogo. B: correta, pois reflete o disposto no art. 464, parágrafo único, da CLT. C: incorreta, pois nos termos do art. 464, parágrafo único, da CLT será necessário o consentimento do empregado. Ademais, deverá o estabelecimento bancário ser próximo ao local de trabalho. D: incorreta, pois não se admite o salário complessivo, nos termos da súmula 91 do TST. E: incorreta, pois não se admite a comprovação tácita de pagamento. As formas legais relacionadas a prova documental do pagamento dos salários estão dispostas no art. 464 da CLT. Com relação aos menores de idade ver art. 439 da CLT. HC
Gabarito "B".

(Analista – TRT/16ª – 2014 – FCC) As testemunhas que prestam depoimento segundo os fatos que tiveram notícias são testemunhas

(A) originárias.
(B) oculares.
(C) auriculares.
(D) referidas.
(E) instrumentárias.

A: incorreta, pois testemunhas originárias são aquelas indicadas pelas partes. B: incorreta, pois testemunhas oculares são aquelas que presenciaram os fatos. C: correta, pois as testemunhas auriculares são aquelas que têm conhecimento do fato apenas por ouvir dizer. D: incorreta, pois testemunhas referidas são aquelas mencionadas por outras testemunhas em suas declarações. E: incorreta, pois testemunhas instrumentárias são aqueles que asseguram com a sua presença e assinatura, a verdade dos atos jurídicos, colaborando na formação da prova literal pré-constituída. HC
Gabarito "C".

(Analista – TRT/11ª – 2012 – FCC) Carlos, analista judiciário do TRT, é arrolado como testemunha do autor em uma ação reclamatória trabalhista em que deverá depor em horário normal de seu expediente.

Nesta situação, Carlos deverá

(A) ser conduzido por oficial de justiça à audiência marcada.
(B) comparecer espontaneamente à audiência designada.
(C) ser ouvido na sua própria repartição.
(D) prestar seu depoimento por escrito para posterior juntada aos autos.

(E) ser requisitado ao chefe da repartição para comparecer à audiência marcada.

A assertiva "E" é a opção correta, pois regra geral em conformidade com o art. 825 da CLT as testemunhas comparecerão a audiência independentemente de notificação ou intimação. Porém, se a testemunha for funcionário civil ou militar, e tiver de depor em hora de serviço, será requisitada ao chefe da repartição para comparecer à audiência marcada, nos termos do art. 823 da CLT. HC/LF
Gabarito "E".

(Analista – TRT/9 – 2012 – FCC) Em todo processo judicial, o conjunto probatório é fundamental para a solução do litígio. A Consolidação das Leis do Trabalho possui regras específicas sobre as provas judiciais, sendo assim,

(A) as testemunhas não poderão sofrer qualquer desconto pelas faltas ao serviço, ocasionadas pelo seu comparecimento para depor, quando devidamente arroladas ou convocadas.

(B) as testemunhas comparecerão à audiência independentemente de notificação ou intimação, sendo que as que não comparecerem não serão ouvidas, ainda que seja requerido pela parte a intimação das ausentes.

(C) o juiz nomeará perito em caso de haver matéria técnica, não sendo facultado às partes indicação de assistentes técnicos em razão da celeridade processual que deve ser aplicada ao Processo do Trabalho.

(D) apenas a testemunha que for parente até o segundo grau civil ou amigo íntimo de qualquer das partes, não prestará compromisso, e seu depoimento valerá como simples informação.

(E) o documento oferecido para prova só será aceito se estiver no original ou em certidão autêntica, não podendo ser declarado autêntico pelo próprio advogado, diante da sua parcialidade.

A: assertiva correta, pois reflete os exatos termos do disposto no art. 822 da CLT; **B:** assertiva incorreta, pois embora conste do art. 825 da CLT que as testemunhas comparecerão independentemente de notificação ou intimação, determina o parágrafo único do mesmo dispositivo legal que as testemunhas que não comparecerem serão intimadas, ex officio ou a requerimento da parte, ficando sujeitas à condução coercitiva, além das penalidades do art. 730 da CLT, caso, sem motivo justificado, não atendam à intimação; **C:** assertiva incorreta, pois nos termos do art. 826 da CLT é facultado a cada uma das partes apresentar um perito ou técnico, sendo que nos termos do art. 3º da Lei 5.584/1970 os exames periciais serão realizados por perito único designado pelo Juiz, que fixará o prazo para entrega do laudo e, em conformidade com o parágrafo único do referido artigo, será permitido a cada parte a indicação de um assistente, cujo laudo terá que ser apresentado no mesmo prazo assinado para o perito, sob pena de ser desentranhado dos autos; **D:** assertiva incorreta, pois nos termos do art. 829 da CLT a testemunha que for parente até o terceiro grau civil, o amigo íntimo ou o inimigo de qualquer das partes não prestará compromisso; **E:** assertiva incorreta, pois em conformidade com o art. 830 da CLT o documento em cópia oferecido para prova poderá ser declarado autêntico pelo próprio advogado, sob sua responsabilidade pessoal. HC/LF
Gabarito "A".

(Analista – TRT/1ª – 2012 – FCC) Atenas, em dezembro de 2012, ajuizou reclamação trabalhista em face da sua empregadora Celestial Cosméticos e Perfumes S/A postulando apenas uma indenização por ofensas e danos morais, no valor que foi atribuído à causa de R$ 6.220,00 (seis mil duzentos e vinte reais), equivalentes a 10 salários mínimos na época da propositura da ação. Para comprovar suas alegações, conforme previsão legal, a quantidade máxima de testemunhas que Atenas poderá indicar é de

(A) três.
(B) cinco.
(C) duas.
(D) quatro.
(E) seis.

A assertiva "C" é a opção correta, pois, nos termos do art. 852-A da CLT, as ações cujo valor da causa não superar 40 salários mínimos ficarão submetidos ao procedimento sumaríssimo. Nesse procedimento, de acordo com o art. 852-H, § 2º, da CLT cada parte poderá levar até duas testemunhas. HC/LF
Gabarito "C".

(Analista – TRT/6ª – 2012 – FCC) O número máximo de testemunhas admitido em lei para cada uma das partes nos dissídios individuais trabalhistas nos procedimentos ordinário, sumaríssimo e inquérito para apuração de falta grave, respectivamente, é de

(A) duas, três e quatro.
(B) três, duas e seis.
(C) três, três e três.
(D) cinco, três e seis.
(E) cinco, três e cinco.

Arts. 821 e 852-H, § 2º, da CLT. HC/LF
Gabarito "B".

(Analista – TRT/11ª – 2012 – FCC) Em relação à prova testemunhal no processo do trabalho, é correto afirmar que

(A) no caso de inquérito para apuração de falta grave, cada uma das partes não poderá indicar mais de três testemunhas.

(B) no procedimento sumaríssimo, só será deferida intimação de testemunha que, comprovadamente convidada, deixar de comparecer.

(C) a testemunha que for parente até o quarto grau civil, não prestará compromisso, e seu depoimento valerá como simples informação.

(D) a testemunha que não souber falar a língua nacional não será ouvida, devendo ser substituída por outra testemunha.

(E) a testemunha poderá sofrer desconto salarial proporcional ao tempo do seu depoimento quando for arrolada pela parte, mas não poderá sofrer qualquer desconto quando foi convocada pelo juiz.

A: assertiva incorreta, pois cada uma das partes poderá indicar até seis testemunhas (art. 821 da CLT); **B:** assertiva correta (art. 852-H, § 3º, da CLT); **C:** assertiva incorreta, pois o parente até o terceiro grau civil não prestará compromisso (art. 829 da CLT); **D:** assertiva incorreta, pois o depoimento da testemunha que não souber falar a língua nacional será feito por meio de intérprete nomeado pelo juiz (art. 819, caput, da CLT); **E:** assertiva incorreta, pois, quando devidamente arrolada pela parte ou convocada pelo juiz, a testemunha não poderá sofrer qualquer desconto pela falta ao serviço (art. 822 da CLT). HC/LF
Gabarito "B".

9. PROCEDIMENTO (INCLUSIVE, ATOS PROCESSUAIS)

(Analista – TRT/18 – 2023 – FCC) O juízo do trabalho de Aparecida de Goiânia publica uma sentença em 3 de janeiro, condenando a empresa Terra Plana a pagar verbas rescisórias da sua ex-empregada Vênus. Pretendendo recorrer da sentença, com base no que prevê a Consolidação das Leis do Trabalho, a empresa deverá fazê-lo no prazo legal, contando-se o prazo a partir de

(A) 7 de janeiro, quando voltam a fluir os prazos na Justiça do Trabalho, pois de 20 de dezembro a 6 de janeiro os prazos estão suspensos.
(B) 21 de janeiro, quando voltam a fluir os prazos na Justiça do Trabalho, pois de 20 de dezembro a 20 de janeiro, inclusive, os prazos estão suspensos.
(C) 7 de janeiro, quando voltam a fluir os prazos na Justiça do Trabalho, pois de 20 de dezembro a 6 de janeiro os prazos estão interrompidos.
(D) 20 de janeiro, quando voltam a fluir os prazos na Justiça do Trabalho, pois de 20 de dezembro a 20 de janeiro os prazos estão suspensos.
(E) 20 de janeiro, quando voltam a fluir os prazos na Justiça do Trabalho, pois de 20 de dezembro a 19 de janeiro os prazos estão interrompidos.

O prazo se iniciará no dia 21 de janeiro, tendo em vista que nos termos do art. 775-A da CLT suspende-se o curso do prazo processual nos dias compreendidos entre 20 de dezembro e 20 de janeiro, inclusive. Gabarito "B".

(Analista – TRT/18 – 2023 – FCC) Cícero propôs ação trabalhista em face do seu ex-empregador, o Banco Poupe Aqui, perante a Vara do Trabalho da localidade em que reside, diante da facilidade e para ter o pleno acesso à Justiça. O réu pretende arguir exceção de incompetência territorial. Nessa situação, com base no que dispõe a Consolidação das Leis do Trabalho, deverá fazê-lo

(A) no prazo para a juntada de contestação, em peça apartada.
(B) por escrito, ou ainda de forma oral, em audiência.
(C) no prazo de 5 dias a contar da notificação, antes da audiência.
(D) como matéria preliminar de defesa, dentro de 10 dias após a notificação.
(E) apenas por escrito, em audiência, onde o juiz dará a palavra à parte contrária e decidirá em 48 horas.

Nos termos do art. 800 da CLT a exceção de incompetência territorial deverá ser apresentada no prazo de cinco dias a contar da notificação, antes da audiência e em peça que sinalize a existência desta exceção. Gabarito "C".

(Analista – TRT/18 – 2023 – FCC) De acordo com a Consolidação das Leis do Trabalho, considere:

I. Perpétua é empregadora doméstica.
II. Circo Alegria é um empresa em recuperação judicial.
III. Banco Atual é uma sociedade de economia mista.
IV. Fundabem é uma Fundação Pública Estadual.
V. Bem Me Quer é uma Autarquia Municipal.

Podem ser réus de reclamatória trabalhista submetida ao procedimento sumaríssimo o que consta APENAS em

(A) I e III.
(B) II e V.
(C) I, II e III.
(D) IV e V.
(E) IV.

I: correta, pois a empregadora doméstica pode figurar como reclamada em reclamação pelo procedimento sumaríssimo. Veja art. 852-A, parágrafo único, CLT. II: correta, pois não há impedimento para empresas em recuperação judicial participarem como reclamada em reclamação pelo procedimento sumaríssimo, vide art. 852-A, parágrafo único, CLT. III: correta, pois as sociedades de economia mista podem ser reclamadas em ações pelo procedimento sumaríssimo, vide art. 852-A, parágrafo único, CLT. IV: incorreta, pois nos termos do art. 852-A, parágrafo único, CLT estão excluídas do procedimento sumaríssimo as demandas em que é parte a Administração Pública direta, autárquica e fundacional. V: incorreta, pois nos termos do art. 852-A, parágrafo único, CLT estão excluídas do procedimento sumaríssimo as demandas em que é parte a Administração Pública direta, autárquica e fundacional. Gabarito "C".

(Analista – TRT/15 – FCC – 2018) Evandro ajuizou reclamação trabalhista em face da sua empregadora, empresa Hora Certa Entregas Ltda., e da tomadora dos serviços, empresa Crepom Distribuidora de Produtos de Papelaria Ltda. Na audiência una designada comparecem o reclamante e a empresa Crepom, segunda reclamada, que, representada por preposto que não é seu empregado, apresenta defesa. Nesse caso,

(A) a audiência será redesignada para outra data, tendo em vista a ausência da primeira reclamada, que foi a empregadora do reclamante e é quem pode trazer as provas aos autos.
(B) será decretada a revelia da primeira reclamada, que será considerada confessa quanto à matéria de fato.
(C) será decretada a revelia de ambas as reclamadas, que serão consideradas confessas quanto à matéria de fato, a primeira em razão do não comparecimento e a segunda por estar representada por preposto não empregado.
(D) a primeira reclamada será considerada revel, e a segunda, embora não seja revel, será considerada confessa quanto à matéria de fato em razão de estar representada por preposto não empregado.
(E) a primeira reclamada, embora revel, não será considerada confessa quanto à matéria de fato tendo em vista que a segunda reclamada contestou a ação e, em relação à segunda reclamada, o fato de o preposto não ser empregado não gerará revelia nem confissão.

Tendo em vista que a segunda reclamada contestou a ação, à primeira reclamada, ainda que revel por não ter comparecido à audiência, não serão aplicados os efeitos da revelia, na forma do art. 844, § 4º, I, da CLT. Em relação a segunda reclamada, o fato de o preposto não ser empregado não gerará revelia nem confissão, na forma do art. 843, § 3º, da CLT. Gabarito "E".

(Analista – Área Administrativa – TRT1 – 2018 – AOCP) Rita ingressou com reclamação em face da empresa Padaria Pão Quentinho Ltda., pleiteando o pagamento de horas extraordinárias e diferenças salariais para o piso da categoria estabelecido em instrumento normativo. Apresentou pedido certo e quantitativamente determinado, indicando como valor da causa o importe de R$ 11.500,00. Diante de tais considerações, é correto afirmar que

(A) a sentença nesse processo, da qual deverá constar relatório, fundamentação e dispositivo, mencionará os elementos de convicção do juízo, com resumo dos fatos relevantes ocorridos em audiência.

(B) a audiência será, obrigatoriamente, una, sendo permitida a oitiva de até duas testemunhas para cada parte, mas a reclamante terá o prazo de 05 dias para se manifestar acerca da contestação e documentos.

(C) todos os incidentes e exceções que possam interferir no prosseguimento da audiência e do processo serão decididos por ocasião da sentença, em razão da natureza célere dessa modalidade de rito processual, ao fito de se evitar intercorrências na realização da audiência, que deve ser una.

(D) todas as provas serão produzidas na audiência de instrução e julgamento, desde que requeridas previamente.

(E) vigora, no caso em análise, o Princípio Dispositivo, posto que o magistrado possui liberdade para ordenar a produção das provas que julgar pertinentes, para excluir ou limitar as que julgar impertinentes, excessivas ou protelatórias, bem como para apreciá-las e dar especial valor às regras de experiência comum ou técnica.

A: incorreto, pois nos termos do art. 852-I da CLT a sentença mencionará os elementos de convicção do juízo, com resumo dos fatos relevantes ocorridos em audiência, dispensado o relatório. **B:** incorreto, pois embora a audiência seja una (art. 852-C da CLT, sendo permitida a oitiva de até duas testemunhas (art. 852-H, § 2º, da CLT) sobre os documentos apresentados por uma das partes manifestar-se-á imediatamente a parte contrária, sem interrupção da audiência, salvo absoluta impossibilidade, a critério do juiz, art. 852-H, § 1º, da CLT. **C:** incorreto, pois nos termos do art. 852-G da CLT serão decididos, de plano, todos os incidentes e exceções que possam interferir no prosseguimento da audiência e do processo. As demais questões serão decididas na sentença. **D:** incorreto, pois nos termos do art. 852-H, da CLT todas as provas serão produzidas na audiência de instrução e julgamento, ainda que não requeridas previamente. **E:** correto, pois nos termos do art. 852-D da CLT o juiz dirigirá o processo com liberdade para determinar as provas a serem produzidas, considerado o ônus probatório de cada litigante, podendo limitar ou excluir as que considerar excessivas, impertinentes ou protelatórias, bem como para apreciá-las e dar especial valor às regras de experiência comum ou técnica. HC

Gabarito "E".

(Analista Judiciário – TRT/24 – FCC – 2017) A empresa Minerva & Atena Cia do Saber foi acionada em reclamatória trabalhista e recebeu a notificação da sentença por oficial de justiça em um sábado. Segundo as regras da Consolidação das Leis do Trabalho e a jurisprudência sumulada do Tribunal Superior de Trabalho, para recurso, considerando não haver feriado naquele mês, o início do prazo e o início da contagem, serão, respectivamente,

(A) na segunda-feira.
(B) segunda-feira e terça-feira.
(C) no sábado.
(D) sábado e segunda-feira.
(E) sábado e terça-feira.

"B" é a resposta correta. Nos termos da súmula 262 do TST intimada ou notificada a parte no sábado, o início do prazo se dará no primeiro dia útil imediato e a contagem, no subsequente. HC

Gabarito "B".

(Analista Judiciário – TRT/24 – FCC – 2017) A empresa Mutilados Produtos Hospitalares foi acionada em reclamação trabalhista movida por seu ex-empregado Thor. Em audiência inaugural, não havendo possibilidade de acordo, o Juiz recebeu a defesa da reclamada e adiou a audiência para instrução em razão da ausência de uma testemunha convidada pelo reclamante. Na audiência de instrução em prosseguimento, compareceram apenas o reclamante com seu advogado e o advogado da reclamada, visto que o seu cliente se esqueceu da audiência e não enviou preposto. Nessa situação,

(A) aplica-se a confissão à parte que, expressamente intimada com aquela cominação, não comparecer à audiência em prosseguimento, na qual deveria depor.

(B) deve ser designada outra audiência porque o adiamento da primeira audiência decorreu de interesse do reclamante, em observância aos princípios do contraditório e da ampla defesa.

(C) o não comparecimento do reclamado importa revelia, além de confissão quanto à matéria de fato, devendo ser marcado o julgamento.

(D) não se aplica a confissão à parte que não comparecer à audiência em prosseguimento, na qual deveria depor, caso seu advogado compareça e, tendo conhecimento dos fatos, atue como preposto da empresa, cujas declarações obrigarão o proponente.

(E) se o juiz entender que não é necessário o interrogatório da reclamada não será aplicada a confissão ficta requerida pela parte contrária, ainda que a reclamada tenha sido expressamente intimada com aquela cominação.

"A" é a opção correta. Em conformidade com a súmula 74, I, do TST aplica-se a confissão à parte que, expressamente intimada com aquela cominação, não comparecer à audiência em prosseguimento, na qual deveria depor. HC

Gabarito "A".

(Analista Judiciário – TRT/20 – FCC – 2016) Considerando que o processo pode ser entendido como uma sequência ordenada de atos que devem seguir procedimentos e prazos previstos em lei, no Processo Judiciário do Trabalho, segundo normas contidas na Consolidação das Leis do Trabalho e entendimentos sumulados do Tribunal Superior do Trabalho,

(A) intimada ou notificada a parte no sábado, o início do prazo se dará no primeiro dia útil imediato e, a contagem, no subsequente, e os prazos que se vencerem em sábado, domingo ou feriado, terminarão no primeiro dia útil seguinte.

(B) em qualquer situação a penhora poderá realizar-se em domingo ou dia de feriado, não havendo necessidade de urgência ou determinação legal expressa.

(C) quando a intimação tiver lugar na sexta-feira, ou a publicação com efeito de intimação for feita nesse dia, o prazo judicial será contado, a partir deste dia porque se trata de dia útil forense.

(D) presume-se recebida a notificação vinte e quatro horas depois de sua postagem; o seu não recebimento ou a entrega após o decurso desse prazo constitui ônus de prova do destinatário.

(E) o prazo decadencial para ajuizamento de ação rescisória quando expira em feriado, final de semana ou em dia em que não houver expediente forense, não se prorroga até o primeiro dia útil, imediatamente subsequente.

A: opção correta, pois a súmula 262, I, do TST determina que intimada ou notificada a parte no sábado, o início do prazo se dará no primeiro dia útil imediato e a contagem, no subsequente. B: opção incorreta, pois nos termos do art. 770, parágrafo único, da CLT a penhora poderá realizar-se em domingo ou dia feriado, mediante autorização expressa do juiz. C: opção incorreta, pois nos termos da súmula 1 do TST quando a intimação tiver lugar na sexta-feira, ou a publicação com efeito de intimação for feita nesse dia, o prazo judicial será contado da segunda-feira imediata, inclusive, salvo se não houver expediente, caso em que fluirá no dia útil que se seguir. D: opção incorreta, pois nos termos da súmula 16 do TST presume-se recebida a notificação 48 (quarenta e oito) horas depois de sua postagem. O seu não recebimento ou a entrega após o decurso desse prazo constitui ônus de prova do destinatário. E: opção incorreta, pois nos termos do item IX da súmula 100 do TST prorroga-se até o primeiro dia útil, imediatamente subsequente, o prazo decadencial para ajuizamento de ação rescisória quando expira em férias forenses, feriados, finais de semana ou em dia em que não houver expediente forense. Aplicação do art. 775 da CLT. HC
Gabarito "A".

(Analista Judiciário – TRT/8ª – 2016 – CESPE) O advogado público Arnaldo, representando João, ex-empregado da instituição X, propôs ação trabalhista contra tal instituição mediante processo judicial eletrônico. A petição inicial foi distribuída diretamente, em formato digital, sem a intervenção da respectiva secretaria ou cartório judicial. O representante legal da referida instituição recebeu a citação válida no prazo legal.

A respeito dessa situação hipotética, assinale a opção correta.

(A) É obrigação da instituição exigir o recebimento da citação em mídia impressa.

(B) O patrono da causa não consta no rol daqueles que se podem valer da utilização do processo eletrônico judicial.

(C) O representante legal da instituição deve apresentar contrarrazões no prazo de expediente do respectivo órgão judiciário.

(D) Não há óbice à utilização do processo judicial eletrônico nessa situação.

(E) O advogado da instituição poderá alegar, em contestação, a nulidade da citação por vício na distribuição.

A: opção incorreta, pois, nos termos do art. 9º da Lei 11.419/2006, no processo eletrônico, todas as citações, intimações e notificações, inclusive da Fazenda Pública, serão feitas por meio eletrônico; B: opção incorreta, pois, nos termos do art. 10 da Lei 11.419/2006, a distribuição da petição inicial e a juntada da contestação, dos recursos e das petições em geral, todos em formato digital, nos autos de processo eletrônico, podem ser feitas diretamente pelos advogados públicos e privados; C: opção incorreta, pois, nos termos do art. 10, § 1º, CLT, sempre que o ato processual tiver de ser praticado em determinado prazo, por meio de petição eletrônica, serão considerados tempestivos os efetivados até as 24 (vinte e quatro) horas do último dia; D: opção correta, pois, de fato, não há óbice à utilização de processo eletrônico. Veja art.10 da Lei 11.419/2006; E: opção incorreta, pois não há vício na distribuição, tendo em vista que foi observada a regra disposta no art. 10 da Lei 11.419/2006. HC
Gabarito "D".

(Analista – TRT/3ª – 2015 – FCC) Em relação à audiência trabalhista e à presença das partes na audiência:

(A) A CLT exige o comparecimento pessoal das partes em audiência, não podendo o empregador fazer-se substituir por outra pessoa que não o representante legal da empresa.

(B) Ao empregador é facultado fazer-se substituir pelo gerente, ou qualquer outro preposto que tenha conhecimento do fato, e cujas declarações obrigarão o preponente.

(C) O reclamante poderá fazer-se substituir, em audiência, por qualquer pessoa, desde que outorgue poderes para tanto, através de procuração por instrumento público.

(D) O não comparecimento do reclamante à audiência importa em improcedência da ação.

(E) O não comparecimento da reclamada à audiência importa em arquivamento da reclamação.

A: incorreta, pois nos termos do art. 843, § 1º, da CLT o empregador poderá fazer-se substituir pelo gerente, ou qualquer outro preposto que tenha conhecimento do fato, e cujas declarações obrigarão o proponente. Vale dizer que, nos termos do § 3º do mesmo dispositivo legal que o preposto não precisa ser empregado da parte reclamada.. B: correta, pois reflete o disposto no art. 843, § 1º, da CLT. C: incorreta, pois independentemente da presença dos advogados as partes (reclamante e reclamado) devem comparecer na audiência. Contudo, nos termos do art. 843, § 2º, da CLT se por doença ou qualquer outro motivo poderoso, devidamente comprovado, não for possível ao empregado comparecer pessoalmente, poderá fazer-se representar por outro empregado que pertença à mesma profissão, ou pelo seu sindicato. D: incorreta, pois nos termos do art. 844 da CLT o não comparecimento do reclamante importará no arquivamento da reclamação. E: incorreta, pois nos termos do art. 844 da CLT o não comparecimento da reclamada na audiência importará na aplicação dos efeitos da revelia a confissão ficta. Importante destacar que, nos termos do § 5º do art. 844 da CLT ainda que ausente o reclamado, presente o advogado na audiência, serão aceitos a contestação e os documentos eventualmente apresentados. HC
Gabarito "B".

(Analista – TRT/3ª – 2015 – FCC) Em relação ao procedimento sumaríssimo:

(A) As testemunhas, até o máximo de duas para cada parte, comparecerão à audiência de instrução e julgamento independentemente de intimação.

(B) As testemunhas, até o máximo de três para cada parte, comparecerão à audiência de instrução e julgamento independentemente de intimação.

(C) As testemunhas, até o máximo de três para cada parte, comparecerão à audiência de instrução e julgamento mediante intimação.

(D) Sobre os documentos apresentados por uma das partes, manifestar-se-á, no prazo de 5 dias, a parte contrária.

(E) A testemunha que não comparecer à audiência será intimada, determinando o Juiz sua imediata condução coercitiva.

A: correta, pois reflete o disposto no art. 852-H, § 2º, da CLT. B: incorreta, pois nos termos do art. 852-H, § 2º, da CLT o número máximo de

testemunhas no procedimento sumaríssimo é de duas. Esse número é elevado para três nas causas submetidas ao procedimento ordinário. **C:** incorreta, pois nos termos do art. 852-H, § 2º, da CLT o número máximo é de duas testemunhas que comparecerão independentemente de intimação. **D:** incorreta, pois nos termos do art. 852-H, § 1º, da CLT sobre os documentos apresentados por uma das partes manifestar-se-á imediatamente a parte contrária, sem interrupção da audiência, salvo absoluta impossibilidade, a critério do juiz. **E:** incorreta, pois nos termos do art. 852-H, § 3º, da CLT somente será deferida intimação de testemunha que, comprovadamente convidada, deixar de comparecer. Não comparecendo a testemunha intimada, o juiz poderá determinar sua imediata condução coercitiva.
Gabarito "A".

(Analista – TRT/16ª – 2014 – FCC) Carolina ajuizou reclamação trabalhista em face de sua ex-empregadora a empresa "V" Ltda. dando à causa o valor de R$ 15.000,00. A referida reclamação foi julgada procedente e a empresa "V" Ltda. interpôs recurso ordinário. Neste caso, no referido recurso, o parecer do Ministério Público será

(A) escrito, tendo este o prazo de sessenta dias após a distribuição do recurso para enviar o referido parecer diretamente ao relator.

(B) escrito, tendo este o prazo de trinta dias após a distribuição do recurso para enviar o referido parecer diretamente ao relator.

(C) oral na sessão de julgamento, se este entender necessário, sendo registrado na certidão de julgamento.

(D) oral na sessão de julgamento, sendo obrigatório o comparecimento de seu representante em todos os julgamentos, em razão do *munus* público que desempenha.

(E) escrito, tendo este o prazo de vinte dias após a distribuição do recurso para enviar o referido parecer diretamente ao relator.

Tendo em vista o valor da causa ser inferior a 40 salários mínimos a ação será submetida ao procedimento sumaríssimo, arts. 852-A a 852-I da CLT. Com relação ao recurso ordinário interposto contra a sentença proferida no procedimento sumaríssimo determina o art. 895, § 1º, III, da CLT que terá parecer oral do representante do Ministério Público presente à sessão de julgamento, se este entender necessário o parecer, com registro na certidão. Ademais, determina o § 4º do mesmo dispositivo legal que terá acórdão consistente unicamente na certidão de julgamento, com a indicação suficiente do processo e parte dispositiva, e das razões de decidir do voto prevalente. Se a sentença for confirmada pelos próprios fundamentos, a certidão de julgamento, registrando tal circunstância, servirá de acórdão.
Gabarito "C".

(Analista – TRT/11ª – 2012 – FCC) Em relação ao procedimento sumaríssimo na Justiça do Trabalho, é INCORRETO afirmar que

(A) não se fará citação por edital, incumbindo ao autor a correta indicação do nome e do endereço do reclamado.

(B) o pedido deverá ser certo ou determinado e indicará o valor correspondente.

(C) as demandas em que é parte a administração pública direta, autárquica e fundacional também podem se submeter ao procedimento sumaríssimo, se o valor pleiteado não exceder a quarenta vezes o salário mínimo.

(D) as testemunhas, até no máximo de duas para cada parte, comparecerão à audiência de instrução e julgamento independentemente de intimação.

(E) só será deferida intimação de testemunha que, comprovadamente convidada, deixar de comparecer.

A: assertiva correta, pois reflete o disposto no art. 852-B, II, da CLT; **B:** assertiva correta, pois reflete o disposto no art. 852-B, I, da CLT; **C:** assertiva incorreta, devendo esta assertiva ser assinalada, pois, nos termos do art. 852-A, parágrafo único, da CLT, estão excluídas do procedimento sumaríssimo as demandas em que é parte a Administração Pública direta, autárquica e fundacional; **D:** assertiva correta, pois reflete o disposto no art. 852-H, § 2º, da CLT; **E:** assertiva correta, pois reflete o disposto no art. 852-H, § 3º, da CLT.
Gabarito "C".

(Analista – TRT/11ª – 2012 – FCC) Em se tratando de reclamada pessoa jurídica de direito privado, entre o ajuizamento da reclamação trabalhista e a data designada para audiência, há que existir um interregno mínimo de

(A) 5 dias.

(B) 10 dias

(C) 15 dias.

(D) 20 dias.

(E) 48 horas.

A assertiva "A" é a opção correta, pois nos termos o art. 841 da CLT: "Recebida e protocolada a reclamação, o escrivão ou secretário, dentro de 48 (quarenta e oito) horas, remeterá a segunda via da petição, ou do termo, ao reclamado, notificando-o ao mesmo tempo, para comparecer à audiência do julgamento, que será a primeira desimpedida, depois de 5 (cinco) dias".
Gabarito "A".

(Analista – TRT/11ª – 2012 – FCC) No processo do trabalho, o Juiz deverá propor a conciliação

(A) somente quando o valor da causa o permitir.

(B) somente quando houver requerimento das partes.

(C) após a apresentação da defesa e ao término da instrução processual.

(D) na abertura da audiência, antes da apresentação da defesa e renovadas após as razões finais.

(E) após a oitiva das partes e quando do encerramento da instrução processual.

A assertiva "D" é a opção correta, pois aberta a audiência o Juiz deverá propor a conciliação, nos termos do que dispõe o art. 846 da CLT, e deverá renovar a proposta após a apresentação de razões finais, nos termos do art. 850 da CLT. Vale dizer que nos termos do art. 764 da CLT a conciliação pode ser buscada em qualquer fase processual.
Gabarito "D".

(Analista – TRT/10ª – 2013 – CESPE) Acerca de procedimento ordinário, julgue os itens subsecutivos.

(1) Nas causas sujeitas ao procedimento ordinário, não é admitido recurso de revista contra decisão proferida em grau de recurso ordinário que viole direta e literalmente dispositivo constitucional.

(2) No rito ordinário, o juiz somente tem a obrigação de propor a conciliação por ocasião da abertura da audiência, podendo usar dos meios adequados de persuasão para a solução conciliatória do litígio, em qualquer fase da audiência.

1: assertiva incorreta, pois nos termos do art. 896, c, da CLT será possível a interposição de recurso de revista; **2:** assertiva incorreta, pois a conciliação também deverá ter buscada após a apresentação de eventuais razões finais, nos termos do art. 850 da CLT.
Gabarito 1E, 2E.

(Analista – TRT/9 – 2012 – FCC) Em se tratando de dissídio individual, a norma processual trabalhista prevê, como regra, a realização de audiência UNA, ou seja, em um determinado ato processual será realizada a tentativa de conciliação, a instrução processual e o julgamento. Nesse sentido,

(A) terminada a defesa, seguir-se-á a instrução do processo, sendo ouvidas as testemunhas, os peritos e os técnicos, se houver, e após será efetuado o interrogatório dos litigantes.

(B) caso o reclamante não compareça na audiência inaugural, mesmo presente seu advogado, deverá necessariamente ser adiada a sessão.

(C) é facultado ao empregador fazer-se substituir pelo gerente, ou qualquer outro preposto que tenha conhecimento do fato, mas cujas declarações não obrigarão o proponente.

(D) aberta a audiência, o Juiz proporá a conciliação, sendo que se não houver acordo, o reclamado poderá apresentar defesa oral no tempo máximo de 10 (dez) minutos.

(E) deverão estar presentes o reclamante e o reclamado na audiência de julgamento, independentemente do comparecimento de seus representantes.

A: assertiva incorreta, pois, nos termos do art. 848 da CLT, terminada a defesa seguir-se-á a instrução podendo o juiz interrogar os litigantes e, a seguir, nos termos do § 2º do mesmo dispositivo serão ouvidas as testemunhas, os peritos e os técnicos, se houver; B: assertiva incorreta, pois caso o reclamante não compareça na audiência inaugural a reclamação será arquivada, nos termos do art. 844 da CLT; C: assertiva incorreta, pois nos termos do art. 843, § 1º, da CLT as declarações obrigarão o proponente; D: assertiva incorreta, pois, nos termos do art. 847 da CLT, a defesa poderá ser apresentada em até 20 minutos; E: assertiva correta, pois reflete o disposto no art. 843 da CLT. HC/LF
Gabarito "E".

(Analista – TRT/9 – 2012 – FCC) Hidra pretende ajuizar uma reclamatória trabalhista em face da sua empregadora Matrix S/A, postulando o pagamento de horas extraordinárias, totalizando o valor equivalente a 10 (dez) salários mínimos à época do ajuizamento da ação. Nesse caso, o procedimento processual que deve tramitar a reclamatória trabalhista e a quantidade máxima de testemunhas que cada parte pode indicar, respectivamente, é

(A) ordinário e tres testemunhas.
(B) sumaríssimo e duas testemunhas.
(C) inquérito judicial e seis testemunhas.
(D) ordinário e cinco testemunhas.
(E) sumaríssimo e três testemunhas.

A assertiva "B" é a opção correta, pois, nos termos do art. 852-A da CLT, os dissídios individuais cujo valor não exceda a quarenta vezes o salário mínimo vigente na data do ajuizamento da reclamação ficam submetidos ao procedimento sumaríssimo e de acordo com o § 2º do art. 852-H da CLT cada parte poderá levar no máximo 2 testemunhas. HC/LF
Gabarito "B".

10. EXECUÇÃO

(Analista – Área Administrativa – TRT1 – 2018 – AOCP) Orlando, empregado doméstico devidamente representado no processo por procurador constituído, obteve sentença de parcial procedência em reclamatória trabalhista ajuizada perante a Justiça do Trabalho em face de Eustáquio, a qual transitou em julgado em 26 de mar. de 2018. Liquidada a sentença, obteve-se o importe total de R$ 35.500,00, aí incluso principal, encargos, custas, contribuições previdenciárias e honorários. Diante do exposto, no que se refere à execução dos créditos perseguidos na reclamatória em análise, assinale a alternativa correta.

(A) Garantida a execução ou penhorados os bens, terá o executado 8 dias úteis para oposição de embargos à execução.

(B) O mandado de citação deverá conter, obrigatoriamente, a decisão exequenda.

(C) Os embargos e as impugnações à liquidação apresentadas pelos credores trabalhista e previdenciário serão julgados separadamente.

(D) Garantida a execução ou penhorados os bens, terá o executado 15 dias úteis para oposição de embargos à execução.

(E) A citação do executado poderá ser feita por carta com aviso de recebimento. Se o executado, procurado por duas vezes no período de 48 horas, não for encontrado, far-se-á citação por edital, publicado no jornal oficial ou, na falta deste, afixado na sede do Juízo, durante 5 dias.

A: incorreto, pois nos termos do art. 884 da CLT o prazo é de 5 dias[1].
B: correto, pois nos termos do art. 880, § 1º, da CLT o mandado de citação deverá conter a decisão exequenda ou o termo de acordo não cumprido. C: incorreto, pois nos termos do art. 884, § 4º, da CLT serão julgados na mesma sentença os embargos e as impugnações à liquidação apresentadas pelos credores trabalhista e previdenciário. D: incorreto, pois nos termos do art. 884 da CLT o prazo é de 5 dias. E: incorreto, pois nos termos do art. 880, § 2º, da CLT a citação será feita pelos oficiais de diligência. Ademais, se o executado, procurado por 2 (duas) vezes no espaço de 48 (quarenta e oito) horas, não for encontrado, far-se-á citação por edital, publicado no jornal oficial ou, na falta deste, afixado na sede da Junta ou Juízo, durante 5 (cinco) dias, art. 880, § 3º, da CLT. HC
Gabarito "B".

(Analista – TRT/15 – FCC – 2018) Em reclamação trabalhista na qual foi proferida sentença ilíquida, o juiz determinou que o reclamante apresentasse os cálculos de liquidação, com indicação da contribuição previdenciária incidente. Após apresentação dos cálculos pelo reclamante, o juiz concedeu prazo de 10 dias para o reclamado apresentar seus cálculos. Diante da divergência entre os valores apresentados pelas partes, o juiz nomeou perito contábil para elaboração da conta de liquidação. Entendendo corretos os cálculos elaborados pelo perito, o juiz homologou os mesmos e determinou a citação do executado para pagamento do crédito em 48 horas, sob pena de execução. Considerando as disposições legais, o juiz

(A) agiu corretamente, porque as contas foram elaboradas por perito contábil, não sendo necessário dar vistas às partes, até porque as mesmas já apresentaram seus cálculos.

(B) não agiu corretamente, porque deveria obrigatoriamente conferir vista dos cálculos às partes, no prazo sucessivo de 8 dias para impugnação fundamentada

---
1. Nos termos do art. 775 da CLT os prazos processuais serão contados em dias úteis.

com a indicação dos itens e valores objeto da discordância, sob pena de preclusão.

(C) agiu corretamente, por ter amplo poder de direção e controle do processo, estando sua decisão amparada por norma cogente, que o autoriza expressamente a agir desse modo.

(D) não agiu corretamente, porque deveria obrigatoriamente conferir vista dos cálculos às partes, no prazo comum de 8 dias para impugnação fundamentada com a indicação dos itens e valores objeto da discordância, sob pena de preclusão.

(E) agiu corretamente, pois tem a faculdade de conferir vista dos cálculos às partes, no prazo de 8 dias para impugnação fundamentada com a indicação dos itens e valores objeto da discordância, sob pena de preclusão, mas não obrigação de fazê-lo.

Nos termos do art. 879, § 2°, da CLT elaborada a conta e tornada líquida, o juízo deverá abrir às partes prazo comum de oito dias para impugnação fundamentada com a indicação dos itens e valores objeto da discordância, sob pena de preclusão. Assim, tendo em vista a obrigatoriedade na abertura de prazo, o Juiz não agiu corretamente HC
„Gabarito "D".

(Analista – TRT/16ª – 2014 – FCC) Considere as seguintes assertivas a respeito da praça, leilão e da arrematação:

I. Concluída a avaliação, seguir-se-á a arrematação, que será anunciada por edital afixado na sede do juízo ou tribunal e publicado no jornal local, se houver, com a antecedência de quinze dias.

II. O sinal para garantir o lance é de 50% sobre o seu valor.

III. O arrematante terá cinco dias para pagar o preço da arrematação, prazo este contado do dia da praça.

IV. Se o arrematante, ou seu fiador, não pagar no prazo legal o preço da arrematação, perderá, em benefício da execução, o sinal que foi dado, voltando à praça os bens executados.

De acordo com a Consolidação das Leis do Trabalho está correto o que se afirma APENAS em

(A) I e IV.
(B) II.
(C) I e III.
(D) II e IV.
(E) IV.

I: incorreta, pois nos termos do art. 888 da CLT, a arrematação será anunciada com antecedência de 20 (vinte dias). II: incorreta, pois nos termos do art. 888, § 2°, da CLT o sinal será de 20%. III: incorreta, pois nos termos do § 4° do art. 888 da CLT o prazo é de 24 (vinte e quatro) horas. IV: correta, pois reflete o disposto no art. 888, § 4°, da CLT. HC
„Gabarito "E".

(Analista – TRT/11ª – 2012 – FCC) Em relação à execução por prestações sucessivas, por tempo indeterminado, é correto afirmar que

(A) não há previsão de execução por prestações sucessivas no processo do trabalho.

(B) a execução compreenderá inicialmente as prestações devidas até a data do ingresso na execução.

(C) a execução por prestações sucessivas no processo do trabalho obedece aos parâmetros estabelecidos no CPC, aplicável subsidiariamente ao processo do trabalho.

(D) a execução pelo não pagamento de uma prestação compreenderá as que lhe sucederem.

(E) a execução compreenderá apenas as prestações devidas após o ingresso na execução.

A: assertiva incorreta, pois os arts. 890 até o 892 da CLT tratam do tema (Seção V – Da execução por prestações sucessivas); **B:** assertiva correta, pois reflete o disposto no art. 892 da CLT; **C:** assertiva incorreta, pois a execução para pagamento de prestações sucessivas far-se-á com observância das normas constantes na própria CLT, arts. 890 a 892; **D:** assertiva incorreta, pois, nos termos do art. 891 da CLT, as prestações sucessivas por tempo determinado (e não indeterminado), a execução pelo não pagamento de uma prestação compreenderá as que lhe sucederem; **E:** assertiva incorreta, pois, nos termos do art. 892 da CLT, a execução compreenderá inicialmente as prestações devidas até a data do ingresso na execução e, posteriormente, a demais. HC/LF
„Gabarito "B".

(Analista – TRT/9 – 2012 – FCC) A fase de execução no processo trabalhista possui regramentos próprios e típicos, conforme previsões contidas na Consolidação das Leis do Trabalho, sendo correto afirmar sobre essa fase que

(A) a matéria de defesa nos embargos do executado será restrita às alegações de cumprimento da decisão ou do acordo, quitação ou prescrição da dívida, não cabendo produção de prova testemunhal.

(B) requerida a execução, o Juiz mandará expedir mandado de citação do executado para que faça o pagamento em 15 (quinze) dias ou garanta a execução, sob pena de penhora.

(C) o executado que não pagar a importância reclamada poderá nomear bens à penhora, não havendo qualquer ordem preferencial a ser observada.

(D) garantida a execução ou penhorados os bens, terá a empresa executada 5 (cinco) dias para apresentar embargos, cabendo igual prazo ao exequente para impugnação.

(E) serão julgados em sentenças distintas os embargos e as impugnações à liquidação apresentadas pelos credores trabalhista e previdenciário, para possibilitar recursos parciais.

A: assertiva incorreta, pois é permitida a prova testemunhal. Veja art. 884, § 2°, e art. 886, ambos da CLT; **B:** assertiva incorreta, pois o pagamento deverá ser feito no prazo de 48 horas, nos termos do art. 880 da CLT; **C:** assertiva incorreta, pois deverá ser observada a ordem preferencial estabelecida no art. 835 CPC/2015, em conformidade com o art. 882 da CLT; **D:** assertiva correta, pois reflete o disposto no art. 884 da CLT; **E:** assertiva incorreta, pois, nos termos do art. 884, § 4°, da CLT, os embargos e as impugnações à liquidação serão julgados na mesma sentença. HC/LF
„Gabarito "D".

(Analista – TRT/6ª – 2012 – FCC) Em se tratando de embargos à execução e impugnação à sentença no processo do trabalho, é correto afirmar:

(A) É vedada a dilação probatória nos embargos à execução.

(B) Não é necessária a garantia do juízo ou penhora de bens para apresentação de embargos à execução.

(C) O prazo do executado para apresentar embargos à execução é de 5 (cinco) dias, cabendo igual prazo ao exequente para impugnação.

(D) A matéria da defesa dos embargos é ampla, podendo rediscutir as bases do título executivo judicial.

A: assertiva incorreta, tendo em vista que, se na defesa tiverem sido arroladas testemunhas, poderá o Juiz ou o Presidente do Tribunal, caso julgue necessários seus depoimentos, marcar audiência para a produção das provas (art. 884, § 2º, da CLT); **B:** assertiva incorreta, pois é o oposto, sendo necessária a garantia do juízo ou a penhora de bens (art. 884, *caput*, da CLT); **C:** assertiva correta (art. 884, *caput*, da CLT); **D:** assertiva incorreta, pois a matéria de defesa é restrita às alegações de cumprimento da decisão ou do acordo, quitação ou prescrição da dívida (art. 884, § 1º, da CLT). HC/LF

Gabarito "C".

(Analista – TRT/6ª – 2012 – FCC – adaptada) A empresa Alfa, executada em ação trabalhista, foi citada "para pagar o débito ou garantir a execução, sob pena de penhora". Nesta situação, em relação à nomeação de bens à penhora, deve-se observar

(A) a ordem preferencial estabelecida no art. 835 do Código Processual Civil.

(B) as disposições contidas na legislação do Imposto de Renda.

(C) o interesse ou conveniência do executado.

(D) a preferência por bens imóveis sobre os demais.

(E) que indicação do exequente, independente de ordem preferencial.

Nos termos do art. 882 da CLT o executado que não pagar a importância reclamada poderá garantir a execução mediante depósito da quantia correspondente, atualizada e acrescida das despesas processuais, apresentação de seguro-garantia judicial ou nomeação de bens à penhora, observada a ordem preferencial estabelecida no art. 835 do CPC/2015. HC/LF

Gabarito "A".

(Analista – TRT/14ª – 2011 – FCC) Bruna ajuizou reclamação trabalhista em face de sua empregadora doméstica, Vanessa. A reclamação foi julgada procedente e Vanessa condenada a pagar a Bruna a quantia de R$ 15.000,00. Na fase de execução de sentença, Vanessa pretende nomear bens a penhora, tendo em vista que está sem recursos financeiros no momento para saldar a dívida. Considerando que Vanessa é proprietária de um terreno; de um veículo; de pedras e metais preciosos; de títulos da dívida pública da União e de sete geladeiras, de acordo com a ordem de preferência estabelecida na legislação processual, dentre os bens de Vanessa, obedecendo a ordem legal, ela deverá nomear

(A) o veículo.

(B) os títulos da dívida pública da União.

(C) as pedras e metais preciosos.

(D) as geladeiras.

(E) o terreno.

Art. 882 da CLT c/c art. 835, II, CPC/2015. HC/LF

Gabarito "B".

(Analista – TRT/14ª – 2011 – FCC) Da decisão que aprecia os embargos à execução caberá

(A) agravo de petição, não havendo pagamento de custas para a sua interposição.

(B) agravo de petição, devendo o agravante efetuar o prévio recolhimento das custas processuais conforme tabela do Tribunal Superior do Trabalho publicada no Diário Oficial da União, sob pena de deserção do recurso.

(C) agravo de petição, devendo o agravante efetuar o prévio recolhimento das custas processuais conforme previsto no Regimento Interno do Tribunal Regional do Trabalho competente, sob pena de deserção do recurso.

(D) agravo de instrumento, não havendo pagamento de custas para a sua interposição.

(E) embargos, devendo o agravante efetuar o prévio recolhimento das custas processuais conforme tabela do Tribunal Superior do Trabalho publicada no Diário Oficial da União, sob pena de deserção do recurso.

Art. 897, *a*, da CLT, sendo que as custas na execução são pagas apenas ao final (art. 789-A da CLT). HC/LF

Gabarito "A".

(Analista – TRT/20ª – 2011 – FCC) Considere:

I. O seguro de vida.

II. Bens móveis necessários ou úteis ao exercício de qualquer profissão.

III. 20 salários mínimos depositados em caderneta de poupança.

IV. Aparelho de ar-condicionado e aparelhos eletroeletrônicos sofisticados.

Em regra, são absolutamente impenhoráveis os bens indicados APENAS em

(A) I e II.

(B) II e III.

(C) I, II e III.

(D) II e IV.

(E) II, III e IV.

I: assertiva correta (art. 833, VI, CPC/2015); **II:** assertiva correta (art. 833, V, CPC/2015); **III:** assertiva correta (art. 833, X, CPC/2015); **IV:** assertiva incorreta (art. 833, II, CPC/2015). HC/LF

Gabarito "C".

(Analista – TRT/20ª – 2011 – FCC) Flávia arrematou um veículo modelo X, ano 2007, placa Y em hasta pública decorrente de execução de reclamação trabalhista da empresa XYZ. O veículo foi arrematado por R$ 10.000,00. De acordo com a Consolidação das Leis do Trabalho, Flávia deverá garantir um sinal de

(A) R$ 2.000,00 e depositar o restante em 24 horas.

(B) R$ 2.000,00 e depositar o restante em 48 horas.

(C) R$ 5.000,00 e depositar o restante em 24 horas.

(D) R$ 5.000,00 e depositar o restante em 48 horas.

(E) R$ 1.000,00 e depositar o restante em 24 horas.

Art. 888, §§ 2º e 4º, da CLT. HC/LF

Gabarito "A".

(FGV – 2015) No bojo de uma execução trabalhista, a sociedade empresária executada apresentou uma exceção de pré-executividade, alegando não ter sido citada para a fase de conhecimento. Em razão disso, requereu a nulidade de todo o processo, desde a citação inicial. O juiz conferiu vista à parte contrária para manifestação e, em seguida, determinou a conclusão dos autos. Após analisar as razões da parte e as provas produzidas, convenceu-se de que a alegação da sociedade empresária era correta e, assim, anulou todo o feito desde o início. Diante desse quadro, assinale a afirmativa correta.

(A) Contra essa decisão caberá agravo de petição.
(B) Trata-se de decisão interlocutória e, portanto, não passível de recurso imediato.
(C) Caberá a interposição de recurso ordinário.
(D) Caberá a interposição de agravo de instrumento.

A: correta, pois nos termos do art. 897, *a*, da CLT agravo de petição é o recurso cabível contra as decisões do juiz da fase de execução. **B:** incorreta, pois não se trata de decisão interlocutória, mas sim uma sentença, cujo conceito está disposto no art. 203, § 1°, do CPC/2015 **C:** incorreta, pois não é cabível o recurso ordinário, recurso cabível de decisões terminativas ou definitivas da vara do Trabalho, no processo de conhecimento, art. 895 da CLT. **D:** incorreta pois o agravo de instrumento é o recurso cabível contra as decisões que não admitirem recurso, nos termos do art. 897, *b*, da CLT. HC

Gabarito "A".

(FGV – 2015) A sociedade empresária Beta S.A. teve a falência decretada durante a tramitação de uma reclamação trabalhista, fato devidamente informado ao juízo. Depois de julgado procedente em parte o pedido de diferenças de horas extras e de parcelas rescisórias, nenhuma das partes recorreu da sentença, que transitou em julgado dessa forma. Teve, então, início a execução, com a apresentação dos cálculos pelo autor e posterior homologação pelo juiz. Diante da situação, assinale a afirmativa correta.

(A) Há equívoco, pois, a partir da decretação da falência, a ação trabalhista passa a ser da competência do juízo falimentar, que deve proferir a sentença.
(B) O pagamento do valor homologado deverá ser feito no juízo da falência, que é universal.
(C) A execução será feita diretamente na Justiça do Trabalho, porque o título executivo foi criado pelo Juiz do Trabalho.
(D) Essa é a única hipótese de competência concorrente, ou seja, poderá ser executado tanto na Justiça do Trabalho quanto na Justiça comum.

A: incorreta, pois o processo em face da massa falida tramitará na Justiça do Trabalho até a fixação do crédito do reclamante em definitivo (julgamento final da liquidação de sentença). Após deverá ser expedida certidão para habilitação no juízo falimentar. **B:** correta, pois reflete o entendimento disposto no art. 6°, § 2°, da Lei 11.101/2005. **C:** incorreta, pois em razão do disposto no art. 6°, § 2°, da Lei 11.101/2005 a execução não poderá ser efetivada a Justiça do Trabalho, mas sim perante o juízo universal da falência. **D:** incorreta, pois como estudamos não se trata de competência concorrente, devendo a parte interessada requerer a execução no juízo falimentar universal. HC

Gabarito "B".

11. EMBARGOS DE TERCEIRO

(Analista – TRT/8ª – 2010 – FCC) Gabriela adquiriu uma fazenda na Cidade do Sol através de instrumento particular de compra e venda. Após alguns dias descobriu que a fazenda adquirida havia sido arrematada em leilão judicial em razão de dívida trabalhista do ex-proprietário. Neste caso, Gabriela

(A) não poderá interpor Embargos de Terceiros, tendo em vista que o bem já foi arrematado em leilão.
(B) poderá interpor Embargos de Terceiros até cinco dias depois da arrematação, mas sempre antes da assinatura da respectiva carta.
(C) poderá interpor Embargos de Terceiros até dez dias depois da arrematação, mas sempre antes da assinatura da respectiva carta.
(D) poderá interpor Embargos de Terceiros até cinco dias depois da arrematação, independentemente da assinatura da respectiva carta.
(E) poderá interpor Embargos de Terceiros até dez dias depois da arrematação, independentemente da assinatura da respectiva carta.

Art. 675 CPC/2015. HC/LF

Gabarito "B".

12. COISA JULGADA E AÇÃO RESCISÓRIA

(Analista – TRT/15 – FCC – 2018) O TST adota diversos entendimentos pacificados sobre a ação rescisória no processo do trabalho, entre os quais,

(A) é cabível pedido formulado em ação rescisória por violação literal de lei, ainda que a decisão rescindenda esteja baseada em texto legal infraconstitucional de interpretação controvertida nos Tribunais.
(B) havendo recurso parcial no processo principal, o trânsito em julgado dá-se em momentos e em tribunais diferentes, contando-se o prazo decadencial para a ação rescisória do trânsito em julgado de cada decisão, salvo se o recurso tratar de preliminar ou prejudicial que possa tornar insubsistente a decisão recorrida, hipótese em que flui a decadência a partir do trânsito em julgado da decisão que julgar o recurso parcial.
(C) o prazo de decadência, na ação rescisória, tem início e é contado do dia em que se verifica trânsito em julgado da última decisão proferida na causa, seja de mérito ou não.
(D) para efeito de ação rescisória, não se considera pronunciada explicitamente a matéria tratada na sentença quando, examinando remessa de ofício, o Tribunal simplesmente a confirma.
(E) a não apresentação de contestação na ação rescisória produz revelia, com o consequente efeito de confissão.

A: incorreta, pois nos termos da súmula 83, I, do TST não procede pedido formulado na ação rescisória por violação literal de lei se a decisão rescindenda estiver baseada em texto legal infraconstitucional de interpretação controvertida nos Tribunais. **B:** correta, pois reflete a disposição da súmula 100, II, do TST. **C:** incorreta, pois nos termos da súmula 100, I, do TST o prazo de decadência, na ação rescisória, conta-se do dia imediatamente subsequente ao trânsito em julgado da última decisão proferida na causa, seja de mérito ou não. **D:** incorreta, pois nos termos da súmula 298, III, do TST para efeito de ação rescisória, considera-se pronunciada explicitamente a matéria tratada na sentença quando, examinando remessa de ofício, o Tribunal simplesmente a confirma. **E:** incorreta, pois nos termos da súmula 398 do TST na ação rescisória, o que se ataca é a decisão, ato oficial do Estado, acobertado pelo manto da coisa julgada. Assim, e considerando que a coisa julgada envolve questão de ordem pública, a revelia não produz confissão na ação rescisória. HC

Gabarito "B".

(Analista Judiciário – TRT/11 – FCC – 2017) No tocante à Ação Rescisória, considere:

I. Havendo recurso ordinário em sede de rescisória, o depósito recursal só é exigível quando for julgado procedente o pedido e imposta condenação em pecúnia, devendo este ser efetuado no prazo recursal, no limite e nos termos da legislação vigente, sob pena de deserção.

II. Não procede pedido formulado na ação rescisória por violação literal de lei se a decisão rescindenda estiver baseada em texto legal infraconstitucional de interpretação controvertida nos Tribunais.

III. O marco divisor quanto a ser, ou não, controvertida, nos Tribunais, a interpretação dos dispositivos legais citados na ação rescisória é a data da inclusão, na Orientação Jurisprudencial do TST, da matéria discutida.

IV. É absoluta a exigência de pronunciamento explícito na ação rescisória, ainda que esta tenha por fundamento violação de dispositivo de lei. Assim, não é prescindível o pronunciamento explícito quando o vício nasce no próprio julgamento, como se dá com a sentença "extra, cita e ultra petita".

De acordo com o entendimento Sumulado do TST, está correto o que se afirma APENAS em

(A) II e III.
(B) I, II e IV.
(C) I, III e IV.
(D) I e II.
(E) I, II e III.

I: correta. A súmula 99 do TST ensina que havendo recurso ordinário em sede de rescisória, o depósito recursal só é exigível quando for julgado procedente o pedido e imposta condenação em pecúnia, devendo este ser efetuado no prazo recursal, no limite e nos termos da legislação vigente, sob pena de deserção. II: correta. A súmula 83, I, do TST determina que não procede pedido formulado na ação rescisória por violação literal de lei se a decisão rescindenda estiver baseada em texto legal infraconstitucional de interpretação controvertida nos Tribunais. III: correta. O item II da súmula 83 do TST determina que o marco divisor quanto a ser, ou não, controvertida, nos Tribunais, a interpretação dos dispositivos legais citados na ação rescisória é a data da inclusão, na Orientação Jurisprudencial do TST, da matéria discutida. IV: incorreta. A súmula 298, V, do TST determina que não é absoluta a exigência de pronunciamento explícito na ação rescisória, ainda que esta tenha por fundamento violação de dispositivo de lei. Assim, prescindível o pronunciamento explícito quando o vício nasce no próprio julgamento, como se dá com a sentença "extra, citra e ultra petita". Gabarito "E".

13. INQUÉRITO PARA APURAÇÃO DE FALTA GRAVE

(Analista – TRT1 – 2018 – AOCP) Fernando, funcionário da montadora de veículos WMW S/A, é dirigente sindical e incorreu em falta grave. A empregadora, prontamente, suspendeu o empregado, deixando de pagar-lhe salários a partir daí. Pretende a empregadora demitir Fernando. Em relação ao regramento aplicável à espécie para dispensa do empregado, assinale a alternativa correta.

(A) A empresa WMW S/A deverá proceder à instauração de inquérito para apuração da falta para dispensa do empregado perante a Justiça do Trabalho, apresentando reclamação escrita perante a Vara do Trabalho ou Juízo de Direito no prazo prescricional de 2 anos.

(B) A empresa WMW S/A deverá proceder à instauração de inquérito para apuração da falta para dispensa do empregado perante a Justiça do Trabalho, apresentando reclamação escrita perante a Vara do Trabalho ou Juízo de Direito dentro de 30 dias contados da data da suspensão do empregado, podendo ouvir, para provar os fatos alegados, até 6 testemunhas.

(C) Ainda que reconhecida a estabilidade do empregado, se provado o cometimento da falta grave e julgado procedente o inquérito, este não terá direito ao pagamento dos salários não pagos até a data de instalação do inquérito.

(D) A empresa WMW S/A deverá proceder à instauração de inquérito para apuração da falta para dispensa do empregado perante a Justiça do Trabalho, apresentando reclamação escrita perante a Vara do Trabalho ou Juízo de Direito dentro de 15 dias contados da data da suspensão do empregado, podendo ouvir, para provar os fatos alegados, até 6 testemunhas.

(E) A empresa deverá apresentar reclamação escrita perante a Vara do Trabalho ou Juízo de Direito dentro de 30 dias contados da data da suspensão do empregado, podendo ouvir, para provar os fatos alegados, até 3 testemunhas.

Nos termos do art. 853 da CLT para a instauração do inquérito para apuração de falta grave contra empregado garantido com estabilidade, o empregador apresentará reclamação por escrito a Vara do Trabalho ou Juízo de Direito (na hipótese do art. 112 da CF), dentro de 30 (trinta) dias, contados da data da suspensão do empregado. Nesse procedimento, o art. 821 da CLT determina que cada uma das partes não poderá indicar mais de 6 (seis) testemunhas. Gabarito "B".

(Analista – TRT/24ª – 2011 – FCC) João, representante suplente dos empregados, membro de Comissão de Conciliação Prévia, foi suspenso por cinco dias em razão da prática de falta grave passível de demissão por justa causa. Neste caso, seu empregador

(A) poderá dispensar João após o término da pena de suspensão aplicada, tendo em vista que o membro suplente de Comissão de Conciliação Prévia não possui estabilidade

(B) poderá dispensar João imediatamente, tendo em vista que o membro suplente de Comissão de Conciliação Prévia não possui estabilidade.

(C) deverá ajuizar reclamação escrita ou verbal a fim de instaurar inquérito para apuração de falta grave perante uma das Varas do Trabalho, dentro de quinze dias, contados da data da suspensão de João.

(D) deverá ajuizar reclamação escrita a fim de instaurar inquérito para apuração de falta grave perante uma das Varas do Trabalho, dentro de trinta dias, contados da data da suspensão de João.

(E) deverá ajuizar reclamação escrita a fim de instaurar inquérito para apuração de falta grave perante o Tribunal Regional do Trabalho competente, dentro de sessenta dias, contados da data da suspensão de João.

Art. 853 da CLT. Cumpre mencionar, contudo, que não é pacífica, na doutrina, como Mauro Schiavi, Manual de Direito Processual do Traba-

lho, 2ª ed. – são Paulo: LTr, 2009, pág. 951 a exigibilidade do inquérito judicial para a despedida de membro de Comissão de Conciliação Prévia. Por outro lado, é pacífica a obrigatoriedade do inquérito (instrumento que surgiu como condicionante à despedida do trabalhador beneficiado pela estabilidade decenal) para a dispensa do dirigente sindical estável (Súmula 379 do TST: "O dirigente sindical somente poderá ser dispensado por falta grave mediante a apuração em inquérito judicial, inteligência dos arts. 494 e 543, § 3º, da CLT"). HC/LF
Gabarito "D".

14. MANDADO DE SEGURANÇA

(Analista – TRT/20ª – 2011 – FCC) Considere as seguintes assertivas a respeito do mandado de segurança:

I. O *jus postulandi* das partes, estabelecido na CLT, alcança o mandado de segurança de competência do Tribunal Superior do Trabalho.
II. No caso de tutela antecipada concedida antes da sentença, caberá a impetração do mandado de segurança, em face da inexistência de recurso próprio.
III. Em regra, a antecipação da tutela concedida na sentença comporta impugnação pela via do mandado de segurança.

De acordo com o entendimento Sumulado do Tribunal Superior do Trabalho está correto o que se afirma APENAS em

(A) I e II.
(B) I e III.
(C) II.
(D) II e III.
(E) III.

I: assertiva incorreta (Súmula 425 do TST: "O jus postulandi das partes, estabelecido no art. 791 da CLT, limita-se às Varas do Trabalho e aos Tribunais Regionais do Trabalho, não alcançando a ação rescisória, a ação cautelar, o mandado de segurança e os recursos de competência do Tribunal Superior do Trabalho"); II: assertiva correta (Súmula 414, II, do TST: "II – No caso da tutela antecipada (ou liminar) ser concedida antes da sentença, cabe a impetração do mandado de segurança, em face da inexistência de recurso próprio"); III: assertiva incorreta (Súmula 414, I, do TST: "I – A antecipação da tutela concedida na sentença não comporta impugnação pela via do mandado de segurança, por ser impugnável mediante recurso ordinário. A ação cautelar é o meio próprio para se obter efeito suspensivo a recurso"). HC/LF
Gabarito "C".

(Analista – TRT/24ª – 2011 – FCC) Considere as seguintes assertivas a respeito do Mandado de Segurança:

I. Não há direito líquido e certo à execução definitiva na pendência de Recurso Extraordinário, ou de Agravo de Instrumento visando a destrancá-lo.
II. Ajuizados Embargos de Terceiro para pleitear a desconstituição da penhora, é incabível a interposição de mandado de segurança com a mesma finalidade.
III. Constitui direito líquido e certo passível de ser tutelado através de Mandado de Segurança a negativa do juiz em homologar acordo entre as partes litigantes.
IV. É incabível a impetração de mandado de segurança contra ato judicial que, de ofício, arbitrou novo valor à causa, acarretando a majoração das custas processuais.

Está correto o que consta APENAS em

(A) III e IV.
(B) I e II.
(C) I, II e IV.
(D) I, II e III.
(E) II, III e IV.

I: assertiva correta (OJ 56 da SDI-2 do TST: "Não há direito líquido e certo à execução definitiva na pendência de recurso extraordinário, ou de agravo de instrumento visando a destrancá-lo"); II: assertiva correta (OJ 54 da SDI-2 do TST: " Ajuizados embargos de terceiro (art. 674 CPC/2015) para pleitear a desconstituição da penhora, é incabível a interposição de mandado de segurança com a mesma finalidade"); III: assertiva incorreta (Súmula 418 do TST: "A homologação de acordo constitui faculdade do juiz, inexistindo direito líquido e certo tutelável pela via do mandado de segurança."); IV: assertiva correta (OJ 88 da SDI-2 do TST: "Incabível a impetração de mandado de segurança contra ato judicial que, de ofício, arbitrou novo valor à causa, acarretando a majoração das custas processuais, uma vez que cabia à parte, após recolher as custas, calculadas com base no valor dado à causa na inicial, interpor recurso ordinário e, posteriormente, agravo de instrumento no caso de o recurso ser considerado deserto"). HC/LF
Gabarito "C".

15. DEMANDAS COLETIVAS (DISSÍDIO COLETIVO, AÇÃO CIVIL PÚBLICA, AÇÃO DE CUMPRIMENTO)

(Analista – TRT/18 – 2023 – FCC) Considere as assertivas abaixo a respeito da Ação Civil Pública:

I. A ação civil pública será distribuída no foro do local onde ocorrer o dano, cujo juízo terá competência funcional para processar e julgar a causa.
II. O Ministério Público, se não intervier no processo como parte, não atuará como fiscal da lei.
III. O único requisito para uma associação ser legitimada para propor ação civil pública é estar constituída há pelo menos 1 ano.
IV. Para instruir a inicial, o interessado poderá requerer às autoridades competentes as certidões e informações que julgar necessárias, a serem fornecidas no prazo de 15 dias.
V. A ação civil pública poderá ter por objeto a condenação em dinheiro ou o cumprimento de obrigação de fazer ou não fazer.

Com base na legislação federal que rege a matéria, está correto o que se afirma APENAS em

(A) II, III e V.
(B) I, IV e V.
(C) I, II e IV.
(D) II, III e IV.
(E) I, III e V.

I: correta, pois reflete a disposição do art. 2º da Lei 7.347/85; II: incorreta, pois nos termos do art. 5º, § 1º, da Lei 7.347/85 o Ministério Público, se não intervier no processo como parte, atuará obrigatoriamente como fiscal da lei. III: incorreta, pois nos termos do art. 5º, V, da Lei 7.347/85 a associação terá legitimidade desde que, concomitantemente: a) esteja constituída há pelo menos 1 (um) ano nos termos da lei civil e b) inclua, entre suas finalidades institucionais, a proteção ao patrimônio público e social, ao meio ambiente, ao consumidor, à ordem econômica, à livre concorrência, aos direitos de grupos raciais, étnicos ou religiosos ou ao patrimônio artístico, estético, histórico, turístico e paisagístico. **IV: correta**, pois reflete a disposição do art. 8º, da Lei 7.347/85; **V: correta**, pois reflete a disposição do art. 3º da Lei 7.347/85. HC
Gabarito "B".

(Analista – TRT/23ª – 2011 – FCC) Segundo a Consolidação das Leis do Trabalho, a decisão sobre novas condições de trabalho poderá também ser estendida a todos os empregados da mesma categoria profissional compreendida na jurisdição do Tribunal por solicitação, dentre outros, de

(A) 1 ou mais empregadores.
(B) no mínimo dois sindicatos de empregados.
(C) no mínimo três sindicatos de empregadores.
(D) no mínimo dez empregadores.
(E) no mínimo cinco sindicatos de empregadores.

Art. 869 da CLT.
Gabarito "A".

16. RECURSOS

(Analista – TRT/18 – 2023 – FCC) O Tribunal Regional do Trabalho julgou improcedente um dissídio coletivo de greve, condenando o Sindicato autor a uma multa de R$ 100.000,00 por dia em caso de não restabelecimento das atividades consideradas essenciais. O autor pretende recorrer da decisão. Nessa hipótese, poderá interpor

(A) recurso ordinário ao Tribunal Superior do Trabalho no prazo de 8 dias.
(B) recurso de revista ao Tribunal Superior do Trabalho no prazo de 10 dias.
(C) agravo de petição ao Tribunal Superior do Trabalho no prazo de 8 dias.
(D) recurso ordinário ao Tribunal Superior do Trabalho no prazo de 10 dias.
(E) recurso de revista ao Tribunal Superior do Trabalho no prazo de 8 dias.

Por se tratar de uma ação de competência originária do TRT, nos termos do art. 895, II, da CLT será cabível recurso ordinário.
Gabarito "A".

(Analista – TRT/15 – FCC – 2018) Considerando as disposições previstas pela CLT sobre o incidente de julgamento dos recursos de revista repetitivos,

(A) a decisão firmada em julgamento de recursos repetitivos poderá ser revista quando se alterar a situação econômica, social, jurídica ou política, caso em que será respeitada a segurança jurídica das relações firmadas sob a égide da decisão anterior, bem como a coisa julgada.
(B) nos casos em que se demonstrar que a situação de fato ou de direito é distinta daquelas presentes no processo julgado sob o rito dos recursos repetitivos, a decisão firmada em recurso repetitivo não será aplicada.
(C) o Presidente do TST oficiará os Presidentes dos TRTs para que suspendam os recursos interpostos em casos semelhantes aos afetados como recursos repetitivos, até o pronunciamento final e definitivo do STF.
(D) a competência para julgar o incidente de julgamento de recursos de revista repetitivos originado de questão afetada pelo Presidente do TST é do Tribunal Pleno.
(E) após a publicação do acórdão do TST que julgar o incidente de recursos de revista repetitivos, os recursos de revista sobrestados na origem cujos acórdãos recorridos coincidirem com a orientação a respeito no TST serão extintos sem julgamento do mérito.

A: incorreta, pois nos termos do art. 896-C, § 17, da CLT caberá revisão da decisão firmada em julgamento de recursos repetitivos quando se alterar a situação econômica, social ou jurídica, caso em que será respeitada a segurança jurídica (apenas) das relações firmadas sob a égide da decisão anterior, podendo o TST modular os efeitos da decisão que a tenha alterado. B: correta, pois reflete a disposição do art. 896-C, § 16, da CLT. C: incorreta, pois nos termos do art. 896-C, § 15, da CLT a expedição de ofícios é uma faculdade do Presidente do TST. D: incorreta, pois nos termos do art. 896-C da CLT a competência será da Seção Especializada em Dissídios Individuais ou ao Tribunal Pleno. E: incorreta, pois nos termos do art. 896-C, § 11, inciso I, da CLT terão seguimento denegado.
Gabarito "B".

(Analista – TRT/15 – FCC – 2018) De acordo com a Instrução Normativa n. 40/2016, do TST, que dispõe sobre o cabimento de agravo de instrumento em caso de admissibilidade parcial de recurso de revista no Tribunal Regional do Trabalho,

(A) admitido apenas parcialmente o recurso de revista, constitui ônus da parte impugnar, mediante agravo de instrumento, a integralidade da decisão denegatória, sob pena de preclusão.
(B) se houver omissão no juízo de admissibilidade do recurso de revista quanto a um ou mais temas, é ônus da parte, para fins de prequestionamento necessário, interpor embargos de declaração para o órgão prolator da decisão embargada supri-la, sob pena de preclusão.
(C) incorre em nulidade a decisão regional que se abstiver de exercer controle de admissibilidade sobre qualquer tema objeto de recurso de revista, não obstante interpostos embargos de declaração, por cerceamento de defesa.
(D) faculta-se ao Ministro Relator, por decisão irrecorrível, determinar a restituição do agravo de instrumento ao Presidente do TRT de origem para que complemente o juízo de admissibilidade, desde que interpostos embargos de declaração.
(E) a recusa do Presidente do TRT a emitir juízo de admissibilidade sobre qualquer tema do recurso de revista é atacável pela via do mandado de segurança.

A: incorreto, pois nos termos do art. 1º, caput, da IN 40/2016 do TST apenas o capítulo denegatório da decisão, deve ser impugnado sob pena de preclusão. B: incorreta, pois nos termos do art. 1º, § 1º, da IN 40/2016 do TST se houver omissão no juízo de admissibilidade do recurso de revista quanto a um ou mais temas, é ônus da parte interpor embargos de declaração para o órgão prolator da decisão embargada supri-la (CPC, art. 1.024, § 2º), sob pena de preclusão (sem fim de prequestionamento) C: incorreta, pois nos termos do art. 1º, § 2º, da IN 40/2016 do TST incorre em nulidade a decisão regional que se abstiver de exercer controle de admissibilidade sobre qualquer tema objeto de recurso de revista, não obstante interpostos embargos de declaração (CF/88, art. 93, inciso IX e § 1º do art. 489 do CPC de 2015) (não por cerceamento de defesa). D: correta, pois reflete a disposição do § 4º do art. 1º da IN 40/2016 do TST. E: incorreta, pois não é atacável via mandado de segurança, mas sim agravo de instrumento, art. 1º, § 3º, da IN 40/2016 do TST.
Gabarito "D".

(Analista – TRT1 – 2018 – AOCP) Relativamente aos recursos na esfera trabalhista, assinale a alternativa INCORRETA.

(A) O efeito devolutivo em profundidade do recurso ordinário, que se extrai do § 1º do art. 1.013 do CPC de 2015 (art. 515, § 1º, do CPC de 1973), implica em transferir ao Tribunal a apreciação dos fundamentos, da inicial ou da defesa, não examinados pela sentença, ainda que não renovados em contrarrazões, desde que relativos ao capítulo impugnado.

(B) Cabe recurso ordinário para a instância superior, no prazo de 8 dias, nos dissídios individuais e coletivos, das decisões definitivas ou terminativas dos Tribunais Regionais, em processos de sua competência originária.

(C) No que diz respeito ao efeito devolutivo em profundidade do recurso ordinário, se a causa estiver madura, cabe ao tribunal, ao julgar o recurso ordinário, decidir desde logo o mérito da causa, nos termos do § 3° do art. 1.013 do CPC de 2015, inclusive quando constatar a omissão da sentença no exame de um dos pedidos.

(D) Será admitido recurso de revista, nas causas sujeitas ao procedimento sumaríssimo, nas seguintes hipóteses, apenas: contrariedade à súmula de jurisprudência uniforme do Tribunal Superior do Trabalho ou à súmula vinculante do Supremo Tribunal Federal e por violação direta da Constituição Federal.

(E) Cabe recurso ordinário para a instância superior, no prazo de 8 dias, nos dissídios coletivos, das decisões definitivas ou terminativas dos Tribunais Regionais, em processos de sua competência originária.

A: correto, pois reflete a disposição da súmula 393, I, do TST. B: correto, pois reflete a disposição do art. 895, II, da CLT. C: correto, pois reflete a disposição da súmula 393, II, do TST. D: correto, pois reflete a disposição do art. 896, § 9°, da CLT. E: incorreto, pois nos termos do art. 895, II, da CLT tanto nos dissídios coletivos como nos dissídios individuais caberá a interposição do recurso ordinário das decisões definitivas ou terminativas dos Tribunais Regionais, em processos de sua competência originária. HC
Gabarito "E".

(Analista Judiciário – TRT/24 – FCC – 2017) Adonis ingressou com reclamação trabalhista no Município de Campo Grande, sendo distribuída para a 2ª Vara do Trabalho. Na audiência UNA a reclamada apresentou exceção de incompetência em razão do lugar, que foi acolhida com a remessa dos autos a uma das Varas do Trabalho de Cuiabá. Em relação à referida decisão,

(A) caberá agravo de instrumento.
(B) não caberá recurso, por se tratar de decisão interlocutória.
(C) caberá mandado de segurança.
(D) caberá reclamação correcional.
(E) caberá recurso ordinário.

A: opção incorreta, pois nos termos do art. 897, b, da CLT o agravo de instrumento é o recurso apto a destrancar recurso que teve seu seguimento negado. B: opção incorreta, pois embora seja uma decisão interlocutória, a decisão se classifica como decisão interlocutória terminativa de feito, o que nos termos da súmula 214, c, do TST desafia a interposição de recurso ordinário. C: opção incorreta, pois mandado de segurança será cabível para defesa de violação de direito líquido e certo da parte. Veja Lei 12.016/2009. D: opção incorreta, pois reclamação correicional disposta no art. 682, XI, segunda parte e art. 709, I, da CLT objetiva atacar atos judiciais atentatórios ao bom andamento processual. E: opção correta. A decisão que acata a exceção de incompetência territorial de Campo Grande – Mato Grosso do Sul, pertencente ao TRT da 24ª Região e remete os autos a TRT de Cuiabá – Mato Grasso, pertencente ao TRT da 23ª Região é recorrível por meio de recurso ordinário, em conformidade com o entendimento disposto na súmula 214, c, do TST. sobre o procedimento a ser adotado pela exceção de incompetência relativa, ver art. 800 e seus parágrafos, da CLT. HC
Gabarito "E".

(Analista Judiciário – TRT/11 – FCC – 2017) Em determinado processo trabalhista a ata da audiência de julgamento (art. 851, § 2°, da CLT) foi juntada ao processo após 24 horas da referida audiência. Neste caso, o prazo para recurso será contado

(A) da data da juntada aos autos da sentença.
(B) da data em que a parte receber a intimação da sentença via Diário Oficial Eletrônico.
(C) da data da audiência.
(D) da data em que a parte receber pessoalmente a intimação da sentença.
(E) após transcorridas 48 horas da data da audiência.

"C" é a opção correta. O art. 852 da CLT ensina que da decisão serão os litigantes notificados, pessoalmente, ou por seu representante, na própria audiência. HC
Gabarito "C".

(Analista Judiciário – TRT/11 – FCC – 2017) Em face da decisão X proferida pelo Tribunal Regional do Trabalho da 11ª Região, em execução de sentença nos autos da reclamação trabalhista movida por Maria contra a empresa Z Ltda, cujo pedido seria o reconhecimento de vínculo de emprego

(A) caberá Embargos de Declaração no prazo de oito dias.
(B) caberá Recurso de Revista, no prazo de oito dias, em qualquer hipótese.
(C) não caberá Recurso de Revista, salvo na hipótese de ofensa direta e literal de norma da Constituição Federal.
(D) não caberá Recurso de Revista, com exceção somente da hipótese de ofensa a súmula de jurisprudência uniforme do Tribunal Superior do Trabalho.
(E) não caberá Recurso de Revista, exceto na hipótese de ofensa a súmula vinculante do Supremo Tribunal Federal.

"C" é a opção correta. Contra a decisão proferida pelo TRT (acórdão) na fase de execução de sentença somente será admitido recurso de revista na hipótese de ofensa direta e literal de norma da Constituição Federal. HC
Gabarito "C".

(Analista Judiciário – TRT/11 – FCC – 2017) As empresas A e B foram condenadas solidariamente na reclamação trabalhista Z pretendendo ambas as empresas interpor Recurso Ordinário. A empresa A interpôs Recurso Ordinário no quinto dia do prazo recursal e depositou o valor do depósito recursal de forma integral. Neste caso, o depósito recursal

(A) efetuado pela empresa A não aproveita a empresa B, em nenhuma hipótese, uma vez que o depósito recursal possui caráter personalíssimo.
(B) efetuado pela empresa A aproveita a empresa B, exceto se aquela pleiteia sua exclusão da lide.
(C) efetuado pela empresa A aproveita a empresa B, exceto se as empresas possuírem procuradores distintos.
(D) é devido na proporção de 50% para cada empresa, sendo que o depósito integral da empresa A, não

exime a empresa B de efetuar o depósito da sua parte, podendo a empresa A requerer o levantamento da parte que depositou a maior.

(E) é devido na proporção de 50% para cada empresa, sendo que o depósito integral da empresa A, exime a empresa B de efetuar o depósito da sua parte.

"B" é a opção correta. Nos termos da súmula 128, III, do TST havendo condenação solidária de duas ou mais empresas, o depósito recursal efetuado por uma delas aproveita as demais, quando a empresa que efetuou o depósito não pleiteia sua exclusão da lide.
Gabarito "B".

(Analista Judiciário – TRT/20 – FCC – 2016) Em matéria recursal no Processo Judiciário do Trabalho, conforme normas da Consolidação das Leis do Trabalho,

(A) a interposição de recurso para o Supremo Tribunal Federal de decisão da Justiça do Trabalho que contrarie a Constituição Federal prejudicará a execução do julgado, que deverá ficar suspensa.

(B) no Tribunal Superior do Trabalho cabem embargos, no prazo de cinco dias de decisão unânime de julgamento que homologar conciliação em dissídios coletivos que excedam a competência territorial dos Tribunais Regionais do Trabalho.

(C) o Ministro Relator denegará seguimento aos embargos no Tribunal Superior do Trabalho nas hipóteses de intempestividade e deserção, não cabendo recurso de tal decisão.

(D) o agravo de instrumento interposto contra o despacho que não receber agravo de petição suspenderá a execução da sentença até o seu julgamento final, diante do princípio da segurança jurídica.

(E) quando o recurso de revista tempestivo contiver defeito formal que não se repute grave, o Tribunal Superior do Trabalho poderá desconsiderar o vício ou mandar saná-lo, julgando o mérito.

A: opção incorreta, pois o recurso extraordinário não tem efeito suspensivo. O art. 893, § 2º, da CLT ensina que A interposição de recurso para o Supremo Tribunal Federal não prejudicará a execução do julgado. B: opção incorreta, pois nos termos do art. 894 da CLT o prazo é de 8 dias. C: opção incorreta, pois nos termos do art. 894, § 4º a decisão poderá ser recorrida via agravo. D: opção incorreta, pois nos termos do art. 897, § 2º, da CLT o agravo de instrumento interposto contra o despacho que não receber agravo de petição não suspende a execução da sentença. E: opção correta, pois nos termos do art. 896, § 11, da CLT Quando o recurso tempestivo contiver defeito formal que não se repute grave, o Tribunal Superior do Trabalho poderá desconsiderar o vício ou mandar saná-lo, julgando o mérito.
Gabarito "E".

(Analista Judiciário – TRT/8ª – 2016 – CESPE) No que se refere aos recursos no processo trabalhista, aos seus respectivos prazos e ao Ministério Público do Trabalho (MPT), assinale a opção correta.

(A) O chefe do MPT deve ser nomeado pelo presidente da República entre os nomes constantes de lista tríplice encaminhada pelo Congresso Nacional.

(B) O procurador-geral do trabalho subordina-se ao chefe do MPT.

(C) Os recursos aos tribunais superiores são uniformes e devem ser interpostos no prazo de até cinco dias úteis, a contar do recebimento da intimação da parte.

(D) O agravo de instrumento, instrumento cabível para recorrer das decisões do juiz monocrático adotadas nos procedimentos de execução, deve ser interposto no prazo de até quinze dias.

(E) Em se tratando de recurso ordinário em procedimento sumaríssimo, é admissível parecer oral do representante do MPT durante a sessão de julgamento.

A: opção incorreta, pois, nos termos do art. 88 da LC 75/93, o Procurador-Geral do Trabalho será nomeado pelo Procurador-Geral da República, dentre integrantes da instituição com mais de trinta e cinco anos de idade e cinco anos na carreira, integrante de lista tríplice escolhida mediante voto plurinominal, facultativo e secreto, pelo Colégio de Procuradores para um mandato de dois anos, permitida uma recondução, observado o mesmo processo. Caso não haja número suficiente de candidatos com mais de cinco anos na carreira, poderá concorrer à lista tríplice quem contar mais de dois anos na carreira; B: opção incorreta, pois, nos termos do art. 87 da LC 75/93, o Procurador-Geral do Trabalho é o chefe do Ministério Público do Trabalho; C: opção incorreta, pois, em regra, os prazos serão de 8 dias, nos termos do art. 6º da Lei 5.584/70. São exceções à regra: embargos de declaração (5 dias), nos termos do art. 1.023 do CPC/2015; e recurso extraordinário (15 dias), nos termos do art. 1.003, § 5º, CPC/2015; D: opção incorreta, pois o agravo de instrumento será interposto contra as decisões que denegarem a interposição de recursos, feito no 1º juízo de admissibilidade (art. 897, b, CLT), devendo ser interposto no prazo de 8 dias; E: opção correta, pois nos termos do art. 895, § 1º, III, CLT, nas ações sujeitas ao procedimento sumaríssimo, o recurso ordinário terá parecer oral do representante do Ministério Público presente à sessão de julgamento, se este entender que assim é necessário, com registro na certidão.
Gabarito "E".

(Analista – TRT/3ª – 2015 – FCC) Em relação à execução provisória os recursos serão interpostos por simples petição e terão efeito meramente

(A) suspensivo, salvo as exceções previstas em lei, permitida a execução provisória até a penhora.

(B) suspensivo, salvo as exceções previstas em lei, permitida a execução definitiva.

(C) devolutivo, salvo as exceções previstas em lei, permitida a execução definitiva.

(D) meramente suspensivo, salvo as exceções previstas em lei, permitida a execução provisória até o leilão e a praça.

(E) devolutivo, salvo as exceções previstas em lei, permitida a execução provisória até a penhora.

"E" é a opção correta. De acordo com o art. 899 da CLT os recursos serão interpostos por simples petição e terão efeito meramente devolutivo, salvo as exceções previstas em lei, permitida a execução provisória até a penhora. Como exceção à regra podemos indicar a possibilidade de efeito suspensivo ao recurso ordinário interposto em dissídio coletivo, em conformidade com o art. 14 da Lei 10.192/2001. Da mesma forma, poderá ser atribuído efeito suspensivo às decisões das Turmas dos Tribunais do Trabalho no julgamento de processos coletivos, em conformidade com o art. 9º da Lei 7.701/1988. Por último, a jurisprudência admite nas hipóteses em que a execução provisória possa acarretar prejuízos irreparáveis, a propositura de ação cautelar inominada a ser distribuída perante o TRT competente, nos termos da súmula 414, I, do TST.
Gabarito "E".

(Analista – TRT/16ª – 2014 – FCC) A legitimidade para recorrer e o depósito prévio trabalhista são pressupostos recursais

(A) subjetivo e objetivo, respectivamente.

(B) objetivo e subjetivo, respectivamente.
(C) subjetivos.
(D) objetivos.
(E) objetivo e legal, respectivamente.

São pressupostos recursais intrínsecos ou subjetivos: capacidade, legitimidade e interesse. São pressupostos recursais extrínsecos ou objetivos: recorribilidade do ato, representação, adequação, tempestividade e preparo (custas e depósito recursal). HC

Gabarito "A".

(Analista – TRT/16ª – 2014 – FCC) Considere as seguintes hipóteses:
I. O autor renunciou ao direito sobre o qual se funda a ação.
II. A petição inicial foi indeferida uma vez que inepta.
III. O reclamante não compareceu à audiência e o processo foi arquivado.
IV. O juiz acolhe alegação de litispendência.
Caberá recurso ordinário nas hipóteses

(A) III e IV, apenas.
(B) I, II e III, apenas.
(C) I, II, III e IV.
(D) I, II e IV, apenas.
(E) II e III, apenas.

I: correta, pois determina o art. 895, I da CLT que contra as sentenças terminativas (sem resolução do mérito, art. 485 CPC/2015) e definitivas (com resolução do mérito, art. 487 CPC/2015) caberá a interposição de recurso ordinário. A sentença que homologa a renúncia é uma decisão definitiva, pois extingue o processo com resolução do mérito, art. art. 487, III, c, CPC/2015, portanto impugnável via recurso ordinário, art. 895, I, CLT. II: correta, pois a sentença que indefere a petição inicial por ser inepta é uma decisão terminativa de feito, art. art. 485, I, CPC/2015, portanto impugnável via recurso ordinário, art. 895, I, CLT. III: correta, pois a sentença que determinou o arquivamento dos autos por não comparecimento do reclamante é uma decisão terminativa de feito, pois não resolve o mérito da questão, art. 485, III, CPC/2015, portanto impugnável via recurso ordinário, art. 895, I, CLT. IV: correta, pois a sentença que acolhe a litispendência é uma decisão terminativa, pois não resolve o mérito da questão, art. 485, V, CPC/2015, portanto impugnável via recurso ordinário, art. 895, I, CLT. HC

Gabarito "C".

(Analista – TRT/16ª – 2014 – FCC) Gabriel, proprietário de diversos imóveis, teve um terreno penhorado por uma dívida trabalhista da qual não é devedor e não faz ou fez parte da relação processual. Neste caso, Gabriel interpôs embargos de terceiro. Assim, considerando que os referidos embargos já se encontram em grau recursal, da decisão proferida pelo Tribunal Regional do Trabalho competente

(A) caberá recurso de revista, no prazo de 8 dias, em todas as hipóteses previstas expressamente na Consolidação das Leis do Trabalho.
(B) não caberá recurso de revista em qualquer hipótese.
(C) não caberá recurso de revista, salvo apenas na hipótese de ofensa direta e literal de norma da Constituição Federal.
(D) não caberá recurso de revista, salvo na hipótese de interpretação diversa de mesmo dispositivo de lei federal a Súmula de Jurisprudência Uniforme do Tribunal Superior do Trabalho.
(E) não caberá recurso de revista, salvo na hipótese de interpretação diversa de mesmo dispositivo de lei federal ou estadual, da que lhe houver dado outro Tribunal Regional do Trabalho.

A: incorreta, pois na fase de execução a interposição do recurso de revista está restrito às hipóteses tratadas nos § 2° do art. 896 da CLT. As hipóteses previstas nas alíneas do art. 896 não são cabíveis na fase de execução. B: incorreta, pois caberá a interposição de recurso de revista, por força do art. 896, § 2°, da CF. C: correta, pois nos termos do art. 896, § 2°, da CLT das decisões proferidas pelos Tribunais Regionais do Trabalho ou por suas Turmas, em execução de sentença, inclusive em processo incidente de embargos de terceiro, não caberá Recurso de Revista, salvo na hipótese de ofensa direta e literal de norma da Constituição Federal. D: incorreta, pois na fase de execução não caberá recurso de revista previsto na alínea *a* do art. 896 da CLT, ou seja, por divergência na interpretação de lei ou súmula do TST. A interposição do recurso de revista na fase de execução está restrita às hipóteses tratadas nos § 2° do art. 896 da CLT. E: incorreta, pois na fase de execução não caberá recurso de revista previsto na alínea *a* e *b* do art. 896 da CLT, ou seja, por interpretação diversa de mesmo dispositivo de lei federal ou estadual, da que lhe houver dado outro Tribunal Regional do Trabalho. A interposição do recurso de revista na fase de execução está restrita às hipóteses tratadas no § 2° do art. 896 da CLT. HC

Gabarito "C".

(Analista – TRT/11ª – 2012 – FCC) A empresa Tetra, durante a execução definitiva de um processo em que é parte, teve parte de seus bens penhorados. A executada interpôs embargos à execução por não concordar com os cálculos do exequente, os quais foram homologados. O juiz da execução, decidindo os embargos, deles não conheceu, em razão de considerá-los intempestivos. Dessa decisão caberá

(A) recurso de revista.
(B) recurso ordinário.
(C) embargos declaratórios.
(D) agravo de instrumento.
(E) agravo de petição.

A assertiva "E" é a opção correta, pois, nos termos do art. 897, a, da CLT, das decisões proferidas na fase de execução caberá agravo de petição. HC/LF

Gabarito "E".

(Analista – TRT/11ª – 2012 – FCC) Sobre a matéria recursal no Processo do Trabalho é correto afirmar que

(A) cabe recurso ordinário para a instância superior das decisões definitivas ou terminativas dos Tribunais Regionais, em processos de sua competência originária, no prazo de oito dias, quer nos dissídios individuais, quer nos dissídios coletivos.
(B) no Tribunal Superior do Trabalho cabem embargos, no prazo de oito dias, das decisões das Turmas que divergirem entre si, ou das decisões proferidas pela Seção de Dissídios Individuais, ainda que a decisão recorrida estiver em consonância com súmula ou orientação Jurisprudencial do Tribunal Superior do Trabalho ou do Supremo Tribunal Federal.
(C) o recurso de revista, sempre dotado de efeitos devolutivo e suspensivo, será apresentado ao Presidente do Tribunal recorrido, que poderá recebê-lo ou denegá-lo, fundamentando em qualquer caso, a decisão.

(D) das decisões proferidas pelos Tribunais Regionais do Trabalho ou por suas Turmas em execução de sentença inclusive em processo incidente de embargos de terceiro, sempre caberá recurso de revista.

(E) o agravo de instrumento interposto contra o despacho que não receber agravo de petição suspende a execução da sentença.

A: assertiva correta, pois reflete o disposto no art. 895, II, da CLT; **B:** assertiva incorreta, pois se a decisão recorrida estiver em consonância com súmula ou orientação jurisprudencial do Tribunal Superior do Trabalho ou súmula vinculante do Supremo Tribunal Federal, não caberá recurso, nos termos do art. 894, II, da CLT; **C:** assertiva incorreta, pois o recurso de revista é dotado, apenas, de efeito devolutivo, nos termos do art. 896, § 1º, da CLT; **D:** assertiva incorreta, pois na fase de execução de sentença, nos termos do art. 896, § 2º, da CLT, somente caberá recurso de revista por ofensa direta e literal de norma da Constituição Federal. Veja também o § 10 do mesmo dispositivo legal; **E:** assertiva incorreta, pois nos termos do art. 897, § 2º, da CLT o agravo de instrumento interposto contra o despacho que não receber agravo de petição não suspende a execução da sentença. HC/LF
Gabarito "A".

(Analista – TRT/1ª – 2012 – FCC) Sobre os recursos no Processo do Trabalho, conforme previsão legal é correto afirmar:

(A) O Agravo de Instrumento é o recurso cabível para questionar as decisões interlocutórias, devendo ser interposto no prazo de 8 (oito) dias.

(B) No Tribunal Superior do Trabalho cabem Embargos, no prazo de 8 (oito) dias das decisões das Turmas que divergirem entre si, ou das decisões proferidas pela Seção de Dissídios Individuais, ainda que a decisão recorrida esteja em consonância com súmula ou orientação jurisprudencial do próprio TST.

(C) Cabe Recurso Ordinário para a instância superior das decisões definitivas ou terminativas dos Tribunais Regionais, em processos de sua competência originária, no prazo de 15 (quinze) dias, quer nos dissídios individuais, quer nos dissídios coletivos.

(D) O Recurso de Revista, interposto em 10 (dez) dias, dotado dos efeitos suspensivo e devolutivo, será apresentado ao Presidente do Tribunal recorrido, que poderá recebê-lo ou denegá-lo, fundamentando, em qualquer caso, a decisão.

(E) O Agravo de Petição só será recebido quando o agravante delimitar, justificadamente, as matérias e os valores impugnados, permitida a execução imediata da parte remanescente até o final, nos próprios autos ou por carta de sentença.

A: assertiva incorreta, pois nos termos do art. 897, b, da CLT caberá o agravo de instrumento dos despachos que denegarem a interposição de recursos; **B:** assertiva incorreta, pois nos termos do art. 894, II, da CLT se decisão recorrida estiver em consonância com súmula ou orientação jurisprudencial do Tribunal Superior do Trabalho ou súmula vinculante do Supremo Tribunal Federal não caberá o recurso de embargos; **C:** assertiva incorreta, pois nos termos do art. 895, II, da CLT o prazo para a interposição do recurso ordinário das decisões definitivas ou terminativas dos Tribunais Regionais é de 8 (oito) dias; **D:** assertiva incorreta, pois o recurso de revista será recebido somente no efeito devolutivo, nos termos do art. 896, § 1º, da CLT. Ademais, o prazo para sua interposição é de 8 (oito) dias. HC/LF
Gabarito "E".

17. QUESTÕES COMBINADAS

(Analista – TRT/15 – FCC – 2018) Considerando a exigência legal de fundamentação das decisões judiciais, de acordo com as previsões da Instrução Normativa n. 39/2016 do TST, consideram-se "precedentes", para fins de fundamentação das decisões no processo do trabalho,

(A) as teses jurídicas prevalecentes no TST, fixadas a partir de decisões oriundas de recursos de pelo menos metade dos TRTs.

(B) as decisões do STF em ações diretas de constitucionalidade.

(C) os entendimentos firmados em incidentes de resolução de demandas repetitivas, mas não os adotados em incidentes de assunção de competência.

(D) as decisões do plenário, do Órgão Especial ou de seção especializada competente para uniformizar a jurisprudência do tribunal a que o juiz estiver vinculado ou do TST.

(E) as teses jurídicas prevalecentes em TRTs, desde que não conflitantes com entendimentos pacificados pelo TST através das Súmulas, não se considerando, porém, para esse fim os entendimentos adotados nas Orientações Jurisprudenciais.

Nos termos do art. 15, I, da IN 39/2016 do TST considera-se "precedente" apenas: a) acórdão proferido pelo Supremo Tribunal Federal ou pelo Tribunal Superior do Trabalho em julgamento de recursos repetitivos (CLT, art. 896-B; CPC, art. 1.046, § 4º); b) entendimento firmado em incidente de resolução de demandas repetitivas ou de assunção de competência; c) decisão do Supremo Tribunal Federal em controle concentrado de constitucionalidade; d) tese jurídica prevalecente em Tribunal Regional do Trabalho e não conflitante com súmula ou orientação jurisprudencial do Tribunal Superior do Trabalho (CLT, art. 896, § 6º); e) decisão do plenário, do órgão especial ou de seção especializada competente para uniformizar a jurisprudência do tribunal a que o juiz estiver vinculado ou do Tribunal Superior do Trabalho. O inciso II do mesmo dispositivo ensina que para os fins do art. 489, § 1º, incisos V e VI do CPC, considerar-se-ão unicamente os precedentes referidos no item anterior, súmulas do Supremo Tribunal Federal, orientação jurisprudencial e súmula do Tribunal Superior do Trabalho, súmula de Tribunal Regional do Trabalho não conflitante com súmula ou orientação jurisprudencial do TST, que contenham explícita referência aos fundamentos determinantes da decisão (*ratio decidendi*). HC
Gabarito "D".

(Analista – MPU – CESPE – 2018) Acerca de procedimentos nos dissídios individuais e coletivos e de recursos no processo trabalhista, julgue os próximos itens, à luz da CLT e da jurisprudência dos tribunais superiores.

(1) No processo trabalhista, serão devidos honorários de sucumbência ao advogado, ainda que ele tenha atuado em causa própria.

(2) O termo de conciliação realizado em audiência equivale a uma decisão judicial e, por isso, é passível de recurso.

(3) O relator do recurso de revista poderá, por decisão monocrática, denegar seguimento ao recurso com irregularidade de representação.

(4) A Procuradoria da Justiça do Trabalho tem legitimidade para recorrer de decisão que, proferida em dissídio coletivo, afete empresa de serviço público.

(5) A partir da reforma trabalhista de 2017, os empregadores domésticos e as microempresas tornaram-se isentos do pagamento de depósito recursal.

(6) Na ausência de seus representantes legais, menor de dezoito anos de idade pode ser representado pela Procuradoria da Justiça do Trabalho ou pelo Ministério Público estadual para a propositura de reclamação trabalhista.

1: correto, pois reflete a disposição do art. 791-A da CLT. **2:** incorreta, pois nos termos do art. 831, parágrafo único, da CLT no caso de conciliação, o termo que for lavrado valerá como decisão irrecorrível, salvo para a Previdência Social quanto às contribuições que lhe forem devidas. **3:** correto, pois reflete a disposição do art. 896, § 14, da CLT. **4:** correto, pois reflete a disposição do art. 898 da CLT. **5:** incorreto, pois nos termos do art. 899, § 10, da CLT são isentos do depósito recursal os beneficiários da justiça gratuita, as entidades filantrópicas e as empresas em recuperação judicial. **6:** correto, pois nos termos do art. 793 da CLT a reclamação trabalhista do menor de 18 anos será feita por seus representantes legais e, na falta destes, pela Procuradoria da Justiça do Trabalho, pelo sindicato, pelo Ministério Público estadual ou curador nomeado em juízo.

Gabarito: 1C, 2E, 3C, 4C, 5E, 6C

(Analista Judiciário – TRT/24 – FCC – 2017) A empresa Gregos e Troianos Ltda. possui nos seus quadros um empregado que exerce o cargo de dirigente sindical no sindicato que representa a categoria profissional dos empregados. Referido empregado foi surpreendido embriagado no ambiente de trabalho e a empresa o suspendeu, pretendendo dispensar o mesmo por justa causa. Nessa hipótese, a empresa deverá

(A) comunicar o sindicato da categoria no prazo de 5 dias para o mesmo instaurar inquérito para apuração dos fatos.

(B) marcar a homologação da rescisão do empregado perante o Ministério do Trabalho, o qual deverá notificar o sindicato da categoria para tomar ciência da rescisão contratual de seu dirigente.

(C) propor inquérito para apuração de falta grave perante a Vara do Trabalho competente, no prazo de 30 dias da suspensão do empregado.

(D) ajuizar inquérito civil perante o Ministério Público do Trabalho para apuração dos fatos, para que a dispensa possa ter legitimidade.

(E) ajuizar inquérito para apuração de falta grave perante o Tribunal Regional do Trabalho no prazo de 60 dias da suspensão do empregado.

"C" é a opção correta. Nos termos do art. 8º, VIII, da CF e art. 543, § 3º, da CLT o dirigente sindical possui garantia de emprego a partir do registro de sua candidatura a cargo de dirigente sindical e, se eleito, ainda como suplente, até 1 (um) ano após o fim do mandato, salvo se cometer falta grave, devidamente apurada por inquérito judicial para apuração de falta grave. Nessa linha, no prazo decadencial de 30 dias deverá o empregador ajuizar inquérito judicial para apuração de falta grave, nos termos do art. 853 da CLT, a contar da suspensão do empregado.

Gabarito "C".

(Analista Judiciário – TRT/8ª – 2016 – CESPE) Considerando o disposto na legislação trabalhista sobre embargos à execução, revelia e confissão, dissídios coletivos e competência do Tribunal Superior do Trabalho (TST), assinale a opção correta.

(A) O TST é competente para julgar originariamente os dissídios coletivos de categorias profissionais representadas por entidades de classe.

(B) A oposição de embargos à execução independe da garantia ou penhora de bens.

(C) No processo do trabalho, torna-se inexigível o título judicial declarado inconstitucional em decorrência de lei ou ato normativo.

(D) Nos casos em que o reclamado não comparecer à audiência, o processo deverá ficar suspenso até o reclamante demonstrar não haver concorrido para a ausência da parte requerida.

(E) Na audiência designada para a prolação de decisão, deverão comparecer as partes pessoalmente, não se admitindo outorga de poderes; no caso de revelia, poderá a parte presente requerer a nulidade do processo.

A: opção incorreta, pois a competência será do TRT para os dissídios coletivos de âmbito regional, ligados ao território sobre o qual o TRT possui jurisdição, nos termos do art. 678, I, a, da CLT e art. 6º da Lei 7.701/88. No entanto, serão de competência do TST os dissídios coletivos de âmbito suprarregional, ou seja, que abranjam mais de um Estado ou se forem de âmbito nacional, isto é, na hipótese de se tratar de uma categoria representativa de todo País; **B:** opção incorreta, pois, nos termos do art. 884 da CLT, é necessária a garantia do juízo para apresentação de embargos à execução. Não se aplica a regra disposta no art. 914 do CPC/2015; **C:** opção correta, pois reflete o disposto no art. 884, § 5º, CLT; **D:** opção incorreta, pois, nos termos do art. 844 da CLT, o não comparecimento do reclamado importa revelia, além de confissão quanto à matéria de fato; **E:** opção incorreta, pois, na audiência em prosseguimento de prolação de sentença, as partes não precisam estar presentes. Nesse sentido, veja Súmula 9, do TST.

Gabarito "C".

(Analista Judiciário – TRT/20 – FCC – 2016) Zeus ajuizou reclamação trabalhista em face de seu empregador que tramita pelo rito sumaríssimo, convidando verbalmente as suas testemunhas. Ocorre que, na audiência designada, as testemunhas não compareceram e não houve nenhuma comprovação sobre o convite feito às mesmas. No caso,

(A) as testemunhas deverão ser intimadas em razão do princípio da busca da verdade real, impondo-se o adiamento da audiência.

(B) a audiência prosseguirá porque somente será deferida intimação de testemunha que, comprovadamente convidada, deixar de comparecer.

(C) a audiência será adiada para outra data e as testemunhas deverão comparecer espontaneamente, sob pena de pagamento de multa, além da preclusão da prova.

(D) no rito sumaríssimo não cabe condução coercitiva de testemunhas ou adiamento de audiência por tal motivo, mas para garantir a paridade de tratamento, deverá o juiz encerrar a instrução processual sem ouvir testemunhas da reclamada.

(E) as testemunhas deverão ser conduzidas coercitivamente uma vez que não se pode tolerar o descumprimento do dever cívico de colaboração com a Justiça.

"B" é a opção correta. Nos termos do art. 852-H, § 2º, da CLT as testemunhas, até o máximo de duas para cada parte, comparecerão à audiência de instrução e julgamento independentemente de intimação. Contudo, em conformidade com o § 3º do mesmo dispositivo legal, somente será deferida intimação de testemunha que, comprovadamente convidada, deixar de comparecer. Não comparecendo a testemunha intimada, o juiz poderá determinar sua imediata condução coercitiva.

Gabarito "B".

14. DIREITO PROCESSUAL DO TRABALHO

(Analista – TRT/2ª – 2014 – FCC) Relativamente ao rito sumaríssimo é correto afirmar:

(A) Formulando o autor pedido ilíquido ou genérico, não será admitida a emenda da inicial, competindo ao magistrado extinguir liminarmente o processo sem exame do mérito.
(B) O recurso será imediatamente distribuído, uma vez recebido no Tribunal, devendo o relator liberá-lo no prazo máximo de quinze dias, e a Secretaria do Tribunal ou Turma colocá-lo, imediatamente, em pauta para julgamento, sem revisor.
(C) Será facultado às partes a oitiva de até três testemunhas, que comparecerão à audiência de instrução e julgamento independentemente de intimação.
(D) É aplicável aos dissídios individuais e coletivos, desde que o valor da causa seja igual ou inferior a 40 (quarenta) salários mínimos.
(E) É incabível para ações contra a Administração pública direta, autárquica e fundacional, bem como contra as empresas públicas e sociedades de economia mista

A: correta, pois nos termos do art. 852-B, I, da CLT no procedimento sumaríssimo é um requisito o pedido certo ou determinado com a indicação do valor correspondente, o que impede a emenda da petição inicial. Não atendido o requisito pelo autor o juiz deverá arquivar a reclamação trabalhista, art. 852-B, § 1º, da CLT. **B:** incorreta, pois nos termos do art. 895, § 1º, II, da CLT o prazo para o relator liberar o recurso é de 10 dias. **C:** incorreta, pois nos termos do art. 852-H, § 2º, da CLT o limite máximo de testemunhas é de duas por parte. **D:** incorreta, pois nos termos do art. 852-A da CLT somente dissídios individuais serão submetidos ao procedimento sumaríssimo e nunca os dissídios coletivos. **E:** incorreta, pois nos termos do art. 852-A da CLT somente estão excluídas do procedimento sumaríssimo as demandas em que é parte a Administração Pública direta, autárquica e fundacional, as sociedades de economia mista poderão figurar no procedimento sumaríssimo. Gabarito "A".

(FGV – 2015) José é empregado da sociedade empresária Bicicletas Ltda. Necessitando de dinheiro, ele vendeu seu automóvel para seu patrão, sócio da sociedade empresária. Para sua surpresa, foi dispensado imotivadamente 4 meses depois. Para garantir o pagamento de horas extras trabalhadas e não pagas, Jonas ajuizou ação trabalhista contra a sociedade empresária Bicicletas Ltda. A defesa da ré aduziu que não devia nenhuma hora extra a Jonas, pois o automóvel vendido ao sócio da ré apresentou defeito no motor, o que gerou prejuízo enorme para ele, razão pela qual tudo deveria ser compensado. Diante disso, assinale a afirmativa correta.

(A) Descabe a condenação em horas extras, dado o prejuízo causado, tendo em vista a vedação ao enriquecimento sem causa.
(B) Descabe a arguição de compensação de qualquer natureza na Justiça do Trabalho, pois contrária ao princípio de proteção ao hipossuficiente.
(C) Descabe a compensação, porque a dívida imputada a José não é trabalhista, devidas assim as horas extras na integralidade.
(D) Cabe a compensação, desde que arguida em ação própria.

A: incorreta, pois a condenação em horas extras será devida, independente do prejuízo causado ao empregador pela venda do automóvel. **B:** incorreta, pois a compensação é permitida no processo do trabalho, art. 477, § 5º, da CLT, porém para serem compensadas as dívidas devem possuir natureza trabalhista. O negócio jurídico avençado (compra e venda de automóvel) possui natureza civil, portanto não pode ser compensada em um processo trabalhista, em conformidade com a súmula 18 do TST. **C:** correta, pois a dívida imputada a José é de natureza civil, não podendo ser compensada na Justiça do Trabalho, nos termos da súmula 18 do TST. **D:** incorreta, pois a compensação, quando cabível, deve ser arguida em contestação, nos termos da Súmula 48 do TST. Gabarito "C".

(FGV – 2015) Jairo requereu adicional de periculosidade em ação trabalhista movida em face de seu empregador. A gratuidade de justiça foi deferida e o perito realizou o laudo para receber ao final da demanda, tudo nos termos e nas limitações de valores fixados pelo Conselho Superior da Justiça do Trabalho. Contudo, não foi constatada atividade em situação que ensejasse o pagamento do adicional pretendido.

Diante disso, assinale a afirmativa correta.

(A) A União fica responsável pelo pagamento dos honorários periciais.
(B) Como Jairo é beneficiário da gratuidade de justiça, está isento do pagamento de custas; logo, não poderá custear os honorários do perito, que ficam dispensados.
(C) A parte ré fica responsável pelo custeio da perícia, face à inversão do ônus da prova pela hipossuficiência do empregado.
(D) Jairo deverá custear os honorários parceladamente ou compensá-los com o que vier a receber no restante da demanda.

A: correta, pois reflete o entendimento disposto na Súmula 457 do TST que ensina que a União é responsável pelo pagamento dos honorários de perito quando a parte sucumbente no objeto da perícia for beneficiária da assistência judiciária gratuita, observado o procedimento disposto nos arts. 1º, 2º e 5º da Resolução 66/2010 do Conselho Superior da Justiça do Trabalho – CSJT. **B:** incorreta, pois os honorários periciais não serão dispensados, como vimos a responsabilidade será da União. **C:** opção incorreta, pois como a parte ré não foi sucumbente no objeto da perícia, não poderá ser responsável por seu pagamento. Veja art. 790-B da CLT. **D:** incorreta, pois a responsabilidade pelo pagamento pertence a União, nos termos da Súmula 457 do TST. Gabarito "A".

(FGV – 2015) Julgado dissídio coletivo entre uma categoria profissional e a patronal, em que foram concedidas algumas vantagens econômicas à categoria dos empregados, estas não foram cumpridas de imediato pela empresa Alfa Ltda.. Diante disso, o sindicato profissional decidiu ajuizar ação de cumprimento em face da empresa. Sobre o caso apresentado, assinale a afirmativa correta.

(A) Deverá aguardar o trânsito em julgado da decisão, para ajuizar a referida ação.
(B) Poderá ajuizar a ação, pois o trânsito em julgado da sentença normativa é dispensável.
(C) Não juntada a certidão de trânsito em julgado da sentença normativa, o feito será extinto sem resolução de mérito.
(D) Incabível a ação de cumprimento, no caso.

De acordo com o entendimento consubstanciado na súmula 246, o TST entende ser dispensável o trânsito em julgado da sentença normativa para a propositura da ação de cumprimento. Gabarito "B".

15. DIREITO TRIBUTÁRIO

Felipe Pelegrini Bertelli Passos e Robinson Barreirinhas

1. PRINCÍPIOS, COMPETÊNCIA, IMUNIDADE

(Analista Jurídico - TRF5 - FCC - 2017) A Constituição Federal, no Capítulo I de seu Título VI, estabelece as regras relativas ao Sistema Tributário Nacional. De acordo com as regras deste Capítulo,

(A) os Estados federados têm competência para instituir o ICMS, o ISS e o IPVA.
(B) parte do produto da arrecadação do ITCMD, do ITR e do IPI será entregue a outros entes federados, conforme estabelecido no texto constitucional.
(C) estão sujeitos aos princípios da anterioridade de exercícios e da anterioridade nonagesimal (noventena), o IR, o IOF e o ITBI.
(D) a competência para instituir e cobrar a contribuição de melhoria, a contribuição para o custeio do serviço de iluminação pública e a contribuição para custeio de regime de previdência próprio de seus servidores, e em benefício deles, é, apenas, dos Estados, do Distrito Federal e dos Municípios.
(E) a União tem competência para instituir contribuições sociais, de intervenção no domínio econômico e de interesse das categorias profissionais ou econômicas.

A: incorreta, pois os Estados detêm competência relativa ao ICMS, ITCMD e IPVA, mas não ao ISS, que é municipal – art. 155 da CF; B: incorreta, pois a receita do ITCMD não é distribuída, sendo apenas do Estado ou do DF que a arrecadou – arts. 157 a 159 da CF; C: incorreta, pois o IR não se sujeita à anterioridade nonagesimal, e o IOF não se sujeita à anterioridade anual ou nonagesimal – art. 150, § 1º, da CF; D: incorreta, pois a contribuição para custeio do serviço de iluminação pública é da competência exclusiva dos municípios e do DF (art. 149-A da CF) e a contribuição para custeio do regime próprio de previdência é de todos os entes federados, inclusive da União – art. 149, *caput* e § 1º, da CF; E: correta, nos termos do art. 149, *caput*, da CF. RB

Gabarito "E".

(Analista Judiciário – TRF/2 – Consulplan – 2017) A competência tributária plena diz respeito à criação de tributos, edição de normas tributárias, administração e julgamento de tributos. Com relação à competência tributária assinale a única alternativa que contempla duas assertivas corretas em que a segunda completa o sentido da primeira.

(A) A competência tributária é indelegável. Assim sendo, a execução das leis, atos ou decisões administrativas em matéria tributária não pode ser conferida por uma pessoa jurídica de direito público a outra.
(B) Os municípios têm competência tributária sujeita à lei complementar no que concerne às normas gerais de direito tributário. No que diz respeito ao interesse local, contudo, têm competência concorrente plena.
(C) A competência tributária dos Estados é limitada. Isto ocorre porque se submete aos limites da lei complementar federal e fica jungida ao poder federal quando a questão a julgar exceder o âmbito puramente regional.
(D) A competência tributária é parcela do poder de tributar conferida pela Constituição a cada ente político, para criar tributos. Desta forma, como os territórios são entes políticos, têm competência tributária para instituir impostos municipais.

A: incorreta, por conta da segunda assertiva, já que, embora a competência tributária (= competência para legislar) seja indelegável, é possível a atribuição das funções de arrecadar ou fiscalizar tributos, ou de executar leis, serviços, atos ou decisões administrativas em matéria tributária, conforme o art. 7º do CTN. Para tanto, a doutrina e a jurisprudência tributária diferenciam competência da chamada capacidade tributária ativa, sendo certo que seus atributos são contrários. A título de exemplo, a competência é indelegável, mas a capacidade tributária ativa (arrecadação e fiscalização) é delegável de um Ente Político para outra pessoa jurídica de direito público; B: incorreta, pois a competência municipal atinente aos interesses locais não é concorrente com outros entes – art. 30, I, da CF; C: correta, pois a lei complementar federal dispõe sobre conflitos de competência e regulamentação das limitações constitucionais ao poder de tributar, além de fixar normas gerais aplicáveis a todos os entes – art. 146, inciso I, da CF; D: incorreta, pois os territórios (caso venham a surgir) não detêm competência tributária – art. 147 da CF. FP

Gabarito "C".

(Analista Judiciário – TRF/2 – Consulplan – 2017) "Idealize que em um Estado qualquer da Federação foi publicado decreto governamental, pelo qual foi alterada a sistemática de recolhimento do ICMS sobre o fornecimento de energia elétrica. Passou-se do sistema de encontro de contas (crédito-débito) estabelecido por lei complementar, para um sistema de recolhimento por estimativa, com base no apurado no mês anterior, realizando-se no mês subsequente o encontro de contas e admitindo-se o creditamento, caso o saldo fosse favorável ao contribuinte." Com relação ao novo sistema de recolhimento do ICMS deste Estado, tal como registrado no decreto, é correto afirmar que:

(A) É válido, visto que não há necessidade de lei quando apenas se altera a sistemática de recolhimento do tributo.
(B) É ineficaz, até que se complete o exercício fiscal em que foi promulgado o decreto, só produzindo efeitos após este período.
(C) Afronta a Constituição, já que a criação de nova maneira de recolhimento do tributo deve ocorrer mediante lei no sentido formal e material.
(D) É inconstitucional, uma vez que a fixação de nova sistemática para recolhimento do imposto tem que ser aprovada pelo CONFAZ – Conselho Nacional de Política Fazendária.

A: incorreta, pois a sistemática da não cumulatividade é diretriz constitucional (regra contábil que possui status de princípio), a ser regulamentada por lei complementar federal – art. 155, § 2º, I e XII, c, da CF; **B:** incorreta, pois não se trata de anterioridade, já que não há majoração ou criação de tributo (que somente poderia ser feito por lei, ademais) – art. 150, III, da CF. Há que se ressaltar que decretos apenas regulamentam as leis já existentes; **C:** correta, sendo a melhor a alternativa, conforme comentário à primeira alternativa. A rigor, entretanto, o decreto fictício não criou nova maneira de recolhimento, o que seria possível, em tese, mas alterou a sistemática da não cumulatividade, isso sim inviável; **D:** incorreta, conforme comentários anteriores. FP

Gabarito "C".

(Analista Jurídico – TCE/PR – 2016 – CESPE) A Constituição Federal de 1988 (CF) atribui competência aos entes federados para instituir e criar tributos. À luz da legislação constitucional e infraconstitucional, assinale a opção correta, a respeito do instituto da competência tributária.

(A) Ao contrário da capacidade tributária ativa, a competência tributária é delegável apenas às pessoas jurídicas de direito público.

(B) A instituição do imposto sobre grandes fortunas é de competência da União, mediante lei complementar.

(C) Conforme a CF, compete aos municípios instituir imposto sobre a propriedade de veículos automotores.

(D) Cabe aos estados a instituição do imposto sobre serviços de qualquer natureza.

(E) A União pode instituir imposto extraordinário na iminência ou no caso de guerra externa, desde que o faça mediante lei complementar.

A: incorreta, pois a competência tributária, como competência legislativa (art. 6º do CTN), é sempre exclusiva e indelegável, significando que um ente político jamais poderá legislar sobre tributo da competência de outro; **B:** correta, nos termos do art. 153, VII, da CF. Interessante notar que o dispositivo indica "nos termos de lei complementar", havendo discussão se todos os aspectos do tributo devem ser definidos por lei complementar, ou apenas seu fato gerador; **C:** incorreta, pois o IPVA é da competência dos Estados e do DF, conforme art. 155, III, da CF e para eventual criação de novo imposto, o mecanismo correto seria a utilização da competência residual da União, conforme art. 154, I, da CF; **D:** incorreta, pois essa competência é dos Municípios e do DF, nos termos do art. 156, III, da CF; **E:** incorreta, pois o imposto extraordinário pode ser instituído por simples lei ordinária – art. 154, II, da CF. FP

Gabarito "B".

(Analista Jurídico – TCE/PA – 2016 – CESPE) Em relação às limitações constitucionais ao poder de tributar e à atual jurisprudência do Supremo Tribunal Federal, julgue o item seguinte.

(1) Qualificado como garantia individual do contribuinte e, por conseguinte, como cláusula pétrea da Constituição Federal de 1988, o princípio da anterioridade não se aplica à norma jurídica que altera o prazo de recolhimento da obrigação tributária.

1: correta, pois não há sujeição à anterioridade, conforme a Súmula Vinculante 50/STF. Prazo é matéria atinente à legislação tributária, vez que possui natureza de obrigação acessória, e não principal, de maneira a não observar o referido princípio que visa proteger a criação ou majoração dos tributos – não surpresa do contribuinte. FP

Gabarito "1C".

(Analista Jurídico – TCE/PA – 2016 – CESPE) Em relação às limitações constitucionais ao poder de tributar e à atual jurisprudência do Supremo Tribunal Federal, julgue o item seguinte.

(1) A imunidade das entidades de assistência social sem fins lucrativos abrange seu patrimônio, sua renda e seus serviços. Assim, não incide o imposto sobre a propriedade predial e territorial urbana sobre imóvel de sua propriedade alugado a terceiros, ainda que os aluguéis não sejam revertidos a sua finalidade essencial.

1: incorreta, pois, nos termos da Súmula Vinculante 52/STF, ainda quando alugado a terceiros, permanece imune ao IPTU o imóvel pertencente a qualquer das entidades referidas pelo art. 150, VI, c, da Constituição Federal, desde que o valor dos aluguéis seja aplicado nas atividades para as quais tais entidades foram constituídas.
A propósito, ver também a Tese de Repercussão Geral 693/STF: A imunidade tributária prevista no art. 150, VI, c, da CF/88 aplica-se aos bens imóveis, temporariamente ociosos, de propriedade das instituições de educação e de assistência social sem fins lucrativos que atendam aos requisitos legais.
Vale ressaltar também a extensão da imunidade do IPTU prevista no art. 156, § 1º-A, da CF: "O imposto previsto no inciso I do *caput* deste artigo não incide sobre templos de qualquer culto, ainda que as entidades abrangidas pela imunidade de que trata a alínea "b" do inciso VI do *caput* do art. 150 desta Constituição sejam apenas locatárias do bem imóvel." FP

Gabarito 1E.

(Analista Jurídico – TCE/PR – 2016 – CESPE) À luz da jurisprudência do STF, assinale a opção correta acerca das limitações ao poder de tributar.

(A) As anuidades exigidas pelos conselhos profissionais, embora ostentem natureza tributária, não se submetem ao princípio da legalidade estrita, podendo sua cobrança ser prevista apenas em ato normativo.

(B) Os emolumentos cartorários, por serem destituídos de natureza tributária, podem ser instituídos por atos normativos emanados dos tribunais de justiça dos estados, não se submetendo ao princípio da legalidade estrita.

(C) A definição do vencimento das obrigações tributárias não se submete ao princípio da legalidade estrita, podendo ocorrer por decreto do Poder Executivo.

(D) É constitucional a concessão de isenções com base na ocupação profissional do contribuinte.

(E) O estabelecimento das hipóteses de imunidade tributária é reservado a lei complementar.

A: incorreta, pois, sendo tributo, essas contribuições sujeitam-se ao princípio da legalidade – ver AI 768.577 AgR/SC; **B:** incorreta, pois os emolumentos são taxas, sujeitos, portanto, ao princípio da legalidade – ver ADI 1.378 MC/ES; **C:** correta, conforme entendimento pacífico do Judiciário – ver RE 294.543 AgR/SP. Trata-se de obrigação acessória, logo, diz respeito à legislação tributária, e não propriamente lei estrita. Vide art. 96 do CTN; **D:** incorreta, pois tais isenções são inconstitucionais – ver ADI 4.276/MT. Trata-se de flagrante afronta ao princípio da isonomia, previsto no art. 150, II, da CF; **E:** incorreta, pois imunidade é matéria que somente pode ser veiculada por norma constitucional, por delimitar negativamente a competência tributária. Cabe à lei complementar apenas regulamentar essa limitação constitucional ao poder de tributar, nos termos do art. 146, II, da CF. FP

Gabarito "C".

(Analista Jurídico – TCE/PR – 2016 – CESPE) Assinale a opção correta, acerca do poder de tributar e de suas limitações.

(A) A proibição de que União, estados, Distrito Federal e municípios instituam impostos sobre templos de qualquer culto é exemplo do instituto da isenção.

(B) A imunidade recíproca não atinge os impostos sobre a renda dos entes federados.
(C) É vedado à União conceder incentivos que visem à promoção do equilíbrio socioeconômico a determinadas áreas do país.
(D) É vedado aos estados, ao Distrito Federal e aos municípios estabelecer diferença tributária de qualquer natureza entre bens e serviços em razão de sua procedência ou destino.
(E) A União possui a prerrogativa de cobrar tributos relativos a fatos geradores ocorridos antes do início da vigência da lei que os houver instituído ou aumentado.

A: incorreta, pois se trata de imunidade, norma que delimita negativamente a competência tributária, limitação ao poder de tributar e, portanto, matéria reservada à Constituição Federal – art. 150, VI, *b*, da CF; **B:** incorreta, pois a imunidade recíproca afasta a possibilidade de cobrança de imposto sobre a renda dos entes federados, o que violaria de morte o princípio federativo – art. 150, VI, *a*, da CF; **C:** incorreta, pois isso é possível, nos termos do art. 151, I, *in fine*, da CF; **D:** correta, nos termos do art. 152 da CF; **E:** incorreta, pois vige o princípio da irretroatividade tributária no ordenamento jurídico brasileiro – art. 150, III, *a*, da CF.
Gabarito "D".

(Analista Jurídico – TCE/PR – 2016 – CESPE) À luz da jurisprudência do STF, assinale a opção correta acerca das limitações ao poder de tributar.
(A) As anuidades exigidas pelos conselhos profissionais, embora ostentem natureza tributária, não se submetem ao princípio da legalidade estrita, podendo sua cobrança ser prevista apenas em ato normativo.
(B) Os emolumentos cartorários, por serem destituídos de natureza tributária, podem ser instituídos por atos normativos emanados dos tribunais de justiça dos estados, não se submetendo ao princípio da legalidade estrita.
(C) A definição do vencimento das obrigações tributárias não se submete ao princípio da legalidade estrita, podendo ocorrer por decreto do Poder Executivo.
(D) É constitucional a concessão de isenções com base na ocupação profissional do contribuinte.
(E) O estabelecimento das hipóteses de imunidade tributária é reservado a lei complementar.

A: incorreta, pois, sendo tributo, essas contribuições sujeitam-se ao princípio da legalidade – ver AI 768.577 AgR/SC; **B:** incorreta, pois os emolumentos são taxas, sujeitos, portanto, ao princípio da legalidade – ver ADI 1.378 MC/ES; **C:** correta, conforme entendimento pacífico do Judiciário – ver RE 294.543 AgR/SP; **D:** incorreta, pois tais isenções são inconstitucionais – ver ADI 4.276/MT; **E:** incorreta, pois imunidade é matéria que somente pode ser veiculada por norma constitucional, por delimitar negativamente a competência tributária. Cabe a lei complementar apenas regulamentar essa limitação constitucional ao poder de tributar, nos termos do art. 146, II, da CF.
Gabarito "C".

(Analista – INPI – 2024 – CEBRASPE) Acerca das imunidades, julgue os próximos itens, conforme o disposto na Constituição Federal de 1988 (CF) e a jurisprudência do STF.
(1) O INPI não faz jus à imunidade tributária recíproca, uma vez que constitui autarquia federal com personalidade jurídica distinta da dos órgãos da administração direta da União.

(2) A imunidade tributária de livros, jornais, periódicos e do papel destinado à sua impressão não alcança os livros eletrônicos, em razão da regra hermenêutica que determina a interpretação restritiva de favores fiscais.
(3) A imunidade tributária recíproca não abrange todas as espécies tributárias, limitando-se aos impostos.

1: Errada. O INPI possui imunidade tributária recíproca, vez que há a extensão da imunidade dos Entes Políticos às autarquias e fundações públicas que são instituídas e mantidas pelo Poder Público, nos moldes do art. 150, § 2º, da CF.
2: Errada. A imunidade tributária objetiva e/ou denominada de cultural abarca os livros, jornais, periódicos e o papel destinado à sua impressão, inclusive os livros eletrônicos e suportes materiais utilizados para leitura destes. Vide RE 330.817/RJ e Súmula Vinculante nº 57 do STF. Súmula Vinculante 57: "A imunidade tributária constante do art. 150, VI, d, da CF/88 aplica-se à importação e comercialização, no mercado interno, do livro eletrônico (e-book) e dos suportes exclusivamente utilizados para fixá-los, como leitores de livros eletrônicos (e-readers), ainda que possuam funcionalidades acessórias."
3: Certa. As imunidades genéricas – art. 150, VI, da CF, dentre as quais destaca-se a recíproca, recaem tão somente sobre a figura jurídica dos impostos (e não dos tributos). Eis, portanto, uma espécie (impostos) dentro do gênero tributo que está afastada de sua incidência.
Gabarito 1E, 2E, 3C.

2. DEFINIÇÃO E ESPÉCIES DE TRIBUTOS, LEGISLAÇÃO

(Analista – TRF/4 – FCC – 2019) Conforme Código Tributário Nacional (CTN), que estabelece normas gerais de direito tributário,
(A) a natureza jurídica específica do tributo é determinada pelo fato gerador da respectiva obrigação, sendo irrelevantes para qualificá-la a denominação e demais características formais adotadas pela lei e a destinação legal do produto da sua arrecadação.
(B) tributo é toda obrigação compulsória de pagar, em moeda ou título de crédito, inclusive as decorrentes de sanção de ato ilícito ou de utilização de rodovias e serviços públicos de transporte, instituída em ato normativo, e arrecadada na rede bancária ou em escritórios próprios da Administração pública.
(C) imposto é o tributo cuja obrigação tem por fato gerador qualquer atividade do poder público em prol do sujeito passivo e que não constitua sanção de ato ilícito.
(D) contribuição de melhoria pode ser cobrada pelos Estados e pelo Distrito Federal, para fazer face ao custo de obras de que decorra valorização imobiliária, tendo como limite total o acréscimo de valor, que da obra resultar, para cada imóvel beneficiado, ou um décimo do valor do imóvel após a obra.
(E) as taxas podem ser cobradas pelos Municípios, Distrito Federal e Estados e têm como fato gerador o exercício do poder de polícia ou à disponibilidade a coletividade em geral de serviço público, prestado pela Administração direta ou indireta, da União, Estados ou Municípios.

A: correta, nos termos do art. 4º do CTN; **B:** incorreta, pois tributo é prestação pecuniária em moeda ou cujo valor nela se possa exprimir, não decorre de ato ilícito, não pode ter por fato gerador a utilização de bens públicos, deve ser instituído por lei e é cobrado mediante atividade administrativa plenamente vinculada – art. 3º do CTN; **C**: incorreta, pois o fato gerador do imposto é desvinculado de qualquer atividade estatal específica voltada ao contribuinte – art. 16 do CTN; **D**: incorreta, pois a contribuição de melhoria pode ser cobrada por qualquer ente político (inclusive União), e o limite global é montante da despesa realizada, enquanto o limite individual é o acréscimo de valor que da obra resulta para cada imóvel beneficiado – art. 81 do CTN; **E**: incorreta, pois a taxa relativa ao serviço público tem por fato gerador sua utilização, potencial ou efetiva, e restringe-se aos serviços específicos e divisíveis (*uti singuli*) – art. 77 do CTN, além do art. 145, II, da CF. **FP**

Gabarito "A".

(Analista Judiciário – TRF/2 – Consulplan – 2017) "No Estado Beta da Federação foi editada lei que dispõe em seu Artigo 4º que 2% do valor dos emolumentos relativos aos atos praticados pelos cartórios de notas serão destinados à Caixa de Assistência dos Advogados do Estado e 2% à Associação dos Magistrados do Estado. Há dúvida, do tabelião de notas, sobre a constitucionalidade deste dispositivo." Consultado a respeito, é correto afirmar que:

(A) É válida a destinação dos emolumentos, espécie de tributo parafiscal, para instituição pública, não privada.

(B) É válido o conteúdo deste artigo, sendo emolumentos espécie de preço público, que pode ser regulado por lei.

(C) É inconstitucional a destinação dos emolumentos, espécie de taxa, para órgão privado, por ferir o princípio da isonomia.

(D) É inconstitucional o dispositivo, uma vez que os emolumentos são espécie de contribuição, cuja destinação é somente a de remunerar o serviço prestado.

Após muito debate, o STF fixou o entendimento de que são inconstitucionais normas que destinam receitas oriundas do recolhimento de custas ou emolumentos a pessoas de direito privado – ver ADI 3.111/RJ. **A**: incorreta, pois, embora seja mesmo tributo (taxa) de natureza parafiscal (parcela substancial é retida pelo delegatário do serviço público para custeio de suas atividades), a destinação de parcela da receita a entidades de direito privada é vedada, conforme o citado entendimento do STF; **B**: incorreta, não apenas pela inviabilidade de destinação de parcela da receita a entidades privadas, mas também porque não se trata de preço público, mas taxa (natureza tributária) – ver ADI 1.148/AP; **C**: correta, conforme comentários iniciais; **D**: incorreta, pois os emolumentos são classificados como taxa pela prestação de serviço público, não contribuição – ver ADI 1.148/AP. **RB**

Gabarito "C".

(Analista Jurídico – TCE/PR – 2016 – CESPE) A respeito das taxas cobradas pela União, pelos estados, pelo Distrito Federal ou pelos municípios, do poder de polícia e dos serviços públicos, assinale a opção correta.

(A) A utilização potencial de serviço público não poderá ser considerada fato gerador das taxas.

(B) O regular exercício do poder de polícia trata dos atos do poder público que a lei tenha definido como vinculados.

(C) Os serviços públicos específicos são aqueles suscetíveis de utilização, separadamente, por cada um dos seus usuários.

(D) As taxas podem ser calculadas em função do capital das empresas.

(E) O poder de polícia pode ser definido como a atividade da administração pública que, limitando ou disciplinando direito, interesse ou liberdade, regula a prática de ato ou abstenção de fato, em razão de interesse público.

A: incorreta, pois isso é possível, nos termos dos arts. 77, *caput*, e 79, I, *b*, do CTN; **B**: incorreta, pois exercício do poder de polícia não se refere a todos os atos vinculados, mas apenas àqueles atinentes à fiscalização (no que se refere à matéria tributária). O lançamento tributário, por exemplo, é ato vinculado, mas não se refere especificamente ao exercício do poder de polícia, que possui definição no art. 78 do CTN; **C**: incorreta, pois essa é a definição de divisibilidade, e não de especificidade – art. 79, III, do CTN; **D**: incorreta, nos termos do art. 77, parágrafo único, do CTN. A base de cálculo da taxa deve refletir o custo do serviço prestado ou do exercício do poder de polícia; **E**: correta, nos termos do art. 78 do CTN. **FP**

Gabarito "E".

(Analista Jurídico – TCE/PR – 2016 – CESPE) A respeito do que prevê o Código Tributário Nacional sobre a vigência, a aplicação, a interpretação e a integração da legislação tributária, assinale a opção correta.

(A) Deverá ser interpretada de forma literal a legislação tributária que dispuser sobre outorga de isenção.

(B) No caso de dúvida quanto à natureza da penalidade aplicável, ou à sua gradação, a lei tributária deverá ser interpretada da forma mais favorável ao fisco.

(C) A legislação tributária não se aplica imediatamente aos fatos geradores pendentes.

(D) É inadmissível, em qualquer hipótese, a aplicação da lei a ato ou fato pretérito.

(E) Havendo lacuna da lei tributária, a autoridade competente deverá utilizar a analogia, os princípios gerais do direito tributário, os princípios gerais do direito público e os costumes, nessa ordem.

A: correta, nos termos do art. 111, inciso II, do CTN; **B**: incorreta, pois a interpretação, nesta hipótese, deve ser a mais favorável ao infrator – art. 112, IV, do CTN; **C**: incorreta, pois se aplica a legislação imediatamente neste caso, nos termos do art. 105, do CTN; **D**: incorreta, pois há hipóteses de aplicação da lei a ato ou fato pretérito, nos termos do art. 106, do CTN – Retroatividade Benéfica ou Benigna; **E**: incorreta, pois não se aplicam os costumes, mas, sim, a equidade – art. 108 do CTN. **FP**

Gabarito "A".

(FGV – 2015) Em 17/07/2014, o Tribunal de Justiça do Estado X da Federação instituiu, por meio de Provimento da Corregedoria Geral da Justiça, as custas judiciais e os emolumentos cartorários vigentes a partir da data da publicação. Sobre a hipótese, assinale a afirmativa correta.

(A) As custas judiciais e os emolumentos cartorários têm natureza jurídica de preço público e, portanto, não estão sujeitos às limitações constitucionais ao poder de tributar.

(B) As custas judiciais e os emolumentos cartorários têm natureza jurídica de taxa de serviço. Sendo assim, o provimento da Corregedoria Geral viola os princípios da legalidade, da anterioridade de exercício e nonagesimal.

(C) As custas judiciais e os emolumentos cartorários têm natureza jurídica de contribuição social. Sendo assim, o provimento da Corregedoria Geral viola os princípios da legalidade, da anterioridade de exercício e nonagesimal.

(D) As custas judiciais e os emolumentos cartorários têm natureza jurídica de taxa de poder de polícia. Sendo assim, o provimento da Corregedoria Geral viola os princípios da legalidade e da anterioridade de exercício.

A: incorreta, pois as custas judiciais têm por fato gerador serviço público específico e divisível essencial, prestado pelo Estado (serviços da Justiça, judiciais), ínsito à soberania, de modo que têm natureza de taxa, espécie de tributo, não de preço público (que não tem natureza tributária); **B:** correta, pois, sendo tributo, sujeitam-se a esses princípios; **C:** incorreta, pois têm natureza de taxa, conforme comentários anteriores; **D:** incorreta, pois trata-se de taxa pela prestação de serviço, conforme comentários anteriores.

Gabarito "B".

(Analista – TRE/MT – 2010 – CESPE) O tributo que tem por fato gerador uma situação independente de qualquer atividade estatal específica relativa ao contribuinte é denominado

(A) taxa de publicidade.
(B) taxa de iluminação pública.
(C) contribuição de melhoria.
(D) imposto.
(E) preço público.

A assertiva refere-se à definição de imposto, exatamente nos termos do art. 16 do CTN, razão pela qual a alternativa "D" é a correta. É por essa razão que muitos autores classificam-no como tributo não vinculado, conforme se depreende do art. 167, IV, da Constituição Federal. As taxas e as contribuições são tributos vinculados, já que os fatos geradores referem-se a atividades estatais voltadas ao contribuinte (imediata, no caso das taxas, e mediatamente, no caso da contribuição). O preço público não é tributo.

Gabarito "D".

(Analista – TRF/4ª – 2004 – FCC) Em tema de contribuição de melhoria, pode-se apontar, entre suas características, que

(A) não há necessidade de verificar a valorização efetiva do imóvel, bastando a existência da obra.
(B) leva-se em conta a realização de obra pública, de serviços públicos, assim como o exercício regular do poder de polícia.
(C) sua cobrança prende-se a uma atuação estatal indireta e mediatamente referida ao contribuinte.
(D) é contraprestação de um serviço público, e não a recuperação do benefício auferido pelo proprietário do imóvel em razão da obra pública.
(E) é o tributo cujo fato gerador é periódico ou complexivo e plúrimo ou presumido.

A: incorreta, pois o fato gerador da contribuição de melhoria é a valorização imobiliária decorrente da obra pública – art. 145, III, da CF e art. 81 do CTN; **B:** incorreta, pois a realização de serviço público e o exercício do poder de polícia podem dar ensejo à cobrança de taxas, não de contribuição de melhoria – art. 145, II, da CF; **C:** correta. Embora a contribuição de melhoria seja tributo vinculado, a atividade estatal que lhe dá ensejo (a realização da obra) refere-se apenas indiretamente (mediatamente) ao contribuinte. Ou seja, a obra não é realizada em favor de determinado cidadão (a obra não é imediatamente ou diretamente referida ao contribuinte), apenas beneficia-o indiretamente (mediatamente), por meio da valorização imobiliária decorrente (essa é a lição de Geraldo Ataliba); **D:** incorreta, pois a contribuição, diferentemente da taxa, não é contraprestação por serviço público diretamente referido ao contribuinte; **E:** incorreta, pois o fato gerador periódico ou complexivo é expressão normalmente adotada para se referir àqueles que se completam durante determinado período de tempo, como é o caso do imposto de renda, mas não da contribuição de melhoria. Plúrimo significa múltiplo, o que tampouco se aplica à contribuição de melhoria. Ainda que haja discussão quanto à possibilidade presunção legal quanto à valorização imobiliária, a jurisprudência se inclina pela necessidade de efetiva comprovação da mais-valia em favor do contribuinte.

Gabarito "C".

Analista – INPI – 2024 – CEBRASPE) Considerando o conceito e a classificação dos tributos, julgue os itens a seguir, de acordo com Código Tributário Nacional.

(1) A denominação adotada pelo legislador é relevante para a definição da natureza jurídica específica do tributo, dada a presunção de racionalidade do legislador.

(2) As taxas têm como fato gerador o exercício regular do poder de polícia, ou a utilização, efetiva ou potencial, de serviço público específico e divisível, prestado ao contribuinte ou posto à sua disposição.

(3) As multas decorrentes do poder de polícia administrativa configuram tributo, visto que constituem prestação pecuniária compulsória, instituída por lei e cobrada mediante atividade plenamente vinculada.

1: Errada. O artigo 4º, inciso I, do Código Tributário Nacional prevê que a denominação adotada pelo legislador é irrelevante para fins tributários, isto é a natureza jurídica do tributo é determinada pelo fato gerador da respectiva obrigação.
CTN, Art. 4º A natureza jurídica específica do tributo é determinada pelo fato gerador da respectiva obrigação, sendo irrelevantes para qualificá-la:
I – a denominação e demais características formais adotadas pela lei;
2: Certa. O artigo 77 do Código Tributário Nacional determina os fatos geradores das Taxas, podendo ser taxas de polícia ou taxas de serviço. Se taxas de polícia, seu fato gerador está ligado ao exercício regular de poder de polícia; se de serviço, congregam um fato gerador de serviço público específico e divisível (também chamado de *uti singuli*), prestado ao contribuinte ou posto à sua disposição.
CTN, Art. 77. As taxas cobradas pela União, pelos Estados, pelo Distrito Federal ou pelos Municípios, no âmbito de suas respectivas atribuições, têm como fato gerador o exercício regular do poder de polícia, ou a utilização, efetiva ou potencial, de serviço público específico e divisível, prestado ao contribuinte ou posto à sua disposição.
3: Errada. O art. 142 do Código Tributário Nacional disciplina o instituto do Lançamento Tributário, sendo certo que, em sua parte final, delimita: "propor a aplicação da penalidade cabível". Dessa maneira, a imposição de penalidade (multa) constitui uma obrigação tributária principal em perfeita sintonia ao conceito do tributo elencado no CTN no artigo 3º.
CTN, Art. 142. Compete privativamente à autoridade administrativa constituir o crédito tributário pelo lançamento, assim entendido o procedimento administrativo tendente a verificar a ocorrência do fato gerador da obrigação correspondente, determinar a matéria tributável, calcular o montante do tributo devido, identificar o sujeito passivo e, sendo caso, propor a aplicação da penalidade cabível.
CTN, Art. 3º Tributo é toda prestação pecuniária compulsória, em moeda ou cujo valor nela se possa exprimir, que não constitua sanção de ato ilícito, instituída em lei e cobrada mediante atividade administrativa plenamente vinculada.

Gabarito 1E, 2C, 3E.

(Analista – INPI – 2024 – CEBRASPE) Em relação a taxas, julgue os seguintes itens, à luz da jurisprudência do STF.

(1) É constitucional a taxa de renovação de funcionamento e localização municipal, desde que efetivo o exercício do poder de polícia, demonstrado pela existência de órgão e estrutura competentes para o respectivo exercício.

(2) O serviço de iluminação pública não pode ser remunerado mediante taxa, uma vez que tem caráter inespecífico e indivisível.

1: Certa. Trata-se do Tema 217, apreciado no RE 588322, que delimita a constitucionalidade da taxa de renovação de funcionamento e localização municipal, desde que efetivo o exercício do poder de polícia, demonstrado pela existência de órgão e estrutura competentes para o respectivo exercício. Dessa maneira, em havendo órgão minimamente estruturado para o efetivo exercício do poder de polícia, a cobrança de taxa será absolutamente plausível.

2: Certa. O serviço de iluminação pública é considerado geral e indivisível (também chamado de *uti universi*), de modo que deverá ser custeado mediante o pagamento de impostos ou de contribuição especial, e não de taxas. Para tanto, o STF editou a Súmula Vinculante nº 41: "o serviço de iluminação pública não pode ser remunerado mediante taxa". **FP**

Gabarito 1C, 2C

---

3. OBRIGAÇÃO, SUJEIÇÃO PASSIVA, LANÇAMENTO CRÉDITO, GARANTIAS, REPARTIÇÃO DE RECEITAS

(Analista - TRF/4 - FCC - 2019) Considerando-se as modalidades de lançamento previstas no Código Tributário Nacional (CTN),

(A) quando a autoridade administrativa arbitra valor ou preço de bens, direitos, serviços ou atos jurídicos para o cálculo do tributo que tenha por base, ou tome em consideração, estes valores, sem a necessidade de processos regulares ou complexos, em tributos de baixo valor, tal procedimento se classifica como "lançamento simplificado".

(B) o lançamento efetuado com base na declaração do sujeito passivo ou de terceiro, quando um ou outro, na forma da legislação tributária, presta à autoridade administrativa informações sobre matéria de fato, indispensáveis à sua efetivação, pode ser classificado como "lançamento por declaração".

(C) o lançamento pode ser realizado pelo sujeito passivo, quando a legislação estabelece que ele deva elaborar sua escrituração fiscal, mediante procedimento regulado e regular, calcular o valor devido, apresentar os cálculos a autoridade administrativa, obter a guia de recolhimento com o visto autorizativo e recolher o valor devido, hipótese em que se configura o "lançamento passivo".

(D) as leis tributárias da União, Estados, Distrito Federal e Municípios podem estabelecer outras modalidades de lançamento e de modificação do lançamento realizado, não previstas no Código, conhecidas por "lançamento especial".

(E) o lançamento é realizado de ofício pela autoridade administrativa apenas na hipótese de indício ou suspeita de falsidade, erro ou omissão quanto a qualquer elemento definido na legislação tributária como sendo de declaração obrigatória, ou de não localização do sujeito passivo.

A: incorreta, pois não existe "lançamento simplificado", mas somente as modalidades "declaração ou misto", "ofício ou direto" e "por homologação ou autolançamento" – arts. 147 a 150 do CTN. O arbitramento de valores ou preços pela administração tributária se dá nos casos e nas condições do art. 148 do CTN; **B:** correta, conforme art. 147 do CTN; **C:** incorreta, pois o "lançamento por homologação", previsto no art. 150 do CTN, não prevê os deveres de escrituração como requisito essencial (embora na prática isso aconteça) e não há exigência de visto autorizativo na guia de recolhimento; **D:** incorreta, pois as modalidades de lançamento somente podem ser fixadas por lei complementar federal, nos termos do art. 146, III, *b*, da CF, inexistindo tal "lançamento especial"; **E:** incorreta, pois o lançamento de ofício é cabível em todos os casos listados no art. 149 do CTN, que é bastante amplo – basicamente, todo tributo pode ser lançado de ofício, seja originalmente, seja por algum vício ou falta no lançamento por declaração ou homologação.

Gabarito "B".

(Analista - TRF/4 - FCC - 2019) No capítulo que trata de responsabilidade tributária, o Código Tributário Nacional (CTN) estabelece que

(A) a pessoa jurídica de direito privado que resultar de cisão, fusão ou incorporação de outra é responsável apenas pelos tributos devidos após a data do ato, sendo que os débitos anteriores ao ato são de responsabilidade integral das pessoas jurídicas cindidas, fundidas ou incorporadas, e seus respectivos sócios, titulares, controladores e gestores.

(B) a responsabilidade dos sucessores ocorre quando pessoa natural ou jurídica, de direito público ou privado, adquire, em leilão judicial, fundo de comércio ou estabelecimento, comercial, industrial ou profissional, em processo de falência, e continua a exploração da respectiva atividade.

(C) em processo da falência, o produto da alienação judicial de empresa, filial ou unidade produtiva isolada permanecerá em conta de depósito à disposição do juízo de falência pelo prazo de um ano, contado da data de alienação, somente podendo ser utilizado para o pagamento de créditos extraconcursais ou de créditos que preferem ao tributário.

(D) a responsabilidade relativa às infrações à legislação tributária é excluída na hipótese de denúncia espontânea, desde que acompanhada de recolhimento, ou de parcelamento, do valor integral do tributo, acrescido dos juros de mora e multa moratória devidos.

(E) em regra, o crédito tributário não pode ser exigido de terceiro, que não seja o contribuinte ou o responsável, mas admite tal cobrança, com caráter solidário e sem benefício de ordem, em relação aos pais e avós pelos tributos devidos por seus filhos e netos menores e em relação aos sócios, pelos tributos devidos pela sociedade simples ou empresarial.

A: incorreta, pois a responsabilidade, no caso, refere-se aos tributos anteriores ao ato societário – art. 132 do CTN; **B:** incorreta, pois não há sucessão nesse caso, em regra – art. 133, § 1º, I, do CTN; **C:** correta, conforme o art. 133, § 3º, do CTN; **D:** incorreta, pois a denúncia espontânea não ocorre em caso de parcelamento e exclui a multa moratória – art. 138 do CTN; **E:** incorreta, pois essa responsabilidade de ascendentes (é uma espécie de responsabilidade) se restringe a pais, pelos tributos devidos por seus filhos menores (além de tutores e curadores) – art. 134, I, II, do CTN – e não há responsabilidade especificamente de sócios, apenas de gestores das empresas – art. 135, III, do CTN.

Gabarito "C".

Analista Jurídico - TRF5 - FCC - 2017) Em fevereiro do corrente ano, 2017, um Município nordestino efetuou o lançamento de ofício do IPTU, cujo fato gerador ocorreu no dia 1º de janeiro do mesmo exercício. O referido lançamento foi feito em nome do Sr. Aníbal de Oliveira, que, segundo informações constantes do cadastro municipal, seria o proprietário do referido imóvel, na data da ocorrência do fato gerador.

Em março de 2017, depois de devidamente notificado do lançamento realizado, o Sr. Aníbal de Oliveira apresentou, tempestivamente, no órgão municipal competente, impugnação contra o lançamento efetuado, alegando que, em 15 de dezembro de 2016, havia formalizado a doação do referido imóvel a seu filho, Sérgio de Oliveira, e que, em razão disso, não seria devedor do crédito tributário referente ao IPTU 2017. A impugnação estava instruída com cópia da escritura de doação e de seu respectivo registro, ainda em 2016, no Cartório de Registro de Imóveis competente. O doador esclareceu, ainda, na referida impugnação, que o órgão municipal competente não foi comunicado, nem por ele, nem pelo donatário, da transmissão da propriedade do referido imóvel, pois a legislação local não os obrigava a prestar tal informação.

Sérgio de Oliveira, a seu turno, foi corretamente identificado como contribuinte do ITCMD devido em razão da doação por ele recebida, e pagou crédito tributário devido.

Considerando os dados acima, bem como as regras do Código Tributário Nacional e da Constituição Federal acerca do lançamento tributário, constata-se que

(A) não poderá ser feito lançamento de IPTU contra Sérgio de Oliveira, em 2017, por ele já ter sido identificado, no ano anterior, como contribuinte do ITCMD incidente sobre a doação recebida.

(B) o princípio constitucional da anterioridade nonagesimal (noventena) impede o lançamento e a cobrança do IPTU antes de transcorridos 90 (noventa) da ocorrência de fato gerador do ITBI ou do ITCMD.

(C) o lançamento do IPTU, antes de decorrido um ano do lançamento do ITCMD, constitui bitributação, bem como violação do princípio do não confisco e da anterioridade nonagesimal (noventena).

(D) o lançamento de ofício do IPTU poderá ser revisto pelo Município, ainda em 2017, pois, embora a doação tenha ocorrido antes de 1º de janeiro de 2017, a Fazenda Pública não teve conhecimento de tal fato antes de o contribuinte apresentar sua impugnação.

(E) o lançamento de ofício do IPTU poderá ser revisto, mas por órgão competente do Estado em que se localiza o referido Município, em obediência ao princípio constitucional da duplicidade instâncias de lançamento, e desde que obedecido o prazo prescricional.

A: incorreta, pois o conhecimento da doação pelo fisco permite a revisão do lançamento anterior, nos termos do art. 149, VIII, do CTN, desde que dentro do prazo decadencial; **B:** incorreta, pois a anterioridade refere-se ao período após a instituição ou majoração por lei a partir do qual é viável a exigência de tributo – art. 150, III, *b* e *c*, da CF; **C:** incorreta, pois não há falar em bitributação entre ITCMD e IPTU, já que os fatos geradores são absolutamente distintos (transmissão de bem e propriedade de bem, respectivamente); **D:** correta, nos termos do art. 149, VIII, do CTN; **E:** incorreta, pois o lançamento é ato privativo do fisco municipal – art. 142 do CTN. Gabarito "D".

(FGV – 2015) A União ajuizou execução fiscal em face da pessoa jurídica XYZ Ltda., devedora de tributos federais. No curso da execução fiscal, a falência da pessoa jurídica foi decretada. Após requerimento da União, deferido pelo Juízo, Francisco, sócio da pessoa jurídica XYZ Ltda., é incluído no polo passivo da execução fiscal, em razão da decretação de falência. Sobre a hipótese, é possível afirmar que

(A) a decretação de falência autoriza o redirecionamento da execução fiscal para Francisco, por ser considerada hipótese de infração à lei, que enseja responsabilidade tributária.

(B) o fato de Francisco ser sócio da XYZ Ltda. acarreta, por si só, responsabilidade pessoal pelos créditos correspondentes a obrigações tributárias da pessoa jurídica.

(C) Francisco não poderia ser incluído no polo passivo, ainda que fosse administrador da XYZ Ltda. e tivesse encerrado ilegalmente as atividades da pessoa jurídica.

(D) Francisco não poderia, unicamente em razão da decretação de falência de XYZ Ltda., ser incluído no polo passivo da execução fiscal.

A: incorreta, pois a falência em si não implica ato ilegal do sócio, o que precisaria ser comprovado para aplicação do disposto no art. 135 do CTN; **B:** incorreta, conforme comentário anterior; **C:** incorreta, pois o encerramento ilegal das atividades da empresa implica violação da lei e responsabilidade do sócio, nos termos do art. 135 do CTN e da Súmula 435/STJ; **D:** correta, uma vez que para ocorrer o redirecionamento da execução fiscal a Francisco haveria de se comprovar excesso de poderes ou infração à lei, estatuto ou contrato. Gabarito "D".

(FGV – 2015) Uma obrigação tributária referente ao Imposto sobre Circulação de Mercadorias e Serviços (ICMS) teve seu fato gerador ocorrido em 12 de junho de 2012. O débito foi objeto de lançamento em 21 de janeiro de 2014. A inscrição em dívida ativa ocorreu em 02 de junho de 2014. A execução fiscal foi ajuizada em 21 de outubro de 2014 e, em 02 de março de 2015, o juiz proferiu despacho citatório nos autos da execução fiscal.

Considerando que o contribuinte devedor alienou todos os seus bens sem reservar montante suficiente para o pagamento do tributo devido, assinale a opção que indica o marco temporal, segundo o CTN, caracterizador da fraude à execução fiscal, em termos de data de alienação.

(A) 21 de janeiro de 2014

(B) 02 de junho de 2014

(C) 02 de março de 2015

(D) 21 de outubro de 2014

O marco temporal a partir do qual presume-se fraude à execução, nos termos do art. 185 do CTN, é a inscrição em dívida ativa, de modo que a alternativa "B" é a correta.

A propósito, ver também a regra do art. 185-A do CTN, e a Súmula 560/STJ: A decretação da indisponibilidade de bens e direitos, na forma do art. 185-A do CTN, pressupõe o exaurimento das diligências na busca por bens penhoráveis, o qual fica caracterizado quando infrutíferos o pedido de constrição sobre ativos financeiros e a expedição de ofícios aos registros públicos do domicílio do executado, ao Denatran ou Detran.

Gabarito "B".

(Analista – TRF/4ª – 2010 – FCC) Em relação à administração tributária, é INCORRETO afirmar:

(A) Não têm aplicação quaisquer disposições legais excludentes ou limitativas do direito de examinar mercadorias, livros, arquivos, documentos, papéis e efeitos comerciais ou fiscais, dos comerciantes industriais ou produtores, ou da obrigação destes de exibi-los.

(B) A certidão negativa expedida com dolo ou fraude, que contenha erro contra a Fazenda Pública, responsabiliza pessoalmente o funcionário que a expedir, pelo crédito tributário e juros de mora acrescidos.

(C) Constitui dívida ativa tributária a proveniente de crédito dessa natureza, regularmente inscrita na repartição administrativa competente, depois de esgotado o prazo fixado para pagamento pela lei ou por decisão final proferida em processo regular.

(D) É vedada a divulgação, por parte da Fazenda Pública ou de seus servidores, de informação obtida em razão do ofício sobre a situação econômica ou financeira do sujeito passivo ou de terceiros e sobre a natureza e o estado de seus negócios ou atividades.

(E) A dívida inscrita goza da presunção de certeza e liquidez e tem o efeito de prova pré-constituída, presunção esta absoluta, não podendo ser ilidida por prova ainda que inequívoca, a cargo do sujeito passivo ou do terceiro a que aproveite.

A: correta, pois reflete o disposto no art. 195 do CTN; B: correta, conforme o art. 208 do CTN; C: assertiva correta, nos termos do art. 201 do CTN; D: correta, pois se refere à norma de sigilo prevista no art. 198 do CTN; E: incorreta, devendo ser assinalada, pois a presunção de liquidez e certeza atinente à inscrição é **relativa**, podendo se ilidida por prova inequívoca, a cargo do sujeito passivo ou do terceiro a que aproveite – art. 204, parágrafo único, do CTN.

Gabarito "E".

(Analista – TRE/MT – 2010 – CESPE) Considere que, após a ocorrência de um fato gerador, nova lei aumentando as alíquotas do tributo tenha sido publicada. Nessa situação, o lançamento será regido pela lei

(A) em vigor na data da ocorrência do fato gerador.
(B) em vigor na data da feitura do lançamento.
(C) em vigor na data do pagamento do tributo.
(D) mais favorável ao incremento da arrecadação.
(E) discricionariamente indicada pela autoridade fazendária competente.

O lançamento tributário, em relação ao tributo, rege-se sempre pela lei vigente à época do fato gerador *(tempus regit actum)*, nos termos do art. 144, *caput*, do CTN. Por essa razão, a alternativa A é a correta. Somente em relação à penalidade pecuniária é que se aplica a norma posterior mais benéfica ao infrator (*lex mitior*) – art. 106 do CTN.

Gabarito "A".

(Analista – TRE/MT – 2010 – CESPE) No que concerne aos efeitos da solidariedade tributária passiva, salvo disposição de lei em contrário,

(A) o pagamento feito por apenas um dos obrigados não beneficia os demais.

(B) a isenção objetiva beneficia todos os devedores.
(C) a remissão concedida pessoalmente a um dos obrigados beneficia os demais.
(D) a isenção subjetiva concedida a um dos devedores beneficia todos os demais.
(E) a interrupção da prescrição contra um dos devedores não prejudica os demais.

Interessante notar, inicialmente, que existe apenas solidariedade passiva, em direito tributário, não ativa. A: incorreta, pois o pagamento efetuado por um dos obrigados aproveita aos demais – art. 125, I, do CTN; B: essa é a correta, conforme o art. 125, II, do CTN. Somente a isenção ou a remissão outorgada pessoalmente a um dos obrigados (subjetiva, não objetiva) é que não exonera os demais obrigados; C e D: incorretas, pois a isenção e a remissão outorgada pessoalmente a um dos obrigados (subjetiva) não aproveita aos demais; E: incorreta, pois a interrupção da prescrição, em favor ou contra um dos obrigados, favorece ou prejudica aos demais – art. 125, III, do CTN.

Gabarito "B".

(Analista – TRF/5ª – 2008 – FCC) No que diz respeito à repartição das receitas tributárias, é certo que

(A) pertencem aos Municípios trinta e cinco por cento do produto da arrecadação do imposto do Estado sobre operações relativas à circulação de mercadorias e sobre prestação de serviços de transporte interestadual e intermunicipal.

(B) pertencem aos Estados, ao Distrito Federal e Municípios, vinte e cinco por cento do produto da arrecadação do imposto que a União instituir no exercício da sua competência tributária residual.

(C) a nenhuma unidade federada poderá ser destinada parcela superior a quinze por cento do montante a que se refere a partilha do produto da arrecadação do imposto sobre produtos industrializados, vedada a distribuição excedente.

(D) a União entregará, do produto da arrecadação do imposto sobre produtos industrializados, dez por cento aos Estados e ao Distrito Federal, proporcionalmente ao valor das respectivas exportações de produtos industrializados.

(E) a União entregará, do produto da arrecadação de intervenção no domínio econômico, relativamente às atividades de comercialização de petróleo e seus derivados, vinte por cento para os Estados, Distrito Federal e Municípios.

A: incorreta, pois 25% da receita do ICMS (não 35%) é distribuído entre os municípios do Estado – art. 158, IV, da CF; B: incorreta, pois pertencem aos Estados e ao DF 20% (não 25%) do imposto eventualmente instituído no exercício da competência residual da União – art. 157, II, da CF; C: incorreta, pois há limite de 20% (não de 15%) apenas quanto aos 10% da receita de IPI partilhada pelo critério da exportação (art. 159, II, da CF), devendo o eventual excedente ser distribuído entre os demais entes federados – art. 159, § 2º, da CF; D: correta, conforme art. 159, II, da CF; E: incorreta, pois 29% da receita da CIDE-combustíveis (não 20%) é distribuído aos Estados e ao DF – art. 159, III, da CF. Do montante recebido, cada Estado distribuirá 25% (um quarto dos 29% recebidos da União) para os respectivos municípios – art. 159, § 4º, da CF.

Gabarito "D".

(Analista – INPI – 2024 – CEBRASPE) Julgue os itens a seguir, relativos a garantias e privilégios do crédito tributário, com base na jurisprudência dos tribunais superiores.

(1) Nos termos da jurisprudência do Superior Tribunal de Justiça (STJ), a presunção de fraude à execução, em razão da alienação de bens pelo devedor após a inscrição do débito em dívida ativa, não alcança as alienações sucessivas, haja vista a boa-fé dos demais adquirentes.

(2) No concurso de preferências entre créditos de pessoas jurídicas de direito público, os créditos da União preferem aos dos estados, do Distrito Federal e dos territórios, e os créditos de todos estes preferem aos dos municípios.

1: Errada. Ao contrário, são consideradas fraudulentas as alienações de bens do devedor posteriores à inscrição do crédito tributário na dívida ativa, a menos que ele tenha reservado quantia suficiente para o pagamento total do débito. Logo, a presunção da fraude à execução em tais situações é absoluta, ainda que tenham ocorrido sucessivas alienações do bem. Para complemento do tema, temos o art. 185 do CTN: "Presume-se fraudulenta a alienação ou oneração de bens ou rendas, ou seu começo, por sujeito passivo em débito para com a Fazenda Pública, por crédito tributário regularmente inscrito como dívida ativa. Parágrafo único. O disposto neste artigo não se aplica na hipótese de terem sido reservados, pelo devedor, bens ou rendas suficientes ao total pagamento da dívida inscrita.

2: Errada. Nos moldes do art. 187, parágrafo único, do CTN: O concurso de preferência somente se verifica entre pessoas jurídicas de direito público, na seguinte ordem:
I – União;
II – Estados, Distrito Federal e Territórios, conjuntamente e pró rata;
III – Municípios, conjuntamente e pró rata.

Gabarito: 1E, 2E.

4. SUSPENSÃO, EXTINÇÃO E EXCLUSÃO DO CRÉDITO

(Analista Jurídico - TRF5 - FCC - 2017) Mário e Maria decidiram abrir um bazar em sociedade. Embora a legislação do ICMS de seu Estado determinasse que, antes de dar início a suas operações de circulação de mercadorias, a empresa devesse estar inscrita, como contribuinte, na repartição fiscal competente, Mário e Maria não atenderam a essa exigência legal. Simplesmente abriram a empresa e começaram a funcionar, sem cumprir as exigências da legislação tributária pertinente. Nem mesmo contrato social escrito a empresa tinha.

Compravam de seus fornecedores e vendiam a seus clientes, como o fazem todas as empresas regulares, e atuavam, perante seus fornecedores e clientes, tal como atuam as empresas em situação regular perante o fisco. Ninguém tinha dúvida de que a empresa de Mário e Maria configurava efetivamente uma unidade econômica. Até nome fantasia a sociedade tinha: "Bazar MM".

Considerando os dados acima e a normas do Código Tributário Nacional,

(A) a empresa em questão, desde que comprove, efetivamente, sua capacidade econômico-financeira, possuirá, automática e necessariamente, capacidade ativa.

(B) o fato de essa empresa configurar uma unidade econômica, mesmo sem estar regularmente constituída, é o bastante para nela se identificar capacidade tributária passiva.

(C) a empresa em questão, em razão de sua constituição irregular e da falta de comprovação da capacidade civil de seus dois sócios, não possui capacidade tributária passiva, nem ativa.

(D) a falta capacidade tributária ativa da pessoa jurídica irregularmente constituída pode ser suprida com a comprovação de que todos os seus sócios são, de fato, pessoas civilmente capazes.

(E) a capacidade passiva da pessoa jurídica depende, necessária e diretamente, da comprovação da capacidade tributária ativa de cada um de seus sócios, tratando-se de pessoa jurídica constituída sob responsabilidade limitada.

A: incorreta, pois a comprovação da capacidade econômico-financeira é irrelevante para existência da capacidade passiva, bastando a configuração de unidade econômica ou profissional, o que se observa no caso – art. 126, III, do CTN; **B:** correta, nos termos do art. 126 do CTN; **C:** incorreta, pois a constituição regular ou a capacidade civil dos sócios é irrelevante para a existência de capacidade passiva – art. 126 do CTN; **D:** incorreta, pois a capacidade civil dos sócios é irrelevante, nos termos do art. 126 do CTN; **E:** incorreta, pois a capacidade passiva da sociedade em comum (art. 986 do CC) independe da capacidade dos sócios – art. 126 do CTN. Ademais, os sócios terão no máximo capacidade passiva (para ocuparem o polo passivo da relação tributária), não capacidade ativa (para ocupar o polo ativo da relação obrigacional tributária).

Gabarito: "B".

(Analista Jurídico – TCE/PR – 2016 – CESPE) No que concerne ao crédito tributário e suas eventuais implicações, assinale a opção correta.

(A) A concessão de medida liminar em mandado de segurança não suspende nem extingue o crédito tributário.

(B) A exclusão do crédito tributário dispensa o cumprimento das obrigações acessórias dependentes da obrigação principal cujo crédito seja excluído, ou dela consequente.

(C) Regularmente notificado o sujeito passivo, o lançamento não poderá ser alterado, de ofício, em recurso.

(D) Comprovada a falsidade, o erro ou a omissão quanto a qualquer elemento definido na legislação tributária como de declaração obrigatória, o lançamento deverá ser efetuado e revisto de ofício pela autoridade administrativa.

(E) O depósito integral do montante do crédito tributário resulta em sua extinção.

A: incorreta, pois a concessão de liminar é modalidade de suspensão do crédito tributário – art. 151, IV, do CTN; **B:** incorreta, pois não há essa dispensa – art. 175, parágrafo único, do CTN; **C:** incorreta, pois há possibilidade de modificação do lançamento nessa hipótese – art. 145, I, do CTN; **D:** correta, conforme art. 149, IV, do CTN; **E:** incorreta, pois o depósito integral é modalidade de suspensão do crédito, não de extinção – art. 151, II, do CTN.

Gabarito: "D".

(FGV – 2015) A pessoa jurídica X foi contemplada com isenção do Imposto sobre a Propriedade Predial e Territorial Urbana (IPTU) do imóvel utilizado para suas atividades comerciais. A referida isenção foi concedida pelo prazo de 5 (cinco) anos e sob a condição de que o imóvel seja utilizado para a produção de artesanato regional. Com base no caso apresentado, sobre a referida isenção assinale a opção correta.

(A) Poderá ser suprimida por lei, a qualquer tempo, ainda que o contribuinte atenda à condição de utilizar o imóvel para a produção de artesanato regional.
(B) Não poderá ser suprimida no prazo de 5 (cinco) anos, caso o contribuinte cumpra a condição de utilizar o imóvel para a produção de artesanato regional.
(C) Não poderá ser suprimida no prazo de 5 (cinco) anos, ainda que o contribuinte utilize o imóvel para a realização de atividades comerciais diversas da produção de artesanato regional.
(D) Poderá ser suprimida por decreto, a qualquer tempo, ainda que o contribuinte cumpra a condição de utilizar o imóvel para a produção de artesanato regional.

A: incorreta, pois a isenção concedida por prazo certo e em função de determinadas condições não pode ser revogada ou modificada por lei em prejuízo do contribuinte que preencha tais condições no prazo assinalado, conforme o art. 178 do CTN e Súmula 544 do STF; **B:** correta, conforme comentário anterior; **C:** incorreta, pois a vedação à supressão do benefício depende do cumprimento das condições pelo contribuinte; **D:** incorreta, conforme comentários anteriores.
Gabarito "B".

(FGV – 2015) A União concedeu isenção, pelo prazo de cinco anos, da Contribuição para o Financiamento da Seguridade Social (COFINS) para as indústrias de veículos automotores terrestres que cumprissem determinadas condições. Sobre a isenção tributária, é possível afirmar que
(A) as indústrias de aviação podem requerer a fruição do benefício, pois a norma que concede isenção deve ser interpretada extensivamente.
(B) a União poderá, a qualquer tempo, revogar ou modificar a isenção concedida.
(C) a isenção da COFINS pode ser concedida mediante decreto, desde que a norma seja específica.
(D) as indústrias de veículos automotores terrestres não estão dispensadas do cumprimento das obrigações acessórias, pois elas são independentes da existência da obrigação principal.

A: incorreta, pois as normas que fixam benefícios ficais, incluindo as isenções, devem ser interpretadas estritamente, ou, na terminologia do art. 111, II, do CTN, literalmente, jamais extensivamente; **B:** incorreta, pois a isenção concedida por prazo certo e em função de determinadas condições não pode ser revogada ou modificada por lei em prejuízo do contribuinte que preencha tais condições no prazo assinalado, conforme o art. 178 do CTN e Súmula 544 do STF; **C:** incorreta, pois qualquer benefício fiscal depende de lei específica para ser criado, nos termos do art. 150, § 6º, da CF; **D:** correta, pois a obrigação acessória independe da existência de obrigação principal, conforme o art. 175, parágrafo único, do CTN.
Gabarito "D".

(FGV – 2015) Determinado contribuinte verificou a existência de débitos vencidos de Imposto sobre a Propriedade Predial e Territorial Urbana (IPTU) e da taxa de coleta de lixo com o Município M. Os dois tributos são relativos ao ano-calendário de 2012 e se referem ao imóvel onde reside. O contribuinte pagou ao Município M montante insuficiente para a quitação de ambos os tributos.

Diante de tais débitos, a autoridade administrativa municipal que recebeu o pagamento

(A) determinará, primeiramente, a imputação do pagamento à taxa e, posteriormente, ao imposto.
(B) determinará o pagamento na ordem decrescente dos prazos prescricionais.
(C) determinará o pagamento na ordem crescente dos montantes.
(D) determinará, primeiramente, a imputação do pagamento ao imposto e, posteriormente, à taxa.

A imputação do valor em pagamento de tributos segue a ordem do art. 163 do CTN, a saber: (i) em primeiro lugar, aos débitos por obrigação própria, e em segundo lugar aos decorrentes de responsabilidade tributária, (ii) primeiramente, às contribuições de melhoria, depois às taxas e por fim aos impostos, (iii) na ordem crescente dos prazos de prescrição; e (iv) na ordem decrescente dos montantes. No caso, a taxa deve ser quitada antes do imposto, de modo que alternativa "A" é a correta.
Gabarito "A".

(Analista – TRF/4ª – 2010 – FCC) NÃO configura hipótese de suspensão da exigibilidade do crédito tributário, entre outras,
(A) a moratória.
(B) as reclamações e os recursos, nos termos das leis reguladoras do processo tributário administrativo.
(C) a denegação de medida liminar em mandado de segurança ou cautelar de repetição de indébito.
(D) o depósito do seu montante integral.
(E) o parcelamento.

Dentre as alternativas, a denegação de liminar (alternativa "C") não é hipótese de suspensão de exigibilidade do crédito tributário. Somente em caso de concessão de liminar é que haveria suspensão, nos termos do art. 151, IV e V, do CTN.
Gabarito "C".

(Analista – TRF/4ª – 2010 – FCC) Pela sistemática tributária em vigor, na hipótese de pagamento indevido,
(A) a restituição vence juros capitalizáveis, a partir da decisão, ainda que recorrível, que a determinar.
(B) a restituição de tributos que comportem, por sua natureza, transferência do respectivo encargo financeiro, somente será feita a quem prove haver assumido o referido encargo, ou, no caso de tê-lo transferido a terceiro, estar por este expressamente autorizado a recebê-la.
(C) prescreve em cinco anos a ação anulatória da decisão administrativa ou judicial que denegar a restituição.
(D) a restituição parcial do tributo não dará lugar à restituição, na mesma proporção, dos juros de mora e das penalidades pecuniárias, mesmo que referentes a infrações de caráter formal não prejudicadas pela causa da restituição.
(E) o prazo de prescrição é suspenso pelo início da ação judicial de restituição, recomeçando o seu curso, por inteiro, a partir da data da intimação feita a parte interessada.

A: incorreta, pois a restituição vence juros não capitalizáveis somente a partir do trânsito em julgado da decisão que a determinar – art. 167, parágrafo único, do CTN e Súmula 188 do STJ; **B:** correta, pois essa é a determinação do art. 166 do CTN; **C:** incorreta, pois o prazo, nesse caso, é de apenas 2 anos – art. 169 do CTN; **D:** incorreta, pois a restituição total ou parcial do tributo **dá lugar** à restituição, na mesma proporção,

dos juros de mora e das penalidades pecuniárias, **salvo** as referentes a infrações de caráter formal não prejudicadas pela causa da restituição – art. 167, *caput*, do CTN; **E:** incorreta, pois o art. 169, parágrafo único, do CTN, determina que o prazo prescricional relativo à ação anulatória da decisão administrativa que denegar a restituição é **interrompido** pelo início da ação judicial, recomeçando o seu curso, **pela metade**, a partir da data da intimação validamente feita ao representante judicial da Fazenda Pública interessada.
Gabarito "B".

(Analista – TRF/5ª – 2008 – FCC) No que se refere às hipóteses de suspensão da exigibilidade e à exclusão do crédito tributário, assinale a alternativa correta.

(A) Não é admitida a concessão da moratória em caráter geral, porque nesse caso é aplicável a anistia.

(B) A moratória pode ser concedida em caráter individual, por despacho da autoridade administrativa, desde que autorizada por lei.

(C) A isenção é sempre extensiva às taxas, contribuições de melhoria e aos tributos instituídos posteriormente à sua concessão.

(D) O depósito integral do valor do tributo deve ser feito em juízo, não se admitindo perante a Administração Fazendária.

(E) O despacho concessivo da anistia gera direito adquirido, é definitivo, não podendo mais ser revogado.

A: a moratória pode ser concedida em caráter geral ou individual – art. 152, I e II, do CTN; **B:** art. 152, II, do CTN; **C:** a isenção não abrange, em regra, as taxas, as contribuições de melhoria e os tributos instituídos posteriormente, exceto se houver disposição legal em contrário – art. 177 do CTN; **D:** é possível depósito administrativo, com o efeito de suspender a exigibilidade tributária – art. 151, II, do CTN; **E:** a concessão de anistia em caráter individual (assim como de moratória e de isenção) não gera direito adquirido e será revogada de ofício sempre que se apure que o beneficiado não satisfazia ou deixou de satisfazer as condições ou não cumpria ou deixou de cumprir os requisitos para a concessão – art. 182, parágrafo único, c/c art. 155, ambos do CTN.
Gabarito "B".

(Analista – TRF/3ª – 2007 – FCC) Em tema de suspensão da exigibilidade do crédito tributário, é correto afirmar que

(A) a moratória, salvo disposição em contrário, somente abrange os créditos definitivamente constituídos à data da lei ou do despacho que a conceder ou cujo lançamento já tenha sido iniciado àquela data por ato regularmente notificado ao sujeito passivo.

(B) a moratória não aproveita aos casos de dolo, fraude ou simulação do sujeito ativo, salvo o do terceiro em benefício daquele que gerou o crédito tributário constituído à época do seu fato gerador.

(C) o parcelamento do crédito tributário exclui, em qualquer caso, a incidência de juros e multas, não se aplicando a ele as regras da moratória.

(D) a concessão da moratória em caráter geral ou individual gera direito adquirido, sempre que se apure que o sujeito passivo não cumpriu os requisitos para a concessão do favor, salvo na hipótese de parcelamento.

(E) a lei concessiva de moratória não pode circunscrever expressamente a sua aplicabilidade à determinada região do território do sujeito ativo ou a determinada classe ou categoria de sujeitos ativos.

A: correta, nos termos do art. 154 do CTN; **B:** incorreta, pois a moratória não aproveita aos casos de dolo, fraude ou simulação do sujeito passivo ou do terceiro em benefício daquele (em benefício do sujeito passivo) – art. 154, parágrafo único, do CTN; **C:** incorreta, pois o parcelamento não exclui os juros e as multas, exceto se houver disposição legal em contrário. Ademais, aplicam-se, subsidiariamente, as normas do CTN relativas à moratória – art. 155-A, §§ 1º e 2º, do CTN; **D:** incorreta, pois a concessão de moratória em caráter individual (assim como de isenção e de anistia) não gera direito adquirido e será revogada de ofício sempre que se apure que o beneficiado não satisfazia ou deixou de satisfazer as condições ou não cumpria ou deixou de cumprir os requisitos para a concessão – art. 155 do CTN; **E:** incorreta, pois essa delimitação é possível – art. 152, parágrafo único, do CTN.
Gabarito "A".

(Analista – TRF/4ª – 2007 – FCC) Dentre outras hipóteses, suspendem a exigibilidade do crédito tributário

(A) o depósito do seu montante integral e a moratória.

(B) o pagamento e a prescrição.

(C) o depósito do seu montante integral e a remissão.

(D) a remissão e a transação.

(E) o parcelamento e a compensação.

As causas que suspendem a exigibilidade do crédito estão elencadas no art. 151 do CTN. De maneira didática utilizamos a expressão "MODERECOPA", que se traduz em moratória, depósito integral, recursos e reclamação administrativas, concessão de liminar em mandado de segurança e concessão de liminar nas ações ordinárias e o parcelamento.
Gabarito "A".

(Analista – TRF/4ª – 2007 – FCC) A isenção exclui o crédito tributário, sendo certo que

(A) não pode, em regra, ser modificada ou revogada a qualquer tempo, salvo se concedida por prazo certo e em função de determinadas condições.

(B) é decorrente de lei que especifique os requisitos exigidos para a sua concessão, exceto quando prevista em contrato.

(C) não é, em regra, extensiva aos tributos instituídos posteriormente à sua concessão, bem como às taxas e às contribuições de melhoria.

(D) abrange exclusivamente as infrações cometidas anteriormente à vigência da lei que a concede, aplicando-se, também, às contravenções.

(E) deverá ser sempre concedida em caráter geral, não podendo ser objeto de requerimento individual.

A: incorreta, pois é o oposto, já que a isenção pode ser modificada ou revogada por lei a qualquer tempo, exceto quando concedida por prazo certo e em função de determinadas condições – art. 178 do CTN; **B:** incorreta, pois a isenção é sempre decorrente de lei, mesmo quando prevista em contrato, nos termos do art. 176 do CTN; **C:** correta, nos termos do art. 177 do CTN; **D:** incorreta, pois o benefício que se refere às infrações anteriores é a anistia, não a isenção. Ademais, a anistia não abrange situações que configurem contravenções – art. 180, I, do CTN; **E:** incorreta, pois é possível a concessão de isenção em caráter individual ou limitado, nos termos do art. 179 do CTN.
Gabarito "C".

5. IMPOSTOS EM ESPÉCIE

(Analista Jurídico –TCE/PA – 2016 – CESPE) No que concerne ao ICMS e às disposições constitucionais pertinentes à concessão de exonerações fiscais, julgue o item subsecutivo.

(1) A concessão de isenções, incentivos e benefícios fiscais pelos estados depende de prévia aprovação de convênio interestadual, o que abrange a concessão de diferimento no pagamento de débitos de imposto sobre operações relativas à circulação de mercadorias e prestação de serviço de transporte interestadual e intermunicipal e de comunicação, ainda que inexista redução do valor devido.

1: incorreta, pois o mero diferimento do pagamento, sem redução do valor devido, não configura benefício a exigir convênio interestadual, conforme entendimento do STF – ver ADI 4.481/PR.
Gabarito 1E

(Analista –TRF/5ª – 2008 – FCC) É correto afirmar que o imposto sobre

(A) renda ou proventos de qualquer natureza tem como sujeito passivo a pessoa física ou jurídica que registra acréscimos em seu patrimônio, mas não aquela que tem a obrigação de reter o imposto na fonte.

(B) importação de produtos estrangeiros incide em relação a produtos determinados, e desde que previstos no Código Tributário Nacional, estando sujeito ao princípio da anterioridade.

(C) exportação abrange os produtos nacionais ou nacionalizados, não está sujeito ao princípio da anterioridade, considerando também que não incide o imposto sobre produtos industrializados nos produtos destinados ao exterior.

(D) propriedade territorial rural é de competência concorrente da União e Municípios, mas se instituído pela primeira deverá repassar vinte e cinco por cento para o respectivo Município.

(E) operações financeiras (crédito, câmbio e seguro ou relativo a valores imobiliários) incide sobre o ouro, em qualquer situação, destinando-se cinquenta por cento para os Estados de origem.

A: incorreta, pois o sujeito passivo pode ser contribuinte ou responsável tributário. Quem aufere a renda ou o provento pode ser indicado, pela lei, como contribuinte. A fonte pagadora pode ser (e muitas vezes é) apontada pela lei como responsável tributário; **B:** incorreta, pois o CTN não discrimina os bens que se sujeitam ao imposto de importação. Ademais, os impostos aduaneiros (importação e exportação) não se sujeitam ao princípio da anterioridade – art. 150, § 1º, da CF; **C:** correta, pois, de fato, o IE incide sobre a exportação de produtos nacionais e nacionalizados – art. 153, II, da CF. Ademais, o IPI não incide sobre as exportações, nos termos do art. 153, § 3º, III, da CF; **D:** incorreta, pois o ITR é da competência exclusiva da União, até porque não há competência tributária compartilhada (a competência é sempre privativa). Vale dizer: somente a União pode legislar acerca do ITR – art. 153, VI, da CF. O que existe é a possibilidade de o município optar por fiscalizar e cobrar o ITR, na forma da lei, hipótese em que fica com toda a receita auferida, e não apenas com 50% (que é a regra) – arts. 153, § 4º, III, e 158, II, *in fine*, da CF; **E:** incorreta, pois o IOF incide sobre o ouro somente quando definido em lei como ativo financeiro ou instrumento cambial (não quando é vendido como mercadoria, para o ourives, por exemplo), hipótese em que incidirá apenas na operação de origem e terá a receita distribuída ao Estado (ou ao DF) e ao Município de origem, na proporção de 30% e 70%, respectivamente – art. 153, § 5º, da CF.
Gabarito "C".

(Analista – TRF/4ª – 2007 – FCC) Considere as seguintes hipóteses:

I. A transmissão, a qualquer título, do domínio útil de bens imóveis por natureza, como definidos na lei civil.

II. A transmissão, a qualquer título, de direitos reais sobre imóveis, inclusive os direitos reais de garantia.

III. A cessão de direitos relativos à transmissão, a qualquer título, da propriedade de bens imóveis por natureza, como definidos na lei civil.

IV. A transmissão, a qualquer título, do domínio útil de bens imóveis por acessão física, como definidos na lei civil.

De acordo com o Código Tributário Nacional, o imposto (de competência dos Estados) sobre a transmissão de bens imóveis e de direitos a eles relativos tem como fato gerador o que se refere APENAS nas hipóteses

(A) II, III e IV.
(B) I, III e IV.
(C) I, II e IV.
(D) I, II e III.
(E) I e III.

O ITCMD estadual incide sobre a transmissão *causa mortis* e a doação de quaisquer bens ou direitos (móveis ou imóveis) – art. 155, I, da CF. No que se refere aos bens imóveis, a incidência ocorre na transmissão, a qualquer título, da propriedade ou do domínio útil de bens imóveis por natureza ou por acessão física, como definidos na lei civil; na transmissão, a qualquer título, de direitos reais sobre imóveis, exceto os direitos reais de garantia; na cessão de direitos relativos a essas transmissões – art. 35, I, II e III, do CTN. **I:** incide, pois é a transmissão de propriedade de imóvel; **II:** não incide sobre os direitos reais de garantia; **III:** incide, pois é transmissão de direitos de propriedade; **IV:** incide sobre a transmissão desse direito real.
Gabarito "B".

(Analista – TRF/4ª – 2007 – FCC) O imposto previsto sobre produtos industrializados

(A) não poderá ser cobrado no mesmo exercício financeiro em que haja sido publicada a lei que os instituiu ou aumentou.

(B) será cumulativo, não havendo compensação nas operações efetuadas pelo contribuinte.

(C) incidirá, dentre outras hipóteses, sobre os produtos industrializados que forem destinados ao exterior.

(D) será seletivo, em função da essencialidade do produto, havendo dispositivo constitucional neste sentido.

(E) não terá reduzido seu impacto sobre a aquisição de bens de capital pelo contribuinte do imposto.

A: incorreta, pois o IPI não se submete à anterioridade do art. 150, III, "b", da CF (descrita na assertiva), mas apenas à anterioridade nonagesimal da alínea "c", desse mesmo dispositivo – art. 150, § 1º, da CF; **B:** incorreta, pois o imposto é não cumulativo, nos termos do art. 153, § 3º, II, da CF; **C:** incorreta, pois o IPI não incide nas exportações, nos termos do art. 153, § 3º, III, da CF; **D:** correta, nos termos do art. 153, § 3º, I, da CF; **E:** incorreta, pois terá reduzido seu impacto, nessa hipótese – art. 153, § 3º, IV, da CF.
A propósito, ver Tese de Repercussão Geral 844/STF: O princípio da não cumulatividade não assegura direito de crédito presumido de IPI para o contribuinte adquirente de insumos não tributados, isentos ou

sujeitos à alíquota zero. Foi editada a Súmula Vinculante 58: "Inexiste direito a crédito presumido de IPI relativamente à entrada de insumos isentos, sujeitos à alíquota zero ou não tributáveis, o que não contraria o princípio da não cumulatividade." FP

Gabarito "D".

6. OUTRAS MATÉRIAS E COMBINADAS

(Analista - TRF/4 - FCC - 2019) No que se refere à Administração Tributária, o Código Tributário Nacional (CTN) prevê que:

(A) a Fazenda Pública da União, dos Estados, do Distrito Federal e dos Municípios, na forma estabelecida em tratados, acordos ou convênios, poderá permutar informações com Estados estrangeiros, Organizações Internacionais e Agências de avaliação de risco, no interesse da arrecadação, da fiscalização de tributos e da melhoria do ambiente econômico.

(B) é vedada a divulgação, por parte dos servidores da Fazenda Pública, de informação obtida em razão do ofício sobre a situação econômica ou financeira do sujeito passivo ou de terceiros, exceto ao que se refere ao estado de seus negócios ou atividades, e as dívidas existentes perante a Fazenda Pública, escritas ou a inscrever na Dívida Pública.

(C) mediante ordem judicial, emitida pelo Juiz de Vara Civil ou Criminal da respectiva comarca, os bancos e demais instituições financeiras, são obrigados a prestar todas as informações de que disponham com relação aos bens, negócios ou atividades de terceiros, sendo vedado prestar tais informações mediante solicitação ou intimação escrita da autoridade administrativa tributária.

(D) os livros obrigatórios de escrituração comercial e fiscal e os comprovantes dos lançamentos neles efetuados serão conservados, pelo Estado, em arquivo público, até que ocorra a caducidade das informações, a suspensão da exigência ou a extinção dos créditos tributários decorrentes das operações a que se refiram.

(E) para os efeitos da legislação tributária, não têm aplicação quaisquer disposições legais excludentes ou limitativas do direito de examinar mercadorias, livros, arquivos, documentos, papéis e efeitos comerciais ou fiscais, dos comerciantes industriais ou produtores, ou da obrigação destes de exibi-los.

A: incorreta, pois somente a União pode permutar informações com Estados estrangeiros, e somente no interesse da arrecadação e da fiscalização de tributos – art. 199, parágrafo único, do CTN; **B:** incorreta, pois o sigilo fiscal abrange o estado dos negócios e atividades, e somente é afastada em relação à inscrição em dívida ativa, não em relação às dívidas a inscrever – art. 198 do CTN; **C:** incorreta, pois não é necessária ordem judicial para requisição de informações bancárias pela autoridade administrativa (art. 197 do CTN), desde que observado o procedimento e os limites do art. 6º da LC 105/2001; **D:** incorreta, pois cabe a cada sujeito passivo conservar seus livros e documentação fiscal durante o período prescricional – art. 195, parágrafo único, do CTN; **E:** correta, conforme art. 195 do CTN.

Gabarito "E".

(Analista Jurídico – TCE/PR – 2016 – CESPE) Considerando a matéria tributária definida na CF, assinale a opção correta.

(A) É facultado ao Poder Executivo, respeitados as condições e os limites legais, alterar as alíquotas do imposto sobre produtos industrializados.

(B) Dado o princípio da isonomia, os impostos não podem ter caráter pessoal.

(C) As limitações constitucionais ao poder de tributar podem ser reguladas por lei ordinária.

(D) As contribuições de intervenção no domínio econômico não incidem sobre as receitas decorrentes de importação.

(E) O imposto sobre a propriedade territorial rural será progressivo e não incidirá sobre pequenas glebas rurais exploradas pelo proprietário, mesmo que ele possua outro imóvel.

A: correta, nos termos do art. 153, § 1º, da CF; **B:** incorreta, pois, em regra, sempre que possível, os impostos terão caráter pessoal e serão graduados segundo a capacidade econômica do contribuinte – art. 145, § 1º, da CF; **C:** incorreta, pois se trata de matéria reservada a lei complementar federal – art. 146, II, da CF; **D:** incorreta, pois a imunidade, no caso, refere-se às receitas decorrentes de exportação, não de importação – art. 149, § 2º, I, da CF; **E:** incorreta, pois a imunidade prevista no art. 153, § 4º, II, da CF refere-se às pequenas glebas rurais, desde que o proprietário não possua outro imóvel.

Gabarito "A".

(Analista Jurídico – TCE/PR – 2016 – CESPE) Acerca da seguridade social, que compreende um conjunto integrado de ações de iniciativa dos poderes públicos e da sociedade, assinale a opção correta.

(A) Conforme jurisprudência do STF, em atenção ao princípio constitucional da universalidade do custeio, o aposentado que retorna às atividades laborais deve arcar com o custeio da seguridade social.

(B) A seguridade social é um conceito universal que visa assegurar direitos relativos à saúde, à assistência e à previdência, independentemente de contribuição do beneficiário.

(C) Para o STF, decorrem do princípio de irredutibilidade do valor dos benefícios tanto a garantia da manutenção de seu valor nominal quanto a impossibilidade de perda de seu poder aquisitivo.

(D) Segundo entendimento do STF, insere-se no rol de benefícios da seguridade social o direito do idoso à gratuidade de transporte coletivo urbano.

(E) Conforme a jurisprudência do STF, a União tem competência para instituir contribuições para custeio da seguridade social, e os estados e municípios para fazê-lo nas áreas de previdência e saúde.

A: correta – ver RE 631.792/PR; **B:** incorreta, pois a previdência tem caráter contributivo – art. 201 da CF; **C:** incorreta, pois o STF entende que "o reajustamento de tais benefícios, para adequar-se à exigência constitucional de preservação de seu quantum, deverá conformar-se aos critérios exclusivamente definidos em lei" – RE 322.348 AgR/SC; **D:** incorreta, pois o STF reconhece o direito nos termos do art. 230 da CF, que não se refere à seguridade social – ver ADI 3.768/DF; **E:** incorreta, pois a competência para instituir contribuições sociais para custeio da seguridade social (que abrange previdência, assistência e saúde) é exclusiva da União – art. 149 da CF.

Gabarito "A".

(FGV – 2015) Após ser intimada da lavratura de um auto de infração visando à cobrança da Contribuição para o Financiamento da Seguridade Social (COFINS) dos últimos cinco anos, a pessoa jurídica XYZ Participações Ltda. verificou que o tributo não era devido e ofereceu impugnação ao auto de infração. Como irá participar de uma licitação, a pessoa jurídica em questão irá precisar de certidão de regularidade fiscal – no caso, Certidão Positiva de Débito com Efeito de Negativa (CPD-EN). Na hipótese, considerando que o contribuinte não possui outros débitos, assinale a afirmativa correta.

(A) A impugnação ao auto de infração exclui o crédito tributário, sendo possível a emissão da CPD-EN.

(B) A impugnação ao auto de infração, sem o pagamento do crédito, impede a emissão da CPD-EN.

(C) A pessoa jurídica XYZ Participações Ltda. somente terá direito à CPD-EN caso realize o depósito do montante integral.

(D) A impugnação ao auto de infração suspende a exigibilidade do crédito, sendo possível a emissão da CPD-EN.

A: incorreta, pois a impugnação suspende a exigibilidade do crédito, não o exclui, conforme art. 151, III, do CTN; **B:** incorreta, pois a suspensão decorre da impugnação administrativa, independentemente de garantia, depósito ou, muito menos, pagamento (se houvesse pagamento, haveria extinção) – Súmula Vinculante 21/STF, semelhante à Súmula 373/STJ; **C:** incorreta, conforme comentário à alternativa anterior; **D:** correta, visto que a impugnação é causa de suspensão da exigibilidade do crédito, nos moldes do art. 151, III, do CTN, gerando a possibilidade de expedição da certidão positiva com efeitos de negativa (art. 206 do CTN).

Gabarito "D".

16. Estatuto da Criança e do Adolescente

Eduardo Dompieri e Roberta Densa

(Analista – STF – 2008 – CESPE) Julgue os itens a seguir, com base no ECA.

(1) A guarda obriga a prestação de assistência material, moral e educacional à criança ou ao adolescente, conferindo a seu detentor o direito de opor-se a terceiros, inclusive aos pais, além de conferir à criança ou ao adolescente a condição de dependente, para todos os fins e efeitos de direito, inclusive previdenciários.

(2) A adoção será precedida de estágio de convivência com a criança ou adolescente, pelo prazo que a autoridade judiciária fixar, não podendo tal estágio ser dispensado.

1: correta, nos termos do art. 33 do ECA (Lei 8.069/1990). Sobre a guarda, valem algumas observações. Cuida-se de modalidade de colocação da criança ou do adolescente em família substituta destinada a regularizar a posse de fato, a ser deferida no curso dos processos de tutela e adoção, bem assim, em caráter excepcional, para atender a situações peculiares ou ainda para suprir a falta eventual dos pais ou responsável. Características e pontos relevantes: **a)** esta modalidade de colocação em família substituta é *provisória*, na medida em que, depois de concedida, a criança ou o adolescente poderá retornar à sua família natural ou permanecer sob guarda até ser encaminhado para uma família substituta definitiva; **b)** a guarda obriga a prestação de assistência material, moral e educacional à criança ou adolescente (conforme já ponderado acima); **c)** pode o detentor da guarda opor-se a terceiros, inclusive aos pais; **d)** ao contrário da tutela, a guarda é compatível com o poder familiar. Assim, sua concessão a terceiros não obsta o exercício do direito de visitas pelos pais, bem como o dever de prestar alimentos, salvo determinação em contrário; **e)** a *guarda*, como forma provisória de colocação da criança ou do adolescente em família substituta, não deve ser confundida com o *dever de guarda*, que é imanente ao exercício do *poder familiar* e é prevista, como dever dos cônjuges, no art. 1.566, IV, do Código Civil (CC); o descumprimento do *dever de guarda*, que decorre do poder familiar, faz surgir a modalidade de colocação em família substituta denominada *guarda*; **f)** por se tratar de instituto de natureza provisória, a guarda pode ser revogada a qualquer tempo, mediante ato judicial fundamentado, ouvido o MP – art. 35 do ECA; **g)** a inclusão de pessoa em desenvolvimento em programa de acolhimento familiar, o que pode se dar mediante guarda, tem preferência ao acolhimento institucional – art. 34, § 1º, do ECA; **h)** inexiste a guarda para fins somente *previdenciários*, sendo necessária, ao deferimento da medida, a presença de uma situação de risco; de outro lado, a guarda confere à criança ou ao adolescente a condição de dependente, para todos os fins de direito, inclusive *previdenciários* – art. 33, § 3º, do ECA. *Vide*, a esse respeito: STJ, REsp 993.458-MA, Rel. Min. Nancy Andrighi, j. 07.10.2008; **i)** guarda compartilhada (Leis 11.698/2008 e 13.058/2014) *é aquela cuja responsabilidade é exercida de forma conjunta e simultânea pelo pai e pela mãe que não residem juntos*; **j)** permite a representação em caráter excepcional (para atos determinados); **k)** a Lei 13.257/2016 acrescentou no art. 34 do ECA os §§ 3º e 4º, que tratam, respectivamente, do papel da União na implementação do serviço de acolhimento familiar e da fonte de recursos para a manutenção dessa modalidade de colocação em família substituta; **2:** errada, pois o estágio de convivência poderá ser dispensado, nos termos do art. 46, § 1º, do ECA. Vale notar que a Lei 13.509/17 alterou o art. 46 do ECA estabelecendo prazo máximo de 90 (noventa) dias para o estágio de convivência, observadas a idade da criança e as peculiaridades do caso. **ED/RB**

Gabarito 1C, 2E

(Analista – STJ – 2008 – CESPE) Acerca do ECA, julgue os itens a seguir.

(1) A medida de internação decretada por autoridade judiciária poderá excepcionalmente ser cumprida em estabelecimento prisional, quando não existir na comarca entidade exclusiva para adolescentes.

(2) A remissão, como forma de extinção ou suspensão do processo, poderá ser aplicada em qualquer fase do procedimento, antes da sentença.

1: errada, pois a internação não poderá ser cumprida em estabelecimento prisional, nos termos do art. 185 do ECA; **2:** correta, nos termos do art. 188 do ECA. Quanto a este tema, valem algumas observações. Trata-se do *perdão concedido pelo MP ao adolescente autor de ato infracional*. Neste caso, tem natureza administrativa e depende de homologação. Inexiste inconstitucionalidade nesta medida, já que está o Ministério Público credenciado a decidir pela aplicação da remissão ou pelo oferecimento da representação. Essa é a *remissão ministerial* (art. 126, *caput*, do ECA). Uma vez iniciado o procedimento, a remissão não mais poderá ser concedida pelo promotor de justiça, somente pela autoridade judiciária. Essa é a *remissão judicial*, que importa em suspensão ou extinção do processo (art. 126, parágrafo único, do ECA) e tem como propósito amenizar os efeitos da continuidade desse. **ED**

Gabarito 1E, 2C

(CESPE – 2007) Acerca da medida socioeducativa de internação prevista no Estatuto da Criança e do Adolescente, assinale a opção correta.

(A) Essa medida somente pode ser aplicada em caso de ato infracional cometido mediante grave ameaça ou violência a pessoa.

(B) Não é permitida a realização de atividades externas pelo interno, salvo com expressa autorização judicial.

(C) Quando não houver local apropriado, o adolescente poderá permanecer em estabelecimento prisional destinado a maiores, desde que haja critérios de separação por sexo e gravidade da infração.

(D) A liberação será compulsória aos dezoito anos de idade.

Praticado um ato infracional, só caberá medida de internação se se tratar de ato cometido mediante grave ameaça ou violência a pessoa (art. 122, I, do ECA). É importante ressaltar que a lei também autoriza a aplicação da medida se houver reiteração no cometimento de outras infrações graves ou se houver descumprimento reiterado e injustificável de medida anteriormente imposta (art. 122, II e III, do ECA). **ED**

Gabarito A

(FGV – 2015) O Estatuto da Criança e do Adolescente estabelece que pessoas com até doze anos de idade incompletos são consideradas crianças e aquelas entre doze e dezoito anos incompletos, adolescentes. Estabelece, ainda, o Art. 22, parágrafo único, que "Nos casos expressos em lei, aplica-se excepcionalmente este Estatuto às pessoas entre dezoito e vinte e um anos de idade". Partindo da análise do caráter etário descrito no enunciado, assinale a afirmativa correta.

(A) O texto foi derrogado, não tendo qualquer aplicabilidade no aspecto penal, que considera a maioridade penal aos dezoito anos, não podendo, portanto, ser aplicada qualquer medida socioeducativa a pessoas entre dezoito e vinte e um anos incompletos, pois o critério utilizado para a incidência é a idade na data do julgamento e não a idade na data do fato.

(B) A proteção integral às crianças e adolescentes, primado do ECA, estendeu a proteção da norma especial aos que ainda não tenham completado a maioridade civil, nisso havendo a proteção especialmente destinada aos menores de vinte e um anos, nos âmbitos do Direito Civil e do Direito Penal.

(C) O texto destacado no parágrafo único desarmoniza-se da regra do Código Civil de 2002 que estabelece que a maioridade civil dá-se aos dezoito anos; por esse motivo, a regra indicada no enunciado não tem mais aplicabilidade no âmbito civil.

(D) Ao menor emancipado não se aplicam os princípios e as normas previstas no ECA; por isso, o estabelecido no texto transcrito, desde a entrada em vigor da norma especial em 1990, não era aplicada aos menores emancipados, exceto para fins de Direito Penal.

Questão, a nosso ver, digna de anulação. É que, embora se trate de tema polêmico, em relação ao qual, bem por isso, não há consenso, doutrina e jurisprudência majoritárias sustentam inexistir desarmonia entre a regra acima transcrita e a aquela do Código Civil que estabelece que a maioridade civil é alcançada aos dezoito anos. Isso porque, apesar de o ECA ter sido concebido para disciplinar a situação de *crianças* e *adolescentes*, ele também incidirá, sempre de forma excepcional, sobre pessoas com idade entre 18 e 21 anos (incompletos), no que concerne, por exemplo, às medidas socioeducativas de *semiliberdade* e de *internação* do adolescente, cujo cumprimento deverá, necessariamente, findar até os 21 anos da pessoa, respeitado o período máximo de 3 anos. Neste caso, é imprescindível que o ato infracional tenha sido praticado antes de a pessoa tornar-se imputável, é dizer, completar 18 anos. Nessa linha, confira o posicionamento pacífico do Supremo Tribunal Federal: "*Medida Socioeducativa e Advento da Maioridade*. A Turma reafirmou jurisprudência da Corte no sentido de que o atingimento da maioridade não impede o cumprimento de medida socioeducativa de semiliberdade e indeferiu *habeas corpus* em que se pleiteava a extinção dessa medida aplicada ao paciente que, durante o seu curso, atingira a maioridade penal. Sustentava a impetração constrangimento ilegal, dado que, como o paciente completara a maioridade civil – 18 anos –, e, portanto, alcançara a plena imputabilidade penal, não teria mais legitimação para sofrer a imposição dessa medida socioeducativa. Asseverou-se, todavia, que, se eventualmente a medida socioeducativa superar o limite etário dos 18 anos, ela poderá ser executada até os 21 anos de idade, quando a liberação tornar-se-á compulsória. Alguns precedentes citados: HC 91441/RJ (DJU de 29.6.2007); HC 91490/RJ (DJU de 15.6.2007) e HC 94938/RJ (DJE de 3.10.2008). HC 96355/RJ, rel. Min. Celso de Mello, 19.05.2009. (HC-96355) (Inform. STF 547)". ED

Gabarito: "C."

(FGV – 2015) B e P, vizinhos da criança Y, cuidam do menino desde a tenra idade, quando o pai da criança faleceu e sua genitora, por motivos profissionais, mudou-se para localidade distante, fazendo visitas esporádicas ao infante, mas sempre enviando ajuda de custo para a alimentação do filho. Quando a criança completou um ano de idade, a genitora alcançou patamar financeiro estável, passando a ter meios para custear os gastos da criança também com educação, lazer, saúde etc. Assim, buscou a restituição do convívio diário com a criança Y, levando-a para morar consigo, o que gerou discordância dos vizinhos B e P, que ingressaram com Ação de Guarda e Tutela do menor, argumentando a construção de laços afetivos intensos e que a criança iria sofrer com a distância. Analise a situação e, sob o ponto de vista jurídico, assinale a afirmativa correta.

(A) O afastamento da genitora do convívio cotidiano com a criança Y impede a reconstrução de laços afetivos, devendo ser, de pronto, conferida a guarda provisória aos vizinhos que o criaram e, ao final, a tutela do menor aos demandantes B e P.

(B) A reintegração à família natural, no caso, junto à mãe, deve ser priorizada em relação a outra providência, não havendo justo motivo para que a criança seja posta sob tutela na hipótese narrada, uma vez que isso demandaria a perda ou suspensão do poder familiar, o que não encontra aplicabilidade nos estritos termos do enunciado.

(C) Os vizinhos que detinham a guarda de fato da criança Y têm prioridade no exercício do encargo de tutores, considerando esse o atendimento ao melhor interesse da criança, podendo eles assumir a função mesmo que a mãe mantenha o poder familiar, ante a precariedade e provisoriedade do referido encargo jurídico.

(D) A mãe da criança Y pode anuir com o pedido de colocação da criança sob tutela se considerar que atenderá ao melhor interesse do infante, hipótese em que a sentença homologatória poderá ser revogada a qualquer tempo, caso mudem as circunstâncias que a justificaram, não fazendo, pois, coisa julgada material.

Não é o caso de se deferir a tutela tampouco a adoção aos vizinhos B e P, modalidades de colocação em família substituta. Embora a criança tenha permanecido sob a guarda de fato destes, sua mãe biológica não a abandonou. Tanto que, quando podia, visitava seu filho e sempre lhe enviava ajuda de custo para sua manutenção. Como bem sabemos, a carência de recursos materiais não pode levar à suspensão ou perda do poder familiar (pressuposto para a concessão da tutela), neste caso exercido pela mãe (art. 23, *caput*, do ECA). Menos ainda é o caso de deferir-lhes a adoção, à qual somente se deve recorrer em último caso. É que, com o panorama instaurado pela Lei Nacional de Adoção – Lei 12.010/2009 e pela Lei 13.509/2017, busca-se, em primeiro lugar e com absoluta prioridade, a manutenção da criança ou do adolescente na sua família natural. Diante da imperiosa necessidade de se retirar a pessoa em desenvolvimento de sua família natural, será encaminhada para sua família extensa; não sendo isso possível, para programa de acolhimento familiar ou institucional, ou, ainda, para as modalidades de família substituta (guarda ou tutela). Se, neste ínterim, a família natural não se reestruturar, aí sim, a criança ou adolescente poderá ser encaminhado para adoção – art. 19, *caput* e § 3º do ECA. A adoção, portanto, deve ser vista, no atual contexto, como o último recurso, a última alternativa (art. 100, parágrafo único, X, do ECA). ED

Gabarito: "B."

(FGV – 2015) O adolescente N. ficou conhecido no bairro onde mora por praticar roubos e furtos e ter a suposta habilidade de nunca ter sido apreendido. Certa noite, N. saiu com o propósito de praticar novos atos de subtração de coisa alheia. Diante da reação de uma vítima a quem ameaçava, N. disparou sua arma de fogo, levando a vítima a óbito. N. não conseguiu fugir, sendo apreendido por policiais que passavam pelo local, no momento em que praticava o ato infracional. Sobre o caso narrado, assinale a opção correta.

(A) A medida de internação não terá cabimento contra N., uma vez que somente poderá ser aplicada em caso de reincidência no cometimento de infrações graves.
(B) Mesmo estando privado de liberdade, N. poderá entrevistar-se pessoalmente com o representante do Ministério Público, mas não terá direito a peticionar diretamente a este ou a qualquer autoridade que seja.
(C) A medida de internação de N. é cabível por se tratar de ato infracional praticado com ameaça e violência contra pessoa, mesmo que não seja caso de reincidência.
(D) Caso N. seja condenado por sentença ao cumprimento de medida de internação, e somente nesse caso, tornam-se obrigatórias as intimações do seu defensor e dos pais ou responsáveis, mesmo que o adolescente tenha sido intimado pessoalmente.

A e C: segundo consta do enunciado, o adolescente N praticou ato infracional correspondente ao crime de latrocínio (roubo seguido de morte – art. 157, § 3º, II, do CP). A internação, espécie de medida socioeducativa privativa de liberdade, a ser aplicada, portanto, em caráter excepcional, tem cabimento nas hipóteses descritas no art. 122 do ECA, entre as quais está aquela em que o ato infracional é cometido mediante grave ameaça ou violência contra a pessoa. Estão inseridos nesse contexto os atos infracionais equiparados aos crimes de roubo, homicídio, estupro, dentre outros. Dessa forma, esta medida extrema pode, sim, ser aplicada ao adolescente N, que, como já dissemos, praticou ato infracional equiparado ao crime de roubo seguido de morte; B: incorreta. O adolescente privado de liberdade tem, sim, o direito de peticionar a qualquer autoridade, inclusive ao representante do Ministério Público, com o qual poderá, ainda, entrevistar-se pessoalmente (art. 124, I e II, do ECA); D: incorreta. Estabelece o art. 190 do ECA que, da sentença que aplicar medida socioeducativa de internação ou semiliberdade, serão intimados o adolescente e seu defensor; sendo outra medida aplicada, será intimado tão somente o defensor. Em outras palavras, o defensor será sempre intimado da sentença de procedência da representação; em se tratando de medida restritiva de liberdade, será também intimado, além do defensor, o adolescente.
Gabarito "C".

(FGV – 2015) Um conselheiro tutelar, ao passar por um parquinho, observa Ana corrigindo o filho, João, por ele não permitir que os amigos brinquem com o seu patinete. Para tanto, a genitora grita, puxa o cabelo e dá beliscões no infante, na presença das outras crianças e mães, que assistem a tudo assustadas. Assinale a opção que indica o procedimento correto do Conselheiro Tutelar.

(A) Requisitar a Polícia Militar para conduzir Ana à Delegacia de Polícia e, após a atuação policial, dar o caso por encerrado.
(B) Não intervir, já que Ana está exercendo o seu poder de correção, decorrência do atributo do poder familiar.
(C) Intervir imediatamente, orientando Ana para que não corrija o filho dessa forma, e analisar se não seria recomendável a aplicação de uma das medidas previstas no ECA.
(D) Apenas colher elementos para ingressar em Juízo com uma representação administrativa por descumprimento dos deveres inerentes ao poder familiar.

A Lei 13.010/2014, conhecida como *Lei da Palmada*, entre outras alterações, modificou a redação do art. 18 do ECA, que passou a contar, a partir de então, com os arts. 18-A e 18-B, que tratam, respectivamente, do que se deve entender por *castigo físico* e *tratamento cruel ou degradante* e as medidas a serem tomadas, pelo Conselho Tutelar, em casos assim. Não há dúvida de que o conselheiro tutelar, ao presenciar a conduta agressiva praticada pela mãe contra o seu filho, deve intervir com o fim de fazer cessar o ato, orientar a mãe a não mais proceder daquela maneira e, se necessário, aplicar as medidas previstas no art. 18-B do ECA.
Gabarito "C".

(Analista Judiciário – TRT/8ª – 2016 – CESPE) Assinale a opção correta acerca da interpretação da Lei n.º 8.069/1990 (Estatuto da Criança e do Adolescente), com fundamento na jurisprudência dos tribunais superiores.

(A) A confissão do menor admitindo a prática do ato infracional deve, necessariamente, reduzir o rigor da medida socioeducativa a ser imposta, pois a confissão sempre atenua a pena.
(B) A produção de outras provas pode ser dispensada caso o menor admita a prática do ato infracional que lhe foi imputado.
(C) O ato infracional análogo ao porte de entorpecente para fins de tráfico, não obstante sua ofensividade social, não implica, necessariamente, a medida socioeducativa de internação do menor.
(D) A corrupção de menor é crime material, que exige obrigatoriamente a produção do resultado danoso, razão pela qual esse delito não se configura quando o menor já tenha sido anteriormente corrompido.
(E) O parecer psicossocial elaborado por especialistas tem caráter vinculativo e é determinante para que o juiz imponha ao menor a medida socioeducativa mais adequada a ser aplicada no caso concreto.

A: incorreta. Não há que se falar em "dosimetria" para aplicação de medida socioeducativa já que essa pretende ressocializar e educar o adolescente (não se trata de uma pena). Sobre o tema já decidiu o STJ "Em sede de aplicação de medida socioeducativa, inexiste dosimetria, tampouco previsão legal para atenuar a imposição da medida, unicamente, em face da confissão do adolescente. Logo, não há falar em aplicação de medida mais branda, por tal motivo. Ainda mais quando o contexto fático demonstra a adequação da medida aplicada". (HC 332176/DF, Rel. Min. Ribeiro Dantas, DJe 13/11/2015). B: incorreta. A súmula 342 do STJ assim dispõe: No procedimento para aplicação de medida socioeducativa, é nula a desistência de outras provas em face da confissão do adolescente". C: correta. Conforme entendimento do STJ "O ato infracional análogo ao tráfico de drogas, por si só, não conduz obrigatoriamente à imposição de medida socioeducativa de internação do adolescente" (Súmula 492). D: incorreta. "A configuração do crime do art. 244-B do ECA independe da prova da efetiva corrupção do menor, por se tratar de delito formal" (Súmula 500 do STJ). E: incorreta. Em homenagem ao princípio do livre convencimento, o juiz deve não fica vinculado ao parecer da avaliação psicossocial, podendo justificar seu entendimento e decidir de forma diversa do parecer (Vide: STJ, HC 344.719/RJ).
Gabarito "C".